中国地方志经济资料集成（第三卷）

戴鞍钢 等 编

上海市『十四五』重点出版物出版规划项目

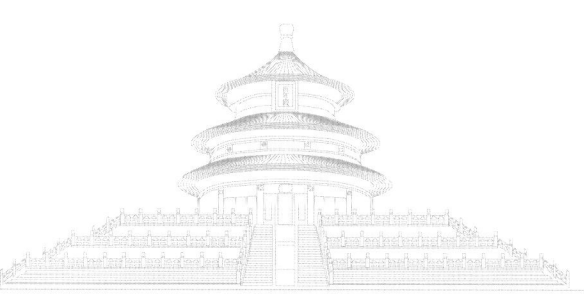

上海财经大学出版社

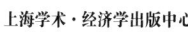
上海学术·经济学出版中心

目 录

(第三卷)

五、商业 ··· 975
  (一) 城市商业活动 ··· 975
  (二) 集、镇、墟、场 ··· 1085
  (三) 各地间商品流通 ·· 1309
  (四) 商人经营和商业资本 ·· 1447
  (五) 商路及其变动 ··· 1561
  (六) 物价涨落 ·· 1580

六、对外贸易 ·· 1614
  (一) 商埠、租界 ·· 1614
  (二) 进口贸易 ·· 1645
  (三) 出口贸易 ·· 1665

五、商 业

（一）城市商业活动

〔**元朝年间,中书省大都路**〕 米市、面市,钟楼前十字街西南角。羊市、马市、牛市、骆驼市、驴骡市,以上七处市,俱在羊角市一带。其杂货,并在十市口。北有柴草市,此地若集市。近年俱于此街西为贸易所。

（元 熊梦祥著,北京图书馆善本组辑:《析津志辑佚》,城池街市,北京古籍出版社一九八三年版。）

注:《析津志》系北京最早的地方志,原本已佚,今存辑本,辑自《永乐大典》。

〔**明万历二十一年前后,京师顺天府**〕 元宵日,结灯货于东安门外,曰灯市。价有至数百金者。是时,商贾辐辏,珠石罗绮、古今异物,杂沓毕至,冠盖相属,男妇交错,亦一时胜事。

（明 沈应文等修,张元芳纂:《顺天府志》,卷一,地理志,风俗,明万历二十一年刻本,一九五九年北京中国书店影印本。）

〔**明崇祯八年前后,京师顺天府**〕 太祖初建南都,盛为彩楼,招徕天下富商,放灯十日。今北都灯市,起初八,至十三而盛,迄十七乃罢也。灯市者:朝逮夕,市;而夕逮朝,灯也。市在东华门东,亘二里。市之日,省直之商旅,夷蛮闽貊之珍异,三代八朝之骨董,五等四民之服用物,皆集。衢三行,市四列,所称九市开场,货随队分,人不得顾,车不能旋,阗城溢郭,旁流百廛也。

（明 刘侗、于奕正撰:《帝京景物略》,卷二,城东内外,灯市,一九八〇年北京古籍出版社铅印本。）

〔**明朝年间,京师顺德府**〕 商旅之所辏集,衣冠士夫之所游处,民繁物富,地广劳殷(明王云凤:《邢台谯楼记》)。

（清 唐执玉、李卫修,陈仪、田易纂:《畿辅通志》,卷五十五,风俗,顺德府,清雍正十三年刻本。)

〔清乾隆以前，直隶京师〕 都城市肆初开，必盛张鼓乐，户结彩缯。贺者持果核堆盘，围以屏风祀神。正阳门东西街，招牌有高三丈余者，泥金杀粉，或以斑竹镶之，或又镂刻金牛、白羊、黑驴诸形象以为标识。酒肆则横匾连楹，其余或悬木罌，或悬锡盏，缀以流苏。

（清 于敏中等编纂：《日下旧闻考》，卷一百四十六，风俗，清乾隆年间纂修，一九八一年北京古籍出版社铅印本。）

〔清光绪七年前后，直隶宣化府延庆州〕 旧《志》云：州之街，乃尚书赵公所划居军民者，内分阴阳，意亦微矣。其中和睦街、宣化街乃东西，阜成街、雍顺街乃南北，称十字大街，居民稠密，市肆丛积，俨然富庶之乡。雍顺后街乃近修新街也。

（清 何道增修，张惇德纂：《延庆州志》，卷二，舆地志，街市，清光绪七年刻本。）

〔民国十二年，河北良乡县〕

全境商业调查表（民国十二年）

	营业种类	户　数
县城内	粮　商	十五家
	酱　园	二　家
	杂货行	四　家
	面粉油商	十　家
	席绳商	四　家
	皮绳商	二　家
	药材商	七　家
	盐　商	一　家
	布　商	七　家
	洋广货商	二　家
	首饰商	三　家
	酒　商	二　家
	茶　商	一　家
	妆奁商	一　家
	染布商	二　家
	当　商	一　家
琉璃河	粮　商	十八家
	布　商	八　家
	油　商	五　家

(续表)

	营业种类	户　数
琉璃河	药　商	六　家
	木　厂	五　家
	石　厂	三　家
	铁　商	二　家
	煤　商	十六家
	首饰行	三　家
	煤油行	一　家
	磁器行	三　家
	染　行	三　家
	杂货行	六　家
	席绳行	二　家
	过货栈	四　家
	烧　锅	一　家
	盐　店	一　家
	茶叶行	一　家
窦店镇	粮　商	四　家
	酱　园	二　家
	杂货商	三　家
	面粉油商	五　家
	芦席绳商	二　家
	皮绳商	三　家
	药　商	四　家
	盐　店	一　家
	布　店	二　家
	洋广货商	二　家
	首饰商	四　家
	油酒面商	三　家
	妆奁行	三　家
	石板工商	一　家
	染　行	三　家

（周志中修，吕植等纂：《良乡县志》，卷一，舆地志，市集，民国十三年铅印本。）

〔民国二十二年前后，河北顺义县〕　治城位县属中心，盐、当、粮、布等业俱备，铺店五十余家，资本惟盐、当最优，余次之。

（苏士俊修，杨德馨纂：《顺义县志》，卷十，实业志，商业，民国二十二年铅印本。）

〔元至元年间至明万历十六年，南京松江府上海县〕　上海，华亭一旧镇也。至元间，始割为县，属松江府。百五十年于兹，益繁益茂。天下之以县称者，自华亭而下，莫能先焉。而志未有缺典也。其膏腴富庶与华亭同，而加之以鱼、盐、萑苇之利，乘潮汐上下浦射贵贱贸易，驶疾数十里如反覆掌。又多能客贩湖、襄、燕、赵、齐、鲁之区，不数年可致巨产，服食侈靡，华亭殆不及焉。

（明　颜洪范修，张之象等纂：《上海县志》，弘治钱福上海县旧志后序，明万历十六年刻本，抄本。）

〔明万历十六年前后，南京松江府上海县〕　上海据吴会之东，负海带江，天下称壮县。

（明　颜洪范修，张之象等纂：《上海县志》，郑洛书序，明万历十六年刻本，抄本。）

〔明万历三十三年前后，南京苏州府嘉定县〕　苏州当江淮岭海、楚蜀之走集，其人浮游逐末，奇技淫巧之所出也。嘉定濒海而处，四方宾客商贾之所不至，民生鲜见外事，犹有淳朴之风焉。

（明　韩浚修，张应武纂：《嘉定县志》，卷二，疆域考，风俗，胶卷复制明万历三十三年刻本。）

〔清嘉庆十九年前后，江苏松江府上海县〕　上海为华亭所分县，大海滨其东，吴淞绕其北，黄浦环其西南，闽、广、辽沈之货鳞萃羽集，远及西洋，暹逻之舟岁亦间至，地大物博，号称烦剧，诚江海之通津，东南之都会也。

（清　王大同等修，李林松等纂：《嘉庆上海县志》，卷首，陈文述序，清嘉庆十九年刻本。）

〔清嘉庆十九年前后，江苏松江府上海县〕　上海，壮县也……其海舶帆樯足以达闽、广、沈辽之远，而百货集焉，则于商贾为通津。

（清　王大同等修，李林松等纂：《嘉庆上海县志》，卷首，卢焌序，清嘉庆十九年刻本。）

〔清嘉庆十九年前后，江苏松江府上海县〕　自海关通贸易，闽、粤、浙、齐、辽海间及海国舶虑刘河淤滞，辄由吴淞口入叙，城东隅舳舻尾衔，帆樯如栉，似都会焉。率以番银当交会，利遇倍蓰，可转眴懋迁致富。

（清　王大同等修，李林松等纂：《嘉庆上海县志》，卷一，疆域志，风俗，清嘉庆十九年刻本。）

〔清同治年间，江苏上海县〕 棉花，闽、广、川、陕皆有之，李时珍谓有草、木二种，南中多木本，名古贝，亦名吉贝。《南越志》称：桂州出古终藤，则藤本亦有之，而江南、淮北皆草本。他处虽有，然土地之宜，种植之勤，纺织之精，运售之广，吾邑独甲于天下。每岁当八九月，郭东南偶〈隅〉几于比户列肆，捆载通海市，往莱阳者为子花，售洋商及闽、广、汉阳、关东诸口者皆棉花，岁不下数万云。

（清 应宝时等修，俞樾等纂：《上海县志》，卷八，物产，清同治十年刻本。）

〔清 同治年间，江苏上海县〕 上海县治当黄浦、吴淞合流处，势极浩瀚，然地形高亢，支港为潮泥所壅，水田绝少，仅宜木棉。惟富商大贾北贩辽左，南通闽粤，百货萃集，民每因其利……。

（清 应宝时等修，俞樾等纂：《上海县志》，卷一，疆域，形胜，清同治十年刻本。）

〔清光绪初年，江苏嘉定县〕 布商莫盛于南翔，娄塘、纪王镇次之。靛商莫盛于黄渡，诸翟村、纪王镇、封家浜次之。蒲鞋市向聚新泾镇，同治以来移于徐家行。花商向聚东门外，米商向聚西门外，今不成市矣。盐典各商及大铺户，类皆侨客。

（清 程其珏修，杨震福等纂：《嘉定县志》，卷八，风土志，风俗，清光绪七年刻本。）

〔清光绪四年前后，江苏金山县城乡〕 土人重农逐末者寡，其行贾于外者惟米、花、布等物，居货者多土著。平章市价而低昂之，谓之牙行。负贩各物，营微利以自给，谓之小经纪。其黠者伺有货至，则拉而散之店口或居民，名为代卖，实资中饱，谓之白拉主人。如牛、豕、农器，各乡镇俱有集期。大率商贾习俗，富则守分读书，贫则依人谋食，势使然也。

（清 龚宝琦等修，黄厚本等纂：《重修金山县志》，卷十七，志余，风俗，清光绪四年刻本。）

〔清光绪三十三年前后，江苏上海县〕 吾邑商务颇盛，故市面为亚东之巨擘。就其最著者言之，则有陆翔熊之鞋，陈天一、老万泰之帽，李鼎和之笔，曹素功之墨，得月楼之笺，言茂源之酒，邵万生之南货，雷允上之痧药，泰和馆之酒菜，稻香村之茶食，童涵春之药饵，杨庆和之首饰，陆稿荐之熟食，紫阳观之罐头食物等。此皆名驰各埠，乃吾邑店铺中著名者也。

（清 李维清编：《上海乡土志》，第一百三十课，著名店铺，清光绪三十三年铅印本。）

〔清光绪十年前后，江苏松江府〕 松江枕海带浦，南控闽粤，北达辽左，冠盖之所临，帆樯之所集，中外富商大贾之所交通，蔚然为东南一大都会。

（清 博润修，姚光发等纂：《松江府续志》，曾国荃序，清光绪十年刻本。）

〔清光绪至宣统年间，江苏嘉定县〕 花商、米商，盛于西门。布商，南翔较娄塘、纪王为盛。草织业仍盛于澄桥、徐行一带。黄渡之靛商，自洋靛盛行，已成江河日下之势。此就内地而言。光[绪]、宣[统]之际，邑人颇有以巨大资本经营棉纱、花、米、绸、木等业于上海而获利者。吾邑商业之向外发展实始于此。

（陈传德修，黄世祚、王焘曾等纂：《嘉定县续志》，卷五，风土志，风俗，民国十九年铅印本。）

〔民国七年前后，上海〕 上海一隅，商务为各埠之冠，而租界日盛，南市日衰。推原其故，租界扼凇、沪咽喉，地势宽而展布易，南市则外濒黄浦，内逼城垣，地窄人稠，行栈无从广设，城中空地尚多，而形势梗塞，以致稍挟资本之商，皆舍而弗顾。……上海为通商总汇，城厢、租界，同在此二三十里之中，而租界则商务日盛，地段则日推日广，南市则以城垣阻隔，地窄人稠，无可展布。……租界之所以兴盛，则以有马路交通之故，今我自治之地，仅城厢南市一隅，马路仅只两条，中间复有城垣间隔，车马既不通行，行旅苦不方便。仕商巨富固无城垣居住者，即在租界觅食，小本经纪亦都不吝租金以寄居于租界之中，以致城内租界，地价、房价相去数十百倍。一盛一衰之故，内轻外重之情，其显著逼切若此。

（吴馨等修，姚文楠等纂：《上海县续志》，卷二，建置上，城池，民国七年刻本。）

〔民国十年前后，江苏宝山县〕 邑境商业，坐贾居多，鲜能从事于海外贸易，近年洋商踵集，事业乃日渐扩张。揆诸今昔情形，可分为牙商、典商、盐商、商铺、商厂等类，兹分述如下：

牙商：牙商各有专贩之物，如花、米、竹、木、砖灰、地货、水果、鱼、猪之属，俗皆称行，以花行之贸易为最大，米行、木行次之，砖灰行、竹行又次之。其他如吴淞之咸鱼行外，大都资本微而贸易小（多不领税帖，自由营业，俗谓之戥帖，查见则被罚），至酱园业亦必须牙帖，认销盐引。其不领帖而以销酒为大宗者，俗称槽坊。

典商：业当铺者率系邑中富室。同[治]、光[绪]之际，罗店最盛，且有投资外埠者。近则全境设典十有二家，业主多半客籍矣。其与当铺性质相近者则为质铺，照章须加纳营业捐税，由原典分设，故亦称代步。上海、甬、广各商以其本轻利重，争相影戢，闸北邑境尤多。此虽商业之一种，殊不免为典业之障碍也。

盐商：盐商俗称盐公堂，为承销官盐之机关，商办而纳税者也。分县以后，宝邑并未另设公堂，仍由嘉邑分销，故嘉［定］、宝［山］两邑盐、酱两项不分境界，可以通行无阻（他县之盐酱入嘉、宝境内谓之越境，查获后充公罚办）。前清之季，闸北沈家湾地方，由嘉邑公堂分设宝兴盐栈，专销嘉、宝两境之食盐，其酱引之盐仍由嘉邑公堂发行。自分设盐栈后，减价招徕，私盐渐绝（此由肩挑贩盐之辈得就近向宝兴盐栈批售，途中遇有稽查，呈验票证，即可放行，较贩私为稳妥，故私盐自少。惟票证日期过远，或逾越境界，则仍作私盐办理）。

商铺：凡日用所需设肆以贸易者，俗称为店。其专营一业如酿酒、制糖、染布之类，则专称坊，土布、鲜肉、锡箔之类则称庄，而营业之趋势，要皆与地方有密切之关系。吴淞地处交通，故京广洋货为盛。罗店地居腹里，故锡箔业为行销之枢纽，产布惟大场最多，而布庄亦推大场为首。其他普通商店亦随市乡区域之广狭、户口之多寡而异其盛衰焉。

（张允高等修，钱淦等纂：《宝山县续志》，卷六，实业志，商业，民国十年铅印本。）

〔民国十三年前后，江苏宝山县江湾里〕 境内商业，近年以来，花行、米行为最，洋纱、棉布次之，盐商、典商又次之。而各项商厂，则以南境为多，如丝经、鬃革之类，集本经营，供制造之要需者，日增月盛，大都系公司性质，由侨商组织而成。

（钱淦等纂：《江湾里志》，实业志，商业，民国十三年铅印本。）

〔民国十五至三十五年，江苏嘉定县〕 木业，只东门外有一浚源木号，为外地人所经营。民国十五年后，由小红庙乡徐朗仓等倡设正源昌木号于浚源西首。"八·一三"抗战开始，上述二号停办。胜利后，高恒升在东门外大街开设大华木号，张凤祥开设华大木号于城根，继有陆洪伦开设合成、陆象候兄弟开设恒泰二木号于大华之西。澄桥方面有徐象洲开设鼎泰木号，自此木业林立于东门外矣。

（吕舜祥、武振纯编：《嘉定疁东志》，四，实业，商，民国三十七年油印本。）

〔民国十九年前后，江苏嘉定县〕 城市，宋练祁市，建县时，占全境之中心，又占全城之中心，为练祁、横沥交汇处。纵横两大街，贯之塔院南北，县治以东至东浦桥一带最繁盛，早市尤殷阗，贸易多日用必需品，少大宗输出入特产品。冬月城隍祠、火神祠报赛演剧，乡民棉稻毕登，入城聚观，岁丰人乐，经营嫁娶，采购皮裘、服物、器用之属，市况之盛，为全年最。

（陈传德修，黄世祚、王焘曾等纂：《嘉定县续志》，卷一，疆域志，市镇，民国十九年铅印本。）

〔民国十九年，上海〕　上海有名之老店，半已歇闭，兹将存者、废者分别如下。

存者：吴肇泰茶叶店，汪裕泰茶叶店，程裕新茶叶店（亦百有余年），陈天一帽子店，吴良材眼镜店，马德茂染坊，李鼎和笔店，胡开文（广和氏）墨店，千顷堂书坊，朱信隆香店，王顺兴纸店，高三益纸店，姜衍泽药店，阜昌参店，王大生水旱烟店，邵万生南货店，鸿运楼酒店，王仁和茶食店，徐悦来糖果店，老悦生广货店，老介福绸缎店，浦五房酱肉店，北永泰鼻烟店，万源昌珠宝店，一品香西菜馆，一家春西菜馆，陆永茂花草店。

废者：老万泰帽子店，陆翔熊鞋子店，老春和袜店，刘得利钉鞋店，戴日涌火腿店，俞天顺漆店，六露轩面馆，祥泰布店，三牌楼圆子店（以菜圆子著名），王家弄糟面筋店，宝记照相馆。

（胡祥翰编：《上海小志》，卷十，杂记，民国十九年铅印本。）

〔民国二十五年前后，江苏松江县〕　城周九里余，居民甚众，商业以府前及西关一带最为热闹，惟街道太狭，交通时有阻塞之患。东岳庙中多杂货摊商，略似上海之城隍庙、苏州之玄妙观，而无其整齐。

（殷惟和纂：《江苏六十一县志》，上卷，松江县，城市，民国二十五年铅印本。）

〔清乾隆四年前后，直隶天津府天津县〕　天津为九河下游，可耕之地固少，聚处之族实繁，且为水陆通衢，是以逐末者众。

（清　朱奎扬修，吴廷华等纂：《天津县志》，卷十三，风俗物产志，风俗，清乾隆四年刻本。）

〔清乾隆十年前后，直隶顺天府宝坻县〕　邑之列肆开典者，大率来自他省，惟山右为多，本邑殊少大商，所贸易不过布、米、鱼、盐之类，无他异物也。其城乡市集皆有常期，遇期则远近毕至，日斜而退。

（清　洪肇宫等纂修：《宝坻县志》，卷七，风物，风俗，清乾隆十年刻本，民国六年石印重印本。）

〔民国二十年前后，天津〕　津邑为华北大港，交通便利，商贾云集，而其最盛者为北马路、东马路与南运河沿岸一带。如北门内外、北马路、北大关、乐壶洞、竹竿巷、针市街、估衣街、锅店街、河北大街、东门内外、宫南北、袜子胡同、毛家伙巷、大胡同等处，均为商业荟萃之区。至租界之中，年来，因战事关系，商务尤为繁盛。英法租界之中街，可与美银行街媲美，法之梨栈、日之旭街、意之大马路，亦皆为商务精华所集，几为不夜之城。……天津贸易，每年春、夏、秋三季为最盛,冬则河水冰结,贸易遂辍。近虽铁路四达,交通日便,原不分春夏秋冬,然每当岁暮年终,商界中皆作结束,货积则极力卖出,货空亦暂不添置,此实商家之习惯,积久而成例也。故一年中统计之,冬日常不如春、夏、秋贸易之盛。

（宋蕴璞辑:《天津志略》,第十编,商务,民国二十年铅印本。）

〔民国二十三年前后,天津〕 天津商务不下百余种,凡属于一切营业,无不具备。惟近来受东北失地及外粉、外纱之倾销,棉纱、皮货、面粉各业损失至巨,其他各业因受经济之恐慌,亦皆衰落,不若往日之殷实。

（天津市志编纂处编:《天津市概要》,工商编,第三章,商业,第三节,商业概况,民国二十三年铅印本。）

〔明代至清末民初,河北张家口〕 张家口在明代为要隘,重兵守焉。宣德四年筑堡,即今下堡城,开马市,与蒙古通贸易。清,察哈尔都统驻焉。上堡俗名市圈,清之中叶,商贾辐辏,市面繁荣,殷实商号麇集市圈。光绪二十八年,中俄条约,大境门外元宝山开为通商场,遂为陆路大商埠之一。自宣统元年京张铁路工竣通车后,于车站旁新辟市街,名曰桥东。翌年展筑张绥线,而张家口扼平绥铁路之中点,本埠商业中心遂移下堡,势使然也。

（路联达等修,任守恭等纂:《万全县志》,附张家口概况,建设,民国二十二年铅印本。）

〔明代中叶至民国九年,河北张家口〕 朱明中叶始以张家口上堡为蒙汉互市之所。迨清末,张库通商日繁一日,每年进出口约合口平银一万二千万两,出口货物率为东生烟、砖茶、鞍、鞴、皮靴、河南绸、铜、铁、杂货之类,入口货物则系外八旗大中小自生口蘑、皮张、驼、牛、羊毛、鹿茸、黄芪之类,运输全恃牛车、骆驼。自京绥铁路修至张家口,复经边防军筹建张库汽车路,运输愈便,商务尤盛,贸易额达一万五千万两,计进口八千万两,出口七千万两,是为张垣商务鼎盛时期。迨民九外蒙独立,张垣商务否运开始。

（路联达等修,任守恭等纂:《万全县志》,附张家口概况,工商,商业,民国二十二年铅印本。）

〔明嘉靖十九年前后,河北河间府沧州〕 河间行货之商,皆贩缯、贩粟、贩盐铁木植之人。贩缯者,至自南京、苏州、临清。贩粟者,至自卫辉磁州,拜天津沿河一带间,以岁之丰歉,或籴之使来,粜之使去,皆辇致之。贩铁者,农器居多,至自临清泊头,皆驾小车而来。贩盐者,至自沧州、天津。贩木植者,至自真定。其诸贩磁器、漆器之类,至自饶州、徽州。至于居货之贾,大抵河北郡县俱谓之铺户。货物既通,府州县间亦有征之者,其有售粟于京师者。

(明 郜相修,樊深纂:《河间府志》,卷之七,风土志,风俗,明嘉靖十九年刻本。)

〔明嘉靖四十年前后,河北宣府镇〕 先年,大市中,贾店鳞比,各有名称,如云:南京罗缎铺、苏杭罗缎铺、潞州绸铺、泽州帕铺、临清布帛铺、绒线铺、杂货铺,各行交易铺沿长四五里许,贾者争居之。近者,上官买物抑价,其跟从人亦乘机为之,少不谐意,答楚顿加,而又逼作官商,陪补军饷,身家因不保,于是大市之贾不知流落何所矣。

(明 孙世芳修,栾尚约纂:《宣府镇志》,卷二十,风俗考,明嘉靖四十年刻本。)

注:宣府镇今为宣化县。

〔清康熙以前至民国二十二年前后,河北沧县〕 沧县商务,当长芦运使驻节之时,盐商麇集于此,文绣膏粱,纷华奢丽,商业繁荣非他处所及。自康熙丁巳运署移津,咸丰癸丑而后,仕宦散居各乡,治城之经商者,顿形冷落矣。嗣后,整理市廛,讲求贸易,商业亦渐次恢复。就近今二十年考之,盐商、当商而外,厥惟钱商、粮商及布商、木商、洋广货各商,约计七十余行业,亦云盛矣。自钱法变而折合赢余之事无形取消,即放款为营业者,以各业生意萧条而子母亦多损失。粮商较为稳固,然推销本地,获利无多,若代客买卖之行栈,以战事迭兴而外商不至,河流将涸而运输维艰。布商、木商、洋广货各商,半多人生日用之品,惟历年赊欠不免损耗资本,加以增税增捐,事事均足以亏累。惟有自设行栈如煤油、纸烟诸大宗代人经理,坐提花红,或收买内地土货转售外商,并有购置伟大机器创立新事业,若富利面粉公司、昌明电灯公司,皆商业之特著者。此境内之大概商情也。

(张凤瑞等修,张坪纂:《沧县志》,卷十二,事实志,礼俗,民国二十二年铅印本。)

〔清康熙五十年前后,直隶宣化府宣化县〕 关于商业,在昔蒙古内附,置为藩属,张家口、库伦、恰克图为互市要区,商业兴盛,不亚内地。本埠商业半为客籍人所经营,尤以山西及蔚县人为多,本地人商业势力甚微。

(清 陈垣纂修:《宣化乡土志》,实业,清康熙五十年抄本。)

〔清道光二十年至民国二十六年,河北滦县〕 县属滨海,其利鱼盐。盐法自清道光二十年后,改归官办。典市肆者皆土人。考其课于州牧,盐无商矣。鱼则擅其利于滨海,大户为网铺,资本巨万,所息亦有丰歉,丰则谓之熟海。其余河流淀港,蒲苇鱼虾之利,远不逮也。行商作贾,惟粮客为最盛。昔自迁安之建昌营运口外之粮,由陆路委输开平,以粜于西南郡县之不足者也。至道光初年,始改由滦河用梭船运八沟之粮,委积于城内,以粜于四境之不足者也。而城南八社尤赖之。自咸丰年后,大庄河民船出海自运关东之粮,接济沿海一带,粮价稍平。滦人习贾,在本地者十之二三,赴关东者十之六七,沈阳、吉林、黑龙江三省之地皆至焉。虽远贾必归,鲜流寓于外者。每岁获资以赡家口,是以贾补农之不足也(旧《志》)。民国以来,沿袭未改,属以战事频仍,贾于外者渐少,邑民经济受其影响矣。

(袁葆修,张凤翔等纂:《滦县志》,卷四,人民志,风俗习尚,民国二十六年铅印本。)

〔清道光末年至民国二十六年,河北滦县〕 清道光末年,县城中尚无所谓饭馆,近则多至十许处。

(袁葆修,张凤翔等纂:《滦县志》,卷四,人民志,生活状况,民国二十六年铅印本。)

〔清咸丰十年,直隶定州深泽县〕 民俗重农,不能商贾,鬻财于外者少,故邑鲜狙狯。惟南关远人辐辏,五方杂处。

(清 张衍寿修,王肇晋纂:《深泽县志》,卷四,典礼志,风俗,清咸丰十年修,同治元年刻本。)

〔清光绪二十六年至民国十八年,河北完县〕 完县僻处山麓,幅员狭小,交通梗塞,地瘠民贫,故商业向不发达。自清末迄今,天灾人祸,相逼而来,民力既竭,商业益形不振。乾嘉之季,城关尚有当商七家,钱商五家,较大商号不下数十,虽不及繁盛之区,以衡今日何啻霄壤。庚子之乱,完县商业损失颇巨。自是,元气大亏,迄未恢复。输入货物统计表及家庭工业产品统计表并附于后:

城关商户统计表(民国十八年调查)

名　称	户　数	说　明
花　店	四	此表仅就城关镇列。至乡镇,如吴村、神南、下叔、常庄等处,虽有商户,惟资本极微,规模太小,姑从缺略
洋布店	五	
盐　店	一	
茶叶店	三	
烟卷店	一	
杂货店	一〇	
磁器店	四	
铁器铺	二	

(续表)

名　称	户　数	说　明
绒毛山货店	二	
鞋　铺	三	
估衣铺	一	
油面铺	七	
药　店	九	
酒　店	四	
肉　铺	四	
洋货铺	三	
饭　铺	五	
运输业	二	
刻字印刷业	二	
染布铺	二	
统计	二〇	七四

输出输入货物统计表（民国十九年建设局调查）

输出货物

货物名称	输出数量	行销地点	出境价格	备　考
棉花	一千万斤	天津张家口	一百二十余万元	十九年度棉花丰收
土布	四十万余匹	涞源蔚县张家口等处	四十余万元	
毛布	六万五千余打	绥远张家口 山西河南等处	七万一千余元	
羊毛	二万余斤	天津保定	六万元	
羊绒	万余斤	天津保定	七千余元	
果品	二十余万斤	天津保定	二万元	
脂麻	四百余石	天津保定	五千余元	
香条	一万余捆	天津河间等处	十五万余元	日见衰落
总计　八			一百九十万元	

输入货物

货物名称	输入数量	货物来源	入境价额	备　考
煤炭	六百五十余万斤	望都方顺车站 满城唐县 藁城等处	二万五千余元	

(续表)

货物名称	输入数量	货物来源	入境价额	备 考
煤　油	六千余筒	天津保定	一万八千余元	本年
食　盐	一百八十余万	天　津	十六万二千元	油价倍增
卷　烟	八百箱	天津保定	八万五千余元	每筒
茶　叶	二万二千余斤	天津保定	一万五千余元	至六
洋　线	四百五十包	天　津	十二万余元	元余
洋　布	二千匹	天津保定	二万元	
面　粉	三万六千余袋	天津保定	十四万余元	
总计	八		五十九万余元	

（彭作桢等修，刘玉田等纂：《完县新志》，卷七，食货第五，民国二十三年铅印本。）

〔清朝末年至民国二十四年前后，河北阳原县〕　本县商业，以清末至民十以前为最盛。其皮货营业，以治城为中心，远经张家口而达于京、津。汇兑营业，更经张家口而达于恰克图、库伦。粮食营业，则西以治城揣骨疃为中心，而达于山西之阳高县；东以东城为中心，而远于蔚县之西合营。年以输出货价，更购东西洋及津广杂货，以供本县人民之需用。然此数十年中，因本县侨于恰库者众，并经工商各业收入甚丰，故每岁现金入超数为数十万以至百余万，是以产业涨价，商号林立。自民十以后，本县外受全国经济衰落之影响，内受县民恰库事业之倒闭，现金出超与年俱进，至今则多年积蓄以尽，资本阶级均将破产，全县商号日告歇业，前此汇兑事业已悉停顿，年来粮食出口亦甚微末，现存商号死象亦呈，今之营业仅系各种手工组合售其出品，少数百货商店贩运外货而已。

（刘志鸿等修，李泰棻纂：《阳原县志》，卷八，产业，商业，民国二十四年铅印本。）

〔清朝末年至民国二十六年，河北滦县〕　县境在四十年前，止有旅店而无饭店。自有铁路交通以来，往来客商繁伙，常有应接不暇之势，商业繁荣如唐山，人文荟萃如县城，而饭店之设，遂多于旅店，亦时势使然也。

（袁棻修，张凤翔等纂：《滦县志》，卷十四，实业志，商业，民国二十六年铅印本。）

〔民国十八年前后，河北宁晋县〕　宁邑滨临滏河，交通便利，城市集镇商业素称发达。近来，铁轨繁兴，远方贸易者日众，惟是，花、粮而外，贩洋货奢侈品者颇多。

（芳毓岭等修，张震科纂：《宁晋县志》，卷一，封域志，风俗，民国十八年石印本。）

〔民国十九年前后，河北满城县〕　商业：盐商，总店一家，仍沿昔时专卖之制,由天津运盐到县,批发各乡镇代销,年约销额七千余袋,每袋二百四十斤,每斤价现银元一角。棉商,营棉业者,名曰花店,现共九家,为县内资本最大之商,资本约十一万七千余元,收买各轧坊棉穰,榨包运津销售,全年输出平均约六百四十七万二千余斤,为本县物产出运大宗。酒商,县境无烧锅,营此业者,皆贩自徐水县,共四家,销额年约三万余斤。其他杂货铺带卖,不在此数。煤商,本县销煤,以烟煤为最多,京煤次之,营此业者共七家,资本约一万三千余元,煤由井陉、临城、门头沟、周口店各矿运来,全年销额约四百余万斤。药商,药村均自安国县趸来,营此业者,共十一家,资本约二万余元,销无定数。布商,全境布商共七家,资本约三千余元,其布匹半出本地机织,半由高阳输入,杂色外洋之布,均由保定趸来,销无定数。杂货商,全境营杂货业者共九家,资本约四千五百余元,其货品或系自制,或由津埠运来,销无定数。

(陈宝生修,陈昌源等纂:《满城县志》,卷之七,县政三,实业,商业,民国二十年铅印本。)

〔民国二十年前后,河北枣强县〕 枣强无富商大贾,所有者,仅集股营业者耳,如县城内商户数十家,其资本大者四千元,小者二千元,至五六千元者,百不一见。而四镇之商户,大营而外,尤萧条零落无起色。

(宋兆升修,张宗载、齐文焕纂:《枣强县志料》,卷二,实业,商,民国二十年铅印本。)

〔民国二十年以后,河南武安县〕 绸布业全县二十六家,资本少者数百元,多亦逾万元。绸缎来源采自沪、杭、豫、鲁,匹头则采自天津、济南,或概由顺德购办。"九·一八"以前,各货腾贵,营业增盛,数年来,缎子每尺由一元四五角落至三四角,洋布每匹由十二三元落至六七元,商家购货到手,未及售卖,即行贬价,亏累歇业,屡见不鲜,不景气之影响,于斯业为最甚。

(杜济美等修,郄济川等纂:《武安县志》卷十,实业志,商业,民国二十九年铅印本。)

〔民国二十一年前后,河北景县〕 全境各商约三百余家,大都资本寥寥,其中具工业性质,更直接与农业有关系者,惟烧锅与豆油房二者为大。

(耿兆栋等修,张汝漪纂:《景县志》,卷二,产业志,商业状况,民国二十一年铅印本。)

〔民国二十二年前后,河北广宗县〕 城内无资本万元之商号,居民日常所需,如布匹、纸张、杂货等类,均系商人在于附近都市(如顺德、临清等处),零星贩卖,无由津、沪各商埠趸批者。粮食为本地出产,牲畜为农民耕地所需,然买卖亦仅限于本县或邻境而已。

(姜榃荣等修,韩敏修纂:《广宗县志》,卷三,民生略,民国二十二年铅印本。)

〔民国二十二年前后,河北张家口〕　张家口本为北方著名之商埠。自中俄失和,库伦不通以来,百业凋敝,相继倒闭,工人失业,商民他徙。以言农,则农村破产,人皆逃亡。以言工商,则失业流离,故人口骤减。

(路联达等修,任守恭等纂:《万全县志》,卷三,生计志,人口及土地,民国二十二年铅印本。)

〔民国二十二年前后,河北张家口〕　张家口在昔商业繁盛之时,商户数几占民户数二分之一。民国十五年后,兵燹匪患,灾歉连年,摊款加捐,负担益重,商业影响,倒闭民户避难来张,所以民户日增,而商号日减矣。迨库伦不通,商业停滞,致使繁殷之地面顿呈萧条之象,各行商户呈报歇业者不计其数,而元宝山大门街一带其最显著者也。

(路联达等修,任守恭等纂:《万全县志》,附张家口概况,公安,户口,民国二十二年铅印本。)

〔民国二十二年前后,河北南皮县〕　本境商业：正式银钱行仅城内义兴和一家,其余集镇,均系他业兼兑银钱。泊镇、冯家口,均有粮店,专营转运粮石于天津、济南、泰安等处,其余以杂货业为最多,药业次之,茶叶、洋布业又次之,绸缎业者少,大概均属于消费方面。其属于生产方面者,以制棉、轧油两项为最大,行销亦最远。为漏卮之巨者,以纸烟、煤油为最,纵有本地产烟叶、烟丝、豆油、花生油等,亦竟不用。又有商家纯销洋货,竟大书特书洋货店者,至为可耻,近来,爱国人士力为提倡国货,从此或可挽回利权也。

(王德乾等修,刘树鑫等纂:《南皮县志》,卷五,政治志上,实业,民国二十二年铅印本。)

〔民国二十三年前后,河北张北县〕　张北僻处塞外,商业落后,无可讳言,县城之商业,在民国六年以前,不过有零星杂货小铺三二家而已。自县署迁治城内后,人烟与商业逐渐增加,迄至于今,颇有振兴发达之气象。惟近年以来,时局不靖,地方多事,各业前途深受影响,以故,凡小本营生,力量单薄者,亏累倒闭,日有所闻。然幸本县近年秋收稍佳,尚未至一落千丈。惟望再有数年丰收,无兵匪之害,负担自轻,则本县商业可望蒸蒸日上。兹将现在之商业大致分类胪列于左,以供留心地方者之参考焉。粮店：张北为产粮之区,从前各粮均运至张家口销售,自近年县城粮店增加,而粜粮之主因赴口辽远不便,遂相率来城交易,而粮店营业逐渐繁盛。如二十一年,县城内粮店四十五家;二十二年、二十三年,增至六十家以上,连各乡镇之粮店共有一百余家之谱。惟其资本甚微,似不能发达,向以年景丰歉为开业、歇业之标准。不过其内有少数粮店，虽遇荒年，尚能存在者，盖因十七年以前，存粮者皆以轻价买来，未出半年，而粮食缺乏，粮价陡增数倍，是以存粮各家均获大利，今非昔比，情形远不如前也。

毛店：收买各种粗毛，如骆驼毛、羊毛、山羊毛等类，贩至张家口、平、津一带出售。此种营业，对于毛之成色，必须独具只色，各地市价，必须独具只眼，有观察之眼光，始免蚀本赔累之虞。前数年，曾有收买大宗毛绒后存放不动，俟价值腾涨，再运至天津出售，获利数倍，因存放日久，毛质生霉，以至损失或价格低落，往往折尽原本，不能恢复者，亦大有人在也。现在，本县城内有毛店四五家，庙滩、馒头营、公会各村，约有七八家，共有十数家，尚可维持现状。

皮铺：皮张营业向分生皮、熟皮二种。生皮者，牛、羊、马、狗各种皮张，收买后再转售熟皮铺制造成熟之后，再分别转售或制成物件，如皮袄、皮裤、皮袜、皮帽等等。本地乡人用之最多，营此业者亦甚伙，县城内现有十数家。此外，更有皮绳铺，专用牛、马熟皮制造皮绳、皮鞭、笼头、马嚼子等类，系为车马之用，每年销售甚多，县城内营此业者现有三四家。

布铺：张北布铺所卖者，粗皮、棉线为大宗，其次为粗洋布、斜文布、市布、标布、花条布等类，由张家口或平、津贩来，售价与张垣相等，惟张垣用裁尺，即系余利耳。现在，县城内有布铺十余家，加全县各乡镇约有四五十家，营业尚属可观，不过布铺即代卖杂货，米、面、杂货铺亦可兼售布匹，盖穷乡僻壤习惯成例，不若此，殊不足以活动营业也。

广货铺：经售各种京广杂货、鞋、帽、首饰及儿童玩物、化妆用品等类，县城内约有七八家，惟乡镇尚少，近年来风气趋于时髦，营者尚称发达。

杂货铺：本县之杂货铺，除油、盐、酱、醋、米、面、茶、糖而外，尚带有布匹、点心、菜蔬、山货及京广杂货，应有尽有，是以每日门市交易，较他种营业为热闹，冬间，每日每家可卖洋四五十元以上，少则十数元，夏季稍逊，县城内现有二十余家，各区各乡加之，共有百余家，近年虽受灾歉影响，尚可维持现状。

铁器铺：农家所用器具，如铁锹、铁镢、锄、犁、刀、铲之类，每逢春季耕田、夏季耘苗、秋季刈稼时，售之最多，其物品多由山西及本省蔚县贩来，县城内约有五六家，全县合计不过二十余家，近年因农村凋敝，此业不甚发达。

点心铺：本县城内各点心铺，在先为数寥寥，不甚发达，且其质料虽不如张垣远甚，惟自近年以来，因营业之竞争，由省垣来此设立分号者颇多，平时出售无多。惟中秋节销售月饼最为大宗，每家售出少至三四千斤，多至五六千斤以上者。现在县城点心铺有十数家。每逢节届中秋，即烧饼铺皆可乘机制售月饼，原料不佳，价值低廉，更觉销售畅旺。营此业者，平日异常萧条，若至秋节，每感求过于供之情况，其获利比平常稍厚也。

饭馆：本县城内现有大饭馆四家，房屋雅洁，能以包办喜庆筵席、大小酒席及零正小食，如有请客筵会，尚称便利。又有小饭馆十余家，售卖家常便饭、大饼、面条之类。且有山西饭馆一处，专办零正小食及合于晋人脾胃之豆面、拨鱼、削面条等饭，均能维持现状。

席麻铺：该铺售卖苇席、蒿粮席、白麻及麻绳、麻袋，并兼售农田所用筐笭、簸箕、木锨、扫帚以及粗磁盆、碗、坛、瓮各物。本县城内，营此业者，现有十七八家之多，其物多由本省蔚县贩来。去年，因受地方多事影响，不免遭受打击，惟地方平靖后，营业日形发达，尚无折本歇业之虑。

煤油庄：本县城内现有发行煤油庄二家，一为亚细亚，一为美孚，互相争胜，销路颇广，不但全县各乡镇，即邻封各县，亦有来此贩运者，营业尚称发达。

面铺：本县城内现有大小面铺五十余家，公会村现有三二十家，如全县各区各乡镇约共有百余家。在先，营业颇形发达，嗣因家数过多，粮食涨价，营此业者，均感买卖疲滞，供过于求之苦。

汇兑情形：本县并无汇兑庄，所有银钱往来拨兑事宜，现有一二家商号代办汇兑，惟兑拨地点仅张家口、张北二处，其他省区各地，向不通汇，遇有汇兑事项，由邮局代办，尚称便利。

鸡子商贩：查鸡子为全县出产之一，各乡村民户家中均饲养雌鸡，除严冬外，其春、夏、秋三季均能生卵，每家平均养鸡五只，全年可得鸡子四百枚，以全县计，为数颇巨，各小贩沿乡村收买，每洋一元可购一百余枚，转售于张家口各处或打蛋公司。

白翎鸟商贩：本县第一、三两区为产白翎之地，每年夏季，关南小贩到各乡间或暗捕、或收买集至多数，运至张家口或平、津各地售买，优良者每只能售价一二元，次者亦可售洋二三角，每年营此业者不可胜数，但无本地人获此利也。

蘑菇商贩：本县山坡平滩土质肥美之处，多产蘑菇，每逢秋季雨后，附近土人寻找产生蘑菇之圈，就近采取之，蒙人采者尤多，小贩赴乡或蒙地收买甚多，黑蘑菇每斤价洋三四角，白者每斤价洋一元以上，收买后，运至张家口转售于蘑菇铺，常获数倍之利，故每年夏、秋之交，营此业者往来不绝于途。

枯骨商贩：县境为辽、金、元时之治地，蒙人多嗜肉食，且对卫生不甚讲求，食后将骨狼籍〈藉〉掷弃，年湮代远，此物地下到处皆有，今贫人随地掘捡，出售得钱,现在枯骨每斤值铜元八九枚,每人每日早晚掘捡,亦可得洋四五角。

兽皮商贩:本县除产牛、马、羊、狗等皮外,并于冬季农忙后,近山之村民猎取野兽,如狐狸、山兔、野羊之类,剥皮售于小贩,转售于张家口皮货店,获利颇厚。

羊肠商贩:羊肠子,前未发明用途,因而弃置无用。年来因有外人收买,并各地多有收买公司,每付羊肠售价七八角,全县每年售卖甚多,为此业者于收买后,略加炮制,转运至平、津出售,获利颇巨。

山药(即马铃薯)最多,各乡村居民家中均能制造山药粉,制法简便,用途颇多,除自用外,余则出售,每斤价洋约五六分,小贩收买后,运至他省出售,颇能获利。

乳皮商贩:乳皮又称奶皮子,其物用牛乳制成,蒙古人多食之,富于滋养,每秋间,小贩分往蒙古各地方收买,每斤原价不过三四角,尚有以货交换者,其利更厚,转售于张家口各地,每斤至少需洋五六角,或八九角,此亦小贩获利之一种也。

(陈继淹修,许闻诗等纂:《张北县志》卷五,户籍志,商业,民国二十四年铅印本。)

〔民国二十四年,河南武安县〕

武安县县内商业一览表(民国二十四年调查)

业别	家数	资金最多	资金最少	营业总额最高	营业总额最低	籍贯	备考
银钱业	三	一五八〇〇	八〇〇〇	不详	不详	武安	该行因存款、取款出入甚巨,营业总额调查不详。
绸布业	二六	八〇〇〇	五〇〇	四〇〇〇〇	三〇〇〇	本县籍居多数高阳籍居少数。	该行无不使用汇借,一年辛苦尽为人忙,营业额虽高,纯益实微。
杂货业	六四	五〇〇〇	二〇〇	三〇〇〇〇	一〇〇〇	武安	全县商业裹以绸布、杂货营业称最近,因农村破产,两业无不退缩。
粮业	五六	三〇〇〇	五〇〇	五〇〇〇〇	三〇〇〇	武安	该行以日兼佣为主、营业较多。
药材业	二八	二〇〇〇	一〇〇	一〇〇〇〇	一〇〇〇	武安	该行以本县为实销地,营业额较低。
棉花业	一三	三〇〇〇	五〇〇	一〇〇〇〇	一〇〇〇〇	武安	该行营业总额向曾超过一切,近以棉产不丰,殊少进步。
茶馃业	二〇	三〇〇〇	三〇〇	三〇〇	三〇〇	大名籍多、本县籍少	前数年较盛,近今衰颓。
白布业	一二	一〇〇〇	一〇〇	一〇〇〇〇	二〇〇〇	武安	该行本业甚形疲滞,惟兼销棉纱、煤油者颇显活跃。

（续表）

业别	家数	资金 最多	资金 最少	营业总额 最高	营业总额 最低	籍贯	备考
木板业	二一	一五〇〇	一〇〇	一〇〇〇〇	二〇〇〇	武安	近年无大盈亏。
油业	一三	三〇〇〇	三〇〇	一〇〇〇〇	一〇〇〇〇		近年无大盈亏。
广货业	二〇	三〇〇〇	一〇〇	一〇〇〇〇	五〇〇	宁晋、清河、巨鹿、安阳、卫辉、武安	数年前营业兴盛，近已衰颓。
山货业	一二	一〇〇〇	二〇〇	四〇〇〇〇	一〇〇〇	武安	数年前大显兴旺，近日凋敝。
煤油业	六	不详	不详	不详	不详	邯郸武安	代销煤油者甚多，直接邯郸批发者不过六家。
麦粉业	一	不详	不详	不详	不详	邯郸	机器面粉只余远恒一家，其余皆系代卖性质，不能视为专业，至于土磨所出之面，全县尽多，无法统计，姑且从略。
烟业	一〇	二〇〇〇	三〇〇	不详	不详	武安	旧式烟店仍在支持，杂牌纸烟及国货纸烟似有转机。
铁货业	四	一〇〇〇	五〇〇	五〇〇〇	一〇〇〇	山西、邢台	近年较为疲滞。
皮业	四	一〇〇〇	五〇〇	三〇〇〇	一〇〇〇	邢台	近年稍衰。
毡业	二四	二〇〇〇	五〇〇	二〇〇〇	八〇〇	山西	近年稍衰。
书籍文具业	四	五〇〇	二〇〇	二〇〇〇	五〇〇	山东、邢台、武安	近以同业竞争，营业虽盛，利润极微。
裱画业	三	三〇〇	一〇〇	五〇〇	二〇〇	武安	近年较为清淡。
酒业	一三	五〇〇	二〇二	三〇〇〇	七〇〇	武安	近年营业衰颓。
肉业	六	五〇〇	一〇〇	三〇〇〇	五〇〇	武安	近年平和。
鞋帽业	七	一二〇〇	二〇〇	五〇〇〇	八〇〇	河北武安	前曾兴旺一时，近形退缩。
合计	三七〇	五六五〇〇	一三五〇〇	三四三五〇〇	三〇〇〇〇		县内商业无特大资本，营业总额，除煤油、面粉、棉纱、纸烟以及钱行所营业务不列统计外，余均因市面萧条，概行退缩。
说明	一、本表所列商业盛衰情形，俱按二十四年份前叙述统计。 一、本表所列商业之外，尚有其他类似商业之手工业及小本营业，如饭馆、澡塘〈堂〉、理发所、灯笼铺等，无法统计，姑予从略。 一、本县盐业各行皆可领照售卖，一扫从前专卖之限制，详载财政志中，兹编不赘。 一、本表资本及营业额之最高数字，因各种原因，间有未尽，阅者谅之。							

（杜济美等修，郄济川等著：《武安县志》，卷十，实业志，商业，民国二十九年铅印本。）

〔民国二十四年，河北涿县〕商号总数：八百八十八家。商人总数：六千二百余人。营业种类：盐业、当业、酿酒业、杂货业、布业、竹木业、鞋业、洗染业、首饰业、油业、茶业、木业、醋酱业、澡堂业、赁货业、帽业、棉业、干果业、油漆业、菜果业、车业、磨面业、面食业、杂粮业、饭馆业、铜铁锡业、灰煤业、棉线业、文具业、转运业、肉业、瓷业、估衣业、洋货业、药业、皮麻绳业、席麻业、烟酒业、客店业、茶馆业、理发业、成衣业、刻字业、印刷业、修理钟表业、照像业、裱画业、镶牙业、颜料业、纸匣业、运销火柴业、糕点业、糖果业、纸烟业。资本及全年营业额数：盐业总店一家，资本额十二万元，全年营业总数二十七万元；当业一家，资本额万五千元，全年营业总数三万五千元；酿酒业七家，资本额共十二万元，全年营业总数约百万元；杂货业百三十五家，资本额共三万九千七百元，全年营业总数四十万另三千一百余元；布业三十九家，资本额共二万二千一百六十元，全年营业总数十七万二千一百余元；竹木业九家，资本额共一千八百五十余元，全年营业总数六千九百八十八元；鞋业二十三家，资本额共一千九百七十余元，全年营业总数一万八千五百六十余元；洗染业十二家，资本额共三千八百二十元，全年营业总数一万八千一百余元；首饰业十一家，资本额共三千九百七十元，全年营业总数七千八百五十余元；油业七家，资本额共一千四百七十元，全年营业总数一万二千七百余元；茶业七家，资本额共三千五百五十元，全年营业总数五万九千九百四十余元；木业二十四家，资本额共四千四百六十元，全年营业总数二万二千九百八十余元；醋酱业三家，资本额共二千八百元，全年营业总数七千四百余元；澡堂业六家，资本额共一千余元，营业总数六千九百余元；赁货业八家，资本额共三千五百余元，全年营业总数三千六百余元；帽业二家，资本额共二百元，全年营业总数四千五百元；棉业三家，资本额共九千元，全年营业总数五万五千九百余元；干果业四家，资本额共一千五百元，全年营业总数二万另四百余元；油漆业三家，资本额共四千四百元，全年营业总数二万另一百余元；菜果业八家，资本额共五百余元，全年营业总数三千九百余元；车业三十六家，资本额共五千二百二十一元，全年营业总数四万五千一百元；磨面业二十四家，资本额共二千一百三十元，全年营业总数二万二千二百余元；面食业十九家，资本额共六百余元，全年营业总数一万二千一百余元；杂粮业五十四家，全年营业总数四十九万三千六百余元；饭馆业九十四家，资本额共四千六百五十余元，全年营业总数七万八千四百余元；铜铁锡业四十六家，资本额共五千六百六十余元，全年营业总数五万三千八百余元；灰煤业十一家，资本额共七千九百余元，全年营业总数七万五千八百余元；棉线业七家,资本额共一千三百六十余元,全年营业总数一万六千四百余元；文具业五家,资本额共三千元,全年营业总数一万五千三百余元；转运业三家,资本额共二百元,全年营业总数四千四百余元；肉业十三家,资本额共二千八百七十元,全年营业总数五万八千八百八十余元；瓷业八家,资本额共七千五百余元,全年营业总数四万七千六百余元；估衣业六家,资本额共五千六百元,全年营业总数一万九千九百余元；洋货业九家,资本额共二千余元,全年营业总数一万五千余元；药业一百另七家,资本额三万六千九百四十余元,全年营业总数十四万二千七百八十余元；皮麻绳业十六家,资本额共六千五百五十余元,全年营业总数四万五千七百四十余元；席麻业九家,资本额共一千四百四十余元,全年营业总数八千三百五十元；烟酒业十家,资本额共七百四十元,全年营业总数一万另四百余元；客店业二十家,资本额共一百四十元,全年营业总数一千九百四十余元；茶馆业十三家,资本额共四百五十五元,全年营业总数一千六百三十余元；理发馆十七家,资本额共四百四十余元,全年营业总数二千九百三十余元；成衣业十六家,资本额共六百元,全年营业总数二千五百六十余元；刻字铺三家,资本额共一百二十五元,全年营业总数七百元；印刷业四家,资本额共三百一十元,全年营业总数二千一百一十元；修理钟表业五家,资本额共一百九十五元,全年营业总数九百元、照像业四家,资本额共七百八十余元,全年营业总数二千九百七十元；裱画业二家,资本额共一百四十元,全年营业总数三百七十元；镶牙业一家,资本额三十元,全年营业总数一百元；颜料业一家；资本额三千元,全年营业总数一万七千余元；纸匣业一家,资本额二千元,全年营业总数五千二百五十元；运销火柴业一家,资本额一千元,全年营业总数一万四千七百六十余元；糕点业一家,资本额五百元,全年营业总数一万二千二百三十余元；糖果业二家,资本额共二百一十元,全年营业总数二千二百八十元；纸烟业三家,资本额共三千元,全年营业总数六万元。

（宋大章等修,周存培等纂：《涿县志》,第三编,经济,第一卷,实业,民国二十五年铅印本。）

〔民国二十四年前后,河南武安县〕 烟业：昔时烟店林立,全县不下数十家,近以纸烟盛行,水、旱烟已被淘汰,所余不过四五家而已。纸烟以英美烟草公司出品为最风行,南洋兄弟烟草公司曾一度与之竞争,不胜而罢,现虽有各种杂牌烟来武创销,多不能畅行无阻。至于国货烟,因成本关系,制造不精,惟价值低廉,堪充农民之消遣品,劳工界均欢迎。

（杜济美等修,郄济川等著：《武安县志》,卷十,实业志,商业,民国二十九年铅印本。）

〔民国二十四年前后，河北三河县〕 三邑商号本不发达，近因军事频兴，人惮归市，名为开幕，实等闭门，红利又何足言也。市井日见萧条，而捐税仍照常交纳，以是殷实者仅能敷衍，而资本无多者遂无法支持矣。

（唐玉书等修，吴宝铭等纂：《三河县志》，卷十五，因革志，实业篇，现状，民国二十四年铅印本。）

〔民国二十五年前后，河北香河县〕 煤商。本县营此业者，原属无几，近年因燃料缺乏，价值日增，乡镇始多用煤，生意颇见发达，但以交通不便，转运维艰，各商多存戒慎，每年销额约在六百余万斤，以烟煤占最多数。药商，药材多自安国县迻来，亦有购自平津者，营此业者凡二十余家，利益最厚，销额无定数。布商，本县线店四十余家，均收买土布，向北平、口北一带行销，为香河出品大宗，乡民赖以生活，其杂色布匹，类由天津转运，销无定数。杂货商，本县营杂货业者凡四十余家，货品多运自津埠，亦间有制造者，销额无精细统计。

（王葆安修，马文焕、陈式谌纂：《香河县志》，卷三，实业，民国二十五年铅印本。）

〔民国二十五年前后，河北南宫县〕 南宫素号富庶，商业甲于邻县，在城商号凡三百余家。

（黄容惠修，贾恩绂纂：《南宫县志》，卷十一，法制志，新政篇，商会，民国二十五年刻本。）

〔民国二十八年，河北邯郸县〕 车站新马路：邯邑地居要冲，扼京汉铁路之中枢，车站一隅，人口日增，商业亦日渐发达，往昔城关车站，来往交通，皆经由西南庄后街，因街道窄狭，且多曲折，车马行人每易挤撞。民国二十八年春，知事杨公秩平为便利交通，繁荣市面起见，征集民夫，由车站票房之东，经太平街，直达南关，开辟新马路一条，计长二百三十丈，宽四丈五尺。虽沿路之田地市房因而被拆、被占，少数商民难免痛苦，然现下商业重心均移于新马路两旁，楼房林立，市面繁盛，尤可谓空前之盛，岂交通便利而已哉。

（杨肇基修，李世昌等纂：《邯郸县志》，卷三，地理志，交通，民国二十九年刻本。）

〔民国二十八年前后，河北广平县〕 县境虽小，集市颇多，交易情形甚为活跃，且东通济南、西达邯郸、南界开封、北邻顺德，懋迁有无，各得其所。至城内之粮店、花行，总无雄厚资本，而每年营业大可子母相衡，其衰落如今日者，一因遭受红枪会之扰乱，二为南北事变之发生，遂致停闭逃亡，一蹶不起。

（韩作舟纂修：《广平县志》，卷五，物产，工商状况，民国二十八年铅印本。）

〔**民国三十年前后,河北通县**〕 城关商号共九百余家,马驹桥镇二百七十余家,西集镇二百四十余家,永乐店镇一百五十余家,燕郊镇一百三十余家,张家湾镇四十余家,牛堡屯镇四十余家。计分业如下:杂货业九三家,竹木业二十家,当估业二十家,猪肉业二十家,染踹业九家,锡铜业一三家,首饰业二一家,鞋帽业七家,牛羊肉业一一家,卷烟业一七家,油果业七家,鲜果业二五家,斗店业一五家,旅店业三四家,药业三家,澡堂业七家,饭馆业一三家,自行车业二十家,山货皮麻业二二家,烧锅业一八家,布业四五家,煤业二二家,粮业八八家,钱业七家,铁业七家,棉业七家。

(金士坚修,徐白纂:《通县志要》,卷九,风土志,工商,民国三十年铅印本。)

〔**北宋年间,河东路太原府**〕 邑之生齿繁众,隶籍者五万二千户,侨居而末业者不可胜数,河东之邑,斯最为大(宋文彦:《博思凤亭序》)。

(清 觉罗石麟修,储大文纂:《山西通志》,卷四十六,风俗,太原府,清雍正十二年刻本。)

〔**明正德十年至嘉靖十二年,山西大同府**〕 大同地方广袤数百里,僻州山县,士农之家,人尚勤俭,有古之遗风。其郡城内,藩府有常禄之供,将士有世禄之养,商旅辐辏,货物涌贵,虽曰穷边缘徼,殆与内郡富庶无异,而奢靡过之。

(明 张钦纂修:《大同府志》,卷一,风俗,明正德十年刻本,嘉靖十二年补刻本。)

〔**清雍正十二年前,山西汾州府**〕 其地商贾走集,民物浩穰,俗用侈靡,讼狱滋烦(冯琦:《府治记》)。

(清 觉罗石麟修,储大文纂:《山西通志》,卷四十六,风俗,汾州府,清雍正十二年刻本。)

〔**清乾隆二十九年前后,山西解州安邑县运城**〕 运城右解梁,左安邑,观解、安之风俗即可概运城之风俗,惟是地濒盐海,五方杂处,富商、大贾、游客、山人骈肩接踵,阛阓之夫率趋盐利,握算佣工,不务本业。

(清 言如泗修,熊名相等纂:《解州安邑县运城志》,卷二,风俗,清乾隆二十九年刻本。)

〔**清乾隆六十年前后,山西太原府太谷县**〕 阳邑于今称繁阜,商贾辐辏,通衢为之。

(清 郭晋修,管粤秀纂:《太谷县志》,卷三,风俗,清乾隆六十年刻本。)

〔清代至民国年间,山西沁源县〕 沁源地广人稀,荒山极多,人民有薄田数亩,即安于故土,不欲旅外经商,使商业大权操之客民,吾沁经商者不过百分之二三,全县商号自清代至民国无甚增减。

(孔兆熊、郭蓝田修,阴国垣纂:《沁源县志》,卷二,工商略,民国二十二年铅印本。)

〔民国六年前后,山西临县〕 临邑山岭崎岖,通商不便,固非若名都大埠得以便交易而广招徕。治城虽在适中之地,无银行、钱店为金融机关,不过以梭布、米、面小小经营,供四民之取求而已。就合邑城镇之商业较,碛口为县南门户,东北接县川,东南达离石,西南通陕甘,西北连河套,水陆交通颇称繁盛,城内与三交远不逮也。白文、招贤、南沟又其次者。而兔八坂、曲峪镇、丛罗峪、安家庄、青凉寺、梁家会等处均在县境西鄙,山场野市,商业之零落不待言矣。

(胡宗虞修,吴命新纂:《临县志》,卷七,物产略,商业纪略,民国六年铅印本。)

〔民国二十二年前后,山西临汾县〕 全县商业以粟商、棉商为大宗,其余商业均未发达。

(刘玉玑修,张其昌等纂:《临汾县志》,卷二,实业略,商业,民国二十二年铅印本。)

〔清雍正年间至民国二十年前后,绥远临河县〕 河套自古及今,地方之变迁凡三运,一运为游牧时代,再运为耕畎时代,三运为懋迁时代。自有清之季,雍、乾〔二朝〕,内蒙归诚以后,而汉、蒙始通往来。自道、咸地商辟地以后,而汉族始有交易。至其通市伊始,均以有易无,交易而退,其风近古。近年,地力日辟,民户日聚,列廛设市,商业始兆萌芽,究竟地圄一隅,交通梗塞,货少则垄断病民,货多则壅滞病商,商人无雄厚之资本。

(吕咸等修,王文墀等纂:《临河县志》,卷中,纪略,商业,民国二十年铅印本。)

〔清道光年间至民国二十六年前后,绥远包头县〕 包头昔名博托,蒙古语也。清代道光、咸丰年间,为极小之市镇,隶萨拉齐厅。同治十年始修有城堞,民商渐多,街道略备。面积纵横各二百里,城周十余里,有东西大街横贯其中。因舟车之便,故商民群趋若骛,其发达未可量也。

(廖兆骏编:《绥远志略》,第七章,绥远之县邑,第八节,包头县,民国二十六年铅印本。)

〔清咸丰十年前后,内蒙古归化城〕 归化城牲畜交易约有数处。其马市在绥远城,曰马桥。驼市在副都统署前,曰驼桥。牛市在城北门外,曰牛桥。羊市在北茶坊外,曰羊桥。其屠宰牲畜,剥取皮革,就近硝熟,分大小皮货行交易,在城南门外十字街,俗呼为皮十字。

（清　钟秀、张曾纂：《古丰识略》,卷二十,市集,清咸丰十年纂,抄本。）

注：归化城今为呼和浩特。

〔清光绪九年,内蒙古清水河厅〕　清水河厅无城池,惟东西大街一道,名曰永安,约长二里许,其形如箕,建有东、西二阁,阛阓贸易咸聚于此,居民则皆依傍山崖而居,多穴处者焉。

（清　文秀修,卢梦兰纂：《新修清水河厅志》,卷四,市镇村庄,清光绪九年修,抄本。）

〔清代至民国二十六年前后,绥远归绥县〕　归绥在昔即为西北粮栈,商务发达,货品流行,自不待言。每年商贩运砖茶、棉花、米、面等物分赴蒙旗,交易驼、马、牛、羊、皮张、绒毛等物,春夏而去,秋冬而归。从前盛时,每年由归化输入羊七八十万只,马三万匹以上,驼、牛万数,尚有皮张、绒毛约值五六百万两。其由伊犁运归之货,亦在百万两外。近年蒙古独立,道途阻塞,不能攘往熙来。新疆数载经战事,伏莽满地,商人裹足不前,坐庄之贾非复能比向日。

（廖兆骏编：《绥远志略》,第七章,绥远之县邑,第四节,归绥县,民国二十六年铅印本。）

〔清代至民国二十六年前后,绥远凉城县〕　凉城位于绥远东南,自昔即为赴北京及山西之孔道,故商业颇形发达。殆至民国八年,平绥路通,本县商业遂一落千丈。然因年谷丰熟,此凋敝之商业尚可勉维现状。至民国十五年,国民军西退,流行市面之西北钞票价格暴落,仅本县商业上损失亦在五六万元左右。兼之连年灾荒,农村破产,商业萧条达于极点,歇业辞行者达三十余家。近数年间收获较佳,然谷贱伤农,农村经济崩溃,商业又受打击。现在全县各项商号三十余家,以布铺、洋货铺为多,米面杂货行次之,当铺、山货行、药铺又次之。入境货物亦以布、棉、糖、烟、茶为大宗,出境以茶、麻及生皮较多。资本最大者不过三四千元,小者百数十元。每年营业类皆维持现状,稍获盈利者寥寥无几。

（廖兆骏编：《绥远志略》,第十六章,绥远之商业,第四节,各县商业状况,民国二十六年铅印本。）

〔民国四年以前至二十年前后,绥远临河县〕　民国四、五年前,套地交易纯以银为本位,市面尚沿用生银,纳价者探囊而予,收价者启椟而藏,色不折,平不较,有古风焉。民间通行货物以茶、烟、糖、布为大宗,往往以有易无,入市者不持一钱归,市者饱挈百货,何便如之。近十年来,市上现银如麟角凤毛。近五年来,市上现洋如晨星硕果,纸币充斥,钱贱物贵。

(吕咸等修,王文墀等纂:《临河县志》,卷中,纪略,风土习俗,民国二十年铅印本。)

〔民国八年,绥远归化〕 归化为长城以北、蒙古以南三大商业区之一(俗称张家口为东口,包头为西口,归化居两口之间),为货物转运中枢,商业自昔称盛。民国八年塞北关报告,输出羊皮九十余万张,牛、马皮次之,羊毛一千万斤,驼毛二百余万斤,甘草六百余斤,马四万三千余头,牛二万六千余头;输入土布二百余万匹,茶砖四万余箱,其余洋广杂货输入之数虽未得其详,然亦不下五六百万。该地既以皮毛、牲畜为出口大宗,而此种贸易均操于外人之手。

(廖兆骏编:《绥远志略》,第七章,绥远之县邑,第四节,归绥县,民国二十六年铅印本。)

〔民国十三年,绥远集宁县〕 集宁界察西中枢,四方辐辏,天然商场,设治未及一年,市廛已鳞次栉比。

(杨葆初纂:《集宁县志》,卷二,商务,民国十三年修,抄本。)

注:集宁县今为集宁市。

〔民国十三年至十八年以后,绥远丰镇县〕 丰镇商务最发达时,为民国十三、四年间,商号数目达七百余家,凡邻近陶林、集宁、凉城等县,皆以此为贸易中心。及民国十五年,国民军西退,大兵云集,供给浩繁,而溃兵散匪肆扰乡间,劫掠财物,地方元气大伤。十七、十八两年又经大旱,农村破产,人民之购买力减少,影响所及,商业日就衰微。

(廖兆骏编:《绥远志略》,第十六章,绥远之商业,第四节,各县商业状况,民国二十六年铅印本。)

〔民国十八年以前及以后,绥远临河县〕 临河县为河套最肥沃之区,距黄河仅二十里,东循汽车道直达包头,西去即为宁夏境界。物产丰富,交通便利,商业颇盛。在前本县商民大别可分为两类:甲、曰蒙古行。专营蒙人生意,以茶、布、烟、糖、米、面换蒙人之皮张、绒毛、牲畜,俗名外馆生意。乙、曰杂货行。专由包头贩卖布匹、纸张、烟、糖等项,销售于本地民户。自十八年中俄绝交后,蒙路停滞,本县商业大受影响。

(廖兆骏编:《绥远志略》,第十六章,绥远之商业,第四节,各县商业状况,民国二十六年铅印本。)

〔民国二十六年前后，绥远〕 绥省现在之商业状况，较可述者，当以归化、包头为最盛，萨拉齐及乌兰脑包次之，为甘、新、蒙古、平、津间贸易之中心地。平时自蒙旗及甘肃所来羔皮、细毛，每年由绥远走庄者值四十万两，本地羊毛皮统年销二十万张。洋商在归绥设庄，采买羊毛绒及牛、马皮者十数家。而归商贩运砖茶、绸布、棉花、米、面等物，分赴各蒙旗者尚多，交易驼、马、牛、羊、皮革、绒毛等物，春夏去而秋冬归，岁以为常。其内部僻陋之处，现银甚少，一切以物易物，如以茶、烟作工价，或以米、谷易牛羊是也。近年以来，俄人在新省之经济势力日趋膨胀，其经本省以达西部之贸易，亦逐渐受其威胁。此项威胁，自土西铁道成功而愈增其重要性。良以本省自外蒙中隔后，所恃为惟一之贸易出路，厥惟宁、甘、新、青，果使俄人势力逐渐内展，前途危险何堪设想。

（廖兆骏编：《绥远志略》，第十六章，绥远之商业，第二节，绥远之商业，民国二十六年铅印本。）

〔民国二十六年前后，绥远〕 绥远省商业多集中于归绥、包头二县。盖以一系本省省会，为政治、经济之重心，一系绥西重镇，为商货运转之枢纽。此外则绥东之丰镇，毗连察、晋，运输便利，故其商业亦颇可观。

（廖兆骏编：《绥远志略》，第十六章，绥远之商业，第四节，各县商业状况，民国二十六年铅印本。）

〔民国二十六年前后，绥远丰镇县〕 丰镇县即古之丰川卫，地当塞外要冲，为西北商旅孔道，山西得胜口外之市场也。

（廖兆骏编：《绥远志略》第七章，绥远之县邑，第二节，丰镇县，民国二十六年铅印本。）

〔民国二十六年前后，绥远集宁县〕 集宁为粮食、牲畜市场，其中食粮约占七成，油粮（胡麻、菜子）约占三成，牲畜以牛、马、驴、骡为最多，冬季市况尤盛。

（廖兆骏编：《绥远志略》，第七章，绥远之县邑，第三节，集宁县，民国二十六年铅印本。）

〔民国二十六年前后，绥远包头县〕 包头在萨县西，南临河，北通蒙古，西接黄河。在昔固为百货荟萃之区，亦为今西北之要塞也。舟车辐辏，交通便利，商务发达，不言可喻。其商业为西北著名之市场，秋后牲畜市甚繁盛，以马、牛、羊为大宗，亦为羊毛、皮货之聚散地。城内有回族五千二百余人。城濒黄河沿岸之南海子，为民船淀泊地，帆樯上下甚盛。

（廖兆骏编：《绥远志略》，第七章，绥远之县邑，第八节，包头县，民国二十六年铅印本。）

〔民国二十六年前后,绥远萨拉齐县〕 萨拉齐县,倚山面河,形势最为扼要。有土城,周五里。通东、西门之大街为商廛所萃,盖绥省中此县最为繁庶也……商业以绒毛店为最大。

（廖兆骏编:《绥远志略》,第七章,绥远之县邑,第七节,萨拉齐县,民国二十六年铅印本。）

〔民国二十六年前后,绥远托克托县〕 县境西北,荒田极多。水利有民利、民阜二渠。商业、工业俱萧条。

（廖兆骏编:《绥远志略》,第七章,绥远之县邑,第五节,托克托县,民国二十六年铅印本。）

〔民国二十六年前后,绥远临河县〕 县境东循汽车路,直达包头,西去宁夏。物产丰富,交通便利,故商业殷繁。城内杂货铺二十家,每年营业四十余万元；米、面业十五家,亦四十万元。

（廖兆骏编:《绥远志略》,第七章,绥远之县邑,第十三节,临河县,民国二十六年铅印本。）

〔民国二十六年前后,绥远归绥〕 归绥商业以往不及张家口之繁盛,自平绥铁路完成后,则归绥成为商业要地,凡华北之工商品销售于西北各省,或宁、甘、新等省之货物转销于平津各地,均以归绥为重心,而以平绥铁路为轮运之要道。

（廖兆骏编:《绥远志略》,第十六章,绥远之商业,第五节,蒙民之商业,民国二十六年铅印本。）

〔民国二十六年前后,绥远安北县〕 县治工商皆不发达。市内杂货铺三四十家而已。

（廖兆骏编:《绥远志略》,第七章,绥远之县邑,第十节,安北县,民国二十六年铅印本。）

〔民国二十六年前后,绥远包头县〕 包头为西北之门户,当水陆之要冲,东由平绥路直达平津,南连晋、陕,西接宁、甘、新、青,北通内外蒙古,凡由内地运往西北各处之零整杂货,及由西北各处运赴内地之各货,均以本县为起卸转运之中枢,其出口货以皮毛、牲畜、药材为大宗,进口货以绸缎、布匹、棉纱、砖茶、糖类为大宗。……各业均集中于县城,乡镇之较著者仅有麻池镇、苏木兔、大树湾等乡,均无大宗买卖。

（廖兆骏编:《绥远志略》,第十六章,绥远之商业,第四节,各县商业状况,民国二十六年铅印本。）

〔**明代至民国二十三年前后,奉天庄河县**〕　庄河商业历史最为悠久,在安东、营口等处未开港埠之先。明、清之际,而今县属之大孤山镇已为中国内地沿海船舶寄碇之重要港口,商业极形繁盛。其后营口、安东相继开放,旅顺、大连同时租借,南北满铁路综错,而大孤山竟渐入堕落矣。又民二十年"九·一八"事变前,农产物价值较贵,商业尚较活动;变后元气既丧,物价复跌,故商业不振,金融涩滞,现在就县城及青堆子、大孤山三镇观察,各商仅可维持现状,均无发展能力。

（王佐才等修,杨维嶓等纂:《庄河县志》,卷九,实业志,农业,民国二十三年铅印本。）

〔**清乾隆初年至民国十五年,奉天新民县**〕　县城集市创始于清乾隆初年,按日无间,惟至旧历年节,如正月十五元宵节、五月初五端阳节、八月十五中秋节前数日及腊月二十三以后,俗称此等日百物价格皆可任便低昂,是为滥行。届时,远近人民争驱若鹜,真有肩摩毂击、塞满街途之势。然其最盛时期尤在清光绪三十及三十一、二年间京奉火车初到,一时遽增转运粮客行栈一二百家,车站南偏俨然另辟一大商场。……只惜为时不久,京奉火车旋即直抵省垣,新民竟成过路站矣。由是投机之各行业日以消减。迨至光绪三十四年又宣统二、三年又民国四年,连遭水患,非特车站南偏新辟之商场冲毁殆尽,即街里之商廛亦多被波及。……今按县城……大小商户尚有六百余家,百物云屯,所需依然无缺,就中以粮业为大宗,杂货次之,百工制造品又次之。粮集,在北街后小庙子稍东处,入冬道冻,日进重载粮车千辆或千余辆不等,悉销售于各粮栈,绝无停滞之虞。通街买卖粮豆,日以集市价格为定行。

（王宝善修,张博惠纂:《新民县志》,卷二,图宇,城镇集市,民国十五年石印本。）

〔**清乾隆四十七年至民国十八年前后,奉天绥中县**〕　县城集市在南门外东西大街,创始无考,乾隆四十七年城工告竣,集市代兴,交易往来惟日无间。然其平素尚不足论,惟至旧历年节顿觉改观,如正月十五为元宵节,五月初五为端阳节,八月十五为中秋节,及至腊月二十三日俗称过小年,此数日内床摊星列,百货云屯,买卖价格皆可任意低昂,是为滥行,第见熙来攘往肩摩毂击之徒争趋若鹜焉。迨光绪二十四年,京奉火车入境,车站成立,另辟市场,设有栈房数家招待远商,转运粮石货物较诸城市交通便利,商业于兹蒸蒸日上。至二十六年,俄兵压境,胡匪肆扰,商界似受影响,然当时市面流通纯是银元,找法既好,而商业即以复兴,所以三十三年添设烧行数家、当行又数家,其他如杂货、如工艺,均有日增月盛之势。及民国六、七年间，纸币畅兴，银元外溢，相沿至今，钱法愈见毛荒，货价愈觉昂贵，米珠薪桂，何所底止。直令入市者共抱抚今追昔之感，良可慨也。综计城市大小铺商共三百余家，仍以粮石为大宗，杂货次之，百工制造品又次之。

（文镒修，范炳勋等纂：《绥中县志》，卷四，建置，市镇，民国十八年铅印本。）

〔清代前期，盛京奉天府承德〕 其时省城各商以帮分者，有直隶、山东、山西、吉林各帮；以行分者，有钱行、粮栈、丝房、皮货、山货五行。各帮采运各地货物，懋迁有无，以此地为中心点。

（翟文选等修，王树楠等纂：《奉天通志》，卷一百十五，实业三，商业，民国二十三年铅印本。）

〔清咸丰以前至民国二十三年前后，奉天沈阳〕 以上表（按：指商号分类统计表，略）列商号四千四十户内，咸同以前开业者仅一百二户，光宣间五百九十四户，余三千三百四十四户，皆民国时设立。其资本主，直、鲁、晋、豫人占十之六七，本省只占少数。舶来品占十之六七，土货只占少数。此表外，金、木、皮革、靴鞋、洋袜、洋烛、洋皂、化妆品及茶社、小店杂项营业，商会调查表列尚有二千五百五十八户，咸同前开业者仅四十五户，光宣间三百九十一户，余二千一百二十二户，皆民国时设立。可见民国以来，商业逐渐发展。然综核省市经济状况，皆以资本不充，根基不固，率多不能持久耳。

（翟文选等修，王树楠等纂：《奉天通志》，实业三，商业；民国二十三年铅印本。）

〔清咸丰末叶至民国二十二年前后，奉天铁岭县〕 清咸丰末叶，境内贸易渐盛，由陆地买粮汇于锦州之天桥厂，道途修阻，往来匪易，时县令恺榕与路记防御双成禀请，开城西五里之马蓬沟，河运由辽河直运营口，商务上之交通称极便焉。光绪初叶，海龙城、山城子、朝阳镇又放围荒，每值冬令，该三镇及吉林南境各处粮车糜集，铁岭商业愈形发展。光绪甲午以后，东丰、西丰、西安又先后出荒，粮车益多，凡出口之粮咸萃于此，铁岭商务蒸蒸日上，大有一日千里之势，于商务上之形势实占重要位置。自日俄战后，辟铁岭为六商埠（锦州、法库、辽阳、开原、昌图、铁岭）之一。开原商埠辟，而粮业分。南满铁路成，而河运废。其地虽是，时势已非。

（黄世芳、俞荣庆修，陈德懿等纂：《铁岭县志》，卷二，地理，形势，民国二十二年铅印本。）

〔清同治年间至民国二十二年前后，奉天铁岭县〕 铁岭商务当有清同、光之际,其繁盛实甲于全省。当时最著之商各有部分,各有集合。城内关帝庙,钱商之所集也。西关关帝庙,当商之所集也。北关财神庙,杂货商之所集也。天后娘娘宫,船店商之所集也。其他如烧商之集于酒仙庙,百工之集于祖越寺。其大者,则又有钱粮行。……进口之货,其西北承销内蒙之半部,其东北包销东荒之各城出口之粮,直接操津沪之金融,间接贯洋商之血脉,大连、牛庄扼其前,长春、哈埠控其背,铁岭以弹丸之地能于大连、牛庄、长春、哈埠驰驱角逐,此其中盖有物焉。今相去十余年,钱商、粮商、当商、杂货商相继倒闭,全市为空,支持疲弊,所存者仅矣。

(黄世芳、俞荣庆修,陈德懿等纂:《铁岭县志》,卷八,实业,商务,民国二十二年铅印本。)

〔**清光绪三十四年前后,奉天辽阳州**〕 商户,城内三百四十二户,计质店三,烧锅九,油坊二十三,杂货行一百零二,粮行四十九,洋行一十六,书庄三,其余各行铺略备,商四千余人。城外各集镇商户三百二十余户,商二千七百余人。

(清 洪汝冲修,永贞纂:《辽阳乡土志》,实业,清光绪三十四年铅印本。)

〔**清光绪末年,奉天辽阳州**〕 辽阳商务大宗在米、豆,而以营口为输出之尾闾,农氓趋高值不能不信用纸币,其敝也。纸币滥而钱法因以日坏,驯至米豆值朒而他物值盈。光绪三十一年,以官督商公筹资本,开设公立公司,原以周转市廛纸币之恐慌,未为不善。其后乃以贷贪〈贷〉权子母,反与纸币争什一之利,以致全城商业相继倾废,元气亦稍稍耗矣。

(清 洪汝冲修,永贞纂:《辽阳乡土志》,商政,清光绪三十四年铅印本。)

〔**清宣统元年前后,奉天新民府**〕 贸易盛衰虽年有不同,大致以七百万两为率,至劳动营业(如客店、饭馆等项)及零星小贩不与焉。其间以粮食、油、酒为大宗,占七分之四,余则丝绸、布匹、面粉等类,土产销场较多于洋货,差强人意。惟烟叶一种,本地所产售价仅二万二千两,东西洋输入之纸烟其售价达八十七万两有奇。

(清 管凤和纂修:《新民府志》,实业一,商务,清宣统元年铅印本。)

〔**清代至民国十三年,奉天海城县**〕 本城南通盖、营,北达辽、沈,昔年商业极称繁盛。自甲午以来迭遭兵燹,百业零凋,几至一蹶不振。及东清铁路告成,运输较便,商业稍见恢复。近年,丝业发展,外商云集,经济竞争日形激烈。

(廷瑞修,张辅相等纂:《海城县志》,卷七,人事,实业,民国十三年铅印本。)

〔清朝末年至民国十九年前后，奉天盖平县〕 本邑商业自庚子铁路贯输后，交通虽较敏捷，而权不我操，利为人有，交通贸易渐受吮咋提吸之害。况以邑商据皮毛之发展，无根本之实计。比年以来，市面堂皇，而内容较多萧索，加以重税征求有增无已，城乡商铺除工艺铺户不计外，已达五百余家，强半陷于外强中干地位……多有股东因商破产倾家者，致资本家视商业为畏途。再则出产向以山茧、豆粮为大宗，每因异国经济侵略关系，时受垄断操纵之患。盖豆、茧二项，销路悉仰洋庄，故价值亦不得不任其低昂，即或自行贩销，亦不免被其团体之牵，抑除自行直运欧美直接交易，别无良策。……近年曾设有丝业公会，于制丝之术较前差精，然终不能与欧瀛并驾，且有迁移他埠再行交易之弊，而丝商行栈又各争持意见，以致惝恍迷离，不易调剂。再加圜法不一，奉票抑压充斥于内，日本金票昂涨，制迫于外，输出输入盈绌悬殊，为病商之一大原因也。

（石秀峰修，王郁云纂：《盖平县志》，卷十二，实业志，商业，民国十九年铅印本。）

〔民国六年前后，奉天沈阳〕 粮市，在地载门内，为粮商集议市价之所。……银市，在福盛门内长安寺，每日清晨钱商麇集于此，议定金银交易市价。……柴草市，一在天佑门外畿辅会馆前，一在内治门外天齐庙前，一在怀外门外连宗寺前，一在外攘门外公园前，一在地载门外迤西。近年商户以柴薪值稍昂，多以抚顺烟煤代之。……马市，在天佑门外风雨坛北。菜行，一在内治门外迤北，一在德盛门外迤东，一在怀远门外平康巷北。在内治门外者又称东行，虽名菜市，实则骈集百货，不啻五都繁盛，为各市场之冠。鲜鱼市，在内治门外菜市之东。肉市，一在内治门外菜市南，一在德盛门外菜市西。鸡鸭市，在内治门外瓮城南。鱼行，在内治门内大街。果市，在钟楼南及内治门内鱼行，每岁中秋节前开市，节后散集。瓜市，在抚近门外迤南。工夫市，在怀远门外西南角楼之西，为贫民托业之所，需工作者皆于此鸠集之。

（赵恭寅修，曾有翼等纂：《沈阳县志》，卷一，地理，市场，民国六年铅印本。）

〔民国九年前后，奉天盖平县〕 本境城乡各行铺户不下四十余行、数百余家，半因工无良法，不能制造，势不得不仰给外货及各省货，而输出之货仅抵输入之货值十分之六七。如此则商家与外人交易，土货不增而销用日广，漏卮之势成矣，又何言乎坏于钱法之毛荒也。即如本境丝茧为出产大宗，近因本城所使奉省银之券不能兑现，较现洋每元差五六毛之多，均不肯来本城出卖，遂致移往安东，其次则柳潭、烟台,舍近求远,希图卖得现银,本城生涯遂日趋于萧条。

(章运熺修,崔正峰、郭春藻纂:《盖平县乡土志》,商务,民国九年石印本。)

〔民国十六年前后,奉天兴城县〕 粮市,城里东西北三街均有斗店,按:年九十月间农人集此粜粮,有斗纪视粮优劣评议市价,其执事者名曰掌盘(谓掌粮食涨落之盘)。每日粮车多者三四百辆,少者四五十辆不等,皆在斗店门首巢之。惟南街向无斗店,粮车不集于此。……米市,在鼓楼西,除城里四街各有碾房卖米外,凡城乡住户所自推秫米暨糠,皆于市上出卖。柴草市,在西关外迤南,凡秫秸、树枝、劈材、谷草皆以大车运至该处售卖,而肩担驴驮数不胜计。骡马市,在南关外财神庙前,各处贩来之骡马牛驴悉在市上价卖,有经纪居中评价,春秋二季尤为麇集。肉市,在城里南街,凡猪肉、羊肉、牛肉等案悉罗列街之左右,牛羊肉秋冬有之,惟猪肉则常年出售。鱼市,在南门瓮城里,三四月间海产丰饶,鱼鲜满市,而虾蟹蛤蛎之屡数尤不计。鸡鸭市,在南门里头道牌坊南,凡家畜之属暨鸡鸭等卵皆集于此。鲜果市,在鼓楼北,每岁中秋节前后贸易甚盛。干果市,在鼓楼北,凡由外埠输入之柿饼、栗子、果糖及本地所制各种细糖球、京糕、生蘸等品咸集于此。

(恩麟、王恩士修,杨荫芳等纂:《兴城县志》,卷一,地理志,市场,民国十六年铅印本。)

〔民国十七年前后,奉天辽阳县〕 本城昔为大郡,南通营、海,北达盛京,颇称繁盛。自甲午、庚子再经兵战,复以商号市帖滥发,钱法毛荒,多半歇业,历此数番挫跌,几至蹶而不振。自南满路成,商人受外潮激刺,深知商战之优劣烈于兵战,咸注意于经济竞争,加以交通便利,运输敏捷,殷实商号由保守主义渐变为进取,由境内贸易渐推及各埠,由土法制造,渐搀〈掺〉用机器,从此积极进行,业务益当发达矣。所虑者保商之法未周,奸民假外商名号在附属地设立油、粮、烧锅、洋货等行,影射巧避。纳税特轻于华商。华商默受其影响。欲图发展,亟宜设法维持也。

(裴焕星等修,白永贞等纂:《辽阳县志》,卷二十七,实业,工商业,民国十七年铅印本。)

〔民国十九年前后,奉天辽中县〕 本城商业不见繁盛,其原因在交通不便,东南辽阳,西北新民,铁轨纵横,皆在百里内外,仅辽水迢迢,一帆航运而已。近则沈辽汽车通行,坐客颇伙,然不能载重行远,于商业前途仍无大增进。

(徐维淮修,李植嘉等纂:《辽中县志》,卷二十六,实业志,商业,民国十九年铅印本。)

〔民国二十年前后，奉天安东县〕 银市，在财神庙街总商会前，安东市面交易皆以现银，而银圆、纸币价值，皆折合现银。每日清晨午后两次，商家麇集于此，议定金银与各种纸币价格，以为交易之标准。牲畜市，在崇健中街，牲畜买卖均在于此，有牛马交易所，沙河税捐征收局于此设卡征税。丝茧市，在广济街，由总商会建筑市场，业丝茧者每日早晚两次同集于此，议价交易。……新市街，有三，一在广济街与五柳前街西首之间，俗名破烂市，市廛栉比，多古物，商铁器最多，瓷器次之，颇称繁盛。一在后潮沟、长兴街、九江街及兴东街各地，名兴东市场，百货杂陈。夏秋间，木商云集，特别繁盛，至冬季则萧疏矣。一在东坎子，中经路开辟既晚，地势又偏，尚未能兴盛也。

（关定保等修，于云峰纂：《安东县志》，卷一，疆域，市场，民国二十年铅印本。）

〔民国二十年前后，奉天义县〕 本境土地膏沃，商贾辐辏，又兼接近阜、朝、镇、锦，阜、朝为产粮之所，锦为输入货物之来流（曰来源者货物非皆锦产），镇亦有输入货品（如皮张、羊角芄等），近年锦朝铁路成，设有站，朝发夕至，商业渐次增多，而转达家尤盛，加以电报、电话、邮政诸多便利，以视旧有商情颇形畅达焉。

（赵兴德修，王鹤龄纂：《义县志》中卷之九，民事志，实业，商业之属，民国二十年铅印本。）

〔民国二十年前后，奉天安东县〕 粮市，在东尖头粮市街，濒临江岸，为粮商集议市价交易之所。凡由孤山、东沟等处及鸭、浑两江上游并朝鲜方面艚船输入各种谷物，均至此报税销售玉粟黍、大豆等。或指期买卖，普通以阴历四月一日为划价之期，粮商均于此集议定约，冬季江封，则迁于迎凤街。其由火车输入各种粮石，则于迎凤街天后宫街、新安街各事务所报税出售。至升斗零售者，一在天后宫前，一在新安街北首，二处谓之小市。

（关定保等修，于云峰纂：《安东县志》，卷一，疆域，市场，民国二十年铅印本。）

〔民国二十二年前后，奉天北镇县〕 本境商务从前颇称繁盛，至黑山、盘山、台安相继设治，县境面积逐渐缩小，市面亦因之萧索。近年经营货殖者日众，故商业稍见恢复。

（王文璞修，吕中清等纂：《北镇县志》，卷五，人事，实业，商务，民国二十二年石印本。）

〔民国二十二年前后，奉天北镇县〕 南大街商业繁盛，北大街、老东街次之，西大街又次之,东大街商户最少。西大街财神庙前为粮市,西门里为果品市,东南隅大佛寺西有菜行曰南菜行,其南为马市。鼓楼西有菜行曰北菜行,其西关帝庙前有市场一,沿街各种摊床栉比鳞次,酒楼、茶社棋布星罗。迤西为说书卖艺之所,每日游人麇集。又西为柴草市。至城外南关最盛,商户数十家,粮食、柴草、菜蔬、工夫各市无一不备,较之城内各种市场不啻具体而微。至东西北三关向无商户,仅有少数住户,几等村落。此北镇城关厢之大略也。

（王文璞修,吕中清等纂:《北镇县志》,卷一,地理,城镇,民国二十二年石印本。）

〔**清康熙四十三年至光绪十年,吉林打牲乌拉**〕 康熙四十三年,因江水频泛,浸涝房间,经总管穆克登报请迁移城垣,修理衙署,以免浸淹塌陷。……康熙四十五年,迁移在旧城迤东高埠向阳之地,修造城垣一座。土筑城墙,周围八里,每面二里许,安立城门四座。城中过街牌楼二座。内设衙署、银库,原照依副都统衙门式样修造。采珠、捕鱼八旗各按脚色分设,旗仆占居城里,不准容留浮民,商贾占居西门外,原为以免旗民混杂而重风化。乌拉所管地面,周界约计五百余里,生齿日繁,现在户丁五万余口。

（清 云生等纂修:《打牲乌拉志典全书》,卷二,城垣衙署,清光绪十年纂修,一九八一年《中国地方史志丛书,吉林省图书馆学会丛书》铅印本。）

注:打牲乌拉今为吉林永吉县乌拉街。

〔**清光绪十一年前后,吉林奉化县**〕 商之大者,为粮店,为烧、当外,此专市者少,兼货他物每至数十种。有"上至绸缎,下至葱蒜"之谣,以地僻不易消售故也。然得息常倍之,故逐末者每于于而来。

（清 钱开震修,陈文焯纂:《奉化县志》,卷二,地里志上,风俗,清光绪十一年刻本。）

〔**清光绪十七年前后,吉林打牲乌拉**〕 日中商旅若云屯,贸易何多不惮烦。西傍松江开宝市,东临乌郡枕城垣。辛勤蜃蛤鱼翁卖,总换烟麻野老喧。未几斜阳人影散,应归白社共开樽。

（清 打牲乌拉总管衙门编:《永吉县乡土志》,文学,富森"西门午市",清光绪十七年纂修,一九八一年《中国地方史志丛书,吉林省图书馆学会丛书》铅印本。）

〔**清宣统二年至民国十九年前后,吉林抚松县**〕 抚松自清宣统二年设治后渐有商铺,仅有米、盐、棉布之供给耳。乃民国三年,复经匪乱,举其所有,尽成劫灰。乱定后,商民亦渐来归,商铺逐渐开设,商务日见起色。至民国十五年冬,复受胡匪破城之浩劫,商民被抢一空,遂均停止营业。至张公杰三履任后,由官银号贷款维持,始渐复原状,未及二载,商号林立,日见发达矣。

(张之俊修,车焕文等纂:《抚松县志》,卷四,人事,商业,民国十九年铅印本。)

〔民国十年以前至十六年前后,吉林辉南县〕 本邑自设治以来,县城商贾随时交易,无市场之规定。民国十年春,定南门外大街及二道街、东门内十字街三处为集市。逢三日,东门内十字街成集;逢六日,二道街成集;逢九日,大南门外大街成集。今以二道街商会门首为柴草市及牛马市……其他各行尚无专市。各商店则布帛、麻、丝、米、粟、盐铁床架屋,屡货而居,随需而付,城镇一致。除木栈、粮店、烧锅而外,无专业也。计县城商店大小共三百户,大肚川百户,大场园楼街、中央堡各镇商店则三四十户而已。

(白纯义修,于凤桐纂:《辉南县志》,卷三,人事,商业,民国十六年铅印本。)

〔民国十八年前后,吉林安图县〕 安境所产山货种类颇多,无论大小商铺,均代收山货。

(陈国钧修,刘钰堂、孔广泉纂:《安图县志》,卷四,人事志,商业,民国十八年铅印本。)

〔民国二十年前后,吉林辑安县〕 县境人烟稀少,居户零星,经营资本微薄,商业自难发达,统计杂货店二百余家或兼粮栈。此外,药店五十一家,酒业三家,车栈二十家,饭馆四十家,医院二家,书店一家,规模均极简陋,终年难获厚利,不过借此以图生计耳。

(刘天成等修,张拱垣等纂:《辑安县志》,卷三,人事,商业,民国二十年石印本。)

〔民国二十四年前后,吉林通化县〕 本城扼东土之冲,物阜财丰,商业极称繁盛。以地势论,则东达临江、抚松,西通兴京、奉天,北通柳河、山城镇,陆路则大车往来络绎不绝,水路则下流安东,运输尤便。故以商业论,通城在东边可首屈一指。

(刘天成修,李镇华纂:《通化县志》卷三,实业志,商会,民国二十四年铅印本。)

〔民国二十四年前后,吉林临江县〕 临江县境处通、抚、辑、长之中枢,水运陆输利尽东南,商业日有起色。

(刘维清修,罗宝书等纂:《临江县志》,卷四,实业志,商业,民国二十四年铅印本。)

〔清康熙年间,吉林宁古塔〕 城周八里,共四门,南门临江,汉人各居东西两门之外。予家在东门外,有茅屋数椽,庭院宽旷,周围皆木墙,沿街留一柴门。近窗牖处,俱栽花木,余地种瓜菜,家家如此。因无买处,必须自种。后因吴三桂造逆,调兵一空,令汉人俱徙入城中,予家因移住西门内。内有东西大街,人于此开店贸易。从此人烟稠密,货物客商络绎不绝,居然有华夏风景。

(清 吴振臣纂:《宁古塔纪略》,清康熙六十年刻本,民国二十六年铅字重印本。)

注:宁古塔今为黑龙江宁安县城。

〔清同治初年至民国十年,黑龙江绥化县〕 绥化商业萌芽于同治初年,以本境农产丰饶,商业乃日渐兴盛,往来营口、哈埠所运之货物亦颇获利。近来,商人知识日开,对于商务进行之问题,能知悉心研究,故商务较前则大有进步。……绥化商行有烧商、当商、杂货商、山货商、瓷铁商、布商、粮栈、估衣铺、药店、京货店、鞍鞯铺、鞋靴店、帽店、果蜡铺、醋酱房、靛色染房、五色染房、油房、面粉磨房、首饰局、铜器店、铁商、米粮铺。

(常荫廷修,胡镜海纂:《绥化县志》,卷八,实业志,商业,民国十年铅印本。)

〔清光绪末年后,黑龙江安达县〕 安达设治于前清光绪季年,自是以后,放荒招垦,户口日繁,农产日丰,而商业亦于是时萌芽,渐次发展焉。一切货物多运自哈埠,贸迁有无,获利颇厚。

(高芝秀修,潘鸿威纂:《安达县志》,卷九,实业志,商业,民国二十五年铅印本。)

〔清光绪末年至民国年间,黑龙江讷河县〕 讷河商业始自光绪末叶,嗣以放荒招垦,农产日渐丰饶,而商业因亦日见兴盛,则往来营口、哈埠所运之货物颇获厚利。

(崔福坤修,丛绍卿纂:《讷河县志》,卷十,实业志,商业,民国二十年铅印本。)

〔清朝末年至民国初年,黑龙江兰西县〕 前清光绪二十三年时,仅一小村落,微具街市之形。然地沃宜农,归民日众,遂渐发展,跻于繁盛。至光绪三十三年,始置兰西县。县治呼兰河西岸二十四里之地,土名双庙子,市内南北大街,肆廛栉比,工商业极为繁盛,输出以谷物为主。

(郭克兴辑:《黑龙江乡土录》,第一篇,方舆志,第四章,绥兰道,兰西县,黑龙江人民出版社一九八七年校点铅印本。)

〔清朝末年至民国初年,黑龙江龙镇县〕 系龙门镇所改,其南之绥楞县,初称上集厂,原设县佐,(缺),发达甚早,市面整齐。以地近山林,胡匪出没,已垦之地率多抛弃,民国四年改为绥楞设治局,继升为县。

(郭克兴辑:《黑龙江乡土录》,第一篇,方舆志,第四章,绥兰道,龙镇县,黑龙江人民出版社一九八七年校点铅印本。)

〔清朝末年至民国初年，黑龙江瑷珲县〕 黑河屯，故黑河府治，亦有海兰泡之名，其对岸之海兰泡，俄人称布拉郭威尔什臣斯克。江上有轮舶横渡，星期日俄人皆渡江来游，商旅往来视为通衢，实江东边防一门户也。以地扼重镇故甚繁盛，有道立师范学校及税局、海关、电报、邮政等局。……民国十二年夏，因俄人勒加渡江等费，市民反对，曾酿成对俄经济绝交（《三省地志》）。

（郭克兴辑：《黑龙江乡土录》，第一篇，方舆志，第五章，黑河道，瑷珲县，黑龙江人民出版社一九八七年校点铅印本。）

〔清朝末年至民国初年，黑龙江黑河〕 黑河道驻黑河镇，原设黑河府，裁缺，移瑷珲道驻此，与对岸俄国阿穆尔省对峙。轮船来往，商业殷繁，赌风甚炽（《乡土志》）。

（郭克兴辑：《黑龙江乡土录》，第一篇，方舆志，第五章，黑河道，黑龙江人民出版社一九八七年校点铅印本。）

〔清朝末年至民国十年前后，吉林依兰县〕 依兰之商业，在十年前，实为东北路冠，凡东边各城镇之商人及远东之土人皆贸易于此，不愧有三姓京之俗称也。自海关重设、货税加增，外来之商贾因而裹足，比岁又惧匪滋扰，是以向之积资巨万者，今则荒闭过半矣。

（杨步墀纂修：《吉林依兰县志》，职业，商业民国十年铅印本。）

〔清朝末年至民国十七年前后，黑龙江桦川县〕 佳镇开辟较早，附近荒地均已垦齐，人烟亦较东四区为稠，出产富饶，粮业发达，以故发展迅速，渐臻繁盛。较昔设治时，街里商号共五十余家，杂货布匹商号仅七八十家，东升庆烧锅以东南北两面门市只有小铺十余家，东牌楼以东均系一片荒郊及树林、义地，江沿码头只有粮栈一二家，殊形冷落。相隔仅十余年，今昔情形奚啻霄壤。悦镇初有杂货布匹商号裕兴公一家，小糟烧锅竹林泉一家，杂货商号长发祥一家，均在苏苏屯。移治后，县城大小商号共三十余家，杂货布匹商号共四五家。迄今设治十有六年。……商人，以山东黄县人为最多，约占全数十分之七八。……桦川设治先在佳木斯镇。

（郑士纯等修，朱衣点等纂：《桦川县志》，卷二，实业，商业，民国十七年铅印本。）

〔民国八年前后，黑龙江方正县〕 本境地瘠民贫，交通不便，又兼习尚固陋，具交通智识者绝鲜，故商业不甚发达。市场，县城大街有烧锅二，丝坊八，杂货铺及馆栈百余家。南天门街有烧锅一，杂货铺及旅店二十余家。会发恒街有烧锅一,杂货铺及旅店二十余家。伊汉通,有粮栈三,杂货铺及旅店十数家。德墨里有杂货铺十数家。大罗勒密,有森林公司二,大小杂货店十余家。

(杨步墀纂修:《吉林方正县志》,职业,商业,民国八年铅印本。)

〔民国十五年前后,黑龙江双城县〕 本境土地膏腴,商贾辐辏,又兼接近哈埠,交通便利,运输货物朝发夕至。近年以来,生齿日见繁庶,工商逐渐增多,加之铁路、轮船、邮政、电报次第推广,较之昔日商业颇形发达焉。

(高文垣等修,张嘉铭等纂:《双城县志》,卷九,实业志,商业,民国十五年铅印本。)

〔民国十九年前后,黑龙江呼兰县〕 呼兰之为地土沃而产饶,而又密迩滨江,为吉、黑二省往来孔道。当呼海铁路未通车前,凡东荒各县赴哈尔滨买粮大车由县经过者,日以万余辆计;而水路之轮船、帆船不计焉。其时县街商业之盛几冠全省。迨呼海铁路通车后,水旱车船顿减,商业遂亦一落千丈。加以年来币制毛荒,金融紧涩,凡襄称殷实商号强半倒闭,其现存者亦皆勉强支持,市面益萧条矣。

(廖飞鹏修,柯寅纂:《呼兰县志》,卷五,实业志,商业,民国十九年铅印本。)

〔民国十九年前后,黑龙江依安县〕 县城,旧名龙泉镇……现有商业:烧锅一,杂货行二十二,粮栈五,钱庄五,油坊一,汽车公司二,药肆四,饭馆五,旅馆五,澡堂一,木铺五,理发所五。

(梁岩修,何士举纂:《依安县志》,建置,商镇,民国十九年铅印本。)

〔东汉至唐朝,京畿道京兆府长安〕 庙记云,长安市有九,各方二百六十六步。六市在道西,三市在道东,凡四里为一市,致九州之人。在突门夹横桥大道市楼皆重屋,又曰旗亭楼;在杜门大道南又有当市楼,有令署,以察商贾货财买卖贸易之事。

(佚名撰:《三辅黄图》,卷二,长安九市,清乾隆间《四库全书》本。)

注:长安于民国三十二年改名为西安市。

〔北宋熙宁九年前,永兴军路京兆府长安〕 郡国辐辏,浮食者多,民去本就末。

(宋 宋敏求撰:《长安志》,卷一,风俗,宋熙宁九年撰,清乾隆五十二年校刻本,民国二十年铅字重印本。)

〔清康熙五十六年前后,陕西汉中府城固县〕 商惟麻、缕、丝、粟、鱼、盐、铜、铁,以资民用,无异产,亦无远贩。

（清　王穆纂修:《城固县志》,卷二,建置,风俗,清康熙五十六年刻本,清光绪四年重刻本。）

〔清乾隆四十三年前后,陕西西安府富平县〕　商贾县市花布农器,即丝帛亦少,各镇市粟、米、酒、脯、菜、炭而止。

（清　吴六鳌修,胡文铨纂:《富平县志》,卷一,地理,风俗,清乾隆四十三年刻本。）

〔清嘉庆二十年前后,陕西西安府长安县〕　子午、石鳖诸谷道通兴汉,商旅络绎,市多榷酤。

（清　张聪贤修,董曾臣纂:《长安县志》,卷十九,风俗志,清嘉庆二十年刻本,民国二十五年铅字重印本。）

〔清代中叶以前至抗日战争期间,陕西宜川县〕　宜川僻在陕省之东北,地阔民稀,生活仅足,因环境所限,需要不同,几无向外发展之意,故工商业无足道者。然清中叶以前,各镇盛集市,金融有当商,治安多虞,故衰落耳。而自抗战军兴,扼秦晋交通之要道,当军货转运之冲途,机关林立,商贾荟萃,尤以新兴之工厂为盛极一时,于是宜川一跃而为西北之重镇。

（余正东等纂修:《宜川县志》,卷九,工商志,民国三十三年铅印本。）

〔清道光七年以前,陕西西安府咸阳县〕　城内系水陆马头,商贾云集,气象颇形富庶,其实各铺皆系浮居客商,货物皆从各县驮载至此,由水路运往晋、豫,至粮食、木板亦由西路车运而来,用舟载至下路。

（清　王志沂纂:《陕西志辑要》,附清卢坤撰《秦疆治略》咸阳县,清道光七年刻本。）

〔清道光年间至民国二十六年前后,陕西鄠县〕　鄠地偏小,兼非冲要之区,外而五镇,内而县城,皆鲜巨商会萃。道咸间,城内街市尚称繁盛,兵燹之余,市井萧索,至今元气未复,惟秦镇各商尚有起色。

（佚名纂修:《鄠县乡土志》,下卷,商务,民国二十六年铅印本。）

〔清同治以前至民国三十三年前后,陕西宜川县〕　宜川地当秦晋东西交通之要害,复绾韩郃延绥南北之枢纽,昔时交易频繁,商业兴盛。惟居民筹虑未工,商贾多为外籍,土著甚鲜。清同治间遭回捻之变,一蹶不振。清末民初,逐渐规复。乃匪患迭乘,凋残殆尽。旧有商贾率多迁徙,而勤苦经营,旋即恢复者亦有之也。自抗战军兴,第二战区司令长官部二十七年驻节县境,兴修道路,整理市廛,城镇畸形发展,商业又复一振。

(余正东等纂修:《宜川县志》,卷九,工商志,商业,民国三十三年铅印本。)

〔清光绪二十四年以前,陕西汉中府洋县〕 四乡无集市,仅在城一处,斗粟匹布相易耳外,不通商。内无居货,虽西路事蚕桑,东乡产木棉,有东花西丝之称,而商贾皆集于城固,贸易者趋之,市廛之利洋无与焉。迩虽立店招商,事属创始,未易响应也。

(清 张鹏翼纂修:《洋县志》,卷三,风俗志,邹溶《理洋略上》,清光绪二十四年刻本,民国二十六年石印重印本。)

〔清朝末年至民国十五年前后,陕西澄城县〕 治城内街衢共九,每逢三、八日会。清末时,商号共计有一百四十余家。近因兵旱频仍,商务停顿,商号倒闭者十之五六,虽有开门者,半多借收乡账(城内商号多放账于乡民,或乡民欠货银者),生意萧条,现计商号大小共计有七十余家(清末时,有典商三家,今皆倒闭)。

(王怀斌修,赵邦楹纂:《澄城县附志》,卷四,商务,民国十五年铅印本。)

〔民国十年前后,陕西南郑县〕 县为汉中道,治西则陆通陇蜀,东则水达鄂、皖,商贾辐辏,货物山积,虽繁盛不及长安,亦陕西第二都会。

(郭凤洲、柴守愚修,刘定铎、蓝培厚纂:《续修南郑县志》,卷三,政治志,实业,商业,民国十年刻本。)

〔民国十八年前后,陕西邠县〕 商:城乡均系小本营生,并无大股集合公司。

(刘必达修,史秉贞等纂:《邠县新志稿》,卷十,实业,商,民国十八年铅印本。)

〔民国二十一年前后,陕西咸阳县〕 商多客籍,向以锅、铧、炭及估衣当铺为最,而钱商、油商次之。锅、铧与炭皆以船运自山西,转售于盩、鄠及凤翔各处,而锅、铧且达于甘省。近以商船不至,买锅、铧者多自运于朝邑,买炭者多自运于渭南,而锅、铧商遂与炭商俱倒。衣商之倒,以东数十县无当铺,莫由购取衣物也。当商之倒,以元年被劫于毅军也。钱商之倒,以银洋畅行,不复兑换也。油商虽在,亦慨式微,往时买油于洰河各处,转售于晋商者,岁可数千万斤;今无晋商,仅卖本号所榨之油而已。其业贾于市上者,不过小负贩作糊口计耳。上下十余年,顿起今昔之感。

(刘安国修,吴廷锡、冯光裕纂:《重修咸阳县志》,卷一,地理志,职业,民国二十一年铅印本。)

〔民国三十三年前后，陕西洛川县〕 邑多肩挑负贩游商，便于集会贸易，其坐肆而设贾者，仅有县城及旧县、土基数处，而资金甚微，门庄冷落。县城近年以市容关系略有整饰，交易则仍甚清淡也。

（余正东修，黎锦熙纂：《洛川县志》，卷九，工商志，商，民国三十三年铅印本。）

〔清康熙四十六年前后，甘肃兰州府河州〕 南关市，客店八座，商贾居焉。戊子火，今修理，盛前。大市，即粮货市也，至辰而散（大城中北面）。中市，即畜类市也，至辰而散（大城中街门口）。

（清　王全臣纂修：《河州志》，卷一，城池，市廛附，清康熙四十六年刻本。）

注：河州于民国二年改名导河县，十七年改名为临夏县。

〔清乾隆元年前，甘肃秦州徽县〕 寒燠得中，物产略备，居水陆之通，商贾辐辏，四民乐业。

（清　许容修，李迪等纂：《甘肃通志》，卷二十一，风俗，直隶秦州，清乾隆间《四库全书》本。）

〔清乾隆二年前后，甘肃肃州〕 市集商贾：肃州之地，远避遐荒，舟楫少通，而番夷交集，宜若无所贸易。然各省商旅，咸聚于此，西无所往，东无所阻，市之鬻贩不拘时，黎明交易，日暮咸休，市法平价，众庶群集，以此极边之地，而有如此之富庶，正如《书》所谓："贸迁有无化居，烝民乃粒是也。"

（清　黄文炜、沈青崖纂修：《重修肃州新志》，肃州，第二册，景致，清乾隆二年刻本。）

〔清光绪十五年前后，甘肃秦州〕 秦州地广赋繁，商贾辏集，号称阜区。

（清　余泽春修，王权、任其昌纂：《重纂秦州直隶州新志》，卷三，食货，清光绪十五年刻本。）

注：秦州今为天水市。

〔清光绪三十三年前后，甘肃巩昌府洮州厅旧洮州堡〕 旧洮堡为洮州旧地，较新城为繁富，其俗重农善贾，汉回杂处，番夷往来，五方人民贸易者络绎不绝。其土著以回民为多，无人不商，亦无家不农。

（清　张彦笃修，包永昌等纂：《洮州厅志》，卷二，舆地，风俗，清光绪三十三年刻本。）

注：洮州堡今为临潭县。

〔民国初年至二十四年前后，甘肃灵台县〕 灵邑偏僻，道路梗塞，向来商务均见萧条。民国初年即有商会名称，但其有名无实，未事提倡。近年来，各道车路已修,外商稍集。自二十年后,县城市面颇形活泼,各镇寥落仍如往者,盖因连家生活、农商并举者,大半皆是城乡坐贾,资本大者不过二三百洋,行商亦有二三十洋者,各以土布、农具、油、盐、纸札等物为标本。至如京广杂货、新样匹头等等,虽有三四客商列肆出售,然其资本中最多者亦不过仅有二三千元而已。

(高维岳、张东野修,王朝俊等纂:《重修灵台县志》,卷三,风土志,庶政,商业,民国二十四年铅印本。)

〔民国三十一年前后,甘肃临泽县〕 商业方面,仅县城、沙河、旧坝、威狄堡四处设有小铺二十余家,均系小本经营,贩卖土产,资本千元者数家而已。

(章金泷修,高增貴纂:《创修临泽县志》,卷三,民族志,生活状况,民国三十一年铅印本。)

〔清朝初年至乾隆二十六年前后,甘肃宁夏府中卫县〕 中邑,据诸父老称,国初此地衣冠惟布素,器用取诸本境土窑;今服多纨绮,家用饶南磁矣。向年市肆寥落,诸用则贱;今货肆丰盈,十倍于前。

(清 黄恩锡纂修:《中卫县志》,卷一,地理考,风俗,清乾隆二十六年刻本。)

〔清乾隆四十五年前后,甘肃宁夏府〕 宁夏府城人烟辐辏,商贾并集,四衢分列,门阛南北,蕃夷诸货并有,久称西边一都会矣。平罗、灵州、中卫城仅数里,多就通衢贸易坊市故不分载。

(清 张金城修,杨浣雨纂:《宁夏府志》,卷六,建置,坊市,清乾隆四十五年刻本。)

〔清光绪年间至民国二十四年,宁夏隆德县〕 隆邑虽居冲途,交通绝少,出产既不丰富,银钱又不流通,市面寥落异常,富商早已闭肆,商业倒落,不堪言状。溯自光绪二十年中,铺户多系山、陕人,营业虽无过大资本,而街市喧闹,阛阓流通,乡人之卖买交易者甚觉活便。现在多系微小铺户,无一般实商号,流动资金或五六十元或一二百元,近五六百元以至千元者仍属老号,即算富商。营业日见减少,不见加多,且资本盈虚靡定,春贮者夏已荡析,终岁之迁徙无常,夏居者冬即移去,街市萧条,无望起色。隆人购货,西由静宁,东则平凉,南则水洛城。从前大商与小商交易,货价率交半数或并半数不交,即得发运货物,今非现洋孰敢虚掷,此小资本家不易开张之实在情形也。且即货有来源,而现金兑兑购来,空账零零赊去,以致今日招牌初挂,隔日债台已悬。

(桑丹桂修,陈国栋纂:《重修隆德县志》,卷二,食货志,商,民国二十四年修,石印本。)

〔民国十六年前后,宁夏〕 郡城市集十七处,四牌楼,俗呼四鼓楼,在大什字街,通衢四达,百货杂陈,为郡城中心点。

(陈必淮修,王之臣纂:《朔方道志》,卷五,建置志下,市集,民国十六年铅印本。)

〔清朝初年至民国三十二年前后,青海民和县〕 城即巴燧营,在下川河西岸,汉、土、番人杂居,商贾甚盛。清初招民开垦于此,耕牧满野,气候极为和暖,田畔多植果木,以产果木著名。

(许公武纂:《青海志略》,第四章,青海之自然区域及政治区域,八,民和县,民国三十四年铅印本。)

〔民国三十二年前后,青海大通县〕 城濒湟水支流北川河南岸,南距西宁一百二十里,北距亹源县一百二十里,地当海北大道,为货物出入之所,贸易亦盛。

(许公武纂:《青海志略》,第四章,青海之自然区域及政治区域,四,大通县,民国三十四年铅印本。)

〔民国三十二年前后,青海乐都县〕 城濒湟水北岸,地当青海与甘肃交通之要道,形势极为扼要,惟因仅为过载之所,商务不甚发达。

(许公武纂:《青海志略》,第四章,青海之自然区域及政治区域,三,乐都县,民国三十四年铅印本。)

〔民国三十二年前后,青海亹源县〕 城濒大通河北岸,即北大通城,其地北通甘凉,西至海北,羊毛商多集于此,商务颇盛。

(许公武纂:《青海志略》,第四章,青海之自然区域及政治区域,五,亹源县,民国三十四年铅印本。)

注:亹源县今为门源回族自治县。

〔民国三十二年前后,青海互助县〕 城居沙塘川西岸,其燕麦川、沙塘川一带,农产甚盛,其地以产酒著名,商务亦盛。

(许公武纂:《青海志略》,第四章,青海之自然区域及政治区域,六,互助县,民国三十四年铅印本。)

〔民国三十二年前后,青海同仁县〕 城居隆务河东岸,为各族互市之所。

(许公武纂:《青海志略》,第四章,青海之自然区域及政治区域,七,同仁县,民国三十四年铅印本。)

〔民国三十二年前后，青海贵德县〕 城居黄河南岸，为青海货物出入之所。

（许公武纂：《青海志略》，第四章，青海之自然区域及政治区域，十，贵德县，民国三十四年铅印本。）

〔民国三十二年前后，青海同德县〕 同德县治设于拉加寺，地当黄河南岸，为河南蒙古四旗贸易之中心，为果洛克番族购粮之孔道。其地为海南番族往来要地，形势扼要，且可垦荒地甚多。

（许公武纂：《青海志略》，第四章，青海之自然区域及政治区域，十一，同德县，民国三十四年铅印本。）

〔民国三十二年前后，青海循化县〕 地居黄河南岸，南番及撒拉回族环居县境，为各族互市之所，皮毛番货出产甚多。

（许公武纂：《青海志略》，第四章，青海之自然区域及政治区域，十二，循化县，民国三十四年铅印本。）

〔民国三十二年前后，青海哈拉库图〕 哈拉库图在湟源之西，其地倚日月山，为青海出入要隘，清乾隆时，筑城驻守备于此，为汉、番互市之场。以前贸易于西宁者，今渐改趋于此，故商货云集，且有日益繁盛之势。

（许公武纂：《青海志略》，第四章，青海之自然区域及政治区域，十五，哈拉库图，民国三十四年铅印本。）

〔民国三十二年前后，青海西宁县〕 西宁古称湟中……城濒湟水南岸，东距甘肃皋兰六百二十里，西距青海湖二百七十余里，南距黄河一百六十里，北濒湟水，当小积石山脉之阴，据于六千七百五十尺高原之上。城周八里有奇，并有关庙，地当陇海出入要道，北蒙南番络绎于途，皮毛药材鱼盐之利，均委输焉。蒙、番、汉、回各族互市于此，为西北之大都市，土地肥饶，水利称便，农产极为发达。

（许公武纂：《青海志略》，第四章，青海之自然区域及政治区域，一，西宁县，民国三十四年铅印本。）

〔民国三十二年前后，青海湟源县〕 民国成立，改为湟源县，属西宁道，十七年改隶青海省。东距西宁九十里，南距日月山八十里，地当青海与西藏、新疆交通大道，汉、回、蒙、番集此互市，商务甚盛。其货物以售于蒙、番人民者居十之八九，以芫青、大麦、青稞为大宗，湘产湖茶、五色粗布、糖、酒又次之，余如食物所必需、供佛所必备者，无不备具，并兼收青海出产，以备内地商人采办。若洋商、皮商更携巨资设羊毛行于此,现有数十家,每年计出口皮约五万余张,锯羝皮三万余张,羊毛约三百余万斤,青盐约四千担。因其地扼青海之咽喉,为出入之所必经,且商贾云集,以故商业日益繁盛,现已成立为青海之最大商场。

（许公武纂:《青海志略》,第四章,青海之自然区域及政治区域,二,湟源县,民国三十四年铅印本。）

〔清乾隆年间,新疆阿克苏〕 阿克苏,回子一大城也,人二万余户,土田广沃,芝麻、二麦、谷、豆、黍、棉黄云被野,桃、杏、桑、梨、石榴、葡萄、苹婆瓜菜之属塞圃充园,人人富厚。牛羊驼马所在群聚尤多,技艺之人攻玉制器精巧可观,绣鹿革为鞯鞍辔修整为各城翘楚……地当孔道,以故内地商民外番贸易鳞集星萃,街市纷纭,每逢八栅尔会期,摩肩雨汗,货如雾拥。

（清 椿园纂:《新疆纪略》,清乾隆间纂,清光绪十七年铅印本。）

〔清光绪三十三年,新疆新平县〕 商,本境无牵车服贾之人,他境亦无富商大贾至此。

（清 周芳煦编:《新平县乡土志》,实业,商,清光绪三十三年修,抄本。）

注：新平县今为尉犁县。

〔清光绪三十四年前后,新疆温宿府〕 商,有汉、回小商数十家,京货铺约十家。

（佚名纂:《温宿府乡土志》,实业,一九五五年据清光绪三十四年抄本油印本。）

注：温宿府今为阿克苏县。

〔清光绪三十四年前后,新疆莎车府〕 农民最多,其业金、木、皮、革、陶冶、缝纫等工近二千人。贸易限以八栅,七日为期,所市均系本地土产,小贸营生一千人之谱,无富商巨贾。

（清 甘曜湘纂:《莎车府乡土志》,实业,一九五五年据清光绪三十四年稿本油印本。）

〔清光绪三十四年前后,新疆乌鲁木齐孚远县〕 孚远地大而物不博,既无土产成庄,亦无大贾侨寓,城关、山市皆系寻常贸易,无人坐拥巨资。

（佚名纂:《孚远县乡土志》,商务,一九五五年据清光绪三十四年稿本油印本。）

注：孚远县于一九五三年改名吉木萨尔县。

〔清光绪三十四年前后,新疆精河厅〕 本境地瘠民稀,市廛寥落,仅有小商十余家,京货铺四家,均系客藉。

（清　曹凌汉纂：《精河厅乡土志》,实业,一九五五年据清光绪三十四年抄本油印本。）

〔清光绪三十四年前后,新疆阿克苏拜城县〕　拜城蕞尔微区,新疆自中俄通商以来,俄商无一至拜者,盖以此地所销之货不过各色洋布,非若喀什等处,可以设行,能销百货也。即内地商贾,间有由东路贩货而西,由西路贩货而东,在此变卖少许者,亦只寻常杂货、布、棉。

（佚名纂：《拜城县乡土志》,商务,一九五五年据清光绪三十四年稿本油印本。）

〔清光绪三十四年前后,新疆阿克苏拜城县〕　拜城并无富商大贾、通晓商务合志联群之人,现贩买杂货为业者权二三家,烧坊一家。

（佚名纂：《拜城县乡土志》,实业,一九五五年据清光绪三十四年稿本油印本。）

〔清宣统元年前后,新疆焉耆府〕　境内并无富商大贾,均系贩买杂货为业,鲜知合群联志。现本城有百余家,内有烧坊十余家,因蒙民性喜饮酒,投其所好。库尔勒百余家,乌沙克他二十余家,四十里程六七家。

（清　闻瑞兰纂：《焉耆府乡土志》,实业,清宣统元年稿本,一九五五年油印本。）

〔清宣统元年前后,新疆哈密厅〕　汉城至新城隔三里许,中间为商贾贸易处,铺户接连即为市镇,各乡村与回城无售货物者。

（清　刘润通纂：《哈密直隶厅乡土志》,祠庙古迹,一九五五年据清宣统元年通判原呈本油印本。）

〔清宣统元年前后,新疆焉耆府婼羌县〕　县治新辟,户民无多,产物、制品全无大宗,除供本境之用外,余则零星运销府属之库尔勒。

（清　瑞山纂：《婼羌县乡土志图》,商务,一九五五年据清宣统元年稿本油印本。）

〔清宣统二年前后,新疆焉耆府婼羌县〕　县治新辟,户民无多,麦、谷等项仅供本境之用,无大宗贸易。

（清　唐光祎纂：《婼羌县乡土志》,商务,一九五五年据清宣统二年稿本油印本。）

〔清朝末年至民国初年,新疆古城、迪化、土鲁番、伊犁等地〕　光绪十一年,改建行省,其时,迪化城中,疮痍满目,无百金之贾、千贯之肆,自城南望见城北。榛芜苍莽,玉门以西,官道行千里不见人烟,商贾往还无休宿之所。巡抚刘锦堂首治邮译〈驿〉亭障,以通商路,于是废著鬻财之客,连袂接裾,四方之物,并至而会。然迪化不居要冲,惟古城绾毂其口,处四塞之地。其东,至嘉峪关趋哈密为一路,秦、陇、湘、鄂、豫、蜀商人多出焉。其东北,自归化趋蒙古为一路,燕、晋商人多出焉。自古城分道,西北科布多为通前后营路(即康熙间用兵之北路),外蒙古人每岁一至,秋籴麦谷并输毳裘皮革易缯帛以归。又循天山而北为北路,取道绥来以达伊犁、塔城。循天山而南,为南路,取道吐鲁番以达疏勒、和田。故古城商务于新疆为中枢,南北商货悉自此转输,廛市之盛,为边塞第一(昔年镇西一路今已不当孔道,故百货皆聚在古城)。关内绸缎、茶、纸、磁、漆、竹木之器,逾陇阪而至,车马烦顿,厘税重困,商贩恒以为累苦,不偿其劳费,是以燕、晋商人多联结驼队(橐驼一头约负重二百八十斤,雇价廉时,一驼约十六两价,昂时至二十七八两),以归化城沿蒙古草地以趋古城,长途平垣,无盗贼之害。征榷之烦,其至常以夏五月,秋八月为期(北京春二月起程,则以夏五月至,夏五月起程则以秋八月至,惟冬令雪大,一不可行)。岁运腹地诸省工产及东西洋商品值逾二三百万。大率自秦、陇输入者什之三四,自归绥输入者什之六七,而私运输漏不在此数(甘肃官差往来车辆,其仆御必夹带私货数千斤,又有一种零星小贩,附同官车出关,希图免税,关吏不敢诘)。迪化距古城西偏,一大都会也。人民众多,政令所自出,士大夫冠盖之凑,五方游食,戏博之集,加以商贾阜财通贿其间,是以虽经兵燹,而易复旧观。吐鲁番当孔道,东近省,西通焉耆,居南北之中,亦一都会也。有棉花、果蓏、蒲陶〈葡萄〉之饶,岁输俄境值数十万,故民勤业趋事,不待贾而足。其北,则伊犁,密迩俄疆,俄商受廛于此租市蕃盛天山北路一都会也。

(钟广生撰:《新疆志稿》,卷之二,商务,民国年间铅印本。)

〔**清代至民国五年,新疆**〕 新疆地处欧亚之脊,四塞灵通,汉、唐之际建国数十,互市之盛,史不绝书。降及清代,平定西域,其时,西征之师,北出蒙古至科布多乌里雅书台者为北路,西出嘉峪关至哈密巴里坤为西路。师行所至,则有随营商人奔走其后,军中资用多取供之。及西师已罢,置重镇于巴里坤,而巴里坤遂为关外商人聚会之区(巴里坤即今镇西县,近日此道已塞,商旅咸趋古城,而巴里坤遂冷寂异常矣)。乌鲁木齐地绾中枢,市廛迤逦,肩摩毂击,当时有小苏杭之称。伊犁九城,以惠远最大,地处极边,华夷杂处,互市称盛。同光之际,中经回乱,旧时都会夷为灰烬,万里膏腴悉化榛莽。改建行省之后,巡抚刘锦棠首治邮驿,以通商路,四方渐归。然数十年至今,犹未尽复旧观也。民国以来,各省灾祸相寻,疮痍满目,新疆独安然无恙,生齿日繁,需用日增,商务亦蒸蒸日上矣。奇台(即俗称古城子)居北路之东枢,地居四塞,秦、陇、豫、蜀、湘、鄂商人出嘉峪关趋哈密而至,燕、晋商人由张家口、归化趋蒙古草地而来,岁输绸缎、茶、纸、磁、漆、竹木之器、东西洋货达三百余万,而由归化一路来者居十之六七。盖长途平坦,万里无人,免厘税之苛剥也。由此分布天山南北各都会,而西北往科布多为通前后营路,外蒙古人每岁输皮革、乳油,交换粮食、布帛而归。又西北通阿尔泰为一路,米、面、布帛亦都取给于此,是奇台者,实西北一大都会也。迪化,人民众多,政令所自出,轮辐杂凑,南关有俄国贸易圈,岁输绸缎、花布、磁铁之器,以易棉花、葡萄、皮毛原料,而本地回民亦有自运至俄之斜米倭、莫斯科、萨玛诸处以易洋货归者,岁共贸易额三百余万。吐鲁番,为棉花、葡萄出产之区,且居南北之中。哈密,为东路之咽喉,通巴里坤及甘肃之敦煌,洋商之收买皮毛者多荟萃于此,故商务亦均称盛。南路喀什噶尔一道,以疏附为总枢,俄及阿富汗商由明约路、小阿图什、大阿图什三路入境,英商自北印度逾因都库什山,历塔什库尔干而入蒲犁皆汇集于此,而南路缠民越境商于安集延费尔干浩罕者十余万,以故交通繁盛,市廛栉比,伯仲古城,其所以异者,一为汉商之总汇,一为缠商之总汇而已,岁贸易额三百余万。其西莎车,为南路之精华,物产丰富,其西南出蒲犁亦通北印度,故英商之集者亦不乏人,商务之盛亚于喀什。又西为和田、于阗,即物产所自出皮毛、棉花、丝绸、毡毯之属,出口岁辄百万,而和田东北经婼羌取阳关故道至兰州下栈道而入成都,岁有缠商数十人负巨资贩运蜀锦及洋货达二十余万。阿克苏道居喀什之东北,温宿实为阿克苏一道之尾闾,其东出乌什之依布拉引通俄之哈喇湖,故俄商荟萃于此。库车地居南北孔道,为阿克苏之枢纽,轮辐驰骤,商务称盛。此新疆南北二路商务地理上之情形也。

(林竞编:《新疆纪略》,五,实业,商业,民国七年铅印本。)

〔明万历二十四年前后,山东兖州府〕 济宁在南北之冲,江、淮、吴、楚之货毕集其中,一名都也。

(明 于慎行编:《兖州府志》,卷四,风土志,明万历二十四年刻本,齐鲁书社一九八五年影印本。)

〔明代至清代后期,山东临清州〕 汶河本为漕运而设,在昔明、清两代奠都燕京,岁漕江南北米粮数百万石,悉由此河输至京师,每岁漕船数十帮(俗称四十八帮)往返讨墙,不仅南北货物可以附载而至,达官富商亦皆取道于此。铁道未通之前,临清商业称盛一时者,借助此河之力颇大。

(张自清修,张树海、王贵笙纂:《临清县志》,疆域志,河渠,民国二十三年铅印本。)

〔清乾隆二十八年前后，山东武定府蒲台县〕　邑境滨大清河，闻之长老言，向年海舶自闽、广来泊，蒲台关口商贾辐辏，号称殷富。数十年来，河渐沙淤，海舶不至，惟盐艘经由。及关东粮石、木板、海鱼诸物装载抵蒲，在北镇交易。镇属滨境，于蒲无涉也，蒲人生计惟恃耕织。

（清　严文典修，任相等纂：《蒲台县志》，卷二，风俗，清乾隆二十八年刻本。）

〔清乾隆五十年前，山东临青州〕　郡邑志：……科第接踵，舟车毕集，货财萃止，诚天下佳丽之地，所以衣冠文物胜于他邑。

（清　张度、邓希曾修，朱镜等纂：《临清直隶州志》，卷一，疆域志，风俗，清乾隆五十年刻本。）

〔清道光十五年前后，山东济南府章丘县〕　邑中分六乡，关厢士民杂处，商贾辐辏。

（清　吴璋修，曹楙坚纂：《章邱县志》，卷六，礼俗志，风俗，清道光十五年刻本。）

〔清道光末年至民国九年，山东福山县〕　道光之末，本埠犹未通商，其进口货物不过粮石与粗杂货而已，间有营油饼业者，然亦寥寥。同治元年设立海关后，于是油饼之业日增，粉干之业之日盛，而其他草帽辫由沙河到埠出洋，极盛时达三百余万两。其本埠商家则以行找为最巨，代客船卖买货物而扣其用，业此者盖不下数十家焉。自大连开而油饼之业为所夺，所余二十余家供本地之用而已。青岛开而草帽辫遂绝迹焉。开埠之地多，而买卖之途广，故行栈之利亦微矣。然从前各县多产山茧，不解缫织，近则矿房达三十余家，而花边、发网、绣花诸货行销于外洋者日增日盛。其他如花生、水果、鱼、盐、水菜之类，盖不可枚举。近年以来，公司渐起，如张裕之洋酒、昌兴之洋火、醴泉之啤酒、瑞丰之面粉，而船行若政记公司、若鹿玉轩记，皆能挽回洋舶之利权。

（王陵基修，于宗潼纂：《福山县志》，商埠志第五，商业，民国九年修，民国二十年铅印本。）

〔清光绪元年至民国二十五年前后，山东莒县〕　莒地交通不便，商货限于农村，商家无大资本。自清光绪纪元及乎民国之初，数十年间，为外商兴盛时期，潍、黄当铺，潍、博、乐、安布庄，章、黄钱业，陕西油漆，江西药行，分布城关，尔时本城称十大商号，其属于本商者，仅同泰一家耳。其营业方法，发行钱帖以流通金融，买卖银两以交换货物，出放贷款以吸收子息，居奇计赢，如操左券。且地丁征收银两火耗，统归钱商代办，而商界且为官吏所引重焉。光绪之末，地方试种大粒花生,历年推广,米油出口,获利较丰,商业日见繁荣。自民国六、七年至十五、六年之间,莒城商号增至一百三四十家,此为商业最盛时期。厥后银元飞涨,物价随高,巧伪日滋,信用转堕,钱帖既以兑现无著而失信用,贷款又以债户拖欠视为畏途,市面情形为之一变。又兼各项税捐有加无减,军队来往供应浩繁,土匪纵横,抢架勒赎,商、农交困,因之殷实商号闭歇时有所闻。至十九年高军之难,地方损失更不可统计,外商纷纷歇业,本商愈难支持。二十年后世界经济之压迫,米油落价,各种货价亦日见跌落,存货滞销。向以高价置货不及出售,而价又随跌,亏耗至极。外商歇业,无可贷资(以前本地商人多假贷于外商)。历年以来,多以米油抵借青款,买卖空符,至今债台高筑,无力清偿,于是本境商况遂有一落千丈之势。

(卢少泉等修,庄陔兰等纂:《重修莒志》,卷三十八,民社志,工商业,民国二十五年铅印本。)

〔清光绪二十七年以后,山东临清州〕 光绪以后,运道浅阻日甚一日,至二十七年河运遂停。停运之后,河身日渐浅涸,仅东昌、临清间有小舟来往,商业大受影响。

(张自清修,张树梅、王贵笙纂:《临清县志》,疆域志,河渠,民国二十三年铅印本。)

〔清宣统三年前后,山东济宁州〕 州当河漕要害之冲,而又新筑兖济支路介于其间,沟通南北,百货骈列,因之趋于实业者多。

(潘守廉等修,唐烜、袁绍昂纂:《济宁直隶州续志》,卷四,风土志,风俗,民国十六年铅印本。)

〔清代至民国十六年前后,山东济宁县〕 在昔驿站遍设,运河疏通,济实当水陆之冲,是以商业发达。自兖济支路设而益形便利矣。惟运河梗塞,舟楫不行,仅恃铁路以为转输,尚有未便。

(潘守廉修,袁绍昂纂:《济宁县志》,卷二,法制略,交通,民国十六年铅印本。)

〔清代至民国二十四年,山东利津县〕 商业惟一交通厥为河道,在昔济水由利津入海,名曰大清河。河门通畅,南北商船由渤海驶入河口,在铁门关卸,再由河内帆船转运而上。彼时物品云集,商人辐辏,此为商业最盛时期。迨咸丰五年黄水北徙,夺道入海,当时尚不为大害。至光绪十二年,铁门关被黄水淹没,将码头迁至县城东关,大船即不能驶入,仅河内较小帆船往来拨运,商业即见衰落。光绪末年,海陆土匪相继而起,商船停止,河门荒废,商业益受影响。加之近十余年河道屡次变迁,河尾淤填,非极小之帆船不能行驶,遂致运输困难,运费增高,以致重量之货物无利可图,此商业不振之原因一也。航路所及,向以大连、旅顺、营口等处为交易场所。自"九一八"事变以后,往来贸易关税重重,以致商人裹足,不能互通货物。兼之近数年来,水灾匪患频臻叠至,稍裕之家多半破产,以致商号合资者多,独资者少。一旦有事,既无资本大家可资挹注,又无银行、钱号临时调剂市面,金融时呈恐惶之象。惟城内有商号数十家,除酱袖、杂货而外,非买卖土产别无可营之业,乃感受农村破产,人民购买力微,各商有亏无盈,此商业不振之原因二也。

（王廷彦修,盖尔佶纂：《利津县续志》,卷二,法制,实业,民国二十四年铅印本。）

〔清代至民国二十五年前后,山东东平县〕 本邑商业向无大规模之组织,亦少大资本之营业,城内大商素以当铺、盐店为称首,银钱号次之,此等较大营业多系晋商及章丘济南商人所经营。民国以来,以种种关系,当铺既已歇业,盐店亦分作数家,营业渐渐式微,银钱业复相继倒闭,所谓外籍大商已消灭殆尽,本地继起新营业大半为洋广京杂各货、图书文具、中西医药、煤油、菜馆等,所贩卖者,奢侈品与消耗品居多,此种营业多系本地大农与中农等所组织,外表虽颇华丽,内容未必殷实,加以地方水旱连年,兵匪频仍,农民窘于经济,商业因之萧条,故全县商业较之三十年前不惟无进,后更退化。

（张志熙修,刘靖宇纂：《东平县志》,卷八,实业,民国二十五年铅印本。）

〔民国初年至二十三年前后,山东临清县〕 临市繁盛之区在中洲一部,北自天桥至南关,东自鳌头矶至卫河,街市蝉联,人烟辐辏,河流绕之,势颇固结。此外,则天桥以北为皮商营业之区,南市车营为粮商聚处之地,卫河西之街市,强半以营销土产为业,至古楼街之粮行,十年以前,向称东市,今则倒闭无余矣。

（张自清修,张树海、王贵笙纂：《临清县志》,经济志,商业,民国二十三年铅印本。）

〔民国初年至二十四年前后,山东广饶县〕 统计：境内市场不过三十余处,大小商店不过二百余家,此二百家商店又半设于城关中,俱系小本经营,资金万元者仅十数家,且营业性质多为市内坐贾,而贩运外埠操奇计赢者只苇席、大椒、花衣、火香数行。顾以先后贸易全体而论,在民国初年,以土货与洋货较,销售尚属持平。三年以后,入境渐多日货,而内出之土纱、土布、带丝、笠、席、酒、油、笔、胶尚属畅旺,外来之闽糖、六安茶、杭绸、苏纸、土蓝等货销数亦多,是为商业较盛时期。推厥原因,以欧战方殷,西货未能东来,而国货乃占优胜地位。至七年,内地熟货之行销渐减,而生货如棉花、鸡子、蚕茧、烟草、牛皮、兽骨,以及制成之帽辫、发网、花边,输出颇广,是为土产盛销时期,亦缘欧战告终,各国原料未充,人工昂贵,始获此万一之利,而非我之商业能到发展地步也。自十一年至十六年,土产销路日滞,洋货销路日畅,银根因以奇绌,于是大小商店竞发纸币,即无资本者亦群相效尤。迨山东银行官票输入,或七八折或四五折,而商家咸受亏损,是为币制混淆时期,然商业犹克支持,生计未至穷蹙,以有各种钞票为之抵补也。自十七年,时局骤变,杂色军队迭次过境,各商家受其蹂躏,缘之倒闭者甚伙,而商业益形萧条,现在外货充斥,土货滞销,非力谋挽救,吾民膏血必日形枯竭,终至不能自存。

（潘菜峰等修,王寅山纂：《续修广饶县志》,卷九,政教志,实业,民国二十四年铅印本。）

〔民国十八年前后,山东单县〕　单邑本非四达之区,加以近年变乱,商务愈形萧条,盐、当各商亦不畅旺,油则以洋油之故,致棉油减售。现查酒商每年销售十余万斤,颇获厚利,因池税太重,多不敢开蒸。烟商,烟丝每年销售十余万斤。惟药铺兵戎之际兼以凶年,疫疹颇多,故全县每年销售价在三四万千上下。杂货,全县每年销售价五六十万圆。京货,惟有城中数处,乡间颇少。火柴,以石火渐废,几于无人不用,而为价日昂,向每盒百根,制钱二三文,现十余文。棉商,近有轧花车,人颇称便,惟每车每日出税四百文,利亦无多。

（项葆桢等修,李经野等纂：《单县志》,卷三,食货志,商务,民国十八年石印本。）

〔民国二十三年前后,山东东阿县〕　东阿地瘠民贫,无大资本家操纵市面,而业烟、酒、杂货、布匹、洋货者,多系本地居民,以数千元或数百元之资本,应时贩运,以供人生之取求而已。惟地界黄河流域,帆船最多,往往购买本地豆、麦、鸡子赴洛口售卖,借谋微利,而空回则代运杂货,以应社会之急需,交通颇为便利。交通既便,人民之生活程度则愈高。生活程度既高,则商业亦渐繁盛,故近数年来,东西两城街道市面大有改观之象。

（周竹生修,靳维熙纂：《东阿县志》,卷七,政教志,商业,民国二十三年铅印本。）

〔民国二十三年前后,山东夏津县〕　夏之巨商首推盐、当,次为钱店。迩来,盐税屡加,价亦递增,仍间接取之于民。盖盐为日用必需品,故营业不受影响。近数年来,谷贱工贵,贫民谋生较易,典衣物者少,当店因而关闭。自币制改良,生银绝迹,钱店遂归天然淘汰,代兴者厥惟花行,资本雄厚,盛极一时,遇有良机,获利无算,因此致富者颇不乏人。

(谢锡文修,许宗海纂:《夏津县志续编》,卷五,典礼志,习尚,民国二十三年铅印本。)

〔民国二十三年前后,山东曲阜县〕 县城距车站较远,交通不便,而境内更无大宗物产之运出,故财源短涩,市面颇呈萧条景象,城内如此,乡镇可知。

(孙永汉修,李经野、孔昭曾纂:《续修曲阜县志》,卷五,政教志,实业,民国二十三年铅印本。)

〔民国二十三年前后,山东临清县〕 临清街市冠于济西,其繁荣中心在西南关土城之内,砖城则市井萧条,较之土城十不及一。

(张自清修,张树梅、王贵笙纂:《临清县志》,建置志,交通,民国二十三年铅印本。)

〔民国二十四年前后,山东陵县〕 本县商业类皆小本经营,计县城及乡间各镇,有药行同业共二十八家,杂货行同业共四十六家,布行同业共七家,染色行同业共七家,书店同业共三家,杂货行多为洋广杂货,一切化装品、清耗品占多数。资本分三等,甲等者不过三千元,乙等者不过一千元,丙等者不过五百元。

(苗恩波修,刘荫歧纂:《陵县续志》,卷三,第十八编,工商业,民国二十四年铅印本。)

〔民国二十五年前后,山东沾化县〕 全县商店,俱系小本营业,除零星小铺外,入商会者只有六十四家,其资本至多不过万元。贸易以杂货、杂粮为多,广布、洋货次之,药房、钱号又次之。

(梁建章等修,于清泮纂:《沾化县志》,卷六,建设志,实业,民国二十五年铅印本。)

〔民国二十五年前后,山东馆陶县〕 馆邑地处偏僻,向乏巨本家之营业。按全境商业现况,其资本金额可分三等,大者本金三千元以上,中者千元上下,小者二百元至五百元不等。

(丁世恭等修,刘清如等纂:《续修馆陶县志》,卷二,政治志,实业,民国二十五年铅印本。)

〔南宋嘉定年间,真州〕 嘉定《真州志》云:……当南北舟车之冲,商旅往来连袂成帷,繁庶为淮郡最,号小南京。

(清 王检心修,刘文淇等纂:《重修仪征县志》,卷三,舆地志,形胜,清光绪十六年据道光三十年刻本重刻本。)

注:真州今为江苏仪征县。

〔南宋景定二年,江南东路建康府〕 牛马市、谷市、蚬市、纱市等一十所,皆边淮列肆，裨贩焉内。……六朝市廛多在淮水之北、治城之东也。

（宋　马光祖修，周应和纂：《景定建康志》，卷十六，疆域志，镇市，宋景定二年修，清嘉庆七年刻本。）

〔元至正元年前后，江浙行省平江路昆山州〕　今新治，旧本墟落，居民鲜少海道。朱氏翦荆榛，立第宅，招徕蕃舶，屯聚粮艘，不数年间，凑集成市，番汉间处，闽广混居，各循土风，习俗不一，大抵以善贸易，好市利。

（元　杨谭纂修：《昆山郡志》，卷一，风俗，元至正元年修，清宣统元年刻本。）

〔元代至民国二十五年前后，江苏太仓县〕　城周十里，为张士诚所筑，当致和塘、盐铁塘之交，元时通漕运，番船云集，称为六国码头。近浏河口以新涨横沙，巨舟不至，商业遂日形衰落。

（殷惟和纂：《江苏六十一县志》，下卷，太仓县，城市，民国二十五年铅印本。）

〔明洪武年间，南京扬州府江都县〕　江都当江淮之冲要，喜商贾，不事农业，四方客旅杂寓其间，人物富庶为诸邑最。

（清　张世浣、嵩年修，姚文田等纂：《重修扬州府志》，卷六十，风俗志，各邑风俗之异，清嘉庆十五年刻本。）

〔明朝初年至万历年间，南京扬州府江都县〕　国初民朴质，务俭素，室庐佩服无大文饰。……今日则四方商贾陈肆其间，易操什一起富。富者辄饰宫室，蓄姬媵，盛仆御，饮食佩服与王者埒。又输资为美官，结纳当涂，出入舆马都甚。……又，里猾射利，多买贫家稚女稍有姿态者，容饰之外，教以歌、舞、书、画诸技，厚略媒妁，以诱嫁四方富贾宦游者。初买不逾十余缗，嫁辄昂其值至数百缗。后贫家窥其利厚，生女亦辄为之，以故四方富贾宦游者，买妾皆称扬州，麇至而蝇聚，填塞衢市，或为媒妁所绐，误入乐籍者，往往有之。……瓜洲利丛而民伙，五方贾竖，蚁聚其地，土著悉为牙侩。

（清　张世淀、嵩年修，姚文田等纂：《重修扬州府志》，卷六十，风俗志，各邑风俗之异，清嘉庆十五年刻本。）

〔明正德元年前后，南京苏州府〕　由今观之，吴下号为繁盛，四郊无旷土，其俗多奢少俭，有海陆之饶，商贾并凑。

（明　王鏊等纂：《姑苏志》，卷十三，风俗，明正德元年刻本，清乾隆间《四库全书》本。）

〔明朝年间，南京常州府无锡〕 无锡为浙右名邑之冠，当南北之冲会，土地沃衍，有湖山之胜，泉水之秀，商贾之繁集，冠盖之骈臻。

（佚名纂：《无锡志》，卷一，风俗，明刻本、清乾隆间《四库全书》本。）

〔明代至民国初年，江苏山阳县〕 闾阎之盛，由明季至国朝不稍替。漕督居城，仓司屯卫星罗棋布，俨然省会。夏秋之交，粮艘衔尾入境，皆停泊于城西运河，以待盘验，牵挽往来，百货山列。北关厢为淮北纲盐顿集之地，任鹾商者皆徽、扬高资巨户，役使千夫，商贩辐辏，榷关居其西北，搜括留滞，舟车阗咽，利之所在，百族斯聚（引府《志》）。市不以夜息，人不以业名，富庶相沿，奢侈成俗（详见前《志》）。乃纲盐改票，昔之甲族夷为编氓；漕运改途，昔之巨商去而他适，百事罢废，生计萧然，富者日益贫，贫者日益偷。由是四民知陈力受职，稍稍反朴焉。

（周钧修，段朝端等纂：《续纂山阳县志》，卷一，疆域，风俗，民国十年刻本。）

〔清乾隆四十八年至嘉庆十八年前后，江苏扬州府高邮州〕 在城俱系长市，与村墟赶集者不同，商贾列廛似有定所，但贸迁有无，听民自便。

（清 杨宜仑修，夏之蓉等增修，马馨等增修，夏味堂等增纂：《高邮州志》，卷一，疆域，镇市，清乾隆四十八年刻，嘉庆十八年增刻，道光二十五年重刻本。）

〔清道光三十年前，江苏扬州府仪征县〕 《扬州府新志》云：……近城中多荒旷，而商贾贸迁之盛，毕萃于南关外，其繁嚣颇类于瓜洲。

（清 王检心修，刘文淇等纂：《重修仪征县志》卷三，舆地志，形胜，清光绪十六年据道光三十年刻本重刻本。）

〔清咸丰八年至民国二十五年前后，江苏镇江〕 城周九里，临大江与运河会合之口，为南北通津。清咸丰八年，[据]《天津条约》，开为商埠，商场在城西银台山下（银台山下沿江一带，清咸丰十年划为英国租界，已于民国十八年收回）。商业夙称繁盛，自海航开通，京沪、津浦二铁路通车后，形势变迁，商业中落。近年江岸沙滩日涨，以致舟车不能衔接，江北货物之进出遂多改道由轮直运霍家桥，本城商业因此又受一大打击。自省府迁镇后，人口骤然增加，浚河筑路等建设事业突飞猛进，水陆交通日见便利，将来发达，或将驾昔日而上之也。现在商业中心集于西城外，此外如西门大街、南门大街、日新街、天主街及河北一带较为兴盛，木行货栈则集于小码头。城内虽为省府各机关所麇聚，而市廛不盛，尚极清淡。

（殷惟和纂：《江苏六十一县志》，上卷，镇江县，城市，民国二十五年铅印本。）

〔清咸丰十一年，江苏镇江〕　道光二十二年壬寅七月，与英人在江宁定和约十三条，许开广州、福州、厦门、宁波及江苏之上海五口。时耆英督两广兼五口通商大臣，始有通商之名，亦即为江苏通商之始。咸丰八年戊午五月，再与英、俄、法、美在天津定和约，开长江三口。延至十一年，镇江关始与九江、汉口关同时并设，是为镇江通商之始。时江南贼氛犹炽，暂设关船于镇江对岸，为扬州江都县属之七濠口，关道税司办公焦山。同治四年，始于江口建筑关署，是年十一月工竣，英、美商栈趸船于五年次第迁南岸，后俄、法、德、奥、比等国亦先后在南岸设栈，日本最后。初设时，收税不足十万，迁关后日增，至光绪三十一年增至一百二十八万有奇，为关税极旺时期。嗣后，因津浦、沪宁两铁路开筑，商务日减，然甲寅年尚收五十九万有奇，而丙辰、丁巳、戊午三年则递减至三十八万有奇，此收税之大较也。又自开关起，按照长江章程收税，光绪二十四年修改，一律统照海口章程，至今沿之，此章程之大较也。查近年短收情形，因建造两铁路暨欧战四稔，内讧二年，且按之本埠江滩日涨，河道日淤，亦未非商务障碍之一原因。即如金山右址向峙江心，今则接连南岸，一片平阳，金山对面为征人洲，设滩向在江中，今则已向东逐渐延长。运河南段入口将被堵塞，不日，全埠江滨下至北固必至完全封闭，无路可通舟楫。盖从前本有扫埂一道，由九固山下江滩向西，至蒜山下小马头止，长三里许，中间可以泊船，咸丰三年后全行坍没，今似将回复旧观，是亦沧桑之一小变迁。其微有不同者，毗连及于南岸与上游，扩充至征人洲下游，仅未直达于北固耳。怡和洋行趸船于光绪三十二年曾移一次，岁丁巳已在下游另觅迁地，目下英租界江边只余太古轮船马〈码〉头一处，恐后亦将迁徙，上下货物不便，亦为商务凋敝之由。加以近岁小轮发达，民船吃水较前为深，而大小两闸口不挑浚者近二十年。九、十月间内河涓滴俱无，即光绪十八年新开之荷花塘四周，亦约有二三里之广亦久不挑浚，致小轮民船无处停泊，内地出入货物因虞危险，多不投镇埠，是又足为商务之一障碍也。

（李恩绶辑，李丙荣续辑：《丹徒县志摭余》，卷三，外交，民国七年刻本。）

〔清同治末年至民国十一年前后，江苏高邮〕　鱼行，上下河皆有。查同治末年，上河注册在官之行户凡五十余家，下河行户亦不少，但多半兼开他行，非专门名家耳。光绪以来，湖水渐浅，出产逐渐减色，业亦稍衰。延至清末，上河行户仅存二三十家而已。衣业，旧时极盛，城内彩衣街凡数十家，城外东台巷十数家，咸丰以后，渐衰。现阖城不过十余家而已。本地销虽不旺，然习此业者精于估货，出游外埠，颇为商界所称，谓眼法在旌德帮之上云。布业，颇为发达，旧时镇江人最占势力,现归本地人掌握矣。惟绸缎业仍不旺,盖民风俭朴,衣布者多,间有二三纨袴爱服丝绸,亦多在外埠购买,故本地销行不畅。油业、南货,向惟句容、太平(指太平洲,今改扬中县)人执其牛耳,今归邑人自行营运,较三十年前有过之无不及。酒业,以张家庄为大宗,行销东台,余处槽坊亦多。醋及酱货邑人亦自行制造,颇分销于各埠。境内典铺,乾隆时凡六家,厥后增减不常,同治中增至十一家,后又减少。光绪初,本城一家,界首一家,临泽二家,三垛一家。后临泽歇一家,本城增一家,共计五。典利俱二分期,二十七个月为满。宣统初,典商因衣式屡变,过期不赎,难于销售,乃禀请缩短期限,十八个月为满。

(胡为和等修,高树敏等纂:《三续高邮州志》,卷一,实业志,营业状况,商业,民国十一年刻本。)

〔清光绪七年前后,江苏苏州〕 田畴犹未尽垦,颓垣废址触目皆是。即郡城而论,胥门郭郭曩时列肆如栉,货物填溢,楼阁相望,商贾辐辏,故老类能道之。今则轮船迅驶,北自京畿,南达海徼者,又不在苏而在沪矣。固时势为之,有不得不然者乎?其市货云集之所,绮谷文绣、珠玉玩好星罗棋布,驵侩眈眈,或终日不得一售,所鬻愈少,所得愈无赢焉。阛阓空虚,而户鲜盖藏,既庶且富将何道之从与!

(清 冯桂芬等纂:《苏州府志》,卷首,吴炳元序,清光绪九年刻本。)

〔清光绪二十二年至民国二十五年前后,江苏苏州〕 城周四十五里,临运河与致和塘之会,为京沪铁路所经,水陆交通皆极便利。清光绪二十二年,中日《马关条约》开为商埠,人烟富庶,帆樯栉比,市街到处繁盛,尤以观前大街、临顿路、养育巷、东西中市等处为精华所萃。城外则以阊门为最繁盛,旅馆、剧场多集于此。盘门外有日本租界,昔亦兴盛,今已大半荒芜,仅剩小商店数家而已。

(殷惟和纂:《江苏六十一县志》,上卷,吴县,城市,民国二十五年铅印本。)

〔清光绪二十六年前后,江苏海门厅〕 地势右缩左赢,狼山峙其西,崇明障其东,无城郭阨塞,外阻江海为固,港汊四达,舟楫交通,棉布之利被于天下,天下水陆材货亦于是萃焉。

(清 王宾等修,周家禄等纂:《海门厅图志》,卷九,地志,海门直隶厅,清光绪二十六年刻本。)

〔清光绪三十一年至民国二十五年前后,江苏东海县〕 城周九里余,以僻在海滨,商业尚不发达。自陇秦豫海铁路开通后,甘肃、陕西、河南及本省北部商货之出入，将以此为集散之中心，但转运起卸皆不及新浦镇之便，故城市商业虽较前稍有起色，尚不及新浦镇之兴发也。……新浦镇，扼蔷薇河入运盐河之口，清光绪三十一年自辟为商埠，今划入连云港市。连云港开筑后，商业遂逐渐东移矣。

（殷惟和纂：《江苏六十一县志》，上卷，东海县，城市、村镇，民国二十五年铅印本。）

[清代至民国年间，江苏六合县] 六合县僻处江北，数十年前，仅有商船往来西北一带，购办货物以六合为聚会之所。自津浦路成，日形冷落，进口之货成本较大，获利甚微，致日用开支有不敷之势，市面铺张华丽，实则外强中干，有恒产者年获金、谷仅足养身，农民小贩一日所得不能自赡者什之八九，万金之家寥若晨星。人口二十余万，实业不兴，剧院、赌场消费之途四辟，后此，民生恐有不堪设想者矣。

（郑耀烈修，汪昇远等纂：《六合县续志稿》卷三，地理下，风俗，民国九年石印本。）

[清代至民国十五年前后，江苏江都县] 江都为扬州府治附郭首县，地当南北之冲，商贾辐辏，百货云集。在昔，盐业之盛莫与伦比，洪、杨乱后虽稍陵夷，犹为江淮间一都会也。

（钱祥保修，桂邦杰等纂：《江都县续志》，卷六，实业考，民国十五年刻本。）

[清代至民国二十五年前后，江苏扬州] 城周十里余，西半为旧城，东南至东北为新城，濒运河西岸，旧为南北往来之要冲，两淮盐业之总汇，达官显人往来不绝，富商大贾麇集其间，舟车之盛极于一时。今则盐业已移，客商之南下北上者，不由海道即走铁路，此间遂日形衰退。但其阛阓之栉比，人烟之稠密，在大江以北仍可居于第一位。市街如多子街、教场街、左卫街、辕门桥等处，商肆如林，最为繁盛。

（殷惟和纂：《江苏六十一县志》，上卷，江都县，城市，民国二十五年铅印本。）

[清代至民国二十五年前后，江苏淮阴县] 城为清乾隆时所改筑，地名清江浦，濒运河南岸。在海道未通以前，为南方诸省北上舍舟登陆之要道，帆樯林立，盛极一时。自海道开通，河运失效，商业遂一落千丈。津浦铁路通车后，出此途者益鲜。但以地位适中，在大江以北仍不失水陆交通之枢纽，市街今以草市口、纪家楼、屏门街诸处为最兴盛。

（殷惟和纂：《江苏六十一县志》，上卷，淮阴县，城市，民国二十五年铅印本。）

[清代至民国二十五年前后，江苏仪征县] 城周九里有奇，枕山濒江，为水

陆要冲。……商贾贸迁毕集南关，舟车之盛为淮郡最，号称小南京，今稍衰落。

（殷惟和纂：《江苏六十一县志》，下卷，仪征县，城市，民国二十五年铅印本。）

〔清代至民国二十五年前后，江苏高邮县〕 城周十余里……濒运河为淮南之冲，旧日帆影车声往来不绝，亦颇极一时之盛。自扬州、淮阴相继衰落后，此地市况遂亦大受影响。今虽居户尚多，而阛阓之间殊形寥落。

（殷惟和纂：《江苏六十一县志》，下卷，高邮县，城市，民国二十五年铅印本。）

〔清代至民国二十五年前后，江苏宿迁县〕 城周四里，濒于运河，昔为南北水陆之冲，商贾辏集，市街兴盛，为淮北之一大埠。今以运河失效，津浦通车，道出此间者除邻近数县外，已可谓绝无其人，市况遂日益衰落。

（殷惟和纂：《江苏六十一县志》，下卷，宿迁县，城市，民国二十五年铅印本。）

〔民国五年，江苏镇江〕 驻镇南洋兄弟烟草分公司分销处，在因门外东鸣街，经理孙立山，丙辰年分设镇埠。按：该公司股东南洋华侨简照南、玉阶昆仲创办，为提倡国货起见，于光绪乙巳年创设，改革后于戊午年复行改组股份有限公司，禀请农商部注册，设制造厂于香港、上海，并添分销处于各商埠及内地各码头，凡社会慈善公益诸义举，均概助巨资，乐成人美，其勇于为善如此。

（李恩绶辑，李丙荣续辑：《丹徒县志摭馀》，卷三，实业，民国七年刻本。）

〔民国十年前后，江苏甘泉县〕 郡城市面，以城中辕门桥一带为最盛，百货云集，自朝至暮肩摩毂击。附郭司徒庙、凤凰桥则逐日米市也。县境西多冈阜，北为湖乡，水陆交通少自不便，故各乡镇皆为定期市集，如古趁墟之俗。

（钱祥保等修，桂邦杰等纂：《甘泉县续志》，卷六，实业考，民国十五年刻本。）

〔民国十一年至二十五年前后，江苏徐州〕 城周九里余，当津浦、陇秦豫海两铁路之交，为苏、皖、豫、鲁四省交通之关键，自古以来为用兵必争之地，以屡经兵燹，街道失修，商业不振。民国十一年，自辟东门外为商埠，以交通日便，渐有兴发之象。贸易品以麦、豆、高粱为最盛。城内建筑多北方式，东门大街、西门大街、县署街等处较为宽平，亦为城内最繁盛处。物价奇昂，现金罕见，铜元有当二十、当五十、当一百、当二百数种，又有一百、二百、一千等官票，仅能用于徐地，出境则等废纸。

（殷惟和纂：《江苏六十一县志》，上卷，铜山县，城市，民国二十五年铅印本。）

〔民国十一年至二十五年前后，江苏无锡〕 城周十八里，濒运河，为京沪铁路所经，工商之盛，为本省各县冠。街市以北门大街为最繁华，其次如大市桥、仓桥、清明桥、黄埂峰、西门吊桥等处亦均热闹,米麦之市萃于北塘。光复门外之通运、汉昌诸路,则以逼近车站及轮船码头而发达。工厂以西门为多,堆栈则散立于运河两岸,每逢茧、麦两市,各地商贾蚁集云屯,贸易之盛仅次上海市。民国十一年,于城北辟为商埠。

(殷惟和纂:《江苏六十一县志》,上卷,无锡县,城市,民国二十五年铅印本。)

〔民国十五年前后,江苏江都县〕 郡城市面以盐业为根源,而操奇计赢,牢笼百货,能为之消长者,厥惟钱业,岁获利甚丰。其次则米业,城内米店专售食户,运自邵伯及西山,城外米行名为代客交易,实则屯客货以稽时价,与米店略同,合计岁销银币约二百数十万。江都为产米区域,年来米价腾踊,百物因以昂贵,使无奸商影射出口,当不至此。米之外,豆、麦亦为大宗,中稔之岁,四乡产豆三十万石以上,麦五十万石以上,近年面粉销行,麦价骤涨,出口贸易岁亦数十万,其售之本地者不计也。绸缎业岁销银币约四十余万,布业约百五十万,土布仅占三之一。除乡农外,中人之家亦衣绸缎。布则竞尚外货,人民服御奢侈,于此可征。估衣业岁销银币约三十万。染业专染青、蓝、元三色,从前用土靛,后用洋靛,近以洋靛价贵,又复参用土靛,一岁贸易约银币十余万。绣货多贩自苏州,谓之顾绣,亦曰苏绣。近年有来自湖南者为湘绣,湘绣价贵,惟富家用之,市上通行者仍以苏绣为多,除售本地外,兼批售淮安、清江各处,岁销银币约十五六万。帽业岁销银币约二十万。鞋业亦如之,昔时中人以下多著布履,乡民帽亦用布,近则不然,故鞋、帽两业贸易甚盛,风俗为之也。金珠首饰业岁销银币约六十余万,习尚奢侈,妇女尤甚。铜锡业岁销银币约九万,向以谈涌茂最著,其所制物品运输各地,近年汪启源亦几与相埒。漆器自卢葵生后为扬州特产,销行甚广,其仿制最善者近为梁福盛,郡城各肆岁销银币约三万,而梁福盛居其半焉。香粉亦扬州特产,岁销银币约八万余,昔时戴春林最有名,继起者薛天锡,最后则谢馥春。洪、杨乱后,戴春林多至十余家,购物者莫辨真伪,因舍而之薛天锡。近薛天锡亦渐衰微,惟谢馥春贸易称盛。油漆业售桐油、生熟漆,兼及颜料,岁销银币约四五万。纸业岁销银币约六万。南北杂货业岁销银币约六十万,除售本地外,兼批售里下河各地。洋广货业物品来自东西洋及两广,以供富家陈设及妇女妆饰、小儿玩弄者为多,日用所需不及其半,岁销银币约五十万。烛炭业以烛为主,兼售炭,自煤油、洋烛盛行,民间除祀神及喜庆凶丧赠礼外,用烛者甚少,岁销银币约十万,而煤油、洋烛之数则倍蓰之。茶业岁销银币约五十万,扬州风俗素喜饮茶,以举家日用计之,亦为大费。药业分二种,一药店,一药材行,药店岁销银币约三十万,药材行半之。近年百货腾踊,药价亦随之而贵,寻常饮片每剂亦须百钱以上,衡石而入,铢两而出,获利甚丰。烟业分旱烟、水烟二种,旱烟岁销银币约十余万,水烟产自福建,名皮丝,岁销银币约二十万。在昔贸易甚盛,近年纸卷烟风行,遂致跌落。酒业有售土酒者,有售高粱及绍兴酒者,合计岁销银币约二十万。烟、酒皆人民消耗之品,分之见少,集之亦成巨资,可惜也。糟酱业以酱为主,兼售酒、醋,郡城最大者为何公盛、四美二家,徐恒大等次之,所制之酱运销各地,酱油、酱菜尤著名,岁销银币约五十万。油业以豆油为主,兼售花生油、菜子油、麻油,岁销银币约十余万。茶食业初仅售糕点及糖食,近年增售蜜饯、饼干、腌腊及罐头食物等,岁销银币约三十余万。嫁妆皮箱业岁销银币约五万以上。各业合计一岁数逾千万,而茶肆、酒馆及寻常食用之品,凡属于零星贸易者尚不在内。

(钱祥保修,桂邦杰等纂:《江都县续志》,卷六,实业考,商业,民国十五年刻本。)

〔民国十五年前后,江苏泗阳县〕 城市居全县之中心,街以石铺,平坦宽直。东北门外各立市场,而东门大街店铺整齐,商贾辐辏,西北两门次之,南门又次之。三台阁高耸中央,踞全城之胜概,下有四达通衢,小贸易多依庇其下。

(李佩恩修,张相文等纂:《泗阳县志》,卷十二,乡镇志,民国十五年铅印本。)

〔民国十五年前后,江苏甘泉县〕 郡城市面以城中辕门桥一带为最盛,百货云集,自朝至暮,肩摩毂击。附郭司徒庙、凤凰桥则逐日米市也。

(钱祥保等修,桂邦杰等纂:《甘泉县续志》,卷六,实业考,市场,民国十五年刻本。)

〔民国二十年前后,江苏泰县〕 吾泰僻居江北,地介产米之区,以是邑人颇工居积之术,著名市镇大都为陆陈出口,以致年来米价奇涨,生活程度日高,鸡、鸭、猪、虾、酒、油之类可称出口大宗,而以缺乏相当组织,故于地方经济不发生重大影响。至如南北洋广杂货、丝绸、布、糖果等,所以皆是绝无大规模组织。地方既无公立银行,一二钱商遂有垄断全邑金融之趋势。

(单毓元等纂修:《泰县志稿》,卷二十一,商业志,民国二十年修,一九六二年油印本。)

〔民国二十四年前后,江苏南京〕 南京为入超商埠、货运经过区域,向无大宗商品出口,故历来商业无称道之者。迄定为首都,始为全国人士所注目。据建设委员会经济调查所调查,现存商店尚有一万三千有三家。依市商会同业公会之分业统计,有食粮、绸布等九十六业,经理、店员八万六千零七十九人,资本一千二百四十三万余元。二十二年,全业营业凡七千二百三十四万余元。其不合营业登记之商店五千余家,以未入同业公会,未详查。

(叶楚伧修,王焕镳纂:《首都志》,卷十二,食货下,商业,民国二十四年铅印本。)

〔民国二十五年前后,江苏砀山县〕 城周四里余,以僻处本省之西北角,向无商业之可言。自陇秦豫海铁路通车后,市面略见活动,渐有发展之象。

(殷惟和纂:《江苏六十一县志》,下卷,砀山县,城市,民国二十五年铅印本。)

〔民国二十五年前后,江苏溧水县〕 城周五里余,以不当冲道,境内又无大宗之物产,商业无可言者,列肆仅销售居民之食用品而已。

(殷惟和纂:《江苏六十一县志》,下卷,溧水县,城市,民国二十五年铅印本。)

〔民国二十五年前后,江苏金坛县〕 城周三里余,滨金坛运河,市肆商业逊于南之溧阳、北之丹阳。

(殷惟和纂:《江苏六十一县志》,下卷,金坛县,城市,民国二十五年铅印本。)

〔民国二十五年前后,江苏沛县〕 城内商肆以东门大街、南门大街为最繁盛,皆系瓦屋,余街则多草房,贸易多居圩寨,按日而集,市廛中谓之逢集,商贾多齐鲁人,百货杂陈,人涌如潮,自辰至午始散。

(殷惟和纂:《江苏六十一县志》,下卷,沛县,城市,民国二十五年铅印本。)

〔民国二十五年前后,江苏溧阳县〕 城周四里余,虽僻居南边,而地多膏腴,物产丰富,故商业甚盛,为邻近诸县所不及。

(殷惟和纂:《江苏六十一县志》,下卷,溧阳县,城市,民国二十五年铅印本。)

〔民国二十五年前后,江苏东台县〕 县城扼盐城之南,为盐城米稻运往泰县、海安必经之地,故城西下坝至关桥一带,米市兴盛,杂粮稻行多至六十余家。

(殷惟和纂:《江苏六十一县志》上卷,东台县,城市,民国二十五年铅印本。)

〔民国二十五年前后,江苏武进县〕 城周十里余,濒于运河。……商业以府直街为最盛,西门则为江淮豆商、江西木商所萃,豆船、木筏衔接于河。

(殷惟和纂:《江苏六十一县志》,上卷,武进县,城市,民国二十五年铅印本。)

〔民国二十五年前后,江苏灌云县〕 县治所在本为一镇,名曰板浦,以产盐著名,商业之盛向为江北各镇冠。

(殷惟和纂:《江苏六十一县志》上卷,灌云县,城市,民国二十五年铅印本。)

〔**民国二十五年前后,江苏南通县**〕 城周六里余,洪、杨之役,城独无恙,故民居栉比,惟厦屋则不多见,楼居者尤少。东西大街市肆颇盛,南门次之,西门外则为帆樯所集。以近上海,贸易便利,实业发达。

(殷惟和纂:《江苏六十一县志》,上卷,南通县,城市,民国二十五年铅印本。)

〔**唐代至明天启四年前后,浙江宁波府慈溪县**〕 自东郭桥至接官亭西楼,乃今山川坛基,唐、宋、元以来,皆为戏台。台之四面为楼,妓者居之。南北百戏,歌鼓之声,日日不断,楼前商舸百货云屯。

(明 李逢申修,姚宗文纂:《慈溪县志》,卷十二,慈溪旧景,明天启四年刻本。)

〔**南宋宝庆元年,两浙东路绍兴府会稽**〕 地襟海带江,方制千里,实东南一大都会。又物产之饶、鱼盐之富,实为浙右之奥区也。

(宋 张淏纂修:《会稽续志》,卷一,会稽,宋宝庆元年修,清乾隆间《四库全书》本。)

〔**南宋宝庆三年前后,两浙东路庆元府**〕 会稽郡之三县,三面际海,带江汇湖,土地沃衍,视昔有加。古鄞县乃取贸易之义,居民喜游,贩鱼、盐,颇易抵昌,而镇之以静,亦易为治。南通闽、广,东接倭人,北距高丽,商舶往来,物货丰溢。

(宋 胡榘修,方万里、罗濬纂:《四明志》,卷一,叙郡上,风俗,宋宝庆三年修,清咸丰四年刻本。)

注:庆元府今为宁波地区。

〔**南宋宝庆年间,两浙东路庆元府定海县**〕 带江濒海之地,蛮舶之贾于明,明州之贩于他郡,率由此出入。蛟门虎蹲可以系缆,谓之泊潮。县衙前水军云屯数千灶,人物阜繁,鱼盐富衍,士习相录,皆诗书礼义之训,而山谷之民,耕桑乐业,有老死不识县邑者,俗多醇厚云(《宝庆志》)。

(清 于万川修,俞樾等纂:《镇海县志》,卷三,风俗,清光绪五年刻本)

〔**南宋端平二年前后,两浙西路临安府**〕 自大门和宁门外,新路南北,早间,珠玉珍异及花果时新,海鲜野味,奇器天下所无者,悉集于此;以至朝天门、清河坊、中瓦前、灞头、官巷口、棚心、众安桥,食物店铺,人烟浩穰。其夜市,除大内前外,诸处亦然,惟中瓦前最胜,扑卖奇巧器皿、百色物件,与日间无异。其余坊巷市井,买卖关扑,酒楼歌馆,直至四鼓后方静。而五鼓朝马将动,其有趁卖早市者,复起开张。无论四时皆然。如遇元宵尤盛,排门和买民居作观玩幕次,不可胜纪。

(南宋 灌圃耐得翁撰:《都城纪胜》,市井,一九六二年中华书局铅印本。)

〔南宋景定、咸淳年间，两浙西路严州分水县〕　天目溪，源出天目山，缭县境而南达于浙江，可胜百斛舟。若于潜、若昌化，旧航粟浙江，胥此焉入，故客艘辐辏于县。后京府严籴禁，航粟遂梗，县市亦萧条矣。

（宋　钱可则修，郑瑶、方仁荣纂：《景定严州续志》，卷九，分水县，水，宋景定三年修、咸淳八年增补，清乾隆间《四库全书》本。）

〔南宋咸淳年间至清乾隆五十一年，浙江杭州府海宁州〕　宁俗饶庶所在有市，鬻货居奇，类称为行。咸淳《志》，有米行、布行、鱼、猪、虾等行。万历《余杭县志》云：古未有以行名者，盖方言也，取其通日用之长利，非若朝夕稗贩往来不常者也。然如米、布、猪、羊、鸡、鹅之属，或系土产，或系懋迁，皆民生所必需。

（清　周广业辑：《宁志余闻》，卷三，建置志，市镇，清乾隆五十一年辑，传抄本。）

〔南宋年间，两浙西路临安府〕　杭城大街，买卖昼夜不绝，夜交三四鼓，游人始稀。五鼓钟鸣，卖早市者，又开店矣。

（南宋　吴自牧撰：《梦粱录》，卷十三，夜市，一九六二年中华书局铅印本。）

〔南宋年间，两浙西路临安府〕　自大街及诸坊巷，大小铺席，连门俱是，即无虚空之屋。每日清晨，两街巷门，浮铺上行，百市买卖，热闹至饭前，市罢而收。盖杭州乃四方辐辏之地，即与外郡不同。所以客贩往来，旁午于道，曾无虚日。至于故楮羽毛，皆有铺席发客，其他铺可知矣。其余坊巷桥道，院落纵横，城内外数十万户口，莫知其数。处处各有茶坊、酒肆、面店、果子、彩帛、绒线、香烛、油酱、食米、下饭鱼肉鲞腊等铺。盖经纪市井之家，往往多于店舍，旋买见成饮食，此为快便耳。

（南宋　吴自牧撰：《梦粱录》，卷十三，铺席，一九六二年中华书局铅印本。）

〔南宋年间，两浙西路临安府〕　都民骄惰，凡买卖之物，多与作坊行贩已成之物，转求什一之利。或有贫而愿者，凡货物盘架之类，一切取办于作坊，至晚始以所直偿之。虽无分文之储，亦可糊口。

（南宋　四水潜夫撰：《武林旧事》，卷六，作坊，一九八四年浙江人民出版社铅印本。）

注：武林乃临安（今浙江杭州）之别称。

〔南宋年间，两浙西路临安府〕　习俗工巧，邑屋华丽，盖十余万家。

（明　刘伯缙修，陈善等纂：《杭州府志》，卷十九，风俗，明万历七年刻本。）

〔元延祐七年前，江浙行省庆元路〕　隋平陈，并余姚、鄞、鄮三县八句章，隶吴州，后改越州，仍隶焉。鄞以菫得名，加邑为鄞。鄮，易也，亦加邑焉（《舆地志》曰：邑人以其海中物产于山下贸易，因名鄮县）。

（元　马泽修，袁桷纂：《延祐四明志》，卷一，沿革考，元延祐七年修，清咸丰四年刻本。）

〔明嘉靖三十九年前后，浙江宁波府定海县〕　帆舶踵至，鱼盐商贾，航瓯舶闽，浮会达吴，率以是为通衢。万灶云屯，舟师鳞萃，扼险而守，于今最称重镇焉。

（明　周希哲修，张时彻纂：《宁波府志》，卷四，形胜，定海，明嘉靖三十九年刻本。）

〔明万历三十七年前后，浙江杭州府钱塘县〕　入钱塘境，城内外列肆四十里，无咫尺瓯脱，若穷天罄地，无不有也。

（明　聂心汤修，虞淳熙纂：《钱塘县志》，经疆，物产，清光绪十九年据明万历三十七年刻本校刻。）

注：钱塘县于民国元年，与仁和县合并为杭县，十六年改设杭州市。

〔清朝初年至康熙五十八年前后，浙江绍兴府〕　国朝以来，衢路益修洁，自市门至委巷，粲然皆石甃，故海内有"天下绍兴街"之谣。然而生齿日繁，阛阓充斥，居民日夕侵占，以广布廛。初联接飞檐，后竟至丈余，为居货交易之所。

（清　俞卿修，周徐彩纂：《绍兴府志》，卷二，城池志，清康熙五十年刻本。）

〔清乾隆四十四年前后，浙江杭州〕　湖州货物所萃处，其市以湖州名。犹今钱塘江滨徽商登岸之所，即谓之徽州塘也。

（清　郑沄修，邵齐然等纂：《杭州府志》，卷五，市镇，清乾隆四十四年修，清乾隆四十九年刻本。）

〔清嘉庆六年前后，浙江处州府庆元县〕　庆邑僻在万山，舟楫不通，商贾罕达，鬻于市者本无奇货之可居，然交易而退，有市道焉。

（清　关学优修，吴元栋纂：《庆元县志》，卷二，建置志，市井，清嘉庆六年刻本。）

〔清道光八年前后，浙江绍兴府嵊县〕　嵊邑，古赡都镇也。城乡皆有市，素称淳朴，列肆负贩者，率皆布、帛、菽、粟之属，而近日商贾懋迁于斯者，通阛带阓，货别隧分，渐趋繁缛，然较他邑犹瞿瞿焉。

（清　李式圃修，朱渌纂：《嵊县志》，卷二，市镇，清道光八年刻本。）

〔清道光、咸丰年间，浙江杭州府仁和县〕　《仁和县志》：衙湾在通市桥东，内有香罗巷,北通大兜、小兜,俗呼牙湾,又因蚕行设此,有蟹舟弄名。余以道、咸间按之,则大不然,蟹行开大兜地方,小兜但为载水果各物之划船聚集所,水果行亦开大兜,衙湾无非住家者,劫后寥寥,殆今昔情形不同,往往如此。

（清　高鹏年纂：《湖墅小志》,卷三,清光绪二十二年石印本。）

注：仁和县后为杭县。

〔清咸丰年间至民国二十六年前后,浙江鄞县〕　甬埠通商,要以清代咸、同间为最盛。是时,国际因初辟商埠,交通频繁,国内则太平军起,各省梗塞,惟甬埠岿然独存,与沪渎交通不绝,故邑之废著鬻财者舟楫所至,北达燕、鲁,南抵闽、粤,而迤西川。鄂、皖、赣诸省之物产,亦由甬埠集散,且仿元人成法,重兴海运,故南北号盛极一时,其所建之天后宫及会馆辉煌烜赫,为一邑建筑冠。……迄光绪间,干戈既戢,内地交通恢复,而海外运输轮舶交织,南北号乃一落而千丈。……及民国初元,甬曹路成,慈姚各县与杭交通便利,而镇定象轮舶又直接与沪交通。奉新路成,汽车复直达省垣。于是甬埠转运益稀,各国驻甬领事,清末多已裁撤,最近则农村破产、商业衰落、贸易益疲,硕果仅存之英领事,亦于二十三年裁撤,由沪遥摄矣。

（张传保等修,陈训正等纂：《鄞县通志》,食货志,戊编,产销,民国二十六年铅印本。）

〔清同治年间至民国三十七年,浙江杭州市〕　过塘行即牙行,为浙省之一种特种营业,收入端赖客商佣金,起源颇早。杭州操是业者,清同治年间开设者,至今尚有韩大来一家,其余设立于江干一带为最多。盖前临钱江,背负沪杭甬铁道,水陆交通无往不便。自三廊庙至闸口塘上,连绵十余里,行号林立,总计有八十八家,湖墅计有三十家,城区一家,全市总计一百十九家。民国纪元以前,有徽帮、金帮、开梢帮及粮食帮之货。徽帮系徽州人经营,专以兜揽徽帮生意为主,凡皖南之茶叶、生漆等皆归之。金帮以转运京广洋货为主。开梢帮则以一切杂货皆可代为过塘。粮食帮则专营粮食一种。金帮、开梢、粮食三帮,多为义乌人所设,宁绍人仅占少数。今则不同,凡有营业,各帮均可兜揽,不若曩时之严分界限也。……全市过塘行之资本,总额为十四万八千六百五十元,平均每家约一千二百四十元。至于该业组织,实非常简单,大半均系独资,经理多由股东自兼。行中职员,普通只有司账一人,栈司二三人。凡记账、交际以及文书往来等事,皆由司账一手办理。至若聘请经理,朐衔分仟其事者,则其少也。

（千人俊编：《民国杭州市新志稿》,卷二十一,商业二,过塘行,民国三十七年修,杭州市地方志编纂办公室一九八七年铅印本）。

〔清光绪中叶以后,浙江台州府黄岩县海门镇〕 光绪中叶,海轮始通,甬东既而通沪、通瓯,商轮发展至十余艘,往来驿骚,海门遂成通商巨埠,扼六邑之咽喉……地据海口,为台水入海总汇之区,水陆辐辏,百商钻綦,握全台利源关键,临海东南一雄镇也。

(喻长霖、柯华威等纂修:《台州府志》,卷六十一,风俗志下,民国十五年修,民国二十五年铅印本。)

〔清光绪二十四年至宣统年间,浙江杭州府〕 东街市,入艮山门而南至太平桥东北为东街,乡人贸丝,咸集于此。

(齐耀珊修,吴庆坻等纂:《杭州府志》,卷六,市镇,民国十五年铅印本。)

〔清光绪二十四年至宣统年间,浙江杭州府〕 杭俗之务,十农五商,水陆所辏,亦繁厥场,谷昼丝夜,末以本丰,盈虚有时,芸生之宗,互市方兴,奇巧流溢,贩脂卖浆。

(齐耀珊修,吴庆坻等纂:《杭州府志》,卷六,市镇,民国十五年铅印本。)

〔清光绪年间,浙江杭州羊市街〕 羊市街市,宋旧市名,在望江门、清泰门间。地本僻静,光绪季年,杭沪铁路成,轨穿穴东城,羊市街设有车站,马路纵横,旅客云集,遂成市场。

(吴庆坻等重纂:《杭州府志》,卷六,市镇,民国十五年铅印本。)

〔清朝末年至民国初年,浙江海宁县〕 商市、邮局、输埠,皆在城北,渡江百货则聚于春熙门外,商肆以柴炭为最,而越中陈酒、周氏铡尤为著名。

(朱尚编:《海宁县乡土志》,卷上,第五,城区,民国抄本。)

〔民国十一年前后,浙江萧山县〕 商业向推城区,而东门外尤繁盛,近则渐不如前,盖受沙地坍没之影响也。新设者有电灯公司等,虽营业不甚发达,亦尚可支持云。

(王铭恩辑:《萧山乡土志》,第三十六课,物产,附工商业,民国十一年铅印本。)

〔民国十二年前后,浙江德清县〕 清邑城市商肆,从前因扩充营业,盛放乡账,顾客归账延欠尚少。近因生活日高,银根艰窘,收账渐感不易,爰均缩小营业,交易力主慎重,即对殷实主顾,亦须按市清账。且因无巨商,亦无供过于求之情况,店员对客,现渐言语和平,应酬周至。肆主向上行采货,全凭介绍,须订担保约据,方可照单批发,每货一批,付现四五成,夏、秋两节,略事结束,年终收清。

（吴嚻皋等修，程苏等纂：《德清县新志》，卷二，商习，民国十二年修，二十一年铅印本。）

〔民国十三年前后，浙江定海县〕 冬季值渔汛，帆樯如林，街衢廛舍，鳞次栉比，学校、银行次第立，近将自立电灯厂，以利商民。

（陈训正、马瀛纂修：《定海县志》，册五，方俗志第十六，风俗，民国十三年铅印本。）

〔民国十五年，浙江衢县〕 西城水亭街、南城坊门街、十字街、东县前街、十字街、西南市街，皆为繁盛之区。十字街南为上街，十字街北为下街次之，至县西街与浮石街则又其次。城中百货骈集，各业分行，以商会为中枢，每行皆有业董，有事则开会公议，或有争执事件，则亦由会中评判，予以仲裁。其最善者则银圆悉遵商会定价，全城一律出入，无有差池。

（郑永禧纂：《衢县志》，卷六，食货志，商市，民国十五年修，民国二十六年铅印本。）

〔民国十七年至十九年前后，浙江遂安县〕 商业：典业十七年停歇。盐栈为承销官盐机关，近设有五家，经冬乌桕成熟，乡农多以桕子易盐，获利颇厚。至日用所需，设肆以贸易者，俗称南货店。次为京广洋货店。酒糖则称坊，衣铺称庄，药铺称堂，书铺称社或局。其他染坊、灯笼、面馆、理发、镶牙，则以商而兼工。水果、熟食，仅设摊场，则为小贩矣。

（罗柏麓等修，姚桓等纂：《遂安县志》，卷四，文治，实业，民国十九年铅印本。）

〔民国二十年，浙江鄞县〕 各类商业之总数，以二十年经工商登记者为准，计五千五百九十九家。以类别之，最多者饮食店与饮食品贩卖业，次之服用品与杂货贩卖，又次之为纺织品、林产品、化学品及金属制品等贩卖。在一百家以上者，有钱庄业、运输业及农产品、水产品、畜产品、草木藤竹品等贩卖。……就资本之多寡言，第一钱庄，第二饮食品与纺织品贩卖，第三旅馆业与杂货杂材制品贩卖。在十万元以上五十万元以下者，凡十四业，余皆数千至数万，总额为一千四百二十五万八千八百七十二元。组织之性质，合伙者占百分之八十四，独资者百分之十四，而公司者仅百分之二。

（张传保等修，陈训正等纂：《鄞县通志》，食货志，丁编，商业，民国二十六年铅印本。）

〔民国二十年至二十七年，浙江杭州市〕 杭州之转运公司，皆设立于城区、江干、湖墅、览桥四区。以其地近铁道、水路，便于转运故也。全市共有转运公司八十五家，资本总数六万九千一百一十元。进口以洋广杂货及盐鲜货、南货为大宗。出口以丝、茧、绸缎、茶、纸、水果等为大宗。据估计,民国二十年各市各公司经运货物价值约共三千三百余万元,每家平均约四十余万元。……全市各公司计有职员三百四十四人,常雇搬运夫计一百五十三人,临时雇夫约四五百人。就中以慎大新记营业为最大,计有分号五家,每年经运货值达二百八十余万元。

（干人俊编：《民国杭州市新志稿》,卷二十一,商业二,转运公司,民国三十七年修,杭州市地方志编纂办公室一九八七年铅印本。）

〔民国二十一年至三十七年,浙江杭州市〕 吾浙地处滨海,水陆利便,物产丰饶。杭州为省会所在,自沪杭甬铁路通车后,促进商业,益形发达。据民国二十一年经济调查所得,全市商店总数为一万零三百六十三家,分为九十六业,其间各有消长盛衰。一方面固缘人口日增,需求日繁,而社会风气因时世更易,生活方式逐有变迁,亦其重要原因。各业中如迷信用品业、采结业、灯笼业、香烛纸炮业、轿埠业等,已逐渐呈衰退之象。诸如书报业、照相业、游乐、电影等业,电刻业、广告业、旅馆业等,则又骎骎有日上之势。其中以旅馆业最为发展。盖杭州各商号营业,以春季香市（每年阴历二至五月,外地来天竺、灵隐进香者极多,此时称为香市）、秋季观潮两季为最旺。杭谚有春季赚钱、秋季过年之说,意为商家一年赚钱之期,便在春秋两季。旅馆业,得本市交通日便之利,故在进香观潮之际,旅客骤增,故莫不利市三倍。

（干人俊编：《民国杭州市新志稿》,卷二十,商业一,民国三十七年修,杭州市地方志编纂办公室一九八七年铅印本。）

〔民国二十二年前后,浙江景宁县〕 商业：本邑无合资公司,无分业行家,其稍可称者,止木业山货耳,设肆卖买之杂货店,则所谓小店是也。

（吴吕熙修,柳景元纂：《景宁县续志》,卷七,实业志,商业,民国二十二年刻本。）

〔民国二十三年,浙江鄞县〕 本邑摊贩约分二类,其一为贩卖熟食与饮料者,其一为菜市场之贩摊。前者或行担叫卖,或摆设于行人麇集之所,以旧市区为范围,二十三年份共有七百八十四名,夏季售卖清凉饮料占最多数,次之面糕、点心与牲畜熟肉。小贩之籍贯,自以旧宁属占多数,惟无一定海籍者。外省则以江苏为最多。后者皆摆设于县立之七菜市场,每一市场之摊位月有增减,二十三年之平均数,得八百二十,以卖菜蔬为最多,鱼鲜次之,亦可见人民购买力之低落也。

（张传保等修,陈训正等纂：《鄞县通志》,食货志,丁编,商业,民国二十六年铅印本。）

〔民国二十三年前后，浙江〕 本省商业之组织，多为旧式合伙经营，依照公司法组织者，全省仅数十余家。商场贸易既多为小规模之经营，故居间媒介之牙行尚颇能占商业上之势力，各业牙行据二十三年调查统计，总额为六千一百六十四家，全省各县甚为普遍。

（姜卿云编：《浙江新志》，上卷，第七章，浙江省之社会，商业，民国二十五年铅印本。）

〔民国二十五年前后，浙江嵊县〕 综合全县商店大小约一千一百余家，半数放账，现在亦有渐改为现款交易者。因地处山陬，交通不便，营业范围在三五百元至数千元之间。

（姜卿云编：《浙江新志》，下卷，第四十四章，嵊县，实业，民国二十五年铅印本。）

〔民国二十五年前后，浙江海盐县〕 本县城市区近以杭平公路通车，交通渐形便利，商店计有四百余家，店员人数约二千余人，每年交易总额约一百余万元。

（姜卿云编：《浙江新志》，上卷，第二十五章，海盐县，实业，民国二十五年铅印本。）

〔民国二十五年前后，浙江遂安县〕 本县商业集中县城，其他市镇均不足称，县城内有商店大小七八十家，每年仅百万元之营业。

（姜卿云编：《浙江新志》，下卷，第六十七章，遂安县，实业，民国二十五年铅印本。）

〔民国二十五年前后，浙江景宁县〕 本县商店除药店外，绝少专营一业者，凡商铺大都布匹、南货、洋广货、酒、米、油外，纸札、五金均有少许。居民向商家购买货物，均以现款交易，间有畲民以米、柴易盐、布者，店伙对于此种畲民，则用畲民土语相问答。

（姜卿云编：《浙江新志》，下卷，第八十六章，景宁县，实业，民国二十五年铅印本。）

〔民国二十五年前后，浙江永嘉县〕 城区商业尚称繁盛，有中国、实业两银行及钱庄数十家，绸缎店数十家，全城大小商店合计约五千余家。

（姜卿云编：《浙江新志》，下卷，第七十一章，永嘉县，实业，民国二十五年铅印本。）

〔民国二十五年前后，浙江庆元县〕 本县因商业凋敝，绝少大宗交易，商店面市买卖均以现款来往，且有以米、豆各种物产向店铺易货者。

（姜卿云编：《浙江新志》，下卷，第八十四章，庆元县，实业，民国二十五年铅印本。）

〔民国二十五年前后，浙江青田县〕 本县仅城市商业较为发达，其余各乡之商店规模极小。

（姜卿云编：《浙江新志》，下卷，第七十八章，青田县，实业，民国二十五年铅印本。）

〔民国二十五年前后,浙江兰溪县〕 自兰寿公路建筑完成,通行汽车,商业已渐见起色。城市商店一千五百余家,交易数目四千余万,其余各乡镇较城市仅占十分之一二。

(姜卿云编:《浙江新志》,下卷,第五十三章,兰溪县,实业,民国二十五年铅印本。)

〔民国二十五年前后,浙江建德县〕 本县商业集中城内,其余市镇均不足称,县城内约有商店大小百余家。

(姜卿云编:《浙江新志》,下卷,第六十五章,建德县,实业,民国二十五年铅印本。)

〔民国二十五年前后,浙江龙游县〕 本县商业首推城区,次为灵山,再次为湖镇,其余各镇均不足称。县城约有商店七八十家,灵石约有三四十家,湖镇亦有三四十家,其余各镇约有十余家之商号,营业均甚微小。

(姜卿云编:《浙江新志》,下卷,第六十二章,龙游县,实业,民国二十五年铅印本。)

〔民国二十六年前后,浙江鄞县〕 宁波为国内著名鱼〈渔〉场,故市内半边街一带星罗棋布,皆为鱼类。鱼行分为鲜、咸两类。鲜鱼行多呼为鲜货行或鲜行,而咸鱼行又称为里行。渔帮运来海产品,有鲜者、腌者,分别交由行方代售,而纳佣金,每元自五分至一角不等。

(张传保等修,陈训正等纂:《鄞县通志》,食货志,丁编,商业,民国二十六年铅印本。)

〔民国三十一年前后,浙江分水县〕 地僻人稀,市廛寥落,城乡大小商店不满二百家,计列如左:城区,大小商铺六十三户。东乡,毕浦二十八户,招贤、泰安、云龙共五十二户。南乡,歌舞村七户。西乡,百江九户,儒桥四户,四门村十五户。北乡,百岁坊八户,砖山、定源口、小茆坞各三户。

(钟诗杰修,臧承宣纂:《续修分水县志》,卷二,建设志,市廛,民国三十一年铅印本。)

〔清康熙年间,安徽太平府芜湖县〕 芜湖地狭人稠,土著课农者率多素族,能崇俭,城中外市廛鳞次,百货翔集,五方杂居者十之七。

(清 黄桂修,宋骧纂,李敏迪增修,曹守谦增纂:《太平府志》,卷五,地理志,风俗,清光绪二十九年据康熙十二年刻,四十六年增刻本木活字重印本。)

〔清乾隆年间,安徽六安州霍山县〕 国朝街市,当乾隆之际,民物殷富,城内廛市多莫能容,蔓延而至四外,北门沿漂水,有河街,盖舟楫之所聚也。自北门穿南十字街，出南关，有小街。由北门沿城河渡桥而西，至西吴，为西处大街。迤逦再西三里许，曰古城街，英、鄂、西鄙道霍者之所经也。自西门大街横贯鼓楼，经东门大街出东关，直至赤栏桥，杆檐相接，为霍中舆，精华萃焉。东门之外，北为龚家巷，南为彭家巷。渡赤栏而东，有街古名金藏街。北为戚家巷，再东约去关三里许，有街曰邓家巷，州治东来之道也。自东外大街中折而南，如鸟张翼者，为火神庙街。盖环东城负郭皆列肆也。城内由鼓楼正街中分而南、北者，曰南、北大街，横旧治而达东西者，曰县前大街。环学宫者，曰云路街。居城隍庙左右者，为城隍街。又所谓中西南十字街者，则列市之经纬也。士民居室、祠庙、会馆，左通右达，星罗而棋布者，则有县前井巷，重门巷，东、西察院巷，新巷、太平、北门、罗家诸巷，不可胜数。其南门城内，有官塘数处，菱藕花放，颇饶湖山之致。当是时，贸易民物之盛，十倍于今。业质库者四家，鱼、盐、粟、帛、苓、茶之运殖，挟赀巨万者，比比皆是，而剧团、酒肆，歌吹沸天，灯火万家，达旦不熄，以故四方辐辏，称巨镇焉。自道光之季，北门河街荡为平沙，余则墟于兵变。中兴后，肆市之复者，仅西门大街东至赤栏桥而止，加以河道淤塞，舟车罕至，商贾贸迁散而之四乡，遂不能复太平之旧。

（清　秦达章等修，何国祐等著：《霍山县志》，卷二，地理志，物产，清光绪三十一年木活字本。）

〔清乾隆至道光年间，安徽颍州府亳州〕　按任《志》云：亳州街市繁盛，以北关及河北为最，乾隆五年志书所列，北关河北之街巷仅三十有三，迨三十九年，所列者共六十有一；今自北关、河北及沟西计，街巷一百一十有二，多于前者共六十有一，而城内之街巷五十三，东西南三关十有三，合之得一百八十有一（编者按：此数有误，应为一百七十有八）。兵燹后，减十之五六，即仅存者，亦非昔时充牣气象，觇市风者，辄不胜兴废之感云。

（清　钟泰等纂修：《亳州志》，卷二，舆地志，坊保，清光绪十九年木活字本。）

〔清乾隆年间至光绪十四年，安徽泗州〕　自改州后，市肆廛居，比昔大备。嘉、道以前，止晋、豫人懋迁到泗，咸、同后，五方杂处，市面风气为之大变。

（清　方瑞兰修，江殿飏、许湘甲纂：《泗虹合志》，卷一，舆地志，风俗，清光绪十四年刻本。）

注：泗州今为泗县。

〔清嘉庆十二年前后，安徽太平府芜湖县〕　今城中外市廛鳞次，百物翔集，文彩布帛鱼盐裮至而辐辏,市声若潮,至夕不得休。其居厚实操缓急以权利成富者,多旁郡县人,土著者仅小小兴贩,无西贾秦翟北贾种代之俗。

（清 梁启让修,陈春华纂:《芜湖县志》卷一,地里志,风俗,清嘉庆十二年刻本,民国二年重印本。）

〔清嘉庆年间至民国八年前后,安徽芜湖县〕 米业:嘉、道间,本埠砻坊二十余家,在仓前铺地名大砻坊者居多,大概供本地食米,间有客船装运邻省,市面实不若湾沚及鲁港也（今米帮尚以沚斛为通用。鲁斛较沚斛大二升。光绪初仍并用之。今不通行,盖当日米市以该二埠为标准也）。通商以后,轮运出口,如是有广、潮、烟、宁等帮贩运广东、汕头、烟台、宁波等处销售。光绪二十四年至三十年,出口数多至五百余万担,少亦三四百万担。民国以来,捐税既多,运费加重,是以邻近之米相率径往浦口、通州等处销售,不由芜埠出口。数年以来,统计每岁不过二百万担左右,今昔相差,几逾半数。惟本年春间出口增加,与光绪季年埒。广、潮、烟、宁等帮,昔有五十余家,今所存者二十六家。砻坊百余家,今存五十余家。每岁进稻不过五六十万担。江广米行,虽额定四十三家,今仅存三十九家。此外南市米行三十余家,东市十余家,西市河南北二十余家,北市十余家,尚无大出入,惟机器砻坊颇有进步,现已开设七八家,共有机器数十部,每岁可碾米六十余万担。机器面坊一家,除供本埠食用外,尚能运销外埠。此外菜子、花生米,如年岁较丰,出口有多至二十余万石者。

（余谊密等修,鲍实纂:《芜湖县志》,卷三十五,实业志,商业,民国八年石印本。）

〔清嘉庆年间至民国八年前后,安徽芜湖县〕 茶业:嘉、道间,本埠销场微细,不及湾沚。光绪初,渐次发展。至三十年左右,计有店铺十二家,每年营业共二十万上下。其源皆来自泾太、徽州等处。近因货价加昂,售钱较多,实则销货与前仍仿佛也。本年在商会注册者共十一家。又花园现有二十九家,莳植各种花卉,而以珠兰为大宗,其花俱由茶业收买,以为窨制茶叶之用。

（余谊密等修,鲍实纂:《芜湖县志》,卷三十五,实业志,商业,民国八年石印本。）

〔清道光五年前后,安徽颍州府亳州〕 商贩土著者,什之三四,其余皆客户。北关以外列肆而居,每一街为一物,真有货别队分气象。关东、西山、左右江,南北百货汇于斯,分亦于斯。客民既集,百物之精目染耳濡,故居民之服食器用亦杂五方之习。

（清 任寿世修,刘开、陈恩德纂:《亳州志》卷七,舆地志七,风俗,清道光五年刻本。）

〔**清咸丰以前至光绪三十一年前后，安徽六安州霍山县**〕　县故有市无关，南货多力赁，北货由筏运，落地税岁征百金有奇，牙行各税帖百数十金有奇，尽征尽解，无常额。军兴后，城内设厘金局二处，一曰竹木厘金，其委员专榷河下水运诸物，若竹帚以捆计，香末以包计，竹木以围计，米靛油铁以斤担计，凡山民日用进出之物靡不征之，岁可得伍陆千缗钱，近因赔款，又加数成，其立法甚严。

（清　秦达章修，何国祐等纂：《霍山县志》，卷四，赋役志，厘金，清光绪三十一年木活字本。）

〔**清咸丰同治年间以后，安徽泗州**〕　泗自水沉后，城内居民多迁盱山，今与盱人无异。其镇集乡村间，士食旧德，农服先畴，犹知以信义为尚，所谓与洙泗通源接壤者，与虹之俭朴，本夏后遗风，犹为近古。惟自改州后，市肆廛居，比昔大备。嘉、道以前，止晋、豫人懋迁到泗；咸、同后，五方杂处，市面风气为之大变，朴厚之遗亦少衰矣，士君子居乡善俗，狂澜之挽可任诸异人乎。

（清　方瑞兰等修，江殿飏等纂：《泗虹合志》，卷一，风俗，清光绪十四年刻本。）

〔**清同治初年至民国八年前后，安徽芜湖县**〕　杂货：同治初，金马门外兴隆街及江口略有杂货号数家，汕头白赤糖系由东坝运来，油及杂货有运自汉口、九江、上海者。迨光绪初设立新关，轮运便捷，于是杂货业日渐发展，十年约有十九家，每年营业达百余万。继而各种车糖进口有加无已，常年二十余万担，遂将国产之汕头糖减销至十分之三。光绪三十年左右共有二十余家，每年营业达三百万。民国至今，有号三十一家，连门市店在商会注册五十家，凡外江内河各镇均由芜贩运。海货共计四百余种，以海参、鱼翅销场为大。迩来日本货居多，以其价廉，故争购之，实不及国产之佳也。茶食销场以桂圆、荔枝、金腿为最。杂货行十三四家，代办杂货并各种果品。变蛋初皆自外运来，今本地设坊二家，每年能制四百万颗，除本埠应市外，尚能运销广东、山东、台湾等处。

（余谊密等修，鲍实纂：《芜湖县志》，卷三十五，实业志，商业，民国八年石印本。）

〔**清同治年间至民国八年前后，安徽芜湖县**〕　布业：同治间批发店仅数家，全埠营业通年不过数十万。自通商以后，洋货、丝绸均由本埠入口，加以人烟繁盛，由是布业日形发展，内河外江一带俱来本埠贩运，全埠营业恒达五百余万元。近因米市衰落，较为减色，而货价加高，自表面观之，尚无大出入。本年在商会注册者六十四家，其在公所直接由沪、杭进货者只二十余家。又布行三家，专售匹头，以洋货为大宗，每年营业约五十余万元。惟本地机坊所织土布大有进步,向来布匹俱由外省运入,今则来货无几,而土产之布尚能销外埠,足以相抵而有余也。

(余谊密等修,鲍实纂:《芜湖县志》,卷三十五,实业志,商业,民国八年石印本。)

〔清同治年间至民国八年前后,安徽芜湖县〕 丝业:同治间,泾县、青阳各处,蚕桑甚少,故有汉口丝货来芜。嗣后则专以宁池为来源。近年池宁产茧由大通出口,归本埠完关者达五千余担。本邑所产之丝,每年不过二千两。光绪二十年后,本埠丝店为极盛时代,共计十余家,每年营业达百万元。光复后,取消辫线,其余栏杆绳辫、花绒、洒线、腰裤各带均不合时尚,遂致堕落,今存者七家,商会注册者只五家,营业仅及盛时十分之二云。

(余谊密等修,鲍实纂:《芜湖县志》,卷三十五,实业志,商业,民国八年石印本。)

〔清同治十一年前后,安徽安庆府太湖县〕 县市乡(在城及市廛附郭者名为县市)环治,城池官廨处其半,庐舍廛市处其半,居中而理,七乡之人咸趋于斯。负郭田数百亩,率膏壤,沿河流下通于江,利舟楫,聚货产,资鬻贩,居人便焉。西郭外曰马路口,商贾辐辏,人烟稠密,为四达冲衢。

(清 符兆鹏修,赵继元纂:《太湖县志》,卷五,舆地志,乡镇,清同治十一年刻本。)

〔清光绪初年至民国八年前后,安徽芜湖县〕 木业:光绪初,有棚十家,来源为江西、湖南二处,湖南称为苗木,价值较高。光绪二十八、九年间,开辟租界,马路销场较大,共有棚三十余家。宣统至今,约十二三家,南岸五家,河北六七家。因江北各处自到江西办货,且苗木来源不易,是以营业不振也。此外,木行南北岸现有四五家,系代售宁国所产之松木、杉木及各项树料。竹棚十家,专售皮木、毛竹,现以草屋较少,江北自往泾、太运货,营业亦逊于前。

(余谊密等修,鲍实等纂:《芜湖县志》,卷三十五,实业志,商业,民国八年石印本。)

〔清光绪十六年前后,安徽凤阳府寿州〕 商贾以盐、当为大,米、麦、豆、谷贸迁者皆集于正阳、瓦埠诸镇,州城内负贩所鬻,不过布、粟、鸡、豚及竹木器用而已。

(清 曾道唯修,葛荫南纂:《寿州志》,卷三,风俗,清光绪十六年木活字本。)

〔清光绪年间,安徽宁国府宁国县〕 列廛设肆者多泾、旌、徽、绩等处分贩至此,亦惟日用物,无奇珍异玩也。土著重农轻末,间有贸迁,惟谷、米、豆、麦之类,次则屠、沽小肆,无巨商,亦无大贾(清光绪旧《志稿》)。

(王式典修,李丙鏖纂:《宁国县志》卷四,政治志下,风俗,民国二十五年铅印本。)

〔清光绪至民国初年,安徽芜湖县〕 漕酱业:光绪初年,共二十余家,嗣以户口日繁,逐渐加增。本年在商会注册者共计三十六家,其自行酿酒者十八家,常年营业约共四十万元,惟近以捐税过重,城乡不均,销场滞涩,因之烧锅日见减少。

(余谊密等修,鲍实等纂:《芜湖县志》,卷三十五,实业志,商业,民国八年石印本。)

〔清光绪至民国初年,安徽芜湖〕 纸业:同治间,仅有十二家,货源大都来自江西及吴城镇。光绪初,渐有起色,共有纸号十六家,每年营业约二十余万,始设箔坊一家,嗣于河南增设一家,常川能容箔工二百七十人,为全皖之冠。自宣统至今,纸价频涨,机制各色洋纸日形充斥,销场亦因之发展,除杂货业代卖外,共有纸号二十家,每年营业共五十余万两,尤以批发外镇为大宗云。

(余谊密等修,鲍实等纂:《芜湖县志》,卷三十五,实业志,商业,民国八年石印本。)

〔民国初年,安徽芜湖县〕 药业:现在商会注册者二十八家,营业较前发展,半由货价加昂之故。其川、广药材,内河、外江一带俱来芜贩运。此外,药房六七家,均系由沪运来新法制成熟药也。

(余谊密等修,鲍实等纂:《芜湖县志》,卷三十五,实业志,商业,民国八年石印本。)

〔民国初年,安徽芜湖县〕 京广洋货:现共有店铺二十六家,商会注册者十五家。货源多数来自上海、南京、苏州、广东等处,货数共有三千余种,最畅销者为中日火柴、纸烟,英美煤油,德美日玻璃,中英美洋锅,日本洋伞。按:日本洋伞,质料单薄,最易毁坏,而人争购之。民国元年,进口五万柄,二年七万柄,三年十三万余柄,近更有加无减,殊可惊也。各色为大宗毛巾、机器线袜,初皆洋货,近来悉为国产销场,除本埠外,如外江庐州、巢县、三河、内河、宁国、徽州各处,均来本埠贩运。光绪二十年后,营业每年约五六百万元,民国至今不过三百万元。因关税过重,销场减小,又以欧战来货阻滞,是以日形短绌也。

(余谊密等修,鲍实等纂:《芜湖县志》,卷三十五,实业志,商业,民国八年石印本。)

〔民国初年至二十五年前后,安徽亳县〕 本县绸布业商店,大小共三十余家。民国十年前后,添设武安帮大绸布庄十余家,营业畅旺,盛极一时,每年营业达三百万元。民国二十年后,因谷贱民贫,营业大受影响。前去两年,收成略丰,较之前年稍有起色,然亦远逊于往昔矣。……其他如煤油、粮行、洋货、酱园、烟酒、银楼等业,除煤油、洋货、粮行尚可支持外,其余均受灾患频仍,农村破产影响,纷呈衰敝之象。

(刘治堂纂修:《亳县志略》,经济,商业,民国二十五年铅印本。)

〔民国四年至二十五年前后，安徽凤阳县〕 商业：凤阳县商业，自民国四年至十九年为最盛时期。民二十年大水之后，各项营业亦因一落千丈，现在停业清理者时有所闻。兹择要分述如次：一、绸布业。本县绸布业商店，大小共一百四十余家，其中以天成、九章、宏福等号资本较为充足，每年营业各在四五十万元左右，全业收入现约四百余万元。二、杂货业。杂货为日用必须物品，惟因年来农村破产，经济拮据，交易亦逊于往昔，去岁该业全年营业约三百余万元。三、盐业。本县共有盐行六十四家，均由江苏板浦运来，分销于皖北各县及豫东一带。其营业以建成、森昌最盛，资本亦较充实。统计全县每年销售约共二百七十余万元，惟以淮北运商实行轮制后，各行营业因以缩减。四、粮业。本县粮行约一百三十余家，以小麦、黄豆、芝麻、高粱为大宗输出，其来源系由皖北各县以船运至，由津浦路分运津、济、苏、常、无锡、上海，视南北各省岁收丰歉为运输之标准，但以运往南方各地为多。业粮行者，以信孚、源大营业较盛，每年全县销售总数约九百余万元，惟以淮南铁路完成，大受牵制，粮业状况已非昔比。五、糖纸。本县业糖纸者计十八家，以仁裕、茂昌、盛昌三家为盛，资本亦尚雄厚，统计各家销售数约一百万元，惟近日走私之风日炽，该业已较前锐减矣。

（易季和纂修：《凤阳县志略》，经济，商业，民国二十五年铅印本。）

〔民国九年前后，安徽全椒县〕 近年商业日增月盛，人知有竞争之心，现据商会注册各业名称数目，表列于后，其未经注册者尚多，兹不具载。

各业名称	业务数目
粮　业	七十七
油　业	十三
京货布业	五十八
南货业	一百二十四
烟茶业	二十四
山货业	十三
首饰业	九
药　业	二十七
煤油公司	二
钱　庄	一
衣　店	四
染　坊	五
磨　坊	三

(续表)

各 业 名 称	业 务 数 目
糟　坊	六十五
茶　园	九
酱　园	五
木　行	十七
麻　行	七
花生行	一
铁炭行	五
斗　行	五
钩秤行	三
牛驴行	十
猪　行	三

（江克让等纂修：《全椒县志》，卷五、食货志，实业，民国九年木活字本。）

〔**民国十年前后，安徽宿松县**〕　松地交通不便，商务极为幼稚，但居民日用所必需之通用货物，亦应有尽有。商店状况，以城内较繁盛，东乡之许家岭次之，西乡之二郎河、北乡之凉亭、河南乡之横坝头又次之，其他通衢地域相距数里或十数里，虽各有店铺售卖各物，而商务均甚简单，市面亦多湫隘。其经营此业之人，大都系本地殷实居民，客商甚少。凡各处领袖之店，资本稍大者，首推南货业，其次则钱业、布业及其他之各业。惟本邑市店各种货物，多系零星售卖（俗称门市），无大宗整卖（俗称批发）。输出外境者即间有整卖，亦甲镇稍大商店之货物，整卖于乙镇商店之稍小者耳。邑俗敦朴，商民颇崇信用，无论大小商店规则必极谨严，乡民之购买货物，多系约定期间再行偿款或三节归帐（即阴历之端午节、中秋节、年节是）。货物价格各用牌识标示，其有涨落则先期由各业董会议定之，不得私行增减。

（俞庆澜、刘昂修，张灿奎等纂：《宿松县志》，卷十七，实业志，商业，民国十年活字本。）

〔**民国十年前后，安徽宿松县**〕　行栈营业者，所以为居民售卖货物与客商、购买货物之居间媒介人也。其种类各别，其性质略同。营是业者，必先向主管之财政官厅领取行帖，然后置备行屋。凡客商之欲购何种货物者，须分别麇集于何种行栈，向居民订价购买，而居民之挟货求售者，亦分别投入行栈订价售卖。其行栈之设立，有一定埠名，甲埠行栈不能绕越乙埠。邑境东南产烟叶，则有烟栈。

产棉花,则有花行。滨水之地产鱼虾,则有鱼行。西北产靛产茶产竹木,则有靛行、茶行、竹木行。各乡之巢籴米谷及杂粮,则有米行、粮食行。贩售果实,则有山货行、鲜果行。买卖牲畜,则有牛行、猪行。他如布行、油行、柴炭行、石灰行,以及此外之种种各行,门分类别,所在皆有。惟无论何种行栈,均须遵奉规章,恪守信用,其应需用费(俗称行用),或照货物之价值抽提百分之几(如价值足钱一千,抽提五十、四十、三十之类),或照货物之数量分别抽提(如每斤、每斗、每件抽提制钱几文之类),所抽用费,其出自客商、出自乡户,则各有一定规例为之限制多寡之数,亦不能任意出入。

(俞庆澜、刘昂修,张灿奎等纂:《宿松县志》,卷十七,实业志,商业,民国十年活字本。)

〔民国二十年前后,安徽无为县〕 县城在全境之中心……城内以东部最繁盛,商店极多,各业均备。……东部之所以繁茂者,盖近码头故也。自芜湖来县城必在东门登岸,水途最先抵此。八九月间,河中米船骈列,樯桅如林。

(佚名纂:《无为县小志》,第六,城镇略述,一九六〇年据民国二十年稿本石印本。)

〔民国二十四年以前,安徽桐城县〕 桐城商业,从前尚有蒸蒸日上之势,迨至数年前,钱店闭歇,周转不灵,而年成荒歉,农村破产,市面更不景气,因之商业竟一落千丈。近两年来,因年岁丰裕,交通发达,各项金融、经济事业均积极改进,渐有发展之趋势。

(徐国治纂修:《桐城志略》,经济,民国二十五年铅印本。)

〔民国二十五年,安徽桐城县〕 桐城县境,以居民之俭朴成风,销售绸缎甚少,故专营绸布业之商店甚少。其最著者,现以县城内之凤义兴,暨汤家沟之同源祥、程信美等号,资本较为充足。丰稔之年,每年营业达三四万元左右,他若兼售布匹之商店,县境计有七十余家,土布业甚为普遍,但均系零星贸易。

(徐国治修:《桐城县志略》,十四,经济,民国二十五年铅印本。)

〔民国二十五年前后,安徽泗县〕 绸布业,商店共九十四家。各店营业,少则三千元,多则一万元,全县约五十六万元。杂货业,杂货为日用必需之品,因乡村金融枯竭,均呈衰落之象,全县计一百七十七家,统计全年营业约三十九万元。粮行,全县计七十二家,城内、青阳镇、双沟镇三处为杂粮出口之要地,营业较为畅旺,每年统计售价约二百万元,堪为各业之冠。纸烟业,各村镇均零星售卖,城镇公司亦系小本,全县概算,每年营业约九十余万元。洋油业,各村镇均零星售卖,无甚大公司,全县统算每年营业约七十余万元。

(王汾纂修:《泗县志略》,经济,商业,民国二十五年铅印本。)

〔民国二十五年前后,安徽临泉县〕 临泉商业,向以盐、粮为盛,因县城靠泉河,凡来购办小麦、黄豆者,均带食盐。本县西南一带之来临买盐者无不载粮,是以县城西北泉安洲业盐粮业者五十余家。余如绸布、杂货、油行等业,亦尚稳妥。全县同业公会,计有盐粮、杂货、油行、丝烟、烟叶行、染纸、国药、竹木、成衣、旅馆、饭菜、京广绸布等十三业。

(刘焕东纂修:《临泉县志略》,经济,民国二十五年石印本。)

〔明洪武年间,江西九江府〕 九江郡湖据南都上游,而其地南临二广,北接宣扬,西控楚,东翼浙,为中原一大都会。

(明 王宗沐纂修,陆万垓增修:《江西省大志》,卷一,赋书,明万历二十五年刻本。)

〔清乾隆初年至咸丰元年,江西南安府〕 国朝乾隆初,海禁尽撤,洋货骈臻,四方贸迁络绎,南安府当江广之冲,遂成一大都会,迄今百有余年矣。

(清 汪报闰等修,谭习篆等纂:《大庾县续志》,袁翼序,清咸丰元年刻本。)

注:大庾县今为大余县。

〔清道光二十九年前,江西南昌府新建县〕 新建,省会附郭,五方杂处,半混编户,居民贸易为业,米粟半恃河西,半恃外郡。城内外商民无一日之储,朝夕之计,每日为市。粮无隔粟,脱有非常,各户惴惴为惧。

(清 崔登鳌、彭宗岱修,涂兰玉纂:《新建县志》,卷十五,邑肇志,风俗,清道光二十九年刻本。)

〔清同治十一年前后,江西饶州府德兴县〕 邑长彭蠡二百余里,与其境隔绝,无奇货可居,运商不至,其列售于市廛者,惟寻常日用之物而已。如竹木茶茗之属,间亦贩于外云。

(清 孟庆云等修,杨重雅等纂:《德兴县志》,卷一,地理志,风俗,清同治十一年刻本。)

〔清光绪七年前,江西南昌府南昌城〕 南昌溯江汇湖,右荆左浙,帆樯所集,江西一都会也。

(清 刘坤一等修,赵之谦等纂:《江西通志》,卷四十八,舆地略,风俗,清光绪七年刻本。)

〔清宣统年间，江西瑞州府新昌县〕 总之，城内市肆凡四百七十余家，茶馆十六家，糟坊八十四家，面馆九家，筵席馆十三家，酒饭馆六家，糕饼店十六家，屠户二十九家，饮食之事几占市廛之半。……典当一家，宣统以后始有之。……纸业十九家，钱业八家，科举既废，士人多混迹其中。……各工匠店百二十五家，匠人多来自远方，邑中罕习手艺，但择其易者而为之。……油盐杂货五十家，米豆二十四家，纸张九家，药材十六家，染坊十家，皆民间日用所需，虽乡僻之地亦皆有之。资本小，获利微，唯药材差胜耳。洋货十五家，丝烟店十六家。……笔墨店一家，在今日已成国粹，大约亦销行商界为多，士人购用者少。……此外粮食行一家，烟叶行、油行各二家，棉花、绿豆行各三家，居积以待贩运，与诸商性质微有不同。

（胡思敬纂：《盐乘》，卷五，食货志，物产，民国六年刻本。）

〔清嘉庆十六年至光绪二十六年前后，福建建宁府浦城县〕 自嘉庆辛未迄今，又八十余年矣。中间经咸丰八年之乱，故前四十年与后四十年一邑风俗亦略有不同者。邑当闽浙要冲，官商往来，络绎辐辏，承平日久，繁盛殷富，俗尚奢华，故谚有"小苏州"之号。戊午之变，玉石俱焚，室庐灰烬，陇亩荆榛，元气伤夷，久而未复。

（清　翁天祐等修，翁昭泰等纂：《续修浦城县志》，卷六，风俗，清光绪二十六年刻本。）

〔清代至民国十八年前后，福建霞浦县〕 县治，地势平旷，形如靴，故又曰"靴城"。……居此者，业儒既多，历代之文物，自较乡区为尤盛，不能一一数也。古时户多殷实，自河湟湮淤后，田亩不时旱潦，偶值淫霖，南郭动成泽国。加以西南社迭遭回禄，蔓延既广，无力建筑。城东南隅，人烟寥落，满目荒墟。小康之家，无可营生，商贾所行销者，特民间日用之小者耳。自府、镇裁撤，考试停罢，各乡又毗连他邑，所用之物，多购自外方。东乡一带利源溢于桐山、温州。西乡又溢于安邑之税崎、茜洋。南乡非往宁德、福安，则随轮赴省。故溪南、下浒、闾峡、盐田等处货物之价值，较廉于县城。即城人年终收账者，或由乡购货而回，城中市景之萧索，不言而知。盖以此县，村落最为散漫辽阔，口岸又多分歧杂出，舟楫往来，尽可自由，以故各乡人苟非事属诉讼，虽终身足不入城可也。以言霞城何市之有？而犹曰市者，只附城十里内之人家，肩挑鱼蔬之小墟场，而各铺商遂借以为小贸易。

（刘以臧修，徐友梧等纂：《霞浦县志》，卷之六，城市志，城区，民国十八年铅印本。）

〔民国八年前后,福建政和县〕 在地商店,颇具门面者,用品如药材,服品如布匹,多属赣人,而本邑业此者仅十之一二焉。若退衣,全属赣人。用品如洋广,设铺不多。如磁品,属本邑人。食品,若京果、粮食、酒肉,属本邑人,是皆稍有资本者。

（黄体震等修,李熙等纂：《政和县志》,卷十七,实业志,商业类,民国八年铅印本。）

〔民国十年前后,福建金门县〕 金属岛县,幅员甚小,日用诸物咸从漳、厦输入,就地出产惟有花生油一种,少有输出,商业不振,由来久矣。近因捐税繁重,贸迁愈难,更有一落千丈之势,巨商大贾百不一见,有之悉从南洋致富而归也。

（左树夔修,刘敬纂：《金门县志》,卷十三,礼俗志,商贾,民国十年修,一九五九年福建师范学院油印本。）

〔抗日战争前后,福建龙岩县〕 本县地处闽西要冲,为汀漳交通孔道,故商业颇形发达,县城商铺约四百余家,以经营布匹、京果、百货业者资本较多,获利亦较厚。其次则为纸业与药业。县内重要市镇计有龙门、白土、适中、雁石、白沙、溪口、梅村等处,其中商店较多者首推龙门、白土、适中,均有铺户八十余家。次雁石、白沙,各有铺户六十余家。惟该两镇交通便利,水道可通漳平、华安、浦南,本县纸类、木材等土产,大部由此输出。溪口、梅村,商店虽较少,但均为土产生产区,市况亦不落后。抗战初期,厦门未陷,货物来源旺盛,湘、赣各地商人多向本县采货,无形中成为抗战后方一重要市场,商业繁盛,前所未有。自厦门沦陷,漳鼓交通断绝,而漳龙公路亦以军事关系全线破坏,货源锐减运输困难,所有货物悉由粤兴宁、梅县、大浦等地运进,益以物价暴涨,销售不易,市面情况一落千丈。至民国三十二年以后,各大商业营业日减,捐税日增,相率停业,市况更见萧条。

（郑丰稔纂：《龙岩县志》,卷十七,实业志,商业,民国三十四年铅印本。）

〔民国二十八年至三十年,福建崇安县〕 民国二十八年九月一日,成立福建省贸易公司崇安办事处于中华路。其主要业务：一、运销本省物产；二、扶助省产发展；三、办仓库积储；四、调剂生产供求；五、购买各项材料；六、代理采购运销；七、扩展国外市场；八、促进省际贸易。二十九年十月一日裁并县公沽局。三十年六月十九日恢复,改为福建省贸易股份有限公司崇安办事处,迁万家巷。

（刘超然等修,郑丰稔等纂：《崇安县新志》,卷十四,政治,建设,商业,民国三十一年铅印本。）

〔清康熙三十五年前后，台湾台湾县〕 鱼市，在西定坊新街头潮市，渔人喧集于此。菜市，在宁南坊府学前，村里辇各种菜蔬瓜果等物集此，秉烛为市，尽辰而散。柴市，在宁南坊，与菜市相邻。新仔市，在东安坊，近商人转贩海鲜，集此张肆觅利。

（清　高拱乾等纂修：《台湾府志》，卷二，规制志，市镇，台湾县，胶卷复制康熙三十五年刻本。）

〔清康熙五十九年前后，台湾台湾县〕 鱼市在西定坊，鬻贩鲜鱼之所，故名。菜市在宁南坊，蔬菜瓜果之属原集于此，故名，今散各处。柴市，在宁南坊，与菜市毗连，以火柴多集于此，故名，今亦不尽然矣。市仔，在东安坊，贩卖海鲜皆集于此。

（清　王礼修，陈文达纂：《台湾县志》，卷二，建置志，集市，清康熙五十九年刻本，一九六一年《台湾文献丛刊》重印本。）

〔清乾隆十二年以前，台湾淡水厅〕 厅所属为竹堑、淡水二保，市廛渐兴，人烟日盛，淡水内港户颇繁衍，风俗朴实，终年鲜斗殴争讼之事。所产稻谷独贱，一切布帛、器皿，价昂数倍（旧《志》）。

（清　范咸等纂修：《重修台湾府志》，卷十三，风俗一，习尚，淡水厅，清乾隆十二年刻本。）

〔清同治十年前后，台湾淡水厅〕 商贾、估客辏集，以淡为台郡第一。货之大者，莫如油、米，次麻、豆，次糖、菁，至樟、栳、茄、藤、薯、榔、通草藤、苎之属，多出内山，茶叶、樟脑又惟内港有之。商人择地所宜，雇船装贩，近则福州、漳、泉、厦门，远则宁波、上海、乍浦、天津以及广东，凡港路可通，争相贸易。所售之值或易他货而还，账目则每月十日一收。有郊户焉，或租船、或自置船，赴福州、江、浙者曰北郊，赴泉州者曰泉郊，亦称顶郊，赴厦门者曰厦郊，统称为三郊。共设炉主，有总有分，按年轮流，以办郊事。其船往天津、锦州、盖州又曰大北，上海、宁波曰小北。船中有名出海者，司账及收揽货物。复有押载，所以监视出海也。至所谓青者，乃未熟先粜、未收先售也，有粟青，有油青，有糖青，于新谷未熟，新油、新糖未收时给银先定价值，俟熟收而还之。菁靛则先给佃银，令种一年两收，苎则四季收之曰头水、二水、三水、四水。其米船遇岁歉防饥有禁港焉，或官禁，或商自禁。既禁，则米不得他贩。有传帮焉，乃商自传，视船先后到限，以若干日满，以次出口也。

（清　陈培桂等纂修：《淡水厅志》，卷十一，风俗考，清同治十年刻本。）

〔清光绪二十年,台湾云林县斗六堡〕 采卖货物多自鹿、笨二港而来,斗六街货物甲于他堡者,前时惟纸钱、纸银一项,现县城移设于斗六街,四处风从,万商云集,顿改旧观。

(清 倪赞元纂:《云林县采访册》,斗六堡,风俗,商贾,清光绪二十年纂,民国抄本,一九八三年台湾成文出版社影印本。)

〔北宋崇宁至宣和年间,京畿路开封府东京〕 自宣德东去东角楼,乃皇城东南角也。十字街南去姜行。高头街北去,从纱行至东华门街、晨晖门、宝箓宫,直至旧酸枣门,最是铺席要闹。宣和间展夹城牙道矣。东去乃潘楼街,街南曰"鹰店",只下贩鹰鹘客,余皆真珠、匹帛、香药铺席。南通一巷,谓之"界身",并是金银彩帛交易之所,屋宇雄壮,门面广阔,望之森然,每一交易,动即千万,骇人闻见。以东街北曰潘楼酒店,其下每日自五更市合,买卖衣物书画珍玩犀玉。

(宋 孟元老撰:《东京梦华录》,卷二,东角楼街巷,一九六二年中华书局铅印本。)

〔清代至民国年间,河南滑县〕 滑县商业,在前清时,向推盐、当为最。城内盐店为道口镇瑞昌盐厂办事处,花费由厂内开支。滑县乡镇集市,各有分设盐门,每年销售原额盐九千六百三十七引,加增盐四百四十三引。光绪末年,城乡当铺共有十家。裕国便民,二者为要。其次官私钱店,城乡四镇约数十家,兑换银钱,交易极为便利。余则粮布、棉花、煤油、酒醋、京广杂货各行店号不计其数,商业颇为繁盛。迄至民国以来,当行缴本,一律歇业。盐务改章,总店分门一概取消,官盐加价,私盐充斥,国课弗裕,而民亦不便。其他各商因洋货输入,物美价廉,利权尽为外人所夺,民生国计遂日形萧索。

(马子宽修,王蒲园纂:《重修滑县志》,卷十,实业,商业,民国二十一年铅印本。)

〔民国十二年前后,河南许昌县〕 旧俗,业工者少,匠艺粗作,类多农人兼营。近因铁路交通,风气大开,一切工艺莫不竞求新法。商贾向惟土货恋迁,近因铁路便利,商务日形发达,出口货物亦日见增多,获利颇丰。

(王秀文等修,张庭馥等纂:《许昌县志》,卷四,民政,风俗,民国十二年石印本。)

〔民国十二年前后,河南许昌县〕 自铁路交通,许昌商业日形起色。火车站有襄八盐厂、猪厂、蛋厂、煤炭、煤油转运各公司,西关有收买烟草厂,城内有中国银行,河南银行、丝绸庄、钱纱庄、棉花庄、洋货庄、皮庄、香油庄、杂货庄等业,均较前发达。

(王秀文等修,张庭馥等纂:《许昌县志》,卷六,实业,商业,民国十二年石印本。)

〔民国十三年前后,河南荥阳县〕 商业不盛由来久矣。今则集股营商之风渐开,豫富绸业公司、全盛煤业公司已著成效,信记正在扩张,相继而起正复有人。

(张向农修,张折、卢以治纂:《续荥阳县志》,卷四,食货志,工商,民国十三年石印本。)

〔民国二十年前后,河南修武县〕 商业,除普通各商外,近又设立蛋厂,出品运往欧、美各处,以挽利权。

(萧国桢、李礼耕修,焦封桐、孙尚仁纂:《修武县志》,卷九,实业,民国二十年铅印本。)

〔民国二十年前后,河南确山县〕 商埠设驻马店,查驻马店车站向为底洼之区,自火车通行,争购地基,建筑房屋,街道棋布,商贾云集,陆陈盐厂,荟萃于此。

(张璐璜纂修:《确山县志》,卷十三,实业,商业,民国二十年铅印本。)

〔民国二十二年前后,河南安阳县〕 安阳商业,在本境称最者,除花行外,厥惟药材商。因北有祁州,南达禹州、亳州、汉口,西通山原,此等地方,为各种地道药材荟萃之所,药商云集,而安阳绾毂南北,本地又多特产药材,故经营药材业者夙有七行八栈之说,言其盛也。

(方策等修,裴希度等纂:《续安阳县志》,卷七,实业志,商业,民国二十二年铅印本。)

〔民国二十二年前后,河南太康县〕 县民多业农,从事懋迁者少,且因交通不便,故商业不甚发达。城内商号二百余家,类为小本营业,其中满二千元资本者绝少。货物多来自亳县、周家口、开封、许昌等处,以糖、纸、布匹、洋广杂货为多,纸烟亦甚充斥,利权外溢,漏卮堪虞。

(杜鸿宾修,刘盼遂纂:《太康县志》,卷三,政务志,商业,民国二十二年铅印本。)

〔民国二十四年前后,河南灵宝县〕 灵邑向无大商,所有县城、虢镇两处,虽有商号数百家,皆不过零星小贩,略权子母,以糊口耳。棉花出境虽为大宗,然亦无正式商家,各处小贩捣卖营业,冬作春息,此开彼歇,亦难称为商号。加以农村破产,商家亦连带受亏,每年歇业者必十余家。

(孙椿荣修,张象明纂:《灵宝县志》,卷二,人民,民国二十四年铅印本。)

〔清代至民国九年前后,湖北夏口县〕 鄂中物产最饶之区推襄河两岸,故当开辟市场之始,即定于襄河沿岸一带,盖一以扼上游之津要,一以便商船停泊,避风涛之险。至通商口岸既开,迤东滨江一带始趋繁盛,然至今硚口、沈家庙、集稼嘴各码头犹占市场贸易之最多额。……又民国以来,殷商富室多迁居租界,而一码头一带遂为汉上商业荟萃之地。

（侯祖畬修,吕寅东等纂:《夏口县志》,卷十二,商务志,原始及变迁,民国九年刻本。）

〔明代至光绪十五年前后,湖南长沙府湘潭县〕　岭表滇黔必道湘沅,则西北镒货往者亦就湘沅,舟运以往,而长沙水步不利泊船,故皆辏湘潭。自前明移县治以来,杨梅洲至小东门岸,帆樯蚁集连二十里,廛市日增,蔚为都会,天下第一壮县也。明代,流寇迄三藩之乱,县当兵冲,逃死殆尽。及复业,城总土著无几,豫章之商十室而九。……东界最近江西,商贾至者有吉安、临江、抚州三大帮,余相牵引,不可胜数。

（清　陈嘉榆等修,王闿运等纂:《湘潭县志》,卷十,货殖第十一,清光绪十五年刻本。）

〔清雍正十一年前,湖南常德府〕　旧《志》:地与苗峒相接,无椎鲁悍桀之习。大江啮城,舳舻帆樯时上下,商贾所聚,百货辏集,人语欢声,辄喧午夜。

（清　迈柱修,夏力恕纂:《湖广通志》,卷、七十六,风俗,常德府,清乾隆间《四库全书》本。）

〔清乾隆年间至民国十五年前后,湖南醴陵县〕　县境商场,以县城及渌口为集中地,此外水路通攸者曰泗汾、船湾,通萍浏者曰枧头洲、浦口市、白兔潭。由渌口以至县城者曰石亭、神福港,由北乡陆路以通浏阳者曰黄獭嘴,亦皆有贸易可言,其他小市则各处皆有之,不胜枚举也。县城商业习惯大抵不一,其无一定之组织与资本,惟以个人名义贩运于内外各埠者谓之客,其有一定之组织与资本,而以招牌名义营业于固定场所者谓之商号。商号之组织,或独立出资,或合伙出资,或雇人领本,或招股集资,皆可自由。其有必经官厅许可者,如牙行之必须领帖,盐号之必须领票,公司之必须立案是也。……醴陵近以兵燹之余,商业亏折甚巨,商会之组织亦旋举旋废,惟分帮为会,则自昔已然。其以同业为帮者,如磁业、药材、编爆、绸布、夏布、南货、斋馆、油盐、银楼、织染、靴鞋、成衣、竹木、银钱、典当之类。其以同籍为帮者,则本帮、江西帮、浏阳帮之类是也。旧日交通迟滞,人民安土重迁,故商务不甚发达,其资本稍雄厚者多属西帮。本帮之以货殖著者,若干仙之潘承忻、豆田之许十、转浦口之刘敏、殷家冲之殷时万,皆以营谷米红茶致富。承忻于乾隆间,有田二万七千石,余皆在咸同之际,后亦浸衰。自铁路交通,商务始渐有起色,而又□于兵燹,元气凋伤,旧日钱业、典当业俱一蹶不振(旧有钱业十八家,典当业二家)。商民资本缺乏,无万金之家,且厘税日加,军差频繁,除磁业、夏布、谷米略有输出外,余仅取给日用而已。大抵输入之货,以盐为最巨,洋货次之(如洋油、各种洋布匹头、海菜、五金、杂货、靛青、颜料、药品之属),绸布及棉麻又次之,南货又次之,而输出之数常不足以抵输入。

(傅熊湘编:《醴陵乡土志》,第六章,实业,商业,民国十五年铅印本。)

〔清嘉庆二十三年前后,湖南澧州石门县〕 邑近山僻,无富商大贾,城市肆店贸易多江右人,其盐铁杂货多取给于津市。

(清 苏益馨修,梅峄纂:《石门县志》,卷十八,风俗,清嘉庆二十三年刻本。)

〔清嘉庆年间,湖南长沙府长沙县〕 长沙民朴,安土重迁,所需者日用之常资,惟米谷充积,业商贩则碓户米坊而已。又地不宜泊舟,秋冬之交,淮商载盐而来,载米而去。其贩卖皮币金玉玩好,列肆盈廛,则皆江苏、山陕、豫章、粤省之客商也。

(清 赵文在等修,易文基等纂,陈光诏等续集,文以清等续纂:《长沙县志》,卷十四,风土,商贾,清嘉庆二十二年增补十五年刻本。)

〔清同治七年至光绪四年前后,湖南永顺府龙山县〕 邑人安土重远游,鲜服贾于外者,常、澧、武昌诸都市,岁间一至而已。地僻沮,舟车大贾富商不至,列居多占籍者。俗不尚珍奇,所居积皆日用之物。

(清 符为霖等修,谢宝文续修,刘沛纂:《龙山县志》,卷十一,风俗,清同治七年修、光绪四年续修刻本。)

〔清同治九年前后,湖南永州府江华县〕 江华千峰环抱,一线溪流,舟楫惟容三板,富商大贾不至,惟采山出产杉木,祁阳等处人多来采买,其利倍蓰。城市皆两粤江右人装运盐、花、油、布转卖,土人逐末者鲜,有亦小店居积而已。廛肆在关厢外,四乡亦间有之。交易率用番跌及九九制钱。

(清 刘华邦修,唐为煌等纂:《江华县志》,卷十,风土,清同治九年刻本。)

〔清同治、光绪年间,湖南长沙府湘潭县〕 湘潭,湖外壮县也,财赋甲列县,民庶繁殖,官于此者,恒欣然乐饶,民间为之语曰:"不贪不滥,一年三万"。嗜利者不知足,见可以多取,辄增取之。自承平以来,屡以钱漕讼,然公私悦利,穰穰尤盛,城外沿湘十余里,皆商贾列肆及转移执事者,肩摩履错,无虑数十万人。

(清 陈嘉榆等修,王闿运等纂:《湘潭县志》,卷六,赋役,清光绪十五年刻本。)

〔清光绪十九年前后,湖南郴州〕 郴地南通交广,北达湖湘,为往来经商拨运之所。沿河一带,设立大店栈房十数间。客货自北至者为拨夫,为雇骡;由南至者,为雇舡。他如盐贩运盐而来,广客买麻而去。六七月间收蔫,九十月间收茶、桐油,行旅客络绎不绝,诚楚南一大衡会也。米码头则米贩泊舡之所,朝夕给应,郴人赖之。乡村墟场各有定期,往往千百群聚,携货交易,设土灶市酒散,汾汾〈纷纷〉攘攘,逾午而散之,大凡如此。

(清 朱偓等修,陈昭谋等纂:《郴州总志》,卷之二十一,风俗,商贾,清嘉庆二十五年刻本,光绪十九年木活字重印本。)

〔民国初年至三十七年,湖南醴陵县〕 民国七年以前,营绸业者多为江西帮。兵灾以后,停歇者十之六七,而本帮势力则逐渐抬头。抗战初期,浙江、金华来货甚多,湘潭、长沙一带商人常有来此采购者,故一时营业极为发达,而本县土布亦行销甚广,故抗战前数年中,获利百万以上者三十余家。自金华沦陷后,生意稍衰,加以社会购买力日弱,土布销路亦疲滞,故三十二年赢利远不如前,绸绫生意尤不畅旺。是时洋纱布匹及绸料等,多系自长沙、平江等处贩来;土布则系本县出产,占贸易量百分之六十,销耒阳、郴州、袁州、曲江一带。县城共三十余家,本帮十之六,西帮十之四,店员百余人。……油以茶油、桐油为主。本县出产茶油甚多,由萍乡输入者亦不在少数。桐油系湘西出产,商贩多自湘潭采办。清咸丰时,有殷绍万以贩油起家,富甲一乡。至于棉花,则自民国初年以来,洋纱充斥于市面,土纱几于绝迹,棉花销场极小。抗战军兴以后,棉花价格随土布而猛涨,故营此业者多获利,以三十一年为最旺,三十二年稍衰。县城每月约销三十石,多自常德、津市采购。惟亦有平江商贩自沦陷区肩挑而来者。县城有油、盐、花纱业七八十家,弹花机约三十部。过去西帮势力较大,现在则本帮居十之七八。

(陈鲲修,刘谦等纂:《醴陵县志》,卷六,食货志,工商,民国三十七年铅印本。)

〔民国六年以前至二十一年前后,湖南汝城县〕 汝本山邑,陆不可方轨,水不可航舟,交通阻绝,故无富商大贾出于其间。城市店铺可三四百家,大抵匹头、杂货、酒、米、油、盐等行为多,惟东西两河之木,东南二区之纸,行销于邻近各省(纸以粤之城口为贸易地,木以湘之湘潭、赣之塘江为贸易地)。商业颇旺,然亦不多有。自民国六年钨砂发现,矿厂林立,而商务渐盛。近又因特货(时国禁鸦片,讳为是名)之运行率以汝为西南收兑中枢,于是商旅辐辏,衡帮、宝帮(由衡州、宝庆等商驻汝营业者)、广帮(由广东嘉应、新宁等商驻汝营业者)、西帮(由江西吉安、赣县等商驻汝营业者)各设同乡会以资联络,街市殷阗,偏僻顿成繁会。

(陈必闻、宛方舟修,卢纯道等纂:《汝城县志》,卷十八,政典志,实业,民国二十一年刻本。)

〔民国二十年前后,湖南益阳县〕 城区位护城镇中心,为县政府所在地,自东关至接龙堤街口,长十五里,人烟稠密,纯系市廛。

(曾继梧等编:《湖南各县调查笔记》,地理类,益阳,区划,民国二十年铅印本。)

〔民国二十年前后,湖南永兴县〕 街市临河,系一字长蛇形,随河水湾抱,约三里许。城内无多店铺。……淮西门外下街水星楼一带,商店颇繁,然均小贸易,无大资本家也。

(曾继梧等编:《湖南各县调查笔记》,地理类,永兴,沿革,民国二十年铅印本。)

〔民国二十年前后,湖南常德县〕 常德东界安乡、南县、沅江,西界桃源,北界澧县,南界益阳、安化,广袤数百里,城垣内外鄀屋鳞次,有一万九千余户。交通便利,沅水自西来,横贯域中,其他支流湖涧纷集,舟筏若云,东南相望,且不可极,滇、黔、川、越、江、广、闽、豫商贾悉出其间。春夏水涨,堪驭小轮,碧晴而隆准者,辄乘便来游,商务为湘西冠。

(曾继梧等编:《湖南各县调查笔记》,地理类,常德,地势,民国二十年铅印本。)

〔抗日战争期间,湖南醴陵县〕 油盐花纱业:醴陵原淮盐销岸之一,自抗战以来,淮盐中断,乃改销西盐及粤盐。在二十八年,全系自由销售不加限制,嗣因盐运困难,实行计口采盐,惟商人仍得自由采办,于市面销售,称自由盐。三十二年改称商运商销盐,盐商须向盐务局登记,领取许可证,然后能向曲江一带采购。三十二年底,已登记者有四十家,采购数量限三千四百担,惟亦有向湘潭一带转购者。三十二年,因赣西盐价极高,故偷运者甚多,盈利之溥为各业之冠。三十三年初,邑中商业资本争相流汇此业。

(刘谦等:《醴陵县志》,卷六,食货志下,工商,民国三十七年铅印本。)

〔抗日战争期间至民国三十七年,湖南醴陵县〕 倭寇犯醴,县城各工商仓皇出走,或匿居山中,或转徙他适。当时虽有少许物资疏散下乡,经溃军、敌人、地痞于沦陷期中更迭穷搜洗掠,百无一存。而县城惨遭焚炸,全市荡为丘墟,遑论

货物。劫后归来,栖息无所,营业无资,拮据经年,乃渐就绪,然已非复昔日之旧矣。所有寇灾损失,并光复后概况,列表如下:

醴陵县市商业最近概况表(民国三十五年十二月调查)

业　别	寇灾损失概况			光复后商业概况
	毁屋栋数(栋)	毁屋估价(万元)	物资损失价值(万元)	
绸缎业	85	8 500	51 000	现复业四十余店,其独资经营者仅六七店,而资本在千万元以上者甚少,千万元以下之资本居十分之八。
油盐、棉花、纱业	92	9 200	46 000	现共八十余店,只二三店独资经营,余均合资营业,且资本不满千万元者居多。生意虽旺,但获利甚微,且受高利贷之严重压迫,同有亏本之虞。
棉织、漂染业	78	62 400	31 200	现有七十余店,独资与合资经营者参半,生意冷淡,只能维持日食。
百货业	82	57 400	49 200	现复业已三十余店,多系合伙经营,资本不厚,购买力薄,营业不旺。
金银业	14	12 600	12 800	现有十余店,合伙经营者占大半,资金在二千万元以上者只三家,余均千万元,获利甚微。
药材业	36	36 000	43 200	现有二十余店,多属合资营业。其独资经营者只三四店。生意尚旺,颇获微利。
细瓷窑工商业	15	15 000	99 000	该业于三十四年春,即已扶持复业,故损失较轻。现有一百余厂,其中合资经营占十分之九,且资本多不满十万元,深感周转不灵,柴泥工食耗费过巨,蚀本倒闭者,日有所闻。
细瓷业	75	63 750	47 500	现有一百一十余店,资本不厚,纯以手工彩画,冬季颇有起色。
土瓷业	8	6 450	18 000	现有四十余店,同在姜湾一带,产品不佳,资微利薄。
南货业	12	12 000	10 800	现大小共二十余店,均属合资经营,其资本较为雄厚者仅三四店,但生意颇旺,犹同获微利,较之各业为优。
针织业	6	5 400	8 000	该业以妇女占多,织袜为主,本小利微,且仅冬季始有生意,颇能获蝇头之利。

(续表)

业　别	寇灾损失概况			光复后商业概况
	毁屋栋数（栋）	毁屋估价（万元）	物资损失价值（万元）	
旅馆业	46	46 000	23 000	该业包括客栈、饭店，共有六十余店，均缺乏资本，设备亦不完善，生意平淡，难维生活，但有四五店稍获利益。
书纸业	28	28 000	25 600	共有二十余店资力不足，工食费重，获利甚少。
陶业	14	14 000	32 500	该业分布道姑岭、石门口、八里坳、柘塘坪、玉坑等处，极为散漫，虽生意稍旺，但以柴、泥、工食需费过巨，无力应付，以致产量不多，获利甚微。
山货业	6	6 000	15 000	该业开设门面者仅有数店，其余均系小担散布乡村，资本微末，只能糊口。
靴鞋业	11	9 900	15 600	现仅十余店，本微品劣，营业不旺。
丝烟业	16	16 000	12 000	现有十余店，因受卷烟业之影响，吸丝者甚少，营业较昔一落千丈。
卷烟业	24	19 200	24 000	现有一百余户，但均属小本商人摊担零售，并无大规模之组合。
伞业	28	22 400	15 000	现只十余店，资本微薄，营业萧条，一落千丈，生活艰难。
酒席业	16	12 800	8 000	现专营酒席业者仅三四店，以包面为主，而兼营酒席者共二十余店，营业不旺，仅能维持食用。
屠宰业	5	4 000	6 000	现有三十余砧，感于资本微薄，大多合宰分售，以维生活。
直属商店	34	34 000	45 000	凡未有同业公会组织之营业皆属之，其中以夏布、土货、西药、编爆等营业较为畅旺，资本亦较雄厚，颇获利益，西药业增至十余家。
共计	736	660 300	638 700	

总计沦陷时期寇灾损失，商民铺房焚毁七百三十六栋，估值六十六亿零三百万元，物资损失价值六十三亿八千七百万元，实亘古以来未有之奇劫也。自三十四年九月间，敌寇退走，流亡渐复，财源枯竭，生计艰难。且因新市区之建设，让

开封道,迁延数月,始获筹资建筑,逐渐营业,要皆资本甚微,其合资经营者占十分之八。近复因通货膨胀,物价飞腾,金融之周转不灵,人民购买力薄,所获蝇头之利,不足以挹注目前。惟瓷业颇有起色。

(陈鲲修,刘谦等纂:《醴陵县志》,卷六,食货志,工商,民国三十七年铅印本。)

〔民国三十三年前后,湖南醴陵县〕 县城商业,过去有西、本两帮之分,除红茶、夏布、土瓷、豆腐属本帮外,余如药材、南货、糕饼、豆豉、杂货、银楼、布匹、钱庄、典当各大业,均属西帮。惟县城旧日商店因民七大火几于全部焚毁,西帮势力大受打击,本帮逐渐抬头。至民国二十年后,商务渐盛。抗战期中,瓷业尤称发达,北城及姜湾一带,新建窑厂及商号百数十家,南城多营染织业、针织业、刺绣业、秤业等,西城多营编爆业,东城多营旅馆业,而绸缎、药材、洋货等业,则萃于中心市区。阳三石商业之盛衰,随交通而转移,当铁路公路未毁时,营食品业及旅馆业者甚众;及其既毁,门可罗雀;当沦陷时,县城煨烬,阳三石亦摧毁过半;迨胜利光复后,株萍铁路通车,乃复渐趋热闹,县城亦然。下列行业各表,则均系沦陷以前状况,姑存之以备参考。

行　业　表

名　称	商店数	店员或职工表	附　记
细磁窑业	四九	一二〇〇	
细磁彩画	六〇	三〇〇	
土瓷运销	六〇	二〇〇	城内仅十余家
绸　布	四〇	二〇〇	
南　货	三九	三〇〇	
酒　酱	五	三〇	
药材西药	一五	一五〇	
银　行	二	三〇	
土磁窑业	四〇	一〇〇〇	散布于东北两乡,不在县城
山　货	二〇	一〇〇	
运　输	八	六〇	
刨　烟	一〇	五〇	
书　纸	二八	一四〇	
油盐花纱	三〇	一五〇	
夏　布	五	二〇	
银　楼	六	二五	
百　货	二五	一二〇	
酒席面包	二〇	八〇	
旅馆饭店	八〇	三〇〇	

(续表)

名　称	商店数	店员或职工表	附　记
漂　　染	八六	六〇〇	
针　　织	三五	一五〇	
丝　　线	八	二五	
豆　　豉	五	二〇	
土　　货	一二〇	三〇〇	
红漆木器	一八	六五	
缝　　纫	六〇	二五〇	
编　　爆	一〇	五〇	
照　　相	三	一二	
五　　金	三	一二	
铜　　铁	一五	五〇	
钱　　纸	一八	四〇	
檀　　香	一〇	三〇	
肥　　皂	三	一〇	
笔　　墨	四	一五	
轿　　业		一五〇	
罗　　业		一四八	
石　　器	五	一二	
靴　　鞋	二五	一二〇	
纸　　伞	一〇	五〇	
屠　　宰	三〇	六〇	
刻　　字	六	二〇	
纸　　扎	六	一二	
豆　　腐	二〇	五〇	
竹　　篦	一五	四五	
理　　发	二〇	八〇	
棕　　绳	五	一五	
对　　联	四	一五	
漆　　业	五	五	以上系商会调查与县志局三十三年初调查者略有出入，详行业编
钟表修理	七	一〇	
冶　　锅	二	一〇	
镔　　铁	八	一〇	
秤	三	九	
刺　　绣	五	一五	
熬　　硝	六	二〇	
烛	五	八	
陶　　器	二	二	
杉　　棚	一四	四〇	

（刘谦等纂：《醴陵县志》，卷六，食货志下，市镇，民国三十七年铅印本。）

〔**清宣统年间,广东广州**〕 广州商业,以七十二行著称。七十二行者,土丝行、洋庄丝行、花纱行、土布行、南海布行、纱绸行、上海绸布帮行、匹头行、绒线行、绸绫绣巾行、颜料行、故衣行、顾绣班靴行、靴鞋行、牛皮行、洋杂货行、金行、玉器行、玉石行、南番押行、下则押行、米埠行、酒米行、糠米行、澄面行、鲜鱼行、屠牛行、西猪栏行、菜栏行、油竹豆行、白糖行、酱料行、花生芝麻行、鲜果行、烟叶行、烟丝行、酒楼茶室行、生药行、熟药行、参茸行、丸散行、薄荷如意油行、磁器行、潮碗行、洋煤行、红砖瓦行、青砖窑行、杉行、杂木行、铜铁行、青竹行、电器行、客栈行、燕梳行、轮渡行、书籍行、香粉行、银业行、银业公会、矿商公会、报税行、北江转运行、北江栈行、南北行、天津公帮行、上海帮行、四川帮行、金山庄行是也。其在本邑者,不过寥寥数行,然丸散行之陈李济、酱料行之致美斋、酒楼茶室行之福来居,自开业至今,亘一二百年。惠爱街吴远芳薄荷油店招牌,相传为顺德黎简所书,则由来亦久。

(丁仁长、吴道镕等纂:《番禺县续志》卷十二,实业志,民国二十年刻本。)

〔**清宣统年间,广东广州府番禺县**〕 本邑与南海县均广州附郭。自老城双门底、新城小市街、城外五仙直街以东,属本邑境,均非商场所在。其中惠受街、双门底、高第街一带,虽素称繁盛,然各店营业多属门市,范围至狭。果栏口为四乡农民与全城商贩交易之枢纽,范围较广。麦栏街、海味街、太平沙、增沙各盐馆为全省盐业交易之枢纽,范围更广。但均未能出国门一步。综观捕属各街,行口固无,庄口亦不多也。

(丁仁长、吴道镕等纂:《番禺县续志》卷十二,实业志,民国二十年刻本。)

〔**民国二十年前后,广东石城县**〕 商贾之业,邑中如市廛不过作小贩卖,为民间日用所交易而已。城内及安铺虽各有商会之设立,而经营大商业者卒鲜。当铺向有十余间,今仅寥寥一二焉。

(钟喜焯等修,江珣等纂:《石城县志》,卷二,舆地志,实业,民国二十年铅印本。)

〔**明代以前至民国九年前后,广西桂平县**〕 自明以前,县中商业无可言。按:今城外会馆街旧称猺墟,又繁盛如大湟江,而在明世亦惟猺人趁集。……幸轮电纷驰,土物出境倍易于前,山间物产外销,获利不少,而家畜鸡豚亦各载之舟中随大江东去,售诸港粤,日月不休,官平民生日进。

(黄占梅等修,程大璋等纂:《桂平县志》,卷二十九,纪政,食货中,商业,民国九年铅印本。)

〔清雍正十一年前后，广西梧州府苍梧县〕　苍梧县，音乐间美，有京洛遗风，城外商贾辏集，类多东粤人，里民为其渐染，行事渐尚纷华，市中货物盛于他邑，邻封日用所需皆取资焉。

（清　金鉷修，钱元昌、陆纶纂：《广西通志》，卷三十二，风俗，梧州府，清乾隆间《四库全书》本。）

〔清雍正十一年前后，广西南宁府〕　百货骈罗，商贾络绎，为东南一都会也。

（清　金鉷修，钱元昌、陆纶纂：《广西通志》，卷三十二，风俗，南宁府，清乾隆间《四库全书》本。）

〔清雍正十一年前后，广西桂林府〕　桂林为广西首郡，城内外商贾远集，粤东江右人居多，见闻盛于他郡。

（清　金鉷修，钱元昌、陆纶纂：《广西通志》，卷三十二，风俗，桂林府，清乾隆间《四库全书》本。）

〔清道光以前至民国二十五年前后，广西融县〕　今昔商业之状况，约分三时期：一、清道光以前已不可考，闻其时有盐埠、有当押三四所，有银号、有钱店、有梧州帮。迨咸丰离乱，以上各行均废，商业殆不足言，是为第一期。二、清同光间，商场恢复，融城桥头街、蔡邕桥附近称卖谷行、卖豆行，豆与谷之上市者当不少。布则阳罗布、葛仙布、湖南大布为大宗，长安布庄专以黄片糖易洪江布匹。油有红生油，产额与茶桐油相等，杉木则河面常满，仅通航路一线。县城苏杭店两家，长安倍之，实业畅而商业旺，是为第二期。三、清末至现在，海通以后，洋纱、洋布逐渐充斥，阳罗、葛仙等土布完全消灭，湖南洪江之大布亦难输入，长安布庄当然歇业，因之蔗糖销路亦不如前。洋油盛行，花生短少，而红生油爰极稀疏。谷、豆未见摆卖，而近城之卖谷、卖豆等行遂至有名无实。苏杭店在县城由两家而增至十余家，长安则由四五家增至二十余家，竞争多，而获利亦寡，杉木商行近日尤形困惫，是为第三期。

（黄志勋修，龙泰任纂：《融县志》，第三编，政治，实业，民国二十五年铅印本。）

〔清咸丰以前至民国二十三年前后，广西贺县〕　清代咸同以前，人民俭朴，日用所需要者大都以物易物，故市肆营业中人，仅有小资本家。光绪初年，营业繁盛，当押渐次开设，有无相济，人民称便，同时银号钱铺均有设立，惟资本不足，未久即相继倒闭。清末变乱，当押亦全数歇业。民国以来，始渐恢复，近年物产失收,金融亦受影响云。

（韦冠英修,梁培煐、龙先钰纂:《贺县志》,卷四,经济部,金融概况及沿革,民国二十三年铅印本。）

〔清光绪八年至十七年前后,广西思恩府百色厅〕　厅属物产与旧日田州同,若城厢外市肆喧阗,舟载马驮,百货云集,类皆来自东粤以及滇黔,非土产也。外此城乡所在,以十数三日为墟,有无交易,皆居恒食用所需。

（清　陈如金修,华本松纂:《百色厅志》,卷三,舆地,物产,清光绪八年修清光绪十七年增补刻本。）

〔民国初年至二十七年前后,广西隆山县〕　县属商业较盛者为县城市及金钗圩,次为群、嘉芳、杨圩、林圩。自民十以来,生活程度日高,经济日绌,辍业者相继,迄今日形淡薄,无民十以前之盛矣。

（吴克宽修,陆庆祥等纂:《隆山县志》,第六编,经济,产业,民国二十七年修,一九五七年油印本。）

〔民国二十二年至二十六年前后,广西邕宁县〕　广西地处偏隅,物产不丰,商业情形较中国多数省份均感不及,年来又受外界经济压迫,商业不景气,亏折倒闭时有所闻。然南宁上控滇黔,下达港粤,三江汇流,水陆交通颇称便利,促其发展亦属易事,故广西商务最盛者首推梧州,次则南宁。民国二十二年据统计局调查,计有商店九百七十九家,店员三千六百六十九人,资本共八十九万伍千三百六十九元。独资经营者计有七百三十四家,占总数百分之七十五。合资经营者计二百四十五家,占总数百分之二十五。各行中以杂货业为最多,计一百六十家,占全市商店总数百分之十六。其余洋杂业一百零九家,燃料业九十五家,为数亦复不少。以资本言,平码行当称巨擘,占全市商业资本百分之三十六,银号、洋杂业次之。资本属本省商人者计六百一十九家,占商店总数百分之六十三。资本为外省商人投资者计二百九十九家,占商店总数百分之三十一,其中粤商为最多,占他省商人总数百分八十六。店东籍贯未详者有六十一家,占商店总数百分之六。全埠商业全年营业数共三千五百一十一万零七百零九元。

（谢祖荣修,莫炳奎纂:《邕宁县志》,卷十六,食货志三,商业,民国二十六年铅印本。）

〔民国二十三年前后,广西贺县〕　商业素称繁盛,经济流通,生计自觉裕如。近年,因沪上商场一落千丈,波及粤省。贺邑出口货物向销粤地,入口货物亦由粤来,致受影响,周转不灵,或至歇业。

(韦冠英修、梁培煐、龙先钰纂:《贺县志》,卷四,经济部,生活状况,民国二十三年铅印本。)

〔民国二十三年前后,广西隆安县〕 县属为右江门户,并为镇结、万承、果德交通孔道,凡土货、国货、洋货轮运及挑运过境者为数甚巨,约在百分之九十,其行销本邑者在百分之十,内国货以布匹为大宗,洋货以洋纱、洋油、火柴为大宗,土货以谷、豆、糖、生油、纱、纸为大宗。

(刘振西等纂修:《重修隆安县志》,卷四,食货考,经济,民国二十三年铅印本。)

〔民国二十四年前后,广西思恩县〕 县地边鄙,商场冷落,商铺多集中城厢。此外则后区之牛峒墟亦有商铺。至于水源、温平、麻村、安顺、洛阳、社村、下斡、塘万各墟场,均属行贾,无商铺。

(梁杓修,吴瑜纂:《思恩县志》,第四编,经济,产业,商业,民国二十四年铅印本。)

〔民国二十九年前后,广西柳城县〕 商业方面则县治北门街、大埔墟、东泉墟各有饷押一间,资本每间约二万余元。民十政变,止当候赎,形同倒闭。油榨每间约三四千元。苏杭、药材、杂货等商号,规模大小不等,数百元亦可贸易。

(何其英修,谢嗣农纂:《柳城县志》,卷五,经政,工商,民国二十九年铅印本。)

〔抗日战争前后,广西龙津县〕 抗战以前,商业颇旺,商旺,商贾云集。抗战期间,房屋迭遭机炸,商贾相率徙去他埠。抗战结束后,商场衰落,商旅裹足,而所谓营商者所过生活不复如前之舒适矣。

(李文雄、陈必明纂修:《龙津县志》,第六编,经济,生活状况,民国三十五年稿本,一九六〇年铅字重印本。)

〔明万历七年前后,四川重庆府合州〕 州以三江之会,逐末者□。

(明 刘芳声修,田九垓纂:《合州志》,卷一,地理,坊市,明万历七年刻本,一九七八年四川省合川县图书馆重印本。)

注:合州于民国二年改为合川县。

〔明朝末年至民国十八年前后,四川南充县〕 治城最繁盛地为沿河各街与内城东南街、府街等处。大堆店多在吉祥街、兴顺街、北津街等处,去船坞近故也。洋货店、杂货店多在禹王街、水府街、上中下河街、大东街、南街、西学院街等处;书店、食物店多在府街及公园附近,荒货屑物店多在较场街;客栈、茶舍多在各城门附近；爆竹店在茧市街；大公馆多在大小北街；星相医杂摊集县衙外及公园后街、黄墙街等处。二、五、八日为治城市期，远近乡民届时齐集交易土物。明末治城遭献逆之祸，焚毁无遗，城中杂树成拱，野草蔽地，虎豹昼出，阒无居人。康熙初年始渐有人聚处。历雍乾之世，犹甚寂落，除院试与红花市期外，土产不能常售，故以二、五、八日为市。迄清末世，渐臻繁盛，工商勃兴，人物萃集，华屋栉比，珍货云屯，内外城间已无隙地。虽繁华已十倍于清季，而旧俗难移，市期不改二、五、八日，交易倍于平时。

（李良俊修，王荃善等纂：《南充县志》，卷一，舆地志，城市，民国十八年刻本。）

〔清乾隆、嘉庆年间至光绪十九年，四川叙州府雷波厅〕 雷波逼处夷巢，素称边地，论者莫不以瘠苦少之。然深山大泽之中，五行百产，无物不有。乾嘉时，边境清平，商贾云集，云、贵、两湖、豫章、粤广之民络绎趋赴，货物充盈，阛阓整齐，实边疆一巨镇也。徒以夷乱故举，一切自然之利皆捐弃之，良为可惜。

（清 秦云龙等修，万科进等纂：《雷波厅志》卷三十三，物产志，清光绪十九年刻本。）

〔清嘉庆二十一年前后，四川重庆府合州〕 田多膏腴，易于播种，擅鱼米之利，恃舟楫之安，四方商旅愿出其涂（《合州志》）。

（清 常明等修，杨芳灿等纂：《四川通志》，卷六十一，舆地志，风俗，重庆府，清嘉庆二十一年刻本。）

〔清嘉庆年间至道光六年，四川忠州〕 三十年前，城市萧疏，仅如村落，其十字街一带均属人民住房，南门外河街米粮而外，惟有布店三间，商贾买卖亦极公平。今则纱罗绸缎渐列市廛，最可忧者，近来轻薄客人或袜尚通海，鞋尚镶边，烟袋则饰以牙骨，熬糖、烤酒皆效法重庆。

（清 吴友篪修，熊履青等纂：《忠州直隶州志》，卷一，风俗，清道光六年刻本，民国二十一年铅字重印本。）

〔清嘉庆年间至民国二十四年前后，四川云阳县〕 云阳介夔、万之间，夔为入峡首郡，重以榷关，虽视昔衰耗，犹为大埠。万县途兼水陆，控引成渝，舟车辐辏，为东蜀都会，百物充牣，利赖四周。县相距裁两日程，商之不竞，其势然矣。故外货入口无论中路长路（由沙、宜入口之货至万县卸载，为中路；重庆为长路船），方舟径过，须另往渝、万巨店分购，倒运回县，以资绌不能起载也。土产出口须就万零售，便舟过县门交纳，以货少不能装载也。日用常品虽亦近销两岸，远走鹤施,要之仅任分销,无由独立,百年来已然。嘉道中,此县商务尝大蕃盛,父老言西关外老街皆贾区,多湘、汉人,故城内外多两湖会馆,并有岳、常、澧、衡、永、保诸府分馆,其业则棉花为多云。

(朱世镛修,刘贞安等纂:《云阳县志》,卷十三,礼俗中,商,民国二十四年铅印本。)

〔清道光二十年前后,四川潼川府乐至县〕 商贾船道不通,又鲜珍产,陆事亦无居者,惟贫户负贩斤盐,博取米薪,交出于其涂。城市则有茶酒店、面店、肉铺、生药、果子、彩帛、丝、鞋、纸札、香烛、油酱、食米、见成饮食等铺坐列贩卖,以便日用。

(清 裴显忠修,刘硕辅等纂:《乐至县志》,卷三、地理志,风俗,清道光二十年刻本。)

〔清道光二十三年前后,四川重庆府〕 重庆者,南控黔、滇,东达荆、楚,袤延几二千里,为西蜀一大都会。

(清 王梦庚修,寇宗纂:《重庆府志》,叶朝采序,清道光二十三年刻本。)

〔清同治年间,四川成都府成都县〕 成都东通吴、楚,有波涛之险,南邻云、贵,北接秦、陇,西毗松、维,多崎岖之路,土著者惮于远出,其来贸易者皆外省之人,商贾辐辏,阛阓喧填,称极盛焉。

(清 罗廷权等修,袁兴鉴等纂:《成都县志》,卷二,舆地志,风俗,清同治十二年刻本。)

〔清光绪十九年前,四川叙州府雷波厅〕 土产沃富,远货他乡,而白布、红盐则取资于外郡,是以道途虽险,商贾流通。昔年盛时,开办铜铅木版笋尖各厂,由金沙江顺流而下仅七百里,三日可达,远方之人闻风麇聚。今则厂务衰替,江水复多险滩,商贾往来逾越山岭,而又迫于夷患,迥非昔比矣。

(清 秦云龙等修,万科进等纂:《雷波厅志》,卷三十二,风俗志,商旅,清光绪十九年刻本。)

〔清光绪三十三年前后,四川顺庆府广安州〕 州城,本宋浓洄旧镇,铺户民居三千余,街道十八,鱼盐、珠翠、棉布、棉币、米谷珍错,百货毕集,人称小渝城。

(清 周克堃等纂:《广安州新志》,卷九,乡镇志,清光绪三十三年修,宣统三年刻本,民国十六年重印本。)

〔清宣统元年前后,四川成都府成都〕 成都商业不发达,商人无学,商界不充,商情散漫,不知何以为商德,更不知何以名公司。予于戊戌夏间,撰有《劝蜀商急宜立公司以保利权说》，凡一万余言，刊入《蜀报》中，实欲鼓吹商界，耸动商情也。自商务局成立，直至沈总办又岚时代，商界始放一线光明，至本年周总办孝怀时代，商界遂大开生面矣。川省川汉铁路有限公司，成都建筑有限公司，成都攻木公司，成都信立钱业有限公司，成都电灯公司，成都悦来公司，成都利民自来水有限公司，成都丝业保商公司，正议有限公司（学校药品），成都乐利造纸有限公司，启明电灯公司，通惠借钱公司，四川全省矿务总公司，商办边茶有限公司。

（傅崇炬编撰：《成都通览》，成都之商办各公司，一九八七年巴蜀书社据清宣统年间手写石印本标点铅印本。）

〔清代至民国三十一年前后，四川西昌县〕 当麻哈、菜子地、马头山各金厂畅旺时，城内大商收买赤金以广布、白银为资本，吸收乡镇市商所收零金，制成金叶，行销上海，然大都售诸官场时为多。往往达官当解组之期，大贾占断金之利，为习见事。至洼里厂盛时，金之销路不尚叶而尚条，而商情亦为之一变焉。金之外或办丝成驮，运售云南大理。清代咸以生丝贸，近民国来始设解厂，而为进一步之经营。且以赤金为货品者，有时购办于炉城。此种商业，兼办虫草、贝母等品，运滇销售，此则商业之较大者。余业纷琐，尚少规模。

（杨肇基等纂修：《西昌县志》，卷二，产业志，商业，民国三十一年铅印本。）

〔清朝末年至民国二十三年，四川华阳县〕 华阳为省会所在，商务繁盛。自清季年设商会，又组合公司以营商业场及锦华馆，而外来之货益多。民国十三年，复有春熙路之建置，然以军事频兴，而业亦因之凋敝，市面之大商业家常有歇业者。社会习于浮侈，舶来品亦逐渐加多。至乡镇商业，以米、面、油、盐、丝、棉、谷、麦等项为大宗，牲畜、布帛、药材、杂粮、杂货为次，外此则蔬、果、鞋、袜、针、线、糕、饼而已。

（叶大锵等修，曾鉴等纂：《华阳县志》，卷五，礼俗，工商业，民国二十三年刻本。）

〔民国十二年前，四川丹棱县〕 邑处偏隅，舟车不通，土无金、银、铜、铁之产物，无齿、革、羽毛之殖，故鲜富商大贾居奇其间，然易事通工，各安本业。……近来商务渐兴。

（刘良模等修，罗春霖等纂：《丹棱县志》，卷二，舆地下，礼俗，民国十二年石印本。）

〔民国二十二年前后，四川灌县〕 城内外廛肆罗列，有银号数家，东街尤百货骈阗，商贾麇集，以贩运药材、羊毛者特多，行销渝、宜、汉、沪，岁值约十万圆。

（叶大锵修，罗骏声纂：《灌县志》，卷四，食货志，实业，民国二十二年铅印本。）

〔民国二十二年前后,四川绵阳县〕 绵阳水陆通衢,各种商业向称繁盛。惟查绵地先年风气俭朴,各种商业尚属殷实。今则物质文明,陈列货品均尚外观,夸奢斗靡,外费倍增,折阅者多,赢余较少,市面金融日形窘迫。

(梁兆麒、蒲殿钦修,崔映棠等纂:《绵阳县志》,卷三,食货志,物产,实业附,民国二十二年刻本。)

〔民国二十三年前后,四川乐山县〕 县城一面倚山,三面临水,上通成都,下通渝、夔,雅河通雅安、天全,铜河通峨边、金川,为水陆要冲,商埠之盛,甲于川南。

(唐受潘修,黄镕等纂:《乐山县志》,卷一,方舆志,沿革,民国二十三年铅印本。)

〔民国二十五年及三十一年,四川西昌县〕 至民国,各商同业各有公会。二十五年,依法组织之同业公会,计十有三:绸布业、国药业、百货业、烟草业、油盐类业、土布业、棉纱业、酒业、屠业、旅店业、生熟皮业、纺丝业、杉板业。三十一年,复由党部重新登记,结果得会员健全之商业同业公会十有五:杉板业十一家,百货业四十六家,烟草业四十七家,国药业四十家,新药业九家,酒业二十四家,茶业二十四家,牛羊皮业三十二家,屠宰业二十一家,油盐业四十八家,棉纱业五十二家,绸布业五十七家,银行业七家,旅店业二十家,书纸文具业二十八家;又公司四:曰康滇公司,曰建宁公司,曰康宁公司,曰颐康电影院,而乡镇之商未计入焉。

(杨肇基等修:《西昌县志》,卷二,产业志,商业,民国三十一年铅印本。)

〔民国二十八年前后,四川巴县〕

巴县商业业别、家数及营业情况表

业　别	家数	公会地址	附　注
银行业	一三	模范市场	详后。
钱业	一四	陕西街	在昔证券交易所成立时,汇水涨落甚大,钱庄投机而起,一时多至三四十家,法币统一,外币平衡后,渐减少。
盐业	一二〇	曹家巷	民国以来,盐法迭有变更,自楚岸减额计,边岸亦以积盐滞销,本高息重,业此者多致亏折,互见赋役。
棉纱业	七二	白象街	全年消额多至十万包以上,计其总值恒占重庆关进口货第一位,川境产棉不多,有谋创办纺纱厂者,当自提倡种棉始。
匹头绸缎业	二〇〇	白象街	匹头棉纱旧为一业,绸缎原称京锻,以售南京缎得名,渝市富商巨贾多为业。

(续表)

业　别	家数	公会地址	附　注
匹头绸缎业	二〇〇	白象街	匹头棉纱者,以清光绪戊戌后十数年间为极盛,去年匹头进口激增,不复如昔日积箸居奇矣。
颜料业	二三	育婴堂巷	皆舶来品。
苏货业	一三〇	后祠坡	此业统名苏广洋货,实则苏广货少,洋货多,去年进口亦有上增之势,习俗日靡之征也。
干菜业	八八	白象街	
川产丝织品业	二三	模范市场	川丝织品有成都、嘉定、顺庆之别,不搀杂人造丝,服用耐久,迩来织工殊进,亦有用铁机者,若再研精染色,当与苏杭竞美也。
五金杂货业	六八	后祠坡	舶来品多,国货少,漏卮之一,为数巨者也。
药材业	一七四	羊子坝	四川为产药区,去年出口锐减,新药业之日增,可以想见。
新药业	四二	三忠祠	旧称西药。
山货业	一二〇	东华观	牛羊皮、羊毛、猪鬃之属,皆山货也,为出口货大宗。
糖业	三〇	朝天门半天街	资、内蔗糖,质胜洋糖,贩鬻及于省外。洋糖亦售渝市,数量不多。
丝业	一六	灯笼巷	渝市业丝厂者,无不亏折,合全业频年亏折之数计之,当不下四五百万,复兴之机,盖犹有待。互见《工业》。
纸张印刷业	六二	打铁街	川省制纸,夹江为最,广安、铜梁等处次之,今其消场,舶来品占去多矣。印刷互见《工业》。
书业	三四	陕西街	铅、石印书盛行,木刻旧书业式微矣,沪上大书坊如商务、中华等渝市皆有分店。
银楼业	一三	小梁子	业此者多浙人。
胶皮业	二四	马王庙	
米粮业	一八	米亭子	县境产米虽丰,岁不足县人之食,惟大小河源源贩运而来,故不虑匮乏,至荒岁采购及于邻省,航运便也。
换钱业	八〇	鱼市街	
夏布业	四〇	陕西街	杨雄《蜀都赋》云:"蜘蛛作丝不可见风,㡛巾黄润端数金。"说者以为即蜀中细夏布,今夏布有售至朝鲜、安南者,但为数不多。

(续表)

业　别	家数	公会地址	附　注
熟药业	三二〇		
煤业	四八〇	文华街	
布业	二九〇	较场	此土布也,与前匹头业别。
油业	九四	鱼市街	此油业,桐油不在内,桐油旧隶山货,今别立公会,方在组织中。渝市业桐油者,闻为十余家,出口数量不及万县。
旅栈业	八〇〇	东华观	
服装业	一一七	至诚巷	
袜业	一五六	公园路	
油漆业	九四	米花街	油漆今多用舶来品,然光泽经久不渝,土漆转胜。
运输业	五〇	簧学	
屠业	二五	桂花街	
制革业	三六	商业场	互见《工业》。
瓷器业	四四	中营街	
中西餐业	一一二		
皮货业	一四	新丰街	
鞋帽业	六八	模范市场	
煤油业	二二	鱼市街	以美孚、亚细亚两家消场为盛,后起者殊难与竞争,年来汽车日增,汽油一项消耗亦为巨数。

（朱之淇等修,向楚等纂:《巴县志》,卷十三,商业,民国二十八年刻,三十二年重印本。）

〔民国三十一年前后,四川西昌县〕　西昌为宁属政治、商务、文化中心,屹然西南一大重镇。前因交通不便,百废莫兴,自抗战军兴,国家为开发资源计,对宁属积极建设,交通遂有长足之进展。

（杨肇基等纂修:《西昌县志》,卷一,地理志,交通,民国三十一年铅印本。）

〔清乾隆六年前,贵州铜仁府〕　铜仁府居辰常上游,舟楫往来,商贾所集,颇有楚风。

（清　张广泗修,靖道谟等纂:《贵州通志》,卷七,风俗,铜仁府,清乾隆六年刻本。）

〔清乾隆六年前后，贵州镇远府〕 水陆冲衢，商贾辐辏，民多负贩经营。

（清　张广泗修，靖道谟等纂：《贵州通志》，卷七，地理，风俗，镇远府，清乾隆六年刻本。）

〔清咸丰以前至民国年间，贵州安顺〕 安顺四境不与外省接壤，在黔实为腹地。县城为黔西政治要枢，当陆地交通之要冲，然无可通舟楫之河流。以是在咸同以前，交易甚属寥寥，日用所需除食盐自川省购入外，余皆系本省人互相交易，即如布匹一项，亦多由民间妇女纺织而来。其所用之棉则取给于本省紫云（归化）、罗甸、贞丰一带之花山，小商由王母、者相等地运至紫云，大商即由紫云运至县城。各地市场皆设有花街、花称，而县城内更有所谓花街，即专为买卖棉花之定所。道光时交易尤盛，民国贸易以买卖棉花为大宗。

迄光绪初年鸦片通行，县城商业逐渐发达，两湖、两广之商人联翩而至，要皆以贩运鸦片为大宗。但是时销场尚狭，来贩运者皆系行商、小贩，未闻有专运鸦片而开设行号者。及鸦片出产愈多，湘、鄂、赣诸省销路愈广，于是设行号者渐多，且有日益增加之势。计两广开行号者十余家，两湖则系短局。是时，一般零星小贩肩挑背负者，仍络绎不绝。

初，贩烟诸商交易皆用生银，继因汇款困难，乃改贩洋纱入黔以易鸦片。织染家见其根线均匀，颜色洁白，较土纱为精良，且便于织染，乐于采购。从此土纱不克与之竞争，交易一落千丈，而洋纱则蒸蒸日上，销行益广，每月市面买卖竟达五百余箱，为全省销场之冠。织金、大定、水城等地亦多由此转贩，县城商业至是愈为扩展。

其后风气渐开，交通愈广，湘、粤、鄂、蜀诸省之巨商先后荟萃于此。环顾市面，不惟外省之货纷至沓来，即东西两洋外货亦莫不渐输而至。其来路有六：东由湖南常德经本省镇远；东北由四川重庆经本省遵义；东南由广西梧州经本省独山；南由广西百色经本省兴义；西由云南昆明经本省盘县；北由四川泸州经本省毕节。四通八达，商货辐辏。纱罗绸缎，光怪陆离，洋货匹头，争奇斗异，商业之盛，甲于全省。推原其故，要皆由鸦片产量剧增而又价值最优，有以致之。盖乡村农民仅以少许之辛勤即获巨大之厚利，经济充裕，日用即奢，前此俭朴之风遂变而为奢靡。是为安顺商业最繁盛之时期。

迨光绪末年严禁鸦片，安顺商业便不免大受打击，纱布销场亦为之滞塞。然而民间存烟未尽，乡农窖藏者犹未告绝，外省商人尚可暗地输运，市面交易仍可勉强维持,然已大非昔比。

（贵州省安顺市志编纂委员会据民国二十年代末稿本整理:《续修安顺府志·安顺志》,第十卷,商业志,概述,安顺市志编委会一九八三年铅印本。）

〔民国三年至十九年,贵州安顺〕 安顺府亲辖地于民国三年改为安顺县后,百废更新,后行烟禁,将数十年病民之毒物一旦铲除净尽,诚为莫大之幸事。惟乡农狃于积习,禁种鸦片之后,不知更植他物,因此农村经济日臻困难,购买力弱,商业遂大受影响。所幸近时交通便利,风气渐开,商界中人群相研究,另辟利源,以资抵补。于是外查商情,内征出产,试运猪毛至粤销售,颇获厚利。设庄采办者于是争先恐后而来,每年出口竟达七八万斤。牛皮一宗,从前只供本省制作靴鞋之用,今亦称出口之大宗,比之猪毛更多数倍。他如山羊、虎、豹皮与各项杂皮以及五倍子、竹参等物亦为吾黔之特产,外商来办者尤以安顺为最。故民国初年安顺商业虽不及光绪中叶之繁盛,然方之鸦片未出以前究有霄壤之别。迄至民国八年,烟禁复开,安顺之商业又复呈活跃气象。

据民国十九年铁道部滇黔桂区经济调查队之调查,全县计有洋纱店三十五家,干菜京果店三十五家,绸缎店二十七家,土布匹头店四十八家,杂货店三十家,山货店十二家,盐店十八家,药材店十九家,钱店八家,米店四十家,油店三十家。每年交易总值仍为全省之冠。

（贵州省安顺市志编纂委员会据民国二十年代末稿本整理:《续修安顺府志·安顺志》,第十卷,商业志,概述,安顺市志编委会一九八三年铅印本。）

〔民国四年以前至十八年前后,贵州桐梓县〕 盐、糖、布帛日用大宗以及饮食、服饰、器用、玩好之属,莫不仰给于邻省。虽治北松坎,水陆交通,舟楫往来,如鳞如鲫,然接壤川界,偏在一隅,且为綦岸销场,六号盐商大率皆秦、蜀人,其他小贩由号分销,名包包铺。民四,设承销店于城,集商专卖。十七年,仍设督销局于松官,督商销,操其业者,邑人亦鲜。至城乡之经营洋广杂货布匹者,亦川贩之,捆载而来。客籍日久,半为土著,资本小,范围隘矣。入口商业,大概如此。以云出口,乾嘉时代汉沪有桐绸字号,道光时巴渝有绸帮公所,松坎、鸭塘均设丝行,邑人专卖,此吾桐商业之权舆也。继则售茧售丝先有山西、河南洋庄远客来,继则贵阳、正安、重庆岁有邑人去,销场所在,随时代为变迁。粤军既平,罂花满地,光绪时代,楚人结队而来,与邑人懋迁以往者,土药利宏无岁篾有,城中曾设悦来行以经理之,河工岁修由斯取报,无如丝业土帮后先失败,益以严申烟禁,而县中各项商业俱随之一落千丈矣。

（李世祚修，犹海龙等纂：《桐梓县志》，卷十一，实业志，商业，民国十八年铅印本。）

〔**民国十一年前后，贵州安南县**〕 安南僻处山陬，交通不便，东临盘江，水势湍急，不通舟楫，加以地瘠民贫，以致商业难兴。运入之货，以棉纱为大宗，次为川盐。近年来，滇盐亦有入境者。居民购纱织布者约百余户，杂货无本邑人所开铺店，惟川、湖两省人，有二三十户，以小本采办，临场设肆，每日销售有限。运出之货以廖箕箐所产白纸为大宗，每月可运三四十驮至云南，获利可数百金。原昌、大昌两锑厂所产之锑，上年每月可运出数吨，后因价落停闭，亦无运出矣。

（李兰生修，李大泽纂：《安南县志稿》，卷六，经业志，商业，民国十一年修，一九六六年贵州省图书馆油印本。）

〔**民国三十二年前后，贵州榕江县**〕 商业方面，计有粮食业五十四户，百货业二十六户，纱布绸缎业十六户，饮食业二十四户，旅店业三十八户，屠宰业一百三十六户，印刷业五户，药材业五户。

（李绍良编：《榕江县乡土教材》，第二章，榕江地理，第四节，物产，民国三十二年编，一九六五年贵州省图书馆油印本。）

〔**民国三十三年前后，贵州玉屏县**〕 平溪镇，即县城，当湘黔公路要冲，又沿㵲水，故交通比较便利。其商业情形仍行赶场（场期一、六两日），除逢场外，贸易极少。重要土产以箫笛与竹杖为著。

（李世家纂修：《玉屏县志资料》，第二章，资料调查，第十三节，主要镇市状况，民国三十三年修，一九六六年贵州省图书馆油印本。）

〔**民国年间，贵州定番县**〕 定番县当地的商业仍旧保持着极原始的经济形态，大多数的贸易多在各大乡场中举行，县城和各镇内许多商店非逢到场期极少开门交易。

（吴泽霖编：《定番县乡土教材调查报告》，第七章，商业，一，当地商业，一九六五年贵州省图书馆据民国年间稿本油印本。）

〔**明朝年间，云南临安府**〕 临安之繁华富庶甲于滇中，谚曰："金临安，银大理"，言其饶也。其地有高山大川，草木鱼赢之产不可弹穷。又有铜锡诸矿，展转四方，商贾辐辏，其民习尚奢靡。

（明　谢肇淛纂：《滇略》，卷四，俗略，清乾隆间《四库全书》本。）

〔明代至清光绪十一年前后,云南永昌府〕 货物皆自外来,明时贸易以贝,今则银钱互用。

(清 刘毓珂等纂修:《永昌府志》,卷八,地舆志,风俗,清光绪十一年刻本。)

〔清乾隆五十三年前后,云南临安府河西县〕 河邑僻处一隅,不当冲要,行无奇货,居无大贾,如布帛菽粟等,不过随时贸易,为仰事俯育之资。

(清 董枢等纂修:《续修河西县志》,卷三,风俗志,商,清乾隆五十三年刻本。)

〔清咸丰三年前后,云南曲靖府南宁县〕 城中市,即鼓楼街,无日不集,惟季冬二十四至除夕则大集之,谓尽陈,言无物不陈也。至晚灯火照耀,如同白昼,夜分始罢。

(清 毛玉成修,张翊辰、喻怀信纂:《南宁县志》,卷二,建置,市集,清咸丰三年刻本。)

〔清同治以前至民国六年前后,云南大理县〕 吾邑僻处南荒,道路梗塞,所谓贸迁有无之道,考之载籍,鲜有表见。然就历史观察,商运变迁之情形,约可分为三时期:自鹤拓开疆以至段运告终之年,为第一期;傅、沐西征,籍隶中土,以至回乱平定,郡城克复为第二期;同治壬甲以迄于今为第三期。夫草昧初辟,榛拯浑噩,部落时代之民,不过以其所有易其所无而已。迨至蒙氏建都立国,虽纳款于唐,称兵于蜀,然考之宋元以来之契券,要皆以贝为币,则当时之不能通商他省,是其明证。要之其所贸易者大都不过布帛粟蔬之类,所谓观音市者,即当时商贾集合之市场,此第一期之商务情形也。有明以降,衣冠文物中土同风,近之则川、黔、桂、粤,远之则楚、赣、苏、杭,皆梯航而至,此第二期之商务情形也。吾邑风气夙崇俭朴,非庆典宴会罕有衣帛者。泰西虽通商已久,惟吾邑自咸同以前初无所谓洋货,光绪初洋货始渐输入。洎越亡于法,缅沦于英,于是洋货充斥。近则商所售,售洋货;人所市,市洋货,数千年来之变迁未有甚于今日者,此第三期之商务情形也。……至若操商业之赢绌,前则江西、昆明之人,近则鹤庆、腾冲之人,吾邑惟喜洲一地人尚勤俭耐劳,具有商业性质,特无巨商大贾,故终不足以执商权之牛耳。

(张培爵等修,周宗麟等纂,周宗洛重校:《大理县志稿》,卷六,社交部,自治,民国六年铅印本。)

〔清代至民国年间,云南姚安县〕 姚邑僻处遐陬,向虽有湘赣粤蜀之商、缅越康藏之品,终以消费无多,生产亦鲜,以视通都巨埠瞠乎后矣。

(霍士廉等修,由云龙等纂:《姚安县志》,卷九,舆地志,坊市,民国三十七年铅印本。)

〔清代后期至民国年间，云南昭通县〕　秦、汉而后，贱商抑贾，视为末利，降及逊清，海禁大开，始知为立国要图，盛极一时。昭入版图较晚，然以地绾川黔，商贾辐辏，货物殷繁，为滇东商务重心。

（卢金锡修、杨履乾、包鸣泉纂：《昭通县志稿》，卷五，商务，民国二十七年铅印本。）

〔清宣统二年，云南楚雄府楚雄县〕　本地街市生理，原非水陆马头，不过洋纱、杂货、纸币交易。

（清　崇谦等修，沈宗舜纂：《楚雄县志》，卷二，地理述辑，风俗，清宣统二年修，一九六〇年据抄本传抄。）

〔民国五年前后，云南西双版纳地区〕　查版纳全图，西南通英缅，东南通法越，东达思普，北达威镇，实为商务辐辏之区。

（柯树勋编：《普思沿边志略》，通商，民国五年铅印本。）

〔民国六年前后，云南大理县〕　入境货以洋纱、木棉、丝、茶、药材为大宗。出境货以础石、土布为大宗。

（张培爵等修，周宗麟等纂，周宗洛重校：《大理县志稿》，卷三，建设部，交通，民国六年铅印本。）

〔民国十四年，云南禄丰县〕　百货公司系商会集股，于民国十四年成立，资本统计六千余元，内有经理一人，书记管账一人协理。售物商店共计商店一百四十户，皆小本营业。

（阳仰修抄：《禄丰县志条目》，境内历年各种商店公司，民国二十一年抄本，一九七五年台湾成文出版社影印本。）

〔民国二十三年前后，云南宣威县〕　市场以县城内外为较大，而县城内外之交易又以十字街、西门街、西关口街（俗称横街）、上堡子街为最盛，故商号骈列其间，以废历每月之三、八两日为交易之期。街道惟上堡较宽，横可二丈五六。余皆狭隘，不过一丈二三，长亦仅及上堡三之一或四之一。铺面房屋皆旧式。市况：每逢市期，四乡麇集，来来往往，计不下三四千人。

（陈其栋修，缪果章纂：《宣威县志稿》，卷七，政治志，建设，商业建设，民国二十三年铅印本。）

〔民国二十七年前后，云南昭通县〕　昭县商店在滇东各县号称繁盛，统计有商号十一二家，洋货匹头商店三十余家，纱布店一百余家，杂货店一百二三十家，山货店六七家,生皮店四五家。资本多寡不同,充裕者以商号为首,约达现金二万元,少亦约万元。其各种商店,多者以现金五千元为限,少仅数百元而已。故昭商业形式上虽握滇东商场之中心,然实外强中干也。

(卢金锡修,杨履乾、包鸣泉纂:《昭通县志稿》,卷五,商务,商店,民国二十七年铅印本。)

〔民国三十一年前后,云南巧家县〕 县属商业不甚发达,向无公司之组织,即正式开设商店者,亦为数不多,盖以本县土产货物多行销境外,其输入货物仅洋广杂货,且销数甚少,故专营商店者只十余户而已。

(陆崇仁等修,汤祚等纂:《巧家县志稿》,卷七,商务,商店,民国三十一年铅印本。)

〔民国三十七年前后,云南姚安县〕 县城为一县商业中心,货物多集中于此,昔年三月烟会,川、黔、湘、赣商人多在此时贩运布匹,来此贸易。现公路既通,运输便利,本县商人及外来客商购运鸡、猪、米粮,多于此集中出境。次则北塔街,祥云商人甚多,且为盐丰、大姚来往冲要,商业几与县城相埒,纱布交易较县城尤盛。次则普溯街,为迤西通道宿站,居民均营旅店业。弥兴街,为来往普溯所必经;新街,为牟定、元谋、大姚三县通道,商业亦稍可观。其余市集,仅交易人民日用必需品物而已。

(霍士廉等修,由云龙等纂:《姚安县志》,卷四十八,物产志,商业,民国三十七年铅印本。)

〔清康熙年间,西藏〕 市肆:西藏习俗,贸易经营,男女皆为。一切缝纫,专属男子。通用皆银钱,每个重一钱五分,上铸番字花纹,其名曰白丈,以银易钱而用。若易贸碎小之物,以蒙之哈达、茶叶、酥油易换。至市中货物商贾,有缠头回民贩卖珠宝,其布匹、绸缎、绫锦等项,皆贩自内地。有白布回民贩卖氆氇、藏锦、卡契缎、布等类,皆贩自布鲁克、巴勒布、天竺等处。有歪物子专卖牛黄、阿魏等物。其他藏茧、藏绸、毡子、氆氇、藏布以及食物诸项,藏番男女皆卖,俱不设铺面桌柜,均以就地摆设而货。

(清 佚名纂:《西藏志》,市肆,清康熙年间修,清乾隆五十七年和宁刻本,西藏人民出版社一九八二年铅印今人吴丰培校订本。)

〔民国十九年前后,西藏〕 西藏之贸易,以前藏首府拉萨为中心,其卖买虽盛,然其区域仅及于内地之新疆、蒙古、四川、云南,其他近邻印度之诸邦而已,未能远达于四方也。其原因固由于国土之疲瘠,物产之寡少,要之交通不便,亦其主要之原因也。国内人民聚落之地,所至皆竞为小贸易,官吏僧侣皆为之,于市场皆置理事者以平其物价,而禁其论事。从事于贸易者,男子颇少,多役使妇女以掌之,其周到绵密非男子所及,凡卖买不设店铺,皆席地为之。物货之贩路,为内地中国本部及印度诸部,故来此贸易之商人,亦中国内地及印度占多数。

(尹扶一纂:《西藏纪要》,第七章,贸易,民国十九年铅印本。)

(二)集、镇、墟、场

〔**明嘉靖二十八年前后,京师延庆州**〕 集即市也,日中为市,致民聚货,各得其所,其来远矣。州之集,今分在五街,贸迁者甚便焉。有老人以治其争,然物价低昂,与时消长,官亦不能定也。

(明 谢庭桂纂,苏乾续纂:《隆庆志》,卷之一,地理,集,明嘉靖二十八年刻本。)

注:延庆州今为延庆县。

〔**明代至民国十七年前后,河北房山县**〕 长沟镇,在涿房之交,涿境居三分之二,房境居三分之一,商业以粮行为大宗,杂货次之。其他药行、盐店、布行等,亦皆殷实。集分二、四、七、九,附近菜园居多,凡有婚丧购鲜菜者多集此焉。石窝镇,本山僻之区,地产汉白玉石,明、清两代凡宫殿陵寝有建筑者,皆取石于此,因之遂成市镇。民国改建,无此巨工,所售不过碑石阶条而已。每至集期,尚称繁盛,平时不异乡村。张坊镇,当拒马河出山之口,南通涞易,北达三坡。其交易除食粮外,以木炭、香料、果品为大宗,故其地粮行、炭行、果品如红果柿子及水磨等,皆为此镇最茂生意。

(冯庆澜修,高书官等纂:《房山县志》,卷五,实业,商业,民国十七年铅印本。)

〔**清同治以前至民国十七年前后,河北房山县**〕 县城每旬四集,初二日北街,初四日西街,初七日东街,初九日南街,附近数十村咸赴焉。其交易以粮为大宗,故商业亦以粮行为大。其收买以麦、谷、高粱、黑豆、玉薯最多。近年,落花生亦日进发展,收买皆在大麦两秋。粮则销于本地,花生则销于京津,同光以前营业者多晋人,其后晋商日落,本地商日起。初未有铁路时,邻县拉煤之车日数百辆,皆带粮米以销于本县。西关外煤厂数家皆大商,自有铁路,煤业全归路站,带粮之车少,而粮米多买自口北,由铁路运回,由是因它两站商日盛,县商稍受影响焉。其次为杂货商,皆在本地实销,商业尚称茂盛。若盐商本包商,为专卖商业,视他商性质不同,行市涨落,国家规定,其销售每年四千三百余包,每包四百四十一斤,计一百八十九万六千三百斤,现在每斤价洋七分六厘。他如布行、药行、茶行、油酒烟行尚称殷实,余皆小本营业矣。

（冯庆澜修,高书官等纂:《房山县志》,卷五,实业,商业,民国十七年铅印本。）

〔清同治以前至民国十七年前后,河北房山县〕 石梯镇为河套入京孔道,清同光前,驼户运输不绝,商业称繁盛焉。自坨里铁路筑成,煤上火车,则驼户无,站商日盛,则交易少,虽有集市,互市者日减。粮行杂货率多歇业,存者惟益照临盐店,余多敷衍而已。大灰厂,清同光前京师建筑取灰于此,故商业亦繁,自周坨两站通运,而灰厂之灰窑歇业,他商业亦因之俱倒,远不及从前之殷富矣。

（冯庆澜修,高书官等纂:《房山县志》,卷五,实业,商业,民国十七年铅印本。）

〔清光绪七年前后,直隶宣化府延庆州〕 每月,逢双日州城集,逢单日永宁城集。旧《志》云:逢十日集昌平街,逢四日集南关,逢六日集澄清街,逢二日集宣化街,逢八日集和睦街,分五街贸易,有老人以平物价低昂,今诸集俱废,惟双日集于城之适中鼓楼下四街。

（清 何道增修,张惇德纂:《延庆州志》,卷二,舆地志,街市,集期附,清光绪七年刻本。）

〔清代后期至民国十七年前后,河北房山县〕 周口店,为长沟峪及柴厂运煤出山之口,铁路未修以前,不过小本营业而已。今车站两旁商业林立,从前运往琉璃河上船之货,今皆由铁路运行矣。近来商业竞争,资本家多注意于此。今举其最大之设施有二:一高线路,自周口店修至长沟峪,包运各矿之煤,由北高线各股东集资修造,工程师日本人。修造不甚得法,屡经损坏,且运路太近,运费不多,生意上未能获利。二周车轻便铁路,由周口店修至车厂村,转运自开大丰煤矿之煤,后因矿开采不盛,兼时局有关,遂至无形停止。近复增添资本,开山凿洞,运三安子之煤。今因时局,又停止。坨里旧无商业,自铁路成,而商业遂与周口店同。津商王竹林等创修高线,自达清水港三安子一带,而后山之煤遂分销日盛。

（冯庆澜修,高书官等纂:《房山县志》,卷五,实业,商业,民国十七年铅印本。）

〔民国十五年前后,河北平谷县〕 县城集市,旧《志》,每月五日、十日,今增三、五、八、十等日。崄山营集市,旧《志》,每月四日、九日,今改每月二日、七日。峨嵋山营集市,旧《志》,每月四日、九日,今无集市。独乐镇集市,旧《志》无,民国六年新立集市，每月四日、九日。

（李兴焯修，王兆元纂：《平谷县志》，卷一，地理志，坊市，民国十五年铅印本。）

〔唐代至明正德七年前后，南京松江府〕　枫泾镇，在一保，以乡名，一名白牛市，以陈舜俞名，古于此置枫泾驿。其南半属嘉兴，东驰泖桥，有澄鉴僧坊、楼阁浮图，为襟带之胜。朱泾镇，在四保，胥浦乡之里也，古于此置大盈务。中有东西法忍寺，楼阁翚飞，河梁虹峙，为镇之胜筑。昔诗人称为落照湾，谓自府望落日于此也。东南有溪市二，曰吕巷、杨巷，南遵水道海盐，北由礼塔汇而登县。金泽镇，在四十二保，地接泖湖，田于是者获其泽如金焉，故名。……小蒸镇，在四十一保，其西十里有汉濮阳王墓，甚高大而不生蝼蚁，相传筑墓时，以酒、醋洒土，渗梅蒸而坚，故名大蒸。镇有小墓，亦云蒸土，故名小蒸。地据九峰三泖之胜。……亭林镇，在十保，去县东南三十六里，古迹顾亭林即此地也。镇有宝云寺，即顾野王故居。……沙冈镇，在三十六保，镇地即古三冈之一，与竹冈、紫冈相去五里。自府至上海必由于是。……南桥镇，在十三保，直北有桥，傍横泾，曰北桥，与此相峙，故名南桥，古亦镇也。……萧塘镇，在南桥、北镇之崇福寺，卫文节之故居也，自昔富繁，近世宋溧、宋瑛兄弟自此登第，故名益著。张泾堰镇，在七保，去县南五十里，宋人堰海十八所之一也……自府之金山孔道也。小官镇，距张堰南十二里，浦东盐司旧在张堰，与牢盆相远，别建官衙于此，俗呼为小官衙镇，以是名。国朝设金山卫于此，以御海寇，遂为重地云。柘林镇，在十二保，去县东南七十二里，地连柘山……右距戚睦泾、曹泾，为海人辐辏之步。……北七宝镇，在三十五保，左为横泺，前临蒲汇塘，商贾必由之地，今税课局在焉。镇以寺名，旧有南、北二寺，而此为北。……一乌泥泾镇……旧有南北二闸，有太平仓、芦子务、巡检司，今有税课局。下沙镇……镇多巧工，拨罗绒、纹绣及木梳、交椅之类，皆精制，他郡所不及云。新场镇，距下沙九里，一名南下沙。元初迁盐场于此，故名场，赋为两浙最。当是时，北桥税司、杜甫巡司皆徙居焉，四时海味不绝，歌楼酒肆贾街繁华，县未过也。里士瞿时彦尝访吴潜读书处营置义学，今废，而镇之贾贩犹盛云。……青龙镇，在四十五保，松江南……唐因控江连海，置镇防御。宋以海舶辐辏，岛夷为市，又设监镇理财，镇故有治、有学、有狱、有库、有仓、有务、有茶场、酒坊、水陆巡司。镇市有坊、三十六桥，三十桥之有亭宇者三，有二净图南北相望，江上有龙舟夺锦之威，人号小杭州，大略见米芾书《隆平寺经藏记》，其后陵夷谷变，市舶之区徙于太仓，又迁于杭越，而遗基断础犹有存者。……唐行镇，在五十保，控淀湖，为吴门要冲。元初有大姓唐氏居此，商贩竹木，遂成大市，因名镇。……榞宅市，在四十六保，续《志》称，唐行东南小镇即此。青龙盛时，已称章庙高塔，重固榞宅，亲臣巨室，邻烛辉赫，今皆萧条，唯此市廛日辟，商贩交通耳。……白鹤江市，又称新市，在杜村北，白鹤江口，其地上海嘉定南北杂居焉。……北蔡市，在二十保，旧有大姓蔡者分南北为市，如华亭之南北钱云。闵行市，在十六保，横泺东，近岁巳、庚二水，横泺、沙竹二冈田晦有秋灾，乡多从贸易，郡中始尽知名。

（明　陈威等修，顾清纂：《松江府志》，卷九，镇市，明正德七年刻本。）

〔唐代至清乾隆三十七年，江苏太仓州嘉定县真如镇〕　真如镇以寺名，在唐为昆山县之临江乡，南宋嘉定十年始置嘉定县领之。历元、明至国朝雍正三年，复析嘉定东境建宝山县，真如遂改属焉。其地近海，嘉、上两邑往来孔道，客商辏集，渐成巨镇，中界桃树浦，别名桃溪。

（清　陆立编：《真如里志》，第一卷，沿革，清乾隆三十七年刻本，一九六二年铅字重印本。）

〔北宋景祐年间至元至元二十五年，江浙行省松江府青龙镇〕　青龙镇，在府东北五十四里，考证旧为海商辐辏之所，镇之得名莫详所自，惟朱伯原《续吴郡图经》云：昔孙权造青龙战舰，置之此地，因以名之。宋景祐中置文臣理镇事，以右职副之。后止文臣一员。政和间改曰通惠。高宗朝复为青龙。今镇治延袤，有学有狱，无复海商之往来矣。

（元　单庆修，徐硕纂：《嘉禾志》，卷三，镇市，松江府，元至元二十五年修，抄本。）

〔北宋元祐初年至明万历十六年，南京松江府上海县〕　下砂镇，在十九保，去县东南六十里。……镇多巧工，精刺绣，称下砂绣云。新场镇，距下砂九里，名南下砂。元初迁盐场于此，故名场，赋为两浙最。四时海味不绝，贾街繁华，视下砂有加。宋元祐初，里士瞿时彦尝营置义学，今废，而镇之贾贩犹盛。一团镇，距新场二十里，盐商多聚于此。……八团镇，在十七保，去县五十四里，民居率多盐丁，盐贾辐辏，逐末者多。……闵行市，在十六保，横泺东。正德巳卯、庚辰大水，横泺、沙竹二冈田独稔，灾乡多从贸易，市始知名。

（明　颜洪范修，张之象等纂：《上海县志》，卷一，地理志，镇市，明万历十六年刻本，抄本。）

〔宋代至明万历三十三年前后，南京苏州府嘉定县〕　练祁市，今邑治也，宋末建县，称市。钱门塘市，在县治西南二十里，旧有税课子局一所，今革。封家浜市,在县治西南三十里。南翔镇,在县治南二十四里,因寺而名,其地东西五里,南北三里,往多徽商侨寓,百货填集,甲于诸镇。比为无赖蚕食,稍稍徙避,而镇遂衰落。娄塘镇,在县治北十二里,因水而名。里人王璿所创,其地四面方广各三里。新泾镇,在县治东三里,因水而名,为棉花营屦所集,顷年浸盛。罗店镇,在县治东一十八里,元至元间里人罗升所创,故名。其地东西三里,南北二里。近海多鱼鲜,比间殷富。今徽商辏集,贸易之盛,几埒南翔矣。月浦镇,在县治东三十六里,因水而名。国朝设顾迳巡检司于此。其地东西仅一里,近颇荒落。外冈镇,在县治西一十二里,其地东西仅一里,为水陆要冲。广福镇,在县治东南二十四里,其地东西仅一里,今颇殷富。大场镇,在县治东南四十八里,宋时尝置盐场于此。其地东西三里。真如镇,在县治东南五十里,以寺名。其地东西二里,南北一里。杨家行镇,在县治东南五十里,里人杨堂所创,故名。其地东西二里。江湾镇,在县治东南六十里,其水自吴淞江屈曲人虬江,故名。宋尝于此置忠节水军寨。绍兴间,韩世忠以中军驻江湾,即其地也。国朝设巡检司于此。其地东西三里,南北一里。清浦镇,一名高桥镇,在县治东南八十里,其地东北距海,西濒吴淞江,多鱼盐芦苇之利,田土丰腴,人民殷富,为通邑诸乡之冠。徐家行镇,在县治东北五里,里人徐冕所创,故名。其地南北可一里。安亭镇,在县治西南二十四里,因亭而名。其地西与昆山接界,南与青浦接界,南北可二里。黄渡镇,在县治西南三十六里,南北可二里,与青浦接界。纪王镇,在县治西南四十里,因庙而名,其地方广可一里。葛隆镇,在县治西北二十里,因庙而名,其地西北与太仓接界,南北仅一里,创自成化间县令吴哲,又名吴公市。

(明　韩浚修,张应武纂:《嘉定县志》,卷一,疆域考,市镇,胶卷复制明万历三十三年刻本。)

〔**南宋绍熙四年前后,两浙西路嘉兴府华亭县**〕　青龙镇,去县五十四里,居松江之阴,海商辐辏之所。

(宋　杨潜撰:《云间志》,卷上,镇戍,宋绍熙四年修,清嘉庆十九年刻本。)

〔**元朝,江浙行省平江路嘉定州外冈镇**〕　寒松楼,相传元时所建,当时初设市镇,民居寥寥,有远商韩、宋二人,贩花为业,筑楼居之,土人称为韩宋楼。

(清　钱肇然编:《续外冈志》,卷一,古迹,清乾隆五十七年修,一九六一年铅印本。)

〔**元朝初年至明正德十二年,南京松江府金山卫**〕　曹泾镇,在胡家港堡北,西有横浦盐仓,为商舶领盐者所聚,故海民贸易多以鱼盐。……青村镇,在中前所,西为高桥,各三里,高桥市独盛,海渔者得鱼悉于此鬻。……新场镇,元初迁盐场于此,故以新名。场赋为两浙最,是时北桥税司、杜浦巡司皆徙居焉,四时海味不绝,歌楼酒肆贾街繁华,县未过也。

(明　张奎修,夏有文纂:《金山卫志》,下卷之一,险固,镇市,民国二十一年据明正德十二年刻本影印本。)

〔元代至清乾隆十八年前后,江苏松江府金山县〕　朱泾镇,一名珠溪,在胥浦乡四保,烟火稠密,商贾辐辏,有城市气象。雍正五年,建太平仓于镇之东南,邑令时莅治于此镇,有泖桥司、巡检署,南至县治五十里,北至府治三十六里。……张泾堰镇,一名张溪,旧名赤松里,相传赤松子曾居此。在县治北一十八里,自县至府孔道。镇西隶六保,镇东隶七保,接华界,宋人堰海十八所之一,元、明时蕃庶殷富。……松隐镇,一名松溪,旧名郭汇,在七保。……自明以来,烟火日盛,人文蔚起。

(清　常琬修,焦以敬纂:《金山县志》,卷一,疆域,镇市,清乾隆十八年刻本,民国十八年影印本。)

〔明洪武年间至民国二十五年前后,江苏宝山县〕　金山卫,濒海跨松江界,明洪武时建城,清初县尝治此。昔极繁盛,号称富庶,今则居民寥寥,城市逊于村落矣。

(殷惟和纂:《江苏六十一县志》,下卷,金山县,村镇,民国二十五年铅印本。)

〔明崇祯四年前后,南京苏州府嘉定县外冈镇〕　镇为邑之咽喉,商贾辏集,舟楫停泊。

(明　殷聘尹编:《外冈志》,卷一,兵防,明崇祯四年修,一九六一年铅印本。)

〔明崇祯四年前后,南京苏州府嘉定县外冈镇〕　镇产惟花布,春夏间市人掉臂,至秋而花布辏集,每夜半各肆开列,悬灯张火,踵接肩摩,人语杂遝,道路拥挤,至晓而散。

(明　殷聘尹编:《外冈志》,卷二,物产,明崇祯四年修,一九六一年铅印本。)

〔清康熙十七年前后,江苏松江府上海县紫堤村〕　买卖市集晓刻辐辏,东西亭桥之间渐同茂镇,自朝至暮,抱布者不绝,非如槎溪、临江。开庄必以五鼓,过期烛熄,须俟明旦也。

(清　汪永安:《紫堤村小志》,卷前,风俗,清康熙十七年修,一九六二年铅印本。)

注：紫堤村一名诸翟村。

〔清乾隆元年前后，江苏松江府娄县西仓桥〕 西仓桥，县西九里，明徐阶建桥，左右阛阓云连，商贾骈集，为谷阳门外第一殷繁之地。

（清　尹继善等修，黄之隽等纂：《江南通志》，卷二十五，舆地志，关津，娄县，清乾隆元年刻本。）

〔清乾隆元年前后，江苏松江府福泉县黄渡镇等〕 黄渡镇，临吴江，北岸即属嘉定，呼为新街，贸易颇盛。崧宅市，明成弘隆万间，市廛日辟，商贩交通。

（清　尹继善等修，黄之隽等纂：《江南通志》，卷二十五，舆地志，关津，福泉县，清乾隆元年刻本。）

〔清乾隆元年前后，江苏松江府娄县北七宝镇、泗泾镇〕 北七宝镇，左为横沥溪，前临蒲汇塘，商贾必由之地，旧有南北二寺，皆称七宝，此居其北。士民繁庶，为邑巨镇。……泗泾镇，一名泗滨，因泗泾塘故名。民居稠密，商贾聚集，有小武当，香火颇盛。

（清　尹继善等修，黄之隽等纂：《江南通志》，卷二十五，舆地志，关津，娄县，清乾隆元年刻本。）

〔清乾隆元年前后，江苏松江府上海县八团镇、闵行镇〕 八团镇，县东南五十四里，民多以盐为业，商贾辐辏，市有三场盐司，今为川沙堡。闵行镇，县西南横沥塘，东滨大浦，乃南汇陶宅由浦入府之通衢。明正德中，大水岁歉，横沥、沙竹二冈田独稔，灾乡多从贸易，镇始知名。

（清　尹继善等修，黄之隽等纂：《江南通志》，卷二十五，舆地志，关津，上海县，清乾隆元年刻本。）

〔清乾隆元年前后，江苏松江府青浦县朱家角镇〕 朱家角镇，县西十里，商贾云集，贸贩甲于他镇。

（清　尹继善等修，黄之隽等纂：《江南通志》，卷二十五，舆地志，关津，青浦县，清乾隆元年刻本。）

〔清乾隆元年前后，江苏松江府华亭县亭林镇、叶谢镇〕 亭林镇，华亭县东南三十六里，原名顾亭林，梁顾野王故居在焉，今宝云寺是也。宋置金山巡司于此，元因之，明废，今为商旅辏集之所。叶谢镇，县东南二十里，以二姓居此得名。民居稠密，商贾辐辏，旧有税课局，今裁。

（清　尹继善等修，黄之隽等纂：《江南通志》，卷二十五，舆地志，关津，华亭县，清乾隆元年刻本。）

〔清乾隆元年前后,江苏太仓州宝山县罗店镇〕 罗店镇,宝山县西北三十六里,至元间里人罗升所创,故名。比间殷富,廛市之盛,几与南翔相埒。

(清　尹继善等修,黄之隽等纂:《江南通志》,卷二十六,舆地志,关津,宝山县,清乾隆元年刻本。)

〔清乾隆三十三年前后,江苏太仓州嘉定县真如镇〕 吾邑之西北隅有市曰真如,为上、嘉出入要道,编氓鳞比,商贾麇聚,号称巨镇。

(清　陆立编:《真如里志》,陆锡熊序,清乾隆三十七年刻本,一九六二年铅字重印本。)

〔清乾隆五十三年前后,江苏松江府娄县枫泾镇〕 枫泾,因乡各镇,一曰白牛荡,以陈舜俞所居也。宋驿以通秀州,今为江浙界首。其南之半隶嘉善县。……镇人科第相继,商贩旅集,至今称蕃庶焉。

(清　谢庭薰修,陆锡熊等纂:《娄县志》,卷三,疆域志,村镇,清乾隆五十三年刻本。)

注:娄县今为松江县。

〔清乾隆五十三年前后,江苏松江府娄县〕 泗泾镇,以塘水名,亦曰会波村。……祥泽,世谓之塘桥。……初祥泽视泗泾为巨镇,自改筑北塘桥,祥泽遂灾,而泗泾特盛,二镇盖互为盛衰云。

(清　谢庭薰修,陆锡熊等纂:《娄县志》,卷三,疆域志,村镇,清乾隆五十三年刻本。)

〔清乾隆五十七年前后,江苏太仓州嘉定县外冈镇〕 镇在县之二都、十七都两都之内,东西一里,南北半里,系嘉、宝两邑出入孔道,实为水陆要冲。

(清　钱肇然编:《续外冈志》,卷一,里域,清乾隆五十七年修,一九六一年铅印本。)

〔清乾隆五十七年前后,江苏太仓州嘉定县外冈〕 日中为市,古制有然,而我镇卖纱、卖布者必以黎明。至于花、豆成熟时,牙侩持灯而往,悬于荒郊要路,乘晦交易。询之父老,谓蚤市蚤回,既充一日之用,又不妨一日之功,其勤苦营生如此。

(清　钱肇然编:《续外冈志》,卷一,风俗,清乾隆五十七年修,一九六一年铅印本。)

〔清嘉庆六年前后,江苏松江府金山县干巷镇〕 干巷,一名干溪,一名东干,一名干将里。……前隶娄县,今属金山,在邑城西北二十里,朱泾东南十八里,东至秦出,西抵再港,南连单库,北接长浜,为金山四巨镇之一。

(清　朱栋撰:《干巷志》,卷一,疆域,清嘉庆六年刻本,清光绪二十九年重印本。)

〔清同治年间至民国二十五年前后，江苏南汇县〕　鲁家汇，距治四十里，闸港至此稍折而南。每年八月，浦潮由港而入，遇折腾涌，士女多在此观潮，清同治时建有观涛书院，商舶辏集，市肆日增。闸港，距治五十里，出港即为黄浦转角处，俗称邹家嘴，候潮船只多泊于此，商业亦因以兴盛。

（殷惟和纂：《江苏六十一县志》，下卷，南汇县，村镇，民国二十五年铅印本。）

〔清乾隆至光绪初年，江苏嘉定县〕　程《志》所载，［清乾隆初］镇凡十三：南翔、纪庙、栅桥、娄塘、外冈、葛隆、方泰、安亭、黄渡、新泾、徐家行、罗店、广福。历年既久，村易为镇者二：诸翟、马陆；今增者三：石冈门、戬滨桥、江桥（都《志》有张泾镇，久废无考）。市如故者三：封家浜、钱门塘、望仙桥；今增者二：陆渡桥、朱家桥。村如故者一：白鹤；已废不复载者一：芝村（旧《志》芝村在县治东北二十二里四都，今土人无知之者，或云罗店北有芝村庙，当即其地云）。行如故者三：唐、陆、吴。其割隶宝山者不悉书，惟罗店、广福跨于两邑，不得并删云。

（清　程其珏修，杨震福等纂：《嘉定县志》，卷一，疆域志，市镇，清光绪七年刻本。）

〔清嘉庆至光绪年间，江苏松江县张泽镇〕　宋《府志》云，张泽在叶谢西南，氓廛稠密，称繁庶。今去嘉庆时已六十余稔，而繁庶如故，苟非民勤其力，则中更兵燹，安能遽复志镇市。

（清　章来初编：松江县《张泽志稿》，一，镇市，清光绪年间修，抄本。）

〔清道光二十五年后，江苏松江府唐行镇〕　唐行，古曰横溪，以其岸横泖也。后因商贩唐姓繁盛得名。

（清　渔矶散人纂：《云间志略》，诸镇市，清道光二十五年刻本。）

〔清光绪四年前后，江苏奉贤县金汇桥〕　金汇桥，在金汇塘东，距治三十里，棉花市最繁盛。

（清　韩佩金等修，张文虎等纂：《重修奉贤县志》，卷一，疆域志，市镇，清光绪四年刻本。）

〔清光绪四年前后，江苏奉贤县三官堂〕　三官堂，在南桥东南，近市集颇盛。

（清　韩佩金等修，张文虎等纂：《重修奉贤县志》，卷一，疆域志，市镇，清光绪四年刻本。）

〔清光绪四年前后，江苏奉贤县益村坝〕　益村坝，在南桥镇东，坝址不可考。

木棉盛时,商舶纷集。

（清　韩佩金等修,张文虎等纂:《重修奉贤县志》,卷一,疆域志,市镇,清光绪四年刻本。）

〔清光绪五年前后,江苏青浦县珠街阁镇〕　珠街阁镇,在五十保一区二十五图、三区十一图,县治西十二里,一名珠溪,俗称朱家角。西南通泖湖,东北接三分荡,而漕港亘其北,北连昆山县境。自明陆树声后,文儒辈出,为一邑望,商贾贸易,甲于他镇,故移安庄巡检司于此。

（清　陈其元等修,熊其英等纂:《青浦县志》,卷二,疆域下,镇市,清光绪五年刻本。）

〔清光绪五年前后,江苏青浦县商榻镇〕　商榻镇,在四十二保六区四十四图,县治西三十四里,一名双塔。商人往来苏、松为适中之地,至夕住此停榻,故名。镇人多驾船为生,又名双塔船。

（清　陈其元等修,熊其英等纂:《青浦县志》,卷二,疆域下,镇市,清光绪五年刻本。）

〔清光绪五年前后,江苏南汇县黄家楼下镇〕　黄家楼下镇,邑北三十二里,即在王家行西,依虹桥港列肆,今存二十余家。高行人黄云师,得华氏凤梧堂,添建楼房廛舍,遂成市镇。

（清　金福曾等修,张文虎等纂:《南汇县志》,卷一,疆域志,邑镇,清光绪五年刻本。）

〔清光绪五年前后,江苏南汇县沈庄镇〕　沈庄镇,邑西北四十二里,当北五灶港之冲,列咸塘西岸,相传为元末富人沈万三田庄,后惟朱氏称盛,今其镇西犹呼为朱氏梅园云。南北街约半里强,西街寥寥数家而已。

（清　金福曾等修,张文虎等纂:《南汇县志》,卷一,疆域志,邑镇,清光绪五年刻本。）

〔清光绪五年前后,江苏南汇县坦石桥镇〕　坦石桥镇,又名坦直桥,邑西北二十四里,明饶州府知府陆文旺富丰庄故址,相传陆氏世居此,曾建大石桥,环而高,后圮乃平之,遂呼为坦石桥。桥跨北四灶港,市廛相接,东西绵亘约二里许,市中贸易较就近各小镇为盛。

（清　金福曾等修,张文虎等纂:《南汇县志》,卷一,疆域志,邑镇,清光绪五年刻本。）

〔清光绪五年前后,江苏南汇县闸港镇〕　闸港镇,邑西六十里,十六保之东境,出港为黄浦转角处,俗称邹家嘴,候潮船多泊此。向惟居民数家,今市较稠密矣。

（清　金福曾等修,张文虎等纂:《南汇县志》,卷一,疆域志,邑镇,清光绪五年刻本。）

〔**清光绪五年前后,江苏南汇县北蔡镇**〕 北蔡镇,邑西北六十六里,相传宋蔡功徒居于此,筑园凿池,以娱晚景。本有南、北二蔡,如华亭之南、北钱云。今民居列肆百余家。虹桥在镇中市,其下东西通河,为白莲泾。

(清 金福曾等修,张文虎等纂:《南汇县志》,卷一,疆域志,邑镇,清光绪五年刻本。)

〔**清光绪五年前后,江苏南汇县陈家桥镇**〕 陈家桥镇,邑西北二十八里,因桥成镇,故以桥名,跨北八灶港,港南北环列廛肆三十余家。

(清 金福曾等修,张文虎等纂:光绪《南汇县志》,卷一,疆域志,邑镇,清光绪五年刻本。)

〔**清光绪八年前后,江苏宝山县罗店镇**〕 罗店镇,在县治西北三十二里,元至元间里人罗升所创,故名。东西三里,南北二里,出棉花、纱、布,徽商丛集,贸易甚盛。

(清 梁蒲贵等修,朱延射等纂:《宝山县志》,卷一,舆地志,市镇,清光绪八年刻本。)

〔**清光绪十七年前后,江苏金山县枫泾镇**〕 枫溪为文物之区,而前辈之流风余韵犹未有艾也。间尝因公庪止,见市廛辐辏,烟户繁盛,农工商贾,各安其业;俗尚华饰而不伤于靡,人务机智而弗荒于嬉,都人士因事接见,类皆彬彬儒雅;街巷洁治,桥梁完固,地方恤嫠、育婴、施棺各善举,次第具备。

(清 许光镛等纂:《重辑枫泾小志》,江峰青序,清光绪十七年铅印本。)

〔**清光绪三十三年前后,江苏上海县各市镇**〕 本邑镇市之最著者,东乡有高行、陆行、洋泾、塘桥诸镇市,西乡有法华、新径、诸翟、江桥、虹桥诸镇市,南乡有漕河泾、曹行、塘湾诸镇市,北乡有老闸、新闸、引翔港诸镇市,东南乡有陈行、三林塘、杨思桥诸镇市,西南乡有闵行、颛[桥]、北[桥]、马桥诸镇市。

(李维清编纂:《上海乡土志》,第八课,镇市,清光绪三十三年铅印本。)

〔**清光绪年间,江苏南汇县沈庄镇**〕 沈庄镇,列肆在咸塘西岸。光绪间,有人在南市东岸建屋两所,以营花业。迤南一二里许,有倪家桥、胡家井亭,亦有花业两家。

(严伟修,秦锡田等纂:《南汇县续志》,卷一,疆域志,邑镇,民国十八年刻本。)

〔**清光绪年间至民国二十二年前后,江苏宝山县月浦里**〕 境内村廛之兼有市集者为新兴镇,在月浦镇西南六里许,与罗店接壤。光绪初年,只茅屋三四家,该处跨马路河有木桥一座,一日雷击桥梁,迷信者谓可以医疾,爰有僧人借以募资建庙造桥,居民渐多。今有木行一家,南货、布庄、药铺、茶、酒等店十余家。日昃后赶集颇盛。潘家桥,在月浦镇东南四里,与城区交界,有花行及杂货店、茶肆六七家。营桥,在月浦镇东北四里许,该处近狮子林,原为要塞重镇,驻兵较多,附近居民因设肉庄、茶、酒、杂货等店,遂成一小村集,俗称小街。自经民国二十一年"一·二八"国难后,已不复如从前之热闹矣。

（陈应康等纂：《月浦里志》,卷一,舆地志,村廛,民国二十三年铅印本。）

〔清宣统年间,江苏奉贤县金汇桥镇〕 金汇桥镇：镇西傍金汇塘,南通齐贤桥,北至浦口六里。土产花包,销场颇广,棉花熟时,每日清晨,卖买成市,稍迟已不及矣。布业亦盛。

（裴晃编：《奉贤乡土地理》,第十四页,清宣统元年刻本。）

〔清宣统年间,江苏奉贤县青村港〕 青村港：由高桥西行,过陈家桥、砖桥,至青村港,镇颇繁盛,商务冠东乡,市西停泊渔舟甚多,皆天主教中人,近更新建一堂。

（裴晃编：《奉贤乡土地理》,第七页,清宣统元年刻本。）

〔清宣统元年前后,江苏奉贤县南桥镇〕 南桥,亦名南梁,距[县]治三十六里,为本邑首镇。舟泊利市庙前,上岸游行,见市肆繁盛,商务突过青村,制造之佳,首推酱油。

（裴晃编：《奉贤乡土地理》,第八页,清宣统元年刻本。）

〔清朝末年,江苏嘉定县广福镇〕 广福镇,以寺名,与宝山接壤,跨杨泾为市。广安桥东市街东西约一里,商店二三十家,属宝界。桥西市街南北约半里,商店二十余家,属邑境。每日早市一次,贸易以棉花、土布、六陈为大宗。清季外商至镇收买鲜茧,茧市称盛。

（陈传德修,黄世祚、王焘曾等纂：《嘉定县续志》,卷一,疆域志,市镇,民国十九年铅印本。）

〔民国初年,江苏宝山县各市镇〕 邑人习惯以市镇为交易地点之通称,前清有分厂之名,及颁行自治制度,乃别之为城、镇、乡,民国又易城、镇为市,要皆专就自治区域之大小而分,不以市廛之繁盛与否为标准,故虽法定名称屡有变革,而习惯上通称之市镇至今相沿。综计三十年来,历时初非久远,而生计之丰约,一视地势之通塞为衡。自铁路通,商埠辟,或昔盛而今衰,或昔衰而今盛,非独市镇,即小而村集且然。汇纪于此,亦足以觇乡土之利矣。

邑城在全境东偏,周围仅及三里,分东、西、南、北四门,以鼓楼为中心,纵横两大街贯之,东、南、北诸门皆濒海,无适宜港湾可集市舶,故商铺绝鲜。惟西门外街长一里余,早市颇盛,为贸易荟萃处。

村集:陈家镇、孙家镇、东新镇、新镇。以上四镇均在长兴沙,每镇一大街。陈家镇之街道最长,铺户居民亦较多。

罗店。罗店市镇最巨,为全邑冠,一名罗溪,又曰罗阳。清季筹备自治,以全区人口在五万以上,按照自治章程,定名为镇,民国改称市。其地东贯练祁,输运灵便,百货骈阗,故虽处腹里,而贸易繁盛。综计大小商铺六七百家,有典当、花行、米行、衣庄、酱园等业,尤以锡箔庄两家为巨擘。市街凡东西三里,南北二里,以亭前街、塘西街最为热闹,次则塘东街、横街等。乡民上市,每日三次。物产以棉花、布匹为大宗。

村集:新兴镇,又名新镇,在罗店镇之东南十二里,与月浦接壤,光绪初年,只茅屋三四家。该处跨马路河有木桥一座,一日雷击桥栏,迷信者谓可以医疾,有僧人借以集资,其后建庙造桥,居户渐多。今有小木行一家,南货、布庄、药铺、茶、酒等店十余家,日昃后赶集颇盛,近以路河淤塞,货船渐少,市面稍衰。集福庵,在罗店镇东北十五里,居民十余户,村店四五家。张家桥,在罗店镇北四五里,村店五六家,前《志》所称,木杓镇相距甚近,今已无一店矣。束里桥,在罗店镇东七里,附近有村店二、牛场一,每逢清明前后市牛期甚热闹。申家楼,在罗店镇东北六里许,为盛桥交界处,有杂货等店二三家。潘家桥,在罗店镇北六里,跨界泾而成市,居民四五十户,村店八九家,惟多属嘉邑境内。沈家桥,在潘家桥北,距镇九里,居民一百余户,村店六七家,桥西即嘉邑境。

杨行。杨行市镇处全邑之中心,旧名白沙,沿沙浦而成市,东西长二里有半,以一大街贯之,南北并无街道,商铺一百八十余家,集市早晚两次,物产以棉花、布匹为大宗,菜蔬亦多,逐日贩卖邻境。

村集:桂家桥(俗音桂,读若季)即瑞芝桥,桥跨蕴藻河。比年秋收后,客商恒于此设肆收棉,故渐成市集,花行而外,并有茶、酒、药材、杂货等店。湄浦桥宅,在杨行镇西北三里,有杂货等店三四家,设于浦旁。

月浦。是镇沿马路河东西一大街,长约一里,中市稍繁盛,南北一小街,称北弄,商铺四十余家,恃营兵贸易为大宗人款。

村集:新兴镇,与罗店接界,详前罗店。潘家桥,在月浦镇东南,与城区交界,有花行及杂货店、茶肆等四五家。狮子林,是地为要塞重镇,驻兵较多,附近居民因设茶、酒、杂货等店,遂成一小村集。

盛桥。地当海澨,析厂较晚,故街道狭隘,商铺甚少。昔时比屋而居者类皆盖以茅茨,一望而知为贫瘠之乡镇。近来改建,瓦屋已居多数,此系农产价昂,亦收益稍丰之故,物产以鱼类为大宗。

村集:北川沙,在镇北六里,茶、酒、南货等店亦有二十余家,麇集塘岸之上,近自大川沙开浚后,交通便利,窑货、草货等西来船舶,皆可直达,贸迁愈形起色。

刘行。嘉庆二十年由广福分出,在狄泾之旁、白荡之口,南北长二里,东西广百步,商铺八十余家,物产以纱布为大宗。

村集:顾村,即顾家宅,在刘行镇东南四里,地滨崇明塘,今亦称荻径。村中东西一大街,商铺三十余家。嘉、道间较为繁庶,有布庄十三家,花行三四家,檐前均悬号灯为记,及赭寇发军相继蹂躏,市面一蹶不振。近以荻泾重浚,提倡商业者复注意经营,布庄、花行等已逐渐增设。

广福。是镇与嘉定接壤,以杨泾分界,故亦称杨溪。东西一大街,长约一里余,商铺五六十家,其杨泾西之南北一街系属嘉境。前数年茧市颇旺,近已式微。

村集:陈行,亦称陈家行,在广福镇南七里,商铺二十余家,最大者为花行。居民多植桑育蚕,茧市较盛于广福,只以交通不便,销售必运至南翔,本乡分设之茧行日少。包家楼,在广福镇北六里,当时有包姓者构高楼五楹,因此得名。从前市集较盛,今仅存村店二三家。

大场。以置盐场得名,地傍走马塘,古称钱家浜,故别称钱溪,或曰潜溪。东西一大街,长约三里,中市有北弄一街,长不及一里,大小商铺三百余家,商业首推布匹,棉花次之。以前山、陕布客、徽商等来此坐贾,市面极为繁盛,收买花、布,非至深夜不散。粤难以后,各商至者渐少,市况减色,然近来花、布产额以全邑论,仍当推为巨擘。

村集:胡家庄,在大场镇东北九里,地跨蕴藻河,有油车一、布庄二,其他商铺十余家,大都设在浜北。塘桥宅,在大场镇直北九里,桥跨蕴藻河,旋建旋圮,自民国丙辰改建石桥后,河之南北增设店肆,比屋而居者在十家以上,渐成为小村集。

真如。是镇以真如寺得名,地跨桃树浦,故别称桃溪,为上、嘉两邑往来孔道。市街东西长二里,南北广一里有奇。商业以寺前街为最,大小商馆二百余家,昔有典当二,今只存东西两场遗址。盖自沪埠西辟至曹家渡,民间大宗买卖多趋而之沪,铁路车站又距离三里之遥,形势转以涣散,近惟以布商来镇收买土布,附近三十里内乡民均不惮远道抱布争售,市面赖以活动。

村集:厂头,在真如镇西北九里,与嘉定接壤,昔时商铺较多,今渐衰退。杨家桥,在真如镇直北三里,有茶、酒、杂货店等六七家,前本荒村,近以邻近铁路车站,又有商埠、警察派出所,渐形热闹。管弄,亦称管家弄,在真如镇东四里,为彭浦、真如往来要道,商铺六七家,时有布商出庄在此收布。蔡家桥,在真如镇西三里许,有商铺五六家。

从前尚有栅桥、李家角、西库等小村集,今则衰落已久,或只油车一家,或只茶馆一家而已。

彭浦。道光十三年由大场、江湾、真如分出,地跨彭越浦,俗称庙头,市面狭小,南北一街长不及半里,广不足百步,商馆十五六家,以邻近闸北,又为刘河、罗店、大场等镇至沪之孔道,比年市况稍佳。

村集:潭子湾,在彭铺镇西南乡四里许,地濒吴淞江,又为彭越浦出口处。从前只有村店数家,今则厂栈林立,商铺日增,居屋多系新建,帆樯往来,运输便利,商业之进步,远逾本镇而上之矣。

江湾。以虬江蟠曲象形而得名,故别称虬江,亦称曲江。地当上[海]、宝[山]往来要冲,明嘉靖间毁于倭寇,市肆荡然,清初稍复生聚。迨五口通商,江湾一隅以逼近租界,南乡结一等图,马路日辟,外人争租地杂居,经营商业,几与沪埠相衔接。市街东西长五里,南北广一里,以秋季棉布为最旺,大小商铺三百余家,水道则有走马塘之运输,陆道则有淞沪铁路之便捷,其骎骎日上之势,殆将甲于全邑市乡。

村集:天通庵,在江湾镇南十里,地跨芦泾浦,商铺二十余家,本一小村集,近以毗连商埠,有丝厂、染织厂等,市面日繁,几与上海商场无异,迥非曩时村集气象矣。屈家桥,在江湾镇南五里,沙泾之旁,为江湾至沪必经之路,有茶、酒、杂货等店七八家。谈家桥,在江湾镇西南九里,斗入彭浦界内,自民国五年开设同茂丝厂,并建市房三四十幢,铺户居民渐见繁盛,翌年筑通新闸马路,厂栈益增。侯家木桥,在江湾镇直北,有村店两三家,居民颇多殷实者。

殷行。地在衣周塘内,乾隆千年,由江湾、吴淞两乡分出,东西一大街,长不及一里,袁长河直贯其中,大小商铺四十余家。早市寥寥,日晡以后始行交易,凡菜蔬、鱼、肉均于隔日购备,虽盛暑亦然,故称夜市。

村集：沈家行，在殷行镇南六里上［海］、宝［山］交界处，上境市廛稍盛，宝境仅寥寥数家。张华浜，在殷行镇北五里，自该处设立车站，始有洋酒、杂货等店，渐成村集。

吴淞。是镇当江海入口处，即古之吴淞江，其南为蕴藻河出口处，故航路交通，商船云集，海市为全县最。通商以后，轮舶往来必经口外，关卡局所，分别稽查，借以榷税。光绪二十四年，自辟商埠，填筑马路，烦费颇巨，未告成功。二十七年，又与各国订浚浦之约，免阻航沪各轮，而淞埠开辟之计划益归泡影。市街东西长而南北短，铺户如栉，以街面湫隘，恒致火灾，陆则淞沪铁路终点于此。口外则常有军舰停泊，地势之险陡可知，不徒商业上占重要之地位而已。

村集：炮台湾，在吴淞镇东里许，按前《志》载，吴淞村集颇多，近则大多衰落，惟炮台湾车站附近有茶、酒、杂货店等数家，专供营兵旅客之便利。陈家巷，在吴淞镇西北三里许，有杂货店等二三家。

高桥。全邑各市乡，惟高桥僻在江左，昔称清溪，又别称江东，与上海接壤。东西一大街，长一里有半，南北街长相埒，如丁字形，商铺二百余家，从前布市颇盛，由沙船运往牛庄、营口者，皆高桥产也，今利为洋布所攘矣。

村集：三官桥，在高桥镇北十四里，仅小商铺十余家。楼下宅，在高桥镇东南九里，小商铺七八家……为布、米、药材等店，居民悉系江夏黄氏，故亦称黄家楼下。

（张允高等修，钱淦等纂：《宝山县续志》，卷一，舆地志，市镇，民国十年铅印本。）

〔民国初年，江苏宝山县盛桥镇〕　盛桥，一小市也，居民聚货贸易，街衢湫隘，东紫来街，不百步即乡廛，西永兴街稍长，西南隅有福音堂，在顾泾旁，遵顾泾而东，有木桥，即盛家桥。桥南北名庙前街，南市梢仅有六七店铺，中市贸易较旺，北市梢有城隍行宫大殿，设民国第一国民小学校，两厢及门道设警察局，朝夕梭巡，宵小因之敛迹。中市有小石桥，顾泾之水自南而北，过桥下小塘通北沟，复由桥左折而西至大沟，遂有塘南街、塘北街之别。惟塘身狭隘，污秽日积，有碍卫生，急宜疏浚焉。

（赵同福修，杨逢时纂：《盛桥里志》，卷一，舆地志，市镇，民国八年后稿本。）

〔民国初年，江苏宝山县江湾镇〕　江湾为上［海］、宝［山］往来之孔道，凡上台按临阅兵、勘塘，必设行辕于镇中，故保宁寺前后左右各街茶寮、酒肆、浴室、寓楼密如鳞比，浮靡积习，日甚一日。近十年来，虽以商埠开辟，地价奇昂，因而致富者不少,然亦有祖遗业产一旦善价出售,骤获巨金,纵情挥霍转致倾家者。或谓乡民之盖藏转不如他镇之殷厚,要非訾言也。

(钱淦等纂:《江湾里志》,卷四,礼俗志,风俗,民国十三年铅印本。)

〔民国初年,江苏南汇县大团镇〕 吾邑市镇之大者首推周浦,次则新场。自塘外荡田放垦,大团营业之盛驾于周浦、新场之上,盖垦地沙民禀性粗爽,与市肆交易既稔,则深信不疑。自春至秋,一切食用,悉贷之于肆。秋稼既登,倾囊相付,不复计其赢亏。海滨肥沃,连岁丰稔,沙民饶醉饱之资,而市肆亦得倍称之息,故资本之雄厚,非内地商家所能企及矣。

(严伟修,秦锡田等纂:《南汇县续志》,卷十八,风俗志一,风俗,民国十八年刻本。)

〔民国初年,江苏嘉定县钱门塘镇〕 ［钱门塘］市集不过百余家。道［光］、咸［丰］间,质库、衣庄、油坊等类多有之,迩来店铺无多。土著之户,除兼课农桑外,几别无生计焉。

(童世高编:《钱门塘乡志》,卷一,风俗,一九六三年《上海史料丛编》本。)

〔民国初年,江苏嘉定县戬滨桥镇〕 戬滨桥镇,乾隆间里人萧鱼会创。市街东西约一里,商店三四十家,每日一市,以棉花、土布、六陈为贸易物。镇介杨泾、公孙泾之间,秋季蟹市颇旺。

(陈传德修,黄世祚、王焘曾等纂:《嘉定县续志》,卷一,疆域志,市镇,民国十九年铅印本。)

〔民国初年,江苏嘉定县陈店镇〕 陈店,即厂头,曩有陈姓设布肆于此,故名。现有村店十余家,花行一家。

(陈传德修,黄世祚、王焘曾等纂:《嘉定县续志》,卷一,疆域志,市镇,民国十九年铅印本。)

〔民国初年,江苏嘉定县陆家行〕 陆家行,与青浦接壤,以浅江(一名茜江)为界,西属青浦,东属邑境之。市街一段,商店只四家,每日集市二次,以花、米为贸易物,有碾米厂一。

(陈传德修,黄世祚、王焘曾等纂:《嘉定县续志》,卷一,疆域志,市镇,民国十九年铅印本。)

〔民国初年,江苏嘉定县望仙桥市〕 望仙桥市,以桥名,跨顾浦成市,练祁东西横贯之,市街南北一里弱,东西不足半里,商店三十余家,每日早市一次,以米、麦、棉、豆为贸易物,市况平常。

（陈传德修,黄世祚、王焘曾等纂:《嘉定县续志》,卷一,疆域志,市镇,民国十九年铅印本。）

〔民调初年,江苏嘉定县白鹤村镇〕 白鹤村,在吴淞江南,属西胜塘乡,跨大盈浦为市,与青浦接壤,以市北之小石桥为分界处,商店寥寥,东北至县城三十里。

（陈传德修,黄世祚、王焘曾等纂:《嘉定县续志》,卷一,疆域志,市镇,民国十九年铅印本。）

〔民国初年,江苏嘉定县八字桥及李家沙等村集〕 八字桥,距镇东南约四里,有杂货铺、茶酒肆六七家。李家沙,距镇西约三里,在吴淞江干,东西往来船舶,向晚俱赶集寄泊于此,有杂货铺、茶酒肆。

（陈传德修,黄世祚、王焘曾等纂:《嘉定县续志》,卷一,疆域志,市镇,民国十九年铅印本。）

〔民国初年,江苏嘉定县真如里杨家桥、蔡家桥、王家湾等镇〕 杨家桥,离镇北三里许,为南北往来要冲。每当夏秋之间,农家货物出产时,负贩者多麋集于此,以成贸易,店铺亦有二三所。镇之西南蔡家桥,西北王家湾,东南管弄、童家桥等处,居人略设店肆,以便近乡贸易云。

（洪复章辑:《真如里志》,真如商业概况,民国七年后辑,稿本。）

〔民国初年前后,江苏上海县蒲淞市〕 西乡江桥、诸翟二镇,为上海、嘉定、宝山、青浦四县交界之处。自铁路开行,市面不如从前。其东南为虹桥、北新泾二镇,马路通达,渐见兴盛。民国以来,合四镇为一名,曰蒲淞市,地面最广,辖图二十有九。其东为法华乡。此二市乡者,接近租界,西人越界筑大西路。收回主权,是所望于市政府也。

（李右之编纂:《上海乡土地理志》,第十课,蒲淞,法华,民国十六年铅印本。）

〔民国年间,江苏嘉定县嫪东地区市集〕 本区无大市集,所有只可谓村而不可称镇,所设之店铺多属小杂货店,以属村市,茶馆、酒肆到处而〈皆〉是,甚有多于杂货店者。每日集市,除徐行以早市外,多全日市,惟以下午为盛。各市集以徐行为最大,清时以布匹为大宗交易,民国以来,以黄草织品为主,杂粮为副。

（吕舜祥、武蝦纯编:《嘉定嫪东志》,四,实业,商,民国三十七年油印本。）

〔民国七年前后,江苏青浦县练塘镇〕 练塘,东西长九里,南北袤六里,滨湖接荡,四面皆水,为吴越分疆之要点,松沪西北之屏藩。明季之剿倭寇,清季之御粤寇,盖尝先后鏖兵于此。镇市居民稠密,百货俱备,水栅东、西、北各一,南二,镇东太平桥,左右为米市,上海米舶及杭、湖、常熟之来购米谷者多泊焉。镇东新街至轿子湾,西,界桥至湾塘,每早市,乡人咸集,舟楫塞港,街道摩肩,繁盛为一镇之冠。

(高如圭原编,万以增重辑:《章练小志》,卷一,形胜,清光绪十六年纂,民国七年续纂铅印本。)

〔民国九至十六年,江苏宝山县各市镇〕 市镇状况,一如《续志》[①],惟近十年来,沿淞沪铁路线及接近上海各市乡人民日臻繁盛,村集略增,兹分列于后。

真如:村集,车站镇,在镇东北三里沪宁铁路车站旁,九年起,有中西商店四十余家。

彭浦:村集,新桥镇,在镇西南二里许沪太汽车路旁,十四年起,有米粮、油、酒、杂货店等十余家。王家井亭,在镇西三里交通路旁,[民国]十六年起,有米粮、油、酒、杂货店等十余家。

江湾:村集,宋家巷,在镇东南殷十图复旦大学后,茶、酒、杂货店等二十余家。西唐家桥,在镇北七里雨二十九图内,与殷行毗连,十五年起,有米、布、油、酒等店十余家。

殷行:村集,东唐家桥,在镇西北六里推二十三图内,十五年起,有布、米、油、酒等十余家。

闸北:村集,天通庵,原续〈属〉江湾,十五年七月改隶闸北。近市面日繁,与上海商场密接,不类村集矣。

(吴葭等修,王钟琦等纂:《宝山县再续志》,卷一,舆地志,市镇,民国二十年铅印本。)

① 张允高等修,钱淦等纂:《宝山县续志》。

〔民国十年前后,江苏上海县三市镇〕 本乡共有三镇:曰陈行、曰题桥、曰塘口,相距各三里。市面以陈行为较盛。塘口地滨黄浦,船厂最多,夏间帆船聚修于此,市面为之一振。舟行候潮,皆寄泊港口,港内有税务分所(前清名抽厘分卡),以征往来商货。

(孔祥百、沈颂平编纂:《陈行乡土志》,第四课,市镇,民国十年石印本。)

〔民国十六年前后,江苏上海县闵行等镇〕 闵行为本县首镇,地当水陆之冲,户口殷阗,商业繁盛,距县治约六十里许。地产棉花多于粳稻。风俗素称朴实,近亦渐趋浮靡。水道有小轮,陆路有汽车,交通颇便。镇之西北有北桥镇,钟楼在焉。其西为马桥镇,而其北为颛桥镇。四镇统称为西南乡云。

(李右之编纂:《上海乡土地理志》,第九课,闵行,民国十六年铅印本。)

〔民国十八年前后,江苏南汇县新场镇〕 新场镇……梁前京城,为浦东设城之最古者,虽城址无考,而形势冲要,当奉〔贤〕、南〔汇〕两邑间水陆通道。宋元后即市集繁盛,人文蔚起。有南北街一,长三里有奇,中间有洪福桥,至受恩桥一段尤为菁华所聚;横街一,东自千秋桥起,西至白虎桥止,长一里有半。大小商店,通镇约三百家,士族以康、叶两姓为著。

(严伟修,秦锡田等纂:《南汇县续志》,卷一,疆域志,邑镇,民国十八年刻本。)

〔民国十八年前后,江苏南汇县大团镇〕 大团镇,居邑东南境,出镇即奉〔贤〕邑界,其地东南至汇角约四十里,西与北均距黄浦六七十里以上。虽地处冲要,而东有重塘之阻,水陆交通不便,故燧燧鲜惊,民多勤农,沿海稍形朴野。至于市镇,商廛繁盛,士族亦多好礼。盛氏为数百年望族,近来他族亦渐有著闻者,创设学堂为诸镇先。今间巷间犹彬彬有弦诵之风焉。

(严伟修,秦锡田等纂:《南汇县续志》,卷一,疆域志,邑镇,民国十八年刻本。)

〔民国十八年前后,江苏南汇县城镇〕 邑境偏僻,向无金融机关,贫者借贷无方,唯以物资〈质〉于典商家;转运不灵,亦以物资〈质〉于典富者,财积而患壅滞,又乐典之取偿易也。因相率而设典,故吾邑典当之多,甲于江苏全省。

(严伟修,秦锡田等纂:《南汇县续志》,卷十八,风俗志一,风俗,民国十八年刻本。)

〔民国十八年前后,江苏南汇县苏家桥镇〕 苏家桥镇,坐落四图,跨周浦塘为市,塘北横街,商店十余家,塘南只三四家耳,惟地处周浦、召家楼、三林塘之适中,有航船可达松江等处。

(严伟修,秦锡田等纂:《南汇县续志》,卷一,疆域志,邑镇,民国十八年刻本。)

〔民国十八年前后,江苏南汇县太平桥镇〕 太平桥镇,为邑西边陲,北距浦滨约三里,有横街一,约半里,商店仅有六七家,纯一村镇景象。自叶氏创设肇基小学堂于中市,筑室三廛,颇有弦歌之化。镇西北有彭家浦轮埠,闵行轮船往来上海,朝夕停泊,故交通尚便。

(严伟修,秦锡田等纂:《南汇县续志》,卷一,疆域志,邑镇,民国十八年刻本。)

〔民国十八年前后,江苏南汇县杜家行镇〕 杜家行镇,跨王家浜为市,东西横街长约里许,南北街仅四之一,商店约百余家。内以杨思桥迄南汔南栅口,即景届街,迤西迄土地堂桥,即庆云街,最称热闹。西越黄浦距上[海]境塘湾镇,西北距上境塘口镇,南距邑境闸港口镇,均约六里,为沿浦市集之最大者。水陆交通,贸易兴盛,浦口设有轮埠,往来申沪尤便。

(严伟修,秦锡田等纂:《南汇县续志》,卷一,疆域志,邑镇,民国十八年刻本。)

〔民国十八年前后,江苏南汇县三墩镇〕 三墩镇,地属一团,其北市跨二团境,南自徐公祠起,北迄潘家水洞止,延袤几三里,依护塘港为市,分上、下塘街。其中市繁盛处,有东出街道曰马路,约长里许,当其盘折之所为明善堂,乡人士谋议公益者集此。居民百余户,虽无大绅业,而兴学最早,民智开通,实业兴盛,邑南诸镇大团以外,推三墩焉。

(严伟修,秦锡田等纂:《南汇县续志》,卷一,疆域志,邑镇,民国十八年刻本。)

〔民国十八年前后,江苏南汇县召稼楼镇〕 召稼楼镇……跨王家浜为市,商店六七十家,居民约百余户,水道四通,航行称便。奚氏列第相望,书香不断,称望族矣。离镇西数百武,同[治]、光[绪]间张姓构屋设肆,有小召稼楼之称。

(严伟修,秦锡田等纂:《南汇县续志》,卷一,疆域志,邑镇,民国十八年刻本。)

〔民国十八年前后,江苏南汇县泥城北窑〕 泥城北窑,亦隶下三甲,自横港北尽头起,沿北泥城岸往东,稍有市集,竹、木行商都有,每届秋收时间有轧[花]厂。

(严伟修,秦锡田等纂:《南汇县续志》,卷一,疆域志,邑镇,民国十八年刻本。)

〔民国十八年前后,江苏南汇县北六灶镇〕 北六灶镇……商业较昔已逊,惟向学街,东起傅祠前柏塔,西迄环桥,为镇之横街;油车街在东市聚秀桥南约数十武,为镇之纵街,合居民店肆现约一二百家,水陆交通俱便。

(严伟修,秦锡田等纂:《南汇县续志》,卷一,疆域志,邑镇,民国十八年刻本。)

〔民国十九年前后,江苏嘉定县徐家行〕 徐家行,里人徐冕创市,街南北约一里,商店二十余家,每日早市一次,乡民以黄草织作凉鞋、提囊诸手工品入市,贩客俱集于此,每年输出颇广,其他贸易物市况与新泾镇相等。

(陈传德修,黄世祚、王焘曾等纂:《嘉定县续志》,卷一,疆域志,市镇,民国十九年铅印本。)

〔民国十九年前后,江苏嘉定县诸翟镇〕 诸翟镇,以诸、翟二姓名,又名紫堤,在吴淞江南,与上海、青浦接壤,距沪宁铁路南翔车站十八里,沪杭铁路樊王渡车站二十里。市街南北约半里,东西一里余,以紫堤街为热闹,大小商肆百余家,有碾米、轧花厂,每日晨昏两市。从前靛商营业与黄渡、纪王、封滨并称盛,今则以花、布、米、麦、蚕豆、黄豆等为贸易大宗,市况颇旺。

(陈传德修,黄世祚、王焘曾等纂:《嘉定县续志》,卷一,疆域志,市镇,民国十九年铅印本。)

〔民国十九年前后,江苏嘉定县新泾镇〕 新泾镇,又名澄桥镇,滨东练祁北岸成市。街道东西一里,商店二十余家。每日早市一次,贸易为花、布、杂粮之类。附近村民多种黄草,织成凉鞋行销远近,向以镇中为集散地,后渐移至徐行,市况今不逮昔。西至县城三里,东至罗店十五里,为东西往来之要道。

(陈传德修,黄世祚、王焘曾等纂:《嘉定县续志》,卷一,疆域志,市镇,民国十九年铅印本。)

〔民国十九年前后,江苏嘉定县江桥镇〕 江桥镇,南与上海接壤,东与宝山接壤,市街南北半里余,商店三四十家,十之九在上海界,在本境者只南北栅街一段,占全镇十之一。镇北有地名白坑缸,光绪季年,翔人集资购地修筑砖窑厂,寻以营业不发达停废。南出吴淞江口七里,北经南翔至县城三十六里,为翔沪水陆往来孔道。

(陈传德修,黄世祚、王焘曾等纂:《嘉定县续志》,卷一,疆域志,市镇,民国十九年铅印本。)

〔民国二十年前后,江苏宝山县吴淞镇〕 鱼行分咸鱼行、鲜鱼行两类。咸鱼行均设于吴淞,自外海捕获后,以盐渍运至行内,另售于邑境及邻县等各市场,三四月间,销售黄花、鲨鱼等,为数最巨,俗称洋汛。鲜鱼行,外江则有长兴等处,内地则有吴淞、高桥、盛桥等处,大率自备渔船一二艘及五六艘不等,其鱼货,除本地销售外,均包销于上海。至于内地之鱼商,不过承销散户之鱼类,值一地货行,似不能以鱼行相提并论也。

(吴葭等修,王钟琦等纂:《宝山县再续志》,卷六,实业志,渔业,民国二十年铅印本。)

〔民国二十一年前后,江苏嘉定县护民桥镇〕 护民桥,跨蒲华塘,属吴巷乡,东为虞十八图,西为虞十七图,地有护民庙,故名。民国二十一年前,塘之东西均有商店多家,今塘西只一茶肆,塘东有杂货店、豆腐店、茶肆等。

(吕舜祥、武毁纯编:《嘉定穆东志》,一,区域,市集,民国三十七年油印本。)

〔民国二十二年前后,江苏嘉定县娄塘镇及陆波桥镇〕 娄塘镇的位置,在县城的北面约十二里,在娄塘河和横沥交点的地方。自从明朝的王璿创立市镇以来,渐渐发达,现今商业的繁盛,已和南翔差不多了。贸易的物品,拿棉花、纱布、杂粮为大宗。他的北面,有一个陆渡桥镇,是本邑和太仓交界的地方,也是出产棉花,不过商业方面,还不能够及娄塘的繁盛。

(匡尔济编:《嘉定乡土志》,下册,一〇,娄塘,民国二十二年铅印本。)

〔民国二十二年前后,江苏嘉定县城〕 城市在本邑全境的中心,从前叫做练祁市,在练祁和横沥交汇的地方,人烟稠密,街巷纷歧,党部、县署、银行、工厂,都设在此地。商业的中心点,在塔院四周,所以四方商贾,都聚于此。四门的外面也有商店,不过西门的市面,最为繁盛。

(匡尔济编:《嘉定乡土志》,下册,八,城市,民国二十二年铅印本。)

〔民国二十二年前后,江苏嘉定县外冈、安亭、黄渡等镇〕 外冈的东西,有黄泥冈和青冈,南面有沙冈。外冈的镇,住在西北角上,象屏障在外面,所以叫他外冈。镇在练祁、盐铁交汇的地方,水陆两道,都很冲要,商业繁盛。贸易物品,以棉花、豆、麦、米、布为大宗。镇的西南,是安亭镇,生产的甜白酒和线毯很是有名。南面有黄渡,从前拿靛青为大宗的出产物品,不过现在洋靛盛行,居民都改种洋芋芳了。

(匡尔济编:《嘉定乡土志》,下册,一二,外冈,民国二十二年铅印本。)

〔民国二十二年前后,江苏嘉定县南翔镇〕 萧梁的时候,建造白鹤南翔寺,因寺成镇,就拿寺名作为镇名。在县城的南约二十四里,南北跨横沥,东西跨走马塘,街路南北长约五里,东西长约六里,距京沪铁路车站约有一里。交通方面,十分便利。商贾很多,物产也富,所以称为各镇中的首镇,古时叫做槎溪,因为三条的槎浦,都在境内的缘故哩。

(匡尔济编:《嘉定乡土志》,下册,九,南翔,民国二十二年铅印本。)

〔民国二十六年前后,江苏金山县各市镇〕 本县分六自治区,六十三乡镇,已详前期。兹将各区小市集列表如下:

第一区属各市集　区公所设县治朱泾镇(今改名金山)

市集名	距离区公所里数及方向	商店数	邮电通否	交通状况
斜泾	南　六里	十家左右		汽船
泖桥	西　九里	十余家	邮柜、电话	划舟
韩坞	西北　十二里	三十余家	邮柜、电话	划舟

(续表)

市集名	距离区公所里数及方向	商店数	邮电通否	交通状况
下坊	西南　九里	二十余家	邮柜、电话	划舟
蒋浜	西南　十二里	十家左右	邮柜、电话	划舟
兴塔	西南　十八里	二十余家	邮柜、电话	划舟

第二区属各市集　区公所设泖港镇（距县治十二里）

市集名	距离区公所里数及方向	商店数	邮电通否	交通状况
李塔汇	西北　六里	二十余家	邮柜	划舟
腰泾桥	西　　三里	二十余家		
黄桥	西　　六里	四十余家	邮柜	划舟
塘口	东　　三里	二十余家		

第三区属各市集　区公所设松隐镇（距县治十二里）

市集名	距离区公所里数及方向	商店数	邮电通否	交通状况
石鼓桥东新镇	西　　六里	十余家		划舟
石鼓桥西新镇	西　　八里	十家左右		划舟
五龙庙	西南　十五里	不足十家		汽船划船经过

第四区属各市集　区公所设张堰镇（距县治廿七里）

市集名	距离区公所里数及方向	商店数	邮电通否	交通状况
干巷	西北　九里	一百二十余家	邮柜、电话	汽船、划舟
钱圩	西　　六里	四十家	邮柜、电话	汽船、划舟
孔家阙	西　　四里	十余家	邮差、电话	划舟
八字桥	西南　六里	二十家	邮差	划舟
鹿里庵	南　　六里	十余家	邮差	汽船、划舟
刘家堰桥	西南　九里	十家左右	邮差	经过
甸山镇	东南　九里	十余家	邮差、电话	
三多桥	东南　八里	不足十家	邮差	
旧港	东南　六里	不足十家	邮差	

第五区属各市集　区公所设吕巷镇（距县治十二里）

市集名	距离区公所里数及方向	商店数	邮电通否	交通状况
廊下	南　八里	一百三十余家	邮柜、电话	汽船、划舟
山塘	西南　九里	二十余家	邮柜、电话	汽船、划舟
南陆	南　六里	十家左右		
万春桥	东南　十里	不足十家	邮差、电话	划舟经过
泖口	西北　十五里	二十余家	邮差、电话	平沪轮船经过
胥浦塘东新镇	西北　六里	十家左右		平沪轮船经过
胥浦塘西新镇	西北　八里	十余家		
邱移庙	西　八里	十余家	邮差、电话	汽船经过
明珠庵	西　三里	十余家	邮差、电话	汽船经过

第六区属各市集　区公所设金山卫西门（距县治四十五里）

市集名	距离区公所里数及方向	商店数	邮电通否	交通状况
大石镇	北　六里	十余家	邮箱	汽船、划舟
横浦街	北　四里	十余家	邮差	
扶王埭	西　五里	二十余家	邮箱、电话	汽船、划舟
典下桥	西北　五里	十余家	邮差	划舟经过
南张桥	西　三里	不足十家		汽船经过
北张桥	西北　六里	不足十家	邮差、电话	划舟经过
北仓	北　三里	不足十家	邮差	
青墩庵	西北　八里	不足十家		
高家桥	西北　七里	不足十家	邮差	划舟
染店桥	西北　五里	不足十家	邮差	

（丁迪光等编：《金山县鉴》，第一章，总说，第一节，疆域，民国二十六年铅印本。）

〔民国二十六至三十四年，江苏嘉定县袁家桥镇〕　袁家桥，跨华亭泾，居新苗、吴巷二乡间，南距新庙里许，东西两岸，均有商店，如肉铺、茶肆、杂货店等四五家。"八·一三"邑境沦陷期内，樊家祥开设新式乳米榨油厂于此。四乡居民，咸来集市，繁盛与曹王［庙］相等。

（吕舜祥、武楫纯编，《嘉定疁东志》，一，区域，市集，民国三十七年油印本。）

〔民国三十七年，江苏嘉定县疁东地区市集〕　区内无大市集，除徐行镇略具市形外，均属村店。间有茶肆，多为旅店铺，而店铺则杂货店居多，总计有三十三处。

（吕舜祥、武嘏纯编：《嘉定㖛东志》，一，区域，市集，民国三十七年油印本。）

〔民国三十七年前后，江苏嘉定县潘家桥镇〕 潘家桥，曹王庙东北四里，界泾西岸属曹王乡，东岸属宝山县，旧有商店约二十家，设于界泾西岸之潘家桥庙前，成南北、东西二道街。今西岸之商店较少，东岸以沪太路设置汽车站，有商店七八家，肉铺、杂货店、药号、鱼行、花米行、木作、理发店、茶肆等均有。

（吕舜祥、武嘏纯编：《嘉定㖛东志》，一，区域，市集，民国三十七年油印本。）

〔民国三十七年前后，江苏奉贤县钱家桥镇〕 钱家桥，在牛郎庙东，近海塘，唐民居此成市。清末恩诏考廉方正唐安澜，富甲一乡，其后迄今不衰。镇有盐廒，抗战期间，毁于敌寇，今已修复，改称盐仓，市况当盛。

（奉贤县文献委员会编：《奉贤县志稿》，奉贤志料拾掇，疆域，据民国三十七年稿本复制胶卷。）

〔清同治年间，江苏南汇县鲁家汇〕 鲁家汇，邑西四十八里，明举人鲁道昆居此。闸港至此稍折而南，每八月浦潮由港入，遇折腾涌，士女辄竞聚观涛。同治间，邑绅徐氏捐田，倡建观涛书院。商舶辐辏，廛肆日增矣。

（清 金福曾等修，张文虎等纂：《南汇县志》，卷一，疆域志，邑镇，清光绪五年刻本。）

〔清同治至光绪初年，江苏南汇县大团镇〕 一团镇，即大团镇，邑南二十四里，下沙头场盐大使署建此。镇依旧护塘，东为上塘，西为下塘，向惟南北一街，约五里许。南二灶港从中西流，当市心盘转处谓之盘门口。粤匪蹂扰，焚毁几空，今渐复旧。蟠龙桥西块下，西新街约十余店，老街、中市、东新街较完整，皆同治年间添设。沿海一带沙土开拓，民居稠密，市中贸易日兴，大户亦多，殷实以盛氏为巨擘，称雄镇焉。

（清 金福曾等修，张文虎等纂：《南汇县志》，卷一，疆域志，邑镇，清光绪五年刻本。）

〔清光绪初年，江苏南汇县竹桥镇〕 五团竹桥镇，邑北二十四里，市中众济桥，旧为竹桥，乾隆时易石，邑城金其章建廛于此，创开牙行，招集商贾。今街道盘曲，市舍日盛，居民百数十家。

（清 金福曾等修，张文虎等纂：光绪《南汇县志》，卷一，疆域志，邑镇，清光绪五年刻本。）

〔清光绪五年前后，江苏青浦县崧宅市〕 崧宅市，在四十六保三区一四图，县治东十二里，一名松泽。宋免解进士盛时赋称："章庙高塔，重固崧宅，亲臣巨室，邻烛辉赫。"今皆萧条，惟市廛日辟，商贩交通耳。

（清　陈其元等修，熊其英等纂：《青浦县志》，卷二，疆域下，镇市，清光绪五年刻本。）

〔清光绪二十年前后，江苏宝山县江湾镇〕　江湾之名，始见于宋史。迄明嘉靖之季，毁于倭寇，市肆荡然。逮国朝，涵濡休养，生齿日繁，商民辐辏。江湾一隅，适当往来上〔海〕、宝〔山〕之冲，屹然遂为海邦雄镇。犹忆同治初元，不佞避寇来游，下帷于罗阳李氏，得与里中诸贤相习，如王君逸野伯仲、严君式甫叔侄、张君兰严父子，晨夕过从，因悉里中旧有《江湾志稿》一书，其民俗之朴瀍，土习之伉爽，于谈论间略知其梗概。及不佞宦游垂二十余年始归，归而见闻所及，地方风气大开，马车行矣，铁路筑矣，租界且日辟日广矣。纱厂兴而女工之纺织废，教堂盛而童蒙之学习歧，轮舆机器之日新，农工争鹜乎洋场，而乡间之耕作稀。时局变迁，今昔殊异，此皆盛君著书时所未及逆料者也。

（钱淦等纂：《江湾里志》，施锡卫序，民国十三年铅印本。）

〔清光绪中叶以后，江苏南汇县六灶湾镇〕　六灶湾镇，光绪中叶后，市肆增盛，楼房接起，下塘务本小学堂为顾氏捐建，有桥联接上塘，两岸机厂相望，市面日盛。

（严伟修，秦锡田等纂：《南汇县续志》，卷一，疆域志，邑镇，民国十八年刻本。）

〔清光绪年间以后，江苏南汇县竹桥镇〕　竹桥镇，依老护塘为市，当南川适中地。自光绪以来，增造廛舍，街道回复，添设典铺，贸易日盛。镇西有学堂、有善堂，为北团市镇之冠。

（严伟修，秦锡田等纂：《南汇县续志》，卷一，疆域志，邑镇，民国十八年刻本。）

〔清光绪、宣统年间以后，江苏嘉定县南翔镇〕　南翔镇，宋、元间创，以寺名，为邑中首镇，纵跨横沥，横跨走马塘，街衢南北五里，东西六里，距沪宁铁路车站两里。宣统初，建筑马路，自南街迤西，直达车站，交通极便。云翔寺前东街、南街最繁盛，大小商铺四百数十家，晨间、午后集市两次。往昔，布市绝早，黎明出庄，日出收庄，营业甲于全邑。近年，贸布多在昼市，销路又为洋布所夺，此业遂不如前。大宗贸易为棉花、蚕豆、米、麦、土布、鲜茧、竹、木、油饼、洋纱、鱼腥、虾蟹、蔬笋之属亦饶。自翔沪通轨，贩客往来尤捷，士商之侨寓者又麇至，户口激增，地价、房价日贵，日用品价亦转昂，市况较昔时殷盛。

（陈传德修，黄世祚、王焘曾等纂：《嘉定县续志》，卷一，疆域志，市镇，民国十九年铅印本。）

〔清光绪至民国年间，江苏嘉定县曹王庙镇〕　曹王庙，西与钱家桥相对，北距郎中庙里许，东北距潘家桥四里，沿蒲华塘东西两岸为市，属曹王乡。塘东为黄二十三图，塘西为往二十九图南奈圩。清光绪初年，只商店三四家，嗣西桥堍由吕家宅吕少华氏络续购买北陈家巷民房，建筑市廛，成东西与西北二街，开设杂货店、染坊等。北首周姓，亦沿河兴建市廛，与吕姓连接，成南北长街，供人开店，北端自开油坊，塘西市面，攸焉热闹。民国初年，吕家宅李尧松氏在塘东沿桥堍向东筑东西街道，两旁兴建市房，租人设铺，市面益形隆盛。〔民国〕二十六年，在此抗日三月，市房毁损泰半，塘西则破坏较少。今塘东、塘西相继恢复原状，杂货店、肉铺、药号、染坊、酒肆、茶馆、鱼行、水果摊等，应有尽有，茶酒肆尤多。"八·一三"役以来，为附近数里之鲜鱼集散市场，沪上鱼贩，争来收购。周姓旧油坊，"八·一三"役后，改为新式榨油轧米磨面厂，营业发达，厂房近设花米行及砖瓦、石灰行。是镇为嚛东除徐行镇外之最大市集。

（吕舜祥、武敕纯编：《嘉定嚛东志》，一，区域，市集，民国三十七年油印本。）

〔清光绪至民国年间，江苏青浦县西岑镇〕　西岑，原名绿杨村，无商店。初，开商店者为仁寿堂药店，及虹桥西一爿豆腐店，只二店而已。继之者，有族人开永茂南货店于药店之东隔壁，同茂店于虹桥东堍，再西二茶馆，此店立西岑镇之始也。光绪年，永茂、同茂闭，有田山庄陈智瓶开源源来南货〔店〕于虹桥东堍，沈氏开恒昌福南货〔店〕于唐氏弄口，刘氏开南货店于东市，曹氏一肉庄，茶馆东西三四家，酒店二三家，大都草棚。及民国，西市自范姓面店起至沈氏止一带，市房都新建，东市稍后，自唐氏长弄堂起至新厕所唐福乡止一带，市房都新建。此不过十余年，市面由西而东，兴衰良可叹也。

（唐金淦编，葛冲续编：《西岑乡土志》，第三十六——三十七页，清光绪三十三年编，民国七年续编，抄本。）

〔民国初年，江苏宝山县江湾镇〕　江湾当上〔海〕、宝〔山〕两邑绾毂之冲，昔不过三里之市场，今则自镇以南马路日增，星罗棋布，商埠之发展直与上〔海〕界联为一气，无区域之可分，繁盛殆甲于全县。

（钱淦等纂：《江湾里志》，钱淦序，民国十三年铅印本。）

〔民国初年，江苏奉贤县金汇桥镇〕　该镇商业，以棉业最盛。民国初年，金殿臣所设花行曾由日商三菱、三井等洋行参加股东，故营业范围滋广，并自设花厂于河西岸。现该镇经营花业者，有张昌记、金恒记、鼎鼎等多家。盐业较齐贤

[桥]稍逊。杂粮、南货、肉业、百工、技艺均备,唯少精巧者,只金木卿之髹漆、雕塑可称绝技耳。该镇于民国二十四年前,由孙润身设振源电灯厂,备有马力八十匹,日间辗米,入夜供电。民国二十六年,曾有交流电灯放光,其路线由闸港经檀桥至镇者。沦陷时期,浦东电气公司所有在该镇设备,均遭毁坏,沿线电杆,自闸港西南无一幸存。故胜利以后,离镇东北九里之鲁家汇虽已放光,然该处尚无恢复之望。该镇商店之中,茶馆亦居多,与奉贤西乡习俗同,农暇无事,辄有坐茶馆之习。

(奉贤县文献委员会编:《奉贤县志稿》,卷十,地方区域志,据民国三十七年稿本复制胶卷。)

〔民国十八年前后,江苏南汇县闸港口镇〕 闸港口镇,地处要冲,为邑西南境门户,向来商店寥寥。近自轮船通行后,商市大增,百货都有,在浦东第一桥北岸者,计有三十余家,桥南外滩有新街一段,则房多破漏,冷落殊甚。居民约百余户,士族以夏姓为著。

(严伟修,秦锡田等纂:《南汇县续志》,卷一,疆域志,市镇,民国十八年刻本。)

〔民国十八年前后,江苏南汇县四团仓镇〕 四团仓镇,沿老护塘为市,长约里许,商店约百许,中市最热闹,四周均有通路,至水路则有马家宅及邱家码头……故近来市面颇盛。

(严伟修,秦锡田等纂:《南汇县续志》,卷一,疆域志,邑镇,民国十八年刻本。)

〔民国十八年,江苏南汇县瓦屑墩镇〕 瓦屑墩镇,一名傲雪村,夹街屋宇,鳞次栉比,似较前兴盛,士族以顾、朱两姓为著。

(严伟修,秦锡田等纂:《南汇县续志》,卷一,疆域志,邑镇,民国十八年刻本。)

〔民国十八年前后,江苏南汇县江家路镇及七团行〕 江家路镇……跨钦塘为市,近来店肆略增,居民约百余家。七团行,傍海塘为街,居民数十家,店肆五六家,有油车、毛巾厂,颇具兴旺气象。

(严伟修,秦锡田等纂:《南汇县续志》,卷一,疆域志,邑镇,民国十八年刻本。)

〔民国十九年前后,江苏嘉定县外冈镇〕 外冈镇,东有黄泥冈、青冈,南有沙冈,镇居西北,若障于外者,故名。跨西练祁、盐铁塘为市,据邑上流,为水陆要冲,市街南北约一里,东西逾二里,大小商店百余家,以三元桥至中杨桥为最殷盛处,每日集市一次,大宗贸易为棉花、豆、麦、米、布。光绪季年,水姓曾设织巾厂一。市况,明万历间极盛,四方巨贾富驵贸易花布者皆集于此,号称雄镇。尔后日渐衰退,今则较三十年前兴旺。

(陈传德修,黄世祚、王焘曾等纂:《嘉定县续志》,卷一,疆域志,市镇,民国十九年铅印本。)

〔民国十九年前后,江苏嘉定县马陆镇〕 马陆镇,曩有马军司陆南大居此,故名。中贯马陆塘,东濒南横沥。市街南北一里余,东西不足半里,中段稍热闹,商店四十余家,有碾米、榨油厂。每日早市一次,贸易以棉花、土布、六陈为大宗,市况较前略旺。

(陈传德修,黄世祚、王焘曾等纂:《嘉定县续志》,卷一,疆域志,市镇,民国十九年铅印本。)

〔民国十九年前后,江苏嘉定县陆渡桥〕 陆渡桥市,以桥名,刘河东西横贯,又为北横沥出口处,桥北属太仓,南属嘉定,市街南北、东西两条,各半里余。全市大小商肆六十余家,属邑境者南街一段,商店二十家许,颇热闹,每日早市一次,以棉花为主要贸易品,市况较昔发达。

(陈传德修,黄世祚、王焘曾等纂:《嘉定县续志》,卷一,疆域志,市镇,民国十九年铅印本。)

〔民国十九年前后,江苏嘉定县安亭镇〕 安亭镇,以亭名,镇创始无考。南与青浦接壤,西与昆山接壤,以鳞三图之长滨为青[浦]、嘉[定]分界处,以南顾浦、东陆泾及安亭泾为昆[山]、嘉[定]分界处。市街南北约一里,大小商店昆、嘉合计百五十余家,三分之二在嘉境。浐〈严〉泗桥中市最殷盛,每日集市一次,贸易物以棉花、米、麦、土布为大宗,特产品有甜白酒、线毯。北距沪宁车站三里,交通便捷,市况较前兴盛。

(陈传德修,黄世祚、王焘曾等纂:《嘉定县续志》,卷一,疆域志,市镇,民国十九年铅印本。)

〔民国十九年前后,江苏嘉定县朱家桥〕 朱家桥市,咸丰末避难者居此成市,南青冈、横沥,北孙滨,东西娄塘河,市跨三河交流处,街道南北半里,东西一里弱,桥南北两段较热闹,商店三十余家,每日早市一次,贸易以棉花为大宗。近年市街日扩,市况日盛。

(陈传德修,黄世祚、王焘曾等纂:《嘉定县续志》,卷一,疆域志,市镇,民国十九年铅印本。)

〔民国十九年前后,江苏嘉定县葛隆镇〕 葛隆镇,以庙名,明成化间知县吴哲创,原名吴公市,跨盐铁塘、小娄塘河,西北与太仓接壤,市街南北约半里,东西极短,商店五六十家。每日早市,北段较热闹,昼市南段热闹。贸易以花、米为大宗。市况比前兴盛。

(陈传德修,黄世祚、王焘曾等纂:《嘉定县续志》,卷一,疆域志,市镇,民国十九年铅印本。)

〔民国二十三年前后,江苏宝山县月浦里〕 本乡商业,相传在明时最为发达,及遭倭变,衰败甚矣。至有清乾[隆]、嘉[庆]间,市面稍稍兴旺,有当铺以便民缓急,并有陕西巨商来镇设庄,收买布匹,百货充斥,贸易发达。此为商业最旺时期。迨经洪、杨之役,元气大伤,当铺迄未恢复,又乏大资本之经营,商铺以酒、米、南货为最,并有兼营小熟、豆饼、洋纱业者,花行、布庄不过一二,率皆客商开设,土人鲜有投资者。近年①以来,如机器、油坊、碾米厂之类,集本经营,日增月盛,此固营业之趋势,要皆与地方有密切之关系也。

(陈应康等纂:《月浦里志》,卷五,实业志,民国二十三年铅印本。)

注:① 民国二十三年前后。

〔民国二十六、二十七年,江苏宝山县罗店镇〕 罗店。嘉定与宝山,以界泾为界,河上驾〈架〉桥,名王家桥,桥东属宝山,西属范桥乡黄二十一图,商店多在宝山界,嘉界对王家桥有一东西街道,旧有若干小商店。民国初年,尚有三四家,今全属居户。南半里之界泾人练祁口,驾〈架〉有来龙桥,其西岸,"八·一三"抗战时期,由舒、王二姓合设一新式之惠民厂,经营榨油、轧米事业,并一度兼营麦片,行销上海。北半里之蔡家桥(界泾上)西塊,开设地货行二三家,北首开设面粉兼轧米厂,继续有肉庄之设置。"八·一三"抗日战争时期,敌伪政府禁止太仓、昆山等县之米粮出境,各小贩间道担负至罗店,与来自上海之自由车贩交易,界泾东岸拥挤难容,接连扩展至蔡家桥西路两岸者长约半里。自晨至午后一二时,市声震天,摩肩接踵,为从来所未有。

(吕舜祥、武摇纯编:《嘉定疁东志》,一,区域,市集,民国三十七年油印本。)

〔民国二十六、二十七年,江苏嘉定县八字桥镇〕 八字桥,在徐行镇西北,北双庙南,沿八字塘东西岸为市。旧时,西岸属澄桥乡,今亦属徐行乡,东岸为伐四十图,商店二家,西岸为瑞四十二图,有肉铺、药号、豆腐店、鱼摊、杂货店等。"八·一三"淞沪抗日战争时期,嘉[定]、宝[山]沦陷地之难民,麇集于镇之附近,以此为䃅东之唯一集散市场，一时商业称盛。

（吕舜祥、武嘏纯编：《嘉定䃅东志》，一，区域，市集，民国三十七年油印本。）

〔民国二十六至三十五年，江苏嘉定县坍石桥镇〕 坍石桥，属徐行乡，距徐行镇北二里，桥架新泾，东塎北首有庙，名纯阳殿，初只在东偏屋设杂货店，继在前设茶肆。入民国，里人朱希伯于西塎建屋设肉庄及豆腐店。自此，桥西始有贸易。二十六年，"八·一三"役，河东之纯阳殿暨店舍，为国军拆作防御工事（中央通令凡在新泾河东之建筑，概可拆作防御物）。沦陷时期，桥西始有药材店之开设。胜利后，纯阳殿由里人募款重建。三十四年至三十五年，邑行区公署制，本区之第三区公署设置该殿，殿前由经商者重行架屋，开设茶肆、杂货店。桥西原有房屋无恙，胜利后，更迤北沿岸添屋设肆。

（吕舜祥、武嘏纯编：《嘉定䃅东志》，一，区域，市集，民国三十七年油印本。）

〔民国二十七年前后，江苏奉贤县青村镇〕 青村镇，在泰日乡南，居奉贤县中心，市况极盛。东到四团镇三十里，西到庄行镇三十四里，水运畅通。程伟渔、程伟杰昆仲在此创办实业，颇为蒸蒸日上，尤以程恒昌轧米厂闻名遐迩。每届籴谷时期，晒谷场延长里余，真属罕见。战事时期，滨海不靖，夏家聚、七漊墩一带居民迁避镇上者甚多，复经程伟杰等倡办团练，已较前平靖多矣。此处本为有名盐市，现滨海地区产盐渐少，盐市已西移柘林。

（奉贤县文献委员会编：《奉贤县志稿》，卷十，地方区域志，据民国三十七年稿本复制胶卷。）

〔民国二十七至三十七年间，江苏南汇县鲁家汇镇〕 鲁家汇，镇跨闸港两岸，港北属南汇县，市廛甚盛，港南属奉贤。近十年来，碾米、榨油、轧花等厂，以及各式商店，时有增设，市况渐盛。

（奉贤县文献委员会编：《奉贤县志稿》，奉贤县志料拾掇，疆域，据民国三十七年稿本复制胶卷。）

〔清道光、咸丰年间以后，江苏青浦县大、小蒸镇〕 大蒸镇在五十五图，旧《志》①列入镇市，新《志》②不收。案：镇之东北有汉濮阳王墓，相传筑墓时，蒸土为之，镇因以"蒸"名。元赵孟𫖯筑松雪台读书其中，隐士陆泳居此。左襟白牛荡，北带大蒸。唐宋元时，人烟稠密，明时遭倭寇，市遂衰落。国朝乾[隆]、嘉[庆]时尚有店铺二十余家，今悉闭歇，居民皆务农服畴矣。小蒸镇在四十四图，一名贞溪，地挹峰泖秀灵，宋田畴、曹应符、知白叔侄居此，邵桂子娶于曹，亦家焉。自宋元以来，文人蔚起，为一邑望，铺户毗接，商贩交通。国朝道[光]、咸[丰]间，河道淤塞，市廛日衰，及粤贼焚掠，更非昔比矣。

（清　叶世熊纂：《蒸里志略》，卷一，疆域上，镇市，清宣统二年铅印本。）

注：① 杨卓修，王昶等纂：清乾隆《青浦县志》。

② 陈其元等修，熊其英等纂：清光绪《青浦县志》。

〔清咸丰年间，江苏南汇县周浦镇〕　周浦镇，邑西北四十八里，一名杜浦，元置下沙杜浦巡司，后他徙。明嘉靖间，移置三林巡检司。自顺治己亥科，朱锦会试抡元，向学者众，科名遂多。街道回复，绵亘四五里，其东西街夹咸塘，南北街夹周浦塘，民居稠密，为通邑巨镇。雍正四年，置新县粮仓，漕舻毕集，市肆益盛。咸丰癸丑春，仓毁于火，西市为之衰落；辛酉、壬戌间，为粤匪所扰，兵燹相仍，几成焦土。今复修建廛舍，稍稍成市，犹未尽复旧观云。

（清　金福曾等修，张文虎等纂：《南汇县志》，卷一，疆域志，邑镇，清光绪五年刻本。）

〔清咸丰年间，江苏南汇县新场镇〕　新场镇，邑西南二十四里，一名石笋滩。宋建炎间，有两浙盐运司署，后迁盐场于此，故得今名。北桥税司亦来此收税，歌楼酒肆，商贾辐辏，乡人有赛苏州之谣。南北街长四五里，东西各二里许。科第两朝称盛，后毁连旺三桥，稍替矣。匪扰后，廛舍焚毁，名迹就湮，今虽复成市，寥落处犹多。

（清　金福曾等修，张文虎等纂：《南汇县志》，卷一，疆域志，邑镇，清光绪五年刻本。）

〔清咸丰年间，江苏青浦县金家桥镇〕　金家桥镇，在四十九保三区四九图，县治西北十二里，西界昆山、元和两境，为一省孔道，故居五要镇之一。咸丰时寇毁，今渐成市。

（清　陈其元等修，熊其英等纂：《青浦县志》，卷二，疆域下，镇市，清光绪五年刻本。）

〔清咸丰年间，江苏青浦县黄渡镇〕　黄渡镇，在三十一保，县治东北三十六里，一名黄歇渡。相传春申君于此渡江，故名。北岸属嘉定县，俗呼新街，商贩颇盛。粤匪乱毁，瓦砾无存，今渐复。

（清　陈其元等修，熊其英等纂：《青浦县志》，卷二，疆域下，镇市，清光绪五年刻本。）

〔清　咸丰年间，江苏青浦县金泽镇〕　金泽镇，在四十二保四区三十二图，县治西南三十六里，地接泖湖，穑人获泽如金，故名。镇当江浙之交，盐监出没。元设淀山巡检司于此，有颐浩寺，颇壮丽。今自被寇后，胜概罕存。

（清　陈其元等修，熊其英等纂：《青浦县志》，卷二，疆域下，镇市，清光绪五年刻本。）

〔清咸丰年后，江苏宝山县月浦里〕　明季，月浦为嘉定县首镇，及遭倭变，衰败甚矣。至国朝乾[隆]、嘉[庆]间，市面稍稍兴旺。自兵燹以来，粤匪倡乱，几至十室九空，市面之淡薄已极。且西有新兴，北有盛桥，将月浦之生意逐渐分去。倘再马路淤塞，几至不堪设想矣。要惟市价公道，货物顶真，或可挽回于万一。若能使布业流通，最为要紧。

（清　张人镜等辑：《月浦志》，卷末，附录，清光绪十四年稿本，一九六二年铅印本。）

〔清咸丰年后，江苏上海县法华镇〕　法华去邑西十二里，陆路可通，为往来孔道，桑麻接坏〈壤〉，[清嘉庆年间]烟户万家，凡县之附郭者，宜以此为首。……法华自有镇以来，前清乾[隆]、嘉[庆]时为鼎盛，咸丰庚申后，迭遭兵燹，典商停歇，市面萧条，兼之东南徐家汇、入北曹家渡相继成市，而法华益衰矣。

（王钟撰，胡人凤续辑：《法华乡志》，卷一，沿革，清嘉庆十八年编，民国十一年续编，抄本。）

〔清咸丰年后，江苏南汇县横沔镇〕　横沔镇，邑西北四十二里，依横沔港，北为虹桥港，四围袤广各里许。乾隆初，华氏增建市房，廛舍相对，街路盘曲，匪扰后未复旧观。

（清　金福曾等修，张文虎等纂：《南汇县志》，卷一，疆域志，邑镇，清光绪五年刻本。）

〔清咸丰、同治年以后，江苏南汇县北六灶镇〕　北六灶镇，邑西北二十四里，明顾氏富有田园宅舍，与龚、马二姓甲科蔚起，振兴文风，到于今，人知向学。街在六灶港北，自东而西约三里许。兵燹后，西市零落，转不如东市之稠密矣。

（清　金福曾等修，张文虎等纂：《南汇县志》，卷一，疆域志，邑镇，清光绪五年刻本。）

〔清咸丰至光绪初年，江苏嘉定县西门〕　西门，吊桥东塄沿城濠南北，有木行两家，营业颇旺。自吊桥以西至高义桥，街道长三里余，沿练祁南岸至虬桥西，街道长一里余，大小商店二百五六十家，以吊桥至虬桥上下塘一带为最殷盛。每日一市，贸易物自日用品外，以棉花、米、麦、蚕豆、黄豆、布、茧、六陈、豆饼、竹木、牛皮之属为大宗，市况向极繁盛，尤为米商萃会处。洪、杨役后大衰，光绪初年以来，渐复从前盛况。

（陈传德修，黄世祚、王焘曾等纂：《嘉定县续志》，卷一，疆域志，市镇，民国十九年铅印本。）

〔清同治初年后，江苏嘉定县钱门塘乡〕　洪、杨乱后，四乡村落半多被毁。

顾浦以西,除市集外,皆客佃住居,或业主造屋,或自结茅庐,相与力田而长子孙。顾浦以东,土著虽多,然世家渠〈巨〉厦,亦几如晨星之寥寥可数。至旧《志》所载马家宅、濮家宅等,久作丘墟,故不复著录焉。

(童世高编:《钱门塘乡志》,卷一,村落,一九六三年《上海史料丛编》本。)

〔清同治、光绪年间及以后,江苏南汇县董家村镇〕 董家村亦隶中三甲,离城三十里,旧为灶民屯集之所。同[治]、光[绪]间有店十余家,颇发达,厥后市面渐移而东,董村仅有店二三家,不复成市矣。

(严伟修,秦锡田等纂:《南汇县续志》,卷一,疆域志,邑镇,民国十八年刻本。)

〔清光绪年间及以前,江苏南汇县列船桥镇〕 列船桥,邑西北五十余里,面周浦塘而居者,今仅存十余家。昔周浦开粮仓时,漕艘尝集此。其西又三四里为苏家桥,略有廛肆。

(清 金福曾等修,张文虎等纂:光绪《南汇县志》,卷一,疆域志,邑镇,清光绪五年刻本。)

〔清光绪初年,江苏青浦县青龙镇〕 青龙镇,在四十五保二区四图,一称龙江。孙权造青龙战舰于此,故名。唐时,控江连海,置镇防御。宋政和间,改曰通惠,后复旧名,设监镇理财,镇有学、有仓、水陆巡司、茶场、酒务,为海舶辐辏之地,人号小杭州。自宋及明,兵燹频仍,胜概十不存一。已而,市舶之区徙于太仓,遂鞠为茂草,潮淤水涸,民业渐衰。嘉靖初,尝建县于此,不久寻废。今仅存旧青浦市集而已。

(清 陈其元等修,熊其英等纂:《青浦县志》,卷二,疆域下,镇市,清光绪五年刻本。)

〔清光绪年间,江苏南汇县东升店镇〕 东升店,在万祥[镇]东南里许,光绪间有市,今万祥[镇]兴盛,遂废。

(严伟修,秦锡田等纂:《南汇县续志》,卷一,疆域志,邑镇,民国十八年刻本。)

〔清光绪五年前后,江苏南汇县下沙镇〕 下沙镇,邑西北三十六里,相传地曾产鹤,方顶,绿足,龟文,故又名鹤沙。宋丞相吴潜侍父读书处,元设盐课司,明初迁新场。东对北三四灶港,西接盐铁塘。乾隆朝,吴氏文学科名仕宦,一时称盛。今昵式微,市迹迥不如前。

(清 金福曾等修,张文虎等纂:《南汇县志》,卷一,疆域志,邑镇,清光绪五年刻本。)

〔清光绪五年以前,江苏南汇县方家村〕 方家村,邑西四十二里,方正学士世孙环始居此。其大㔹泾之南为南村……北为北村,向设店肆……今寥落。

（清　金福曾等修,张文虎等纂:《南汇县志》,卷一,疆域志,邑镇,清光绪五年刻本。）

〔清光绪五年前后,江苏南汇县拨赐庄镇〕　拨赐庄,邑西北六十里,元世拨赐百花公主之庄也（按:百花公主,即顺帝之妹,下嫁于丞相脱脱之子）。宋元时称巨镇,今居民仅数十家。

（清　金福曾等修,张文虎等纂:光绪《南汇县志》,卷一,疆域志,邑镇,清光绪五年刻本。）

〔光绪八年前后,江苏宝山县黄姚镇〕　盛家桥,在县治西北二十二里,月浦北十里,罗店东十六里。居民以去镇稍远,聚货贸易,旧分属月浦、罗店两镇。按盛家桥北旧有黄姚镇,没入于海。

（清　梁蒲贵等修,朱延射等纂:《宝山县志》,卷一,舆地志,市镇,清光绪八年刻本。）

〔清光绪二十年以后,江苏嘉定县南门〕　南门,光绪二十年前,布经市极盛,城内吴三房最著,城外业此者十余家,远自刘河浮桥,近则一二十里内外,布经卖买麇集于此,辰聚酉散,熙攘竟日,纱场巷即以排纱成经得名。自洋纱盛行,不数年间,无复有布经营业,而市况顿衰。由吊桥南至纱场巷商店四五十家,沿河花、米行、猪行各业,亦迭盛迭衰,唯后起之毛巾织厂营业较旺。

（陈传德修、黄世祚、王焘曾等纂:《嘉定县续志》,卷一,疆域志,市镇,民国十九年铅印本。）

〔清光绪二十七年以前,江苏奉贤县泰日桥镇〕　泰日桥,俗称坍石桥,跨运盐河两岸,居民相望,亦东北一巨镇。昔年为青村场盐运要道,盐艘由高桥、盐仓庙,循运盐河,经梁典至镇,再出大闸港,故商务当称繁盛。自清光绪二十七年采取官运后,市况顿衰。桥坍毁已久,故有坍石桥之称。民国二十一年,修浚小闸港时,经朱友青等倡捐重建,即今之南石桥。

（奉贤县文献委员会编:《奉贤县志稿》,奉贤县志料拾掇,疆域,据民国三十七年稿本复制胶卷。）

〔清光绪三十三年,江苏上海县江桥镇〕　西乡江桥地方,为上海、嘉定水陆交通要道,市面虽不甚旺,而环镇村落,实视此为中心点。乃至铁路开行以来,绕越镇东,要道变为僻径,顿失过客买卖之利。

（李维清编纂:《上海乡土志》,第十七课,江桥,清光绪三十三年铅印本。）

〔清光绪年间及以后，江苏宝山县高桥镇〕　高桥镇，城南二里，因桥得名。桥不高，而名颇著。镇临界浜，南为何家弄，即上海二十二保，清浦港绕其北，有东行、西行、中市、北行之别，故居人总谓之行。早市热闹，惟以棉花、布、米为主，向时特盛，今因旧城坍没，东海日逼，镇亦渐觉衰颓矣。

（佚名纂修：《江东志》，卷一，地理志，市镇，清光绪年间抄本。）

〔清光绪季年后，江苏南汇县周浦镇〕　米市向推周浦镇最盛，七八月间，华〔亭〕、娄〔县〕、奉〔贤〕、青〔浦〕各属之谷船云集镇之南市，彻夜喧阗，米肆籴谷亦必卜夜，至晓载归，砻之，舂之；既成白粲，黄昏装船运沪，销售沪市，谓之东新，获利颇厚。至光绪季年，碾米机厂遍设各镇，籴谷者散而不聚，周浦米业日衰，而各业亦随之凋零矣。

（严伟修，秦锡田等纂：《南汇县续志》，卷十八，风俗志一，风俗，民国十八年刻本。）

〔清光绪季年，江苏嘉定县真如镇〕　本镇商业始于元代，盛于明清。以地当〔南〕翔、沪之冲，为必经之孔道。两地往来者，每就镇膳食、啜茗或投宿焉。而附近六七里外虽有市廛，仅具雏形，故豆饼业销售之远达二三十里之外。交易尤以花、布为大宗，即邻近各镇之乡人，咸抱布争售，并易其日常所需者而返。金融因之活动，昔有典当二，毁于发军。商业之盛，概可想见。自光绪季年沪宁铁路通车后，无复有迂道之旅客；且沪地工厂林立，手工业之杜布受其打击，产销不旺；又以邻镇市面勃兴，而本镇商业逐渐衰落矣。甲子兵后，元气斫伤，更形清淡。惟火车站（镇北三里）一隅，自暨南大学迁来后渐见兴盛，有商铺四五十家，以衣食之店为多，供学生之需用也。他日暨校新村实现，则其商业之发展当在意中。若杨家桥（镇北三里）前本荒村，以邻近车站，且设有商埠、警察派出所，故商铺续增，渐形热闹。若管弄（镇东四里）岑彭浦间往来要道，列肆五六，本镇布商时或出庄在此收布。……若栅桥（镇西北八里）、蔡家桥（镇西三里）、西库（镇西六里）、王家湾（镇西六里）、童家桥（镇东四里）等，或有商铺二三，或仅茶馆一家，虽不能以市集称之，然其贸迁则一也。

（王德乾辑：《真如志》，卷三，实业志，商业，民国二十四年稿本，一九五九年抄本。）

〔清光绪末年以后，江苏嘉定县真如镇〕　〔真如〕镇以寺得名，旧在官场，宋嘉定间僧永安以真如院改建。元延祐间，僧妙心移建桃树浦之左，清额改寺，而民间始营造市廛，遂以名其乡云。考隶属之由，在唐为昆山县之临江乡，南宋嘉定十年，始置嘉定县领之，历元、明至清，雍正三年，复于嘉定东境建宝山县，真如遂改属焉。其地近黄海,为嘉[定]、上[海]两邑往来孔道。近以租界日辟,各地市场日见振兴,而真如反日形衰落矣。

(洪复章辑:《真如里志》,舆地志,民国七年后辑,稿本。)

〔清光绪末年以后,江苏嘉定县真如镇〕 本镇商业滥觞于元明,盛于有清乾[隆]、嘉[庆]时代。近二十余年来,日形式微矣。盖以往昔外界商埠稀辟,乡人贸易都麇集于此,今则东有新闸,东南有小沙渡,南有曹家渡,西南有北新泾,店肆林立,气象日新,较之真如固守旧式者,相差远甚。故乡人入市,除花、布而外,余则舍而之他者十之六七;况沪宁铁路直贯其北,旅客往还更无须驻足,商业之衰落职是之由。

(洪复章辑:《真如里志》,真如商业概况,民国七年后辑,稿本。)

〔清末,江苏嘉定县东门〕 东门,自城根迤东,沿练祁北岸,街道长里许,向为布经市场,自洋纱盛行,市遂衰落。商店二三十家,虽不甚热闹,仍有花行、木行各大商肆,而哺坊之营业较发达。

(陈传德修、黄世祚、王焘曾等纂:《嘉定县续志》,卷一,疆域志,市镇,民国十九年铅印本。)

〔清末,江苏嘉定县黄渡镇〕 黄渡镇,旧说周末楚黄歇治水松江,故名。跨吴淞江为市,与青浦接壤,南岸市街属青浦,北岸属邑境之北,街长约一里,洪杨役后已废,东西街长约二里,大小商店二百余家,以中市大街自城隍庙西,西江桥东为最繁盛,每日晨昼二市。贸易物曩以靛青为大宗,自洋靛盛行,此业遂一落千丈。余如花、米、土布、豆、麦商况,今昔无衰旺。

(陈传德修、黄世祚、王焘曾等纂:《嘉定县续志》,卷一,疆域志,市镇,民国十九年铅印本。)

〔清朝末年至民国初年,江苏南汇县周浦镇〕 棉市之盛亦推周浦,买者群集行家,而听其支配。后海滩垦熟,地质腴松,棉花朵大衣厚,远在内地产棉之上。于是沪上纱厂多设分庄于大团,与农民直接买卖,而周浦之棉市遂一落千丈矣。

(严伟修,秦锡田等纂:《南汇县续志》,卷十八,风俗志一,风俗,民国十八年刻本。)

〔清朝末年至民国初年,江苏嘉定县真如里厂头镇〕 厂头,离[真如]镇西北八里许,在宋元时代亦一巨镇,地多名胜古迹。遗老传言,当时商埠之广袤,商业之盛况,较胜于真如。迄于今不过四五百年间,仅存二三店肆,无异村落。吊古者不禁沧桑之感。

（洪复章辑：《真如里志》,真如商业概况,民国七年后辑,稿本。）

〔清末至民国年间,江苏嘉定县王家桥镇〕　王家桥,曹王庙北三里,属曹王乡,沿蒲华塘东西岸设肆而市。清末,商店八九家外,河东西由巨商陈子余开设新、旧油坊各一所,今成平地。抗日胜利以来,河东之商店,有茶肆二,药号一,河西有杂货店、茶肆各一,而杂货店兼营鱼行业。

（吕舜祥、武毁纯编：《嘉定疁东志》,一,区域,市集,民国三十七年油印本。）

〔清朝末年至民国年间,江苏嘉定县郎中庙镇〕　郎中庙,曹王庙北里许,属曹王乡,[庙]前与左右,设茶酒肆与杂货店。清末,李玉于庙前之河南沿蒲华塘西岸兴建面东长房,开设肉铺、杂货店、茶肆、磨坊、理发店。清季,李氏衰落,各店相继闭歇。民国初年,蒲华塘东,龚姓兴建房屋,亦曾一度开设杂货店。"八·一三"后,只庙前及左右设有杂货店、豆腐店、茶肆等三四家。

（吕舜祥、武毁纯编：《嘉定疁东志》,一,区域,市集,民国三十七年油印本。）

〔清末至民国二十六年,江苏嘉定县金家巷镇〕　金家巷,俗称金家弄,在曹王庙东南三里,属范桥乡黄二十一图,沿界泾西岸,向为布经市,清末布经绝迹,只有村店四五家。"八·一三"前,留市形而无商店。"八·一三"役,民房被毁者多。

（吕舜祥、武毁纯编：《嘉定疁东志》,一,区域,市集,民国三十七年油印本。）

〔民国初年,江苏嘉定县北门〕　北门,吊桥以北,商店二十余家,街道不及半里,每晨有小贸易花、布、六陈之类。相传洪杨兵事前,市街直达皇庆寺。

（陈传德修,黄世祚、王焘曾等纂：《嘉定县续志》,卷一,疆域志,市镇,民国十九年铅印本。）

〔民国十八年前后,江苏南汇县六团湾镇〕　六团湾镇,近来市肆寥落,民居仅三四十家,惟地当老塘盘折处,水路两面有港,四通八达,交通极便。

（严伟修,秦锡田等纂：《南汇县续志》,卷一,疆域志,邑镇,民国十八年刻本。）

〔民国十九年前后,江苏嘉定县纪王庙镇〕　纪王庙镇,以庙名,在吴淞江南,与青浦接壤,俨傥浦经流镇中,市街南北二里强,东西二里弱,大小商店一百余家,以大街中市及林家巷最热闹。布商、靛商向为各业最,今靛业衰落,布业亦不如昔,以棉花、蚕豆、米、麦、土布、蔬菜为大宗。每日晨昼两市,市况以俨傥浦、吴淞水道之通滞为盛衰。

（陈传德修，黄世祚、王焘曾等纂：《嘉定县续志》，卷一，疆域志，市镇，民国十九年铅印本。）

〔民国十九年前后，江苏嘉定县唐家行〕 唐家行，濒中黄姑塘，街道南北不足一里，东西一里余，多居民，商店只十余家。每日两市，无大宗贸易，市况远不如前。

（陈传德修，黄世祚、王焘曾等纂：《嘉定县续志》，卷一，疆域志，市镇，民国十九年铅印本。）

〔民国十九年前后，江苏嘉定县石冈门镇〕 石冈门镇，以水门名，中贯石冈门塘，东濒南横沥。市街南北约一里，商店三十余家，每日一市，以花、布、六陈为贸易物，市况今逊于昔。镇北沿冈身两旁三四里，居民多业竹器，行销远近各市镇，岁计输出额颇巨。南至马陆，北至县城各六里，为南北往来孔道。

（陈传德修，黄世祚、王焘曾等纂：《嘉定县续志》，卷一，疆域志，市镇，民国十九年铅印本。）

〔民国十九年前后，江苏嘉定县娄塘镇〕 娄塘镇，以水名，明永乐时，里人王璿创市。街南北一里半，东西二里余，大小商店百数十家，以中段大北街、小北街、品泉里等处最殷盛，每日集市一次，贸易品之主要物为棉花、纱布、杂粮，从前布市最盛，近年减色。

（陈传德修，黄世祚、王焘曾等纂：《嘉定县续志》，卷一，疆域志，市镇，民国十九年铅印本。）

〔民国十九年前后，江苏嘉定县钱门塘〕 钱门塘市，以水名，故道无考，建县即成市。南宋尝置税务于此，旧跨春申、安亭二乡。相传市全盛时，东达盐铁塘，西过姚家宅，人烟稠密，街巷纷歧。元明而后，沧桑屡易，疆界难稽。今之市特其西北一隅，南临郭泽塘，东跨顾浦，西滨牛头泾，与昆山分界，街道南北其短，东西不及半里，商店三四十家，每日一市，贸易以花、米为大宗。市况光绪初尚旺，近年较衰。

（陈传德修，黄世祚、王焘曾等纂：《嘉定县续志》，卷一，疆域志，市镇，民国十九年铅印本。）

〔民国十九年前后，江苏嘉定县方泰镇〕 方泰镇，以寺名，康熙间陈、严两姓创，跨漯溇、盐铁塘成市，街道南北半里强，东西一里弱，以南北街之香花桥至昼锦坊为繁盛,大小商店百余家。每日一市,以纱、布、棉花、六陈为大宗贸易,市况今逊于前。

(陈传德修,黄世祚、王焘曾等纂:《嘉定县续志》,卷一,疆域志,市镇,民国十九年铅印本。)

〔民国二十一及二十六年,江苏嘉定县东门〕 东门外,自城根外城河迤东,沿练祁北岸,街道近半里,城根属嘤城镇,吊桥迄东,属澄桥乡寒二十五图,初为布经市场。自洋纱盛行,市遂衰落,商店二三十家,虽不甚热闹,仍有花行、木号等大商肆,而哺坊之营业,全邑只此,最称发达。民国十七年,筑嘉罗县道(嘉定至罗店),以此为起点。二十四年,又于此起至南门外筑环城路(自望春桥至南门外接锡沪路)与嘉罗县道衔接,成为要冲,市面日形热闹。二十一年"一·二八"役,市廛被敌火炮毁泰半,中间未全恢复。又经二十六年"八·一三"役,复兴者又悉为敌毁,虽经市人力谋重建,依然未复旧观。惟有毛巾、轧花二新兴工厂,尤以毛巾厂之规模较大,附近赖以生活者不少。东乡村舍,泰半毁于"八·一三"役,战后急需木材复兴,木号由二家渐增至四五家,自城门口至澄桥镇,木排屯遍练祁塘,几难行舟。战前,哺坊有吴、李二家,今只西家开设,且易主为常熟人金姓营业矣。

(吕舜祥、武蝦纯编:《嘉定嘤东志》,一,区域,市集,民国三十七年油印本。)

〔民国二十六年前后,江苏川沙县永丰镇〕 永丰镇。该镇当清光绪二十一年,为董事袁子贤所创设,在板洪漕口。近以南部沙滩坍削,商市渐衰。

(方鸿铠等修,黄炎培等纂:《川沙县志》,卷七,交通志,街巷,民国二十六年铅印本。)

〔民国二十六年,江苏嘉定县野沟桥〕 野沟桥,跨野沟,属吴巷乡虞十七图,系太[仓]、嘉[定]、宝[山]三县交界处,西南距护民桥里半。"八·一三"前,桥东宝山界,有商店多家,今只一茶肆,所有商店移至里外之南洋桥(俗称洋桥),有轧米厂、花行、肉铺、杂货店、理发店、豆腐店、酒肆、药号,成一闹市。

(吕舜祥、武蝦纯编:《嘉定嘤东志》,一,区域,市集,民国三十七年油印本。)

〔民国二十六年以后,江苏嘉定县高家桥镇〕 高家桥,位吴巷乡朝四十二图,跨蒲华塘转弯处,清光绪三十年,里人武诒桂、陈子余募款改建石桥。河东旧亦有茶肆、杂货店,"八·一三"后,只河西有茶肆、杂货店各一。

(吕舜祥、武蝦纯编:《嘉定嘤东志》,一,区域,市集,民国三十七年油印本。)

〔民国二十六年以后，江苏嘉定县钱家桥镇〕 钱家桥，范家桥北二里，徐行镇东北三里半，有桥架华亭泾，曰钱家桥，东距曹王庙三里，东塸自北至南，向西列肆。清末民初时，为商业最兴盛时期，肉铺、鱼行、药号、杂货店、豆腐店、茶肆等均有，共店十余家，以姚甘棠氏所设者居多。姚死，日渐衰落。"八·一三"淞沪抗日战争时期，市廛悉为国军拆作防御工事，战后原状未全恢复，只有杂货店、茶肆等三四家。

（吕舜祥、武蝦纯编：《嘉定嵺东志》，一，区域，市集，民国三十七年油印本。）

〔民国二十六年以后，江苏嘉定县新泾镇〕 新泾镇，即澄桥镇，县治东三里，属三、四二都，滨练祁塘北岸，跨新泾成市。新泾东为黄三十一图，西为十五图，因新泾而得名，亦因跨桥名澄桥而有澄桥镇之称，为嵺东最先成市之镇集。街道东西近里，迤北新泾东、西两岸，亦有筑室成市街状。旧有商店二十余家，每日晨市一次，贸易为花、布、杂粮之类。附近村民，多种黄草，织成凉鞋，俗名凉鞋，行销远近，向以该镇为集散地。清同治间，移市镇北之徐行镇，市况远不逮昔。东至罗店十五里，北至徐行镇三里。北首设嘉罗路汽车站，为东、西、北往来之要道。民国二十一年"一·二八"役，市有毁损。二十六年"八·一三"役，全市成瓦砾场，今犹未复原状，商店数未至十，仅晨间略有贸易。战后，新泾西岸有毛巾厂，以达丰棉织厂为最大，妇女得有工作，农村赖以挹注。

（吕舜祥、武蝦纯编：《嘉定嵺东志》，一，区域，市集，民国三十七年油印本。）

〔民国二十六年以后，江苏嘉定县范家桥镇〕 范家桥，徐行镇东三里，跨华亭泾上，属范桥乡，东为往二十七图，西为伐三十四图，西塸有万寿庵。清光绪三十二年，由范祥善、季朝桢等曾设私立启东两等小学堂于庵内，为嵺东第二最先设立之学校。光绪三十三年暑假期内，曾在校开办嵺东塾师讲习所，嵺东各私塾之日渐改良而改变为小学者，讲习所之力也。桥东塸，旧有商店六七家，"八·一三"淞沪抗日战争时期，为国军拆作防御工事，战后无力全部恢复，只有杂货店、茶肆各一而已。

（吕舜祥、武蝦纯编：《嘉定嵺东志》，一，区域，市集，民国三十七年油印本。）

〔民国二十六年以后，江苏嘉定县顾蔡湾〕 顾蔡湾，位徐行镇西南，东门之北，为徐行、澄桥两乡之接壤处，顾、蔡两姓之集居地，南北成直线形。旧时北部成小市集，今虽无商店，而街道以及两旁建筑如商肆之遗迹犹存。

（吕舜祥、武蝦纯编：《嘉定嵺东志》，一，区域，市集，民国三十七年油印本。）

〔民国二十六年以后，江苏嘉定县南新木桥镇〕　南新木桥，新泾镇东三里，旧驾木桥于练祁塘，土人名新木桥，以徐行、北新泾河亦有桥名此，用加"南"字以别之。民国三年，罗店绅富朱芝坊募款改建石桥。北堍有乳米厂、茶肆、杂货店，"八·一三"役，全部被毁。最近，北首嘉罗路设一茅屋招呼站，兼售杂物，属澄桥乡。

（吕舜祥、武嘏纯编：《嘉定䣥东志》，一，区域，市集，民国三十七年油印本。）

〔民国二十六至三十四年，江苏金山县各市镇〕　敌人①凶恶，旷古未有，到处焚掠，惨无人道。兹将各地被害情形约略述之。首先登陆之处，为金山卫及扶王埭。金山卫西门镇商家住户不过百余家，被焚者占其半数。扶王埭商家住户计六十余家，只一家幸存，其他悉化为灰烬。沿海以至腹地，四五里间，茅舍村庄，概被焚劫，损失之大，难以计数。次至张堰、松隐，县保安队及自卫团，稍稍迎拒，致触其怒。张堰大街精华，自板桥至小桥一段，商店悉被焚掠。松隐所遭尤酷，全镇房屋十之七八荡为灰烬。再次至朱泾，县治所在，敌人更为注目，搜劫累日，火二日夜不绝，商店住户无一幸免，统计房屋，被毁者占十分之八。朱泾之西有小市曰兴塔，市肆亦荡焉无存。二十七年春，游击队一部匿干巷镇，为敌人侦得，突然袭击，房屋被毁者亦达半数以上。同时，钱圩镇钱姓大宅两座，亦以游击队故，横被焚烧。廊下镇在初陷，商肆被焚者十许家，既而逐年扫荡，屡次焚掠，幸存者十不一二而已。总计全县各市镇，完好无恙者，仅吕巷、泖港两镇。然吕巷则饱受虚惊，泖港则河东市肆，敌为防御工作，强逼拆卸，荡为平地。

（金山县鉴社编辑：《金山县鉴》，第十二章，寇患，第二节，焚掠，民国三十六年铅印本。）

① 指日本帝国主义侵略者。

〔民国二十七年前后，江苏奉贤县金汇桥镇〕　金汇桥，当本县中部北境，金汇塘南自益村坝经此，北抵北新桥入浦，镇上孙、金二姓居多，市廛甚盛，惟房屋于民国二十七年冬尽毁于暴敌，至今大小店铺尚多草屋，未复旧观。

（奉贤县文献委员会编：《奉贤县志稿》，奉贤县志料拾掇，疆域，据民国三十七年稿本复制胶卷。）

〔民国二十七年前后，江苏奉贤县泰日桥镇〕　[泰日桥]新兴工业，以木行桥人丁文若于小闸河西创设之大新碾米厂，历史最为悠久。近年以来，河东始设有泰丰碾米厂，与之竞争业务。北市由鲁汇施氏设德泰油坊，唯限于经济，均不能趋向发展。商业自战乱以后,规模均已缩小,店铺以洋广货业,考其原因,实同永街、梁典等处,与沪上交通非便之故耳。

(奉贤县文献委员会编:《奉贤县志稿》,卷十,地方区域志,据民国三十七年稿本复制胶卷。)

〔**清道光年间,江苏奉贤县陈家湾、柴场**〕 陈家湾,距治二十四里,道光初年渐成市。柴场,在三团,距城十五里,近海塘,道光时成市。

(清 韩佩金等修,张文虎等纂:《重修奉贤县志》,卷一,疆域志,市镇,清光绪四年刻本。)

〔**清道光年间,江苏南汇县竹桥镇**〕 竹桥镇,依老护塘为市……当南[汇]、川[沙]适中地。自宋诗人储泳、明太史储昱构居塘西存养斋(即储家庙),清举人顾昺构居镇南来复堂,安徽宿松县教谕金承恩、福建永定县巡检金在熔、董浚、运盐河金国栋构居镇前益裕堂读书后,金其章创开牙行,先后望重人归。迄道光间,新茂开烟纸号,万商云集,成镇。民国[以]来设有镇公所、保安团、公安局、户籍所……竹桥校、济生分会、慈善会、接婴所、商巡队、修志局,街道扩充,塘东西居民达三四百家,地之灵焉。

(储学诛纂:《二区旧五团乡志》,卷一,疆域,镇,民国二十五年铅印本。)

〔**清道光至光绪年间,江苏南汇县马家宅、朱家店**〕 马家宅,距竹桥镇南六里许,当钦塘四、五团交界,自道[光]、咸[丰]间设肆,今有二十余家,旁有水洞,东西运货,络绎不绝。储家店,或称信者村,在竹桥西北,储泳十五世孙东发始居此成村,乾隆时设肆其间,今尚有市。朱家店,竹篱茅舍相对钦塘,当五、六团之交,居民数十家,今添造楼房,渐成小市。

(严伟修,秦锡田等纂:《南汇县续志》,卷一,疆域志,邑镇,民国十八年刻本。)

〔**清咸丰年间,江苏上海县静安寺**〕 静安寺在法华东北四里许,本一大丛林,无所谓市也。粤匪时,英商开辟马路,渐成市集,惟水道不通,贸易不甚畅旺,不过春郊走马,暑夜纳凉,为游娱之一境耳。

(王钟撰,胡人凤续编:《法华乡志》,卷一,沿革,清嘉庆十八年编,民国十一年续编,抄本。)

〔**清咸丰年间及以后,江苏上海县徐家汇**〕 徐家汇在法华东南二里许,向为沪西荒僻地。清道光二十七年,法人建一天主堂,堂之西即明相国徐光启故居,其裔孙聚族于斯,初名徐家库。咸丰间,徐景星在东生桥东堍建茅屋三间,开一米铺，余则一片荒郊，绝无人迹。粤匪时，西乡避难于此者男提女挈、蚁聚蜂屯，视为安乐土，于是天主堂购地数亩，及徐姓、张姓建丰房数十间，外则开设店肆，内则安插难民，遂成小市集。同治二年，天主堂将肇嘉浜改道移东，又开辟马路，商贾辐辏，水陆交通。光绪十年，天主堂将市房翻建楼房；十九年九月，祝融为灾，尽付一炬；是年冬，重行建筑，焕然一新。三十四年，马路东有巨商张士希购地建孝友里楼房百余幢，迤东程谨轩、顾象新各建店楼数十间，市面大兴。既而电车行驶矣，邮政设局矣，电灯、路灯、德律风、自来水次第装接矣。马路东为法租界马路，西为天主堂界，再西老屋为乡民界，日新月异，宛似洋场风景。

（王钟撰，胡人凤续辑：《法华乡志》，卷一，沿革，清嘉庆十八年编，民国十一年续编，抄本。）

〔清咸丰末年至同治初年，江苏南汇县南大桥镇〕 南大桥镇，邑西南六十七里，在十六保十图。辛酉、壬戌间，避贼者辄徙此，商贾稍集，遂成小镇。

（清 金福曾等修，张文虎等纂：《南汇县志》，卷一，疆域志，邑镇，清光绪五年刻本。）

〔清同治元年后，江苏奉贤县齐贤桥〕 齐贤桥，俗呼徐连桥，在金汇桥南六里，自同治元年后成市，距治二十里。

（清 韩佩金等修，张文虎等纂：《重修奉贤县志》，卷一，疆域志，市镇，清光绪四年刻本。）

〔清同治年间，江苏上海县各市镇〕 县之东，旧载镇、市凡八，今增者七：塘桥镇（县东南五里），洋泾市（县东十里），杨师桥市（县东南十四里），三林塘镇（县东南十八里，昔有大姓林居此，距东三里有东塘，今已寥落），李家宅市（县东十六里），新木桥市（县东十八里），永宁桥市（俗呼南张家楼，近年始成市），杨家弄市（县东二十里），东沟市（县东北二十二里），陆家行市（县东二十四里），高行市（县东北三十里，分南行、中行、北行，南行属川沙，中行与川沙接境，明时有奚家行者在市东，今废），高桥镇（县东北三十六里，北半属宝山），塘口市（县东南三十六里，为周浦塘出口，与南汇接境），桥头市（塘口东三里，即裕伯题桥），陈家行镇（桥头市东三里）。

县之西，旧载镇、市凡六，今增者一：法华镇（县西十二里，以法华寺名，吴淞巡检司驻此），徐家汇巾（法华南二里，保乂定公墓在焉，其裔多居此，近年始成市），虹桥市（县西南二十里），北新泾市（县西二十一里），杠栅桥市（县西北二十二里），华漕市（县西三十里），诸翟镇（县西四十里，其西属青浦、嘉定，以二姓得名,一名紫堤,有嘉定、诸翟巡检司驻此)。

县之南,旧载镇、市凡十四,今增者二:龙华镇(县西南十四里,以龙华古刹得名),漕河泾镇(县西南十八里),张家塘市(县西南二十二里),梅家弄市(张家塘西二里),朱家行市(县西南二十四里,西半属华亭),长桥市(县西南二十四里,南半属华亭),华泾市(县西南二十七里),曹家行市(县西南三十四里,明副使曹闵宅在焉,故名),塘湾市(县西南四十里,以俞塘之湾得名),颛桥市(县西南四十四里,西半属华亭),北桥镇(县西南四十八里,以古鹤鸣桥得名),马桥镇(县西南五十四里),闵行镇(县西南陆路六十三里,水路七十二里,以姓得名,《明史·张经传》作闵港,亦名敏航,南枕黄浦,横沥贯之。正德间大水,横沥、沙竹二冈独稔,灾乡多从贸易,镇始知名。倭寇时,尝屯兵为府城,捍卫称要地,黄浦巡检司驻此),吴会镇(县西南七十二里,颜《志》①云本名吴汇,后人取指"吴会于云间"语,易今名,元置邹城巡检,今废,有塔庙,即净土寺也,宋置酒库于此,地中往往得瓶砾,今已亡,镇亦仅数户),荷巷桥市(县西南八十里,西半属华亭),语儿泾桥市(镇西南七十八里,俗呼中渡桥)。

县之北,旧载镇、市凡三,今增者四:老牌市(城北三里),新牌市(城西北五里),静安寺市(县西北八里,近年始成市),内外虹口市(县东北五里,道光间渐成,多聚客民,易藏奸宄),虹安镇(县东北九里,今已寥落),引翔港市(县东北二十里,旧《志》称近海口警防要地,实则去吴淞口尚有十六里),沈家行市(引翔港市东北九里,东接宝山县境)。

附旧镇、市:乌泥泾镇(在县西南二十六里,亦名宾贤里,宋季张百五居之,富甲一乡。元至元间,张瑄以海运贵显,治第于此,后又有张有钱居之,繁富盛于他镇。元于此置巡司及太平仓、芦子税课局。明洪武间仍置,税课局寻废,嘉靖间,倭寇焚掠无遗,今惟存张氏宅后莺桥,其南俗呼关上),梅源市(在县西北三十六里,俗名王庵),鹤坡市(在县治南)。

(清 应宝时等修,俞樾等纂:《上海县志》,卷一,疆域,镇市,清同治十年刻本。)

注:① 颜洪范修,张之象等纂:明万历《上海县志》。

〔清同治年间及以后,江苏南汇县中心河镇〕 中心河镇,即金家行镇,邑西北六十里。辛酉匪扰,此独无恙。向本寥落,乱后成市,居民百余家。其四乡标布细致,尤为著名。

(清 金福曾等修,张文虎等纂:《南汇县志》,卷一,疆域志,邑镇,清光绪五年刻本。)

〔清同治至光绪年间，江苏南汇县泥城镇〕 泥城，离城五十里，在一团下三甲，光绪《志》①称其已有市集，今按：立昌、宝泰等店，均在同治年间开设。自光绪初元，有张锦之、朱曾三先后建屋于城中心之横港西岸，于是商贩纷至，蔚成市镇，是为横港镇。后又展拓往北，跨港而东，有陆姓等建里，面西列肆，总计南北延袤二里余，虽间有断续处，而有衙署、旧粮署，有善堂（纯阳堂），有学堂（发蒙小学，以旧义塾改），有工厂，市廛栉比，百业完备。殷实大户多在东西两岸，为泥城菁华所萃。民风淳朴，夏秋农时，男妇趋耕，茶肆几无游手，犹有乡先辈之遗泽矣。

（严伟修，秦锡田等纂：《南汇县续志》，卷一，疆域志，市镇，民国十八年刻本。）

注：① 金福曾等修，张文虎等纂：光绪《南汇县志》。

〔清光绪元年以后，江苏宝山县大川沙口〕 盛桥迤北，大川沙口亦一小市也。登海塘而东望，崇明诸沙历历在目，时有轮船往来，烟横空际，洵属壮观。其地向无市面，仅有二三店铺，以便行人休息，解渴疗饥。光绪元年，浚大川沙河，舟楫往来，交通便利，居民筑室海塘上，开张店肆，以有易无。市分南北，北市较胜，南市中有大川沙桥（俗名马桥），东设栏杆焉。

（赵同福修，杨逢时纂：《盛桥里志》，卷一，舆地志，市镇，民国八年后稿本。）

〔清光绪初年，江苏南汇县张江栅镇〕 张江栅镇……跨吕家浜东部。横街有二：一在浜北，长约半里，俗称大街；一在浜南，长二十余丈，俗称小街。纵街有三：一在东平石桥塉之南北，长约八九十丈，俗称南北街；一在西平石桥塉之南，长十余丈，俗称糖坊街；一在浜北之中部往北，长约三十丈，俗称新街。是街东西两旁市房，光绪初元由里绅钱楠独建，店户民居共约百数十家，水陆往来沪浡，交通颇便。

（严伟修，秦锡田等纂：《南汇县续志》，卷一，疆域志，邑镇，民国十八年刻本。）

〔清光绪初年，江苏南汇县万祥镇〕 万祥镇，离城三十里，在三墩乡中六甲，昔本无市，自光绪初元，里人闵姓设肆于此，曰万祥，厥后店旋易姓，而市面日渐繁盛，遂即以万祥名其镇。现商业为塘东诸镇冠，南北街长里许，北市跨灶支港，入二团下南甲界，有花、米、榨油等工厂，港南有善堂，有学堂，廓然大规模之市镇焉。

（严伟修，秦锡田等纂：《南汇县续志》，卷一，疆域志，市镇，民国十八年刻本。）

〔清光绪初年以后，江苏嘉定县曹王庙〕 曹王庙，跨蒲华塘，光绪初年只三四小户,其后日渐稠密,居民百余户,开设小茶肆、酒肆、杂货铺十余家,肉铺、药铺、染坊等相继而起,并有鱼市、水果各摊,下午茶肆尤热闹,已成市集。

(陈传德修,黄世祚、王焘曾等纂:《嘉定县续志》,卷一,疆域志,市镇,民国十九年铅印本。)

〔**清光绪五年前后,江苏南汇县太平桥镇**〕 太平桥镇,邑西南八十里,在十六保天一廿三四图,去各镇均远,居民数十家,今渐有市。

(清 金福曾等修,张文虎等纂:光绪《南汇县志》,卷一,疆域志,邑镇,清光绪五年刻本。)

〔**清光绪五年以后,江苏青浦县安庄市**〕 安庄市,在四十三保二区五六图,县治西南十八里,前《志》①列入村庄。光绪初,邑人项钟莪于此建造房屋,招商设肆,乃遂成市。

(于定增修,金咏榴增纂:《青浦县续志》,卷二,疆域下,镇市,民国六年修,民国二十三年增修刻本。)

注:① 陈其元等修,熊其英等纂:《青浦县志》。

〔**清光绪十八年以后,江苏上海县曹家渡**〕 曹家渡,在法华北三里。同治二年,英商开筑马路至梵王渡,地甚荒僻,绝少行人。光绪十八年,有人购地建筑油车,是为成市之始。继而西段开办缫丝厂,东段开办面粉厂,招集男女工作,衣于斯、食于斯、聚居于斯者不下数千人,由是马路两旁造屋开店,百工居肆而市成矣。面临吴淞江,帆樯云集,富商巨贾莫不挟其重赀,设厂经商。除缫丝、面粉两厂外,若洋纱厂、织布厂、鸡毛厂、牛皮厂、榨油厂、电灯厂,不数年间,相继成立,市面大为发达。东西长二里许,鳞次栉比,烟户万家。火车在其西,轮船埠在其东,交通之便,本乡首屈一指焉。

(王钟撰,胡人凤续辑:《法华乡志》,卷一,沿革,清嘉庆十八年编,民国十一年续编,抄本。)

〔**清光绪中叶至民国十八年,江苏南汇县陈家店**〕 陈家店,离城三十余里,咸同间,里人陈姓建屋设肆,曰陈万春,历数十年,为塘东老店。光绪中叶,后人复展拓向东,招商设肆,遂成市集。其地沿石皮满南大道为市,路南属四甲,路北属中六甲,今又跨弄塘而东,建桥列肆,有工厂,有学堂,属南下六甲。是镇大部分属大团乡,与万祥镇南北相望,称通衢焉。

(严伟修,秦锡田等纂:《南汇县续志》,卷一,疆域志,市镇,民国十八年刻本。)

〔清光绪十九年以后，江苏嘉定县陈竹桥镇〕　陈竹桥，桥距新造桥北一里，跨新泾，东岸属新庙乡国西三十九图，西属唐行乡汤三十九图。清光绪十九年，里人陈思忠始设一杂货店，嗣茶肆、肉铺、酒肆相继开设，汇成市集。

（吕舜祥、武嘏纯编：《嘉定疁东志》，一，区域，市集，民国三十七年油印本。）

〔清光绪二十年以后，江苏南汇县泥城西南角〕　泥城西南角，亦隶下三甲，距横港三里，自光绪二十年后有孙云锦者购地造屋，成对面街一；曲后沟西又有人接造单面街，跨高木桥两岸，店肆约数十家。地势襟要，惟民风不及横港之淳，故近来市面亦不振。

（严伟修，秦锡田等纂：《南汇县续志》，卷一，疆域志，邑镇，民国十八年刻本。）

〔清光绪二十至三十年，江苏川沙县文兴镇〕　文兴镇：清光绪二十年间，横沙商家无几，只有小本经营，向西滩、白龙港、合庆等处贩运者五六家，旋有张炳华、曹翔青等开设南北杂货、花、米行，渐见发达。于是各商闻讯咸集，至光绪三十年间，异常兴盛。文兴镇成为全沙各镇之冠。镇中横贯一港，曰志远洪。初以港为镇名，嗣由张炳华提倡兴学，筹办学校，取文风兴盛之意。镇之市房多属草椽，宣统二年冬夜，失慎焚毁，港北草房尽成焦土。以后各商会议，市上房屋均须改建瓦房，以免再遭火患。阅半年，建筑完成，焕然一新。

（方鸿铠等修，黄炎培等纂：《川沙县志》，卷七，交通志，街巷，民国二十六年铅印本。）

〔清光绪二十五年后，江苏南汇县蟛蜞庙〕　蟛蜞庙，在泥城西南，属一团下头甲，离邑城五十里。自光绪二十五年后，广建廛肆，商贾纷至，始成市集，今店铺数十家。地濒南海，东西港口凡容载三四百担之船皆可湾泊，以蟛蜞庙为市，本南北街，现北街东折，亦稍有市廛，营业方兴未艾。

（严伟修，秦锡田等纂：《南汇县续志》，卷一，疆域志，市镇，民国十八年刻本。）

〔清光绪二十八年以后，江苏奉贤县民福店〕　民福店，自清光[绪]二十八年圩塘筑成后，有乡民绰号小梅花者，首先设店营业于此，人皆称之梅花店，旋即改称今名。

（奉贤县文献委员会编：《奉贤县志稿》，奉贤县志料拾掇，疆域，据民国三十七年稿木复制胶卷。）

〔清光绪二十八年后，江苏南汇县老港镇〕　老港镇，邑东南十五里，老港直出，附王公塘东西两面为街，而塘西为盛。该处原系芦荡，迨翻垦成田，居民渐多,光绪二十八年后建筑市廛,贸易渐盛。惟往来多崇沙客民,故又名大沙店。

(严伟修,秦锡田等纂:《南汇县续志》,卷一,疆域志,市镇,民国十八年刻本。)

〔清光绪末年,江苏南汇县二灶洪〕 二灶洪,在邑东北十八里,介三、四团间,以港得名,居民四五十家,光绪季年渐成市肆。

(严伟修,秦锡田等纂:《南汇县续志》,卷一,疆域志,邑镇,民国十八年刻本。)

〔民国初年,江苏奉贤县西渡口〕 西渡口,为沪杭公路渡浦处,置有轮渡码头。渡东数十步,又为横沥出口处,车辆船舶,往来如织,商店、工厂时有增设,渐成市集。

(奉贤县文献委员会编:《奉贤县志稿》,奉贤县志料拾掇,疆域,据民国三十七年稿本复制胶卷。)

〔民国五年以后,江苏上海县周家桥〕 周家桥,在法华西北四里许,本一小村落。民国五年,有无锡富商荣氏傍吴淞江购地数十亩,开筑申新纺织厂。八年,欧战发生,纱价大涨,富商购地设厂者接踵而至。地价骤贵,亩值万金,百工麇集,遂成市面。

(王钟撰,胡人凤续辑:《法华乡志》,卷一,沿革,清嘉庆十八年编,民国十一年续编,抄本。)

〔民国十一年以后,江苏川沙县长兴镇〕 长兴镇:民国十一年,横沙乡董黄嘉黹,就厚德圩与万宝圩之间……开辟市场一所,名曰长兴镇。首先建房十余间,嗣又添造数十间,遂成小市。所有杂粮、南货并人民所需一切物品,略备焉。后又称三民镇。

(方鸿铠等修,黄炎培等纂:《川沙县志》,卷七,交通志,街巷,民国二十六年铅印本。)

〔民国年间以后,江苏宝山县江湾周围新市镇〕 区内村里兼有市集者为天通庵,在江湾镇南十里,地跨芦泾浦,商铺二十余家,本一小村集,近以毗连商埠,设有丝厂、染织厂等,市面日繁,几与上海商场无异,回非曩时村集气象矣。侯家木桥,在江湾镇直北六里许,有村店两三家,居民颇为殷实者。屈家桥,在江湾镇南五里沙泾之旁,为江湾至沪必经之路,有茶、酒、杂货等店七八家。谈家桥,在江湾镇西南九里,斗入彭浦界内,自民国五年开设同茂丝厂并建市房三四十幢,铺户居民渐见繁盛,翌年筑通新闸马路,厂栈益增。以上各处,均以沪埠发达,马路纵横,渐成列肆矣。

(钱淦等纂:《江湾里志》,卷一,舆地志,村廛,民国十三年铅印本。)

〔民国十五年以后,江苏川沙县丰乐镇〕 丰乐镇:民国十五年高墩沙围圩开垦，乃与老横沙仅隔一河，遂建木桥一座，名丰乐桥。桥之两端，造市房数椽，开设酒肆、茶寮等店，而教育公团仓房亦设该处，成一小市集。

（方鸿铠等修，黄炎培等纂：《川沙县志》，卷七，交通志，街巷，民国二十六年铅印本。）

〔民国十八年前后，江苏南汇县李家桥〕 李家桥镇，在南四灶港北岸，与宣家桥、闻家桥并属一区二十图，而李家桥独发展，近有商店十余家，居然成市矣。

（严伟修，秦锡田等纂：《南汇县续志》，卷一，疆域志，邑镇，民国十八年刻本。）

〔民国二十六年以后，江苏嘉定县永明桥镇〕 永明桥，张浦塘至蒲华塘之入口处，北岸属吴巷乡，南岸属曹王乡。"八·一三"沦陷时期，里人在此为市，今有茶肆、杂货店各二，肉铺、理发店、豆腐店、药店、轧米兼榨油厂各一，南距王家桥、北距高家桥各里半。

（吕舜祥、武蝦纯编：《嘉定疁东志》一，区域，市集，民国三十七年油印本。）

〔清乾隆十年前后，直隶顺天府宝坻县〕 本城每逢单日开集，一日集东学街，三日集南大街，五日集西大街，七日集北大街，九日集东大街，周而复始。四乡之集亦有期，一、六在新集与大口屯，新安镇、人门城同日；二、七在林亭口；三、八在新开口及黄庄；五、十则在黑狼口、侯家营及邻丰润界之丰台。又口东庄有小集，其期以四、八。届期，凡近境者披星戴月，络绎毕至。集场约半里许，各赁坐地，陈货于左右，一切食用所需具备，要皆村庄中出也。自辰至未，肩摩毂击，喧填道途，日斜则人影散乱，捆载而归矣。

（清 洪肇楙等纂修：《宝坻县志》，卷六，乡间，市集，清乾隆十年刻本，民国六年石印重印本。）

〔明朝初年至嘉靖二十九年前后，京师广平府〕 庙之会，国初未有，自正德之初始有此俗。先期货物果集，酒肆罗列，男女入庙烧香，以求福利。

（明 翁相修，陈裴纂：《广平府志》，卷之十六，风俗志；明嘉靖二十九年刻本。）

〔民国十八年前后，河北新河县〕 普通言之，农村交易范围远不过五十里内耳。十数里之隔，必有一市，均有定期，以通有无。各市日期交错，概皆五日一市，如甲村之市每逢月之三、八日，乙市则逢二、七日，丙市则为五、十日。市上所交易者，不过零星物品与小农之贩卖粮食与牲畜耳。又有庙会，期限较长，以有易无，乡人便之。然粮食之出运，均赖粮贩转运城镇与乡村之间。

（傅振伦纂修：《新河县志》，食货门，下编，社会经济，民国十八年铅印本。）

〔民国十八年前后,河北临榆县〕　县城：银市在西街慈愍庵（前清行使制钱,光绪二十六年始行银币,三十一年又行铜币。银市者,钱、粮、烧、当各商酌盈剂虚以定币价之涨落者也）,工夫市在南门外,牲畜市在南关,果市在西二道胡同,柴草市在西街都署前胡同外,菜市在鼓楼西及西关白桥,灰砟市在都署前。粮集,每旬东关二、七日,西关五、十日,南关三、八日。柴草市一、四、九日。海阳镇：工夫市在鼓楼下,牲畜市在东街外,柴草菜市在北街口,果市在北街,花园粮集每旬五日东街,十日西街。石门寨：银市旧在白衣庵,今移商家院内,工夫市在东门外,牲畜市在大南门里,草市在大南门外,果市在饮马河,丝市在顺城街,粮集每旬初一、十六日在大阁庄,初三、十八日在乱石碴,初六、二十一日在大街,初八、十三日在小南门里,十一、二十六日在北斜街,十三、二十八日在大南门外。驻操营：粮集每旬二、七日。乾沟镇：牲畜、柴草市均在东门外,粮集每旬四、九日。秦王岛：工夫市在朝阳街,菜市、鱼市在菜市街,柴草市在北地,果市在西前街,粮集每旬一、六日在西长安街,三、八日在东大庙西。

（高凌蔚等修,程敏侯等纂：《临榆县志》,卷六,舆地编、市集,民国十八年铅印本。）

〔民国二十年前后,河北青县〕　集即市也,其制创自神农,《易》称"日中为市而集之",例义益显,物产交换,乡里便焉。会场未详始于何时,其初大抵缘起庙祀,趋重神权,渐而人民荟萃,岁有常期,行之既久,遂成贸易之场。凡日用必需之品,与夫冠婚丧祭所资,胥于二者是赖矣。青邑集市以兴济为首,会场以戴家庄之八郎庙为最盛,其次虽非巨埠名区,然附近一带,利用厚生所关亦要,惜年来兵匪迭扰,市肆凋零,由今视昔,集市表只增慨叹已。

区别	城镇乡别	集期（阴历）	附　　记
中区	城内 东关西街 东关北街 东关中街 东关南街 文昌阁 大盘古村 酱庄 兴济镇	初二日十七日 初七日 十二日 二十二日 廿七日逢十日 逢五日 逢四九日 逢四九日 逢一六日	以下至东关南街共五处,旧《志》统称为本城；二、七日集,惟事实上地点分配则各有不同,而俗皆浑称为大集,以外南街与文昌阁又各有五、十日小集。今分列之以清眉目,又大集粮食、牲畜、鱼、肉、鸡、鸭、菜蔬、柴草、估衣、用品俱全,小集稍逊。 粮食,牲畜、菜蔬、杂货俱系零星买卖,并无大宗交贸。 粮食、牲畜、菜蔬、鱼、肉、鸡、鸭、柴草、木植、杂货等日用物品无不具备,秋间上市粮食,车辆动达数千,为卫河上下游集市所仅见。

(续表)

区别	城镇乡别	集期(阴历)	附 记
东区	西花园 小牛庄 北桃杏村 打虎庄	逢三八日 逢二七日 逢三八日 逢四九日	粮食菜蔬等项无大宗交易,惟牲畜市特为繁盛。
南区	杜林镇 山呼庄 钱海庄 陶王庄 蒋王程村	逢二七日 逢五十日 逢一六日 逢四九日 逢五十日	粮食、牲畜、菜蔬、菜品、棉花、用品俱有,土产粗布尤为特色,四民售牛羊肉者颇众。
西区	新集镇 本门店 赵蒿坡村 崇仙村 赵家营	逢四九日 逢三八日 逢五十日 逢一六日 逢三八日	粮食、牲畜、菜蔬、果品、食品、用品、粗布,东市为其特色,回民售牛羊肉者亦众。 粮食、牲畜、菜蔬、估衣、鸡、鸭、肉类、食品、杂货俱有,市场颇盛。
北区	流河镇 马厂镇 黄洼镇 王镇店 十八户村	逢三八日 逢一六日 逢二七日 逢四九日 逢五十日	粮食、牲畜、菜蔬、食品、杂货俱有。 粮食、牲畜等物俱有,集在后马厂营圩北,另有人和镇俗呼买卖街,亦颇繁盛,惟无集市。 粮食、菜蔬、食品俱有,土产茶叶颇属大宗,历年有客商收买。

按：表列各集均附设人工市（无集地方,亦有专设人工市者）,夏秋之际,农事繁剧,地主多赴市觅佣,以一日为限,俗称雇短工,其事甚便。惟年来时局不宁,乡曲壮丁,除柔懦者仍株守田亩外,余则不入于兵,即流为匪,以致昔号喧阗之市者,近则应雇之人寥若晨星。佣值日增,田园日芜,孰为为之,孰令致之哉噫！

（万震宵修,高遵章等纂：《青县志》,卷之一,舆地志,疆域篇,民国二十年铅印本。）

〔民国二十年前后,河北满城县〕 春夏之交,境内多庙会,实临时商场也。届日百货麇集,士女如云,极一时煊赫之致。货则以农器、木石物类为大宗,估衣布匹及嫁女妆具亦居多数。……凡物品非集市所常有者,概于庙会交易,故境内庙会遂为民生必需之场所。

（陈宝生修,杨式震、陈昌源纂：《满城县志略》,卷八,风土,礼俗,民国二十年铅印本。）

〔民国二十年前后,河北卢龙县〕 商:处闭塞之地,而连年灾害,城镇之间,直无正式商号可言,不过每遇集期,午前互市,午后即散,所易亦只日常所需油、盐、柴、米之属。无富商大贾携资营业者,近因纸币充斥,兑换现金时虞亏折,市面流通感受不便。

(董天华等修,胡应麟等纂:《卢龙县志》,卷十,风土,风俗,民国二十年铅印本。)

〔民国二十二年前后,河北沧县〕 城内共有五集,按五坊分配,每日一集,惟大南门内粮食市买卖繁盛,每年十二月初一日移至小南门内,至明正灯节后仍归大南门内,四月在东门内。其余二处因人民不乐就市,以致地面荒凉,久已作废。

(张凤瑞等修,张坪纂:《沧县志》,卷三,方舆志,建置,民国二十二年铅印本。)

〔民国二十二年前后,河北南皮县〕 集有定期,有十日三集者,有十日二集者,有一年二集者,有一年三集者。集时多在上午,过午而罢。市中通用物品,以杂粮、布棉、牲口、青菜等为最大,农具次之,鸡、鱼、肉、果又次之。庙会分春会,二三月间举行,农具木料占最多数。夏会,五六月间举行,竹货凉席居多。秋会,在九月农暇。而冬会,在十月以后,所售货物以供儿女婚嫁所需者为最。间有皮货庙会,有定时,届时商贩骈集,支棚为市,各以类陈列,游人如织,交易甚盛,均以四日为期,间有演剧以助兴者。

(王德乾等修,刘树鑫纂:《南皮县志》,卷二,舆地志,集会,民国二十二年铅印本。)

〔民国二十二年前后,河北广宗县〕 四乡无大市镇,即遇集期,本地农人互相交易,日中为市,顷刻即散。各村间有庙会,货品较集期为多,人数亦众,然亦仅附近各村,外商估客裹足不至,盖境内既无特种天然物品及人工制造以供远方需用,而民俗俭朴,于外来奢侈物品亦无力购买,故商业终无发达之希望。

(姜楹荣等修,韩敏修纂:《广宗县志》,卷三,民生略,民国二十二年铅印本。)

〔民国二十二年前后,河北万全县〕 集有定期,且在一定地点;市为永久,固定不移,俱货物交易之集中地也。昔旧城有集,地址在南门内,逢三、六、九日交易,即每月初三、初六、初九、十三、十六、十九、二十三、二十六、二十九也,一月之中计九次,附近各村届期来临,有售货者,有购物者,熙熙攘攘,互相交易,今已废。至东市,本在旧县署街东口,今已移四牌楼,因此地为城中之中心,一切买卖皆以此为市,终日交易不绝,尤以晨为最盛。夏秋之交瓜熟,以南门口为西瓜、香瓜集中之地,故有瓜市之称。此外集只有洗马林一处,地址在该堡大街,日期亦为三、六、九日,其交易情形与旧城同。

(路联达等修,任守恭等纂:《万全县志》,卷九,礼俗志,民俗,民国二十二年铅印本。)

〔民国二十二年前后,河北万全县〕 腊八会,地址在阳门堡,日期十二月初八日,附近各村皆来购年货,人山人海,百货云集,架棚设摊,栉比如鳞。

(路联达等修,任守恭等纂:《万全县志》,卷九,礼俗志,民俗,民国二十二年铅印本。)

〔民国二十二年以后,河北三河县〕 夏镇商号,附带钱业者多,获利亦厚,其来源均恃牛羊市。自古北口关税不能自主,牛羊商贩日少,该市日见凋敝,长此以往,非惟牙纪商号直接受其亏累,而附税无法交纳,学警两款间接亦受其影响。再者,皇庄土布昔畅销古北口外,自二十二年后,输出渐少,布商颇形恐惶,观两镇现状,则全县可知矣。

(唐玉书等修,吴宝铭等纂:《三河县新志》,卷十五,因革实业篇,现状,民国二十四年铅印本。)

〔民国二十三年前后,河北完县〕

各区乡镇集市庙会统计表

区 别	主 乡	附 乡	集 市	庙 会	小属庄
第一区	三七	二二	五	七	五
第二区	三〇	一一	二	八	八
第三区	二五	二	七	一二	三
第四区	三六	四	六	九	一一
第五区	一五	三	四	四	二八
统 计	一四三	四二	二四	四〇	五五

(彭作桢等修,刘玉田等纂:《完县新志》,卷一,疆域第一上,民国二十三年铅印本。)

〔民国二十三年前后,河北怀安县〕 治城集市,每于三、六、九日为集期,凡属农家日常生活必需之品,均能购到。不过货物多自外来,略较柴城稍贵耳。柴沟堡集市,斯地交通便利,商业较繁,平日定为常集,不论何时,售货摊床照常摆列,所有货物与怀城略同,惟粟粮较他集市特多耳。委以地接兴和,所运杂粮均以柴城为集散之中心,是以该地粮店林立,面行栉比,亦足证其繁盛之一端耳。左卫镇集市,例以二、五、八日为集期,所售货物几属农家日用常品,亦能购到。惟附近村庄较少,不若治城及柴沟之繁荣耳。太平庄集市,商户仅止三五家,俱属小本营业,每逢一、四、七日为集期,售货种类除米粟猪驴外,别无稀奇也。东塔村集市,商有五六家,以五、十两日为集期,市上以毛驴为最多,因该处环境皆山,通车不便,惟毛驴适合其需要也。

（景佐纲修,张镜渊纂:《怀安县志》,卷二,政治志,风俗,集市与庙会,民国二十三年铅印本。）

〔民国二十三年前后,河北望都县〕 望都地域狭小,纵横不满百里,既无重关巨镇,又无富商大贾,所有者率皆小本营业,懋迁有无,为人生日用粟布、菜蔬、盐铁之属,以有易无而已。每逢集期,人民咸集,日昃而散,所谓日中则市,交易而退也。全县集市在昔仅在城一处,其后乡镇集市渐多,亦皆聚散顷刻,且集期均按阴历。兹将全县集市分志如下:每月一、六集期,侯陀、固店。每月二、七集期,栗家村、新村、阳邱村、固现村、古城镇、永丰镇。每月三、八集期,天寺台、柳陀、贾村、白岳、白城、黑堡、高岭、南王家疃。每月四、九集期,城内。每月五、十集期,白陀、张庄、柳宿、常早、寺家庄。全县庙会,会期春冬较多,夏会较少。会期多为四日。春会以木料农具为大宗,冬会以车市、布市为大宗,亦乡村临时市场也。届时商贾麇集,民众如织。

（王德乾修,崔莲峰等纂:《望都县志》,卷三,建置志,集会,民国二十三年铅印本。）

〔民国二十三年前后,河北张北县〕 张北各区市场,均为无定期集市,盖因村庄辽远,来往无常,随时贸易,不受拘束,以期便利,此亦地方环境使然。至庙会,由各村社首组织而成,社首由各村大户轮流推选,此种举动,一则借作临时市场,购买一切应用器具;二则各亲友应办事务,可借此晤面解决一切,如议婚,相看新郎、新妇之类,最于公共有利益,应设法提倡,不可停止。惟日期较比集市少,而人数较比集市多,实与民生有密切关系,亦娱乐之一种也。兹特将各区集市及庙会列左:

第一区集市　张北城内:自民国移治以来,商业逐渐发达,市无定期,每日为集,粮店、马店尤为发展。马市设在北门外,粮店设在西北街一带,各种洋货、馃实及杂货均在大街,分为南北、东西两大街,惟东西大街不如南北大街之兴盛,而南大街更不如北大街之繁华,建筑物虽属旧式居多,尚称齐整壮观,近年来虽迭遭变故,屡受损失,惟商业之进展尚属活动,不因变故而停顿。推原其故,一则因多伦失守,买卖马匹咸来此地,日兴月盛,再则因四乡以受时局影响,来城居住者日众,况商都康保宝昌各县之购货亦均麇集于斯,且为蒙古、张、库往来之孔道,此发达之大原因也。庙滩:在县城北十里,向为蒙、汉交易之所,凡张垣商人欢迎蒙古买卖，均赴此地等候，因有水草之关系，蒙、汉牛车亦均愿在此地住宿，所以数年前之商业甚见发展。及张北移治后，地方不靖，将买卖移至县城庙滩，贸易一落千丈，大受影响，此亦时势使然也。建筑亦均坍塌不堪，南北街虽有二里之遥，或断或续，不甚整齐，现只有开店及杂货铺数家而已。馒头营：县城北三十里，向为第一区区公所所在地，商号三十余家，街市建筑不甚整齐。附近白城子、小东梁一带人民，均来此地购买零星物品，且为张、库蒙古往来必经之路，故小本生意尚可维持，惟近年地方多故，损失亦巨，良可慨已。

第二区集市　元宝山：在县城南九十里，在张库交通未断绝以前，为皮毛市场，不但院内聚货如堉，而沙河中亦堆积似山，至于香脐子、羚羊角、鹿角、蘑菇之类，尤为珍贵无比，贸易之盛，可为全省冠，察哈尔之精华聚于此也。及库伦独立后，一落千丈，遂相继歇业，即全省商业，亦受影响甚巨，故一般商人渴望张、库交通恢复，重振旗鼓，顿复旧观，不特元宝山一处商业之关系，亦即全省商业之命脉也。嗨喇庙：在县城东南七十里，向有警察分所、学校及税卡各机关，为该区行政之中心，虽有贸易者不少，多系出外作蒙古生意，不如高家营子均作本地生意。高家营子：在县城东南八十里，商号日增，粮店林立，二、四区之粮食储存于此地，凡农民应用之布匹、农具及零星物件，不愿舍近求远，即在此地就近购置，此高家营子商业日进无已也。

第三区集市　公会村：在县城西北五十里，为第三区贸易之中心，商号约百数十家，建筑房舍新旧参半，交易之粮食、皮毛为大宗，又为蒙人赴省必经之路，蒙人货物亦来此地销售，实为汉、蒙贸易适中之区，故商业日见兴盛也。延侯二台：在县城正北六十里，商业虽不如公会茂盛，惟系康宝各县往来之孔道、并运盐碱车必由之路。业店商者较多，次则为布匹，农用零星物品，附近各村多来购置，故资本虽少，获利倍蓰，小贩营业奔走此地者居多，将来发达不可限量。

第四区集市　太平庄与西湾子：太平庄在县城东南一百四十里，距西湾子十余里，为第四区行政之中心，商号约有数十家，乡人购置零星物品均来此地，惟地势不及西湾子形胜，建筑不及西湾子华丽，治安不及西湾子保险，故商业亦不及西湾子兴盛。出货以粮食、药材、椽、檩为大宗，入货以布匹、农具、杂货为大宗。商号约有数十家，故近年西湾子比太平庄大见发达也。

第五区集市　土木路与南壕堑：土木路在县城西南一百里，距南壕堑四十里，为第五区行政之中心，虽有商号十余处，均属旧式状况，建筑、交易均不及南壕堑十分之一。南壕堑地址宽敞，商号林立，出货以食粮、牲畜为大宗，入货以布匹、农具、杂货为大宗,且恃有壕沟炮台之险,故商民趋之若鹜,日增月盛,其发达也固宜矣。

(陈继淹修,许闻诗等纂:《张北县志》,卷五,礼俗志,集市与庙会,民国二十四年铅印本。)

〔民国二十四年前后,河北阳原县〕 治城双日有集,以四、八两日为盛。东城以二、五、八为集。揣骨疃以一、四、七为集。浮图洴前曾创设,未久停开。普通营业以集为盛,盖附近各村以时上集购物也。

(刘志鸿等修,李泰棻纂:《阳原县志》,卷八,产业,商业,民国二十四年铅印本。)

〔民国二十五年前后,河北馆陶县〕 全县八区,合计集场除县城及西关并如六镇各集外,共有十六处。各商人等如期而集,交易而散,一切物价涨落、货物赢绌及金融盈虚,皆与市面行情相为消息。

(丁世恭等修,刘清如等纂:《续修馆陶县志》,卷二,政治志,实业,民国二十五年铅印本。)

〔明正德元年前后,京师大名府浚县〕 李家道口镇,卫河东岸,居民数百家,商贾所聚,今有递运所。

(明石禄修,唐锦纂:《大名府志》,卷之一,疆域志,乡镇,明正德元年刻本。)

〔明正德元年前后,京师大名府大名县〕 艾家口镇,镇临卫河之滨,舟车所集,驿递在焉。

(明 石禄修,唐锦纂:《大名府志》,卷之一,疆域志,乡镇,明正德元年刻本。)

〔明正德元年前后,京师大名府元城县〕 小滩镇,镇濒卫河,民居稠密,舟车辐辏,巡检司在焉。每岁河南京仓粮兑运于北。

(明 石禄修,唐锦纂:《大名府志》,卷之一,疆域志,乡镇,明正德元年刻本。)

〔明嘉靖十九年前后,京师河间府沧州〕 其为市者,以其所有,易其所无也。日中为市,人皆依期而集。在州县者,一月期日五六集。在乡镇者,一月期日二三集。府城,日一集。江南谓之上市,河北谓之赶集,名虽不同,义则一也。

(明 郜相修,樊深纂:《河间府志》,卷之七,风土志,风俗,明嘉靖十九年刻本。)

〔清康熙十年前后,直隶保定府束鹿县〕 市集,逐末者。……在城集,四关五、十日。位伯集,五、十日。旧城集,双日。清官店集,三、八日。智丘集,三、八日。新集,四、九日。张古庄集,一、六日。木丘集,二、七日。小陈集,三、七日。

礼璨集,二、七日。和睦井集,一、六日。由家庄集,一、六日。

（清 刘昆等纂修:《保定府祁州束鹿县志》,卷一,地里志,市集,清康熙十年刻本,民国二十七年铅字重印本。）

〔清康熙十七年前后,直隶保定府庆都县〕 在城集,逢四、九日大集,逢一、六日小集,阖邑止此一集,亦困疲极矣。

（清 李天玑修,秦毓等纂:《庆都县志》,卷二,赋役志,集税,清康熙十七年刻本。）

注：庆都县今为望都县。

〔清雍正八年前后,直隶正定府井陉县〕 井陉地瘠民贫,货物靡出,且五日一集,不过陶冶、农樵、布匹、菽粟以为贸迁,从无商货之所集。日中为市,日昃即散。

（清 钟文英纂修:《井陉县志》,卷之二,建置志,集市,清雍正八年刻本。）

〔清乾隆十四年前后,直隶深州饶阳县〕 凡有庙会,妇女入市,向商贾买取货物,几同牙侩,此俗相沿日久。

（清 单作哲纂修:《饶阳县志》,卷上,风俗志,清乾隆十四年刻本。）

〔清乾隆二十七年前后,直隶保定府束鹿县〕 鹿邑介在偏壤,俗朴而质,无或作为奇技淫巧以售,无或市金玉绵绣以相炫,集市所陈布帛菽粟利日用焉。……新集集,四、九日,一名廉官店,称邑雄镇,绵亘五六里,货广人稠,坐贾行商往来如织,虽居偏壤,不减通都云。和睦井集,一、六日。坐城正北,赴省通衢,人烟辐辏,百物杂陈,而布市排积如山,商贾尤为云集,称巨镇云。

（清 李文耀等修,张钟秀等纂:《乾隆束鹿县志》,卷二,地理志,市集,清乾隆二十七年刻本,民国二十七年铅字重印本。）

〔清嘉庆以前至民国二十三年前后,河北怀安县〕 治城城隍庙庙会,向例起于十月初旬,在西大街昭化寺内,名曰皮袄会。嗣于嘉庆年改设城隍庙街,自旧历五月二十六日起,至六月朔止,会毕即移至柴沟堡。凡会日,山门外昼夜演戏,场内百货丛集,士女如云,有变戏法、拉洋片者,亦有借练武术而发卖膏药者。其珠玉首饰、估衣洋货、以及铜铁木器、农具、玩具,应有尽有,无不利获三倍,实为销售百货最大之市场,同时亦为经济上最大之漏卮也。虽无精切统计,在此十日之内,约计输出现洋不下十万余元。皆因交通不便,平时物价昂贵,购置不易,普通须待斯会购买终岁必须备用之物品也。是以供给者视为千载一时之机,不远千里来赴是会焉。自民十五后,内乱频仍,农村破产,购买力弱,是会顿呈减色,然计每会输出亦有三万余元耳。柴沟堡庙会,以旧历六月六日为会期,开场列货与治城同,惟销售程度稍逊一筹,非关购买力之薄弱也,良因该处交通方便,平日物价低廉,不专恃此庙会供给也。无梁桥庙会,会期在旧历三月二十七日,届期山上售货者,仅止农具及小孩玩具而已。

（景佐纲修,张镜渊纂：《怀安县志》,卷二,政治志,风俗,集市与庙会,民国二十三年铅印本。）

〔**清嘉庆九年前后,直隶冀州枣强**〕 枣邑居民稠密,其村落稍大者,各为期日,贸易薪蔬,亦名曰集。

（清 任衔蕙修,杨元锡等纂：《枣强县志》,卷八,建置志,市集,清嘉庆九年刻本。）

〔**清道光三十年前后,直隶定州**〕 市集,南人曰市,北人曰集,贩夫贩妇之利也,亦民风民气所由见。州之城乡十余集,殊期日。至期则叠肩骈迹,喧雷汗雨,民气昌矣。其用物惟镰、锸、筐、筐、盆、碗、布、桌、席,其食物惟豆、麦、菽、粟、瓜、菜,其畜物惟马、牛、羸驴、羊、豕、鸡。

（清 宝琳、劳沅恩纂修：《直隶定州志》,卷七,地理,市集,清道光三十年刻本。）

〔**清道光年间,直隶保定府束鹿县**〕 邑之辛集镇,为商贾辐辏之所。

（清 宋陈寿纂修：《同治束鹿县志》,卷七,人物类,义行,清同治七年刻本,民国二十七年铅字重印本。）

〔**清咸丰九年前后,直隶顺天府固安县**〕 庙会,县城每年凡三集,三月二十一日至二十三日会于东关外东岳庙,五月初四至初六日会于南关外瘟神庙,九月初八日至初十日会于南关内大街,商贾云集,百货俱备,居民以时贸易,咸称便焉。

（清 陈崇砥修,吴三峰等纂：《固安县志》,卷二,建置志,庙会,清咸丰九年刻本。）

〔**清同治以前至民国五年前后,河北盐山县**〕 盐山地僻而务农,谷、麦而外,出境之货甚罕。本地交易虽未易遍计,其大别要不过数端,今区为人类俱有者其市大,不备牲畜、木植诸类者为中市,但有酒肉菜蔬者为下市。旧《志》载在城及村镇仅十四处。《同治志》增十处。光绪以来,又多增置。

（贾恩绂纂：《盐山新志》,卷四,法制略,建置篇,乡镇集会,民国五年刻本。）

〔**清同治五年前后,直隶永平府昌黎县**〕 地非通区,故无富商大贾,若粟米即籴于关东、口外，细缎则来自苏、杭、京师。土著多，而客民少。虽城堡各有集市，集市皆有定期，日出而聚，日昃而散，所易者，不过绵布、鱼、盐，以供邑人之用，初无奇珍异物，各安本业以谋生，此其俗之独厚者欤！

（清　何崧泰等修、马恂等纂：《昌黎县志》，卷之十，志余，风俗，清同治五年刻本。）

〔**清同治十二年，直隶宣化府西宁县**〕　市集，每月逢双日在县城，以四日、八日为盛。东城三日一集。揣骨疃则一、四、七日也，在堡外。庙会，四月中旬西关碧霞宫最盛，百货并集。北关以九月在真武庙。东城以六月在关帝庙，亦以中旬为期，皆六日而罢。

（清　韩志超、寅康等修，杨笃纂：《西宁新志》，卷二，建置志，市集，清同治十二年修，清光绪元年刻本。）

〔**清光绪元年前后，直隶河间府吴桥县**〕　白衣庙，在县城西关。正月杪起，至三月十一日止，客商云集，百货俱备，先发行交兑，后陈设市面，远近商民无不称便，为直省春季第一大会也。

（清　倪昌燮等修，冯庆杨、施崇礼纂：《吴桥县志》，卷四，建置志，市集，庙会附，清光绪元年刻本。）

〔**清光绪三年前后，直隶永平府乐亭县**〕　城堡市集皆有定期，遇期远近毕聚，日夕而散，所易不过布、粟、鱼、盐之属，无他异物。而币布、粟者尤众。粟则来自关外，以资一县之用；布则乐为聚薮，本地所需一二，而运出他乡者八九。以农隙之时，女纺于家，男织于穴，遂为本业，故以布易粟，实穷民糊口之一助。

（清　蔡志修等修，史梦兰纂：《乐亭县志》，卷二，地理志，风俗，清光绪三年刻本。）

〔**清光绪十二年前后，直隶保定府唐县**〕　四月六日，商贾辐辏，百货毕聚，书籍、笔、墨及农器尤多，名曰神集。五月初八日，东关瘟神庙会，商贾云集，三日乃止。……八月二十八日，城隍庙会，百货聚积，五日乃止。

（清　李培祜等修，张豫垲纂：《保定府志》，卷二十六，户政略四，风俗，唐县，清光绪十二年刻本。）

〔**清光绪二十四年前后，直隶永平府滦州**〕　本城：东西大街逢四日集，南北大街逢九日集，东关逢六日集，西关逢八日集，南关逢一日集，北关逢三日集。近因四关居民稀少，市井萧条，集市俱移城内，六日移至东街，一日移至南街，八日移至西街，三日移至北街，余日如故。外乡：……倴城镇，城南六十里，有四门关乡,市廛齐整,商贾富庶,三、八日集。……开平镇,城西南九十里,西达天津,北通口外,商贾辐辏,财物丰盈,五、十日大集,二、七日小集。栗园庄,城西九十里,三、八日集。榛子镇,城西北九十里,畿东巨镇,三省通衢,东西门,三重市肆,居民环列,一、六日大集,四、九日小集。……稻地镇,城西南一百二十里,廛肆鳞次,商贾繁富,土沃民殷,三、八日集。新设:唐山集,城西南一百二十里,新设煤矿铁路,外商辐辏,市肆纷阗,四、九日集。糯米庄,城西二十里,五、十日集。案:旧《志》载有宜安店四、九日集,川林店五、十日集,暗牛淀一、六日集,档册有缸窑新集,大庄窝亦有集期,今俱有村无市。

(清　杨文鼎修,王大本等纂:《滦州志》,卷八,封域志,市镇,清光绪二十四年刻本。)

〔清光绪三十一年前后,直隶保定府雄县〕　商务之盛衰,视乎商埠之多寡,本境除南关及史各庄镇外,惟东南乡之留镇尚称繁庶,余则南乡之龙华、北乡之大营及西北乡之赵村三镇,然亦仅一贩鬻谷蔬之市场而已。其当行、银行之富商大贾,举无有也。欲合全境百数十村皆赖此区区者以通有无,足乎不足乎,是以东南乡则分赴文安县及任邱之鄚州镇交易,东北乡则赴新城之旮冈镇,西北乡则赴白沟镇交易。

(清　刘崇本编:《雄县乡土志》,商务第十五,清光绪三十一年铅印本。)

〔清代后期至民国三十年前后,河北通县〕　燕郊镇集期,每逢阴历一、四、六、九日。西集镇集期,每逢阴历二、五、八、十日。永乐店镇集期,每逢阴历一、三、五、七、九日。牛堡屯镇集期,每逢阴历一、三、五、八日。马驹桥镇集期,每逢阴历二、五、七、十日。张家湾镇集期,每逢阴历一、三、五、七、九日。六镇集期之物品交易为牲畜、食粮、菜蔬、肉类、布匹、杂货,惟马驹桥镇有木材一项,燕郊镇有布毛一项,为其他各镇中之所无。各镇繁荣情形,以马驹桥为第一,次西集,次永乐店,次燕郊、牛堡屯,张家湾居末。除六镇以外,尚有由各村请准成立集市者。马头集,在京津铁道未成立以前,为南北交通之孔道,故早有马头镇之称。近又为京津公路之所必经,自易成立集市,每逢阴历之二、四、六、八、十为集期。谭台集,谭台位于县之东部,介乎燕郊、西集之间,有成立集市之必要,每逢阴历三、七、十日为集期。潮县集,在每年青纱障起,所有四区北部村民之交易行为多以潮县为集中地,每逢阴历二、四、六、八、十日为集期。葛渠集,葛渠位于通县、顺义、大兴之交接处,对于县境北部居民之交易行为颇为便利,每逢阴历一、五、九日为集期,于民国二十八年移于尹各庄。尹各庄集,集期为阴历之一、五、九日,但只有骡马市。

(金士坚修,徐白纂:《通县志要》,卷一,疆域志,集镇,民国三十年铅印本。)

〔民国五年前后,河北盐山县〕 古者行曰商,坐曰贾,集市而外,复有因市以为会者。或春秋,或冬夏,广招行商,居市列都,有无互易,限期去留,岁以为常。盖集市则商贾兼之,会则以行商为主。集市可供日用,而婚葬丧祭诸大端率皆于会是赖。盐邑僻在海滨,交通不利,会场之设尤不可缺。繁庶之乡,岁或两会,次则一会。惟县治两会去来以迎月为限。四乡之会往往假借庙祀,名曰香火会,此自神权时代所留遗,不独吾国吾乡为然。

(贾恩绂纂:《盐山新志》,卷四,法制略,建置篇,乡镇集会,民国五年刻本。)

〔民国十一年前后,河北文安县〕 文邑市廛惟胜芳为最盛,水则帆樯林立,陆则车马喧闐,百货杂陈,商贾云集,故列为直隶六镇之一。其次则苏桥北枕清河,与霸县接壤,而通新镇,南控大洼各村,颇得交通地势。左各庄一镇,居南北往来要冲,商业亦日见发达。其他各镇或受水灾影响,或因道路不通,皆无大起色,然于附近居民交换布缕、蔬、粟之事,亦系便利也。

(陈桢等修,李兰增等纂:《文安县志》,卷一,土地部,方舆志,集市,民国十一年铅印本。)

〔清光绪八年前后,山西代州〕 市集,峨口以双日,广武、聂营以单日,州城则朝聚夕散无定期也。其非城镇而日有集者,为张家庄,在关北。

(清 俞廉三修,杨笃纂:《代州志》,卷四,建置志,镇集,清光绪八年刻本。)

〔清光绪十八年前后,山西〕 以赛会为市场,处处有之,最盛者榆次,以五月。台山以七月,解州以十月,皆百货毕集,市月始散,而归化城为商贾所萃。

(清 曾国荃等修,王轩纂:《山西通志》,卷九十九,风土记,岁时,清光绪十八年刻本。)

〔民国十三年至二十六年前后,绥远丰镇县〕 本县属之第四区隆盛镇有商号二百余家,民国十三、四年间,最为发达。近来日渐式微,多数商号移往陶塈,土木尔台及集宁。因土木尔台接近内蒙,贸易较多;而集宁则系新辟县份,易于扣揽也。

(廖兆骏编:《绥远志略》,第十六章,绥远之商业,第四节,各县商业状况,民国二十六年铅印本。)

〔民国二十六年前后，绥远归绥县〕 本县所属乡镇，以毕、察两镇商务较为繁盛。毕克齐镇，位于县城西平绥路线，距城六十里，有商号一百余户，以米、面、油、酒铺（俗名六成行）为最大，其资本最多者三四千元，少者数百元。其他杂货小铺，系兼营各业，多不分行，资本数百元或数十元不等，均由县贩运货物零销本地。察素齐镇，亦沿平绥铁路，在县城之西，距城九十里，有商户八九十家，亦以面铺最大，杂货铺次之，其商务状况及各业组织等，均与毕镇相同。此外县城东之陶卜齐，白塔及保尔少等乡，各有小商户二三十家。至其他乡村，则无商业之可言。

（廖兆骏编：《绥远志略》，第十六章，绥远之商业，第四节，各县商业状况，民国二十六年铅印本。）

〔民国二十六年前后，绥远五原县〕 五原为绥西要塞，有汽车直通包头，商业尚称发达。县城因住户无多，仅有小铺三五家，大都商业均集中于隆兴长镇及乌兰脑镇。隆兴长镇俗称新城，距县五里许，商店林立，日臻繁盛。乌兰脑包镇，在县城东北六十里，现因蒙路不通，商业日渐萧条。

（廖兆骏编：《绥远志略》，第十六章，绥远之商业，第四节，各县商业状况，民国二十六年铅印本。）

〔民国二十六年前后，绥远五原县〕 城东南五里许，为隆兴长镇，临义和渠，居民与商户五百余家，有税局、垦务局、水利局、邮政局、电报局等，为五原最大市镇。

（廖兆骏编：《绥远志略》，第七章，绥远之县邑，第十一节，五原县，民国二十六年铅印本。）

〔民国二十六年前后，绥远东胜县〕 东胜县治四百七十余里，郡王旗境内唉金合老地方，有元太祖墓，厝于沙漠，旁无村落，只有守墓蒙古人四十余名，住毡包以守之。附近又有元太祖所用长枪一杆，蒙语称为"松定"，因即名其地为松定合老，是为元太祖之最大纪念地纪念物。每年阴历三月二十一日为开会之期，凡伊、乌两盟暨绥、山、陕等之商货并云集于此，均在墓前交易，最为繁盛。故东胜县贸易最要之机会，亦即在此会期，除此而外，平时甚少见有大批之商货交易也。

（廖兆骏编：《绥远志略》，第七章，绥远之县邑，第十二节，东胜县，民国二十六年铅印本。）

〔金代至民国十八年前后，奉天绥中县〕 前卫镇集市，距县城五十里，属自治四区，大小商户八十余家，资本厚薄不等，因地界通衢，货殖颇较兴腾。商肆以东街、南街为盛，西街次之，北街民户居多。集期床摊星罗棋布，井然有序。集市自金、元、明相沿已久,而清又因之,定以夏历每逢双日为集期,至今未改。……前所镇,距县城八十里,属自治六区,大小商户二十余家,商业资本多寡不等。该镇北近山,南濒海,土质硗薄,商业不甚发达,市廛多在南街、西街,若东街仅一二商户,北街则民户居多。集市始于何年无考,定以夏历每逢单日为集期,货类云集,床摊杂错,冬则粮草车驮广集于市,人马喧腾,日趋繁盛。宽邦集市,距城西北六十里,属自治七区,道光末年设有当铺及杂货各行,同治十二月四月间被流贼王占一、马傻子等强抢被荒,因见萧条。光绪六年始为立集,每月以四、九日为期,大小商户不过十家,资本不多。每逢集期,粮石柴草云挤而来,床摊罗列,秩然有序,日出开集,日夕而散,斗秤收用原归庙内香资。葛家屯集市,距城西北八十五里,属自治八区,创始于咸丰三年,每月以二、七日为集期,东西有通街一道,大小铺户二十余家,资本多寡不等,各行杂居,所需略备,每当集期,百货齐集,交易而退,大有连络不绝之势。大王庙集市,距邑城西五十五里,属自治八区,创始于民国六年三月。环北皆山,下有市房一面,商户无多,南临长河,中作市场,每月以逢五排十为期,届期粮食柴草百货齐集,床摊罗列,所需略备,亦繁盛区也。明水塘集市,距邑城西八十里,为临绥两界之交,创始年代无考,每月以四、九日为集期。旧设当商被荒,尚存商户十数家,资本多寡不同,每逢集日,床摊齐集,百货杂居,柴草粮食较诸各镇渐趋繁盛。把涧沟集市,距邑城西六十里,属自治四区,创始于民国十二年三月,每月以一、六日为集期,商户无几,民人互相交易,粮食柴草货物出挤而集,日中为市,过午即散。

(文锡修,范炳勋等纂:《绥中县志》,卷四,建置,市镇,民国十八年铅印本。)

〔**明代至民国十三年,奉天海城县**〕 牛庄城,在县城西四十里,明置,清天命八年重修,周围二里九十三步。……牛庄北距小姐庙河口八里,又为辽沈赴营口要路,扼水陆交通孔道,河北一带农产物皆运销此地,全城商铺共四百余家……为本境第一巨镇。

(廷瑞修,张辅相等纂:《海城县志》,卷一,地理,城池,附市镇,民国十三年铅印本。)

〔**清康熙十六年前后,奉天铁岭县**〕 市集……逢三北街,逢六西街,逢九东街。

(清 贾弘文修,董国祥等纂:《铁岭县志》,卷上,疆域志,市集,清康熙十六年刻本。)

〔**清朝初年至末年,奉天兴城县**〕 钓鱼台海口,在城(按:指兴城县城)东南十二里。昔为商船往来之要港,帆樯林立。并设有常关、税局、分卡。出口以红粮、小米、大豆为大宗,入口以面粉、线布及外洋物品为大宗。往来之船,概属天津、烟台、大连、营口等处。清初称极盛,至光绪末年,京奉铁路畅行后,各口帆船顿形减少。惟有少数为节省运费者,尚胥由此,已有今昔之殊矣。

(瞿文选等修,王树楠等纂:《奉天通志》,卷一百六十三,交通三,航路下,民国二十三年铅印本。)

〔清乾隆三十八年前后,奉天塔子沟〕 是地因人聚而市镇名,市镇名而贸易集焉,商贾出焉。塔子沟、三座塔前此皆为荒陬,自设治后人皆云集而为市镇矣。……塔子沟,在喀喇沁贝子境内,西距热河三百六十里,本无城郭村堡,自乾隆六年设立通判,因择其地势平坦,山环四面,水绕左右,居之可耕可溉,且因其二十里外向有古塔,遂名塔子沟焉。至乾隆七年建衙署,设街道,四方商贾始云集而成巨镇。厅署驻扎处所方围十里,街衢六道。其东西长二里,阔五丈,东通奉省,西通热河。其南北长三里,阔五丈,南通迁邑,北通翁牛特旗。又有建昌街、遵化街,盖以民人聚处多在此间,因以名之。……三座塔,在土默特贝子旗境内。……其塔则自契丹太平九年柳城人梁氏二僧所建。东塔倒坏,仅存其基。南塔、北塔尚存。其形势则商民八十余家在南塔之北、北塔之南,群聚一隅。而新设部员巡检衙署皆建其地。今时寄寓耕种贸易者更倍于前矣。本朝初年,三座塔城内荆榛满地,狼虎群游。自喇嘛绰尔济卜地建寺于城内,于是渐有人烟。彼时三塔具在,遂呼为三座塔云。初不知其为兴中府城也。迨后种地民人于东塔前掘得石牌一块,两面具有碑文。前系辽而后系元,首载兴中名目并有柳城人之语,因以知之三座塔即古之柳城兴中府也。

(清 哈达清格纂:《塔子沟纪略》,卷三,市镇,清乾隆三十八年刻本,民国二十三年铅字重印本。)

注:塔子沟今属朝阳地区。

〔清咸丰年间至民国二十三年前后,奉天庄河县〕 本境所属商镇有三,曰治城,曰青堆子,曰大孤山,而大孤山镇较为繁盛。该镇于数十年前,输入之货由江南杉船每年入口者不下数百余号,输出品即大豆一宗可至四十万担,以故商业为东边冠。清咸同间,几与营口齐名。自安东开埠,洋河淤浅,东边需要皆舍孤而就安东。而庄、青二镇关于商业风所不振、益以十数年来受奉票毛荒之害,"九·一八"事变后,继以破城祸乱,愈形萧索。

(王佐才等修,杨维蟠等纂:《庄河县志》,卷九,实业志,商业,民国二十三年铅印本。)

〔清代至民国十四年前后，奉天兴京县〕 永陵街分东西两堡，袤约五里，居民千余户，小大商铺百余家，为西来之通衢，商业冠于他镇。木奇，县西七十里，街市广袤二里，居民五百余户，商铺约三十家，由县赴省为必经之路，商业较永陵为次。罕羊，县北百三十里，街市广袤约二里，居民百余户，商铺十余家，论商民不及木奇之多，而殷实过之。湾甸子，县北百里，街市广袤二里许，民户、商铺与罕羊相埒。镇中有烧锅一处，与罕羊镇同为岭北农民以有易无之地，惟周转只赖粮食，故商况以冬令为盛。旺清门，县东五十里，街市广袤三里，民户二百余家，韩侨杂居，其间商铺二十余所，为入通化要路。东昌台，县东二十五里，街市长约一里，商民事业次于旺清门。平定山，县南百三十里，街市广袤三里，居民百家有奇，商铺二十余户，西通苇子峪，西南通本溪、桓仁，截然为老岭以南贸易之场。苇子峪，县西南百四十里，街市广约三里，居民百余户，商铺二十有奇，南通本溪、碱厂诸城镇，西为交通省垣之衢，清季称繁镇，而今生业尚有可观。按：境内人烟寥落，廛市稀少，每辄十室成邑，三家为村，交易之处率鲜通逵，故各镇多因其山川道路之便以为互市，各镇皆每日为市，不论集期，一如县城。

（沈国冕、苏显扬修，苏民、于孤桐纂：《兴京县志》，卷一，地理，市镇，民国十四年铅印本。）

〔清代至民国十五年前后，奉天新民县〕 大民屯镇，居自治第三区，距县城四十里，在县治东南，有大小商户三十六家，资本充实，又兼地面膏腴，营业无累，实为新民各镇之冠。商廛比连，只东西大街一道，各行业杂居，所需皆备。集市，创始于清嘉庆八年三月初三日，因定以夏历每月三、六、九日为集期，直至如今，永遵未改。乡镇团聚一隅，地方狭隘，牲畜市在东街，鱼市在前街，粮市在关帝庙前，皆另一地点，余无专肆专行之划分。白旗堡镇，属自治第五区，距县城五十里，在县治西南，有大小商户四十余家，商业资本厚薄悬殊。又绕、柳两河时为地方灾害，以故营业之发达较迟，镇街商肆只东西大街一道，街中南向集口仍有南北短街数武，集期床摊密布，陈列井然。集市，创始于前清乾隆二年，按夏历每月一、四、七日为集期。米市在镇街中心路旁，鱼、菜市在南向集口，柴市在东西街头，其最著者为马市，平素集期常至百头，市厂在镇街东头闲厂，惟一入秋集，日恒至千八百头，盖此项马群多由边外贩来，岁以为常，畅售时期仅在旧历七月十五以后至八月十五以前，过时则分群他往矣。又笠市在玉皇庙门首，查此项蓑笠原料皆土产，概由妇女制成，略分精粗，农民胥赖。每岁除从当地销售外，其成行贩运他往者仍不在少数。……公主屯镇，属自治第八区，距县城五十里，在县治正北，有大小商户二十余家,资本厚薄不等。该镇北近蒙边,土地硗薄,商肆星散,市廛仅东西大街一道,各行业杂居,所需略备。集市,始于何年无考,周年长市,月日无间,货类缤纷,向无聚陈之肆,惟入冬成车粮草均集,人马喧腾,差觉繁盛耳。

(王宝善修,张博惠纂:《新民县志》,卷二,图宇,城镇集市,民国十五年石印本。)

〔清代至民国二十二年前后,奉天北镇县〕 汉帮镇,城南五十里,周围二里左右,为京奉、营榆两铁路之总汇,商店不下百家,有商务分所税捐分卡,为本境第一巨镇。闾阳驿,城西南五十里,周围二里五十步,昔有土城,南北二门,今城门俱倾圮无存,为由本境至锦县之要路,商店百余家。比年以来,商业颇称发达,商务分所、税捐分卡在焉,为本境第二巨镇。中安堡,城东三十里,周围二里,昔有土堡周围一里,南一门,今遗址无存,有商务分所、税捐分卡各一,商店数十家。东西有粮市一,马市一,逢集期,远近交易者咸麇集于此,故本镇商业较昔尚称进步,为本境第三巨镇。正安堡,城北三十里,昔有土城,周围二里三百三十步,南一门,今城基已毁,其门尚存。清咸同年间,商业繁盛,今则全镇商店仅有数家,较昔日相差倍蓰矣。常兴店,城西南三十里,清同光年间为本邑巨镇,近则商业凋零,每逢集期仅附近居民到此交易而已。赵屯,城南三十五里,商店十数家,每逢集期,买卖鱼类者咸集于此,其他营业不甚发达。青堆子,城东三十五里,为京奉铁路车站之一,凡城垣附近各处输出各种货物率赴此站,税捐分卡、商务分所渐次设立,故昔则仅一小村,今则成为巨镇矣。

(王文璞修,吕中清等纂:《北镇县志》,卷一,地理,城镇,附市镇,民国二十二年石印本。)

〔清代至民国二十二年前后,奉天铁岭县〕 铁岭古无市场,凡百交易,任商民自择其地,漫无秩序,仅县署门前为牲畜市,以牲畜税在县门旁,便于人民纳税也。粮食集场在东关小桥子迤北大街上商号门前,农家卖粮,商家买粮皆于五更以前为之,天明即散市。……此以前市场之情形也。近年将商民各项交易均规划于一定地点,分述如下:粮食场,从前买卖粮食,就地摆摊,散漫无稽,民国十五年经县知事高乃涛筹款,在北门外迤西财神庙前空地建筑瓦房二十八间,分为东西南北四所,每所各七间,每日粮食交易,冬季则陈粮食样子于屋内,夏日则陈于屋外院中。牲畜市,民国十七年公家指出一定地点为牲畜之交易,在南门外路西牛马店中,名曰马店。菜市,因旧有之菜市地狭,于民国四年移至东门外沿城墙根以北一带,各种菜蔬及鱼、鸡、猪、牛、羊各食物皆于此处贩卖。瓜市,近又移至北门外沿城墙根以西一带地方。

（黄世芳、俞荣庆修，陈德懿等纂：《铁岭县志》，卷二，地理，市场，民国二十二年铅印本。）

〔清代至民国二十三年前后，奉天锦县〕 天桥厂海口，在城（按：指锦县县城）西南七十里，俗呼西海口，为帆船商落。其进口船只来自福建、广东、宁波、安徽、上海、直隶、山东等处。闽粤曰雕船、曰鸟船、曰红头；江浙曰杉船；山东曰登邮。凡滇、黔、闽、粤、江、浙各省物产药类暨外洋货品，悉由此口输入。其出口货，先惟油粮，以大豆为大宗。清同治初年，准运杂粮。马蹄沟海口，船只遂减。出口粮食以红粮、小米为大宗，药物以甘草为大宗。在道咸间称极盛，每岁进口商船约千余艘，旗署设卡征收进口船规，与马蹄沟海口统归一律。自光绪初营口商埠开通，天桥厂海口船只日减。至京奉铁路修成后，商船来者日稀。光绪三十一年，船规改归锦县税捐征收局征解。三十二年，两海口船规同时停止。今则轮舶飚车，交通便利，估帆寥落，疏若晨星矣。

（翟文选等修，王树楠等纂：《奉天通志》，卷一百六十三，交通三，航路下；民国二十三年铅印本。）

〔民国十年前后，奉天锦县〕 银布市，在西街路北观音阁庙内，每日清晨钱商聚集于此，傍午而散。粮市，一在小凌河西，一在东关土门外，一在北门外，昧爽开市，日出而散。柴市，一在东关土门外玉皇庙后，一在小凌河西，一在北门外东城根，一在药王庙胡同南口。瓜市，在土门外大街，每日将曙，菜贩聚集于此，日出而散。马市，在北门外迤西税捐分局门前。鱼市，在南街路西。油市，附鱼市内。靛市，在东街路北。铁市，在北街路东。棉花市，在西关关帝庙后。工夫市，在南门外，为贫民托业之所，需工作者于此鸠集之。

（王文藻修，陆善格纂：《锦县志略》，卷四，建置下，市场，民国十年铅印本。）

〔民国十二年至二十年前后，奉天义县〕 刘龙台集，在城西北六十里第五区，二、五、八集，住户二百七十余家，商号二十七户，商人数众寡不等，其集期为二、五、八日，西界朝阳县。……沈家台集，在城西南九十里第六区，逢五排十西区区官住焉。住户三百五十余家，大小商号四十余家，其买卖春夏以牲畜为大宗，秋冬以粮食为大宗，集期逢五排十，隔边四与朝阳界。……刘龙沟集，在城西五十里第五区，一、四、七日集，又名刘聋子沟，住户一百二十三家，商号十七家，集期为一、四、七。……石佛堡集，在城东五十里第三区，一、四、七日集，在大凌河左岸，住户二百余家,商号十余家,集期为一、四、七。……刘温屯集,在城南三十里 第四区,三、六、九集,于民国十二年秋间成立集镇,住户二百一十三户有奇,商号二十一家,集期三、六、九。……班吉塔集,在城西南九十里第六区,二、五、八集。……南界小凌河与锦西县毗连。该镇住户三百余家,商户大小五十六家。

(赵兴德修,王鹤龄纂:《义县志》,中卷之二,建置志上,城池,集,民国二十年铅印本。)

〔民国十九年前后,奉天辽中县〕 史载日中为市者,按今市与古无异。查本邑城市暨镇凡九,星罗棋布,分散各区,其成立年期不可考,亦仅为附近各该处公共交易之小商场耳。其输入大宗之货,概于春夏秋间由营口航运,然亦只限于布棉及农家工作器具之常品。至输出之品有农产物,半经商人贩运营口,半由农家运售沈、辽两城市及南满、北宁两铁路附近各车站,而农民富户婚丧所用丝棉绸缎等贵重物,概多购自沈、辽等城市。盖其物较本邑各市为美备而又价廉,故本邑诸市均不甚繁盛。

(徐维淮修,李植嘉等纂:《辽中县志》,卷三,城池衙署志,城池,附城镇市,民国十九年铅印本。)

〔民国二十年前后,奉天义县〕 稍户营镇,在城东北七十里第八区,日日为市,人烟稠密,商号殷繁,住户约三百余家,商号七十有奇,各号之人数不等。北界阜新,距县城九十里,属于第八区,设有征收分局。清河门镇,在城北五十里第七区,日日为市,人物富庶,住户约四五百家,商号在门里八十五户,门外属阜新者四十户有奇。该镇商务发达,日日为市,其销路之广几与县城匹也。

(赵兴德修,王鹤龄纂:《义县志》,中卷之二,建置志上,城池,镇,民国二十年铅印本。)

〔民国二十三年前后,奉天庄河县〕 本县市镇之繁兴,首推大孤山镇,次则青堆子镇及治城花园口,又次之大安镇。

(王佐才等修,杨维嶓等纂:《庄河县志》,卷一,地理志,市镇,民国二十三年铅印本。)

〔清嘉庆年间至民国三十年,吉林长春县〕 烧锅店,在乡五区治西北七十里。清嘉庆六年设立集市,名苇塘沟。嘉庆二十年,有山西人武某设瑞兴店;二十二年,增设瑞兴烧锅,因改今名,日渐繁盛。今则烧商歇业,气象萧索,远不如前矣。街东西长约里许,杂货商店十数家,逢三、六、九日为集期。西大岭,在乡五区西七十五里,嘉庆年间设集,地介长春、怀德之间,东部为县境,西部为怀德县境。昔有烧商一家,今已荒闭。冬季设卡征税,街东西长约半里,杂货商店十数家。

(张书翰修,赵述云、金毓黻纂:《长春县志》,卷二,舆地志,市镇,民国三十年铅印本。)

〔清光绪三十二年前后,吉林怀德县〕 治境初辟,民皆随地而居,棋布星罗,不成村落。后渐人烟稠密,而名村巨镇殊属寥寥。兹就其商贾咸集,交易互通者言之,详列于后:一黑林镇。在县治正南南平安社,街东西长五里,南北宽一里,商务繁盛,五十余家,稍逊县治,实所属巨镇也,距城五十里。一朝阳坡。在县治西南南振康社,街东西长五里,南北宽一里,商务二十余家,距城七十里。一杨家大城。在县治西北北保艾社,街东西长四里,南北宽一里余,商务二十余家。经庚子兵燹,稍见萧条,距城七十里。一五家镇。在县治东南南裕丰社,街东西长三里,南北宽一里,付有小本营生商务六七家,距城五十里。

(清 孙云章纂:《怀德县乡土志》,村镇,清光绪三十二年铅印本。)

〔民国二十年前后,吉林辑安县〕 外岔沟门,在城西一百一十里,前临鸭绿江,交通便利,杂货商三十余户,商业为全境之冠。林江口,在城西八十里,商铺二十余户,商业较外岔沟门为逊。富有街,在城西七十里,街长一里,殷实商铺二十余户(今通称榆树林)。黄柏甸,在城东五十五里,临鸭绿江,运输便利,商铺二十余户,极称兴盛。三道沟,在城东一百五十里,临鸭绿江,粮货出入便利,商铺三十余户,亦极兴盛。台上村在城西北一百四十里,车马往来,冬夏不绝,商铺十余户。沙宝甸,在城西北一百六十里,商业繁盛,商铺三十余户,街长半里。青沟门,在城北一百三十里,商铺十余户。热闹街,在城西北一百里,商铺三十余户。此外有因山川道路之便,久而渐成市廛者,虽非市镇,亦恒有商业上之关系,如一区东冈,五区双岔河,六区花甸子、久财源、八王朝,七区杨木桥,八区头道崴各村,均有商铺数户或十数户不等,俨然小市镇焉。

(刘天成等修,张拱垣等纂:《辑安县志》,卷一,疆域,城镇,市镇,民国二十年石印本。)

〔民国二十四年前后,吉林通化县〕 每逢旧历三、六、九日,农人必将田间所出,捆载入城,陈设市中销售,俗呼赶集。三日在东坝壕内,六日在东门外大街,九日在南门外大街。粮食如高粱、包米等销售未尽,则减价售于烧锅。

(刘天成修,李镇华纂:《通化县志》,卷二,礼俗志,集市,民国二十四年铅印本。)

〔民国二十六年前,吉林海龙县〕 该镇位于县城之西南,距城六十里,自海龙设治以来,即有斯镇,为西南一带农民之集市,有东西大街一,商户不下百数十家。铁路未修以前,系一繁盛之区,虽不及朝阳、山城两镇,然在乡村中以此为最。自奉海路通,梅河设市,该镇益日衰颓,现在直一农村耳。

(王永恩修,王春鹏等纂:《海龙县志》,卷二,地理,城镇,保安镇,民国二十六年铅印本。)

〔清光绪中叶,黑龙江〕 郑家屯,蒙古科尔沁部所辖,民户万余,为第一集镇,旅寓之大,视内省数倍。冬季之夕,每停车数百乘,宿人千余。……其地产粮食甚多,皆蒙古佣汉民工作。

(清 徐宗亮纂:《黑龙江述略》,卷八,丛录,清光绪中刻印本。)

〔清光绪十七年前后,黑龙江齐齐哈尔〕 齐齐哈尔西土城外,积水成洼,以小舟渡过,平冈上有观音庙一区,距诺尼江沿三里有余,环榆柳百数十株,帆樯出没,略似江乡风景。岁以四月八日起,二十日止,赛会演剧,居人市贾,各就草地卓帐布席,集知交于此,饮食嬉游,谓之"耍青"。外城亦间有驱车来者,百货骈集,时于此中交易,是为一年盛会。旧制草青时,蒙古部落及虞人,胥来互市,商贾移市以往,在城北十余里外,号"出尔罕会",历二十余日始散。今城北无此会,而城西庙会已盛行廿余年矣,不知起自何人也。

(清 徐宗亮纂:《黑龙江述略》,卷六,丛录,清光绪十七年刻本。)

〔清朝末年,黑龙江〕 呼伦西南三百里寿宁寺大市集,每年八月朔开市,满蒙索伦巴尔虎至者万人,华俄商贩交易而退。

(林传甲纂:《黑龙江乡土志》,地理,第七十四课,寿宁寺市场,民国二年铅印本。)

〔清代至民国十八年,黑龙江宾县〕 宾县襟山而带江,为东北赴木兰,东南赴同宾,西赴阿城之通衢,初名苇子沟,设站年代无考,实为蜚克图与色勒佛特库两站中正要站。原有东西大街一,计长三里许,南北开设大中铺户二十余座,小铺七十余座,居民三百余户,往街市者均称赴苇子沟,是为食县有市镇之始。……入民国来,凡百营业日见发展,现在商号栉比,楼阁相望,又焕然成一新市场焉。……二道河子,距县治西南一百四十里,东西大街一,长一里,宽三丈五尺,西南与阿城毗连,东南与双城接界,距火车站一里半。清光绪二十三年东清铁路告成,商户多迁移火车站,该镇遂日见萧条。

(赵汝梅、德寿修,朱衣点等纂:《宾县县志》,卷二,建置略,市镇,民国十八年铅印本。)

〔清朝末年至民国初年，黑龙江肇州县〕　肇州县原设同知，治嫩江东，松花江北，郭尔罗旗后旗地，有肇州古城。县治及涝洲寻宿冈皆留商埠，县北丰乐镇市集甚盛（《乡土志》）。

（郭克兴辑：《黑龙江乡土录》，第一篇，方舆志，第三章，龙江道，黑龙江人民出版社一九八七年校点铅印本。）

〔清朝末年至民国初年，黑龙江绥化县〕　绥化县，在呼兰河上游，旧名北团林子。光绪设厅升府，今改县。东北有上集厂及新垦克音段，东有双河镇，南有津河镇，西有十间房，皆繁盛（《乡土志》）。

（郭克兴辑：《黑龙江乡土录》，第一篇，方舆志，第四章，绥兰道，黑龙江人民出版社一九八七年校点铅印本。）

〔清朝末年至民国初年，黑龙江海伦县〕　海伦县，治海伦河北，旧设副都统，号通肯城。光绪时改协领，设直隶同知，升府改县。土多黑壤，垦务兴盛。其南望奎镇，市集甚盛（《乡土志》）。

（郭克兴辑：《黑龙江乡土录》，第一篇，方舆志，第四章，绥兰道，黑龙江人民出版社一九八七年校点铅印本。）

〔清朝末年至民国初年，黑龙江甘南县〕　甘南井子，在省西北两站，近布特哈西路，放荒已竣。设巡防局，拟于富拉尔基设甘南县。临嫩江有铁路大桥，下通轮船，商肆颇盛（《乡土志》）。

（郭克兴辑：《黑龙江乡土录》，第一篇，方舆志，第三章，龙江道，甘南县，黑龙江人民出版社一九八七年校点铅印本。）

〔民国二年至十九年前后，黑龙江依安县〕　双阳镇，以双阳河命名，距城三十五里……现有商业：烧锅一，粮栈三十，钱庄六，油坊十，杂货行十，旅店三，药肆三，木铺八。三兴镇，原名东安镇……现有商业：粮栈十，钱庄三，杂货行八，旅店二，药肆三，木铺三。宝泉镇，于民国二年经绅民李秀招户开垦，创设镇基，俗呼为李秀街基。至民国五年，商民日渐稠密，经该绅等请设镇集。……现有商业：粮栈十，钱庄三，杂货行八，旅店三，药肆三，木铺八。

（梁岩修，何士举纂：《依安县志》，建置，商镇，民国十九年铅印本。）

〔民国八年至民国十九年，黑龙江呼兰县〕　松浦镇，在县南，距县治三十二里，民国八年所辟，设有市政局，占地二千七百余垧。市内邮政、电报、电话咸具，而呼海铁路管理局及总站皆在焉，交通便利，工商日渐发达，洵为县治区域内一极大市场也。康金井镇,在县东北,距县治七十里,旧为一小村屯,自从呼海路于此设车站,乃渐发达。民国十五年,又设市政分局经理之,占地二百七十余垧,马路、市房逐渐兴修,交通亦极便利。乐安镇,原名札喀和硕台,又名五站,前清于此置驿传焉。在县西,距县治六十里,公安第六分局驻之。镇有东西大街一道,约三里许;南北小街二道,名曰东十字街、西十字街,商会、农会、男女学校咸具,除松浦镇划归市政区外,县治所管辖者,此为一最大镇市云。沈家镇,即东沈家窝堡,在县东六十里,有东西街一道,约里许。当呼海路未于西沈家窝堡置站时,此处业工商者约二十余家,自沈家站立,移步换形矣。石人镇,即石人城子,在县北九十里,有东西街一道,约半里许。曩为北来大车孔道,市面颇盛。自呼海路车站成立后,反日渐萧条矣。

(廖飞鹏修,柯寅纂:《呼兰县志》,卷一,地理志,市镇,民国十九年铅印本。)

〔民国九年至十九年,黑龙江呼兰县〕 县属之松浦市,旧为一片荒甸,民国九年始辟市场,由省政府设市政局经营之,商贾渐集。民国十五、六年又行免税法,以广招徕,商业日称盛矣。……县属之康金井,于民国十六年呼海铁路告成,置有车站在焉,遂辟市场,置市政分局驻之,现在凡百营业,方在萌芽。……乐安镇商业,县属之乐安镇,旧为前清台站,开辟较早,肆市环列,呼兰河西南各屯粮食皆集此镇出售,而郭尔罗斯公后旗蒙古亦多往来交易,为县属最先发达之商场。……呼兰县属之对青山,自东铁火车设站之后,商业渐兴,特区之外复有市廛一处,惟北接满沟,南近哈埠,东邻五站,商业咸为所夺,未能发达。……县属市镇,此外复有沈家镇、石人城子等处,业商者各二十余家,要皆小本经营。

(廖飞鹏修,柯寅纂:《呼兰县志》,卷五,实业志,商业,民国十九年铅印本。)

〔民国十年前后,黑龙江依兰县〕 查依兰县全境之镇集,除县城之西门外大街外,又有两处,一在土龙山,名曰太平镇,尚觉民户云集,工商辐辏;一在草帽顶子,名曰吉兴镇,近年稍觉起色。

(杨步墀纂修:《吉林依兰县志》,乡间,市集,民国十年铅印本。)

〔民国十二年,黑龙江明水县〕 明水县,民国十二年秋,黑龙江督军吴俊升氏阅边,至拜泉县西南八十里三里三镇,又名兴隆镇,讶其繁盛非县治所能及,即改为三里三设治局,今已治(《三省地志》)。

(郭克兴辑:《黑龙江乡土录》,第一篇,方舆志,第三章,龙江道,黑龙江人民出版社一九八七年校点铅印本。)

〔民国十五年前后,黑龙江双城县〕 粮市,在城内协领公署附近,四面立有界牌,每日午前,乡人以车运粮至此待售。柴草市,在城内关帝庙前空场,每晨乡人车运柴草至此待售。工夫市,在城内城隍庙前,卖小工者聚于是待雇。马市,在西大街关帝庙西,卖骡马者聚焉。鱼市,在西大街路北。马车市,在北西二道街,各种车辆聚以待雇。

(高文垣等修,张鼐铭等纂:《双城县志》,卷二,舆地志,市集,民国十五年铅印本。)

〔民国十五年前后,黑龙江双城县〕 拉林镇,有烧锅二,当铺二,丝房五,杂货铺、粮栈及饭馆、旅店百余家。韩家甸,有烧锅一,杂货铺及饭馆、旅店三十余家。太平庄,有烧锅一,杂货铺及饭馆、旅店二十余家。东官所,有烧锅一,杂货铺二,而饭馆、旅店无之。

(高文垣等修,张鼐铭等纂:《双城县志》,卷九,实业志,商业,民国十五年铅印本。)

〔民国十五年前后,黑龙江双城县〕 韩家店,在城西七十里,各种商铺均有。东官所,在城正东六十五里,各种商铺均有。

(高文垣等修,张鼐铭等纂:《双城县志》,卷二,舆地志,市集,民国十五年铅印本。)

〔民国十九年,黑龙江呼伦县〕 查本县境内尽系蒙旗游牧区域,并无市镇,惟距县城西南二百五十里新巴尔虎界内之甘珠庙,于每年废历八月初一日至初五日开会一次。届期,县街商民均运输货物,齐集该处,与各镇赶会之蒙民施行交易,牲畜皮张等项交易状况与上古时代以货易货无异。该处会场并无街市房屋之设备,赶会者均临时自结毡市席地而居闲,会后即行解散,可称境内之临时交易市场。公司有广信公司、广信电灯厂、广信泰火磨等数家。

(佚名纂:《呼伦县志略》,商业,民国十九年修,抄本。)

〔元代初叶至清道光二十六年前后,陕西延安府安定县〕 瓦窑堡,按旧《志》,在县东三十里,元初建,因山为堡,地当三川口,贸易者众,山西及韩城人尤多,集期三、八日。

(清 姚国龄修,米毓璋纂:《安定县志》,卷二,建置志,堡镇,附集期,清道光二十六年刻本。)

注:安定县今为子长县。

〔明朝年间,陕西西安府武功县〕 市集在县方内者三,而县不论。最大者,长宁集,月无间日。游凤集、普济集,以日相递而已。

(明 康海纂:《武功县志》,卷一,建置志,清乾隆二十六年刻本。)

〔明隆庆年间至清光绪二十四年前后，陕西汉中府洋县〕　市集：明隆庆间，四关、青阳等街七处转市。万历间，令李用中定于儒学前。皇清康熙二十七年，知县谢景安改为四街轮转，遇闰在小西门，以从民便，今仍之。四乡集市：东路，槐树关，三日一集。西水河，今无。金水河，三日一集。杨庄河，三日一集。高原寺，三日一集。周家坎，三日一集。龙亭铺，未详。新铺，三日一集。秧田坝，未详。女儿坝，未详。铁白铺，未详。子午镇，未详。真符镇，未详。枣园铺，未详。锅滩，三日一集。南路，沙溪河，三日一集。黄家营，三日一集。西路，溢水村，上下村轮转，三日一集。谢村镇，每日集。马畅，每日集。智果寺，每日晨集，寅聚辰散。北路，华阳镇，以一、四、七日轮转。茅坪镇，三日一集。铁冶河，上下轮转，以三、六、九日集。窑坪，上下街转换，三日一集。黑峡子，今无。八里关，今无。栀子坝，今无。平洛河，今无。沙坝街，今无。小佛爷坪，今无。

（清　张鹏翼纂修：《洋县志》，卷三，土地志，市集，清光绪二十四年刻本。）

〔明崇祯二年至清乾隆三十年前后，陕西西安府耀州〕　州市集原在城中，崇正二年流贼横起，门禁奸细，难稽出入，改西城外与南关外，今仍在城中。

（清　汪灏修，钟研斋纂：《续耀州志》，卷四，田赋志，市集，清乾隆三十年刻本。）

〔清代以前至清朝年间，陕西榆林府神木县〕　神木大川口堡，旧设市口，为北丁交易之处，但性多狡黠焉，乞款寻即塞盟肘腋之虞，变生不测。迨至国朝定鼎，套长宾服，锋镝不鸣，每以毡、皮、毡、盐、牛、羊之属易买布匹、烟、茶，单民仰赖什一之利焉。市厂，在城北七里，与北丁贸易。

（清　王致云修，朱壎纂，张深补编：《神木县志》，卷一，市集，清道光二十一年刻本。）

〔清康熙十二年前后，陕西延绥镇〕　边市：距镇城之北十里许，为红山市；又东为神木市；又东为黄甫川市，皆属国互市处也。正月望后，择日开市，间一日一市，镇人习蒙古语者，持货往市。有土城，不屋，陶穴以居，或施帐焉，其货则湖茶、苏布、绸缎、盐、烟，不以米，不以军器。蒙古之至者则羊绒、驼毛、狐皮、羔皮、牛、羊、兔，不以马。……评曰：有明之互市，惟于西番行之，和好最久，若开原、广宁、大同、宣府诸市，或开或罢，惟延宁之花马池市、红山市颇有利，然未有如今日之盛者也。

（清　许占魁修，谭吉璁纂：《延绥镇志》，卷二，食志，市集，清康熙十二年刻本。）

〔清康熙五十二年前后，陕西凤翔府陇州〕　州城东街市，西街市、南街市，每日一市，十日一轮。三乡马鹿镇市、县头镇市、故川镇市，俱以双日作市。

（清　罗彰彝等纂修：《陇州志》，卷三，田赋志，市集，清康熙五十二年刻本。）

〔**清乾隆三十年前后,陕西西安府同官县**〕 邑之市集渺矣哉,明远一街,坊肆百余座耳,布粟蔬薪而外,更无长物,余皆于会期取给焉。其在四镇者,惟陈炉称最,每集设备牙行,岁共输税银六十余两。惟西乡无集场,向来亦私勒税。

(清 袁文观纂修:《同官县志》,卷二,建置,市镇,清乾隆三十年刻本。)

〔**清乾隆三十一年前后,陕西凤翔府陇州**〕 县头镇:州南离城一百二十里,即旧吴山县治,为商贾聚集之地,繁盛不减州城,间日一市。

(清 吴炳纂修:《陇州续志》,卷二,建置志,市镇,清乾隆三十一年刻本。)

〔**清乾隆三十二年前后,陕西凤翔府凤翔县**〕 横水镇,城东三十里,双日市。虢王镇,城东南四十里,双日市。彪角镇,城东南三十里,单日市。陈村镇,城西南三十里,单日市。

(清 罗鳌修,周方炯、刘震纂:《凤翔县志》,卷二,建置,市镇,清乾隆三十二年刻本。)

〔**清乾隆四十八年前后,陕西榆林府府谷县**〕 麻地沟边市,在县东北九十里,黄甫川东北二十里,名黄甫市口,与蒙古互易处也。每月逢十日集场,其货则梭布、草缎等物,不以军器。蒙古至者则绒毛皮、牛、羊、兔、盐、木植等物,不以金。旧因茶税苦赔,商贾裹足,今茶税邀免,境称悦来,而土人亦多习番语,蒙古颇知汉音,交易俱公平无扰,一应过往货物、牲畜等税,系杀虎口抽分,衙门征收县税止收市卖牲畜,归黄甫堡地方数内报销。《镇志》:黄甫之呆黄坪市,在黄甫堡北门外,明蒙民交易处,自市移麻地沟,此坪遂废。

(清 郑居中、麟书纂修:《府谷县志》,卷一,市集,清乾隆四十八年刻本。)

〔**清代中叶至民国三十年,陕西洛川县**〕 民国三十年调查洛川全县市集……共计逢会处所十五处。……按:集与会旧义不同,自清中叶以来,各地废兴亦不一。刘《志》云:本城四街店铺不及百家,本地居民交易,凡买卖牲口之期曰会,巢籴米粮之期曰集。每月会凡三日,牲口或有或无。间日一集,米粮以升斗计,无商贩。各乡村会集,或每年一日、二三日,或每月一二日、三四日、至多五六日不等。皆系本地居民交易,或韩城、白水接界附近居民往来交易,无远地商贩。上基、旧县或间有之,只系小本贸易,脚力营生,无富商大贾居积之侉也。此则百余年前洛川经济市集之概况也。

(余正东修,黎锦熙纂:《洛川县志》,卷九,工商志,商,集会,民国三十三年铅印本。)

〔清嘉庆二十四年前后,陕西邠州三水县〕 濛口市,康熙二十四年秋八月,邑令王永名于官亭之下捐造店房,设复墟市,以三、五、九日为期,改为官亭墟。

(清 李友榕等修,邓云龙等纂:《三水县志》,卷一,墟市,清嘉庆二十四年刻本,民国十二年影印本。)

〔清道光二十一年前后,陕西凤翔府汧阳县〕 黄里镇,县东二十里,双日市。草碧镇,县西四十里,单日市。上店镇,县西八十里。高崖镇,县北九十里。

(清 罗日壁纂修:《重修汧阳县志》,卷二,建置志,市镇,清道光二十一年刻本。)

〔清道光二十六年前后,陕西汉中府略阳县〕 邑之市集不一,其久废者不及备载,载其今有者二十有七……易市之期有一、四、七,二、五、八,三、六、九之不同。

(清 谭瑀修,黎成德等纂:《重修略阳县志》,卷一,舆地部,市集,清光绪二十六年刻本,清道光三十年重刻本。)

〔清道光二十九年前后,陕西兴安府石泉县〕 市集,在县方内者十,而县不论。最大者前池河、饶风、银杏坝、熨斗坝,其余油房坎、三官庙、迎风沟、两河、梅湖、新场铺,户十数家而已。

(清 舒钧纂修:《石泉县志》,卷一,建置志,市集,清道光二十九年刻本。)

〔清光绪五年前后,陕西汉中府定远厅〕 厅城市以三、六、九日一举,乡市或一、四、七或二、五、八日一举,凡二十有五日。

(清 余修凤纂修:《定远厅志》,卷二,地理志,镇市,清光绪五年刻本。)

〔清光绪十四年前后,陕西乾州永寿县〕 邑民有会即有市易,如正月十六日南寺,二月十九日坚固庄,二十三日东岳庙,三月三日马王庙,七月十五日、八月初二日城隍庙,五月十三日、九月十三日关帝庙,皆会聚互市处也。然率不过一两日辄止。惟四月八日城隍庙之会为独盛,淹至二三十日云。

(清 郑德枢修,赵奇龄等纂:《永寿县重修新志》,卷三,建置,市集,清光绪十四年刻本。)

〔清光绪十八年前后,陕西凤县〕 县境向分六路,度其地势之邻近,各以乡约分属之。住址零星,村庄殊少,附居市集则烟户较稠。然治城以外无过六百户者,山僻交易辄赴数十里以外,俗所谓赶集也。

(清 朱子春等纂修:《凤县志》,卷一,地理,村集,清光绪十八年刻本。)

〔清光绪二十四年前后,陕西汉中府洋县〕 山民贸易定期赶场,有在市旁者,亦有开于无人烟之处,曰荒场。

（清　张鹏翼纂修:《洋县志》,卷七,风俗志,清光绪二十四年刻本。）

〔清代至民国二十一年,陕西华阴县〕　岳庙镇,在县东三里,即古莲衢也。华岳庙居中,左右商民环列,段分三街,户约二百余,广袤三里许,曰店城,曰江西庄,曰山西会馆,皆其最著者也。经常市集以旬之四、八为期。每当季春仲冬之月,有特别大会二,商贾如云,毂击肩摩,月余不解。同治间发回之变,屡经焚掠,四、八集又驱归县内,局势为之稍减。然地当孔道,胜迹犹存,旋废旋兴,不数年复成巨埠,客之西向入秦者至今犹津津乐道之。河口镇,在县东北三十里,即船司空官渡在焉,商舶往来,行旅辐辏,为境内著名繁富之区。惟历年河势南侵,日逼一日,商民再四播迁,不免有沧桑之感,故财货虽流通有余,而房舍之壮丽不足。吊桥镇,在县东三十里,东接潼关,南通商洛,商务以骡运盐布为大宗,若南道梗塞,盐布改由车运、河运,则生计渐蹙。敷水镇,在县西三十里,地面辽阔,人烟稠密……亦邑之巨镇也。同治元、五年,当商、银号被发回火烬,而市衰矣。光绪二十三年,钱色日坏,当商收债受其耗折,而市又衰矣。元气已索,恢复为难,故至今肆仍萧然,惟材木一项尚有起色。小镇有三,东曰泉店镇,介于岳镇、吊桥之间。自遭回发焚掠后,仅设零星小铺客店数家,虽沿大道,而行旅往来不过为息车暂歇之处,久已不成肆市矣。县西曰段村、曰焦镇,均有商民数十家,全系小本营业,而乡村环绕,居民稠密,每逢市集,而货物销售、银钱往来亦与大镇相等。

（米登岳修,张崇善等纂:《华阴县续志》,卷一,地理志,市镇,民国二十一年铅印本。）

〔清朝末年至民国十五年前后,陕西澄城县〕　境内市镇虽为出入货物经商之场,然仍为期日而市,交易日退之状况。

市镇一览表

区　名	镇　名	集会日期	清末时商号数	现在商号数
西区	交道镇 长闰镇	逢二、七日会 逢十日会	二十余家 十三家	六家 八家
西南区	韦庄镇 业善镇 醍醐镇	逢十日会 逢　日会 逢三日会	二十余家 二十余家 十五家	七家 八家 六家
东南区	寺前镇	逢二、六日会	一百余家	三十余家

(续表)

区　名	镇　名	集会日期	清末时商号数	现在商号数
东北区	赵庄镇 罗家洼 刘家洼	逢六、十日会 逢四、九日会 逢二、七日会	十三家 无 十余家	仅店二三家四家,惟皆窑居,无铺面门 三家
西北区	冯原镇 王庄镇 善化镇 关家桥 塌塚	逢五日会 逢四日会 逢二、六日会 逢九日会 逢十日会,今废	三十余家 三十余家 二十余家 二十家	十余家 八家 八家

（王怀斌修,赵邦楹纂:《澄城县附志》,卷四,商务,民国十五年铅印本。）

〔清朝末年至民国二十四年前后,陕西醴泉县〕　县城市,西南两街,每日市。赵村镇,在县东北二十里,一、五、八日市。按:该镇背倚昭陵,前临泪水,当出山要口,市肆尚称繁富,镇内广济寺有石鼓,故称石鼓赵村。南坊镇,在县西北六十里,单日市。按:斯镇北通永寿之常宁枸邑之土桥,居民贩运麦、炭、小盐等物,多经此销售。县内土产多药材,辄有客商收买。叱干镇,在县北六十里,三、四、六、九日市。按:斯镇北达淳化通神沟,清末市面萧条,贸易零落,民国以来渐有起色,物产与南坊略同。北屯镇,在县东北四十里,二、六、九日市。按:此镇出口货甘产牛、羊皮毛多集聚于此,京、津、沪、汉及河北、河南等处,皮商多来贩卖。清末市肆颇为繁富,嗣以地方不靖,皮市移于县内,市面骤形衰落,今则无一商户矣。永兴镇,即阡东镇,在县东五十里,二、六、九日市。按:泾阳、三原、甘肃客商往来贩运茶叶、土布、水烟、药材,多由此道。惜近年迭为匪扰,市面已不如前矣。史德镇,在县南二十里,每日市。按此镇市面昔称繁荣,清末已异常冷落,现只小贩数家而已。

（张道芷、胡铭荃修,曹骥观纂:《续修醴泉县志稿》,卷四,建置志,市镇,民国二十四年铅印本。）

〔民国十年前后,陕西南郑县〕　城内米粮集,旧分县街、丁字街、府街三处,今设总市于新街昭忠祠。东门外南有菜集一处,每晨人声沸腾,甚为热闹。东路十八里铺,市当冲衢,商贾云集,每日赴市者肩摩毂击。西路新街子市,通沔县大道,踞汉水北岸。周家坪、青树子、红庙塘、新集、喜神坝,均汉水西南境之山集场。南路湘水寺、牟家坝、法慈院、回军坝,均通川路,以牟家坝市集为最。

（郭凤洲、柴守愚修,刘定铎、蓝培厚纂:《续修南郑县志》,卷二,建置志,市集,民国十年刻本。）

〔民国十四年前后,陕西周至县〕 斯民交易者,有市集,而集分大小,市粮蔬者为小集,市牲畜暨诸货物者为大集。其大集,县内二、五、八日,终南、哑柏二镇均三、六、九日。其逐日小集,二镇与县内同,惟祖庵镇大小集同日,每月逢双日集。此邑内所为四大镇也。小镇八,无大集。日尚村镇单日集,捞店镇、青化镇双日集。广济、马召、焦家殿、紫头南、集贤五镇逐日集。乡镇赛会,外商云集,其交易每视大集为盛。

（庞文中修,任肇新等纂:《周至县志》,卷二,建置,市集,民国十四年铅印本。）

注:周至县今为周至县。

〔民国十九年前后,陕西横山县〕 县属各堡市镇商务萧条,非同内地通商大埠,其现存商场为县城西关、波罗堡、响水、西关、石湾镇、武家坡、石韩家、岔殿集市、五龙山,次如古水镇、油房头、麒麟沟、李邱坪、傅家坪、冷窑子镇等处,寥落数家,每月届期集会,各有日期,商贾会毕即散,一日中为市之遗也。

（刘济南修,曹子正纂:《横山县志》,卷三,交通志,市集,民国十九年石印本。）

〔民国二十一年前后,陕西平民县〕 旧《志》称,朝邑市集无输于关者。自土著大徙,而市亦减损。今犹在城内,每月逢废历四、九日日中为市,百货麇集,乡民奔赴,以有易无。

（杨瑞霆修,霍光缙纂:《平民县志》,卷一,建置志,市集,民国二十一年铅印本。）

注:平民县今为大荔县。

〔民国二十一年前后,陕西咸阳县〕 县东之窑店镇,市面虽小,而东路棉花商贩多集于此。县北微东之北杜镇、微西之马庄镇,商号仅四五家。西北双照镇,无富商大贾,遇一、五、八日,小贩尚伙。西南之王道镇,惟于秋冬日籴粜杂粮。若南贺镇,则屋少人稀,一穷困之荒村而已。

（刘安国修,吴廷锡、冯光裕纂:《重修咸阳县志》,卷一,地理志,市镇,民国二十一年铅印本。）

〔民国二十三年前后,陕西〕 陕右赛会,每借祀神开设,而其实在行销土货,所以通商皆有场集,南、北两山尤有定所、有定期,见诸志乘者不一而足。顾皆寻常日用之需、农民田器之类,奇技淫巧则无一焉。至若岁时开设大会,累月连朝,若省垣之城隍庙会、华阴之华岳庙会、三原之腊八会、凤翔之春秋赛会,招集众而市肆骈阗,贸易蕃而金钱萃集,小驵驳手与西人所谓赛会者伴矣。

（杨虎城、邵力子修,吴廷锡等纂:《续修陕西通志稿》,卷一百九十八,风俗四,赛会,民国二十三年铅印本。）

〔民国二十六年前后,陕西大荔县〕 县邑偏狭,民生简易,然通货便民,非集会不可。同州统辖十城,商市颇著,然终难跻各大商市之盛。荔境市镇,旧《志》虽载有数处,实惟羌白镇尚有规模,余则多无市会可举,各乡特立各会不能月举,犹可借以流通有无。……月会者,每月有定日也。县城内定三、七日为月会,畜市附之。一、五、九日为粜集。羌白镇定期四、九日为月会,畜市附之。南区胡村每月逢六日有畜会。年会……麦黄会者,荔俗士大夫亦多力农,四月麦黄,收获期近,城乡为事豫则立,多特立此会,以鬻购收麦各种农具。

（聂雨润修,李泰纂：《大荔县新志存稿》,卷四,土地志,城乡会会日,民国二十六年铅印本。）

〔民国三十三年前后,陕西宜川县〕 宜川各乡镇集市,昔甚殷繁,且多有相当历史。每逢集期,附近居民咸临交易外,仍有坐商经常营业。

（余正东等纂修：《宜川县志》,卷九,工商志,商业,民国三十三年铅印本。）

〔民国三十三年前后,陕西黄陵县〕 凡逢各城镇集市日期,坐商在本镇坐地买卖,行商则担运或驮运往赶各镇集市。其主要货物,有猪、羊、牛、驴、骡、马等。粮食惟城内、兴隆坊两处有之。

（余正东修,吴致勋等纂：《黄陵县志》,卷七,工商志,商业,民国三十三年铅印本。）

〔清朝年间至一九八七年,陕西安康县〕 商品集散型的集镇,清代有18处,民国增为25处,现发展到48处,占农村集镇50%。

（安康市地方志编纂委员会编：《安康县志》,第十八篇,城乡建设,陕西人民出版社一九八九年铅印本。）

〔明弘治年间至清康熙四十六年,甘肃兰州府河州〕 宁河镇市,州南六十里,居民五百余家,明洪治乙卯立市,三日一聚。定羌镇市,州南百二十里,居民五百余家,明洪治乙卯立市,三日一聚。

（清 王全臣纂修：《河州志》,卷一,城池,市廛附,清康熙四十六年刻本。）

〔清乾隆六年前后,甘肃阶州成县〕 四月十八日,传系城隍受封日,邑人争持羊、酒祝庆,四方商贾以百货贸易,经十余日。

（清 黄泳修,汪于雍纂：《成县新志》,卷二,风俗,清乾隆六年刻本。）

〔清乾隆六年前后,甘肃阶州成县〕 成地杂军民,道通蜀汉,故日中为市与贸迁有无者,每道路以相属。

（清　黄泳修,汪于雍纂：《成县新志》,卷二,村堡,市集,清乾隆六年刻本。）

〔清乾隆二十六年前后,甘肃庆阳府合水县〕　集场六处：东华池镇,距县城一百里。西华池镇,距县城七十里。固城镇,距县城六十里。太白镇,距县城一百二十里。打火店,距县城五十里。汉城集,距县城九十里。每隔三日一集,每处设立牲畜行、斗级行各一名,每年共纳牙帖银七两五钱,惟汉城牲畜行纳帖银一两五钱,斗行纳银一两,余俱各纳五钱。

（清　陶奕曾纂修：《合水县志》,上卷,关市,清乾隆二十六年刻本。）

〔清乾隆二十六年前后,甘肃庆阳府合水县〕　买卖,有粮之家赴集粜卖者甚少,或廒延小欺,多来籴之。……贫民籴升合者则于集,所以市益冷落焉。其他则柴炭农器乃此间贸易之物,然其货粗而利微,安能及人之抱布贸斯者能获吾民重价哉。

（清　陶奕曾纂修：《合水县志》,下卷,风俗,交易,清乾隆二十六年刻本。）

〔清乾隆三十五年以前,甘肃巩昌府伏羌县〕　永宁,伏邑巨镇也……烟火数千家,四方行旅商贾杂遝辐辏,附近村落骈趋入市,阛阓喧嚣,邑城远不逮。

（清　周铣修,叶芒纂：《伏羌县志》,卷十三,艺文志,记,《便商桥记》,清乾隆三十五年刻本。）

注：伏羌县今为甘谷县。

〔清光绪三十三年前后,甘肃巩昌府洮州厅〕　南门外营,在本城南门外,十日一集,谓之盈上。西河滩集,在旧城西门外,番汉贸易于此。三月会集、七月会集,二会集在本城南门外为戏,半月为期。月寺集为买骡马牛之所,十月寺亦然。十月寺集,此二集俱在卓尼,六月寺在六月初旬,十月寺在十月下旬,皆十日为期。按：洮州墟市或称为盈、或名为集……洮州墟市十日一会,聚时少,而散时多,故又谓之集云。

（清　张彦笃修,包永昌等纂：《洮州厅志》,卷三,建置,墟市,清光绪三十三年刻本。）

注：洮州厅今为临潭县。

〔民国十五年前后,甘肃渭源县〕　温家川镇,在县南二十里,有街市,零星商店只三五家。官堡镇,在县南七十里,街冲洞达,间阎且千,人民繁庶,商业发达,文化亦最进步,为渭源之胜区。庆坪镇,在县三十里,为巩秦狄河之冲衢,民户不满百家,旅店居多数。蒙八里,在县西北四十里,与姚七里腹皆相连。同治乱后,市场变成邱墟,至今犹未恢复。北大寨镇,在县北四十里,经劫后,商店无多,近来日增繁盛,店户、斗户居多,然较之官堡镇则悬殊焉。

(陈鸿宝纂修:《创修渭源县志》,卷二,舆地志,乡镇,民国十五年石印本。)

〔民国二十二年前后,甘肃华亭县〕 集,聚也。镇,重也。聚区村之民于重要之地,交易而退,各得其所,由来尚矣。华亭区各有镇,镇或有市有集,或仅有镇名而无市无集,有市无集者。此种贸易场之盛衰,当以生齿之繁减、地域之广狭、距离之远近、交通之便否为标准。……四条镇、高山镇则无市无集。麻庵镇、砚峡镇、九龙镇、窑头镇、主山镇、柴坻镇、新店镇、王天镇则均有市无集。亦有此镇无集而与接近之彼镇或彼市合集者,如高山镇、尚武村、珍林村则以月之三、七、十日而合集于下关村,窑头镇则以月之二、五、九日而合集于红山镇,四条镇则以月之四、八日而合集于上关村,马峡镇则以月之一、四、七为集,龙眼镇则以月之二五、八为集,山寨镇则以月之二五、九为集,安良镇则以月之单日为集,县城三、六、九日则各区镇之合集也。

(张次房修,辛邦隆纂:《华亭县志》,第二编,建置志,区村,附镇集堡寨,民国二十二年石印本。)

〔民国二十四年前后,甘肃镇原县〕 集者,市也。商人定日集于一地而相交易,既则散处,因名其地为集,亦谓之墟。……邑分八镇,商务以萧金为最盛,屯子次之,新城又其次也,而皆不能常会,或双日或单日或一、四、七或三、六、九,各随其俗之所宜。至午刻始会齐,则远近皆来,货物毕具,其古人日中为市之遗风乎。

(钱史彤、邹介民修,焦国理、慕寿祺纂:《重修镇原县志》,卷七,财赋志,集市,民国二十四年铅印本。)

〔先秦时期,秦国北部〕 直市,在富平西南十五里,即秦文公所创,物无二价,故以直市为名。

(汉 辛氏撰:《三秦记》,清王谟《汉唐地理书钞》辑本。)

注:西汉朔方刺史部富平县今在宁夏吴忠县附近。

〔清乾隆四十五年前后,甘肃宁夏府〕 各堡寨距城稍远者,或以日朝市,或间日、间数日一市,或合数堡共趋一市,大抵米、盐、鸡、豚用物而已。其布帛、什器犹多市于城,若灵州之花马池、惠安堡、中卫之宁安堡,当孔道,通商贩,其市集之盛,殆与州邑等。

（清　张金城修,杨浣雨纂：《宁夏府志》,卷六,建置,坊市,清乾隆四十五年刻本。）

〔**清嘉庆三年前后,甘肃宁夏府灵州**〕　三月二十八日焚香东岳庙前后三日,并于东门外陈百货相贸易,老幼携持游观填溢。

（清　杨芳灿修,郭楷纂：《灵州志迹》,卷一,风俗,清嘉庆三年刻本。）

〔**民国十四年,宁夏豫旺县**〕　市集：本城列肆十余处,三、六、九交易。韦州堡列肆十余处,逐日交易。同心城列肆十余处,逐日交易。豫王城列肆十余处,逐日交易。

（朱恩昭纂：《豫旺县志》,卷二,建置志,市集,民国十四年修,抄本。）

注：豫旺县今为同心县。

〔**民国十六年前后,宁夏**〕　宁夏县市集四处：叶升堡,列肆数十处,三、六、九日交易。杨和堡,列肆数十处,逐日交易。许旺堡,列肆十余处,逐日交易。金贵堡,列肆十余处,三、六、九日交易。宁朔县市集三处：本城,列肆数十处,逐日交易,百货无缺。李俊堡,列肆数十处,二、五、八日交易,称繁富焉。瞿靖堡,列肆数十处,一、四、七日交易。中卫县市集七处：本城,内外列肆,而南关尤盛。宁安堡,列肆数十处,近驻电局、邮局、征收局,交易甲于各堡。宣和堡,列肆十数处,逐日交易。恩和堡,列肆十余处,三、六、九日交易。鸣沙洲,列肆十余处,逐日交易。白马滩,列肆十余处,二、五、八日交易。广武堡,元、明列肆最多。清初亦盛。咸同以降,屡被回扰,城中市肆颇觉荒凉,近渐有起色矣。平罗县市集七处：本城,列肆数十处。每逢二日交易。黄渚桥,列肆最多,三、六、九日交易。石嘴山,为通蒙古道,旧与蒙每月交易三次,民间逢初一、初十、二十交易。宝丰,列肆十余处,三、五、八日交易。头闸,列肆十余处,一、四、七日交易。李刚堡,列肆十余处,逐日交易。洪广堡,列肆十余处,逐日交易。灵武县市集四处：本城,列肆数十处,一、四、七日交易。崇兴寨,列肆十余处,二、五、八日交易。吴忠堡,列肆数十处,三、六、九日交易,逢集至者骈肩累足,极为繁盛。横城,列肆十余处,逐日交易。金积县市集四处：本城,列肆数十处,逐日交易,商贾云集。秦坝堡,一名秦坝关,列肆十余处,逐日交易。忠营堡,列肆十余处,逐日交易。汉伯堡,列肆十余处,逐日交易。盐池县,市集四处：本城,列肆数十处,逐日交易。愚女堡,列肆十余处,逐日交易。大水坑,列肆数十处,三、六、九日交易。宝塔,列肆十余处,逐日交易。镇戎县市集四处：本城,列肆十余处,三、六、九日交易。韦州堡,列肆十余处,逐日交易。同心城,列肆十余处,逐日交易。豫王城,列肆十余交易。按:宁夏郡城人烟辐辏,商贾骈集,阛阓纷列,货物杂陈,夙称西陲一大都会。其余各属地小而僻,多就通衢贸易街市,故不分载。各堡寨距城稍远者,或以日中市,或间数日一市,或合数堡共趋一市,大抵米、面、油、盐、鸡、豚日用之物而已。其布帛、重器多市于城,若灵武之吴忠堡。中卫之宁安堡。平罗之石嘴山、黄渚桥,当孔道,通商贩,虽难与郡城并论,而市集之盛,要亦不在自邻以下矣。

（陈必淮修,王之臣纂：《朔方道志》,卷五,建置志下,市集,民国十六年铅印本。）

〔民国二十四年,宁夏隆德县〕 贸易之盛衰,当以生齿之繁减、地域之广狭、距离之远近、交通之便否为标准。隆邑集市合城内及乡镇共有九处,所销售者,不过杂粮、畜类及零星物件,无富商大贾之往来,亦无大宗货物之起落,商店税务极形萧条。

（桑丹桂修,陈国栋纂：《重修隆德县志》,卷一,建置,县市,民国二十四年修,石印本。）

〔民国九年,青海玉树〕 番族生活甚低,交通不便,居民往往以实物相交易。结古为玉树二十五族走集之地,然商贾多川边客番及川、陕、甘汉人,土人经商者甚少,各族亦无常设市场其交易也,约有一定之时间、地点,略如内地乡镇之集会焉。

（周希武编：《玉树土司调查记》,卷下,实业,商业,民国九年编,抄本。）

〔民国三十二年前后,青海鲁仓〕 鲁仓在贵德县之南,连吉山之西,什尔郭河在其南,图尔根河在其北,番汉等族错居,为各族互市之所。

（许公武纂：《青海志略》,第四章,青海之自然区域及政治区域,二十一,鲁仓,民国三十四年铅印本。）

〔清乾隆三十七年,新疆〕 回人交易之市名曰巴杂尔,岁首第一日曰沙木毕,第二日曰雅克沙木毕,第三日曰都沙木毕,第四日曰赛沙木毕,第五日曰插沙木毕,第六日曰排沙木毕,第七日曰阿萨那,以阿萨那日为期,周而复始,如北方之集、南方之墟。是日各处之粗细货物俱驮负而来,以及牛、羊、马匹牲畜、瓜、果咸备,男女杂处,言语纷纭,互相贸易,傍晚多醉而归,无经纪牙行,但凭在市众人讲说定价。计量米粮并无升斗,以察拉克噶尔布尔巴特满计之,每一察拉克乃十斤,每八察拉克为一噶尔布尔乃八十斤,每八噶尔布尔为一巴特满乃六百四十斤。惟察拉克系用挺木一根,两头各系一木盘,类乎天平,却无砝码。以普儿钱为准,每普八钱五文谓之一两,以普八较准铁石、土块为凭。金、银、脂粉、绒线、棉花、米粮等项,俱以察拉克秤兑,布帛之长短以定数论之,每布一匹较之内地尺寸长一丈六尺,宽一尺五寸,若买零布,每见方谓之叶立木哈斯,即内地一尺再加一倍,谓之倍哈斯,即二尺也。他如买油、肉等食物,亦以察拉克计之。

（清　苏尔德纂修:《回疆志》,卷三,交易,清乾隆三十七年修,抄本。)

〔**清嘉庆十二年,新疆**〕　日中之市,名为八杂尔,每七日一集,交易以内地元宝为贵,否则疑有赝伪。钱以红铜为之,一钱为一普尔,五十普尔为一腾格,量谷以帽数,多则用他哈尔,即小布袋也,大者谓之帕特玛。

（清　祁韵士纂:《西陲事略》,卷四,回俗纪闻,清嘉庆十二年纂,清道光十七年刻本。）

〔**清光绪三十四年前后,新疆莎车府**〕　贸易限以八栅,七日为期,所市均系本地土产,小贸营生,一千人之谱,无富商巨贾。

（清　甘曜湘纂修:《莎车乡土志》,实业,一九五五年据清光绪三十四年稿本油印本。）

〔**清光绪三十四年前后,新疆库车沙雅县**〕　境内地居偏僻,素无大商,每逢八栅之期,或他处行商,或本处男妇,毋论外货、土物,手携背负,车载马驮,或集市间。产地贸易朝集晚散,非同内地市镇瑰货之充溢。

（清　张绍伯纂:《沙雅县乡土志》,商务,一九五五年据清光绪三十四年稿本油印本。）

〔**清光绪三十四年前后,新疆阿克苏温宿县柯坪**〕　七日一市,商民云集,以有易无。

（清　潘宗岳纂:《温宿县分防柯坪乡土志》,人类,一九五五年据清光绪三十四年稿本油印本。）

〔**清光绪三十四年前后,新疆乌什厅**〕　贸易限以八栅,七日为期,所市皆本地土产,无他货物。

（佚名纂:《乌什直隶厅乡土志》,实业,一九五五年据清光绪三十四年稿本油印本。）

〔**清光绪三十四年前后,新疆阿克苏拜城县**〕　俚俗,按七日一轮开市,谓之八栅,平日则无买卖。

（佚名纂:《拜城县乡土志》,实业,一九五五年据清光绪三十四年稿本油印本。）

〔**清光绪三十四年前后,新疆叶尔羌皮山县**〕　本境产物蚕茧、木器、皮纸、牛羊皮毛渐有商贩,并无成庄大宗,其余各产仅供本地之用,每逢七日一轮,日中为市,以通有无。

(佚名纂:《皮山县乡土志》,商务,一九五五年据清光绪三十四年稿本油印本。)

〔明万历年间至清光绪年间,山东莱州府潍县〕 人类生活之所需,必赖交易而后备,是以人口日增者,其市场日盛。潍县辖毂胶东,行商坐贾日有增加,故山会市集之设立亦与人口而俱繁矣。按:明万历《志》,市二,一在城内大街十字口,一在东关大街十字口;集场三十,在城内者七,在东关者七,在南关、西关者各一,在乡者十五。……清康熙《志》,市二,一在城内大街十字口,一在东关大街十字口;集场在城内者革,在东关者四,在南关、西关、北关者各一,在乡者十七。……乾隆《志》与康熙《志》同。光绪《乡土志》,集场七十有三,在城内南门者一,在东关沙滩者一,其余七十一皆在乡。

(常之英修,刘祖干纂:《潍县志稿》,卷七,疆域志,会集,民国三十年铅印本。)

〔清雍正十一年前后,山东青州府乐安县〕 原《志》云城内外凡五集,月各占六日。今东关、南关、中大街三集俱废,惟西关、北关二集尚存,而西关尤盛。

(清 李方膺纂修:《乐安县志》,卷四,城池,附市镇,清雍正十一年刻本。)

注:乐安县于民国三年改名广饶县。

〔清乾隆六年前后,山东临清州夏津县〕 夏邑僻小,贸于市者除牲畜、杂粮、棉花、白布而外,无他珍奇。……市之在乡者,恒有集头以把持其中,而奸牙巧僧相为朋比。

(清 方学成修,梁大鲲纂:《夏津县志》,卷二,建置志,街市,清乾隆六年刻本。)

〔清道光二十年至二十六年,山东曹州府巨野县〕 柴薪菜蔬必须有集村庄方有卖者,至彼贸易,名曰赶集。

(清 黄维翰纂修,袁传裘续修:《巨野县志》,卷二十三,风俗志,饮食,清道光二十年修、二十六年续修刻本。)

〔清同治年间至民国年间,山东寿光县〕 清同光之际,侯镇为盐商荟萃之地,商业颇称繁盛,其后场署移于羊角沟,市肆亦随之而去。光绪间,羊角沟南迁以后,小清河岸商船停泊,连樯约三里许,杂货卸地,堆积如阜。自胶济路成,商人水运者少,强半由青岛搭车西运,商业渐衰。

(宋宪章修,邹允中、崔亦文纂:《寿光县志》,卷十一,实业志,商业,民国二十五年铅印本。)

〔清光绪二十四年至宣统二年前后，山东济南府齐东县〕 长福镇，距城三十里，因城迁移，附近商民于光绪二十四年接堤筑台，以立市廛，商贾群萃，贸易隆盛，遂成邑之巨镇。

（清　袁馥村等纂修：《齐东县乡土志》，卷下，地理，清宣统二年刻本。）

〔清光绪三十二年前后，山东东昌府高唐州〕 州境地处通衢，商贾麇集，城内与四乡著名市集，如州市、梁村市、夹滩市、南镇市、北镇市、涧河市五六区外，其余市集计有二十余区，备列其名于后。州市，州城南门内，三、六、九日集期。梁村市，城正北二十五里，二、七日集期。夹滩市，城东十八里，一、四、八日集期。南镇市，城正南三十五里，二、七日集期。北镇市，城东北三十里，三、八日集期。涧河市，城东北三十五里，一、六日集期。以上六区皆街市之大者，遇集期则四方辐辏，商贾如云，平时贸易则本街铺户而已，谓之为市，所以别于集也。

（清　周家齐编：《高唐州乡土志》，市镇，清光绪三十二年刻本。）

〔民国十七年前后，山东胶县〕 流亭市集，每逢旧历一、六等日，假流亭村外河滩集会，每次之平均露店七百三四十家，陈列总值三千六七百元，约当李村集三之一。其主要物品为棉花、煤油、火柴、苇笠、纸类、棉纱、小麦、粟、豆、高粱、玉蜀黍、豆粕、烟叶、布匹、烟卷、麻、食盐、干鱼、谷，其产及来路与李村集所陈列者同。流亭地界胶澳即墨之间，又当白沙河之下流，附近居民多集于此，即胶县方面亦有多少之关系也。华阴市集，每逢旧历四、九等日集会，露店数约得八百四五十家，较流亭集为多，而每次陈列平均总值二千五六百元，盖小本经营占其多数。华阴近山而僻，不如流亭之殷实矣，陈列之主要物品为棉花、棉纱、洋布、火柴、煤油、纸类、玉蜀黍、小麦、豌豆、土布、烟叶、麻、海产物，与流亭略同（以上见日本人著《李村要览》）。浮山所市集，为本区东南滨海一带各村庄之惟一市场，逢四逢九为期，每会莅场人数盛时可达四五千人，平时二千上下，尤以浮山所湛山一带居民及渔户居其多数。沧口市集，逢五逢十为期，每会盛时可千余人，少则五六百，陈列物品以工人需用为多。韩家庄、萧家庄，均在阴岛。萧家庄集，逢五逢十为期，每集莅会人数多则千余，少则四五百。韩家庄集，逢二逢七为期，莅会人数较少，仅与萧家集之半数耳。红石崖集，逢十逢六为期，因其地为海西胶诸两县出入要道，故集会亦有可观，每集莅会人数恒在千名内外。薛家岛市集，逢二逢七为期，乃薛家岛各村庄惟一贸易之所，每会人数八九百，时或倍之，渔户居其多数。（以上采访）

（赵琪修，袁荣叟纂：《胶澳志》，卷八，建置志，市廛，民国十七年铅印本。）

〔民国二十三年前后，山东临清县〕 集市之来源甚久，古者日中而市，交易而退，已开集市之先声。距城较远之乡多设市招商，居家用品皆取给于此，唐人谓之趁墟，今谓之赶集。大集竟日成市，小集则过午即散。境内所有集市均以五日为期，所市货品恒因土产之便与居民所需而互有不同，亦商业之一部也。……各区集市计三十四处，以花粮而兼牲畜者为最大，花粮次之，其专营粮市或花市者又次之，其余小市若第一区之东桥以五、十日为市期，大桥则以二、七日为期，均为禽鸟专市。第四区大坑之蔬菜市，三官庙之瓜果集，均每早有市，仅举行于夏秋之际，余时无有也。至乡区之工市，所在多有，然只限于雇工，并非商业，且聚散无恒，殊不足言市也。

（张自清修，张树梅、王贵笙纂：《临清县志》，经济志，商业，民国二十三年铅印本。）

〔民国二十四年前后，山东高密县〕 本县因交通便利，所有诸城、莒县及安邱一带之货物，率多取道于此，由本县转销各地。本县城关一带及夏庄、双羊店、井沟等处，均为本县商业交易中心，普通商业除均有固定地点铺面随时经营外，平时关厢五日一集，每届期，各商贩麇集于途，市面金融尚形活动，所售货务以粮食、布匹、铁器及各种杂货为主。

（余有林、曹梦九修，王照青纂：《高密县志》，卷七，实业志，商业，民国二十四年铅印本。）

〔民国二十四年前后，山东高密县〕 市集山会，肩挑贸易之小本经营无力购置大宗货物者，每于市集间懋迁有无，以博微利。市集以外，又有山会。每山会年或一次二次，每次一二日或三四日不等。会期，商人陈列百货，交易之繁盛，如同赛会，亦竞商之一途也。

（余有林、曹梦九修，王照青纂：《高密县志》，卷七，实业志，商业，民国二十四年铅印本。）

〔民国二十四年前后，山东德县〕 距德治北五十里之桑园镇，为本县之边境，与冀省之吴桥县、景县交壤，地居运河东岸，在津浦铁路之西，水陆交通极称便利，昔年商业颇属繁盛，近亦日见萧条。

（李树德修，董瑶林纂：《德县志》，卷十三，风土志，商务，民国二十四年铅印本。）

〔民国二十五年前后，山东清平县〕 城内居商无多，乡村贸易端赖集市。……查城乡集市均以五日为期，其较大者百货云集，竟日不散，亦商业之一助也。

（梁钟亭、路大遵修，张树梅纂：《清平县志》，实业志五，集市，民国二十五年铅印本。）

〔民国二十五年前后，山东牟平县〕 城关集，普通集期为五、十大集，三、八小集。大集，凡当地产品，如食粮柴薪果品牲畜鸡鸭海鲜杂器等，虽在数十里外，莫不麇集，而虾皮（小虾米）黄烟及日常用品之小贩且有来自外县者，聚会恒达数万人。小集，各物品类数量均较大集减少，比例当在百分之二三十。货物陈列各有定所，惟粮市鱼市向有六处，以地支按日分配：子午日北关，丑未日东关，寅申日柳林，卯酉日南关，辰戌日城里，己亥日西关。至小贩所设零物各摊，则随处皆是。……至每岁废历五月二十三日至月底为特别会期，商贾云集，百货竞赛，有数百里外来赴会者，名为州会。现虽改州为县，而州会之名仍旧。解甲庄集，在二区东解甲庄，距县二十里，地近烟台，负贩者货品多来自烟。交易以粟布为大宗，其余日常食品用品俱备。同区内尚有冶头集，在县西南三十五里。高陵集在县南偏西三十里，市面均比解甲庄集为小。莱山集，在三区内，距县四十里。市面繁盛，廛肆林立，牟福两界间，此为最大商场。除普通货物交易外，土产粉丝果品山茧皆出境。同区又有午台集，在县西北四十里，市面较莱山为小，地滨海岸，海鲜随时上市，附近如陈家、初家等处果品，尤为出口大宗。龙泉汤集，在四区内，距县四十里。介牟文之交，为东西往来要冲，城关及邻县多运货到此销售。又昆嵛山后远近山村出而交易者，必以此为中心点。输入品多洋货，输出品除柴薪药材外，以山茧为大宗。同区有上庄集，在县东三十里。酒馆集在县东六十里，现皆为汽车通过之地，运货最便。又有姜车庄集，在县东四十五里，局面较小。以上三集，所有市上交易物品，与龙泉汤略同。水道集，在五区内，距县六十里。市面交易，除普通物品外，有土产香稻米及沙金上市。同区又有尺坎集，在县南四十里。张家园集，在县东南六十里，均僻居昆嵛山里，野味柴薪山茧，皆输出品也。崖子集，在六区内，距县一百五里。六区地面辽阔，山陵起伏，崖子突现平原，实为商务荟萃之冲。往年丝茧盛行，崖子茧市为全县及邻县之冠。其他市品，亦应有尽有。同区又有观水集，在县西南九十里，崮头集在县西南九十里。留疃集在县西南一百二十里，市品皆与崖子略同，而局面皆不如崖子之大。又有大庄集，在县西南一百五里，系新开小集。午极集，在七区内，距县九十里。粮市最大，贩运出境。同区又有下于村集，与午极南北对峙，距县约四十里，亦农村交易之集中地也。玉林集，在八区内，距县一百十里。地处平原，道路通达，四方商贾辐辏，为县南境著名市场。土产黄烟桑茧颇多，为输出品。同区又有黄草庄集，局面较小。冯家集，在九区内，距县百里。九区别无他集，凡昆嵛山迤南，黄垒河两岸，远近百数十村，胥交易于此，实为县南第一大市场。市内商号林立，应有尽有,每逢集期,百货云集,山茧桑茧均为输出大宗。南黄集,在十区内,距县百二十里。地处平原,青威路由此经过,交通四达,为县境东南部最大市场,设有商会一处,与城商会划界分立。十区设集最多,东半部除南黄外,尚有浪暖、小观两集,均系小集。西半部有孤山、黄疃、石头圈、万户四集。万户系新开小集,只有附近山村聚会。孤山、黄疃、石头圈三集,则范围较广,市场亦较完备,粮市上除麦豆等常品外,穄子甘薯颇多,秋期茧市亦盛,鱼市随时皆有。

（宋宪章等修,于清泮等纂:《牟平县志》,卷五,政治志,实业,民国二十五年铅印本。）

〔**宋、元朝至清光绪八年,江苏苏州府吴县周庄镇**〕 吾镇在晋唐时,本系村落,风俗清嘉,为张季鹰、陆鲁望钓游之所。宋元后,辟成市镇,历有明入国朝又二百余年,太平翔洽,生齿日繁。

（清 陶煦辑:《周庄镇志》,卷四,风俗,清光绪八年刻本。）

〔**南宋淳祐十一年前后,两浙西路平江府昆山县**〕 四月八日,尼寺设饭茶供,名无碍会。是日,浮屠浴佛,遍走闾里。望日山神诞,县迎神设佛老教以祈岁事,并社为会以送神。自山塘至邑,前幕次相属,红翠如画,它州负贩而来者肩袂陆续。

（宋凌万顷纂,边实续纂:《玉峰志》,卷上,风俗,宋淳祐十一年纂,咸淳八年续纂,清宣统元年刻本。）

〔**元朝至民国十七年前,江苏江都县瓜洲镇**〕 瓜洲,在江都县城南四十五里,东至丹徒县连城洲,西至花园港,南至金山,北至扬子桥,东北至冯家桥,皆瓜洲巡检司所辖也。昔为瓜洲村,乃扬子江之沙碛。沙渐长如瓜字,接连扬子江口,民居其上。自唐开元以后,渐为南北襟喉之处。上元初,刘展据广陵,设疑兵于瓜洲。明年,田神功等讨展军于瓜洲。宋绍兴三十一年,金亮南侵,扬州陷,刘锜留屯于此。德祐初,元伯颜陷建康,遣张宏范屯兵瓜洲,既而伯颜复遣阿术驻守瓜洲,断淮东援兵,由是视为要地,居民商贾骈集辐辏,谓之瓜洲镇。

（于树滋纂:《瓜洲续志》,卷一,疆域,瓜洲,民国十七年铅印本。）

〔**明朝初年至清乾隆十二年前后,江苏苏州府吴江县**〕 民人屯聚之所谓之村,有商贾贸易者谓之市,设官将禁防者谓之镇,三者名称之正也。其在流俗亦有不设官而称镇,既设官而仍称村者,凡县邑皆然。吾吴江之镇市村,其见于莫《志》者,村二百四十九,市三,镇四而已。徐《志》之镇与莫同,而市增其七,村则互有详略。至屈《志》而复增一市三增焉。曰平望,曰黎里,曰同里,曰震泽,莫、徐之四镇也。曰县市,曰江南,曰新杭,莫之三市也。曰八斥,曰双杨,曰严墓,曰檀邱,曰梅堰,曰盛泽,曰庉村,徐所增之七市也。曰黄溪,屈所增之一市也。曰盛泽,曰芦墟,曰庄练塘,屈所增之三镇也。凡镇七市十,盖自明初至我朝三百余年间,民物滋丰,工商辐辏,月异而岁不同,此三《志》之市镇所以递有增易,而村则小者日多,名亦益俗,固不可得而复增矣。雍正四年分置震泽县,去其专属震泽者,而吴江存镇四市五村一百七十五,其县市,平望镇则为两县所分辖,今悉列三者于篇,而镇市之先后盛衰及所由始者加详焉。盛泽镇,在二十都,去县治东南六十里。明初以村名,居民止五六十家。嘉靖间倍之,以绫绸为业,始称为市。迄今居民百倍于昔,绫绸之聚亦且十倍,四方大贾辇金至者无虚日,每日中为市,舟楫塞港,街道肩摩,盖其繁阜喧盛,实为邑中诸镇之第一。黎里镇,在二十三都东,去县治东南四十五里(旧《志》云二十里,误),明成弘间为邑巨镇,居民千百家,百货并集,无异城市。自隆庆迄今,货物贸易如明初居民更二三倍焉。平望镇,在二十四都,去县治东南四十七里(东汉时以乡称)。宋、元间,两岸邸肆间列,以便行旅。明初居民千百家,百货贸易如小邑。然自弘治迄今,居民日增,货物益备,而米及豆、麦尤多,千艘万舸,远近毕集,俗以小枫桥称之。分县后,惟在运河之东与南者仍隶吴江,盖三之一云。同里镇,在二十六都,去县治东南十余里,宋元间民物丰阜,商贩骈集,百工之事咸具,园池亭榭,声伎歌舞,冠绝一时。明初居民千百家,室宇丛密,街巷逶迤,市物腾沸,可方州郡。嘉隆而后,稍不逮昔,然居民日增,贸易至今犹盛焉。芦墟镇,在二十九都,去县治东南五十里(屈《志》云九十里,误)。明以前以村名,国朝康熙中,居民至千家,货物并集,设官将领之,乃始称镇。迄今民日增,贸易益盛。庄练塘镇,在二十九都,去县治东九十里,与长洲、青浦合辖,民居稠密,百货俱备,其居吴江者今几千家。

(清 陈荩缵修,倪师孟、沈彤纂:《吴江县志》,卷四,疆土,镇市村,清乾隆十二年刻本,民国间石印重印本。)

〔明弘治元年前后,南京苏州府吴江县〕 吴江为邑,号称富庶,在城有县市,在乡有四镇,及凡村落之大者,商贾之往来,货物之贸易,红尘瀚然,自朝至暮无虚日云。县市在吴淞江上,西滨太湖,去郡城盘门四十五里,号江上。春秋时越败吴于笠泽,即其地也。旧经云城九十里之方,市无千家之聚。今民生富庶,城内外接栋而居者烟火万井,楼台亭榭与释老之宫掩映如画。其运河支河贯注入城,屈曲旁通,舟楫甚便。其城内及四门之外皆市廛阛阓,商贾辐辏,货物腾涌,垄断之人居多。当冬初输粮之际,千艘万舸远近毕集。其北门内外两仓场米廪如南山之笋,何其盛也。出城东门,过长桥为江南市,居民又千百家,使舟、官舰之往来,贡赋财物之接迎,朝暮不绝,难以备述云。平望镇,在二十四都,鸯脂湖之滨,去县治东南四十里,有巡司水驿,冲要之所也。湖滨有殊胜寺、清真道院,居民千百家,自成市井。黎里镇,在二十三都西,去县治东南二十里,居民千百家,舟楫辐辏,货物腾涌,喧盛不减城市,盖一邑之巨镇也。……同里镇,在二十六都,旧名当土。……居民千百家,懋易犹盛,亦一方之巨镇也。……震泽镇,在十都太湖之滨,去县治西南九十里。……居民亦千百家,自成市井。

（明 莫旦纂修:《吴江县志》,卷二,市镇,明弘治元年刻本,民国十一年传抄本。)

〔明弘治九年前后,南京应天府句容县〕 湖熟市,在临泉乡五十里,与上元县人民参杂相处,客商贸易颇盛。

（明 王僖征修,程文纂:《句容县志》,卷之一,市,明弘治九年刻本。)

〔明弘治年间至清乾隆十二年前后,江苏苏州府吴江县〕 县市,旧自县治达于四门内外,元以前无千家之聚,明成弘间,居民乃至二千余家,坊巷井络,栋宇鳞次,百货俱集,通衢市肆,以贸易为事者往来无虚日。嘉隆以来,居民益增,贸易与昔不异。分县后,惟在城内,后河南及自西水门外历南门至小东门外者仍属吴江县。江南市,距县治可一里许,在东门外长桥东,民夹运河南北以居,自成聚落,明初几及千家,贸易视县市十之四五。嘉靖间稍减,今亦未逮明初。八斥市,在三都东,离县治东南二十四里,地当南北要冲。明初居民仅数十家,嘉靖间乃至二百余家。多设酒馆以待行旅,久而居民辐辏,百货并集。明季庐舍毁于兵火,民多荡析。国初渐次安集,而市移于塘之东,迄今贸易亦盛,盖不减于昔云。新杭市,在二十一都,去县治东南七十五里,其南接秀水王江泾。自明以来,居民日盛,自成市井。黄溪市,在二十三都西,去县治东南六十里。明以前以村名,居民止数百家。国朝康熙中,至二千余家,货物贸易颇盛,遂称为市云。庵村市,在二十七都,去县治东二十里。明初以村名,有前后二村,嘉靖间始称为市,时居民数百家,铁工过半,迄今居民稍增,自成市井。

（清 陈莫缵修,倪师孟、沈彤纂:《吴江县志》,卷四,疆土,镇市村,清乾隆十二年刻本,民国间石印重印本。)

〔明正德元年前后,南京苏州府吴江县〕 县市,在吴淞江西,滨太湖,号江上。《旧经》云："城无十里，市无千家。"今民生富庶，倍于往昔。江南，出东门过长桥为市。

（明　王鏊等纂：《姑苏志》，卷十八，乡都，市镇村附，吴江县，明正德元年刻本，清乾隆间《四库全书》本。）

〔明正德元年前后，南京苏州府常熟县〕　奚浦，去县七十里，北通大江，饶鱼盐之利。

（明　王鏊等纂：《姑苏志》，卷十八，乡都，市镇村附，常熟县，明正德元年刻本，清乾隆间《四库全书》本。）

〔明正德元年前后，南京苏州府昆山县〕　半山桥，在县西北隅，居民辐辏，朝夕为市。旧在宝月桥南为市心，又有后市，在后市桥西。若古经所载都场市、永安市，则今不可考。

（明　王鏊等纂：《姑苏志》，卷十八，乡都，市镇村附，昆山县，明正德元年刻本，清乾隆间《四库全书》本。）

〔明正德元年前后，南京苏州府长洲县〕　大市，在东桥称为市心，古有东州市、谷市、小市，今皆名存市废。

（明　王鏊等纂：《姑苏志》，卷十八，乡都，市镇村附，长洲县，明正德元年刻本，清乾隆间《四库全书》本。）

〔明正德元午前后，南京苏州府吴县〕　月城，阊门内出城，自钓桥西渡僧桥南分为市心，旧有阛阓坊，两京各省商贾所集之处，又有南北濠、上下塘为市，尤繁盛。

（明　王鏊等纂：《姑苏志》，卷十八，乡都，市镇村附，吴县，明正德元年刻本，清乾隆间《四库全书》本。）

〔明正德元年前后，南京苏州府太仓州〕　双凤，去州北二十四里，又曰双林，居民稠密，市物旁午，亦多科第。

（明　王鏊等纂：《姑苏志》，卷十八，乡都，市镇村附，太仓州，明正德元年刻本，清乾隆间《四库全书》本。）

〔明嘉靖年间至清乾隆十一年前后，江苏苏州府震泽县〕　县市，旧自吴江县治达于四门内外。今自城内后河以北，城外西濠街及南门外濠河以南者并分属震泽，居民二千余家，栋宇鳞次，百货俱集，以贸易为事者往来无虚日云。双杨市，在十一都，去县治西南五十里。明初居民止数十家，以村名。嘉靖间始称为市，民至三百余家，自成市井，今大略相同。严墓市，在十七都，去县治西南八十里。明初以村名时已有邸肆，而居民止百余家。嘉靖间倍之，货物颇多，始称为市。今居民日增，贸易亦益盛矣。檀邱市，在十八都，去县治西南五十里。明成化中，居民四五十家，多以铁冶为业。至嘉靖间，数倍于昔，凡铜、铁、木、圬、乐、艺诸工皆备。迄今居民日增，货物并集，亦颇谊盛。梅堰市，在十九都，去县治西南六十五里。明初以村名，嘉靖间居民五百余家，自成市井，乃称为市。今居民货物日盛，俗遂称为镇。……横扇，有上下二扇。按：下横扇旧止三四酒肆，民家亦少。自雍正以来，居民辐辏，货物并聚，其盛不减市镇。

（清　陈和志修，倪师孟、沈彤纂：《震泽县志》，卷四，疆土，镇市村，清乾隆十一年刻本，清光绪十九年重刻本。）

〔明万历四年前后，南京苏州府昆山县〕　半山桥市，在县治西北，百物咸聚，交易者日昃始散。周市，在县东北二十里。陆家浜市，在县东南十二保夏驾浦南，创于宣德初年，客商、货物咸自他郡而来，颇称繁庶。市心，在宝月桥南，今废。后市，在后市桥西，今废。红桥市，在县西北，今废。都场市、永安市，俱载旧《志》，今无可考。昆山镇，在县治东南，钱氏时设防遏使主之。元时亦设昆山镇巡检司。本朝洪武初革去。兵墟镇，在县东南十八里，东通太仓，南接吴淞江，有税课子局。四桥镇，在县东南三十六里，商贾辏集，有税课纂节。石浦镇，在县东南四十里，南通淀山湖，北枕吴淞江，有巡检司。安亭镇，去县东南四十五里，与嘉定县接境，有税课子局。

（明　周世昌纂修：《昆山县志》，卷一，市镇，明万历四年刻本。）

〔明朝至清乾隆十一年前后，江苏苏州府震泽县〕　震泽县之镇市，旧吴江县镇市村之半也。凡民人所屯聚者谓之村，有商贾贸易者谓之市，设官将防遏者谓之镇，亦有不设官而称镇，既设官而仍称村者，名号正俗不同耳。旧吴江县之称镇者七，称市者十。按：旧吴江县市镇，其见于莫《志》者，镇曰平望、曰黎里、曰同里、曰震泽，市曰县市、曰江南、曰新杭。徐《志》亦载四镇而市增其七，曰八斥、曰双杨、曰严墓、曰檀邱、曰梅堰、曰盛泽、曰庵村。屈《志》复增黄溪市，而盛泽亦称镇，又增芦墟、章练塘二镇。盖至明初，至我朝三百余年间，民物滋丰，工商辐辏，月异而岁不同，故三《志》所载市镇递有增易也。……雍正间，析置县而震泽管镇一市四村九十七，其县市、平望镇则为两县所分辖。……

震泽镇在十都,地滨太湖,故名。去县治西南九十里。元时村市萧条,居民数十家。明成化中,至三四百家。嘉靖间倍之,而又过焉。迄今货物并聚,居民二三千家,实邑西之藩屏也。平望镇,在二十四都,去县治东南四十七里,东汉时以乡称,宋元间两岸邸肆间列,以便行旅。明初居民千百家,百货贸易如小邑。然自宏治迄今,居民日增,货物益备,而米及豆、麦尤多,千艘万舸,远近毕集,俗以小枫桥称之。今凡在运河之西与北者并分属震泽县,实得三分之二焉。

(清 陈和志修,倪师孟、沈彤纂:《震泽县志》,卷四,疆土,镇市村,清乾隆十一年刻本,清光绪十九年重刻本。)

〔**明朝至清乾隆十三年前后,江苏淮安府**〕 平河桥镇,城南五十里,枕堤跨河,村落市肆两相映带,田畴肥美,帆樯络绎,亦淮甸之门户也。……河北镇,去旧城北十里,新城西北三里,黄河未徙草湾以前,镇在河北,故名。今在河南矣,尚隔小河一道,今名盐河,即古黄河遗迹也。旧惟礼字坝有桥可通,余皆舟渡。今中有石桥,西有利济,商贾负贩接迹于途,较数十年以前为尤盛。明正德十年,开支家河接涟水,建批验引盐所于此,后又筑城护盐。今城已废,四门尚存,盐运分司旧驻安东,此地但有行署,今亦移驻于此。盐官所在,食力之家不下数千户,东西相距几二十里,郡北屏藩,此为重地。……浪石镇,治北三十里,旧浪石渡,有水道通海,为境内尾闾,后以水流淤淀,渐成沃壤,其地北连渔沟,南通王家营,为过客腰站之地。王家营新镇,治东北三十里,与清江浦分河为界,陆路入京,此为孔道。康熙二十七年,大水冲镇,知县管巨损资买地,东迁里余,居民复聚。……老子山镇,治西南一百里,与盱泗接壤,负山面湖,有稻塍网罟之利,鱼盐商贩亦皆丛集。近以湖水郁不东注,浸及山下阪田稻塍鱼利皆失其旧矣。

(清 卫哲治等修,顾栋高等纂:《淮安府志》,卷五,城池,镇,清乾隆十三年刻本,清咸丰二年重刻本。)

〔**明朝至清咸丰年间,江苏淮安府阜宁县**〕 明代庙湾为海运孔道,官民利涉亦群向庙湾问津。国朝海禁初开,商舶云集,闽、广、江、浙懋迁者接踵而来,民物繁富甲于下河。积久弊生,关吏之侵渔、差埠之扰诈,商贾视为畏途,久绝迹矣。而南河盛时,三厅七汛取多用宏,贫民不无溉润,其时八滩、东坎、羊寨、东沟诸镇集运饼豆常州、无锡者帆樯相属,今皆视为陈迹。自河徙军兴后,商民重困,生计萧条。

（清　阮本焱等修,殷自芳等纂:《阜宁县志》,卷一,疆域,恒产,清光绪十二年刻本。）

〔明朝至清光绪年间,江苏吴县光福镇〕　明杨仪部《吴邑志》曰：光福镇民炊千余,街陌交通,自昔相传,镇在梓里,然文献无证。今辖市四面环山,询称山市,民则依山而居,平旦而市。

（清　徐溥编,王镛等补辑:《光福志》,卷一,街市,清道光二十四年编,光绪二十三年补辑,民国十八年铅印本。）

〔明朝至民国二十三年前后,江苏阜宁县〕　邑俗每五日为集期,名曰逢集,有十日三集或四集者,亦有不逢集为常市者。每逢集之日,由辰至午,肆摊栉比,行人水流,是曰赶集,过此则人迹渐稀,谓为末集,日中为市,存古风焉。其市之小者皆农村为之贾人,无大资本,末集以后仍返其农村生活,远人或经其处,不知为市集也。城厢市,即古庙湾镇,明代为射湖入海之口,外洋贾舶均泊新丰市桥左右,嗣海口下移,市廛亦迭有变迁。考城厢内外之以市名者有新丰市,在新丰市桥南,明代新河未开时,商贾辐辏,倡优精美,为全镇菁华所在。草市,大关东沿河。康阜市,衢街口西大营前。东关市,在草市东。……今以南门大街为全城商务最盛之区,西街次之。喻口镇,古名淤㳚,在射河东岸,明代设喻口渡,光绪间仅存商店三四家。民国四年,镇人姚廷相等始创市集,以一、六为期,商务日有起色。新沟集,一作星沟,依大沙河、马路河为市,以五、十为集期。王家集,有前集、后集之分,商店凡十余家,以二七为集期,创于清宣统元年,翌年十月被匪抢劫,损失甚巨。每届秋季,市上杂粮颇多,猪、牛亦旺。北沙湾,以三、八为集期。仁和镇,以近仁和汛得名,地当淮河之滨,又为救生、放生两河受淮之口,清初市廛极为繁盛,逮东坎继兴,遂见减色,今名东坎后集。东坎镇,古名汪家坎,以在仁和镇前,故亦称前集。清代南河设防时经济宽裕,货物充斥,车骡络绎,舟楫联翩,贩运者相属于道。嗣黄河徙,军事兴,商务乃一落千丈,然其地南通射河,北界涟灌,水陆衔接,交通便利,烟户三四千,今仍为本邑第一大镇。附近多产黄豆,商业以豆油、豆饼为大宗,其他杂粮,远商采购者亦多。输入之货大都来自苏、杭、常、镇,以一、六为期,数十里内乡民麇集。自光复以来,军事驿骚,盗匪窃发,年谷不登,负担奇重,亦商民之厄运也。天赐场,昔为盐场,商务颇盛。自盐场裁并后,遂荒落,今以三、八为集期。大套集,在黄河南堤下,以二、七为集期。河未徙时,商业颇盛。冈墩套,在大套西南,黄河南堤下,清光绪十八年邑绅王冠龄纠合族众,引横沟河入市,以通航路,商业遂兴。陆家集,旧名水陆舍,以三、七、十为集期。头层集,在十丁头西,每逢二、七集期,为耕牛萃聚之所,故亦称牛集。郭家集,原名郭二层,以三、八为集期,杂粮多聚于此。蔡家桥,亦名北蔡家桥,以四、九为集期,原为东北乡巨镇,民国十九年秋被匪洗劫,全镇菁华丧失殆尽。大汛港,依射河北岸为市,清季商业颇盛,以腌猪为大宗,自蔡家桥五汛港相继代兴,遂不复振。八滩镇,旧在黄河南堤北面,后迁堤南,为古运料河之尾闾。南河设防时商业之盛亚于东坎,黄徙后渐形衰落。清季通济河浚成,遂渐发展。今以三、八为集期,滨河一带以为交易场所,为全县第四大镇。八巨镇,原名八区,在八滩镇西,黄河南堤外。孟工集,即普安集,今废。正兴集,原名吴家集,在八滩西北,黄河南堤内,以二、七为集期。石桥集,光绪初年创,旋废。大淤尖,有商店二十余家,为淤黄河口一带居民交易场所。十套集,在黄河北堤外。丝网滨,在旧黄河口,面海而居,而廛简朴,清嘉庆、道光间,海中渔户麇集于此,苏、淞鱼商皆航海至,故其地以鱼为主要商品,丝网之名亦以此。自黄河北去,日渐塌陷,市久在海底矣。东沟镇,亦称轧东沟,以二、七为集期,全镇形势如蟹之伸足。当清康熙初年,烟水苍茫,蒹葭弥望,居民仅百余家。三十五年,黄河决,童营、马逻居民多迁于此,遂以成聚。五十一年,镇人常永祚引水屯舟,招徕商贾,渐臻繁庶,嘉、道两朝号为银孔。自同治元年捻踞镇七日,民国二年又为匪劫,商业因之中落。然其他居淮射湖荡要津,凡涟灌土产必由此运往江南,江南之杉木、布匹、杂货亦由此分销长淮以北,于商业上实占优越之位置,盖邑中第二大镇也。……益林镇,以古益林浦得名,亦作一林。明代有陶益林来此,以名与地合遂家焉。旋以居者日众,乃创斯镇。地当海陵溪尾闾,北由陆路通淮涟,南由水路出湖荡。市容修整,百货骈集,贸易以杉木、布匹、帮船为大宗,而纸、糖各杂货销路亦广。盐城大贾多设栈于此,每逢一、六集期,数十里内外咸来贩运,为邑中第三大镇,有大街、北街、小河东街,牛市、帮猪市、落花生市。管计沟,原名顾家楼,在益林镇西三里,依海陵溪为市。雍正三年兴集,以四、九为集期,有大街、北街、猪市,今为自治区之夷吾镇。杨家集,沿角子港为市,有大街、西街,以三、八为集期。南去不数里即至马家荡,宵小乘时出没,商务无由发展。调和集,在杨家集南,以古调和甲得名,今废。陶家社,清乾嘉间社人陶晋鸣兴水利,招商贾,市廛渐以繁盛,西水叠注,遂废。今名陶老社。……马逻镇,在童家营西南,宋元之季曾移山阳县治于此,以资镇守。依马逻港为市,明万历三十二年镇人郎应期创修砖街。崇祯间港犹通贾舶,与羊寨并为巨镇。清康熙三十五年,河决港湮,镇人多迁东沟,遂废。大冲子,在童家营东南,以一、六为集期。板湖集,古名湖心镇,为由县城赴淮孔道,交易以四、九为集期,以河道失修,商业不振。钱家马头,在童家营,北依黄河南堤为市。芦浦镇,古名芦家庄,亦作芦铺,依黄河南堤为市,而芦浦一水纵贯于其间。明成化间犹为巨镇,清代黄河屡决,浦淤镇亦废。马家集,原名登山马,在芦浦东,以三、八为集期。周门集……依黄河南堤为市,以一、六为集期,商旅往来,轮蹄四达,商务与板湖相类。汪朱集,在板湖北十余里,以一、六为集期。陈家集,俗称小陈集,以二、七为集期。五汛港,沿民便河西岸为市,创始于民国二年,以三、八为集期,有商店三十余家。鲍家墩,在射湖北岸,依陈盐河为市,盐商昔以此为屯盐地。千秋港,俗称尖头港,民国六年华成及其他各公司先后来此投资开垦通海一带,佃农及邑中佣工、负贩忽增万余人,荒凉之区顿成闹市,外有大规模之小菜场,亦华成公司创也。年来水旱频仍,时虞匪患,垦务岁有损失,商业亦一蹶不振,今仅存店铺数家而已。四明镇,原名顾家庄,民国十八年兴集,以一、六为交易期。北陈庄,在射河南岸,民国初年兴集,有商店三十余家。……羊寨镇,即北羊寨,元代与马逻并称大镇,商务颇盛,市面以杂粮为大宗,江南各货亦多由此分销于淮河以北。桥南北及沿河东向有大街。北沙镇,唐宋时镇在淮河尾闾,明清两代市廛繁富,百货充斥。今以三、八为集期,商务远不如昔。陈家洋,亦名陈洋镇。通洋港,今称通洋镇,原名惩洋港,与各公司垦区逼近,岁有大宗棉花输出,往来市上多通海人。合兴镇,在通洋港东南三十里,合德公司新建,通、启、崇、海佃农以此为交易场所,商业蒸蒸日上,射河以南各镇远不及焉。大纲镇,大纲公司建。颖丰镇,在合兴镇西七里,原名双龙港,商业无足观。海河镇,其地昔曾设关,故名小关子,亦名海关镇,依海河北岸为市,水道四通,商务与陈家洋相类。陡港,在陈家洋、海关镇之间。凤谷村,亦作奉国村,跨□头河为市,南依鱼滨河,西界山阳,有大街,由东至西长一里半,以二、七为集期,商店五十余家,货物以杂粮为大宗。青沟镇,亦作清沟,或作青渠,依海滨河尾闾为市,海陵溪又横贯其间,古代号为巨镇,自河道失修,商业遂衰。同治之年,西捻踞之,损失尤重。民国以来,荡匪叠次告警,市场益形寥落。镇中有大街,东西长约一里,以一、六为集期,商店计二十余家。薛家嘴,逼近黄河旧堤,时虞水患,自筑高加堰后,始有居人,渐以成市。市容不整,街道低洼。今以三、八为集期,商店二十余家。陆陈行十八家,牛行八家,商业以杂粮、牛、豕为大宗。镇当淮、涟、阜三县交界处,故交易皆非县人。……任家桥,在凤谷村北十余里,每年春夏两季,马家荡所产柴草均运此转售西北各乡,市上柴堆远望之如层峦叠嶂,为全县唯一柴市,惟五月以后,依然一村落耳。六套集,在黄河北岸,河防未撤时商业颇盛,今渐衰微,以一、三、七、九为集期,有商店三十余家。龚家集,在黄河北堤外,清同治初年兴集,以二、五、七、十为集期,有商店十余家。七套集,亦名巨兴集,在八套西数里,集期与龚家集同,有商店四十余家。民生集,原名樊家庄,民国十九年兴集,以三、六、九为集期,商店只十余家。……獐沟镇,亦称头渡口,在救生河两岸,民国二年三月兴集,以一、四、六、九为集期,商店计二十余家。……窃子港,在獐沟镇北,清光绪三十三年兴集,以五、十为集期,商店仅数家,而摊卖极盛。天台庵,在獐沟镇东北,依放生河东岸为市,清光绪三十二年兴集,以二、七为集期,商务与窃子港同。……永兴集,在射湖北岸,与朦胧隔河相望,有大街、西街、南大巷、鱼市、柳木市,多酿酒家。以三、八为集期,以杂木为主要营业,凡水车用具无所不备,邻县、兴华、东台、盐城皆仰给焉。朦胧镇,在射河南岸,昔为巨镇,今废。硬家集,古为撒氏客庄,明季丁氏购之,改建街市,因名撒家集。光绪中,漕督某令改撒为硬,取硕大之义。以五、十为交易期,商务与永兴集相颉颃。板沟集,在板沟口西,距硕家集三里许,自硕家集兴,遂废。

(焦忠祖等修,庞友兰等纂:《阜宁县新志》,卷十四,商业志,市集,民国二十三年铅印本。)

〔明朝至民国二十五年前后,江苏泗阳县〕 城周七百十八丈,明崇祯时,废于河决,清时屡修。城内市肆寥落,商业不及城北之众兴集。……众兴集,距治十里,滨运河,为水陆之冲,商业兴盛,为县巨镇。

(殷惟和纂:《江苏六十一县志》,下卷,泗阳县,城市、村镇,民国二十五年铅印本。)

〔明朝末年至清道光末年,江苏苏州府元和县唯亭镇〕 唯亭在娄江上,为太仓、松江、崇明、昆山必由之要道。唐、宗时,民贫俗朴,人皆散处村庄。自明季以迄国朝,二百余年太平翔洽,聚庐而居,人烟稠密,比屋万家,男耕女织,俗尚勤俭。

(清 沈藻采辑:《元和唯亭志》,卷三,风俗,清道光二十九年刻本。)

〔清初至咸丰五年以后,江苏淮安府清河县王家营〕 昔者,河之未徙,捻乱之未发也,自清江浦以上至于京师,大小都会众矣。其滨河当冲,以商业为北道雄镇者,王家营其选也。其北大河口,产脂麻、萱花、长生、麦、菽,皆北货之良。当阛阓未烬,牙埠如林,王营或弗逮焉。然阅岁滋久,难悉考矣。初清之初叶,王家营客民凡二千余家（据里人杨穆重《迁王家营记》），顾率为流寓，土著者十不一二（乾隆《县志》）。其流寓者，尤多西北燕、辽、苏、晋、陕、洛、齐、鱼之人（《咸丰县志》）。地为入京孔道，北辕南楫，交会于此。故客民来者，大率峙积百产，为牙侩贩籴之事，三河关陇麦菽、楚粤文绮、河北旃裘、马赢果蓏之属，不避重阻，四方来会。而麦菽为大宗，有自兰州浮黄至者，其舟曰龟船，兼货烟草，归程水逆恒毁舟而鬻其材，皤发之叟犹亲见之。既入市，则有陈行操市易之平，凡三十六家（陆陈行通称粮行），里豪厚涎其利。雍正中，有不纳帖者九家，列肆曰代买行，婪索庸酬，或浮额费，然官有闻则禁之，势不能久也。诸客民中，惟晋贾为深藏若虚，其来稍后于苏人（布商苏人最先至）然善居积，尚刻啬，自布肆外，凡为质库一、酒栈六，而货钱深息者，犹不能悉计。是时，河水方盛，镇冯陵通津，轩盖日夜驰，故旅店之业亦伙，供张被服，竞为华侈。值会试之年，南尽岭外，西则豫章，百道并发，朝于上京，而此为交衢。当是时也，民之间居者，争变其宅为逆旅，旬日之人，与大贾抗。其自清真寺南趋，抵黄河大堤，皆轿车厂，凡百余家，大者推南严、北严，南鲍、北鲍，南于、北于、东汤、西汤。又有南时、北时，南李、北李等，富盛并雄一时，与后园大车厂四十八家，各以其车驰行北道，日出千车，则相惊寥落。又有骡厂七八家，则专给骑乘，计程取直，大抵轿车厂推解三义，大车厂推杨三义，骡厂推潘德昌，皆务以豪纵相高。春秋作社，丝管繁越，亘数月不已。初时观者殆如堵墙，积久厌生，场可罗雀焉。清世无徭役之法，然每遇官差，百业扰累。粮行、酒栈，南北驮载，悉以驴。里巷无赖，时或交连胥役，诡云驴头，遮道捉牢焉。则行栈受其病，又或官眷经过，封差供役，则厂累亦滋，商旅不敢出。斯数者，官有闻亦禁之，诸石刻之存者可睹也（见乾隆、嘉庆、道光诸谕禁碑）。若乃土著之家，则赀绌而业微。观前《志》所云，率皆屯聚转输麦菽之类，上下所至，不越千里，或拮据称贷，倚市列廛，亦大都吞蜡酒酢之微。其更下者，则以力食，虽靡所资，而涨贫，要其艰亦甚矣。（《乾隆志》：清无大商贾，大商贾皆客子耳；土著之人，即为小商，亦多称贷不足，上及南河光固，下及扬、苏等处，贩米豆为生涯，其市廛中不过香蜡酒蜡等物，借以糊口，虽逐末者众，亦征里户之多艰也。）自咸丰五年，河行张秋；其十年，捻入王家营，逆旅丰部落，而诸厂为蒿莱，故是操业之途乃变。

（张震南纂：《王家营志》卷三，职业，民国二十二年铅印本。）

〔清咸丰中叶以后，江苏淮安府清河县王家营〕 正德以后，黄河由汴泗单鱼丰沛间，河势冰裂，会通淤梗；嘉靖初，黄河改道出小清口，大清河垫为陆。自是，王家营去河泗口稍远,水陆分程,地位愈重,又大河合泗,逆水行舟有风涛之险。万历开泇,康熙开中运,地倾流急,牵挽艰难,行人裹足,王家营益居水陆冲要,南船北马,自清江浦渡黄河,车行达北平,俗称十八站。东南江浙朝会计偕,舍出王家营无他道,媲于襄樊,未或让焉。咸丰中,黄河涸徙,褰裳可涉,商旅北行,改由清江浦赁车,王家营非宿站,顿失形势。光绪中,津浦铁路成,辕辙易向,王家营乃夷为僻鄙,不复有问津者。余曾数经其地,又曾过开封之朱仙镇,阛阓肖〈萧〉索,彼此同之。

(张震南纂:《王家营志》,序,民国二十二年铅印本。)

〔清朝初年至光绪七年前后,江苏苏州府昆山、新阳县〕 昆山县境……天覆庵市,在菜区四图,介于徐公浦、瓦浦之间。国朝初,居民寥落,雍正年始成市。周巷市,离张浦镇五里许,国朝初为村庄,同治年间民居渐密,市廛集处五百余家。新阳县境:北陆家桥镇,在县治北二十里,嘉道年间,镇尚荒落,铺户十余家。咸丰庚申粤匪乱后,居民渐密,贸迁聚集,遂成市镇。

(清 金吴澜等修,汪堃等纂:《昆新两县续修合志》,卷八,市镇,清光绪七年刻本。)

〔清康熙二十三年前后,江苏苏州府长洲县〕 山塘市,储积商贾,川广诸货亦骈集焉。

(清 祝圣培修,蔡方炳、归圣脉纂:《长洲县志》,卷一,市镇,清康熙二十三年刻本。)

注:长洲县后并入吴县。

〔清乾隆元年前后,江苏扬州府泰州西溪镇〕 西溪镇,州东北百二十里,商贾萃聚之地。宋有西溪盐仓,天圣中范仲淹监西溪仓即此。明设巡司,今因之。

(清 尹继善等修,黄之隽等纂:《江南通志》,卷二十六,舆地志,关津,泰州,清乾隆元年刻本。)

〔清乾隆元年前后,江苏扬州府仪征县新城镇〕 新城镇,仪征县东十里,运河所经,商民凑集之地。

(清 尹继善等修,黄之隽等纂:《江南通志》,卷二十六,舆地志,关津,仪征县,清乾隆元年刻本。)

〔清乾隆元年前后,江苏扬州府甘泉县邵伯镇〕 邵伯镇,甘泉县北四十五里,官河东岸,商贾辐辏,帆樯云集,明初置巡司,又置邵伯递运于此,今因之。

(清 尹继善等修,黄之隽等纂:《江南通志》,卷二十六,舆地志,关津,甘泉县,清乾隆元年刻本。)

〔清乾隆元年前后，江苏常州江阴县杨舍镇等〕　杨舍镇，江阴县东七十五里，商旅辏集，宋设官兵守卫，为沿江冲要。……华墅镇，县东四十里，相近又有长寿镇，俱为市易之地。

（清　尹继善等修，黄之隽等纂：《江南通志》，卷二十五，舆地志，关津，江阴县，清乾隆元年刻本。）

〔清乾隆元年前后，江苏海州板浦镇〕　板浦镇，州东南四十里，商贾辐辏之所。

（清　尹继善等修，黄之隽等纂：《江南通志》，卷二十六，舆地志，关津，海州，清乾隆元年刻本。）

〔清乾隆元年前后，江苏常州府靖江县东阜镇等〕　东阜镇，靖江县东三十里，旧名斜桥市，商民萃处，分兵防守。生祠堂镇，县西十七里，北连泰兴，南通大江，商旅往来、舟楫交通处也。新丰市镇，县西三十五里。西宁镇，县西四十五里，旧名镇海市，距泰兴新市五里，民居稠密，百货骈集，为邑巨镇。

（清　尹继善等修，黄之隽等纂：《江南通志》，卷二十五，舆地志，关津，靖江县，清乾隆元年刻本。）

〔清乾隆元年前后，江苏镇江府丹徒县丹徒镇〕　丹徒镇，丹徒县东十五里，运道所经，商旅辐辏，有东西二港，皆通大江达运河。或曰镇，即故丹徒县，今土人称为旧县，有巡司。

（清　尹继善等修，黄之隽等纂：《江南通志》，卷二十六，舆地志，关津，丹徒县，清乾隆元年刻本。）

〔清乾隆元年前后，江苏淮安府山阳县清江浦镇等〕　西湖嘴市，山阳县运河东岸，舟楫停埠，商贾骈集。……清江浦镇，县城西三十里，古名公路浦，又名淮浦，水陆孔道，百货丛集。……庙湾镇，县东北一百八十里，为郡境要隘，海舟鳞集，商货阜通，有盐场。

（清　尹继善等修，黄之隽等纂：《江南通志》，卷二十六，舆地志，关津，山阳县，清乾隆元年刻本。）

〔清乾隆元年前后，江苏苏州府吴县浒墅关等〕　浒墅关，府西北二十七里，百货到此完税，有监收公署。枫关，阊门西七里，为南北冲要，地介吴、长二县，各省商米豆麦屯聚于此。

（清　尹继善等修，黄之隽等纂：《江南通志》，卷二十五，舆地志，关津，吴县，清乾隆元年刻本。）

〔清乾隆元年前后，江苏江宁府六合县皇厂河集等〕　皇厂河集，县南五十里，外江内河，集中之最繁衍者。雷官集，县西南五十里，通滁州大道。程家桥集，县西二十里，地通大河，亦繁盛。

（清　尹继善等修，黄之隽等纂：《江南通志》，卷二十五，舆地志，关津，六合县，清乾隆元年刻本。）

〔清乾隆元年前后，江苏江宁府上元县笪桥市〕　笪桥市，县治西数百步，百物所聚，一名夜市。闾巷细民每持衣物立门首，荒贩收之，次日五更即至市转售。古诗有云：金陵市合月光里。则夜市由来旧矣。

（清　尹继善等修，黄之隽等纂：《江南通志》，卷二十五，舆地志，关津，上元县，清乾隆元年刻本。）

〔清乾隆元年前后，江苏江宁府溧水县洪蓝市〕　洪蓝市，县南十五里，亦名洪蓝埠，有河道北通秦淮，南达石湖，百货聚集，为商贾贸易之所。

（清　尹继善等修，黄之隽等纂：《江南通志》，卷二十五，舆地志，关津，溧阳县，清乾隆元年刻本。）

〔清乾隆元年前后，江苏淮安府盐城县姚宗场〕　姚宗场，县西北，商贾辏集，为滨河大镇，其北为山阳刘庄。

（清　尹继善等修，黄之隽等纂：《江南通志》，卷二十六，舆地志，关津，盐城县，清乾隆元年刻本。）

〔清乾隆元年前后，江苏淮安府桃源县白洋河镇〕　白洋河镇，县北六十里，商民辐辏。镇有市桥，与宿迁县分界，桥东桃源县，桥西宿迁县，旧有巡司。

（清　尹继善等修，黄之隽纂：《江南通志》，卷二十六，舆地志，关津，桃源县，清乾隆元年刻本。）

〔清乾隆三年前，江苏淮安府桃源县〕　老鹳汀，旧为巨镇，商贾辏集，称小苏州。后因孙家塘水冲河淤，集遂废。

（清　睦文焕纂修：《重修桃源县志》，卷一，舆地志，坊乡集镇，清乾隆三年刻本，传抄本。）

注：桃源县民国三年改名泗阳县。

〔清乾隆十五年前后，江苏江宁府句容县〕　能潭镇，在县北琅琊乡七十里，临大江，有本县驿丞兼巡检司署。上接金陵朝阳门，下通镇江炭渚驿。本邑仓廒收粮兑运在此,官弁往来,商贾络绎,为北境之大镇。

（清　曹袭先纂修:《句容县志》,卷一,舆地志,市镇,清乾隆十五年刻本,清光绪二十六年重刻本。）

〔**清乾隆十五年前后,江苏江宁府句容县**〕　大市在县前大街,民居栉比,交易纷纭,故云。仓头市,在仁信乡七十里。柴沟市,在凤坛乡七十里。靖安市,在仁信乡六十里。湖熟市,在临泉乡五十里,与上元县人民杂处,客商贸易颇盛。米市在城隍庙东。

（清　曹袭先纂修:《句容县志》,卷一,舆地志,市镇,清乾隆十五年刻本,清光绪二十六年重印本。）

〔**清乾隆年间至咸丰七年,江苏常州府靖江县善因镇**〕　善因镇,陈《志》载:邑东三十里有东阜镇,旧名斜桥,百货毕集。国朝乾隆五十五年,毕侯所密以善因名之,第世俗相沿,至今犹称斜桥。

（清　于作新修,潘泉纂:《靖江县志稿》,卷八,营建志,市镇,清咸丰七年活字本。）

〔**清嘉庆二十四年前后,江苏扬州府江都县**〕　邗阳镇,在佛感洲,俗称横桥镇,聚落渐盛,与前《志》所载各镇埒。

（清　王逢源修,李保泰纂:《江都县续志》,卷一,镇市,清嘉庆二十四年刻本,清光绪七年重刻本。）

〔**清嘉庆二十五年前,江苏常州府靖江县西宁镇**〕　西宁镇,新丰市西十余里,距泰兴新市五里,旧名镇海市,为诸镇冠。国朝嘉庆二十五年坍没。今新沙涨至旧界,不复成市矣。

（清　于作新修,潘泉纂:《靖江县志稿》,卷八,营建志,市镇,清咸丰七年活字本。）

〔**清道光以前至民国十九年前后,江苏吴县**〕　南塘镇,去县东北四十五里,为乡镇之一,市廛殷富,商业繁盛,洪杨劫后,顿形荒凉,流为村墟矣。陆巷镇,去县东北四十六里,初不甚旺,自南塘衰败后,是镇始著也。蒹芦镇,去县东北五十四里,清道咸前为镇,巨富林氏全盛时代,相城东北一带大镇也。洪杨劫后,稍衰。今为荒村矣。潇泾镇,去县东北五十二里,清光绪前,无甚市集,自蒹芦衰败,是镇始盛也。

（陶惟坻纂:《相城小志》,卷一,市镇,民国十九年木活字本。）

〔**清道光初年至民国二十五年前后,江苏淮阴县王家营**〕　王家营,亦作王营，距治五里，居盐河北岸，旧为陆路孔道，南船北马于此交替。清道光初，北盐改行顿于此，谓之西坝，商贾设立场栈，闾阎相接，日以浩繁，至今犹为淮北盐业集散之中心。

（殷惟和纂：《江苏六十一县志》，上卷，淮阴县，村镇，民国二十五年铅印本。）

〔清道光七年前后，江苏扬州府泰州〕　南门外至高桥约二里，市廛稠密；北门外坡子坊，市廛尤盛，北至赵公桥三里余。

（清　王有庆等修，陈世镕纂：《泰州志》，卷六，城池，街，清道光七年刻本，清光绪三十四年重印本。）

〔清道光二十年前后，江苏苏州府吴江县平望镇〕　里中多以贩米为业，其籴粜之所曰米行，其市集于后谿，其各坊贮米之所曰栈。栈之中有砻坊，有碓坊。……吾里南北通衢，商贾辐辏，故自贩米而外，颇多生业。

（清　翁广平纂：《平望志》，卷十二，生业，清道光十二年刻本。）

〔清道光二十一年前后，江苏常州府江阴县〕　东城外双牌十一保内之一、二、三保隶东外，别为附郭之保，东至四保薛家桥，南至绮山谢园，西至城濠。至双六及三官之黄山墩保，旧为顺化乡。市在吊桥下三叉路口，自路口而东，出米牙布侩，居肆联接，至高家跳止，长二里许。……南城外六保，东至双牌，南至蔡泾，西至葫桥，北至城濠，旧为太凝乡，其附城一里，旧为太凝坊。市在高桥，迤至石子街，布牙聚焉。自端明桥南至驻节亭临河数十家，舟舫相属，虽非大市，水程所必经也。距石子街东南里许，跨应天河曰迎福桥，木筏布牙面河鳞次，河以南为谢园镇，而市集处犹隶南外街。……西城外一保东至城濠，南至南外，西至葫桥，北至北外西外，仅一保而纵广四五里，分上中下三册，论镇则狭，论保则宽，旧为太凝乡，其郑泾河以内旧为太凝坊。市在吊桥外，至新桥，过桥至望来亭，八九月间棉花市颇盛，布牙仅小贩，无大贾。……北城外八保，南至城濠，东至双牌及黄山墩保，西至夏港，北至江，旧为顺化乡。市在黄田闸迄浮桥下，旧《志》称江下市者也。宋时，海舶毕至。王安石诗有珠犀入市之句。今惟春初至夏仲，有鱼市，沿港居民以船为业，船小者曰网船，入江击鲜；大者曰商船，次曰渔船，于清明后入南北洋采捕，夏至毕归，而鱼市止。迩来江口淤涨，洇洑改流，网船渐移而东入常熟界矣。又有豆饼，新豆来自靖泰诸邑，其崇明、通州之木棉川途讨载而已。北市向无米，近年港西江心新涨成洲，颇有沙米入市。……绮山镇，八保，县东八里，东至云亭，南至花山，西北皆至双牌，倚山为镇，长河带之。旧合云亭、花山同为昭闻乡。市于明季为倭毁，街形尚存，东南诸镇陆行孔道。云亭镇，十一保，县东十五里，东至周庄，南至长寿，西至绮山，北至三官。定山峙其北，昆山界其南，中贯应天河，旧合绮山、花山同为昭闻乡。市跨应天河，南曰南云亭，北曰北云亭，街各里许，南市较盛，花布庄、质库聚焉。周庄镇，十五保，县东三十里，东至华墅章卿，南至长寿，西至云亭，北至大桥三官，为东南巨镇。其地南距砂山，西抵定山，北带横河，亭子、白蛇两港贯之。又自伞墩外小阜颇多，不知始筑缘起。旧合三官镇之东界同为宝池乡。市在砂山西北，周数里，市西巷门外即长寿界。华墅镇，十八保，县东四十五里，东至马嘶，南至长经，西至周庄，北至章卿，砂山障其北，长河绕其西南面。泰清河贯其中，为市河。地极辽廓，旧为清化乡。市北枕砂山，南俯市河，东西相距三里，南北二里余。邑中市镇之大者称华墅青旸，列肆繁盛，百货皆备，濒江各乡贸布者午夜坌集，率明灯列市，习俗已久。镇西南瓠岱桥、陆家桥、东郁家桥俱有小集，陆家桥颇盛。马嘶镇，十四保，县东六十里，东至常熟，南至顾山，西至华墅，北至杨舍。其境东带谷渎，西环蔡港，旧合杨舍同为白鹿乡。市有二，南在北角，北在唐墅。长寿镇，十保，县东南三十里，东至华墅，南至祝塘，西至云亭，北至周庄。地稍高，田颇瘠硗，旧为长寿乡。市跨河，东西各里许。旧《志》称长寿为大镇，考元时有长寿税务，盖今昔异形矣。祝塘镇，十一保，县东南五十里，东至长泾，南至文林，西至长寿，北至华墅，旧合文林同为西顺乡。市跨直塘河，廛肆毂列，颇称繁庶。文林镇，七保，县东南五十五里，东至长泾，南至无锡，西至璜塘，北至祝塘，地俱高阜，淫雨不能为灾，遇旱辄困，旧合祝塘同为西顺乡。市有门外小集，地僻无大贾。长泾镇，十四保，县东六十里，东至顾山，南至无锡，西至祝塘，北至华墅，水道往常熟所必经，旧合顾山同为东顺乡。市濒河南北俱有街，河北较盛，又东有南角及陈墅，北有刘家桥小集。

（清　陈延恩修，李兆洛纂：《江阴县志》，卷二，疆域，镇保，市街巷附，清道光二十一年刻本。）

〔清咸丰以前至民国十五年前后，江苏甘泉县〕　　乡镇属甘泉辖者最大为邵伯，昔年豆业最盛，洪杨乱后遂微，而油麻业继起，纸业次之。邵伯迤东为产米区域，近年米业大兴，镇有南北两市，中稔之岁米麦可销银币近百万。有鸡鸭行，贩运鸡鸭江南，为数甚巨。附近邵伯有真武庙，产豆油、豆饼，运销各地，亦为大宗。西北乡无大商业，惟大仪牛市称盛，每岁售牛二万余头，他集镇合计亦二万余头。

（钱祥保等修，桂邦杰等纂：《甘泉县续志》，卷六，实业考，商业，民国十五年刻本。）

〔清咸丰二年前后，江苏扬州府兴化县〕 盐鱼、盐蛋，邑人腌鱼及鸭卵，贩卖江南，络绎不绝。

（清 梁园棣等修，薛树声等纂：《重修兴化县志》，卷三，食货志，物产，清咸丰二年刻本。）

〔清咸丰五年至民国十五年，江苏泗阳县卢家集等〕 清咸丰十年捻粤匪乱，人民涂炭，城郭邱墟，故以前市皆无砦，不过致民聚货之场。以后集尽筑圩，大有棋布星罗之势。……吴城市集以李家口为大，清咸丰五年五月十三日文生罗深、杨尧同兴，约一百六十余户，市面甚旺。民国十年筑圩，治东南十八里。其次则卢家集，清咸丰初年卢日畅兴，约百余户，市面稍可，旧名冈陵集，北头有十数家系卢姓卖与黄姓者，故曰黄家集，治十八里。又其次则王大庄圩，清咸丰十一年廪贡生王室屏筑，约数十户，集初兴，治南三十五里。黄家嘴圩，清咸丰十一年黄若臣筑集，初兴约数十户，治南十八里。若小街，系成子河码头，洪泽湖水大时，船常泊焉。近则无圩无集，仅有饭店数家，治西南十三里。……吴城南市首推南新集，又名仁和镇，清同治初年陈素位、陈素封所兴，有户三百余，集甚兴旺，治东南三十五里。民居稠密，商业繁盛，民国十年毁于匪，旋复旧观。其西百余步为袁家集，清同治初年袁朗兴。民国十年袁瑞星筑圩，约二百户集，亦渐盛，治东南三十五里。中隔河泓，夏秋有水，通以小桥。始惟新集有市面，近数十年来，袁集大加整顿，生意之盛，几与新集埒。……洋河市以洋河镇为商务繁盛地，街长十里，兴自前明中叶。

（李佩恩修，张相文等纂：《泗阳县志》，卷十二，乡镇志，民国十五年铅印本。）

〔清咸丰十年至光绪十四年前后，江苏海州赣榆县〕 县东境最俭，独一城里镇集仍不在镇而在城（五、十日集）。其东南十里为青口镇，县舄奕殷阜胜处也。间阎扑地，尘雾幕空，交衢杂五方之人，哄市臭千钧之鲍。车来贿迁，盖无日无之。圩曰和安，咸丰十年筑，周九百八十丈，高八尺。……又南去治五十里，大沙村镇，枕冈带河，居庐累千，米谷籴粜，辇运不绝。牲畜之市唯在夏始而已，青口以下斯其次焉。圩周九百丈，高八尺，同治元年筑。

（清 王豫熙修，张謇纂：《赣榆县志》，卷三，建置，集镇，清光绪十四年刻本。）

〔清咸丰年间至民国十九年前后，江苏吴县相城〕 南塘镇，去县东北四十五里，为乡镇之一，市廛殷富，商业繁盛，洪杨劫后，顿形荒凉，流为村墟矣。陆巷镇，去县东北四十六里，初不甚兴旺，自南塘衰败后，是镇始著也。蒹芦镇，去县东北五十四里,清道咸前为镇,巨富林氏全盛时代,相城东北一带大镇也,洪杨劫后稍衰,今为荒林矣。潇泾镇,去县东北五十二里,清光绪前无甚市集,自强芜衰败,是镇始盛也。

(陶惟坁等纂:《相城小志》,卷一市镇,民国十九年木活字本。)

〔清同治年间至民国十七年前,江苏江都县瓜洲六濠口〕 六濠口,濠在城东六里,同治乙丑,盐政曾国藩奏请移设淮盐总栈于此,开浚新河,停泊盐艘,市因繁盛。后以江潮泛滥,岸坍,再迁总栈于十二圩,市面顿落。嗣尹商步洲复于沿江筑堤,仿昔年瓜洲挑水坝式,制铁牛于岸顶,以压潮流,冀江溜南趋,不致再坍,造屋招商,振兴米市,无如岸终不保,日见坍陷,已成巨浸矣。

(于树滋纂:《瓜洲续志》,卷一,疆域,濠,民国十七年铅印本。)

〔清同治年间至民国十七年前,江苏江都县瓜洲七濠口〕 七濠口,在城东与六濠口毗连,六濠设盐栈后,七濠市面亦兴,上江米舶、宁波钓船以及洋商互市皆汇集于此,市繁人众,呈请移驻瓜洲巡检司,以资弹压;设立捐税司所,以征厘课;并设义渡分局,以便往来行旅。迨后镇江开埠通商,轮舶南移,芜湖设关,大帮米船不再东下,于是商市日衰。六濠地土日虤,江溜东趋,七濠地亦接班,昔日繁华市场尽付洪流矣。

(于树滋纂:《瓜洲续志》,卷一,疆域,濠,民国十七年铅印本。)

〔清同治年间至民国十七年前,江苏江都县瓜洲大口市〕 大口市,在城西南长江入河西岸,同治承平后,全城只留东门近北一角及北水关,几无市场。因于大口西岸建屋兴市,湘、鄂、皖运盐船放空装煤,即于大口上找堆储,销售南北内地。炭行既多,佐以米麦,渐能成市。迨后江潮肆虐,口外巨滩逐坍,临河房屋不保,一律拆卸迁徙,市面顿衰。

(于树滋纂:《瓜洲续志》,卷一,疆域,濠,民国十七年铅印本。)

〔清同治年间至民国十七年,江苏江都县瓜洲陈家湾市〕 陈家湾市,在城西北运河西岸,当大口兴市时,陈家湾地与毗连,房屋栉比,市面亦兴。今大口长坍无常,居民不敢立业,皆汇聚于此。凡新政如商会、学堂等,亦皆设立,惜煤业渐衰,市难起色,仅为乡市而已。

(于树滋纂:《瓜洲续志》,卷一,疆域,濠,民国十七年铅印本。)

〔清光绪初年,江苏淮安府阜宁县〕 在昔淮水安流,港浦通波,南漕由此海运,马逻、芦浦、羊寨、喻口皆为巨镇,清沟为山盐孔道,阛阓亦甚殷繁,今悉荒落矣。东沟一村落耳,而今为巨镇,商民至数千家,固地势有兴衰,而人事实干旋之,庶而富,富而教,览斯编者共亦深长思乎。

（清 阮本焱等纂：《阜宁县志》,卷二,建置,镇集,清光绪十二年刻本。）

〔清光绪八年前后,江苏苏州府吴县周庄镇〕 近地之人在镇者业商贾、习工技为多,在乡者鲜不务农,然农日贫而工商因之亦贫。……至于游手之徒亦在镇多,而在乡少。妇女则皆以木棉为纺织,间作刺绣,未有娴蚕桑者矣。

（清 陶熙辑：《周庄镇志》,卷四,风俗,清光绪八年刻本。）

〔清光绪八年前后,江苏常州府宜兴、荆溪县〕 张渚、湖汾为诸果及竹木市,湖㳇尤为茶市,鼎山、蜀山为陶器市,东霞步为石市,篁里为冶器市（今在张渚）,蒲墅为矿灰市,杨巷、徐舍为稻米市,杨巷尤为猪市,圩亭为牛市,高塍为酒市,大浦为蔬蔌市,周铁新芳桥新建为布市,周铁桥尤与沙塘港、官邮、丰义为鱼虾市,自鱼虾而外,凡邑中之所产,千百里外趋之如鹜。

（清 周镡、钱志澄修,吴景墙等纂：《宜兴荆溪县新志》,卷一,疆土,物产,清光绪八年刻本。）

〔清光绪九年前后,江苏江宁府溧阳县〕 洪蓝埠,县西南十五里,宝贤乡沿河两岸市阛鳞列,河通石臼湖,为南境孔道,商贾辐辏,今虽视昔稍减,然犹较他处稠密云。蒲塘镇,县南二十五里赞贤乡。孔镇,县南四十里仙坛、仪凤两乡,通高淳路,为南境要冲。新桥镇,县东南三十里仙坛乡,水自白马桥东来,过此始通舟楫,经蒲塘桥入石臼湖。邰郏镇,县东南六十里仙坛乡。乌山镇,县北二十五里长寿乡,通省城路,为北境要冲。柘塘镇,县北四十里崇贤乡,通省城路。以上各市镇昔皆繁盛,今亦稍逊。官塘,县东二十五里白鹿乡,通溧阳路,然陆路无水,本无廛肆,今已寥落。水晶山窑,县东南三十里仙坛乡,近年渐成市。石湫坝,县西二十五里思鹤乡。广严寺,县北四十五里崇贤乡。夏家边,县北二十里长寿乡。以上数处,村舍尚密,亦少市廛。

（清 傅观光等修,丁维诚等纂：《溧水县志》,卷二,舆地志,市镇,清光绪九年刻十五年重印本。）

〔清光绪十三年前后,江苏徐州府睢宁县〕 贸易按日而集,市廛中货什罗列。其次者载土牛车推之挽之,络绎于道。又次手提肩担,绕市喧呼,街衢繁盛之处觳击肩摩,几有呵气成云、挥汗为雨之盛。惟经商惮远涉,南北营运多吴楚人,今肆市风尚亦渐逐而南矣。

（清　侯绍瀛修,丁显等纂:《光绪睢宁县志稿》,卷三,疆域志,风俗,清光绪十三年刻本。）

〔清光绪三十年前后,江苏江宁府句容县〕　北五镇居民稠密,阛阓鳞列,其中市面东阳为最下,蜀次之,龙潭桥头又次之,仓头为下,然乱前殷实甲于他镇,为士为贾者必兼业农,故其风甚朴,其人不文,今列肆较多于前,而风俗远不逮古矣。

（清　张绍棠修,萧穆纂:《续纂句容县志》,卷六,风俗,清光绪三十年刻本。）

〔清光绪三十年前后,江苏苏州府常熟、昭文县〕　福山镇,跨福山港口,其西南有城堡,为古南沙县地,距今县城三十六里,福山镇总兵官驻焉,向与江北狼山为对渡,称重镇。城内近颇荒寂,惟北门外民居较密,镇则为市舶所集,人烟繁盛,每值鱼汛,商贩尤多,街四道居民数百户。

（清　郑钟祥、张瀛修,庞鸿文纂:《常昭合志稿》,卷五,市镇志,清光绪三十年木活字本。）

〔清光绪年间,江苏徐州府沛县〕　贸易多居寨圩,按日而集,市廛中谓之逢集,每集自辰至午始散,货物罗列,购买者错杂纷纭,毂击肩摩,有举袂如云之盛,商贾多齐晋人(光绪《志稿》)。

（于书云修,赵锡蕃纂:《沛县志》,卷三,疆域志,风俗,民国九年铅印本。）

〔清光绪年间至民国十五年前后,江苏江都府〕　仙女庙为江都最大之镇,昔年米、木两业甚盛。光绪季年禁米出口,米业遂微,木业亦远逊于前,惟皮毛骨角行收买牛皮、猪鸭毛及各种骨角运销上海,颇获利。近年仿广东制咸鸭略如琵琶形,由广东人收买转贩上海,岁数十万只。工业则盆、桶最著名,销行里下河各地,为数亦巨。

（钱祥保修,桂邦杰等纂:《江都县续志》,卷六,实业考,商业,民国十五年刻本。）

〔清代至民国十五年前后,江苏江都县〕　瓜洲为江北门户之一,瓜洲镇总兵驻焉。在昔,商船往来,多于此停泊,购买什物,贸易甚盛。自运河轮舶通行,商船日少,市面远逊于前。有铁厂一,釜、罐之属除售本镇外,兼批售各地,所铸镰刀尤著名。煤炭业岁销颇巨,米业亦为大宗。

（钱祥保修,桂邦杰等纂:《江都县续志》,卷六,实业考,商业,民国十五年刻本。）

〔民国十五年前后,江苏江都县〕　宜陵向以米、麦为大宗,近年蚕桑之业渐兴,春夏两市设厂收茧,并于仙女庙、大桥、丁沟、周楼设分厂,蚕丝出产逐年加增。附近小湖地产药品,半夏亦颇销行。大桥地产桑苗,江北各地购者甚众,豆饼、靛青运销江南,岁为大宗。土人织桥布、缫丝及酿大麦、芦秫为酒,颇销行。产药品甚多,以荆介为良,岁售银币三千枚以上。竹工所制竹器亦佳。塘头居江都极东,与泰州接壤,东南各乡所制竹器及绵绸、土布、葛布运销里下河者多于此市易。近有皮毛骨角行收牛皮、猪鸭毛、各种骨角转贩上海,获利颇丰,每岁麦市亦盛。浦头产山药、芋头,每岁销行颇广。制落花生为油范,其渣滓成饼可肥田,亚于豆饼,粤人种甘蔗者多市之。剖红、白萝卜每头为四,拌以盐曝干之,名萝卜干,运售苏、沪各地。多鸡栖树,结实俗称皂荚,为熬盐所需及供浣濯之用,岁销亦巨。产硬毛獾,皮可制裘,每具约值银币数十枚。新丰为江洲市集,地产果品,桃为最多,枇杷及梨次之,每岁桃市可售银币万余枚。棉布、苎布、葛布、百花酒亦为土产,颇销行。东郭乡土产豆,豆油、豆饼岁销银币约八万。所织苎布俗称夏布,运售里下河各地,岁亦银币万余枚。

(钱祥保修,桂邦杰等纂:《江都县续志》,卷六,实业考,商业,民国十五年刻本。)

〔民国十五年前后,江苏甘泉县〕 县境西北多冈阜,北为湖乡,水陆交通少有不便,故各乡镇皆为定期市集,如古趁墟之俗。

(钱祥保等修,桂邦杰等纂:《甘泉县续志》,卷六,实业考,市场,民国十五年刻本。)

〔民国十五年前后,江苏镇江府金坛县〕 旧《志》:城以外称镇者三,曰郭下镇、薛埠镇、西旸镇,此外无闻焉。今则郭下镇已莫能知,惟薛坞、西旸存。至昔之所无,而今则阛阓繁盛、商贾聚集者计二十有四,合之薛埠、西旸共二十有六焉。虽市集有大小,商务有衰旺,其为贸易所在则一也。每年春季自二月后,各镇例有集场,排日举行,此散彼聚。自二月至四月无虚日,届期商贾云集,四方辐辏。贸易以农具为多,乡民便之。……镇之最繁盛者曰薛埠,在县西四十五里,旁通句容,上达金陵,贸易之盛为合邑诸镇冠。……其次为社头,在县南四十里,当坛、溧陆道,诸水环绕,交通利便。又次为直溪桥,在县西北二十五里,水通延陵,陆通宝堰,市易茂盛。

(冯煦等纂:《重修金坛县志》,卷三,建置志,集镇,民国十五年铅印本。)

〔民国十六年前后,江苏丹阳县〕 市集册外,有以猪、牛相买卖者,逢每月之一、六日为牛落,一月六次;逢每月之二日为猪落,一月三次。

(胡为和等修,孙国钧等纂:《丹阳县续志》,卷十九,风土,乡镇市集,民国十六年刻本。)

〔民国十七年前后,江苏江都县瓜洲施家桥镇〕 施家桥镇,在城东二十里,桥跨深港,为扬子桥闸之下关,桥制低平,乃税课盐荚杜绕越私贩船只,始瓷以砖,继易以石。镇环桥之南北,皆尔靖卞公遗泽也。由江干赴扬州郡城,该镇实为孔道,往来人众,市面日兴。自瓜洲运河通行小轮,行旅不复陆行,镇市为之渐衰。

(于树滋纂:《瓜洲续志》,卷一,疆域,洲镇,民国十七年铅印本。)

〔民国十九年前后,江苏吴县相城、太平桥等镇〕 乡村俭朴,男耕女馌,镇市稍稍华缛。镇有六:曰相城、曰太平桥、曰陆巷、曰消泾、曰蒚芜、曰车渡。相、太两处,商店约占居户之六七,略见繁盛。消泾兴,而蒚芜、车渡废,陆巷则年来崔府不靖,又以南塘、蛇泾两村富户他徒〈徙〉,几一蹶不可复振矣。

(陶惟坻等纂:《相城小志》,卷首,沿革,民国十九年木活字本。)

〔民国二十年前后,江苏泰县〕

地 名	位 置	主要营业	来 路	销 路	附 注
塘湾镇	城东南二十里	米麦杂粮油酒	里下河一带	本县南乡及泰兴	
大泗庄	又十八里	杂货布匹	镇、通、如	本区	
苏陈庄	城东十八里	杂粮麻粮布匹杂货	县城及里下河	本区及北下河	
姜埝镇	又六十里	稻麦杂粮布匹绒线本区特产	上海、常、锡、南通、本县城		本邑著名陆陈码头冠全县,极热闹。光复后,视昔有上下行代客买卖。
曲塘镇	城东九十里	稻麦杂粮油饼	里下河一带	本区及附近各乡	
白米镇	城东七十五里	陆陈油酒杂货棉布	本区附近及村、通、如、镇	本区及附近各乡	
海安镇	城东百二十里	油饼杂粮火酒	里下河一带	本区南乡如、泰境	东界如皋、东台,汽车直抵。
寺巷口	城南十二里	麦豆油酒	本区	本区	通、如距天生港甚近。南邻泰兴之刁家铺,距口岸十余里。泰邑入江北孔道。

(续表)

地 名	位 置	主要营业	来 路	销 路	附 注
施家湾	城北门外	鱼稻草虾	里下河一带	县城	里下河入县咽喉,柴草营业此为中心,小火轮直驶盐、阜、兴、东。
港口镇	城北十八里	菜子油饼杂粮	本区	本区及近村	
周家庄	城北四十余里	油饼火酒杂粮	本区	本区及近村	宁乡镇今已荒,市场移此。
小纪镇	城西北四十余里	稻麦柴豆油饼	本区	本区及附近地	
樊汊镇	城西北七十里	稻麦杂粮油饼	里下河	本区及邻县	界江、高、泰三县之交,水道便利,与姜埝东西对峙。

上表为泰邑商务较盛之处,其余各乡村尚有临时墟集,物品大半为农家日用器具。墟集有定日,城东李家堡、城西南颜塔庄两大集场百货俱备,有远自江南来者。

(单毓元等纂修:《泰县志稿》,卷二十一,商业志,民国二十年修,一九六二年油印本。)

〔民国二十三年前后,江苏南京栖霞镇〕 栖霞街是栖霞镇最大的街市,有饮食店和小商店数家,镇公所、邮政代办所均在此街,居民约三四十家。

(陈邦贤编:《栖霞新志》,第三章,交通,街市,民国二十三年铅印本。)

〔民国二十四年,江苏昆山巴溪镇〕 商业以米为主,设有惠元、恒兴、振新、久和、禾丰、聚丰、碾米厂六处;米行则有义顺、万丰、公邵、恒茂、夏源泰、唐合丰、益丰、洪广盛、德顺八处;其他木行、油坊、绸布、食物、地货、南货、杂货、材料等店并茶坊、酒肆、浴池计有一百六十余家。

(朱保煦辑:《巴溪志》,经济,民国二十四年铅印本。)

〔民国二十五年前后,江苏赣榆县〕 东南以青口为最巨,距城十二里,又名和安圩,小沙河由此入海,地居水陆之冲,兴盛为江北沿海各口最。……西南以大沙河为最要,距城五十里,枕冈带河,民居千家,以二、七、五、十日为市集,商贾辐辏。

(殷惟和纂:《江苏六十一县志》,下卷,赣榆县,村镇,民国二十五年铅印本。)

〔民国二十五年前后,江苏江浦县〕 城周十六里余,市肆虽多,繁盛不及浦镇、乌江二镇。浦镇,在治东四里,商肆林立,贸易繁盛,与东北之花旗营同为津浦铁路所经。

(殷惟和纂:《江苏六十一县志》,下卷,江浦县,城市、村镇,民国二十五年铅印本。)

〔民国二十五年前后,江苏阜宁县〕 庙湾镇,又名大套,亦在东南,射阳河会诸水由此出海,为近海唯一要地,海舟鳞集,商货阜通,附近多盐场,此地最为适中。

(殷惟和纂:《江苏六十一县志》,下卷,阜宁县,村镇,民国二十五年铅印本。)

〔民国二十五年前后,江苏沭阳县〕 城周五里余,城内民房僵仄,商业冷落,气象远逊于治南之钱家集。……钱家集,在东南,距城六十里,滨北六塘河,跨淮阴、泗阳二县界,地居沭、泗、淮、涟四县之中心,为交通之咽喉,县境精华悉萃于此。

(殷惟和纂:《江苏六十一县志》,下卷,沭阳县,城市、村镇,民国二十五年铅印本。)

〔民国二十五年前后,江苏丰县〕 赵庄,距治二十里,商业兴盛,为境内巨镇。

(殷惟和纂:《江苏六十一县志》,下卷,丰县,村镇,民国二十五年铅印本。)

〔民国二十五年前后,江苏靖江县〕 西宁,距治四十五里,旧名镇海市,居民稠密,商业兴盛,为邑巨镇。

(殷惟和纂:《江苏六十一县志》,下卷,靖江县,村镇,民国二十五年铅印本。)

〔民国二十五年前后,江苏邳县〕 姚湾,距治七十里,跨宿迁县界,当沂河入运河之口,帆樯辏集,商业繁盛。

(殷惟和纂:《江苏六十一县志》,下卷,邳县,村镇,民国二十五年铅印本。)

〔民国二十五年前后,江苏仪征县〕 新城,距治十里,濒运盐河,为商货辏集之所。……十二圩,在治之东南约十里,南面大江,为淮南盐市之中心,帆樯云集,商业繁盛,市街长至二三里,为滨江一大市镇。

(殷惟和纂:《江苏六十一县志》,下卷,仪征县,村镇,民国二十五年铅印本。)

〔秦代至清乾隆十一年前后,浙江湖州府乌程县〕 今所谓镇,特县之聚落耳。程邑旧置十三乡,其他墟里以百数,而浔水、乌墩舟船辐辏,民物殷赡,尤为郡中要地。……南浔镇,秦汉属乌程县。晋至唐,皆仍旧。宋分,浔溪以东属吴江县。……元张士诚据湖州,于镇增筑城堡,遣人守之。明兵至,南浔遂降镇,属乌程县震泽下乡十七区四十三都。其市廛云屯栉比,周遭四迄,自东栅至西栅三里,水则运河,陆则荻塘也。距运河而南至栅五里,自荻塘而北至栅二里,东至平望镇五十三里,东北至吴江县治九十余里。离东栅外百步即吴江地,北至太湖二十里,南至乌青镇三十余里。……乌镇在府城东九十里,一名乌墩,一名乌戍。本与嘉兴府桐乡县之青镇东西相望。升平既久,户口日繁,十里以内民居相接,烟火万家,二镇联而为一,中以市河一道为界,因合呼曰乌青镇。河东则仍属桐乡为青镇,河西则仍属乌程曰乌镇,二镇之四栅八隅则为江浙二省,湖、嘉、苏三府,乌程、归安、石门、桐乡、秀水、吴江、震泽七县错壤地,百货骈集。

(清　罗愫修,杭世骏等纂:《乌程县志》,卷十一,乡镇,清乾隆十一年刻本。)

注:乌程县1912年与归安县合并为吴兴县。

〔五代时期至清康熙十二年前后,浙江绍兴府萧山县〕　市三,曰县市,在梦笔桥;曰临浦市,在县南三十里;曰长山市,在县东北四十里,五代时立。镇三,曰西兴镇,曰渔浦镇,曰钱清镇。

(清　邹勷、聂世棠修,蔡时敏、蔡含生纂:《萧山县志》,卷二,疆域志,市镇,清康熙十二年刻本。)

〔南宋嘉定十六年前,两浙东路绍兴府嵊县〕　县东一百步为剡镇,出《旧经》,今废。

(宋　史安之修,高似孙纂:《剡录》,卷一,县纪年,镇,宋嘉定七年修,清同治九年刻本。)

〔南宋绍定三年前后,两浙西路嘉兴府海盐县澉水〕　金家桥,在镇西北六里,客旅巨舟重贩者多于此泊,入镇贸易,复归解缆。

(宋　罗叔韶修,常棠纂:《澉水志》,卷四,桥梁门,宋绍定三年修,清咸丰七年刻本。)

〔南宋绍定三年前后,两浙西路嘉兴府海盐县澉水〕　此方不事田产,无仓廪储蓄,好侈靡,喜楼阁,惟招接海南诸货,贩运浙西诸邦,网罗海中诸物以养生。

(宋　罗叔韶修,常棠纂:《澉水志》,卷一,地理门,风俗,宋绍定三年修,清咸丰七年刻本。)

〔南宋年间,两浙西路临安府〕　杭州有县者九,独钱塘、仁和附郭,名曰赤县,而赤县所管镇市者一十有五,且如嘉会门外名浙江市、北关门外名北郭市、江涨东市、湖州市、江涨西市、半道红市,西溪谓之西溪市,惠因寺北教场南曰赤山市,江儿头名龙山市,安溪镇前曰安溪市,艮山门外名范浦镇市,汤村曰汤村镇市,临平镇名临平市,城东崇新门外名南土门市,东青门外北土门市。今诸镇市,盖因南渡以来,杭为行都二百余年,户口蕃盛,商贾买卖者十倍于昔,往来辐辏,非他郡比也。

（南宋　吴自牧撰：《梦粱录》,卷十三,两赤县市镇,一九六二年中华书局铅印本。）

〔南宋至清同治初年,浙江湖州府归安县双林镇〕　双林镇,在府城东南五十四里(《大清一统志》)。宋南渡时聚商,名商林,亦称双林,即元顾仲瑛避地之商溪也,在今镇东二里,俗名东林村。明永乐间,东林衰,西林盛,遂改西林为双林镇。津梁环互,里闬骈填。国朝自嘉庆至咸丰,尤称富庶,科甲振兴,名宦名儒辈出,连市巡检移扎其地。庚申、辛酉间,两遇粤匪,遭毁过半,民劫甚,现虽衰集,存户不及四千家(陈肇《双林记》、吴若金《双林志》、范硕《双林纪略》)。

（清　宗源瀚、郭式昌修,周学濬、陆心源纂：《湖州府志》,卷三十二,舆地略,村镇,清同治十三年刻本。）

〔南宋年间至清同治初年,浙江湖州府归安县菱湖镇〕　菱湖镇,在府城东南三十六里(《大清一统志》)。唐宝历中,刺史崔元亮开凌波塘,民始庐于塘东。宋南渡后,兴市廛,治桥梁,渐即稠密。元末罹兵火。明成宏间,民乃濒西湖居,第宅云连,蔚为冠盖,里湖东西无隙地,置四栅,广二里,袤如之。至国朝,科第更盛于前明,商贾辐辏,丝业尤甲一邑,遂为归安雄。镇设有主簿驻扎,居民向约五千数百家,劫后约存四千家(庞太元《菱湖志》、姚彦渠《菱湖新志》)。

（清　宗源瀚、郭式昌修,周学濬、陆心源纂：《湖州府志》,卷二十二,舆地略,村镇,清同治十三年刻本。）

〔南宋年间至民国十一年前后,浙江新登县〕　县治在城西一里,周一百四十步(咸、淳《临安志》)。宋时居民稠密,人以为贾。元末人民稀少,后不为市,至今云市桥头(万历《县志》)。市长二里,人居稠密(旧《志》)。按：咸、同间洪杨乱后,人民凋残殆尽,市亦衰落。数十年来,生齿日繁,商事日兴,贸易之盛,有逾往昔,自西门外,直至大街一里余,络绎不绝。横街至观音街更楼、至登云桥,皆商店矣。

（徐士瀛等修,张子荣、史锡永纂：《新登县志》,卷五,舆地篇四,城池乡镇,民国十一年铅印本。）

〔元皇庆年间至明洪武年间,浙江嘉兴府海盐县〕　仇《志》：唐开元五年,苏州刺史张廷珪奏设。……至元皇庆间,宣慰杨耐翁居于此,以己资广构房宇,招集海商,番舶皆萃于浦。居民贸易,遂成村落。洪武中,筑城于镇,设千户所以守备焉。

（清　王彬修，徐用仪纂：《海盐县志》，卷四，舆地考，市镇，澉浦镇，清光绪三年刻本。）

〔元代至清光绪二十五年前后，浙江宁波府慈溪县〕　文溪市，县东北一十五里（嘉靖《府志》、宝庆《志》作门溪市）。元时其他民物富庶，商贾辏集，有酒楼三座，歌管之声不绝。其货多出西北诸山，麦菽、茶笋、果蔬、竹木之类为货甚伙，市之西北，名为贸里（天启《志》）。月逢二四六八十日市。

（清　杨泰亨、冯可镛纂：《慈溪县志》，卷三，建置二，市镇，清光绪二十五年刻本。）

〔明嘉靖二十九年前后，浙江湖州府武康县〕　三桥埠，在县北七里，自平远门至水埠有三桥，故名。舟楫交通，商贾辐集，有税课局。

（明　程嗣功修，骆文盛纂：《武康县志》，卷三，山川志，墟市，明嘉靖二十九年刻本。）

〔明嘉靖三十六年前，浙江杭州府海宁县〕　宋元间，县东有赋亭驿，舟楫往来。元末，移驿长安，并作水驿。自此河渐堙塞，且地脉关之气运，犹人身之气脉，岂可一息之停。昔舟楫往来，商贾辏集。旧《志》：县西南二百五十步置盐官市，以便贸易。今舟楫不通，市井萧条。

（明　蔡完修，董毂纂：《海宁县志》，卷一，地理志，山川，县市河，明嘉靖三十六年刻本，清光绪二十四年重刻本。）

〔明万历二十四年前后，浙江嘉兴府秀水县〕　王江泾镇，在县北三十里永乐乡。旧有王氏、江氏所居，因以名镇。镇南尽秀水县界，北据吴江县界，俗最刁顽，多织绸，收丝缟之利，居者可七千余家。

（明　李培修，黄洪宪纂：《秀水县志》，卷一，舆地志，市镇，明万历二十四年刻本。）

注：秀水县于民国元年与嘉兴县合并为嘉禾县，三年改名嘉兴县。

〔明万历二十四年前后，浙江嘉兴府秀水县濮院镇〕　濮院镇，在县西南三十六里。元至正间，右族濮鉴一姓。迨本朝濮氏流徙他卜，居者渐繁，人可万余家，因以濮院名镇。南隶桐邑之梧桐乡界，北隶本邑之灵宿乡界，民务织丝纻颇著，中下声亦业农贾。商旅辐辏，与王江泾相亚。

（明　李培修，黄洪宪纂：《秀水县志》，卷一，舆地志，市镇，明万历二十四年刻本。）

注：民国元年与嘉兴县合并为嘉禾县，三年改嘉兴县。

〔明万历二十四年前后，浙江嘉兴府秀水县新城镇〕　新城镇，在县西二十七里。后唐景云中,镇遭兵乱,居民垒土为城,故云新城。城久废,今仅存其名。宣德分县,谋建县治而不果。其民男务居贾,与时逐利,女攻纺织,俗尤浇而健讼,居者可万余家。

（明　李培修,黄洪宪纂：《秀水县志》,卷一,舆地志,市镇,明万历二十四年刻本。）

〔明万历年间至清宣统年间,浙江杭州府钱塘县〕　范村市,去钱塘县南濒浙江,为富阳及严、衢通道(《一统志》)。近年,客商物货多于此居停,渐成巨镇(万历《志》),今废。

（齐耀珊修,吴庆坻等纂：《杭州府志》,卷六,市镇,钱塘县民国十五年铅印本。）

〔明天启四年前,浙江湖州府〕　商贾聚集之处,今皆称为市镇,其处一十有七(劳《志》)。

（明　董斯张纂：《吴兴备志》,卷十四,建置征,郡县沿革,明天启四年纂,清乾隆间《四库全书》本。）

〔明朝末年,浙江杭州府塘栖镇〕　胡元敬《栖溪风土记》：镇去武林关四十五里,长河之水一环汇焉。东至崇德五十四里,俱一水直达。而镇居其中,官舫运艘,商旅之舶,日夜联络不绝,矻然巨镇也。财货聚集,徽杭大贾,视为利之渊薮,开典顿米、贸丝开车者,骈臻辐辏。

（清　王同纂：《唐栖志》,卷十八,风俗,清光绪十六年刻本。）

〔明代至清道光九年前后,浙江湖州府武康县〕　三桥埠,在县北七里,自平远门至水步有小桥三,故名,一北津,二杨楠,三太平。舟楫交通,商贾辐集,向有税课局,今废。……簰头镇,在县西三十里,竹木出山,簰行必于此,故名。熙攘往来,略与三桥、上柏相等。塘泾镇,在县东二十七里,夹溪列肆,溪水四达,贸易者率以划船至,故无任负之劳。二都市,在县东南二十里,出陶器,交易者云集,故成市。长安市,在县东北十五里,明便民仓在是,故四方辐辏,百货集焉。顺治间移仓于县,市亦较寂寞矣。

（清　疏筤修,陈殿阶、吴敬義纂：《武康县志》,卷四,地域志,乡都,市巷附,清道光九年刻本。）

〔清雍正十一年前后,浙江处州府〕　郡非津要,商贾鲜通,百货缺如,市井间,自米、粟、鱼、盐、布缕而外,他无异物。每月以三七日为市期,四民咸集,交易而退,有日中为市之意。至所售之货,惟米价最长欺伪,雨旸稍稍失序,价辄腾踊,出米烂恶,市者恬不为忌,购者忍受其累,垄断居奇,往往如此。

(清　曹抡彬修,朱肇济等纂:《处州府志》,卷五,风俗志,气习,清雍正十一年刻本。)

注:处州府今为丽水地区。

〔清乾隆十七年前后,浙江杭州府海宁县〕　三都十三庄,庄在万家渡桥南地方,出拱辰门,由长安塘过桥即庄,计程二十里余。东界三都七庄,南界三都七庄,西界三都六庄,北界十五都八庄。两面店房每日早晨卖带做市,并出手巾、茧绸,广行江浙,地多田少。

(清　钱泰吉等纂修:《海昌备志》,卷二,都庄,清道光二十七年刻本。)

〔清乾隆二十七年以前,浙江处州府龙泉县〕　山谷遐阻,百货缺如,市井间,自盐、米、布缕外,无异物。而售米最滋诈伪,雨旸稍稍失序,垄断居奇,价辄腾涌(府《志》)。

(清　苏遇龙修,沈光厚纂:《龙泉县志》,卷十一,风俗志,习尚,清乾隆二十七年刻本,清同治二年重刻本。)

〔清乾隆年间,浙江绍兴府嵊县〕　县前望仙门,以单日为市,而东西北各街,近亦阛闠鳞次,货物猬集(乾隆李《志》)。

(清　严思忠、陈仲麟修,蔡以瑺纂:《嵊县志》,卷二,建置志,市镇,清同治九年刻本。)

〔清道光三年前后,浙江杭州府昌化县〕　县市在县西南一百三十步。栗树溪市,在四都下阮庄,旧只村落数廛,今为商民聚集、舟楫停泊之所。赤石市,在县西南七都,昌、淳二邑山货所聚。白牛桥市,在县西十里,居民稠密,水陆交通县北境、宁国诸路亦辐辏于此。

(清　于尚龄修,王兆杏纂:《昌化县志》,卷二,舆地志,乡镇,清道光三年刻本。)

〔清道光三年前后,浙江杭州府昌化县〕　河桥镇,在县南十五里,属五都。……河桥一带几里许,烟火不下千家,有横经而土者而负来而农者,有列肆而贾、牵车而商者,然咸食其土之利。其地肥美,其产饶庶,桑、麻、百谷用艺日中为市,沴山穷谷谓乡荒野之民各以其所有陈于市,而猎者、渔者各以其山者水鲜陈于市,经商者复收其茶、烟、漆、柏、棕、粟、楂、楂之类,游于他邑,博厚利。且山邑地狭民稠,岁产米谷不给民食,走婺、衢、吴、越、江左右采买米豆,由桐江易小舟络绎而至,而四方之远商亦不以其僻壤扬帆而来,珍奇器用百货咸集,虽无市官之设,而斗量权衡均齐准一,价平,无甚低昂。乡之人黄发苍叟入市无欺,熙熙攘攘,交易而退。

（清　于尚龄修,王兆杏纂:《昌化县志》,卷二,舆地志,乡镇,清道光三年刻本。）

〔清咸丰以前至同治初年,浙江湖州府归安县埭头镇〕　以发源莫干之水直泻溪滩,筑石埭,遏其冲,故名,街道宽长,山货贸易骈集,茶笋时尤盛。居民旧约二千家,劫后仅存六七百家。

（清　宗源瀚、郭式昌修,周学濬、陆心源纂:《湖州府志》,卷二十二,舆地略,村镇,清同治十三年刻本。）

〔清　咸丰以前至光绪元年前后,浙江湖州府长兴县〕　虹星桥镇,在县西南二十五里,西引四安,南控梅溪,藩卫县城,溯游郡治。嘉道之间,列肆联廛,颇称繁庶。咸丰十年,粤逆窜踞县城。三月十二、十三等日,民团于此剿贼,殉难者千余人,克复后流亡四集,理残兴废,十余年来,渐复旧观矣。鸿桥镇,在县东十二里,其地向称僻静。咸丰十年后,粤逆窜据长兴,贼目四出滋扰,西南各市镇之愿迁者时虞掳掠,不常厥居。惟鸿桥西连都家三乡诸荡,东接太湖烟波渺渺,汊港纷歧,舟楫往来易于趋避,阖邑难民及四处商贾俱麇集于兹。帆樯林立,阛阓尘嚣,俨然一哄之市。延至于今,犹备乡镇之一云。夹浦镇,在县北二十七里,为三十四溇港之一,北接荆溪,南达乌程,自皋塘镇废,而贾舶、渔艘皆舣于此。咸丰十年四月,粤逆陷苏、常,镇为郡北门户。十一年,总办湖防赵景贤派陆队韩文魁、水师江振声驻扎夹浦,以防北路。九月,伪天将胡先奎率悍贼来攻夹浦,韩文魁血战六昼夜,力竭不守,殉难者甚众。同治三年六月,宫保巡抚江苏李鸿章攻复县城,亦由此进兵。十数年来,聚落渐成,依然乡镇矣。

（清　赵定邦修,周学濬等纂:《长兴县志》,卷一,建置沿革,镇市,清光绪元年刻本,清光绪十八年邵同珩等增补刻本。）

〔清咸丰以前至民国十一年,浙江海宁〕　咸同以前,城外有丝、布等行,乡货骈集,市廛称盛。自遭寇乱,蹂躏无遗,土产各货散售乡镇,尤于硖石居多。虽春熙门外海塘,乱后准停海舶,以山货来,以布、米往,类皆过塘分运,无裨州市。惟柴炭业较前为盛,近亦渐衰。厘局所收丝货等捐,在硖镇者十之七八,科名仕宦富商巨贾亦乡多而城少,过市者有今昔之感也。

（清　李圭修,许传沛纂,刘蔚仁续修,朱锡恩续纂:《海宁州志稿》,卷三,舆地志,市镇,清光绪二十二年修,民国十一年续修铅印本。）

五、商　业 | 1207

〔清咸丰以前至民国二十年前后,浙江汤溪县〕　洋埠市,在县西十五里。按:洋埠在发匪前,本一荒地,清同治元年,官军由此造浮桥以济师,商民往来亦多出此,渐成市集,今繁盛不亚罗埠。

(丁燮等修,戴鸿熙纂:《汤溪县志》,卷五,建置下,市埠,民国二十年铅印本。)

〔清咸丰至民国十二年,浙江德清县新市镇〕　咸丰庚申辛酉,太平军于此安民,避难者远近来归,商贩日集,讵拔馆时竟付一炬,零落万状。今则航路四通,复臻繁盛。

(吴翯皋、王任化修,程森纂:《德清县新志》,卷一,舆地志一,市镇,民国十二年修,民国二十一年铅印本。)

〔清同治初年至宣统年间,浙江杭州钱塘县〕　朱桥市,在定北乡,去浙江驿二十里,粤匪乱稍定,行旅自越来渡江者,咸经朱桥,遂成小市。周家浦市,在长寿乡,濒江,与富阳之江南诸村相对,山民担纸渡江易米,咸萃于此。

(齐耀珊修,吴庆坻等纂:《杭州府志》,卷六,市镇,钱塘县,民国十五年铅印本。)

〔清同治十三年以前,浙江湖州府德清县新市镇〕　新市镇,在县东北四十五里(《大清一统志》),十一都境也。初,县之东南十五里有陆市。晋永嘉二年夏,淫雨一月,洪水大发,市一夕沈垫,居人徙而东,有陈廷肃者来镇相地,以其水陆环绕,舟车通利,遂率众定居。岁久成聚,谓弃陆而新徙于此,故曰新市。地有三潭九井,街衢市巷之整,人物屋居之繁,琳宫梵宇之壮,茧丝粟米货物之盛,明季设巡检司、河泊所各一。今裁(胡《志》)。

(清　宗源瀚、郭式昌修,周学濬、陆心源纂:《湖州府志》,卷二十二,舆地略,村镇,清同治十三年刻本。)

〔清同治十三年以前,浙江湖州府德清县唐栖镇〕　唐栖镇(《大清一统志》称市),在县东南三十五里,县之十六都也,与仁和县十一都联境,水南则属仁和,水北则属德清,长桥跨据南北,实官道舟车之冲。居人,水北大约二百家,水南则数倍。市帘沽斾辉映,溪泽丝缕粟米于兹为盛。曰唐栖者,故老相传,尝有唐人栖止于此,故名(湖《志》)。

(清　宗源瀚、郭式昌修,周学濬、陆心源纂:《湖州府志》,卷二十二,舆地略,村镇,清同治十三年刻本。)

〔清同治十三年前,浙江湖州府乌程县南浔镇〕　南浔镇,在府城东七十二里(《大清一统志》),与江苏震泽县接境,后潘巡司移驻于此(胡《志》)。市廛云屯栉比,周遭四讫,自东栅至西栅三里,水则运河,陆则荻塘也。距运河而南至栅五里,自荻塘而北至栅二里(《罗县志》)。

(清 宗源瀚修,周学濬、陆心源纂:《湖州府志》,卷二十二,舆地略,村镇,乌程县,清同治十三年刻本。)

〔清同治十三年前,浙江湖州府乌程县乌镇〕 乌镇在府城东南九十里(《大清一统志》),一名乌墩,亦名乌戍,本与嘉庆府桐乡县之青镇东西相望。升平既久,户口日繁,十里以内民居相接,烟火万家,二镇联而为一,中以市河一道为界,因合呼曰乌青镇,河东则仍属桐乡为青镇,河西则仍属乌程曰乌镇。二镇之四栅八隅则为江、浙二省,湖、嘉、苏三府,乌程、归安、石门、桐乡、秀水、吴江、震泽七县错壤地,百货骈集,而盐枭盗贼出没其间。

(清 宗源瀚修,周学濬修、陆心源纂:《湖州府志》,卷二十二,舆地略,村镇,乌程县,清同治十三年刻本。)

〔清同治十三年前后,浙江处州府丽水县〕 地无珍产,商贾鲜通,每月郡城以三七日为市,碧湖以丑辰日为市,所陈诸物,率鸡、豕、米、粟之类。旸雨偶愆,则米价骤腾。

(清 彭润纂修:《丽水县志》,卷十三,风俗,清同治十三年刻本。)

〔清光绪元年前后,浙江处州府松阳县〕 邑非津要,商贾鲜通,百货难备,市井间,自布帛菽粟而外,别无异物。每月城中以一六日为市期,旧市以四九日为市期。至期,四民咸集,交易而退,犹古者日中为市之意。

(清 支恒椿纂修:《松阳县志》,卷五,风俗志,习尚,清光绪元年刻本。)

〔清光绪三年前,浙江嘉兴府海盐县沈荡镇〕 《图经》:沈荡为大镇,去县二十六里,水四通,列廛五六百家,五谷、丝布、竹木、油坊、质店、大贾,往往而有。

(清 王彬修,徐用仪纂:《海盐县志》,卷四,舆地考,市镇,沈荡镇,清光绪三年刻本。)

〔清光绪三年前后,浙江嘉兴府海盐县六里堰市〕 堰以南为上河,去澉城六里,客舟不能达澉,咸泊于此。居民辐辏成市,木商、盐贾亦萃集焉。

(清 王彬修,徐用仪纂:《海盐县志》,卷四,舆地考,市镇,六里堪市,清光绪三年刻本。)

〔清光绪三年前后,浙江处州府〕 郡非津要,商贾鲜通,百货缺如,市井自米、粟、鱼、盐、布缕而外,他无异物。每月以三、七日为市期,四民咸集,交易而退,有日中为市之意。所售之货,惟米价最长欺伪,雨旸稍稍失序,价辄腾涌,出米烂恶,市者恬不为忌,购者忍受其累。

(清　潘绍诒修,周荣椿等纂:《处州府志》,卷二十四,风土志,风土,清光绪三年刻本。)

〔清光绪三年前后,浙江处州府缙云县〕　县四面皆山,人苦陆运,地无珍产,商贾鲜通,县治每月以三、八日为市期,所陈惟米、粟、布缕、鸡、膝、鹅、鸭之属,四民咸集,薄晚始散。

(清　潘绍诒修,周荣椿等纂:《处州府志》,卷二十四,风土志,风土,清光绪三年刻本。)

〔清光绪三年前后,浙江处州府庆元县〕　举溪市,在上管,去县甚远,商旅稀至,今废久。竹口市,在九都,为闽浙通衢,每岁十月,卜日迎神,四方商旅聚货贸易,三日而退,谓之赛会。

(清　林步瀛、史恩纬修,史恩绪等纂:《庆元县志》,卷二,建置志,市井,清光绪三年刻本。)

〔清光绪初年,浙江嘉兴府嘉兴县濮院镇〕　濮院镇,县西南三十六里,其南接桐乡县界,旧为濮氏所居,故名。旧名永乐市,元至正间,惟右族濮氏一姓,适濮民流徙,他卜居者渐繁。今可万余家,因以濮院各镇,南隶桐邑之梧桐乡,北界本邑之灵宿乡,居民务织丝绸,亦业农贾,商旅辐辏,与王江泾相亚,而俗较驯谨,多业儒。

(清　许瑶光等修,吴仰贤等纂:《嘉兴府志》,卷四,市镇,清光绪四年刻本。)

〔清光绪中叶至民国二十五年,浙江台州海门〕　海门旧设总镇防营,以缉奸宄,仅有营船。光绪中叶,海轮始通甬东,既而通沪、通瓯,商轮发展至十余艘,往来驿骚,海门遂成通商巨埠。陬六邑之咽喉,五方杂厝,豪猾奸民窟穴其间,侈靡淫泆之风牙蘖日盛,然仅袭沪、甬雏形,商埠虽兴,商业未振。

(喻长霖等纂修:《台州府志》,卷六十一,风俗志下,民国二十五年铅印本。)

〔清光绪二十二年前后,浙江处州府遂昌县〕　地无珍产,商贾不至,城以内,月逢二、七日为市,鸡豚柴米外,无他物,所谓布帛菽粟,不尚珍异,纯乎古风(几大乡镇,另有日期,不载)。

(清　胡寿海、史恩纬修,诸成允纂:《遂昌县志》,卷十一,风俗,清光绪二十二年刻本。)

〔清光绪三十四年前后，浙江宁波府奉化县〕 各市以大桥为最，海物自莼湖等处，山物自奉化、松林二乡会集，而宁海旅客必出于此，故贸易特盛。次则泉口、江口、莼湖，惟莼湖多海产，泉口多山物竹木之类，新嵊过客亦多由此，江口多蒲席、蒲屦、布匹之类，间有谷产。余则每值市期，除南北货外，鱼肉蔬笋各因其时，自四方担负而至，贸易无多耳。

（清 李前泮修，张美翊纂：《奉化县志》，卷三，建置志，镇市，清光绪三十四年刻本。）

〔清宣统年间，浙江杭州府余杭县〕 皖坎，在县西南，往洞霄宫必由之径，所渡之溪，即木竹河之本流。昔时，竹木山货乘舟运载，商贩聚而成镇，后河既湮，镇亦寻废。

（齐耀珊修，吴庆坻等纂：《杭州府志》，卷六，市镇，余杭县，民国十五年铅印本。）

〔清宣统年间，浙江杭州府海宁州〕 凡许村、周王庙等处，为火车所经者，市集因之较盛。

（齐耀珊修，吴庆坻等纂：《杭州府志》，卷六，市镇，海宁州，民国十五年铅印本。）

〔清代至民国十五年，浙江衢县〕 樟潭市，城东十五里，为东西溪合流之要冲，上至江、常，下达杭、绍，船只往来，必由此经过。上源山货之运往下游者麇聚于此，木为大宗，若纸若靛，每年出埠亦非少数，故商业之繁盛，为东乡冠，春冬之间山客云集，尤形热闹。王家山市（即黄甲山），城东二十里樟潭下五里有商店数家，船多泊于孟家汊内，装运纸货。樟德市（本章戴埠），城东二十五里有洋村滩，分上下埠，相距二里许，章戴港于此出口。杜泽源纸货多肩运至埠，下船装载，有纸行数家，余只小商店而已。安仁市，城东三十里，名安仁街，为东南乡总汇之水马头，次于樟潭，圣塘、兴福、诸源纸，货悉由此出埠，粮食亦多。横路市，城东三十里，为陆路通全旺之要道，东南各村贸易之中点，谷米杂粮均有贩运十里至安仁街出埠者。全旺市，城东四十五里，东乡陆路一大市镇，与山源贸易，多经营纸业。纸由安仁出埠，或安仁下一里出，螺蛳形亦有纸埠。高家市，城东四十里，亦一大市镇，原在大河之南，因水道南徙，绕出镇外，改变而北，去河里余，其埠为牛角口（一作牛勒、亦作牛荌），出产以米粮、白豆为大宗。近洋村一带多种罗卜，颇肥美，至冬切作细丝，干之贩运出售，亦皆集中于此。盈川市，城东四十五里，与龙游交界，为北乡上方源纸货出埠装船之所，有纸行埠头，设堆厂三，存积纸货，以备风雨不时，免遭损坏，近地粮食亦多于此出口（禁运时往往设稽查船于此）。沙埠市，城东南十五里，路通大洲，商店无多，有官盐分销。大洲市，城东南三十里，罗张源出口总汇之区，为小南乡第一市镇，百货骈集，惜舟筏不通，悉以肩运，罗张源之纸货由此出樟潭下河。五坪市，城南十里石室沟边，分两路线，南出石室街，东往大洲，仅茶肆数家，无大市，但前《志》列入市镇，岂昔盛而今衰耶。官碓市，城南十五里，五坪上五里，亦沟边，可通小舟，出产米粮，多入城转运。石室市，城南二十里，名石室街，滨东溪大河，出产谷米外，尤以石灰为大宗，凡山源造纸者悉于此取之。下石埠市，石室街去五里，昔本小埠，自堰口改筑后，周公源往来船只均泊于此，商店较石室街尤盛，并设有警察分所。黄坛口市，城南三十里，为黄坛里慎及坑口诸源总汇之区，因有大滩，阻其下船，不能停泊，商务不盛，仅以应槽而已，出货纸、柴、炭三项为大宗。坑口市，城南四十里，黄坛口去十里，滨河山源小市场纸货多于此出埠。溪口市，城南五十里，陆路由草鞋岭，进水路由湖南出，虽系水陆交通，但商市不盛，仅日用食物而已。岭头市，城南八十里，山源市场设有警所，出产有竹、木、纸、靛、柴、炭，向航埠口出乌溪港（即周公源）。洋口市，城南百里，为洋口区之中心，西达江山、浦城、南通遂昌、龙游，水道可直至樟潭大港，船只往来，商业颇盛。旧有盐哨缉私营设此，山货出产亦均于此下运。桦埠市（桦亦作椐，省作举），城南百里，为举村源咽喉，民居较洋口稀少，其水道交通亦颇便利，山货诸多于此出埠。隆头庙市，城南百二十里，距江山、遂昌两县城亦将毋同，为洋溪源五坑门聚会适中之点，水道虽不便，但山源四出皆远，贸易群集于此，故商业亦颇发达，成一市场。前河市，城南三十里，滨江山港大河，大南乡米谷杂粮均于此出埠，亦出柏油等物。相距一里有柏灵街，亦通江山大道，清设营汛于此，旧《志》载柏灵市而不载前河，殆今昔之不同也。后溪市，城南四十五里，后溪街交江山界，无大商市，旅店居多，五方杂处，民国因设警所，以资防卫。亭川市，城西一里龚家埠头，名亭川里。西乡纸货均于此出埠下河。民国六年，省立改良制靛厂于埠，采取山源原料，重加新法制造，品色尚佳，以经理未得其人，停罢，房屋尚在。航埠东西市，城西二十里，中隔一河，分河东河西两埠，沿河悉产桔之区，从前入贡及贩运出苏杭者约有数十万担，近因冻折大减，然道通常山，西乡贸易均集中于此，犹不失为一大市镇。北淤市，城西三十里，距航埠十里，滨河与常山交界，出产与航埠同，而商务不盛。五十都市，城西三十五里，旧名叶坂，亦通常山要道，往上源芳村者必经此。出产谷米外，有油，又产林檎，为全邑冠，胜于他处。惟陶器质粗，不能远销。石梁市，城西二十里，通寺桥源，纸货往来，商业虽不大盛，然寻常日用之物悉取资于市间，由城转运去五里下村，稍次之其西十里小沟源出炭甚富，多肩贩入城。沐塵市，城西北二十里，合方、郑两姓,总名沭塵,陆路通山源,皆寻常贸易,无大市面。前《志》载有上坦市,去此三里,今已衰落。源口市,城西北二十五里,大猴与缪源两源交汇之口,靛、纸、山货多至亭川埠出河,市间日用之品只供近销。云溪市,城北二十里,由衢陆路晋省必经之道,近村粮食有余或由此出运。章戴市,城北稍东二十里,旧有街,故前《志》载有章戴市,然地稍偏僻,虽有支港,舟不能通,商务不能发达。莲花市,城北四十里,通省要道,人多杂处,旅店林立,商业粮食、油蜡皆为大宗,北乡一市镇也。外黄市,城北五十里东湖山底,与里黄邻近,虽商市不盛,而粮食之贸易往往输出莲花。车塘市,城北二十里,陆路不便交通,商店数家,仅为近村之贸易而已。杜泽市,城北四十里,为北乡一大市镇,百货骈集,通铜山、双桥两源,悉以肩贸。水出章戴港,春水涨时可一通筏,平时纸货仍须肩运。峡口市,城北五十里,通上方源总口,出产纸为大宗。沿村多种石榴,秋后贩运至杭。按旧《志》载有湖溜市,相传以为峡口。今考其地,实在杜泽与峡口交点之间,不知何时为水涨没,仅存其名,或曰湖溜,本作胡留,昔为胡、留两姓人所居,陈《志》都图下不误,姚《志》不察,妄加水旁耳。玳堰市,城北七十五里,峡口往上方之中心,一街两市,分属两庄,出产多纸货,与上方源同出盈川。近村寨时(一作矛前)产石炭,亦丰富,年可出数十万担。上方市,城北八十里,毗连寿昌、遂安两县界,距城鸾远,山源商业亦云繁盛,出货纸为大宗,业此多宁绍及徽帮人,资本颇巨。水由峡口绕莲花出盈川,舟楫仅能直达,营业者尚以此少之。

(郑永禧纂:《衢县志》,卷六,食货志,商市,民国十五年修,民国二十六年铅印本。)

〔清代至民国十八年前后,浙江嘉兴马厍汇〕 马厍汇,在城北十四里,距运河里许,前清宣统元年,筹办自治,划镇之四周二十九圩为玉溪区(全区面积纵六里许、横四里许,港荡交错,地势平坦)。马厍汇之名,不知始于何时,里老相传,旧称苜蓿湾,唐人诗有《落日行》吟"芳草畔,夕阳古渡苜蓿湾"之句,或唐代已有此名,谐音相似,讹为马厍汇云。或曰归亦称买沙汇,汇南诸村,农余多以织布市为业,俗呼为织布市厍而卖纱于此,故名。镇多张姓,相传于元末因张士诚乱,来避于镇北之车家港。至清乾、嘉间,构大厦于汇上,居民四附,生齿渐繁,然当时市集,犹在镇北半里许之东张兜。洪杨乱后,镇始有店,侵成市集,然频年灾乱,市况肖〈萧〉条,今不如昔矣。镇上有警察分驻所一,属塘汇警察分所管辖,计有巡长一人,巡士四人。初级小学有二,均属区立。商店共有三十五,计茶店七,南货店四,药材店、京杂货店各三,鲜肉店、酒店、豆腐店、竹匠店、理发店各二,染坊、木作、茶叶店、铁店、馄饨店、米店、石灰行、面店。工业有碾米厂一,又在鲜茧上市时有茧厂一所,镇东北之圣堂港以造船著名。乡间,间有从机器戽水者,妇女借织袜营生者颇不乏人。农产以丝茧为大宗,菱藕之属亦甚多。镇上于民国十三年成立枚救会,购置皮带铜龙,稍具规模。镇上庵堂有七,小庙不胜计数。城镇交通,每日有航船开行,尚形便利,农民亦几家置一舟,以资往来。

（陆志鸿纂：《嘉兴新志》,上编,第一章,地理,镇市,民国十八年铅印本。）

〔**清朝末年至民国初年,浙江海宁县**〕 硖石镇,县治所在,即城区也。在昔袁、郭、硖、长称为四镇,自沪杭路成,而斜、周、许诸市商业渐兴,市肆日盛矣。

（朱尚编：《海宁县乡土志》,卷上,第二,自治区域,民国抄本。）

〔**清朝末年至民国初年,浙江海宁县**〕 周王庙市,在郭店之西,在昔市肆不及郭店之繁盛。自沪杭路成,设站于其北,行旅日繁,商业亦见兴盛也。

（朱尚编：《海宁县乡土志》,卷下,第二十六,郭周乡,民国抄本。）

〔**清朝末年至民国初年,浙江海宁县**〕 斜桥市,在本区北境,东通硖石,西达崇德,沪杭铁路经其北,设站以上下客货也。市据洛塘河之上游,当宁、棠二邑之冲,故商肆繁盛,行旅辐辏,屹然北境之重地也。

（朱尚编：《海宁县乡土志》,卷下,第二十三,元东乡,民国抄本。）

〔**民国六年前后,浙江吴兴县双林镇**〕 吾镇之长莱,春种最盛,每当春晚,麦陇菜畦,青黄相间,循行陌上,芳香远袭,野雉时鸣,为一年佳景。近年,冬春每苦雨潦,乡民艰于车戽,春花不能岁岁收矣。又按：吾镇米肆率在四栅之侧,盖因客船、乡船停泊之便。代客买卖者曰行,零粜者曰店。冬季糙米市,六五月冬春米市,四月菜子市,云〈六〉七月襄饼市。其余豆麦皆归米行买卖,总谓之曰六陈粮食。

（蔡蓉升原纂,蔡蒙重编：《双林镇志》卷十六,物产,民国六年铅印本。）

〔**民国十五年,浙江临海县**〕 蔡墺距城四十里,沪、甬、镇、象商舶,于是鳞萃,渐成要埠。宁邑近甬,商务步甬后尘,故稍兴盛,然莘〈莩〉路蓝缕,视沪、甬犹郚娄耳。

（喻长霖、柯华威等纂修：《台州府志》,卷六十一,风俗志下,民国十五年修,民国二十五年铅印本。）

〔**民国十六年前后,浙江象山县**〕 《风俗通》云：市,恃也,养赡老少,恃以不匮也。今邑逢日开市,百货俱集,盖仿此,里南墅、溪口等处,去城市远,故就其地相贸易,亦《周礼·地官》所谓五十里有市遗制耳。

（李泩等修,陈汉章纂：《象山县志》,卷十三,实业考,商业,民国十六年铅印本。）

〔民国十八年前后,浙江嘉兴濮院镇〕

濮院镇重要商业统计表

商业种类	商店数	资本总额	每年营业总额
洋广杂货	2	$100 000	$200 000
水果行	2	0	25 000
米 行	2	4 000	100 000
黄麻号	2	6 000	26 000
酱 园	1	20 000	40 000
茧 厂	1	4 000	80 000
小米店	7	1 400	2 800
茶 馆	15	450	
酒 店	6	240	
川酱店	3	240	
饭 店	8	320	
羊 行	1	0	
铁 店	3	150	
棺材店	1	?	
糖果店	3	90	
染 坊	4	320	
旅 馆	1	?	
腌腊店	1	100	
船 厂	1	8 000	27 000
共 计	64	$145 310	$500 800

(阎幼甫修,陆志鸿等纂:《嘉兴新志》,第一章,地理,濮院镇,民国十八年铅印本。)

〔民国十九年前后,浙江寿昌县〕 更楼镇,在县东仁丰区一都一图,离县治十五里,傍溪而市,贸易颇旺,有警察分驻所驻此,以资镇慑,县东之大镇也。大同镇,在县西大同区六都二图,离城二十五里,街市临溪,生意繁盛,有警察分驻所驻此,以资镇慑,县西之大镇也。

(陈焕等修,李钰纂:《寿昌县志》,卷二,疆域志,镇市,民国十九年铅印本。)

〔民国十九年至二十四年,浙江吴兴乌青镇〕 每年春夏茧及秋蚕茧,各行收买干茧。以每行三百担计,约有干茧四千八百担出产。自"九·一八"后,丝价惨落,茧价亦随之暴跌,鲜茧每担五十余元跌至二十余元,进行茧业者,虽系外来茧商,但均宣告破产,无法营业。二十二年份,仅有成昌、智昌、震元、裕渌四家收买鲜茧,勉强营业。二十三年,鲜茧由建设厅定价,杜种茧按市秤(照司马枰八折)

每担十五元,改良种茧按市秤,每担二十元,乡人育蚕多感亏耗,而茧商又以丝价低小、欧销不动,不敢收购。本年,茧厂亦仅有二三家营业。现在,各茧厂房屋或坍塌,或拆卸,气象甚为萧疏。

(董世宁原修,卢学溥续修:《乌青镇志》,卷二十一,工商,民国二十五年刻本。)

〔民国二十至二十四年,浙江吴兴乌青镇〕 南北货业,此业亦恃乡户交易为大宗,沈永兴、钱隆盛营业最大,同和兴、同茂记、桓大等亦尚发展,此外四栅各家均属平常。惟此业除批发外,多赖门市,昔时蚕、冬两季,乡户麋集,柜上摩踵擦肩,几有应接不暇之势,近以农村衰落,农民经济竭蹶,即在蚕、冬之际,亦甚清闲,营业亦比往时减色。

(董世宁原修,卢学溥续修:《乌青镇志》,卷二十一,工商,民国二十五年刻本。)

〔民国二十四年前后,浙江萧山县〕 西兴镇,在县西十里,对岸即省治,为商旅往来通衢。

(彭延庆修,杨钟羲等纂:《萧山县志稿》,卷二,山川门,民国二十四年铅印本。)

〔民国二十五年前后,浙江海盐县澉浦〕 澉浦镇为全区之中心,历来文化颇可观,近以经商沪上者多,一切喜效沪俗,读书不甚注重,惟民情尚称和平,少争讼。妇女向多从事绩麻,近已极少。至城外居民仍多务农,间亦有往上海习商者。

(程元煦编纂:《澉志补录》,风俗,民国二十五年铅印本。)

〔民国二十五年前后,浙江新昌县〕 商业以城区为中心,次之则黄泽、澄潭两镇,概因附近村落周密,消费力较大。大市、聚儒岙、黄镜等镇,其商业店均不及百家,资本亦欠雄厚,是以顾客不能倾心信任,商业较逊,全恃茶市。大明市、胡卜两镇,商店极少,商业萧条。上下市、大宅里、新市场等处,其平时无一定商店,逢二、八或三、七日,由邻村商贩至该处临时设摊,至午后回家。

(姜卿云编:《浙江新志》,下卷,第四十五章,新昌县,实业,民国二十五年铅印本。)

〔民国二十五年前后,浙江黄岩县〕 路桥镇,居黄、温二县之要冲,工商业甲于全县。县城居全县之中枢,商业亚于路桥。下塘角为居黄、温两县交界区域,黄、温两县之渔捞品均聚集销售,商业亚于县城。宁溪镇,为黄岩、永嘉、乐清、仙居、临海五县互市之区,商业亚于下塘角。

(姜卿云编:《浙江新志》,下卷,第四十七章,黄岩县,实业,民国二十五年铅印本。)

〔民国二十五年前后,浙江萧山县〕 临浦,在浦阳江边,为萧邑第一大镇,商业以米业进出为最大,四近米价均听临浦行盘,洋广杂货次之,杭、绍、诸暨日夜均有航轮往来,交通之便亦推全县第一。义桥亦在临浦江边,商业以木业及过塘业为最盛,因金、衢、严货物运至宁、绍或宁、绍货物运至金、衢、严,都在义桥过塘也。钱清,跨西小江两岸,为萧、绍两县分界处,街市比较热闹,而夏天之王瓜市有名于县中。瓜沥与笼山为介塘里及南沙之间,为南沙丝茧、棉花运入塘里之转运码头,而笼山更盛。西兴为浙东运河之起点,市街在运河南岸,与杭州相隔一江,西兴商业以过塘为多。

(姜卿云编:《浙江新志》,下卷,第四十章,萧山县,实业,民国二十五年铅印本。)

〔民国二十五年前后,浙江上虞县〕 本县地处宁波、绍兴之间,市面交易悉听宁绍市盘。主要商场:城区商场不及章崧、西镇之繁盛,大概与百官不相上下。

(姜卿云编:《浙江新志》,下卷,第四十三章,上虞县,实业,民国二十五年铅印本。)

〔民国二十五年前后,浙江慈溪县〕 本县商业以城市、骆驼桥、观海卫三处为最盛。城市因便于火车,商店约三官余家。骆驼桥地临镇海,水路交通便利,商店约百余家。观海卫,地滨大海,商店约百余家。

(姜卿云编:《浙江新志》,下卷,第三十四章,慈溪县,实业,民国二十五年铅印本。)

〔民国二十五年前后,浙江定海县〕 沈家门,系海盐繁盛之区,冬季带鱼,春秋小黄鱼等买卖颇盛。其时期,每年自立冬至夏至止,盐亦随之销用。

(姜卿云编:《浙江新志》,下卷,第三十五章,定海县,实业,民国二十五年铅印本。)

〔民国二十五年前后,浙江奉化县〕 本县市镇以大桥、萧王庙、西埠三处为主,溪口、亭下、方桥、薄湖等镇次之。每年营业,每镇与大桥相比成五与一之比例。其他南渡、斗门商业殊小,至若尚田贩、裘村、白杜等,均县内市集,无大宗商业。

(姜卿云编:《浙江新志》,下卷,第三十六章,奉化县,实业,民国二十五年铅印本。)

〔民国二十五年前后,浙江象山县〕 本县商业以石浦为最繁盛,县城次之,墙头、泗洲、头昌、国卫、爵溪等处又次之,陈晃、东溪、珠溪、西周等处更次之。惟在渔汛期内,本县渔民及温、台各邦渔民咸会集于爵溪,从事采捕,该时爵溪商业颇繁盛。

(姜卿云编:《浙江新志》,下卷,第三十七章,象山县,实业,民国二十五年铅印本。)

〔民国二十五年前后,浙江南田县〕 鹤浦镇,计商店六十五家,全年交易数约十一万四千七百元。樊岙镇,计商店九家,全年交易数约一万二千五百元。龙泉镇,计商店六家,全年交易数约一万八千一百元。

(姜卿云编:《浙江新志》,下卷,第三十八章,南田县,实业,民国二十五年铅印本。)

〔民国二十五年前后,浙江绍兴县〕 本县城区,以大江桥至云桥为商场繁盛之中心地点。其他东有樊江、皋埠、东关、曹娥,西有柯桥、安昌、钱清、下方桥,南有沥水、上灶、漓渚,北有孙端、马山、平海,所有各镇商业均称繁盛。

(姜卿云编:《浙江新志》,下卷,第三十九章,绍兴县,实业,民国二十五年铅印本。)

〔民国二十五年前后,浙江诸暨县〕 枫桥以纸花、木业为主,次为南北杂货,桃子、栗子、竹木亦有交易。牌头以丝、茶为主。草塔以丝、茶、竹、木为主。

(姜卿云编:《浙江新志》,下卷,第四十一章,诸暨县,实业,民国二十五年铅印本。)

〔民国二十五年前后,浙江余姚县〕 本县大市镇以每日为市,其他小市镇则三日或五日定期为市集,山货则分春、秋两季聚集大市镇为交易处所。主要商场:城区为最繁盛,周行次之,马渚又次之。

(姜卿云编:《浙江新志》,下卷,第四十二章,余姚县,实业,民国二十五年铅印本。)

〔民国二十五年前后,浙江嘉兴县〕 主要商场:塘湾街最盛,北大街次之,中街及丝行街又次之。市镇以油车港、南汇、王江泾为产米之区,此外则王店蚕桑,新塍丝绸,新丰产姜,新篁近海产盐。

(姜卿云编:《浙江新志》,上卷,第二十章,嘉兴县,实业,民国二十五年铅印本。)

〔民国二十五年前后,浙江嘉善县〕 本县商业以西塘为最大,县城次之,再次为枫泾、天凝,其余各处均在前四处之下,各处相差无几。

(姜卿云编:《浙江新志》,上卷,第二十一章,嘉善县,实业,民国二十五年铅印本。)

〔民国二十五年前后,浙江镇海县〕 本城与柴桥商业较盛,澥浦、庄市、大碶头、围桥较次,然亦为镇海之大镇集。

(姜卿云编:《浙江新志》,下卷,第三十三章,镇海县,实业,民国二十五年铅印本。)

〔民国二十五年前后,浙江富阳县〕 场口、中阜、灵桥、渔山、里山等处,因交通上之便利,钱江、振兴、大华三公司轮舟每日往来不断,商业上较为繁盛,且中阜方面复有协隆火柴梗匣厂之设,为富阳县唯一机制工业。此外渔山、里山等,纸业极盛。

(姜卿云编:《浙江新志》,上卷,第十八章,富阳县,实业,民国二十五年铅印本。)

〔民国二十五年前后，浙江新登县〕 三溪镇，为广陵、宁善、南新、南安等处山货必经之处。渌渚镇，住户虽不多，因可通船只，凡新登全县进出口货必在此装卸，故均有相当市面。

（姜卿云编:《浙江新志》，上卷，第十九章，新登县，实业，民国二十五年铅印本。）

〔民国二十五年前后，浙江于潜县〕 主要之商场以城区为最盛，印渚镇次之，藻溪镇、太阳又次之。

（姜卿云编:《浙江新志》，上卷，第十六章，于潜县，实业，民国二十五年铅印本。）

〔民国二十五年前后，浙江临安县〕 商业均属零星，习惯以杭市为依归，无大异者。主要商场：虽有较大之市镇，但仅系农林市集。

（姜卿云编:《浙江新志》，上卷，第十五章，临安县，实业，民国二十五年铅印本。）

〔民国二十五年前后，浙江吴兴县〕 本县市镇以南浔为最大，菱湖及双林次之，乌镇、善连、陈市等又次之，其主要商业为产丝。

（姜卿云编:《浙江新志》，上卷，第二十六章，吴兴县，实业，民国二十五年铅印本。）

〔民国二十五年前后，浙江杭县〕 本县主要商场如塘栖、临平、瓶窑、三墩、留下、乔司、良渚、小和、周家铺等处，商店在五十家至千余家以上，人口达五千至两万之多，市场繁盛，水陆交通便利，每年茶、丝上市，市面极形热闹。

（姜卿云编:《浙江新志》，上卷，第十二章，杭县，实业，民国二十五年铅印本。）

〔民国二十五年前后，浙江海宁县〕 本县各商场，以硖石为最繁盛，因该处扼沪杭交通之要冲，内地交通亦四通八达。其次为袁花、长安等镇，惟较硖石有霄壤之别。硖石商业之经营形式，合股与有限或无限公司为多，独资次之。其他各镇尚未脱农业经济领域。

（姜卿云编:《浙江新志》，上卷，第十三章，海宁县，实业，民国二十五年铅印本。）

〔民国二十五年前后，浙江安吉县〕 本县商场，以梅溪镇之竹木业、炭业及递铺镇之粮食、油盐业为最盛，晓墅镇亦以竹木柴炭业为最盛，但不及梅溪镇。城区市场萧条，贸易寥寥，以视各镇瞠乎其后。

（姜卿云编:《浙江新志》，上卷，第三十章，安吉县，实业，民国二十五年铅印本。）

〔民国二十五年前后，浙江孝丰县〕 孝丰镇为县城，百业麇集，商务繁华，为全县之冠。杭垓镇为西乡唯一之重镇，与安徽之广德县毗连，营业兼两县之广，惟人民大多自耕自给，致商业难以发达。章村、报福二镇，为本镇之间最繁盛之市场,乡人每因进城费时不便,而将出产品于该二镇脱售,复购日常必需品而归。商务稍差者为孝悌镇。白水镇为东乡重镇,赴省要道,人烟稠密,商务称繁。

(姜卿云编:《浙江新志》,上卷,第三十一章,孝丰县,实业,民国二十五年铅印本。)

〔民国二十五年前后,浙江武康县〕 商场以上柏镇为最盛,三桥坞、城湾次之,二都、塘泾、下柏、杨坟又次之。上柏商店约一百二十余家,三桥埠约八十余家,城区约五十余家,其余均不过十余家。上柏、三桥埠、城区均为杭长路汽车所经过,具有湘溪、阜溪、前溪等水道,可通舟楫,交通尚称便利。

(姜卿云编:《浙江新志》,上卷,第二十八章,武康县,实业,民国二十五年铅印本。)

〔民国二十五年前后,浙江长兴县〕 主要商场:泗安因产米较多,素称繁盛;次为虹星桥,亦属产米之区;次为和平,多产毛竹、山货、茶、米、杂粮;次为鸣桥、合溪,多产米、麦、毛竹、山货、茶叶、煤缸、柴炭等物;又次为夹浦、水口、白阜、坞薪、甲桥,类多产鱼虾、毛竹、山货、茶叶、柴炭、米、麦等;李家巷产青石、白石、石炭;新塘、小沉渎、杨家浦产鱼虾、芦席;其余小镇虽多,不足记述。

(姜卿云编:《浙江新志》,上卷,第二十七章,长兴县,实业,民国二十五年铅印本。)

〔民国二十五年前后,浙江崇德县〕 本县商业,城区最为繁盛,石门镇与洲泉镇次之,灵安镇与高桥镇更次之。

(姜卿云编:《浙江新志》,上卷,第二十三章,崇德县,实业,民国二十五年铅印本。)

〔民国二十五年前后,浙江平湖县〕 商业以城内为第一,次为新仓、新埭。海口通店则推乍浦。新仓、新埭有店家一百余家,乍浦亦有百余家之谱,其较大之商家为木行及咸鱼行,木由福建、温州运来。

(姜卿云编:《浙江新志》,上卷,第二十四章,平湖县,实业,民国二十五年铅印本。)

〔民国二十五年前后,浙江庆元县〕 城区后田系属通达寿宁、景宁、泰顺等县之孔道,商业因之比较繁盛。次之北乡小梅,系龙庆水道起点,百货交会,为全县人口之第一关。再次竹口、新窑、蒲潭等处,或系木业之中心,或系纸木之屯积地。

(姜卿云编:《浙江新志》,下卷,第八十四章,庆元县,实业,民国二十五年铅印本。)

〔民国二十五年前后,浙江分水县〕 本县商业不发达,除城厢寥寥数十家商店外,仅毕浦镇尚略有市面,其他各乡镇有少数杂货店。

(姜卿云编:《浙江新志》,下卷,第七十章,分水县,实业,民国二十五年铅印本。)

〔民国二十五年前后,浙江淳安县〕 主要商场:一、威坪镇,该处位居新安江上游,地接皖境歙县、绩溪,直接屯溪,公路完成后,该处所出产之茶叶、蜜枣均有发展可能。二、港口镇,为本县商业中心,公路完成后,商业因之增加数倍。三、茶园镇,特产青炭,如能改良制造,不难加倍发展。四、同善镇,交通不便,若公路完成,商业自可繁盛。

(姜卿云编:《浙江新志》,下卷,第六十八章,淳安县,实业,民国二十五年铅印本。)

〔民国二十五年前后,浙江瑞安县〕 主要商场:以城区为最繁盛,其次为西区之大峃,东区之垟塍、塘下,再次为南区之林埠,北区之陶山。

(姜卿云编:《浙江新志》,下卷,第七十三章,瑞安县,实业,民国二十五年铅印本。)

〔民国二十五年前后,浙江平阳县〕 鳌江镇滨海,交通便利,货物出入较便,因其直接与福州、上海交通,故商号林立,商业繁盛为全县之冠。

(姜卿云编:《浙江新志》,下卷,第七十四章,平阳县,实业,民国二十五年铅印本。)

〔民国二十五年前后,浙江泰顺县〕 主要商场:筒布业最大宗,南货业次之。百丈口最繁盛,洪口及城内次之。

(姜卿云编:《浙江新志》,下卷,第七十五章,泰顺县,实业,民国二十五年铅印本。)

〔民国二十五年前后,浙江玉环县〕 主要商场:教场头镇,商店九十二家,商业交易数计四十八万七千余。楚门镇,商店八十六家,商业交易数四十八万余。西青镇,商店六十四家,商业交易数十九万九千二百余。北岱镇,商店四十六家,商业交易数十万六千余。

(姜卿云编:《浙江新志》,下卷,第七十六章,玉环县,实业,民国二十五年铅印本。)

〔民国二十五年前后,浙江松阳县〕 本县城区以每旬一、六两日为市期,古市以每旬四、九两日为市期,四方民众如期会集,互相贸易。……松县商业以城区、古市较为繁盛。

(姜卿云编:《浙江新志》,下卷,第七十九章,松阳县,实业,民国二十五年铅印本。)

〔民国二十五年前后,浙江缙云县〕 主要商场:五云镇,商店一百数十家,以南货、布匹为主要营业。壶镇,商店百余家,以酒、米为主要营业。新建,商店五六十家,以南货、酒、肉为主要营业。

(姜卿云编:《浙江新志》,下卷,第八十章,缙云县,实业,民国二十五年铅印本。)

〔民国二十五年前后,浙江龙泉县〕 主要商场:城区商场最盛,长安镇次之,梅溪镇又次之。

（姜卿云编:《浙江新志》,下卷,第八十一章,龙泉县,实业,民国二十五年铅印本。）

〔民国二十五年前后,浙江云和县〕 主要商场:新东、新西镇,商店三十户,赤石村十余户,局村、石村、朱村口各村镇,除新东、新西两镇外,其余各处均濒临大溪,为上下船只停泊之处所,全恃船户于歇停时之零星购买主。于每届冬季,朱村口等地亦有茶油发兑运销丽水等县。

（姜卿云编:《浙江新志》,下卷,第八十二章,云和县,实业,民国二十五年铅印本。）

〔民国二十五年前后,浙江遂昌县〕 每逢二、七为市,乡货聚于市,以行卖买。主要商场:繁盛情形如下:一县城,二王村口岸,三湖山,四金岸,五北界,六大拓。

（姜卿云编:《浙江新志》,下卷,第八十三章,遂昌县,实业,民国二十五年铅印本。）

〔民国二十五年前后,浙江仙居县〕 本县城市中以城内为繁盛,南乡之厦阁及西乡之横溪次之,皤滩又次之。

（姜卿云编:《浙江新志》,下卷,第五十一章,仙居县,实业,民国二十五年铅印本。）

〔民国二十五年前后,浙江丽水县〕 碧湖为丽水较大市镇,内商店约二百余家。

（姜卿云编:《浙江新志》,下卷,第七十七章,丽水县,实业,民国二十五年铅印本。）

〔民国二十五年前后,浙江兰溪县〕 商场繁盛首推城区。其次为游埠镇,该镇与龙游、汤溪两县交界,粮食、山货均有进出。再次为女埠、洲上二镇,地点临江,各货进出运输便利。又次为水亭、诸葛、永昌三镇,系属山涧溪流,不能通行船只,只能肩挑步担,向陆路运输。

（姜卿云编:《浙江新志》,下卷,第五十三章,兰溪县,实业,民国二十五年铅印本。）

〔民国二十五年前后,浙江温岭县〕 本县各主要乡镇以新河、松门、泽国商业较为繁盛,至长屿、箬横、温岭街、潘郎、大溪次之,其余各村落则每旬或一市二市不定,营业不甚发达。

（姜卿云编:《浙江新志》,下卷,第四十八章,温岭县,实业,民国二十五年铅印本。）

〔民国二十五年前后,浙江宁海县〕 海游地处海滨,为本镇赴上海、宁波等处之要道,故商业较县为繁盛。

（姜卿云编:《浙江新志》,下卷,第四十九章,宁海县,实业,民国二十五年铅印本。）

〔民国二十五年前后,浙江义乌县〕 主要商场:惟城厢及佛堂镇较为繁盛,余如苏溪、上溪、楂林、廿三里各商场限于一隅,未见起色。在昔火车未通以前,佛堂为东阳出纳口,其处为三水汇合之中心,现则已衰退矣。

(姜卿云编:《浙江新志》,下卷,第五十五章,义乌县,实业,民国二十五年铅印本。)

〔民国二十五年前后,浙江永康县〕 商业除通常交易外,例定阴历一、六两日为市日,每值市日,各户人民纷纷进城,或卖或买,分段营业,凡平日无从购买者,市日均可购取。市日系整日为市,无早夜之分,各户市镇或定二、七、三、八、四、九、五、十等日为市,其贸易情形与县城同。

(姜卿云编:《浙江新志》,下卷,第五十六章,永康县,实业,民国二十五年铅印本。)

〔民国二十五年前后,浙江武义县〕 履坦当金华至武义大道,故商业较繁盛。泉溪较履坦稍逊。下扬为通宣平大道,此一带产粮食,每日必有挑米上市者,商业较前溪稍逊。

(姜卿云编:《浙江新志》,下卷,第五十七章,武义县,实业,民国二十五年铅印本。)

〔民国二十五年前后,浙江寿昌县〕 本县商业,县城为最大,大同镇、更楼底次之。县城约有商店七十余家,大同三十余家,更楼底约二十余家。

(姜卿云编:《浙江新志》,下卷,第六十六章,寿昌县,实业,民国二十五年铅印本。)

〔民国二十五年前后,浙江衢县〕 樟树潭,水道交通要隘,为木商贸易之集合所。杜泽上方纸槽林立,衢县出产以纸货为大宗。高家下通龙游东乡,为粮食卖买集中地点。

(姜卿云编:《浙江新志》,下卷,第六十章,衢县,实业,民国二十五年铅印本。)

〔民国二十五年前后,浙江常山县〕 本县商业集中城中,约有商店二百余家。次为芳村镇,有店铺大小十余家。招贤镇,有十余家。辉埠及溪口均甚小,约有商铺十余家。

(姜卿云编:《浙江新志》,下卷,第六十三章,常山县,实业,民国二十五年铅印本。)

〔民国二十五年前后,浙江开化县〕 华埠为本县商业中心,约有商铺百余家。其次为开阳镇(即县城),约有五十余家。马金镇,约有商店二十余家。

(姜卿云编:《浙江新志》,下卷,第六十四章,开化县,实业,民国二十五年铅印本。)

〔民国二十五年前后,浙江江山县〕 本县商店以县城、清湖、硖石三处为主,各有商店约百余家。三者之中,县城第一,清湖次之,硖石最小。上台、官溪、新塘边约有商店四五十家或二三十家,其余石门、凤林、礼贤、塘石等,均不足称。

（姜卿云编：《浙江新志》,下卷,第六十一章,江山县,实业,民国二十五年铅印本。）

〔明正德六年前后,南京凤阳府颍州〕 界沟店,在西乡一百四十里。旧黄河通,商贾集。河徙,市净。……杨官店,在沈丘一百四十里,客户,酒醋盐铁市。……栗头店,在西乡六十里,主客户杂,盐铁市耳。……永安店,古县街市存,在南乡一百四十里汝水滨,舟楫上下,故交易广,东又有小店。……桃园店,在北乡九十里,近淝河,水汽通舟,主客户杂处。流湖集,在沈丘一百五十五里,北五里即向张埠上舡,故商游货集也。……中村集,在南乡七十里,前临谷河,商贾辐辏,市日无虚,主客户杂处。红林集,在南乡一百一十里,通蒙河入淮,市集亦小客户多。功立桥集,在南乡九十里,工商杂集,货亦适中。艾亭集,在南乡一百七十里,近汝河,商贾盛集,主客户并。

（明 刘节纂修：《颍州志》,卷二,乡井,明正德六年刻本。）

〔明嘉靖二十九年前后,南京凤阳府天长县〕 本县游手者众,镇市仅四处,而所谓经纪者乃千余人,皆不力稼穑,衣食于市,物价之低昂,惟在其口,而民间之贸易,必与之金,甚至一肩之草、一篮之鱼,皆分其值而后售。

（明 邵时敏修,王心纂：《皇明天长志》,卷三,人事志,风俗,明嘉靖二十九年刻本。）

〔清康熙年间,安徽太平府〕 各市镇,当涂以黄池、采石为甲乙。黄池承十字圩之枢轴,采谷转输加以土著,故多饶,然其民嚣凌而好讼。采石突出江表,以舟为家,扬帆楚豫吴越者无虚日,其奇赢易以致富,而丧其见者亦多。……余俗从同芜湖,无大镇,止鲁港与繁分属临江贾集,故多开砦坊操舟楫为业。

（清 黄桂修,宋骧纂,李敏迪增修,曹守谦增纂：《太平府志》,卷五,地理志,风俗,清光绪二十九年据康熙十二年刻、四十六年增刻本木活字重印本。）

〔清乾隆元年前后,安徽颍州府亳州义门镇〕 义门镇,亳州东七十里,临涡河,商船辏集,为水陆通衢。

（清 尹继善等修,黄之隽等纂：《江南通志》,卷二十八,舆地志,关津,亳州,清乾隆元年刻本。）

〔清乾隆元年前后,安徽颍州府颍上县八里垛镇〕 八里垛镇,县东南六十里,商贾帆樯相望,为淮颍襟要。

（清 尹继善等修,黄之隽等纂：《江南通志》,卷二十八,舆地志,关津,颍上县,清乾隆元年刻本。）

〔清乾隆元年前后，安徽凤阳府寿州瓦埠镇等〕　瓦埠镇，州东南六十里，淝水旋绕，舟楫、商贩往来不绝。来远镇，州西六十里……为商众所聚，向置巡司，今裁。

（清　尹继善等修，黄之隽等纂：《江南通志》，卷二十八，舆地志，关津，寿州，清乾隆元年刻本。）

〔清乾隆元年前后，安徽太平府当涂县黄池镇〕　黄池镇，县南八十里，宋旧镇也。镇北为县界，跨河而南为宣城，西达芜湖，东抵高淳，廛市相连，舟车四集，为县巨镇，有公馆。

（清　尹继善等修，黄之隽等纂：《江南通志》，卷二十七，舆地志，关津，当涂县，清乾隆元年刻本。）

〔清乾隆元年前后，安徽太平府芜湖县澛港镇等〕　澛港镇，县西南十五里，商旅骈集，为防守要地，河口巡司移治于此。……河南市，县治南，沿河东西十里阛阓相接。山口市，县南十五里，为驿递孔道，多旅店。二十里市，县南，驿递往来与山口同。

（清　尹继善等修，黄之隽等纂：《江南通志》，卷二十七，舆地志，关津，芜湖县，清乾隆元年刻本。）

〔清乾隆元年前后，安徽池州府建德县尧城镇〕　尧城镇，县南二里，商民萃处，贸贩颇盛。

（清　尹继善等修，黄之隽等纂：《江南通志》，卷二十七，舆地志，关津，建德县，清乾隆元年刻本）

〔清乾隆元年前后，安徽池州府铜陵县大通镇〕　大通镇，铜陵县西南四十里，枕山面江，商旅鳞集。

（清　尹继善等修，黄之隽等纂：《江南通志》，卷二十七，舆地志，关津，铜陵县，清乾隆元年刻本。）

〔清乾隆元年前后，安徽宁国府泾县马头镇〕　马头镇，县东北三十里，下临大溪，商舟辏集于此。

（清　尹继善等修，黄之隽等纂：《江南通志》，卷二十七，舆地志，关津，泾县，清乾隆元年刻本。）

〔清乾隆元年前后，安徽宁国府宣城县湾址镇〕　湾址镇，县西北八十里，青弋江所迳,盐艘鳞集,商贩辐辏。

（清　尹继善等修,黄之隽等纂：《江南通志》,卷二十七,舆地志,关津,宣城县,清乾隆元年刻本。）

〔清乾隆元年前后,安徽安庆府望江县急水镇〕　急水镇,县南三里,商贾所聚,亦名吉水镇。

（清　尹继善等修,黄之隽等纂：《江南通志》,卷二十七,舆地志,关津,望江县,清乾隆元年刻本。）

〔清乾隆元年前后,安徽安庆府宿松县小孤山镇〕　小孤山镇,县东南一百四十里,大江在前,商贾舟楫所聚,有巡司。便民仓镇,县东南七十里,俯临长河,东通望江县吉水镇,商旅络绎,邑南北粮仓贮此。

（清　尹继善等修,黄之隽等纂：《江南通志》,卷二十七,舆地志,关津,宿松县,清乾隆元年刻本。）

〔清乾隆元年前后,安徽安庆府太湖县马路口镇〕　马路口镇,县西郭外,商贾辐辏之地,又西一里曰小马路镇。

（清　尹继善等修,黄之隽等纂：《江南通志》,卷二十七,舆地志,关津,太湖县,清乾隆元年刻本。）

〔清乾隆元年前后,安徽安庆府桐城县枞阳镇〕　枞阳镇,桐城县东南一百二十里,商民萃聚,置马踏石巡司于此。

（清　尹继善等修,黄之隽等纂：《江南通志》,卷二十七,舆地志,关津,桐城县,清乾隆元年刻本。）

〔清乾隆元年前后,安徽安庆府怀宁县石牌市〕　石牌市,县西百里,通潜、太、宿、望四邑,有上下二集,商旅辐辏,即古石牌口也。

（清　尹继善等修,黄之隽等纂：《江南通志》,卷二十七,舆地志,关津,怀宁县,清乾隆元年刻本。）

〔清乾隆元年前后,安徽和州含山县运漕镇〕　运漕镇,含山县南八十里,地临大河,上接巢湖,下通大江,居民稠密,商贾辐辏之地。

（清　尹继善等修,黄之隽等纂：《江南通志》,卷二十八,舆地志,关津,含山县,清乾隆元年刻本。）

〔清乾隆十四年前后,安徽池州府石埭县〕　长林街,在舒溪之南,为徽宁孔道,行旅往来络绎不绝,有店房十余间,因名为街。今客商改走华村,不复过其。

(清　石瑶灿纂修:《续石埭县志》,卷一,续舆地志,古迹,清乾隆十四年刻本,民国二十四年铅字重印本。)

〔清乾隆二十五年前后,安徽凤阳府灵璧县〕　市集贸易,菽麦而外,惟酒布常有,农具与果蔬、鱼肉之类或有或无,其他悉无有也,此可以知民之俭,亦可以知民之贫。

(清　贡震纂修:《灵璧县志》,卷四,杂志,风俗,清乾隆二十五年刻本。)

〔清乾隆二十六年前后,安徽安庆府太湖县〕　马路口镇(自太平街外系官基),为商贾辐集之处,居积贸迁。

(清　吴易峰修,徐曰明纂:《太湖县志》,卷二,舆地志,乡镇,清乾隆二十六年刻本。)

〔清嘉庆十二年前后,安徽太平府芜湖县〕　鲁港镇,在县西南十五里,境内市镇惟此最大,多砻坊,为粮米聚贩之所,商旅骈集,汛防要地也。

(清　梁启让修,陈春华纂:《芜湖县志》,卷一,地里志,镇市,清嘉庆十二年刻本,民国二年重印本。)

〔清嘉庆十六年至道光六年前后,安徽太平府繁昌县〕　繁昌大镇六,俱滨江河,荻港两倍城邑,商船几与芜湖埒。

(清　曹德赞纂修,张星焕增修:《繁昌县志》,卷二,舆地志,风俗,清嘉庆十六年刻,道光六年增刻本。)

〔清咸丰以前至光绪十三年前后,安徽凤阳府凤阳县〕　凤桥集,当袁营驻扎临淮时,商民咸趋北岸。迨光绪二年,南岸重设税关,铺户民居渐次兴造,稍复旧观。枣巷集,旧距银杏树不远,兵燹后淮河南岸村落凋零,枣巷集与老鹳集俱废,贸易皆赴北岸五河界内。同治八年,邑人陈文璋于南岸建造草屋数间,劝坊民开设陆陈行,四方来贸易者渐多,遂成市焉,即今之枣巷集。

(清　谢永泰修,王汝琛等纂:《凤阳县志》,卷三,舆地志,市集,清光绪十三年刻本。)

〔清同治年间,安徽安庆府太湖县徐家桥镇〕　徐家桥镇,邑南四十五里。咸丰初,村店数间,近年添造铺户,分上、中、下三街,商贾辐辏,水陆懋迁,遂成巨镇。

(清　符兆鹏修,赵继元纂:《太湖县志》,卷五,舆地志,乡镇,清同治十一年刻本。)

〔清光绪二十年前后,安徽泗州五河县〕　钟阳集,在永一里,离县治三十里,逢二、四、七、九日为期,商贩舟车咸通。

(清　赖同晏等修,俞宗诚纂:《五河县志》,卷三,疆域志,市集,清光绪二十年刻本。)

〔清光绪年间,安徽太平府芜湖县清水河镇〕　清水河镇,即旧《志》杨青市,在县东二十里。清水河,自万顷湖开垦后,遂臻繁盛。

(余谊密等修,鲍实等纂:《芜湖县志》,卷五、地理志、市镇,民国八年石印本。)

〔民国十六年前后,安徽涡阳县〕　涡地产药四十余种,皆在县西北隅,而赵旗屯、义门集一带为最多。赤白芍、紫苑、括蒌、白菊、白扁豆为出产大宗,行销最广。义门集又为药草会萃之所,南北药商络绎不绝,亦土产之一大收入也。

(黄佩兰修,王佩箴纂:《涡阳县志》,卷八,食货,物产,民国十六年铅印本。)

〔民国二十年前后,安徽无为县〕　黄雒河镇,在治北三十五里,当外河濡须水汇流之冲,东往含山,北入巢境必经之地,米之出口多由是,故成市集,有小学一。襄安镇,为西河永安水汇流外,且为陆路往桐庐之渡口,昔汉襄县治也。在城西南四十里,为四部米粮集中地,春夏水涨南下可至刘家渡,顺江而东可至芜湖,冬日如濡须水过浅,行旅多乘小轮抵此陆行至县城,二镇各有小学一。开城镇,位永安水西岸,在县西四十里唐开城,县治往巢西路必经此,亦有一小学。凤凰颈,为南部出入港,前有裕国诸洲,势若屏藩,故鲜风坡,港口优于刘家渡,为一新兴市镇,自人工河通,日益繁盛,有凌刘家渡而驾其上之势,上江木材、南部米粮,水涨即由此出入,惜距巢湖稍远,且腹地甚狭,故不能与裕溪竞霸。

(佚名纂:《无为县小志》,第六,城镇略述,一九六〇年据民国二十年稿本石印本。)

〔民国二十一年至二十四年,安徽桐城县〕　桐城营杂货商店者,以县城内之叶永昌、恒兴润,暨冯家沟刘祥泰、裕森祥、振工化学社等五号,资本较为充足。他如青草塥、老梅树街、挂车河、练潭、孔城等镇,过去杂货商业尚称不恶,自安合路告成以后,而练潭商业日渐平淡。

(徐国治修:《桐城志略》,十四,经济,民国二十五年铅印本。)

〔民国二十五年前后,安徽桐城县〕　桐城尚有特殊之事业,而具悠久之历史,颇足以志之者,厥为席地开集一项。桐城开集,据逊清道光七年所修《县志》内载,有四集:㈠姚王集,㈡云宫集,㈢蚖子墩集,㈣杨家市集。姚王集仕县境石溪之西北,钱家桥之西南,有姚王庙一座(其历史不可考),庙前有荒山一片,每年法历二月,庙前开集,各省商贾均贩牛马驴骡于此集(最盛时约有三四万头),民间或卖或买,各听其便,大有日中为市之风。每届开集,土著即以芦席撑制茅舍,以蔽风雨,真所谓万商云集、百艺咸至,一时之盛,难以尽述。从前姚王集罢,而会宫集继之,会宫集罢,而虬子墩、扬家市等集次第继之,至农忙时为止。现在因人事变迁关系,会宫等集均已停废,而相继增辟者,则有万商、纯阳、南昌等三集,然诸集之中,以姚王集、万商集最负盛名。

(徐国治纂修:《桐城志略》,经济,民国二十五年铅印本。)

〔民国三十七年前后,安徽广德县〕 州无巨镇,其商贾往来之地有村聚邸店者十数处(界牌等十九处)。

(钱文选编:《广德县志稿》,市镇,民国三十七年铅印本。)

〔宋代至清宣统三年,江西瑞州府新昌县〕 邑当山僻,无难得之货,亦靡征榷之及,商业所营,只村落屠酤米盐薪蔬之属,互通有无,然情形亦屡变矣。宋时,有白土市、乌江市、故里市、广堂市,乡民以寅申己亥日辐辏交易。至元而已废,元时有石门市、寥家洲市、乌江市、虾蟆铺市。至明而又废,明时有白鹭市、安乐市、袁家洲市、凤凰坳市、木瓜桥市、杭桥市,今亦无有能道其详者。惟石涯市、芳塘市、港口市、澄塘市、查陂市、索浦市、花桥市、怀德市、同安市、辛会市、潭山市、店上市、黄沙市、藤桥市、双峰市、三桥市、找桥市、新墟市、江洲市、雷神市,虽盛衰不同,自明至今,尚贸易如故。

(胡思敬纂:《盐乘》,卷一,疆域志,市集,民国六年刻本。)

〔明嘉靖六年前后,江西九江府德化县〕 小江市,一名官簰夹,去府治西五里许,有河汇于大江,水涨通龙坑、赤湖等处,舟楫上下皆泊于此。又陆通德安、瑞昌,行旅连络,军民杂处,商贾贸易,四时如一,亦要会也。杨家穴市,一名断腰,在江北岸,去府治二十里许,前有夹洲袤延七八里,可泊舟楫,商贾交易不绝,但地势低下,春夏水涨,居民未免播迁。女儿港市,在仁贵乡,去府治三十五里,临宫亭湖,与大孤山相对,一港委曲,可泊舟楫,又陆通府城,四时贸易无异。

(明 冯曾修,李汛纂:《九江府志》,卷二,方舆志,坊乡,明嘉靖六年刻本。)

〔明朝至清乾隆十六年前后,江西赣州府信丰县〕 信邑地连东粤,闻有明时百货络绎,街市称辐辏。尔后缘奸民私税于桥,粤贾遂阻。今则墟市不过布帛菽粟物,无淫巧,无他大利。

(清 游法珠修,杨廷为纂:《信丰县志》,卷二,疆域志,墟,清乾隆十六年刻本。)

〔清顺治十七年前后,江西宁都州石城县〕 小松墟,在丰上里,逢二、七日。高田墟,在柘中里,逢四、九日。湛陂墟,在柘中里,逢一、六日。

(清 郭尧京修,邓斗光纂:《赣石城县志》,集场,清顺治十七年刻本。)

〔清朝初年至咸丰以后,江西袁州府万载县〕 株潭,在清初止茅店数家,后来渐增繁盛,而进出口货寥寥无几。咸同兵燹以前,年有会期,在九十月间,商贾云集,货物骈臻,乡人嫁娶所需,只待会期采办。虽小有行商,水行不过到瑞州淞湖日中路,陆行则至浏阳止耳,走数百里及数千里者曾不一闻。……兵燹以后,会期停顿,鸦片输入,远行趋利者及于闽广滇蜀,而外货输入,土货亦渐渐输出。

(张芗甫修,龙赓言纂:《万载县志》,卷四之三,食货,商会,民国二十九年铅印本。)

〔清同治初年,江西赣州府信丰县〕 正和墟,旧系步口墟,同治二年改建为正和墟,离县治一百六十里。

(清 李大观修,刘杰光纂:《信丰县志续编》,卷一,疆域志,墟,清同治九年刻本。)

〔清同治八年前后,江西抚州府东乡县〕 习泰乡,析自余干,在县东北五十里……以润陂为墟集。北路于此建仓,就近输将,以其舟楫可通漕兑易达省会也。

(清 李士棻、王维新修,胡业恒纂:《东乡县志》,卷二,疆域志,乡都,清同治八年刻本。)

〔清光绪二年前后,江西赣州府长宁县〕 村市,俗谓之圩,皆三日一集。

(清 金福保等修,钟林权等纂:《长宁县志》,卷二,舆地志,厢堡,清光绪二年刻、二十五年木活字本)。

注:长宁县今为寻乌县。

〔清光绪二年前后,江西赣州府龙南县〕 坊乡内为墟者十有六……各墟间有兴废无常者。墟期或一、四、七,或二、五、八,或三、六、九日不等。墟之大者,邻邑邻省货物皆至。

(清 孙瑞征、胡鸿泽修,钟益驭等纂:《龙南县志》,卷二,地理志,坊乡,清光绪二年刻本,民国二十五年重印本。)

〔民国八年前后,江西南昌县〕 市镇之设,所以聚商贾,通货财,便日用,利民生也。南昌村居稠密,每七八里或三数里,辄有墟市。每市所属皆数千户,大者近万余户。而市肆多者不过数百,所积之货皆日用之需,其运售于远道者独谷米,其来则以棉花。虽曰鱼米之乡,实耕织为业。市多滨河,西成之后,运贾争集,帆樯林立。

（江召棠修,魏元旷纂：《南昌县志》,卷四,方域志下,市镇,民国八年刻本,民国二十四年重印本。）

〔民国二十四年前后,江西萍乡县〕 安源特别市,在县南,距城十里,向系村落,自矿务发展,建筑炉厂,构造庐舍,阛阓骈列,工商丛集,加以铁轨交通,贸易繁盛,骎骎与各巨镇埒已。

（刘洪辟纂修：《昭萍志略》,卷一,舆地志,市镇,民国二十四年木活字本。）

〔民国二十四年前后,江西萍乡县芦溪镇〕 芦溪镇,在县东名教里,距城五十里,水东流入秀江,舟行始此,商旅辐辏如县市。

（刘洪辟纂修：《昭萍志略》,卷一,舆地志,市镇,民国二十四年木活字本。）

〔一九四九年前后,江西南康县塘江镇〕 塘江为赣省著名之市镇,直辖于南康县,为赣南土产运销之主要市场,其繁华程度仅次于赣州。交通极称便利,本省糖业大都集中于此包装运销外地,规模较大之糖行有三十余家,新式糖厂则有省营之南康糖厂。至赣省糖产当以赣县、南康为最著。赣县约有蔗棚三百所,年产红砂糖约二十万钵,每钵合五十市斤,计十余万担。南康各乡有蔗棚近五百户,年产红砂糖三十万钵,合十五万担。信丰年产约三千担,均以塘江为集散地。从钵数估计,全省年产上白糖约四万五千担,次白约三万五千担,真尖约十万担,运销全省及湘粤等地,按战前价值年达三千万元左右。

（吴宗慈修,辛际周、周性初纂：《江西通志稿》,经济略,四,工业,一九四九年稿本,江西省博物馆一九八五年整理油印本。）

〔明正德十六年前后,福建延平府顺昌县〕 小溪尾墟,在莒口都,顺溪桥北。每年九月初集,至末旬散,俗呼曰"重阳会"。大槎墟,在西峰都,每月一、六日集。郑坊墟,在义丰都,每月三、八日集。富屯墟,在富屯都,每月四、九日集。以上三墟,一月六集。

（明 马性鲁纂修：《顺昌邑志》,卷之三,坊乡志,墟,明正德十六年刻本。）

〔明正德十六年前后,福建延平府顺昌县〕 泰亨桥,一名"华桥",上建亭一十三间。每年四月八日于此集客商,以通物货。

（明 马性鲁纂修：《顺昌邑志》,卷之三,桥梁志,桥,明正德十六年刻本。）

〔明代至清乾隆二十七年前后,福建漳州府海澄县〕 南门外市,自展界后,凄草寒烟，一望荒墟。康熙四十四年，邑令陈公世仪编甲曰新盛，及今未满一周，商旅辏集，澄市称最。霞美街市，在北门外，今废。港口市，前明极闹，今只在桥上小肆贸易。……新安刘埭市，跨海堰，有横直二街，列肆百余间。

（清　陈瑛等修，叶廷推等纂：《海澄县志》，卷十六，坊里，市镇，虚场附，清乾隆二十七年刻本。）

〔清康熙五十八年前后，福建漳州府平和县〕　岭南人呼市为虚……盖市有人则满，无人则虚，岭南村市有人时少，无人时多，故谓之虚，以虚为墟者，误也。今和人亦多以市为虚，沿岭南之俗耳。旧《志》云，平和虚市原无贝币奇货，但日用近需而已。

（清　王相修，昌天锦等纂：《平和县志》，卷一，疆域志，街市，附墟巷，清康熙五十八年刻本，清光绪十五年重刻本。）

〔清乾隆十六年前后，福建漳州府长泰县〕　岩溪墟，在旌孝里，为一邑之巨镇，以一、四、七日为市，商贾麇集，至以万计。

（清　张懋建等修，赖翰颙等纂：《长泰县志》，卷一，舆地志，坊市，附墟市，清乾隆十六年刻本，民国二十一年铅字重印本。）

〔清道光十三年前后，福建延平府永安县〕　西洋墟，距县六十里南路，近来五方杂处墟市，大半下南人经商买卖。桂溪墟，距城五十里南路，以下三墟旧《志》未载。白水溪墟，近年给帖新开。下槐林墟，距县一百二十里永尤交界。按：县城内原无墟场，近来归化胡坊米及各乡山产土物均以每月二、七集墟发卖，其吉口米及通船之处来货均以五十口墟集买卖。

（清　孙义修，陈树兰、刘承美纂：《永安县续志》，卷九，风俗志，墟集，清道光十三年刻本。）

〔清道光十九年前后，福建厦门〕　油市在海岸内武庙前，每岁自十月起至二月止，卯辰二时，乡间落花生油齐集于此，发兑铺户及负贩者。菜市在东门外三官宫前，每日黎明诸菜毕集，青葱夹道，转售诸小店及负贩者。猪子墟，在新填地鬼子潭，每旬以一、六为期，贩卖小猪。

（清　周凯等纂修：《厦门志》，卷二，分域略，墟集，清道光十九年刻本。）

〔清光绪元年前后，福建龙岩州宁洋县〕　青云桥市，每月逢三、八日聚货交易，名曰集墟。

（清　董钟骥修，陈天枢等纂：《宁洋县志》，卷三，建置志，街市，清光绪元年刻本。）

〔清代至民国三十二年前后,福建明溪县〕 明溪市,在西清街,为上墟,每逢三、六、九日午前贸易。自东门外起,至坪埠冈周公祠边为下墟,午后贸易。在昔百货萃集,城乡人民赴市者摩肩接踵,甚形热闹。近则人口稀少,市面萧条,下墟已废,每逢墟期仅在西门上墟互市而已。龙湖墟,在县东北二十里龙湖乡,原为三、六、九日墟期,近因与明溪市相同,改为一、四、七日贸易。……盖洋墟,在县西北五十里柳杨里,每逢四、九日贸易,每岁夏历八月二十四日为该处胜会,各地客商骈集贸易,以牛为大宗,至为热闹,迩来稍逊。……六月市,在县城西清街至东门,每岁六月十一日为惠利夫人诞辰,初五日起至十一日为会期,四方商贾辐辏,贸易甚为繁盛。民国以来,商业萧条,已一落千丈。

(王维棵等修,廖立之等纂:《明溪县志》,卷十,建置志,墟市,民国三十二年铅印本。)

〔民国八年前后,福建政和县〕 政邑物产除茶、杉、笋、纸外,别无大宗。每年自三四月茶市过后,不甚繁闹。然地界浙江庆元,且为宁德、寿宁、屏南往来孔道,日中趋市,人物辐辏,东平离城较远,村落络绎,则有墟市,每逢二、七之期远近集焉。

(黄体震等修,李熙等纂:《政和县志》,卷二十,礼俗志,民国八年铅印本。)

〔民国十八年前后,福建霞浦县〕 蓝溪村,又曰溪南村,环霞浦头洋者计有十村,胥于此村互市,街衢之喧嚣,贸易之兴盛,为小南一大都会也。

(刘兴臧修,徐友梧等纂:《霞浦县志》,卷之六,城市志,小南区,民国十八年铅印本。)

〔民国二十八年前后,福建上杭县〕 四乡买卖所之之地不曰市而曰墟,亦曰集场,盖人聚则集,散则墟,各据一而言耳。大率相距十里至二十里即有集场,以便居民之交易。其赴墟者皆有定日,沿用夏历,以五日为期,届期人家需用物品以及土产皆毕集于此,互相买卖。

(张汉等修,丘复等纂:《上杭县志》,卷五,城市志,墟镇,民国二十八年铅印本。)

〔民国二十八年前后,福建上杭县〕 峰市镇,峰市为闽粤要口,今为特种区,汀船至此为棉花滩险所阻,货物必起岸肩挑过山至粤辖石上,然后登舟。韩江船上驶亦然。有杭峰并龙峰车达此,近更筑通粤公路,尚未行车。五方辐辏,商贾麇集。市在汀江西岸,县城外,此为第一大市镇。

(张汉等修,丘复等纂:《上杭县志》,卷五,城市志,墟镇,民国二十八年铅印本。)

〔民国三十一年前后,福建崇安县〕 商场以城坊为大,赤石、星村、光田次之,岚谷、吴屯、五夫又次之。市场之地均有虚。兹将各乡虚期分述如下：一、六日虚,五夫、上梅、仙店、澄浒、黎口;二、七日虚,下梅、白水、官埠头、吴屯;三、八日虚,曹墩、公馆、黄土、黎源、岚谷;四、九日虚,赤石、星村、兴田、四渡、大浑。按:商场向有四种称谓,就地址言则曰场。就意义言则曰市、曰场,曰市为都会之大者;至于村镇则大率五日一市。就其聚日而言,则曰集。就其散日而言,则曰虚,虚即虚实之虚,不从土俗加土旁作墟。

（刘超然等修,郑丰稔等纂：《崇安县新志》,卷十四,政治,建设,商业,民国三十一年铅印本。）

〔民国三十四年前后,福建龙岩县〕 虚市,称谓各处不同,有名为集者,有名为虚者。盖就聚日言,则名为集;就散日言,则名为虚。本县为市者一,为虚者十有五。一、县市。在县城,日日市,无虚期。交通公路四达,为闽西南主要商场。中国银行、交通银行、农民银行、福建省银行等,均有分行或办事处。本县有县银行,市况繁盛,甲于邻邑。二、龙门。为县西南农产主要市场,商店七十余家,公路可通县城、永定、朋口、龙门镇公所在焉。市况为县内各虚之冠,赴虚农民除附近三十余里内各村落外,有远自永定、上杭、连城、漳平、宁洋、南靖来者。三、西山。商店不多,赴虚者多为西墩乡附近农民,市况不甚繁盛。四、曹莲。位于西山、白土二虚之间,附近西墩、象和、白土等乡农民多来此赴虚,交易以牛、猪为大宗。五、白土。为白土镇镇公所所在地,有电力厂及私立中学各一所,旧岩永公路通过于此。附近居民多赴南洋经商,以往经济情形甚为富庶。赴虚农民以本镇及龙兴、象和二乡相邻各村为多,交易大部为粮食及零星日用品。六、南阳坝。介于龙门、白土、船巷等虚之间,紫冈乡乡公所在焉。有公路通县城、永定及朋口,市况不甚繁盛,赴虚农民以附近十五里内各村落为限。七、六甲虚。与南阳坝隔溪对立,源属同市,因以往二姓发生争执,始分析为二。八、船巷。位于县南边境,为邻近十里内各村落农民之产品交易市场。九、小池。位于龙门、大池二虚之间,交易以米为大宗,市况次于龙门。十、大池。为本县最西之虚市,岩朋公路经此,因附近水稻产量丰富,故为县内之重要食米集散市场,每虚永定、龙门、城区之米贩云集,市况颇盛。十一、铜砵。位置偏僻,市况寥落,赴虚者仅限铜江、东岭二乡农民。十二、梅村。僻处万山中,交通不便,交易以纸为大宗。十三、溪口。位于藿溪上流,梧新、蒲江、溪口等乡镇各村落所产白料纸集中于此,由水道转运龙溪。十四、白沙。位于龙岩、宁洋二县边境,有水路可通漳平、雁石、溪口,昔日市况颇盛,现较前衰落。赴虚农民除本乡及美和、苏吉二乡各村外,尚有远自漳平、宁洋来者。其主要之交易,以食米、土纸、茶油、木材为大宗。十五、苏邦。为苏吉、美和二乡农产品之销售市场,交易以土纸较多,因界于白沙、雁石之间,故市况甚差。十六、雁石。为九龙江上游水运之终点,雁石镇镇公所在焉。附近云高、内山、厦和、美和、苏吉等乡镇之农产品大部集中于此,转运县城及漳平一带销售,交易以土纸及食米为主。十七、象山。仅有小路可通,为象和乡内各村落农产品之交易市场。因交通不便,位置偏僻,附近经济情形落后,故市况颇不振。十八、适中。适中镇公所所在地,居于岩漳公路沿线,为出进口货物运输之中间站,商店八十余家,系县东南最繁盛之虚市。象和、和丰、适中三乡镇农产品,大部集中于此,交易以粮食、土纸为大宗。十九、缘岭。距适中十市里,赴虚者仅限和丰乡农民,市况不甚繁。

(郑丰稔纂:《龙岩县志》,卷十七,实业志,商业,民国三十四年铅印本。)

〔**明代至民国三十四年前后,台湾**〕 明代,我国移民盛行入台,当时因航线关系,移民多聚居于西海岸各河口,并以此为根据地,或与番人交易,或从事农耕。随移民之增加,开发之进展,最初登陆地之河口,即逐渐变为自中国本土输入移民必需品之分配地带或商埠。基于此种外在因素而发展之都市,吾人可称之为"第一线都市",如基隆、淡水、旧港、后龙、梧栖、鹿港、东石、安平、高雄等四海岸之港埠均属之。然而,开发不断进展,移民更自海岸逐渐进入内地,则台湾所特有之所谓移民部落乃在海岸线之内地一一诞生。蕃人或退入内地,或受同化。迨广大西部平源全归汉族移民之手时,因当时交通不便,此移民部落尚未与上述"第一线都市"发生较为密切之经济关系。即至今日,因河水时有泛滥,河身不定,交通仍属不便。于是,此等部落逐渐形成农村之中心都市,在内地乃见农业都市之发达。嗣后,因与港口交通不便之故,此等都市逐渐列于台湾南北交通线上。台湾南北交通线因河身变化不定,不在各河出口之海岸线上,而在各河之中上流。因而,此内地都市并非港口都市之背后地,而具有特殊之独立性,吾人可称之为"第二线都市",如台北、桃园、新竹、苗栗、台中、彰化、员林、北斗、嘉义、凤山等均属之。除上述所谓"第一线"及"第二线"之都市外,尚有"第三线"之都邑。但此线都邑在规模上既远不如上述二线都市之广大,且其分布地点亦散在蕃界岭下各溪谷之出口,不似一、二两线之列于一条交通线上,新店、三峡、大溪、南庄、二水、玉井、旗山等小邑即属此类。此种都邑大都因番民再度退入深山,平原居民对深山溪谷之富源引起需要,在各溪谷河口乃逐渐发展为小规模之商业城邑。上述三线都市中,第一线各都市在今日已失去其重要性,因其背后地为极易泛滥难于架桥之河流所限制（特别在西岸一带），因土地之隆与河口土砂之堆积，各港口本身亦难于发展之故，上述"第一线都市"乃渐衰微。但基隆、高雄两港则属例外，因两港构成港湾之条件均所具备，及其他各海港逐渐衰落之故，反较昔日为繁荣，时至今日，已成台湾南部及北部之唯一两大港湾。……因第一线大部都市之衰微，及基隆、高雄二港之繁荣，第二线都市更增其重要性。昔日此等都市对制造品之输入及农产品之输出均依赖第一线都市，今因交通系统变更，出入均直接经基隆、高雄二港，且皆发展为自海港至山地一带地方之中心都市。至第三线都邑，因其背后地为山间溪谷所限，终不能发达为较大都市。……此外，因第一线都市日趋衰微之结果，在田舍之十字路口常见有小规模之商业市集，在溪谷出口处散在有多数小部落。此等小部落因道路干线之扩张，构成一种半农半商之街村，与闽省内地村庄酷似。

（郑伯彬编：《台湾新志》，第四章，种族人口，四，都市之发达及分布，民国三十六年铅印本。）

〔清康熙三十五年前后，台湾诸罗县〕 目加溜湾街，在善化里，县辖多番乡，乡民需物皆市府中，独此一二列肆，故名街。

（清　高拱乾等纂修：《台湾府志》，卷二，规制志，市镇，诸罗县，胶卷复制康熙三十五年刻本。）

〔清康熙三十五年前后，台湾凤山县〕 安平镇街，府中市物转聚于此，遂成街。

（清　高拱乾等纂修：《台湾府志》，卷二，规制志，市镇，凤山县，胶卷复制康熙三十五年刻本。）

〔清康熙五十六年，台湾诸罗县〕 笨港街，商贾辏集，台属近海市镇，此为最大。……咸水港街，属大奎璧庄，商贾辏集，由茅港尾至笨港市镇，此为最大。以上俱县西南。

（清　周钟瑄修，陈梦林纂：《诸罗县志》，卷二，规制志，街市，清康熙五十六年修，雍正二年刻本。）

〔清康熙五十九年前后，台湾凤山县〕 下陂头街，属竹桥庄，店屋数百间，商贾辏集，庄社街市惟此为最大。……安平镇街，商贾辏集，近海街市惟此为最大。

（清　李丕煜修，陈文达、李钦文纂：《凤山县志》，卷二，规制志，街市，清康熙五十九年刻本。）

〔清康熙年间至道光年间,台湾嘉义县打猫南堡〕 打猫街,在县北十二里,康熙年间为市。双溪口街,在县北二十里,道光年间为市。

（清　佚名纂：《嘉义管内采访册》,打猫南堡,街市,清光绪二十四年修,民国六年抄本,一九六八年《台湾方志汇编》铅字重印本。）

〔清乾隆三十九年前后,台湾诸罗县〕 笨港街,距县三十里,南属打猫保,北属大榔槺保。港分南北,中隔一溪,曰南街,曰北街,舟车辐辏,百货骈阗,俗称小台湾。

（清　余文仪等修,黄修纂：《续修台湾府志》,卷二,规制,街市,诸罗县,清乾隆三十九年刻本。）

〔清乾隆年间至光绪十七年,台湾苗栗县〕 梦花街,在县城内县署前右畔(即前黄芒埔庄)。光绪十五年县治设此,遂成市。猫里街,在县治南门外一里许。乾隆年间,庄民日众,渐次成市。后垅街。在县治之北,距城十里,乾隆年间成市。崁头厝街,在县治之东,距城六里,同治初年成市。福兴街(俗名铜锣湾),在县治之南,距城一十三里,嘉庆年间变庄成市。公馆街(俗名隘寮下),在县治之南,距城一十一里,道光年间变庄成市。吞霄街,在县治之西南,距城三十二里,乾隆年间渐次成市。苑里街,在县治之西南,距城四十二里,乾隆年间渐次成市。房里街,在县治之西南,距城四十四里,乾隆年间渐次成市。大甲街,在县治之南,距城五十七里,乾隆年间渐次成市。

（清　沈茂荫纂修:《苗栗县志》,卷三,建置志,街市,清光绪十七年修,民国间抄本。）

〔清乾隆五十一年至光绪二十四年,台湾嘉义县打猫北堡〕 大甫林街,在打猫街之北,相距八里。乾隆五十一年,林爽文乱,街民结垒自固,屡挫贼锋,相持数月,未尝少懈。附近乡民庄卖买者会于此焉,因之成市,即今东顶堡、梅坑等处。土产糖、米、笋干、火炭、果子等件,来街销售,转易煤油、花金、烟丝、白盐、布匹诸杂货。他如大榔槺堡、北港等处,多运布匹、汽油、烟丝、花金、白盐各款货物于此交易,转运糖、米、笋干、火炭、果子、杂物以付海市出口。百物骈集,六时成市,贸易之盛,亦可谓嘉邑之一市镇云。

（清　佚名纂：《嘉义管内采访册》,打猫北堡,街市,清光绪二十四年修,民国六年抄本,一九六八年《台湾方志汇编》铅字重印本。）

〔清嘉庆年间至道光十七年,台湾噶玛兰厅〕 噶尔在台郡东北,地最荒远,社番所居。……自嘉庆年间列入版图,建城设汛,文武员各分其职,政体所关,次第修举,土田日辟,商贾日集,使瓯脱之地,渐有都会之观。

（清　柯培元纂修：《噶玛兰志略》,吴孝铭序,清道光十七年修,一九六一年《台湾文献丛刊》铅印本。）

〔清道光十四年前后,台湾彰化县〕　凡贩牛欲卖者必于牛墟。台地无设墟为市者,惟卖牛必到墟,墟日有定,率以三日为期,如二、五、八、一、四、七之类。墟设墟长,长由官立,给以戳记,凡买牛卖牛者,写契皆用墟长戳记。

（清　李廷璧修,周玺等纂：《彰化县志》,卷九,风俗志,杂俗,清道光十四年刻本。）

〔清道光十四年前后,台湾彰化县〕　街在县城外者,曰鹿港大街,街衢纵横,皆有大街,长三里许,泉、厦、郊商居多。舟车辐辏,百货充盈,台自郡城而外,各处货市当以鹿港为最。港中街名甚多,总以鹿港街概之,距邑治二十里。

（清　李廷璧修,周玺等纂：《彰化县志》,卷二,规制志,街市,清道光十四年刻本。）

〔清光绪二十年,台湾新竹县〕　米市,一在县城内北鼓楼外,一在县东二十里九芎林街,一在县东南二十五里树杞林街,一在县东南三十二里北埔街,皆城厢耆户及各村庄农人用竹篮挑运到此排设街中为市,每日辰时毕集,日晚则散。

（清　陈朝龙纂：《新竹县采访册》,街市,清光绪二十年纂,抄本,一九八四年台湾成文出版社影印本。）

〔清光绪二十四年,台湾嘉义县打猫东顶堡〕　梅仔坑街,在打猫西,有二十里之地；在嘉义南,有三十里之地。直有一千丈,横有五百丈,昔时仅有数间茅屋为买卖所,后生理日隆,建为街市。路有数道,丛丛梅树,商贩客从此经过,故表名曰"梅仔坑街"。梅仔坑街,东通往大坪庄、生毛树庄,至生番界；西通往北港、土库、麦藔、新南港、朴仔脚等处；南通竹头崎、嘉义等处；北通往云林、保丰、鹿港、彰化等处。米、豆从牛龟溪、内林四处输入,糖从油车店仔廓、中洲仔廓输入；花金、烟、盐、磁器、铁器、火油、番油以及什物等件,从北港、朴仔脚、麦藔等处输入,俱到梅仔坑街市场发售。沿山人民运出粗纸、竹笋、李、桃、藤、笋干、茶心、火炭、茶油、苎仔,从堡内各庄山内输入,俱到梅仔坑街市场中发售。

（清　佚名纂：《嘉义管内采访册》,打猫东顶堡,街市,清光绪二十四年修,民国六年抄本,一九六八年《台湾方志汇编》铅字重印本。）

〔清光绪二十四年,台湾嘉义县打猫南堡〕　打猫街采货物,贩自嘉义城,并新港、北港、朴仔脚等处而来。惟粗纸、金白古等物,由竹头崎、梅仔坑等处而来。

双溪口街亦然。

（清　佚名纂：《嘉义管内采访册》，打猫南堡，商贾，清光绪二十四年修，民国六年抄本，一九六八年《台湾方志汇编》铅字重印本。）

〔清光绪二十四年，台湾嘉义县打猫西堡〕　新南港街，在嘉义城西北二十五里，距打猫十二里。居民先世多由旧南港街移来者，故名新南港街。……人烟辐辏，百货充集，笨港海船运糖米者，半购于此焉。地当冲要，街分六条，附近乡村卖买皆会于是，虽不可比滨海之都会，亦嘉属之一市镇也。

（清　佚名纂：《嘉义管内采访册》，打猫西堡，街市，清光绪二十四年修，民国六年抄本，一九六八年《台湾方志汇编》铅字重印本。）

〔清光绪二十四年，台湾嘉义县打猫西堡〕　采货贩卖四方，来同新南港街通商，东至嘉义城，西至北港，南至朴仔脚，北至大莆林等处，每日万商云集，货物交通，以有易无，以多助少。惟糠、米、麻、豆最盛，其余杂货各随地土生产丰歉。彼此互兑，或以货换货，或卖钱卖银，满街扬声震地，花语喧天，街市昌隆，货财殖焉。

（清　佚名纂：《嘉义管内采访册》，打猫西堡，商贾，清光绪二十四年修，民国六年抄本，一九六八年《台湾方志汇编》铅字重印本。）

〔明弘治年间至清顺治十七年，河南卫辉府淇县〕　淇县旧有集场九处，明弘治间割去卫县集入浚，止存八处。值明季庚辰奇荒之后，止存北关集一处，其余俱废。国朝顺治八年间，知县仁和柴望修整河口村兴集市，名为青龙镇。今虽名为二集，归市落如晨星，不抵别邑集市百分之一。

（清　王谦吉、王南国修，白龙跃等纂：《淇县志》，卷一，地里志，市集，清顺治十七年刻本。）

〔明嘉靖二十四年前后，河南开封府兰阳县〕　吾邑，内有县市，外有诸集，斛斗秤尺官为较勘，而讼者鲜焉。大都在北方谓之集，在上古谓之阛阓，在闽广谓之墟会，其义一也。

（明　褚宦修，李希程纂：《兰阳县志》，卷一，地理志，市集，明嘉靖二十四年刻本。）

〔明嘉靖二十七年前后，河南开封府尉氏县〕　为商者甚少，每月遇日赶集，间有贩竹木于万村河上者，亦有贩粮食、绵花、绵布、靛碱于颍州溜上者，若贩由于京师，止有一二家，亦不能常。此外又有假贷以取息者，有骡驴以代步者，有大车以远载者，有小车以近贩者，有为医、为卜、为巫祝、为僧道者，皆欲贸易乞求以谋生,亦其常业也。

（明　曾嘉浩修,汪心纂:《尉氏县志》,卷一,风土类,民业,明嘉靖二十七年刻本。）

〔明嘉靖四十三年前后,河南南阳府邓州〕　邓州穰东镇,州东北六十里,有集街市,居民千余家,商贾辐辏,为邓首镇。……急滩店,州东四十里有集,西邻淯河,为襄陕之冲,商至货聚。……程宽埠口店,州西一百二十里,在丹江之东,近为州县之隅,远界三省之间,舟车四通,商贾交至,日为常市,税归淅川。

（明　潘庭楠纂修:《邓州志》,卷八,舆地志,镇店,明嘉靖四十三年刻本。）

〔清乾隆四年前后,河南开封府祥符县〕　三月二十八日,是日乃岳帝诞辰……是日百货骈集,地无余隙。

（清　张淑载修,鲁曾煜纂:《祥符县志》,卷二,地理志,风俗,清乾隆四年刻本。）

注:祥符县民国二年改名开封县。

〔清乾隆十三年前后,河南开封府郑州〕　京水镇,在州北三十里。圃田集,在州东三十里。

（清　张钺等修,毛如诜等纂:《郑州志》,卷三,建置志,集镇,清乾隆十三年刻本。）

〔清乾隆二十四年前后,河南汝宁府遂平县〕　十一月自初五起,至二十日止,城中大会,百货俱集,街市喧阗,谓轮铺会。

（清　金忠济修,祝旸纂:《遂平县志》,卷三,风俗,清乾隆二十四年刻本。）

〔清乾隆二十九年前后,河南开封府仪封县〕　仪邑土瘠民贫,货不足以居奇,财不足以致远,然而城乡村落亦有贸易焉,粟布锄犁亦通有无焉,又何必入五都之肆,备百物之藏也。……以上市集一十二处,分布四境,以便附近村庄往来交易,皆间日集,其市集之在县城者则每日集。

（清　纪黄中、王绩修,宋宣等纂:《仪封县志》,卷三,建置志,市集,清乾隆二十九年刻本,民国二十四年重印本。）

〔清乾隆三十二年前后,河南嵩县〕　皋南,县东五十里,商贾无几,汝河上下山溪数十里内,民货盐米农器者率担负柴炭入市交易。

（清　康基渊纂修:《嵩县志》,卷十二,市镇,清乾隆三十二年刻本。）

〔清嘉庆四年前后,河南彰德府涉县〕　凡集镇皆分日市,本处人贸易日用之物,扬子所谓一哄之市。惟逢会市,则他处商贾多有至者,然亦惟在城隍庙会（凡二次,第一次三月二十七日起至四月初二日止;二次自四月十四日起,十六日止)、西路顶上会(自三月初一日起,十九日止;其村会则以二十日起,二十五日止)及胡峪(村会以四月十七日起,十九日止)、更乐(村会凡三次,第一次三月初六日起,初九日止;二次四月十二日起,十四日止;三次四月十九日起,二十二日止)、河南店(会以三月十六日起,十九日止)等数会,客货颇集,人众殷盛。其余会,至者寥寥也。

(清 咸学标修,李文元纂:《涉县志》,卷二,建置,市镇,清嘉庆四年刻本。)

〔清嘉庆十五年前后,直隶大名府长垣县〕 县境民居稠密,其村落稍大者各为期日,贸易薪蔬粟布,亦名曰集,无他货物,盖以便民间日用所需耳。

(清 李于垣修,杨元锡纂:《长垣县志》,卷六,建置志,市集,清嘉庆十五年刻本。)

〔清代至民国二十五年前后,河南正阳县〕 陡沟镇旧时布花市业最称兴盛,淮岸盐船货簿亦多。铜钟镇市面范围颇大,地与南北通衢,旧有山西祁环生、贞元和等当商,暨湖北覃怀油饼杂货各行店。以上商业,前清均极发达,有裨地方缓急。自铁道兴,汽车通,惟黄豆出售时期,日可收价过巨万,余则退化不堪矣。

(刘月泉等修,陈全三等纂:《重修正阳县志》,卷二,实业,商业,民国二十五年铅印本。)

〔民国二十一年前后,河南林县〕 市廛之商贾列肆以居,以便贸易,日中而市,人皆集焉,故曰集市。而集市之外,复有所谓会者,因神祠报赛以补市廛之所未备。林县铺户曰粮行、曰估衣、曰杂货、曰铁货、曰药材,而农家之牲畜、建筑之木材、嫁娶之器以及冬裘夏葛,必于会求之。繁庶之处,岁会数次。次则一两次。会期例限三日或延至五六日,相沿已久。

(王泽溥、王怀斌修,李见荃纂:《林县志》,卷十,风土,生计,民国二十一年石印本。)

〔民国二十一年前后,河南林县〕 林县集市九处。在城、合涧为大集,临淇、东姚、姚村、任村为中集,横水、河顺、东冈为下集。

(王泽溥、王怀斌修,李见荃纂:《林县志》,卷十,风土,生计,民国二十一年石印本。)

〔民国二十二年前后,河南太康县〕 城内,每年有轮铺会数次,乡间较大集镇亦均有例会,客商云集,颇形繁盛,商品以绸缎布匹为大宗。

(杜鸿宾修,刘盼遂纂:《太康县志》,卷三,政务志,商业,民国二十二年铅印本。)

〔民国二十二年前后，河南安阳县〕　商市，一名集市。古人日中为市，交易而退，各得其所，便民之道在是矣。安阳各集市多以食粮、棉花、牲畜等物为交易大宗，其余百货杂陈，色色俱备，亦为赴市者所取给焉。集期有间日、逐日之分。逐日举行者为城关集，向由四关轮替举行，由南关而东关而北关、西关，周而复始。乡民计算集期，有申子辰出南门，己酉丑东门口，寅午戌北关集，亥卯未西关会，四句口诀流传已久。

（方策等修，裴希度等纂：《续安阳县志》，卷七，实业志，商业，民国二十二年铅印本。）

〔民国二十八年前后，河南新安县〕　本县商业极不发达，以民众素重农耕而境内无繁荣市场故也。旧磁涧、铁门、北冶、狂口四镇为较优市集，自陇海路成，行旅不停，磁涧、铁门日见冷落，船泊减少，北冶、狂口益形萧条，其他小集益不足道，故现在所谓市肆，仅可供本地居民之日用而已，出入货运鲜乎微矣。

（李庚白修，李希白纂：《新安县志》，卷七，实业，商业，民国二十八年石印本。）

〔明嘉靖二十一年前后，湖广黄州府罗田县〕　古者日中交易，所以致民而聚货也。罗之溪流淤狭，舟楫不通，虽无四方之商，百货之萃，而一邑之日用所需内取之。土产外通之竹筏，其物亦多矣。

（明　祝珝修，蔡元伟纂：《罗田县志》，卷一，地理志，市镇，明嘉靖二十一年刻本，民国十五年重印本。）

〔清乾隆年间，湖北安陆府钟祥县〕　石牌，为钟祥一大镇，烟火稠密。

（清　章学诚纂：《湖北通志未成稿》，孝义，义行，清嘉庆间纂，一九八五年文物出版社《章学诚遗书》影印本。）

〔清嘉庆年间，湖北〕　湖北地连七部，襟带江汉，号称泽国，民居多濒水，资舟楫之利，通商贾之财，东西上下绵亘千八百里，随山川形势而成都会，随都会聚落而大小镇市启焉。沿江上流溯自四川巴州，接壤东湖，其市镇则有渔洋，长乐有龙潭，施南有建南镇，利川有南坪堡，不通江路，遥资转运。由宜昌而下荆州，枝江有董市，江陵有沙市、郝穴，公安有屠陵镇、龟孔镇，监利有东埠、朱家河，沔阳有新堤，嘉鱼有牌州，汉川有黄陵矶，江夏有金口，汉阳有汉口，黄陂有阳逻、团风，大冶有黄石港，蕲水有巴河，广济有田家镇、武穴，兴国有富池，黄梅有龙坪、小池口，皆濒江。由江北溯山河而上，黄同有但店、柳子港，麻城有宋埠、岐亭，黄安有黄阪砦。由南江入湖，溯山河而上，咸宁有鹤埠桥，蒲蕲有丁字桥，武昌县有金牛镇、郭店，江夏有梁子湖，大冶有保安、姜桥，兴国有牌市、阳辛、阳港、高桥、曹家河。汉水之西,郧县有黄龙镇,郧西有上津堡,房县有道梁。上接关陕,光化有李官桥,有老河口。下瞰寒阳,襄阳巨镇有樊城,又有东青湾,宜城有茅草洲。东下钟祥,有石牌,荆门有沙阳,京山有宋河、多宝湾,天门有岳家口、黑牛渡,沔阳有仙桃镇,汉阳有蔡店,皆濒汉。由汉水溯山溪而上,有干镇驿(隶天门)、田儿河、小里潭(隶汉川)。又由汉水溯损口而上,有刘家隔(隶汉川)、皂市(隶天门),随州有厉山、安居、高城、梅垱等镇,孝感有阳店、小河司、三里城,其最大者莫如汉镇。

（清　章学诚纂：《湖北通志检存稿》,食货考,清嘉庆间纂,一九八五年文物出版社《章学诚遗书》影印本。）

〔清道光以前至清同治十三年前后,湖北荆州府公安县〕　邑市如黄金口、段堤垱、沱孔、杨湖口、毛家厂、双音寺、申津渡、张家厂、新店布、章田寺等处,道光以前商贾云集,一市而开数典。迩来市多冲废,幸存者不过寥寥数家或数十家而已。

（清　周承弼等修,王慰等纂：《公安县志》,卷二,营建志,乡市,清同治十三年刻本,民国二十六年重印本。）

〔清道光以前至光绪十一年前后,湖北宜昌府兴山县〕　县北界牌垭市,道、咸以前繁盛,为一邑最,附市钟姓者,强家也,肆行无礼,商贾苦之,市遂萧索。

（清　黄世崇纂修：《兴山县志》,卷十五,营造志,场市,清光绪十一年刻本。）

〔清道光二十二年前后,湖北施南府建始县〕　户口较前奚啻十倍,然住居星散,比屋连瓦群萃而处者已不多见,如城外市肆之草纸街不过数十家,而乡间各场之最著者如板桥子、红岩子、高店子等处,俱不过数十家,鼓刀当垆,以供村民日用所给。

（清　袁景晖纂修：《建始县志》,卷三,风俗,清道光二十二年刻本。）

〔民国九年前后,湖北夏口县〕　汉口镇,即县治。罗家墩,在桥口上八里,南临汉水,商船多聚此,民国以来生意颇盛。舵落口,在桥口上十六里,东带汉水,为西通德安府之大路,铺面约数十户,现设有警察以资保卫。渡头嘴,亦西通德安府之大路,前有铺户数十,今衰歇矣。茅庙集,在柏泉茅庙,铺户约数十余家,系通孝感大路。新沟镇,在本邑西境,水陆通衢,民国以来商务日兴。现设有县佐警察及水警,以资保卫。刘家庙,在邑东北八里,与京汉铁路江岸票房毗连,往来要冲,铺户约四百余家。丹水池,在邑东北十二里,与外国洋油池毗连,铺户三十余家。牛湖店,在邑东北二十里,南临长江,北对谌家矶,铺户约四百余家。今值大水冲溃,荡焉无存。谌家矶,系今沦河入江口,商舶辐辏,人烟稠密,铺户约四百余家。姑嫂树,在邑正北十六里,归六区上段保卫团所属,为接泾河,通黄孝大道,铺户约一百余家。

(侯祖畲修,吕寅东等纂:《夏口县志》,卷一,舆地志,乡镇,民国九年刻本。)

〔**明代至清同治六年,湖南桂阳州临武县**〕 水东市,在县东四十里,会武水、赤土水众流,溪渐深广,可行舟,故明时粤盐运至本市暨牛头滩市销售,民实便之。两市多豫章客民,皆旧商后也。……牛头滩市,在县东三十里,会武水、高安水众流,临武水路入广韶始此。通济桥墟,墟在南门外。墟者,择平旷之墟而为市也,仿太古日中为市,朝集夕退之旧。南中近粤诸州邑多有之,每月各有定期,风雪无爽。是墟逢四、九日,则商民毕至,踵接肩摩。

(清 邹景文修,曹家玉纂,吴洪恩续修,陈佑启等续纂:《临武县志》,卷十八,风俗,附村市墟期,清嘉庆二十二年刻、同治六年续刻本。)

〔**清康熙年间至民国二十二年前后,湖南蓝山县**〕 大桥、宁溪、所城、长铺诸墟,皆都会也。大桥多竹木,所城、长铺多米纸。县街廛市不振,其交易恒于富民墟。富民墟者,南门滨钟水一市场,清康熙间刘令涵之所建也,多竹木布匹。……有无市易,率趋墟市。籴米贸布,农家亦商家也。竹木油盐暨服食小物,肩负篓担,商贾皆苦力也。……诸市易场,自城南富民墟以暨乡里,凡为县境全有者十九墟,与邻县共有者二墟,皆以期市。其逢场日期,大抵在县城东北、西北者,墟各月九期;在东南、西南者,墟各月六期。

(邓以权等修,雷飞鹏纂:《蓝山县图志》,卷二十一,食货篇第九上,民国二十二年刻本。)

〔**清乾隆年间至民国十二年前后,湖南慈利县**〕 陶家嘴,小阜也,迤东曰溪口市,乾嘉以来最号雄廛,贾贩集者,江西为大帮,往往起赤手致万金。土著之氓久稍羡之,出赀与角顾,代兴递盛,大抵亦无常赢。初出市之货曰桐、曰茶,一岁贸买,常值千万,近始绌减,而民擅麻利,几与相亚。

(清 田兴奎等修,吴恭亨等纂:《慈利县志》,卷三,地理第一之三,澧水,民国十二年铅印本。)

〔**清道光年间,湖南长沙府宁乡县**〕 初湘宁大路必经花桥、白沙塅,清道光间,改由乐集市沿河直下,往来遂众,故乐集市与洞冲铺皆成小市,多旅店。

(宁乡县志局:《宁乡县志》,故事编,建置录,村市,民国三十年木活字本。)

〔清咸丰年间至民国三十七年，湖南醴陵县渌口〕　渌口，为本县之门户，水运出入之孔道，凡属县产货物、外来商品，鲜有不从此经过者。自前清咸、同、光绪年间，输出货物，谷米实为大宗；次则瓷器、红茶、猪只；再次则编炮、夏布、煤炭、茶油。自株洲铁路通车后，商业渐不如前。民国初年，谷米、瓷器、猪只出口最多，谷米每年输售武汉数达十六七万石以上，瓷器约计在二十余万石，猪只约计四千余头，惟红茶一项，因日本、印度茶叶竞争，出口锐减。民国十年至民国二十五年之间，谷米较民初又逊一筹，瓷器、猪只与前相等。民国二十六年，抗战军兴，谷米、猪只罕有运往武汉者，间有商人来此采购，数量亦甚少。民国二十九年至三十一年，瓷器、猪只、煤炭输出徒增，瓷器有供不应求之势，多西蜀商贾，而猪只多半运往曲江、桂林、柳州销售；烟煤由萍醴帆船运渌转火车装运，销售粤汉、湘黔、湘桂三路。沦陷时，渌口全市尽成焦土，迄日本投降，粤汉、株萍两路相继修复通车，而市面凄凉如故，盖商业中心至是顿移于株州也。

（陈鲲修，刘谦等纂：《醴陵县志》，卷六，食货志，工商，民国三十七年铅印本。）

〔清同治五年前后，湖南郴州桂东县〕　各乡墟集以二、八、三、七等日交易而退，皆布、米、菽、粟之类，无奇货异物。

（清　刘华邦修，郭岐勋纂：《桂东县志》，卷九，风俗志，清同治五年刻本。）

〔清同治十年前后，湖南长沙府攸县〕　村市墟期：古者货物辐辏处谓之务，今谓之集，又谓之墟。考《青箱杂记》："岭南谓村市为虚。"柳子厚诗云："青箬裹盐归峒客，绿荷包饭赴虚人。"虚通墟，则村市名墟，由来久矣。攸邑村市：南渌田，西小集，北鸭江桥，东凤岭，中央新市。每月或五、八日为期，或二、六、九为期，其他小聚村落，亦有墟期，率不外此。

（清　赵勷等修，陈之骥纂，王元凯续修，严鸣琦续纂：《攸县志》，卷十八，风俗，清同治十年刻本。）

〔清同治年间，湖南桂阳州〕　州城依山，去水三十里，人民居城中者，大半仕宦人士、庠序诸生及胥吏之家，无千金之贾，俗拙工作，器用偷窳，匠作备数而已。居民亦无华饰靡费之器，列肆数百，布帛成器，即他方最下等也。惟属皆有墟市，分日为期，一月九集，舍人渡，水陆转运所聚也。天鹅坪、泗洲砦，通常宁、新田，为达道，然皆贩盐往来，无远商旅，买卖尽土物也。州北七十里流渡桥，通常宁、新田及嘉禾三县，一大墟会也。西二十里方园墟，东南二十五里正和墟，皆号最盛,交易计月各至万缗。

（清　汪敩灏等修,王闿运等纂:《桂阳直隶州志》,卷二十,货殖,清同治七年刻本。）

〔清同治年间,湖南沅州府黔阳县〕　托口市,在县南四十里原神里,为渠水入源之地,上通贵州苗峒,巨木异材凑集于此,官之采办与商之贸贩者,多就此编筏东下,附近乡村并邻境肩运米粟者,亦就水次粜焉。近时始有米牙,皆市猾借帖伙充,咸以为不便,故力禁之。

（清　陈鸿作等修,易燮尧等纂:《黔阳县志》,卷六,市镇,清同治十三年刻本。）

〔清同治年间,湖南沅州府,释阳县〕　安江市,在县东南九十黑子七里,为邑地适中处,有巡检司,带江负山,烟火近千家,栉比鳞次,为区落之胜,亦有墟,居人汲山泉,酿秋安酒以名,其柑、橘、枣、栗之品,实繁味别,亦他邑不能及,故人争趋焉。

（清　陈鸿作等修,易燮尧等纂:《黔阳县志》,卷六,墟市,清同治十三年刻本。）

〔清同治年间,湖南沅州府黔阳县〕　新路市,在县东北一百三十里,前临沅水,后通宝庆,夜市三更始罢,日中反少,盖乡民自溆之龙潭来,朝发夕至,次日即返,肩挑背负,乃米码头也。村市杂居,巉崖壁立,往来甚苦,或有议充牙行者,市民大怒,官察知其不可,事寝,民深德之。

（清　陈鸿作等修,易燮尧等纂:《黔阳县志》,卷六,市镇,清同治十三年刻本。）

〔清同治年间,湖南沅州府,黔阳县〕　江西街,在县南二十里托口下流,倚沅水岸,市颇饶居积,而附近场墟,凡各邻邑行商聚货,每月二、七斯交易,往来多至数千百人不等,盖邑中第一大墟里也。

（清　陈鸿作修,易燮尧等纂:《黔阳县志》,卷六,市镇,清同治十三年刻本。）

〔清同治年间至光绪末年,湖南长沙府宁乡县〕　同光之间,地方安宁,家给人足,县城商业于时为盛,乡市则黄材第一,锅炉五十余座,佣力之工常四五千人,杂货、药材、屠坊、首饰及各手工业共百数十家。各商有财神殿,赣商有万寿宫,清时经商此地者多致富。巷子口、横市、塘市、双凫铺、大成桥、回龙铺、道林、一都双江口诸市次之,灰汤、檀木桥、大屯营、西冲山、粟溪、大石窟、菁华铺诸市又次之。其余山村僻壤,数里或十数里必有药材、杂货、屠坊。光绪末,毛钱出,纸币行,银根艰涩,商业一变矣。

（周震麟修,刘宗向纂:《宁乡县志》,故事编,财用录,商业,民国三十年木活字本。）

〔清光绪元年前后，湖南郴州兴宁县〕　四乡贸易之处，统名曰墟，每墟各有定期，或一四七日、二五八日、三六九日不等。至期晨后，千百群集，携货交易，架篷垒灶，市酒肴，纷纷攘攘，逾午而散。

（清　郭树馨等修，黄榜元等纂：《兴宁县志》，卷五，风土志，风俗，清光绪元年刻本。）

〔清代至民国十五年前后，湖南醴陵县〕　乡市之最大者，曰渌口，地当渌江入湘之北岸，县境船运由此出入，故商业冠于各乡。此外如东乡之浦口市、白兔潭、枧头洲，南乡之豆田、泗汾、船湾，西乡之乘福港、石亭、昭陵，皆为船运往来之地，故商业颇著。北乡则除渌口而外，非水道所经，因之商业亦减。惟黄獭嘴历为夏布输出之路，而板杉铺车站近日输运土磁颇为发达，兹分叙之如下。渌口市，（县西北九十里），背山面河，与湘潭隔江为界，全市分为正街、半边街、关口上，有商店数百家。正街分为八总，四总至八总商业最盛，总口各置更栅以警夜。半边街多为工业。关口上则磁器、船厂为多。市中设有水陆两警察所、厘金分卡，商会亦有组织。前清置巡检以治之，称渌口司。其商货以谷、米、竹、木为大宗。县境输出则以磁、煤、米为多。将来粤汉铁路完成，长茶汽车路亦将由渌口经过，其贸易未可限量也。浦口市，（县东五十里）；白兔潭，（县东六十里），皆临渌江上游之南川，与萍乡之上栗市、浏阳之金刚渡相近，为通萍浏之水陆两路。有商店各百余家，出产以夏布、爆竹、谷、米、茶油、棕、纸为大宗，皆设庄收买。谷米多输出萍乡，夏布、爆竹则运往浏阳转销外埠。又枧头洲，（县东三十里），当渌江上游之萍川，亦为输谷出萍之路。王仙镇，（县东三十里），商店亦数十家，惟不通船运，仅附近居民取给日用而已。豆田，（县南二十五里）；泗汾，（县南三十里）；船湾，（县南六十里），皆临南河（即泗汾河），为通攸县之水陆两路。船湾尤与攸之皇图岭（俗呼黄土岭）接近，有商店各数十家，出产以谷米为大宗，经铁河口运往渌口出境。泗汾一带之米，多肩运入城，故县城食米恒仰给于南乡。近盛行织染，棉布贸易颇旺。其攸县输出所经，尤以辣椒、花生为多。又清水江、美田桥，（俱县南五十里），地近萍攸，亦为输谷出萍之路。乘福港，（县西七十里）；石亭，（县西七十里），有商店各数十家，俱濒渌江下游，为萍浏攸醴船运出入所经，以下泄于渌口，故商业亦盛，出产以谷米土货为大宗。乘福港，附近之长沙岭及茶山坳，每逢三、六、九日有墟场，以贸易土物。石亭，旧于每年十月有牛会，以供给耕牛，今废。昭陵，（县西南百里），濒湘，输入以棉花为巨。北乡旧为驿路所经，沿途各铺旅业颇旺（自县城北行,有榛牌铺、板杉铺、东冲铺、清安铺、梢冈铺、双牌铺,每铺相距各十里)。自铁路既通,行人寥落,火铺遂多歇业。惟板杉铺以车站所在,北乡一带土磁得就近由火车运往武昌,故磁商多在站设庄收买,以其较船运为捷速也。其通浏阳普迹之路,则以黄獭嘴(县北四十里)六月会之夏布业为巨,盛时出布达五千匹,值银四五万元。输入苎麻约三万斤,每届会期,旁县百货俱集,因以交易土产,即磁器一项,贩出者常至千数百石,惜近日稍衰矣。

(傅熊湘编:《醴陵乡土志》,第二章,城镇,乡镇,民国十五年铅印本。)

〔**清代至民国二十年,湖南临武县**〕 牛市,一名牛头汾,在城东三十里许。水陆交通之便利,在本邑首出一指。水道通粤属之坪石、乐昌、韶州,直达广州。陆道通嘉禾、宁远、蓝山、道县等处。因之商务发达,直可居县城之上。商务繁盛时代,莫若咸同以前,有盐埠在焉,另设盐围一处,专销粤盐,此外有花行、麻行、百货行亦甚发达。咸丰年间洪杨之役,被兵燹,遂渐衰落,盐市、山货市虽存,而繁盛则较前不及十分之一。

(曾继梧等编:《湖南各县调查笔记》,地理类,临武,市镇,民国二十年铅印本。)

〔**清代至民国二十年前后,湖南嘉禾县**〕 行廊墟,介东区、永定区之间,开市百余年,向故落寞也。盼幼时行市,尝见人多不过数百,日稍昃而散。今忽盈数千,暮烟横郊,势犹未竭,盖日新月异而岁不同矣。其利市货贿莫多于棉花、洋纱、女布三者互易,一墟期可千数百元。棉运自白沙河洲,近则何家渡估船,纱多自粤,布则环墟近村落妇女群抱而贸,诗曰抱布贸丝,可为今咏矣。食物、盐自粤,期可销肩担二千斤。米略分家米、贩米,可巢二三十担不等。蔬菜、葱、韭、蕲芦、菔青、白介芽,以时市肩担三四十人皆罄,贩者多自城坦平诸区。桐茶油、洋油出产销场百数十元,略相垺。甘蔗亦来自城体平田坦平沿钟岸村农数十担或一二百担,售于桂阳、临武人。麻,值期售价多可三四千元,土人利为小贩,麻客则粤人或衡州人。

(王彬修,雷飞鹏纂:《嘉禾县图志》,卷十八,食货篇第九下,民国二十年铅印本。)

〔**清代至民国三十七年,湖南醴陵县**〕 醴陵旧无墟场,清季黄獭嘴、新阳、东富、贺家桥,始仿浏阳之普迹、攸县之黄图岭之墟场而为之,久渐推行于各地。抗战期中,此风益盛,及县城沦陷,商廛多毁,东乡普口市等处方相继设立,自是墟场遍于全县矣。交易多为土产,度量衡概用墟制。各场皆以期会,人民便之。

墟场表 （民国三十五年十一月调查）

地　名	距城里数	货　品	开市期	附　记
楚东桥	20	竹木器具、布匹、辣椒、花生、米、麻、肉、鱼、糕饼、油盐		
东　富	25	竹木器具、布匹、油盐、棉花、糖果、猪、羊、米、谷	逢二、八	
豆　田	25	同上	逢五、十	
泗　汾	30	同上	每月逢四、八	每年二、八两月十四日墟场极大
杉　仙	30	竹木器、茶油、米、菜蔬、肉、鸡、鸭、豆、棉、布匹、烟	逢三、九	
沈　潭	40	同上	逢二、八	
盐　山	45		逢一、七	
大　障	50	杂货、猪、鱼、木器、竹器、布匹、油、米	逢二、八	
化龙港			逢一、六	沦陷时期增设
美田桥	50	竹木、棉花、棉纱、布匹、茶叶、油盐、肉、鱼、猪、时蔬、时果		
柞树下	50	猪、盐、棉花、棉纱、布匹、茶油、生烟、鸡、鸭、蛋	逢二、七	
清水江	50	棉花、棉纱、清油、桐油、布匹、生药、肉、鱼、时蔬、果实、生烟	逢三、八	
荆　村	60	竹木、谷米、油盐、棉花、棉纱、肉、鱼、鸡蛋、布匹	逢四、九	
船湾市	60	同上	逢四、九	
马恋巷	50	同上	逢一、七	
贺家桥	70	油盐、百货、花生、攸县糙米、辣椒、布匹、木器	逢二、八	
水口山	30		逢五、十	
小　溪	20		逢五、十	
唐家渡	20		逢二、七	
石　亭	60	油盐、百货、花生、谷米	逢一、四、六、九	
君子桥	70		逢三、八	
高　桥	90	杂货、布匹、竹木器	逢二、九	
马洲上	90	百货	逢一、六	
李婆塘	90	百货	逢四、九	
马家坳	90	同上	逢五、十	
周家坊	70	百货	逢二、七	
铁河口	30	木器、布匹、油盐、杂货、食品	逢一、六	

(续表)

地 名	距城里数	货 品	开市期	附 记
茶山岭	40	同上	逢三、八	
松杨渡	40	同上	逢四、九	
汤坪新铺 上	40		逢二、七	
新 阳	30		逢六、十一两月开市	
黄獭嘴	38	苎麻、布匹、百货、油盐、棉花、夏布	每年六月下旬开市,经旬始罢。	
蒋家桥	50	油盐、百货、肉、鱼、棉花、布匹、木器	六月初十至二十	
清安铺		苎麻、百货	七月中旬	
板杉铺		同上	每年七月初一日起,至初十日止	
王 仙	30	杂货	逢一、六	以下七场系民国三十四年春夏间开办
枫树坪	35	谷米、棉纱、油盐、百货	逢三、八	
木 子树 下	40	杂货	逢二、七	
普口市	45	油盐、土货	逢四、九	
白兔潭	52	同上	逢一、六	
仙 石	52	同上	逢五、十	
富 里	62	同上	逢三、八	

(陈鲲修,刘谦等纂:《醴陵县志》,卷六,食货志,工商,民国三十七年铅印本。)

〔清代至民国三十七年,湖南醴陵县北乡〕 北乡清代有官道通株洲,来往商贩甚多,沿路市镇颇为发达。自株萍路通车后,沿路设站数处,如五里牌、袁牌铺、板杉铺、姚家坝、双牌铺等,均系沿铁路线之市镇。沿官道者,尚有东冲铺、清安铺、梢冈铺等。又有大道通浏阳普迹,其最重要之市镇为黄獭嘴、枫树桥等。因水运方便而成市者,则有篾织街、关王庙。其中以黄獭嘴商业最盛,夏布及苎麻交易多萃于此。北乡所出之瓷器,由独轮车运往浏阳、长沙者,多经过此地。北乡虽向有墟场,但岁只开一次或二次。

(陈鲲修,刘谦等纂:《醴陵县志》,卷六,食货志,工商,民国三十七年铅印本。)

〔清末至民国三十七年,湖南醴陵县北乡〕 西乡为粤汉铁路所经之地,又有水道通渌口,故市镇颇为发达。因水运方便而成市者,有神福港、石亭等。因铁路经过而成市者,有昭陵、泗洲站等。其中神福港为萍、浏、攸、醴船运停泊之处,商业以谷米、茶油为大宗。石亭生意为谷米、花生。昭陵为货物出入口枢纽,如近年自曲江、桂林、衡阳一带货物,每由此处入口。西乡亦有墟场。

(陈鲲修,刘谦等纂:《醴陵县志》,卷六,食货志,工商,民国三十七年铅印本。)

〔**民国九年前后,湖南永定县**〕 罗塔、平温塘、大兴厂皆分三、六、九日为市,谓之赶场,百物土货咸取给焉,桐茶油盐为市物大宗。

(王树人、侯昌铭编:《永定县乡土志》,下篇,地理第六,民国九年铅印本。)

〔**民国二十年前后,湖南临澧县**〕 澧水,发源桑植、永顺二县境,经大庸、慈利、石门,至易渡入县境。东流五里至新安区之新安市,该市铺户约七百余家,昔日商务繁盛。现澧水至此分为南北二道,中淤一洲,名为洞子坪(属临澧、石门二县),长十余里,宽三四里,出产极多,以草烟为大宗。北道水浅,上游船只往来上下皆由南道。新安市在北道左岸,故商务凋零。现有淤南道、开北道之主张,士绅及商人均赞成此议。如果此种计划得以实现,商务仍可恢复昔日之繁盛。东流十里至合口,临澧全县商务以此埠为极盛,永、桑、庸、慈、石之木头,皆以此为出口地,而桐、茶油及一切杂货,亦多在此出售。又东十里至停弦渡,停弦市即在此地,铺户约二百余,商务逊于新、合二埠。

(曾继梧等编:《湖南各县调查笔记》,地理类,临澧,水流,民国二十年铅印本。)

〔**民国二十年前后,湖南古丈县**〕 离城三十里有罗依溪镇,居北河沿岸,为本邑货物出入之孔道。他如龙鼻嘴、溪口、了角山、河逢,虽名曰镇,仅五日一市。若由热闹市场突入古境,则无异置身世外矣。

(曾继梧等编:《湖南各县调查笔记》,地理类,古丈,市镇,民国二十年铅印本。)

〔**民国二十年前后,湖南会同县**〕 洪江为湘西重镇、滇黔孔道,隶属会同,其市廛位于老鸦坡麓,三面临河,东北大河曰沅水,西南小河曰郎江,今称雄溪,亦谓熊溪。舟航所聚,万货填充,百工毕集,商贾辐辏,故层楼夏屋,鳞次栉比,隔江遥望,恍如画图。……如洪武路成,该地又为汽车路终点,商务当益加繁盛也。

(曾继梧等编:《湖南各县调查笔记》,地理类,会同,市镇,民国二十年铅印本。)

〔**民国二十年前后,湖南浏阳县**〕 其市镇较大,而贸易较繁盛者,在县东则有永和市、东门市,而达浒、白沙市、古港、张坊次之;在县西则有普迹市,面镇头市、根市次之;在县北则有永安市,而社港市、北盛、沙市次之。

(曾继梧等编:《湖南各县调查笔记》,地理类,浏阳,市镇,民国二十年铅印本。)

〔民国二十年前后,湖南衡山县〕 邑东北石湾市,邑北白果市,邑西岳市,邑南雷溪市、霞流市、萱州市、大堡市,邑东吴集市、草市、杨林、夏浦,皆水路,货物辐辏,大概每月六墟期。逢墟之日,远近咸集,颇合古人日中为市之意。邑城因河道浅直,不便泊舟,在商务上无特异之色,亦地势然也。四乡各埠,以石湾、大堡、白果、草市四埠最盛。萱洲市,近因兵燹稍凋落矣。岳市本在山区,商业起源招待香客游人,故旅食店独多,市面虽多,商务亦无特色,非争利之市也。今衡潭线汽路经此,又设车站,商务发达可为预券。

(曾继梧等编:《湖南各县调查笔记》,地理类,衡山,商埠,民国二十年铅印本。)

〔民国二十年前后,湖南常宁县〕 春水,在县东,今名荄源河。自桂阳州流入,经县东北折而西,又经盟山及风仙山北入湘,常、耒二县即以此水为界,帆船四季可通。沿岸重要市镇为白沙阳嘉洲、衡头、荫田烟洲等处。商业最为繁盛者为白沙,日日逢墟,殆与城市无异,商家资本最厚有达十余万者。

(曾继梧等编:《湖南各县调查笔记》,地理类,常宁,大川,民国二十年铅印本。)

〔民国二十年前后,湖南嘉禾县〕 唐村墟者,梓木墟,麦下墟,俱界临武普。满墟,界桂阳。而境内墟市较盛者,坦平墟、石桥墟、广法墟、行廊墟等处,皆以期会,盖古者日中为市之遗矣。凡墟市以二十余数。

(王彬修,雷飞鹏纂:《嘉禾县图志》,卷十八,食货篇第九下,民国二十年铅印本。)

〔民国二十年前后,湖南安化县〕 县城因陆路不当冲要,沂水不能行船,商业不甚发达。最繁盛者为三都区之东坪市,因安邑出口大宗为茶,茶以一、二、三、四都各区产量最多,每年四五月间,国内外茶商大集于该市,因之商贾辐辏,繁盛甲全邑。各市近因茶不畅销,商场大为减色。其次为常安区之蓝田市,该市出口货以新化锡矿山运来之锑为大宗。再次为丰乐区之桥头市,该市出口货以石煤为大宗。他如四都区之烟溪市,每年桐油、茶油出口以万计。归化区之纸,山产亦巨。

(曾继梧等编:《湖南各县调查笔记》,地理类,安化,市镇,民国二十年铅印本。)

〔民国二十一年前后,湖南汝城县〕 乡村墟市各有定期,往往千百成群,携货交易,晨往,及昏而散。

（陈必闻、宛方舟修,卢纯道等纂:《汝城县志》,卷十八,政典志,实业,民国二十一年刻本。）

〔民国二十二年前后,湖南蓝山县〕　县人自为市易者,以谷、畜、烧柴为大宗,竹木树艺及其他食用杂物为次。

（邓以权等修,雷飞鹏纂:《蓝山县图志》,卷二十一,食货篇第九上,民国二十二年刻本。）

〔民国三十年前后,湖南宁乡县〕　自治城东北行二十里,有檀树湾市。又东北十里双江口市,居靖港、宁治之中,与长沙接壤,商店约七十余家。……自县治北行,沿枫江经六十里长冲（一都）有朱良桥市,北界益阳,西滨枫江下流,商店约三十余家。

（周震麟修,刘宗向纂:《宁乡县志》,故事编,建置录,村市,民国三十年木活字本。）

〔民国三十一年前后,湖南宁远县〕　县之墟市,自近郊及诸乡都十有九,为期不同,一月九集,而天堂墟、柏家坪、禾亭墟交易称最盛,则以三墟当道县、祁零、新田孔道故也。

（李毓九修,徐桢立纂:《宁远县志》,卷十七,食货,民国三十一年石印本。）

〔民国三十七年前后,湖南醴陵县南乡〕　南乡有水道及陆道通攸县、萍乡,过去并有汽车路通攸县,故与攸县贸易至为频繁,而南乡农产及矿产均甚富足,故市镇、墟场皆极发达。因水运方便而成市者,有船湾、泗汾、清水江、沈潭、豆田、唐家渡等。因陆运方便而成市者,则有美田桥、东富、孙家湾、杉仙、贺家桥、大障等。因特殊出产而成市者,有㮰木岭、石门口、马恋巷等。其中以泗汾、清江市、美田桥、船湾、豆田等商业较发达。泗汾出产以谷米为大宗,染织业亦颇发达。清水江为米谷出萍之路,又为萍乡纸输入之所,所产棉花颇多。船湾商业仅次于泗汾,为县城往攸县皇图岭购货者必经之路。豆田为县城往杉仙、冷水要道,出产谷米、石灰、瓦器、釉石、煤炭等。南乡墟场甚多,以贺家桥墟场为大。而泗汾二、八两月各有墟场一次,盛况不减皇图岭。

（陈鲲修,刘谦等纂:《醴陵县志》,卷六,食货志,工商,民国三十七年铅印本。）

〔民国三十七年前后,湖南醴陵县东乡〕　东乡有水路及官道、汽车路通浏阳,又有水路及小路、汽车路通萍乡,过去与浏阳关系密切。例如编炮一业,即系由浏阳之金刚头传至东乡白兔潭、普口市一带。因水运方便而成市者,有潼塘、富里、白兔潭、普口市、枧头洲、潭湾、马脑潭、荆潭等。因陆运方便而成市者,则有官寮、仙石、毛坪市、冷水坑、王仙、大林桥等。亦有因特殊出产而成市者,如潘川冲、金鱼石、沩山等。大抵东乡商业,以夏布、编炮、瓷器为主。东乡向无墟场,至民国三十四年春始试设。

（陈鲲修,刘谦等纂：《醴陵县志》,卷六,食货志,工商,民国三十七年铅印本。）

〔**明代至清康熙八年,广东罗定州西宁县**〕 连滩墟,在县南九十里,明季设墟,在晋康司署侧。国朝康熙八年,于其右设新墟曰西安市后,商贩日集,新墟盛而旧墟遂废。

（清 诸豫宗修,周中孚纂：《西宁县志》,卷五,建置,墟市,清道光十年刻本。）

注：西宁县今为郁南县。

〔**明正德年间至清光绪年间,广东肇庆府高明县**〕 三洲墟,在田心都,三、六、九日集,高要、南海、新会、顺德、东莞、鹤山数县人民,水陆并至,百物咸备。旧在官渡头百步上,正德年间,迁于榄根冈下。嘉靖三十八年,冼善从在墟殴死人命,商民惧累骇散,南海豪民乘机集于官渡南,墟废。知县徐纯申呈按察司,旬月复。咸丰九年,墟民惧犵〈仡〉匪逼近,搭铺官渡汛贸易,知县周士俊募勇驻墟保护,商贾乃回墟买卖。光绪十二年,江门街蓬厂失火,延烧凤阳街、横基街、朝阳街、十字街、岗顶、墟头街等处,惟新阳、波石二街未被火灾,铺商旋即盖复。

（清 邹兆麟等纂修：《高明县志》卷二,地理,清光绪十五年修,二十年续订刻本。）

〔**清康熙八年至五十三年,广东琼州府琼东县**〕 东关市,县治之东。康熙八年,知县曹之秀新招。康熙二十三年,知县胥锡祚迁于城内西门街。后知县李宗培移于南门。至康熙三十八年,知县曹允中复东关旧地。康熙五十三年,知县张汝皋令发东关一市、县前一市。

（清 陈述芹纂修：《琼东县志》,卷三,建置,墟市,清嘉庆二十五年刻本,民国十四年铅字重印本。）

注：今琼海县。

〔**清康熙四十三年,广东琼州府临高县**〕 多文市,治东南三十里,其市旧有租地,每至年终,市主横收商者扰之。康熙四十三年,知县樊庶捐俸悉买其地,听贾者建屋宇贸迁,商民称便,其市日盛。

（清 聂缉庆等修,桂文炽等纂：《临高县志》,卷五,建置类,墟市,清光绪十八年刻本。）

〔清康熙、嘉庆至道光年间，广东韶州府英德县〕 城厢市西门大街，市苏、杭绸缎、海味、杂货。凤仪街，市背村米。新市街，市酒米。新街，市杂货、米料。卖麻街，市麻。望夫冈墟在县东三十里，地势平旷，商民铺屋数百户，苏杭杂货备，土产药材、油、豆、谷、麦、花生尤多。墟期二、五、八日。河头市在望夫冈河边，一名鱼花埠，在北帝庙前，每春，南海、九江客贩鱼花，必泊舟于此，四方来买鱼花者皆聚此。老地湾市，在县南十里琅岩图，灰窑数十座，凿石运煤，工丁云集，异县奸宄不无数聚，保甲查察宜严。横石塘墟，在县北五十里下隅图，由观音坑入二十里，四山围绕中，商民铺舍数百户，杂货齐备，山茶、香信、豆、麦、花生俱有，贮谷尤伙，英石、赤朱、城厢等处商民咸资贩采，墟期三、六、九日。龙头影墟，在县北五十里上隅图河边，嘉庆年间创，多油、豆、谷、麦、花生，期一、四、七日。剃头岭墟，在上中隅界，墟小人众，杂货备。汉口墟，在县北八十里，面临大河，铺户百余间，杂货备，而稻谷尤多，期一、四、七日。镇江墟，在侧塘水口黄冈对面，创于嘉庆间，多柴炭窑。步墟在县南十里竹迳都，前临翁水，右为樟滩，左为河坑，多市竹木，期一、四、七日。马口墟，在县西八里风门均外，由县入浛通衢，期一、四、七日，多豆、麦、牛、豕。龙头墟，在县南十里琅石山下，地滨大江，为下子贡岭及浈阳峡通衢，期三、六、九日，芋、麦、花生、牛、豕俱有。揽坑墟，在县南五十里河西岸，两边岸地甚高，中流关锁狭窄，为县陬塞，铺户数十间，市柴、木、酒、米。黄土坑墟，又名王城口墟、揽坑墟，对岸相隔数里，铺店数百间，市柴、炭、谷、米。侧塘墟，县东南四十里。上下砍墟，县南四十里。公亭墟，在县北一百里石坑图，康熙时创，中废，道光十一年重开，期三、六、九日，以上捕属地方。黎洞墟，在黎溪图，铺屋数十间，杂食谷物齐。犀牛潭墟，在浛洸三十里（旧《志》）塔冈图，期四、八日。水边墟在流陈图，期二、六日。竹田墟，在浛光二十五里（旧《志》）清二都石灰图。下步墟，在歪口图，临洭水，货物备，期一、四、八日。鱼嘴墟，距司前五里，市豆、谷、花生，油铺生理最大，期三、七日。

（清　黄培燦等修，陆殿邦等纂：《英德县志》，卷之六，建置略下，清道光二十三年刻本。）

〔清雍正十年前后，广东潮州府惠来县〕 龙江市，在龙江铺前，水陆辐辏，为邑巨镇云。

（清　张玿美纂修：《惠来县志》，卷二，星野，市镇，清雍正十年刻本。）

〔清乾隆十年前后，广东潮州府普宁县〕 溪东仔墟，在县南四十里溅水山埔，并无店铺，每逢墟日，听民搭盖篷茅，就便贸易无阻。军埔墟，在县南六十里㳽水山埔，亦无店铺，墟日听民搭盖，贸易无阻。……全县境内一十一墟。

（清　萧麟趾修，梅奕绍等纂：《普宁县志》，卷一，疆舆志，墟市，清乾隆十年刻本。）

〔**清乾隆四十年前后，广东潮州府**〕　潮民殷盛，物产亦饶，墟距城或数里或数十里、百里，大率三日一市，其犹古之遗意欤。

（清　周硕勋纂修：《潮州府志》，卷十四，墟市，清光绪十九年重刻乾隆四十年本。）

〔**清乾隆六十年至光绪十六年前后，广东潮州府揭阳县**〕　枫口墟，在梅冈都前。乾隆六十年，乡绅江凤鸣请官给斗称为式，墟期每逢一、四、七日。永兴市，在霖田都桐坑乡，墟期逢三、六、九日，铺店四十余间，道光六年丙戌桐坑乡林姓人辟建。埔田市，在梅冈都墙田乡西畔，嘉庆间埔田徐姓人建，墟期逢一、四、七日。车田乡市，在梅冈都车田乡之北，嘉庆间车、田各姓人建，墟期逢二、五、八日。庵后乡市，在庵后乡，咸丰间乡内高姓人建，墟期逢三、六、九日。下乡市，在梅冈都，道光间林姓乡人建墟期逢二、五、八日。洪聚乡市，在梅冈都洪聚乡，光绪间谢姓乡人建，墟期逢一、四、七日。京溪员墟，在蓝田都京溪员乡之左，铺店二十余间，去县七十里，道光十三年长滩乡陈姓辟建。永安墟，在蓝田都沙坝涝界内，铺店四十余间，去县七十里，同治六年大岭下、员墩、小溪等乡同辟建。镇江墟，在蓝田都龙江左旁，铺店三十余间，去县六十里，咸丰十一年五经富乡曾姓人辟建。

（清　王崧等修，李星辉纂：《揭阳县续志》，卷一，方舆志，墟市，清光绪十六年刻本，民国二十六年铅字重印本。）

〔**清嘉庆二十四年前后，广东广州府三水县**〕　肆邑村堡多设墟市，西南雄镇更商贾辐辏，帆樯云集。列肆诸物或乘急而取赢，犹未为害也。惟米食则多倚于西省，小不济，私贮者辄饬伪以居奇，如是而民困矣。

（清　李友榕等修，邓云龙等纂：《三水县志》，卷一，舆地，墟市，清嘉庆二十四年刻本。）

〔**清道光六年前后，广东高州府电白县**〕　城中南北二墟朝夕海鲜杂陈，谓之早市、晚市。爵山、庄峒、霞峒亦然，但买市物者曰趁铺，各村市仍谓之趁墟，以三日为期，大率已刻起，午后即散，即古日中为市之意。

（清　章鸿等修，邵泳等纂：《重修电白县志》，卷四，舆地，风俗，清道光六年刻本。）

〔清道光七年前，广东高州府〕　三日一墟，人不断。

（清　黄安涛等修，潘眉等纂：《高州府志》，卷三，地理志，风俗，清道光七年刻本。）

〔清道光初年至民国二十二年前后，广东开平县〕　按王《志》有：城西三十里李村墟(今棠红乡)，城东三十里沙湾墟(今海心乡)，城东四十里古洲墟(今沙冈乡)，今并废。近岁，邑中新市踵兴，旧市亦次第改造，建骑楼，辟马路，气象一新。然充斥于市者，境外洋货，尤占大宗，农工不昌，徒饰阛阓之外观，未足为恃源而往之道也。盖凡土产丰者，借贾人以外销，则利滋；土产绌者，挹远物以内注，则利涸。故计学家以入口货超于出口货，谓之漏卮。觇国然，觇邑何独不然，邑人宜从根本图之。

（余棨谋修，《开平县志》，卷十二，建置上，民国二十二年铅印本。）

〔清道光二十二年，广东广州府佛冈厅〕　墟市，市之交易也。通都大邑列廛而居，各乡去治远，日用饮食之需不能舍皆取诸宫中也，爰于近乡闲旷之地互市。治西廓外二里许，设石角墟，百工之庶物集焉。铺户百数，常市外，复期以一、六之日。又西龙蟠堡设龙蟠墟，龙潭堡设三、八墟。治东九围堡亦设三、八墟。又东田心堡设二、七墟。又东黄田堡设水头墟，期以五、十之日。治北观音乡设横冈墟，独石乡设三江墟，白石乡设燕岭墟、文岭墟，又北东迳头乡设大陂墟、迳头墟，又北西虎山乡设高冈墟，高台乡设长冈墟，皆各以日之奇偶为期，朝往而暮归，人聚则满，人散则虚，故曰墟。

（清　龚耿光纂修：《佛冈直隶军民厅志》，卷一，墟市，清道光二十二年修，清咸丰元年刻本。）

〔清道光、咸丰、同治、光绪年间，广东潮州府揭阳县〕　庵后乡市，在庵后乡。咸丰间，乡内高姓人建墟，期逢三、六、九日。下乡市，在梅冈都，道光间，林姓乡人建墟，期逢二、五、八日。洪聚乡市，在梅冈都洪聚乡，光绪间，谢姓乡人建墟，期逢一、四、七日。京溪员墟，在蓝田都京溪员乡之左，铺店二十余间，去县七十里，道光十三年，长滩乡陈姓辟建。永安墟，在蓝田都沙坝泽界内，铺店四十余间，去县七十里，同治六年，大岭下、员墩、小溪等乡同辟建。镇江墟，在蓝田都江左旁，店三十余间，去县六十里，咸丰十一年，五经富乡曾姓人辟建。

（清　王崧等修，李星辉等纂：《揭阳县志》卷一，墟市，清光绪十六年刻本。）

〔清咸丰以前至民国三十二年前后，广东澄海县〕　东陇为澄海属一大市镇，海禁未开以前，繁盛过于汕头，盖韩江至潮州分而为二，一经庵埠一经东陇，始汇汕头出海,小火轮、篷船均可达。以前埔人旅此者颇多,汕头繁盛,乃渐次减少,现有苏广杂货店一间(裕源),药材店一家(荣丰),缝衣店八间(广华、天发、长发、兴记、锦和、盛昭记、宏发、再盛),锡店七间(广发、广华、恒发、昆盛、义盛、万顺、万顺),打铁店九间(双合、士合、文字、大和、士字、生记、协成、大字、天字),豆腐干店二间(荣兴、荣茂),计共二十八间,男妇一百四十九人,团体组织有八,属会馆分会。

(温廷敬等纂:《大埔县志》,卷十一,民生志下,殖外,民国二十四年修,三十二年增补铅印本。)

〔清同治年间,广东广州府番禺县〕 大田市,在大田乡北,约嘉庆十年建,近市之乡人多稼圃畜牧,女工习纺织,市中常聚五谷、菜蔬、薯蓣、糖糕、丝麻等物,又乡濒湖海,鱼鲜尤盛。

(清 李福泰等修,史澄等纂:《番禺县志》,卷十八,建置略,墟市,清同治十年刻本。)

〔清同治元年至光绪三十四年,广东肇庆府高要县〕 附城猪市平码,同治六年创设于大简墟,是年极效,景福围费二亩元,阖邑宾兴局费二百元;七年加交阖邑印金费八百元;十二年再加印金费一百元。光绪十四年,始标投价银二千五百元;二十四年,票投价银二千三百元;三十四年票投价银四千四百一十余两,价格高涨,比前大相径庭矣。广利墟猪市,同治七年开设,每年交阖邑宾兴局银二百元。清岐、禄步均有猪市,而无平码,销流亦不甚旺。

(马呈图纂修:《宣统高要县志》,卷十一,食货篇二,民国二十七年铅印本。)

〔清同治年间至宣统三年前后,广东广州府南海县〕 子城太平门外,率称西关,然同、光之间绅富初辟新宝、华坊等街,已极西关之西,其地距泮塘南岸等乡尚隔数里。光绪中叶,绅富相率购地建屋,数十年来,甲第云连,鱼鳞栉比,菱塘莲渚悉作民居,直与泮塘等处壤地相接,仅隔一水,生齿日增,可谓盛已。

(清 张凤喈等修,桂坫等纂:《南海县志》,卷四,舆地略,风俗,清宣统三年刻本。)

〔清光绪初年,广东南雄州始兴县〕 咸临甬墟:在县东南五十五里,属守望约,据清化水左岸,二、五、八期集;长眉坑、大水坑、冷水迳、中洞、探洞、园洞等乡,多趁此墟;光绪初年,贸易移于深度水,此墟遂废。

(陈赓虞等修,陈及时等纂:《始兴县志》卷六,建置略,民国十五年石印本。)

〔清光绪十五年前后,广东高州府化州〕 化之山川,隩远城市,聚货寥寥,贸易无他奇,不过鱼、米、盐、畜、布、麻诸物。然乡民散处,日用所需,一皆倚便于墟,此墟市所不可废。但西北接壤西粤,狼猺混杂,恶少不逞之徒往往因墟市以藏奸,故前守于弯远之所,严行禁止,虽于民或有未便,要亦潜消盗萌之一端,不得已而为之者也。

（清 彭贻荪、章毓桂合修,魏邦翰等纂:《化州志》,卷二,市集,清光绪十六年刻本。）

〔清光绪十五年至二十年前后,广东肇庆府高明县〕 榄江墟,在上仓步都,每年八月三、六、九日集,专鬻牛,至十月中散。今迁天后庙傍。……新庄墟,在新庄前,俗名花灯墟,每年元月初三村民挑各式花灯在此发卖,午后散。井头墟,在杨梅都,一、四、七日集,有牛,系二十三乡设。

（清 邹兆麟修,区为梁等纂,蔡逢恩续修,梁廷栋续订:《高明县志》,卷二,地理,墟市,清光绪十五年修,清光绪二十年续订刻本。）

注：高明县今为高鹤县。

〔清光绪十八年前后,广东高州府吴川县芷苓镇〕 芷苓为海口市船所集,每岁正月后,福、潮商艘咸泊于此（盛《志》）,近则货船聚于水东赤㙟,而芷苓寂然矣。

（清 毛昌善修,陈兰彬等纂:《吴川县志》,卷二,舆地,风俗,清光绪十八年刻,二十三年校订重印本。）

〔清光绪十八年前后,广东高州府石城县〕 "日中为市",著于《经》,墟则未见。"虚",古"墟"字。《战国策·孟尝君传》：市朝则满,夕则墟。南越中,野市曰虚,此墟之名所由昉也。我粤贸迁百货,随地流通,凡名镇巨都,货物丰赢,商贾辐辏,即谓之市。其或统远近村庄,于适中处所,定期而会,以求日用饔飧之资,晨聚而午罢,则谓之墟。石城风气简朴,力穑者众,逐末之氓十仅一二,故墟多而市少云。

（清 蒋廷桂修,陈兰彬等纂:《石城县志》卷三；建置,墟市,清光绪十八年刻本。）

〔清光绪二十二年前后,广东肇庆府四会县〕 隆庆市,在威整铺,旧鹅涌墟隔坑,亦名鹅涌新墟,以二、五、八日为期。仁宗嘉庆二年丁巳设铺户百六七十间。市北陆路通广宁县江屯。市东坑水通清远县三坑墟,时有往来坑艇数十只。市西陆路通广宁县潭柿。市南陆路通莲子迳出田东。地当三县交界处要区也。

（清 陈志喆等修,吴大猷纂:《四会县志》,编二,建置志,墟市,清光绪二十二年刻本,民国十四年铅字重印本。）

〔清宣统年间,广东广州府番禺县〕 捕属而外,沙湾司有蔡边、渡头、抱旗、沙头、傍江、大龙、石棋、古坝、紫泥、沙湾、凤鸣、三塘、韦涌、山尾、市底、水坑等墟,安宁、市桥等市；茭塘司有新造、南村、大岭、官桥、山门、明经、细墟、草河、河村、滘边、梅坑、新洲、沙亭、板桥、官山、南华、赤同、大塘、里仁洞、官堂、竹潜、潭山、西塱、植村、平步、赤沙等墟，员冈、大石、黄埔、市头、窑头、南箕、伍村、黄冈等市；鹿步司有萝冈、东圃、乌涌、小迳、燕塘、南冈、黄陂、石冈、鹿步、棠下、三宝、麦边等墟，瑞云、石门、永泰、回龙等市；慕德里司有石龙、大同、官桥、石湖、竹料、钟落、潭石、并沙滘、高塘、人和、高增、陈洞、茅山、满塘、大桥、坑江、村站、边雄湖、漳木潭、紫泥、长山脚、巴由、赤泥等墟，佛岭、蚬冈、桥头、太和、龙归、民乐、大田、石门头等市。均为工商业之所聚，而以河南为最繁盛，有商店数千间，工厂数百间，席庄虽仅十余间，而所办洋庄席行销于外洋（河南洋庄草席，其草产自东安县属之连滩及东莞县属虎门一带，地方采购编织，每年米利坚、佛兰西、德意志等国购买，出洋销价约银五十余万元），国外贸易上尚得占一席。其余各墟市，则农产品及日用品之贸易场耳，间有工艺品然亦不多也。

（丁仁长、吴道镕等纂：《番禺县续志》，卷十二，实业志，民国二十年刻本。）

〔清宣统年间，广东广州府增城县〕　增城商市，以新塘、仙村为最优胜，皆地临滨海，汽车、轮舶运输利便。新塘为东江交通孔道，上接石龙、惠州，下通省会、香港，商务尤为蕃盛。他如福积、派潭、正果，与从化、龙门诸县相距不远，或舟楫可通，或陆路直达，商贩云集，肩摩毂击，亦懋迁之要地也。

（王思章修，赖际熙等纂：《增城县志》，卷九，实业，民国十年刻本。）

〔清宣统年间，广东广州府番禺县〕　新造、东圃、高塘三墟。新造为茭塘司商业之中心，棉花、橄榄、番薯最有名。东圃为鹿步司商业之中心，糖、葛最有名。高塘向为慕德里司商业之中心。自粤汉铁路设站江村，所有商业亦盛，有商店百余间，与市桥、新造等均已成固定之商场，比之其他数日一集之墟，每日一集之市，微有不同。

（丁仁长、吴道镕等纂：《番禺县续志》，卷十二，实业志，民国二十年刻本。）

〔清宣统年间，广东广州府增城县新塘镇〕　新塘，二、五、八集，今海通轮舶，陆通铁路，一大镇，商业之盛，为一邑冠。

（王思章修，赖际熙等纂：《增城县志》，卷一，舆地，民国十年刻本。）

〔清宣统年间，广东广州府番禺县〕　特别之墟市，则贸易之品，限于一物，依期常开者，谓之据，如新造之牛墟，黄陂之猪仔墟，市桥、蔡边之布墟是也。届时乃开者，谓之市，如大塘之果市，南村之乌榄市，钟村、南村之花生市是也。又城隍庙前，每晨必有泥水、造木工人群集于此，以待雇工，至八时而止，受雇者为一日之散工。南村、沙市街每岁正月初二日晨,亦有打耕种工者,群集以待雇,至十一时而止,受雇者为一年之长工,欲雇工人者,须按时往商,迟则不及矣。以工为市,此则尤为特别者也。

(丁仁长、吴道镕等纂:《番禺县续志》,卷十二,实业志,民国二十年刻本。)

〔清宣统年间,广东广州府番禺县〕 各墟市之商业,以市桥为最。市桥在沙湾司各大乡之间,一面又与沙田接壤,人民殷富交通利便,有商店千余间,所出薯莨纱绸名驰远近,朱坑蓝布亦有名,有商务分会,成立于宣统三年。

(丁仁长、吴道镕等纂:《番禺县续志》,卷十二,实业志,民国二十年刻本。)

〔民国十一年,广东佛山太上墟〕 太上墟,在明心铺线香街太上庙前。墟期一、六日,民国十一年,本镇警察四区长冼瑛与阖铺绅商林群芳等公建,里人冼宝干题额并记《新建太上墟记》:中华民国十一年一月,佛山明心铺建墟于线香街太上庙前。区长冼瑛具其事,白之县。略曰:"《易》载,'日中为市',交易而退,各得其所,市有专官,在周礼属之司徒,故市亦称市朝,谓其有行列也。今世进文明,市制改良,益难玩视,巡官前官梅州警佐时,于所属地方增设墟市数处,经办有成效,呈明前省长李,荷蒙嘉奖有案。今服官本籍,见有辖内普君墟乐平里面粉街一带,每逢一、六墟期,摆设牲口在街上发卖,路既狭小,两旁商店厌恶不堪,益以交通阻碍,芜秽薰蒸,于公共卫生,大为损坏。该地绅商经叠图改筑,奈兹事体大,乏人提倡。巡官谊关桑梓,责在地方,万难诿卸,察看邻还,有太上庙前余地一大段,颇为宽敞,足敷建设新墟。于是,取梅州成法,召集普君墟各值理,晓以大义,均愿捐弃,见有墟利,赞同改筑。后召集太上庙绅商讨论,佥谓事关公益,乐观厥成,惟建筑工程,乏款挹注,巡官乃首捐薄俸以为之倡,得该地殷富林群芳慨捐巨款以善其后,群芳既孚众望,即委以总理,以吴杰卿、王国民等为之助理,幸旬日间捐款毕集,即在庙前余地建筑墟廊,拆去庙前当铺二间,以宽入墟之路。刻已将次工竣,定名为太上墟,准期夏历年内开业。将来该墟地租秤钱年得百余金,悉数拨办义学一所,以培植该处贫民子弟。递年公推铺内殷实商店,轮营公箱,以杜弊端,一举而数善备焉。惟恐日后时异势迁,间有不肖觊觎墟利,从中染指,则虚费经营初志,故不得不将开墟情形及善后方法呈明各案,恳赐批准,勒石以垂久远,实纫公谊。"县批:"如议行。"于是,度地兴作,庙前有通道宽约五丈,长约十余丈,周建长廊,廊各有区,货以区分,俾无搀越。规划既定,以是月初兴役,币月告成,乃定期开墟,四方负贩往来井井,到市三倍,咸乐其便,洵善改也。是竣，坊众以宝干见修志乘，具状请为记，余览巡官呈文及墟图与其条约，市政具备，无庸赞词矣。用援柳文惠、苏文忠述事体，以原呈装入作记，不惟省文，且以纪实，后之览者，其亦有感于区长缔造之勤、坊众趋事之力，思所以保守而扩充之，柳岂惟一铺之幸，阖镇懋迁实嘉赖焉。是役也，计縻金钱五百元，捐赀名数及其用数刊有征信册，董厥事者，林君群芳，捐赀最多，朝夕督工，弗少懈，王君国民、吴君杰卿等及坊众均与有力焉。

（冼宝干等纂：《佛山忠义乡志》，卷一，舆地，民国十五年刻本。）

〔民国十三、四年以前，广东儋县东成市〕　东成市在尚义里之中心点，距县治约四十余里，商店数十间，从前商业甚繁，销货以谷米为多，自遭民国十三、四年八属军队两次焚毁之后，恢复至今，尚未完全。

（彭元藻等修，王同宪等纂：《儋县志》，卷二，地舆志，市镇，民国二十五年铅印本。）

〔民国十三年前后，广东儋县中和镇〕　中和镇，即旧州治中和里，共三十余户，距新县八里，自民九土匪焚毁全城后，城民于民十二，陆续恢复宅舍商店庙宇已达十之七八，商店共一百六十间左右，商业较前尤盛。镇内设有县立高小学校，镇公所，警卫分队，市政改良会，商会，平民医院，第一、第二市场等。民十六，复改建商场骑楼，修筑马路，至十七年落成，南向修筑汽车枝路，均与民廿年七月通车，廿三年由官厅督促北向各里，经兴工添筑公路，由伦江直达北岸一带，现未通车。

（彭元藻等修，王同宪等纂：《儋县志》，卷二，舆地志，市镇，民国二十五年铅印本。）

〔民国十二年前后，广东香山县〕　县属商业，除澳门外，以城南石岐为总汇。各乡墟市，亦有号称畅旺者，如四都之揽边墟、大都之南蓢墟、谷镇之乌石墟，阛阓颇盛。揽镇茧市岁入百余万两。黄圃茧市获利亦丰。香洲埠已自辟商埠（按：香洲埠在恭镇，面临九洲洋，前对野狸洲，后枕山，宣统元年，由邑人王诜集股创辟，禀呈总督张人骏立案，并移节莅埠开幕，以期振兴商业，惟该埠一望汪洋，尚无避风之所，论者多谓须就海边筑成大限，商业始克畅吐云）。近闻淇澳亦思接踵商业，进行当未有支。主输出、输入各品，则以水运居多（采访册）：

输　入　品	输　入　地	岁值约计
洋　米 咸　鱼 海品杂货	港、澳等处	三十余万两 七八十万两 一百万两

(续表)

输 入 品	输 入 地	岁值约计
砖　瓦		三十余万两
（木器杉料）	省城、佛山、西北江	三四十万两
竹　器		十余万两
柴　炭	西江	二十余万两
洋　货	省城、香港	二十万两
布匹绸缎	省城等处	六七十万两
生熟烟		二十余万两
药　材	省城、香港	六万伍千元
茶	佛山等处	五万元
烟　叶	江门、澳门等处	三万元
煤　油	省、港、澳	二十万元
油	省城等处	一百八十余万元
黄糖	省城等处	十八万元

输 出 品	输 出 地	岁值约计
谷	陈村、江门	五六百万两
生果（乌榄、大蕉、荔枝、龙眼等居多）	香港、澳门	三十余万两
荷兰薯椰菜等	香港、外洋	三万余两
蚝蟹虾酱	香港、省城、江门等地	十余万两
咸　鱼	省城、陈村、江门等地	三四十万两
蚝油蚝豉	香港、省城、江门等地	十余万两
茧　丝	省城及顺德、容奇、勒楼诸乡	百余万两
夏　布	外洋	数万两

（厉式金修，汪文炳等纂：《香山县志续编》，卷二，舆地，民国十二年刻本。）

〔民国十四年，广东儋县〕　新州镇，自民国十四年设立，居户约六七百之谱，有县政府、琼山地方法院儋县分院、中山纪念堂、图书馆、初中学校、高小学校、警卫队、新州镇公所、平民医院各一，街道分中山街、仲恺街、廷芳街、民生街、民权街、石牛街，市场分东西两所，东厢有碉楼一、牌楼一。现年中山街铺户经建筑骑楼，其余各街逐渐建筑。各街道均筑成马路，各处公路皆由此镇起点。现时生意，以仲恺街及附近市场之街为最发达。水路则以米隆港，今称为新州港，可以泊船，所有货物由海头洋、浦马井、新英等交运来者，即泊此港，惟水量不甚深，不能容过大之船。

（彭元藻等修，王同宪等纂：《儋县志》，卷二，地舆志，市镇，民国二十五年铅印本。）

〔**民国十五年前后，广东始兴县**〕 太平墟，在县前。今按：此墟三、六、九期集，商家除邑人外，有广府、江西、福建、嘉应州人来此贸易，为全县商务总会之墟。沈所墟，距县十里，在城西。今按：此墟一、四、八期集，四、七等约乡民多趁此墟。周所墟，在县东南二十里。今按：此墟一名官坝墟，三、七、十期集，四、五、安良、守望等约乡民多趁此墟。江口市，在县西二十里。今按：此墟为墨水、浈水会流之口，帆船往来多次于此，本境货由此出口。……罗坝墟，在县东南五十里。今按：此墟在朔源约，二、五、九期集。朔源约及南七约、安良约人多趁此墟，出口货竹、木、纸颇多。澄冈墟，在县东八十里。今按：此墟在跃溪约，三、六、九期集，趁此墟多本约人，四约、南七约、朔源约人亦间有之，出口以纸、木为大宗。都亨墟，在县东南九十里。今按：此墟在都亨约，三、六、十期集，江西虔南县人多贩米来此售卖。

（陈赓虞、谭柄鉴修，陈及时纂：《始兴县志》，卷六，建置略，墟市，民国十五年石印本。）

〔**民国十八年前后，广东顺德县**〕 乡镇贸易之地，百货骈阗，其朝趋而午散，远方咸集者曰墟，备朝夕之求，供饔飧之用者曰市。墟有定期，市无虚日，其大较也。后来墟市之名不免淆乱，如大良之细大墟、陈村之新旧墟、平葛之乐从墟、勒楼之人和墟，商店所在，即以墟名。伦教之茧绸市、各乡之丝市、容奇之上街市，虽有定期，亦以市名。盖名称之混久矣。……县属各乡均有桑市。

（周之贞、冯保熙修，周朝槐等纂：《顺德县志》，卷三，建置略，墟市，民国十八年刻本。）

〔**民国二十年前后，广东番禺县**〕 茭塘之地濒海，凡朝墟夕市，贩夫贩妇各以其所捕海鲜连筐而至，故开市之早晚，常因距海之远近而异。如沙亭市开始于一时以前，化龙市迟至二时，新造市则更在三时以后也。

（梁鼎芬等修，丁仁长等纂：《番禺县续志》，卷十二，实业，渔业，民国二十年刻本。）

〔**民国二十二年前后，广东潮州**〕 墟市之制，其源已久，岭南志云村市曰墟，取寅、申、巳、亥为期，三日一趁之，盖犹古之遗意焉。其地或距城数里，或十数里，或百里，均为交通利便、舟泊辐辏之区，鱼盐布棉菽粟器用诸货悉备。其墟期则逐日、三日、四日、五日均有之，而大率以逐日、三日为多，视其丰瘠旺僻而定焉,远乡之民有所贸迁,实利赖之。今虽或存或废,而于先民之生活、社会之运通,犹得而觇焉。

(潘载和纂修:《潮州府志略》,疆域,墟市,民国二十二年铅印本。)

〔民国二十二年以后,广东丰顺县汤坑〕 汤坑墟在县南五十里,旧有商店五百十一间,定三、六、九日为墟期。民国二十二年,一律拆建马路骑楼,四隅各建菜市,增筑新店百数十间,设立银行、工厂、车站,舟车辐辏,蔚然一都会矣。

(李唐编纂:《丰顺县志》,卷六,建置二,墟市,民国三十二年铅印本。)

〔民国二十三年至二十九年,广东丰顺县隍塘墟〕 留隍墟,在县东八十里,滨临韩江,西岸旧有商店三百六十余间,二、五、八日为墟期;民国二十三年,驻防营长曾存三督拆旧墟,改筑马路骑楼,轮船、汽车交通,商业比昔为盛。二十七、八、九年,敌机相继轰炸,商店多被毁,惟银行、税关一时林立,潮、梅商货均以此为转驳,几成一时口岸矣。

(李唐编纂:《丰顺县志》,卷六,建置二,墟市,民国三十二年铅印本。)

〔民国二十五年前后,广东儋县〕 洋浦镇,距县治三十里,商店十余间,春夏两季不若秋冬两季生意繁盛,因秋冬间,渔船均集于此,而买鱼客船亦到此交易故也。出口者,以鱼类、鱼翅、鱼鳔为多。

(彭元藻等修,王同宪纂:《儋县志》,卷之二,地舆志九,市镇,民国二十五年铅印本。)

〔民国二十五年前后,广东儋县〕 王五镇,旧名黄武,距县治西南十六七里……民户八百余间,街市商店一百余。人民除学业、商业外,工业、农业尤为发达。蔬菜出产称为全县之冠。黎方山货、海滨鱼盐及各乡之糖、米、杂粮,咸集合交易于此,诚为琼西交通之一重镇也。

(彭元藻等修,王同宪等纂:《儋县志》,卷之二,地舆志九,市镇,民国二十五年铅印本。)

〔元代至民国二十四年前后,广西贵县〕 墟为商贾所集,三日为期,各乡土产之物于此售卖,各乡朝夕所需于此取给。北方谓之集,云贵谓之场,两广谓之墟。昔墟市凡四十有四,称墟者四十,曰新墟、横岭墟、三平墟、三塘墟、桥墟、钟村墟、木榴墟、平悦墟、龙塘墟、木梓墟、双桥墟、藤梨墟、思怀墟、石鳞墟、西山墟、五里墟、二里墟、三里墟、三江墟、黄练墟、根竹墟、覃塘墟、太平墟、濛公墟、山北墟、大村墟、平阳墟、寺门墟、樟木墟、上石龙墟、中里墟、龙山墟、奇石墟、下石龙墟、平堨墟、武乐墟、万盖墟、东源墟、棉村墟、太宁墟；称埠者四，曰大岭埠、瓦塘埠、香江埠、东津埠；非市而称埠者五，曰陆村埠、学前埠、萝卜湾埠、思前湾埠、东堡埠。今之墟市大都如昔，凡四十有六。旧有今废者四，曰三江墟、平阳墟、太平墟、太宁墟。旧无后置者五，曰青岭墟、盘古墟、雷神墟、东山墟、新塘墟。旋置旋废者三，曰新墟、中兴墟、白马墟。横岭墟，在县南二十里，郭南二里，今横岭乡。新塘墟，在县南二十里，郭南三里，今新塘乡，民国初年新设。三平墟，在县南十八里，郭南三里，今三平乡，地形长方，面积约一亩，户数约三十，商店凡十，主要商业为药材、杂货，出产薯苗粟（俗称玉蜀黍为粟）、豆、花生。三塘墟，在县南四十五里，郭南六里，今三塘乡，地形长方，面积约一亩，户数约三十余，商店五间，主要商业为谷米、杂货、药材。桥墟，在县南六十里，郭南一点五里，今桥墟乡南岸，最著名墟市，为四大埠之一，户数二百余家，商店二十余间，有西灵街、三合街（属贵县）、兴隆街（本属贵县，民国十年苍梧道林道尹划割于兴业，今改会隆街），主要商业为当押、药材、谷米、糖、油、牲畜、杂货等，贸易向称繁盛。民国十五年，贵兴郁汽车路开辟后，货物集散于本墟日渐稀少，商业寖衰。……东津墟，梁《志》作东津埠、又作思涌埠，在县东五十里，郭南四里，今津安乡，地势旷衍，东通东岭墟而达桂平大洋墟，南通钟村墟而入郁林境，西南通桥墟。郁江当前，汽船所经，并有帆船往来各埠，运输称便。户数一百九十余家，商店五十余间，有兴安街、西安街、永兴街，主要商业为谷米、药材、杂货，最著名者米。郭南、郭东、思笼诸里谷米产量颇巨，以此为集散地。清光绪间，商业甚繁盛，有米埠之称。梁《志》载各墟均三日为期，惟东津则日日成市，今则与昔迥异，米出口量亦略减，郁林、兴业、桂平毗连边境，客货出入以此为门户。钟村墟，在县南七十里，郭南七里，今钟村乡，僻处一隅，交通不便，西邻横岭墟，北通东津墟，户数六十余，商店无多，主要商业为米、油、豆、杂货。东岭墟，在县南七十里，郭南七里，今东岭乡，西通东津墟，东越画眉江而达画眉塘汛，地与桂平接壤，户口、商店无多，主要商业为米、油、豆、杂货。瓦塘墟，梁《志》作瓦塘埠，在县南五十五里，怀北三里，今瓦塘乡，西邻香江墟，东北通木格墟，南达盘古墟，为木格区交通枢纽，客货往来恒集于此，水陆运衔接地也。墟濒郁江南岸，右有马英江口，帆船往来县城者曰瓦塘渡，面积东西长半里，南北广三十余丈，户数一百七十余家，商店二十余间，有大街一，主要商业为米、豆、粟、油及猪清。同治二年，刘坤一败黄鼎凤于桥墟，鼎凤北走，拥众数万，由此渡江。盘古墟，在县南八十里，怀北一里，今北一乡，与木格墟、瓦塘墟毗连,面积约八十方丈,户数九家,商店数间,商业为米、豆、油、酒、杂货。木格墟,在县南七十五里,怀北二里、三里,今合群乡,墟临木格河,右邻桥墟,左近木梓墟。以瓦塘为门户,颇占形势,面积东西长约一百四十余丈,南北广约六十余丈,户数凡二百余家,商店六十余间,贸易繁盛,有黄豆大街、油行下街,主要商业为米、豆、油麸、猪及杂货,特产山茶油、葛栗。元明间置墟于平坦坳,后迁卖蔗坳,以汲远再迁临河五谷庙,今三界庙,地相传古多格木,故墟因以为名。……平悦墟,在县南一百里,怀东里,今东二乡,居木格墟之西南隅,地势平旷,面积约二百五十余丈,户数二十余,商店八九间,主要商业为谷米、杂货。龙塘墟,在县南一百一十里,怀南二里,今中怀南乡,居木梓墟之东南隅,与兴业境毗连,为全县极南,墟市面积纵横约十余方丈,民居数家,商店四间,主要商业为米、油、药材、杂货。木梓墟,在县南九十里,怀西二里,今梓东乡,四面皆山,路颇崎岖,西南通广东合浦土久墟境,东南通兴业县城隍墟境,西通横县百合墟境。墟濒怀江,可通帆船,惟此江沙土淤积,故往来帆船其底必尖锐,水涨可载运一万余斤,江涸仅载运二千余斤。本墟四围垣墙周约一里。清道光年间朱仰庵、廖翰璋等倡筑,光绪时通判王凤喈重修,民国初年地方绅商增建内外闸门。全墟户数二百五十余家,商店五十余间,旧有东西南北等街,西街最著名,南街、西街今改称上街,东街、北街今改称下街,主要商业为米、猪、豆、油、杂货,特产白合粉、山茶油、阿婆茶。明代置墟于开基陂,后迁今址,就木榔步水运之便也。……双桥墟,在县南一百三十五里,怀西一里,今保安乡,毗连广东合浦境,为全县西南极边墟市,面积纵横约二十方丈,户数二十余家,商店十余间,商业寻常。藤理墟,梁《志》作藤梨墟,在县南一百里,怀西二里,今连理乡,户口、商店无多。思怀墟,在县南七十里,怀西四里,今思怀一乡,居武思江下游,户数四十余家,商店无多。香江墟,梁志作香江埠,在县南六十里,怀西四里,今香江乡,墟滨郁江,南岸近思怀墟。大岭墟、石罅墟,有帆船往来各埠,运输颇便,户数约百余家,商店十余间,主要商业为谷米、粟、豆、落花生、油麸及猪,特产芒果、荔枝。大岭墟,梁《志》作大岭埠,在县南七十里,东属怀西四里今大岭乡,西属横县高登里,与思怀香江遥峙,仅隔一衣带水,户数五十余,主要商业为豆、米、油、糖、杂货。……石罅墟,在县西南四十五里,东属怀西四里今石罅二乡,西属横县高登里,为横贯交错地,北通西山墟,户数一百四十余家,产甘蔗最著名称石罅蔗。西山墟,在县西三十五里,水南里今西山乡,群峰环拱,村落相望,西北通三里墟,西南达五里墟,户数五十余,商店十一间,有正街、横街,主要商业为粟、豆、落花生、高粱、油麸等,牛市向称繁盛,自石罇县城创设牛市后,本墟贸易顿减,四境皆畲岭,水源甚缺,冬季饮汲维艰。清咸丰六年十二月初一日黄鼎凤、黄全义等围攻本墟,初四日墟破,惨死数千人。五里墟,在县南七十里水南里,今五里乡,近横县边界,北通三里墟,户数八十余家,商店无多,主要商业为米、豆、杂货,产药材。三里墟,在县西七十里水南里,今三里乡,义渡江经墟前向东折流而去,覃塘墟、五里墟、黄练墟与本墟相联络,交通甚便。汽车路由义渡江直达覃塘,面积约一里,户数二百八十余,商店凡三十有六,有正街、横街、靛行街、谷行街、米行街,墟外缭以垣墙,主要商业为谷、粟、米、豆,特产山人糯。相传本墟辟于清乾隆五年,初甚草昧,后渐繁盛。……三江墟,在县西北七十里水北里,清咸丰间废。黄练墟,在县西北九十里水北里,今黄练乡,地势倚镇龙山脉迤逦趋东北而平坦,南通横县境,西达宾阳永淳境,覃塘墟、三里墟、雷神墟与本墟相联络,红泥峡为本境至覃塘所经之隘路,石山蟠峙,陟越不易。民国十六年兴筑汽车路经此,险道遂辟,户数一百七十余家,商店二十余间,主要商业为谷、粟、豆、米、油麸、杂货,二重山在本墟,附近有铋矿。雷神墟,在县西北一百一十里水北里,今镇北乡,地势作圆周形,约二百五十丈,向东迤逦而下趋,宾贵汽车路经此南达黄练墟,有大街一,户口、商店无多,主要商业为粟、谷、米。根竹墟,在县西北三十五里,郭北二里,今根竹乡,地势作长方形,南北长约三十五丈,东西广约十二丈,西有小溪,介覃塘、县城间,宾贵汽车路经此,交通颇便,户数三十余,商店七八间,主要商业为谷米、杂货,产烟草、葛根。墟西有营垒遗址,为清督师刘坤一困黄鼎凤时所筑。覃塘墟,在县西北六十里,郭西里,今覃塘乡北岸,著名墟市,为四大墟之一。地势倚六庐山脉向东南陡落而趋于平衍,向为县北交通枢纽,樟木、蒙公、石龙、黄练等墟货物皆萃集于此,东南有溪水纡回西流,灌溉各陇亩,墟地作三角形,面积约九百方丈。户数五百六十余家,商店六十余间,有东街、西街、南街、风流巷、修仁巷、扶高巷,著名者为中街、市心街、北街。主要商业为谷米、粟、豆、油、牲畜、生盐、药材等,谷米市极盛,为北岸大集散场,而黄豆市尤著,秋季贩销,每年平均估计约百万斤以上。民国十五年贵兴郁汽车路辟经本墟,设立车站,旅店颇增。墟辟于何代,无可稽考,惟近郊有明墓碑碣,足证明代人烟已稠。……清同治二年,刘坤一攻破本墟,街市全烬,居民流离,荒凉满目。迨同治七年知县黄玉柱始准复墟,里人德之,李竞芳撰有《复覃塘墟记》。光绪初年,贸易渐复。光绪二十年间,商贾辐辏,最称繁盛,于时东街较旺,今则趋集北街。汽车路开辟后,货物集散于本墟日渐稀少。……太平墟,在县西北七十五里山南里,今废。蒙公墟,梁《志》作濛公墟,在县北九十里郭西里,今蒙公乡,后枕乌石岭,地势向东迤逦而下趋,前临蒙公河,上通石龙,下达覃塘,户数一百一十家。商店二十余间,有南康街、正大街,主要商业为米、豆、牲畜、面丝、杂货,以面丝为最著名,贩销远及外县,墟期向为辰戌丑未等日,民国十五年后,改为寅申巳亥等日,贸易较盛。山北墟,在县北一百里山北里,今山北西乡,距蒙公墟甚近,面积约四亩,有东街、西街,民国十四年新建铺户四十余间,贸易渐盛。迨蒙公墟墟期改同本墟,而商业遂不振,今存商店五间,住户七家。木榴墟,在县西北一百一十五里山南里,今镇南乡,峰峦回环,交通梗阻,东接蒙公墟,北界樟木墟,户口、商店无多。大村墟,在县北一百六十里山西二里,今大村乡,近宾阳县境,东北通樟木墟,面积约四十亩,户数百余,商店凡十,有街一,主要商业为谷、粟、杂货。青岭墟,在县北一百八十里山西二里,今青岭乡,近迁江县境,清光绪间新设,地势平坦,与寺门墟为犄角,大村墟如左臂,面积约二十亩,户数八十余,商店凡五,有街一,主要商业为谷米、豆、油、杂货。平阳墟,在县北二百里山西二里,清光绪间废。寺门墟,在县北一百五十里山西二里,今五山乡,近迁江县境,梁《志》误作在山东山北里,户口、商店无多。樟木墟,在县北一百二十里山西一里,今樟木乡,地势高峻,东通山北墟、石龙墟,西通大村墟、青岭墟,南达覃塘墟,北通来宾分界墟,夹路连山,交通不便,石鼓路尤为纡险,户数三百余家,商店六十余间,有东西南北四街,主要商业为谷米、药材、杂货等,药材最著名,约有数十种,每年产量以柴胡、独活、桑白皮等为盛,价昂以石斛为最,蛤蚧、棉花产量亦巨。……上石龙墟,一名山东石龙墟,在县北七十里山东里,今山东乡,县北重镇,为四大墟之一,东南经风流坳而达龙山墟,山路崎岖,南通蒙公而达覃塘墟,西北通樟木墟,北出夹山隘与武宣通换墟接壤,西北毗连来宾县境,面积约一百亩,户数四百二十余家,商店九十余间,主要商业为洋杂货,常向本墟取给。靛市,秋季最旺,有著名之棉布,称石龙布,布质柔韧,色黝而美,墟期贩销于南闸外,贸易者甚众,其余制造品有草履及席。新墟,在县北九十里山北里,今山北东乡,民国十五年新设,今废。中里墟,在县北五十里北山里,今中里乡,四面重冈叠嶂,路颇崎岖,南经山鹤村而达龙山墟,东越炉村而通奇石墟,中里江萦回墟北纡曲东流。全墟广袤百余丈,户数三十余,商店数间,主要商业为油、米、杂货,产笋、蔗。龙山墟,在县北三十里北山里,今龙山乡,峰峦杂还,溪壑连绵,南出石牛山口而达县城,东逾中里墟而至奇石,跨风流坳而通石龙,密迩三岔山,户数二百余家,商店十余间,有东宁街、西安街、墟心街。主要商业为谷米、杂货。秋季,靛市颇盛,笋干、木器、材木贩销甚广。清光绪季年开采三岔银矿,于时客商工徒往来络绎,居民镕冶矿砂,墟期兑换银饼,贸易较称繁盛。……奇石墟,在县北七十里北山里,今奇石乡,倚山脉为墟,颇轩豁,远望平天,近眺石马,历历在目。旧墟傍山麓,民国十六年徙此,距旧址半里许,南通中里龙山,东扼天马山口,形势雄壮,为本墟锁匙。墟作四方形,溪水横其前,马来江环其右,萦纡清浅,可濯可溉。街道宽广,规模整齐,户数七十余,商店十余间,贸易日臻繁盛,产鹧鸪、雉狸。……中兴墟,在县北八十里北山里,今中兴乡,倚猫头山为墟,山岭盘纡,绵亘数里,循猫头山路至武宣通换墟,杉竹蓊郁,居民以制农具、木器贩销武宣境。民国十年,盗贼如毛,道途梗塞,设此墟以利便附近居民,寻废。下石龙墟,在县北八十五里,南属郭东一里今新兴乡,北属桂平武平里,桂贵兼辖,故又名桂贵石龙墟,为大墟之屏藩,二小河中贯,面积约二百五十方丈,户数四百七十余家,商店八十余间,有桂属迎阳、东乐等街,贵属永宁、安良等街,主要商业为谷米、猪、鸡、杂货等,蓁术最著名,郭东一里鸦笑峒产。大墟,昔称平塌墟,在县东五十里,北属郭东二里,南属思笼二里,今大墟镇,为四大墟之一。地势平衍,原野相望,人烟浩穰,为诸墟巨擘。西通县城,东达下石龙、桂平,白沙墟遥峙于东南隅,东堡为本墟水陆运衔接地,谷米多由此出口,面积约三千二百四十方丈,户数八百七十余家,商店八十余间,有中正街、泰安街、西安街、西诚街,主要商业为谷米、油、豆、芝麻、烟草、杂货、牲畜等,竹器、箕苴、农具、犁锄贩销颇盛,本墟向以米市、牛市著。民国十年后,桂平设新白沙墟,城厢设新牛市,本墟贸易颇受影响。民国二十三年桂贵汽车路辟经本墟,交通尤便。……武乐墟,昔称镇平墟,在县东四十五里思笼里,今武乐乡,东西北皆环山,南近郁江上游、东堡下游,盖户数三十余,商店十余间,有绍西街、中道街,主要商业为谷米、粟、豆。万盖墟,在县东六十五里思笼一里,今武乐乡,在武乐墟之东,密迩桂平县界,户口、商店无多。民国十年粤军焚掠,本墟全市灰烬。东源墟,在县东北三十里郭北一里,今东源乡,三面平坦,后倚小山,面积约一百五十方丈,户数三十余,商店数间,商业为谷米、杂货。棉村墟,在县北一十五里,郭北一里,今棉村乡,户口、商店无多。东山墟,在县东二十里郭北一里,今东山乡,枕山面江,面积约六十方丈,民居十数家,商店十余间,有东西二街,主要商业为粟、谷、米、豆、杂货,盛产落花生。太宁墟,在县东六十里郭南四里,清季废。白马墟,在县北九十里山南里,民国初年新设,今废。

（欧仰羲等修,梁崇鼎等纂:《贵县志》,卷一,地理,墟市,民国二十四年铅印本。）

〔明朝末年至光绪初年,广西柳州府雒容县〕 运江,明末由丁、荣、王、陶四姓开辟居住。光绪初,粤人到埠经商,渐次繁盛。

（藏进巧等修,唐本心等纂:《雒容县志》,卷二,舆地,乡村墟市,民国二十三年铅印本。）

注：雒容县于一九五一年与榴江县、中渡县合并为鹿寨县。

〔清乾隆九年前后,广西梧州府岑溪县〕 长宁墟,原名太平墟,俗称樟木墟,在城东二里,商贾辏集。水汶墟,在连城上里南,近广东西宁,商贾往来颇多。南仪墟,在西乡即南仪废州地,又名黄渡埠。西安墟,在西乡昙容村北,又名罗隆埠。

（清 何梦瑶纂修,刘廷栋续纂:《岑溪县志》,疆域,墟市,清乾隆九年刻本,民国二十三年铅字重印本。）

〔清嘉庆三年,广西郁林州兴业县〕 旧《志》墟市有九,嘉庆三年增永宁墟,共成为十。大墟四：县墟、平山墟、桥墟、城隍墟。小墟六：长宁墟、山心墟、木根墟、湾山墟、永宁墟、石根墟。

（清 苏勒通阿修,彭焜基、庞锡纶纂:《续修兴业县志》,卷一,地理,墟市,清嘉庆十九年刻本。）

注：兴业县今为玉林县。

〔清道光以前至光绪八年,广西太平府宁明州〕 日中为市,交易而退,中州河北谓之集,两粤谓之墟。州城墟期逢五逢十于东门城外,逢二逢八于城内,而城内又分两处,逢二则衙前,逢八则十字街。……城东门外江干另有一墟,系一、四、七墟期,此墟菜蔬各物略有,而以米为大宗,缘上龙土司所辖之窑头各乡民多种蔗造糖为业,米出不敷所食,皆赖宁明州米为之接济。道光以前,墟期甚旺。经乱离后,人民稀疏,无复旧观矣。明江街中墟,以三、六、九日为期,为交易最盛之处。馗蘘街中墟,亦以三、六、九日为期,墟小于明江。冈头墟,在四贯村,南临松渊,以一、四、七为期,近日移于馗楠村。汪墟在蕾蓬板寨之交,亦以一、四、七为期。安马村墟以四、七、十日为期。祥村墟,以二、五、八日为期,以上五墟皆小墟也。道光以前,牛墟之设,一距城三十里,属土思州,地名旧牛墟；一距城十八里,近明江,名新牛墟。缘自咸丰改元以后,此两处牛墟为盗贼出没之所,铺屋悉被烧毁,惟州城无恙,为商贾聚集之区。乡勇赵秀溪等乃开设牛墟于城外之东北方,以便各乡买牛耕种,议收挂号钱,每吴牛四蹄,买者卖者各出钱壹百文,黄牛每四蹄各减钱二十文,其墟期亦照二、五、八日,又设公秤一架,使一人司之,以称市中交易之货，免致彼此争竞低昂。

（清　王铴绅修，黎申产纂：《宁明州志》，卷上，市集，清光绪八年修，民国三年铅印本。）

〔清咸丰以前至光绪年间，广西思恩府百色厅〕　厅治较场墟，城西南一里，三日为期，乡民云集。……那海墟，司署前，以寅申巳亥日成墟，近乡集趁，平世约逾千人，自咸丰年被匪后，不及三之一矣。

（清　陈如金修，华本松纂：《百色厅志》，卷四，建置，墟市，清光绪八年修，清光绪十七年增补刻本。）

〔清光绪十五年前后，广西恭城县〕　岭南谓市为墟……山东谓之集，每集则百货俱陈，四远竞凑，大至骡马、牛羊、奴婢、妻子，小至斗粟尺布，必于其日聚焉，谓之赶集，岭南谓之趁墟，今日莲花墟有三、六、九之期，即其事也。

（清　陶墫修，陆履中、常静仁纂：《恭城县志》，卷四，风俗，清光绪十五年刻本。）

〔清代至民国九年前后，广西桂平县〕　覃放墟，在县东十里军陵里内，自城大南门渡江过下渡头有石路，循路直行不歧，涉泥涂便可至墟不误。考此墟旧在专福岭之西，名巷口墟，今其地犹称巷口街，乾隆间始迁建今地，地为覃放岭，故名。大小铺户五十余家，二十年前，榨油之铺九间，弹棉者七间，染布者三间，其余刨烟、打银、卖药、蒸酒、养燕及杂货俱有专肆。当是时人心朴实，益诈不兴，物阜价微，谋生殊易，墟民鸡鸣而起，月光未落辄身怀巨金远行数十里贩货而归，他墟小贩来趁集者亦甚早，日未三竿，人声已哄，盖承平景象。各墟亦多类此。嗣以花生产出较之旧日不及十分之二，成数锐减，榨铺关闭，由九间转为两三间，今则一间，零丁不啻鲁国灵光矣。加以洋纱、洋布、洋衫、洋绒、洋线输入日多，故弹棉之声消沉不作，碾布之石横卧当阶。又复频年水旱，盗贼劫途，往来负贩，形影稀疏，斜阳在檐，犹未成市，追比昔年繁盛，无异天渊。……石嘴墟，又名中和墟，在城东三十里吉二里南江岸上，水陆俱通，大小铺户约六十余间，内有当铺、榨油铺各二间。二十余年前，花生入口甚盛，近惟以米为大宗，社坡、油麻各墟之米咸于此出江，每墟销四十余万斤，故近年虽花生减收，而亭场铺店及各杂行贸易较之旧日不若覃放墟之锐减。……马皮墟，在县东四十五里吉一里，湾弓岭南麓，镰鱼岭北端偏西，旧有布行、鱼行、赌行、货行五街及凉亭、商厂各二处，因历遭变乱，商民迁徙，铺户崩颓，市廛日益摧残，贸易日加零落，不复如前熙来攘往之象矣。现存商铺十五间，民户五十家。……社坡墟，在县东三十里吉一里内，旧在东安桥畔，名新墟，同治年迁移今地，大小铺户约六十余家，有当铺一。上年花生入市不少，近则大不如前矣。但东南各处谷米多积于此，以转运石嘴，兼有铁器制造为人日用所需，故市况亦不甚寂寞。……穆乐墟，在县东五十五里吉一里，东边近平南界。往年轮航未兴，平南人来桂平者路必经墟过，墟内大小铺户约百间，内有当铺一，谷米销流颇旺。……油麻墟，在县南七十里下秀里上稠堡，通罗秀。大小铺户约五十余间，内有当铺一，杭铺三，茶叶、玉桂、桂油、苎麻、谷米、牛燕俱盛。……籣竹墟，在县南七十里下秀里内，大小铺户二十余间，旧有当铺一，今闭。……麻洞墟，在县南八十里上秀中秀下都三里之多，故又名三里墟，通中都，罗秀，上、下秀里，大小铺户约八十余间，内有当铺一，苏杭铺四。……涩洞墟，在县南五十里中秀里耀村南隅，大小铺户数家。……永华墟，在县南八十里中都里内，西距下湾三十里，东距麻洞三十里，铺户约四五十间。木根墟，在县南百里中都里，近都合村，西北距官江五十里，西距永华墟二十里，东距麻洞墟三十五里，铺户约四五十间，内小押一，以盐米为大宗。大洋墟，在县南百二十里上都里内，大小铺户二百余家，旧有当铺三间，今存一间，北距麻洞墟五十里，行市以米为大宗。……下湾墟，在县南七十里上秀里鸡公塘，谷米油豆销流颇广。二十余年前，县东南各墟商多于此采货运售。石冲墟，在县西三十余里永和里内，铺户十数家，所业医药、杂货而已。……官江墟，在县西五十里，大小铺户十数家，水路半日可至。南八里人出入城乡，咸于此换易舟舆。……蒙墟，在县西三十里赵里内，大小铺户约五十余家，内有当铺一，谷米、杂粱、牛豕贸易俱盛。花生哄时，榨业亦富，今衰矣。西去镇隆墟三十里，西北去官桥墟二十里，贵县、武宣来本县城交会之处在是焉。镇隆墟，在县西六十里厚禄三里内，大小铺户数间。……大墟，又名平竭墟，在县西九十里厚禄里内，界贵县，大小铺户百数十家，当铺二间，墟地面积比江口墟稍广，而资本未逮，谷米、杂粮、牛燕俱为大宗。……石龙墟，在县西八十里武平里内，大小铺户共二百余间，内当铺一，谷米最盛，旧为獞人聚趁之地，今已渐同化，不可辨识矣。……白沙墟，在县西七十里厚禄一里内，西去岭尾墟二十里，大小铺户数十家，当铺一家，谷米最盛。……大湾墟，在县南九十里上都里内大江之边，谷米出入之埠，旧为塘汛地，故名。白沙墟，在县北五里崇姜里江岸，南与东塔相值，墟在江沙中，无铺户亭场，七八月间为花生销运之所。和社墟，在县北十里崇姜里内，铺户寥落，惟亭场数处而已，南行十余里为南渌墟。南禄墟，在县北三十里崇姜里内，有南渌小河自弩滩左东流四十里至墟边，故以南渌名，大小铺户约二十余间，内有当铺一，苏杭铺二，食物杂货二，药材一。春夏水涨，银鱼入市。东行三十里为新墟。新墟，在县北宣一里，西距南渌三十里，距城六十里，东去江口墟二十五里，有街道三条，大小铺户约百家，内有当铺一，苏杭铺五，靛铺二，染房七。……三江墟，在宣一里紫荆水旁，大小铺户十数间，紫荆山之蓝笋多于此发沽。长江墟，在县北八十里宣一里内，界平南，铺十数间。……江口墟，一名永和墟，在县北六十里宣一里南，居浔江北岸营嘴地，为大湟江水口，故又名湟江墟，旧在墟西，对岸为猺人贸易场，乾隆间迁今地。清世猺人远通，外籍日众，墟渐繁盛。迨同光而后，浔州府城设立厘金入口加税，船户过而不留，咸集此墟销运。复有猺山土货大宗云集，流通东西，而附近石嘴、新墟、南渌与平南之思旺墟来趁者皆有水路可达。故昔日县城繁盛景象尽为此墟所夺，为全省各墟之冠，计大小铺户约百余家，人口三千有余，内有当铺二，大酒馆二，小者不计，山货铺五，苏杭铺十二，杂货、药材之属咸以十数。船桨湾泊多于县城南北河数倍。大街二条，沿江石级石路工程逾万金。同治间，移新墟巡检于此，今为桂北保卫局。旧有卡户盐关，今废。墟内邮政、电局俱备，商人向设勇自护。近复拟设兵房、电灯局焉。复有宣里高等小学校一，女学校二。附墟期：子午卯酉，覃放墟、梦墟、大墟、穆乐墟、油麻墟、和社墟、大黄江墟、官江墟。辰戌丑未，街墟、三江墟、涩洞墟、镇龙墟、石龙墟、头塘墟、社坡墟、长江墟、马皮墟。寅申巳亥，石嘴墟、南渌墟、大洋墟、簕竹墟、大宣墟、麻洞墟、官桥墟、竹社墟。

（黄占梅等修，程大璋等纂：《桂平县志》，卷九，纪地，墟市，民国九年铅印本。）

〔清代至民国十三年前后，广西陆川县〕 城厢内外各街相沿统称为三关，盖以北门外各街为北关，南门外各街为南关，合城内铺户而称为三关也。铺店共百余间，每逢夏历三六九日为市期，商业今非昔比，中以南街为较盛，经商者以开设典肆零沽、绸缎布匹、杂货酒米、药材纸料及贩谷屠猪为众，货物销售以谷米布匹为大宗。米场墟，在城北二十里泗里堡五柳甲内，均保之北，独山之南，与南中、朗洞二堡接壤，为泗里、南中、朗洞三堡之中区，北通马坡、平乐，南通县城，东通沙坡，西通沙湖等墟，直街一条，铺店百余间，每逢寅申巳亥日为市期，实县北陆运总汇，故向为销米总场，经商者为酒米、药材、杂货、布匹及屠坊、染坊等，而谷米、盐糖、蔬果等食物，各处商贩且多来此交易。马坡墟，在城北五十里有龙堡内，直街一条，墟外有谷行、铺店七十余间，每逢辰戌丑未日为市期，商业今昔平常经商者以贩谷、屠猪及零沽、酒米、纸料为众，销售以糖、谷为大宗。大埇新墟，在城北七十里大袄堡大埇寨右，只谷行一，街无甚铺店，每逢辰戌丑未日为市期，届期货物杂陈,以糖、谷为大宗。平乐墟,在城东北六十里中塘堡内,上下直街二条,西偏横街一条,共铺店四十余间,每逢子午卯酉日为市期。清嘉道以前,东商来此营业者甚多,今不如昔。经商者以贩卖食谷、生猪及零沽、杂货、竹木器为众,销售以谷与生猪为大宗。沙湖新墟,在城西北二十五里沙湖堡内,直街一条,铺店十余间,每逢夏历二五八日为市期,经商者为零沽、药材、干果、纸料及屠猪、酿酒等类,近来附近村庄多种花生,间开油坊,是其出产,届期则肩挑各种食物及器用贩卖者为多。沙坡墟,在城东四十里榕江堡内,街二条,猪行、谷行各一,铺店五十余间,每逢子午卯酉日为市期,商业平常经商者以贩猪、榨粉及零沽、酒米、药材、纸料、估衣为众,其货物销售于外者以生猪、米粉为大宗。大桥墟,在城西南二十里大洞堡内,直街一条,内分上街、下街,铺店共八十余间,每逢夏历二、五、八日为市期,南流江绕墟之东至此始胜舟楫,故商业稍盛,经商者以囤谷、贩运盐、油、洋纱、火水及零沽酒米为众,销售亦以油、盐、谷米、洋纱、火水为大宗。横山墟,在城西南四十五里洞心堡之西,街二条,铺店数间,此外均是厂所,每逢夏历一、四、七日为市期,经商者为零沽酒米、药材、纸料等类,届期则肩挑货物贩卖者颇众,销售以谷为大宗。乌石墟,在城南四十里沙井堡内,为南平乡五堡之中区,直街一条,分上下墟,铺店百余间,并有牛墟,每逢夏历三、六、九日为市期。近来贸易繁盛,商贾麇集,全县市场以此为最。经商者以囤谷贩运水路货物(如盐、油、糖、豆、槟榔、洋纱、火水、棕绵、海味等类,业此者咸称为水路生意)及零沽酒、米、药材、纸料、屠坊、染坊为众,销售内地以水路货物为宗,出口以谷米为大宗。滩面墟,在城南五十五里沙井堡内,为沙井、吹塘、新村三堡之中区,直街一条,铺店二十余间,每逢夏历二、五、八日为市期。近来贸易较盛,经商及销售之货略与乌石墟同。良田墟,在城南七十里新村堡外,洞村之右,左濒良田河,直街一条,上截大半筑寨包围,铺店七八十间,每逢夏历一、四、七日为市期,商业今较昔盛。经商者以囤谷、贩猪及零沽酒、米、纸料、故衣为众,销售以生猪、谷米为大宗。清湖墟,在城南九十里清湖上堡之东南,毗连化县,有街三条,为龙湖头街、猪行头街、北闸街,铺店共七十余间,并有牛墟,每逢夏历三、六、九日为市期,商业昔衰今盛,经商者以零沽酒、米、纸料为众,货物销售亦以此为大宗。

(古济勋修,吕濬堃纂:《陆川县志》,卷五,建置类,街市,民国十三年刻本。)

〔**清代至民国二十三年前后,广西上林县**〕 附郭大丰墟,旧日教场墟,光绪七年改名,寅申己亥日集,商务渐臻繁盛,贸易主要之物以谷米、茶叶为多,桐子、八角亦有收售者。东路清泰墟,在澄泰乡,距城二十里,民国十九年改建,辰戌丑未日集，从前商务不甚繁盛，自县道大通后，逐渐发达。集日主要之物农产品为谷米、包粟、蔬菜及制席之原料席草，制作品为棹椅床凳诸木器，其工颇精。白墟在繁富乡，距城四十里，寅申巳亥日集，昔时贸易繁盛，为上林全县之冠。经洪杨乱后，始形衰落。光绪末年，复遭匪残。民十叠经兵火，萧条更甚。近虽渐有起色，然迥不如初矣。集日货物以稻谷、蔗糖、花生为主要，其盆、碗、陶器、竹蔑筐篮则多自邹墟、宾阳、思陇运来，年可售出草席价达四千元以上，质好耐用，有每张至二三元者。狮螺墟，在荣富乡，距城六十里，子午卯酉日集，从前亦颇繁盛，因民国初宾阳于距此三数里外新辟四镇一市，遂致萧条，现在集日虽有谷米、花生、蔗糖来墟交易，惟秋冬两季始稍为热闹也。邹墟，在邹墟乡，距城九十里，辰戌丑未日集，当水陆之通衢，墟东另有小路可通迁江陶邓墟，三十年前为帆船停泊码头，其数常川不下百艘。迨光绪末，因受匪乱影响，日形减少，现仅十余艘而已。制作物品惟新窑村之陶器一种，创自道光年间，完全用手工制造，每年约出三十窑左右，每窑约值铜元一万枚，瓦则能出八九万片，每万片可售铜元七千枚，专销迁江一带。其红泥烧成之茶壶、洗面盆，因质料颇佳，运出各处，每年亦可得三千余元，谷米、杂粮俱由白墟运来，贸易颇盛。南路亭亮墟，在镆鋣乡，距城二十里，民国十七年改建，子午卯酉日集，乾隆间由论文村迁此，近因交通便利，较前兴盛，运销货物以谷米、豆、麦、猪、牛为大宗。大山墟，在尚义乡，距城四十五里，辰戌丑未日集。万嘉墟，在尚义乡，俱同上，近年新设，商务日渐繁盛。巷贤墟，在尚义尚礼两乡公共地，距城六十里，寅申巳亥日集，贸易颇盛，每墟销售谷米、豆、麦远至宾阳、迁江、贵县有五六百担之多，制作品则为蚕丝、土布、线面，而线面尤特别出色。胜隆墟，在思陇乡，距城一百里，民国十七年由今墟西北二里外之旧墟迁此，寅申巳亥日集，贸易尚盛，主要货物为谷米、棕叶、木制桶盆及竹编诸器，东通宾阳太守墟，东南至昆仑甲。西路古丹墟，在里丹乡中丹村，距城十五里，子午卯酉日集，以谷米、豆、麦为聚散大宗，贸易尚属繁盛。高卜墟，在里丹乡六户村，距城三十里，民国十四年设，寅申巳亥日集，因与里墟距离太近，故买卖极其衰微，里墟在里丹乡，距城三十五里，辰戌丑未日集，以谷米、豆、麦为交易主要之物，生意亦尚旺盛。六燕墟，在西燕乡，距城三十七里，民国二十年设，辰戌丑未日集，输出货物为谷米、包粟、黄豆、菜油子、果品、制靛原料之蓝树叶蓝靛、茶叶，商务日见兴盛，上与上级、里民、镇墟、龙江四墟，下与古丹、县城、亭亮各处相通。雷墟，在西燕乡，距城五十五里，子午卯酉日集，贸易出品同六燕墟。里民墟，在上级乡，距城九十里，辰戌丑未日集。镇墟，在镇墟乡三畔镇，距城九十里,寅申巳亥日集,旧时甚形冷落,今则稍为盛旺,输出之货为谷米、黄豆、包粟、黑豆、绿豆、莜麦、薯芋,东通隆山佛子墟,西北达隆山龙头、嘉芳二墟。上级墟,在上级乡那吉田洞,距城一百一十里,民国二十一年设,子午卯酉日集,东通里民暨镇雷二墟,西接隆山、古零、桥老等墟,南至武缘、老杨墟,北达都安荒墟、金钗墟,地居适中,交通便利,以故贸易日渐发达,趁墟销售之物为米、麦、牛、马、牲畜、油、盐、蓝靛、纱、纸、线面及农器等。北路古旺墟,在协和乡覃韦洞,距城三十里,民国十四年设,子午卯酉日集,因距里墟太近,以故生意渐形衰落,聚散之物惟米、豆、面、麦,间有果品,而不多。龙江墟,旧曰弄江,亦曰江头,在万福乡河凌村边,距城六十里,近年新设,寅申巳亥日集,日趁墟者不过百人左右,主要之货农产品为米谷、包粟、黄黑豆、大小麦、高粱、棉花、南瓜、薯芋,制作品为水桶、脚盆、竹箕、镰刀、柴刀、锄铲、鱼叉。朝阳墟,在朝阳乡三里城,西南距城六十里,旧曰东门墟,在今墟东北三里,因廛舍都系茅屋,光绪中叶连年被匪焚劫,故于民国十七年迁设于此。子午卯酉日集,东与迁江平阳、石牌二墟,南与青泰、白墟,西与罗墟、塘红,北与公塘、乔贤各墟贸易交通,商务甚形发达。集日主要之物:农产运销他方者有谷米、包粟、黄豆、麦莜、花生、菜子、薯芋,制作品有花生、菜子所榨成之油及线面,此外尚有牛、猪、鸡、鸭、木耳、干笋、蛤蚧、黄草。罗墟,在万寿乡,距城六十里,寅申巳亥日集,与三里、洋渡、塘红、青泰孔道,销出之货为谷、麦、黄豆及本处所制纱纸与铁铸犁尖。牛墟,在万寿乡达营村,东距城六十七里,集日无定,新设。桥琴墟,亦名桥群,在恭睦乡旧六户团,距城七十里,民国十七年设,子午卯酉日集。公塘墟,在恭睦乡,距城九十里,辰戌丑未日集。石门墟,在塘石乡,距城一百里,民国二十年设,子午卯酉日集。乔贤墟,在双贤乡,距城一百一十里,民国二十一年改建,子午卯酉日集,贸易较前加倍旺盛,以米、麦、豆、花生为大宗。东抚和乐墟,亦曰厂墟,在东抚乡上段,距城一百二十里,辰戌丑未日集。新墟,在东抚乡下段,距城一百五十里,近年新设,寅申巳亥日集,十年前商务甚旺,后因迁江土匪时来滋扰,遂致衰落,与厂墟销出之品同为豆、麦、花生、桐油、花生油、索粉、谷、酒。塘红墟,在塘石乡,距城一百里,辰戌丑未日集,从前贸易不盛,二十年来逐见发达,集日主要之物除农产品桐子、桐油外,尚有本地所制之南粉及竹覃、篾箩等。北更墟,在北更乡,距城一百三十里,寅申巳亥日集,懋迁之货为包粟、面麦、黄豆、黑豆、桐子、果品、木油、竹木所制之箱篮、篾席、木桶、木缸、木盆,惟木油行销甚远。自十年被匪劫掠后,以致市面极其凋残。贤按墟,在双贤乡,距城一百四十里,寅申巳亥日集,以谷米为大宗。下坌墟,亦曰凤凰墟,在安良乡,距城一百五十里,近年新设,辰戌丑未日集。占蓬墟,在古蓬乡,距城一百六十里,子午卯酉日集,因系宾邕、柳庆、都安、隆山交通孔道,故贸易日形繁盛,农产有谷、麦、黄豆、黑豆、包粟,制作品有正菜、纱、纸及生晒黄精。周安墟,在周安乡,距城一百八十里,辰戌丑未日集。南山墟,在蓝甲墟,距城一百八十里,子午卯酉日集,售销之物有谷、米、黄黑豆、包粟、麦莜、高粱、木薯、猫豆、南瓜、薯芋及本地制造锄犁农器、竹编簸箕等,线织袜帽虽有,然亦不多,自民国三、四年后,生意日就衰落,迄今竟不能振,村民除务农负贩外,皆充担夫以自给。思吉墟,在思吉乡,距城一百七十里,寅申巳亥日集,集日主要之物为米、包粟、黄黑豆、桐子、花生、大小麦,约共二千余斤,民间生活尚易支持。天马墟,原曰马蹄墟,在马蹄乡,距城一百九十里,子午卯酉日集,滨红水河,为忻城、迁江来往通衢,黄豆、花生、包粟及本地所榨之花生油、所熬之酒,皆由船运出,达大黄江等处。遂意墟,在古蓬乡旧三堡团,距城一百九十里,民国十二年设,寅申巳亥日集。怀安墟,亦曰溯墟,又名长安墟,在马蹄乡,距城二百里,近年新设。渡口墟,在思吉乡,距城一百九十里,子午卯酉日集,农产品为米谷、黄黑豆、包谷、桐子、花生、大小麦,每墟约共能销五六千斤,皆为商家收囤,用船载往下游一带。右共四十二墟市。

（杨盟、李毓杰修,黄诚沅纂:《上林县志》,卷三,建设部上,城市,民国二十三年铅印本。）

〔清代至民国二十六年前后,广西来宾县〕 县属为墟凡十八,有曩时繁盛、近今荒废者,有成于近今者,有旋成旋废、废而复成者,率以三日为市期,地相近者彼此更迭互避。兹考其情状,列叙于篇。子午卯酉日为市期者凡六墟。接龙墟,在县城迎恩门外,商店仅六七家,业油榨、木箄者各一家,铁匠店数家,居民约二十余户,邮政局在焉。……趁墟人最多时可千余,贸易品有蔬菜、油、盐、糖、麸、鸡、鸭、鱼、肉、果饵、香烛等,间有牛市,每市期屠豕多者可十头,闲日亦一二头,牛税、屠捐岁入银约千有二三百元,苏杭洋杂海味诸品皆无几。三五墟,在县治西南五十里,居民约二十余户,无商店,市场在三五村外,趁墟人最多时仅百余,贸易品仅有蔬、米、油、盐、鱼、肉、香烛等,每市期屠豕仅一二头,屠捐岁入银约二百元,每岁腊杪白菜盛出时,入市者多至数千斤。同治间曾移市偏西十余里,地在平塘村之西,号曰隆平墟。光绪末年,复移市于此,隆平塘遂废。石塘墟,在县治东南四十五里,商店仅数家,有机器缝衣店及药材各一家,居民约三十余户,趁墟人最多时约五六百,贸易品有蔬、米、豆、蔗、布、油、盐、糖、鸡、鸭、豚、鱼、果饵、香烛等，每市期屠豕多者可七八头，有牛市，春时较盛，牛税、屠捐岁入银约九百元，苏杭洋杂海味诸品皆无几。……桥巩墟，在县治西六十里，墟东有石桥最巩固，因名。商店约三四家，皆小杂货，油榨一家，居民约七十余户，趁墟人最多时可五六百，贸易品有蔬、米、油、盐、布帛、烟、糖、麸、鸡、鸭、鱼、肉、果饵、香烛等，每市期屠豕多者仅三四头，屠捐岁入银约五百余元，本乡中心学校在墟中。牛岩墟，在县治北六十里，墟人自号为龙岩，商店约十余家，油榨二家，居民约百余户，趁墟人最多时可千余，贸易品有蔬、米、豆、蔗、布、油、盐、烟、糖、麸、鸡、鸭、豚、鱼、果饵、香烛等，每市期屠豕多者可十余头。有牛市，牛税、屠捐岁入银约千元有奇，苏杭洋杂海味诸品皆无几。……大湾墟，在县治东北八十里，滨红水江西岸，居民约三百余户，业商者过半。苏杭八九家，洋杂、海味、油榨各五六家，木簾、药材、爆竹各二三家，铜铁匠店四五家，织布高机百余具，机器缝衣店十余家，有邮政局。趁墟人最多时可二千余，贸易品谷米、油、盐、烟、糖、麸等最盛，布、蔬、豆、蔗、鸡、鸭、豚、鱼等，与他墟同。入口有苏杭布帛、洋纱、煤油、洋杂等，每市期屠豕多者可二十头，闲日亦一二头不等。有牛市，港澳客到时最盛，牛税、屠捐岁入银约二千元有奇。红水江边船户约五六十，下江货船初有十余艘，载重约共万余石，岁常十余行，近改用轮船拖渡，往来浔梧间。……丑未辰戌日为市期凡六墟。古昔墟，在县治西北二十五里，商店二三家，皆业油榨，亦有药材、铁匠。居民约七十余户，趁墟人最多时可五六百，贸易品有谷米、油、盐、麸、蔬、豆、薯粉、鸡、鸭、鱼、肉、果饵、香烛等，每市期屠豕多者仅四五头，屠捐岁入银约三百余元。……正龙墟，在县治东三十里，滨红水江北岸，墟之西北为正龙村，道光以前未成市，乡民市于下庐村附近四里之地，旧《志》称为下庐墟。咸丰乱时，正龙村人曾某者联乡团保商旅，成市于此，今有商店多至二十余家，业爆竹者过半，铁匠数家，油榨一家，居民约九十余户，高机织布者十家以上，有邮政局。趁墟人最多时可六七百，贸易品谷米最盛，布、蔬、豆、蔗、油、盐、烟、糖、麸、鸡、鸭、豚、鱼、果饵、香烛等，与他墟同，每市期屠豕多者可五六头，有牛市，牛税、屠捐岁入银约八百余元。……对岸为对河墟，当正龙成市后，南岸乡民以红水江盛涨时流急不便涉渡，遂分市于此，商店初仅数家，今增至十余家，油榨二家，药材一家，居民四十余户，趁墟人最多时可五六百，贸易品有谷米、油、盐、豆、烟、糖等，落花生与脂麻最多，肉、蔬、果饵与他墟同。每市期屠豕多者可四五头，无牛市，屠捐岁入银约五百元。红水江边两岸船户二三十，下江货船三四艘，载重约共三四千石，岁亦十余行，与大湾同。近年夏季间有轮船往来。唐墟，在县治西五十五里,无商店、居民,仅有草亭数椽,地在澗村旁,市期始有人来趁墟,人最多时可二三百,贸易品有蔬、米、油、盐、糖、麸、果饵、香烛、鱼、肉等,每市期屠豕仅一二头,屠捐岁入银仅百余元,油榨三家。……分界墟,在县治南七十里,墟外南偏即贵县界,故名。商店十余家,居民四十余户,趁墟人最多时可千数百,贸易品有蔬、米、油、盐、豆、棉、蔗、鸡、鸭、鱼、肉、香烛等,每市期屠豕多者可十头,有牛市,牛税,屠捐岁入银约七八百元,苏杭洋杂海味皆无几。石牙墟,在县治东南九十里,旧有合发祥饷押,已休业,商店二三十家,药材、银匠、铁匠各一家,居民约百有六十余户,有邮政局。贸易品豆、糖、包粟最盛,蔬、米、蔗、布、油、盐、鸡、鸭、豚、鱼、果馆、香烛等,与他墟同。每市期屠豕最多者可十头,屠捐岁入银约六百元。……双松墟,在县治东北七十里,滨红水江西岸,咸丰乱时尝移市于高安村旁,称为高安墟。清光绪壬寅岁,红水江盛涨,市圮似廛,复移市于此。商店仅二三家,油榨二家,居民三四十户,趁墟人最多时约三四百,贸易品有蔬、米、油、盐、烟、糖、麸、蔗、豚、鱼、香烛等,每市期屠豕多者仅三四头,屠捐岁入银约百余元。地僻多盗患,商旅甚稀,对岸即象县地,江滨仅小船二三,当市期渡客而已(近因轮船拖渡经过,商品输入输出者亦渐多)。寅申巳亥日为市期者凡六墟。良江墟,在县治西南三十里,商店十余家,油榨四五家,药材、银、铁匠各一家,居民约百余户,趁墟人最多时可千余,贸易品谷米、脂麻最盛,豚亦甚多,布、豆、烟、落花生、油、盐、鱼、肉、鸡、鸭、蔬、果等,与他墟同。每市期屠豕多者可十余头,有牛市,牛税,屠捐岁入银约千元。……大桥墟,在县治南四十里,滨白马溪西岸,上有大石桥,因名。商店与前清光绪间颇盛,今衰落,仅一二家,居民十余户,趁墟人最多时约三四百,贸易品有蔬、米、油、盐、鸡、肉、香烛等,每市期屠豕仅一二头,屠捐岁入银约百元。寺脚墟,在县治东南六十里金峰山下,山上有寺,因名。地当南二、南三两里界,上诸村落烟火相望,北接石塘墟,南接石牙墟,有前清乾隆十八年碑刻,据云开市已久,旧《志》未列入,盖当时荒僻。光绪以来渐繁盛,商店二十余家,有苏杭、洋杂、海味、药材等业,饷押一家,油榨二三家,机器缝衣店亦数家,居民约九十余户,有邮政局。趁墟人最多时可千余,贸易品有蔬、米、油、盐、布帛(织染土布尤为特色)、洋纱、煤油,发客落花生为最多,其余烟、麸、鸡、鸭,与大湾同。陆路转输通武宣、贵县,接柳、梧水道。每市期屠豕多者十余头,闲日亦一二头,牛市最盛,为阖县之冠,牛税,屠捐岁入银约千有二三百元。……南四墟,在县治东七十里,近云南村旁,又名云南墟,商店五六家,油榨一家,居民约九十余户,趁墟人最多时可五六百,贸易品有蔬、米、油、盐、豆、糖、烟、麸、果饵、鱼、肉、香烛等，每市期屠豕多者可五六头，屠捐岁入银约四百余元。北五墟，为北五里五团聚会之所，在县治北九十里，商店一二家，居民约三十余户，趁墟人最多时可四五百，贸易品有谷米、蔬、豆、油、棉、柴炭等，粜谷以石计，每市期屠豕可二三头，屠捐岁入银约二百余元。迎恩墟，在县治北六十里，清道光以前为迎恩堡，当驿道之冲，居民可数十家。咸丰乱后渐衰落，犹有牛市。光绪末年屡为盗所扰，行旅裹足，官商往来多迁道大湾，此墟遂荒废。石牙、分界两墟之间，当南山一汇之南麓，距县城百有五里，为前明平乐镇巡检分防所。民国九年，乡民在此开市，商店一二家，居民十余户，趁墟人最多时可百余，贸易品有蔬、米、油、盐、糖、鸡、肉、鱼、果饵、香烛等，豆、脂麻、包粟较多，每市期屠豕仅一二头，屠捐岁入银数十元，因僻远，商业苦不兴盛，近年遂不复成市。迎恩墟久废，乡民趁墟者东去大湾，西去牛岩各三十里以来，遂谋开一新市，龙头村之东有广场，地颇适中，因群请于官，筑市廛，闾阎墙垣衢巷整洁，市期沿迎恩墟之旧，商店可十余家，居民三十余户，趁墟人、贸易品几与牛岩墟相埒，每市期屠豕亦可数头，岁入屠捐约二百元。

（瞿富文纂修：《来宾县志》，上篇，地理三，墟市，民国二十六年铅印本。）

〔**清代至民国年间，广西信都县**〕　邑之墟市有三，曰端南，曰铺门，曰扶隆，以县治端南为集中，至铺门二十五里，至扶隆四十里。端南旧号官潭……至民国以后，地方迭遭变乱，相传旧日以此为名非其所宜，民国十四年改为端南。又扶隆，乾隆八年开市，各铺店多系水砖砌墙，民国乙卯洪水，各铺崩塌，十去六七，复增建望高新街，故更名扶隆，惟铺门仍其旧也。

（罗春芳修，王昆山纂：《信都县志》，第四编，经济，墟市，民国二十五年铅印本。）

〔**民国二十一年以前至三十五年前后，广西三江县**〕　本县交通梗塞，水虽有浔、溶两江之航运，而水浅滩多，电船不能通行，只有小型民船运送。陆路柳三公路县属一段尚未筑成，汽车不能行驶，以故商业未能发达。至于商场之分布，以古宜、富禄、林溪三处较为繁盛，其贸易概况分述如次。古宜，位于浔江右岸，向为本县精华之地，商业繁盛，为全县之冠。民国二十一年迁县治于此，将旧式街道以三合土筑成龟背形之马路，各商店门口亦均修改整齐，商人以粤省为多，湘商次之，本地又次之，其商业性质无纯粹专行，多属兼营，货物以国货居多，洋货较少。入口最大宗为食盐、各色布匹，其次为洋纱、洋杂，又次如水火、油、各色海味、铁、钢、米柴等，出口以桐茶、油、竹子、束纸为大宗，其次杉木、香信、木耳等。

富禄,年中杉木交易甚大,昔为烟土商往来之道,商业亦不亚于古宜。近来本省筑成丹池公路,商人多改道庆运而上贵州,故商业不及往时之繁盛,而其地近溶江永从,食盐畅销甚广,商业尚称发达。林溪,为本省与湖南通商要道,每年由湖南运入白米约三十万斤,运出白盐约六百万斤,商业亦甚发达,若能加以市政之整理,商场繁盛当可拭目而待。各小市集之商业,县属小市集虽有数处,因各商人图利太重,以故商业难于发达,稍为热闹者以梅寨、板江、和平、马鹿脚、八江、同乐、洋溪等处。……土客商人及其资本之比较,大商为广东人,次商为湖南、江西人,又次为本县及各县人。资本以广东人为雄厚,此外诸商大率资本较少。商店及资本之统计,全县大小商店约六百间,依据民二十六年调查,资本总数约八十万元。

(覃卓吾、龙澄波纂修,魏仁重续修,姜玉笙续纂:《三江县志》,卷四,经济,产业,实业,商业,民国三十五年铅印本。)

〔民国二十一年,广西明江县〕 明江城中墟以三、六、九日为期,趁墟人数达七八百人以上,交易颇盛。广就墟,在县东冈头村,以一、四、七日为期,趁墟人数达五百人以上,交易亦盛。祥村墟,在县东南祥村,以二、五、八日为期,趁墟人数稍少,交易亦逊。

(佚名纂修:《明江县志》,疆域纪,市集,民国二十一年修,一九五九年传抄本。)

〔民国二十一年前后,广西同正县〕 县城东关墟,经商多系下楞墟人及杨美墟人,龙头墟人亦有之(间有罗定客来卖杂货),故土货销路亦以此三处为多,其来货则以南宁为大宗,宾州次之,惟纱、纸、线、面、草席、烟叶、荔枝、果则多由乔建、甘烛、那桐等处运来。那隆墟,亦同正一大市场,经商多扬美、扶南、宾州人,上承龙英、添等、万承、左县、养利等处,各牲畜山货转出驮庐一墟,而以添等之牛、马、线面为大宗,本处之糖、豆次之,各处之谷米又次之。云南烟客间亦经过。近以奉禁,过者甚少。罗阳墟虽不如东关、那隆两墟之大,而邻村出产物件与之无异,但产物量数无多,故虽与城墟邻,而趁墟住墟之客商颇少,商场不及城墟之旺,其余数小墟尤非交通便利地点,是以商场尤淡。

(杨北岑等纂修:《同正县志》,卷三,疆域,交通,民国二十一年铅印本。)

注:同正县今为扶绥县。

〔民国二十二年前后,广西钟山县〕 县属凡二十墟市,其企业之繁盛,以附城之镇安墟为最,次则羊头、凤翔、石龙、迴龙、大桥、英家、清塘、燕塘、红花、升平等市,各资本家应合时势潮流,竞争营业,贸易亦盛。栗头、望高偏居东隅,乡村稀少,近因多聚一般砂民,供给需要货物亦较易销流。他如西湾、义安、铜鼓、凤尾、桔芬、太平、两安各市场商店寥寥,贸迁有无或多为来贾摆售,则适等于小资本之贩卖而已。

(潘宝疆、卢世标修,卢钞标纂:《钟山县志》,卷十,实业,商,民国二十二年铅印本。)

〔民国二十四年前后,广西全县〕 文桥墟,每年旧历二月十一日趁墟,商贾云集,百货山积,四方来者以万计。宜湘墟,每岁上巳趁墟,俗称三月三,贸易繁盛不亚文桥墟。双陂渡市,在义兴乡境内,为白茅馥、浔溪源两村出入要道,西通万乡,东通庙市,行旅负贩往来,两岸竹木、桐棕之属咸萃于此。双桥市,当全黄公路经过之地。太平铺,当全永公路,商贾往来络绎不绝,历来设有关卡征收货税。庙市,在湘江之滨,水路通湖南,陆路通县城,商务发达,为全邑冠。黄沙河市,居湘水河干,为桂全线终点,交通便利,商务视庙市稍逊。

(黄昆山、虞世熙修,唐载生、廖藻纂:《全县志》,第一编,地理,墟市,民国二十四年铅印本。)

〔民国二十四年前后,广西罗城县〕 县属市政尚未实施,虽有商场,均属铺亭低矮,地面不平,加之各商摆设货物亦不能成行成组。而各墟开设商店铺号者亦属寥寥,均系每逢墟期,商人肩挑手提到墟亭摆卖,墟散又即担回。至于城市方面,以东门墟为最热闹,各商亦多集中该墟。此外尚有武阳区之黄金、龙岸,三防区之汪峒亦属热闹。……上列各墟市在凤山、武阳两区均系以三日为一墟期,周而复始。至于三防区三时防墟,则以阴历逢三、六、九日为墟期,每月九墟。汪峒墟则以阴历逢二为墟期,每月三墟。河村墟则以阴历逢七为墟期,亦每月三墟。

(江碧秋修,潘宝箓纂:《罗城县志》,经济,产业,商业,民国二十四年铅印本。)

〔民国二十五年,广西阳朔县〕 城市南北二面皆山,东面滨江,西面接桂柳公路,商铺集中城内十字街,商业繁盛,新建碧峰市场在西直街,贴近车站,场期为阴历三、六、九日,此外交通便利,来往人多,尤为繁盛。此外各乡共有八墟,一曰白沙墟,在县西十八里;二曰福利墟,在县东十二里;三曰兴坪墟,在县东北三十五里;四曰高田墟,在县南二十里;五曰矮山墟,在县东南八里;六曰普益墟,在县东南四十五;七曰金宝墟,在县西五十五里;八曰葡萄墟,在县北五十里。商业种类:主要商业,油、糖,城市乡村皆有,每家资本约五千元至三万元。普通商业,苏杭店、杂货店每年营业总数约三十万元。特种商业,山货每年营业总数约五十万元。

（张岳灵等修，黎启勋等纂：《阳朔县志》，第四编，经济，产业，商业，民国二十五年修，民国三十二年石印本。）

〔民国二十五年前后，广西信都县〕 县属商场，仅附城之端南镇及铺门乡之铺门墟、扶隆乡之扶隆墟，共三墟。铺门距城二十五里，扶隆距城四十五里，其中以端南镇贸易颇盛，铺门次之，扶隆又次之。出口以谷米、油、糖、瓜子及猪、鸡为大宗，入口以苏杭匹头、缸瓦、咸淡杂货为大宗，即以盐为主要商业。民情质朴，衣服多用土布，来自粤省或上海洋货绝少销售。缸瓦亦多土制，贺县里松之铁镬，八步黄田之碗碟及黄豆，宾阳之纸料、陶器，开建怀集之土布，亦甚销流。咸淡杂货多由粤运销。故普通商业分上山、下山两种，上山即贺江上流，来自富、贺、钟各县者，下山即贺江下流，来自粤省矣。

（罗春芳修，王昆山纂：《信都县志》，第四编，经济，商业，民国二十五年铅印本。）

〔民国二十六年前后，广西榴江县〕 贩市之处曰墟，赴市贩者曰赶墟，三日为期，各有定限，如城镇逢辰戌丑未为墟期，黄冕乡逢寅申巳亥为墟期，鹿寨镇逢子午卯酉为墟期，他如旧街与城镇同日，龙江与黄冕同日。

（萧殿元、吴国经等修，唐本心等纂：《榴江县志》，第二编，社会，风俗，民国二十六年铅印本。）

〔民国二十六年前后，广西宜北县〕 县属位于本省之极边，商业冷落，以县城论，虽有商铺数间在街开设，然资本微薄，货物无多。至各墟场亦属微小，每逢墟期，人不过千，墟中卖品米、肉、棉布、鸡、鸭而已。苏杭杂货摊面，资本亦不超过百元。由此观之，瞭然宜北商业之衰落也。县属出产，城厢、中和两乡以黄豆为大宗，治安、崇兴两县以香菌、桐油、茶油、五倍子、蜜糖、茶叶、杉木为大宗，驯乐乡道安两乡以铁矿、铁锅、铁块、杉木、白米为大宗，而尤以锅头出品获益为大，每年进款万元以上，惜操在外人之手，邑人未沾何益也。

（李志修，覃玉成纂：《宜北县志》，第四编，经济，产业，商业，民国二十六年铅印本。）

〔民国二十六年前后，广西崇善县〕 邑中商业以驮卢镇之驮卢圩较为繁盛，次为县城中心街以及新旧圩，其余各乡小圩异常冷淡。商业物品，入口以洋纱、水火油、食盐等货为大宗，出口以豆、油、糖等货为大宗。

（林剑平、吴龙辉修，张景星等纂：《崇善县志》，第四编，经济，产业，一九六二年广西档案馆据民国二十六年稿本铅印本。）

〔民国二十七年前后，广西田西县〕 全县市场二十二处，以乐里、百乐、旧州三处为最，趁墟人数由七八百以至千余。全县商店约二百四五十家，以杂货、山货业为最多，家数与资本额亦以上列三地为最多。

（叶鸣平、罗建邦修，岑启沃纂：《田西县志》，第五编，经济，产业，商业，民国二十七年铅印本。）

〔民国二十九年前后，广西平南县〕 本县墟市大小共有三十三处，其中以大安、思旺、丹竹、六陈等处为最大，有十日三墟者，有三日一墟者，有无墟期者，若附近各墟均有墟期者，则此定一、四、七，彼定二、五、八或三、六、九日，以免冲突。墟日交易，多以土产为大宗。

（郑湘涛纂修：《平南县鉴》，建设，工商，商业概况，民国二十九年铅印本。）

〔民国二十九年前后，广西平乐县〕

墟街名	属于何乡	墟期	交通情形	距城里数	贸易概况	主要商品	附记
沙子	协和乡	旧历三、六、九日	有帆船，周年可通平乐、恭城。	四十	旺盛	花生、桐茶油、麻麦、黄糖、黄豆、苞米等	清光绪七年八月成墟，墟在茶江岸。
陈家榨	兴隆乡	旧历二、五、八日	有帆船，可通平乐、恭城。	五十五	未旺盛	黄糖、黄豆、花生等	清光绪末年成墟。
二墟	仁保乡	旧历一、四、七日	有平八公路汽车经过，平恭公路由此起点。	四十	旺盛	麻、花生、桐茶油、黄豆、米等	距鲁溪江之周塘八里，有时可通帆船，参看榕津条。
长滩	仁里乡	日日为市	船只与平乐、梧州交通，夏秋两季有电船经泊。	二十五	旺盛	麻、桐、茶油、米等	街在漓江岸。
大扒	大扒乡	日日为市	同上。	四十五	未旺繁	麻、桐、茶油等	同上。
桥亭	元壇乡	旧历三、六、九日	与张家接近，北通长滩、平乐。	六十五	旺盛	米、桐、茶油、麻、棉花等	清光绪元年立墟。
榕津	榕津乡	原定旧历逢五、逢十，今停。	陆有平八公路汽车经过，水道有时通帆船。	六十五	未旺盛		街在鲁溪江岸。

（蒋庚蕃、郭春田修，张智林纂：《平乐县志》，卷七，产业，商业，民国二十九年铅印本。）

〔民国三十五年前后，广西三江县〕 县因交通阻塞，经济落后，居民皆耕田凿井，日出日入而作息，鲜与外界接触。城乡除古宜、丹洲、富禄、林溪四镇稍有贸易外，余则日中为市之墟场而无之。即以以上四镇贸易言，类俱土产，不惟无国际品，而苏杭物且罕见，习以现钱直接交易。

（覃卓吾、龙澄波纂修，魏仁重续修，姜玉笙续纂：《三江县志》，卷四，经济，金融，民国三十五年铅印本。）

〔民国三十七年前后，广西宾阳县〕 本县人烟稠密，商务繁盛，故商场之分布较密，除黎塘一区市场较少外，若大同、武陵、新桥各区，每间十余里或数里，必有一圩，以便人民采购日用必需之物。如大同区有芦圩、新市场、三塘、四镇、邹圩、马潭、大元、长车等圩，武陵区有武陵、马王、马缆、镇宾、山口、中华、大桥、廖平、碗窑等圩，新桥区有新桥、太守、思陇、马岭、陈平、高田、河田、仙佑、大仙、通利等圩，黎塘区有黎塘、双桥、洋桥、王灵、三王等圩。各圩均三日一集，商务最集中者惟芦圩，次则黎塘、新市场、武陵、思陇、新桥、邹圩四镇等尚称繁盛，其余各圩则粮食及日用必需品之交易而已。

（胡学林修，朱昌奎纂：《宾阳县志》，第四编，经济，丁，产业，民国三十七年稿本，一九六一年铅字重印本。）

〔清朝初年至民国年间，四川南充县〕 明末，治城遭献逆之祸，焚毁无遗，城中杂树成拱，野草蔽地，虎豹昼出，阒无人聚处，历雍乾之世，犹期外。土产不能常售，故以二、五、八日为市。迄清末世，渐臻繁盛，工商勃兴，人物萃集，华屋栉比，珍货云屯，内外城间，已无隙地，虽繁华已十倍于清季，而旧俗难移，市期不改，二、五、八日交易，倍于平时。

（李良俊修，王荃善等纂：《南充县志》，卷一，舆地志，城市，民国十八年刻本。）

〔清雍正年间至民国十一年前后，四川邛崃县〕 城东南三十里固驿镇，濒南河，水陆通道，市口繁富。……城西南五十五里道佐庙，雍正以来新设场市也。旧名倒座庙（民国二年改今名），街市回环，场期二、五、八，纸户居多，濒大河。

（刘夔等修，宁缃等纂：《邛崃县志》，卷一，疆土志，场镇记，民国十一年铅印本。）

〔清道光年间至民国四年前后，四川峨边县〕 太平场，县北十里，一名接官坪，前清道咸时商务颇盛，同治间被夷匪焚掠，商务减色，不能成市。民国三年，知事胡忠杰力为提倡，已于阴历八月复兴场市矣。……双溪口，在县南十里，清咸丰二年因夷汉仇杀,该场铺舍被夷焚毁殆尽,今惟遗址犹存。毡条场,在东门外里许,前清咸同时商务甚旺,后遭夷乱,屡被回禄,致商务零落,不能成市,今仅存茅店数十间。

（李宗锽等修,李仙根等纂：《峨边县志》,卷二,建置志,乡镇,民国四年铅印本。）

〔清咸丰年间至民国二十年,四川富顺县〕 牛佛渡,烟火千余家,业糖霜者萃焉,富顺沿江三大镇之一也。咸丰时,李逆以数十万众踞此六月余,物力之丰可想见,其对岸则牛王山。

（彭文治、李永成修,卢庆家、高光照纂：《富顺县志》,卷三,方域,山川,民国二十年刻本。）

〔清同治年间,四川顺庆府南充县〕 集凤场,在治西十八里,俗呼新场,为同治时创建,当顺蓬大道,铺户五十余家,颇繁盛,市期二、五、八。

（李良俊修,王荃善等纂：《南充县志》,卷一,舆地志,城市,民国十八年刻本。）

〔清光绪十二年前后,四川潼川府射洪县〕 太和镇,县南四十里,系水陆要冲,商贾云集,为下川北进省大道。……今人民仍前辐辏,隐然为治南一重镇焉。

（清 谢廷钧等修,罗锦城等纂：《射洪县志》,卷二,舆地志,场镇,清光绪十二年刻本。）

〔清光绪十五年,四川顺庆府南充县〕 浸水场,在治东南四十七里水岬上,四围皆峻岭深谷,悬崖多浸水,故名,当广岳大道,创修于光绪十五年,茅瓦铺户共四十二家,产粗纸,运销顺庆,市期二、五、八。

（李良俊修,王荃善等纂：《南充县志》,卷一,舆地志,城市,民国十八年刻本。）

〔清光绪三十年,四川顺庆府南充县〕 荆溪场,在治北二十五里荆溪北岸,前清设置塘驿,仅茅店数家,光绪甲辰始建市场,现有铺户四十余家,市期四、七、十。

（李良俊修,王荃善等纂：《南充县志》,卷一,舆地志,城市,民国十八年刻本。）

〔清光绪三十三年前后,四川顺庆府广安州〕 三台场,旧名草坝,州东三十里,以近三台山名。宋杨立与元军战此。市易皆谷米豆麦,村店数十余,街一道,场期三、六、九。……三溪场,州东四十里,百佛城下,有三小溪会流,本宋渠江旧镇,城上有回龙奉圣禅院。市濒渠江之东,为巴江上流木植屯聚之所,渝、合商贾皆就此采买。地多柏竹,市易多谷、布、米、盐,店户二百余,东西一横街,南北一长街,场期一、四、七。

（清　周克堃等纂：《广安州新志》,卷九,乡镇志,清光绪三十三年修,宣统三年刻本,民国十六年重印本。）

〔清光绪末年至民国十二年前后,四川眉山县〕　蜡市在思濛场,或运嘉定蜡行寄售。二十年前,岁入亦十万。迩因销场疲滞,虫户颇失利。

（王铭新等修,杨卫星等纂：《眉山县志》,卷三,食货志,土产,民国十二年铅印本。）

〔清宣统三年前后,四川资州内江县〕　四乡场镇,旧《志》共三十五所,近多有名无市。只载现设者……东兴场,治东江处;椑木镇,南三十里;茂市镇,名白马庙,西南三十里;田家场,东三十里;郭家场,即一緫滩,东南三十里;史家街,西三十里;张家场,西五十里;凌家场,西南六十里;龙门镇,南六十里;杨家桥,百一十里;高梁镇,东八十里;新店场,东北六十里;永兴场,东六十里;便民场,北三十里;双河场,北六十里;百合场,东八十里;来凤场,西北五十里;龚家场,西三十里;观音场,东五十里;平滩,东八十里;石子镇,百一十里;贾家场,北七十里。

（清　彭泰士修,曾庆昌、朱襄虞等纂：《内江县志》,卷一,城池,附市镇,清宣统三年修,民国三十四年石印本。）

〔清代至民国十年前后,四川双流县〕　簇桥场,在治东二十里,市房六百五十一间,与华阳、华兴场紧接,中以栅栏为界,省南通衢。场期二、五、八日,丝商云集,有丝店五座,并设统捐局卡、保商公司,今商业稍减。……维新场,旧名曾家店,在治东南十八里牧马山,嘉庆间省南道改,衰歇已久,宣统三年辛亥乡人重兴此场,新增市房共八十四间,场期三、六、九日。……彭镇,俗名彭家场,在治西十里,市面宽大,街巷共十三道,市房旧有一千八百余间,清鼎革时被巡防军焚毁几尽,仅存十之一二,现修复市房九百六十九间,场期一、四、七日,商业繁盛,以油麻线布为大宗。

（刘佶修,刘咸荣纂：《双流县志》,卷一,城池,市镇附,民国十年铅印本。）

〔清代至民国十四年,四川合江县〕　先市滨临赤流,帆樯上下,与东三区之白沙、南一区之王场、南四区之佛宾,并为邑中商业较繁之地。往昔闭关之世,鄂棉盛销蜀中,荆楚巨商立行储棉,运销黔境。清光绪中,黔省烟坭畅销荆、沪,楚商复设庄古蔺,专事收揽,转输搬运以此为中枢。维时川中盐务官运商销,邑商甘裕、丰永、吴德、怀昌设分店于兹,而黔边仁岸四号之盐亦由此道输入,水陆交通至为繁盛,里闾殷阜,产物丰盈,羡余之粟由此输出,年约十分之五。自洋纱侵入,楚棉输进日稀,光绪季年又与英人订禁烟之约,厉禁种、吸,黔坭亦少,楚商相继停业。鼎革后,盐务取消,官运仁岸随废,甘吴两商、黔边四号先后辍贸,战乱频仍,盗贼滋炽,商旅不行,市廛萧叙,昔时繁盛已成陈迹。

(王玉璋修,刘天锡、张开文等纂:《合江县志》,卷二,食货,物产,民国十四年修,十八年铅印本。)

〔**清代至民国二十三年前后,四川乐山县**〕 邑凡十乡……旧凡四十八场,今盖五十有三。……嘉乐乡:通江场,一名横梁场,属嘉乐乡三甲。乾隆初年设,距城十五里,场期双日,住户百余家,商业以丝、蜡、油、绸为上宗,上达成都,地滨岷江,与牟子场对峙,江岸内有横石如梁,故又名横梁。通镇场,古名连珠铺,今曰棉竹铺,音转讹也,属嘉七甲,乾隆年间设,距城二十余里,场期单日,商业丝、蜡,上达雅州。悦来场,清宣统二年邑庠生魏承高创设,距越五十余里,场期双日,住户数十家,商业丝、蜡、米,上达成都。怀苏乡:万顺场,俗名杨湾场,清时创设,距城四十里,场期双日,居民约数十户,出产以米、麦、菽、茧等为多,上通夹江顺河场、甘江场等处,下通苏稽,东通绵竹,铺西有山径通峨眉。沙嘴场、葛老场,两场地趾相连,均前清初年创立,距城皆三十里,场期一、五、九,居民共约三百余户,出产物以丝绸、茧巴、丝绠、白布、棉纱、牛羊皮等为大宗,通夹江、洪雅、峨眉、峨边、镇子场等处,前清宣统元年以怀苏、符溪、古市三乡合并为怀符古镇。符溪乡:兴隆场,前清道光元年设,距城六十里,场期二、四、七、十日,居民约四十余户,无特别物产,上通峨眉。左平场,原名油草坝,前清雍正九年设,距城七十里,场期三、六、九日,居民约八十余户,商业盐、席、草、猪,通九里场、南天庙、鄷都庙、王场、盐溪口、罗汉场等处。雷场,前清康熙时设,距城六十里,场期双日,居民约五六十户。镇子场,前清嘉庆年间设,距城六十里,场期双日,旧名古城镇,居民百余家,商业灯草、米、席子,为乐峨往来通衢。古市乡:苏稽场,唐时为苏稽戍……在县西南三十里,场期三、七两日,约二百余户,商业、丝、绸、米、布、洋纱。连沙嘴、葛老两场,通镇子、太平、水口等场,为乐峨往来通衢。水口场,距城二十里,场期双日,居民约百三四十户,物产无大宗,多零星,通苏稽场及铜河一带。罗汉场,以旧有罗汉寺名,濒铜河,前清嘉庆年间设,距城四十里,场期一、三、五、八日,居民约八十余户,货殖布匹、黍、米、油、酒、柴薪等,上通盐溪口,下通水口场。双峨乡:沙湾场,唐时名南林镇,前清道光时以水灾迁今地,位铜河西岸二峨、三峨两山之麓,距城七十里,场期二、四、七、十日,居民约百八十余户,商业酒为大宗,北通盐溪口、罗汉场等地,西北通峨邑九里场等地,西南通范店场，南通轸溪、福禄场等地，东渡铜河可上通罗一溪，下通太平寺，实观峨乡之重镇也。轸溪，位于铜河北岸，创自前清乾隆年间，距城百里，场期三、六、九日，居民约百四五十户，通沙湾场、五渡溪、葫芦场等处。王场，清嘉庆年设，距城五十里，居民约数十户，上通酆都庙、沙湾场，下通盐溪口、罗汉场。盐溪口，一名公议场，旧名盐泉镇，场期二、四、七、十日，约百余户。葫芦场，场期一、四、七日，居民约四五十户，产金。刘石溪，或作牛石溪，场期一、四、七日。范店场，场期一、五、八日，距城百二十里，为通夷地孔道，创自前清乾隆初，今铺户约百余家。映碧乡：太平镇，地濒铜河……距城六十里，场期一、三、六、九日，居民约五六百户。商业，煤、盐为大宗，煤运成都牛华溪，盐运金口河富林乡及铜河上游，舟舶往来不绝。福龙场，即今罗一溪也，距城八十里，场期一、五、八日……居民约四五十户，炭垣甚多。谭坝场，距城一百里……场期三、六、九日。福禄场，清初设，距城百三十里，场期二、五、八日，居民约千余户。商业，煤矿为大宗，丝、茶次之，东通犍为，西通峨眉，南通马边。铜街场，清初设，距城百七十里，场期四、七、十日，住户约百余家。五渡场，即五渡溪，明时创设，中经洪水之患，至乾隆初年复兴街市。距城百三十里，场期二、五、八日，居民约百余户，商业茶叶、蓝靛、干笋、木通、黄连、金钢藤、土茯苓、包谷等，上通老鸦溪、大堡城，下通铜街子、轸溪，周围土城长约二百七十余丈，今已朽坏。老鸦溪，清初创设，距城百七十里，与夷互市。茨竹坪，清道光时创设，距城百八十里，场期三、六、九日，居民约五十余家，商业丝、茶、笋子等，为通屏马大道。

（唐受潘修，黄镕等纂：《乐山县志》，卷一，方舆志，市镇，民国二十三年铅印本。）

〔清代至民国二十三年前后，四川乐山县〕 丝市，苏稽场。绸市，苏稽场。茧市，各地皆有，惟城市较大。棉花市，安谷场。炭市，铜河东岸映碧乡场市皆有之，惟太平、福禄两市较大。柴市，板桥溪。又铜河一带之柴，水涸时以城内铜河堋为市。炭无市，皆由铜河运至，悉泊于水，西门河下近有办收炭转卖者数家，则多在水西门附近一带，名曰炭厂。……蜡行自前清至今改组屡矣，今城内土桥街名乐山白蜡行，由商会暨党部同办。城外紫云街名协兴蜡行，由唐姓主办，上年销货约一百万斤，近年两行共销五拾万斤内外，约合银三十万金左右，每年代收警费、学费多寡不等。来货以峨眉为多，洪雅次之，犍为、夹江、眉山、丹棱及屏山亦有来行售卖者。今因销路不畅，已两行合办，称为白蜡总行矣。

（唐受潘修，黄镕等纂：《乐山县志》，卷四，建置志，市，民国二十三年铅印本。）

〔清代至民国三十七年，四川郫县〕 县市，奇日一集，在北郭外者曰米市坝，乡农晨集，所售者有米、有麦、有荞、有豆、有糠，名曰小市。大市在城中之南华宫，民国初移永清宫，今则荆湘路。……其市则米为大宗，菜子及油次之，麦又次之。趁集日，县境商贾咸至，他县如成都、新都之商亦至，交易之金或数十万或万或数千。至大小烟市，五月后川东南之烟商至其中。……市又逢月之朔望，女红出品甚盛。

（李之青修，戴朝纪等纂：《郫县志》，卷一，市镇，民国三十七年铅印本。）

〔清代至民国三十七年，四川郫县〕 犀浦，在郫东二十里。……清曰犀浦场，民国曰犀和镇，人仍名之曰犀浦也。与成都接壤，场为县之冠，四街皆筑马路并环以埔，市以二、四、七、十日，米、麦、油外，麻为大宗，因其地宜麻也。趁集日，他县皆至，夜犹不绝。太和场，在县东北二十里，与成都、新繁接壤，市以三、六、九日，米、麦、菜子油为大宗。三堰，在县北十五里，跨北条河，水陆交通地也。商旅频繁，河两岸有堆栈聚商货，舟达金堂、成都，他县货物亦以舟载至，售于县境，运往之货米及油为大宗，运来之货以糖及铁为大宗。今河北经火灾，居民原气未复，又为时局所撼，商业大减色。市以双日。马街……在县北二十二里，与崇新接壤，市以一、三、七、九日，米、麦、菜子及油为大宗。永兴场，旧名两路口，在县西十七里，与崇宁接壤，市以四、八、十日，米、麦、菜子为大宗。合兴场，在县西南二十二里，今居人仅十余家，市废久矣。三元场，古罗禅寺侧，在县西南二十里，市以一、三、五、九日，米、麦、菜子为大宗。德源场，古大禹庙，在县南十里，与温江接壤，市以二四、六、八日，米、麦、菜子、麻、麻纱为大宗。何家场，在县西南十五里，与温江接壤，市以二、四、六、八日，米、麦为大宗。回龙场，旧名毛家桥，因清初招垦占籍毛姓居多，故名。在县东南二十里，与温江接壤，市以三、六、九日，米、麦为大宗。青龙场，在县东南十五里，与温江接壤，市以二、四、六、八日，米、麦为大宗。高店子，又名合兴场，在县东十二里，市以一、三、六、八日。清平场，即释迦桥也，在西南十二里，市以二、六、八日。普安场，即郎家桥也，在县东南五里。悦来场，即三邑桥也，在县西南四十二里，与温、灌接壤，民国九年设，市以三、六、九日。新民场，即古新场也。在县西北二十里，跨徐堰河，与崇宁接壤，市以二、四、六、八日，米、麦、菜子、烟为大宗。

（李之青修，戴朝纪等纂：《郫县志》，卷一，市镇，民国三十七年铅印本。）

〔清代后期至民国二十一年前后，四川万源县〕 万源水陆交通俱感困难，商业微不足数,在昔承平时代,著名商场如东路之固军坝、南路之罗文坝、西路之竹峪关、北路之大竹河比较稍优,然多楚汉及巴绥渠万客籍商号,属于土著仍少。二十年来,兵匪交乘,乡场多被焚毁,商业更萧条矣。

(刘子敬修,贺维翰等纂:《万源县志》,卷三,食货门,实业,商业,民国二十一年铅印本。)

〔民国初年,四川南充县〕 集兴场,俗名真武宫,在一立场东北十五里张村沟山岭上,有民户二十余家,民国初年兴市。大关场,旧名大关坝,在一立场西南十里曲水南岸,民户二十余家,民国初年兴市。

(李良俊修,王荃善等纂:《南充县志》,卷一,舆地志,城市,民国十八年刻本。)

〔民国十年前后,四川双流县〕 商务以簇桥之丝为大宗,次则彭镇之油麻线布,其余城厢市镇,百物纷纭。

(刘佶修,刘咸荣纂:《双流县志》,卷一,风俗,民国十年铅印本。)

〔民国十年前后,四川金堂县〕 东北山场计三四处,惟官仓交易甚繁,坐贾多零星货物,本小利微,无甚可观,而土产所出,招徕负贩者每逢场期,动至数百余人,兹为分载于后:条粉,二十万斤。青果,三千担。东山各场设市开场者共十余处,然皆附近居民自由贸易,朝聚夕散,所有生理俱甚微末,惟九区土桥镇、广兴场、又新场及八区竹篙寺较为繁盛,坐贾各百余家,销行日用货物亦较广。其出口则甚稀微,据今调查,仅得一端,兹载于后:棉花,八万斤。南路山场设市肆者共八九处,虽比户相连,等于聚会之所,惟廖家场、龙王场交易可观,市场范围亦较大,或百余家,或数十家,虽无奇货可居,而即本场之所出以供本乡之所用,固已绰乎有余,兹为分载如左:杂粮,四万石。青果,三千担。

(王暨英修,曾茂林等纂:《金堂县续志》,卷五,实业志,商业,民国十年刻本。)

〔民国十年前后,四川金堂县〕 赵家渡西距县城三十里,一名三江镇,盖毗、湔、洛三水总汇之区也。故上通德、绵、崇、郫,而下达资、富、泸、渝。于陆则川北为过栈,成都为销场。于货则东北各道为来源,上下两游为去路。于人则简阳为盛,资内次之,附近各场又次之,本地则寥如晨星。居货亦杂,市面长二里有奇,门户洞达,坐而贾者千余家,待而沽者不胜计。河下船筏辐辏,状如梭织,其余往来负贩运送角逐之人络绎不绝,洵川西商场之较著者也。

(王暨英修,曾茂林等纂:《金堂县续志》,卷五,实业志,商业,民国十年刻本。)

〔民国十年前后，四川金堂县〕 淮口镇，西距赵家渡五十里，县城八十里，临水负山，高下相属，环绕如半月形，门户接连，贾者八百有余家，县属之第二商场也。然其地为赵镇过道，转输为利之事故不多有，本地每年销行货物亦属零星，兹择其为数较巨者分载于后。输入成数：江津、富顺、内江、泸县熟枯，六十万斤。南川各地草纸，五万担。输出成数：红糖，六千桶。五凤溪，北距县城百里，市列两山排闼间，内绕山溪，外临大河，烟户亦数百家，东西相望，生理至为繁碎。其出入稍广者亦有两端，分载于后。输入成数：赵镇生枯，四十万斤。输出成数：红糖，二千桶。以外一、二区商业如康家渡、姚家渡、清江镇，虽临河道，不过行人驻足之场。本县集会之地零星贩贸仅数十家，不足以供采择，故弗赘入。

（王暨英修，曾茂林等纂：《金堂县续志》，卷五，实业志，商业，民国十年刻本。）

〔民国十五年前后，四川崇庆县〕 三江镇，居县东，水田、白地凡十一万七千有奇，土产郁金、白芷、姜黄诸药，岁输出境郁金十数万斤，姜黄数十万斤，白芷亦二三万斤。输入纸数千担，白蜡百余担。织物棉、麻为多，棉布大小以匹计，岁可出二万余，麻布凡二十五万七八千。湖绉可千余。清王汝昭尝于镇内江南馆设缫丝厂，募女工以资练习，成效颇良。惜军兴后息业，迄今尚无继起者。怀远镇，居县西北，水田、白地十三万四千亩有奇。……产竹最富，造纸所需之竹白葭尤良，故纸厂林立山中，凡三十余所，岁三次制料，厂有一槽、二槽、三槽之分。槽用石灰常数千斤，碱数百斤，土人穷乏者煮茅治碱亦资生活。惟纸仅造卷连，岁约四千余挑，时值可吞万数千缗，虽不逮夹江纸业，在旧法中固自进行弗息也。……外则草纸诸厂亦颇发达。棕产饶裕，为绳、屦、蓑蒻之属，大为时利，镇人恃为本业。浣衣棕刷近尤畅行远地，业此凡百余家，岁入亦数千缗。重庆日商森村洋行至派人驻镇收取棕榈长丝，转贩东瀛，岁至万缗，邻境十数县无不仰给于是。西山夙以产茶名……近今所称有雨前、雨后、毛尖、白毫、花毫诸类，岁产约数百担，清明前采尤为珍美，持较浙江龙井不过制与香略逊色，味未多让也。

（谢汝霖等修，罗元黼等纂：《崇庆县志》，卷十，食货，民国十五年铅印本。）

〔民国十七年，四川南充县〕 龙门场，治东北三十里龙门峡外，为县境第一大镇，有铺户四百余家，大街十余道，正中曰新街，为全市商业中心。……民国十七年修建市马路，市期三、六、九，余日亦殊繁盛。

（李良俊修，王荃善等纂：《南充县志》，卷一，舆地志，城市，民国十八年刻本。）

〔民国十七年前后，四川大竹县〕 月华场，县北三十五里，辖六保三十六甲，中山在本境东，平田仅十之四五，稻、粱、菽、麦、玉蜀黍均宜，人民除耕贸外，山居者多寄食于纸厂或炭厂，市易纸、麻、夏布，得价较多，店户一百余家，集期三、六、九。……石河场，县北六十里，辖五大团三十甲，山地、平田各半，土质肥沃，五谷均宜，人民耕读外，多织布制纸，市易以纸、麻、夏布、蓝靛为大宗，店户一百六十余家，集期二、五、八。

（郑国翰等修，陈步武等纂：《大竹县志》，卷二，建置志，乡镇，民国十七年铅印本。）

〔民国十八年前后，四川什邡县徐家场〕 徐家场，县西北偏西，距县二十五里，市期四、七、十，通九岭埂五里，其场附近产烟甚富，各路烟商麇集，故此场富庶为全县之冠。

（王文熙等纂修：《重修什邡县志》，卷二，舆地志，场镇，民国十八年铅印本。）

〔民国二十年前后，四川南川县〕 黄泥堡，东门外五里，属城区。铺户十一二家，距城太近，但为食宿逆旅，然绾半溪沟、半河场两路之口，负贩往来颇众。夏初，烟坭市尤旺。……大有场，正东路百二十里，属大有乡，俗呼大锅厂，铺户七十余家，赶集期三、六、九日，贸易较盛。

（柳琅声修，韦麟书等纂：《重修南川县志》，卷二，建置，市集，民国二十年铅印本。）

〔民国二十一年前后，四川北川县〕 城乡场市，除片口每日赶集外，余皆定期赶集。向以阴历为标准，至今仍之。有遇日数逢双赶集者，小坝地（阴历每月二、四、六、八、十等日）是也；有逢单日赶集者，龙藏（阴历每月一、三、五、七、九等日）是也。若本城、麻窝（阴历每月四、七、十等日），漩平、擂鼓坪（阴历每月三、六、九等日），邓家渡、石板关（阴历每月三、六、十等日），坝底堡、陈家坝、通口（阴历每月一、四、七等日），皆间二日（俗曰小场）或三日（俗曰大场）赶集一次。赶集之日（俗曰逢场），商贾云集，百货杂陈，市面有繁盛之观，否则（俗曰冷场），多呈冷静之象。

（黄尚毅纂：《北川县志》，市场赶集，民国二十一年石印本。）

〔民国二十二年前后，四川灌县〕 河东市集以蒲阳为大，西北、北中赶集者恒越数十里，商品皆日用所需，多农产物，而玉蜀黍特饶，茶、木、灰、炭、瓦、缶、棕、漆、草纸之属均土产也，然营业者鲜富家，苦力转输亦足借以糊口。胥家、金马两场并在平原交易，惟农产物，而金马较盛，往往居积米、油，接壤崇宁，其石炭、瓦器贩运于此。县东以聚源场为中枢，崇义场为门户，土沃宜农，商以油米为大宗，多居奇者，而崇义特饶烟、麻，运销境外。……河西商务以芎荍为巨，而集中于石羊场,岁约四五百万斤,价值数十万元。泽泻次之,亦岁值数万元。……他如大兴、八角、徐渡、顺江、丰盛、青龙、安龙、道观诸场,皆在平原,农产颇饶,贸易多日用品。

（叶大锵修,罗骏声纂：《灌县志》,卷四,食货志,实业,民国二十二年铅印本。）

〔民国二十二年前后,四川灌县〕 县境西北崇峻而东南平衍,故市集较多,城在河东。其附郭者,西关外之河街无市期,东关外之太平街、朱紫街则间日一市。旧属城厢之白沙场濒白沙河北岸,即河入岷江处,为入山要隘,居民约百余家,无市期。茨梨湾,有野店数家,在治东五里。聚源场,亦名新场,在治东十七里,当进省通衢,旧属崇义乡,有正街一,今建马路,南巷二,居民约六百余家,市期二、四、六、十。崇义场,一名崇义铺,距治三十里,当成、灌、崇、宁之冲,为邑东门户。正街已建马路,南北巷各一,居民约七百家,市期一、三、五、八。……凡市集,在河东者八,在河西者十六,增于旧者三。

（叶大锵修,罗骏声纂：《灌县志》,卷二,营缮志,市集,民国二十二年铅印本。）

〔民国二十三年前后,四川乐山县〕 大小场市五十三,以油华溪、苏稽二场为最。油华溪以盐产繁盛,苏稽以绸织著名,而太平镇、炭矿河、二坎盐业次之,城中则以丝蜡为大宗出产品与外界交易焉。

（唐受潘修,黄镕等纂：《乐山县志》,卷一,方舆志,沿革,民国二十三年铅印本。）

〔民国二十七年前后,四川安县〕 县境内大小一十七场,最寂寞者永兴、乐兴、沸水、方水、茶坪、曲山、毛家七场,人少而买卖亦稀,以其地居偏僻然也。其次则黄土、界牌、桑枣、睢水、擂鼓、永安六场稍为繁喧,至于花街、塔水、河坝、秀水四场人烟最多,又属通道,颇为喧阗,然亦未可与都城同日语也。

（夏时行等修,刘公旭等纂：《安县志》,卷五十六,社会风俗,场镇喧寂,民国二十七年石印本。）

〔民国三十三年前后,四川长寿县〕 县城距大江五里,山高路陡,商旅稀来,城内市廛不过寻常贸易,聚于新署街一带,禹王街以上则寂寥矣。除正街外,隙地颇多,人烟稀少,田可耕,土可种,间有竹木掩映,真所谓城市山林。……盖一切贸易稍成庄者皆聚于河街镇也。夫地当巴涪上下游之交,宜为佳埠,徒以水势反向,不便泊船,故虽帆樯如织,辄过而弗留。从前盐与棉花尚旺,致富颇多,今则盐之利权既失,棉花亦日衰,其余如糠如竹席等均少起色。现以国战关系,人口增多,商业情形较前为盛。本县出产以竹席子、米粮、桐、菜油为大宗,次为榨菜、煤矿、桔、柚、毛、铁、烟、酒等物。近年产量行销较前骤增数倍。至进口货物,以盐、糖、花纱为大宗,次为药材、井巴、磁器、杂货、布匹、烟、酒、硝磺、茶叶、川纸等物,近年销量因梁、垫、邻、大各县繁荣,较前亦增多矣。

(陈毅夫等修,刘君锡、张名振纂:《长寿县志》,卷二,建置上,城市,民国三十三年铅印本。)

〔民国三十三年前后,四川长寿县〕 双龙乡,治东六十五里,南北相距三十里,东西相距二十二里,位于罗围山下,地势平坦,产米区也,街道两行,中间一沟,贸易颇盛,为全县乡镇之冠。

(陈毅夫等修,刘君锡、张名振纂:《长寿县志》,卷二,建置上,城市,区镇乡,民国三十三年铅印本。)

〔民国三十三年前后,四川长寿县〕 松柏乡,治北五里,地当冲要,国营资源委员会在桃花溪开办工厂,由场背凿修暗河,引龙船桥水至二洞,安置发电机。现荣誉军人驻场附近,人口增多,贸易较盛,城北六里两路口为糖盐市聚集之所。东新村,治东十二里,民国二十八年国立十二中学迁移此地,地方人士于学校附近各建铺户一二间,现共六十余间,成立场市,以备学生等购买应用物品。现尚逐渐推广,并分设邮务信箱。……邻封乡,治东五十里,南北相距二十四里,东西相距八里,位于龙溪北岸,与涪陵接壤,以场之中心为界,东达涪陵之金银寺,南达但渡,西达焦家,北达双龙。刻由经济部资源委员会于上青烟洞建设水力发电厂,附近袁家坪新建房宇甚多,又于狮子滩凿河引水,安置发电机,以故本乡一变而为繁华市场。

(陈毅夫等修,刘君锡、张名振纂:《长寿县志》,卷二,建置上,城市,区镇乡,民国三十三年铅印本。)

〔民国三十三年前后,四川长寿县〕 吾邑过去少富商大贾,商场以河街镇较为繁荣,次为城镇,次为双龙,余各乡镇每遇集期,仅用之油盐柴米及各项杂物耳。

(陈毅夫等修,刘君锡、张名振纂:《长寿县志》,卷十一,工商及邮电,商业,民国三十三年铅印本。)

〔民国三十五年前后,四川西北部〕 鹧鸪关关西则全属草地游牧,再不见有农业之经营者矣。关下为大金川之河谷,谷底河边有马塘,为草地中之繁盛地,乃番汉贸易中心,昔曾有商家百余,今已衰落,余者只四五家耳。

(郑励俭纂:《四川新地志》,第三编,区域地理志,第三章,盆地外部,第二节,西北边区,民国三十六年铅印本。)

〔明万历二年至清光绪二十五年前后,贵州平越州湄潭县〕 永兴场,万商辐辏,百货云集,黔省一大市镇也,县东四十里,始自万历二年。

(清 吴宗周修,欧阳曙纂:《湄潭县志》,卷二,地理志,场市,清光绪二十五年刻本。)

〔明朝末年至民国二十五年,贵州羊场县〕 岩脚场,开自明末,以辰日为集期。初仅人家三五,结茅岩麓。历清中叶,渐臻繁盛,清末则鸦片四集,商贾辐辏,居民约八百余户,屋瓦鳞接,闾阎愈于城市。……西行三里许有场,曰羊场。人家数十户,环场而居,以戌日为集期,商务以牲畜为大宗。

(黄华清采辑:《羊场分县访册》,卷一,地理志,场市,民国二十五年采辑,一九六六年贵州省图书馆油印本。)

注:羊肠县今即岱县岩脚区。

〔清康熙六十一年前后,贵州思州府〕 本城场,在府城南门外,每月逢二、八日赶集。

(清 蒋深纂修:《思州府志》,卷四,赋役志,市场,清康熙六十一年刻本。)

〔清乾隆二十二年前后,贵州思州府玉屏县〕 朱家场,城东北四十里,场通楚、蜀,商贩往来要路。

(清 赵沁修,田榕纂:《玉屏县志》,卷五,赋役志,市场,清乾隆二十二年刻本。)

〔清乾隆二十四年前后,贵州遵义府绥阳县〕 通商以利民用,集场本诸通易。

(清 陈世盛修,傅维澍纂:《绥阳县志》,赋役,清乾隆二十四年修,一九六四年贵州省图书馆油印本。)

〔清乾隆二十九年前后,贵州南笼府〕 府城东门外为鼠场,其地无房屋,货皆露积,以每月逢子属鼠之日,商贾民苗按期而至,交易而散,故场以鼠名也。各场俱仿此。府城西门外为马场,以演武之教场为场,其地宽敞,每逢午日,货物云屯,较鼠场为更盛。

(清 李其昌纂修:《南笼府志》,卷二,地理志,场市,清乾隆二十九年刻本。)

注:南笼府清嘉庆二年改名兴义府。

〔清乾隆三十三年前后,贵州都匀府独山州〕 独山市地凡三十五处,抱布贸丝,懋迁有无,几无虚日,凡所谓大市百族为主,朝市商贾为主,夕市贩夫贩妇为主者胥设焉,泉布流通无异都会。……论曰:独山于黔为边隅,且系苗疆,宜乎人迹罕至,乃场市最多,何也?盖其地通粤西南丹,暨本省荔波一带,彼皆不通舟楫,货物所须多运自独山,即彼地所有亦必运至独山,发客懋迁化居势使然也。但场市既多,奸宄易致溷迹,每至冬三月,文武官驻其地者稽查尤须加之意焉。如龙场为诸场市之冠,每场萃四方万余人,三日乃已,食货、估客如云,州牧守备各率其属临场宣讲圣谕,一以开示军民,一以坐镇喧嚣,其附近各场如三脚则设州丞,鸡场、下司、三堡、巴开各设营汛,暨各土司场市均资弹压云。

(清 刘岱修,艾茂、谢庭薰纂:《独山州志》,卷三,地理志,场市,清乾隆三十三年纂,一九六五年贵州省图书馆油印本。)

〔清道光七年前后,贵州安顺府安平县〕 平坝场,在署前,以申卯日为期,每逢申卯日天亮时,妇女俱执棉线赴黑神庙兑易棉花,至辰时而散。场将散时及次日早晨,以所织棉布交易,谓之布市。

(清 刘祖宪修,何思贵等纂:《安平县志》,卷四,食货志,土产,场市,清道光七年刻本。)

〔清道光二十七年前后,贵州兴义府普安县〕 普安县,明初为普安卫所属之新兴守御所及马乃夷地。顺治十八年,马乃叛,讨平之,以其地设普安县,隶安顺府。康熙二十二年,徙县治于所地。雍正五年,改隶南笼府,今县属分为八里、三汉里、五土里。县属之新城地方与安南贞丰、兴义各州县及府属亲辖并普安直隶同知所辖之地境壤相接,五方错处,夷苗夹杂,为府境最要之区。近年以来,下游各群,并川楚客民,因岁比不登,移家搬住者,惟黄草坝及新城两处为最多,揆其所由,其利不在田功,缘新城为四达之冲,商贾辐辏,交易有无,以棉易布,外来男妇无土可耕,尽力织纺,布易销售,获利既多,本处居民共相效法,利之所趋,游民聚焉。

(清 罗绕典辑:《黔南职方纪略》,卷二,兴义府,清道光二十七年刻本。)

〔清光绪二年前后,贵州大定府水城厅〕 场坝,离城半里许,铜、盐、铅、布半往喧阗,厅治菁华萃于此焉。

(清 陈昌言纂:《水城厅采访册》,卷三,营建门,场寨,清光绪二年纂,一九六五年贵州省图书馆油印本。)

〔清光绪三年前后,贵州遵义府正安州〕 正安货贝无多,交易亦少,近城场市三日一聚,远者五日。

(清 彭焯修,杨德明等纂:《续修正安州志》,卷三,地理志,场市,清光绪三年刻本。)

〔**清光绪二十九年前后,贵州镇远府天柱县**〕 通计合邑大小场集凡二十八,惟远口地广烟稠,为巡检分防所,临清水江,商贾汇萃,百货流通,场集为最。邦洞次之,瓮洞、蓝田又次之,余俱不分轩轾,差强人意,亦有商货寥寥,不成市埠,如金子、金鸡口场者。前辈设场酌地远近,定为场期,俾循环相续,一旬之内,周而复始,境内之人咸奔走抱贸,以有易无,彀击肩摩,不约自集,于生民饮食日用未尝无裨益云。

（清 林佩纶等修,杨树琪等纂:《天柱县志》,卷二,地理志,场集,清光绪二十九年木活字本。）

〔**民国初年,贵州贵定县**〕 县城场以寅申日集,四街各有旧市,不相混淆,赶集者除远商负贩外,多系附近乡人。旧县场在县南四十五里,寅申日集,赶集仅三数百人,为盐、米、布、棉、蔬菜之市。沿山龙场,在县西南三十五里,亦名狗场,辰戌日集,赶集者四五千人,贸易颇称繁盛。平伐场,在县西南九十里大平伐司境,申丑日集,赶集者三四千人,繁盛稍次于龙场。新民场,在县西南八十五里,辰戌日集,赶集者数百人。大平场,在县西南八十里大平伐司治,巳亥日集,赶集者数百人。佛山场,在县西南一百一十里,辰戌日集,赶集者数百人。新司场,在县西南五十里平伐司境,午亥日集,赶集者数百人。江比场,在县西南一百里,寅酉日集,赶集者近千人。小场,在县南六十里,卯酉日集,赶集者一二千人。江肘场,在县南一百五十里,子午日集,赶集者千余人。摆芒场,在县南八十里,与都匀连界,巳亥日集,赶集者近千人。岩下场,在县南七十五里,丑未日集,赶集者近千人。都庐场,在县南三十五里,子午日集,赶集者数百人。瓮城场,在县西二十里,卯酉日集,赶集者五六百人。马图河场,在县西二十五里,辰戌日集,赶集者数百人。新添司场,在县北十五里,丑未日集,赶集者三数百人。新堡场,在县北十八里,巳亥日集,赶集者数百人。喇哑兔场,在县北三十五里,卯酉日集,赶集者千余人。落邦场,在县北四十里,辰戌日集,赶集者近千人。巴香场,在县北四十五里,子午日集,赶集者二三千人。

（贵定县采访处辑:《贵定县志稿》,贵定市集,民国初年修,一九六四年贵州省图书馆油印本。）

〔**民国八年前后,贵州思县**〕 思县境内商业荟萃之区,以龙颈坳为最,县城次之,罗家山又次之,均当㵲溪河流域,可以一苇通至湖南洪江、沅陵等处。县东北之羊桥场,商业亦称繁盛,居烂褥河上游,距车坝(江口县属)十五里,出口货物均用人力输运至车坝,再用舟载出富溪江,入潕水,通湖南。又平牙场,毗连江口县界,因水小不能通舟楫,故商业不旺。他如黄平庄、马鞍山等场,皆系陆程,商人贩运货物惟艰,市面因之减色。

（杨焜修,涂芳藩纂：《思县志稿》,卷七,经业志,商业,民国八年修,一九六六年贵州省图书馆油印本。）

〔民国二十一年前后,贵州八寨县〕 入市交易曰赶场,要以五日为一次。以邑无商埠,凡置货物,均须于场上买之,藏有货物,亦须于场市出售。按：本邑市期,有子午者,有酉卯者,有辰戌者,各以其日支所属为市。

（郭辅相修,王世鑫等纂：《八寨县志稿》,卷二十一,风俗,民国二十一年铅印本。）

〔民国二十一年前后,贵州平坝县〕 全县商业因输出输入无几,无公司、无大商场、亦无大贸易,大半通一县之有无而已。商场类别分县城及乡场二种。县城,城分东西南北四大街,皆有商店贸易,但另有一区域呼场坝,以理想推测,大约烟户未蕃盛以前,贸易只在此区域,并且受场期之拘束,迨至居民稠密,交易集中大街,场坝区域变为附庸,仅场期有营业之表现耳。平日只四街有商店贸易,至场期四街及场坝两旁增设货摊,营业之巨仍在四街,货摊由两旁居民陈设,商人（行商）租佃。乡场,各场所在参看地理志,场中设备极简单,至期商品半多陈列于露天席地之货摊,摊在居民屋外者给租钱。各场皆区划之为谷米市、盐布市、牛马猪鸡鱼鸭市、肉市、菜市、京果市、杂货市等,区划不同,贸易即异,熙熙攘攘,亦别有秩序也。交易日期,分无定期、有定期者。无定期者,即县城之商场,在初时本定有申卯期,厥后人烟众多,交易地点不限于场坝,交易日期亦不限于场坝豫定之期,日日交易,故俗呼百日场（县城逢申卯期仍赶场,乡中产品届日最齐备）。有定期者,即各乡场之交易是,彼此定期不同,大率每距六日或十二日交易一日,此日普通呼为赶场。

（蒋希仁等修,陈廷荣等纂：《平坝县志》,业产志,商业,民国二十一年铅印本。）

〔民国二十五年前后,贵州遵义〕 旧时场市,凡当孔道或为数里所聚者,虽时世纷乱,仍多旧观。惟兵燹以后,人民之增减不同,每以村墟寥落而或五十聚居,或以距场弯远别谋,米盐滞鬻,岁月之间,诧成新市,亦比比矣。然兴废不常,寒暑易计者有之,要之较旧时允为增多。

（周恭寿等修,赵恺等纂：《续遵义府志》,卷二,城池,场市,民国二十三年刻本。）

〔民国二十五年前后,贵州册亨县〕 各地居民逢赶集之期,日中为市,以有易无,如多数乡民(猺苗在内)须用食盐、棉纱及妆饰品等类,则由小贩行商供给其需要;而城中居民又须用油、米、柴、炭、烟、酒及杂粮等物品,必取给于乡民,所谓交易而退,各得其所。

(罗骏超纂修:《册亨县乡土志略》,第六章,经济,第十八节,交易,民国二十五年修,一九六六年贵州省图书馆油印本。)

〔民国二十五年前后,贵州册亨县〕 本县地广人稀,烟户零落,城乡市肆唯赶场日扶老携幼,远近咸集,为买卖之场合。各市场期,或一、七,或二、八,或三、九,或六日一次,周而复始,互为先后。多数行商小贾亦不惮跋涉,贩运货物,辗转奔走于各场镇之间,出售于一般住户,以博蝇头之利。积习相沿,迄今仍旧。

(罗骏超纂修:《册亨县乡土志略》,第六章,经济,第十七节,市肆,民国二十五年修,一九六六年贵州省图书馆油印本。)

〔民国二十六年前后,贵州贵定县〕 本县交易状况仍属定期交易,与北方之市集相仿佛,大有"日中为市,致天下之民,集天下之货,交易而退,各得其所"之古习。在定期交易之日,附近居民纷纷前来交易,行商负贩,所在多有,俗谓之赶场。大都每六日赶场一次。计有一区之县城场,二区之旧县场、岩下场、新场、都庐场,三区之小场、摆芒场,四区之平伐场、太平场、福山场,五区之狗场、瓮城场,六区之巴乡场、新堡场、落邦场、马图河场。

(徐实圃纂修:《贵定一览》,地域,场镇,民国二十六年铅印本。)

〔民国三十二年前后,贵州榕江县〕 县城之南有场坝,逢阴历一、六两日,各乡人士均来贸易,俗谓赶场。每逢场期,有二三千人不等。寨蒿场期,则为每旬四、九两日。平永场期,亦为四、九日,人数亦众,但逊于榕城集场。出品货物均为土产:稻谷、棉花、五倍子、杉木、水牛、猪仔、牛皮等项。进口货物,则为食盐、布匹、茶油及日常用品。

(李绍良编:《榕江县乡土教材》,第二章,榕江地理,第四节,物产,民国三十二年编,一九六五年贵州省图书馆油印本。)

〔民国三十三年前后,贵州玉屏县〕 鲇鱼堡,此市为湘黔公路与玉秀公路交叉点,位于㵲水之南侧,交通便利,人口共计九七七人。其商业情形,除来往旅商食宿外,其余皆为小本生意。主要土产为稻、麦等类,距城三十华里。田垻坪,此市距城约七十华里,人口共计六四八人,为玉秀公路孔道,北接铜仁,交通亦颇便利,为赴思南、印江商旅食宿集中地点。万山,即原省溪县城,人口共计二一一八人,北邻六龙山,交通不便。城郊为水银朱砂生产地,统由汞业管理处办理。因矿区关系,商业较繁荣,距城约一百二十余华里。朱家场,此市人口共计约八九二人,位城之北,与岑巩县接境,距县城约三十华里,朱玉段乡村道路可通,并有乡村电话借资联络。商业情形纯系赶场,大有古代市镇之风味。

(李世家纂修:《玉屏县志资料》,第二章,资料调查,第十三节,主要镇市状况,民国三十三年修,一九六六年贵州省图书馆油印本。)

〔民国三十三年前后,贵州剑河县〕 日中为市,交易而退,黔之场市盖其遗意也。黔地崇山叠嶂,舟车不通,艰于往返,相地置场市,鬻盐负米,羌宾贩货,便日用耳。方言曰赶场、赶集、赶墟,皆谓此也。剑河场市,以丑未为场期,昔赶大河边,今赶城西街,以镇为市,场自为场。柳霁场市,以寅申为场期,自清咸丰苗叛中断,民国十八年恢复,赶河边沙滩上。南嘉场市,以辰戌为期,清道光时始开,现赶河岸岩滩上,商市繁盛。南寨场市,以子午为场期,现赶乡公所门口,以场为市。满天星场,以寅申为期,清光绪六年始开,以场为市。大广场市,以四、八为期,原名兴隆场,以场为市。湳洞场市,以一、六为期,赶街上,以场为市。岑松场市,以卯酉为期,赶沙洲上,以场为市。内寨场市,以已亥为期,赶溪上小街,以场为市。南哨场市,以卯酉为期,赶河边,在木业盛时,木行畅旺,以河岸为市,颇繁盛。台勇场市,以辰戌为期,赶河岸街,以场为市。磻溪场市,以三、九为期,民国三十二年始开,以场为市。八卦河场市,以二、七为期,赶河边,以场为市。其余嘉禾、观摩两小场,时开时止。

(阮略纂修:《剑河县志》,卷三,建置志,场市,民国三十三年铅印本。)

〔民国三十五年前后,贵州兴义县〕 县境市场皆有定期,以六日为标准,循环终年,例如县城场期为子午,俗呼曰鼠马,即子日,赶集曰鼠场,午日赶集曰马场是也,其他各乡场照此类推。

(卢杰创修,蒋芷泽等纂:《兴义县志》,第二章,地理,第十二节,市集,民国三十五年修,一九六六年贵州省图书馆油印本。)

〔民国三十六年前后,贵州惠水县〕 开明镇,一称摆金镇,该镇住户有三百余,其中不少富户。店肆甚多,营业亦盛。镇之附近田土肥沃,形势险要,一切较诸县城更为繁盛,故摆金镇为惠水最繁盛的一镇。

(吴泽霖编:《惠水县乡土教材调查报告》,第一章,地理,九,城镇,民国三十六年修订,一九六五年贵州省图书馆油印本。)

〔民国年间，贵州定番县〕 全县各乡场的范围，往往及于周围五六十华里，场中不特农家生活必需品应有尽有，有时也有一两样道地的舶来品（如棕榄香皂、黑人牙膏等），赶场的人除了买者与卖者外，还有很多不是来赶热闹，便是来完成其他的活动，所以场市无形之中成为广大农民的重要生活之一。……定番全县三十二处场市主要交易货物为各种粮食，同时亦买卖其他各种杂货，全县各乡场以县城东关场为最大。

（吴泽霖编：《定番县乡土教材调查报告》，第七章，商业，一，当地商业，一九六五年贵州省图书馆据民国年间稿本油印本。）

〔明朝年间，云南〕 市，岭南谓之墟，齐赵谓之集，蜀谓之亥，滇谓之街子，以其日支名之，如辰日则曰龙街，戌日则曰狗街之类。至期则四远之物毕至，日午而聚，日入而罢。惟大理之喜洲市，则以辰戌日夜集。古者日中为市，海内皆同，夜集独见此耳。

（明　谢肇淛纂：《滇略》，卷四，俗略，清乾隆间《四库全书》本。）

〔明天启以前至民国十七年前后，云南禄劝县〕 日中为市，率名曰街，以十二支所属为街期，如子曰鼠街、酉曰鸡街其例也。市中贸易昔多用贝，俗称肥子，一枚曰庄，四庄曰手，四手曰苗，五苗曰率，此旧俗也。至明天启、崇祯间，贵银钱肥，遂滞而不行。清因之，银则通用纹银，钱则通用制钱，民称便宜。今则世界开通，通用银币，兼用纸币，近更有兼用金币者。钱则通用铜币，其零星则以制钱补之。

（全奐泽修，许实纂：《禄劝县志》，卷三，风土志，风俗，民国十七年铅印本。）

〔明代至民国六年前后，云南马龙县〕 市有三：曰陈家市，午市之；曰书院市，亥市之；曰州前市，寅市之。俗谓之马、猪、虎三街子焉。市中亦别无异物，俱系附近等处与本地夷民各将荞、谷、布、米、油、盐、猪、鸡之类互相交易。先是贸易止用银货。嘉靖丙午以来，多用海肥。庚戌间，知州张棟仍出示谕，谨权量，抑豪强，听从民便，务在两平，商民皆乐就之（旧《志》）。旧《志》所载明时事也。今则以大街分为上下，遇寅申巳亥日即为市期，其乡中诸市为并志之半个山以子午日为期，王家庄以卯酉日为期，大庄以丑未日为期，新设大营以寅申日为期，西海子以巳亥日为期，松溪坡以巳亥日为期，越州屯以辰戌日为期，大碌碑以卯酉日为期，大海哨以卯酉日为期。

（王懋昭纂修：《续修马龙县志》，卷三，地理，市肆，民国六年铅印本。）

〔清康熙十二年前后,云南临安府阿迷州〕　日中为市,咸名为街,或谓场,以十二支所属分为各处街期,在城中者值寅未二日曰虎街、羊街,在大庄者值亥巳日曰猪街、蛇街,在布沼者值子午卯酉四日曰鼠街、马街、兔街、鸡街,在马者、哨者值丑申曰牛街、猴街,在打鱼寨者值辰戌曰龙街、狗街,至期各处错杂,凡日用所需者咸聚其中,鲜虚伪,计值而售,咸按日迁移,周而复始,四时以为常。

（清　王民皞纂修：《阿迷州志》,卷十,风俗,市肆,清康熙十二年刻本。）

〔清康熙三十五年前后,云南云南府〕　日中为市,率名曰街,以十二支所属分为各处街期,如子日名鼠街,丑日名牛街之类。街期各处错杂,以便贸迁。

（清　张毓碧修,谢俨纂：《云南府志》,卷二,地理志,风俗,清康熙三十五年刻本。）

〔清康熙四十四年前后,云南曲靖府平彝县〕　市肆以十二支所属之日为率,如寅为虎、午为马之类,俗呼为街子,日中而聚,日夕而罢。

（清　任中宜纂修：《平彝县志》,卷三,地理志,风俗,清康熙四十四年刻本。）

注：平彝县一九五四年改名富源县。

〔清乾隆元年前后,云南〕　日中为市,率名曰街,以十二支所属分为各处街期,如子日名鼠街,丑日名牛街之类。街期各处错杂,以便贸迁。

（清　鄂尔泰、尹继善修,靖道谟纂：《云南通志》,卷八,风俗,清乾隆间《四库全书》本。）

〔清咸丰三年前后,云南大理府邓川州〕　贫民负升斗以易布蔬,商人计锱铢以供俯仰,各于适中之地期会,名曰街子,犹之北方谓之集,南方谓之墟,黔、蜀谓之场是也。凡六日而一周,计州城街逢子午日,沙坪街逢未日,右所街逢寅申日,旧州街逢卯酉日,银桥街逢辰戌日,中所街逢巳亥日,黄家坪街逢丑未日,新街逢寅午戌日。

（清　钮方图修,杨柄锃、侯允钦纂：《邓川州志》,卷四,风土志,街市,清咸丰三年刻本。）

〔清光绪十一年前后,云南曲靖府沾益州〕　市易在州,前以申子辰日集,谓之赶街,他无所产,货米麦、菽豆、布匹、牲畜而已。一在城南猪街,以亥日集,四面皆州境。其税旧系府税,今入南宁征解。

（清　陈燕、韩宝琛修,李景贤等纂：《沾益州志》,卷二,风俗,清光绪十一年刻本。）

〔清光绪十一年前后,云南永昌府〕　昔黄帝日中为市,令百姓交易而退,各得其所,而市之名以起。降及后世,商贾愈繁,设市愈盛,于是舟车捆载遍天下,中域省分或名曰集,或名曰墟,或名曰场,或名曰庙会,惟云南则称以为街,总之皆市也。永郡之在滇省,地处极边,与缅甸接壤,一切货殖较他郡为多,故贾客亦最众,兼之土地肥饶,产物甚伙,南北街场星罗棋布。至如以十二属象定街期,则滇省风气使然,不徒一郡也。

(清 刘毓珂等纂修:《永昌府志》,卷十七,建置志,市肆,清光绪十一年刻本。)

〔清光绪十八年前后,云南楚雄府镇南州〕 日中为市,市各有期,城中市以奇日,城西三十里沙桥以二、六、十日,至永宁乡一街二街、阿雄乡小马街、岔河街、江外鼠街、龙街、大马街、兔街、团山街,皆小市也。

(清 李毓兰修,甘孟贤纂:《镇南州志略》,卷二,地理略,风俗,清光绪十八年刻本。)

〔清宣统二年,云南楚雄府楚雄县〕 日中为市,交易各得,然市各有期,如城内外街以日日为市,军东保满街逢三、八日市,下民北腰贴街一名凌虚街逢四九日市,民东毛溪冲小街逢五、十日市,大琶子午街一名芦花街逢二、八日市,小琶新街一名永定街逢一、七日市,上民北吕合街逢三、六、九日市,前河哨三街逢三日市,后河哨龙街五街逢辰日市,自雄哨五街、六街逢五日、六日市,凹舌哨七街逢七日市,江外哨鼠街、虎街、兔街逢子日、寅日、卯日市,以上城乡界哨街期,大市少而小市多。

(清 崇谦等修,沈宗舜等纂:《楚雄县志》,卷二,地理述辑,风俗,清宣统二年修,一九六〇年据抄本传抄。)

〔民国初年至三十七年前后,云南姚安县〕 本县市集日期类多以农历日期为准,城市以各旬二、六日为市期,昔年初二、十六两日集城内东南街,余日均集东关外各街。近三十年来,则每遇市期,米粮、柴薪集南街,盐、糖集北街,纱线、布类集东街,百货、牲畜、木材、蔬菜集东关外。……各乡市成立最早者为新街、弥兴、普溯、官屯、北塔各街,就中以北塔为繁盛,其余多系近三十年来先后成立。

(霍士廉等修,由云龙等纂:《姚安县志》,卷九,舆地志,坊市,民国三十七年铅印本。)

〔民国六年前后,云南大理县〕 特别市暨诸小市:三月大市在城西校场,每岁以三月十五日集,至二十日止,各省及藏、缅商贾争集,官署遣戍卒卫之,俗称唐永徽间有观音大士者以是日入大理,四方之人闻风而来,各挟其货,因而成市,亦曰观音市云。……内市,自双鹤门至安远门大街,逐日通市贸易,率以为常。月集市,每月初二、十六两日集,旧在演武场,嗣移大街鼓楼左右、南门外、西北城隅,历无定所,今定为初二日在五华楼左右,十六日在城西北隅。上关市,在关内,丑未二日集。下关市,在关北,已亥二日集。喜洲市,在县北四十里,辰戌二日集。草帽街,在城南十五里,六日一集,附近村民编草帽集市销售,因名。龙街,在作邑、向阳溪两村之间,辰日集,每街销售洋纱、土布各百余默。狗街,在喜洲宏圭山脚,戌日集,销售品以洋纱、土布为大宗,与龙街同。

(张培爵等修,周宗麟等纂,周宗洛重校:《大理县志稿》,卷三,建设部,城市,民国六年铅印本。)

〔**民国六年前后,云南大理县**〕 十五至二十日为三月大街市之期,市集在城西里许,俗称观音市者是也。盛时百货生易颇大,四方商贾如蜀、赣、粤、浙、湘、桂、秦、黔、藏、缅等地及本省各州县之云集者殆十万,计马、骡、药材、茶、布、丝、棉、毛料、木植、磁铜锡器诸大宗生理交易之至少者值亦数万。经大乱后,万事变更,市场比较往昔已百不逮一。

(张培爵等修,周宗麟等纂,周宗洛重校:《大理县志稿》,卷六,社交部,社会,民国六年铅印本。)

〔**民国九年前后,云南建水县**〕 村寨每遇街期(村民交易之所曰街子,犹燕赵谓之集,岭南谓之墟也。其期有以干支名者,如子日曰鼠街,丑日曰牛街之类。有以日计者,如逢三、逢五及七街、八九街之类),诸货杂陈,大都皆日用饮食之质。

(丁国梁修,梁家荣纂:《续修建水县志稿》,卷二,风俗,民国九年铅印本。)

〔**民国十二年前后,云南景东县**〕 日中为市,通名曰街,以十干十二支分各处街期,如甲乙街、乙庚街、子名鼠街,午名马街之类,错杂不同,取便贸迁,间有以地名街者,而街期仍以支干为定。

(周汝钊修,侯应中纂:《景东县志稿》,卷四,建设志,集场,民国十二年石印本。)

〔**民国二十一年前后,云南泸水**〕 泸水市集有五,主要营业除食粮,广盐、布二项。布全销永昌布,盐喇鸡、云龙二井均销,无极大盛衰。……泸水有市场五,均十日一市,并无米粮牛马独销之市,无铺号商店。

(段承钧纂修:《泸水志》,第十三,商务,民国二十一年石印本。)

〔**民国二十一年前后,云南禄丰县**〕 县城有云龙街、文瑞街,三区东隅小新街,五区中村小鸡街,七区老鸦关,八区二街均为著名之市集,其主要营业惟米粮、豆麦、杂货、(布)匹、烟酒、器具之类,商货、杂货由省城运来到县,由县运往各市。其布匹由河西、玉溪、省城运来,其陶器来自易门、罗次,其米粮运往盐兴、井市者居多。

(阳仰修抄:《禄丰县志条目》,境内著名之市集,民国二十一年抄本,一九七五年台湾成文出版社影印本。)

〔民国二十七年前后,云南石屏县〕 集场,古名墟市,俗名赶街。集愈多者交通愈盛,文化愈兴,不可忽也。龙街当限于辰日,而戌日亦集焉;鸡街当限于酉日,而午日亦集焉,殆由繁盛而改易他日者。日日集则成都会,日夜集则成大埠,抑视物产、人力之发达何如耳。

(袁嘉谷纂修:《石屏县志》,卷五,建设志,集场,民国二十七年铅印本。)

〔民国二十七年前后,云南昭通县〕 昭之市集,以西大街、陡街、云兴街、怀远街为大,其次为四城门内外,商号、商店大都集中于其间,他如蔬菜、纱布、毛货、屠案、草鞋、米粮、牲畜等均有市,盖亦物人类聚之自然趋势也,抉择于民食、牲畜者,附述于后。米市,昭产米颇丰,售米之市有二,一在西城外大街中段,一在西城内水塘子街头,共有米行约十五六家,四乡农民运米城区,即分聚于二处以待价,交易颇盛,四时不绝,每日米业交易,平均约在五十余石。杂粮市,昭之东南北三城外均为各种杂粮集中地,日不间断,与米市同,而繁盛过之。其余东乡有龙洞汛、礼拜寺,南乡有海口桥、土洞洞、皂角树,西乡有元龙山、旧圃、下街子、温家场、观音庙、迤那溪、炎山、大山包、桂花箐,北乡有闸心场、大岩洞、五寨、小堡子、大营、青岗岭等,每届场期,售卖杂粮亦最盛,但为时甚暂,多寡无常,未若城区之长期繁荣耳。牛马市,市挺高等法院第二分院前,每届日中,附近各县及昭属四乡牛马均集中于此。然以场所宽敞,猪羊市亦附入焉。征收牲税者设局于其侧,董理其事,年解款数万元,贸易之盛可想见矣。

(卢金锡修,杨履乾、包鸣泉纂:《昭通县志稿》,卷五,商务,市集,民国二十七年铅印本。)

〔民国二十七年前后,云南石屏县〕 午市为盛,夜市为减,戊癸日则城内集场,谓之街子。各村则以鸡、羊、狗、龙等日为街期,不能一一数也。

(袁嘉谷纂修:《石屏县志》,卷六,风土志,商业,民国二十七年铅印本。)

〔民国二十八年前后,云南昆明高峣〕 高峣前无市集,迩以近村烟户增多,始间五日一期集焉,鱼虾蔬菜米盐薪炭咸取给于是。初时侵晨齐集,未晡已散,近则稍稍繁盛矣。

(由云龙纂:《高峣志》,卷下,艺文,民国二十八年铅印本。)

注:高峣又名碧峣村,在昆明市。

〔民国三十一年前后，云南巧家县〕　蒙姑，位居县城东隅，距一百二十里，属善内里，临金江北岸小江入口处，行旅云集，商业繁盛，为会理入省要道。主要营业为内地沙糖，凡沿江附近数百里多运往销售，东川、寻甸、嵩明、曲靖、平彝各地之糖商均有来此购运者，计年销数目常以千万闻。余如汪家坪产之白盐亦多以此为销场。入口洋纱而就地销售者不下万余仔。大寨，位居城西北隅，距一百二十里，属归治里八甲，市面户口只百余家，而城中商号分在则在十家以上，缘此地出产丰富，农家多豢肥猪，各商号即于此而专买猪油运省销售，每年出口数目据二十二年团捐局之总计为二千八百九十六背，每背约百斤为数，则有二十八万九千余百斤矣。其余土产如粉丝、猪毛、羊皮，数亦不少，红米产量尤巨，凡昭通、鲁甸、永善与县属之四五六七甲及县城各地之食米多仰给之，约计每年出口数目在五百余石。入口以洋纱布匹为大宗，每年销数约等于出口猪油之值。荍麦地，属归治里六甲，地距县城北一百里，为全县之中心区域，每五日集场一次，每场经商人数常以万计，若至年节尚不止此。主要商品入口为昭通之川盐，五甲之草纸，桐油，本甲之清油、山货、药材、羊毛及七甲之羊毛，八甲之索粉，县城之布匹，其草纸一项尤以本市集为销运中枢，凡附近百里所用皆仰给于此。出口大宗为本产之大麦、牛羊皮、山货、药材、猪毛等，大麦运入县城年约数十石，余则运省销售。攀枝花，属归治里九甲，距城北三百余里，南临金沙江，西通永善，北达昭鲁，东接内地，五六八各甲四境商旅多云集焉。其主要出产为沙糖、吴芋、椒子、木瓜子、桐油、清油、猪油、山货、药材、沙糖、山货多运昭通，余则由城转运入省销售。入口货为川盐及县城之布匹。茂租，属归治里八甲，介大寨、攀枝花之间，四山虫树成林，每至三四月间，滇川虫商会集于此，多至数千余人，曰赶虫会。其虫子运往四川，年计千余石，并盛产油类，米、豆、棉花亦多出口，入口之川盐纱布亦为数不少。铅厂，位城北隅，约二百余里，属三甲，前清时曾开办铅矿，故名。其地盛产菜子、桐子，会泽及县境各甲商人多往采购，每年销数约计千石。其外大豆、胡桃、板栗亦为出口之大宗。大桥，属头甲，位居县城东北隅，距三百余里，会泽商人多在此贸易，出产以菜子、胡桃为大宗，年可榨油数万斤，分销会泽及内地，余如羊毛、猪毛产数亦伙，入口多为盐市。汤丹，属向化里，距城东五百余里，遍地铜矿，开采极易，其铜由东川矿业公司经办，运往省垣出售，市场交易以生活必需品为大宗，入口以洋纱布匹为伙。黄草坪，属江外六城坝，毗连凉山，为汉夷通商之要地，盛产山货、药材、牛羊皮、白油、麝香、杉木亦多，每年输出甚巨，入口为食盐布匹。

（陆崇仁等修，汤祚等纂：《巧家县志稿》，卷七，商务，市集，民国三十一年铅印本。）

〔一九四九年前，云南〕 古代商业以有易无，日中为市，今犹存其迹，可于各县乡镇之市集见之。市集一名赶场，亦名赶街子，即地方习惯之例期，附近居民无论买物卖物，均于是日集于一地，作尽日之交易，或以鸡、羊、狗、龙为街期，即以地方配合日期。街场之大者，附近州县居民毕集，其交易之物自谷米食品迄于牛、羊、甑、釜、纸、墨，一切用具无不备。

（龙云、卢汉修，周钟岳等纂：《新纂云南通志》，卷一百四十三，商业考一，市集，一九四九年铅印本。）

〔清乾隆以后至民国年间，西藏〕 太宁的寺原是乾隆为第七代达赖所修的临时住址，听说在前清很兴旺，现在衰败得不忍骤观了。太宁地方也仅有几十家人户，如是再进，就须一直到道孚县才能看见人户。由道孚直到甘孜，除几座山岭野原外，却多有居民可观，亦即西康最繁盛之区域、粮米最富裕之所在了。各处的游牧居民，一到秋后即来此间，用酥油等牧场所产的物品来换麦食，但这种大名鼎鼎之繁盛县区，较之内地稍大一点的集镇尚且不如，况诸县市省垣呢？

（法尊纂：《现代西藏》，附录二，我去过的西藏，民国三十二年铅印本。）

〔清道光年间，西藏里塘〕 里塘，宿。有台员驻防，塘铺市廛汉夷杂处之地。

（清 松筠撰：《西藏图说》，附录，自成都府至后藏路程，里塘，清道光间刻本。）

〔清道光二十七年前，西藏巴塘〕 巴塘，宿地。土饶美，气候和平，与内地相似，商贾汉夷杂处。

（清 松筠撰：《西招图略》，图说，巴塘，清道光二十七年重刻本。）

〔清朝末年至民国年间，西藏〕 霞斯玛，此是哲孟雄境内最繁盛的镇市，清末英兵进藏后，便侵占了这地方，未交还西藏，作了他们小模型的租界（可是并无租价和期限），他们就在这里建立教堂，收买人心，实行他那怀柔侵略的政策了。此村镇上下一带的民族约两三百户，虽是西藏人，然而不受西藏管，归为英人所有。

（法尊纂：《现代西藏》，附录二，我去过的区藏，民国三十二年铅印本。）

〔民国年间，西藏〕 帕克里这地方，就是印度到前后藏的中心枢纽，一般商人也多在那里换骡帮。此处的居民有百余户，多以招待商人，转卖草料为生活。其地高寒，麦不及熟，春末播种，秋季将穗而刈，专供马料为用。

（法尊纂：《现代西藏》，附录二，我去过的西藏，民国三十二年铅印本。）

（三）各地间商品流通

〔清光绪初年，直隶顺天府〕 近自南北洋通商以来，水烟筒又盛行矣。来自江苏、湖北，以黄、白铜铸之。所吸之烟，则福建绵烟、广东净丝烟、生切烟，若兰州水烟，尚不经见。

（清　李鸿章等修，张之洞等纂：《光绪顺天府志》，卷五十，食货志二，物产，清光绪十二年刻本。）

〔民国二十二年前后，河北顺义县〕 衣，普通以棉布为之，色尚蓝、黑，灰次之。邑人不纺织，多仰给他省县（山东高阳、香河、宝坻等处）。

（苏士俊修，杨德馨纂：《顺义县志》，卷十二，风土志，民生，民国二十二年铅印本。）

〔民国年间，江苏嘉定县疁东地区〕 本区主要农产品为棉花，故经商者向以棉商为最大。其市场近南者，集东门外；西北者，集娄塘；北者，集刘河；南者，集宝山属之罗店。但设行经营者，多区外人；区人经营者，多属小贩，俗称小秤手。或为上述四处之花行代收，或自备小资本至各户收买后转销于附近市镇花行，间有收后轧成花衣运销外地者。民国亡十年前，近罗店镇之棉贩专收黄花，即棉之恶劣者，轧之成絮，名黄花衣，贩之西南产稻县，供作棉衣、棉被料，营业发达。民国后，曹王镇亦有小型花行之开设。

（吕舜祥、武掇纯编：《嘉定疁东志》，卷七，实业，商，民国三十七年油印本。）

〔清同治年间，河北静海县〕 贩粟者，南至卫辉、磁州，北至京师，视年之丰歉以为籴粜。其余贸易，东则海滨之盐，西则独流洋芬港之苇席、蒲、藕，北则直沽之海味、鱼、虾，南则临清之百货。县境除两河岸外，地皆瘠硗，民多逐末，卫河一带，可以迁化有无，穷氓赖之，自漕改海运，粮艘之竹木酒米无由再至，市廛较昔寥落焉。

（清　郑士蕙纂修：《重辑静海县志》，卷一，集市，清同治十二年刻本。）

〔民国二十年前后，天津〕 津沽食品之出产，当以海物为最全，价廉而物美。春日最著有蚬、蛏、河豚、海蟹等类，秋季螃蟹肥美甲天下，冬则铁雀银鱼，驰名远近。黄芽白菜，嫩于春笋，而青鲫白虾，四季不绝，鲜腴无比。梨、枣、桃、杏、苹果、葡萄各品，亦以北产为佳。至若卫河及三岔河口之金眼银鱼、内河之刀鱼、小刘庄之罗卜、葛沽之桃及稻米,尤为脍炙人口,不可多得之土产。

（宋蕴璞辑：《天津志略》,第七编,物产,民国二十年铅印本。）

〔清乾隆八年前后,直隶天津府沧州〕　商通有无,大抵缯帛来自江苏,铁器来自潞汾,农具为多。粟米视年之丰歉,或籴之使来,或粜之使去。为市者皆依日为集,州城日一集,乡镇旬日两集,相沿岁久,民皆便之。

（清　徐时作、刘蒸雯修,庄曰荣等纂：《沧州志》,卷四,礼制,风俗附,清乾隆八年刻本。）

〔清乾隆年间,直隶顺天府永清县〕　市易木棉,自涿州、新城贩者货之,脱其棉实（俗称花子）,每棉一斤易钱一百二十（今年时价）。女工无纺织,乡村妇女畜牝鸡,不忍杀,以鸡子易木棉,治棉为缕,不用纺车,用小石系线,引而旋之,其缕坚细胜车纺者,止取给以缝纫,有余或易钱米,未尝治机织布。布则仰给固安、雄县四方市易聚处,固安之马庄,永清人仰衣被焉。市易棉布一尺,当户部官尺十有七寸,布之佳者,每一尺（市尺十七寸者）得值钱三十有三四（制钱,非永钱也）；布二丈,当稻米一斗,市斗大二十升。则近今贸易之通例也。

（清　周震荣修,章学诚纂：《永清县志》,户书第二,一九八五年文物出版社《章学诚遗书》影印本。）

〔清乾隆年间,直隶顺天府永清县〕　永清无稻米,稻米自文安、霸州、涿州水田种植,市贩至于永清。

（清　周震荣修,章学诚纂：《永清县志》,户书第二,一九八五年文物出版社《章学诚遗书》影印本。）

〔清道光以前至咸丰以后,直隶永平府滦州〕　行商坐贾惟粮客为最盛,昔自迁安之建昌营运口外之粮,由陆路委输开平,以粜于西南郡县之不足者也。至道光初年,始改由滦河用梭船（船形如梭）运八沟（即平泉州）之粮委积于城内,以粜于四境之不足者也,而州南八社尤赖之。自咸丰年后,大庄河民船出海,自运关东之粮接济,沿海一带粮价稍平。

（清　杨文鼎修,王大本等纂：《滦州志》,卷八,封域志,风俗,清光绪二十四年刻本。）

〔清同治五年前后,直隶永平府昌黎县〕　地非通区,故无富商大贾,若粟米则籴于关东口外,绸缎则来自苏、杭、京师,土著多而客民少,虽城堡各有集市。集市皆有定期,日出而聚,日昃而散,所易者不过绵布鱼盐,以供邑人之用。

（清　何崧泰等修,马恂纂,何尔泰续纂：《昌黎县志》,卷十,志余,风俗,清同治五年刻本。）

〔清光绪二十年以前，直隶广平府永年县〕　永年之临络关、邯郸之苏、曹二镇，花店尤多，山西、山东二省商贩来此购运，近亦渐稀。

（清　吴中彦等修，胡景桂等纂：《广平府志》，卷十八，舆地略，物产，清光绪二十年刻本。）

〔清光绪二十年以后，直隶永平府昌黎县〕　昌黎东南临于渤海，铁路未通之时，各种食粮率由海口输入。城东三十里曰蒲河口，县南八十里曰狼窝口，迤西距县七十里曰甜水沟，三帆或四帆之船舶可以入口。每年输入粮石甚伙，至各种杂货，如瓷器、红白糖、纸张、海菜等类，均由抚宁县属之清河口、洋河口运入，再由旱车运至昌黎境内。铁路交通，三口输入之粮石，不如从前之畅旺矣。

（陶宗奇等修，张鹏翱等纂：《昌黎县志》，卷二，地理志上，交通，小路，民国二十二年铅印本。）

〔清光绪二十年前后，直隶广平府〕　郡境民间所用者曰白酒，亦曰烧酒，皆贩自山西；绍酒贩自南省，均非土产。本境所出者惟以黍酿之黄酒而已。

（清　吴中彦修，胡景桂纂：《重修广平府志》，卷十八，舆地略，物产，货属，清光绪二十年刻本。）

〔清代中叶至末叶以后，山东东昌府馆陶县〕　在昔前清中叶，民庞物阜，本邑男耕妇织，各务本业，大布（俗称粗布）一种输出境外，远销晋省。夏麦秋粮，每值丰收，水路可由卫河运至天津销售，尔时布缕、粟麦、鸡子等皆为输出物之大宗。至工业所制造木瓦等器，皆只敷本境之用，行商坐贾、列肆贸易，然货物多来自外境运销境内。除自然产物外，货物输出者殊鲜。迨清末轮轨四达，百货麕集，洋布畅销，内地土织布乃以滞销。岁多歉收，粒食维艰，甚且仰给外境，更何有输出之粟物。

（丁世恭等修，刘清如等纂：《续修馆陶县志》，卷二，政治志，实业，民国二十五年铅印本。）

〔清光绪末年，直隶保定府束鹿县〕　商务之于国家，犹血脉之于人身也。血脉通，则人身康健；商务通，则国家富强。即僻在一邑，亦难闭关塞户，不与他境通有无，商务所系重矣。然商之本在农，农惰则无以生，商之体在工，工拙则无以成，惟辛集一区，素号商埠，毛皮二行，南北互易，运至数千里。羊皮由保定、正定、河间、顺德及泊头、周家口等处陆路输入，每年计粗、细两色，约三十万张，本境制成皮袄、皮褥等货，由陆路运至天津出售。羊毛由归化、城西、泊头、张家口及五台、顺德等处陆路输入，每年均计约四五十万斤，本境制成织绒、毡毯、帽头等货，由陆路运至天津、湖广等处出售。骡马杂皮本境制为黑绿皮脸，每年均计约须二十万张，买由赵冀州大名府等处，卖在山东、归化城、天津、广东等处，皆由陆路转运。此本境制造之熟货可以言商务者。牛皮以邻近出者为上品，由大名府、广平府路来者次之，本境熬胶割条，所需无几，大宗皆由陆路输出东三省，销售平均计之，每年十余万张。马尾归安平制造，皆有客人零买，数无可稽。此本境转运之生货可以言商务者。至铜器来由山东，铁器来由山西，洋货来由津埠，竹货来由清河，皆零运零售，供本境之用，并无行市，为外客贩运，不足言商务。惟旧城一市，为棉花萃聚之区，每年销售不下二百万斤，皆由陆路运至深州等地，作农人制衣之用，此本境所产之品，可以言商务者。要之，本境未当孔道，又无商埠，故商务寥寥，兼以土地瘠薄，岁若荒旱，居人益贫，凡一切集市，其繁盛皆远不逮昔，经济家欲振而兴之，上联商会，下设商学，中通商报，尤必矢以信，联以群，持以恒，商务亦未必无起色也。

附　表

本境出产各货	行销处	每年销数
棉　花	销外境	约三百万斤
花　生	同　上	无定数
本境制造货	销外境	
老羊皮袄	同　上	约万余件
寒羊皮袄	同　上	约万余件
羊皮褥	同　上	无定数
狗皮褥	同　上	无定数
织绒	同　上	约一千六百匹
地毡	同　上	无定数
氆氇	同　上	约二万匹
黑水脸	同　上	无定数
绿皮脸	同　上	无定数
帽　头	同　上	无定数
他境转运货		
牛　皮	同　上	约十万张
马　尾	同　上	无定数

（清　李中桂等纂：《光绪束鹿乡土志》，卷十二，商务，清光绪三十一年修，民国二十七年铅印本。）

五、商　　业 | 1313

〔清代，直隶河间府献县〕　邑无大贾，其盐局、典局多他省人为之，贩缯贩粟即商之巨者。舟运由滹沱所载木石煤灰，陆多挽羊头单轮车，通临清、衡水、道口、泊头、天津诸处。邑东多枣，岁以法熏晒，鬻于京，颇有羡。其他菽粟、布缕、牛羊、鸡豚、果蔬之类，趁市贸易，不足名商也（旧《志》）。

（薛凤鸣、李玉珍修，张鼎彝纂：《献县志》，卷十七，故实志，谣俗，民国十四年刻本。）

〔清代后期至民国二十二年前后，河北广宗县〕　数十年前，敲石取火，棉油燃烛，近日火柴、煤油为输入品一大宗，人民以其简便，遂为通常用品。

（姜榕荣等修，韩敏修纂：《广宗县志》，卷四，风俗略，民国二十二年铅印本。）

〔清代后期至民国二十五年前后，河北香河县〕　数十年前，居民燃灯用棉子油或豆油，近则皆用煤油。乡农炊薪，用杂柴废木，近则半用煤炭。生齿日繁，产料不敷，此大因也。他如化妆用品、纸烟、洋皂等类，市肆罗列，销售日多，苦工贫户亦争用之。工艺不兴，咸资外运，绝大漏卮。

（王葆安修，马文焕、陈式谌纂：《香河县志》，卷五，风土，民生，民国二十五年铅印本。）

〔清朝末年，直隶宣化府保安州〕　物产在本境销行外，能运出本境者，惟高粱与稻米制品。能运出本境者，惟蓝靛、草纸、毡帽等。高粱由陆路至怀来、昌平一带，稻米由陆路至张家口一带，草纸、毡帽皆由陆路至京畿一带，蓝靛则由陆路至万全、怀安、天镇、阳高、延庆等处。自易州运入本境者曰大布，自祁州运入本境者曰茶叶、曰药材，自口北运入本境者曰盐、曰莜麦，自蔚州、宣化、怀安、龙门等处运入本境者曰谷米。

（佚名纂修：《被安州乡土志》，商务，抄本。）

〔民国初年，河北盐山县〕　豆油：石油未旺之先，燃灯以豆油为大宗，石油出，而豆油大减，近本境行销岁约二十余万斤，而豆饼代肥料其用益广。此外，复有棉油，即棉子油，及大麻子油，蒿子油，亦与豆油同其功用，其滓亦可粪田。芝麻油：本境岁销十余万斤，滓曰麻酱，用以肥田。果子油，即花生油，本境岁销二十余万斤。

（贾恩绂等纂：《盐山新志》，卷十三，故实略二，物产下，民国五年刻本。）

〔民国初年至二十九年前后，河北邯郸县〕　邯境盐商，袭旧日销卖之区域，除在邯销售外，武安、涉磁等县亦由该商专卖。统计邯境年销约两千余包，计值十数万元,盖商界中之巨擘也。煤炭业,此项营业利用舟运,向以滏河沿岸为最盛,近数年来营业凋丧,逐渐歇闭,现仅存有十三家,资本无过三千元者。平时购买多赖息借为周转,统计煤炸每年约销三千万斤,平均五十元,合值十五万元;烟煤约销六千万斤,平均三十元,合值十八万元。下运沿河十余县至武强之小范镇为止。此业性属牙行,旧有牙帖,年纳课税若干。十四年后,财厅改章投标,由包商认缴税款总额,各户帮摊税款,始获营业。惟标额屡丰增高,现已增至三千七百五十元,亦云极矣。此外村镇所设之煤厂,计共五十余家,资本二三百元或四五百元,辗转买卖,为本境及东南数县车载购运之供应,每年销额当与河运相埒云。钱粮业,邯境粮商以城东南门里为最盛,集镇村庄较为次之,至四乡稍为富庶之村又次之。统计五十余家,资本以五千元为最,少者不过二三百元。十数年来,多有购自湖北、河南等处运至北平趸售者,获利颇丰。乡野村庄营是业者不过设筐市廛为买卖双方之绍介、借抽牙佣而已。是业亦属牙行,大宗贩运与设筐抽佣者径庭实甚,近年包商标额一千七百余元,较煤炭行尚未大涨。至钱行一业,本为各项商业之枢纽,惟以汇票通行,各商均得辗转川兑,专营是业者尚未闻见也。

(李肇基修,李世昌纂:《邯郸县志》,卷十三,实业志,工业,民国二十九年刻本。)

〔民国十二年前后,河北藁城县〕 吾邑商业无名商大贾,惟粮商、花商、盐商、药商、杂货诸普通之商而已,余若花生、土布、农器日用之品,亦有售出者。入境货,以煤炭、铁器、洋布、绸帛及各种杂货为大宗。

(林翰儒编:《藁城乡土地理》,上册,商业,民国十二年石印本。)

〔民国十八年前后,河北威县〕 销行于他境者,则白布发往蔚州、西河营及太原、平遥、太谷等处,每年约一百二十万匹。净花发往山东周村、交州一带,每年约一百三十万斤。缠带发往山西太谷、平遥、忻州、交城各处,每年约六百万把。红绳子发往山西,每年约七万斤。以上皆陆运。梨发往天津,每年约一百一十万斤,皆水运。他境物产销行本境者,山东大汶口之公兴烟,岁可运入十万包,隆祥烟岁可运入六万包,皆水陆运。

(崔正春修,尚希贤纂:《威县志》,卷八,政事志,商会,民国十八年铅印本。)

〔民国十八年前后,河北新河县〕 对外交易出口,则以花生、棉花、果品为大宗。入口,则以洋广货等为大宗。

(傅振伦纂修:《新河县志》,食货门,下编,社会经济,民国十八年铅印本。)

〔民国十九年前后,河北雄县〕 高粱,除农家自用外,多运至白沟、容城、新安镇等处,以供酿酒。麦粉多由人力车运销北平,或由大车运至百沟河装船水行百余里,至黄土坡,由骆驼驮运北平,或由船运至天津,间亦有由车运至保定销售者。近因洋面竞争,销路滞塞。

(秦廷秀、褚保熙修,刘崇本等纂:《雄县新志》,故实略,商务篇,民国十九年铅印本。)

〔民国十九年前后,河北雄县〕 马自北口外蒙古地由陆路贩入本境,在城里及史各庄、留镇售卖。近日牲畜市甚多,大营、赵村、张冈等镇均有。

(秦廷秀、褚保熙修,刘崇本等纂:《雄县新志》,故实略,商务篇,民国十九年铅印本。)

〔民国二十年前后,河北满城县〕 营棉业者名曰花店,现共九家,为县内资本最大之商,资本约十一万七千余元,收买各轧坊棉瓢,榨包运津销售,全年输出平均约六百四十七万二千余斤,为本县物产出运大宗。

(陈宝生修,杨式震、陈昌源纂:《满城县志略》,卷七,县政,实业,民国二十年铅印本。)

〔民国二十年前后,河北满城县〕 酒商,县境无烧锅,营此业者,皆贩自徐水县,共四家,销额年约三万余斤。其他杂货铺带卖,不在此数。煤商,本县销煤以烟煤为最多,京煤次之。营此业者共七家,资本约一万三千余元。煤由井陉、临城、门头沟、周口店各矿运来,全年销额约四百余万斤。药商,药材均自安国县趸来,营此业者共十一家,资本约二万余元,销无定数。布商,全境布商共七家,资本约三千余元,其布匹半出本地机织,半由高阳输入。杂色外洋之布,均由保定趸来,销无定数。杂货商,全境营杂货业者共九家,资本约四千五百余元,其货品或系自制,或由津埠运来,销无定数。

(陈宝生修,杨式震、陈昌源纂:《满城县志略》,卷七,县政,实业,民国二十年铅印本。)

〔民国二十一年前后,河北柏乡县〕 本地铁器购自山西。

(牛宝善修,魏永弼等纂:《柏乡县志》,卷五,风俗,民生,民国二十一年铅印本。)

〔民国二十一年前后,河北平山县〕 谷米一项为本县民众家常食品,缺乏最多,全仗由山西贩运接济。

(金润璧修,焦遇祥、张林纂:《平山县志料集》,卷五,物产,民国二十一年铅印本。)

〔民国二十二年前,河北张家口〕 在昔平绥路未通时,所有本口之工商业皆兢兢业业、悉本旧规,以与蒙古各盟旗交易。出口货为烟、茶、油、酒、米、面、布匹、糖味、海味、铁器、瓷器等日常用品,入口货为皮毛、牲畜、盐碱、木料、蘑菇、奶食等。所有出口入口各货，如系原料或须改制者，多有在本口制造成品及改装运发者，故本口工业以入口货之皮毛为大宗。至出口货之铜、铁、木器、靴鞍、帽靴等。工人多为商店所雇，合雇经营，完全以内外蒙之交易为主。

（路联达等修，任守恭等纂：《万全县志》，卷三，生计志，社会概况，民国二十二年铅印本。）

〔民国二十二年前后，河北南皮县〕 本境商业，正式银钱行仅城内义兴和一家，其余集镇均系他业兼兑银钱。泊镇、冯家口均有粮店，专营转运粮石于天津、济南、泰安等处，其余以杂货业为最多，药业次之，茶叶、洋布业又次之，绸缎业者少，大概均属于消费方面。其属于生产方面者，以制棉、轧油两项为最大，行销亦最远。为漏卮之巨者，以纸烟、煤油为最，纵有本地产烟叶、烟丝、豆油、花生油等，亦竟不用。又有商家纯销洋货，竟大书特书洋货店者，至为可耻。

（王德乾等修，刘树鑫纂：《南皮县志》，卷五，政治志，实业，民国二十二年铅印本。）

〔民国二十二年前后，河北高邑县〕 棉花店三处，分设城内车站，由本县收买花纕年约十万余斤，销于天津、彰德等处，资本共五千余元。

（王天杰、徐景章修，宋文华纂：《高邑县志》，卷二，实业，工商业，民国二十二年铅印本。）

〔民国二十三年，河北张北县〕 我县除本地出产供给于社会应用外，仍有仰给于他省货物者甚伙，如煤油、火柴、烟纸、茶、糖、布匹、盐碱之类。有贩自平、津者，有贩自山西省，亦有购自蒙古者，此皆属消费物品。查近年来，消费最多者，莫如民国二十二年。是年前半年，虽受时局影响，而后半年军事结束，而各种货物均属销售畅旺，以赢余之款以抵损失之亏，仍属绰绰有余，故各商号均转悲为乐，喜形于色。至二十三年，因天雨连绵，秋收歉甚，粮价低廉，金融滞塞，人民无钱购物，以致销路顿形阻滞。商贾赔累，嗟叹于市，求能维持现状者，实属寥寥无几。此张北入境货物销售之情况也。兹将张北全县近三年入境大宗货物量、值列表如下：

张北县入境大宗货物表

名称	最近三年入境数量			来源地	每单位平均价值	最近三年本县消费量概况			备考
	二十一年	二十二年	二十三年			二十一年	二十二年	二十三年	
煤油	12 000 桶	12 000 桶	10 000 桶	本省及平津各地	4.8	10 000 桶	10 000 桶	6 000 桶	
纸烟	450 箱	220 箱	320 箱	同	300	300 箱	300 箱	220 箱	
火柴	860 箱	900 箱	600 箱	同	12	800 箱	800 箱	500 箱	
洋布	1 400 匹	1 800 匹	660 匹	同	11	1 200 匹	1 500 匹	700 匹	
粗布	6 500 匹	8 000 匹	5 300 匹	同	13	600 匹	600 匹	400 匹	

(续表)

名称	最近三年入境数量			来源地	每单位平均价值	最近三年本县消费量概况			备考
	二十一年	二十二年	二十三年			二十一年	二十二年	二十三年	
棉花	24 000 匹	30 000 匹	22 000 斤	本省及平津各地	5	24 000 斤	28 000 斤	18 000 斤	
茶叶	170 000 斤	230 000 斤	120 000 斤	同	8	170 000 斤	170 000 斤	10 000 斤	
糖味	60 000 斤	50 000 斤	35 000 斤	同	2	40 000 斤	45 000 斤	30 000 斤	
纸张	80 000 匹	96 000 匹	64 000 匹	同	1	64 000 匹	68 000 匹	45 000 匹	
东生烟	700 囤	1 000 囤	600 囤	山西	120	600 囤	1 000 囤	500 囤	
青盐	140 吨	170 吨	94 吨	蒙古各地	100	140 吨	150 吨	90 吨	
口城	120 000 斤	150 000 斤	80 000 斤	同	1	120 000 斤	120 000 斤	70 000 斤	

（陈继淹修，许闻诗等纂：《张北县志》，卷五，户籍志，商业，民国二十四年铅印本。）

〔民国二十三年前后，河北望都县〕　本县平汉路横贯南北，故煤厂业亦甚发达，其最著名者则有天丰、德合、信记、俊兴等数家，经售井陉、门头沟、房山、唐山等处煤炭，每年营业数万元。粮店，本县粮店事业亦甚发达，其最著名者则有德裕、恒升、义和、义丰、万裕等数家，经营张家口之红粮、小米，销售县内，同时将本县之芝麻、小麦贩卖出境，营业数目在本县商业中占首席焉。

（王德乾修，崔莲峰等纂：《望都县志》，卷五，政治志，实业，民国二十三年铅印本。）

〔民国二十三年前后，河北井陉县〕　本邑产棉地少，纺织业亦不发达，民间所需粗布，多系获鹿、栾城各县出品。故布商向获鹿、栾城等处贩运洋线、笨线各种布匹，或在铺中售卖，或挑至乡镇零售，营业颇属发达。全县土布铺共二十一家，设在东关、北关、河东、横涧、贾庄、横口、威州、微水、南障城、金柱、吴家窑、胡家滩、新庄、南王庄等处，统计资本金额约八千余元，全年营业总金额约三万三千余元。

（王用舟修，傅汝凤纂：《井陉县志料》，第六编，实业，商业，民国二十三年铅印本。）

〔民国二十三年前后，河北井陉县〕　普通所用衣料，以平山、获鹿两县之土布为主，取其耐久也。自正太路成，邑中舶货充斥，少年喜新美，购洋布者渐众，然远不如土布销售之多。丝织品需量极少（近以洋货价廉，即嫁装、冥衣亦多用洋货而不用绸缎），绸缎商附设于洋货店内，几至绝迹。

（王用舟修，傅汝凤纂：《井陉县志料》，第十编，风土，民生，民国二十三年铅印本。）

〔民国二十三年前后，河北完县〕　胡桃，县呼核桃，以其外尚有果皮也。县产西北山中，产量每年约万斤，输出品为带核与去核两种，由产出地贩运至津转售于洋商，县人业此者名曰山货行（桃、杏仁及绒毛等均名山货）。

（彭作桢等修，刘玉田等纂：《完县新志》，卷七，食货第五，民国二十三年铅印本。）

〔民国二十三年前后,河北藁城县〕 棉花则运销天津,或制成土布行销山西、绥远等处。五谷及甘薯除供给民食外,随时随地销售。落花生则销售于正定石门或轧制成油,运往平津。果品菜蔬出售无多。家畜之肥猪多沽于北平,羊毛、羊皮出售于辛集。

(任傅藻等修,于箴等纂:《续修藁城县志》,卷一,疆域志,物产,民国二十三年铅印本。)

〔民国二十三年前后,河北井陉县〕 境内所产粮食不符所需,大宗仰给于山西。且本县除东北一隅外,产棉地方甚少,邑民所需棉花、布匹亦须仰给于邑东晋县、赵县、栾城、正定诸县。……本县惟一大宗生产,厥为煤炭,但经营者全属外人,于邑民生计无大裨益。

(王用舟修,傅汝凤纂:《井陉县志料》,第五编,物产,民国二十三年铅印本。)

〔民国二十三年前后,河北定县〕 眼药,此定州特产,张齐珠、马应龙、白敬宇等最有名,祁州药会所售遍各行省。

(何其章等修,贾恩绂纂:《定县志》,卷二,舆地志,物产篇,民国二十三年刻本。)

〔民国二十三年前后,河北大名县〕 输入物品,煤油、食盐、煤炭、糖、杂货等类,约计每年二三百船。输出物品,鸡蛋、花生、瓜子、白油、米、麦、豆、谷等类,约出入相抵。

(程廷恒修,洪家禄等纂:《大名县志》,卷十,农工商志,商业,民国二十三年铅印本。)

〔民国二十四年,河北涿县〕 主要输入粮食果品:谷、米、高粱约共四万余石,柿约百万余个。主要输出粮食、棉花、果品、稻米、麦、芝麻、玉蜀黍共约十五万余石,棉花约七十万斤,果品共约三百万斤。

(宋大阜等修,周存培等纂:《涿县志》,第三编,经济,第一卷,实业,民国二十五年铅印本。)

〔民国二十四年,河北涿县〕

农民总数 181 563人	占全县人口百分比 88%	男 45%	女 43%	耕种面积 762 005亩	占全县面积百分数 54%	稻地 16%	园田 1.3%
主要农作物					主要果蔬					主要畜禽					备考
种类	产量	约值	输入	输出	种类	产量	约值	输入	输出	种类	产量	约值	输入	输出	
麦	190 000	1 330 000	—	—	桃	150 000	15 000	—	—	马	3 000	120 000	420	—	
高粱	70 000	210 000	25 000	—	杏	100 000	5 000	—	375 000	驴	25 000	375 000	—	—	
谷	125 650	439 700	15 000	—	梨	1 000 000	50 000	—	750 000	骡	7 200	360 000	—	—	
玉蜀黍	380 000	1 140 000	—	—	枣	2 000 000	66 600	—	1 125 000	牛	4 800	96 000	—	—	

(续表)

| 主要农作物 ||||| 主要果蔬 ||||| 主要畜禽 ||||| 备考 |
种类	产量	约值	输入	输出	种类	产量	约值	输入	输出	种类	产量	约值	输入	输出	
豆	15 380	61 500	—	—	红果	1 000 000	20 000	—	750 000	驼	190	15 200	30	—	
芝麻	4 000	32 000	—	—	蔬菜	30 000 000	300 000	—	—	猪	150 000	300 000	—	20 000	
稻米	14 770	147 700	—	—	藕	150 000	7 500	—	—	羊	5 000	15 000	3 000	—	
花生	1 904 000	58 200	—	—	荸荠	30 000	3 000	—	—	鸡	400 000	80 000	—	150 000	
棉	900 000	112 500	—	700 000	柿	—	—	1 000 000	—	鸭	10 000	5 000	—	—	
红薯	50 000 000	250 000													
烟叶	80 000	10 000													

（宋大章等修，周存培等纂：《涿县志》，第三编，经济，第一卷，实业，民国二十五年铅印本。）

〔民国二十四年，河北涿县〕 商品运输情形：本县商品运输以平汉路、巨马、琉璃、大清各河为主，车驮、人力次之。由平汉路运出者，以松林店、涿州、永乐三站为起点，运入者亦以此三站为止点；由河路运出者，以永济桥、茨村、坞头为起点，运入者亦以此三处为止点。其运输手续，在平汉路则由货主将货交车站人员，或按分量，或按包件，定运费多寡，开给运单，到预定地点货主凭单领货；在河路，则由买货客人或货栈与船户自由商洽运费，船户携带客人或货栈之发货单，以凭交货；其由车驮运者，亦然；至人力趸买小贩，多系自买自运。

（宋大章等修，周存培等纂：《涿县志》，第三编，经济，第一卷，实业，民国二十五年铅印本。）

〔民国二十四年，河北涿县〕 主要商品产销及价格：稻米，本县产半数，运销邻县及平津，平均价格每斗九角；麦，本县产约三分之一，运销北平、天津，平均价格每斗七角；谷米本县产量不足，余约三分之一由张家口运销本县，平均价格每斗六角；玉蜀黍，本县产量约四分之一，运销天津，平均价格每斗三角五分；高粱，本县产量不足，余约二分之一，由芦台及张家口运销本县，平均价格每斗三角；豆类本县产约五分之一，运销天津，平均价格每斗四角五分；盐，长芦产，运销本县，每斤价格一角一分；茶，徽产，运销本县，每斤价格由四角八分至三元二角；糖类，产自本国及外国，运销本县，每斤平均价格二角；烧酒，本县产，约十分之八运销平、津及邻县，每斤价格一角三分；芝麻油，本县产，约五分运销北平，每斤价格一角八分；肥猪，本县产，二分之一运销北平，平均价格每头十元；棉花，本县产，十分之八运销平、津，平均价格每斤一角二分；棉织品，产自高阳、天津、北平，运销本县，平均价格每尺一角；丝织品，产自江、浙、豫、鲁，运销本县，平均价格每尺四角；灰煤，房山县产，运销本县，平均价格每百斤五角；煤油，产自英、美、俄等国,运销本县,平均价格每斤一角六分;木材,本县产,实销本县平均价格每料二元;纸类,本县产类不足约十分之八,由外省、外国运销本县,平均价格每刀一元;纸烟,天津、上海产,运销本县,平均价格每包六分;火柴,天津产,运销本县,每包价格四分;铁器,大宗产自获鹿,运销本县,平均价格每斤二角;瓷,江西、唐山、磁县产,运销本县,平均价格每件由五分至五元;书籍,上海制,运销本县,平均价格每册一角;笔墨,多衡水产,运销本县,平均价格,笔每封一元,墨每斤一元二角;药材,本国各地产,多由安国县运销本县,价格不等;碱,北平、张家口产,运销本县,平均价格每斤一角;脚踏车,北平、天津、上海产,运销本县,平均价格每辆三十元;鸡卵,本县产,运销天津,价格每个一分五厘;粉条,本县产,约五分之二运销北平及邻县,平均价格每斤一角。

（宋大章等修、周存培等纂：《涿县志》,第三编,经济,第一卷,实业,民国二十五年铅印本。）

〔民国二十四年前后,河北张北县〕 毛店,收买各种粗毛,如骆驼毛、羊毛、山羊毛等类,贩至张家口、平津一带出售。此种营业对于毛之成色、各地市价必须独具只眼,有观察之眼光,始免蚀本赔累之虞。前数年曾有收买大宗毛绒后存放不动,俟价值腾涨再运至天津出售获利数倍。因存放日久,毛质生霉,以致损失;或价值低落,往往折尽原本,不能恢复者亦大有人在也。现在本县城内有毛店四五家,庙滩、馒头营、公会各村约有七八家,共有十数家,尚可维持现状。

（陈继淹修,许闻诗等纂：《张北县志》,卷五,户籍志,商业,民国二十四年铅印本。）

〔民国二十四年前后,河北张北县〕 农家所用器具如铁锨、铁镢、锄、犁、刀、铲之类,每逢春季耕田、夏季耘苗、秋季刈稼时售之最多,其物品多由山西及本省蔚县贩来。

（陈继淹修,许闻诗等纂：《张北县志》,卷五,户籍志,商业,民国二十四年铅印本。）

〔民国二十四年前后,河北晋县〕 县内产棉,故业此者甚众,全县统计约百余家,称曰花店,运棉至天津销售,获利甚厚。

（刘东藩、傅国贤修,王召棠纂：《晋县志料》,卷上,实业志,商业,民国二十四年石印本。）

〔民国二十五年前后,河北馆陶县〕 本邑僻在西偏,而卫河纵贯,商船无阻,近复汽车通行,津济各货克期输入境内,糖、茶、丝织诸品、衣帽鞋袜等物行销全境,不胫而走,其尤甚者,煤油之以供点灯,火柴之以便燃火,俱为一般用品之大宗。此外纸烟一项,现经提倡国货,英美公司烟卷行销本境者较前逊。此本邑每年货物输入之变迁概况也。

（丁世恭等修,刘清如等纂:《续修馆陶县志》,卷二,政治志,实业,民国二十五年铅印本。）

〔民国二十五年前后,河北南宫县〕　棉为本县大宗产品,故业此者众,对〈外〉籍之商、本县坐贾,随在收罗,曰挂秤。挂秤者,日用机器榨成巨包,曰花包。每包重量约一百六七十斤,北运天津,东运济南,冬春之际,车马络绎,不绝于途,以半年计之,其总额当不下千万也。

（贾恩绂纂:《南宫县志》,卷三,疆域志,物产篇,货物,民国二十五年刻本。）

〔民国二十六年前后,河北滦县〕　地狭民稠,生者不敌其所食,转资给于关东口外之粮。

（袁莱修,张凤翔等纂:《滦县志》,卷四,人民志,风俗习尚,民国二十六年铅印本。）

〔民国二十八年前后,河北邯郸县〕　售卖洋布设肆营业者,城里车站及苏曹镇等处共十五家,资本以二千元为最,少则数百元,购自邢台南关,略带丝绸以为配搭者十之八九,运自津、沪大宗贩卖者绝鲜,每年每家流水不过数千元或万余元而已。至棉纱一业,购自河南漳德,多带卖于杂货肆中,间有推挽鹿车趁市专卖者,小贩贸易,非常业也,统计境内每年约销三百余包,合价七万余元云。

（李肇基修,李世昌等纂:《邯郸县志》,卷十三,实业志,商业,民国二十九年刻本。）

〔民国二十九年前后,河北邯郸县〕　近数年来,外商贩运棉花络绎,邯境秋收以后,代客收买开设花店者不下十数家,除由本境购买外,邻近各县产棉区域并且广为招徕,尽力张罗,统计每年过运棉花约达百数十万斤。花店营业性属牙行,利在抽用,照章百分之三。统计可得一万数千元,多至两万余元云。

（李肇基修,李世昌等纂:《邯郸县志》,卷十三,实业志,商业,民国二十九年刻本。）

〔民国二十九年前后,河北邯郸县〕　铁器业,车站营是业者计四家,均系晋人,一切生熟铁器自山西贩运,资本三四千元,每年流水均达七八千元或万余元,利益尚属丰裕。

（李肇基修,李世昌等纂:《邯郸县志》,卷十三,实业志,商业,民国二十九年刻本。）

〔清光绪六年前后,山西解州夏县〕　核桃,附近州县胥植,而夏邑甲于邻治,腊月望日市集堆积如山。

（清　黄缙荣修,张承熊纂:《夏县志》,卷一,舆地志,物产,清光绪六年刻本。）

〔清光绪八年前后,山西代州〕　土人既不解织,布皆取给于直隶,至麻亦鲜有植者。

（清　俞廉三修,杨笃纂:《代州志》,卷三,地理志,物产,清光绪八年刻本。）

〔清光绪八年前后,山西平定州寿阳县〕　苇席出温家庄、小东庄、孙家庄诸村,亦有自太原来者,较此为劣。其他日用诸物,取资于他邑,如油则出神池、利民等处,本邑亦有之。烧酒出榆次、朔州等处,本邑亦有之。盐,上者出归化城,次者出应州、徐沟等处。酱,上者出太原省城,次者出归化城,本邑近亦有之。碱,出陕西神木等处。铁器出潞安、盂县等处。田间铁器,半出本邑,半出他邑。木器亦然。棉花出直隶栾城、赵州等处。

（清　马家鼎等修,张嘉言等纂:《寿阳县志》,卷十,风土,物产第三,清光绪八年刻本。）

〔清光绪末年,山西泽州府阳城县〕　阳城水陆不便,舟车不通,凡货物之出入,赖驮运以往来。以今日计之,火石行二十万而不足,铁货行三百万而有奇。以昔年较之,铁货仅及其七之三,火石不及其十之二。东则运之周村镇,西则行诸翼城关,挽手、黄丝皆系外商驻买,黄丝约二万余斤,挽手六七千有奇。生漆、蓝靛尽由本境销行,蓝靛约一万余斤,生漆一二千不等。烟叶贩自襄城,可销三五万。白酒来于潞府,约行二万余。花则运自外境,约行六七万斤。布则来自远方,约行千余万匹。犁面则远商驻买于本境,每年二十万有奇。药材则外客运卖于禹州,约行十数万不等。瓷货可行五七十窑,每窑值钱三十余串。土纸可销二十万刀,一刀值钱二三十文。计合邑煤炭之销行二百万担则不等,约通年粮粟之籴粜一万余石则有奇。

（杨念先撰:《阳城县乡土志》,商务,清光绪末年修,民国二十四年铅印本。）

〔民国十八年前后,山西新绛县〕　本县地势平坦,山陵绝少,煤炭一项多取之乡宁县属之姑射山中,以故山麓各村每于秋冬农隙时驮取煤炭与焦炭,以供全县之田,盖亦农家之一种副业也。

（徐昭俭修,杨兆泰等纂:《新绛县志》,卷三,生业略,民国十八年铅印本。）

〔民国二十二年前后,山西沁源县〕　采购京广洋货各物,多在平遥。铁货、竹货,多在潞府。棉花多洪洞、介休。此外凡本县不产生之物,大半在遥商行购买。

(孔兆熊、郭蓝田修,阴国垣纂:《沁源县志》,卷二,工商略,民国二十二年铅印本。)

〔清光绪三十四年前后,内蒙古土默特旗〕 其服惟茧绸来自山左登莱等郡,大布、夏葛之类亦购自客商。

(清 贻谷修,高赓恩纂:《土默特旗志》,卷八,食货,清光绪三十四年刻本。)

〔清光绪三十四年前后,内蒙古五原厅〕 耕牧兼营,商贾云集,惟草莱甫辟,泉刀未甚流通,民间交易多以货物抵换,尚存布粟相易之古风。

(清 姚学镜修,全家骥纂:《五原厅志稿》,卷下,风俗志,习尚,清光绪三十四年纂,江苏广陵古籍刻印社一九八二年影印本。)

〔民国十二年以前至十七年以后,绥远归绥县〕 商业以皮毛、牲畜为最。……民国十二年前,由蒙古、新、甘输入货品如皮毛、牲畜、瓜、杏、葡萄、蘑菇等,值洋近四百三十万。十七年后,输入突减。……全市各业亦每况愈下,其势然也。

(郑植昌修,郑裕孚纂:《归绥县志》,产业志,工商业,民国二十四年铅印本。)

〔民国二十年前后,绥远临河县〕 本地商货出口品以牛、马、骡、驼、羊、绒毛、粮米、皮张为大宗,销数价值岁计约在四百万元左右。入口品以茶、布、烟、酒、糖、纸为大宗,价值岁计销数价值约在三百万元左右。两相比较,出口销数盈余在百万左右。

(吕咸等修,王文墀等纂:《临河县志》,卷中,纪略,商业,民国二十年铅印本。)

〔民国二十年前后,绥远临河县〕 本地汉、蒙交易以粮米、布、茶、糖及牲畜、绒毛、皮张为大宗。蒙旗需要品及汉商交换品之名目:蒙旗需要品以粮米、糖、布、茶、酒为大宗,汉商换得品以皮张、绒毛、牲畜为大宗。汉蒙交易通用货币之标准:汉蒙交易除以物品交换外,均通用中国国币,或间用俄币,照原定价值计算,并不折色贴水,惟均以现币为限,纸币不能通行。汉蒙交易度量衡之通行:汉蒙商业出入向均通用中国之度量衡以为标准,惟蒙人买卖布匹间有论方者,仍以中尺为比例。出口商贩经过蒙地之规则:后山内蒙为乌拉特前中后三公旗外蒙所属,分四十八家合销,汉商在蒙地营业,须由该商先指明在某旗或某合销地交易,挂号交纳营业捐若干,即准在该处自由贸易,概不禁制,惟不得越境开设铺号,然能禁汉商越境卖货,不能禁蒙人越境卖货,是亦中国任客投主不加限制之常例。至所谓在蒙地交纳营业捐,并非蒙人税课,亦似内地各处商家之铺捐,所谓在该地经商享其权利即当尽其义务也。再蒙旗地面向未设征税机关,惟俄人强干外蒙内政,居然在蒙地设局卡征税,且税率苛重,如有汉蒙货物经过该局卡,均照值百抽十征税,即汉蒙商贩携带银洋,亦值百抽五征税,是不惟我国际上横生窒碍,亦我国商务上受若大影响也。

(吕咸等修,王文墀等纂:《临河县志》,卷中,纪略,商业,民国二十年铅印本。)

〔民国二十四年前后,绥远归绥县〕 蒙古草地,一望无际,距村市甚远,而蒙人日用所需全赖民人牛犋。牛犋者,圈牛之处,缘民人租种蒙人地亩,不以亩计,以牛计,大者数百头,小者百余头,另搭板升屋,而米盐靡杂无不由城贩运而来,以供蒙人所需,年终或抵地租,或以牲畜相抵,民人因之致富者甚伙。

(郑植昌修,郑裕孚纂:《归绥县志》,民族志,礼俗,民国二十四年铅印本。)

〔民国二十六年前后,绥远武川县〕 本县所产皮毛粮食等,均系贩至归绥出售;所销杂货等项,亦系由归绥贩运而来。

(廖兆骏编:《绥远志略》,第十六章,绥远之商业,第四节,各县商业状况,民国二十六年铅印本。)

〔民国十七年前后,奉天辽阳县〕 棉花庄,东南两方面及中部各高原产棉颇多,且绒长而柔韧,曾经奉天纺纱厂试用,可称佳品,收之于本境,售之于省城,贩运便捷。如收子棉出售熟棉,所余棉子即为净纯余利。

(裴焕星等修,白永贞等纂:《辽阳县志》,卷二十七,实业,工商业,民国十七年铅印本。)

〔民国十九年前后,奉天盖平县〕 邑境农区形式无成,西距海约二十里许,居民多以鱼盐之利为生活,农业稍亚……加以人烟渐蕃,粮产不足,民食每年尚需邻省或邻县调剂红粮十三万余石。

(石秀峰修,王郁云纂:《盖平县志》,卷十二,实业志,农业,民国十九年铅印本。)

〔民国二十三年前后,奉天庄河县〕 商货输出岁额以青豆、包米、小豆、绿豆、粳子、粳米、大麦、落花生、山茧、大小绸、生丝、栗子、山楂、梨、苇席、苇笠、猪鬃、猪毛、干鱼、咸鱼、鲜鱼、虾、海参等为大宗,约值大洋二百三十五万六千九百七十七元。商货输入岁额……统计约值大洋六百零七万七千二百十五元,较之输出额相差三百七十二万零二百三十八元有余。

(王佐才等修,杨维嶓等纂:《庄河县志》,卷九,实业志,商业,民国二十三年铅印本。)

〔清康熙初年，吉林宁古塔〕 石城，城方二里，垒石成垣，城内居民，寥寥数家，东西各一门，以通往来，大帅公署在焉。……此地去沈阳一千五百里，去高丽六百里，去乌鸡、鱼皮、黑觔等夷，或数百里，或千余里。其来互市也，则貂皮、鹿角、人参、黄狐、白兔等，居民以沈阳之布予之，往往有微息。近来逐末者益多。

（清　张缙彦撰：《宁古塔山水记》，石城，清康熙初年撰，一九八四年黑龙江人民出版社铅印本。）

〔清康熙六十年前后，吉林宁古塔〕 稻米至宁古每升须银二三钱，惟宴客用之。

（清　吴振臣纂：《宁古塔纪略》，清康熙六十年刻本、光绪年间重刻本。）

〔清光绪三十三年前后，吉林柳河县〕 蓝靛岁出约二三万斤，归本境销行。豆油岁出约三四万斤，豆饼岁出约二万余块，均本境销行。烧酒岁出约一百余万斤，蓖麻、线麻岁出约六七万斤，均本境销行。黄烟岁出约六七十万斤，除本境销行十分之二三，余皆运外销行。黄蘑岁出约一万余斤，山茶岁出约一万余斤，本境销行十分之二三，余皆运外销行。

（奎斌、邹铭勋纂：《柳河县乡土志》，商务，一九六〇年据清光绪三十三年抄本油印本。）

〔清光绪末年，吉林海龙府〕 商务大宗，靛青岁出约一百五十万斤，除本境销行三分之一，余皆往铁岭、省城、营口、外省销行。豆油岁出约九百万斤，除在境销行十分之四，余皆往省城、外省销行。豆饼岁出约五百万块，在本境销行。苏油岁出约二十万斤，在本境销行。苏饼岁出约二十万块，在本境销行。烧酒岁出约二百七十万斤，在本境销行。线麻、苎麻岁出约四百万斤，除在本境销行十分之二，皆往铁岭、省城、营口销行。煤炸岁出约九千万斤，除在本境销行十分之八，余皆往各城及由三通河达辉发河运往吉林销行。燋岁出约一千五百万斤，除在本境销行十分之一，余分由辉发河运往吉林，由通化县之富口江运往里城销行。烟草岁出约三百万斤，除在本境销行十分之二，余皆往里城销行。自通化县、柳河县界、吉林界运来之烟草约六十万斤，在朝阳镇销行十分之三，在山城子销行十分之七。运来之苎麻、线麻约五十万斤，在朝阳镇、山城子销行。

（清　海龙府劝学所编：《海龙府乡土志》，商务，一九六〇年油印本。）

〔民国四年前后，吉林双山县〕 商务，黄豆、蜀秫为大宗，春冬之间约可共销万八千余石，烧酒岁出约二十万斤，本境约销十之四，外运者则十之六也。其余自外运来之货,以国税计之,岁不过十五万元之数耳。

(牛尔裕纂:《双山县乡土志》,商务,民国四年铅印本。)

〔民国十六年前后,吉林辉南县〕 辉南输出品以农产及生货为大宗,制造品次之。大豆每年输出不下十万石,红粮、苏子、烟、麻、豆油、豆饼输出亦伙,各由开原南满车站转运于营口、大连、长春诸埠。农业副产参茸、兽皮为大宗,转销于省城及关内各处。生货木材、煤、铁为大宗,均销售于邻县。木材每年输出价额不下五十万元。煤、铁输出价额亦在二三十万元左右。制造品则陶器如缸、盆、罐、瓮,冶器如锅、釜、勺、铲及农具各种,输出亦不赘也。输入品以大布、洋布、棉花、石油、食盐、茶叶、药材、纸章、火柴、纸烟为大宗,渔虾、面粉等类次之。布、棉各由省城辽海或关内各地输入。油、盐、茶叶各项杂货则由省城或营口、安东各地输入。输出多生货,其值廉;输入多熟货,其值费,出轻入重,利源漏巵,固不止一隅然也。

(白纯义修,于凤桐纂:《辉南县志》,卷三,人事,商业,民国十六年铅印本。)

〔民国二十四年前后,吉林通化县〕 本城粮栈在事变前二十余家,秋间收买元豆、包米、杂粮,每家均存至数万石,春夏用车船载赴安、奉等地销售。元豆出口较为大宗,杂粮本地销售者为多,并兼营油、酒、山货等业。事变后,资本较大者各家均已停业,现余数家因歉收关系,更无业可营,而元豆出口现多由杂货商兼营,每年亦无大利可获,较之前数年,诚不胜沧桑之感。

(刘天成修,李镇华纂:《通化县志》,卷三,实业志,公司及各企业,民国二十四年铅印本。)

〔民国二十六年前后,吉林海龙县〕 全县之出产以元豆为大宗,每年出口之数约五十五万八千石(旧量器),其次则为高粮,又次则为包米,乃土人常食之品。然每遇外县荒旱,本地丰收,亦有时出口,其出口之数或四万五千余石或三万六千余石不等。

(王永恩修,王春鹏等纂:《海龙县志》,卷十五,物产,民国二十六年铅印本。)

〔辽代至民国十四年前后,黑龙江〕 黑龙江省商业,辽太祖始通诸道市易。太宗始立互市,女直及铁离、靺鞨、于厥等部以物来易,是为黑龙江兴商之始。清初,与俄罗斯互市,地在省城北十余里。定制于草青时,各蒙古部落及虞人胥来通市。今此制久废,惟呼伦贝尔之寿宁寺等处每届会期犹集市如昔。初,商贩多山西及西域回人,今已不复限制,五方杂处,客商皆云集矣。自铁路与邮船行,交通既便,而商业亦较盛于前。光绪三十三年,始饬设商会,开商埠,中外通商。输出之货以牲畜为最多，皮张、粮食次之，骨、肉、毛羽、蘑菇、药材亦多贩运。输入之货首在布帛，次则砖茶，次则绸缎、杂货。近时洋货销用尤多。所用钱币以江钱为本位，称曰江帖，近亦通用银元票。现金过少，时有钱荒。民国八年，督军孙烈臣以整顿金融必从根本着手，当先集现金，议广开金矿，以所采现金为整顿金融基本，并将官私纸币限期收回，改用大洋，以期币价日高，金融稳固，庶几商业日兴。乃俄乱又起，扰及江境，于是百业停顿，市面萧条，而商务又为之一阻。今方重议振兴，徐谋恢复。

（金梁纂：《黑龙江通志纲要》，实业志，商业，民国十四年铅印本。）

〔**清朝初年至民国十九年，黑龙江呼兰县**〕 呼兰之在中国，虽位边鄙，尤以农业著，盖自清初置城后，即设官庄，移壮丁于兹屯垦。又建恒积仓以资储贮，拨水师船以利运输。据《府志》所载，当时由呼兰运粮以饷齐齐哈尔（今省城）、墨尔根（今嫩江）、黑龙江（今瑷珲）三城者，岁数万石或数十万石以为常，已足见农产之丰富矣。迨后放荒招垦，生聚日益繁，地利日益辟，每岁各粮出口者约以亿万计，欧人至目之为满州谷仓，其丰富尤可概见。

（廖飞鹏修，柯寅纂：《呼兰县志》，卷五，实业志，农业，民国十九年铅印本。）

〔**清康熙年间，黑龙江**〕 茶自江苏之洞庭山来，枝叶粗杂，函重两许值钱七八文，八百函为一箱，蒙古专用和乳，交易与布并行。

（清　方式济纂：《龙沙纪略》，饮食，清康熙间修，乾隆间《四库全书》本。）

〔**清嘉庆十五年前后，黑龙江**〕 棉花，非土产。布，来自奉天，皆南货，亦有贩京货者，毛蓝、足青等布是已，然皆呼为京靛，而江南来者号抽机布。俗谓一布为小匹，二布为大匹。制一衫，小匹不足，大匹有余，布之尺寸可知。

（清　西清纂：《黑龙江外纪》，卷五，清嘉庆十五年修，清光绪间刻本。）

〔**清嘉庆十五年前后，黑龙江**〕 茶叶来自奉天，一包谓之一封，又称一箇。性不寒，能消肥腻，塞中争重之。亦有沦春、香片、大叶等茶，啜以盖碗者，满州汉家数家外，晋商多如此。

（清　西清纂：《黑龙江外纪》，卷六，清嘉庆十五年修，清光绪间刻本。）

〔**清嘉庆十五年前后，黑龙江**〕 南酒来自奉天，岁不过数坛。烧酒来自伯都讷，岁不下数十万斤。从前呼兰议开烧锅，将军观明驳之，至今不果行。

（清　西清纂：《黑龙江外纪》，卷六，清嘉庆十五年修，清光绪间刻本。）

〔清咸丰以前至光绪中叶,黑龙江〕 市酒多自呼兰贩运,味薄,同内省米酒,不及奉天牛庄之佳,然同一高粱所酿也。饮者既多,酿者亦遂贵多,市情自然之常。又有黄酒,以糜经宿成之,其甘如醴,以供祀神,余则饷客。江省食盐由奉天营口、宁远运来,斤值京钱五十,各城皆通行之。呼伦贝尔二泊向产五色盐,不煮可食,然产不甚旺,又兼味浊而苦,唯近居者取食焉。山城多产皮张、榛子,由北运南。呼兰粮食而外,以烟、靛、油、酒、苎麻、干鱼为多,北运各城,南运吉林各属,入冬则车马相接,日夜喧阗。盖草地结冰,坚滑易行,又无江渡间阻,厘税留难,谋生者所为汲汲也。江省金砂由俄境运至奉天炼成,行销内省,每两上者九四五成,次亦九成以外,业此者获利甚巨。……江省皮张、茸角,亦贸易大宗。然皮张之属如貂狐贵品近产颇稀,亦向不如吉林之佳。惟灰鼠产布特哈、呼伦贝尔两城境者号索伦鼠,毛厚色润,东三省推为殊,尤有大、小、中毛三色,而市无硝匠、硝料,必挈至京都乃可成裘,购者皆成形全鼠,美裘一领亦值二十金上下也。鹿多而贱,茸角之属,岁于七八月时由黑龙江、兴安两城境捆运至省。茸之佳者,每支可得银三十余两,劣亦七八两不等,而力薄性燥,不如奉天所产滋益于人,盖奉天产者梅鹿,江省则马鹿也。惟由奉天运至广东,销路甚畅。煎胶成块,利至倍蓰,山西人贩运者多,九月则收市而回。茸价自三十金至七八金,视茸多寡为率,角则以斤计值,视同寻常药品已。江省牲畜以牛为多,诸部落初时以为常食,名曰乳牛,又曰菜牛。咸丰以前,市肉一斤不过二十钱。近二十年,昂至六七十钱。盖牛产多在齐齐哈尔、呼兰两城境中,贩至黑龙江城境最为大利,缘俄人广加收买,以供行军干粮。冬春之交,肥牛一头有贵至银二十两者。俄境苦寒,粮产不足,传闻盗采漠河金厂时石粮至五十金,只牛至三十金云。

(清 徐宗亮纂:《黑龙江述略》,卷六,丛录,清光绪中刻印本。)

〔清光绪中叶,黑龙江〕 江省向不产米,土著旗丁率以糜麦杂牛羊肉食之,市米则多由奉天载运,以资汉民,石约百八十斤,价银四两。麦面上百亦在一两二钱,糜则为价稍低。此据秋收中稔时言之。然惟呼兰垦产为多,各城官运而外,至江冰大合,则粮载之车日夜不绝,号买卖大宗。其运赴吉林省各属亦略相等。谷种杂色,皆有不为常食,常食者惟小米,高粱二种,皆糜类。

(清 徐宗亮纂:《黑龙江述略》,卷八,丛录,清光绪中刻印本。)

〔清光绪十七年前后,黑龙江〕 杂货运出外者,油、酒、皮张为巨,要不及吉林省各属美备；运入内者销路逼仄，亦不及奉天省各属畅满。

（清　徐宗亮纂：《黑龙江述略》，卷四，贡赋，清光绪中刻本。）

〔民国初年至十八年前后，黑龙江珠河县〕　乌吉密河站起运之粮食，大都来自同宾、方正、宾县，各县出口数量大有与年俱增之势。民国十二至十三年之粮食出口起运者仅六千八百五十九万一千斤有奇，计合四万吨。十三至十四年之出口时期，增至九千一百九十四万六千斤，合五万五千吨。迨十四年至十五年度，竟达一亿三千五百八十二万三千斤，合八万一千吨。十年以前，此站起运数量，粮食之外，首推林木，主要者为中日各铁路所用之枕木，木桦、木炭次之，各出口商发往各处之麻袋又次之。至到达货载，则为食粮、面粉、高粱、食盐、布匹、杂货、糖品、铁暨生铁制品，其他零星货载如果品、棉、油亦年见增加，因供给珠河县及距站九十华里之同宾之需求。粮商之属于欧洲者有西比利亚公司、瓦沙尔洋行、喀巴勒金洋行、索斯金洋行。哈尔滨中国粮商：同记、永和盛、永和源。一面坡站交通营业状况……该站得享经济中心及货物集散地，以五常县之东北、同宾县之东南、珠河县之东部及苇沙河全境货物几无不由此出入，计由各该地输入者系各种原料品，以粮食为大宗，输往者为布匹、食盐、煤油、杂货。乌吉密交通营业状况：乌吉密起运物品，向以建筑木材及木桦、木炭为大宗，现以粮石为起运大宗物品，每年出口元豆约在一万吨上下，荒地日辟，有与年俱增之势。是站粮商十一家，欧商如西比利亚公司、瓦沙尔得洋行、索斯金洋行。小九站交通营业状况，市面繁盛，设有商、农两会，居民达五千人，向年输出材木、木桦、木炭，今已砍伐殆尽，就中惟有粮商六家、杂货商十家，欧商三家，均派有专员购买元豆，西比利亚公司、瓦萨尔得洋行、索斯金洋行。……亚库尼小站交通营业状况，向年出产木桦，现由该站出运元豆，计有三百吨，附近惟有农民，别无商业。

（孙荃芳修，宋景文纂：《珠河县志》，卷十三，交通志，铁路，民国十八年铅印本。）

〔民国四年前后，黑龙江呼兰〕　商业品，布帛类本国货有绸缎、湖绉、哈喇、哗叽、呢绒、棉花丝线。外国货有洋缎、洋绒、洋呢、洋布、洋印花布，均自营口输入。本国货棉花为大宗。外国货洋布为大宗。食物类，本国货有糯米、粳米、茶叶、水果、面粉。外国货有酒、有糖，均自营口、哈尔滨输入。以粳米、面粉为大宗，米、麦产于本国，然粳米之佳者多制自日人，面粉之佳者为俄人火磨公司所制造。

（黄维翰纂修：《呼兰府志》，卷十一，物产略，商业品，民国四年铅印本。）

〔民国九年前后,黑龙江瑷珲县〕 布帛类,本国货有绸缎、湖绉、哈喇、哔叽、呢绒、花线、丝线;外国货,洋布、洋缎、洋绒、洋呢、洋布、洋印花布均自营口输入。本国货棉花为大宗,外国货洋布为大宗。食物类,本国货有糯米、粳米、茶叶、水果、面粉,外国货有酒、有糖,均自营口、哈尔滨输入,以粳米、面粉为大宗。米、麦产于本国,粳米之佳者多制自南方,面粉之佳者为我火磨公司所造焉。

(孙蓉图修,徐希廉纂:《瑷珲县志》,卷十一,物产志,商业品,民国九年铅印本。)

〔民国十三年前后,黑龙江宁安县〕 各站出口货物无多,近年来沿各站附近地域,经韩人垦种水稻田颇多,惟牡丹江及海林两站以小麦、元豆出口为大宗。

(王世选修,梅文昭等纂:《宁安县志》,卷三,交通,铁路,民国十三年铅印本。)

〔民国十五年前后,黑龙江双城县〕 煤炭燋炸,由吉林省北境运入居大多数,间亦有由奉省运入者。石灰,纯由吉林运入销售,双城、拉林、东山亦可出产。

(高文垣等修,张萧铭等纂:《双城县志》,卷九,实业志,矿物制造,民国十五年铅印本。)

〔民国十五年前后,黑龙江双城县〕 元豆,可榨油和酱,磨腐榨油,滓为豆饼,每年油饼车载船运,销于各通商口岸实居多数,为双城农产大宗出口之物。

(高文垣等修,张萧铭等纂:《双城县志》,卷九,实业志,植物制造,民国十五年铅印本。)

〔民国二十二年前后,黑龙江〕 茶叶,来自奉天,一包谓之一封,又称一个。性不寒,能涤肥腻,塞外争重之。亦有沦香片、大叶等茶,啜以盖碗者,满州汉军数家外,晋商多如此。茶自江苏之洞庭山来者,枝叶粗杂,函重两许,昔值钱仅七八文,八百函为一箱,蒙古专用和乳。

(万福麟修,张伯英纂:《黑龙江志稿》,卷六,地理志,风俗,民国二十二年铅印本。)

〔民国二十五年前后,黑龙江宝清县〕 宝清僻处边陲,交通梗阻,影响商业发达殊非浅鲜,本县最大商号资本亦不过万元左右,稍一损失即将荒闭。货物之输入,土产之输出,完全仰赖富锦。每至夏季,道路泥泞,运费奇昂。迨至冬令,虽运费稍减,然又胡匪充斥,运货恒遭抢掠,此本县商业未得发展之重要原因也。

(齐耀斌修,韩大光纂:《宝清县志》,实业志,商业,民国二十五年铅印本。)

〔明朝年间,陕西洮州卫〕 明制,汉郡产茶,汉民不得自相贸易,于是立市茶法,命秦陇商领茶引,采茶于汉,运之茶马司,榷其半,易马于番,以其马行太仆寺烙记,给各边官军操射,发苑马寺畜牧。

（清　张彦笃修,包永昌等纂:《洮州厅志》,卷十六,番族,番属,清光绪三十三年刻本。）

注:洮州今为临潭县。

〔**清朝年间,陕西汉中府宁羌州**〕　就现在情形计之,各项土货内销之数,除鸦片一项岁约三万两,余皆零星细碎,不足计数。即木耳为土产一大宗,每岁由陆运至府城者不过二千包,由水运至四川者不过千余包,他如桃饼及药材等项,岁由水运至川,多则数百包,少或数十包不等。外销之数亦仅如斯。至外来诸货,则充斥境内,尤以四川之盐、湖北之布为大宗。盐自广元入境,水陆兼运。陆运至城,转销高寨子、胡家坝一带,岁约在千包以上。水运至阳平关,转销戴家坝、大安镇及府城一带,岁约在五千包以上。布之销数,合城内及各乡镇计算,岁不下四千捆,皆自城固县陆运入境,分售各处,而本境织纺之风几于绝迹。又有棉、烟、糖、油、纸料各品,亦皆自他境运入,由外商主持,土著安得不病。

（清　陈艺芬修,黎彩彰纂:《宁羌州乡土志》,商务,清抄本,民国二十六年铅字重印本。）

注:宁羌县今为宁强县。

〔**清乾隆二十年前后,陕西商州镇安县**〕　妇女……不工纺织,布匹所需多从西安贩入,价昂数倍,有一时赊用加息以价者。唯杜川一带近知纺织,正宜群相慕效,以振女红。

（清　聂焘纂修:《镇安县志》,卷六,风俗,清乾隆二十年刻本。）

〔**清乾隆二十七年前后,陕西延安府延长县**〕　棉花不种……所以地少织布,所需白蓝大布率自同州驮来,各色梭布又皆自晋之平绛购以成衣。

（清　王崇礼纂修:《延长县志》,卷四,食货志,服食,清乾隆二十七年刻本。）

〔**清乾隆四十九年前后,陕西同州府韩城县**〕　以饶水故裕稻,而土门口以内西山下为尤盛。以域狭,故粟麦独缺而仰给者,上郡之洛川、宜川、鄜州、延长诸处,南之郃阳,西南之澄城,每岁负担驴驮,络绎于路。度沟历涧,风雨雪霜,日夜不绝。富室、贫家率寄饔飧于市集,倘三日闭粜,则人皆不火矣。

（清　傅应奎修,钱坫等纂:《韩城县志》,卷二,物产,清乾隆四十九年刻本。）

〔**清嘉庆十五年前后,陕西榆林府葭州**〕　市中布匹悉贩之晋地,而黄河一带实为利源,北通河套,南通汾平,盐、粮之舟疾于奔马。

（清　高珣纂修:《葭州志》,卷二,风俗志,习尚,清嘉庆十五年刻本。）

注:葭州今为佳县。

〔清嘉庆二十四年前后,陕西邠州三水县〕　肆邑村堡多设墟市,西南雄镇更商贾辐辏,帆樯云集,列肆诸物或乘急而取赢,犹未为害也。惟米食则多倚于西省,小不济,私贮者辄馆伪以居奇,如是而民困矣。

（清　李友榕等修,邓云龙等纂:《三水县志》,卷一,墟市,清嘉庆二十四年刻本,民国十二年影印本。）

〔清道光初年至光绪三十四年前后,陕西汉中府佛坪厅〕　道光初年,四方商贾来山中采买大木,就地立厂,号曰木厢,境内共有数十厂,每厂辄用数百人,由水路运出,黑水峪口用人尤多,地方赖以富庶。自山外销路不畅,木商歇业而去,本境别无大宗货物可通有无,以致地方日益凋敝。现在由本境行销山外者只有药材及杉松板,山路崎岖,颇费人工。其由他境行销本境者潞盐、棉花,自鳌厘运入大布,茶叶自石泉运入,因烟户稀少,销数亦甚微。

（清　佚名编:《佛坪厅乡土志》,商务,清光绪三十四年抄本。）

〔清光绪三十一年前后,陕西绥德州〕　妇女工刺绣、善烹调……织纺非所素习,尺布寸帛皆仰给于境外。近日东南乡妇女间有事机杼者,然合境内计之,盖犹晨星云。

（清　孔繁朴修,高维岳纂:《绥德直隶州志》,卷四,学校志,风俗,清光绪三十一年刻本。）

〔清光绪三十一年前后,陕西同州府蒲城县〕　客商贩运达于远方者,厥惟兴市镇之棉、纸、鞭炮为土货一大宗。

（清　李体仁修,王学礼纂:《蒲城县新志》,卷一,地理志,物产,清光绪三十一年刻本。）

〔清光绪三十四年前后,陕西商州镇安县〕　木耳,亦出产大宗,水运由襄河至老河口转运汉口,陆运由蜀河等处商人坐庄收买,每岁销行约七八万斤。

（清　李麟图纂修:《镇安县乡土志》,卷下,商务,本境产物,清光绪三十四年铅印本。）

〔清光绪三十四年前后,陕西商州镇安县〕　本境产物:苞谷,为民食大宗,本境山多地少，高坡旱地惟此为宜，岁歉足供自食，年丰则驮运咸宁，引驾卫销售或易盐入山，丰歉无常，销数无定。生铁，山中产铁极富，视炉火之利钝定出数之盛衰，兼之厂户作辍无定，更难捉摸。陆运行销邻界，水运则下洵河，每年输出不下数十万斤。木耳，亦出产大宗，水运由襄河至老河口转运汉口，陆运由蜀河等处商人坐庄收买，每岁销行约七八万斤。五棓〈倍〉子，销行老河口及蜀河各路，每岁约百数十石。药材，商人零星收买，随时运销鄂汉，转销南北等省，难以定数。旱烟叶，近年栽植渐广，颇获厚利，尚无大庄出运。靛青，试种得宜，日见推广，在本境销行，亦无大庄。本境制品：皮纸，陆运出西安，水运往老河口，每千张为一引，三引为一捆，每年约销二三千捆。火纸，销路与皮纸同，百张为一引，五十引为一捆，每年行销约万捆有奇。引纸，八千张为一引，二十引为一捆，销路与皮纸同，每年销数较皮纸稍逊。漆油，由水运鄂省者居多，陆运赴省略少，每年销数约一二万斤。桐油，间有运销入鄂者，其余各油有运销他境，亦有在本境行销，均系肩贩，零星售卖，并无大宗。生漆，多由鄂贩购去。铁器，农具、铁锅等件，均在本境销售，并无运销他境。绸绢纱线，居民饲蚕，仿中州之法自行造织，仅在本境行销，亦无外庄销行本境。缘于俗尚俭朴，不事华美，衣锦者寥寥故也。土布，乡民自织自用，行销本境，间有互换货物。纺织未精，不能行销他处。南酒坛，悉在省城行销，每年约五六千个之谱。入境销行货品：盐，由咸宁引驾卫驮运入山，亦有用人力背运者，每年行销二千余石，由凤凰嘴、柴家坪转运兴安，其售于本境者十之三四而已。棉花，由省陆运入境，亦有由兴安蜀河运来者，每年约销行四五万斤。布匹，水运由洵阳两河关等处入境，在柴家坪、青铜关等处行销；陆运由龙驹寨、蜀河口等处入境，在凤凰嘴、云盖寺、县城等处行销，每年约一二千捆。

（清　李麟图纂修：《镇安县乡土志》，卷下，商务，清光绪三十四年铅印本。）

〔**清光绪年间，陕西同州府华州**〕　输出之品，独竹制器物为大宗，茧丝、靛、棉、苇席、火纸运销不出百数十里。果若桃干、杏干、桃、杏仁、柿饼、万寿果，药若麻黄、防风、苍术，蔬若笋、藕、山药，东输至华阴，西输之西安、三原止矣。而鸦片一宗，远及山西、河南、直隶、山东，每岁以巨万计。其输入品则煤铁之舟汎于河渭，来自山西。洋布、洋纱、巾扇、纽扣、绸货，来自西安。粟来自渭北。然独粟为至多矣。约计之，岁可四五百万石。大率以鸦片辗转相贸，然则华之民仰食于鸦片者殆十室而五六。

（清　褚成昌纂修：《华州乡土志》，商务，清光绪年间修，民国二十六年铅印本。）

〔清光绪年间，陕西汉中府城固县〕 县境商务以姜黄、木耳为大宗。姜黄每年产一百余万斤，陆运销行甘肃秦州十之一，又水运销行于湖北老河口镇十之九。由老河口镇分水运、陆运销行于山西、河南、山东、直隶，以为制造水烟之用。木耳每年产一二万斤，水运销行湖北，又自沔县、略阳县、宁羌州分陆运、水运购入本境三四十万斤，分销湖北。其余牛皮，每年产一万余斤，水运销行湖北。干姜皮，每年产十余万斤，陆运销行甘肃、新疆，借以避寒。罂粟土药，每年产一万余斤，陆运销行南郑各乡，又或自他境购入本境，陆运分销于本省，水运分销于湖北。烟叶，每年产六七十万斤，销行本境及陆运销行本省。蚕丝，每年产数千斤，销行本境，制造绸绫，陆运销行本省及甘肃县境。药材销行之品惟麝香，所产无多，分销别境。如乌药，每年产三万余斤，陆运销行于甘肃、新疆。柴胡，每年产一万余斤，水运销行湖北。前胡，每年产五千余斤，水运销行湖北。苍术，每年产五千余斤，陆运销行四川。黄芩，每年产五千余斤，销行本境。半夏，每年产五千余斤，陆运销行本省。桔皮，每年产一万余斤，陆运销行本省。香附，每年产五千余斤，销行本境。大黄，每年产三千余斤，水运销行湖北。柏子仁，每年产二千余斤，陆运销行四川。巴党参，每年产一千余斤，销行本境。芍药，每年产三千余斤，销行本境。食品：丹桔、黄柑产于县北之升仙谷口近村，每年获数十万枚，销行汉中府全境，及陆运行销本省，为土人之专利。又西瓜子，每年产一百余石，陆运销行四川。其有至他处运入本境单行之货，有白盐、青盐、棉布、棉花四种。白盐由四川陆运入境，青盐由甘肃陆运入境，每年各销行数十万斤。棉布，每年由湖北水运至本境四五十万匹，销行本境无多，余均分销本府及沔县、宁羌、略阳一带。棉花，每年由本省陆运、湖北水运入本境者五六万斤，销行本境或并本境所产之棉花分销别境外，有洋布、洋缎、海产、食品等项，由湖北水运入境销行，而绸缎服用之物，多由四川陆运入境销行，间有由四川之重庆陆运入境销行者。

（佚名纂修：《城固县乡土志》，商务，清光绪年间抄本，民国二十六年铅字重印本。）

〔清朝末年，陕西西安府富平县〕 本境商务以盐、当为大宗，余则日用杂物、花布农器遍于市廛，但少丝帛。各镇集市，粟米酒脯蔬菜煤炭而已。

（清　佚名编：《富平县乡土志》，商务，清末抄本。）

〔民国十年前后，陕西南郑县〕 商业……尤以东关及县东十八里铺为最（他市不过贸易小地，从略），皆设有商会，董理一切。兹就十八里铺计之，其商情如左;糖,由川陆路运入,年约十五万斤;由鄂水路运入,年约十万斤。除销行本境外,转运于甘肃者,陆路年约八九万斤。表纸,由川运入,年约四千五百箱,转运于甘肃者约占一千五百余箱。川纸,由川运入,年约五千担。铁,由川运入,年约二十万斤,转运于甘肃者约占七八万斤。盐,由川运入者年约四万斤,由甘运入者年约六千石,每石约六百五十斤。茶,由兴安、湖北等处水路运入,年约十万斤,转运于甘肃者约占五万斤。绸缎,由川运入,年约七八千匹。棉烟,由甘运入,年三万斤。棉纱,由汉水运入者日本纱居多,湖北、天津纱次之。土布,由本境运销甘肃者年约五万余匹。棉花,由本境运销四川者年约二十余万斤,运销湖北者年约十万斤。东关商业多在河道开行店屯货物,为大批发行者,有山(山西)、陕、怀(怀庆)、黄(黄州)、江(江西)五帮。其平日由汉水运往老河口、汉口者多属药材,以甘肃运来之当归、秦艽、冬花为大宗,余则鹿茸、麝香、甘草、枸杞、凉黄、地黄、麻黄及凤县西乡镇巴佛坪等县所产之党参。其由汉水运入者,江帮则以瓷器为主,余各帮则运湖布、苏缎、京广洋货并白矾、苏木、黄丹、草果、胡椒、大香、铁丝、连史纸等。此外亦有由水道零批运贩者,出则以西乡佛平、略阳、留凤等县所产之木耳,城固所产之姜黄为主,入则仍多运洋货。综计境内出口之货,当以棉花为大宗。

(郭凤洲、柴守愚修,刘定铎、蓝培厚纂:《续修南郑县志》,卷三,政治志,实业,商业,民国十年刻本。)

〔民国十一年前后,陕西榆林府〕 《榆林府志》:牛产蒙地,本境销售约千余头。酥来自蒙地,以牛羊乳为之。

(张鹏一纂:《河套图志》,卷六,物产,动物,民国十一年铅印本。)

注:榆林府今为巴彦淖尔盟。

〔民国十二年前后,陕西兴平县〕 以兴之田地与户口平均分配,每人约地二亩,而辣靛、木棉非食品者又约占十之二三,以故年谷顺成,米粟常仰给甘陇,一遇荒歉,饿莩载道必至之事也。

(王廷珪修,张之际等纂:《兴平县志》,卷一,地理,物产,民国十二年铅印本。)

〔民国十五年前后,陕西澄城县〕 产出之品,以麦与煤为大宗。制出之品,则仅瓷器、砂器。小麦为邑重要出产,故各镇均有粟商,尤以北乡为最。北乡地广人稀,力田而外,无他生理,自奉俭约,贫寒之家食荞麦、糜豆之类,存麦以粜,借供使用。又与洛川接壤,洛川亦产麦之区,自洛川由驴骡驮入关家桥,再运至王庄及治城，故北乡人民每于农隙用铁轮车运售麦于同朝，每年春冬二季络绎不绝，惟有为粟商转运者，有农民自行运售者，无由数计。煤炭，出产于长闰镇之石沟，行销于本境及郃阳之西，蒲城之东，大荔、朝邑各处，澄中部居民农事之余，售炭为生。近日药材中之远志，亦为邑出产要品，运往河南禹州。南乡一带妇女习于纺织，自用衣服外，余布则转售北山鄜洛一带，向亦为一大出产，惟近年以来，洋布盛行，而土布入北山者寥寥矣。……绸缎洋布等及化装品有由山西解州输入者，有来自同州者，卖此等货者名京货铺，近日风俗稍奢，京货入境有逐渐增加之势。药材，每年春季由华阴庙会购入。杂货，兴市镇之纸张、火炮，四川之红白糖，甘肃之水烟，广浙之海菜等，湖北之湖茶，美孚煤油、洋蜡、纸烟、书籍、笔墨等（境内尚无书铺，书籍由省垣购买，文房无各物，由山货铺带售）。铁货，铁器及铁由山西运入朝邑，由朝转入境内。钢则来自豫省。

（王怀斌修，赵邦楹纂：《澄城县附志》，卷四，商务，民国十五年铅印本。）

〔民国十九年前后，陕西横山县〕　布匹、百货买自山西、顺德等地，皮毛、羊绒则由晋商、洋行岁来收买，谷类、豆稻径由农户运销，榆、米、油炭供给南境，磁、酒多贩卖靖定、安定，食盐概由花马池运来，棉花来自韩城、三晋。他如瓜果菜蔬，均随地生产，仅足自给。

（刘济南修，曹子正纂：《横山县志》，卷三，实业志，商务，民国十九年石印本。）

〔民国二十二年前后，陕西葭县〕　葭县从无茶业商贩，用途亦极稀少。惟食盐，县北梨儿湾、袁家沟等村向产小盐，然产额极少，仅供数村之用，故无盐课。全县食盐大抵由甘肃花马池运来，间有食榆属盐湾之小盐者。

（陈琯修，赵思明纂：《葭县志》，卷一，盐茶志，民国二十二年石印本。）

〔民国二十三年前后，陕西神木县〕　除盐、碱、皮货而外，并无出产，一切花布、绸缎及日用之物，俱仰给他省。

（杨虎城、邵力子修，吴廷锡等纂：《续修陕西通志稿》，卷一百九十六，风俗二，神木县，民国二十三年铅印本。）

〔民国二十三年前后，陕西葭州〕　土不产棉，市中布匹悉贩诸晋地。

（杨虎城、邵力子修，吴廷锡等纂：《续修陕西通志稿》，卷一百九十六，风俗二，葭州，民国二十三年铅印本。）

〔民国二十三年前后，陕西紫阳县〕　不产棉花，所用棉布皆取给他处，故妇女亦无讲求纺绩者。

（杨虎城、邵力子修，吴廷锡等纂：《续修陕西通志稿》，卷一百九十五，风俗一，紫阳县，民国二十三年铅印本。）

〔**民国二十四年前后，陕西醴泉县**〕 醴无大商巨贾，率多小本营业，计权子母，博取蝇头。所属镇市向惟叱干、南坊两镇以落地粮炭，北屯镇以甘产皮毛，赵村、阡东两镇以泾东及本地产棉为大宗。近以土匪之扰，北屯几无商号，赵村、南坊、阡东三镇商家亦歇业过半，惟农隙之时，间有乡人赴甘以棉布易皮革，借博微利，不足言商也。

（张道芷、胡铭荃修，曹骥观纂：《续修醴泉县志稿》，卷十，风俗志，职业，民国二十四年铅印本。）

〔**民国二十六年前后，陕西中部县**〕 本境土广民稀，人皆务农，而不知务商，即本境所产麦、豆、草药销行外境，其数不多；即他境所来货物，仅布匹、纸张、烟、糖、茶叶等项，或由本省、或由三原、或由兴镇、或由同州，均由陆路运入本境，每年其销行者亦不多。

（佚名纂修：《中部县乡土志》，商务，民国二十六年铅印本。）

注：中部县今为黄陵县。

〔**民国二十六年前后，陕西甘泉县**〕 本境土地硗瘠，绝少出产，所产之物运出外境者以猪为大宗，每年约能销一千八百余口，值银五千余两。其余羊只、羊毛、烧酒、麻油亦间有出境者，然皆为数无多，值银不满千数。运入之货以布为大宗，每岁能销七八十担，约值银五千余两。所销棉花、估衣值银约只四五百两，以故街市寂寥，商贾稀少。

（佚名纂修：《甘泉县乡土志》，商务，民国二十六年铅印本。）

〔**民国二十六年前后，陕西甘泉县**〕 小麦因地气寒冷，不宜种植，居民食麦皆由鄜州贩运。

（佚名纂修：《甘泉县乡土志》，物产，谷属，民国二十六年铅印本。）

〔**民国二十六年前后，陕西朝邑县**〕 向无大商，近年惟所出之棉花尚可成庄。北路运至宜君、洛川，西路运至宝鸡、虢镇，衰旺无恒，皆外来客自行运贩，每岁约出三十余万斤。

（朱续馨纂：《朝邑县乡土志》，商务，民国二十六年铅印本。）

〔民国二十六年前后，陕西大荔县〕 沙南之渭河出口有棉、粟、金针菜、瓜子等，入口有山西之盐、铁、炭等，大宗销售陕西省垣并各县者甚巨。

（聂雨润修，李泰纂：《大荔县新志存稿》，卷四，土地志，交通，民国二十六年铅印本。）

〔民国二十六年前后，陕西岐山县〕 本境所产之物、所制之品，惟酒与土药、挂面出境，除本境销售外，酒售于省城为多，本省亦有各处发运者。土药销售于本省，间及直隶、山西、河南。挂面，每年冬间农闲始以为业，未成庄，惟零星小贩而已。然三者皆饮食之物，时赢时绌，视岁为转移，无确数可稽。初西盐之入岐境者最为大宗，间数日中，橐驼数百，载盐而来，捆货而去，络绎不绝，其货多从他境运入，畅销西境，而市盐者亦四集中最为兴盛。自近年以来，载盐者绝迹，而市井颇萧条矣。

（佚名纂：《岐山县乡土志》，卷三，商务，民国二十六年铅印本。）

〔民国二十六年前后，陕西鄠县〕 每年销数向无定额，今姑就大概情形言之。食品：姜，种者最伙，经久不坏，由陆路运至乾凤、甘肃，每年约销四五十万斤，本境约销十万斤。芋，有红、白二种，红即红薯，白者俗名芋头，由陆路运至省城、咸阳、泾原、郿武，每年约销六百万斤，丰境约销二百万斤。乌药，由陆路运至乾凤、兴汉、甘肃，水运至山西，每年约销五六十万斤，本境约销二十万斤。胡桃，出南山，发售以斗石计，以人力、马力运至省城、咸阳、泾原、郿武、临渭，每年约销五六万石，本境约销一二万石。百合、木耳，出南山，由陆路运至省城，每年各销三四千斤，本境各销千余斤。竹笋、茭白，由陆路运至省城，每年各销二万余斤，本境各销五六千斤。藕粉，所制真粉，色味俱佳，伪货甚多，由陆路运至甘肃、四川，水运至山西、河南，每年约销二十万包，每包天平拜十四两，本境销四五千包。黄酒，县内有酒馆三四家，每制酒一瓮，用米七斗，清为酒，浊为醅，不能远行，本境每年约销二三百瓮。烧酒，本境亦有制者，每年约销十余万斤，由凤翔及醴泉陆运至鄠，每年约销十余万斤。盐由山西潞州水运至河口，由河口经渭陆运至省城，以至于鄠，每年约销三十万斤。硷，由山西闻喜水运至河口，经渭陆运至鄠，每年约销六万斤。枣由同州府陆运至鄠，每年约销七万斤。水烟由兰州陆运至省城，由省城运鄠，每年约销四五百斤。蜜，出南山者最多，由人力运至省城、咸阳、兴平等处，每年约销二三百桶，本境约销二三十桶。用物：茧由陆运至省城，每年约销四五千斤，本境销七八百斤。牛羊皮由陆运至省城，每年约销千余张，本境约销二三百张。羊毛由陆运至省城，每年约销六七百斤，本境约销二三百斤。丝由陆运至省城，每年约销四五百斤，本境约销二百斤。火纸，厂设涝峪内之八里坪、七亩坪，发卖以捆计，由陆运至省城、咸阳、醴泉、乾凤、鄜武等处，每年约销六七百捆，本境约销一二百捆，每捆五十余斤、八千张。松柏枋块，厂设涝峪内，俗谓之做厢，由涝水运至咸阳分路，陆路运至甘肃，水路运至山西，每年约销七八百副，本境约销三四百副。石灰，涝峪、栗峪、化羊峪皆有窑，灰色甲于各县，由陆运至省城、鳌、武、咸、渭等处，每年约销六七十万斤，本境约销十万斤。漆，南山漆树最多，土人割取其汁，盛以木桶，每桶七八十斤不等，由陆运至省城，由省城运至乾凤、同朝等处，每年约销七八千桶，本境约销五六百桶。靛，蓝所制，出邑之东南乡者佳，由陆运至省城、咸阳、周至、乾凤等处，每年约销八九十万斤，本境约销十八九万斤。柏泥，水磨头一带制，由陆运至省城、咸阳等处，每年约销二三十万块，本境销二三万块。木炭，出南山各峪内，由陆运至省城、咸阳、泾原等处，每年约销四五百万斤，本境约销五六十万斤。扫帚，出南山，由陆运至长安、咸阳等处，每年约销六七百万把，本境销一二十万把。雨帽，由陆运至咸阳、扶风等处，每年约销六七十万顶，本境销五六万顶。竹筛、竹笼，由陆路运至省城、咸阳等处，每年约销七八万个，本境约销一二万个。麻，本地出产自用约万斤，由富平、凤翔陆运至鄠，每年约销二十余万斤。菜油，本地制油者不纯用菜子，杂以棉子、莺粟子，名曰杂油，在本境行销岁约五六万斤，由渭河北兴平、醴泉等处陆路运至鄠，每年约销十余万斤。洋布、洋斜，由省城陆运至鄠，每年约销二三千匹。草帽由渭南陆运至鄠，每年约销七八万顶。木箱、竹箱、木匣及小儿玩器，以人力运至咸阳、泾阳等处，每年销数无定，大约值钱二三千串。论曰：南山材木近已砍伐殆尽，做厢者寥寥数家。火纸厂为自来火所隔，几乎闭歇。咸同之间，木坊每年销三四千副，火纸销三四千捆，今之销数不及其半，贸易之衰大都类此。铁磁铁货，如铁钉、铁锁之类除自制外，由山西泽州、潞安等府水运至河口，由河口陆运至鄠，每年共销六七万斤，铧鐴土，由山西河津樊村镇水运至咸阳，由咸阳陆运至鄠，每年共销十余万叶。镰刀，由省城陆运至鄠，每年约销七八万张。瓷器，如盆、瓮、碗、罐等物，俱曰瓷器，以驮计，用骡马力由耀州运至鄠，每年约销一千驮。石炭，由山西水运至咸阳，由咸阳陆运至鄠，每年约销四五万斤。铁锅，由山西运来，每年约销五百口。以上各门凡县志所不载，类由采访而得。

（佚名纂修：《鄠县乡土志》，下卷，商务，民国二十六年铅印本。）

〔民国三十三年前后，陕西洛川县〕 棉……南乡一带曾试种，因气候过寒，实难成熟。所用棉花,大都由关中各县运来。

(余正东修,黎锦熙纂:《洛川县志》,卷七,物产志,植物,民国三十三年铅印本。)

〔民国三十三年前后,陕西洛川县〕 洛川物产不丰,尤乏制造品,故除当地之农产物外,商品多由外地输入,每年出入之数字尚无统计,其为入超自属无疑。至商品之供销,以粮食及食盐、皮毛、棉花、布匹、纸张、杂货、药材为大宗。粮食丰年均有出口,药材亦有外销者。(近本县工厂所产白细布、纸张、陶瓷等,及土产之畜类与其皮毛、蜂蜜、黄蜡、大麻与麻油等,较称大宗,但出口尚少。)其入口者,食盐来自甘边之花马池(碱来自神木)、皮毛来自鄜县、甘泉以北(毛织品多来自榆林、绥德、肤施。其染料用之硫化青、煮青、煮蓝等,则多由沦陷区经洛阳或宜川运来)、棉花、布匹、纸张、杂货及所需药材等,则来自三原、西安、蒲城、寺前镇与大荔、朝邑等处,自往河南采购者间亦有之,但不常耳。如山货、麻纸等来自蒲城,距二百六七十里。土布来自韩城之芝川镇,距二百七十里;或澄城之寺前镇,距二百八十里。铁货来自朝邑,距三百三十里。纸张、糖、药材等来自大荔,距二百九十里。匹头,即洋布、毛巾等,来自洛阳,均须经寺前镇。他如西药、洋袜、教育用品等,则大部来自西安与三原也。

(余正东修,黎锦熙纂:《洛川县志》,卷九,工商志,民国三十三年铅印本。)

〔明代至民国二十二年前后,甘肃华亭县〕 明赵浚谷志华谓贫民于农事之暇多猎兽皮或采漆木蜜蜡,以博衣食,可知上数物为明时产物之大宗。今则西山之民多垦峡荒,栽大黄、归芎等药,每年陕客来贩,总计所售不下五千担。红山、砚峡二镇之煤,除供本地烧用外,平、陇、泾、崇皆贩运之,每年所入亦甚巨。而农作物之大宗,则麻为第一,每年出境不下一万担。窑头镇所烧之土瓷,自秦虞闳父为周陶正创始制造,迄今陕甘贩运亦伙。民国八年,镇绅汪振懋聘用河南瓷工陈群阳购买天津蓝料,创制半细瓷,销售亦颇发达。

(张次房修,辛邦隆纂:《华亭县志》,第一编,地理志,物产,民国二十二年石印本。)

〔清乾隆四十四年前后,甘肃甘州府〕 布絮其来自中州,帛其来荆扬,其值昂。……菽麦贱值,粳稻贵值。粳米常日视粟米等价皆倍之。蔬果贱值,油、酒贱值。茶自官曰府茶,亦曰黑茶。甘属崇酥,以茶调之,率不可离,而细茶无购者。……其煤自山丹,其值平,其制和以粪,曰煤块。俗以煤为炭,而以制煤块者为炸子,盖刚柔之分耳,其实皆煤也。

(清 钟赓起纂修:《甘州府志》,卷六,食货,市易,清乾隆四十四年刻本。)

〔清道光十五年前后，甘肃甘州府山丹县〕 布絮其来自中州，帛其来自荆扬，其值昂。衣多裘，褐其褞，毛其上，驼其线市。甘人用线皆市买，不自绩。其绩多毡。菽麦贱值，粳稻贵值。粳米常日视粟米等价，皆倍之。蔬果贱值，油、酒贱值。茶自官曰府茶，亦曰黑茶。甘属崇酪酥，以茶调之，率不可离，而细茶无购者。白盐贱值，红盐、青盐倍值。红盐、青盐出山丹北房中。其木多松，自祁连，其用溥，其值廉。……其煤自山丹，其值平。……其器铜、锡倍值，铁三倍之(倍内地也)。

（清　黄等纂修：《续修山丹县志》，卷九，食货，市易，清道光十五年刻本。）

〔清宣统元年前后，甘肃平凉府固原州〕 固原土产仅羊皮、羊毛为大宗，华商运至津、沪，转售洋商，然较宁夏各属究成弩末。至民间需用布匹，来至三原，产于鄂省，从前销场尚称踊跃，近年盐务衰，百货因之减色。

（清　王学伊纂修：《新修固原直隶州志》，卷十一，庶务志，商务，清宣统元年铅印本。）

〔民国二十四年，甘肃夏河县〕 拉卜楞为一宗教都市，寺僧三千，规模宏大，金碧辉煌，为喇嘛教圣地之一，与青海西宁之塔尔寺，声势相埒，俨然为西北藏族之一信仰中心。游牧族以喇嘛寺为集中互市之地，故拉卜楞又为汉藏贸易之中心，出口以牲畜皮毛为主，进口以粮食、茶叶为主。夏河县实依寺院而成立，故拉卜楞之名尤著。

（张其昀纂：《夏河县志稿》，卷一，地位，民国二十四年修，抄本。）

〔民国二十四年，甘肃夏河县〕 夏河羊毛纤维粗，尘芥多，色黄褐，价值稍低。营此业者临夏回商占十之八，营业有春秋二期，每百斤平均价在十四元上下。甘青分省后，毗连青海各地之皮毛，青省当局为裕税收计，禁止由夏河出口，但商民为避重就轻减少成本之故，多仍旧贯，因此夏河皮毛输出额尚无大减。兰州市上食用牛羊，由夏河供给者居于主要成份，藏民即以牲畜卖价购食青稞。本县食粮不敷……汉回商民所用白面、大米、菜蔬等，多来自临夏，价值甚高。本县境内无产盐池，食盐仰给于青海池盐。茶之来源有二种，府茶即普通之官茶或砖茶，松茶来自四川松潘，产于灌附近，乃大叶散茶，每包六十斤，在松潘仅售十三四元，至拉卜楞每包售四十八元。藏民所用哈达，来自成都。糖亦以川糖为多。四川货物自松潘经西仓(在洮河上流)至拉卜楞，商旅结队而行，马站十天，牛驮须二十天。藏民所佩刀剑系青海循化撒拉回人所特，每柄四五元。

（张其昀纂：《夏河县志稿》，卷六，商业，民国二十四年修，抄本。）

〔民国二十四年前后，甘肃夏河县〕 拉卜楞为汉藏贸易之一重镇，据丁明德

君统计,每年出口货值五十万元,入口货值二十八万元,出超年约十七万元。附表如下:

主要出口货	数　量	价　值
羊　毛	1 200 000 斤	168 000 元
狐　皮	4 200 张	58 000 元
白羔皮	64 500 张	64 500 元
马	1 500 匹	52 000 元
松　茶	1 600 包	76 800 元
茧　绸	6 000 匹	42 000 元
府　茶	11 500 块	32 000 元
青　盐	135 000 斤	16 200 元

(张其昀纂:《夏河县志稿》,卷六,商业,民国二十四年修,抄本。)

〔清乾隆二十六年前后,甘肃宁夏府中卫县〕　民务稼穑,事牧畜,不治蚕桑,布帛所需俱以粟易。……市肆多山陕人,春出布帛,售诸居人,夏收取偿;夏售布帛,秋成取偿,必倍之。居人偿,则以谷菽者多,其价复贱,乡村之民去城市远者多困于商,谷贱伤农,信不诬矣。

(清　黄恩锡纂修:《中卫县志》,卷一,地理考,风俗,清乾隆二十六年刻本。)

〔民国十六年前后,宁夏〕　毛,羊、驼皆有毛,可以织呢绫毡毯,惜未精于制造,多为外商购去。皮,马、牛、羊皮皆为出境之大宗货物品。

(陈必淮修,王之臣纂:《朔方道志》,卷三,舆地志,物产,货类,民国十六年铅印本。)

〔民国二十四年,宁夏隆德县〕　居民衣服以绵织品为主要,来至湖北、陕西、河南数省。以现在计,虽极粗布匹亦甚昂贵,人民服尚均甚俭朴。

(桑丹桂修,陈国栋纂:《重修隆德县志》,卷一,民族,生计,民国二十四年修,石印本。)

〔民国二十四年,宁夏隆德县〕　全年农产量除自家食用外,供给国税杂款尚虑不足,以故军兴来,农村破产,生计萧条,实近年真实情况。输出概数小麦、莞豆最为大宗,输入物品有盐碱、布匹、棉花、农具之铁货,家居之什物,为用甚多,农夫之杂粮究不足以抵制。

(桑丹桂修,陈国栋纂:《重修隆德县志》,卷一,民族,生计,民国二十四年修,石印本。)

〔清朝年间，青海〕 羊毛，蒙番、玉树皆产，惟极西之柴旦、台吉乃尔等地有售毛于缠头者，余皆售于丹噶尔、贵德、大通一带，以丹地每岁计之，约出羊毛双秤至四百余万斤，价约十两上下。其他各地，暨迤北之甘凉肃边境、迤南之河洮一带，间有售者，又不知凡几。以丹噶尔为青海适中之门户，每年有洋行十余家就地采买，羊毛一项实为海上出产大宗。驼毛，出产亦多。牛马皮，蒙番、玉树远近皆有，出数甚巨，价值亦廉。野牛皮、野马皮，蒙番、玉树各地皆有，出数亦多，尤以野牛皮张最合时用。马牛羊，蒙番皆有售者，羊多来自西番，每年出售数亦甚巨。羊皮，大羊皮无多，山羊皮有峕买者，亦不甚多，惟羔皮运售于甘肃、四川边境者极多，川甘商人出口采买者亦不少。野兽皮，如猞猁、狐皮、沙狐、狼皮等，蒙番、玉树皆产之，惟近青海左右者特佳，毛泽润而深长。

（清　康敷镕纂修：《青海志》，卷二，出产，抄本，一九六八年台湾成文出版社影印本。）

〔清朝年间，青海〕 鹿茸、鹿角，蒙番各境皆有，近年渐形减少，嫩鹿茸价值不大，时有京师商人来买者，其老鹿角亦多，均系河南人采买。麝香，蒙番各境皆有，近年渐少，价亦涨至倍蓰。大黄，五柴旦大黄最有名，青海西南自黄河一带至玉树皆产大黄之地。……枸杞，五柴旦最多，近黄河处亦有之，以柴旦为最佳。贝母，黄河南岸各山亦产，上番不识采法，均由内地汉民往采。

（清　康敷镕纂修：《青海志》，卷二，出产，抄本，一九六八年台湾成文出版社影印本。）

〔民国九年，青海玉树〕 商货输入品有西藏来者，曰氆氇、藏红花、靛、阿味、磠砂、鹿茸、麝香、茜草、野牲皮（生）、羊皮（生）、羔皮（生）、藏糖、硼砂、桦文椀、藏枣、乳香、藏香、雪莲、蜡珀、珊瑚、铜铁丝、铜铁板及条、铜锅、铜壶、颜料、药材、小刀、碱灰（自三十九族来者岁至数千担，番用以和茶）、桑皮纸、经典、洋瓷器（菜盒、锅、碗、钟杓之类，皆自印度转来）、洋斜布、洋缎、洋线、鱼油、蜡、纸烟（以上六件皆印度货）、幪子皮、呢绒布、坎布（以上三件皆俄货）。有自川边打箭炉来者，曰茶（岁至十余万驮；多数运销西藏）、洋布、绸缎、纸类、生丝类、哈达（类白色粗绪，番用为赞见物）、酱菜、海菜、糖、瓷器、白米、熟牛皮、纸烟、孔雀石（出陕西）。有自甘肃西宁、洮州来者，曰铜铁锅、铜火盆、锅撑、白米、麦面、大布、挂面、葡萄、枣、柿饼、粉条、瓷碗。其特别输出土产，曰鹿茸（各族皆有，玉树、娘磋、格吉最多）、麝香（各族皆有）、冬虫草、大黄、知母、贝母、野牲皮、羊毛、金（出娘磋皆沙金也，色航寺附近出金矿,采者多固察安冲之人,每矿丁一名,岁纳地租金一分)。其未经采取物产,曰铅(扎武产)、雄黄(扎武产)、翠玉石(产格吉杂曲河滨)、煤(产苏尔莽格吉中坝一带)、石膏、车前子。其仅供土人所用之产,曰盐(有红、白二种,产囊谦苏鲁克格吉)、野蒜(即荸荠)。按:结古过载货以茶为大宗,茶产四川故雅州府六属(俗名穷八站地方),销售西藏及海南各番族。贩茶者多系川番伙尔族人,其资本皆出自番寺(番寺财产由喇嘛推择所信之人管理,每三年或二年一易,名曰会首。会首得以财作资本营业,所得花息除分给寺僧外,余以自赡,唯不得亏本,亏本则籍没其家财以为偿。海南番寺皆然)。……据结古商人称,每年运往拉萨者约在五万驮以上,是多半销于西藏,而少半销于川边及海南各番族也。以五万驮计之,共值本银一百二十五万两,获息当在一百三十万以上,而回运藏货其利更不资矣,是茶乃川边之一大利源,而西藏所不能不仰给于内地者也。昌都本由炉赴藏之大道,茶商以山路峻险,又艰于雇牛,故取道结古,以期省便,是结古为茶商必由之路明矣。

(周希武编:《玉树土司调查记》,卷下,实业,商业,民国九年编,抄本。)

〔民国三十二年前后,青海〕 青海现惟西宁、互助、乐都、民和、贵德各县耕种尚为发达,年来甘肃产粮不足,亦多仰赖青海供给。

(许公武纂:《青海志略》,第五章,青海之经济概况,第二节,农产,民国三十四年铅印本。)

〔民国三十二年前后,青海〕 青海商业除西宁各县外,其余均为蒙番游牧之民,故其交易极为简单,以物易物,货币不甚适用,因其不辨银色之真伪及银量之轻重。汉人至其地采办货物,无物不收,即旅行之人,其饮食之料、驼运之价,亦须以货物为抵,予以银两,虽多给之,亦不收易。……汉人恒以布匹、糖、茶易其牛羊,而彼亦乐于交易,至近边一带,亦有以银钱交易者。

(许公武纂:《青海志略》,第五章,青海之经济概况,第九节,商业,民国三十四年铅印本。)

〔民国三十二年前后,青海玉树县〕 结古现设玉树县治于此……市据北山之麓,南北约二里,东西约七里,居民数百户,多就家中贸易,所居皆土屋,甚湫隘。商业以茶为大宗,每年由四川输入计有十万驮,运往拉萨者在五万驮以上,其余则运销于西康及海南一带,以故商务甚盛,为青海南部之大商场。

(许公武纂:《青海志略》,第四章,青海之自然区域及政治区域,十八,结古,民国三十四年铅印本。)

〔**清代后期,新疆伊犁绥定县**〕 县治动物、植物之属不足供民间日用之需,而树艺尚未蕃滋,制造亦未研究,故吐鲁番之棉花、葡萄,湖商、晋商之茶斤,蒙古、哈萨克之牧畜,均行销于境内,增此漏卮。

（清 萧然奎纂:《绥定县乡土志》,物产,一九五五年据清光绪三十四年抄本油印本。）

〔**清光绪三十三年前后,新疆莎车府蒲犁厅**〕 本境所产之物：牦牛每岁叱往喀什出售约计三四百头,叱往英吉沙尔出售约计二百余头,叱往莎车出售约计三百余头,叱往俄国阿克塔什出售约计二三百头。羊每岁叱往喀什出售约计四万余只,叱往英吉沙尔出售约计七八千只,叱往莎车出售约计二万只有奇,叱往俄国阿克塔什出售约计二万数千只。牦牛皮每岁运往喀什、英吉沙尔、莎车各城出售共计不过二三百张。羊皮每岁运往喀什、英吉沙尔、莎车各城出售共计三四千张。羊毛每岁运往喀什出售约计二千余斤,运往英吉沙尔出售约计一千数百斤,运往莎车出售约计二千斤之谱,运往俄国阿克塔什出售约计二千余斤,运往坎巨堤出售约计一千余斤。各色粮食所出无多,均系自用,无出售者。其自他境运入本境销售者,每岁约销土布棉祫袢五六千件,缠头皮帽三四千顶,皮靴三四千双,土布四五千匹,洋皮汗褂五六千件,土布裤三四千条。以上各物均由喀什、莎车、英吉沙尔等处运来,其余零星物件概非大宗,未及备载。

（清 江文波纂:《蒲犁厅乡土志》,商务,一九五五年据清光绪三十三年稿本油印本。）

注：蒲犁厅于一九五五年改名塔什库尔干塔吉克自治县。

〔**清光绪三十四年前后,新疆吐鲁番鄯善县**〕 毡毯、绳索皆在本境销行,每岁毡毯千条、绳索千斤。葡萄、棉、麻运出本境（陆运）,在本省各府、厅、州、县销行。芝麻亦然。惟葡、棉两宗并销行关内甘凉与兰州、西安等处及俄罗斯,每岁约百万斤。又有辣末销行省城。自省城运入本境之大米（陆运）,通县销行每岁约一百余石。他如桂子皮、鸦儿缎、洋呢、洋布之类,则运自俄罗斯。栽毛绒毯则运自和田。瓷器、绸缎则由关内运省,由省运入本境销行,每岁约值银共数千两。

（清 陈光炜纂:《鄯善县乡土志》,商务,一九五五年据清光绪三十四年稿本油印本。）

〔**清光绪三十四年前后,新疆和田洛浦县**〕 县境物产,谷、麦只敷民食,茧丝为大宗,棉花次之,清油更次之,亦无庄口,余均常产,惟子玉为特产,但上等最不易得，在县北小胡马地沙碛中任人挖寻，不取课税。本地向无大贾，各物产随地销售，惟茧子、棉花近年销由洋商运出者三分之二。民间粮食或不敷用，由于阗、皮山运来。

（清　杨丕灼纂：《洛浦县乡土志》，商务，一九五五年据清光绪三十四年稿本油印本。）

〔清光绪三十四年前后，新疆喀什噶尔伽师县〕　本境制造在本境销行，每年约皮帽四千余顶，皮靴三千余双，毛毡一万五千条。棉花在本境销行，每年约二十五六万斤，又粗土布每年约销四五万匹。棉花运出本境陆路赴俄国每年销行八万余斤，又土布陆运赴俄国每年约销十一二万匹。又沙枣赴俄每年约销一万五六千斤。自阿克苏、库车陆路贩来牲畜，每年约羊一万只、牛一千只。自莎车府陆运各色粮食入本境销售，每年约二万四五千石。自阿克苏陆路运来大米，每年约销一万六千余斤，自阿克苏、库车陆路运来青油，每年约销一万斤。

（清　高生岳纂：《伽师县乡土志》，商务，一九五五年据清光绪三十四年稿本油印本。）

〔清光绪三十四年前后，新疆和田州〕　本境所产之物：牛、羊、马、驼、棉花、蚕桑及各样瓜果树木。所制之品：羊毛皮货、牛皮、马皮、毛毡、毛毯、棉布和绸皮纸。何项在本境销行，每岁若干：估计每岁约销羊一万一二千头，每年约销牛二千二三百头，每年约销马一千余匹，本地毛毡约销三四千铺，本地毯约销数百铺，本地布约销四五万匹，本地丝约销三万两，本地绸约销六七千匹，棉花约销一十三万斤，皮纸约销一千万余张，羊毛约销八九千斤，皮货约销四百余件。此物产在本境之销行者。何项运出本境，在何地销行，每岁若干：估计每年约销羊毛一万余斤，本地毡约销六七千铺，本地毯约销一千余铺，棉布约销七八万匹，棉花约销一十八万斤，本地绸约销七八千匹，皮纸约销一千数十万张，本地丝约销四万余两，皮货约销七百余件，均运往省城、阿克苏、喀什、莎车各处售卖，间有运往外部销售者，合并声明。自他境何地运入本境之何货物，在何地，每岁销行若干：查卑州货物除本地制产外，所有外来物件均系零星小贩，并无大宗买卖运货前来销行。

（清　谢维兴纂：《和田直隶州乡土志》，商务，一九五五年据清光绪三十四年稿本油印本。）

〔清光绪三十四年前后，新疆巴楚州〕　牛皮靴鞋二万双，毡帽二万二千顶，土布三万五千匹,粗羊毛毡二万五千条,羊毛六万斤,棉花五万斤,芦席十万张。每年,羊毛、棉花、芦席陆运行销喀什噶尔。

(清　张璨光纂修:《巴楚州乡土志》,商务,一九五五年据清光绪三十四年稿本油印本。)

〔清光绪三十四年前后,新疆伊犁宁远县〕　宁远县所产之物以牲畜、皮毛、土药为一大宗,牲畜等类售销本地,亦有贩销他处者,难查其数,约每月除俄商贩卖不计外,可获牲税银三百两有奇,详报有案。皮毛每年经华人卖与俄商者一万四千普筒,经俄人卖归俄商者四万六千普筒,合华秤共一百六十五万斤。此非宁远一县所产,蒙、哈各游牧所出实多均运来汇总发售耳。土药行销本地,亦有贩销他处者,每年约共销二十余万。所有本地行销他处各项货物每年约三十万有奇(蒙、哈各种人等均系此间购货)。此系华商由关内并俄国运来之货,而俄商销数更当加倍。

(清　李方学纂:《宁远县乡土志》,商务,一九五五年据清光绪三十四年稿本油印本。)

注:宁远县于民国二年改名伊宁县。

〔清光绪三十四年前后,新疆温宿府〕　查产鹿茸在本城市镇销售岁约四五架,又产稀稀布、栽绒毯,亦在本城销售,岁约数千匹及数十铺之谱。……查皮、毛两宗,间有洋商贩运出境,每岁羊毛不过万斤,羊皮不过千数百张内外。……查外洋各色花布自喀什陆运入境,在本城北关市镇销售只数家,岁销不过数千百匹,大帮多在温宿县城故也。又官菜自内地陆运入境,在本城销售,每岁亦只数百块。其余京庄南货岁销无多,其数无定额焉。

(佚名纂:《温宿府乡土志》,商务,一九五五年据清光绪三十四年抄本油印本。)

〔清光绪三十四年前后,新疆沙雅县〕　境内地居偏僻,素无大商,每逢八栅之期,或他处行商,或本处男妇,毋论外货土物,手携背负,车载马驮,咸集市间。产地贸易朝集晚散,非同内地市镇瑰货之充溢,阛阓之富丽,街道之闳正耳。输出之品,惟牛、羊皮毛,羊毛每年约出五十万斤之谱,每百斤价银六七两不等,约可售获价银三万余两,运出洋,牛羊皮所余无多,亦有运至库车城销售者。此外,输出输入皆无成装之货。

(清　张绍伯纂修:《沙雅县乡土志》,商务,一九五五年据清光绪三十四年稿本油印本。)

〔清光绪三十四年前后,新疆轮台县〕　本境销行本境物品:羊每年销行约一万余只,牛每年销行约一千余只,马每年销行约三百余匹,驴每年销行约四百余头,粗毛毡每年销行约三千余条,毛线毯每年销行约一千余条,马苫单每年销行约二百余条,毛口袋每年销行约四千余条,皮帽每年销行约二千余顶,皮靴鞋每年销行二千余双,毛绳、毛线每年销行约二千余斤,小麦每年销行约一万余硕,苞谷每年销行约一万二千余硕,葡萄每年销行约二千余硕,棉花每年销行约二万余斤,稀细布每年销行约五千余匹,褡裢布每年销行约八百余匹,印花布每年销行约三百余匹,棉线花毯每年销行约二百余条,胡麻油每年销行约五千余斤,菜子油每年约六千余斤,各项杂粮每年销行约二千余斤,各项干果每年销行约二千余斤。本境运销外境物品(均系陆运):羊销阿克苏等处每年约四千余只,羊毛销俄商运库车转售,每年约六万余斤,羊皮运销库车每年约五千余张,棉花运销省城、库车等处每年约二万余斤,稀细布运销焉耆、库车等处每年约一万余匹,棉线花毯运销焉耆、库车每年约五百余条。外境运入本境行销货物(均系陆运):南茶自甘省转运每年约二千余块,大米自阿克苏、库车运入每年约二千余石,葡萄干自吐鲁番运入每年约五千余斤,杏干自库车运入每年约五千余斤,皮帽自库车运入每年约一千余顶,皮靴鞋自库车运入每年约一千余双,褡裢布自库车等处运入每年约千余匹,菜子油自库车运入每年约二千余斤,各项杂粮自库车、焉耆运入每年约六千余斤,洋绒呢、绸、布自库车、喀什运入每年约共估价银一千余两,内地绸缎自内地运入每年约共估价银七百余两,洋、广、京杂货自内地运入每年约共估价银一千余两,洋铁自省城运入每年约销三千余斤,红铜自库车运入每年约销五百余斤。

(清　顾桂芬纂修:《轮台县乡土志》,商务,一九五五年据清光绪三十四年稿本油印本。)

〔清光绪三十四年前后,新疆皮山县〕　本境产物蚕茧、木器、皮纸牛羊皮毛渐有商贩,并无成求大宗,其余各产仅供本地之用,每逢七日一轮,日中为市,以通有无。

(佚名:《皮山县乡土志》,商务,一九五五年据清光绪三十四年稿本油印本。)

〔清光绪三十四年前后,新疆阿克苏温宿县柯坪〕　查土产杏干在本境销售岁约五六十石,又稀布、粗毡在八札销售岁约数千匹暨数百铺不等。……查花洋布、鸦儿缎等项自喀什运入境内,在八札销售,惟数无多。

(清　潘宗岳纂:《温宿县分防柯坪乡土志》,人类,一九五五年据清光绪三十四年稿本油印本。)

〔清光绪三十四年前后，新疆温宿府〕　官茶自内地陆运入境，在本城销售，每岁亦只数百块，其余京庄南货岁销无多。

（佚名纂：《温宿府乡土志》，商务，一九五五年据清光绪三十四年抄本油印本。）

〔清光绪三十四年前后，新疆疏勒府〕　本境制造惟罕爱里克庄大布，每年约出五六万匹，除供用本境外，贩运赴外部俄国销行者，每年约三四万匹。由沙雅、乌什、莎叶、蒲犁等处贩来牲畜，每年约销羊万余只，牛千余头。每年由库车运来羊皮已成衣者，每年约销行一二百件。由库车运来梨子，每年约销行二三百箱。自阿克苏运来青油，每年约销售三四万斤。自莎车运来各色粮食，每年约销二三千石。自英、俄两国运来各色洋布，每年约销行四五万丈。洋油，每年约销二三千斤。

（清　蒋光陞纂：《疏勒府乡土志》，商务，一九五五年据清光绪三十四年稿本油印本。）

〔清光绪三十四年前后，新疆乌噜木齐昌吉县呼图壁〕　米、麦由户民运省销行，然亦不多。

（佚名纂：《昌吉县呼图壁乡土志》，商务，一九五五年据清光绪三十四年稿本油印本。）

〔清光绪三十四年前后，新疆乌噜木齐阜康县〕　本境所产惟酒西运于省，东运古城，岁计销行二万余斤，本境销者甚几微，盖酿酒者共三四家，近又有报倒闭者。油之销亦不出本境，岁无几。炭运出东境者岁销数千车，其由西销者亦甚微。他境贩来之物皆零星，鲜成庄者，近只缠商，共二家，贩卖哈萨坎、巨提等布，然无大售主，其销行岁不过数板，日只以尺寸计耳。

（佚名纂：《阜康县乡土志》，商务，一九五五年据清光绪三十四年抄本油印本。）

〔清宣统元年前后，新疆焉耆府〕　境内未设商务学堂，实户口甚少，出产不多，无繁华市镇，各种杂货均由内地运来销售，本地土产仅供地方食用，鲜有大帮运往出境销行者。

（清　闻瑞兰纂：《焉耆府乡土志》，商务，清宣统元年稿本，一九五五年油印本。）

〔清宣统元年前后，新疆哈密厅〕　缠民与土民喜服斜纹布，销售以此项为大宗，每年由津沽驼运而来者尚多。近来俄商由省垣分销各样洋货。缠妇、民妇又喜其花样精致，相率争购，而斜纹之利几为所夺。钢铁等件亦出自俄商。本境出产以羊毛为最,约仅七八万斤。皮革有亦无几,土民自制自用,不能刻意精制,营运他境,以牟其利。所产物料多被俄商载运本国,制成洋货重入本境,以获利益,价虽倍昂于昔,而洋行杂货亦常有加涨。

（清　刘润通纂:《哈密直隶厅乡土志》,商务,一九五五年据清宣统元年通判原呈本油印本。）

〔民国三年前后,新疆〕　代用茶者,自和田、库车产出,其额甚少,土人与牛乳盐混合,日夕饮用。新疆民族嗜茶,不足供其需要,故大部分仰给于四川之砖茶。

（张献廷初稿:《新疆地理志》,第三章,人文地理,产业,农业,民国三年石印本,一九六八年台湾成文出版社影印本。）

〔民国七年前后,新疆〕　南疆菜蔬最早,省垣所食芹韭皆自吐鲁番来,北疆之韭率在清明以后。

（王树枏纂:《新疆小正》,民国七年铅印本。）

〔明万历二十四年前后,山东兖州府〕　服食器用,鬻自江南者十之六七。

（明　于慎行编:《兖州府志》,卷四,风土志,明万历二十四年刻本,齐鲁书社一九八五年影印本。）

〔清道光十年至民国二十三年前后,山东冠县〕　本境花生、棉花输出于济南,土布运售于兖州、沂州,牛皮行销于青岛,羊皮行销于济宁,干枣、金针菜、玫瑰花行销于济南、天津。至于行销本境之货,多来自天津、济南、临清、大名等处,惟药品专由各药商自行购运,来自河北祁县、河南彰德等处。

（清　梁永康等修,赵锡书等纂:《冠县志》,卷二,建置志,机关,清道光十年修,民国二十三年补刊本,一九六八年台湾成文出版社重印本。）

〔清咸丰五年前后,直隶天津府庆云县〕　货物以枣为大宗,所行最远,此外多家机布、棉子油、烟草（一名淡巴菇）、烧酒、皮硝、草帽。

（清　崔光笏修,戴纲孙纂:《庆云县志》,卷三,风土志,物产,清咸丰五年刻本。）

注：庆云县今属山东省。

〔清光绪十年前后,山东青州府临朐县〕　货之属,丝为冠。巨洋以西,所产尤坚韧,色有黄白,涑之则一。土人所贸皆生丝也,远方大估皆集益都,逐末者转鬻就之。贸迁之远,兼及泰西诸西。其走上京者,制为纶巾、韬穗、带绅之属,行于八方,美利孔溥,他县所无,岁计其通常获银百数十万。

（清　姚延福修,邓嘉缉、蒋师辙纂:《光绪临朐县志》,卷八,风土,清光绪十年刻本。）

〔**清光绪十九年前后,山东曹州府郓城县**〕　输出品:花生油、半夏、香附、帽辫、蚕丝等;输入品:洋线、石油、煤、烛、洋瓷等。

（清　毕炳炎编:《郓城县乡土志》,商业,清光绪十九年抄本,一九六八年台湾成文出版社重印本。）

〔**清光绪二十六年,山东曹州府朝城县**〕　本境销行于外境者以五谷、草辫为大宗,外境销行于本境者以棉花为大宗。……米、麦除本境销行外,多运至临清销行,北客亦来本境贩运,每岁销行二千余石。草辫皆莱州属大商设栈本境收买,运至省城装载火车运至青岛,每岁销行二千余包。……棉花多自临清运入本境,又自河南临漳运入城乡集市,每岁销行二万余斤。

（清　袁大启修,吴玉书、吴式基等纂:《朝城县乡土志》,卷一,商务,清光绪二十六年修,民国九年刻本。）

〔**清光绪三十三年前后,山东曹州府菏泽县**〕　牡丹商皆本地土人,每年秋分后将花捆载为包,每包六十株,北走京津,南浮闽粤,多则三万株,少亦不下两万株,共计得值约有万金之谱,为本境特产。

（清　汪鸿孙修,杨兆焕纂:《菏泽县乡土志》,商务,清光绪三十三年石印本。）

〔**清光绪三十三年前后,山东济南府章邱县**〕　铁器自山西运来,在本境销售并发行邻县。

（清　杨学渊修,李洪钰等纂:《章邱县乡土志》,卷下,商务,清光绪三十三年石印本。）

〔**清光绪三十四年前后,山东泰安府肥城县**〕　棉则种植最少,全境资以纺纱制布者大都贩售于高唐、临清诸处。

（清　李传煦纂修,钟树森续修:《肥城县乡土志》,卷八,物产,清光绪三十四年石印本。）

〔**清光绪三十四年前后,山东曹州府范县**〕　外境货销行本境:盐务,官运素称滞岸,自泺口盐厂运来,每岁额引一千七百三十二道,销售八成,所设盐店计城内一区四乡四区。棉花,路运自临清、莘县等处,每岁销行四万余斤。布匹靴帽,路运自周口、周村等处,岁售约五千金。纸张火柴煤油杂货,路运自临清、东昌、济南等,岁售约万金。铁货,路运自清华、怀潞等处,岁售约千余金。药料,路运自禹州、辉县、祁州等处,岁售约二千余金。本境货销行外境:五谷,路运北至新集、临清,河运东北至滦口、蒲台,每岁销行约二十五万余石。草辫,路运朝观等处转运青岛出口,每岁销行约万余斤。枣梨,路运镇江、安徽等处,每岁销行约万余斤。牛羊皮,路运直隶、河南等处,每岁销行约千余张。丝,路运聊城之沙镇、长山之周村等处,每岁销行约千余斤。

(清　杨沂修,吕维钊等纂:《范县乡土志》,商务,清光绪三十四年石印本。)

〔清光绪三十四年前后,山东东昌府恩县〕　运出本境之品:牛皮,东运至济南、章丘、潍县,系陆运;北运至天津,系水运,每岁约五三千万斤(编者按:原文如此),为本境之大宗。木棉,运至周村、潍县等处销售,系陆运,每岁约八十万斤,为本境之大宗。小麦,由卫河水运至天津销售,每岁约一千余石。花生,由卫河水运至天津销售,每岁约数百万斤。粗布,东运至济南,西运至山西,俱系陆运,每岁约数万匹。红枣,由卫河水运至天津销售,每岁约数百万斤,为本境出产之大宗。

(清　汪鸿孙修,刘儒臣纂:《恩县乡土志》,商务,清光绪三十四年石印本。)

〔民国元年至二十三年前后,山东临清县〕　出口货之销路:棉花,为输出货之大宗,所产中棉向售销兖、沂、青、莱等处,自改种美棉可供纱厂之用,输出之额较前激增,每年出品在四万包以上,每包百六十斤,由卫河运销天津者十之七,由陆路运济南及青岛者十之三,近因货品糅杂,销路不畅矣。小麦,西北籽粒地产麦颇多,除本境民食外,其余均由卫河运销于天津,近受美麦影响,价殊低落。鸡子,十余年来有英商合兴公司来此收购,每年销数以四十万元为限,自二十二年该商他徙,而本境之鸡子行亦无形停顿。瓜果,西瓜及桃梨多运销于天津,紫枣则销于东昌、堂邑一带,惟冰枣一种多运销上海,价值甚昂。废骨羊毛,由行商收买,运津售销。酱菜,酱瓜一种多运销于津济青岛各大埠,腐乳则畅销于河北,余均销于邻封各县,亦输出之大宗也。香油,除本地销行外,多装桶运津。哈哒,向销于察绥东三省及内外蒙古,向年销额在百万元以上,近因道路梗阻,销数骤减。皮货,皮厂出品多销于天津、北平,运汉口及济南者区区无多,每年销数约计三十余万元。输入货之来源:炸炭,出河南焦作,由河道运至,销数最巨。盐,出东海王官场,由洑口装车,运入本境行销。茶叶,本境所销红绿各茶多运自天津,赴南省采办者寥寥无几。石灰,出西山者由船运至,出东山者由车运至。药料,中药大宗多生药，均购自祁州，西药购自津济各药房，多化学制造品，至同仁堂所制丸药，则均来自北平。绸缎，大宗由天津船运入境，间有赴江浙采购者。洋布洋纱，由天津来者多船运，由济南来者皆车运，每年统计可销七八十万元。杂货，大部由津运至，在济南贩运者十不及一。牛马，牛出河南，马产北口，均由陆路贩入本境各集市售销之。果实，桔柚、香蕉、苹果等，来自天津，多日本产。煤油，美孚、亚细亚等牌，均运自天津，所销之数历年递增。竹木，竹由河南清华束筏运至，杉木巨材北由大沽沿河输入。纸烟，惟英公司设栈于临清，其货运自济南，行销最广，其余各种纸烟或由津、或由济、或由青岛，来源非一，据十六年特税局调查，本区每年销额超过一百五十万元，虽不尽销于本境，然亦地方漏卮之骇人听闻者也。洋货，各种洋货名目繁多，境内业此者皆运货于津济各埠而倾销于本市。瓷器，洋瓷及江西瓷均来自天津，博山陶器由济南运至。铁货，大部由天津运来，在济贩运者甚鲜。玻璃，博山所产均由胶济铁路辗转运入本境售销。二十年来输出货之销量与价值：棉花，在民国初年，每年输出之绒仅四百余万斤，自美种输入，种者日多，至二十年后，年销之数已增至六千万斤，值洋近八百万元，其籽花之价值自民初至十二三年每百斤由四五元骤涨至二十余元。今受美棉影响，又跌至十二三元，因市价日低，业此者恒多折阅。哈哒，当民国元二年间，此业颇发达，所销之数年逾百数十万元，降至今日因北道梗塞，每年仅销三万余元，工人之失业者比比皆是，其价值视丝价为涨落，亦有日趋不振之势。皮货，此项营业今昔略等，惟货价日高，较前约增七八倍而强。酱瓜，各种酱菜推销不远，惟酱瓜一项之出口始于民国十年，以后销路日畅，每斤价值则自铜元十枚涨至洋一角有零。

（张自清修，张树梅、王贵笙纂：《临清县志》，经济志，商业，民国二十三年铅印本。）

〔民国初年至三十年前后，山东潍县〕　近二十年来，有蛋行收买，现共有二十四家。春秋两季，青岛、济南、烟台等处皆派人来县收买，每年营业约八月。本地小贩则分赴各村庄市集收零成整，以售于蛋行。复由蛋行装箱运往各总行。蛋价每重百磅值银圆十七圆左右。据胶济铁路统计，十九年度，由铁路出运者凡一千六百十七吨。

（常之英修，刘祖干纂：《潍县志稿》，卷二十四，实业志，农业，民国三十年铅印本。）

〔民国十四年前后，山东无棣县〕　出口货以红枣、海物为大宗，入口货以木料、铁器、药材、南纸为大宗，粮食时出时入。

（侯荫昌等修，张方墀等纂：《无棣县志》，卷一，商埠，民国十四年铅印本。）

〔民国二十二年前后，山东东明县〕 输出品以花生米为大宗，麦、豆、高粱等输出亦伙，商人由高村、马集等渡口雇船顺流运往济南、洛口，鬻得现金，则以购糖纸及其他应时物品，原舟运回，零趸出售。此外粮食、土布亦时有陆路出境。输入品则津济之布、江浙之茶、清化镇之竹器、彰德之棉、开封各色京货，皆荦荦大者。至纸烟、火柴、煤油等均由其总经售所在地运来，销售最广，其余一切服用之物，市廛所列，类皆输自外邑或间接来自外国。

（任传藻等修，穆祥仲等纂：《东明县新志》，卷十四，民生志，生计，民国二十二年铅印本。）

〔民国二十二年前后，河北东明县〕 小麦占东明出产之大宗，高粱、黄豆次之，落花生因宜于沙地，故南乡东南多种者，产之颇丰，不亚于黄豆。除高粱外，均有商人设庄收买，多由河道运销济南，或由铁道南销上海，年输颇巨。是以每届春季，粮价腾涨，贫民呼苦，其影响民生者，此可想见。若不早为设法调济，则农村经济之前途，将恐不堪设想矣。

（任传藻等修，穆祥仲等纂：《东明县新志》，卷之四，舆地志，物产，民国二十二年铅印本。）

〔民国二十三年，山东齐东县〕 本地产棉除少数自用外，大宗皆运销外埠，城内设有中棉历记之轧花场，收买大宗棉花，用机器轧成，运往济南、青岛棉市交易，由各区产销合作社介绍买卖。据棉业场二十三年调查，全县产棉三万零四百二十四担，本地自用约二千担，运销他埠约二万八千四百二十四担。

（梁中权修，于清泮纂：《齐东县志》，卷四，政治志，实业，民国二十四年铅印本。）

〔民国二十三年前后，山东东阿县〕 阿邑东南多山，西北则尽属平原，村庄居民于附近各地植枣树最多，每届仲秋节期，枣子成熟，农民用地坑以火烘干，名为乌枣，以生麻包捆成，销售江南。前之业此者多南方人设庄收买，近因时局不靖，裹足不前，惟农民尚操此业。计每包三百斤，运往江南可卖洋二三十元。本境大年（丰收之年）可收两万包，小年亦万余包。今老业此者亦颇获利，每包以二十五元计，可得洋四五十万元，此又阿境经济之一大收入，古云河北枣梨，岂不信然。

（周竹生修，靳维熙纂：《东阿县志》，卷七，政教志，商业，民国二十三年铅印本。）

〔民国二十四年前后，山东掖县〕 掖县地少人多，虽丰年亦不足食，所以向恃外粮接济。

（刘国斌等修，刘锦堂等纂：《四续掖县志》，卷二，物产，民国二十四年铅印本。）

〔民国二十四年前后,山东范县〕　商业不甚发达,惟本境杂粮输出每年达数百万石。

（张振声修,余文凤纂:《范县县志》,卷二,经济志,工商,民国二十四年铅印本。）

〔民国二十五年前后,山东清平县〕　棉花,每年出口之额在三万包以上,均由陆路运至济南及青岛各埠推销。

（梁钟亭、路大遵修,张树梅纂:《清平县志》,实业志四,商业,民国二十五年铅印本。）

〔民国三十年前后,山东潍县〕　潍县向为鲁东商业枢纽,自胶济铁路筑成,交通便利,商业地位益形重要。境内商业可分外货内销与土产外运两种。外货内销包括外县、外省及外国商货之进口,以棉纱、煤油、铁为大宗,土产外运以烟叶、土布、豆油等为主要周转。金融则银行、钱庄与线庄亦占重要地位。主要商业:布业,布业分洋布、土布两种,洋布业仅有零售商店,土布业则为潍县为各业之中心,在出口商业上占重大之位置。其贸易之主要机关为布庄,布庄多设于东关、坝崖、眉村、坊子等处,多开设于民国初年,每庄资本多者银圆二万元,少者二千元,即每年营业额达十万元者,所备资本亦不过此数。其布匹之来源有二:一为放机所织之布,有固定之机户为之织造;一为集上收买之布匹(城区及眉村每逢集期,织布者均在集设摊售卖)。其营业有自行买卖者,亦有由经纪人介绍者。各庄每年营业多在二万元以下,尤以五千元以下者为最多。据潍县营业税局统计册,全县现有布庄二百五十七家,全年营业额共银元三百零七万三千余元。然若据布机数量估计,其出布数量以约计,其总产值当不止此数。棉纱业,潍县以土布发达,故需纱甚多,每日可销三百余件。专业棉纱之商号名为线庄,多至二十四家,自青岛、济南、上海、无锡各厂购进棉纱,销售与当地机户。自民国二十二年后,青岛日纱来县倾销,由日商自营,国纱绝迹市场,线庄无法维持,多改营钱业,现县境所用棉纱十之九为日货。普通商业:普通商业系各商自外埠贩运大宗货品在县设店零售或批售于附近各县商贩。营业范围较大者为杂货业、洋布业、颜料业、竹货业、药业、炭业、点心业、新衣业、西药业、广货业、书笔业、鞋业等,城关约五百六七十家。

（常之英修,刘祖干纂:《潍县志稿》,卷二十四,实业志,商业,民国三十年铅印本。）

〔民国三十年前后,山东潍县〕　农民饲养牲畜,除力用及食用外,尚有以肥料为目的者。农家以畜粪及泥土混合而为堆肥、厩肥,与豆饼实为耕地之主要肥料,故农家饲养牲畜为重要副业。潍县产牛不敷本县之用,不足者多购自江苏徐州及山东沂州,全年贩入约二万八千余头,但行销外县者亦约一万二千余头。马多由蒙古运入,全年约贩入二千匹,贩出约五百匹。驴多河南产,全年贩入约二万头。骡以陕西产及山东曹州产为多,全年贩入约一万头。

（常之英修,刘祖干纂:《潍县志稿》,卷二十四,实业志,农业,民国三十年铅印本。）

〔元至顺三年,江浙行省镇江路〕　面,礦麦为之,南北商贩多出于此。

（元　俞希鲁纂:《至顺镇江志》,卷四,土产,饮食,元至顺三年纂,清道光二十二年刻本,民国十二年重刻本。）

〔明弘治元年前后,南京扬州府通州〕　吾通米值恒贱,迩年射利之徒往往越江兴贩,以致境内空虚,又连岁大侵,米值涌贵,一石有粜至三四两外者。小民乏食,不胜愁苦。知州东安福公、江津周公、定陶董公、晋江陈公,皆尝严禁,其禁之之法,务于秋成之日,示令各隅乡约地方,催督各家佃户,垄米运进城中,毋得私匿在乡。如得贿欺隐,许诸人出首,自乡约地方,以及匿米主佃,咸挟而械之以徇。更示巡拦地方,传谕各港及里河船户,毋得揽载出境,违者有人首实,船户并巡拦地方,俱挟而械之以徇,并截船桅为两。如是,则米值恒贱,匪独穷民不饥,而城内有数年蓄积,亦可防意外之虞矣。

（明　邵潜纂修:《州乘资》,卷一,风俗,明弘治元年刻本。）

〔明万历十九年前后,南京扬州府兴化县〕　货物则蓝靛、蒲包、盐、鱼、汤鸭、腌蛋、螫蟹,贾客行商多聚于此。

（明　欧阳东凤修,严锜等纂:《兴化县志》,卷二,地理纪,物产,胶卷复制明万历十九年刻本。）

〔清朝初年至乾隆五年以后,江苏海州赣榆县〕　自乾隆五年以前,但鱼者勿问,其它商舶一切封禁（顺治十四年禁;康熙二十一年禁开,五十七年复禁;雍正三年复开,七年复禁）。闻诸故老,其时临海民居数百家,落落可数也。既大吏题请运豆,太仓刘河报可,于是峨舸大艑往来南北,废著者赢利三倍,市廛甚盛益兴,游手空食之民仰余沥其间者以数千计,称便利矣。下此惟朱蓬,每岁春月,鱼虾蜃蛇大上,北贩沂兖,西走豫晋,南通江浙,舟车络绎相属,号为繁区。

（清　王豫熙修,张謇纂:《赣榆县志》,卷三,建置,集镇,清光绪十四年刻本。）

〔清朝初年至民国九年前后,江苏六合县〕　六合商业以粮食为大宗,昔之商人多讲囤积,师古任氏独窖仓粟之法,其转输外地。雍正《志》云:邑产良谷,岁供苏、浙籴买,而土人亦多赴西江湘楚一带贩卖;乾、嘉以后,则多贩运至浙江海宁之长安镇;光绪间,及改趋无锡、上海,近以宁沪、津浦通车,又用包袋由车转运,销路因之益便。

（郑耀烈修,汪昇远纂:《六合县续志稿》,卷十四,实业志,商类,民国九年石印本。）

〔清雍正以前至乾隆十七年,江苏常州府无锡、金匮县〕 邑中之田所收尚未足供邑人之食,更欲接济他省,势必不能。每岁乡民棉布易粟以食,大抵多借客米,非邑米也。雍正以前,邑米未尝不出境,而湖广、江西诸处米艘麇至,下流之去者少,上流之来者多,虽当歉岁而米不甚贵者,此也。近则他省之米罕至,而私贩出境者滋多,则米日少而价安得不增。至浙省大荒,反借资于苏,常之米价高三倍无惑矣。

（清 黄印辑:《锡金识小录》,卷一,备参上,米价,清乾隆十七年辑,光绪二十二年木活字本。）

〔清乾隆十一年前后,江苏苏州府震泽县〕 市井多粟、帛、牲畜、日用之用,交易亦颇任真,非若郡城之繁华粉饰,卒不可辨也。其行卖于市者,或扣金,或击竹,装担皆分色,目见其装,则知其所藏。

（清 陈和志修,倪师孟、沈彤纂:《震泽县志》,卷二十五,风俗,生业,清乾隆十一年刻本,清光绪十九年重刻本。）

〔清乾隆十七年,江苏常州府无锡、金匮县〕 成于邑人之乎而行于四方者,棉布最广,次则席,次则砖瓦。

（清 黄印辑:《锡金识小录》,卷一,备参上,力作之利,清乾隆十七年辑,光绪二十二年木活字本。）

〔清乾隆四十八年至嘉庆十八年前后,江苏扬州府高邮州〕 邮水田放鸭,生卵腌成盛桶,名盐蛋。色味俱胜,他方购买之。又一种名变蛋,入药料腌着,色如蜜蜡,纹如松针,尤佳。

（清 杨宜仑修,夏之蓉纂,马馨等增修,夏味堂等增纂:《高邮州志》,卷四,食货志,物产,清乾隆四十八年刻、嘉庆十八年增刻、道光二十五年重刻本。）

〔清道光二十八年前后,江苏苏州府元和县〕 布庄,《元和唯亭志》:在唯亭东市各处客贩及阊门字号店皆坐庄买收,漂染俱精。

（曹允源等纂:《吴县志》,卷五十一,舆地考,物产,民国二十二年铅印本。）

〔清咸丰以前至光绪十四年前后，江苏苏州府吴江县〕　吾里以米业为大宗。冬春，吾里所产米也，故平望有小枫桥、小长安之称。庚申前，商贩多至吾里籴买，以彼来则利权操之我，而其利厚；庚申后，米市散布各处，往往载米至各处粜卖，以我往则利权操之人，而其利薄。现自泰西通商而后，多运白籼至上海，由轮船装往闽、广、天津，此又今昔情形之不同也。

（清　黄兆柽纂：《平望续志》，卷一，风俗，清光绪十四年刻本。）

〔清光绪二年前后，江苏淮安府清河县〕　民间尤好酿酒、榨油，或致殷实。地通南北，小农去而贩，大农去而贾，贪多取赢，则折阅随之。

（清　胡裕燕、万清选修，吴昆田纂：《光绪丙子清河县志》，卷二，疆域，风俗，清光绪二年刻本。）

注：清河县今为淮阴县。

〔清光绪十三年前后，江苏徐州府睢宁县〕　金针菜，南北贩运，此为大宗。

（清　侯绍瀛修，丁显等纂：《光绪睢宁县志稿》，卷三，疆域志，物产，清光绪十三年刻本。）

〔清光绪十三年前后，江苏徐州府睢宁县〕　丝，时当涌出，商贾云集收抽，民人获利岁不止万余缗。

（清　侯绍瀛修，丁显等纂：《光绪睢宁县志稿》，卷三，疆域志，物产，清光绪十三年刻本。）

〔清光绪中叶至民国以后，江苏清河县王家营〕　改国之初，贾人往往以皮草之属致千万。先是，海道未启，牛羊之肉，回民第以充膳而已。……其皮则由齐、鲁贩者转鬻辽东，价亦未善。光绪中，岁比不登，耕者竟以牛入市，官弗能禁。于是，北来大贾设庄以求，皮值渐起；顷之，金棱商亦挟赀走集，外输之盛为北货最矣。始镇人犹未甚重之，迨沪道大通，其居间食酬者，乃竟发贮以课其瀛，丙午大祲，岁贩皮过四千担，宣统间，虽熟年亦二三千担。浸寻入民国，产犹饶而值愈昂，流衍杂沓，相效若狂焉。夫粮行亦牙侩之雄也，其能者亦不惟居间食酬而已，常候时而自为居积，能致客者乃其次焉。营镇粮行十八家，间阎相接，唱筹声相闻，岁熟产饶，南客辐辏，一岁之中，可销麦十二万石、豆十万石、蜀黍万八千石、高粱五千石、脂麻二千石、诸杂各三千石，凡直银二百万元而缩。输来之粟，远及朐海，集散之要区也。

（张震南纂：《王家营志》，卷三，职业，民国二十二年铅印本。）

〔清光绪三十年前后，江苏苏州府常熟、昭文县〕 往时，闾井间衣服强半布褐，贵家仆隶所著不过屯绢，今则夏多纱縠，冬或重裘。往时，袜履之属率妇女手制，今则取给于市。往时，茶坊酒肆，一邑之内不过三数处，今则无处无之。

（清 郑钟祥等修：《重修常昭合志稿》，卷八，风俗志，清光绪三十年木活字本。）

〔清宣统年间，江苏江宁府〕 乡民胼胝犁，粗足衣食，田多而近郭者，碾米以入市，其聚处谓之行，皆在聚宝门外；或泊米船河下，不入行，行人径与量概，升斗最准曰河斛。稻米佳者，北乡观音秈以产观音门得名，而金牛洞红莲稻色微赤而香，上至溧水率多业种，谓之上地；南乡今曰里稻米，洋尖颗其变名也。城中户口殷繁，本境所产不能果数月腹，于是贩和州、庐江、三河、运漕之米以巢于威凤、石城、三山门外诸铺户，群以外江米目之。近年以来，价增于十载前者三倍有奇，非尽由荒歉致然，其漏卮固别有在也。

（陈作霖编：《上元江宁乡土合志》，卷六，物产，稻米，清宣统二年刻本。）

〔清朝末年，江苏太仓州〕 肉松，制法创于倪德，以猪、鸡、鱼、虾肉为之。德死，其妻继之，味绝佳，可久贮，远近争购，他人效之弗及也。

（王祖畬等纂：《太仓州志》，卷三，风土，物产，民国八年刻本。）

〔清朝末年至民国初年，江苏清河县王家营〕 邑中，以榨油为农事余业，故王营、小营多油行。在昔，王营油店约十家，日销油一百担，今但存其一，南北通十有五家，而集散之量，河北为饶。油之属，曰豆油、落花生油，近鄙皆产之，而饶衍断推生油，若赣榆之沙河青口，沭阳之唐沟，则豆油为盛，然非甚乏不能致。又豆饼途滞，为之者鲜能居货以待贾，故生油制益多，势也。其外销之途，多沿运汛白马以入皖，而高、宝诸近邑次之，皆以淮安为交纽，远市珍求，则由邑贾运销京口，更展转以入甬粤，时亦有之，不能为之程也。凡油之市易，消长以时，自秋徂春为旺月，花生、脂麻之属既刈既获，外货登而物价平，远商踵至，委输最畅，是时销油可二百担强，通岁计之，则二万担，直银可三百四十万元云。自关市罢征，贾人不以知例为急，渔沟众兴新行日设，斯业不少绌焉。

（张震南纂：《王家营志》，卷三，职业，民国二十二年铅印本。）

〔民国元年，江苏六合县〕 四乡农产，以大小麦、豆、稻为大宗，余如糯稻、绿豆、豌豆、豇豆、料豆、蚕豆、荞麦、黍、玉蜀黍、棉花之属不过带种少许，而非田家主要之谷。惟稻、豆、麦岁销无锡、上海，舟车运往，源源不绝。其东乡山东、山西、长冈等堡，兼种烟草，岁产两万石上下，销售本地及淮北各埠。东沟王子庙等堡,兼种花生,西北乡各堡亦间有之,岁产三万余石。龙袍、永兴、东沟等处,又种茨菇,岁产两千余石,均销售镇江、广东、上海。

(郑耀烈修,汪昇远纂:《六合县续志稿》,卷十四,实业志,农产物,民国九年石印本。)

〔民国以来,江苏兴化县〕 县境商业,布匹、棉、麻油、盐、糖、竹、木为著,烟、酒、瓷、陶、绸缎、杂粮、铅绿、钉、铁锅、席、国药、桐油、碱、炭、西药、纸张、煤油、洋烛、肥皂、火柴、卷烟次之。输入之货,南来自沪、镇,经过扬、泰,北来自盐城、宝应、淮安、淮阴等县,大率集中本城,然后分布于各镇;输出之品,米稻为大宗,大小麦、黄豆、菜籽次之,鸡、鸭、蛋、鱼虾近年亦运销沪上;凡商店大者,多营批发,粮行贸易为数最巨,油坊、杂货、布匹亦称盛焉,油坊、典当、京广、南货诸业,咸同以后大半客籍主办,其余镇江之烟、江西之瓷器、湖北之杉木、安徽之茶叶香料、河北、山西之漆酒尤著,而邑人资本薄弱,仅贩运棉布、苏货、竹席为营业。民国以来,商业竞争,地方商民稍有起色。商业区以县城乐门内外为繁盛,北门次之,各区如刘庄、白驹、安丰、邹庄、大垛、竹泓、戴窑、草堰、中堡等处,商贾交易亦往来不绝。

(李恭简等修,纽敦仁等纂:《兴化县续志》,卷四,实业志,民国三十三年铅印本。)

〔民国初年至二十四年前后,江苏南京〕 进出贸易,据金陵关最近两年统计,二十一年贸易总值凡五千二百三十一万余元,二十二年贸易总值凡四千一百七十九万余元。考其货值内容,二十一年外洋进口货占二千三百一十七万余元,出口货仅冻鸭一种,价值三十五万余元,进超达二千二百八十二万余元之多。二十二年外洋进口货占二千一百三十六万余元,出口货仅邮包一种,价值一千八百余元,进超达二千一百三十六万余元之多,且并冻鸭亦无之。回溯十年以前缎绒畅销时期,每年出口货少亦二、三百万元,多至五百三十余万元。曾几何时,进口激增,而出口毫无,对于国际商场,全无贸易可言,则是贸易总值愈大,洋货之畅销愈多。

(叶楚伧修,王焕镳纂:《首都志》,卷十二,食货下,贸易,民国二十四年铅印本。)

〔民国初年至二十四年前后,江苏南京〕 国内贸易,就津浦铁路运由浦口装轮转口货并计而言,二十一年各埠进口货占一千五百九十九万余元,运销各埠货占一千二百七十九万余元,进超达三百二十万余元。二十二年进口货占五百三十七万余元,运销各埠货占一千五百零四万余元,出超九百六十六万余元,尚占有相当地位。但二十二年实为特殊现象,回溯十年以前,惟十五年有出超百余万元,其余各年亦惟见进超,不见出超。

(叶楚伧修,王焕镳纂:《首都志》,卷十二,食货下,贸易,民国二十四年铅印本。)

〔民国十年、江苏甘泉县〕 郡城商业合计岁逾千万以上。乡镇属甘泉辖者,最大为邵伯,昔年豆业最盛,洪乱后遂微,而油麻业继起,纸业次之。邵伯迤东为产米区域,近年米业大兴,镇有南北两市,中稔之岁,米麦可销银币近百万,有鸡鸭行贩运鸡鸭江南,为数甚巨。附近邵伯,有真武庙,产豆油、豆饼,运销各地,亦为大宗。西北乡无大商业,惟太仪牛市称盛,每岁售牛二万余头。黄珏桥一带乡民多制草履,转贩镇江、上海、江宁、芜湖等地,业虽微,销行颇广,因并记之。

(钱保祥等修,桂邦杰等纂:《甘泉县续志》,卷六,实业考,民国十五年刻本。)

〔民国十年前后,江苏山阳县〕 服御之需仰给于远方者十居八九,民居栉比,无机杼声。

(周钧修,段朝端等纂:《续纂山阳县志》,卷一,疆域,风俗,民国十年刻本。)

注:山阳县今为淮安县。

〔民国十年前后,江苏山阳县〕 西北乡宜麦、菽、黍、稷、花生、芝麻、菜子,以红薯、玉秫、红秫为大宗,民食赖之,秋豆尤饶,江南大贾携赀贸易,舟载以去,名曰豆客,故淮秋豆之名流传甚远。

(周钧修,段朝端等纂:《续纂山阳县志》,卷一,疆域,物产,民国十年刻本。)

〔民国十一年前后,江苏高邮〕 阖境鸡、鸭蛋甚多,为输出品之一。每年春夏,本地炕坊炕出鸡、鸭雏运销江南各处。其蛋之双黄者尤为出产之特色。

(胡为和等修,高树敏等纂:《三续高邮州志》,卷一,实业志,物产,民国十一年刻本。)

〔民国十一年前后,江苏高邮〕 历年输出稻谷,就南门外一处调查,岁约三十余万石,麦、豆及芝麻等粮半其数。四乡之输出者虽未调查,总不止较城十倍。面粉公司输出面粉岁约三四十万袋。蛋厂输出蛋白三百八十余石,蛋黄二千四百余石。茧庄输出炕茧约一千六七百石。鱼、蟹及鸡鸭毛、野鸭绒,输出亦多,但数未经查核(以上输出约数。)

(胡为和等修,高树敏等纂:《三续高邮州志》,卷一,实业志,物产,民国十一年刻本。)

〔民国十五年前后,江苏泗阳县〕 以输出输入之货物言之,输出之品则油类有籽油、豆油、花生油,酒类有洋河大曲,谷类有小麦、黄豆、芝麻(境内各处有之),其他若落花生(以北王集一带为最多)、金针菜(以丁家嘴为最佳,近名丁庄菜)、蚕丝(以八集一带最佳)、棉花(以时大荒为最多)、豆饼皆系输出大宗,每岁行商以巨万计。又如药材之半夏、桃仁、瓜蒌、天花粉,杂货之黄实、槐子红、鱼、鸡蛋、鸡鸭毛、肥猪、虾米、牛皮、牛骨,价值亦极伙。输入之品则食盐(淮盐运自西坝)、梭布、各种花布(运自苏松)、棉纱(运自上海)、绸缎(运自南京、镇江)、糖纸杂货(运自镇江),烟类有皮丝(福建产)、烟叶(运自江西凤阳双沟)、药材(运自镇江)、茶叶(徽茶、浙茶二种)、瓷器(江西产)、杉木(江西宁国产)、铁器(运自镇江)、洋货有石油、火柴、洋布各种(均由上海辗转运入),每岁输入数亦巨万。大有之年,地方物产搬运出境,足以抵输入品而犹有赢余。至于岁或不登,输入品不能减少,而闾阎生计支绌,无以为交易之资,而商乃病矣。

(李佩恩修,张相文等纂:《泗阳县志》,卷十九,实业志,商业,民国十五年铅印本。)

〔民国十五年前后,江苏泗阳县〕 以商业状况言之,众兴镇居全邑中心,水陆交通,为群商聚会之地。其在河南若县城、南新集、金镇镇、洋河,在河北若北王集、里仁集、穿城等处,商业亦俱发达。

(李佩恩修,张相文等纂:《泗阳县志》,卷十九,实业志,商业,民国十五年铅印本。)

〔民国二十年前后,江苏泰县〕 综其大要,茶来自安徽、浙江、上海,瓷来自江西,绸缎来自浙杭、江宁、苏州、镇江、丹阳,布来自上海、江阴、南通、常州、如皋,棉纱来自通、如、上海。糖果、锡箔、南北海味、洋广杂货、油、酒、漆、麻、烟草等类,有来自闽、浙、上海、镇江者,有来自山东、安徽、淮北一带者,销入县内各地,每年不下银数十万元。稻、麦、油、酒、猪仔、鸡、鸭之类,产自里下河一带,运销于苏、沪各地者,每年当亦在数百万金以上。

(单毓元等纂修:《泰县志稿》,卷二十一,商业志,民国二十年修,一九六二年油印本。)

〔民国二十二年前后,江苏六合县〕 六地商业习惯:凡外来客货必经行户代卖,如北路运来豆油、花生、瓜子、金针菜,先投油行、北货行始可销售。近来客货短少,固由分赴浦口,亦以一种无赖行户往往经手盗用,不将价本转给,欺骗百端,客商因之裹足。又如乡农种烟、种靛,辛苦有成,及至售卖,为行户所霸,几有无处取钱者。

(郑耀烈修,汪昇远纂:《六合县续志稿》,卷十四,实业志,商情,民国九年石印本。)

〔民国二十二年前后,江苏六合县〕 六合无织布厂,而布业林立,皆购自无锡、江阴、南通、崇明及江西万载等县,其洋布则运自上海,花色杂出。现中国兴有一种爱国布,地方人多服之,用以抵制外货,然系洋纱织成,仍不啻行销外货,又布业兼售绸缎,生意较前甚大。

（郑耀烈修,汪昇远纂:《六合县续志稿》,卷十四,实业志,商类,民国九年石印本。）

〔民国二十五年前后,江苏盐城〕　县境商业豆油、杉木、海味、布帛为著,桐油、煤油、烟、酒、南北杂货、京广洋货次之;豆油来自胶州、石岛、烟台、中庄、大连、沙河等埠,转销下河各县,远及高、宝、扬、镇,懋迁称盛,近以锡、常新设油厂,销路见夺,兼以海道时梗,航商裹足,业浸不振;杉木自黔、湘来者曰广木,自赣来者曰西木,贩自上新河、镇江口岸,销行颇广,城西一带厂肆林立,各村镇多有其业,土人亦有为之致富者;桑木产自淮堰,农具所重,贩者由永兴集舟运来售,海味珍错咸备,土产有虾米、虾干、鱼子、鱼鳔、蛏干、蛤干、海蜇、鲨鱼、碱鱼等,可以行远;绸缎、呢绒、布等贩自江南各埠,土布贩自金沙、姜堰、江阴,凡商店大者多营批发,旁达四乡,远及游、阜;杂货油布业,昔以和丰号为巨擘,坐庄遍于外埠,湖垛之吉恒丰、沙沟之源记并一时鼎盛焉。

（林懿均等修,胡应庚等纂:《续修盐城县志》,卷四,产殖志,商务,民国二十五年铅印本。）

〔民国二十五年前后,江苏如皋县〕　火腿年产四五十万只,味不如金华所产,而畅销于南北各埠。

（殷惟和纂:《江苏六十一县志》,上卷,如皋县,物产,民国二十五年铅印本。）

〔民国二十五年前后,江苏盐城县〕　县境虽富产米,南乡所产皆出售于泰县之海安,西北乡所产则多运销于淮安诸县。西门虽有米行七八家,多为代客买卖,交易不盛。

（殷惟和纂:《江苏六十一县志》,下卷,盐城县,城市,民国二十五年铅印本。）

〔南宋景定三年至咸淳八年前后,两浙西路严州〕　土不产米,民仅以山而入帛,官兵廪则取米于邻郡以给,而百姓日籴则取给于衢、婺、苏之客舟。

（宋　钱可则修,郑瑶、方仁荣纂:《景定严州续志》,宋郑瑶、方仁荣序,宋景定三年修,咸淳八年增补,清光绪二十二年刻本。）

〔明正德三年前后,浙江杭州〕　五代已前,江潮直入运河,无复遮捍。钱氏有国,乃置龙山、浙江两闸,启闭以时,故泥水不入。宋初崩废,遂至淤塞,频年挑浚。苏轼重修堰闸,阻截江潮,不放入城,而城中诸河,专用湖水,为一郡官民之利。若西湖淤塞，则运河枯涩，所谓南柴北米，官商往来，上下阻滞，而闾阎贸易，苦于担负之劳，生计亦窘矣。杭城西南，山多田少，谷米蔬薪之需，全赖东北。其上塘濒河田地，自仁和至海宁，何止千顷，皆借湖水以救亢旱，若西湖占塞，则上塘之民，缓急无所仰赖矣。

（明　田汝成撰：《西湖游览志》，卷一，西湖总叙，一九八〇年浙江人民出版社铅印本。）

〔清咸丰八年至同治三年前后，浙江处州府云和县〕　邑素鲜贸迁，近乃渐伙，第滩浅港狭，不通商舶，布缕食货，悉资外贩，而贸米尤艰，雨旸稍失序，垄断居奇，价辄骤涌，贫民深以为病。

（清　伍承吉修，王士玢等纂，涂冠续修：《云和县志》，卷十五，风俗，清咸丰八年修、同治三年续修刻本。）

〔清咸丰年间至民国六年前后，浙江吴兴县双林镇〕　肥丝出数约略计之，丰年可出五百担，歉则二三百担而已。清咸同间，仅有客帮至镇坐庄抄丝，不甚发达；光绪时，有协源肥丝行开市，四出兜销，丝业逐年而盛，乃兼并邻近市镇所出会于双林，其总数可达千担；今之业此者凡七家，曰诚昌裕，曰广隆，曰广源，曰隆昌，曰徐同和，曰鲍诚昌，曰顺和，其销路则江宁、镇江、苏州等处为晚近所增。

（蔡蓉升原纂，蔡蒙重编：《双林镇志》，卷十七，商业，民国六年铅印本。）

〔清光绪四年前后，浙江处州府龙泉县〕　山谷遐阻，百货缺如，市井间，自盐米布缕外，无异物（旧《府志》）。工艺悉资外境，侨居者什之五六。

（清　顾国诏纂修：《龙泉县志》，卷十一，风俗志，习尚，清光绪四年刻本。）

〔清光绪九年以前，浙江严州府分水县〕　分水县：山多田少水浅，户硗地狭民稠，木炭纸茶之利，终岁所入，不足以给饔飧三分之一，大率贸易贩籴，仰赖他郡以为生。

（清　吴士进原本，吴世荣续修，邹伯森、马斯臧等续纂：《严州府志》，卷四，封域，清光绪九年增刻本。）

〔清光绪二十二年前后，浙江处州府云和县〕　邑为浙省瘠区，然苟化瘠为腴，亦自有术。盖惠农必先通商，物产始阜。计浙中蚕丝之利，岁可二三千万。而若茶、若棉、若桕油，皆以数百万计。顷余榷，宁海其地去甬口岸尚在百里有外，而土产之售甬者，自桕油、茶叶、猪、牛各值十数万、数万外，其余若鸡、鸭、鹅、靛青、竹笋、草纸、白术,下至鱼网、靴钉等,皆各值一二万。

(清 李应珏撰:《浙志便览》,卷四,云和县序,清光绪二十二年增刻本。)

〔清代后期至民国八年前后,浙江新昌县〕 六十年前,只有烘青与红茶两样,出销杭嘉湖。海禁开后,半改为圆茶,由宁绍各栈运销于外地。近因各栈货益求良,工费殊繁,有改为烘青而出沪上,以销营口者。

(金城修,陈畬等纂:《新昌县志》,卷四,食货下,茶,民国八年铅印本。)

〔民国初年,浙江吴兴双林镇〕 米本地所产,各类皆有,除酿酒之糯米外,籼、粳等米供本地食料者,仅十分之七,余三分必待他处接济,以自嘉兴来之冬春米为大宗,长兴虹量桥之熟米次之,岁值约银二十五六万元。

(蔡蓉升原纂,蔡蒙重编:《双林镇志》,卷十七,商业,民国六年铅印本。)

〔民国以后,特别是"九一八"事变后,浙江吴兴乌青镇〕 吾镇向无丝行,各乡所产细丝(一名运丝),均由震泽丝行向本镇丝行抄取,发车户成经,转售上海洋庄为出口货,名辑里经(经牌有克郎二八、宏孚源、金风车等名)。清同治及光绪初年,每年产丝七八千包,每包八十个;光绪十年后,犹有三四千包。民国以来,自一千一二百包少至七八百包。自往"九一八"之后,丝价惨落,现只有二三百包。丝行之营业期,小满时开秤发售于客帮,每千元取佣金十八元(乡人售于行家,大约暂时赊欠,俟震泽丝行款到,然后发给,如往行有潮丝退还,行家仍可退回原户,此本镇丝行之习惯,他镇则不然)。清咸同间,张同盛、徐添源营业为盛;光绪初,沈永昌囤丝巨万,适因杭州巨商胡雪岩与西人竞争丝业失败,华丝大跃,沈永昌亦随之倾折,嗣后,吾镇丝业,青南有丁同和、胡同顺、荣盛、姚德泰、仁记,青东有周恒源、杨义丰、钱天元、德泰、兴记,乌西有邱恒茂,乌北有徐关通各丝行。入民国后,有衡兴、震记、恒和、寿记、联记、浚昌、永记、恒丰、芝记、兴记等行;至二十二年,只有恒和、寿记、浚昌永记两家;二十三年春只有恒和寿记一家。细丝最高时,每包价八百元,今每包价三百元;粗丝销内地机户杭、温、盛泽各帮。吾乡产丝不多,昔有潘恒丰等粗丝行数家,今有邱恒茂、陈德记,营业不大。

(董世宁原修,卢学溥续修:《乌青镇志》,卷二十一,工商,民国二十五年刻本。)

〔民国六年前后,浙江吴兴县双林镇〕 湖丝甲天下,著在正供,有头蚕丝、二蚕丝二种,向以太湖滨所产者为上,而吾镇近年亦可与之颉颃。肥而爪角阔者曰长腔,少爪角狭者曰短腔,亦曰线爪。近以细丝价昂,制长腔者更少,光白者为客货,有大蚕七里之名,有头、二、三副号之别,次者为用货,充绸绢经纬之用。小满后,闽、广大贾投行收买,招接客商者曰广行,亦曰客行,头蚕丝市、二蚕丝市之大市,日出万金;中秋节后,客商少,而伙友亦散,谓之冷丝市,然陆续买卖可与次年新丝相接,故曰买不尽湖丝也。或值客多货少之时,行家雇船下乡收买,谓之出乡,又代行家买者曰抄庄,既买而卖与各行者曰掇庄,亦曰贩子代掇庄,充作乡货上行卖者曰撑旱船,平时另买与机户者曰拆丝庄,新丝初出即买茧以待售者曰拣先土客。总之,吾镇贸易之人,衣食于此者十居其五焉。杭州岁有委员至镇采办北帛,丝官发价,钱悉为大行家经理。按:旧时有闽、广客商来镇采买,自上海洋商集市,而远客不来,惟各处丝商来镇抄买,或行家及土商自往上海销售,关卡多而利浸薄矣。

(蔡蓉升原纂,蔡蒙重编:《双林镇志》,卷十六,物产,民国六年铅印本。)

〔民国十二年,浙江德清县〕 邑为泽国,丰年不敷自食,全恃外县如长兴、广德、无锡等处采购,以为接济,故米价每石自六元以至十余元,若遇歉岁尤昂。地多桑,而麦粟少种不足,以为辅助品。

(吴蔼阜、王任化修,程森纂:《德清县新志》,卷二,舆地志二,物产,民国十二年修,民国二十一年铅印本。)

〔民国十二年,浙江德清县〕 丝行向在南门外仓前,今则尽在城内,但与唐栖、菱湖相近,故丝市远逊新市,多赖武康丝为销场也。

(吴蔼阜、王任化修,程森纂:《德清县新志》,卷四,食货志,农桑,民国十二年修,民国二十一年铅印本。)

〔民国十三至十四年,浙江嘉兴濮院镇〕 丝行,在清同光间,大有桥街、义路街、女儿桥街均有开设,近则荟萃于义路街,一丝行之固定资本,非巨万不可,故独资少而合资多。丝销除本地绸机外,有苏、沪、杭、绍、南京、镇江、盛泽各帮。新丝于小满开秤,如客帮需货而丝价提高,则远如石湾等处乡丝亦麇集于镇,故生意大小无一定。丝行无不与钱庄通往来,每有以钱庄之款务茕积者,丝价日上,获利固丰,而如近年国内不靖。甲子,江浙战事起于旧历七月间,存货山积,战事延长至乙丑春间,而丝价一落千丈,丝行倒闭至七八家,一蹶几不能复振矣。

(夏辛铭辑:《濮院志》,卷十四,农工商,商业,民国十六年刻本。)

〔民国十三年前后,浙江定海县〕 酱油,用豆制豉灌卤作酱晒取其油,有伏油、秋油之别,市上称佳者为六四油。当时物价低贱,是油每斤须六十四钱,故名。今几三倍之矣。运销宁波,推为上品。

(陈训正、马瀛纂修:《定海县志》,物产志,杂产,民国十三年铅印本。)

〔**民国十三年前后,浙江定海县**〕 黄沙,为朐山特产,每年运售上海,产额在十万元以上。

(陈训正、马瀛纂修:《定海县志》,物产志,杂产,民国十三年铅印本。)

〔**民国十四年前后,浙江龙游县**〕 四乡物产概况:东乡自张家埠至湖镇,绵亘二十里,悉为沙田,故出产以落花生、西瓜子、莱菔、豆、麦为大宗,甘蔗尤盛。进至希塘上圲头一带,田土颇腴,山虽不及南源,而竹木亦不少,故米、麦、茶叶、竹笋、松柴、杉树、白炭、茶子、桐子,皆足以应一乡之需,往时多产靛青,近以工资较昂,相率改种米麦,故出产之数远逊于前矣。南屏纸业营者日多,槽户几以百数,工则多为东阳人。

南乡出产以纸为大宗,其槽户之数三倍于东乡,工则多为江西人及江山人,性悍而时闻滋事,纸以南屏为最多(东乡所出南屏为湖屏,南乡所出则称龙屏,价较湖屏稍昂)。若花尖黄尖,则为数无几也。亦有大小年,约三年中必有一小年,出纸特少,平均计之,每年可出纸三十万担,而以溪口村为其荟萃之区,故其村之繁盛,乃倍于城市焉。若茶叶、桐子、杉木、松柴、白炭、竹笋,皆足以应一县而有余。至灵山寺下、白石、冷水、大坂诸处,田土尤沃,故南乡虽山多田少,而其乡食米亦足取给。又南乡水源甚多,港汊杂出,自灵山港上溯划船,可直达坑口,竹簰且可达遂昌,北界诸源至柘溪、横直两源,水利尤大,故南乡不特利农,且利于商,物产不致壅滞,其富遂为一县之冠。西乡面积较小,土浅而源枯,收获不甚丰也。然所产米以其余供西安,告籴者年尚数千担云。他若柏油、糖蔗、沙糖、油麻、黄粟、大小麦、荞麦、落花生、西瓜子、六月豆、雷笋、鞭笋、蜂糖诸物产亦不菲。

北乡则以米为出产大宗矣,岁所输出约十万袋(每袋二百八十斤)。他若粉干、莲子、藕粉,全县皆仰给焉。其田亩之灌溉,悉资于塘,大者数十亩,故产鱼最多。

(余绍宋纂:《龙游县志》,卷六,食货考,物产,民国十四年铅印本。)

〔**民国十九年前后,浙江寿昌县**〕 寿邑食盐向由绍兴会稽东江场、金山场、山阴三江场、余姚场捆运到寿,岁约额销二千四百余引,每引三百斤。

(陈焕等修、李钰纂:《寿昌县志》,卷三,食货志,盐法,民国十九年铅印本。)

〔**民国二十年"九一八"事变后,浙江吴兴乌青镇**〕 吾镇米业,必兼营豆、麦,陆陈各分货,四栅均开设牙行,运销硖石为多数,其次如无锡、奔牛、嘉兴等处亦有米谷陆陈交易,每岁营业为数颇巨。近年又有洋米进出,西北栅大行陶复昌等均曾经营,为数颇巨。自往"九一八"后,米业一落千丈。西栅大行均告停业,今惟北栅陶复昌营业尚巨,东栅黄荣昌次之,此外中等行家殊少进出。现在外镇交易已少,各行借收乡货以为营业。民国十七、八年,乡货糙米每石七八元,今糙米市斤每石仅四元,另豆、麦等物亦随之降跌。

(董世宁原修,卢学溥续修:《乌青镇志》,卷二十一,工商,民国二十五年刻本。)

〔民国二十至二十四年,浙江吴兴乌青镇〕 桐油业,徐恒裕经营最久,远近著名,批发门市均售,营业较大。陆三泰、杨永昇、杨坤元诸家皆赖乡庄,交易亦繁,故往时桐油一业,营业亦巨。近自农村经济衰落以来,逐年减缩,桐油业亦不复振。

(董世宁原修,卢学溥续修:《乌青镇志》,卷二十一,工商,民国二十五年刻本。)

〔民国二十二年前后,浙江景宁县〕 近年因民食欠缺,多赖瓯米接济,沿溪一带籴米多而籴谷甚少。

(吴吕熙修,柳景之纂:《景宁县续志》,卷十五,风土志,风俗,民国二十二年刻本。)

〔民国二十五年前后,浙江〕 制造品以丝绸、纱布、罐头食物为最著,盛销海内外,亦为本省之特产……其中仅丝绸一项当营业发达时,岁值曾达一万一千余万元。国内市场则除上海外,首推东四省,每年亦达二百余万元之谱。但自世界经济发生恐慌后,销路大不如前。及民国二十一年"九一八"事变后,市场更被惨夺,浙江丝绸遂岌岌不可终日。现在政府与厂商正力图改良品质,减轻成本,颇有蒸蒸日上之势,预料不久当可在国际市场上重放异彩矣。

(姜卿云编:《浙江新志》,上卷,第八章,浙江省之经济;物产,民国二十五年铅印本。)

〔民国二十五年前后,浙江新昌县〕 本县交易以谷与杂粮为主,农民运粮至市上售卖,因交通不便,俱系肩挑,故无大批交易,计其数目约在二百万元以上。其他各种商品总计不过百五十万元而已。至商业习惯,以放账营业什居其九,而放出账款须至年底一期取偿。近来因社会经济衰落,账款亦无从收取,新昌商业日趋危险。

(姜卿云编:《浙江新志》,下卷,第四十五章,新昌县,实业,民国二十五年铅印本。)

〔民国二十五年前后,浙江昌化县〕 入境货如糖、锡箔、洋布、水旱烟、煤油、绍酒、豆油、米为大宗,出境货多系农产物,如木炭、纸等项,多运销于杭、绍,萸肉销于杭、宁、绍。

(姜卿云编:《浙江新志》,上卷,第十七章,昌化县,实业,民国二十五年铅印本。)

〔民国二十五年前后,浙江余杭县〕　本县商业交易以蚕事之后为最旺,年终次之。

（姜卿云编：《浙江新志》,上卷,第十四章,余杭县,实业,民国二十五年铅印本。）

〔民国二十五年前后,浙江宣平县〕　本县出产货物半由产户肩运金华、丽水等地售卖,半由外来行商收买运销各处。境内商店交易习惯多沿旧例,如农民购货仍有以农作物为代价者。至于商店交易,平时以零肉借给顾主,俟其猪蓄肥硕,则收其所蓄之猪为代价。其余各业类多放借货账于平时,总取货账于年终,惟近年来银根紧迫,年终收账倒欠甚巨,故货账习惯将渐减少。

（姜卿云编：《浙江新志》,下卷,第八十五章,宣平县,实业,民国二十五年铅印本。）

〔民国二十五年前后,浙江天台县〕　本县地处山陬,交通梗阻,商业无可称述,幸有茶叶、苎麻、木炭等项出产尚称丰富。比年以茶叶运往营口,大受损失;近来苎麻又瘟病发生,农村经济受莫大之打击,生产因之减色。

（姜卿云编：《浙江新志》,下卷,第五十章,天台县,实业,民国二十五年铅印本。）

〔民国二十五年前后,浙江衢县〕　本县为产米之区,纸、木尤为大宗,购买力赖此为涨缩。

（姜卿云编：《浙江新志》,下卷,第六十章,衢县,实业,民国二十五年铅印本。）

〔民国二十五至三十年,浙江吴兴乌青〕　近自人造丝输入以来,产丝销售深受影响。又以"九·一八"日人侵占辽宁后（民国十九年九月十八日通称"九·一八"）,日丝倾销,至华丝异常惨落,厂丝向价每担一千二百两,今降为五百元,辑里丝每包七八百元,今降为三百余元,生产价低落,农村经济日衰。

（董世宁原修,虞学溥重修：《乌青镇志》,卷七,农桑,民国二十五年刻本。）

〔民国三十五年前后,浙江〕　土丝买卖均由土丝行居中交易,无丝行之各县则由丝贩零星收买,贩往杭州、吴兴、绍兴出售,亦有由绍兴、杭州、吴兴等处之织绸户自往各地收买或委托各地收买者。浙东各县之土丝皆向绍兴土丝行出卖,浙西各县大部分为当地织绸之用,运销于南京、苏州等处,而吴兴之土丝则运销外洋。

（浙江省通志馆修,束绍未等纂：《重修浙江通志稿》,第二十一册,物产,物产上,蚕丝,一九四三年至一九四九年间纂修,稿本,浙江图书馆一九八三年誊录本。）

〔南宋淳熙二年前后,江南东路徽州祁门县〕　祁门水入于鄱,民以茗、漆、纸、木行江西，仰其米自给。

（宋　罗愿纂：《新安志》，卷一，州郡，风俗，宋淳熙二年纂，清康熙四十六年刻本。）

〔明天启元年前后，南京滁州来安县〕　来土埴卑，田宜稻，而高者最宜黍稷菽麦木棉，诸品中惟木棉独缺，冬衣皆从外市，而价甚贵。

（明　周之冕修，王懋续纂：《新修来安县志》，卷八，风物志，物产，明天启元年刻本。）

〔清康熙十四年前后，安徽池州府石埭县〕　人稠地狭，厥田高高下下，无十亩、五亩方珪圆璧者，故耕耨不足以给，多贩籴外境间，鬻茶纸杉漆以为生。

（清　姚子庄修，周体元纂：《石埭县志》，卷一，地舆志，山溪，清康熙十四年刻本，民国二十四年铅字重印本。）

〔清康熙三十二年前后，安徽徽州府休宁县〕　休宁又居四山之中，地之所出，既不足食一邑，势必仰给邻郡。米自钱塘来者，溯流逆上，滩水悍湍，率一石费倍之。自饶而下，则攀缘险阻，肩抬步行，竭数人力，乃致一钟。平时转运之难如此，一旦有变，上下断绝，不旬日，一邑之命，可立视其毙。

（清　廖腾煃修，汪晋征等纂：《休宁县志》，卷三，食货，储蓄，清康熙三十二年刻本。）

〔清康熙三十三年以前，安徽徽州府休宁县〕　邑山多田少，粒米是急，日仰给东西二江，一遇公禁私遏，旬日之艘未至，举皇皇枵腹以待，米商乘而登垄，坐握高价，即贵籴可奈何（见旧《志》）。

（清　廖腾煃修，汪晋征等纂：《休宁县志》，卷一，方舆，风俗，清康熙三十二年刻本。）

〔清乾隆八年前后，安徽庐州府无为州〕　商所货木石、布帛、药饵诸物，率由太平、芜湖梯航贸之。盐䇲巨商则自徽郡来。土产仅米、鱼、芦荻而已。

（清　常廷璧修，吴元桂纂：《无为州志》，卷七，风俗，四民，清乾隆八年刻本，一九六〇年合肥古旧书店重印本。）

〔清乾隆二十年前后，安徽宁国府太平县〕　陆通徽歙，水达鸠江。徽歙米颇翔贵，民担负以往，过岭长数十里，即冬月白汗交流。鸠江至邑东门，凡三百六十滩，水涨则小舟载二三十石。

（清　彭居仁修，魏子崶纂：《太平县志》，卷三，风俗，清乾隆二十年刻本。）

〔清乾隆二十二年前后，安徽池州府铜陵县〕　邑产姜蒜、苎麻、丹皮之类，近亦间有服贾者,但远人市,贩者居多。

（清　李青岩等修,史应贵等纂:《铜陵县志》,卷六,风俗,民国十九年据清乾隆二十二年刻本铅印本。）

〔**清嘉庆二十年前后,安徽宁国府**〕　宁国山多于水,如茶、漆、柏油、麻、苎之类所产甚夥,采薪作炭,远方之人大航贩载不绝。

（清　鲁铨等修,洪亮吉等纂:《宁国府志》,卷十八,食货志,物产,民国八年据清嘉庆二十年刻本影印本。）

〔**清咸丰以前至光绪三十一年前后,安徽六安州霍山县**〕　棉虽非山地所宜,得沃壤亦自蕃茂,民间以地少而重五谷,故不能多种,足以花布悉仰英、蕲。靛则购自舒、怀等处。旧《志》谓村农间有莳种染土布者,然止迤东一带,西南则无。咸同以前,乡民多有制机织布者,名家机布,今已无传。

（清　秦达章修,何国祐等纂:《霍山县志》,卷二,地理志下,物产,清光绪三十一年木活字本。）

〔**清咸丰以前至民国二十五年前后,安徽宁国县**〕　宁国为农产之区,土产甚富,足以供给,无商货经过。清咸丰前,民康物阜,盐以外,几无外货入境。兵燹后,土地荒旷,移两湖农民居此,乃以剩余物产对外贸易,素以竹木柴炭为贸易大宗,近如桐油、香菰、杂粮、茶叶、皮纸等货,亦皆运销于外。

（王式典修,李丙鏖纂:《宁国县志》,卷八,实业志,商务状况,民国二十五年铅印本。）

〔**清同治年间,安徽徽州府黟县**〕　我邑粮食向来仰给江右客之采买屯贮,皆在祁门三里冈,城乡店铺买自祁门。雇夫挑运者,挑力不给钱,而给米,而给米之时,复不由店铺,尽任挑夫自取,所以挑夫随路开明拆袋筛取,囤者携带碎米掺淆调换,致食户反食碎米。惟渔亭一路,尽是驴户,用驴驮运,明以拌水,店铺不禁,食户尤为受亏,人心之坏一至此哉,可叹也。

（吴克俊、程寿保等纂:《黟县县志》,卷三,风俗,民国十二年刻本。）

〔**清光绪九年前后,安徽池州府贵池县**〕　所艺粳籼居多,最早熟,然山稠土瘠,垦田不多,一岁之获不足供半岁之粮,往往易诸江北及贾舶之米以为食。而岁一不登,道殣相望。

（清　陆延龄修,桂迓衡等纂:《贵池县志》,卷十,食货志,土产,清光绪九年木活字本。）

〔清光堵二十年至民国初年，安徽太平府芜湖县〕　丝业：同治间，泾县青阳各处蚕桑甚少，故有汉口丝货来芜，嗣后则专以宁、池为来源，近年池、宁产茧由大通出口，归本埠完关者达五千余担。本邑所产之丝，每年不过二千两。光绪二十年后，本埠丝店为极盛时代，共计十余家，每年营业达百万元。光复后，取销辫花绒、洒线、腰裤各带均不合时尚，遂致堕落，今存者七家，商会注册者只五家，营业仅及盛时十分之二云。

（余谊密等修，鲍实等纂：《芜湖县志》，卷三十五，实业志，商业，民国八年石印本。）

〔清光绪二十三年前后，安徽滁州〕　不谙纺织，率购布于他方。亢州人来，皆男子织布，俗谓之侉布，南人呼北人为侉也。

（清　熊祖诒纂修：《滁州志》，卷二，食货志一，风俗，清光绪二十三年木活字本。）

〔清光绪三十一年前后，安徽六安州霍山县〕　霍境多山，平畴阡陌之所登，恒不及三之一，故谷不足供民食，附城必资邻籴，西南二百里中，半借山粮糊口。

（清　秦达章修，何国祐等纂：《霍山县志》，卷二，地理志下，物产，清光绪三十一年木活字本。）

〔清光绪三十一年前后，安徽六安州霍山县〕　霍山虽居万山之中，泉清而土腴，风气朴鲁，民勤耕凿。五谷之所，人以东北之余，补西南之不足，中稔之年尚敷挹注。而物产富博，厥为上上大宗，如芽茶、竹木、茯苓、木耳、丝麻、山纸，次之药材、矿冶、香末、牲畜，又所在多有，以未开通兴畅，不具论就。见在出境各土货进款计之，自千百而至数万数十万，岁不下五十万金。入境之货，盐、布为巨，其次猪、棉、烟、糖、纸张数者，约在二十万金。

（清　秦达章修，何国祐等纂：《霍山县志》，卷二，地理志下，物产，清光绪三十一年木活字本。）

〔清光绪三十一年前后，安徽六安州霍山县〕　烟叶则纯自桐城运入，其土人艺者率粗恶，不入市。

（清　秦达章修，何国祐等纂：《霍山县志》，卷二，地理志下，物产，清光绪三十一年木活字本。）

〔清光绪至民国初年，安徽芜湖县〕　日用食物，以猪肉销场为大。光绪三十年左右，宰户计共百余家；宣统间，八十余家；民国至今，六七十家。以捐税甚重，价值加昂，食者遂为减少也。耕牛向禁屠宰，通商后，外国侨民渐多，食所必需，遂为弛禁，现有宰户七家，业此者俱系回民。羊肉冬季上市，春深即停业，销场微细。鸭行共有七家,每年约销三十万只,以运销南京、上海为大宗。蛋行八家,每年约销鸭蛋二百万颗,鸡蛋三百万颗,内南京打蛋厂约销半数,亦有零星运往上海者。孵坊五家,春夏间以火坑出小鸡、鸭,每年约百余万只。鱼虫行五家,装运鲜鱼及虫销售汉口、南京、上海等处,夏时以水覆之,每年营业约十万余元云。

(余谊密等修,鲍实等纂:《芜湖县志》,卷三十五,实业志,商业,民国八年石印本。)

〔清代后期至民国十年前后,安徽宿松县〕 数十年前,棉花为吾邑农产物之大宗,贩卖棉花之商人亦甚多。近来棉产一项日见减少,所产之棉除留供本地纺织外,其余由本地商人装载成篓,用民船贩至江西省属各城埠售卖。从前产棉最盛时,亦有外商来本地购买。近因出产少,而外客之前来者则足音跫然矣。而本地之棉商并分向邻境之望江、彭泽、东流等县购买,船运往赣。惟业棉之商多属资本微细,其运棉船只最大者只可容百余担,次则数十担,小或十余担而止。

(俞庆澜、刘昂修,张灿奎等纂:《宿松县志》,卷十七,实业志,商业,民国十年活字本。)

〔清朝末年至民国初年,安徽芜湖县〕 出口货物以徽、宁各属之茶叶、丝茧、竹木、米稻、杂粮、竹器为大宗。进口京广洋货、布匹分销徽、宁各属者,均取道于此。清末每年平均征银约六千七百余两。

(余谊密等修,鲍实纂:《芜湖县志》,卷二十四,赋税志,关税,民国八年石印本。)

〔清朝末年至民国十年前后,安徽宿松县〕 吾邑十数年前,产蓝甚富,近则日见减少,贩卖蓝靛者多系本地商人,将收取之蓝靛装置入桶,雇请民船运赴芜湖、南京等处售销。从前西北乡之贩卖蓝靛者为大宗营业,近以出产减少之故,而本地开设染料之店,并分向江西之乐平、彭泽等处购运供用。

(俞庆澜、刘昂修,张灿奎等纂:《宿松县志》,卷十七,实业志,商业,民国十年活字本。)

〔民国八年前后,安徽芜湖县〕 货物以巢湖出口之合肥米、豆、杂粮、香油、瓜子、和州之花生、棉花、土布,六安之茶、麻,皖北之牛皮、杂毛等为大宗。进口之货,分赴皖北各处销售者,以洋货、纸张、油、糖、布匹为大宗。

(余谊密等修,鲍实纂:《芜湖县志》,卷二十四,赋税志,关税,民国八年石印本。)

〔民国十年前后,安徽宿松县〕 吾邑号称产棉之区,除西北土质较寒,间有不甚适宜外,东南各地到处宜棉。惟工业不兴,每年所出之棉均贩售江西各埠,载棉而往,买布而归,一辗转间利源之损失不可亿计。查邻邑太湖望江产棉不多于吾松,而土法织成之布较为匀细,其贩售于长江一带者甚伙,为每年收入之大宗。

（俞庆澜、刘昂修,张灿奎等纂:《宿松县志》,卷十七,实业志,工业,民国十年活字本。）

〔民国十年前后,安徽宿松县〕 吾邑人口逾三十万,每年所产米粮不足敷全县之食,所恃以为补助者则以各土产物之贩卖变价易米,借资供给。

（俞庆澜、刘昂修,张灿奎等纂:《宿松县志》,卷十七,实业志,商业,民国十年活字本。）

〔民国十年前后,安徽宿松县〕 吾邑年产烟草数万担,向由本地商人贩往外埠售卖,近则外埠客商多亲自入境购买。每年外客以上海帮最多,其次则为镇江,而邻境之潜山、东流、石牌、黄泥阪等城镇凡制烟各店,亦多挟资来购。盖松烟最大之销场,首推上海与镇江,至如南京、芜湖及沿江诸埠虽亦各有销售,但无大宗贸易。而邻境购烟之商贩,亦小本营业为多,故每岁烟市其畅销滞销,均视沪镇情形为标准。沪镇销场能畅,则本地价格自昂,否必低落。所有运沪之烟,皆系捆缚成夹,近有装检成篓者,先行运至九江,再由轮船运沪。至运往镇江之烟,多系成夹后雇赁本地商船为之装运,亦有运赴九江由轮船转运者。其他运往沿江各埠之烟,则皆由商船输送。而邻境各城镇其购运之烟,属水道者亦系雇商船输送,属陆道者则雇本地独轮车输送。

（俞庆澜、刘昂修,张灿奎等纂:《宿松县志》,卷十七,实业志,商业,民国十年活字本。）

〔民国十三年前后,安徽涡阳县〕 县中土产大豆出口岁可数十万金,涡运米料,岁可数万金,皮革数千金。义门集药材,岁约二万金。涡城义门、高炉、张村各集,盐荬之利岁可赢数十万金。

（黄佩兰修,王佩箴纂:《涡阳风土记》,卷八,食货志,杂税,民国十三年刻本。）

〔民国十四年前后,安徽太和县〕 鸡蛋:饲鸡者盛,岁出约三万篓,向贩行阜阳,近沪商收厂设此。

（丁炳烺修,吴承志纂:《太和县志》,卷四,食货志,物产,民国十四年铅印本。）

〔民国二十年前后,安徽无为县〕 商务出口以稻米为大宗,年百五十万石,皆运往芜湖销售,每石价约四元,分由凤凰颈(沿江小镇,有人工河通内地)、黄雒河及运漕出口,大约西部米粮集中襄安直趋凤凰颈,黄雒河及运漕则为东部之港口,天过旱则皆由黄雒河镇南下裕溪,渡江至芜湖。裕溪镇属和县,当江河之冲,运输以帆船为主,船一约可载数百石。每年秋日,城河桅樯骈列,蜿蜒数里,蔚成大观。县城内米行林立,多本地人开设,为米客及卖主之中介人,常有操纵价格之弊,惟其利便,固亦甚多也。无为经济状况之兴衰,视乎米产丰稔而定。……芜湖米市出口总额三分之一悉为无米。第二出口大宗厥为鸭,常千百成群驱往南京上新河求售,南京制鸭胗炙人口,其原料多由无为供给。……入口盐、糖、煤油、茶为大宗,盐为淮盐,糖为太古糖,煤油为美孚牌子,鹰牌次之,茶则六安,徽州产各项工艺品亦多有之,或为国货,或为洋货,惟乡民均视为奢侈品,购者仅少数中上城中富家而已。上述货物均自芜湖批发,非直接运自上海,其价较外间为昂。

(佚名纂:《无为县小志》,第五,交通与商务,一九六〇年据民国二十年稿本石印本。)

〔民国二十五年,安徽桐城县〕 桐城虽非产米之区,而西、南、北三乡,产米尚丰,故米粮营业较为畅旺。县城方面,据民国二十五年七月调查,业粮食行者二十八家,他如汤家沟、孔城、老梅树街、青草塥、练潭等镇亦各有二十余家。金神墩、棕阳为出口之要道,业粮食行者更盛,但均为代客买卖,资本不足万元,而自本自客者更不多见。

(徐国治修:《桐城县志略》,十四,经济,民国二十五年铅印本。)

〔民国二十五年前后,安徽亳县〕 亳县全境均系平原,无荒山废地,故农业产品每年除自给外,尚可输出。其最著者为小麦、高粱、芝麻、黄豆。小麦产量,全县每年约四十万石,高粱每年约二十万石,芝麻每年约五万石,黄豆每年约八万石。此外尚有菊花、白芍、金针、瓜子、棉花、落花生等,亦为每年输出大宗。

(刘治堂纂修:《亳县志略》,经济,农业,民国二十五年铅印本。)

〔民国三十七年前后,安徽广德县〕 籼稻、粳稻、糯稻、山稻,广德以米为大宗,出口至四安,杭越仰给焉。按米商将米运至杭州湖墅上堆栈,得价再售之,以销绍兴为多,浙米不足自给也。

(钱文选编:《广德县志稿》,物产,民国三十七年铅印本。)

〔明嘉靖三年至十五年前后,江西抚州府东乡县〕 东乡惟茶、布、砂糖,人多市之,鬻于外省。

（明　秦镒修,饶文璧纂:《东乡县志》,卷上,土产,明嘉靖三年刻、十五年补刻本。）

〔清康熙十年前后,江西瑞州府高安县〕　郊外人苦于力,城中人苦于钱,粗粗少足者,灰埠之棉布而已。而其料亦十八取于通州、湖广,尽高安所产之花,不足以给高安半邑之寒。

（清　张文旦修,陈九畴纂:《高安县志》,卷二,物产,清康熙十年刻本。）

〔清乾隆二十二年前后,安徽徽州府婺源县〕　每一岁垦田所入,不足供通邑十分之四,乃并力作于山,收麻、蓝、粟、麦,佐所不给,而以其杉、桐之入,易鱼、稻于饶,易诸货于休。走饶则水路险峻,仅鼓一叶之舟。走休则陆路崎岖,大费肩负之力,故生计难,民俗俭。

（清　俞云耕等修,潘继善等纂:《婺源县志》,卷四,疆域志,风俗,清乾隆二十二年刻本。）

〔清咸丰初年至同治六年前后,江西建昌府广昌县〕　咸丰兵燹以后,淮引停行,民俱乐于食闽盐,而肩挑负贩者日数百计。

（清　曾毓璋纂修:《广昌县志》,卷之二,赋役志,盐法附,清同治六年刻本。）

〔清同治十一年前后,江西吉安府永新县〕　永俗嗜茶,每食后不论老幼男妇,各数碗,或宾客杂坐,顷刻间则屡易以进,谓非此无以将敬云,然所用皆取给楚省,其叶甚粗。

（清　谭述唐纂:《禾川书》卷三,风俗,清同治十一年刻本。）

注:《禾川书》即《永新县志》。

〔清同治十二年前后,江西广信府玉山县〕　以棕为利者,鬻于上海。

（清　黄寿祺修,吴华辰纂:《玉山县志》,卷一下,地理志,物产,清同治十二年刻本。）

〔清光绪二年以前,江西赣州府龙南县〕　商之巨者,顺流而往,仅杉木清油及靛与铁。今和平龙川数县铁炉久停业,此者亦寥寥矣。泝流而来,惟苎与绵,此外无奇赢可居,且皆戀迁自异境。

（清　孙瑞征、胡鸿泽修,钟益驭等纂:《龙南县志》,卷二,地理志,风俗,清光绪二年刻本,民国二十五年重印本。）

〔清宣统三年前后,江西瑞州府新昌县〕　烟叶、夏布、竹木之属,号称土产。烟叶以斤计,岁出八万三千斤有奇。夏布以匹计,岁出六千六百匹有奇。时有外商人境采买,皆不能成庄。竹木,惟近水处可结筏顺流而下。

(胡思敬纂:《盐乘》,卷五,食货志,物产,民国六年刻本。)

〔清宣统三年前后,江西瑞州府新昌县〕　其由邻境输入者,亦不能详也。问药材,曰岁销约二万缗。洋货亦如其数。余如高安豆麦、铜鼓油,南昌色布,闽浙各省海菜,皆不及万缗。四川蜡、湖南铁、云南铜若锡、苏杭绸缎、湖州丝线,约二千余缗。南昌酒、饶州瓷、赣州糖、福建纸,皆不及千缗。然总计外境输入之货,就商会所知者,已不下十余万。

(胡思敬纂:《盐乘》,卷五,食货志,物产,民国六年刻本。)

〔民国二十九年前后,江西分宜县〕　分城商市,介于宜春、新喻之间,商业向不发达,进口货以盐、布、煤油、海味、南货为大宗,出口货以苎麻、夏布、竹木、纸张为大宗,两者相衡,尚在入超时期。

(萧家修修,欧阳绍祁纂:《分宜县志》,卷十三,实业志,贩销,民国二十九年石印本。)

〔民国二十九年前后,江西万载县〕　万载之富,基于土产,以土产成土货,通行长江海上者,莫如表纸,而原质基于竹。爆竹亦土货大宗,而原质多属之纸,山林时加护持,是培养富源之一法。

(张芎甫修,龙赓言纂:《万载县志》,卷四之三,食货,土产,民国二十九年铅印本。)

〔民国二十九年前后,江西万载县〕　县境少桑,麻亦不足于用,夏布原料来自宜春、分宜、平江者,几达本地之半。县中当物产极盛,一年输入达四百万元。

(张芎甫修,龙赓言纂:《万载县志》,卷四之三,食货,土产,民国二十九年铅印本。)

〔明嘉靖九年前后,福建泉州府惠安县〕　岁暮,商贩以入兴泉、鸡、鹅、羊、豕,大抵由吾邑牲者多也。滨海业海,亦不废田事,自青山以往近盐,又出细白布通商贾,辇货之境外,几遍天下。

(明　黄尚简修,张岳纂:《惠安县志》,卷四,风俗,明嘉靖九年刻本。)

〔清雍正十二年至道光十四年前后,福建延平府永安县〕　永冈陵涧壑十居七八,黍稻所入惟正之供以外,仅支数月之粮,余多取给外邑。

(清　裘树荣修,吴九叙等纂,孙义续修,陈树兰续纂:《永安县志》,卷五,物产,清雍正十二年刻本,清道光十四年续刻本。)

〔清乾隆三十年前后,福建泉州府晋江县〕　封疆逼狭,物产硗瘠,桑麻不登于筐茧,田亩不足于耕耘,丝缕绵絮由来仰资吴浙,稻米菽麦今皆取给台湾,惟鱼盐蜃蛤之利稍稍称饶。

（清　方鼎等修，朱升元等纂：《晋江县志》，卷一，舆地志，风俗，清乾隆三十年刻本。）

〔清乾隆五十二年前后，福建永春州德化县〕　产谷仅资民食什之六，迩来栽种地瓜，蔓延陵谷，又勤种麦，可补民食什之二，余则取资于外邑，而舟楫不通，负贩艰难矣。

（清　郑一崧修，颜璃等纂：《永春州志》，卷七，风土志，风俗，德化县，清乾隆五十二年刻本。）

〔清光绪五年前后，福建汀州府长汀县〕　米食仰给于江右之赣、宁而杭、永及潮，又往往资贩籴于郡，稍留滞乏，继市价踊腾。

（清　王垕原本，谢昌霖再续修，刘国光再续纂：《长汀县志》，卷三十，风俗，商贾，清光绪五年刻本。）

〔清光绪三十二年前后，福建福州府闽县〕　米豆，本境多销外来之米。海米，年约销三百三十五万六千八百三十五石，值银八百三十七万九千五百三十两。溪米，每年销数无定。豆，各种多由北洋帆船载来。豆粉，即索粉，又名山东粉。豆饼，培田用，牛庄运来最多。……省会产米极少，向资溪海转运，计城厢居民约四十万人，每人日食三勺，约日食三千石。此外各乡农田不足，及下游来省采办，不可胜算。

（清　朱景星、李骏斌修，郑祖庚等纂：《闽县乡土志》，商务杂述五，输入货，清光绪三十二年铅印本。）

〔清光绪年间，福建福州府闽县〕　八闽物产，以茶、木、纸为大宗，皆非产自福州也。然巨商大贾，其营运所集，必以福州为的。故出南门数里，则转移之众，已肩属于道。江潮一涨，其待输运之船帆樯尤林立焉。虽不足较量川蜀之旺，而亦一大商场也。惜夫年来茶业浸衰。……茶业，运往外洋者据海关报告：光绪二十六年，二十六万五千九百担；三十年，十七万九千五百担。又据商家报告：光绪二十三年，二十三万零九百二十七担（工夫十五万八千七百六十担，小种二万九千五百八十担，乌龙三万六千三百八十担，白毫二千二百三十二担，花香三千九百七十五担），得银五百九十三万圆；三十年，十六万九千二百七十四担（工夫九万三千八百七十担，小种三万五千七百担，乌龙三万三千一百六十担，白毫二千四百四十八担，花香四千一百四十担），得银四百六十七万圆。运往外省，据海关报告，光绪二十六年，一万九千三百担；三十年，七万六千四百担，往外省者每年继长增高,出洋反是,至三十一年仅得银二百三十四万两有奇(因伪茶搀杂,以致滞销)。木业,业此者分四种,植木曰山主(又曰木主),入山购木者曰山客(又曰木客),代客转售者曰木行(即木牙),浙宁商帮向行购买运销出口者曰木帮(即木商),近年约得银一百七十余万两。纸业,据商家报告,光绪二十一年出口二万余担,三十二年增至五万余担,得银二百二十七万两有奇。本境所出有目红纸,每篓一千二百张,年约二千三百篓,价银四两余至五两余,年约一万一千余两,海运销售上海、天津、牛庄、胶州等处。若上游运来毛边纸、大小海纸、大小广纸、川连捞纸、毛泰方高花笺、南屏代白、连泗、松扣、双合、中包、节包、福纸、篓纸、草纸,名目不一,均从本境转输出口。杂货,均水运(或轮船或帆船)出口,闽海关岁收(轮船、帆船)税(六十九万两有奇、四万两有奇)。福桔,年约出三百余万斤。桂圆,年约出三千箱。青果,年约出百余万斤。荔枝干,年约出十余万斤。笋干,年约值银四十余万两。杨梅,年约值银数千两。桑叶,年约十余万斤。烟叶,每年多寡不定。红糖,年得银数千两。锡箔,年约三万箱,多行销江汉各处。纸伞,年约十万三千余枝,多行销南洋各岛。茧丝,年约值银二三千两。藤漆器,多寡无定。其转运他往,关税五千两。

(清　朱景星、李骏斌修,郑祖庚等纂:《闽县乡土志》,商务杂述四,输出货,清光绪三十二年铅印本。)

〔清光绪年间以后,福建永春县〕　光绪间,岁歉,州绅林捷元与各乡殷户及五里街富商,倡议捐资,籴外洋米至邑平粜,侨寓南洋商民赞成之,自是迄今以为常。

(郑翘松等纂:《永春县志》,卷九,户口志,民国十九年铅印本。)

〔清朝年间,福建泉州府金门〕　隔海贩运,船工、脚费、物价恒倍。民多食红薯杂粮,从前食湖广米及粤之高州。迨台湾启疆,遂仰台运,自厦转售。风潮迟滞,市价顿增。又山皆童,乌薪自漳州载至,春雨连绵,有每担至八九百文者。迩来,福清之薯丝、石井之籼米,时棹小船驳载入口(旧《志》)。

(左树夑修,刘敬纂:《金门县志》,卷十三,礼俗志,商贾,民国十年修,一九五九年福建师范学院油印本。)

〔民国八年前后,福建政和县〕　其资本较大者,惟茶商及木排商,而笋商、油商次之,麦、豆、纸商又次之。经营者多本邑人,而江西及建瓯人只为少数,综核今昔,比较盈亏,大抵致富者寡,破产者多,盖交通不便,行旅为艰,计全邑万余户,其常年产物足以销售外地者仅有此数种。

（黄体震等修,李熙等纂:《政和县志》,卷十七,实业志,商业类,民国八年铅印本。）

〔民国十九年前后,福建永春县〕 面粉,永人种麦极少,市上所卖,多自北地及外洋来。

（郑翘松等纂:《永春县志》,卷十一,物产志,民国十九年铅印本。）

〔民国二十二年前后,福建闽侯县〕 福州口,大宗出口商货值关平银八百十五万四千余两。竹笋九九万四千九百余担,山芋三万二千五百余担,桂圆较上年加有三千二百余担,橘子三万九千余担,鲜橄榄七千一百余担,莲子一千六百余担,各种木料作煤油箱板计一百九万九千余尺,轻木板一百七十二万七千余平方尺,杉木六十万六千余银,纸八万五千余担,红茶十一万八千余担,绿茶三千八百余担,砖茶七千四百余担。

（欧阳英修,陈衍纂:《闽侯县志》,卷二十八,实业,商,民国二十二年刻本。）

〔民国二十二年前后,福建连江县〕 米商购粟碾米,运售省垣,此为吾连出品之大宗,惜米价由牙主定,不能自主,得数故不甚厚。

（曹刚等修,邱景雍纂:《连江县志》,卷十,物产,货属,民国二十二年铅印本。）

〔民国二十七年前后,福建连城县〕 平衍宜稻而田少,食半仰给于长清。高原宜棉而棉织亡有（邑城新泉皆尝创办织厂,以财力不继,中辍。田心芷溪有织者,仅一二家,盖实业犹未兴也）。山宜茶而油亡有,衣被日用全仰给于潮、赣。则土宜人力容有未尽者矣。输出之品,惟竹与木。

（王集吾等修,邓光瀛等纂:《连城县志》,卷十一,物产志,货之属,民国二十七年石印本。）

〔民国二十七年至二十九年,福建崇安县〕 本县对外贸易输出入货物大别为食品、衣着、燃料、烟草、兽畜、木竹、藤草、花卉、金属、染料、油漆、瓷器、玻璃、泥土、迷信品、化学品、电料、家用杂品杂项等类。民国二十六年以前未有缜密统计,二十七年全县输出一百十一万三千四百八十五元,输入五十六万四千四百五十二元,出超五十三万九千零三十三元。二十八年输出三百四十三万零六百元,输入二百九十万三千元,出超五十二万七千六百元。二十九年输出三百五十二万零一百元,输入三百五十二万八千四百七十六元,入超八千三百七十六元。按：二十九年因温州、宁波、福州口岸被敌封锁,纸、茶、菇出口停滞,而入口货复因来源缺乏,价格飞涨,入超于出,职此之由。

（刘超然等修,郑丰稔等纂：《崇安县新志》,卷十四,政治,建设,商业,民国三十一年铅印本。）

〔民国三十四年前后,福建龙岩县〕 本县输出货物以纸类、木材为大宗,香菇次之。抗战以前,每年输出总值约二百万元。输入货物以食糖、布类、海味为大宗,食盐、煤油等次之,总值约三百余万元。每年入超一百四十万元,幸有侨汇百万以为弥补,地方经济尚不致十分枯竭。抗战以后,纸类输出因海口封锁,外销路断,以值计算,每年固有三四百万之收入;若以量计,则不及战前百分之五,衰落情形不言可喻。惟岩人善于经商,且富研究精神,抗战军兴,便知海口必被封锁,舶来卷烟不易进口,乃多方研究,代以土制卷烟,原料采自南雄、赣州,加工卷制,出品日优,销售省内外,为本县输出之大宗,每年总值约四千余万元。至输入货物,因价格暴涨,每年总值约一万四千万元,入超过一万万元,数目殊为可惊。

（郑丰稔纂：《龙岩县志》,卷十七,实业志,商业,民国三十四年铅印本。）

〔民国三十六年前后,福建云霄县〕 本邑地区逼仄,耕地不广,生产物量仅足供内销,其出口品以农作物之蔗糖、海产之蚶蛏为大宗（蛏产已绝,其理由另详物产门内）。其棉织品、煤油、面粉等,俱仰给于外,每年统计为入超。

（徐炳文修,郑丰稔纂：《云霄县志》,卷七,社会,商,货物输出入之概况,民国三十六年铅印本。）

〔清康熙五十六年,台湾诸罗县〕 凡绫罗、绸缎、纱绢、棉布、葛布、苎布、蕉布、麻布、假罗布,皆至自内地。有出于土番者寥寥,且不堪用。

（清 周钟瑄修,陈梦林纂：《诸罗县志》,卷十,物产志,布帛之属,清康熙五十六年修,雍正二年刻本。）

〔清康熙五十六年,台湾诸罗县〕 胡麻尤多,岁数十万石,台、凤、漳、泉各路资焉。异时郑氏父子抗拒王师,舟楫不得越澎湖尺寸,今则北通吴越,南浮交广,有冰纨、白縠、绉絺之蒙,于暑有吴绫、丝絮、汉府毡裘之燠,于寒有洋布、哔叽、羽毛、咯啰呢之泛。

（清 周钟瑄修,陈梦林纂：《诸罗县志》,卷八,风俗志,汉俗,清康熙五十六年修,雍正二年刻本。）

〔清康熙末年,台湾〕 海船多漳、泉商贾,贸易于漳州则载丝线、漳纱、剪绒、纸料、烟、布、草席、砖瓦、小杉料、鼎铛、雨伞、柑油、青果、橘饼、柿饼。泉州则载瓷器、纸张。兴化则载杉板、砖瓦。福州则载大小杉料、干笋、香菇。建宁则载茶。回时载米、麦、菽、豆、黑白糖饧、番薯、鹿肉售于厦门诸海口，或载糖、靛、鱼翅至上海小艇拨运姑苏行市，船回则载布匹纱缎枲棉、凉暖帽子、牛油、金腿、包酒、惠泉酒。至浙江则载绫罗、棉绸、绉纱、湖帕、绒线，宁波则载棉花、草席，至山东贩卖粗细碗碟、杉枋、糖、纸、胡椒、苏木，回日则载白蜡、紫草、药材、茧绸、麦、豆、盐、肉、红枣、核桃、柿饼，关东贩卖乌茶、黄茶、绸缎、布匹、碗、纸、糖、曲、胡椒、苏木，回日则载药材、瓜子、松子、榛子、海参、银鱼、蛏干。海堧弹丸，商旅辐辏，器物流通，实有资于内地。

（清　黄叔璥撰：《台海使槎录》，卷二，商贩，清康熙六十一年撰，乾隆间《四库全书》本。）

〔**清乾隆十二年以前，台湾**〕　三县每岁所出蔗糖约六十余万篓，每篓一百七八十斤。乌糖百斤价银八九钱，白糖百斤价银一两三四钱，全台仰望资生，四方奔趋图息，莫此为甚。糖斤未出，客人先行定买；糖一入手，即便装载。每篓到苏船价二钱有零，自定联艐之法，非动经数旬，不能齐一。及至厦门，归关盘查，一船所经，两处护送，八次挂验，俱不无费，是以船难即行，脚价贵而糖价贱矣（《赤嵌笔谈》）。

（清　范咸等纂修：《重修台湾府志》，卷十七，物产一，货币，清乾隆十二年刻本。）

〔**清乾隆十二年以前，台湾**〕　海船多漳、泉商贾，贸易于漳州，则载丝线、漳纱、剪绒、纸料、烟布、席草、砖瓦、小杉料、鼎铛、雨伞、柑油、青果、橘饼、柿饼，泉州则载瓷器、纸张，兴化则载杉板、砖瓦，福州则载大小杉料、干笋、香菇，建宁则载茶。回时载米、麦、菽、豆、黑白糖饧、番薯、鹿肉售于厦门诸海口，或载糖、靛、鱼翅至上海。小艇拨运姑苏行市，船回则载布匹、纱缎、枲棉、凉暖帽子、牛油、金腿、包酒、惠泉酒。至浙江则载绫罗、绵绸、绉纱、湖帕、绒线。宁波则载棉花、草席。至山东贩卖粗细碗碟、杉枋、糖、纸、胡椒、苏木，回日则载白蜡、紫草、药材、茧绸、麦、豆、盐、肉、红枣、核桃、柿饼。关东贩卖乌茶、黄茶、绸缎、布匹、碗、纸、糖、曲、胡椒、苏木，回日则载药材、瓜子、松子、榛子、海参、银鱼、蛏干、海堧弹丸，商旅辐辏，器物流通，实有资于内地（《赤嵌笔谈》）。

（清　范咸等纂修：《重修台湾府志》，卷十七，物产一，货币，清乾隆十二年刻本。）

〔**清乾隆十七年前后，台湾台湾县**〕　台地东阻高山，西临大海……易种植，凡树艺芃芃郁茂,稻米有粒大如小豆者。露重如雨,旱岁遇夜转润。又近海无潦患,晚稻丰稔,资赡内地。更产糖蔗、杂粮,有种必获,故内地穷黎襁至,商旅辐辏,器物流通,价虽倍而购者无吝色。贸易之肆,期约不愆。佣人计日百钱,赵趄不应召。屠儿牧竖腰缠常数十金。

（清　鲁鼎梅修,王必昌纂:《重修台湾县志》,卷十二,风土志,风俗,清乾隆十七年刻本。）

〔**清乾隆三十六年前后,台湾澎湖厅**〕　澎湖自归版图而后,生齿日繁,资用日广,况地土硗瘠,不产百物,所有衣食器用,悉取资于外郡,如布匹、绸缎、瓷瓦、木植等货,则取资于漳、泉;米谷、杂粮、油、糖、竹、藤等货,则取资于台郡,无一物不待济于市,则通商惠工实守土者之所有事也。况一十三澳并无马头市镇以及墟场交易之地,率皆运赴妈宫埠头购觅买售,然妈宫之所以诸货悉备者,固在于坐贾开铺之人,而亦半借于往来商船随带台、厦货物,以致于足用也。

（清　胡建伟纂:《澎湖纪略》,卷二,地理纪,街市,清乾隆三十六年刻本。）

〔**清乾隆三十六年前后,台湾澎湖厅**〕　地不产桑麻,女人无纺绩之工,所有棉夏布匹俱取资于厦门。

（清　胡建伟纂:《澎湖纪略》,卷七,风俗纪,习尚,清乾隆三十六年刻本。）

〔**清道光十七年,台湾噶玛兰厅**〕　夏尚青丝,冬尚绵绸,皆取之江浙。其来自粤东者,惟尚西洋布。白则为衣、为袴,女子宜之;元青则为裘、为袿,男子宜之。其来自泉南者有池布、井布、眉布、金绒布诸名目,尽白质。至金绒为毛布,井眉为浅蓝、为月白,皆兰所弹染也。吉贝棉花来自上海,此地不绩纺,只作被褥之用。

（清　柯培元纂修:《噶玛兰志略》,卷十一,风俗志,衣服,清道光十七年修,一九六一年《台湾文献丛刊》铅印本。）

〔**清道光十七年,台湾噶玛兰厅**〕　兰中惟出稻谷,次则白苎,其余食货百物,多取于漳、泉;丝罗绫缎则取资于江浙。每春夏间南风盛发,两昼夜舟可抵四明、镇海、乍浦、松江,惟售番镪,不装回货。至末帮近冬,北风将起,始到苏州妆载绸匹、羊皮诸货,率以为常。一年只一二次到漳、泉,亦必先探望价值,兼运白苎,方肯西渡。其漳、泉来货,饮食则干果、麦、豆,杂具则瓷器、金楮,名"轻船货"。有洋银来赴籴者,名"现封",盖内地小渔船南风不可以打网,虽载价无多,亦乐赴兰以图北上耳。其南洋,惟冬天至广东澳门,则装运樟脑,贩归杂色,一年亦只一度也。

（清　柯培元纂修：《噶玛兰志略》卷十一，风俗志，商贾，清道光十七年修，一九六一年《台湾文献丛刊》铅印本。）

〔清同治十年前后，台湾淡水厅〕　蚕桑未兴，其丝罗皆取之江、浙、粤，洋布则转贩而来，余布多购于同安。

（清　陈培桂等纂修：《淡水厅志》，卷十一，风俗考，清同治十年刻本。）

〔清光绪八年，台湾澎湖厅〕　澎地硗瘠，不产百物，凡衣食器用皆购于妈宫市，而妈宫诸货又皆借台、厦商船、南澳船源源接济以足于用，则通商惠工实守土者之要务也。兵燹而后，建城设镇，百堵皆兴。

（清　蔡麟祥修，林豪纂：《澎湖厅志》，卷二，规制志，街市，清光绪八年修，一九五八年油印本。）

〔清光绪八年，台湾澎湖厅〕　澎地米粟不生，即家常器物无一不待济于台、厦，如布帛、瓷瓦、杉木、纸札等货则资于漳、泉，糖、米、薪、炭则来自台郡，然而铺家以杂货销售甚少，不肯多置，故或商舶不至，则百货腾贵，日无从购矣。富室大贾往往择其日用必需者积货居奇，以待长价。而澎地秋冬二季无日无风，每台风经旬，贾船或月余绝迹，市上存货无多，亦不患价之不长也。惟火油、豆粕则澎湖所产，贩往厦门、漳、同等处，然亦视年岁为盈虚，无一定之数也。近有南澳船贩运广货来澎，而购载花生仁以去者。

（清　蔡麟祥修，林豪纂：《澎湖厅志》，卷九，风俗记，民业，清光绪八年修，一九五八年油印本。）

〔清光绪二十一年，台湾〕　货，糖为最，油次之。糖出于蔗，油出于落花生，其渣粕且厚值，商船贾贩以是二者为重利。靛菁盛产而佳，薯榔肥大如芋魁，故皂布甲于天下。

（清　唐景崧修，蒋师辙、薛绍元纂：《台湾通志》，物产志，杂产类，清光绪二十一年修，稿本，一九八三年台湾成文出版社影印本。）

〔清光绪二十三年，台湾苑里〕　台地蚕桑未兴，所有丝罗皆仰取诸江、浙、漳、粤，洋布则各处转贩而来，自昔然也。今则用内地之各色布帛为尤多，制样巧而取价廉，其销售比西洋更畅。

（清　蔡振丰编：《苑里志》，下卷，风俗考，衣服，清光绪二十三年编，民国抄本，一九八四年台湾成文出版社影印本。）

〔清光绪年间，台湾安平县〕 安平县地属窄狭，又迫郡邑，开垦年久，地硗不肥，岁不再熟，端赖南北运入。

（清 佚名纂：《安平县杂记》，风俗，清光绪年间纂，民国六年抄本，一九六八年《台湾方志汇编》铅字重印本。）

〔清朝，台湾〕 台湾，内地一大仓储也。当其初辟，地气滋厚，为从古未经开垦之土，三熟四熟不齐，泉、漳、粤三地民人开垦之赋，其谷曰正供，备内地兵糈，然大海非船不载，商船赴台贸易者照梁头分船之大小，配运内地各厅县兵谷、兵米，曰台运。……闽省内地水陆官兵五十三营，与驻防旗兵不下十万，岁征粮米惟延平、建宁、邵武、汀州、兴化五府产米之区给米外，尚有赢余以济他府。福州、福宁、泉州、漳州四府，兵多米少，协济犹不足，则半给折色。督标金厦、漳镇、铜山、云霄、龙岩、南澳诸营有全折者。雍正间，先后题请半支本色，于台湾额征供粟内拨运（谓之兵米、兵谷），又增给成台兵眷米，亦以台谷运给（谓之眷米、眷谷），于是台运内地兵眷米谷每岁八万五千二百九十七石，有闰之年万九千五百九十五石。乾隆十一年，巡抚周学健奏定分配商船运赴各仓，此商运台谷所由来也。

（清 周凯等纂修：《厦门志》，卷六，台运略，清道光十九年刻本。）

〔民国十九年至三十四年前后，台湾〕 大致言之，台湾输出品以糖及米为最重要，但砂糖一项因受荷、印糖业竞争结果，其海外市场之地位远不如对日输出重要，米谷一项在近年则几全部对日输出。台闽近在咫尺，闽省米粮不足，而台米鲜有运销闽省者。除糖、米之外，次要之输出品则为水果、酒精、樟脑及脑油，而台湾三分之二土地为山岳地带，且四面环海，林、渔产业应有发展余地，然木材及渔制品仍需仰赖日本输入，尤堪注意。台湾产业之仍停滞于原始生产阶段，固显而易见。台湾进口物品以棉丝织品为最重要，近年则肥料输入远超过棉及丝织物。此进口肥料尤可注意者：在一九三〇年自日进口仅值五百八十万日元，大部肥料均采用东北之豆饼（一九三〇年东北豆饼输入达一千万日元），至一九三七年以后，则使用日本肥料者突形增加，自日肥料进口乃一跃增至四千万日元以上，而自东北输入之豆饼，则保持缓慢之增势。此项化学肥料需要之激增，显与近年台湾改良施肥有关，日本企图以台湾为米谷供给地，竭力发展台湾农业，肥料需要乃顿形增加也。

（郑伯彬编：《台湾新志》，第五章，产业总论，二，对外贸易，民国三十六年铅印本。）

〔明嘉靖元年前后，河南彰德府〕 林县，居太行下，北有蚁尖，亦地险也，今设兵守之。地僻,止通晋货,他商贾罕至。

（明　崔铣纂修:《彰德府志》,卷二,地理志第一之二,明嘉靖元年刻本。）

〔民国二十年前后,河南确山县〕　查确邑输出货物每年计麦数十万石,黄豆十万石,脂麻五万余石,粟米、高粱及牧畜牛马骡驴亦多,其鸡亦不下数千只,鸡卵经蛋厂收买,输出尤为大宗。

（张播璜纂修:《确山县志》,卷十三,实业,商业,民国二十年铅印本。）

〔民国二十一年前后,河南林县〕　贸易品分输出输入两类,输出以粮食山果为大宗,鸡蛋绒帽等次之；输入以棉布洋货为大宗,粮食药材次之。

（王泽溥、王怀斌修,李见荃纂:《林县志》,卷十,风土,生计,民国二十一年石印本。）

〔民国二十六年前后,河南巩县〕　无论岁时如何丰稔,巩民粒食均须仰给于外。

（杨保东、王国璋修,刘莲青、张仲友纂:《巩县志》,卷七,民政,风俗,民国二十六年刻本。）

〔民国二十八年前后,河南禹县〕　禹布之名,驰于邻省,而行之尤以晋为壑,凡晋之票庄在禹者皆兼买布。其布初用本线,近年亦易用洋线,而精致则过洋布远矣。凡贸布者皆与城内洋线庄交易,上市受线,下市缴布,不费现本,亦无赊债,此农家合宜之业也。禹布肇起于酸枣树杨[村],今则南抵郑界,北渡颍流,轧轧机杼声闻数十里,分之而家给人足,合之而一市万贯。

（车云修,王琴林纂:《禹县志》,卷七,物产志,民国二十八年刻本。）

〔清乾隆五十年前后,湖北郧阳府竹山县〕　街市买卖,钱饶金乏,舟楫之利下通省会,所载有油、漆、柴、炭诸物,杂粮为最。

（清　常丹葵修,邓光仁纂:《竹山县志》,卷十,风俗,清乾隆五十年刻本。）

〔清嘉庆年间,湖北汉阳府〕　国家休养生息百五十年来,群生休和,品物畅茂,居奇贸化之贾,比廛而居,转输搬运,肩相摩,踵相望者。五都之市,震心眩目,四海九州之物,不踵而走,殊形异物,来者远方者,充溢露积,至于汉镇,而繁盛极矣。盐：上梁盐、晒盘黑盐来自淮安。谷：包谷、大小麦、小米、黄豆、绿豆、红豆、黑豆、饭豆、芝麻,来自四川、陕西、湖南及本境襄阳、郧阳、德安诸府。海错：燕窝、海参、鱼翅、蛏虷、鲍鱼、鲨鱼、时虾、青螺。山珍：香蕈、蘑菇、笋、木耳、石耳；果：龙眼、荔枝、橄榄、南枣、松子、核桃、落花生。饧：冰糖、洋糖、结白糖、来自广东、福建。胡椒、苏木、乌木、沉香,来自外洋。茶:六安、武彝松罗、珠兰、云雾、毛尖,远来自福建、徽州、六安州,近出于通山、崇阳。酒:金橘、佛手、女贞、百益、竹叶青、状元红、桂花烧、煤溜柴酒,多本地窖造;木瓜、惠泉、若露、百花、桔酒,来自江南;绍兴酒来自浙江;汾酒来自山西。牛、豕、山羊、绵羊,来自河南。桐油、白蜡,来自辰州。青油、木油,来自山西、陕西。药:天南星、半夏,则出荆州,苍术则出京山,桔梗则出黄陂、孝感,玉竹、五加皮则出兴国,艾出蕲州,其他来自江西、云、贵、川、陕,而车前子、金银花、益母草、何首乌之类,又所在俱产,非尽来自他郡。参:来自关东。布:徽布、楚布。布色,毛蓝、京青、洋青、墨青。布纹,斗纹。纸布、假高丽布,来自苏州、松江。小布,来自黄陂、孝感、沔阳、青巴河、青监利。梭,则以其地著名。葛,来自祁阳,通城亦有之。夏布,来自湖南浏阳、江西宜黄。纱,邓纱罗、秋罗、哆、罗麻。绸,宁绸、宫绸、徐绫、庄绫、汴绫、沈绸、纺绸、绵绸、大绢、丝布、绵绸、茧绸。缎,贡缎、洋缎、羽毛缎、广缎,又有大呢哔叽、纱羽绉。花样,洋莲、拱壁、穿莲、八宝、百蝶、玉堂、富贵。制造,朝衣、蟒袍、补挂、霞帔、摆带、荷包、帕头、锦绣、屏幛、繁华、灯采、围席、椅垫,来自江宁、苏州、杭州、湖州、汴梁。绢布则出荆州。皮:青狐、海狐、海龙、吉祥豹、乌云豹、紫貂、天马、银鼠、黑白羊皮、绒毡、栽毛氆氇,来自陕西口外。纸:绢笺、松笺,来自杭州、松江;竹连纸、切边纸、表青纸,来自湖南;油纸、银皮纸,来自谷城、白河;金榜纸、卷连纸、改连纸,来自兴国。书贾多出江西,而福建、江宁、苏州来者无多,故古籍罕见。笔砚来自湖州、徽州。铜:白铜、黄铜、红铜、点铜、锡、铁,来自云、贵、四川。朱沙〈砂〉、银硃,来自辰州。木:柏、梗、楠、杉来自贵州,小杉来自长宁,小溪木、中溪木来自浏阳,松来自益阳、通州,花纹材板来自四川建州。竹:大者来自湖南,小金竹、马啼竹来自兴国。炭:来自四川。煤枯:来自湖南。石膏:产于应城,充街填巷,云委山积。他如金银珠玉、水晶玛瑙、密蜡翡翠、珊瑚青金、石碧霞洗、古窑器、新瓷以及朝珠、念珠、手串、斋戒牌、如意盒、香囊,无不鳞集。烟草:自明末福建人挫治以火燃之,用管吸其烟气,至今人竞效之,遂为食用需。其名有奇品白丝、金秋切丝、白片杂拌油丝、头黄、二黄,多福建及江南泾县人制造,湖南来者曰衡烟,山东来者曰济宁烟,甘肃来者曰水烟。烟管有水、旱二种,皆穷极工丽。又自海外来者曰鼻烟,闽广人以玻璃为瓶,馈赠极为珍重。贵人以珠玉金宝为小壶盛之,出入掌握间,吸之以鼻。又如桃、李、樱桃、黄梅、枇杷、林禽、苹果、梨、栗、胡桃、枣、柿、石榴、葡萄、佛手、柑橘、山药、慈菇、冬等,莱菔子,或土产,或外来,亦惟汉镇所聚为多。鲟、鲤、鳇、鲴、鲥鱼,亦惟汉镇沿江所产,种类多备。上自桥口,下自接官厅,计一十五里,五方之人杂居,灶突重沓,嘈杂喧呶之声夜分未靖。其外滨江,舳舻相引,数十里帆樯林立,舟中为市,盖十府一州,商贾所需于外部之物,无不取给于汉镇,而外部所需于湖北者,如山陕需武昌之茶,苏湖仰荆襄之米,桐油、墨烟下资浙江,杉木、烟叶远行北直,亦皆于此取给焉。

（清　章学诚纂:《湖北通志检存稿》,食货考,清嘉庆间纂,一九八五年文物出版社《章学诚遗书》影印本。）

〔清道光以前至民国二十六年前后,湖北恩施县〕　恩邑原无盐井,额食四川云阳县云安厂水引二百零三张。州人毕光汉,系四川直隶忠州梁山县人,道光年间,因云盐色黑味苦,民不喜食,商人就近在四川盐道衙门,禀请于水引内陆续着拨改配犍为花巴盐斤,只准三年,迨期限满后,仍请改拨。其盐由川江船载运至四川巫山县上游之大溪口起埠住店,听恩民驮运贩卖,至今遵行。

（清　多寿修,罗凌汉纂:《恩施县志》,卷之六,食货志,盐引,民国二十六年铅印本。）

〔清道光二十二年前后,湖北施南府建始县〕　布帛鱼盐运自他省,本境之所产,无过苎麻、桐、漆而已。

（清　袁景晖纂修:《建始县志》,卷三,食货志,清道光二十二年刻本。）

〔清同治三年前后,湖北施南府恩施县〕　恩邑从前亦种棉花,今则久无其种,裳衣之需,市之外地。近惟广植苎麻,尚可以此易彼,远商每岁购载出山,而以棉花各转相贩易。山路崎岖,贩运怕驮,载负为便,田功告竣时,争先恐后。

（清　多寿、罗凌汉纂修:《恩施县志》,卷之七,风俗志,地情,清同治三年刻本。）

〔清同治三年前后,湖北施南府恩施县〕　邑之谷米,外贩不至,一邑之粮尚济一邑之食。惟近来积谷之家,每于荒歉辄增其值,贫民持钱不能籴升合。

（清　多寿、罗凌汉纂修:《恩施县志》,卷之七,风俗志,地情,清同治三年刻本。）

〔清同治五年前后,湖北施南府建始县〕　故老佥称,从前此地亦产棉花,今则绝无其种,裳衣之资皆市之外地。山高路险,运负维艰,地力之穷亦无如何也。近日广植苎麻,尚可以此易彼。

（清　熊启咏纂修:《建始县志》,卷四,食货志,物产,清同治五年刻本。）

〔清同治五年前后,湖北施南府来凤县〕　贾人列肆所卖汉口、常德、津、沙二市之物不一,广货、川货四时皆有,京货、陕货亦以时至。

（清　李勖修,何远鉴、张钧纂:《来凤县志》,卷二十八,风俗志,商贾,清同治五年刻本。）

〔清同治五年前后,湖北施南府来凤县〕 邑之卯峒可通舟楫直达江湖,县境与邻邑所产桐油、靛、梧俱集于此。以故,江右、楚南贸易者麇至,往往以桐油诸物顺流而下,以棉花诸物逆水而来。

(清 李勷修,何远鉴、张钧纂:《来凤县志》,卷二十八,风俗志,商贾,清同治五年刻本。)

〔清同治五年至光绪六年前后,湖北宜昌府巴东县〕 食米皆仰给川东,里中以脱粟、大小麦为上食,荞麦、燕麦次之,采蕨根作粉佐以大豆则为下食。

(清 廖恩树修,萧佩声纂:《巴东县志》,卷十,风土志,服食,清同治五年刻本,清光绪六年补印本。)

〔清光绪以前至民国二十四年前后,湖北麻城县〕 麻城输出之货,西南以花布为大宗,销售于襄樊、河口、陕西之兴安、白河、四川之渝、万、泸、叙等处。东南以黄丝、茯苓、木油为大宗,销售于川湘闽粤等处。西北以木油、汤粉、花生油为大宗,销售于江浙、闽广等处。在逊清光宣以前,凡陕、豫、川、湘、赣、粤各繁盛市场,莫不有县中商人踪迹。输入之货以糖、火油、烧纸、布匹、药材为大宗,虽无确实统计,然运销不在少数,如县城及西之中驿、宋埠、歧亭、迎河集,南之白杲、闵家集、夫子河,北之黄土岗、乘马岗、福田河,东之三河口、阎家河、木樨河各镇,以商业起家者实繁有徒,盖其时侨外商家多获赢利,资本雄厚,营业日渐扩张。梓乡学步之小商,或则依附乔枝,借以活动金融,共图发展,收购土产,灌输成庄,有无懋迁,彼此交利,称极盛焉。鼎革以还,因各种关系,旅外号栈相继倒闭,内地商业频遭匪祸,元气大伤,即欲勉强支持,而农村破产,购买力微,积货滞销,基金坐耗,生计压迫于后,债务牵掣于前,列肆化居,萧条日甚。综计全境暂时商况,宋埠稍盛,县城、白杲、中驿次之,歧亭、阎河、黄土岗又次之,其他各集歇业者屈指难终。较之二十年前麻城,总可谓一落千丈,而营业税、印花税、商铺捐、商会捐,商家担负岁出不赀,更有临时供应者,如上年长途电话电杆、军队接待等费,虽非永久性质,商人不能不作协助之一部分。积此种种,以致演成今日之现状。

(郑重修,余晋芳等纂:《麻城县志续编》,卷三,食货志,商务,民国二十四年铅印本。)

〔清光绪十一年前后,湖北武昌府武昌县〕 出境货物以麻与油为上品,花布为中品,火纸、爆料纸为下品,余皆贸给于外来。

(清 钟桐山等修,柯逢时等纂:《武昌县志》,卷三,风俗,清光绪十一年刻本。)

〔清光绪二十四年前后,湖北汉口〕 汉口之位置在长江、汉水合并之会点,又上游即滨于洞庭湖口,舟楫之辐辏,货物之聚散,其盛不亚于上海,其余则尚未能此类也。一、米、粟、石炭,自南省而来者聚于洞庭湖,经岳州出长江而达汉口。二、茶、鸦片、其余之药草,自四川而来者沿长江而下达汉口。三、茶、兽皮、药材,自陕西、河南更有远自甘肃来者,自襄阳、樊城而下汉水。四、药材、绵布、海产物(日本品)、人参、樟脑等,自上海而来者经长江而集汉口。世之指汉口为九省之会者,决非溢美可知也。其贸易之年额,除上海外,长江沿岸之诸港无有出汉口之上者。输入品之主要者:棉布、棉丝、棉花(日本品)、织布、铜、海产物(以上皆同上)、石油、砂糖、纸、烟草、人参及其余药材、樟脑、洋伞、瓷器、玻璃器、杂货等。输出品之主要者:绿茶、红茶、皮革、油漆、豆、豆饼、生丝、麻布、鸦片、棉布、棉丝、苎、五倍子、白蜡、药材、铜铁、石炭等。以上贸易品中者,茶,其业最盛,利益最多,每年四五月之时,市价每日变动日甚,一日有二三次相场之升降,中国人与外国人业投机者凡在此间者皆得巨利云。药材,其业中称四川省所出之麝香、人参,其余多由山西、河南、陕西、贵州来者。织物,又称花边栏杆,日本所称女带地繻子是也,其出四川者不少,中国人用以饰妇女之衣裳。竹木,自湖南、贵州来者为最多,自四川来者亦不少。海产物,自外来者以日本为主,自本国者则广东、福建、浙江之诸省。糖砂,来自广东,亦有自印度经香港而来者称为最品。烟草,自甘肃经陕西、河南之境输入者。桐油、米、木炭、石炭,皆自湖南来者。漆,自云南、贵州、四川而来。纸,自江南九江而来。帽子,自苏州而来。靴,自北京而来。水陆并集于汉口,更散布于各地,其商市之盛固云至矣。一千八百九十八年,其贸易全额五千三百七十七万一千四百四十五万两。该地税关所收之总收入输入输出及沿革之贸易(以上三者除鸦片税),合鸦片税、吨税、长江航路船舶沿岸贸易通过税、鸦片厘金之诸等税,在二百十九万四千四百十二万两余,以上中国全贸易港中,除上海之九百九十余万两之外,更无其匹者。

(徐焕斗辑,王夔清补辑:《汉口小志》,商业志,民国四年铅印本。)

〔民国初年,安徽英山县〕 肥料,用人畜粪并各种油粕、亦有用皂矾石膏石灰者,近山之处多用绿肥(春季农人刈草壅田),近因油粕价昂,商人多将油粕贩至兰溪出售,本地农家反弃而不用,甚可惜也。

(徐锦修,胡鉴莹等纂:《英山县志》,卷之八,实业志,农林,民国九年木活字本。)

注:英山县今属湖北省。

〔民国初年,安徽英山县〕 行商如贩卖茯苓,则由水路至汉口、湖南、江苏、上海、浙江、广东、江西等处；出售皮、油、蚕丝、牛羊皮，则运至汉口或上海出售；棉布则由陆路运至潜山、霍山、太湖等处出售。

（徐锦修，胡鉴莹等纂：《英山县志》，卷之八，实业志，商务，民国九年木活字本。）

〔民国九年前后，安徽英山县〕 境多山，鲜平畴广陌，田不恒及三之一，而东西二河，近因河物淤塞，沿河左右之田半被河身占有，田几又去十分之一。惟邑境山稍平衍，田地较阔，故丰岁仅足自给，歉岁则仰食邻封流，不得不借山林之利以佐之，惜人多墨守，耻谈实业，于农工商学无所讲求，只坐享自然之利而已，何能与世界争自存哉！

（徐锦修，胡鉴莹等纂：《英山县志》，卷之一，地理志，物产，民国九年木活字本。）

〔民国九年前后，安徽英山县〕 输入之品以洋纱、洋布为大宗，洋油、火纸、糖料次之，其余如各种杂货、药材。洋货均自汉口输入，瓷器自九江输入，烟叶则购自湖北江西沿江各县，盐则由霍山黑石渡落儿岭转运，由杂货店带售，棉纱、花皮则采自罗田、黄陂、蕲水等县。输出之品以棉布、茯苓、柏油、粉丝为大宗，蚕丝及牛羊皮次之，其余如苍树、桔梗、桦树毯、豹皮、狐皮各种兽皮等，均运至汉口出售。

（徐锦修，胡鉴莹纂：《英山县志》，卷八，实业志，商务，民国九年活字本。）

〔清代前期至道光八年前后，湖南永州府祁阳县〕 祁邑素称产米之乡，诸父老言，二三十年前，米下湘潭、汉镇者，岁率十余万石，故邑中钱币不匮。迨后，户口滋繁，米谷仅敷本境民食，丰岁所余不过数万石，岁歉反仰给邻境，民生日艰，所恃者杉木一种，岁可得数万金。

（清 吕恩湛等修，宗绩辰纂：《永州府志》，卷五上，风俗志，清道光八年刻，同治六年重校印本。）

〔清道光二十五年前后，湖南桂阳州〕 曹德赞《新建平粜义仓碑文》："环桂皆山，两山之间为稻田……。顾山多田少，生齿日繁，近虽零奇硗确稍可树艺之地，无不开垦，终岁所入犹不足以给二䎃供。新田称产谷，昔尝贩运到境，乃沿途讹诈，水次剥削，贩者视为畏途。惟仰给衡清，水运又困滩险，况邻境遇祟粟不时，至甲午秋，斗米价八九百钱，人情惊疑，势将狼顾，当路乃延绅耆议捐赈，仓皇补苴，盖不可常也。己亥岁，中州郑地山司马来守是邦，谋储偫，余以城乡社仓，有名无实，常平发粜，例应上请，捐赈之举仅可一试，宜仿北齐富人仓法，设义仓，风晒以时，无令红朽，岁饥则减价平粜，事毕买谷还仓，司马以为然，首捐百金为倡。卢陵邱君曰韶慨然捐赀二千余缗，合绅耆解囊所得，于鹿峰书院大门内建仓，东西各三间，贮谷若千石，通禀大府核定条制，用垂永远。夫积贮者，天下之大命也，桂非沃土，平居无一年蓄，民间盖藏鲜矣，官仓又不轻发，司马此举，嘉惠吾州甚厚。然创始不易，守之尤难，今有人不捐升斗，恣为浮言，荧惑要挟，不待灾歉，轻发所积，散不复聚，则发粜一难也。出境采买，牙行垄断，恶谷小概，重以舟子攘窃，盘滩泼洒，陆运肩挑，掺和糠秕，升合侵盗，积以石计，挽运到仓，十分去一，则籴补一难也。事非己私，谁职其咎，或任其陈腐，甚则侵冒之，则风晒一难也。夫以桂阳积谷之难，义仓滋弊之多，募敛筹备之勤，耗散捐失之易，自今以往，司事者惟矢公慎念艰巨，视公事如私家，长民良吏又留意保全之，其庶几乎！道光乙己夏四月。"

（清　汪敩灏等修，王闿远等纂：《桂阳直隶州志》，卷六，工志，清同治七年刻本。）

〔清咸丰、同治年间，湖南桂阳州〕　牛头埠始立，而州人王朝荐以盐致富，至数十万。临武县官诸取办，埠商乃至。应试诸生及登弟归者，馈遗常数十金，或数百金，盐利亦日衰。道光中，商人折阅渐尽矣，广西寇乱，牛埠遂废。粤商从彬逾领行，盐利饶多，官始于宜章榷其税，岁八十余万，然细民仍从星子、连州步担来桂阳，舟下衡湘，粤盐遍湖南，肩挑贩夫，益至数千万人，皆越山岭，避榷税。初桂阳盐价斤值银一分，咸丰以来，至三分，人担百斤，行七八日至州，或乃至衡阳、湘乡，一往还利一倍，非至贫苦壮丁不能为也。及江淮清静淮盐复入湘，欲禁遏粤盐，乃三倍其税，大商富贾绝迹，而步担益众，日夜相属，民不知盐官私粤地，盐政扫地矣。

（清　汪敩灏等修，王闿远等纂：《桂阳直隶州志》，卷二十，货殖，清同治七年刻本。）

〔清同治十年前后，湖南长沙府攸县〕　洞庭以南，皆淮引所行，故攸县食盐，历系淮引。至攸距岭南东昌仁化等处，千里而近。粤盐由郴桂陆运，兴贩者亦不敢越境。考诸宋史，如江西虔州，官盐自淮运至，而虔人兼食岭南盐。然则盛平之世，固未曾过为厉禁也。

（清　赵勷等修，陈之骥纂，王元凯续修，严鸣琦续纂：《攸县志》，卷二十八，盐法，清同治十年刻本。）

〔清同治十年前后，湖南长沙府攸县〕　楚南产茶之区，尽属西境。长郡之安化，宝庆之新化，为尤著。攸历系由安化运卖，或上引百篦，中引八十，下引六十，皆安茶也。近则茶商之来自新化者，视安邑较多，而额引若干，合而计之，总不外乎旧额。

（清　赵勷等修，陈之驎纂，王元凯续修，严鸣琦续纂：《攸县志》，卷二十九，茶法，清同治十年刻本。）

〔清同治年间，湖南桂阳州〕　自皇霸以来，论治者，其君其民岂不愿得土地饶衍、孥货充溢为富强哉！易列损益之象，上下相损，要各视其时缓急，然有国者，资于民，损下益上，常道也。孔子言：不患贫寡。及推其效曰：无贫寡均，和之用也。故适卫先论庶富。子贡问政，足食与兵，富民之道，厥惟良吏乎？农者有国之所急也。桂阳税敛至薄，然力田之效微矣，终岁掊掘，收不过收十石，故逐末业争什一安坐而获者善计也。百工之艺，力省而值嬴，太史公曰：用贫求富，农不如工，工不如商，盖农之利一，商之利十，良工五之，中贾三之，此其大较也。农必居沃野奥区，商必凑大川通衢，贾必列要津名都，工必依豪侠王侯，八者桂阳无一，是以农惰、工拙，商贾断绝。自军兴以来，厘金征商，湖南府州岁至数万万，迄今几三四千万，此州无所仰焉。临武盐税稍稍岁取至数万，益耗减矣，百姓不足，官吏同觳觫，虽有桑孔不能为之谋也。然论政术，贵各就其地，尽人力，因民利，其效可旋验也。谈者曰：何以课劝为敲朴而科赢？何以兴利为咄嗟而待征？虽曰言利，利安从出，民贫而国弱，则曰地瘠势使然耳。呜呼！下无可取办，官亦自困，两者俱穷之势也。州境虽偏小，地方数百里，户口百余万，自汉以来，金官之利为最大著，临武水运盐纲，蓝山自马氏至宋丁钱犹至数万，彼虽苛急，非有可掊敛，何以至此？且州居山谷间，民倚山为粮，不待稻谷，民食固不乏矣。州城南山泉溉注，土泥肥腴，陂塘之鱼岁数千金，畦陇植蔬菜，水养茭蕻，土宜秋菘，岁亦卖数百金，姜、薯、藕、芋皆至千金，不至十里，疏材不可胜用矣。东南十里东庄有桃、李、梨、枇杷、杂果，岁可千金，芦村以内及白水洞旁，伐竹沤纸多者岁二三千金，桐茶取油，亦岁数千金，林木之饶，箐密百里，自宋京师取材焉。州邻洞徭妇女，荷锄聚族占村，人谋久长，因势而导不难。而论者注意矿场，闻煎银烹铅，皆甘心焉。州地又饶信石、硫磺、石炭之产，担通逾领，亦岁数千金。贫民负盐以为生者，近数万人，衡湘奔走，不可胜数。麻枲之利及织席为事者，又可给数千家。临武东山生龙须草，然不敌蓝山所产。草生石壁中，以六月采之，山险峻，往往至死，其收草皆在七亩滩，采草则盖头山、黄洞山、雷梅水，而连州山中尤盛，织席必于临武，故临武草席名天下。其腊货岁亦十万。自蓝山东北山谷，岁产茶油利亦十余万，蓝山多稻田，州人率一岁三月食麦薯包苋入谷卖钱，不以田为食地利之盛久矣。收境内之财力，不至贫寡，民安其生，廉耻尤励，尊上奉公，教化易行，故自东汉，风俗尤美。

（清　汪䎖灏等修，王闿运等纂：《桂阳直隶州志》，卷二十，货殖，清同治七年刻本。）

〔**清同治年间，湖南澧州石门县**〕　三峰寨产白皮松，有光，掇其根置间室中，见者皆目眩也。其苞甲而老坼者，曰桐、曰茶、曰木子、曰菜花，榨取其实为油，或食，或续灯焉。贩者有行，多萃于桐子溪、磨坊桥、皂角市及泥沙及县城，下达于澧之津市，则湖北人来买之，其凝白而不散者，可烛，谓之皮油，值尤高矣。

（清　阎镇珩辑：《石门县志》，卷六，物产，清光绪十五年刻本。）

〔**清同治年间，湖南永州府江华县**〕　江华之木出九冲，其上伍堡等处，山气燥烈，木理甚疏。咸丰间，兵燹重叠，民困未苏，问富者，惟数此对。老林已尽，新植遽伐，其值中下，木客扎牌。转货东南，秋冬水涸，下驶辄〈辋〉为水坝所阻，木客每于无人处拆坝以过，以故农民常氏其行，恶其害坝也，必出钱乃听去，谓之坝税，今此风大竞，或并及于行旅，则皆地棍借名讹索，非田家所为也。

（清　刘邦华等纂修：《江华县志》，卷之十，风土，物产，清同治九年刻本。）

〔**清光绪初年，湖南永州府零陵县**〕　通邑米粟所入，昔时人少食寡，或有余，可以济外。近来户口繁庶，农不加多，而食者日增，遇湘江下游均有荒歉，他邑时来就籴，则本境谷价立致翔贵，斯民即多饥馁之虑，盖勤一邑之农，仅足供一邑之食而已。

（清　徐保龄等修，刘沛等纂：《零陵县志》，卷五，风俗、生计，清光绪二年刻本。）

〔**清光绪初年，湖南靖州**〕　靖属非产茶之区，民间日用多由洪市贩运供给，然亦无甚佳品。乡民间有种植者，叶老方取，以供一啜，非有大前、雨前之择，犹不足于用，此茶之所以必仰给于他境也。

（清　吴起凤等修，唐际虞等纂：《靖州直隶州志》，卷四，贡赋、茶法，清光绪五年刻本。）

〔**清光绪年间，湖南宝庆府新宁县**〕　货殖之属，若淀、若蜡、若纸、若油、若米糖、若木炭、若煤，出黄家埠铁山等处，若铁、若棉、若茶，峒产者佳，或仅能取给，或尚不足用。与夫器皿、布帛率多来自邻境，以米粟之有余，易土物之不足，而复搏节爱养，不耗于浮华，此所以僻在荒陬而不失为荆南安乐沃饶之土也。

（清　张葆连修，刘长佑等纂：《新宁县志》，卷二十，物产志，清光绪十九年刻本。）

〔**清光绪三十三年前后，湖南靖州**〕　本境所产之物（凡物产专供所产之地食用,无关商物者,以见前物产门,不赘):粳谷,每岁出产四十万石有奇,本境日食、造米酒、制米糖、制腐、造粉约销四十万石,其余遇他境荒歉,上至广西之长宁,下至会同之洪江,销行皆系水运,惟运广西路至坪坦改陆运三十里至林溪,仍由水运。杉木,由水路运出本境,在常德及湖北各处销行,每岁运出之数约值银五万两,其由贵州、广西及通道运过本境之木,约值银十余万两。松板,由水路运出本境,在常德及湖北各处销行,每岁运出之数约值银三千两,其由通道运过本境者,约值银二千两。五倍子,每岁出产约二百石,由水路运出本境,在会同之洪江销行,其由广西及通道运过本境者约三千石。金,每岁出产约二十两,运出本境在会同之洪江销行。牛,由陆路运至广西之郁林销行,每岁运出之数约两百头,其由武冈、绥宁运过本境者,约八百头。梨,每岁出产约四千石,本境约销一千石,其运出本境者,由水路运至会同之洪江销行,约三千石。杨梅,每岁出产约一千石,本境约销四百石,其运出本境者,由陆路运至会同之洪江销行,约六百石。本境所制之品:茶油,每岁所制约一万六千石,食用并灯油、烛油约销八千石,其余运出本境,在会同之洪江销行,或遇广西收成歉薄,间亦运销广西之长安,皆系水运,惟运广西路至坪坦,改陆运,三十里至林溪,仍由水运。桐油,每岁所制约二千石,本境灯油并杂用约销一千石,其由水路运出本境者,在会同之洪江销行,约一千石。爆竹,每岁所制约值银二万两,本境销数约值银八千两,其运出本境者,由陆路运至会同、绥宁、通道及贵州之黎平、古州各处,有水陆兼运至广西之长安、古宜各处,销行约值银万余两。白蜡,每岁所制约一百石,本境约销五十石,其余由陆路运至黔、粤境内销行,其由沅州运过本境者,约二百石。皮箱,每岁所制约二千口,多由远客零买运出本境。板鸭,每岁所制约四千只,本境约销二千只,其余皆由远客零买运出本境。樟脑,光绪三十二年始创制,由水路运至湘潭销行,是年运出之数约一千石,三十三年约一百石。

他境所产之物运销本境(本境所产之数少于他境运入者,附志于此):黄豆,本境所产约百石,不敷用,其自他境运入者,或由绥宁之东山陆运至本境,或由贵州之黄寨等处陆运至本境,或由会同之洪江水运至本境,每岁约共销二千石。麦,本境所产约数石,不敷用,其自他境运入者,皆由会同之洪江水运至本境,每岁约销五百石。棉花,本境所产约千斤,不敷用,其自他境运入者,皆由汉口、常德或洪江水运至本境,每岁约销一万斤,其转运至黔、粤境内销行者,约一万斤。药,本境所产约值银一千两,其自他境运入者,皆由常德或湘潭、洪江水运至本境,每岁销数约值银二万两,其转运至黔、粤境内销行者,约值银一万两。脂麻,本境所产约数石，不敷用，其自他境运入者，由会同之洪江，水运至本境，每岁约销八十石。茶叶，本境所产约数十斤，不敷用，其自他境运入者，由会同陆运入本境，每岁约销三十石，又绥宁苗人茶饼陆运入境，约销一百石，由木商转运至汉口各处者约二百石。海菜，由汉口及常德运入本境，每岁销数约值银千余两，其转运贵州之黎平销行者，约值银六百两。他境所制之品运销本境（本境所制之数少于他境运入者，附志于此）：盐，由广西之长安水运至林溪，改陆运，三十里至坪坦，仍由水运至本境。亦有由林溪全行陆运者，每岁约销八千石，其转运至会同者，约三千石。布，本境仅略制麻布、葛布，其湖北之黄州布、葛仙布、扣布、四印布、常德之漆河布以及竹布、洋布，皆自汉口及常德、洪江等处由水路运入本境，每岁销数约值银六万两，其转运至黔、粤境内销行者，约值银十余万两，又宝庆之旱路布由陆运入本境者，每岁销数约值银一万两。绸缎、大呢、羽毛各货，由汉口及常德洪江等处水运至本境，每岁销数约值银四千两，其转运至黔、粤境内销行者，约二千两。糖，本境仅制米糖，其白糖、片糖、冰糖，由广西之长安水运至林溪改陆运，三十里至坪坦，仍由水运入本境，每岁销数约五千石。牛皮，由贵州之黎平各处陆路运至本境，每岁销数约二百余石，其运过本境至会同之洪江及宝庆等处销行者，约二千石。纸，本境仅制包皮纸、炮料纸、千张纸、黄草纸、大纸、本帘纸，每岁所制约值银四千两，不敷用，其会同之本帘纸、钱纸，绥宁、城步各处之当票纸、武冈之各种红纸，贵州之皮纸，皆由陆路运入本境，每岁销数约值银五千两。烟，粗丝烟，本境所制约值银一千两，不敷用，其自他境运入者，由会同之洪江水运入本境，每岁销数约值银三千两，条丝烟，由洪江水运入本境，每岁销数约值银二千两，其转运至黔、粤境内销行者，约值银五千两。酒，本境仅制米酒，其苏酒、汾酒、糟烧酒、蜜酒，皆由会同之洪江水运至本境，每岁销数约值银四千两，其转运至黔、粤境内销行者，约值银一千两。

（清　金蓉镜等纂辑：《靖州乡土志》，卷四，志商务，清光绪三十四年刻本。）

〔**清光绪末年，湖南宝庆府邵阳县**〕　邵阳当省会西南，相距约五百里，由省治至县者，水路至湘潭，及湘乡之永丰市，诸货即须起岸。永丰据测水两岸，水狭而陡，稍不降雨，诸货即难刻期到。由永丰至县城，陆路一百八十里，转运特艰。自洞庭湖溯资水上者，其舟直抵县城。县内诸商运货上自武冈，暨新宁，暨广西合浦坪，下越洞庭达湖北汉口镇，水运较便，惟资水在邵阳、新化，多系山河，钢柱、青溪诸滩极险，古所谓茱萸三百里滩也，商运仍属不易。又自明季以后，入滇、黔驿程，改由常德、辰州，县不当往来孔道，商务因之色减，今就目前贸易诸端,略分出境、入境及在本境销售之货,条系于左。出境之货:煤自舟运抵汉口售,其舟有毛板、摇橹、撑驾诸船名,摇橹船与撑驾船较坚稳,毛板船用松木为之,制颇易。炭既售,即在鄂汉变卖,俗以鸡鸭蛋壳比之,然运炭仍此舟最多也。煤出县地,由汉口分售河南、安徽各处,多取以供铁工用,间亦为轮船及机器局所购。昔时成本轻、获利厚,一商号有做至百余舟者,近虽炭价稍昂,销售稍易,反不及昔时之盛,每岁自县出境舟大小约千只内外不等。铁矿、生铁板无出境者,出境之铁,它铁多由县城资水运往汉口,钢条多由永丰测水运往省城,铁锅薄厚两种,多由新宁旧扶彝水运往广西,铁钉或由水运,或由陆挑,分售邻府邻省尤众,县众在各埠岸,业铁货为生涯者最夥。锑矿开采未久,或在省局售销,或在汉口、上海售销,兹姑从略。纸分黄、白、蓝、红诸色,多系以竹为之,初取嫩竹斩伐成片,入以石灰,浸于池内,使之日软日化,然后以法渐令为纸,县地如东乡龙山,中乡、西乡滩头隆回,产竹最繁,造纸因众。在龙山者,多由涟水入湘达省。在中乡黄帝岭、大云山者,多由蒸水抵衡州,或再入湘达省。在滩头、三门、石山者,多由陆路肩至县城,再由资入洞庭大江以达于汉口、湖北,此纸产为县商务一大宗也。与用竹造纸以外,亦有以稻草为最粗纸者,亦有以皮叶树为皮纸者,皮叶树即所谓谷木,产并不多,县虽出纸,不及外省江西、福建精好,故上品纸张仍多自外地至。毛货即各兽皮货,邵阳境丛山峻岭错峙,兽因以聚,售各处颇属销畅者,内分狐、獾、獐、麂、獭五种,狐皮不及西北方之轻,质能经久。獾即貉,北人称曰南貂,甚以为美,獭视獐、麂特珍,色分乌獭、黄獭,余兽皮毛,非外方所重,不列。靛漆皆出县西北乡隆回各都,漆较靛产为夥。靛以染成各色布匹,漆饰各器,光彩夺目,销售自广,县城业靛生理者不减业漆,以多来自武岗洞口各地,故隆回产靛,终不如漆。油有茶油、菜油、桐油、麻油、花生油之别,麻油以芝麻子为之,性最佳,出不广;桐油以桐树实为之,烟熏,可以制墨,夜用燃灯照人,颇能经久;菜油以油菜子为之,宜燃灯,可煎久煮菜,油菜即芸薹菜也;茶油以山楂子为之,便于食用,劣于麻油,优于桐油,西乡产此特众;花生油以落花生为之,今其行于外省,其为畅销;桐易生长,又易结子,与棕并切人生日用,俗有"千棕万桐,永世不穷"之谚。此外,茶叶各乡多产,东乡茶冈岭、水东江一带尤众,为茶箱售于洋人者,则概由湘乡永丰市、杨家滩二处购买另制。县内出境之货,虽系平常,惟刊板书籍,日增日众,实多足本善本,实甲海内,此其远胜于昔,有足多者。入境之货:衣服各物,绸缎自江、浙至;夏葛,自浏阳、醴陵至;棉花,自湖北至;洋布,自海及湖北织造局至;羊裘,自北直、山、陕诸处至。县虽产桑,未解成丝机杼之法,杭绸、宁缎、湖绉、今市店可售者，皆江苏、浙江产也。棉花来自湖北最多，洋布、竹布率皆从上海运至湘潭，再行入邵，或由汉口径达县城。湖北织造官布，近始有之，浏阳、醴陵、长沙府属县相距匪逖，夏布、葛布县所无，皆自彼来。羔皮、羊裘分北口、西口，北口自直隶来，西口自山西、陕西诸省来。饮食各物，苏酒、绍酒来自江、浙；汾酒来自山西，县所用多汉口土作；烘腿来自金华；鱼翅、海参、墨鱼、鲫鱼来自浙、闽；糖食来自两粤；细制点心来自嘉兴、湖州；峒茶来自全州、大峒；芽茶或自龙井、武彝带至；条丝烟品来自福建；药材则多来自江西；人参、鹿茸则多来自关东；肉桂则多来自云南蒙自。习用诸物，湖笔、灰墨出自安徽；端砚出自广东肇庆；洋板书籍图画出自上海，或购自东西两洋；团扇折扇出自苏州、杭州；蒲扇出自广东；瓷器出自江西；罗纽多徽州人制；钟表多外洋人制；眼镜、玻璃多广州、苏州人制；藤几、藤床亦自广东人售到，此其众见，可指数者。本境销售之货：饮食各物，稻米、鸡、鸭、鱼、蔬、羊、豕不具论，酒有水酒、火酒之别，以水浸之，浓老者性能发表御寒，陈至数十年、百余年者，尤能愈疾，他处鲜有此酒。火酒以火烤出，汽水自储水锅滴下，性最沉寒，久食多败脾胃。大烧酒以杂粮为之，味更烈，他如包谷、红薯亦可作酒，糖有饧糖、打糖、麻糖之别，皆用谷米甚夥。饧糖纯用谷牙熬成，打糖加入碱水，色因变白。麻糖用米熬之，掺入芝麻或小花点，他处或即呼曰花糖。他如橙实、冬瓜、南瓜、茄瓜，亦可为糖；饼有月饼、芝麻饼、大饼、双饼之别，皆用石灰为之者；粉有米粉、绿豆粉、红薯粉、包谷粉之别，自米粉外，绿豆粉最佳，面独以麦为之，殊不及夔州面、河南面佳；烟有旱烟、水烟之别，旱烟以西平都徒岭产者为善，水烟即用旱烟刨而成之，烟无益于人，近时嗜者颇众；衣服各物，县归产木棉，称曰山花，色黄而温，远胜他处所产，后颇喜种湖花，近更多种洋花，以织为布，山花最上，湖花次之，洋花最下，县境老幼，农工诸人，多服此布，名曰大布，丝不多见，尚间有之，桑叶盛时，饲蚕，使之依样吐丝，缝以为衣，或即作被，皆温甚，宜于高年；麻有苎麻、火麻之别，火麻但可为绳，苎麻可为绳线，可织为帐，可织为布，性坚耐久，其用甚广；习用各物，树木如杉，小者为桁条、为楼栿，稍大者为屋柱，最大者取为棺椁，为船桅，器用所需，杉木最夥，床箱几桌，欲其经久坚实，始多用杂木，松在干处易蚁，颇须择地用之，邵阳从前山木繁盛，各乡造宅，不俟远求，近则非购自郡城木商，不能为之矣，山林之禁宜修，诚未不缓；竹造纸外，为筛、为篮、为箱、为箩、为篓、为箕、为农家晒谷竹簟、为渔人入筏舟，县内自木工外，习竹篾为业者颇亦不少；陶人瓦器，出东乡牌子窑诸处，酒瓮盆钵之属，形甚粗陋，匪独不及江西景德镇之善，亦远不如湘水靖港诸窑之制，然其质系土为，贮物可以经久，储肴馔亦可逾夜不败，较之铁与锡、钢诸器所为，反更远胜，足其适用，不仅在于俭也；白蜡、黄蜡两种，白蜡出自蜡树蜡虫所成，黄蜡系蜂酿蜜糖渣滓，二物间运出境，本处用之亦属不少。此外铁工、钢匠、石工、染人之类，所成亦商务中事，不悉录。

（清　陈吴萃等修，姚炳奎纂：《邵阳县乡土志》，卷四、地理、商务，清光绪三十三年刻本。）

〔清光绪年间至民国三十七年前后，湖南醴陵县〕　醴陵土产货物输出县外者，清光绪间首推红茶。民国后渐出渐减，终于绝迹。今则以瓷器为主要出口货，鞭爆、夏布、烟煤、谷米、蓝靛、土布次之，猪、茶、油、陶器、药材等又次之。至于货物由县外输入者，厥类甚夥。在昔俗尚俭朴，民间日用鲜向外求。洎夫清季，始以习用外货相矜炫，利不加辟，而输入超过日以巨，社会乃日即于困穷矣。民国纪元以还，入口货以绸缎、杂粮、棉花、食盐、洋纱、煤油、纸烟、毛织物、染料、纸张、木料、药材、砂糖、火柴、五金为大宗，次之则为油漆、肥皂、鱼虾、豆豉、牛皮、书籍、文具等类。抗战中期，来源阻梗，绕道运输，有完全中断者。兹将各货之属于重要者，列表如下：惟岁出岁入，商会及税收机关，均无统计表册，仅能言其概略也。输出：瓷器，土瓷销湘、鄂、豫诸省，最盛时岁约二十万石。细瓷当抗战时最发达，销湘、鄂、川、陕、黔、粤、桂等省，岁约十万石，战后推销至广州、香港及南洋群岛。鞭爆，战前每年约二十万箱，近因内乱，销路锐减。夏布，战前每年约二三十万匹。谷米，由昭陵、渌口出境，丰岁每年约三四十万石。烟煤，石门口烟煤，战前每年产额自五万吨至二十余万吨，销粤汉路沿线，战时减少。土布，本县缎青布近来畅销赣西及湘西、湘南一带，战前年约百万元，战后锐减。猪，每年运往汉口销售约四千头。猪鬃，冬季收买，运往湘潭、汉口，岁约千磅，销行英美。羊，每年秋冬季常有收买出境者。鸡、鸭，每年贩至长沙出售者颇多，西北乡豢湖鸭者千百成群，利用其产卵，老则用制板鸭。鸭蛋，每年鸭蛋输出者不在少数，惟鸡蛋无多输出。茶油，销长沙、湘潭，丰收之年输出万石以上。陶器，道姑岭陶器，销长沙、湘潭各埠。药材，每年湘潭商家向军山、明月山等处收买。猴樟粉，成竹乡出产甚丰，销衡山、湘潭。水果，近城一带产橘柚，输出近万石。昭陵附近产李，销湘潭、长沙。金，销长沙、汉口，岁无定额，惟荒歉之年，淘沙取金者特多。桐油，近十余年来，种桐者多，尚无大量出产。输入：棉花，多来自滨湖各县，战前输入约千余石，战时多至二万石，战后半之。棉纱，贩自长沙、汉口，战前每日约二十件，战时最少，战后约五件。棉织物，各色布匹、衫袜、手巾等，战前输入约千万元,战时减少。毛织物,呢毡、哔叽、洋绳、呢帽等,战前输入约数百万元,战时锐减。丝织物,绸缎多来自沪、杭,战前岁销约千万元,战时大减。染料,元青、黑靛粉,战前年约千余石,杂色染料约百分之一,战时货少而价昂。煤油,战前民间点灯,几通用煤油,岁销百万斤以上,战时不能进口,乃改用菜油、桐油,战后煤油销路复畅。黄豆,来自湘西,为制豆腐及造酱原料。战前进口年约数万石,战时土产渐多,输入减少,战后又恢复前状。面灰,战前杂用机器灰及土灰,岁销一千石以上,战时改用土货,战后洋灰输入特多。糖,沙糖来自南宁、赣州、台湾,战前年约千余石。片糖来自道州,年约五千石,战时、战后均大减。南货,海味、木耳、南粉及干果等,战前来自广州、汉口,每年约值二三万元,战时大减。食盐,战前用淮盐,每年约七万余石,战时改用粤盐、膏盐,按口计盐,益以商盐数亦相若,战后用北盐、粤盐、川盐,数比前增。药材,来自川、赣、粤三省,战前年约百万元,战时多贩自湘潭,战后多贩自汉口。木材,多来自株洲及萍乡、攸县,战前入口约百余万元。油漆,桐油来自湘西,战前年约数百石。漆来自宝庆、四川,战前年销约五六百桶。五金,金、银输入甚少。铁来自攸县,战前年约千石。铜约百石。铅钉来自长沙、汉口,岁销约数百桶。铅丝千石,铅条千石,战后久乃复原。陶瓷颜料,战前土瓷、细瓷,均用洋墨,销近二万磅,约值十万元,其他颜料居十分之一。战时货少价昂,多改用土墨,战后输入滇墨。烟,烟叶来自江西者每年约三百余石,来自株洲者约百二十石。麻,来自益阳、沅江、浏阳,战前年约二三千石,战时大减。豆豉,来自萍乡、袁州、浏阳,岁约三千石。干椒、笋,来自萍乡、攸县,辣椒岁约千石,笋次之。干鱼虾,来自滨湖各县,战前每年输入虾约数千斤,鱼倍之。肥皂,战前贩自长沙、汉口,岁约二千余箱。燃料,民间炊薪,除山户外,通用煤,岁由萍乡运来约百万石。烧窑松柴,近年由萍乡、浏阳输入者亦多。纸张,粗纸来自攸县、萍乡,多用以制鞭爆及民间零用,岁销十万石。细纸来自浏阳、宝庆及闽、赣等处,岁销约数千石。书籍文具,战前岁销约值三百万元,战时中学增多,生意转发达,战后更盛。其他货物,如玻璃、牛皮、白蜡、钟表、眼镜等,每年输入均不少。又各项洋货,战前输入年约百余万元,战时几绝迹,战后渐回复原状。

(陈鲲修,刘谦等纂:《醴陵县志》,卷六,食货志,工商,民国三十七年铅印本。)

〔清光绪年间至民国三十七年,湖南醴陵县〕 土瓷窑多在乡间,土瓷出窑后,运至姜湾,客商均麇集采购,用民船装运出口。客商例须先向山户交钱,然后山户交货。光绪末年,当土瓷销路畅旺之时,山户愤客商之操纵价格,遂集资组织华昌公司。所有出品俱由华昌公司收买,厘定价格,客商须向公司间接采购,于是客商纠合同行组织美南公司,以与华昌对抗,值清季变乱迭起,销路稍减,山户援先钱后货之例,向华昌支借,往往倍其股金,而公司货物又滞涩不行,终至倒闭。嗣后遂由商人设立商号,客商仍向商号采购。土瓷向销鄂、豫等省。民国八年以前,以军事扰攘,不能出口,后道路无阻,渐复销行。民国十八年后,政局稳定,交通益便,销路又顿形畅旺,土瓷销售商店增至三十家,及中日战起,销路仅限于湘潭、长沙、靖港、津市一带,遂又减为十余家。三十三年,县城沦陷,一律歇业。逾年收复,畅销省内外,十倍于平日,几于供不应求,零星贾贩,获利尤不赀。土瓷出品,因花样、形状、颜色之不同,而有种种名目。最初出者称衡庄,有满品、满三、先三、寿大、寿三之别。光绪初,兴料庄,一名湖北庄,其后又有描器、云器、青器等。民国初年,又兴良庄(即改良器)及各色花庄及白器。近来各厂出品皆为良庄,掺洋墨于土墨中,花色加鲜,故销路特畅。细瓷销售业,湖南瓷业公司先分设承销处于长沙、湘潭、衡州、益阳、常德、醴陵六处,谓之六承销。其出品悉由六承销垄断,销湘、鄂、豫等省。至民国十一年,邑人组织窑业同业公会,力主承销处由政府收回,招商承办,竟获成功。于是窑厂及运销公司始纷纷设立。初有运销商店十余家,渐至二三十家。二十八、九年间,醴瓷畅销西南、西北各省,营业之盛得未曾有,商店增至百余家,并有自景德镇采办镇瓷者。大抵三十二年,镇瓷经醴陵出口者,约六七十万元,醴瓷出口亦三四千万元。来醴采购者,以四川一带客商为多。战时运输困难,醴瓷运至川、陕、滇、黔一带,运费较之成本增加至数十倍。战后粤、汉通车,销路更广,发展至南洋群岛。民国初年,有一部分职工自瓷业公司之承销处,购得白货加绘花彩出售。以后窑厂除出售釉下画瓷器之外,均仅售白货,而由运销商店雇工绘花附彩。现有职工在三百人以上,其中妇女甚多。店主中江西帮约三分之一,其余为本帮。

(陈鲲修,刘谦等纂:《醴陵县志》,卷六,食货志,工商,民国三十七年铅印本。)

〔民国十九年前后,湖南永顺县〕 牛皮,出产颇多,城居者由酉水达常德,西北一带担负者由大庸、慈利达常。

(胡履新等修,张孔修纂:《永顺县志》,卷十一,食货志,货类,民国十九年铅印本。)

〔民国二十年前后,湖南东安县〕 东安出产,以矿、纸为大宗,此外药材、桐、茶油小麦,且多输出省外。

(曾继梧等编:《湖南各县调查笔记》,地理类,东安,交通,民国二十年铅印本。)

〔民国二十年前后,湖南鄜县〕 所产稻谷无多,不足一县之需。其高山寒凉地方,成熟较别县为迟,间有延至九月、十月始能收获者。除东乡仰给宁冈之米,南乡仰给资兴之米外,贫苦之家多赖杂粮接济。

(曾继梧等编:《湖南各县调查笔记》,地理类,酃县,气候,民国二十年铅印本。)

〔民国二十年前后,湖南临澧县〕 道水,发源慈利五雷山之东西泉……至澧县关山下入澧水,为九里之河宽十余丈,不甚深,仅行得小民船,临澧谷米多由此河出口,畅销津市。

(曾继梧等编:《湖南各县调查笔记》,地理类,临澧,水流,民国二十年铅印本。)

〔民国二十年前后,湖南沅陵县〕 沅陵南北两境均重山叠岭,沅水从中经过,由西入而东流,上流稍缓,下流湍急。内无广大平原,田土稀少,虽产稻(即谷)及蜀黍(包谷)、麦、高粱、黄豆、粟、薯、芋等类,然丰年收入尚不敷本县人之需,上赖辰、溆,下赖常、桃输入,以为接济,若荒年则粮食短少更多矣。

(曾继梧等编:《湖南各县调查笔记》,物产类,沅陵,民国二十年铅印本。)

〔民国二十二年前后,湖南蓝山县〕 凡运售出境者,以谷为最多数,畜类、树艺类次之。凡输入之物,莫多于绸布,其次食盐、洋油,其次金银器饰、染料颜色、洋纱、棉花、黄豆,又次则服物杂用,物各有差。

(邓以权等修,雷飞鹏纂:《蓝山县图志》,卷二十一,食货篇第九上,民国二十二年刻本。)

〔民国二十八年前后,湖南澧县〕 澧商埠以津市为扼要,自庸、桑诸县所出诸产,胥集于是以贩武汉,而易外货以散卖各地。

(张之觉修,周龄纂:《澧县县志》,卷三,食货志,商业,民国二十八年刻本。)

〔民国三十年前后,湖南宁乡县〕 宁乡上熟米,春熟筛齐,色白,为湘米之冠,八、九、十都多陆运销安化、灰汤以下,米出沩江销靖港,旧约三十万石,现不足二十万石,亦陆运湘乡、靳江左右。

(宁乡县志局:《宁乡县志》,故事编,则用录,物产,民国三十年木活字本。)

〔民国三十七年前后,湖南醴陵县〕 县城食米多来自南乡及攸县,每逢农暇,四乡米贩萃集于县之城隍庙前坪,数恒百余。西、北两乡之米,则多运往渌口转销他县。县城无粮行,县民食米,直向米贩购买。

(陈鲲修,刘谦等纂:《醴陵县志》,卷六,食货志,工商,民国三十七年铅印本。)

〔清康熙二十六年前后,广东雷州府海康县〕 贩易惟槟榔、鱼、菜、米谷食物,木石技作俱自广州,陶冶诸工无甚奇巧。

（清　郑俊修,宋绍启纂：《海康县志》,上卷,民俗志,习尚,清康熙二十六年刻本,民国十八年铅字重印本。）

〔**清道光二十一年,广东琼州府**〕　安土重离,不事远贩,惟货本土槟榔及黎村米谷,次则皮张、棉花、苏木、沈香及布帽、油蜡、蒟蒻等,杂物皆不甚抵价值,故产计万金者,城落无数家。

（清　明谊修,张岳崧等纂：《琼州府志》,卷三,舆地,风俗,清道光二十一年刻,光绪十六年刻本。）

〔**清咸丰以后,广东广州府新会县**〕　县境当西江下流,膏腴弥望,农业尤称盛焉。物产,如橙、柑、蒲、葵之类,皆为此土特色,挟资本以输运于外埠者,接轸连辀,亦泱泱商国也。道咸以前,负笈横经之士,多田足谷之翁,比屋而居,每以旧德名氏,互相表帜,其由商务起家者,多喜任恤好施予,城乡有义举,往往不崇朝而事集,此亦吾邑所谓黄金时代矣。咸丰军兴以后,四民状况一落千丈,至于今日,凋弊尤甚,其间一二魁杰,高掌远跖,弋大名,猎厚资,遐迩涎羡,犹以美富见推,然内容萎茶,岌岌不可终日之势,惟生长于斯者,知其详耳。是其原因,虽甚复杂,而求过于供,渐成困竭,实为最大、最显之问题。全邑户口,道光十九年清查男、女实得六十余万,近年虽无统计,实数约而推之,生当逾百万。全邑田亩,县册九千四百六十顷有奇,匀计每口得田不足一亩,一亩之人,岁以谷三百斤为率,是每口仅得半年之食也。同治初年,市肆销售皆本境土米,今则外埠米色占十之六七矣,此作者所亲见也。谷食不足自给,而一切经济学生利之事又未能讲求,而补助之销费日多,物价腾踊,由此富者骤贫,贫者愈贫,教养并阙,民起为盗,赌盗相缘,而游手游食之辈遍城乡矣。岂但士风之不克已哉。欲谋羊牢之补,以复雁门之踦,舍振兴工艺,广殖森林,奖励渔牧,曷由乎？田亩不足以赡,则拓山海之富以益之,胝胼不足以食,则借机巧之力以弥之,庶几其有豸也。

（清　谭镳纂修：《新会乡土志》,卷九,实业,清光绪三十四年铅印本。）

〔**清同治年间,广东大埔县**〕　村居人终岁伐木作柴,连舸载至府城,归行售卖。其人木可作栋梁者,连数百枝为簰,运至蔡永围贸易,多获厚赀。

（清　张鸣恩等纂修：《大埔县志》卷十二,物产,清光绪二年刻本。）

〔**清光绪三十一年前后,广东广州府新会县**〕　商务：本境商务,总汇于江门,分行于县城及各乡之墟市。江门右扼高、雷、琼、阳、恩、开、宁、鹤各属之要,左扼江海之冲,故能与省、港鼎立,而为大市场,且北街辟为万国商埠,又逐渐兴盛,独惜税关为外人经理,与商人声气不通,痛痒膜视,任关役之舞弄,颇为障碍耳。本境所产之物,以鲜果、蒲葵、苋丝为大宗;所制之品,以烟丝、茶叶、夏布为大宗;输入品,如洋布、洋货、火柴、干鱼、面粉、油杉、牲畜、咸鱼、丝绸、棉布各项,其中多无统计,难得详确之调查。兹仅就采访所及者,分别而叙之。

输 入 品

洋布:内以洋白呢、绒印花布等占最多数,为英、德二国之物品,此项输入,皆香港零碎贩运而来,每年约值银四百万元,其中经税者十之二,密入者十之八,就本境销行者,约十之三,余则分销于新宁、开平、阳江各处。

洋货:内以汗衣、洋袜、汗巾、橡皮鞋等占最多数,多属英、美、德三国,物品内,惟面巾多日本品,由香港零碎贩运,与洋布同,每年约值银三百万元,其中经税者十之一,密入者十之九,销行本境者约十之六,余则分销于新宁、开平等处。

干鱼:俗称为海味,乃海产之干制者,内以鱿鱼、鲍鱼、干虾等占最多数,每年值银二百六十万强,半为日本物品,由香港大宗运入江门,大商店而后转贩于各处,捕制运入,惟不若日本之大宗,以新会濒海之地,海户蕃滋,乃不知搜捕,反辅入如许巨额,诚大憾事也。入江门后,本境所销者,约十之三,余则高州、雷州、琼州、阳江、广海、赤溪、开平、鹤山各采运者十之七。

面粉:为英、美物品,皆由香港运入本境,每年约值银一百万元,销于本境者十之八,余则分销于高、雷、琼、阳、恩、开、宁、鹤各处。

火柴:多是日本物品,由香港运入本境,每年约值银一百四十万元,销于本境者约十之二,余则由高、雷、琼、阳等处采运。

煤油:由香港运入美国煤油,约值银二十万元,苏门答腊煤油约值银十万元,共约值银三十万元,销行于本境。

糖:由香港运入洋白糖,每年值银四十五万元,由高洲、阳江等处运入;黄糖每年约值银二十万元,共值银六十五万元,销于本境者,十之八,余则分销于新宁、恩平、开平、鹤山各处。

米:由香港运入安南、暹罗等米,每年约值银二十五万元,运入芜湖米每年约值银五万元,均销行于本境。

牲畜:由高州、雷州、阳江运入猪每年约值银一百七十万元,鸡及卵每年约值银一十五万元,共约值银一百八十五万元,销于本境。

咸鱼:由澳门、闸波、水东等处输来,每年约值银一百八十万元,均销于本境。

油：由高州、阳江等处输入，每年约值银一百二十万元，销行本境者约十之三，余则分销于新宁、开平、恩平、鹤山诸邑，香港未发达以前，省、佛均到江门采运，其时油业约五倍于今云。

杉竹：由佛山等处运入，每年杉约值银八十万元，竹约值银二十万元，共约值银一百万，行销本境者十之三，余皆由高、雷、琼、阳、恩、开、宁、鹤各处采运。

丝绸：由省、港及顺德等处输入，每年约值银一百六十万元，销于本境者半，余则由高、雷、琼、阳、恩、开、宁、鹤各处采运。

棉布：由湖南、汉口等处输入，每年约值银一百万元，销行本境者十之三，余则由恩、开、宁、鹤各处采运。

干果：以瓜子、椰子、圆眼肉等占最多数，由雷州、琼州等处运入，每年约值银三十五万元，销于本境者约十之六，余则分销恩、开、宁、鹤各处。

药材：多是四川、云南等产，由省运入，每年约值银四十万元，销于本境者十之六，由高、雷、琼、阳等处采运者十之四。

纸：由佛山、陈村等处运入，每年约值银四十万元，销于本境者十之六，余则由高、雷、琼、阳等处采运，近来亦渐有德国纸输入者。

麻：由湖南、佛山、梧州等处输入，每年约值银三十万元，销于本境者十之二，余则高州、阳江、新宁等处采运。

麸：由高州、阳江等处运入，每年约值银二十万元，销于本境者十之三，余则鹤山人采买为多。

烟叶：由鹤山运来，每年约值银七十万元，为本境制烟丝之原料。

茶叶：由鹤山运来，每年约值银三十万元，为本境制茶之原料。

竹器：每年出入值银五十万元，内为本境制成者十之二，行销于本境者亦十之二，余则由佛山、古劳西南等处运入，输出于高、雷、琼等处。

谷：每年出入值银七百五十万元，内由本境产出者十之四，行销于本境者亦如之，余则为香山产出，复销行于香山等处。

输 出 品

烟丝：每年出口值银一百八十万元，行销于香港及内地各埠。

茶叶：每年出口值银约五十万元，运出香港。

夏布：每年出口约值银四十万元，运出省港。

生果：每年出口约值银一百万元，行销香港、省城、陈村、佛山等处，以柑果为最多,桔次之。

葵扇:每年出口约值四十五万元,销于内地各省者十之九,由外洋采办者十之一。

丝:每年出口约值银四十五万元,运出省、港。按:邑中水道交通,输出输入用水运,并无陆运者,今未分别注明,合补录之。综上各项计之,外国货之输入者,每年值一千三百万元,而销于本境者竟至五百七十余万;本国货之输入者,每年值一千一百四十余万元,而销于本境者竟至七百五十万;合之每年本境所需之输入品已达一千三百万元有奇,而输出品反得四百六十万元,其不敷之八百余万,皆本邑中所耗之资财也。通商以后,民业渐臻于疲敝,今一为略计之,其可危之状毕现焉。苟不求农、工、矿诸业之振兴,后此者,将何以为生耶?具之东南,地广人稀,自耕自养而有余,无事恐慌;东北蚕桑盛行,家受其利,民生尚可以支持;惟县西之瘠苦与邑城之迫狭,大有岌岌不终日之势,虽其民多经商,佣工于境外,借彼赢庸之转济以资弥补,然究非优裕,无恒产而有恒心,亦幸焉耳。

(清　谭镳纂修:《新会乡土志》,卷十四,物产,清光绪三十四年铅印本。)

〔清宣统年间,广东广州府东莞县〕　丝苗粘、香粳粘,邑多种之,产榴花村者尤胜。又丝苗粘多运往外埠,供给侨民,其价颇昂。夏至白,邑产尤著名,广人谓之东莞白,云滑而香,比他处良。

(陈伯陶等纂修:《东莞县志》,卷十三,舆地略八,民国十六年铅印本。)

〔清宣统三年间,广东广州府增城县〕　增城商业出品,以米谷、乌榄、荔枝为大宗,他如柴、炭、糖、油、樟脑等项,产运亦伙。述其概略,有如次举:谷米销售县内而外,辄有赢馀,商人出资屯聚,乘时操纵,米之精者,运至美洲,次者则运至省会暨他处,谷则运至陈村、佛山,营此业者,以他村、石滩诸肆为多。乌榄、荔枝属境产额甚夥,乌榄肉可制豉、榨油,其核肉可为果品,皆供食用,其核谷可作烧料,荔枝鲜啖而外,焙为干,可以经久,可以致远,每值收成,商贾居积贩运,岁以为常,有操为永业者焉;柴、炭二项,出产县境上游各都,缘近山居人,以林木为恒产,山植松树,间年可薙取其枝,十年可成,修干子落其下,旋生小松,分年编次,按期采伐,周而复始,每年皆有所获,大者且可为器用,其他杂木,运途远者,则窑薰为炭,商贾业此者,肩负、舟运、水陆亦交错焉。县境平畴以外,多皋垄,土松沙润,宜植甘蔗、落花生,甘蔗用制糖霜,落花生用制油,糖油为日用必需之品,销售至广,以农兼商,邑中业此致富者甚众。山多樟树,土人取其叶甑蒸为脑,贩运出外,价奇贵,岁入亦颇不赀。

（王思章修,赖际熙等纂:《增城县志》,卷九,实业,民国十年刻本。）

〔**民国十二年,广东佛山镇**〕 油豆行:油有花生、津生、茶油、豆油、菜油、桐油各种。生油来自从化、清远、英德及广西各县,近有来自青岛者。茶油出北江、韶州、东江、惠州。菜油出高、雷、廉各属。豆油出牛庄。桐油出西北江。豆有青、黄、赤、绿、乌、红各色,其名目则有广青、广白、津乌、津绿、金黄、红豆等,来源以天津牛庄为大宗,亦间有来自东莞者。购者以石计,每双斗十斗乃为一石,业此者向平码行或赴省城陈村购油,并由香港购豆,分售于零沽各店,约十余家,会馆在汾水铺永兴街中祀关帝。

（冼宝干等纂:《佛山忠义乡志》,卷六,实业,民国十五年刻本。）

〔**民国十二年前后,广东佛山**〕 槟榔行:前有十余家,因税厘过重,多迁往香港,今仅存数家,槟有南槟、洋槟之别,前者来自海南、崖州,后者来自南洋,到行后,加以拣选,分别大小、精粗,然后发售,故亦称筛择行,销行内地及西江等处,堂名□□会馆,在富文铺直义街。

（冼宝干等纂:《佛山忠义乡志》,卷六,实业,民国十五年刻本。）

〔**民国十二年前后,广东佛山镇**〕 绸缎行:葛、麻、丝、棉之属,出自国内;绒毯、毡羽之属,来自外洋。兼收并蓄,售诸内地、外埠,远及西北两江。零剪店多在公正市,发行店多在富文里北胜街等处,大小五十余家,堂名阐义会馆,在汾水铺汾流街,在快子上街。

（冼宝干等纂:《佛山忠义乡志》,卷六,实业,民国十五年刻本。）

〔**民国十二年前后,广东佛山镇**〕 栏杆行:业此者,多属省垣,支店本乡只有二三家,专用丝织造妇女衣裙之饰,只销行内地四乡,不如省店之销及各省也。

（冼宝干等纂:《佛山忠义乡志》,卷六,实业,民国十五年刻本。）

〔**民国十二年前后,广东佛山镇**〕 毡料行:取各种羽毛、羊毛或麻包弹松,以米浆炼晒而成,鞋店购之,用作鞋底,销行内地、省垣及各属,约五六家,多在大基尾等处。

（冼宝干等纂:《佛山忠义乡志》,卷六,实业,民国十五年刻本。）

〔**民国十二年前后,广东佛山镇**〕 绒线行:由顺德、容奇、桂洲等处购白丝,交染房染就,用工锤挪,使成熟线,五色皆备,中以乌色为最普通,售于内地四乡,广、肇属各县,西、北两江,大小二十余家,多在畸岭街三角市等处,堂名□□会馆,在潘涌铺潘涌横街,光绪八年建。

(冼宝干等纂:《佛山忠义乡志》,卷六,实业,民国十五年刻本。)

〔民国十二年前后,广东佛山镇〕 苎麻行:大者曰麻行,小者曰麻店,行代客沽货法如平码行,麻来自湖南、四川,湖南麻销新会、香山、开平、雷州各属,四川麻销香港及汉口等埠。光绪末,业此者颇获厚利,近年麻之入口萃于省会,本乡营业不如前矣。现大者数家,小者十余家,堂名昭远。

(冼宝干等纂:《佛山忠义乡志》,卷六,实业,民国十五年刻本。)

〔民国十二年前后,广东佛山〕 布箆行:本乡布箆制作精良,各地恒多购用,同业多在石路铺,约十余家。

(冼宝干等纂:《佛山忠义乡志》,卷六,实业,民国十五年刻本。)

〔民国十二年前后,广东佛山〕 京布行:所沽之布,以来自南京、苏、松者为最佳,次则江西蓝、兴宁蓝土布,来自四乡以叠滘、平洲为最多,长短广狭不一、价亦随之而异,销行本地及肇、韶二府,西、北两江,店号百有四五家,堂名乐和会馆,在汾水铺汾流街,光绪十六年庚寅重建。

(冼宝干等纂:《佛山忠义乡志》,卷六,实业,民国十五年刻本。)

〔民国十二年前后,广东佛山镇〕 集木行:有柚、梨、荆、櫶、樟、格之属,来自西北江及川黔等省,或自外洋。自外洋来者,多先至省城,销行内地及广、肇各属。业此者,有十余家,又兼力之店亦不少,多设于聚龙、上沙等处,以其近水易于输运也。

(冼宝干等纂:《佛山忠义乡志》,卷六,实业,民国十五年刻本。)

〔民国十二年前后,广东香山县〕

输 入 品	输 入 地	岁值约计
洋米	港澳等处	三十余万两
咸鱼		七八十万两
海品、杂货		一百万两
砖瓦		三十余万两
木器、杉料	省城、佛山、西北江	三四十万两
竹器		十余万两
柴炭	西江	二十余万两

(续表)

输 入 品	输 入 地	岁值约计
洋货	省城、香港	二十万两
布匹、绸缎	省城等处	六七十万两
生熟烟		二十余万两
药材	省城、香港	六万五千元
茶	佛山等处	五万元
烟叶	江门、澳门等处	三万元
煤油	省、港、澳	二十万元
油	省城等处	一百八十余万元
黄糖	省城等处	十八万元

输 出 品	输 出 地	岁值约计
谷	陈村、江门	五六百万两
生果（乌榄、大蕉荔枝、龙眼等居多）	香港、澳门	三十余万两
荷兰薯、椰菜等	香港、外洋	三万余两
蚝蟹虾酱	香港、省城、江门等地	十余万两
咸鱼	省城、陈村、江门等地	三四十万两
蚝油、蚝豉	香港、省城、江门等地	十余万两
茧丝	省城及顺德容奇勒楼诸乡	百余万两
夏布	外洋	数万两

（厉式金修，汪文炳、张玉基纂：《香山县志续编》，卷二，舆地，商业附，民国十二年刻本。）

〔**民国十三年前后，广东佛山镇**〕 茶纸行：外来之品，有乌龙、水仙、龙井、六布、香片、普耳、红茶之属，惟销流不甚广，其大宗为本省出品，如清运、古劳、罗定等处运来者，除本地外，并运销广西各属，专业此者不过数家，余皆杂货店兼售，间有兼售草纸、笋干等物者，故称曰茶纸。

（冼宝干等纂：《佛山忠义乡志》，卷六，实业，民国十五年刻本。）

〔**民国十五年前后，广东始兴县**〕 商业分输出品、输入品两种。输出品以杉木为大，纸次之，烟油、石灰、黄麻各货又次之。杉木产地，本境占十之八，南雄、仁化、曲江占十之二。然贸易皆始邑资本家为之。春夏入山伐木，秋冬编扎成排，运往小唐、江门、马房、新沙、西南、清远、佛山等处，每排十二剪为一梢，每剪木株视木之大小以为多寡,每岁输出木排约一千五六百梢或二千梢。纸分桶纸、京文纸两种。桶纸每百斤为一担,京文纸则轻于桶纸,每年运往佛山、省城约一万四五千担。烟有黄烟、黑烟之别,黑烟少而黄烟多,用竹笪裹缠成捆,每捆百斤左右为一件。黑烟运至韶州、英德、西南、四会各江销行。黄烟运至佛山、省城销行。每岁销黑烟五百余件,销黄烟一千余件,而黄烟尤恃牛庄为销路。近年烟价倾跌,出产因以减少。花生榨油有赤生、白生之别,流通颇远,运销韶州、清远、佛山等处,每岁白生油三十余万斤。石灰运往南雄,每岁三百余万斤。黄麻运往韶州,每岁二十余万斤。竹排运往西南、佛山,每岁二三百剪(编竹成排与木排同,惟每剪竹数较多)。松筒运往韶州,每岁数十万株。香菇、冬笋、红瓜子运往韶州、省城、佛山,每岁香菇二三千斤,红瓜子四五千斤,冬笋二三万斤。香粉以百斤为一担,运往西南。芦包每岁一千余担。牛皮每岁可出一千余块,运至韶州转贩省城、佛山。纸爆一百包为一担,每担百斤,分四季运往韶州、英德、洽洸、清远等处,每岁二三千担。薯莨为染料,运往西南、佛山,岁出三四万斤。化柴为炭,名曰杂炭,各山俱有,惟清远、湛江工人较邑人为擅长,每岁出产七八百万斤,运至韶州、西南、佛山及顺德、东莞、新会销行。砻板、船板俱属松板,运售韶州、佛山,每年砻板二万余块,船板四五千块,至于樟板、桡板、橹板、杉皮等,虽为输出品,而出产不多,所值固无几焉。输入品来自广州及湘、赣,由雄、韶两处转运入境,多者为洋纱、布匹,次则油、盐、糖、豆及各货。本地原有土棉,妇孺纺织成布,名曰家机布,厚重耐久,远胜他布。然土机呆笨,纺织迟滞,洋纱既兴,土纱几至绝迹。邑人向喜用江西土布,自洋布入境,兼以嘉应州兴宁输入各色布匹,江西布遂一落千丈,合计洋纱、布匹二宗,每岁销行价值二十余万元。生油出本境,邑人独嗜茶油,土产茶油不敷,仰给湘产,岁需三十余万斤。火水油由广州运入,岁需二十余万斤。食盐为雄、赣埠引地,岁需八十余万斤。黄豆来自赣、湘,岁需四五万斤。黄糖来自曲江,间有贩自清远者。白糖、冰糖俱来自广州,黄糖岁需十余万斤,白糖、冰糖则不过数千斤。海味(土人名曰京菜)、咸鱼、榄豉、酱料、缸瓦、蜜饯、糖果、蕉、荔、柑、橙俱由广州运来,业此多南海之石井及周村人,每岁销行价值七八万元。药材、瓷漆、染靛,江西产也,赣人业之,每岁销行价值,药材二万余元,瓷漆、染靛一万余元。土产棉苎甚稀,多由湖南运入棉花,岁需一二千斤,苎麻岁需二三万斤。烟叶出自本境,而为肥料之烟骨须运至江西之南安、广州之西南,岁需十余万斤,其余洋货、故衣、鞋帽、巾袜、针线、绒、丝、茶、酒、铜、铁、笔、墨、纸联皆由广州输入,每岁销行价值不下十万元,惟绫罗绸绉以及珠玉等饰,因邑人朴实,服之者少,每岁销行价值不过万元。米谷一项,本境出产可敷本境之食,附城各乡有余则运往韶州,而清化都亨又需翁源处南米接济,此往彼来,殆因水陆运输之便焉。统计全邑贸易总额约一百六十万元,输出、输入各居其半。其输出货品只纸、炭两项有佛山、清远商人来境贩运,其余则皆本邑资本家为之。

(陈赓虞、谭柄鉴修,陈及时纂:《始兴县志》,卷四,舆地略,实业,商业,民国十五年石印本。)

〔民国十六年前后,广东东莞县〕 广州,固多谷之地也,惟是生齿日繁,供过于求,昔仰谷于西粤,今且专恃蕃舶载越南、暹罗之米以为食。莞地本膏腴,然近则山乡苦旱,濒东江之乡又苦潦,特靖康一隅东接新安,西界香山,潮田大禾产谷稍伙,然皆巢之陈村,供给他县,莞人得食者无多,偶遇饥年,必令沙田局出巨资市洋米以为平粜。

(陈伯陶等纂修:《东莞县志》,卷十三,舆地略,物产上,民国十六年铅印本。)

〔民国二十年,广东乐昌县〕 南方地气暑热,一岁田三熟,冬种春熟,春种夏熟,秋种冬熟。乐邑早稻熟于夏,晚稻熟于秋,惟大禾春种秋收,滋料足,而为养生上品。邑中谷食本堪自给,近因商人渔利,运入广州者日夥,致内地空虚,非仰给湘南,不足以供日食,良可慨也。

(刘运锋纂修:《乐昌县志》,卷四,物产上,民国二十年铅印本。)

〔民国二十五年前后,广东龙门县〕 出口货每年约计谷二十万至四十万元,杉木二十余万元,竹纸二十万元,草菇十余万至二十万元,木炭十余万元,苗竹八万元,生猪六七万元,丹竹二万元,麦二万元,鸡、鸭、鹅万余元。

(招念慈修,邬庆时纂:《龙门县志》,卷六,县民志,实业,民国二十五年铅印本。)

〔民国三十二年前后,广东大埔县〕 本邑非通商口岸,贸易商务本无甚可纪,然以山多田少之故,邑中所产粮食只足供三个月需要。于是,粮食之所需,皆取给于异地。此外,布帛、油、糖、海产、杂货更无待言,邑内之需要取给于外者既多,则邑内之产物必当设法运售于外,以为抵偿之代价,此一出一入之间通功易事,岂徒日中为市可以毕其功?况韩江纵贯,闽、汀、杭、永之出产必经邑境而后可通水运,其所需之供给,亦必由吾邑起陆挑运而后能达,益以海外通商以来,外货之销售内地者日益繁夥,内地产物之运售海外者亦较百十年前激增倍蓰,由是而贸易之事日加繁盛,拟诸通商口岸固不及远甚,而内地人民生计系于商业者,固不在小也。

邑内商业大略分之可为四类。一、专营过载转运之业者。闽、汀、杭、永纸类、竹木器、烟丝等,挑运来邑,设行栈以收集屯积,复转付水运,以达汀属洛邑,来往转运之中,居间营业者,取其行租扣佣以为收益,此业以县城神前街为最大,石上、虎头沙次之,其他各乡间亦有之,但寥寥无几。二、专营出口土产者。此业在收集各乡农工产品积成大宗,批发外地,营此业者以高陂之碗行为最大,每年营业总额连饶平过境产物合计最多时达至二百余万元,最少时亦当有百万左右。其次柴炭竹木沿大河各小市场,如三洲、桃花、黄坑、党溪、银溪口、恭洲、广陵、平沙口、青溪口各处均有之,其中以银溪口营业为最大。其次收集零杂土产者,各市场亦有之,兹将邑内出口货物约略分举如下:瓷器(产源高、古源、兰沙各处,销各省及南洋各埠,除饶平产品过境出口者外,本县产品每年约值七十万元以上);陶土(银溪产品专运售安南作釉浆者,每年约值万元);柴木(松柴、檬树柴及松枝等近大小河各乡皆有出产,运往潮州,销售每年约值三十万以上);炭(杂木炭用篓装出口销售潮州,各乡皆有出产,每年约值十余万元);杉木(砍杉木锯作木材,运潮州销售,以岩上甲、大产甲及兰沙甲之双溪等处为多,每年约值三万元);棺木(杉木制成棺木,运潮州销售,保安甲之岗头、大水坑等村及大麻甲六福乡皆有出产,每年约值万余元);木器(锅盖、桶子各项运潮州销售,沿大河各处均有,但无大宗出品,每年约值万余元);竹(绿竹、黄竹、猫儿竹以高陂出产最多,运潮州销售,每年约值三十万元,又竹壳一项年值亦数千元);竹器(以竹篾制成壳笪、槛篮等,运潮州销售,皆长富申之黄富、坑头、甜竹各乡出品,每年约值二三万元);竹纸(包纸、草纸等以长富甲之大常坑、溪上各乡出产为最多,运潮州销售,年约三万元);纱纸(以谷树皮制纱纸销售潮州,为三河甲山客峯特有出品,年约值万余元);赤纸扇(为恭洲径里附近小村出品,由三河出口销潮、汕、南洋各处,年约二三万元);茶叶(大麻甲罗田、赖坑二乡出品,销售南洋各处,以茶丁为尤著,其他西岩山、双髻山出品无多,每年共值约万余元);烟丝(黄烟、水烟各项以百侯出产最多,次为县城,出品少数运销省城、上海、南洋,每年约值二十万元);菜丝(以萝卜切细,晒干为菜丝,维新甲内各乡出产最多,永兴甲麻沙湾亦有之,销潮、汕及南洋,年约值二三万元);腐干(又三河城特有出品,销潮、汕及南洋,年约值万余元);青靛(为同仁甲潮寮及大麻甲北浦出品,销潮、梅各属,年约值万元,但近年洋靛盛行,土靛几将歇业);牛皮(百侯、兰沙、同仁各甲出产为多,销潮、汕,年约值二万余元);牛血(百侯、兰沙、同仁各甲出产,销汕头染纲用,年约值数千元);薯莨(由各乡农民山间采挖,墟市收集出口,漳溪、高陂出口为多,销潮、汕各处,作为染料,每年约万余元);其他一切(约十万示)。三、专办外地货物销售内地者。此业以米为最大宗,邑内销售外来米粮全年总额约在三百万元左右,在梅潭河流域一带大产、兰沙、白寨、百侯、同仁等甲,以销售饶平米为最多,大河流域一带销售江西米,或由潮汕运上之海米,因其价值低昂,互为消长。其次,京果(俗称咸淡)、布匹、洋货、药材为数亦不少,其数量可约举如下:米(饶平米或平和米自新铺墟来,府米、海米由潮州来,每年销售约二百五十万元);盐(潮桥包商运销,年约销十万元);鱼卤(自东陇运入销售,年约值三万元);豆(黄豆为大,黑豆、绿豆、白豆次之,北省来潮州运入,年约销十万元);油(花生油、桐油等,潮州运入,年约销二三万元);火水(汕头运入,年约三万桶,值十万元);糖(黄糖为大宗,白糖次之,由潮州运入,年约销五六万元);薯粉(由潮州运入,年约销五六万元);米粉(由峰市运下,年约销二三万元);面粉(由潮州运入,年约销五六万元);土布(潮阳四木布、澄海布、兴宁布,每年约销五十万元);洋布(由潮、汕运入,年约销四十万元);丝绸(由潮汕运入,年约二万元);棉花、棉纱(棉花专供制被、袄,棉纱供夹织苎布,每年约销三万元);竹纸(口纸、玉扣纸、烧纸等,汀属运来,年约销二三万元);豆饼(专供肥料,潮、汕运入,年约销二三万元);牛骨(专供肥料,潮、汕运入,年约销二三万元);药材(或由潮、汕运入,或由漳州运入,年约销二三万元);海产(咸鱼为大宗,各种脯料次之,年约销十万元);瓦缶(风炉、缸、钵之类,或由潮、汕运入,或由饶平挑入,年约销万余元);其他一切(约五十万元)。四、就内地采办产物销售者。此业以猪、牛屠为最大,其次竹、木制家用杂具,再次为酒类、食物等,惟猪牛则各就其乡,归屠户宰卖,家用杂具、鸡、鸭等项,则多有肩挑小贩趁市期就近地旷场陈列售卖,不设店肆者,兹将邑内产销货物限于一二地方出产通销各市成为商货者,约举如下:石灰(为兰沙甲双溪乡产,销梅潭河各甲及高陂年约二万元);雨笠(以同仁甲崧坑出产为大,兰沙甲黄兰亦有,年约二万元);银锭(县城出品为大,长治、长富乡间亦有之,年约万余元);神香(百侯、县城二处出产,年约万数千元);烧酒(三河出产,年约万元);爆竹(长治甲岌头及大麻甲回龙乡二处出产,年约销万余元);生铁(为兰沙甲黄兰产,年约数千元);船缆(永兴甲雷封村专有出年销数千元);柑桔(大宁甲小靖、古源甲三洲出产,每年约四五千元)。总之本邑贸易上除内地产销货物不计外,入口货物总额必在五百万元以上,而出口货物总额却不过二百余万元,出入相抵,每年必亏三百万元左右,此三百万元之亏损所赖以抵偿者,端在旅外谋生之人陆续寄银回家以资挹注,倘出口货物价额增大,或旅外之汇寄增多时,则邑内之消费亦必增多,入口货物价额亦随之而增大;反之,出口货物价额缩小,或旅外汇寄减少时,则邑内之人将节衣缩食以维生活,因之人口货物亦随之而减少,盖邑人经济之富力皆不存于邑内,每岁所入之金钱不过仅资周转而已。明乎此,则吾邑之贸易状况可以了然矣。

至邑内之市集,较大者惟县城与高陂两处,三河在二十年前亦颇旺盛,自盐务改归石上转包小轮行驶,复直达县城与松口,而三河遂渐形衰落,其次恭洲、大麻、龙劲凹、石上、漳溪、湖寮、百侯、枫朗亦颇旺,再次则不过乡村小店,收集土产兼售日用之米粮杂物而已。邑内大小市集如左:县城内——学前街店户十一间,十字街店户十六间,皆系售卖食物,北门内街店户八间,皆木匠营业;县城外——北门街店户二十一间,新街店户四十四间,桥关街及皮巷街店户共一十七间,以上系附北门外者,大半权作住家房屋,商业甚寥落,育善街及天后街共三十四间,亦多属住家及裁缝店而已,桥背街大街及马头街共一百一十五间,商业颇旺,柳树街店户六十六间,多食物店小营业,惟高堪街共百零一间,神泉街及福泉街共一百一十九间,皆为商业繁盛之地,全市二、七日市期(按:旧《志》有神泉市、较场墟、渡头岗市之称,神泉市即今神泉街及福泉街,较场墟即今大街,渡头岗市今仅小店数间而已,不成为市);鸦鹊坪小市——在维新甲大靖之中心,有店铺十余间,售京果、食物、药材等,商业不大。漳溪市——墟内分天字街、地字街、人字街、未行街、后街、下街、新街、桥背街,共店户一百二十间,一、六市期,出口农产品,以柴、炭、竹、木板为大宗,李果、薯莨次之,工业品数十年前有九曲炉锅厂出品,销售潮属,今已歇业(按:此圩即旧《志》所称长兴圩,原旧《志》所称漳溪市者,今存店铺数间,已形衰落矣);上黄沙小市——在保安甲上黄沙乡,店户二十余间,附近小村多至贸易,逐日市,各种货物颇齐备;横溪小市——在岩上甲横溪乡之坪上,店户十余间,货物颇齐,逐日市;广陵小市——在永兴甲广陵口,有小店十三间,逐日市,但货物不甚齐备,多以收柴炭出口为业;洋曼冈小市——在大宁甲水口,今无市,有小店六间,其相近之中边角现有店户十一间,逐日市;排楼坝——在大宁甲小靖中心,店户三十九间,逐日市;古村小市——在长富甲古村乡,小店九间,逐日市;左弼小市——在长富甲左弼乡小店十间,逐日市;溪上小市——在长富甲溪上乡,小店十余间,逐日市;石上埠墟——在石上甲,商店无多,居民六十余家,皆以货物起运及挑包盐为业;虎头沙墟——与石上埠隔河岸,店五十余间,又附近宫前店七八间,皆以永定、上杭出口纸类烟丝过载为大宗,营业逐日市;福缘市——在平沙甲平沙溪口瑶背,建于民国三年,以收柴炭出口为大宗,营业逐日市(按:旧《志》所载溪口小市,今废);沙岗市——在永青甲青溪村口,有店户二十余间,逐日市；三河现——城内外店户三百家，逐日市，入口货米为大宗，营业总额约三十余万元，布匹、京果次之，出口豆干约万元，酒厂三家酿造烧酒等出口，营业约万元，在二十年前营业颇繁盛，今渐形衰落；良州岗市——在三河甲良州岗乡，店户五十六间，逐日市；大麻墟——在大麻甲六福乡，街路四条，店户二百五十间，出口柴、炭、杉木为大宗，入口盐、米为大宗，四、九日市；昆仑小市——在大麻甲昆仑乡，有店户十间，逐日市；龙颈凹墟——在大麻甲银溪、上流、龙颈凹，有横街、直街、中街，共店户百余间；银溪口市——在大麻甲银溪口，店户三十三间，多以收柴、炭、竹、木为业，逐日市；党溪小市——在大麻甲党溪口，有店户十余间，逐日市；恭洲墟——在大麻甲恭洲村口，店户五十余间，入口米为大宗，出口柴、炭、竹、木，二、五、八市；湖寮圩——在同仁甲湖寮乡五虎山下，店户一百一十间，一、四、七日市，入口米、豆、杂货为大宗，无甚出口（按：旧《志》称太平墟并注旧在同仁社中，康熙甲寅改设于此出；又按：旧《志》载湖寮、水口、梅子硔墟逐日市，今该处衰落不成市矣）；杨梅田小市——在同仁甲湖寮乡杨梅田，店户十余间，逐日市。莒村小市在同仁甲莒村乡，店二十余间，有贸易者现九间，逐日市；崧坑村市——在同仁甲崧坑、乡下、坪子及关帝庙，共店铺十五六间，货物颇齐备，逐日市；黄坑小市——在同仁甲之西南隅，大河东岸黄坑渡头，共店户二十余间，以收买柴炭为大宗营业，兼售米粮杂物，逐日市；百侯圩——在百侯甲百侯乡溪南，共店户一百四十七间，又溪北亦有店户十余间，入口米为大宗，出口柴、炭、烟丝为大宗，三、六、九墟期；南山圩——在白寨甲南山乡，即为南丰圩迁移者，乾隆年间改建，今有店三十间，二、五、八市期（按：旧《志》载，南丰墟在白寨甲白箩村，临河岸，店十余椽，乾隆四年设，四、七日市）；大塘头圩——在大产甲大塘头乡，商店一百一十一间，现在营业者八十余间，入口牛骨、豆饼为大宗，二、七市（按：旧《志》称，为广安墟，雍正九年设；又旧《志》载：有赤石岩市，在平和交界云，今查赤石岩市系完全平和县境，市以下三里官宅乡方为本县辖境）；枫朗墟——在兰沙甲枫朗乡，有店户七十二间，现有营业者仅二十余间，入口油、米、豆、布为大宗，二、五、八日市期；双溪小市——在兰沙甲双溪乡，有店户三十余间，商业甚小，二、五、八日市期。沐教乡，有小店十余间，逐日市；永泰墟——在兰沙甲大埠角，又名林屋墟，有店二十五间，一、四、七市期（按：大埠角有三市，此为最老，商业已衰落）。永丰墟在兰沙甲与永泰墟相近，又名赖屋圩，有店户三十四间，三、六、九市期（按：旧《志》载，此市旧名泰安，康熙二十三年易今名，雍正元年毁于水，乾隆五年复设，二、八日市，但据该乡人云，此墟原一、四、七市，后因附近新开永和墟亦一、四、七市,始改为三、六、九市云)。永和墟在兰沙甲大埔角,又名新村墟,在十数年前黄、郭二姓创设,共店户三十七间,入口饶米为大宗,出口货少,一、四、七市,营业颇盛;高陂墟——在源高甲乌槎口,有店户三百一十间,近三十年来营业逐渐旺盛,出口以竹碗为大宗,入口米、布为大宗,四、九市期(按:此系旧《志》所载之高陂新墟,乾隆三十年创设者,老墟在高陂村,今废);平原小市——在源高甲平原乡,店二十间,二、八市期;九子社小市——在源高甲九子社,店十间,贩米杂货,逐日市;澄坑小市——在源高甲澄坑乡,有店十七间,贩米粮、杂货,三、八日市期;富岭小市——在源高甲富岭乡,有店十八间,贩米出竹木,逐日市;三洲坑中心墟——在古源甲三洲坑乡,有店二十余间,逐日市;三洲口——在古源甲三洲乡,有店二十八间,出口柴炭为大宗,逐日市(按:旧《志》载,乾隆三十一年设,旋废云,现市何年复设未详);桃花口——在古源甲桃花村口,有店三十二间,三、八市期,又附近大塘有店三十间,观音塘有店十八间,同日市;泥源圩——在古源甲桃源乡,有店四十间,入口米杂为大,逐日市。

(温庭敬等纂:《大埔县志》,卷十,民生志上,贸易,民国二十四年修,三十二年增补铅印本。)

〔清嘉庆年间至民国二十四年前后,广西迁江县〕 邑当清嘉、道间,有典当六间,每年税银三十两。兵燹后,各铺歇业,历年未复。……迩来农村经济破产,商场衰落,各墟所成之商场亦属有名无实,不堪言状。商业物品入口以洋纱、水火、油、生盐为主要,出口以黄豆、生麸、生猪、生油等主要。

(黎祥品、韦可德修,刘宗尧纂:《迁江县志》,第四编,经济,商业,民国二十四年铅印本。)

〔清道光末年至同治中叶以后,广西镇安府〕 道光季岁,贼氛蜂起,河运不通,商多歇业,埠亦遂罢。同治中,两粤肃清,东省初行官运,继招水客运销,大江各县埠额盐以顾引饷。

(清 羊复礼等纂修:《镇安府志》,卷十六,经政志,盐法,清光绪十八年刻本。)

〔清光绪初年,广东廉州府钦州〕 我钦在清光绪初年至十几年,本为出产大宗,所运面、油出北海转运省、港,年有数十万元,至百余万元(旧时一元胜过民三十四年千元)。至光绪二十年(一八九四)以后,花生不结实,几乎断种,近来属内各处,俱兼种花生些少,收豆半食半卖,尚未恢复旧日榨油出运之业。

(陈德周纂:《钦县志》,卷八,民生志,农业,民国三十六年铅印本。)

〔清光绪初年至抗日战争期间，广西宾阳县〕　县属商业以芦圩为中心，阛阓栉比，商旅云集。前清光绪中叶以前，洋纱、布匹、苏杭杂货运销庆远、滇、黔各处，滇、黔特货，邻县土货运销港、粤各埠者，多集中芦圩，商业之盛几与各大埠等。至浅水轮船行驶左右两江，各县公路四通八达，昔之洋、广各货集中芦圩分销者，今则径运各埠，芦圩商务遂一落千丈。所幸县属人工较各县低廉，工艺出品较多，又地处要冲，交通便利，虽大宗贸易不如往日，而市面交易颇称繁盛。计平时入口以洋纱、苏广布匹为大宗，煤油、广洋杂货次之；出口以新衣、陶瓷、生油、木油、纱纸、棉织品为大宗，竹木、铜铁器具、雨帽、雨伞及各手工品次之。自经二十九年地方沦陷后，洋货几无输入，所有入口货品，以衡阳纱布及广东故衣为大宗，而出口货之手工品则较往日尤盛。

（胡学林修，朱昌奎纂：《宾阳县志》，第四编，经济，丁，产业，民国三十七年稿本，一九六一年铅字重印本。）

〔清光绪二十年前后，广西郁林州〕　郁林土产除五谷外，以蓝取靛、花生取油、甘蔗取糖三者为大宗，岁得厚利。茶次之，昔时均以其余贩运他境，近来茶既少，花生油、甘蔗糖不给本境用，惟蓝靛尚常行广东云。

（清　冯德材等修，文德馨等纂：《郁林州志》，卷四，舆地略，物产，清光绪二十年刻本。）

〔清朝末年，广西廉州府灵山县〕　输出之品，以谷米、兰靛、烟叶、蔗糖、果实、钢铁、桐油为大宗，以莪术为名产。谷米分销南北，南出武利，至郡北，出南乡，下省。兰定（青旁）销路，出百合、四官渡，下贵县，达省，出武利，抵郡，出海达香港，惟近日颇形衰落。烟叶前十余年多销南宁一路，近则分销陆屋至钦。蔗糖多销下武利，出海达港。果实则四处分销。钢铁及镬销南宁一路为多。桐油销至北海达省港。莪术至省名曰灵术及（金旁）之花心独园，余处则否。此外如平南、旧墟之竹器及刨花、木茅金之茶叶，虽不畅旺，亦能分售各处。查烟叶每年输出约值十余万贯。输入之品则油、豆、麻、麸、牛骨，则绸缎、洋货、海味等物。油豆来自南宁、武缘、永淳等处；麻麸、牛骨以为粪料，亦自南宁、武缘、永淳、宾州诸路运入。洋货一由钦至陆屋起运，一由百合、四官渡起运，一由南乡起运，迩来西江汽轮通行，多由南乡矣。海味　由郡城至武利，　由钦至陆屋。

（刘运熙辑：《灵山县志》，卷二十一，生计志，民国三年铅印本。）

〔民国十六年前后，广西龙州县〕　出口货以糖豆、八角、油为大宗，黄苴、蛤、牛皮、木棉花等次之；进口货多而又畅销者为洋纱、布匹、煤油、食盐，其次则海味、杉木及寻常用品之洋货。进出入比较，总居劣败。

（区震汉等修，叶茂荃等纂：《龙州县志》，卷三，舆地志，实业，民国十六年修，一九五七年油印本。）

〔民国二十一年前后，广西同正县〕 县属旧时商业原无甚发达，近来风气渐开，人亦渐知商业为人生之必要，力图贩运。每年县属所有出境谷二十余万斤，多由商人运至南宁方面，购取苏杭或杂货等物来售。县属所有年产花生豆，多者二三十万斤，少者十余万斤，亦多由商人买以榨油，销售内地或运出南宁销售。他如芝麻、白豆、牛皮等物，其运销亦犹是。此商业之大概情形也。

（杨北岑等纂修：《同正县志》，卷六，物产，食货六，民国二十一年铅印本。）

〔民国二十三年前后，广西贺县〕 近年，生活程度日高，出口货物如谷米油麸种类与粤市相等，不能流通。入口货物如生盐、水油、火柴、洋纱、洋铁、布匹种类，价比粤市加倍，购买不易。

（韦冠英修，梁培煐、龙先钰纂：《贺县志》，卷二，社会部，生活概况，民国二十三年铅印本。）

〔民国二十三年前后，广西贺县〕 入口货物，以盐铁、火柴、水油、洋纱、土纱最大宗，各色布匹次之。出口货物以生油、茶油、桐油、豆饼、谷米、红瓜子为大宗，牛皮、牛骨、生猪、生牛、香粉、锹板、铁镬次之。当地贸易盐最流通，火柴、水油、洋纱畅销，由八步转售钟山、富川及湖南道州各县居大多数。

（韦冠英修，梁培煐、龙先钰纂：《贺县志》，卷四，经济部，工业商业，民国二十三年铅印本。）

〔民国二十四年前后，广西罗城县〕 县属商人，属本地者多，外来者少，所有各货行销当地，亦属工货、国货为多，洋货较少。各货销售最盛者为食盐、布匹两项。食盐销数年约四十余万斤，价值六万余元。布匹销数年约八千余匹，价值二万四千余元。其次为洋纱，销数年约五十余箱，价值七千余元。此外如火水油、铁板、瓷碗、火柴、纸料等，每项亦各需数百元，至于出口货，有杉木、香信、茶叶、米谷、豆、麦、桐茶油以及药材等类，其中惟以杉木为大宗，年约五六万元，其余为香信、茶叶、米谷、麦、豆、油等类，每种不过数百元或千余元而已，出口与入口比较，出口少于入口十分之三四。

（江碧秋修，潘宝箓纂：《罗城县志》，经济，产业，商业，民国二十四年铅印本。）

〔民国二十四年前后,广西思恩县〕 本县出产为米、砖糖、土锦、蓝靛、烟叶、竹簟、竹帽、纱布、陶器、竹器、铁器、土布等物,以竹簟最著名,以米及砖糖为大宗。县属右区温平之砖糖运销于黔境,年约三十余万斤,价值约毫银三万余元。

(梁杓修,吴瑜纂:《思恩县志》,第四编,经济,产业,商业,民国二十四年铅印本。)

〔民国二十五年,广西阳朔县〕 本省土货,行销境内者,有桂林草帽、纸扇、笔墨、杉木、桶竹、荸荠、表宣纸、对联、竹器、烟丝、麻布、荔浦杉料、芋头、恭城洋柚、黄芽白、平乐山楂、头菜、梨、咸菜、田州三七、南宁蛤蚧、兴安湘纸、临川雨遮、贺县茶叶、铁锅、富川草席、灌阳鸡容县沙田柚、梧州落枝、昭平豆豉、宾州瓷器、北流碗碟、桂林、平乐、柳州皮箱、蒙山茶叶、全县百合,各种均由平乐、桂林、荔浦入境,货多者由民船装载,货少者由人力肩挑。销售最盛者为杉木、铁锅、碗碟、湘纸四种,其余行销多少不等。……国货行销境内者有粤盐、崖盐、淮盐、广东海参、鱼肚、鱿鱼、虾米、蚝豉……苏杭之绸缎、湖北之官布、湖南之白腊、红枣、金菜、藕粉、灯草、四川之漆及药材、云贵之鸦片、上海之灰布、斜纹布、天津之爱国布、山东之绸布、江西之麻布、瓷器、浙江之宣纸、山西之汾酒等类,各货均由平乐、桂林入境,有由旱路者,有由水路者。……洋货有洋油、洋纸、洋瓷、洋枧、钟表、漆器、洋墨水、洋腊、洋烛、洋面粉、洋缎、洋布、洋毡、洋纱、洋遮、洋药、洋刀、暖水壶、化妆品,名目繁多,不及备载,销售最盛者以洋油、洋布为最盛。洋油销数每年约五百箱(每箱二罐,每罐二十余斤),每箱约十元,洋布销数约五百匹(每匹五文),价银约七八元。面粉销数约三百包,每包三十五斤,价银约六元。其余各货时多时少或有或无,零星过甚,价格比较,时高时低,难于统计。一切洋货均由平乐输入,亦有由此运往他处者。

(张岳灵等修,黎启勋等纂:《阳朔县志》,第四编,经济,产业,商业,民国二十五年修,民国三十二年石印本。)

〔民国二十五年前后,广西融县〕 出入口大宗之商品,出口以杉木、桐茶、油柳、安片糖、谷米、全料纸、东纸为大宗,入口以生盐、苏杭洋杂、洋纱为大宗。

(黄志勋修,龙泰任纂:《融县志》,第三编,政治,实业,民国二十五年铅印本。)

〔民国二十六年前后,广西榴江县〕 县属商业概况,行销土货、国货、洋货之最盛者以洋纱、洋油、东盐、绸缎、杂货为大宗。输出者以桐茶、生油、谷米、蔗糖、瓜子、草菇、茶叶为大宗。交易均以毫银、纸币为本位,铜仙为辅币。水陆交通,运输称便。

（萧殿元、吴国经等修，唐本心等纂：《榕江县志》，第二编，社会，工商概况，民国二十六年铅印本。）

〔民国二十七年以前至二十九年前后，广西平南县〕 出口货以牲畜、谷、米、柴、炭、烟叶等为大宗，入口货以煤油、食盐、海味、布匹、洋杂等为大宗。迨二十七年冬西江封锁后，对外贸易顿减，虽有从郁林、容县等路挑运入境，然为数无多，出口方面亦只能销流省内梧州、桂林等处。

（郑湘涛纂修：《平南县鉴》，建设，工商，商业概况，民国二十九年铅印本。）

〔民国二十七年前后，广西田西县〕 本县出口货物以茶油、桐子油等为大宗，入口货以洋纱、盐、洋杂等为大宗。

（叶鸣平、罗建邦修，岑启沃纂：《田西县志》，第五编，经济，产业，商业，民国二十七年铅印本。）

〔民国二十七年前后，广西隆山县〕 县地出产最盛者，首为桐油、沙纸、生猪、生羊、生鸡、黄豆、绿豆、草席及竹织木造各器，其次为蛤蚧、薪蛇、石斛、木耳、环珠草各种。外货之入口，最盛者首为洋纱、布匹，次为生盐、水火油、火柴各种，又其次为用器食品，更其次为消耗品。

（吴克宽修，陆庆祥等纂：《隆山县志》，第六编，经济，产业，民国二十七年修，一九五七年油印本。）

〔民国二十九年前后，广西平乐县〕 本邑青苎麻为出产最大宗，运销梧州。桐子、茶子、糖蔗三种，产量亦极丰富。

（蒋庚蕃、郭春田修，张智林纂：《平乐县志》，卷七，产业，其他出产，民国二十九年铅印本。）

〔民国二十九年前后，广西平乐县〕 入口货物，以生盐、洋纱、火柴、火水、油、布匹等为大宗，洋面、白糖等次之，出口货物以白米、花生油及麸、桐茶油及青苎麻、黄豆等为大宗，黄糖、柿饼等次之。

（蒋庚蕃、郭春田修，张智林纂：《平乐县志》，卷七，产业，商业，民国二十九年铅印本。）

〔民国三十五年前后，广西三江县〕 全县出口货以杉木、茶、桐油、东纸、竹子等为大宗，入口以生盐、苏杭洋杂、洋纱为大宗，出入比照，入多出少，故农村经济日形凋敝,此其一因也。

（覃卓吾、龙澄波纂修,魏仁重续修,姜玉笙续纂：《三江县志》,卷四,经济,产业,实业,商业,民国三十五年铅印本。）

〔民国三十五年前后,广西三江县〕 本县山多田少,不论岁收丰歉,均不能自给。"三江只有半年粮"这句话,几成谚语。故历来须仰给黔湘输入。若遇黔湘岁歉,禁米出口,辄有饿殍之虞。

（覃卓吾、龙澄波纂修,魏仁重续修,姜玉笙续纂：《三江县志》,卷四,产业,物产,植物,民国三十五年铅印本。）

〔民国三十五年前后,广西三江县〕 县境以多坡地,少平原之故,田谷不足自给,多仰给于湘、黔,每遇接济不时,率呈米荒现象。

（覃卓吾、龙澄波纂修,魏仁重续修,姜玉笙续纂：《三江县志》,卷四,经济,经济政策,民国三十五年铅印本。）

〔民国三十六年前后,广东钦县〕 钦属产米之区,以沿海属小董首屈一指,小董田固膏腴,工尤精细,耕后芸草,或用脚踏草,入埋坭内,禾根培以肥料,仿佛灵山属耕田工作,惟其所耕不多,在十余斗种至二十余斗种之间,如耕壅三十余斗种至四十斗种者,推为大农家,不似青草坪、川心围耕咸田一二百斗种,及各乡有耕淡田七八十斗种,专赖地生禾者,故小董耕田以少而精,收获比诸不芸草、不壅肥者多一倍或数倍。年中小董出售之米多由船运下屯市,及由路担运来钦城发售。次则大寺、那蒙,年间农家有米由船运下屯市,又大洞有米由路担运来钦城,至由陆屋船载米到钦埠者,是转运灵山之米,非陆屋本土出产。

（陈德周纂：《钦县志》,卷八,民生志,农业,民国三十六年铅印本。）

注：当时钦县属广东。

〔清乾隆四年前后,四川雅州府天全州〕 民稠产薄,野无旷土,刀耕火种,惟餐荞、粱、麦、稗,平畴粳稻不供半岁,米皆望给川西。人习勤苦,甘俭约,男子背运,妇女耘樵,虽老稚,靡有暇逸。

（清 曹抡彬修,曹抡翰纂：《雅州府志》,卷五,风俗,天全州,清乾隆四年刻本。）

〔清乾隆四年前后,四川雅州府雅安县〕 雅俗不种桑麻,故妇女不习纺织,布帛皆资于外。

（清 曹抡彬修,曹抡翰纂：《雅州府志》,卷五,风俗,雅安县,清乾隆四年刻本。）

〔清乾隆、嘉庆年间至清光绪三十三年，四川顺庆府广安州〕　乾嘉中，土绵不济，岁仰给湖北转运，城中花行特盛，乡市亦贩卖于万县，利至巨万。今洋纱盛行，机器所成不耐久，纺织微矣。

（清　周克堃等纂：《广安州新志》，卷十二，土产志，清光绪三十三年修，宣统三年刻本，民国十六年重印本。）

〔清乾隆四年至光绪十三年前后，四川雅州府打箭炉〕　打箭炉，炉不产茶，但系西藏总会，口外番民全资茶食，惟赖雅州府属之雅安、名山、荥经、天全、直隶邛州等五州县商人行运到炉，番民赴炉买运至藏行销。

（清　曹抡彬等修，曹抡翰等纂：《雅州府志》，卷之五，茶政；清乾隆四年初刻本，清光绪十三年补刻本。）

〔清乾隆四年至光绪十三年前后，四川雅州府〕　雅俗不种桑麻，故妇女不习纺织，布帛皆资于外。

（清　曹抡彬等修，曹抡翰等纂：《雅州府志》，卷之五，风俗；清乾隆四年初刻本，清光绪十三年补刻本。）

〔清道光年间至民国二十年前后，四川宣汉县〕　输出：清道咸时，以麻为大宗，故江西麻帮、万寿宫麻市，今犹可考。次则黑耳，前河一带多以此起家。同、光、宣及现今，则以鸦片为大宗，每次开帮辄百数十担或千余担。次则木料，复次若桐油、茶叶、桔子、白耳、牛羊皮、猪毛、小肠、白炭、生板、毛镇、出口丝，而药材尤多，至百数十种。木料渐杀，丝绝迹矣。输入：以自流井、温汤井之盐为大宗，云阳及巴盐间亦有至者。次则洋纱、洋油。复次则内江、渠县之糖，郫县之烟，沪、汉、成都之丝织物、毛织物，渝、万之洋广杂货以及淮药、颜料、纸张、瓷器、罐头、花酒、书籍、文具，严格言之，十有八九皆自外来也。前清合州、广安之酒亦为大宗，今锐减矣。

（汪承烈修，邓方达等纂：《重修宣汉县志》，卷五，职业志，商业，民国二十年石印本。）

〔清同治五年前后，四川夔州府万县〕　邑水陆商贩，向以米、棉、桐油三者为大，装行于滇、楚。

（清　王玉鲸、张琴修，范泰衡等纂：《增修万县志》，卷十三，地理志，物产，清同治五年刻本。）

〔清光绪元年前后，四川重庆府定远县〕　定民多务本力农，不习经商，或遇附近州县丰歉不一，仅有将米谷舟运保宁、重庆一带地方，以通缓急。

（清　姜曲范等修，王镛等纂：《定远县志》卷之二，风俗，工役，清光绪元年刻本。）

注：定远县于民国三年改名武胜县。

〔清光绪元年前后，四川重庆府长寿县〕 旧时，红花木棉土产甚佳，贪夫多方狡伪，商贩不至，利亦顿失，今惟竹簟盛行湖湘，贸易者颇获其利云。

（清　张永熙修，周泽傅等纂：《长寿县志》，卷之二，山川，风俗，清光绪元年刻本。）

〔清光绪二十六年前后，四川资州井研县〕 井研出产纤微，其井备用之物以及民间什器，有本境所产不足必取给于邻县者，则有仁寿之布，资阳、简州、仁寿之烟膏，青神、资阳、犍为之油，隆昌之夏布，崇庆之麻，叙州、嘉定之牛马，隆昌、丹棱之豕，宜宾之席。布、烟膏、油、麻、席、牛、豕货最大，而烟膏以异种流毒，销耗至巨万，为祸独烈。其本境绝不生产，全资邻县济用者，则有仁寿、荣县之炭、铁、石灰、陶器、瓦盆，犍为之盐锅、卤围，青神之烟草，资州、仁寿之糖，江安之楠竹，马边、名山之茶，夹江之纸，灌县、龙安之药，遵义之漆，成都之绸缎，重庆之洋货。炭、铁、盐锅、烟草、楠竹、糖、纸、药、洋货货最大。

（清　叶桂年等修，吴嘉谟等纂：《光绪井研志》，卷八，食货四，土产，清光绪二十六年刻本。）

〔清光绪二十六年前后，四川资州井研县〕 蜡之产较逊于丝，然岁计亦十数万。乡民购买虫仓，自蓄于树或赁树而储，倚为生产，与丝略同，利害亦侔焉。而蓄富之家，又时以积贮余业，俟新蜡出，放手敛买，至行价腾跃，坐收倍称之息，县人有以此起家富至巨万者。其奸巧大猾，挟厚资，牟重利，贫户有所假贷，则先与之钱，指树蜡为券，减常价而酬之，俗谓之卖空仓。二月卖丝，五月粜谷，古人以剜肉补疮为譬，虽官为设厉禁，讫不能止。他产则有乌桕油、苦楝、使君子、香叶四者。乌桕油岁行资阳、青神境约十数万斤；苦楝、使君子、香叶则佣力小贩，转运出境，取资脚力。自余棉绸、箧器、粽衣、雨笠、草履之类，所产更微不足记矣。

（清　叶桂年等修，吴嘉谟等纂：《光绪井研志》，卷八，食货四，土产，清光绪二十六年刻本。）

〔清光绪二十六年前后，四川资州井研县〕 井研山县，舟车不通，无瑰货奇物，以致四方百贾，惟盐荚之利。

（清　叶桂年等修，吴嘉谟等纂：《光绪井研志》，卷八，食货二，盐法下，清光绪二十六年刻本。）

〔清光绪三十年，四川雅州府打箭炉厅〕 茶政，厅城乃藏卫番夷购茶总汇之处,由邛州、名山、雅安、荥经、天全五州县商人运茶到炉,与番民赴炉互易,行销额行茶引九万五千四百一十五道,每百道税银十八两,闰月加一两五钱,茶票,每张课银一两。

(清　刘廷恕纂:《打箭厅志》,卷上,茶政,清光绪三十年修,抄本。)

〔清光绪三十年,四川雅州府打箭炉厅〕　盐政:厅治开辟,人多食蛮盐,由察哇地方所出,夷人驼运来炉发卖,汉人间有由内地天全清溪贩盐者,岁销不多,无数可稽。

(清　刘廷恕纂:《打箭厅志》,卷上,盐政,清光绪三十年修,抄本。)

〔清光绪三十二年以前至民国二十一年前后,四川万源县〕　棉花,由湖北输入县境之大竹河转运到绥,在昔极盛,称为湖花。自清光绪三十二年湖花断庄,现在完全由陕运入,俗称西花,多系茶商以茶交换。

(刘子敬修,贺维翰等纂:《万源县志》,卷三,食货门,实业,商业,民国二十一年铅印本。)

〔清代至民国元年以后,四川西昌县〕　四川产蜡虫,春夏之交,洪雅、夹江、峨眉市虫之客千百成群,宁雅大道旅店充塞。近山乡镇固多虫市,即城外西街夕阳西下,售客拥挤,川庙设虫称,灯光灿烂逾夜半。大小商人,旅馆力夫,均希望赶集虫会,作一岁生计。民元以来,山夷肆掠,虫山丧失殆尽,虫树多被砍伐,仅四五乡场偶有出产,人民几不识蜡虫矣。

(杨肇基等纂修:《西昌县志》,卷五,礼俗志,风俗,民国三十一年铅印本。)

〔民国初年以前至三十一年前后,四川西昌县〕　白蜡虫:蜡虫之生,未考始于何时,盛产区域则有县城北山、东西两河及安宁河以西诸山,以及德昌、锦川一带,尤以南路为多,常有一园岁摘百挑者,昔年每岁可出六万余挑,每挑价值百元左右,诚县中之大富源也。惜乎自民国三、四年来,夷匪披猖,傍山居民,烧杀殆尽,虫园因而凋残,甚者斫伐罄尽,迄今已递减至千挑以下矣。

(杨肇基等纂修:《西昌县志》,卷二,实业志,物产,民国三十一年铅印本。)

〔民国四年前后,四川峨边县〕　居民所用布匹,出自乐、峨、夹三县,居民多故无纺织之业,乡居妇女第主中馈或半力于农事。

(李宗镗等修,李仙根等纂:《峨边县志》,卷二,礼俗志,习俗,民国四年铅印本。)

〔民国十年前后,四川温江县〕　邑商大小,八千有奇,商货出境,米、油、麻、烟为大宗;入境,盐、茶、布匹为大宗,岁值二百余万金。其余往来行销,亦率皆生民日用之品，外人奇技淫巧阛阓之中尚百无一二，商栈亦绝无豪估。

（张骥修，曾学传等纂：《温江县志》，卷三，民政，实业，商业，民国十年刻本。）

〔民国十年前后，四川双流县〕　商务以簇桥之丝为大宗，次则彭镇之油麻线布。

（刘佶修，刘咸荣纂：《双流县志》，卷一，风俗，民国十年铅印本。）

〔民国十一年前后，四川南江县〕　南江土产极多，故输出之土货亦夥，由巴江输出者，以木料、药材为大宗，牛羊皮、猪毛、木耳、黄花次之。蓝靛销汉中，茶销甘肃，丝销成都；余如长池之布，高山之漆、蜡虫，低地之桐油，北路之云纹石椁面、龙纹石碑板，均行销邻境及下江一带；银耳近年始渐有出品，行销上海。输入之品，以汉中之棉花、下河之糖纸为大宗，近年复畅销洋货、绸缎，诚漏卮也。

（董珩修，岳永武等纂：《南江县志》，第二编，实业，商业，民国十一年铅印本。）

〔民国十二年前后，四川丹棱县〕　出境货：丝，本境无大庄，零斤碎两，贩户收买，陆运至簇桥，水运至嘉定销行，每岁约得数万元。蜡，本境无大庄，贩户收买，水运至嘉定销行，每岁无定数，视年之丰歉为盈绌。按：宣统三年价最贱，每百斤值银三十二三元，民国十年价极贵，每百斤值银百余元。靛，邑西总冈山一带居民种蓝为业，运销本地及峨眉、洪雅、夹江各县，岁约六七千挑。茶，产西山总冈至盘陀石，蜿蜒数十里，民家、僧舍种植成园，用以资生，贩户在名山收买，陆运至打箭炉一路发售，今松潘、川北通引销行，每岁约值数千元。枫炭，运至洪雅、蒲江装载，销行嘉定、成都各处，岁约值千条元。五谷杂粮，商民运至洪雅、眉山、仁寿各地销行，每岁约销数万石。棉花，商民贩至洪雅发售，岁约值银五六千元。布，运至洪雅、雅州、富陵各地销售，每岁约值银数千元。桐菜卷油，商人运至名山、洪雅、嘉定发卖，每岁约值银五六千元。牛，省垣内外属及附近各地贩商运销，每岁约销一二千只。羊，本境销售外，洪雅贩商代销，岁约数千只。猪，肥猪在本地销售多，外如小猪、架子猪，贩户运至眉山、仁寿、洪雅、嘉定等处，每岁约值银万余元。牛羊皮，商人贩至成都销售，岁约值银数千元。茧巴，每岁洋商在嘉定收买，商人贩往销售，岁约数万斤。入境货：绸缎，自省垣运至，邑尚朴素，岁销约值银一二千元。洋纱，自湖北运入，岁销约值银万余元。盐，本境无厂灶，民食系由贩户在嘉定牛华溪、河呞坎等处运入销行。酒，本境醋房甚少，出酒不敷，分销、代销洪雅、眉山之酒。烟，自眉山、彭山等处运至，每岁约销千担有余。糖，自仁寿运至，城乡各处销行岁约数千挑。蜡虫，邑民自建南、宁远、云南、昭通等处运回,每岁无定数,视年丰歉为盈绌。纸张,自夹江运至,岁约值银三四千元。锅,自荣经运入,岁销约值银二三千元。碗,自嘉定运入,岁销约值银三四千元。煤,由洪雅、铧头嘴运入,岁约银三四千元。蔗,红者为入境货,由眉山运入,每场约销七八十挑。钢铁,由嘉定购买,岁值银三四千元。麻布,由温江运入,岁约值银二千余元。麻,丹邑不产,麻由崇庆、温江贩入,岁约四五百挑。草帽,由双流花桥子运入,岁约二百余挑。药材,由眉、邛、雅各地运入,岁约值银数千元。干菜,由眉山、嘉定贩回分销,岁约值银一千余元。洋油,由省城、嘉定运入,岁销约百余箱。笔、墨,由省城、夹江贩回分销,岁值银二百余元。

(罗春霖等纂:《丹棱县志》,卷四,食货志,商务,民国十二年石印本。)

〔民国十三年前后,四川松潘县〕 商货分输出、输入两种。输出品,购自成都、温、崇、彭、灌、江、彰、安、绵各县者,以大小茶包为大宗,绸缎、绫绉、洋广匹头、毛绸、花线、土布次之,铜、铁、瓷器暨各杂货、各食品又次之。运往关外南北番部售销输入品易自关外生番部落者,以羔羊皮、野牲皮、羊毛为大宗,香茸、贝母、大黄、甘松虫草各药材次之,牛、羊牲畜又次之,运入本省暨直隶、河南、上海及沿江、沿海各埠售销。交易时期,每岁汉番运货结队行走,大抵六七月皮庄登市,八九月鹿茸、贝母、大黄、甘松、牛羊登市,十月以后羊毛登市。麝香、杂药暨各山货则无定时,商帮有草地帮、西客帮、河南帮、陕帮、渝帮之别,若米面帮、森林帮,资本较微细矣。各帮字号以丰盛、合本、立生、义合全、杜盛兴开岸最早,聚盛、源裕、国祥、协盛全次之,老号二三百年,余皆百数十年不等。资本雄厚,交易和平,尤重信义,不似内地商场之刻薄,盖习惯使然耳。自有大商多家,货物之或产、或运、或销,需人工脚力较夥,有资本者,藉以营业,无资本者佣工输运,亦可谋生,多增字号一家,生活贫民数百,实边以民,不如实边以商,有商而农工自然发达,其余各项实业随之。近五六年,渝帮迁去多家,羊毛、药材停滞,市面益形枯窘,宜广招徕,而维持保护,设商务学堂讲求商业专门,司牧者曷注意焉。

(傅崇榘等修,徐湘等纂:《松潘县志》,卷二,实业,民国十三年刻本。)

〔民国十三年前后,四川江津县〕 县城及乡场各店多营布业,惟邑人织布尚不敷本地之用,宽布、花纹、斜纹、电光等布,强半自渝购运而来,粗细纱布间仰给于壁山。城北中渡有堆布店,即壁山商人运往永宁、毕节、叙府之布由斯经过者也。邑中惟夏布较多,县城及先峰、仁沱等场均有夏布市,贩运各商每于冬春之间购往沪、汉,转销各省。糖油店,县城通泰门北岸、双龙场各店多业此,其红糖

（除本地产品外）、白糖、冰糖由资、内等县输入，桐油由綦江输入（本地亦产少许），菜油、花生油等则本地产，每年各货除供本地应用外，销往巴、綦、壁、永者，尚以百余万计。

（聂述文、乔运亨修，刘泽嘉等纂：《江津县志》，卷十二，实业志，商业，民国十三年刻本。）

〔民国十六年前后，四川酆都县〕　牛羊皮，外商先以银交土贩预订价格，每担百斤，约值银百余元八九十元不等。土贩遍向各场收买，岁出约三四百担。

（黄光辉等修，郎承诜、余树堂等纂：《重修酆都县志》，卷九，食货志，物产，民国十六年铅印本。）

〔民国十六年前后，四川酆都县〕　榨菜，原质为青菜，其头肥壮嫩脆，大如盘，制法剔其皮叶，搭厂晒干，以榨杆榨去其液，腌以富盐，布以香料，装入瓦坛，重约五十斤。岁出约数千坛，载至宜、汉、上海等处卖之，每坛价约六七元，味极鲜美。

（黄光辉等修，郎承诜、余树堂等纂：《重修酆都县志》，卷九，食货志，物产，民国十六年铅印本。）

〔民国十六年前后，四川酆都县〕　商业：罂粟为出口大宗，榨菜次之；米、盐、洋纱为入口大宗，糖、酒、杂货次之。其列肆者不过服食日用之品，较前铺面外观颇为扩充，然壤僻乡穷，交易往来不甚繁盛。

（黄光辉等修，郎承诜、余树堂等纂：《重修酆都县志》，卷九，食货志，物产，民国十六年铅印本。）

〔民国十七年前后，四川大竹县〕　计输出物品，当种烟时代，自以鸦片为大宗，次则山前各段所出夏布，销售沪、汉、汉中，岁约二三十万，次则苎麻，次则中表、草纸二者，各约十万，其他丝、漆、桔子、蓝靛、羊皮、猪毛、小肠、栀子、玄参、半夏等类，综计其数多亦不过十万。迨实行烟苗禁种，输出必大为减色。输入物品以棉纱为大宗，次则沪、汉、成都之丝织物，渝、万之洋广器物及匹头、自井之盐、内江、渠县之糖、郫县之烟、万源之茶、渠广之布以及药材、纸张、瓷器与乎米粮食物，驮载背负道路，襁属不绝。输入与输出相较，其数相差甚远。

（郑国翰等修，陈步武等纂：《大竹县志》，卷十三，实业志，商业，民国十七年铅印本。）

〔民国十七年前后，四川长寿县〕　查本县既无大宗商业，只河街数家商贩运盐、糖、棉纱、洋油、川纸之属，大概购自重庆、邻境行销县属各场，出口则篾席已同驽末，鸦片又属违禁，其资本大者一二万元，小者一二千元，而以厘税繁重，折阅者亦多矣。

(汤化培修,李鼎禧纂:《重修长寿县志》,卷四,人事部第一,生计,民国十七年石印本。)

〔民国十八年前后,四川大邑县〕 邑境偏僻,不利交通,故商业肖条,所产物品,如南区之米、北区之煤、东南之布、西北之茶与木材,即其大宗;次则玻璃、钱纸、火酒、菜油,除民间购用,输出较少。至由外输入者,食盐而外,棉纱、绸缎、洋广杂货而已。兹就采访册中商品之输出、输入者分列之。输出商品:茶,邑中鹤鸣山茶,品味最佳,附近各山均产茶,每岁雨水节后,各路茶商麇集悦来场、清源市;雨水前后之春尖,则销成都、双流、郫县、崇宁、温江及川东;其余为原枝、为白茶,制法较为粗陋,用竹包裹运往松潘、川边,全年输出约一千余石。煤,北区产煤最富,而以大净炭为最良,山民多以负贩为业,运售成都及附近各县,每年夏秋水涨,由斜江船运,络绎不绝,全年输出约五千万斤左右。米,邑西北多山,产米绝少,惟南区平衍,田尽膏腴,每年输出之米约一二千石。布,东南各区,民多以织布为业,如永兴场、安仁镇、董场、唐场、上安镇、三岔镇等处,每场集均以棉布为大宗交易,或售至三四千件,每件值银一元左右,全年约售三十余万件。木材,西北山中,向多木材,历年发卖均以清源市、悦来场为中枢,每年所售约值银十余万元。玻璃,邑中自城西玻璃厂废后,遂无人制造,光绪年间,始有人在悦来场设厂试办,以该地煤价廉而购石亦易,嗣因获利甚厚,又增二三厂,出品精良,销路亦广,全年输出约值银二三万元。钱纸,邑北悦来场两岸,纸厂林立,制备民间购用钱纸,并销崇庆县、怀远镇各路,全年约售一万余挑。火酒,运销崇庆县、洋马场一带,全年约售二十余万斤。菜油,除本地购用,运往邛崃及宁雅、川边,以全年计,约不过百余挑。输入商品:盐,每包一百六十斤,每年约售一万余包,额销引张详旧《志》。棉花,本地向不产棉,东南各区民皆勤于纺织,故需棉特多,全年输入约三十余万斤。洋纱,所以补本地棉纱之不足,全年约销三千余箱。绸缎,每年约售八九万元。洋广杂货,每年输入约值十万余元。

(王铭新修,钟毓灵纂:《大邑县志》,卷十,食货志,商业,民国十九年铅印本。)

〔民国十八年前后,四川南充县〕 外五显庙米市:在中河街,每日米担塞途,晨昏不减,为全城最大米市。旧日又为土布市,近日洋布盛行,土布市废。

(李良俊修,王荃善等纂:《南充县志》,卷一,舆地志,城市,民国十八年刻本。)

〔民国十九年前后，四川名山县〕

食货输出表

名称	类别	价值	估计
米	籼糯 香籼、香糯	980 000元	以平年计，产谷70万石，除自食40万石外，余30万石制米，40万石每石值银7元估计上数。
苞谷		25 000	以5千石，每石值银5元估计。
豆		16 000	以2千石，每石值银8元估计。
茶	细、粗	80 000	照引票张数估计。
菜油		10 000	一名清油，销雅、宁、康三属，以五百挑，每挑值银10元估计。
蓝靛		16 000	以2千挑，每挑值银8元估计。
木	材薪	15 000	运销成都。
竹	班荆	5 000	运销嘉、叙。
灯草	席草附	15 000	新店场为大宗，治城次之。
棉布	棉线附	200 000	输入棉纱织成布匹，除自用外，运销出境，以三十万件，每件值银1.30元估计，又外销棉线约1万元，附计。
丝		20 000	以4百把，每把值银50元估计。
猪		96 000	饲獖约4千户，每户年产幼猪16头，共6万4千头，半数自用，半数运销邛、成、保等地，以每头值银3元估计。
牛	黄水	120 000	以4千头，每头值银30元估计。
杂畜	羊、鸡、鸭、猫、鹅	5 000	
陶器	土碗、坛罐、壶、灯	2 000	
其他	蜜蜡、土药等类	10 000	凡未列入表，可以出境销售者，归于此栏。
共计		1 615 000	

食货输入表

名称	类别	价值	备考
棉	棉布、棉花（均购洋纱、土纱自织）	625 000元	县人17万，用棉布者，每人年摊2元，共34万元，用棉花者四之一，得4万2千5百人，年摊2元，共8万5千元，益以织布、捻线运销境外（见前表），故估上数。
丝织物		150 000	县人俭朴，服丝者百之五，得七千五百人，每人年摊8元，共6万元，遣嫁殉葬三万户中年约五之一（非婚即丧），得6千户，摊15元，共9万元，故估上数。

(续表)

名称	类别	价值	备考
棉织物		75 000	县人除服本境自织棉布外,服丝者恒服外来洋布、饰布、漂布、花布等类,惟价半于丝,婚同,故估上数。
毛织物		45 000	服丝之人,三之一服此,婚同,丧不用,照丝估价,故估上数。
麻	葛布、麻、麻布	33 500	服之之人,恒服葛布,每人年摊一元,共7千5百元,蚊帐则3万户中3千户购置,年摊一元共3千元,遣嫁蚊帐3千户中,1千户购置,顶值5元,共5千元,麻则3万户中户用2斤,麻布一件,值6角,共1万8千元,故估上数。
皮革	羊裘、狐狸	20 200	服羊裘者百之一,得1千7百人,年摊5元,共8千5百元,服狐貉者千之一,得1百70人,年摊10元,共1千7百元,革则用以制履,服丝者及学生购之,约8千人,年摊1元,共8千元,其用以制带、制器者约2千元,故估上数。
盐		229 500	17万人,每人年食9斤,共153万斤,每斤值银0.15元,故估上数。
糖	黄、白冰糖	21 000	以3万户,户食5斤,值银7角计算。
烟	叶丝卷	76 500	17万人,吃者四之一,得4万2千5百人,每人年食198角,故估上数。
酒	大曲、白沙	5 000	境内多以苞谷自酿,故外来不多。
盐		229 500	17万人,每人年食9斤,共153万斤,每斤值银0.15元,故估上数。
糖	黄、白冰糖,陈色、香花	21 000	17万人,吃者四之一,得4万2千5百人,每人年食。
海菜		12 000	县人尚俭,用者恒少,以售户计,约100户,每户年售120元,故估上数。
药材		180 000	售者约150户,户售1 200元,故估上数。
山货		12 000	同海菜。
陶瓷	瓷器 陶器	19 000	瓷器3万户中,十之一用之,年摊2元共6千元,遣嫁3千中,三之一用之,户摊8元,共8千元,陶器除本境自造外,江津、仁寿输入最多,3万户中,三之一用之,户摊5角,共5千元,故估上数。
金属用具	铁、铜、锡	25 000	铁器3万户中,无不购用,户购2斤,值5角,共1万5千元,铜器、锡器十之一购用,户购2斤,值2元,共6千元,遣嫁3千户中1千户购用,户购4斤值4元共4千元,汇如上数,黄金及银、锑、镍、铅等在陈设妆饰品中作算。

(续表)

名称	类别	价值	备考
文具	图书、笔墨	30 000	3万户中读书者半,每户匀摊2元,故估上数。
纸	水条、贡川对方杂色	36 000	丧户3千购焚老纸,户值6元,共1万8千元,读书之家购纸,户摊2角,共6千元。
陈设品		17 000	县民不好外饰,十之一购此,每户年摊3元,共9千元,遣嫁则3千户中,1千户购此,户摊8元,共8千元。
妆饰品		44 800	女界8万人,农妇占十之八,得6万4千人,妆饰最俭,年摊2角,共1万2千8百元,其余1万6千人,三之二银饰,三之一兼金,五之一珠、玉,至用时髦化妆品,不过百人,也勾摊每人2元,共3万2千元,故估上数。
其他	金、漆、颜料等类	10 000	凡未列表中者,皆括于此。
共计		1 656 500	

附说:两表品抵岁亏约5万元,出入犹不大殊,所殊者,烟禁大弘,轮入云泥、建土,岁值无算耳,犹幸训政开始,禁将实行,故不辱列。赵宋以前,县产盐、铁,曹光实请铸铁钱,侯坤请输盐课,具载史册,今则炉井皆已渴竭,故不补列。

(胡存琮等修:《名山县志》,卷八,食货,民国十九年刻本。)

〔民国二十年,四川叙永县〕 地方之丰啬,视商务为转移。商务者,立国之常经,致富之原则,自司马子长传《货殖》,一矫古代抑商之习,而商持重于世,今日商尤重矣。懋迁有无,阜财聚货,国家之度支倚之,人民之生计倚之,商务蕃茂之国强,商务闭塞之国弱。叙永接壤滇、黔,民生要义,务农而外,厥惟商业,本邑土著饶于资财者,恒漠视商务。市廛托足,类多外省外县之人,在昔盐业为黔、陕人所专,绸业为懋〈赣〉人所治,烟草业为闽人所操,布业为蜀东璧山人所习,油、糖、海菜又以泸人贩运为巨,永邑人之商于市者,仅小贸而已,真老氏所谓:至治之极,不相往来。迨民国纪元,川祸独烈,十年九战,兵多饷绌,苛暴之征有加无已,外省外县人之商于此者,或捆载而去,或相率辍业,邑人感于生活之艰,乃锐意商业,然与往昔相较,则不胜盛衰之叹,又未可以世变炭炭,遂谓商业之不能复振,如以为商业果不可图,近年犍、乐、荣、隆人士之来永者果何为哉?是在奋力为之,实行商战,亦可决胜于持筹握算中,商战之不容,已有如是夫?附表藉备参考:

叙永进口货物统计表

货 别	采买地	销 额	销 场	备 考
食盐	犍为、富顺	1 800 引	叙蔺、黔边	往年黔、富合销，今则专销犍、盐。
洋纱	重庆	2 400 包	叙永、毕节	永城机房及毕商购买。
土布	璧山、遂宁、安岳	150 担	叙永、毕节	
绸缎	嘉定、成都、重庆	300 担	叙永	
沙糖	泸县、内江	350 000 斤	叙蔺、黔边	水糖、冰糖属之。
菜油	嘉定、泸县	24 000 斤	叙蔺、黔边	
洋油	重庆、泸县	2 000 箱	叙蔺、黔边	
海菜	同前	12 000 斤	叙永	粗货如海带类约占十分之八。
苏广杂货	同前	500 担	同前	冠、履、玻璃、洋瓷、扇、伞、化妆品属之。
药材	泸县、叙府	8 000 斤	叙蔺	
纸张	夹江	3 000 并	同前	
烟草	郫县、什邡、泸县	36 000 斤	叙蔺、黔边	往年棉、烟销额甚巨，今减十倍。
棉烟		5 000 斤		
烧酒	泸县	60 000 斤	叙永	大面、花酒属之。
春茶	叙府、嘉定	500 斤	同前	
白腊		2 000 斤		
瓷器	江西、古蔺、叙永	江西细瓷 30 担，蔺瓷 30 担，永瓷 60 担	同前	古蔺瓷入永后，江西瓷已滞销矣，永瓷改良，蔺瓷又减去销额。
火柴	重庆	1 400 箱	同前	
洋靛		1 600 箱		
纸烟罐筒	同前	3 000 箱	同前	
外国药品	同前	200 箱	同前	此种药品近五年来始运销此地。
土药	黔边	300 担	泸县、重庆、叙永	民国元二年间业经禁绝，旋因军饷孔亟，节节征税，复又入口，过道约三分之二。
统计	全年进口货物约值洋三百九十一万七千七百元。			

叙永出口货物统计表

货 别	采买地	销 额	销 场	备 考
猪毛	叙蔺、黔边	25 000 斤	重庆	销额视长江迟速为转移。
牛皮	同前	20 000 斤	同前	同前。
桔子	同前	150 000 斤	同前	同前。

(续表)

货　别	采买地	销　额	销　场	备　考
木材	叙永东、南两区	10 000 件	泸县	
桐油	同前	50 000 斤	同前	近五年较前增销十分之三。
生漆	叙蔺、黔边	16 000 斤	同前	
蚕丝	叙永四乡	500 斤	同前	
麻苎	叙永两河镇	35 000 斤	荣昌隆昌	
杠炭	叙永东、南两区	100 000 斤	泸县	杠炭因近年山枯减销一半。
石炭		800 000 斤		
滑石	同前	70 000 斤	同前	
硫磺		6 000 斤		
生铁	同前	35 000 斤	泸县蓝田坝	
土碗瓷器	叙永天池镇	500 硕	泸县	
食谷	天池马岭镇	3 000 硕	同前	视年之丰欠为转移,歉岁不得出口。
黄豆	叙永两河镇	200 硕	资、内、泸等县	
大竹笋	水尾场	14 000 斤	泸纳	
竹参	叙永四乡	3 000 斤	成、渝、泸等属	
牛	黔边	400 只	自流井及泸内	近五年牛只较前减一半。
马	同前	300 只	泸、渝、隆、内	
羊	叙永东、南两区	400 只	泸县	
豕	同前	2 000 只	同前	
药材	黔边、叙永	4 000 斤	同前	
土药	黔边	200 担	叙永城乡	
统计	全年出口货物约值洋五十二万三千六百三十元。			

（宋曙等纂：《叙永县志》，卷六，交通篇，商业，民国二十四年铅印本。）

〔民国二十年前后，四川三台县〕 综观县境物品，大都给境内之用而已，其运销境外者，以丝茧、布匹为大宗，其他各物虽亦时有输出，然县人所需用境外之物，固数倍于此。今以境内物产输出者与外地物产输入者各为表如后，有欲占优胜于物竞之场者，当于农工商业急图改进矣。

本地物产输出表

物品	行销地	备　考
丝	粗丝销成都，细丝运上海销外洋	从前县人缫丝皆用大车，其质甚粗，光绪中叶，品入陈宦溪倡办小车缫细丝，初为脚踏，继为扬返，仿而行之者相继不绝，现各乡小厂林立，大厂惟荣丽、禅农一处，余概系木车，每年丝之出口在四千箱上下，每箱一千七百两。

(续表)

物 品	行销地	备 考
茧	重庆	从前大车丝多系饲蚕之家自缫,自小车丝出,则售茧者多,五六月内,城镇均有茧市,渝商如肇兴、天福、大有、华康、几江、同孚、谦吉祥等,皆在县境买茧,运回重庆缫丝,每年茧之出口约在万包以上,每包重五十斤。
茧(巴筋)	外洋	由渝商运至上海销售,亦有本地商人购运至上海者。
布	成都及西坝各州、县	从前概系土布,光绪中叶,渐多洋纱布,本市以县南鲁殷桥为最,余如城内及西南各场亦均有布市,贩运者每年络绎不绝。
牛、羊皮	运至重庆销外洋	牛、羊皮为近年出口大宗,又名山货,牛皮以黄牛为佳,羊皮以黑毛为佳,运至重庆即成大庄。
猪鬃 鸭毛 鹭鸶	同上	鸭毛运至外洋,可制鸭绒,猪鬃毛西人用以制衣,鹭鸶毛西人用以饰冠,均极珍贵。
棉花	金堂、广汉、德阳等处	邑南景福院产者佳。
兔皮	陕西甘肃	各处均有小商收买。
花油		以花生榨油,名曰花油,如观音场、芦溪、刘家营、新场皆榨房林立,冬季有河客收买,以篓盛之,一篓满容二百斤,由船运渝,间有以此油运出外洋者,以玻璃瓶贮之,购赠亲友,称为中华特品。
豆豉	省城及近省各县并汉中、陕西	城中以大资本开设酱园者数家,每年所造豆豉极殷盛,挑贩络绎不绝,称为潼川豆豉,更有在景福院设肆者,所造极佳,行销亦旺,又称为太和豆豉,以其造法仿之太和县也,谓地近太镇者误。
薄荷糖	省城及近省各县	县人洪献创制此糖,无薄荷渣,而气味极浓,食之消暑清心,省城赛会曾得一等奖章,近时惟县城太白楼一家能仿造,小商来贩运者极多。
梨	重庆一带	县境梨园甚多,开花时即有河客定价购买,及成熟,由船运至重庆一带销售,或制成梨膏、梨片,尤为珍贵。
甘蔗	中江、金堂、德阳、绵阳等处	行销惟红甘蔗一种,县西星日乡产最多,别乡量者少行销。
干辣椒	近省各县	成庄者惟西路观音场,年有商人来此贩运。
蝉退	附近各县及重庆、西藏	近年乡中收集渐多,行销渐广。
草纸	邻县各场	以构皮制者曰皮纸,以竹制者曰竹纸,以竹杂草制者曰草纸,近年如北路之桥楼场、灵峰寺,西路之乐安铺,均有投资开厂制造草纸者,惟事属创办,销路未广,再南路各乡亦有收集各种滥纸,用水泡,滔以成纸,名曰来锅纸。

外地物产输入表

物品	出产地	备考
米	绵阳、安县、德阳	外地运转之米,不但行销三台,下至太镇,东至盐亭,皆由三台转运,今驻军日众,销米愈多,每年进口之数在万石以上。
黄豆	江油、中坝、合川、铜梁	潼川豆豉以此为原料,故销豆特多。
煤油	外洋	煤油以美孚为佳,亚细亚次之,光绪二十年前,由华商分销散卖,并无公司,民国八年,美商与本地商人结约设经理代销,每箱给手续费四角,按期交本,陆续发油,次年始于南门外设栈成立公司,十三年因火灾受损,改在东河对岸新修油栈,每年约销五六万箱。
硫磺	巴州、广元	城内硝磺店需此造药。
细纱	外洋、上海	从前织布纯用土花,光绪中叶洋纱渐次行销,每一包纱初只值银五六十两,今已涨至三百余元,其销数亦莫可限量,以出口之丝相抵,尚不及洋纱一半,因绵阳、中江、德阳近省各县皆由三台转运故也,惟近年多销申纱,而洋纱渐少。
绸缎	外洋、苏杭、成都、嘉定、顺庆	
火麻	温江	
夏布	中江、隆昌	
羊裘	陕西、松潘	
蓝靛	中坝	
毡毯	外洋、成都	
煤炭	合川	
木、柴料	江油、中坝、安县	随时由上河运来,销数莫可限量。
烟草	什邡、金堂、中江	
水烟	福建、兰州、绵州	
挂面	中江	
黄、白糖	赵镇、淮州	
茶	邛州、南川(如普洱、龙井、香片,则来自外省)	
药材	重庆、广元、中坝。	
锅碗	铁锅来自铜梁,细瓷来自江西,粗碗来自江津、合川。	
铜铁	铜梁	每年旧历二月,城镇均有乡会,名曰铁货会,如刀、锯、斧、凿之类,买卖云集,非其时,则买卖甚稀。
轧花机	湖北	近年县中绞棉纯用此机,南关外设有售店,每年能销数十部。

(续表)

物 品	出产地	备 考
纸、笔、墨	细纸来自绵竹,粗纸来自铜梁,笔来自湖南、成都,墨来自徽州	本地亦有造笔、墨者,皆无佳品。
书籍	上海、成都	
漆	贵州	

(谢勤等纂:《三台县志》,卷十三,食货志二,物产,民国二十年铅印本。)

〔民国二十年前后,四川富顺县〕 自流井厂推水牯牛约十余万头,每年老病倒毙及四乡因病宰杀者均由皮行收买,除销箱店、鞋铺小作外,无成庄制革者,由渝商运至重庆销售洋庄,岁出总额约八九千张,其骨、角、筋带销不能都数。

(彭文治、李永成修,卢庆家、高光照纂:《富顺县志》,卷五,食货,物产,民国二十年刻本。)

〔民国二十二、二十三、二十四、二十五年,四川重庆市〕

地方税局亦编有近四年重庆进出口货值统计表并载于此以资参证
(表中分类列名前后或有歧异概依原文) 单位:元

进口货别	二十二年	二十三年	二十四年	二十五年
棉 纱	21 707 980.00	18 217 918.36	23 911 746.18	17 212 430.67
匹 头	5 954 448.40	2 845 514.48	3 278 981.94	14 989 846.09
煤 油	4 534 474.00	3 301 762.50	3 261 208.32	3 341 825.00
五 金	3 231 581.02	2 414 254.30	2 322 566.52	3 245 228.39
纸 烟	2 953 486.90	3 802 348.20	6 269 226.61	5 087 274.78
苏杂货	2 581 882.40			
中 药	1 676 337.20	1 237 020.20	1 090 627.10	
颜 料	1 579 766.40	1 623 894.00	1 969 471.26	2 142 951.75
锁头菜果食品	1 403 258.40	1 216 089.99	1 296 656.43	
火 柴	759 750.00	624 948.40	49 238.42	71 373.80
鱼 烛	723 400.00	437 813.33	28 338.94	177 079.68
电 料	499 671.60	406 618.37	741 553.00	645 447.50
汽 油	525 682.00	421 693.80	598 284.00	3 239 857.80
纸 张	484 385.20	178 690.56	545 238.37	555 985.07
化妆品	471 621.00	189 632.00	276 851.64	
杂项物件	410 506.80	947 869.90	1 211 737.49	

(续表)

进口货别	二十二年	二十三年	二十四年	二十五年
玻　璃	406 629.20	265 427.00	133 448.45	
西　药	395 419.60	265 734.05	581 731.19	
瓷　器	391 022.80	324 684.00	289 992.79	246 270.04
车　料	377 292.80	126 709.93	102 646.39	
柴　油	266 772.00	244 530.60	703 055.80	815 353.10
运动具	261 256.00	214 378.50	278 830.89	
文　具	245 139.60	210 473.00	225 681.72	
机器油	167 450.00	152 630.00	122 563.20	600 502.00
石木件	117 601.20	189 679.24	374 960.01	
化学药品	102 830.40	188 186.51	146 331.61	
面　粉	82 630.20	121 823.00	9 783.10	60 636.60
镫　件	74 018.26	30 830.53	18 076.69	16 002.22
巴　蜡	50 766.38	37 210.50	34 846.68	61 505.73
洋酒汽水	46 309.90	49 969.90		
皮革货	45 729.60	92 631.00	122 365.06	
胶　蜡	41 862.00			
照像材料	38 006.40	54 782.82	66 620.68	
机　糖	37 989.53	61 789.73	56 865.24	90 701.10
钟　表	31 948.80			
司梯林	17 277.29	53 306.66		2 306.00
地沥青	2 175.00	12 658.00	30 042.10	12 798.48
苏　货	1 683 888.70		1 997 582.54	2 910 844.81
胶漆蜡	32 873.00			
丹　粉	24 141.75			
玩　具	10 235.02		11 352.06	
浪瓷品	216 830.50		258 868.49	
棉织品			6 735 091.93	2 421 532.45
胶漆蜡油			76 229.79	
人丝毛棉			51 367.65	
水　泥			47 641.05	57 729.81
洋　酒			30 822.77	90 985.06
烟茶酒糖			11 889.81	
药　类				1 407 647.25
车　粜				1 499 131.22
工艺品				460 363.74
干　菜				176 361.48
胶　漆				140 786.33

(续表)

进口货别	二十二年	二十三年	二十四年	二十五年
建筑材料				56 773.63
木籐器类				48 140.33
玻璃品				238 739.99
广告品				89 432.82
凡士林				2 156.06
松香水				2 049.72
杂 项				1 115 535.36
教育用品				605 795.51
总 数	52 698 258.28	42 530 472.33	59 181 840.49	65 884 808.38

出口货别	二十二年	二十三年	二十四年	二十五年
山 货	6 452 260.00	6 206 535.50	3 893 393.15	2 427 493.19
药 材	4 520 819.50	5 312 667.50	4 980 023.68	1 829 281.52
桐 油	1 258 197.00	1 108 685.50	1 666 160.20	2 210 436.42
赤桔糖	1 053 670.00	937 865.00	1 128 236.00	
榨 菜	383 468.50	934 972.50	454 636.80	
赤 金	487 680.00	2 800 352.00	746 046.40	540 320.00
棕 类	397 325.00	412 643.20	356 448.94	
猪 肠	363 133.50	282 653.00	398 764.80	222 744.35
干 菜	267 426.50	1 026 997.50	438 332.73	336 020.73
麻 类	260 284.50	358 216.70	329 457.34	
茶 烟	239 865.00			
黄白丝	236 371.60	1 419 426.00	372 523.50	
丝 头	185 613.00	165 213.00	200 500.50	104 876.28
蔑竹货	146 120.00	59 812.60	60 115.00	15 071.34
生 漆	121 577.50		125 240.30	
夏 布	55 442.50			64 231.78
土 纸	43 391.00	61 764.00	37 574.30	15 940.50
胶 蜡	42 213.00		160 798.80	
土杂货	27 680.00	317 820.00	34 221.30	
石木件	13 688.50	15 821.30	20 247.10	19 109.98
叶 烟				7 192.28
漆 蜡		80 349.00		
夏布锦被		36 710.00	52 564.65	
牛 胶		8 936.90		
毛发骨角			24 790.30	

(续表)

进口货别	二十二年	二十三年	二十四年	二十五年
银硃铅粉			9 691.24	
土　酒				16.20
黄白蜡				154 501.72
胶　漆				23 228.30
棕麻类				412 853.94
黄丝类				811 754.66
丝巾类				15 845.73
杂项类				89 845.75
茧巴类				5 644.61
总　数	17 011 226.60	21 774 247.70	15 509 566.51	9 306 410.29

（朱元淇等修，向楚等纂：《巴县志》，卷十三，商业，民国二十八年刻，三十二年重印本。）

〔民国二十六年前后，四川犍为县〕　布、米两种，犍地所产不足供境内自给之需（以有盐、煤二厂消耗较大之故）。除洋布外，土布亦须取给于邻邑仁寿，米则上游新津、眉州，下游南溪、江安均贩运至县销售，故每值凶年，米贵，贫民尤感痛苦。

（陈谦、陈世虞修，罗绶香、印焕门等纂：《犍为县志》，卷三，居民志，风俗，民国二十六年铅印本。）

〔民国二十七年前后，四川泸县〕　本县除农产物及猪毛、羊皮外，无大宗输出之商品，输入则有匹头、花纱、杂货、药材、木材等，盐、糖皆非本地出产，但运输必由此地，于商业中甚占重要位置。

（王禄昌等修，高觐光等纂，欧阳延奭续补：《泸县志》，卷三，食货志，商业，民国二十七年铅印本。）

〔民国二十八年前后，四川德阳县〕　商贾则陆不足以供车牛之运，水不足以供舟楫之流，谷米、蔗糖、折烟之类虽有出境，为数无多，市廛所列，自布帛菽粟而外，无他长物。

（熊卿云、汪仲夔修，洪烈森等纂：《德阳县志》，风俗志，风俗，民国二十八年铅印兼石印本。）

〔民国三十一年前后，四川西昌县〕　入境以布匹、棉纱为大宗，县民织纱为土布,从前陕帮由沙市运来者曰广布,人民好服广布之风,改为土布及洋布矣。

(杨肇基等纂修:《西昌县志》,卷五,礼俗志,风俗,民国三十一年铅印本。)

〔民国三十五年前后,四川綦江县〕 綦江,大背斜之两翼,皆有煤铁分煤,而西北翼丰富。西北翼者,煤产以万盛场、桃子荡为中心,统属蒲河流域。前者为南川大场,后者属綦江。铁产以石壕场、土台、白石塘为中心,全在綦江南境,皆近松坎河之岸。铁矿石沿松坎河而下,至支流藻渡河之会口有赶水场,为土铁制造中心。稍下流之东溪,为土铁交易中心,皆为綦江南部大场。东溪当入黔冲途,为川黔一大贸易市场,商务更盛。

(郑励俭纂:《四川新地志》,第三编,区域地理志,第二章,盆地边部,第三节,南部边缘,民国三十六年铅印本。)

〔民国三十五年前后,四川叙永县〕 叙永为本区最大都市,永宁河上流之商业地,下以泸县纳溪为出口,而共维其生命。永宁河居本区航利最良,叙永居其最上流之山麓,为大船航行终点。正南直对黔西之毕节,贵州高原西部一带与盆地间之交通多遵是路。叙永适居山地平原之交,水路陆路之接点,故其商圈除其附近之古宋、古蔺外,远及于黔之毕节、大定、安顺,滇之威信、镇雄等县。进口货物以食盐为第一,棉纱、布匹次之,苏货、油、糖又次之。食盐主来自富荣、犍为二场,余皆来自重庆。出口货以桐油、杂粮、山货为主。商货之运输,叙永而上用人,叙永而下用舟。永宁小河,水势夹急,故有专用木船,至泸纳入长江,须换大船。自川黔公路修筑后,商业一部被夺。自川滇路成过境渐复,且显蒸蒸之势。

(郑励俭纂:《四川新地志》,第三编,区域地理志,第二章,盆地边部,第三节,南部边缘,民国三十六年铅印本。)

〔民国三十七年前后,四川郫县〕 郫四达之地,商旅往来如织,然只米、麦而已。当夏五月,大小烟登场,东路之商自渝、泸至,南路之商由建、雅至,北路亦间有至者,交易之金以数十万计。外则以胡豆瓣为大宗,上至松茂,下至宜昌,南至建藏,北至昭广,其物皆流通。其商则东街之元丰源、南街之益丰号为巨,岁销以斤计者皆二十万以上。

(李之青修,戴朝纪等纂:《郫县志》,卷六,风俗,民国三十七年铅印本。)

〔清乾隆三十三年前后,贵州都匀府独山州〕 独山米、布饶裕,以故虽甚贫窭,鲜所冻馁,其他产与邻邑不甚异,著名者山酒、大布。山酒,在从前苗民久窖者为佳,近多属虚名,惟不用粘米耳。大布,半出荔波、南丹一带,半出丰宁、烂土等处,聚于州城南北街,多为上游所取资。又紫草、五棓子每出时,估客贩至汉口转售。

(清 刘岱修,艾茂、谢庭薰纂:《独山州志》,卷五,食货产,物产,清乾隆三十三年纂,一九六五年贵州省图书馆油印本。)

〔清道光二十一年前后,贵州思南府〕 府县属地土产寥寥,惟桐油、柏油、山漆及婺川之朱砂、水银可以行远,产亦无多。下此则药材矣,然皆由各商收贩以去,居人资薄,亦鲜业此者。惟米、豆、猪、牛小负贩,侯农隙时村民多为之。

(清 夏修恕等修,萧琯等纂:《思南府续志》,卷二,地理门,风俗,清道光二十一年刻本,一九六六年贵州省图书馆重印本。)

〔民国年间,贵州定番县〕 在定番所制造的各种工业品中,以土布、白纸、草鞋、皮革等四种较有销路,其他各种工业产品的产量不多,只能供给本县。各种土布每年产量约十二万匹,推销本县外,运输至贵阳、安顺、广顺、息烽、紫江、修文、龙里、贵定、大塘、罗甸、长寨等县。白纸,全县年产约三千捆。大部销在本县各乡场,亦有销至长寨、广顺两县。草纸,全县年产约六千刀(每刀值一角),除销本县外,也销至罗甸、大塘、平舟等县。皮革,全县年产约三千张,其价约一万元,除为本县鞋铺用外,也销至大塘等县。

(吴泽霖编:《定番县乡土教材调查报告》,第五章,工业,五,销路,一九六五年贵州省图书馆据民国年间稿本油印本。)

〔民国年间,贵州定番县〕 定番县的境外贸易,每年输出以农产物食米为大宗,年约十万担,总值三十余万元,销往邻县贵阳、广顺、长寨等地。橘子亦为主要出口物品之一,每年产量四十余万斤,最高价值三万余元,运销于贵阳为多。他如皮革,每年约一万余元,叶子烟每年亦约一万余元,总计全年贸易输出总额约三十五万元。总之,各物品的输出以产量不多,交通不便,运输昂贵,仅能销售于邻县大塘、贵阳、罗甸、安顺、长寨、广顺、龙里等处,未能运往外省。定番县输入商品每年以食盐为大宗,年约十八万元,此项食盐全为川盐,由贵阳转运来县,全县约销川盐量约五百四十包,每包价值二十七元。另有特货鸦片烟一项,亦占输入品之大宗,都由县内商人从贵阳辗转运来,每年约有五十箱,每箱五百五十两,每两二元二角,计定番鸦片烟年销约六万元。输入品除食盐、鸦片烟、桐油外,布匹、棉纱、绸缎、洋广杂品等,为数亦巨,年约十五万元。总计全年贸易输入总额约三十余万元,此尚能与输出总额相抵。

(吴泽霖编:《定番县乡土教材调查报告》,第七章,商业,二,境外贸易,一九六五年贵州省图书馆据民国年间稿本油印本。)

〔民国八年前后,贵州思县〕 各场商旅以楚人居多,县城无大商号,惟龙颈坳有行号四五所。出口以桐、茶为大宗,入口以洋纱、官纱暨各种布匹为大宗。

(杨焜修,涂芳藩纂:《思县志稿》,卷七,经业志,商业,民国八年修,一九六六年贵州省图书馆油印本。)

〔民国八年前后,贵州关岭县〕 本县僻处偏隅,且系苗疆,以言商务,甚形幼稚,亦非荟萃之区,河道虽有,不可以通舟楫,大宗商货由广西南宁、百色输入者,亦仅运至百层而止,所有贩运零星货物来本县交易者,东有两广人,西有云南人,北有四川、湖南人,而要以川、湘、广人为多,间亦有江西、安徽两省人,向未开设行号。商人运入货物以洋纱、匹头、川盐、煤油、红白糖、川广杂货、药材为大宗。本县输出货物如六马之桐油、棉花,沙营之白纸,一、四、五、六等区之蓝靛,以行销云南为最多。

(陈钟华等采辑:《关岭县志访册》,卷三,食货志,商业,民国八年采辑,一九六六年贵州省图书馆油印本。)

〔民国九年前后,贵州施秉县〕 施秉地面镇阳,江绕其东,清水江环其南,东、南二区水运利便,场市较西、北区为多,商业亦较兴盛。全年出入货值约数十万元,出口货以黏米、黄豆、靛青、猪只、皮革、木植、冻绿皮为大宗,入口货以洋纱、洋油、大布、瓷器、铜铁货为大宗。商人多江西、湖南人,行商居多。寻常交易以铜钱、洋元计,近日杂用当十、当二十、当五十、当百铜元,行旅称便。

(朱嗣元修,钱光国纂:《施秉县志》,卷一,商业,民国九年修,贵州省图书馆一九六五年油印本。)

〔民国九年前后,贵州施秉县〕 吴茱萸、仙桃草,出县属,可入药,力较他处出者为厚,外县人来此采办,年约值银百余元。……冻绿皮,全县皆有,本地商人运往常德一带出售,年约值银数千元。

(朱嗣元修,钱光国纂:《施秉县志》,卷一,物产,民国九年修,贵州省图书馆一九六五年油印本。)

〔民国九年前后,贵州思南县〕 县境内无商业荟萃之区,水道虽通,但商业不甚发达。出口货以棉花、黄蜡、白蜡为多,入口则以鄂布、洋纱、洋油为多,交易者多为川、湘两省人。

（马震昆修,陈文烤纂：《思南县志稿》,卷三,食货志,工商,民国九年修,一九六五年贵州省图书馆油印本。）

〔民国二十五年前后,贵州册亨县〕　本县输出物品以棉花、茶油、桐油为大宗,棉花每年输出数约九万余斤,以贞丰、安龙、兴仁、普安等处为销场,以每斤售大洋五角计,约值大洋四万五千余元,其产量以落央、百弼、花陇、百陇、板街等处为最。桐油每年输出数约五百余担（每担六十斤,运至广西后每担可售大洋三十元左右）,约值大洋一万五千余元,土人每贩运桐油至广西田西县属罗里一带,以易广盐,油一担可易盐二担半（盐每担六十斤,约值大洋十二元）。鸦片每年输出数约百余担（每担一千两,约值大洋二百八十元）,约值大洋二万八千余元。又县属第四区之板坝、者浩、板街、板万、板屯、平寨、大平,第五区之打兵、路吉、落央等处,出产红糖,每岁输出数约三千余担（每担值大洋四元）,约值大洋一万二千余元,运销安龙、贞丰、安顺一带。茶油每年输出数约五千余担（每担六十斤,约值大洋十八元）,约值大洋九万余元,运销广西及安龙等处。输入货物,以食盐为大宗。又有川盐、广盐之别。全县每个场期约销川盐一千零八十余斤,约值大洋三百二十余元。每个场期销广盐一千八百余斤,值大洋三百六十一元。每月约销川盐五千四百余斤,约值大洋一千六百余元。每月约销广盐九千余斤,约值大洋一千八百余元。全县月需食盐约一万四千余斤,广盐约占十分之七,川盐约占十分之三。其他输入品,有布匹、杂货、黑丝烟等类,然因土人多自纺织,布匹销路甚滞,所值亦属无几。

（罗骏超纂修：《册亨县乡土志略》,第六章,经济,第十九节,输出输入,民国二十五年修,一九六六年贵州省图书馆油印本。）

〔民国二十六年前后,贵州安顺〕　安顺县出口货,据民国二十六年九月本局（按：指安顺府志局)调查,鸦片一项,连附近各县在内,每年总输出额共约一百万斤,其中安顺县约占百分之十五。牛皮一项,因近年本省与本县成立制革厂,制造各种皮革货品,需用牛皮甚多,所产牛皮既有制革厂为之消纳,故运往外省之皮张较前减少。提庄猪毛每斤售至银元十余元。茶叶年产约十二万斤,输出约万斤。烟叶年产约二十五万斤,输出约十万斤。竹参一物近来不但畅销全国,即外人亦多购之。荸荠粉一物近来销行更广,每年输出约在三十万斤以上。植物油合计年产约四十余万斤,输出约十万斤。剪刀、铁刀每年输出共约三万把。

土布中之土白布,在民国成立以后多改用洋纱织成,出货较前更多,年产约五十万匹,输出约二十万匹;惟漂白布、冻绿布、苏青布、蓝布等因洋纱盛行已日趋衰落。丝线与麂皮包肚,因近来各处丝线改良与制革事业发达,销路渐趋狭窄,故输出额亦渐减。各种水果年产共约三百五十万斤,输出不过三十万斤。药材年产约十万斤,输出约二万五千斤。面条近年益加改良,销行更广,每年输出约五万斤。蜜饯一项近来又增加蜜制樱桃等鲜物,非常精美,销出亦多。烧酒年产约三十万斤,输出约十万斤。

(贵州省安顺市志编纂委员会据民国二十年代末稿本整理:《续修安顺府志·安顺志》,第十卷,商业志,出口货,安顺市志编委会一九八三年铅印本。)

〔民国二十九年前后,贵州开阳县〕 现时所有商业应以盐、布两项为主,占入口最大宗,其次为杂货、药材、煤油、糖、烟、纸等。出口贸易以米粮、油类、牲畜、木材、白木耳、洋芋粉为主,茶叶、花生、药材、铁、酒、漆、松烟、火纸、烟叶、山茧等次之。……以入口与出口货殖比较,每年入超约计为一四三七〇〇元。

(欧先哲修,钟景贤纂:《开阳县志》,第四章,经济,商业,民国二十九年铅印本。)

〔民国二十年代末,贵州安顺〕 洋广杂货,洋袜、毛巾、洋伞、扇子、洋蜡、肥皂、洋钉、钮扣、牙刷、牙粉、首饰、玉器、玻璃、烧料、时兴鞋帽、化装香品、儿童玩具等皆是。或来自川、湘,或来自粤、桂,或来自东洋,至若西洋杂货则甚少。

(贵州省安顺市志编纂委员会据民国二十年代末稿本整理:《续修安顺府志·安顺志》,第十卷,商业志,进口货,安顺市志编委会一九八三年铅印本。)

〔民国二十年代末,贵州安顺〕 安顺进口货以洋纱、食盐二者为最大宗。绸缎、布匹、洋广杂货、黄白丝、糖类、烟类、火柴等次之,再次为纸类、煤油、棉花、苎麻、书籍、文具、瓷器等。此外如海味、大木、颜料、罐头、火腿、药品、五金等,每年输入为数亦百。

(贵州省安顺市志编纂委员会据民国二十年代末稿本整理:《续修安顺府志·安顺志》,第十卷,商业志,进口货,安顺市志编委会一九八三年铅印本。)

〔清道光二十一年,云南云南府昆明县〕 凡县之米市量以儋(十斗曰儋)、斗(十升曰斗)、合(十勺曰合),计每升衡之得七斤,丰岁升不过八九十钱,即偶歉亦不过百四五十耳。然县之田所出恒不足供一县之食,必仰给于邻郡,县人众故也。

(清 戴絅孙纂修:《昆明县志》,卷二,物产,清道光二十一年修,光绪二十七年刻本。)

〔民国年间,云南〕 云南省际贸易之途径,迤东一带与川、黔交往频繁,而以昭通、曲靖为货物聚散之中心。迤南一带则与两广、上海交易，而以蒙自、个旧为货物聚散之中心。迤西一带与康藏发生交易，而以下关、丽江为货物聚散之中心。全省复以昆明为出纳之总枢纽。贸易物品大抵输入以棉纱、匹头为大宗，烟类、瓷器、纸张、干果、化学药剂等次之。输出以药材、茶叶为大宗，猪鬃、麝香、大头菜、植物性染料等次之。析而言之，由上海输入之物品为棉纱、匹头、烟类、瓷器、纸张等，由云南输出之物品为茶、药材等。由四川输入之物品为生丝、绸缎、川烟、贡川纸、药材等，由云南输出之物品为茶、火腿等。由贵州输入之物品为棉、纸、府绸、竹器、漆器等，由云南输出之物品仍为茶、盐、药材等。由康藏输入之物品为毡毯、毛织品等，由云南输出之物品亦为茶叶等类。更以品类言，则药材、茶叶实为云南输出品之两大宗。药材以茯苓、麝香、三七、雄黄、天生黄、熊胆、鹿茸、虎豹骨、犀角、冬虫、夏草、猪等、黄连、天麻、大黄、贝母、当归、天竹黄、半夏草果、樟脑、吴茱萸、红花、马槟榔为多。

（龙云、卢汉修，周钟岳等纂：《新纂云南通志》，卷一百四十四，商业考二，进出口贸易，省际贸易，一九四九年铅印本。）

〔**民国六年前后，云南龙陵县**〕　龙陵素号瘠区，所产有限，米谷多采购于芒市，花线且远来自缅邦，入口货多，出口货少，莫塞漏卮。自禁种土药，火利猝失，小民生计日艰，往往举家他徙。

（张襘安、修名传修，寸开泰纂：《龙陵县志》，卷三，地舆志下，物产，民国六年刻本。）

〔**民国六年前后，云南路南县**〕　米……输出个旧县三十六万五千七百斤，输出蒙自县二十一万七千一百斤。

（马标修，杨中润纂：《路南县志》，卷一，地理志，物产，传抄民国六年铅印本。）

〔**民国六年前后，云南大理县**〕　以物品论之，外邑之输入者以宾川为最，外省之输入者以蜀为最，外国之输入者以英为最。宾川则以食品为大宗，蜀则以布帛药材为大宗，英则以纱布为大宗。至以输出品论之，仅大理石为出产之一大宗物，然计年售不及万金，其他弓鱼乳扇更微不足数。

（张培爵等修，周宗麟等纂，周宗洛重校：《大理县志稿》，卷六，社交部，自治，民国六年铅印本。）

〔**民国二十一年，云南富州县**〕　富州邻村烟户稀少，杂粮无多，惟米为一大宗，因销口甚微，由各家自行春卖，故无米市与杂粮市之屯积也。

（朕肇基纂修：《富州县志》，第十三，商务，市集，民国二十一年修，民国二十六年抄本。）

〔**民国二十七年前后,云南石屏县**〕 石屏商业当以思普一带为最大,元江、他郎、威远、缅宁、磨黑、通关、六顺、十三版纳、五大茶山,远及缅甸,如吴尚贤之茂隆厂在班洪葫芦境,其最著也。

（袁嘉谷纂修：《石屏县志》,卷六,风土志,商业,民国二十七年铅印本。）

〔**清乾隆十四年前后,西藏**〕 巴塘产粟米,桑阿曲宗产谷米,打箭炉、里塘、巴塘、察木多西藏,俱有汉民寄居贸易,西藏各货汇集,如氆氇、藏绸、藏布、藏毡、藏枣、藏杏、藏红花、藏核桃、葡萄、石青、阿魏则来自布鲁克巴;藏佛、藏香,扎什萨布为最;金石产于桑阿曲宗;绿松石惟有旧器,出处究无可考,并非本地所产。

（清　张海撰：《西藏记述》,清乾隆十四年刻本,清光绪二十年重刻本。）

〔**清乾隆五十七年前后,西藏**〕 西藏贸易用银钱,每枚重一钱五分,上有番字花纹,亦以银易钱而用。所市有藏茧、羊绒、毪子、氆氇、藏香、藏布及食物如葡萄、核桃等物。藏番男妇皆卖,但不设阛阓,惟席地货之。至绸缎绫锦,皆贩自内地,其贸易经营,妇女尤多。而缝纫则专属男子。外番商贾有缠头回民贩卖珠宝、白布,回民卖氆氇、藏锦、卡契、段布皆贩自布鲁克巴、巴勒布、天竺等处。有歪物子专贩牛黄、阿魏。市中设碟巴一人平价值,禁争讼,即外番至藏贸易者,亦必有头人同来讥禁。

（清　马揭修,盛绳祖纂：《卫藏图识》识略,上卷,市肆,清乾隆五十七年刻本。）

〔**清乾隆五十九年前后,西藏**〕 西藏习俗,贸易经营,男女皆为,一切缝纫,专属男子。通用皆银钱,每个重一钱五分,上铸番字花纹,其名曰百丈,以银易钱而用。若贸易碎小之物,以蒙子、哈达、茶叶、酥油易换。至市中货物商贾,有缠头回民贩卖珠宝,其布匹、绸缎、绫、锦等项皆贩自内地;有白布回民贩卖氆氇、藏锦、卡契缎、布等项,皆贩自布鲁克、巴白勒布、天竺等处,有歪物子专卖牛黄、阿魏等物;其他藏茧、藏绸、毪子、氆氇、藏布以及食物诸项,藏番男女皆卖,不设铺面桌柜,均以就地摆设而货。

（清　佚名纂：《西藏记》,下卷,市肆,清乾隆五十九年刻本,民国二十六年铅字重印本。）

〔**民国年间,西藏**〕 由印度运入的以棉织品为大宗,多系东洋货,毛货东西洋都有。丝织品系内地出品,俄国的也有。宝石、珍珠、珊瑚等,有印度货与东洋货。各种颜料为西洋出品,然而西藏染毛织品所用的茜草,则为印度与布丹所产物。其五金杂货、冰糖白糖,多是印度土产。由川边输入的以茶为大宗,哈带次之，他种丝织品及布类更次之。由西宁运藏的为生银、绸缎、骡马比较多，金占少数。尼帕尔人所运入的大多数是印度杂货，布也很多。贩云南茶的也有数家。

（法尊纂：《现代西藏》，第五章，物产经济及其交通，二，商业，民国三十二年铅印本。）

〔**民国年间，西藏**〕 西藏大宗商业多以货换货，例如甲有茶，乙有布，先将茶价和布价讲妥，然后互相交货。做小生意，则须银钱了。又各大寺院的财产，也多以营商而生利，例如施主在寺存藏银五千两（约汉银千两），令每年每一僧人散衬银若干，此种存款则必须做生意或放利，因为他的母金不可动，所以必须有专责保存和经营的人。假如寺僧众多，利不敷衬，则该保管人代垫。若人少利多，亦属保管人所得。近年各大寺人数渐减，自外蒙叛后，利息又日见增高，绝无利不敷衬之理，所以各寺管款的人不出一年便成富翁，用金钱运动此职的大有人在。农民间亦有一种营商经济法，每至秋末，收麦到家以后闲着无事，即在游牧手中购买羊毛或羊皮，自己撕碎捻线织氆氇，除自用之外还可售出赚钱。

（法尊纂：《现代西藏》，第五章，物产经济及其交通，二，商业，民国三十二年铅印本。）

〔**民国六年前后，西藏**〕 绥绸，由四川、浙江购。金丝绥，由印度购。……洋布，由印度、四川购。……棉布，由四川购。

（邵钦权纂：《卫藏揽要》，卷三，风俗，民国六年抄本，一九六八年台湾成文出版社影印本。）

〔**民国二十七年前后，西康及西藏**〕 康、藏之贸易大体言之，仍保持着物物交换与货币购物之两种形态。大凡城市地方多用货币购物，部落区域则用原始之物物交换。

（黄奋生编：《蒙藏新志》，第十四章，经济，第二节，康藏之经济，民国二十七年铅印本。）

（四）商人经营和商业资本

〔**清雍正十三年前，直隶顺天府通州**〕 当水陆之冲，财货集焉，往往逐末者多，务本者少（通州旧《志》）。

（清　唐执玉、李卫修，陈仪、田易纂：《畿辅通志》，卷五十五，风俗，顺天府，清雍正十三年刻本。）

〔清光绪十二年前后，直隶顺天府昌平州〕 州向无富商大贾，各集市盐、典诸商皆非土著之人，间有贸易者，不过在京师一带，从无远出千百里者。

（清　吴履福等修，缪荃孙等纂：《光绪昌平州志》，卷九，风土记，清光绪十二年刻本。）

〔民国十五年前后，河北平谷县〕 商则以农隙为之，负贩而已，城内坐商多山西人。

（李兴焯修，王兆元纂：《平谷县志》，卷一，地理志，风俗，民国十五年铅印本。）

〔明崇祯四年前后，南京苏州府嘉定县外冈〕 疁邑滨江枕海，土瘠民贫，素号简朴。吾乡尤称醇愿，男力于耕，女勤于织。居市者即操什一，或挟资而贾于四方。

（明　殷聘尹编：《外冈志》，卷一，风俗，明崇祯四年修，一九六一年铅印本。）

〔清康熙至宣统年间，江苏上海县〕 会馆公所，前《志》从略。因思贸易于斯，侨居于斯，或联同业之情，或叙同乡之谊，其集合团体之行为，与社会甚有关系，似未可阙而不书。至或称会馆，或称公所，名虽异而义则不甚相悬，故不强为区分，而略以建设年代之先后为次。

商船会馆：在马家厂，康熙五十四年沙船众商公建。……常年经费由船号商抽，缴庙捐，并以租息抵支，浦东、西各置沙泥荡地，备商船出口取泥压载用。泥夫每多争竞，遴夫头以资督率。会馆事延董主之，办事处称商船公局，在会馆之左，办理水手伤亡之承善堂附设焉。光绪三十三年复设商船小学校。

徽宁会馆思恭堂：在斜桥南，乾隆十九年，安徽省徽州、宁国两府人公建，嘉道间先后扩充之，咸丰癸丑、庚申，两遭寇毁，筹款重修，光绪十四年、三十三年重加建筑，迄宣统三年聿臻完美。……立规条章程，设司年办理施棺、掩埋、助资、盘柩等善举……近复添建徽宁医治寄宿所。

泉漳会馆：在咸瓜街，闽省泉州之同安、漳州之龙溪、海澄三县商人捐建，经始于乾隆二十二年，阅六载而告成。……月议事一次，研究商务。大门外凿池贮水，以备不虞。四周余地建屋出赁，取租充经费。又，泉漳别墅在外日晖桥东，初设带钩桥畔，嗣辟法租界，同治初迁移于此。……

香雪堂：在邑庙豫园，为沪帮鲜肉业公所，堂本玉华堂旧址，以庭前有玉华三峰并峙，故名。乾隆三十六年改建。……

潮州会馆：在洋行街，乾隆四十八年，广东潮州府属海阳、澄海、饶平三邑人公建，名曰万世丰。……嗣法国通商，馆入租界。咸丰十一年冬，法公使照会总理衙门,议租小东门隔壁直达浦滩小河沿之地为轮船官信局,馆基适在其内。同治元年,迫卖益甚,时尚无华人购地之例,乃倩法商富硕行主出名代买,仅购回馆及照墙门埕并左首出浦巷路一条。……光绪中毁。潮属之会馆有三,曰潮惠,曰揭普丰。此则首创者也。

药业公所:即药王庙,在药局弄,乾隆五十三年各药业积款待建,嘉庆初购地卜筑。……

钱业总公所:在邑庙东园,即内园。……钱业肇始于乾隆年间,而园实构于康熙四十八年。因钱业历任修葺之费,故即设公所于此。租界辟后,北市钱业兴,凡关于南北市公共事件,恒于此会议,嗣南市另设钱业公所,而北市亦另设钱业会馆,遂以此为总公所。……

浙绍公所:在穿心街,乾隆年间,浙江绍兴府人公建。又,浙绍永锡堂丙舍,初在老闸,道光八年创设,嗣辟租界……复于斜桥西购地建筑,规模始备。

飞丹阁:在邑庙豫园,为京货帽业公所,乾隆年[间]设,咸丰十年驻西兵,毁。同治……九年,重建厅楼水阁;光绪二十年,重建前阁。

四明公所:在二十五保四图,嘉庆二年,宁波费元圭、潘凤占、王秉刚等创募……购地建厂寄柩,而以余地为义冢。……[光绪]二十九年复于日晖港购地三十亩有奇,建土地祠、办事室、寄柩所共二百余间。甬人之旅沪者最众,各业各帮大率有会,而皆总汇于公所云。

南阜公墅:即北货行公所,在凝和路,嘉庆十四年,购朱姓屋改建。……

轩辕殿:即成衣公所,在豫园东硝皮弄,嘉庆二十二年建。

浙宁会馆:初名天后行宫,在荷花池头,嘉庆二十四年,甬商董萃记等创建。……

祝其公所:在里郎家桥西,道光二年,海州赣榆县青口镇船号商公[所]捐购孙氏屋改建,五年,以契券呈县,咸丰三年寇毁,旋集资重建。

建汀会馆:在翠微庵西南,闽省建宁、汀州两郡人公建。嘉庆初,曾古卿等创公所于董家渡,名同庆堂。道光五年,汀郡苏升等集款移建于此。……光绪九年,重加修葺,改订章程,馆董苏绍柄集永定邑人立龙冈会,集捐生息,贴补会馆经费,并办资遣回籍、检骨还乡等善举。

点春堂:在豫园东北隅,道光初年,福建汀、泉、漳三府业花、糖、洋货各商公立,为祀神会议之所。咸丰三年,寇占被毁,十年借驻西兵,改造洋房,风景荡然。事平,群谋规复,董事苏升倡募捐款,集资万五千金贴偿兵房价值,收回旧址,重图建筑。同治七年经始,越四载告竣,疏泉为池,叠石成山,其间楼台亭阁绕以回廊,颇饶幽趣。光绪七年,复筑和煦堂,益形完美。公所事,轮举司年经理。

萃秀堂:在邑庙豫园,为油豆饼业公所,即前《志》所称以萃秀堂为东园者是,道光间承修作公所。……公所向有司月轮管,近举董事一人,会同司月六家办事。光绪三十二年,与米业合组之豆米业小学校分设于此。又,采菽堂(俗呼豆市),在豆市街万瑞弄,为同业与号商论市交易之所。……

潮惠会馆:在大关南,粤东潮阳、惠来两邑人公建,初名潮惠公所。道光十九年创建于城北,咸丰三年毁,移建姚家码头,十年寇至又毁。同治五年,郭日长创议卜筑于此,东向面水,改称会馆。光绪二年,以浦滨涨,移前而东,甫二十余载,离水又远;二十四年,郑福猷规划经营,再移今址。……

江西会馆:在妙莲桥堍,道光二十九年创建。

花业公所:在圣贤桥东梅家弄,初,道光季年,租小武当余地建立,咸丰三年寇毁。光绪纪元,程鼎等创重建之议,集月捐购地于此。五年鸠工,越岁落成。……公所事,立司年、司月以经理之。

得月楼:在邑庙豫园,为布业公所,道光三十年承办供布创始设立。……公所事,举司董经理,银钱归司月掌归云。

茶业会馆:在二十五保二图公共租界中旺街。初在半段泾,咸丰五年,与丝业合组,称丝茶公所。十年,借驻西兵,撤防后屋宇毁损,重行修葺。同治六年,巡道应宝时拟办普育堂,丝茶商李振玉等以屋地捐助,而移办事处于北郭石路;九年,始创建于此。举董以司其事,经费由同业公捐。

腌腊公所:在外咸瓜街施相公弄口,咸丰六年建。

洋布公所振华堂:在公共租界昼锦里,咸丰六年创建,为业洋布者研究商务、联络感情之所,并设恤嫠赡老,以济同业之贫者。……又,洋布公会在公共租界北京路,宣统元年设,平时研究商情,力谋公益,附设怀安会,办恤嫠赡老等事。

木商公馆:在生义弄。初,木船均泊他埠,咸丰八年,禀准官厅进口,于是营业日盛,始赁屋于北门内设木商公所,嗣迁竹行弄新街。业此者均购备船只,领有牌照,赴闽采运来沪后,呈验货单,由公所出具联单,盖章报关,挂号纳税,闽关以南台戳记为凭,明与钓船有别也。光绪二十四年,购地迁建于今址,改称会馆。……轮值司年、司月,举董事以总其成。

莫厘三善堂:在复善街,同治初,洞庭东山各商因避难来沪者日众,马正淇、王仲鉴、叶长藻等以向之惠安、固安、体仁三堂并合,公建为同乡会聚处,并办寄榇施棺;宣统二年,移建于斜桥南二十五保十三图。……

先春公所：在孙家弄，同治初年，茶馆业方士贤等创设。……

清芬堂（俗称桂花厅）：在邑庙豫园，为旧花业公所，同治七年，给谕承粮，宣统二年重修。

米麦杂粮业公所仁谷堂：在朝宗路北，同治八年，购屋修建。……

京江公所：在方斜路，同治八年，镇江府人公建。……

米业公所嘉谷堂：在宝带门内万军台下小穹窿侧，初名仁谷堂，本米行公所，同治九年，专为米店公所，乃冷名。……

酒业公所四明敦厚堂：在豫园，同治九年五月，张麟购可乐轩基地；十三年，建大厅一、厢屋四，门面屋由所董司年管理。

纸业公所：在福佑路，同治十一年公建。……

广肇公所：在二十五保三图公共租界宁波路，同治十一年，粤东广州、肇庆两府人公建。……

靛业公所：在蔡阳弄，同治十二年公建。……

珠宝业公所仰止堂：在侯家路，同治十二年，吴县沈时丰等购设。光绪季年涉讼后决定分立公所：苏帮陈宗浩等于宣统元年筹款另建于北首，额曰"韫怀堂"；京帮亦另于北首购地预备建筑。仍以仰止堂为公共之所。……

药业会馆：在咸瓜弄，光绪三年药材业公建。……

浙金公所积善堂（俗称骰业公所）：在二十五保十三图，光绪十六年，浙江金华府八邑人公建。……

江宁公所：在新闸西，光绪六年，江宁府属人公举。……

南市钱业公所：在里施家弄，光绪九年购屋设立。……

衣庄公所：在道前弄，光绪十二年购屋建设。……

揭普丰会馆：在盐码头里马路，光绪十二年，粤东揭阳、普宁、丰顺三邑商人公建。……

湖南会馆：在斜桥南，光绪十二年，湖南省人公建。……

平江公所：在二十七保十图新闸路。光绪十三年，苏人严春旋等集资购地；十九年，开始建筑。……

沪北钱业会馆：在二十五保一图公共租界铁马路，光绪十四年公建。钱市向在沪南，租界既辟，商贾云集，贸迁有无，咸恃钱业为濯输，于是始分南、北两市，而会议同业规则及地方公益、筹助赈济等事，则恒以邑庙内园为总公所。迨北市营业愈广，事务亦愈繁，同业为便利计，遂输助款项，克日观成。……

裘业公所：在曲尺湾，光绪十四年，皮货业公建。

水果公所时行堂：在小东门内，光绪十四年公建。

楚北宝善堂：在二十五保十四图，光绪十五年，湖北省人公建。……

花神庙：即花业公所，在二十五保十三图，光绪十七年建。……

金银实业公所：在薛弄底，光绪十八年，业金银之各银楼公建。……

典业公所：在侯家路西吴家弄，光绪十九年公建。……

参业公所：在咸瓜弄太平弄口，光绪十九年夏公建。……

酱业公所：在福佑路，光绪二十年，先赁居于马弄；二十二年春，购地建屋。……

三山会馆：在公共租界福州路，光绪二十三年，闽省福州、建宁两府人公建。……

山东会馆：在二十五保九图吕班路，光绪二十七年建。……

汉帮粮食业公所志成堂：在穿心弄，光绪二十七年，先赁市房办事，嗣以贸易日增，公同集款于三十一年购屋修建。……

海昌公所：在新闸桥北夏家弄，公所既成，遂名海昌路，光绪二十八年，浙江海宁州人公建。……

台州公所：在斜桥西、肇嘉浜南，光绪二十八年，朱佩珍、朱鸿宾、许桂云等集捐创建。

铜锡公所：在二十五保十二图，光绪三十年，肖谷峰等筹款购地创造，曰松春堂。……

金业公所：在二十五保二图公共租界，光绪三十一年，施兆祥集款公建。……

药业饮片公所：在外仓桥北大街，本药业公产信义堂旧址。……

书业商会：在英租界望平街，光绪三十一年八月成立。……

蛋业公所承余堂：在大生弄，光绪三十一年公建。……

嘉郡会馆：在罗家湾，光绪三十二年，浙江嘉兴府属人公建。……

沪绍水木工业公所：在福佑路，光绪三十三年，杨斯盛等十二人集款创建。……

集义公所：在晏公庙西，光绪三十三年，营运日本海产杂货业公建。……

江阴公所：在黄家阙路东，宣统元年，毛英廉等筹款公建。……

砖灰业公所永谐堂：在金家牌楼，宣统二年公建。……

震巽木商公所：在穿心弄西高墩街，宣统二年洋木业商久记等禀准道县设立。……

常州八邑会馆：在斜桥南二十五保十五图，宣统二年，武进巨绅盛宣怀创捐田屋，编修汪洵等呈准道县建立。……

纱业公所：在二十五保一图公共租界爱而近路，宣统二年，田瑞年等筹款公建。……

丝绸业公所鲁豫堂：在新闸大王庙后，宣统二年，山东、河南丝绸业筹款购地建筑。

南北报关公所通运堂：在蓬莱路，宣统三年，徐鞠如等筹款购屋改建。

（吴馨等修，姚文枏等纂：《上海县续志》，卷三，建置下，会馆公所，民国七年刻本。）

〔清光绪年间，江苏青浦县人夏瑞芳〕　夏瑞芳，字粹方，南厍人，幼贫尝寄食戚家。年十一，随母至上海，入基督教会，肄业清心堂。遭父丧辍学，为同仁医院学徒，寻弃去，更入文汇、字林等西报馆，为排字，所获渐丰。光绪丁酉，就上海创立商务印书馆，已而，则赴日本考察印刷业。既归，会国家行新政，广设学堂，因延聘专师，编辑大小学堂教科书，并搜罗新、旧图书印行国内。初，基〈资〉本仅四千金，经营十余载，扩充至数十倍，分馆遍于全国。我国印刷业规模之巨，瑞芳以前未之有也。先是，瑞芳以基〈资〉本绌，尝与日商合资，既念洋股羼入，则利源外溢，乃次第收回之，卒为仇家嫉视，狙击而殒。……绍兴蔡元培为之传。

（于定增修，金咏榴增纂：《青浦县续志》，附编，民国六年修，民国二十三年增修刻本。）

〔清光绪年间，江苏上海县人朱开甲〕　光绪三十年，邑人朱开甲创设求新机器制造厂，制造新式机器云云。求新厂实为我国工业界仿造外洋机器之鼻祖。十余年来，物质文明日甚一日，机器需要百倍畴曩。以是，机器厂之继求新而起者，各地皆是，沪上尤形发达。惟资本有多寡之殊，出品有专门、普通之别。

（吴馨等修，姚文枏等纂：《上海县志》，卷四，农工，机器之属，民国二十五年铅印本。）

〔清光绪年间，江苏上海人沈毓庆〕　沈毓庆，字肖韵，别字寿经，市区人……岁庚子，首创经记毛巾厂于川城，广招妇女，习织巾。时纺织业衰敝，家庭无副业，自毓庆倡织巾，虽工厂折阅甚巨，而风气大开，数年以后，散为家庭工业，遍于城乡内外，机声溢巷，于社会经济之凋敝，挽回不少，既而病肺殁。生同治七年，殁光绪二十八年，年仅三十有五。

（方鸿铠等修，黄炎培等纂：《川沙县志》，卷十六，人物志，统传，民国二十六年铅印本。）

〔清朝末年，江苏上海人姚光第〕　姚光第，号述庭，市区东门外人，南邑诸生。……光第感于清季地方贫瘠日甚，就其家设机器乳棉厂，实为川沙机器轧棉之始,然不久折阅闭歇。

（方鸿铠等修,黄炎培等纂:《川沙县志》,卷十六,人物志,统传,民国二十六年铅印本。）

〔民国初年,江苏川沙县人张庆平〕　张庆平,字耿娱,长人乡人,庆升弟。年十一,父母俱亡,十四又丧其兄,依大母及两叔以居,孤苦勤学,旋弃儒习贾,有企业思想。民国四年,闻湖南水口山矿砂可炼锑、铅、银,喜曰:"此为吾立业之机乎!"创办华宝化炼厂于小湾镇北市,经营渐有成绩。十二年,湖南督军以水口山矿权订约售与洋商,而华宝厂之命绝。

（方鸿铠等修,黄炎培等纂:《川沙县志》,卷十六,人物志,统传,民国二十六年铅印本。）

〔民国初年,江苏宝山县人汪锡寿〕　汪锡寿,原名鉴,字寿生,居罗店,业商,以振兴国货为责志。太仓所产薄荷,质良用宏,锡寿本蒸馏升提诸法,加以化学制炼,使由露而油、而精,设厂曰耀华,研究二十余年,得推销欧美,巴拿马赛会、国货赛会均给特奖。锡寿性亢直,有热忱,罗店商会为其所发起,任会董二十年,致力于公益事业,至老弗倦。商人争议,能片言折服。曾出席全国商联会,多所建议,卒年七十七。

（赵恩巨修,王钟琦等纂:《宝山县新志备稿》,卷十二,人物志,事略,民国二十年铅印本。）

〔民国年间,江苏奉贤县人蒋燕生〕　蒋燕生,泰日乡北境鲁汇河南人也。家颇贫,少年辍学,遂由友人介绍入店铺业花、米,依人作嫁达十余年,因勤俭耐劳,深得店主器重。蒋氏店恒刻苦,以累年积蓄之款,自设花行于河南。氏苦心经营,商业日盛。民国初年,开设轧花厂,为鲁汇诸厂之先,并因奉贤县境各项捐税较低,遂于闸港河南购地开办油车及糟坊,先后利用机器,振兴鲁汇河南,使成吾奉北境之工业区,非蒋氏之毅力焉能有成。晚年尤得弟光明之助,事业更扶摇直上。氏享年六十余。死后数载,地方沦陷,产权被侵;胜利而后,花厂停顿,油车、糟坊相继召盘,所谓人亡政息,抚今追昔,能不惜哉。

（奉贤县文献委员会编:《奉贤县志稿》,卷五,人物,据民国三十七年稿本复制胶卷。）

〔民国年间,江苏嘉定县人陆洪伦〕　地面薄弱,人才少,魄力不大,向无实业家。民国以来,徐行乡陆家宅陆洪伦氏初为肩贩,收购鸡与鸡蛋,继改贩黄草织品至上海。民国十六年后,设华成草织厂于徐行,发行所设上海金陵东路,经营大规模之黄草织品事业。二十年后,兼营地毯事业。"八·一三"抗战时期改营毛巾织造,设合成棉织厂于徐行及嘉定,在徐行厂中兼收黄草织品。抗战胜利后,专业毛巾织造,扩大嘉定及徐行两厂。三十六年,在嘉定东门外之合成厂前开设较大木号,名"华成"。事业由小而大,一往顺利,为东乡之冠。

(吕舜祥、武蝦纯编:《嘉定疁东志》,四,实业,实业家,民国三十七年油印本。)

〔民国二十七至三十七年,江苏嘉定县人陆荫百〕 徐行乡八字桥南陆荫百、陆象候兄弟,本为小康家之子弟。"八·一三"抗战时期,邑境沦陷,恐遭敌伪匪徒陷害,逃往上海,携款五六百元,与居大楠等合作毛巾贩,继设恒泰棉织厂于嘉定城内,建筑规模伟大之厂房,设备营业,均冠全县。三十八年,兼开恒泰木号于东门外,规模与华成同为本县木行之首。

(吕舜祥、武蝦纯编:《嘉定疁东志》,四,实业,实业家,民国三十七年油印本。)

〔民国二十七年以后,江苏嘉定县人陆翰臣〕 与陆荫百兄弟同宅之陆翰臣,亦营毛巾业,设恒大厂于上海。

(吕舜祥、武蝦纯编:《嘉定疁东志》,四,实业,实业家,民国三十七年油印本。)

〔民国年间,江苏嘉定县人陆健如〕 徐行南市陆健如,为毛巾业之先进,但在上海经营。

(吕舜祥、武蝦纯编:《嘉定疁东志》,四,实业,实业家,民国三十七年油印本。)

〔清道光年间,江苏嘉定县人孙时杰〕 孙时杰,字学卿,居北镇,业布商。道光之季,里中所产土布,衣被七闽者,皆由闽商在上海收买,未尝自行运送,价之高下,听客所为,不足以操胜算。时杰患之,因创议自收自运,顾陆运取道于浙,有仙霞岭之阻,劳费且倍,计莫便于航海,同业均有难色。时杰慨然乘帆船往,以导先路,备历风涛之险,数月返里,赢金累万。嗣是,土布自运福建之路以通。

(章圭璋纂:《黄渡续志》,卷五,人物,商业。)

〔清咸丰年间,江苏上海县客籍人苏升〕 苏升,字辛庆(号子明),原籍福建永定。父能周,贸迁苏、沪间。升年十四,独身走赣,逾浙来省亲,随侍习贾,遂居沪。性慷慨。道光己酉,吴越大水,灾民数万集境上,升先自倡捐,并劝闽商助振。沪市闽商最盛,巨款立集,遂奉檄办城东北粥厂,经划井然,邑令平翰书联褒赠。咸丰子已,军需孔亟,大吏创榷闽、粤洋货厘,委升董其事,得饷无算,不受公家丝毫费,叙功由监生涍保同知四品顶载〈戴〉,赏花翎。尝与建宁张镜清集资于南门外,构筑建汀会馆,并筑自馆至南门砖街,以利行人。

（吴馨等修,姚文楠等纂：《上海县续志》,卷十八,人物,民国七年刻本。）

〔清同治、光绪年间,江苏川沙县人陆龙升〕 陆龙升,字鹤龄,九团新港人,经营商业,设木行、槽坊、花、米行等各肆,一时鼎盛。

（方鸿铠等修,黄炎培等纂：《川沙县志》,卷十六,人物志,统传,民国二十六年铅印本。）

〔清光绪初年,江苏上海县人朱纯祖〕 朱纯祖,字丽生,市区人,监生。……年甫十龄,孤苦零丁,学习米业,中年创设朱丽记花米行,历二十余载。至元善堂落成,贫苦亲邻,时加周济。后遇颠沛,米行收歇,历年放出米帐四千余金,病中命将账簿付之一炬,免累后人追索,欠人者则如数归还,论者誉为商界冯煖。生咸丰二年,殁民国十四年,年七十有五。子五人,均有声商界。

（方鸿铠等修,黄炎培等纂：《川沙县志》,卷十六,人物志,统传,民国二十六年铅印本。）

〔清光绪年间,江苏川沙县人陆清泽〕 陆清泽,字莲溪,八团人,本姓张,为舅家陆氏后,故用今姓。为人精明浑厚,早年经商,能忍艰苦。中年后……发起电灯公司、上川长途汽车公司。

（方鸿铠等修,黄炎培等纂：《川沙县志》,卷十六,人物志,统传,民国二十六年铅印本。）

〔清光绪年间,江苏川沙县人张兆连〕 张兆连,字秉堂,九团乡人。世业农,少贫寒,赴沪谋生。旋以商业起家,而不忘本,乡居恒,每以"树高千丈,叶落归根"为言。……生道光二十八年,殁民国九年,年七十有三。子二,祥钧,字少堂;祥麟,字幼堂。祥麟历任外交官。

（方鸿铠等修,黄炎培等纂：《川沙县志》,卷十六,人物志,统传,民国二十六年铅印本。）

〔清光绪末年,江苏上海人陆懋德〕 陆懋德,字竹坪,市区人,原籍浙江鄞县,自幼随其父经商于川城,遂家焉。初业银饰,以雕文刻镂,有伤农事,乃改业棉纱,创设懋昌纱号于南市王家码头。被举为纱业公所议董,旋任董事长,后复代表同业,任纱业认税者十余年。国民政府改办棉类专税后,仍任纱税专员。

（方鸿铠等修，黄炎培等纂：《川沙县志》，卷十六，人物志，统传，民国二十六年铅印本。）

〔清朝末年，江苏川沙县人顾彰、顾懿渊〕 顾懿渊，号蓉江，八团北四甲人。父名彰，号益斋，业商，颜其肆曰"顾合庆"，今合庆镇之名以此。

（方鸿铠等修，黄炎培等纂：《川沙县志》，卷十六，人物志，统传，民国二十六年铅印本。）

〔清朝末年至民国初年，江苏川沙县人艾文煜〕 艾文煜，字熙春，长人乡人。在本城开设春源祥南北货号，历任川沙县商会会董，并川沙市市董等职。民国九年四月，被选为川沙县商会第四届会长。……生同治十三年，殁民国十六年，年五十四。

（方鸿铠等修，黄炎培等纂：《川沙县志》，卷十六，人物志，统传，民国二十六年铅印本。）

〔清朝末年至民国初年，江苏南汇县高庆芝等人〕 高庆芝，字祥生，奉贤头桥人，自幼学习竹桥镇新茂纸业，后主理五十余年，民国七年去世。阖镇绅商，靡不追悼。子锡龄、锡佳，仍在竹桥镇开永昌祥绸缎烟纸号。又，诸丽生，浙江海宁人，经理木业（陶协盛）。张恒卿，安徽休宁人，经理典业，始同生，继同昌，今改保源，并集资创开义泰碗店，一生未尝易主。兹三人者，竹桥商界之唯一人物。

（储学洙纂：《二区旧五团乡志》，卷十八，遗事，民国二十五年铅印本。）

〔清咸丰、同治、光绪年间，江苏宝山县人朱其昂、朱其诏〕 朱其昂，字云甫，宝山人。清咸丰六年至十一年，历办江苏海运。同治元年，会办江苏海运局兼捐输事宜。时江督李鸿章拟倡办招商局，其昂上办法十二条，规划详善。檄其昂任招商局总办，收买美商金亨敦码头，改名金利源，与英商怡和、太古两公司订立三公司合同。十三年，购法国新金山、日本长崎等处码头，备商轮停泊之用。光绪三年，奏设贻来牟机器磨坊于天津，中国之机器制面粉此为嚆矢。四年，授天津海关道，未之任，卒。弟其诏，字翼甫，继办招商局。光绪初，权永定河道，有政声，旋调清河道。时正办修筑朝鲜电报及直隶、开平矿务暨淞沪铁路事，未之任。十八年，署津海关道，未接篆，卒。从弟其懿，字叔彝，又字彝甫，帮办招商局、江苏海运事宜，任湖南永州、衡州府知府，署沅州、常德府知府，历办淞沪铁路事宜，并任两江省视学官。

（吴馨等修，姚文枬等纂：《上海县志》，卷十七，游寓，民国二十五年铅印本。）

〔清同治至光绪年间，江苏上海县客籍人徐润〕　徐润，字雨之，号愚斋，广东香山人。年十五来沪上，弃书习贾，业丝茶二十年，中外人士交相推重。同治十二年，直隶总督李鸿章议兴商埠，派会同唐廷枢接创招商局。先是，十一年冬，朱其昂总办漕运，仅有轮船四艘，浦东轮埠一处，于扩充商务、运载货物，颇感困难，乃惨淡经营，与唐廷枢、盛宣怀等尽心筹划招股添船、造栈载货、开拓航路、设立码头诸事。运漕事务，仍归朱其昂经办。招商局初定招股百万，后改二百万。光绪二年，旗昌轮船公司自拟出售，索价二百六十万两，约于数日内决定。是时，总办唐廷枢赴福州，盛宣怀赴武穴，为期至迫，乃独自筹议。估计旗昌全部除轮船不计外，有金利源、金方东、金永盛三处轮埠，可泊六七艘，中栈轮埠水步最深，可泊外洋大轮，又宁波轮埠、顺泰轮埠并天津货栈轮埠及长江各埠轮埠货栈十数处，全数核计，何止仅值二百六十万两。乃即日定议，允予收买，议价二百二十万，卒以二百二十二万定议。匆促之间，毅然决定。迨唐廷枢、盛宣怀回局，均各赞同。是时，两江总督沈葆桢、直隶总督李鸿章深加赞许，谓为胆识俱优，褒誉备至。由是，招商局得与外洋诸公司争衡，中国国旗飘扬于英京及利物浦、南洋各岛、檀香山、日本等处，实航路发展之快意事也。轮船保险，向由外商承办，至是，洋商嫉江孚轮航行长江，用华人为船主，不允保险，初创仁和水险公司，续创济和水火险公司，自保船险，洋商乃无异言。创办开平林西煤矿、塘沽种植公司，续办承平、三山银矿、贵池、天华、南票、台吉等矿，香港利远糖榨公司、玻璃公司、烟台螺丝局、虹口伦章造纸公司。又以欧西石印法于文化事业裨益颇多，创同文书局，影印图书集成，及广百宋斋铅版书局，印刷书籍，艺林诧为创举。凡所规划，皆为中国所未见，而事事足与欧美竞争。光绪二十年，唐山荐饥，流民十余万，麇集无所得食，奔走募振，集款三十余万，地方以安。中以法越构衅，兵事紧张，所创实业，几致失败，然其坚忍耐苦、百折不回、投艰遗大之精神至老弥笃，历受李鸿章、王文韶知遇，颇自振奋。复于天津与西商设先农房产公司、广益房产公司、合股电车公司、种福台垦务公司，以为规复商务之计。二十八年，在广东设香山同益种植橄榄松柴公司。二十九年，至锦州创大凌河天一垦务公司。三十二年，在上海设华兴保险公司。三十三年，设华安保险公司，皆所以振实业而挽回利权者也。……著有《上海杂记》《自编年谱》。迄宣统元年止卒，年七十四。

（吴馨等修，姚文楠等纂：《上海县志》，卷十七，游寓，民国二十五年铅印本。）

〔清同治至光绪年间，江苏上海县人郑嘉荣〕　郑嘉荣，字鞠初，德钟子。道光、咸丰时，方崇尚科举，独弃帖括，究实学，邃算术，精理化，测验机器之理，无不洞悉。同治四年，始入江南制造局，规划工程及船厂事。九年，李鸿章调赴北洋。光绪十五年，提调天津机器局。二十二年，提调津芦铁路。二十六年，拳匪乱作，路毁，南归经办龙华子药厂。二十七年，赴北洋办硝。二十九年春，又办硝北上，留充银元局提调，旋改帮办。三十二年，帮办北洋机器局。三十三年，坐办劝业铁工厂，至冬假归。三十四年，任制造局稽查。宣统二年，总办金陵制造局，三年十月返沪。民国元年冬卒。自同治四年迄宣统三年，先后任局厂事四十五年，实事求是，无仕宦气习。于德州兵工厂炼钢事，苦心经营而不食其报，性廉介不苟取。任龙华子药厂时，厂中公物狼藉委地，丝毫无所沾润。咸丰中，办清丈时，持寻常堪舆家所用罗盘，环行上海城堞，且行且绘，迨经一周，相差仅铢黍，测绘之精可见一斑。尝自以少读书为憾事。

（吴馨等修，姚文楠等纂：《上海县志》，卷十六，艺术，民国二十五年铅印本。）

〔民国初年，江苏宝山县人严濂〕　严濂，字汲青，诸生，居大场，好研矿学。民［国］四［年］坐办湖南锰矿局，以所辖各矿为数千余，又无图册可稽，易滋流弊，乃派员实地测绘，随时清理基本，以立〈息〉争端，以弭其升降，职工一以成绩为准，绝不以所司工役而存歧视。六年，清厘存山矿砂，向例，称余砂量，局长可以正砂报，濂则酌提奖励金外，悉数归公。先是，曾办湖北马鞍山煤矿，辛亥军兴，奉命收束，有说以乘机图利者，濂不为动，任事八载，得总局倚重独深，列案膺农商部二等奖。

（吴葭等修，王钟琦等纂：《宝山县再续志》，卷十四，人物，事略，民国二十年铅印本。）

〔清同治至光绪年间，江苏上海县客籍人朱佩珍〕　朱佩珍，字葆三，先世居浙江黄岩。父祥麟，为定海游击，遂占籍焉。稍长，迁上海习贾，勤敏诚朴。主者器之，委以会计。久之，自设慎裕五金肆，是为独资营商之始。起家徒手，无所资籍，徒以重然诺，审取与，为士大夫所爱重。东西各国人士来此经商或旅游者，闻其名，争结纳焉。海通以来，挟土物与外人交易，或居间逐什一利，以宁波人居多，咸推佩珍为领袖，乞剡存、通有无者，日踵于门，必尽心力为之赞助，或窃资而逃，辄出己资代偿之，前后所耗累巨万，以此信义益著闻于时。所营如银行、如保险公司、如航业、如自来水、煤矿、面粉、纺织、新闻事业，不可缕数。无论为首创、为参加，咸推尊之，以资号召。……任总商会会长九年，经营规划，舆论嚣然。民国十五年卒，年七十九。

（吴馨等修，姚文楠等纂：《上海县志》，卷十七，游寓，民国二十五年铅印本。）

〔清光绪年间，江苏上海县人包定鳌〕　包定鳌，字赞卿，西镇人，祖父开信昌香店，家道中落。定鳌习西语，充洋商买办，以致骤富。……民国六年卒，年五十二。

（王钟撰，胡人凤续辑：《法华乡志》，卷五，通德，清嘉庆十八年编，民国十一年续编，抄本。）

〔清同治至民国年间，江苏宝山县人周万鹏〕　周万鹏……幼强毅，读书解义蕴。同治癸酉，曾国藩、李鸿章会疏请选派留美学生，万鹏投试获选。辛巳，学成返国，时李鸿章任北洋大臣，创办铁路、电报诸大政，万鹏奉调赴津实习电报工程，旋充清江电报局领班，勘established宁汉电线，溯江而上，徒步施工。乙酉，调汉口，规划滇黔路线，由鄂经蜀，逾黔入滇，躬冒瘴疠，于山嵩榛莽间，解装露队，辍粮忍饥，历程万里。壬辰，调任沪局线路总管。逾年甲午，中日开战，军书旁午，沪局实习绌縠，万鹏身亲繁剧，悉无罣误。己亥，列案保知县，委赴日本考察电话，归偕迁野技师至广州筹备，阅三月成。庚子，擢沪局会办，参与交涉。初同治季年，丹商大北公司请设水线于上海、厦门、香港等处，北洋大臣李鸿章议订条约，奏准敷设，又允英商大东公司援案设水线于上海、福州、香港等处，外人遂擅沿海通电之利。是年八月，直、鲁、晋、豫拳匪为乱，北路电杆劫毁，各国海军齐泊烟台，以电线中断，议由大沽经烟台至上海径设水线，万鹏敷陈前约之失，请定策补救，且曰水线非我国所有，度支又不能猝办，不如就商于大东公司，假其资而委以代办之，彼中于利而我发其端，操纵或可就范。当轴韪其论，命与公司磋议，万鹏开示诚信，订定设线资本英金二十万镑，许以按年摊还，约以准期代办。论者谓南北沿海干线拾坠于俄顷间，万鹏之力也。辛丑，陕、豫全线告成，列案保同知。癸卯，委办沪局兼提调总局事务，多所兴革，而于制定洋账，立法尤垂久远。盖自光绪十三年与丹、英两国公司协定合同，凡自外而递其电于国内者，则还其本线费于我，自内而递其电于外洋者，则还其外线费于彼，率逾月而划算。惟以中外列账，导致当事者，司其出纳而不能详其簿籍，万鹏虑贻外人口实，乃手定洋账方式，课司校核月成一籍。由是中外出入之电款历更时代而不紊，昔之视为利薮者，至是而公开矣。丙午，德人占胶澳，筑胶济铁路，后自青岛设水线以达上海，交涉日棘，万鹏与德人议订青沪水线合同及胶济铁路转报合同，其关系最巨者有德国不得再有增设电线等语，德人初不承诺，万鹏折冲樽俎，不屈不挠，定议行成，德皇赉以二等宝星。丁未，邮传部成立，欧美各国开电约公会于葡京，部委万鹏代表莅会，在葡各国公使咨诹电政，尽得其详历，丹麦、那威入觐国君，酬对得礼，以头等宝星为赉。及归国，途次南洋、檀香山，部电命赴日本与议中日电约。

初日俄之战,日人设军用电线于东三省,又潜置水线于烟台,迨战役既定,日人设局改递商报,以图久占,当轴抗论,经年不得要领。万鹏略谓日人控制东省电线之利,则侵入境内而据有烟台水线之用,犹仅及海口,两害相权,先弭其重,乃提案将东省电线给价收回,而许其烟台水线专递官报,论中款窍,日政府承诺,悬案乃定,反命于部,抒陈政策,各国电报至是始属国有。又以我国治理电政未谙,约章动为外人牵制,因本其所得于议约者,辑为《万国电报通例》一书上之部,部报可,始定核减报价,悉收商股,裁撤官局,次第布行,电政乃底于统一。先是,己亥以劳绩保道员,是年加二品顶戴。己酉,委办总局兼沪局如故,以自津至沪,报务加繁,旧用莫尔斯机易于阻滞,改用新创韦斯敦机,并另建电料专处,扩置堆地、机厂,立电政之基。万鹏严于法度,不肯宽假,洋员德连生者处事擅专,力为制止,使终驯服。沪埠有英商惠中旅舍者,装用无线电机以递中外要电,力争撤废,收为我有。国内之有无线电报,盖自此始。庚戌,部议增加线路,以度支无出,委借外资,固与大东公司订借英金五十万镑,万鹏申信定约,不具抵押,实收其数,盖为清季经借外款所未有。辛亥,重定官制,奏举电政局长,给四品卿衔,并以出使大臣存记。是年九月,上海光复,军府派员接管电政,间检交公帑,悉得区处,主事者不忍听其落莫,谋供其匮乏,万鹏却之。民国底定,改邮传为交通部。二年,当道耳万鹏名,委监督赣皖电政,兼九江电报局长,旋移闽浙电政监督。三年,简任交通部邮传司司长兼领邮政总局及电政督办,受任以后,力谋整饬而理控交涉者甚多。始以法人在沪之顾家宅擅设无线电台,法使曾以承办于国内为请,前任与议而未定,及是复申前说,要订成说。万鹏力拒不允,法使固争,万鹏谓两国供求,必出互愿,顾家宅之无线电台,我国初未同意,公约所不许,遑论推行,反复驳辩,法使谋寝。继以德商西门子料款新旧并计,胶固纠缠,不可究诘,万鹏削其浮繁料款,始以厘定。复因蒙古宣告独立,电经蒙境概为截留,派员赴蒙据理纠正,方得通行。在沪大东北公司埋入地电线绕道界外,先时置不问,据约申论,公司乃请接管,实则归我没收也。其审度理势,弭患无形,类皆如此。万鹏尝谓中国疆宇与欧美各国挈长比短,折中定限,宜有电线六十万里,然自创办以讫是时,不逾二十万里,颇以建设为责志。戊午,任江苏电政监督兼上海电报,并摄沪宁、沪杭甬铁路局事,月定奖给,时申儆戒,又将电政管理规程胪陈修改,以定职掌,重定江苏各局等级,以汰浮冗。迭次上议,惟恳恳于情,实利弊之微,不为高速远行之论。历年国是蜩螗,政论揉杂,万鹏不轻涉于坛坫尊俎之间,终以失败于军事,当局先后解除本兼各职。万鹏为我国留学美洲最初先进,当风气未开之前,致力于电气学业,建政策于当局,终其身不易他职……卒年六十有五。

（吴葭等修,王钟琦等纂:《宝山县再续志》,卷十四,人物,事略,民国二十年铅印本。）

〔清光绪初年,江苏川沙县人黄彬〕 黄彬,字紫文,高行镇人,国学生,干练有才。光绪初年,邑人朱其昂创办上海招商局,章程皆其手订。著有《讷盦草》一卷,待梓。

（方鸿铠等修,黄炎培等纂:《川沙县志》,卷十六,人物志,统传,民国二十六年铅印本。）

〔清光绪年间,江苏上海县人陈增钧、陈增源〕 陈增钧,字佑申,承父业沙船……光绪三十四年卒,年五十有六。

弟增源,字藻春,世业商。至增源更业转运,往返沪、津、营口间。性伉质直,有沙船遭洋舶撞折后舷船梢,损失甚巨,迭向索赔,不允,反以行驶不慎责难。事闻,巡道龚照瑗知咎在洋商,力助交涉,卒获赔偿。

（吴馨等修,姚文柟等纂:《上海县志》,卷十五,人物补遗,民国二十五年铅印本。）

〔清光绪年间,江苏上海县人曹成达〕 曹成达,字豫才,钟坤子,弱冠入邑庠,屡试不售,橐笔出游。湘乡李兴锐重其才,延揽入制造局,先后莞〈管〉库房及议价处事,尽心擘画,谋所以节费饬工之法,昕夕勿解。苏省创办铁路,上海举办市政,襄理总局事务,遇事皆尽心力,以才器重于时。

（吴馨等修,姚文柟等纂:《上海县志》,卷十五,人物上,民国二十五年铅印本。）

〔清光绪年间,江苏嘉定县人朱思棠〕 朱思棠,字颂南,居横河,父兄以耕读世其家,思棠少时独慨然有经商志。光绪乙未以后,内河小轮船通行,吴淞江往来如织。思棠自购一艘驶行上海、常熟间,与内河各客轮公司角胜,亏累虽巨,气不少挫。卒以测量航线,在黄浦中为某大轮所触,船碎溺焉,时论惜之。

（章圭瑑纂:《黄渡续志》,卷五,人物,商业,清宣统三年修,民国十二年铅印本。）

〔清光绪年间,江苏青浦县人席裕祺〕 席裕祺,字子眉,珠里人,幼习贾,后游上海,入申报馆,馆主英人美查极器之,任以经理,凡分设之点石斋图书集成局,命皆摄其事。裕祺性厚重,有贤操。时各省筹办水旱赈捐,皆以申报馆为集款之所。数率巨万,裕祺司出内〈纳〉无所苟,或遇急赈而捐犹未集,辄先垫应,不少踟蹰。以是办理慈善,如施善昌、严信厚、经元善辈,咸推重之。在馆二十余年,以疾卒。

（于定增修,金咏榴增纂:《青浦县续志》,卷十七,人物三,懿行传下,民国六年修,民国二十三年增修刻本。）

〔清光绪年间，江苏宝山县人周钟甲〕　周钟甲，字第花，居高桥，文英曾孙，父昌龄，字延甫，从父遐龄，字跻堂。元龄字晋甫，诸生，世有隐德，均慷慨好义。钟甲幼颖悟，习举业，课余辄雕镂竹木镶镆金石；及长，究心工艺学，室中刀锯斧削，纷然杂陈。光绪丙午，独力倡办美利利工艺改良所，制品精巧，别出心裁，尝陈列南洋劝业会场，为中西人士激赏。

（吴葭等修，王钟琦等纂：《宝山县再续志》，卷十四，人物志，事略，民国二十年铅印本。）

〔清光绪年间，江苏川沙人陶如增〕　陶如增，字凤山，号善钟，顾家路人。幼寒微，业调马，设善钟马车行于上海，营业甚盛。广置地产于法租界今善钟路一带。租界当局以其名名路。

（方鸿铠等修，黄炎培等纂：《川沙县志》，卷十六，人物志，统传，民国二十六年铅印本。）

〔清光绪三十三年前后，江苏上海人姚子梁〕　我国农学，发达最早，若徐文定公《农政全书》，可以实验而不悖。惟近今农家者流，不知讲求，肥料之粪壅，荒地之开垦，均不得其法，故农业迄无进步，较诸泰西，相去远矣。近姚君子梁拟设农学会于本邑，然后推广至各处。入会为会员者，或互相研究，或自行实习，他日此会告成，于吾国农业前途，必大有起色云。

（李维清编纂：《上海乡土志》，第一百十二课，农学会，清光绪三十三年铅印本。）

〔清光绪末年，江苏青浦县人蔡一隅〕　苏省铁路公司成立，珠里蔡一隅承烈投资最巨。光绪三十四年，苏嘉路与沪宁路接轨，奏准有案矣。承烈以铁路营业重在转输，珠街阁产销米、油额甚巨，谋自松江筑支路至镇，展拓至安亭，与沪宁接轨，因条陈其议，公司韪之，派员测勘路线，卒以河港纷歧，工程过巨，未果。

（于定增修，金咏榴增纂：《青浦县续志》，卷二十四，杂记下，遗事，民国六年修，民国二十三年增修刻本。）

〔清朝末年，江苏青浦县人徐景云〕　徐景云，字子山，业烟上海。烟业分东、西两帮。景云为东帮领袖，居停以其熟各地方言，命往陕、甘通交易，留兰州三年，忠勤厥职。

（于定增修，金咏榴增纂：《青浦县续志》，卷十七，人物二，蠡忭悯阳，民国八年修，民国二十三年增修刻本。）

〔清朝末年，江苏川沙县人施甘园〕　施甘园，长人乡人。习铜器工业，仿制西式纯钢裁纸刀,甚精锐灵便,能削钱币,专销沪市。宣统元年,松江物产展览会征集南洋劝业会出品时,得三等奖章。

（方鸿铠等修,黄炎培等纂：《川沙县志》,卷十六,人物志,工艺,民国二十六年铅印本。）

〔清朝末年至民国初年,江苏川沙县人陈惟善〕 陈惟善,字吉人,长人乡人,南邑庠生。……旋应上海实业界聘,佐理机器厂务、航务,效力甚多。感于本乡水陆交通之不便,创办小轮,往来南汇、川沙、上海间,赞助上川交通公司,创办小铁路。地方自治成立,被选为长人乡议事会议长,历任本乡乡董。……生光绪三年,殁民国十二年,年四十有七。

（方鸿铠等修,黄炎培等纂：《川沙县志》,卷十六,人物志,统传,民国二十六年铅印本。）

〔清朝末年至民国初年,江苏川沙县人倪锡纯〕 倪锡纯,字燮臣,市区人。自幼随父迁居上海,入耶教,受洗礼,恪守教义,毕业圣约翰大学后,即应江督招生留学之试,以官费留美,入耶路大学土木工程科,得学士位,复入宾斯回尼亚大学铁道管理科,及雪拉科斯大学桥梁建筑工程科,均得硕士学位。旋即归国,受聘为汉冶萍煤铁厂矿公司商务所所长。……生光绪六年,卒民国二十二年,年五十有四。

（方鸿铠等修,黄炎培等纂：《川沙县志》,卷十六,人物志,统传,民国二十六年铅印本。）

〔民国二十六年以前,江苏奉贤县人丁式如〕 丁式如,长于数理,民国初年,曾出长励金小学教员八载。主持校政者孙炽昌多方器重。氏感中国工业落后,又见农村所用农具器械皆陈旧,不知改进,乃毅然以其创造精神与能力,冀在科学方面得有贡献,为国货争一分光辉,斯丁氏之志也。丁氏初埋头于机械工业,即感兴趣,除修理钟表外,先制造辗米厂所用漏糠铁筛子,每年销数甚多,而氏对于农业机械之最大成就,厥为大量制造轧稻机。因其之研究精神精益求精,故在抗战前全省国货展览会中,荣获第二,颁有奖状,亦氏足以自豪之一也。轧稻机之制造程序：一、□□□木板凳,旁有滚筒护身板,以免滚筒于轧稻时受损；二、凳上置滚筒,以木条为骨架,上皆有铁钉,名曰刺头,旁有转盘三,下称大转盘至中转盘、小转盘,皆有齿轮；三、下皆有转轴,上转轴置滚筒中,下转轴置□板上。农夫手持稻把,下踏木板,以稻把轧于刺头,谷粒即可脱出,是乃轧稻机之大概也。

（奉贤县文献委员会编：《奉贤县志稿》，卷十，实业史料，据民国三十七年稿本复制胶卷。）

〔明嘉靖元年前后，河南彰德府武安县〕　武安最多商贾，厢房村虚匿不居货。

（明　崔铣纂修：《彰德府志》，卷二，地理志第一之二，明嘉靖元年刻本。）

〔清康熙二十五年前后，直隶正定府灵寿县〕　商，其大者，曰盐，曰典，皆非土著之民。其余菽粟、布缕、鸡、豚、酒、蔬之属，不过随时贸易，以谋朝夕，视都会之地百货萃焉者，相去霄壤矣。

（清　陆陇其修，傅维枟纂：《灵寿县志》，卷一，地理志，风俗，清康熙二十五年刻本。）

〔清雍正八年前后，直隶正定府井陉县〕　商之大者，民贫乏本，不能为之。贸易者，不过陶冶、柴薪、菽粟、枣果之类。

（清　钟文英纂修：《井陉县志》，卷之一，地理志，风俗，清雍正八年刻本。）

〔清雍正十三年前后，直隶河间府阜城县〕　阜城行货之商，贩缯，贩粟，贩盐铁木植。贩缯至江宁、苏州、临清、济宁。贩粟至自卫辉、磁州并天津沿河一带。间以年之丰歉，或籴之使来，或粜之使去，皆辇致之。贩铁者，农器居多，西至自获鹿，东至自临清泊头。贩盐者至自沧州、天津。贩木植者至自真定。其诸贩瓷器、漆器之类，至自饶州、徽州。而贩阜城之斜纹带、布被、毛巾等于京师者，多聚于花市。贩鸡子者多聚于三转桥。居货之贾谓之铺，来买之商谓之贩。货物既通，间有征税，日中为市，人皆依期为集，在县者旬四集，在乡镇者旬二集，上市者谓之赶集。

（清　陆福宜修，杜念先、多时珍纂：《阜城县志》，卷十二，风俗，清雍正十三年刻本，清光绪三十四年铅字重印本。）

〔清乾隆十四年前后，直隶顺德府南和县〕　富商大贾皆他处人为之，本处懋迁有无者，不过菽粟、布缕、鸡、豚、酒、蔬而已。

（清　周章焕纂修：《南和县志》，卷五，田赋，风俗，清乾隆十四年刻本。）

〔清乾隆二十六年前后，直隶河间府献县〕　邑无大贾，其盐局、典局多他省人为之，贩缯、贩粟即商之巨者。舟运由滹沱所载木石煤炭，陆多挽羊头单轮车通临清、衡水、道口、泊头、天津诸处。邑东多枣，岁以法熏晒，鬻十县，颇有淡。其他菽粟、布缕、牛、羊、鸡、豕、果、蔬之类，趁市贸易，不足名商也。

（清　万廷兰修，戈涛等纂：《献县志》，卷四，礼乐志，风俗，清乾隆二十六年刻本。）

〔清嘉庆四年前后，直隶保定府束鹿县〕　商，经商也，或贸易于本土，或营运于远方，何地无之，而束邑为最。县城西北辛集镇，为天下商贾云集之地，故土人雅善持筹，况既为百物之所丛，则彼此之懋迁尤为易，是亦谋利于市之大验也，附近村氓多借以资升斗云。

（清　李符清修，沈乐善等纂：《束鹿县志》，卷九，风土志，风俗，清嘉庆四年刻本，民国二十七年铅字重印本。）

〔清道光三十年前后，直隶定州〕　商，大者盐局、质库，然其人不皆土著。至布缕、粟米、鸡豚、酒蔬之属，交易往来，乡民亦只以谋朝夕焉。

（清　宝琳、劳沅恩纂修：《直隶定州志》，卷十九，政典，风俗，清道光三十年刻本。）

〔清咸丰四年，直隶正定府平山县〕　工匠朴拙，亦有他邑来佣工者，而邑僻处一隅，巧匠不聚。商之大者，曰盐、曰典，其余如菽、粟、布缕之属，只随时贸易，以谋朝夕，亦无甚奇货之萃于市，惟在上者使四民之不失其业可矣。

（清　王涤心纂修：《平山县志》，卷一，舆地志，风俗，清咸丰四年刻本。）

〔清咸丰九年前后，直隶顺天府固安县〕　商之大者，曰盐、曰典，其余布缕粟帛随时贸易，无奇货之萃于市。

（清　陈崇砥修，吴三峰等纂：《固安县志》，卷一，舆地志，风俗，清咸丰九年刻本。）

〔清咸丰十一年前后，直隶定州深泽县〕　民俗重农，不能商贾，鬻财于外者少，故邑鲜狙狯。惟南关远人辐辏，五方杂处，所宜访察商人利弊，驱游棍，缉小俚，庶市无奸宄焉。

（清　王肇晋等修：《深泽县志》，卷之四，风俗，清同治元年刻本。）

〔清同治十二年前后，直隶正定府栾城县〕　商，除盐、典外，菽、粟、布缕为多，要皆四方转运，随时懋迁，其人多非土著。只棉花交易，乡民以谋朝夕。

（清　陈咏修，张惇德纂：《栾城县志》，卷二，舆地志，风土，清同治十二年刻本。）

〔清同治年间至民国二十四年前后，河北阳原县〕　同光以还，外蒙之库伦、恰克图通商惠工，本县侨于两地者日益增多，清末几至万余人，而张家口之皮货商人亦皆蔚、阳两县侨民，与蒙人贸迁有无，获利至厚，计张、库、恰、多（即多伦）四地侨商，年汇本县银洋数达五六十万。民国四、五年顷，超至百二十万。全县获此补助，生活自当宽裕。……外蒙独立，侨民归县来者众，继而俄国革命，外蒙赤化也忽，所有侨民恰、库财产，均被充公，勉强作工于彼，现金亦难汇出，终也张库不通,外蒙贸易已断,皮商停业,亦均归县。十五年来,本县失业人数增加万余,现洋入口数目厘毫未有,而赋税苛杂之纳又数倍于往昔,即杂粮出口亦告停顿,盖以平绥沿路捐税繁多,商民无法输运,遂致粮价低落几至三倍(民国十年前,每石八元,去岁仅二元)。以农为生者大率完粮纳税外,毫无盈余,八口之家生活悉资累债。近数年来,借债亦已无门,全县昔日富户以及中产阶级今皆穷无所依,有产不能售,有债无法偿,而其先已贫者更无论矣。

(刘志鸿等修,李泰棻纂:《阳原县志》,卷十一,生活,概论,民国二十四年铅印本。)

〔清光绪二年前后,直隶永平府〕 郡非四通而习质朴,故无富商大贾,其挟资营运者,多出口贸易,至于列肆称贾者,土著多,客民少。城堡市集皆有定期,遇期远近毕集,日夕而散,所易不过布、粟、鱼、盐之属,无他异物也。近年洋舶辐辏,奇巧渐兴,器物之不中度数者多矣。他若钱帛之阿枉,诅偿之奸贪,权量之欺伪,尤晚近墟市之通弊,有心世道者,当思善为补救也。

(清 游智开等修,史梦兰等纂:《永平府志》,卷二十五,封域志七,风俗,清光绪五年刻本。)

〔清光绪三年前后,直隶永平府乐亭县〕 邑地近边关,经商者多出口贸易,挟资营运,谓之财主;代人持筹,谓之伙计,固谋生之道也。至列肆称贾,惟设质库鬻铁器者,间有晋人,其余则土著多而客民少。

(清 蔡志修等修,史梦兰纂:《乐亭县志》,卷二,地理志,风俗,清光绪三年刻本。)

〔清光绪四年前后,直隶保定府唐县〕 商之大者,盐局、质库,其人非土著,至布缕、粟米、鸡、豚、蔬菜之属交易往来,乡民只以谋朝夕,别无巨资奇货。

(清 陈咏修,张惇德纂:《唐县志》,卷二,舆地志,风俗,清光绪四年刻本。)

〔清光绪初年,直隶永平府临榆县〕 商懋迁有无,视时所需,计值求售,虽无富商大贾,而列肆尚不相欺,若邑人出外贸易,率多在东三省,交易公平,存古道焉。

(清 游智开等修,高锡畴等纂:《临榆县志》,卷八,舆地编,风俗,清光绪四年刻本。)

〔清光绪六年前后,直隶顺天府宁河县〕 宁邑统分县前后,总无大商,所有一二开典者,来自山右与邻近之左右县耳。市有常期,列肆中只布、米、鱼、虾、菜、蔬之类,其他绸纨珍馐衣履器玩及零星杂物未尝见也。

(清 丁符九修,谈松林等纂:《重修宁河县志》,卷十五,风物志,风俗,清光绪六年刻本。)

〔清光绪十九年前后，直隶正定府无极县〕 商无大贾，亦无远贾他方者，向多山西人挟资为之，今不尽然矣。

（清　曹凤来修，李凤阁纂：《无极县续志》，卷一，地理志，风俗，清光绪十九年刻本。）

〔清光绪十九年前后，直隶正定府无极县〕 商，大者，曰盐，曰典，皆山西人挟资为之（曹《志》）。

（耿之光、王桂照修，王重民等纂：《重修无极县志》，卷四，风俗志，礼俗，民国二十五年铅印本。）

〔清光绪二十三年前后，直隶赵州〕 商贾业盐、典者皆异乡人，赵地则菽、粟、棉花转贩，及担负之流，无远方贸易者。

（清　孙传栻修，王景美等纂：《直隶赵州志》，卷二，舆地志，风俗，清光绪二十三年刻本。）

〔清光绪二十四年前后，直隶永平府滦州〕 滦人习贾，在本地者十之二三，赴关东者十之六七，沈阳、吉林、黑龙江三省之地皆至焉。虽远贾必归，鲜流寓于外者，每岁获资以赡家口，是以贾补农之不足也。

（清　杨文鼎修，王大本等纂：《滦州志》，卷八，封域志，风俗，清光绪二十四年刻本。）

〔清光绪三十二年前后，直隶保定府束鹿县〕 商，九千二百四十一人，多贸易京、津间，张家口、归化城、盛京、汉口亦甚伙，然无挟巨资，获厚利，远涉重洋，如闽、粤之富商大贾者。

（清　张凤台修，李中桂纂：《束鹿乡土志》，卷八，实业，清光绪三十二年铅印本。）

〔清代至民国年间，河北威县〕 全县商号籍隶本境者居十分之七，外来者为十分之三。前清时代，外商之营业较为兴盛；民国以来，本境商号日见发达。

（崔正春修，尚希贤纂：《威县志》，卷八，政事志，商会，民国十八年铅印本。）

〔清代至民国年间，河南武安县〕 关东帮：乾隆中，民殷国富，到处昂平，内地商业已成供过于求之疲弱现象。遂有聪明人士，思向关外发展，以浚利源。时龙泉有武公者，首创临泰于奉天，经营药材，是为武安商人在关东贸易之起点。追嘉庆初，复有表兄弟三人，曰伯延徐某，曰同会宋某，曰万年李祥者，连袂出关，组设药店，频年奋斗，而首屈一指之徐和发遂勃焉以兴。其后伙友杨某别创顺发，至咸丰初营业失败，出兑于彰德祥顺公，改名德庆增，仍办药材，发明补天丹，行销各地，颇受欢迎，是为伯延房姓在关外创业之始。从此，逐渐扩充，继长增高,至造成武安稀有之巨商。时,武临泰式微,德泰兴代之而兴,朱姓之锦和庆(伯延)亦崛起长春,推行业务,日有起色。迨光绪季年,火车告成,交通便利,关外贸易近若门庭。继入民国,益形发达,若徐之元泰(伯延)、王之庆昌(南文章)、常之万兴(大贺庄)、宋之志和(同会)、孙之增发玉(孔壁)、孙之四盛(南安庄)、尹之积盛和(大洺远)以及房武、徐白各姓所生之联号(如德庆元、和发祥等),并其他各家所经理之业务,风起云涌,盛极一时,大小营业约千数百家,贸易人数约2万有余,其独力经营、蔚成巨业者,所在多有,而小本营生,籍(编者按:系"藉"字之误)资糊口者,更指不胜屈。于是关东一隅,遂形成武安商业之中心势力,故由民国纪元前十年以至"九·一八"事变之日,此三十年中为武安商业之极盛时期。若徐和发,若德庆增,若锦和庆,若积盛和,俱皆遭逢机会,趋向繁荣,分店分号,遍于三省,营业总额达数十万,人多羡其事业之伟大,生活之优裕,不知皆由微而显,荜路褴褛,刻苦努力之所致,非偶然也。迄今徐和发在草创时之砖木、药架及来往所推之手车犹保存号中,以示不忘,足见创业维难,成功匪易,勤俭生富,事理之常,惜事变以来,繁荣局面日形衰落,近更受世界经济不景气影响,无法维持,时有倒闭,此后如何,固令人难为预测也。

河南帮:河南贸易分绸布、山绸、药材三业。绸布以开封之贾三合、彰德之祥顺公为最,有历史(约二百年),祥顺公即伯延房姓创业起家之老号,同时在道口、怀庆、木奕店俱有分号,极为发达,迨后,挟其余资贸易关外,并营业大河南北,声势之隆,一时无两,现今开封之四大德(德庆恒、德庆成、德庆兴、德茂恒)各占商界重要地位,推其原始,皆彰德祥顺公之产生物也。贾三合(罗义)资格虽老,规模不大,分号设郑州、卫辉,前曾一度倒闭,尚未完全复业。复和庆原出徐和发,河南繁盛市场,颇多占据,亦具有相当势力。和泰恒(庄晏)崛起于光绪末年,鼎盛之后,近显衰退。此外,如德和恒(龙务)、王兴顺(伯林),民国以来,亦先后辉映于时,为西乡商人生色不少。山绸一名取丝绸,多在开封营业,鲁山蜜县之取丝绸,南阳镇平之八丝绸,俱派专人采办,运汴销售,近自潍县人造丝织品大兴后,此业兼售麻货,以假代真,致河南绸之销场反形呆滞,纪元前,家数颇多,均行凋谢,现存者以德和亨(德和恒联号)为巨擘。药材以彰德之德和庆(伯延)、双和义(磁山)为最有名,营业亦佳,他处虽有,不甚显著。总计河南帮业绸布、山绸者八十余家,约千余人,业药材者十余家,三百余人。

河北帮:武安商人初皆贸易河北,以药材称,每年春季,推车而往,岁终推车而归,习以为常,频年跋涉,不能大有成就,嗣鉴于关外经商者之日形得手,知岁来岁往之非计,始各于相当地点组设号址,照常营业。其具有悠久历史而以老资格见称者,若徐水之梁双兴(沿平村)、涿州之广魁(西河下)、方山之恒隆泰(茶口)、乐亭之恒盛和(大贺庄)以及琉璃河之天和永(茶口)等,或二百年,或百余年,或数十年,要皆以药材一业维持其长久之生计者也。每年祁州会之会首,武安梁双兴乃占一席,颇为同业所推重。绸布业偏重冀南,磁州之新盛源(南业井)、兴顺和(王顺兴老柜)较有历史。油盐业与鲜果业旧都曾有数家,惟皆资本薄弱,无称述价值。

山东帮:当关东贸易未兴以前,武安药商仅及于冀、鲁两省,时势演变,代有盛衰,然均无特殊发展,嗣商业重心移于关外,山东方面遂有每况愈下之势,如郯城县之义顺恒(磁山)、兴井集之广盛聚(大贺庄)、马头镇之聚元隆(磁山)犹能于隆盛之后,保持其悠久之历史,他则多半式微矣。总合山东、河北两省药商百余家,绸布商十余家,共一千五百余人。

苏皖帮:苏、皖两省,计有武安药商十余家,绸布商数家,共2百余人,均贸易于苏、皖北部。民国初年,巨匪老洋人攻破亳州,商人损失极重,至今仍未复其旧观。

热、察、绥帮:热、察、绥三省共有武安药商六十余家,绸布商数家,约六百余人。

山陕甘帮:在山、陕、甘贸易者,一百数十家,计药商八百余人,绸布商五百余人,山西最多,陕、甘次之,如太原之宏顺德(大贺庄)、孔继鹏(苑城)、曲沃之亨利顺、元和庆(伯延),陕西之德兴恒,宁夏之德泰永(均伯延),俱有多年历史,营业并佳。西安自定为陪都后,新往贸易者颇不乏人,市面已日有起色,亦武安商业前途之曙光也。

武安县县外贸易一览表(民国二十四年调查)

区域别	业务	商家数	商人数	备考
关东帮	药材、绸布	一五〇〇	二〇〇〇〇	
河南帮	绸布、山绸、药材	九〇	一四〇〇	
冀鲁帮	药材、绸布、油盐、鲜果	一二〇	一五〇〇	
苏皖帮	药材、绸布	二〇	二〇〇	
热察绥帮	药材、绸布	七〇	六〇〇	
山陕甘帮	药材、绸布、其它	一五〇	一三〇〇	

(续表)

区域别	业　务	商家数	商人数	备　考
合　计	药材绸布油盐鲜果其它	一九五〇	二五〇〇〇	各省贸易近今俱显退缩,关东尤甚。
说　明	一、本表所列贸易盛衰情形均按二十四年份前叙述统计。 二、本表所举业务之外,尚有其它贸易,不能一一列入,阅者谅之。			

（杜济美等修,郝济川等纂《武安县志》,卷十,实业志,商业,民国二十九年铅印本。）

注：武安县现属河北省。

〔清代至民国十一年前后,河北宣化县〕　在昔蒙古内附,置为藩属,张家口、库伦、恰克图为互市要区,商业兴盛不亚内地,我宣商人多往焉,岁一往返,获利数倍。惜革命后,蒙古独立,交通隔绝,我宣人之生计遂大受影响,本埠商业半为客籍人所经营,尤以山西及蔚县人为多,本地人商业势力甚微,故多失业游民。

（陈继曾等修,郭维城等纂：《宣化县新志》,卷五,实业志,商业概况,民国十一年铅印本。）

〔清代至民国二十二年前后,河北昌黎县〕　地非通商,故无富商大贾,若粟米则籴于关东口外,绸缎则来自苏、杭、京师,土著多而客民少。虽城堡各有集市,集市皆有定期,日出而聚,日昃而散,所易者不过绵布鱼盐,以供邑人之用。初无奇珍异物,各安本业,以谋生活,此其俗之独厚者欤（旧《县志》）。按：县境因铁路横亘东西,南关外及安山石门车站俱开设栈房。本境及各省外洋货物交通便利,商业亦日见增多,乡里儿童至十四五之时,凡识字者率多出门经商,不识字者亦出门赴商家学手艺,然十人之中在本县者十之二三,赴东三省者十之八九,赴京津者百无一二,及壮所得薪金可供事畜,亦有因以致富者。惟遭辛未"九·一八"变故,东省商人纷纷回籍,将来之状况不知何以结局矣。

（陶宗奇等修,张鹏翱等纂：《昌黎县志》,卷五,风土志,礼俗,商,民国二十二年铅印本。）

〔清代后期以后,直隶天津府青县〕　自外人通商以来,邑之眼光锐敏者营充洋行买办,致获巨资,渐而自设行栈,收买内地土货,转售外商或承办各行转运事业,蜚声繁盛都埠者实有数家。

（万震霄修,高遵章、姚维锦纂：《青县志》,卷之十一,故实志,风俗篇,民国二十年铅印本。）

〔清朝末年至民国十八年前后,河北宁晋县〕 宁邑滨临滏河,交通便利,城市、集镇,商业素称发达。近来,铁轨繁兴,远方贸易者日众。惟是,花粮而外,贩洋货奢侈品者颇多,只知图利肥己,不顾民艰,宁俗之日就奢靡,此其重因。

(张震科等纂修:《宁晋县志》,卷之一,风俗,民国十八年石印本。)

〔民国十一年前后,河北宣化县〕 城关商号合计六百五十一户,商人合计约十万二千七百四十五名。

(陈继曾等修,郭维城等纂:《宣化县新志》,卷五,实业志,商业概况,民国十一年铅印本。)

〔民国十八年前后,河北临榆县〕 商所以懋迁有无也,但临邑市廛居民绝少,皆由西县来者,本地人俱往关东贸易。近日关东萧索,倒闭者多。

(仵墉等修,程敏侯等纂:《临榆县志》,卷七,舆地编,风俗,民国十八年铅印本。)

注:临榆县今并入秦皇岛市及抚宁县。

〔民国二十年前后,河北迁安县〕 邑无大资本家,盐商、典商多他邑人为之,而贩缯贩粟即商之巨者。舟运则资于滦河,北至承德县,南至乐亭县,凡粮食、果品、木材、煤炭之运输皆利赖之。陆运则用骡、马、牛、驴等,大车北达凌源、平泉、赤峰、承德诸县,南达滦县、唐山、古冶、开平诸地,东达海阳镇、留守营、台头营、燕河营,西达北平以东各县,盖以邑境所产纸、麻为运销正品。至挑肩贸易四方者,不足为商也。

(滕绍周修,王维贤纂:《迁安县志》,卷十九,谣俗篇,风俗,民国二十年铅印本。)

〔民国二十年前后,河北枣强县〕 枣强之人经商于本地者少,而为商于外地者多,若北平、若天津以及奉省、山西、河南、山东等处,无不有枣强人之足迹焉。

(宋兆升修,张宗载、齐文焕纂:《枣强县志料》,卷二实业,商,民国二十年铅印本。)

〔民国二十一年前后,河北广宗县〕 城内无资本万元之商号,居民日常所需,如布匹、纸张、杂货等类,均系商人在于附近郡市(如顺德、临清等处)零星贩卖,无由津、沪各商埠趸批者。粮食为本地出产,牲畜为农民耕地所需,然买卖亦仅限于本县或邻境而已。四乡无大市镇,即遇集期,本地农人互相交易,日中为市,顷刻即散,各村间有庙会,货品较集期为多,人数亦众,然亦仅附近各村,外商估客裹足不至。盖境内既无特种天然物品及人工制造以供远方需用,而民俗俭朴,于外来奢侈物品亦无力购买,故商业终无发达之希望。

(韩敏修等撰述:《广宗县志》,卷三,民生略,民国二十二年铅印本。)

〔民国二十二年前后,河北南皮县〕 南皮全境,除泊镇一隅外,无水陆交通中心之商市,亦无地方生产出口之大宗,故行商、坐商皆系居民业农者为之,坐商系有商号者,城厢及村镇有之,或投东,或集股,或一家专设,以杂货商店为多,钱行、粮店殊少。行商亦以贩卖杂货、食物并寻常日用品物者为多。此项商业并无商号,不过赶集设摊、沿村叫卖而已。以上商民生活,以坐铺领东者为优,身金而外,如生意昌旺,可少得花红,饮食、衣服或与富室相埒。下此者各视其生意之赢绌以定其生活之优劣。

(王德乾等修,刘树鑫纂:《南皮县志》,卷三,风土志,民生状况,民国二十二年铅印本。)

〔民国二十二年前后,河北昌黎县〕 昌黎商界,多由各人出资或数人合资经营,集股者仅新中罐头公司一家。营商业出资本者名东家,执事者名掌柜,号伙名劳金。东家与执事,每三年分赢余一次,亦有二年者,名曰算账期。赢余若干,东家与执事按股均分,而号伙与执事则由执事人按年酌给薪水,各拨劳金。营业种类,向以烧、当、钱、粮四行为首。现当行多改营钱粮业而止当矣,惟钱粮行近年特盛。其余油行、绸缎布匹行、杂货行亦属不少。钱业交易有银钱市,在县城东街关帝庙,每日晨各商号上市办理交易事,向以钱为本位,近则银元、银票一并通用,利率视钱粮松紧,少仅二三厘,多至二三分,大概春夏利息轻,秋冬利息重。粮行收粮,除秋成后由集市收入外,由奉天运来。绸缎布匹、杂货等行,多由上海、天津、烟台购货,陆路则由京奉路运入,水路则由秦皇岛海口运入。

(陶宗奇等修,张鹏翱等纂:《昌黎县志》,卷四,实业志,商业,民国二十二年铅印本。)

〔民国二十三年前后,河北怀安县〕 我县商业……大率以数人之资本结合而成商号,每年或向平津搬运些微杂货,仍销于本地,非但无包办之能力,且无懋迁之性质,谓之"坐贾"则可。

(景佐纲修,张镜渊纂:《怀安县志》,卷三,政治志,实业,商业,民国二十三年铅印本。)

〔民国二十三年前后,河北怀安县〕 酒商,是业多系兼营烧锅,而单行卖酒者尚不多见。在库伦通商之期,此业特别兴盛,共有四十余家。迨至库伦不通,所产酒量但能推销本地,兼以酒税特重,影响所及,因而倒闭者不少。最近调查,合怀、柴、左三处,只余十八家耳。

(景佐纲修,张镜渊纂:《怀安县志》,卷三,政治志,实业,商业,民国二十三年铅印本。)

〔**民国二十四年前后,河北阳原县**〕　往昔本县侨民旅居恰克图、库伦者最多,张家口、多伦、兴和、平地泉次之,平、津又次之,沪、汉特少,皆系工商阶级,县中金融悉赖此辈活动。十稔以还,江河日下……降至今日,人数锐减九倍,然仍各地均有。

（刘志鸿等修,李泰棻纂:《阳原县志》,卷八,产业,杂业,民国二十四年铅印本。）

〔**民国二十五年前后,河北涿县**〕　三坡人烟稀少,僻壤穷乡,向无镇市,水陆不便运输,商业实难发展。大村中,间有一二小商号售杂货以外,惟庸医所设之药肆而已。赊欠多,而现金交易者恒少。经营业务多本地人,亦有来自宛平者,但须与本地人合作,因年终始结账,届期无力偿还,即以房地折算,所以外人独立深感困难。以外,糖果、线绳等小商贩不乏其人。早年有酿酒、烧锅两家,一为山南王化南,一为罗台张玉书,酒味香洌,嗣经变乱,歇业,无恢复能力,今沽者系由口外运来米酒,味经久而不变,亦佳酿也。山产核桃、杏仁、花椒、药材、木炭、蜂蜜等,由坡人自行运销,获利颇厚。三坡中最大临时商场为九龙庙会,每年会期在夏历三月十九日,地属涿县、房山、涞水三县之交,外商云集,不仅本地摊贩。各商号设于居民院内,并无门面,因无外客购买,坡人来会者,相距匪遥,熟悉其地,不难觅得,但以物交易之古风尚见于今日云。

（宋大章等修,周存培等纂:《涿县志》,第八编,三坡志,实业,民国二十五年铅印本。）

〔**民国二十九年前后,河南武安县**〕　棉花业:业此者,资本虽小,而营业额极巨,每遇收花之年,花店林立,外商来武贩运者络绎于途,经济界顿呈活跃现象,现在十有三家。

（杜济美等修,郝济川等著:《武安县志》,卷十,实业志,商业,民国二十九年铅印本。）

〔**清康熙年间,山西省蒲州府永济县**〕　永济民性质朴,好尚节俭,力田绩纺,多事商贾。

（清　曾国荃等修,王轩纂:《山西通志》,卷九十九,风土记,民俗,清光绪十八年刻本。）

〔**清康熙四十九年至乾隆五十年前后,山西保德州**〕　商仅小贩,无大贩,累旬不见银,惟以钱米贸易。

（王克昌修,殷梦高等纂,王秉韬等增补:《保德直隶州志》,卷三,风土,风尚,清康熙四十九年刻,乾隆五十年增补刻本。）

〔清乾隆五十五年前后，山西沁州武乡县〕　邑本环山，舟车不通，无百货可以懋迁，其当行、酒行、大铺行，胥太谷、平遥、邻邑人为之，本籍挑贩不过砍柴卖炭、抱布贸丝而已。

（清　白鹤修，史传远纂：《武乡县志》，卷二，风俗，商，清乾隆五十五年刻本。）

〔清嘉庆二十二年前后，山西霍州灵石县〕　灵虽地处冲途，而山田僻壤，伙于他境，故土物所出视他境较寡焉。盖土俗淳朴，安于服田力穑者什之七，然近时远服贾者正复不少。

（清　王志瀜修，黄宪臣纂：《灵石县志》，卷三，物产，清嘉庆二十二年刻本。）

〔清道光初年至民国八年前后，山西闻喜县〕　邑最富庶在清道光初，至咸同，而富稍减矣。非富以农，以商也。受外国通商之影响，资本家先少获利，然而男子十三四万，竭地力不足糊口，远服贾者二三万人。岁入赡家金四五十万，以与农民易粟麦，粮价适中，金融恒裕，交相维焉。光绪大饥，丁去其半，休养生息，以迄于今，户口不增，何哉？谷贱伤农者三十年其因一，十人而八嗜鸦片其因二，商家世业十破其九其因三，今也烟禁厉，交通稍便，粮价稍昂，农民始稍苏。

（余宝滋修，杨㭎田纂：《闻喜县志》，卷六，生业，民国八年石印本。）

〔清道光十年前后，山西大同府大同县〕　邑之懋迁者，太原、忻州之人固多，而邑民之为商者亦不少。

（清　黎中辅修，杨霂、张志仁纂：《大同县志》，卷八，风土，风俗，清道光十年刻本。）

〔清咸丰至同治年间，山西解州芮城县〕　芮邑与清咸同间人稠地狭，营商于外者甚多。

（牛照藻修，萧光汉纂：《芮城县志》，卷五，生业略，民国十二年铅印本。）

〔清同治二年前后，山西太原府榆次县〕　县人操田作者十之六七，服贾者十之三四，常以岁中为会场，合百货而市易焉。

（清　俞世铨、陶良骏修，王平格、王序宾纂：《榆次县志》，卷七，风俗，清同治二年刻本。）

〔清光绪年间，山西大同府怀仁县〕　邑之懋迁者，关以南之人固多，而邑民之为商者亦不少。无大贾，亦无奇货聚于市者，不过通其有无而已。邑中之富商不过数家。

（清　李长华修，姜利仁纂，汪大浣续修，马蕃续纂：《怀仁县新志》，卷四，风俗，清光绪九年刻，三十二年增补续刻本。）

〔清代至民国十二年前后,山西临晋县〕 民国纪元前,临民经商陕省者常万余人,凡子弟成年,除家无余丁及质地鲁钝者外,余悉遣赴陕省习商。陕省金融事业归临人掌握者居其泰半,其他各贸易所亦多临人据其要津,每岁吸收之金钱不下数万金,恃以补苴罅漏者在此。民国肇建,陕省乱机四伏,盗匪充斥,行路者皆有戒心,商贾因之裹足,临民之操奇计赢者,生理日形颓败,率多归里,资财之输入既岁减数万金。

(俞家骥、许鉴观修,赵意空等纂:《临晋县志》,卷四,生业略,商业,民国十二年铅印本。)

〔民国九年前后,山西解县〕 间有出外营商者,亦惟陕西之同朝、河南之巩洛。或有人焉,问其驻汉口、游广东、赴沪赴津,千万人仅得一二,其肯远涉重洋,航海数万里,与洋商争市舶之利。

(徐嘉清修,曲乃锐纂:《解县志》,卷二,生业略,民国九年石印本。)

注:解县今为运城县。

〔民国十二年前后,山西襄陵县〕 境内市面萧条,无大资本家,邑人多服贾于甘肃、宁夏,南京、北京等处次之。

(李世祐修,刘师亮纂:《襄陵县新志》,卷五,生业略,商,民国十二年刻本。)

〔民国十二年前后,山西芮城县〕 邑内商号多属土著,出商于秦豫者亦殊不少,惟熬米糖之商西达潼渭及巩洛,北逮绛汾,颇获专利,其他小本营商大都于农隙时为之,非常业也。

(牛照藻修,萧光汉纂:《芮城县志》,卷五,生业略,民国十二年铅印本。)

〔民国十七年前后,山西襄垣县〕 商业,远游外省,或住居各大商埠,与现代之捷足商人经营胜利者,占最少数。凡在县经商,除盐、当两商外,向以酒商与毡帽行居首。现因严禁奢侈品类,税额加重,襄酒销路不广,歇业渐多。惟毡帽一行,略仿时式制造,可销外省,与贩运粮、粟、猪、羊者,颇形活动。余如茶、糖、油、布、药、烟、皮、缎等,利权半操外商之手,间有业者,获利无几。

(严用琛、鲁宗藩修,王维新等纂:《襄垣县志》,卷二,生业略,民国十七年铅印本。)

〔民国十八年前后,山西新绛县〕 绛人性质和平,故营商亦其所长,除在本地约占全县人十分之二外,尚有经商于陕西、甘肃、河南及北京各地而自成一团体者。如西北乡人多在陕甘两省,其数约千人上下。南乡人多在北京,东乡人多在河南,亦各数百人不等。

（徐昭俭修,杨兆泰等纂:《新绛县志》,卷三,生业略,民国十八年铅印本。）

〔**民国二十年前后,山西太谷县**〕 谷地向以田少民多之故,商于外者甚伙,中、下之家,除少数薄有田产者得以耕凿外,余皆恃行商为生,涓涓滴滴,为本地大宗来源。

（安恭己等修,胡万凝纂:《太谷县志》,卷四,生业略,商会,民国二十年铅印本。）

〔**民国二十二年前后,山西陵川县**〕 陵川人民除业农外,在外经商者甚少,其在本邑经商者资本微薄,无甚发达者。

（库增银修,杨谦寨:《陵川县志》,卷三,生业略,民国二十二年铅印本。）

〔**民国二十三年前后,山西灵石县**〕 土俗淳朴,安于服田,力穑者什之七,然近时远服贾者正复不少。

（李凯朋修,耿步蟾等纂:《灵石县志》,卷三,食货志,物产,民国二十三年铅印本。）

〔**清乾隆二十三年前后,直隶多伦诺尔厅**〕 多伦诺尔皆铺民聚集,以贸易为事,逐末者多,务本者寡。

（清　黄可润纂修:《口北三厅志》,卷五,风俗物产志,风俗,清乾隆二十三年刻本。）

注:三厅指张家口、独石口、多伦诺尔,现为张北、沽源、多伦三县,多伦县今属内蒙古自治区。

〔**清光绪九年,绥远清水河厅**〕 民既多贫,安其服食物用之陋,故列市无几,亦无异物奇货,即布帛寻常日用之需悉自外来,非地所产,其价亦皆昂贵。有商贾主阛阓者率皆边内人,或负贩,或坐售,居民往往惰而拙于计焉。

（清　文秀修,卢梦兰纂:《新修清水河厅志》,卷十六,风俗,清光绪九年修,抄本。）

注:清水河厅今为清水河县。

〔**清光绪三十四年前后,绥远土默特旗**〕 其服惟茧绸来自山左登莱等郡,大布、夏葛之类亦购自客商、客民。

（清　贻谷修,高赓恩纂:《土默特旗志》,卷八,食货,清光绪三十四年刻本。）

〔**民国二十六年前后,绥远**〕 绥远蒙古之行商,以归绥、包头为其商业活动之根据地,每于春夏之交,蒙地行商多麇集于此,将内地或国外之各种工商品及食粮等,组成若干之驼队或马群,载回各蒙旗销售。其经营方法有二:一、由各市场商庄投资数十万,使役店员百数十人分头深入蒙古内地,以物或货币换取蒙古人之皮毛产料。二、零星小贩以小资本或商业信用购得若干工商品,用骆驼或骡马巡历于各蒙旗间,绥人称此种行商为"出拨子"。

（廖兆骏编:《绥远志略》,第十六章,绥远之商业,第五节,蒙民之商业,民国二十六年铅印本。）

〔民国二十六年前后,绥远鄂托克旗〕 鄂托克旗为本省最富庶之旗,物产丰饶,盐、碱、药材、银、锑、煤炭、牲畜、皮毛俱全。盐、碱为天然富源,取之不尽,现在营业总值约数十万元,为少数盐商及蒙民所经营。甘草产量亦丰,年采用约值二万余元,多为保德商人所包营。至发菜一项,年产亦值四五万元,多为平罗商人收买。果能正式加以经营,其值当数十倍不止。银、锑尚未开采。煤炭年产约值数万元,石嘴子一带商人所经营。至牲畜、皮毛,产量至巨,每年营业值约在百万元以上,多为隆泰玉、天成西及榆林商人所经营。隆泰玉及天成西为鄂旗最大商号。隆泰玉资本最高,天成西次之,各项营业总值约各数十万元至百万元不等,均系以杂货易蒙民之牲畜、皮毛,以之运输于各大商埠为主。至各小商百余家,亦系贩运茶、布、烟、糖与蒙民交易牲畜、皮毛。

（廖兆骏编:《绥远志略》,第十六章,绥远之商业,第四节,各县商业状况,民国二十六年铅印本。）

〔民国二十六年前后,绥远包头县〕 至包头贸易情形,其商人可分为两种:一曰晋商,一曰客商。晋商朴实耐劳,诚信素著,每一字号远如库伦、甘、凉、兰州、宁夏、新疆等处,无不有其分号,运输四达,呼应灵便。审时操纵如握左券,营业利息常有一倍。更以与蒙人交易,辄获十倍之利。其客商一项,仅民国改革后之洋货绸缎而已,门面辉煌,而内容薄弱,此种业以平、津人来此为多,苏、杭人亦间有之。入口货,晋商所经营者为河南老布、蒲州水烟、湖南砖茶、黑白车糖、五金杂货及本地烧酒、鞍、鞯等项,客商所经营者为绸缎、布匹、洋货、鞋、帽、薰茶、罐头、海菜、洋油、纸烟等。出口货,晋商、客商均为之,皮张如羊皮、羊毛、羊绒、驼绒、牛皮、马皮、狐皮、猪鬃等;药材如甘草、党参、鹿茸、黄芪、肉苁蓉、防风、枸杞等;粮食如糜子、麦子、谷子、胡麻子,年五百万元;杂项如羊肠、发菜、口蘑、胡麻油、麻线、胡麻纸、地毯等,年百万元。此皆出口货之最著者,其余货产不胜枚举焉。

（廖兆骏编:《绥远志略》,第七章,绥远之县邑,第八节,包头县,民国二十六年铅印本。）

〔明嘉靖四十五年前后，辽东都司〕 鬻贩之夫，操其赢余，走吴越临济间，可窥十五之利，故俗多啙窳，少陶唐忧深思远之风矣。

（明　李辅等修，陈绛等纂：《全辽志》，卷四，风俗志，明嘉靖四十五年刻本，民国二十三年铅字重印本。）

〔清康熙二十年，奉天辽阳州〕 城市乡曲子弟习于贸易，衣食尚鲜美。

（清　杨镳修，施鸿纂：《辽阳州志》，卷十七，风俗志，清康熙二十年修，民国二十三年铅印本。）

〔民国五年前后，奉天昌图县〕 商分上、中、下三等。烧锅、粮栈、当铺，上等生意也，多山西人。中等则为丝房、杂货及药行等类，多直隶永平府人。若下等之小本营业，不可枚举，多山东人，习俗亦均守旧业。

（程道元修，续文金纂：《昌图县志》，卷三、礼俗，商习，民国五年铅印本。）

〔民国十二年至十四年，奉天兴城县〕 肥料公司，在城外西南半里许，系租用民房平房五间，编篱为垣。民国十二年夏历十月二十六日成立，呈请县公署立案并转呈奉天实业厅注册。股东十三份，每股集资本金奉小洋四百元，系股份无限性质。设经理一人，助理二人，工役一人，挑夫十人。常年向县公署地方公款处缴款奉小洋三百五十元，计民国十三年度共进卖款五千二百元。蚕业公司，在城内北街西胡同财神庙院内。民国十四年八月成立，系股份有限性质。呈请县公署立案，并转呈奉天实业厅注册。公推临时办事人九名，已集优先股奉大洋一千元。

（恩麟、王恩士修，杨荫芳等纂：《兴城县志》，卷七，实业志，公司，民国十六年铅印本。）

〔民国十四年前后，奉天兴京县〕 以烧、当两行为大贾，土人率鲜从事，直、鲁人为多。

（沈国冕、苏显扬修，苏民、于孤桐纂：《兴京县志》，卷八，礼俗，民风，民国十四年铅印本。）

〔民国十七年前后，奉天辽阳县〕 本境药材百数十种，产自山野，不假人力种荷，而五味、细辛、苍术尤为佳品，童叟妇女以时采之，工资又省。各药局荟收零售，加以制造，用本极轻，而得利极重。城镇药局十余家，皆河南人，盖业有专营也。

（裴焕星等修，白永贞等纂：《辽阳县志》，卷二十七，实业，工商业，民国十七年铅印本。）

〔民国二十年前后，奉天义县〕　旧业典商及花店（俗谓货郎铺）等，多异乡人。典当多昌、滦、乐三县人，花店多丰润、宝坻二县人。近来，当商改粮业、花店或改京广洋货庄，经营者半多邑人，其贩粮食、棉花等商业，及往海拉尔并内外蒙古地方贸易者更复不少，商贾近况颇可见邑之人民开通非同守旧者比。

（赵兴德修，王鹤龄纂：《义县志》，中卷之九，民事志，礼俗，四民概要，民国二十年铅印本。）

〔民国二十三年前后，奉天〕　蒙人不知懋迁，器用布帛皆内地小贩转运而来。其初至也，以车载杂货，周游蒙境，蒙人谓之货郎。岁一再至，交易有无，伺其习尚好恶，迎机而钓饵之。以布易牛，其利最巨，每一匹值银约一两二钱，易犊一头初不将去，仍留原主牧养，比三四年，牛已壮大，然后驱入内地，可售银四五十两。汉民往来既久，渐与蒙人稔习，乃乞隙地支窝棚，久而不去，并赊予货物，权子母。或虑王公驱逐，则纳例款，以求容。迨至囊橐丰盈，遂营宅畜牛马，易行商为坐贾，如以某某号名其地者，胥是类也。此等商号，哲盟迤西一带未设郡县之区，每隔数十里必有一二家。

蒙人近始躬自牵车服贾，集于辽源、长春、哈尔滨等处，盖以此数处非交通之区，即适中之地。输出之货，以牲畜为最多，皮张、粮食次之，盐、碱又次之。骨角、毛羽、蘑菇、药材，虽非大宗，亦多零星小贩。至于输入之货，首在布匹，次则砖茶，次则绸缎杂货。近时洋货亦可行销，不外日俄两国。日产则价廉工巧，无论贫富皆宜。俄产虽精，而价值甚昂，非富家不敢过问。互市之期，凡属城镇，皆终年不绝。其秋间来集者，则惟各喇嘛庙，小库伦之瑞应寺，扎萨克图旗之葛根庙，呼伦贝尔之寿宁寺。其最著者，每届会期，诸蒙聚集，出牛马易货币，得赀则献喇嘛念经祈福。行商求尺地陈货品，岁有常征，多者至巨万，少亦数千，而自王公以迄台壮之布施者不与焉。所用钱币，则辽河以东，钱为本位，辽河以北，均以中钱为本位，其余银元、银块近亦通行。惟制钱缺乏，价值不免稍抑，纸币则信用俄之手票羌帖焉。

（翟文选等修，王树楠等纂：《奉天通志》，卷一百十五，实业三，商业，民国二十三年铅印本。）

〔清光绪十七年前后，吉林〕　商贾多直隶、山东、山西人，亦间有江浙商人售南中土宜者。土人服贾远方，惟贩运人参、鹿茸及各种药材而已。

（清　长顺等修，李桂林等纂：《吉林通志》，卷二十七，舆地志，风俗，清光绪十七年刻本。）

〔清代至民国年间,吉林长春县〕 长邑居民力田勤于稼穑,逐什一之利者甚鲜,若夫列肆聚货、操奇计赢、以致丰益者,如山西帮、直隶帮、山东、河南、三江各帮,咸具坚忍卓绝之精神,养成近百年来最大之潜势。自甲辰以还,辟埠互市,外商麇集,优绌相形……而我国市廛日就萧条矣。

(张书翰修,赵述云、金毓黻纂:《长春县志》,卷三,食货志,实业,民国三十年铅印本。)

〔民国二十一年前后,吉林桦甸县〕 商皆具百货店性质,虽药肆于生熟并营外,亦兼售文具、书籍、食品、饮料,无设专肆者,巨商且皆副运豆粮。业商者以山东人为多,北平人次之,河南人又次之,本籍人无多。

(胡联恩修,陈铁梅纂:《桦甸县志》,卷二,舆地,风俗,民国二十一年铅印本。)

〔民国二十四年前后,吉林通化县〕 商多燕、鲁人,故铺规亦沿其习,学徒初至,先奉侍执事人,暇习商业及书算,终日正立,三年后始有坐。殷实商家多用外柜,岁居奉垣及大商埠购办货物运回销售,以交通不便,每年封地后,将全年销售货量尽数购运齐全,不足则临时添办。昔时率多拥陈门外,以广招徕。比年来,风气大开,宏厦大楼栉比街市。惟事变后,因道途不靖,运输困难,以及金融奇紧之关系,肆市颇为萧条,不如前数年之兴盛矣。

(刘天成修,李镇华纂:《通化县志》,卷二,礼俗志,商务,民国二十四年铅印本。)

〔清雍正年间,黑龙江〕 汉人初来者,为山西人,清雍正间,拨蒙驻伦,所需茶、布、米、物,须越兴安岭之险,至齐齐哈尔交易,各旗总管嗣以来往,省人居大多数。

(郭克兴辑:《黑龙江乡土录》,第二篇,部族志,第十五章,汉军,程廷恒《呼伦贝尔志略》,黑龙江人民出版社一九八七年校点铅印本。)

〔清嘉庆十五年,黑龙江〕 商贩多晋人,铺户多杂货铺,客居应用,无不备。然稍涉贵重,或贩自京师,若绸缎之类,恐人势要手致折阅,则深藏若虚,非素亲厚不能买,既卖,犹数嘱毋令某某知也。

(清 西清纂:《黑龙江外纪》,卷五,清嘉庆十五年修,清光绪二十六年刻本。)

〔清嘉庆十五年前后,黑龙江齐齐哈尔〕 齐齐哈尔卖香囊者,河南人,夏来秋去。卖通草花者,宝坻人,冬来春去。所卖皆闺阁物,得利最厚,可知好尚日趋靡靡,边方且然。

(清 西清纂:《黑龙江外纪》,卷五,清嘉庆十五年修,清光绪间刻本。)

〔清光绪中叶,黑龙江〕 汉民至江省贸易,以山西为最早,市肆有逾百年者,本巨而利亦厚。其肆中执事,不杂一外籍人,各城皆设焉。次则山东回民,多以贩牛为事,出入俄境极稔,而佣值开垦则直隶、山东两省为多。

（清　徐宗亮纂:《黑龙江述略》,卷八,丛录,清光绪中刻印本。）

〔清光绪十七年前后,黑龙江〕　省城小酒肆极多,大率山东回民执此为业。练军饷项半耗于此,可叹已。

（清　徐宗亮纂:《黑龙江述略》,卷六,丛录,清光绪中刻本。）

〔清光绪三十年至民国十三年前后,黑龙江宁安县〕　清光绪三十年,仅有商号六十余家,立一公议会,由八巨商分班随月办理会务。迨新华公司组织成立,始于光绪三十四年联合众商改为宁古塔商务分会,选孙彦卿为总理,于宣统元年五月奉到农商部委札。因国体变更,复改为宁安县商会,历办至今。

（王世选修,梅文昭等纂:《宁安县志》,卷三,职业,商业,民国十三年铅印本。）

〔清光绪三十一年前后,黑龙江绥化县〕　绥化在设治以后,只有公议会,凡境内各行悉隶于会中,公推一人总理其事,称为会首,不常住会,由一等商户按月轮流出一人为值班,专司应酬等事,于商务之如何进行则不问也。光绪三十一年改绥化厅治而为府治,经多太守提倡改组商务分会,设总理一人,会董八人,会员十人,皆投票公举,任期以一年为满。

（常荫廷修,胡镜海纂:《绥化县志》,卷八,实业志,商业,民国十年铅印本。）

〔清朝末年至民国初年,黑龙江东宁县〕　邑城远处边方,素号僻陋,自有中东铁路,交通稍稍便利。近来居民增多,商务亦渐兴盛,出口货有豆、麦、粟、米、油、酒、豆柏之属,贩运货有盐、糖、布匹、火油、面粉、洋货、杂货、药材等。

（田征明纂修:《东宁县志略》,第四章,商业,民国九年铅印本。）

〔明弘治十七年前,陕西延安府肤施县〕　《肤施图经》:俗尚纯俭,不崇侈靡,善营市利,颇习程法。

（明　李宗仁修,杨怀纂:《延安府志》,卷五,风俗,明弘治十七年刻本,一九六二年影印本。）

〔明正德十四年前后,陕西西安府朝邑县〕　秦民皆力农,朝邑颇事贾。

（明　王道修,韩邦靖纂:《朝邑县志》,卷一,风俗第二,明正德十四年刻本、清康熙五十一年重刻本。）

〔清朝初年至清朝末年,陕西绥德州清涧县〕　清初率多晋商,同光以来,人烟稠密,民智渐开,始为入伙学习,继则自行开办。至清末,各商行多系本地开设,利权始不外溢。

（杨虎城、邵力子修,吴廷锡等纂:《续修陕西通志稿》,卷一百九十六,风俗二,清涧县,民国二十三年铅印本。）

〔清康熙五十一年前后,陕西同州府朝邑县〕 邑中地有广狭,民分南北,南多服贾,北多力耕。耕者作苦,贾者背井,又或负担辇重,不辞劳焉。

（清 王兆鳌修,王鹏翼纂:《朝邑县后志》,卷三,政事,风俗,清康熙五十一年刻本。）

〔清乾隆十六年至道光十六年,陕西西安府咸阳县〕 商,惟花布、米粟及釜甑、镬锄等物,土著之民自行贩卖;至行贩木及开张绸缎皮货,多属外省远氓。

（清 臧应桐纂修,陈尧书续修:《咸阳县志》,卷一,地理,风俗,清乾隆十六年刻,道光十六年续刻本。）

〔清乾隆十八年前后,陕西延安府宜川县〕 城内市廛以及各乡镇集,均系隔河晋民暨邻邑韩城、澄城等处商贾,盘踞渔猎,坐致奇赢。

（清 吴炳纂修:《宜川县志》,卷一,方舆志,风俗,清乾隆十八年刻本。）

〔清乾隆三十年前后,陕西西安府同官县〕 商贾轻逐末,鲜奇赢,市肆集场不过日用器皿之属,间有负土产营贩他处者,如冬窑窠之煤炭、陈炉镇之磁器,至于他方作客,终岁贸迁,则通邑并无一人。

（清 袁文观纂修:《同官县志》,卷四,风土,艺术,清乾隆三十年刻本。）

注:同官县今为铜川市。

〔清乾隆三十一年前后,陕西凤翔府陇州〕 商贾俱系晋省暨西同属县人民,城厢镇集盘踞渔猎,多有赤身赴跋,借资营运,立致奇赢者。土人只以酒、饭、烧饼等铺为业,其解当暨粮食布匹诸贸易袖手让人获利,千金之家屈指可计。

（清 吴炳纂修:《陇州续志》,卷一,方舆志,风俗,清乾隆三十一年刻本。）

〔清乾隆四十八年前后,陕西榆林府府谷县〕 向亦不谙商贾,近稍北贩皮物,南贸谷米。

（清 郑居中、麟书纂修:《府谷县志》,卷四,风俗,习尚,清乾隆四十八年刻本。）

〔清嘉庆十五年前后,陕西榆林府葭州〕 葭地石厚土薄,非贸易不能养生,故士子居稽之外,半兼货殖,始终卒业者十仅得二三焉。

（清 高珣纂修:《葭州志》,卷二,风俗志,习尚,清嘉庆十五年刻本。）

〔清嘉庆二十年前后，陕西兴安府安康县〕 流水铺之流水店、大道河之月池，皆有囤户积粟以待籴贩，而锁龙沟南之火石沟尤为聚会要地。岚河自火石沟以下可通小舟，故籴者皆囤积逆旅，待时赁舟东下。衡口多稻，有力者于稻未刈获，乘穷民空乏，贱价预籴，名曰买青，盖即五月粜新谷之计，收成则载月河小舟运郡，此皆郡城富商大贾所营谋，岁下襄樊，其利数倍。

（清 郑谦修，王森文纂：《安康县志》，卷十，建置考上，清嘉庆二十年刻本，清咸丰三年重刻本。）

〔清道光八年前后，陕西绥德州清涧县〕 商贾率多晋人，邑之入伙者甚寡，任其盘踞渔猎，坐致奇赢。

（清 钟章元修，陈第颂纂：《清涧县志》，卷一，地理志，风俗，清道光八年刻本。）

〔清道光二十六年前后，陕西延安府安定县〕 工无良者，所售多苦窳，商贾多山西人。

（清 姚国龄修，米毓璋纂：《安定县志》，卷一，舆地志，风俗，清道光二十六年刻本。）

〔清光绪十七年前后，陕西西安府富平县〕 商惟盐、当为大宗，余则日用杂物、花布、农器遍于市肆，丝帛绝少，各镇集市粟、米、酒、脯、菜、炭而已。资生兴利竟乏长策，博蝇头之息为糊口计耳。

（清 樊增祥修，谭麟纂：《富平县志稿》，卷三，风土志，风俗，清光绪十七年刻本。）

〔清光绪二十八年前后，陕西兴安府洵阳县〕 商多流寓，少土著，山货远行，近时充牣，大率苎麻、线麻、木耳、桐油、胡桃、漆子之类。

（清 刘德全修，郭焱昌、姜善继纂：《洵阳县志》，卷五，学校，风俗附，清光绪二十八年刻本。）

〔清光绪三十一年前后，陕西绥德州〕 绥属货物来自东南，行货之商半属晋人，亦有本境商人运往甘境贸易者。居货之贾则易货于四乡，资本多不丰裕，或借晋商资本四季周转，春买夏归，秋买冬归，故有春标、夏标、秋标、冬标各名目。境内利权半操自商贾，故居民艳羡逐末者渐多。

（清 孔繁朴修，高维岳纂：《绥德直隶州志》，卷四，学校志，风俗，清光绪三十一年刻本。）

〔清代至民国二十一年，陕西华阴县〕 邑人不良于贾，故旧《志》以拙訾之。数十年来，亦颇有为者。至本邑镇市之商，则他郡人居十之七八，惟近来业药商者几遍于黄河流域矣。

（米登岳修，张崇善等纂：《华阴县续志》，卷三，风土志，风俗，民国二十一年铅印本。）

〔清代至民国二十三年，陕西陇州〕 商贾中客民亦多，同光以前，惟晋商为最，同州人次之。迩来，岐、凤、宝人甚伙。旧《志》云，客民有只身赴陇，立致奇赢者，非虚语也。

（杨虎城、邵力子修，吴廷锡等纂：《续修陕西通志稿》，卷一百九十五，风俗一，陇州，民国二十三年铅印本。）

〔民国十四年前后，陕西周至县〕 商贾，花布、米粟及釜甑、镬锄等，多土著之民自行贩卖。至行盐、贩木及开张绸缎、皮革，皆属晋人，盖民间无长物故也。

（庞文中修，任肇新等纂：《周至县志》，卷四，教育，风俗，民国十四年铅印本。）

〔民国十四年前后，陕西安塞县〕 城镇有贸易，尽山西及本省韩城人为之，县人入伙开张者十不过一。

（杨元焕修，郭超群纂：《安塞县志》，卷六，风俗志，习尚，民国十四年铅印本。）

〔民国十九年前后，陕西横山县〕 邑境僻处山岳，交通滞窒，商业贸易不甚发达，现有市集场所者，岁以农户运输粮食为东西交易主要生活，其畅旺市期以秋冬两季最盛，而经营商人则县民、晋人各居其半，贸易品以糜谷、豆类、皮毛、布匹、煤炭、油、盐居大宗，而铜、铁、磁器、麻、棉、纸张、糖、酒、烟叶、蔬菜、瓜果次之。

（刘济南修，曹子正纂：《横山县志》，卷三，实业志，商务，民国十九年石印本。）

〔民国二十三年前后，陕西神木县〕 城内晋商居多，凡土著贾人，每赴蒙古各旗贩驼、马、牛、羊往他处转卖，有一种边行专与蒙古交易，携带茶、烟、布匹出口贩卖。其蒙古驼运盐、碱进口，税于其家谓之主道。至赴远省贸易，只有皮货一行，然亦寥寥无几。

（杨虎城、邵力子修，吴廷锡等纂：《续修陕西通志稿》，卷一百九十六，风俗二，神木县，民国二十三年铅印本。）

〔民国二十三年前后，陕西安定县〕 民人耕田外，惟重畜牧，其百工技艺，询之悉自外来。即市间小杂货铺数家，亦多系他处人来此开设。

（杨虎城、邵力子修，吴廷锡等纂：《续修陕西通志稿》，卷一百九十六，风俗二，安定县，民国二十三年铅印本。）

〔民国二十三年前后,陕西绥德州〕 绥属货物来自东南,行货之商半属晋人,亦有本境商人运往甘境贸易者。居货之贾则易货于四乡,资本多不丰裕,或藉晋商资本四季周转,春买夏归,秋买冬归,故有春标、夏标、秋标、冬标各名目。境内利权半操自商贾,故居民艳羡,逐末者渐多。

（杨虎城、邵力子修,吴廷锡等纂：《续修陕西通志稿》,卷一百九十六,风俗二,绥德州,民国二十三年铅印本。）

〔民国二十六年前后,陕西岐山县〕 本境民在本境为商者约九百三十余人,本境民在他邑为商者约二百七十余人；他邑在本境为商者约七百四十余人,共约一千九百五十余人。

（佚名纂：《岐山县乡土志》,卷三,实业,民国二十六年铅印本。）

〔民国二十六年前后,陕西雒南县〕 在雒营商各户,近则……远则晋、豫两省之人为居多焉。

（佚名纂：《岐山县乡土志》,卷三,实业,民国二十六年铅印本。）

〔清乾隆十四年前后,甘肃凉州府永昌县〕 商贾多土著士民,远客不过十之一二,行旅则时有之,无盐茶大贾,亦无过往通商,廛市率民间常需,一切奇巧玩好不与焉。

（清 张之浚、张珆美修,沈绍祖、谢谨纂：《永昌县志》,风俗志,清乾隆十四年刻本。）

〔清乾隆十五年前后,甘肃凉州府武威县〕 河以西之商货,凉庄为大,往者捷买资甘肃,今更运诸安西沙瓜等,以利塞外民用,所赖以通泉货者重矣。贾拥高资者寡,而开张稠密,四街坐卖无隙地,凡物精粗美恶不尽同,鲜有以伪乱真者。

（清 张之浚、张珆美修,曾钧、苏璟纂：《武威县志》,风俗志,士农工商执业,清乾隆十五年刻本。）

注：武威县民国十七年改名永登县。

〔清乾隆十五年前后,甘肃凉州府古浪县〕 农则其风更朴,田分山川,终岁勤动,衣食外即有赢余,不知逐末。商贾乃多陕、晋人。

（清 张之浚、张珆美修,赵璘、郭建文纂：《古浪县志》,风俗志,士农工商执业,清乾隆十五年刻本。）

〔清乾隆十五年前后,甘肃凉州府平番县〕 士民亦有贸易市井者,不过屯贱卖贵,谋蝇头之利,少补日用之需,而行商坐贾几遍阛阓,虽乡村小堡亦多有焉,然巨贩实鲜也。

(清　张之浚、张珆美修,曾钧纂:《平番县志》,风俗志,士农工商执业,清乾隆十五年刻本。)

〔清乾隆六十年前后,甘肃秦州清水县〕　躬耕之外,间有从事市酤躬提壶以应客者。

(清　朱超纂修:《清水县志》,卷四,风俗,清乾隆六十年刻本。)

〔清乾隆年间至民国年间,甘肃崇信县〕　人稠地狭,终岁勤动,有饔飧不继者,多不谙商业。清乾、嘉、道、咸时,利权为晋人占据,河津县冯村人居多数,呼崇信为小冯村,喧宾夺主,迷信家谬谓地脉使然。同光以后,节节进化,耕读外,多重实业,往来岐凤、泾原者不乏人。

(张明道等修,任瀛翰纂:《重修崇信县志》,卷一,舆地志,风俗,民国十七年石印本。)

〔清道光十一年前后,甘肃安西州敦煌县〕　商贾先自山西、陕西贸易至此,近亦渐入土著,置田起屋,均列户民。其原籍尚有家室者,每隔三五年归省亲属庐墓,其有力者,父母殁后,子孙们扶榇归里,亦不忘首邱之义耳。

(清　苏履吉等修,曾诚纂:《敦煌县志》,卷七,杂类志,风俗,清道光十一年刻本。)

〔清道光二十年前后,甘肃秦州两当县〕　两当僻寓山中,尤朴鄙,城无列肆,何况于乡间,外商持布缕诸物叩门与乡人市,乡人以粟易之。商索粟多寡,无不如意,辄大获以去。民至不识权度量为何物。

(清　德俊修,韩塘纂:《两当县新志》,卷六,风俗,清道光二十年刻本。)

〔民国年间,甘肃永登县〕　商,士民亦有贸易市井者,不过屯贱卖贵,谋蝇头之利,少补日用之需。而行商坐贾几遍阛阓,虽乡村小堡亦多有焉,然巨贩实鲜也。

(周树清等纂修:《永登县志》,卷二,风俗志,士农工商执业,民国年间抄本,一九七〇年台湾成文出版社影印本。)

〔民国年间,甘肃民勤县〕　商贾,多土著士民,远客不过十之一二,行旅则时有之,无盐茶大贾,亦无过往通商,廛市率民间常需,一切奇巧玩好不与焉。

(马福祥等主修,王之臣等纂:《民勤县志》,风俗志,士农工商执业,民国年间手抄本,一九七〇年台湾成文出版社影印本。)

〔民国九年前后,甘肃镇番县〕 商贾皆土著,无远商豪客,杂居市廛,间有山西云代间人租地而居,及川湖行旅侨寓旅舍互相贸易者不过十之一二,转运盐、茶各货于京、津、山、陕,关外诸路往来络绎,皆以本境驼商为最多。

(周树清修,卢殿元纂:《续修镇番县志》,卷一,地理考,风俗,民国九年刻本。)

〔民国十五年前后,甘肃渭源县〕 商业,城乡各镇只小贩零售,并无富商大贾转京、津、沪、汉、洋广、川、陕各货,而在商战场竞争者。

(陈鸿宝纂修:《创修渭源县志》,卷三,建置志,实业,民国十五年石印本。)

〔民国二十四年前后,甘肃镇原县〕 商,有客商、本地商分。客商属山西、河南、陕西人,资本稍厚,多业棉布、京货类。本地商资本较薄,多业麻纸、磁器、药味类,均仅旋趸旋销,而不能发展。

(钱史彤、邹介民修,焦国理、慕寿祺纂:《重修镇原县志》,卷三,民族志,职业,民国二十四年铅印本。)

〔民国二十四年,甘肃夏河县〕 本县营业资本较大者为皮商,营是业者多系平津一带之富商,每年九月间挟款运货而来,翌年四月间运载皮货而返,恰如候鸟,故称候商,亦曰行商。此外有山西、陕西及本省资本较小之皮商,收买黑白羔皮运往天水、长安、大同等地。近年来西康一带猞猁、水獭、狐、豹等类兽皮由拉卜楞出口者亦颇不少。

(张其昀纂:《夏河县志稿》,卷六,商业,民国二十四年修,抄本。)

〔民国二十五年前后,甘肃康县〕 康居万山之中,平衍少而人民贫,服农而外,半以负贩为生活。原无富商大贾操纵市利,不过抱布贸丝小经济之营业。

(王世敏修,吕钟祥纂:《新纂康县县志》,卷十,工商,民国二十五年石印本。)

〔清光绪三十四年前后,甘肃平凉府海城县〕 商业贩运百货,随时零售,并无富商可别开生面以期商战者,其资本稍丰之家收集羊皮、羊毛,仍售于外来皮客及各洋行。回民多重贸易,银钱不肯通融,虽起息至三四分之多,亦不出借,固因狡赖者多,亦性原悭吝之故,以致小户于春季期取洋行之银,夏季以羊毛相抵,每斤值百文之毛,被洋行以五六十文得去,甚可惜也。

(清 杨金庚纂修:《海城县志》,卷七,风俗志,实业,清光绪三十四年铅印本。)

〔民国三十二年前后,青海〕 本省商业以湟源、玉树、都兰、西宁等地为中心,凡汉番货物莫不总汇于此。蒙番人经商多为喇嘛资本,领自寺院,贸易亦大，惟其范围以本省境内为限，无远行至内地者。汉商贸易以河北、山西、陕西人为多，资本颇巨，多设庄行，收购皮毛土产运销于天津，再由天津贩运洋货布匹销售于青海，买卖之间获利倍蓰。本地土著及汉回多为小本经营，并在各乡村设立小店，每于夏秋之际，派其店伙分赴各市镇销售货物并收买土产。蒙番人民每于秋冬之时，运其货物至各县及市镇交易，以羊毛等土产兑换粮食布匹，足供一年之用。本省输出品以羊毛为大宗，次为羊皮、牛马皮及驼毛等，为数亦巨。

（许公武纂：《青海志略》，第五章，青海之经济概况，第九节，商业，民国三十四年铅印本。）

〔**清同治年间至民国五年，新疆**〕 以商人之性质与实力言之，汉商则燕、晋、湘、鄂、豫、蜀、秦、陇共八帮，燕帮又分京、津二联，各不相属。津人（多杨柳青人）当同光之初，西师再出，首冒霜露，随大军而西，军中资粮充积，俘获所得恣为汰奢，不屑较锱铢，故津人之行贾者，征贱居贵，多以之起家。其乡之人，一时振动，闻风靡从，谓之赶大营。及全疆肃清，遂首先植根基于都会，故今日津人之肆遍南北，居无常货，凡山海珍供，罗致无遗。惟其俗急功利，好虚荣，所至结纳长吏，以矜光宠，及其弊也，奢侈逾度，外强中干，往往而有。民国以来，此等习气渐渐革除，故津人犹执牛耳于商界也。京人（多武清人）则远不及津人，虽设肆遍南北，而在南路者则多为押当业，恣取重利。晋商多富庶，同光以前，官茶引课咸属晋商，谓之晋茶，乱后流离，渐归湘人，然握圜府之权，关内输辇协饷，皆借其手，故省城一隅，票号十余家。民国以来，协饷断绝，渐次歇业。然根本深固，改图他业，仍属可观。湘人从征最多，势亦最盛，然其人局度偏少，货殖非其所长，故凭借虽厚，而无所施。惟擅茶引之权，占商务大宗。迩来茶引破坏，利复渐归津晋及俄人，故湘人除在南路多从事放账外，北路则寥寥药铺而已。鄂人无大贾，多贩药材或设典肆。秦陇之民，昔多贩运鸦片谋重利，近则此业甚微，转而积谷屯仓，贱籴贵粜以取利，或资贷以征重息，或辇关中百货以应稗贩之求，号曰行栈，其民忍苦耐劳，不鄙贱作，故久恒致富。若土著缠回，其偷惰好嬉，实为一般恒性，然吐鲁番、伊犁、和田、喀什、库车、库尔勒诸处，其人好贾，慕利之心较之汉人尤为发达，岁由南路喀什趋英俄之属，若安集延、若阿富汗、若费尔干、若克什米尔辄数万人，而留贾安集延者尤众（安集延为由新疆南路回京取俄境必由之路，缠民留贾者二三万人，因政府不能保护，屡被俄人欺侮，故官吏之经其地者招待备至，求转恳中央设领事），由北路出塔城及伊犁趋七河省、斜米省、萨玛、阿里木图等处亦数千人。缠民之外有汉、回，皆陕甘人，俄人称曰东干，其民忍苦耐劳，戒嗜好，善营利，岁赴俄属亦不乏人。此华商势力性质之大概情形也。

（林竞编：《新疆纪略》，五，实业，商业，民国七年铅印本。）

〔清光绪初年后，新疆〕　六年，于迪化旧城东北隅筑新满城，周三里半，十年改设迪化府，并迪化县为新疆省治，十二年罢乌鲁木齐都统，徙满营于古城，统以城守尉，徙总督于喀什噶尔，改筑省城，周十一里五分二厘。城内外流寓汉人、回人、缠回男女一万四千余口，散处四乡者一万九千余口。地居天山之阴，东薄镇西，南抵焉耆、吐鲁番，西涉库尔喀喇乌苏，北控科布多、塔尔巴哈台（东西二千四十里，南北一千六百五十里），山河巩塞，形势陿阻（《西域图志》迪化形势云：托克喇鄂拉博克达鄂拉环其东，乌可克达巴哲尔格斯鄂拉拱其南，鄂伦淖尔潴其左，乌鲁木齐郭勒经流其西北，山环水绕，土膏沃衍），而封垠坚腹，宜种植、畜牧，经涂四达，利尽西北，北路一大都会也。当全盛之时，屯戍相望，华戎商贾，良细挟资斧，往来聚族，列阛而错居，以万数百贩，玩好皓侈，骈闐酒肆，茶寮倡优，杂技充扭乎其中，人摩肩，车击毂，嘉道之际，称极盛焉。其民或以关内下贫，或以报怨过当，而学士大夫之遣戍者，往往出于其间，故其俗蹉跎，或侈靡相高。军兴以来，湘、楚人为最多，庚子后，津沽商旅挈累重者埋系，而秦陇之人亦无虑数千户，惰游、失业、逋负者半之，大都楚人多仕宦，津人多大贾，秦人多负贩，此其大较也。

（宋伯鲁撰：《新疆建置志》，卷一，民国二年铅印本。）

〔清光绪初年至宣统元年，新疆哈密厅〕　土著缠民不知行商坐贾，市面铺户皆关内山、陕、甘、凉等处随营来此贸易。光绪初年，货物麋集，自行营既撤，银市窘滞，货亦钝销，商情因此折本歇业，日渐涣散，现阛阓萧条，交易终觉冷落。

（清　刘润通纂：《哈密直隶厅乡土志》，商务，一九五五年据清宣统元年通判原呈本油印本。）

〔清光绪三十三年前后，新疆莎车府蒲犁厅〕　商一十八人，均系缠民及英、俄两国人，若土著布回、塔回均无以贸易营生者。

（清　江文波纂：《蒲犁厅乡土志》，实业，一九五五年据清光绪三十三年稿本油印本。）

〔清光绪三十四年，新疆焉耆府〕　商：境内并无富商大贾，均系贩买杂货为业，鲜知合群联志。现本城有百余家，内有烧坊十余家，因蒙民性喜饮酒，投其所好,库尔勒百余家,乌沙克他二十余家,四十里程六七家。

（佚名：《焉耆府乡土志》,实业,商,一九五五年据清光绪三十四年稿本油印本。）

〔清光绪三十四年前后,新疆伊犁府〕　伊犁所属各城均有开设京货铺,系天津商民者多,外路商民亦有开设各样铺户,大半小本经营,无多大宗生理。

（清　许国桢纂：《伊犁府乡土志》,商业,一九五五年据清光绪三十四年稿本油印本。）

〔清光绪三十四年前后,新疆疏勒府〕　本境缠民居行贸易者,亦繁有徒,然无富资巨本。汉人只津商三两家,南商、西商四五家,买卖亦极微薄。

（清　蒋光升纂：《疏勒府乡土志》,实业,一九五五年据清光绪三十四年稿本油印本。）

〔清光绪三十四年前后,新疆喀喇沙尔轮台县〕　本境虽系冲道,商务亦不殷繁,自置县境后,铺户稍多。本邑缠民不解懋迁,故经商者土著不过十余户,其阿克苏、库车、和田、喀什、叶尔羌、哈密、吐鲁番等处缠民均有数家,汉商则有陕、甘、湖广、天津等省客民往来贸易,又有俄属安集延及关内客回统而计之,亦有数十人也。

（清　顾桂芬纂：《轮台县乡土志》,实业,一九五五年据清光绪三十四年稿本油印本。）

〔清光绪三十四年前后,新疆叶尔羌巴楚州〕　汉民,均军营告假兵勇,流寓贸易营生。

（清　张璪光纂：《巴楚州乡土志》,人类,一九五五年据清光绪三十四年稿本油印本。）

〔清光绪三十四年前后,新疆乌鲁木齐阜康县〕　商十分之二迁居,皆土物,亦鲜成庄者。

（佚名纂：《阜康县乡土志》,实业,一九五五年据清光绪三十四年抄本油印本。）

〔清光绪三十四年前后,新疆乌鲁木齐昌吉县呼图壁〕　商：本地惟旱磨、油磨、烧锅各户,无行远致富者。

（佚名纂：《昌吉县呼图壁乡土志》,实业,一九五五年据清光绪三十四年稿本油印本。）

〔明嘉靖三十一年前后,山东青州府临朐县〕　民勤耕,农务蚕,织作绸绢。

山居者或拾山茧作绸,《禹贡》所谓厴丝者也。亦颇种棉花为布。西南乡以果树致饶,益多麦收者,好造面,交易以为利。亦或养蜂收蜜,怀资者或辇其土之所有,走江南回易以生殖,或贩鱼盐。其西南山社无业者,或伐木烧炭烧石,作灰陶土之器,负贩以给徭役。近社之贫者大抵以菜为业,又或织苇、若秫为席薄,或编荆为筐莒,以供衣食。饼师、酒户,则鳞次于市。

（明　王家士修,祝文、冯惟敏纂：《临朐县志》,风土志,民业,明嘉靖三十一年刻本。）

〔清康熙初年至二十二年以后,山东沂州府日照县〕　货之南北懋迁,利舟楫,照海口岸浅狭,仅泊小船。康熙初,严海禁。至十八年,邑人给事中丁泰奏请海边内港议准通行。二十二年,台湾平,海运渐开,商贾骈至。自此而后,有无交易,颇济民用。

（清　陈懋等修,丁守存等纂：《日照县志》,卷三,食货志,附市集海运,清光绪十二年刻本。）

〔清乾隆五年前后,山东莱州府潍县〕　民务农商,有富庶之风。

（清　严有禧、张桐纂修：《莱州府志》,卷二,风俗,潍县,清乾隆五年刻本。）

〔清乾隆三十五年前后,山东兖州府〕　俗俭啬爱财,趋商贾。

（清　陈顾㵾纂修：《兖州府志》,卷五,风土,清乾隆三十五年刻本。）

〔清光绪以前至民国年间,山东冠县〕　清光宣以前,全城商号籍隶本境者仅十分之二,外来者占十分之八。山西人多钱善贾,占大多数,是以城西北隅建有山西会馆一处。……民国以来,本境商号逐年增加,外来者仅十余家,以籍隶南宫、冀县居多数,不过占十分之一二。

（清　梁永康等修,赵锡书等纂：《冠县志》,卷二,建置志,机关,清道光十年修,民国二十三年补刊本。）

〔清光绪十九年前后,山东曹州府郓县〕　沿黄河在左岸,粮栈客商颇称发达。

（清　毕炳炎编：《郓城县乡土志》,商业,清光绪十九年抄本,一九六八年台湾成文出版社重印本。）

〔清光绪三十三年前后,山东曹州府菏泽县〕　洋布商多周村人,间有豫省人,所售有洋棉纱、羽绸、羽绫、洋货等物甚多,每年售价七八万金之谱。

（清　汪鸿孙修,杨兆焕纂：《菏泽县乡土志》,商务,清光绪三十三年石印本。）

〔清光绪三十三年前后,山东济南府章邱县〕　县境户口甚繁,土谷所出,不足以供食指,故懋迁有无在本境者犹少,而在外州县以及外省者恒多。凡章邱人所设店铺皆用乡里人作伙,如济南、如周村、如津沪汉口等处,其大较也。城乡自盐当而外无多大商,以东西间于周村、省城商埠间也。

（清　杨学渊修,李洪钰等纂：《章邱县乡土志》,卷下,实业,清光绪三十三年石印本。）

〔清光绪三十四年前后,山东泰安府肥城县〕　商务不甚讲求,业商者大抵以屑须资本贸易于本境及附近邻境,从未有富商大贾在中外商埠争利权者。

（清　李传煦纂修,钟树森续修：《肥城县乡土志》,卷六,实业,清光绪三十四年石印本。）

〔清宣统三年,山东济南府长山县〕　俗务织作,善绩山茧。茧非本邑所出,而业之者颇多。士务功名,习尚敦厚。城南与周村镇近处,人多商贾,而务农其本业也。

（清　杨士骧等修,孙葆田等纂：《山东通志》,卷四十,疆域志第三,风俗,清宣统三年修、民国四年排印、上海商务印书馆民国二十三年影印本。）

〔清宣统三年,山东济宁州〕　济当河漕要害之冲,江淮百货走集,多贾贩,民竞刀锥,趋末者众,然率奔走衣食于市者也。郊野之民,务耕种,愿朴畏法。

（清　杨士骧等修,孙葆田等纂：《山东通志》,卷四十,疆域志第三,风俗,清宣统三年修、民国四年排印、上海商务印书馆民国二十三年影印本。）

〔民国元年至二十五年,山东沾化县〕　自民国元年,由城镇商号联合呈县备案,成立商会。其前后工作,在指导商务进行,解决债务纠纷,整理钱业,推销国货等等。历任会长,为张春照、王化清、丁广仁、耿焕中、吴宝钊,现任复为耿焕中。

（梁建章等修,于清泮纂：《沾化县志》,卷六,建设志,实业,民国二十五年铅印本。）

〔民国七年至二十五年前后,山东寿光县〕　邑民专重农业,逐末者少,自羊角沟南移,济商埠成立,商业始有起色。民国七、八年间,外人以重价收买发网,于是商人往上海、烟台等处鬻贱贩贵,获利颇丰。不数年,网业停顿,商务因受影响。城为一县中枢,虽阛阓栉比,而赀本充实者无多。

（宋宪章修,邹允中、崔亦文纂：《寿光县志》,卷十一,实业志,商业,民国二十五年铅印本。）

〔民国十八年前后,山东单县〕　　商人:王本旧《志》称,单无异户,负资远贩者少。自商会成立,商务似渐兴旺,惟货物不无欺诈,钞币钱店屡有倒闭,乡间受损良多。

(项葆桢等修,李经野等纂:《单县志》,卷一,地理志,风俗,民国十八年石印本。)

〔民国三十年前后,山东潍县〕　　潍县运输业以布匹为主,洋布、棉纱、铁货及杂货次之,业此者为转运公司,亦名商栈,兼有旅店性质。外县客商来潍买货,即住在栈内,故除代客打包装货外,尚须招待客商。河南布商驻县收买布匹者,多以商栈为常驻之所,每日纳饭费银元六角。商栈转运布匹分邮运、路运二种,邮运由邮局寄运,发送邮局须先打成邮包,打包由商栈担任,每包取费六分或八分;路运由铁路发运,按重量计算,每百斤取费二角,商栈向铁路装货,则按车计算,由铁路转运之货物除布匹外,并有棉纱、铁货、杂货等。潍县商栈现有十余家,以协和、义德找、昌兴、同丰、悦来兴为较大。

(常之英修,刘祖干纂:《潍县志稿》,卷二十四,实业志,商业,民国三十年铅印本。)

〔元至顺三年,江浙行省镇江路〕　　郡当要冲,土瘠民贫,无甲第巨室、富商大贾,其称上户者不过逐什一之利,以肥其家耳。

(元　俞希鲁纂:《至顺镇江志》,卷二,地理,坊巷,元至顺三年纂,清道光二十二年刻本,民国十二年重刻本。)

〔明代中叶至清嘉庆十六年前后,江苏扬州〕　　扬以流寓入籍者甚多。虽世居扬而仍系故籍者亦不少。明中盐法行,山陕之商麇至。三原之梁,山西之阎、李,科第历二百余年。至于河津兰州之刘,襄陵之乔、高,泾阳之张、郭,西安之申,临潼之张,兼籍故土,实皆居扬。往往父子兄弟,分属两地。若莱阳之戴,科名仕宦,已阅四世,族尽在扬。此外如歙之程、汪、方、吴诸大姓,累世居扬而终贯本籍者,尤不可胜数。

(清　王逢源修,李保泰纂:《江都县续志》,卷十二,清嘉庆十六年修,清光绪七年刻本。)

〔明正德元年前后,南京苏州府〕　　其行卖于市者,或扣金,或击竹,装檐皆分色,目见其装,则知其所藏。

(明　王鏊等纂:《姑苏志》,卷十三,风俗,明正德元年刻本,清乾隆间《四库全书》本。)

〔明隆庆六年前后,南京淮安府海州〕　　明张峰《海州志》……土虽广远而瘠薄,海产鱼盐,民多逐末,故田野不辟,小民不出境事商贾,不习工艺。虽本土贸易之事,亦皆外来人为之。

（清　唐仲冕等修,汪梅鼎等纂：《嘉庆海州直隶州志》,卷十,舆地考,风俗,清嘉庆十六年刻本。）

〔明隆庆年间,南京扬州府高邮州〕　邮人不事末作,其工与商尽他郡县人,本地无有也。民之生计,惟视岁之丰凶（隆庆《高邮志》）。

（清　张世浣、嵩年修,姚文田等纂：《重修扬州府志》,卷六十,风俗志,各邑风俗之异,清嘉庆十五年刻本。）

〔明万历二十九年前后,江苏扬州〕　质库,无土著人。土著人为之,即十年不赎,不许易质物。乃令新安诸贾擅其利,坐得子钱,诚不可解。

（明　杨洵修,徐銮、陆君弼等纂：《扬州府志》,卷二十,风俗志,明万历二十九年修,明万历三十三年刻本。）

〔清康熙二十二年前后,江苏徐州府睢宁县〕　民惮远涉,百物取给于外商,即有行贩,自稻、梁、麦、菽、果、蔬而外无闻焉。若布帛盐醝诸利,率皆秦、晋、徽、苏之侨寓兹邑者辐辏于市。

（清　葛之莫修,陈哲纂：《睢宁县旧志》,卷七,风俗志,商贾,清康熙二十二年刻本,民国十八年铅字重印本。）

〔清康熙二十四年前后,江苏扬州〕　质库无土著人为之,多新安并四方之人,贱贸短期,穷民缓急有不堪矣。

（清　金镇原本,崔华、张万寿续修,王方歧续纂：《扬州府志》,卷七,风俗,清康熙二十四年刻本。）

〔清乾隆以前至道光二十一年前后,江苏常州府江阴县〕　土人重农逐末者寡,其行贾于外惟布、谷、木棉、豆饼杂物,近在淮、扬,远及襄、汉而已。外此则积囤米、麦居多。典业在乾隆以前皆徽商,今则大半皆土著也。居停客货、平章市价而低昂之谓之牙行,负贩各物营微利以自给谓之经纪,布牙则惟西乡日市,余皆以天色未明张灯交易,日出而罢。……四门米行升斗大小不同,因之价值不一。木行大者接西客,小者在郡垣接本郡贩客,或在金陵接上河贩客。……他如农田各器、耕牛、豚豕等畜,春夏间某乡某镇俱有集期,有古交易而退,各得其所之风焉。

（清　陈延恩修,李兆洛纂：《江阴县志》,卷九,风俗,四民,清道光二十一年刻本。）

〔清乾隆十一年前后，江苏苏州府震泽县〕 邑中惟湖滨诸漵居民多以贸迁为业，往来楚蜀，经年不返，习以为常，与他处之重去其乡者异。

（清 陈和志修，倪师孟、沈彤纂：《震泽县志》，卷二十五，风俗，生业，清乾隆十一年刻本，清光绪十九年重刻本。）

〔清乾隆十二年前后，安徽泗州盱眙县〕 旧《志》云，居民惮于远行，拙于营利。今则山市喧阗，列肆者大率来自他省他郡，货粗价昂，民日绌，而商日赢，居人亦有以鱼豆行贾江淮间者，故邑市有淮关之设。

（清 郭起元修，秦攀坤等纂：《盱眙县志》，卷五，风俗，清乾隆十二年刻本。）

〔清乾隆十三年前后，江苏淮安府〕 商贾，旧《志》云，民惮远涉，百物取给于外，商即有兴贩者，自稻秫麦菽园蔬水鲜之外，无闻焉。若盐硤之利，则皆侨寓，有大力者负之而趋矣。

（清 卫哲治等修，顾栋高等纂：《淮安府志》，卷十五，风俗，士民，清乾隆十三年刻本，清咸丰二年重刻本。）

〔清乾隆二十年前后，江苏通州〕 通人贸易，本土列肆者居多。唯质库无土著人。

（清 王继祖修，夏之蓉等纂：《直隶通州志》，卷十七，风土志，习俗，清乾隆二十年刻本。）

〔清乾隆年间至同治初年，江苏江宁府句容县〕 句容民好贾，而南乡为尤甚，乾嘉时富民林立，甲于一邑，皆贾为之也。……自遭兵燹，服贾之家已不得承平时十分之一。

（清 张绍棠修，萧穆纂：《续纂句容县志》，卷六，风俗，清光绪三十年刻本。）

〔清嘉庆十六年前后，江苏江宁府句容县〕 地窄人稠，自勤农之外列肆而居者若鳞次，然其贸易于外者尤众，以故家多富饶。

（清 吕燕昭修，姚鼐纂：《新修江宁府志》，卷十一，风俗物产，清嘉庆十六年刻本，清光绪六年重刻本。）

〔清道光中叶以后，江苏海州赣榆县〕 自道光中叶票盐既行，富商大侩麇集青口，始夏逾〈逾〉秋凡六七月，益以冬春之际，吴、越、燕、齐海舶衔尾而至，百货杂处，金钱浩穰，于是宫室、车舆、日用服食之需，赛神、会饮、俳优、倡乐之事竞骛侈丽。

（清 王豫熙修，张謇纂：《赣榆县志》，卷二，疆域，风俗，清光绪十四年刻本。）

〔清道光二十七年前后，江苏苏州府震泽县分湖〕 商贾之小者谓之荐巢船，贩卖稻粱，往来轻便，不越千里之内，计其赢余，以给衣食。

（清 柳树芳辑：《分湖小识》，卷六，别录下，风俗，清道光二十七年刻本。）

〔清光绪四年前后，江苏常州府江阴县〕 土人重农，逐末者寡，其行贾于外，惟布、谷、木棉、豆饼、杂物，近在淮扬，远及襄汉而已。外此，则积囤米麦居多。典业，在乾隆以前，皆徽商，今则大半皆土著也。居停客货、平章市价而低昂之，谓之牙行；负贩各物营微利以自给，谓之经纪。布牙则惟西乡日市，余皆以天色未明张灯交易，日出而罢，其短陌挽私，虽市肆常有，而夜市为甚，且妇稚带星贸易，途遇奸宄，间有攘取者，四门米行升斗大小不同，因之价值不一。木行大者接西客，小者在郡垣接本郡贩客，或在金陵，接上河贩客；木有西木、广木之分，价有起贯、展贯之别，丈尺有老篾、同篾之异。他如农田各器、耕牛、豚豕等畜，春夏间乡某镇俱有集期，有古交易而退、各得其所之风焉。大率商贾习俗，富则教子读书，贫则依人谋食，势使然也，荡检者尚少。

（清 卢思诚等修，季念诒等纂：《江阴县志》，卷九，风俗，清光绪四年刻本。）

〔清光绪九年前后，江苏江宁府溧水县〕 乡里纯朴之氓不见外事，安于畎亩，衣食务本，力农稼穑，惟实殷户运米谷营什一之利，中资之家业药材于各州县，至三吴之为贸易者大率皆习末艺之徒也。

（清 傅观光等修，丁维诚等纂：《溧水县志》，卷二，舆地志，风俗，清光绪九年刻十五年重印本。）

〔清光绪十三年前后，江苏通州泰兴县〕 泰之贾，莫巨于盐肆、质库，其为土人十不二三。

（清 杨激云等修，顾曾烜等纂：《泰兴县志》，区域志第三，分率，清光绪十三年刻本。）

〔清光绪二十九年前后，安徽泗州盱眙县〕 工则粗知陶甄，而工匠无世业。商则居民惮于远行，拙于营利。列肆者率来自他郡，货粗价昂，民日拙，而商日赢。

（清 王锡元等纂：《盱眙县志》卷一，疆域，清光绪十七年修，二十九年重校刻本。）

〔清宣统年间，江苏苏州府昆山、新阳县〕 邑人拙于经商，巨肆坐贾多客户之占籍者（皖人及浙之宁绍人为多）。近日风会所趋，亦有力图改计者。然拙于资，又惮于折损，故陶朱猗顿之富至今犹未有闻焉。

（连德英等修，李传元纂：《昆新两县续补合志》，卷一，风俗，民国十一年刻本。）

〔清代至民国十年前后，江苏山阳县〕　商则昔以盐为大宗，自纲盐、票盐递改，其业废坠，南北行商又改道懋迁（见前津浦铁道），车毂船帆日就阒寂，板闸榷关税数减绌，百废莫举，烟户四徙，向之铜山金穴湮为土灰，至如食货日用所需，类皆小贾所贩，逐利朝夕，所持者狭，所欲者奢，奸轨弄权，物价踊贵。昔以关病商，今以商病民，此则百数十年事变之大者也。

（周钧修，段朝瑞等纂：《续纂山阳县志》，卷一，疆域，风俗，民国十年刻本。）

〔清朝末年至民国初年，江苏泗阳县〕　商业之兴衰，视人民机智为进退。泗民朴愿安业，乏冒险性，故牵车服贾远客他乡者无有也。百年以前，著籍商界之人，大都属于客民。各酒业、典业多晋商，木业、钱业多徽商，布业多鲁商，药材多宁商，烟草多闽商，杂货多常、镇、扬商。裨贩千里，积货累万，富拟封君者，往往而有。海通以后，货物转移较昔为易，而生存竞争其势益烈，地方材智之徒，渐有起而角逐者，供求之数不能加增，故土商多一人，则客商少一人。盈虚消息，已大异于有清咸同之世，由是更进充之以学识，加之以阅历，虽与晋、鲁、徽、闽诸商争胜于五都之市，可也。以商业状况言之，众兴镇居全邑中心，水陆交通，为群商聚会之地，其在河南，若县城南新集、全锁镇、洋河，在河北，若北王集、里仁集、穿城等处，商业亦俱发达。其详具乡镇以输出输入之货物言之，输出之品则油类有籽油、豆油、花生油，酒类有洋河大曲，谷类有小麦、黄豆、芝麻（境内各处有之），其他若落花生以北王集一带为最多，金针菜以丁家嘴为最佳（近名丁庄菜），蚕丝以八集一带最佳，棉花以时大荒为最多，豆饼皆系输出大宗，每岁行商以巨万计，又如药材之半夏、桃仁、瓜蒌、天花粉，杂货之芡实、槐子、红鱼、鸡蛋、鸡鸭毛、肥猪、虾米、牛皮、牛骨，价值亦极夥；输入之品，则食盐（淮盐运自西坝）、梭布各种花布（运自苏州）、棉纱（运自上海）、绸缎（运自南京、镇江）、糖纸雄货（运自镇江）、烟类有皮丝（福建产）烟叶（运自江西、凤阳、双沟）、药材（运自镇江）、茶叶（徽茶、浙茶二种）、瓷器（江西产）、杉木（江西宁国产）、铁器（运自镇江），洋货有石油、火柴、洋布各种，均由上海辗转运入，每岁输入数亦巨万。大有之年，地方物产搬运出境，足以抵输入品而犹有赢余，至于岁或不登，输入品不能减少，而闾阎生计支绌，无以为交易之资，而商乃病矣。清季欧化盛行，国家注重商政，稍稍加以提倡。逮于民国兵匪纵横，民失常业，乃为小本贸易，以资糊口，其狡黠者，或乘机射利，坐致千金，而泗阳商业亦于是开一新纪元焉。

（李佩恩等修，张相文等纂：《泗阳县志》，卷十九，实业，民国十五年铅印本。）

〔民国十一年前后,江苏高邮〕 经商之利较厚,然梁贩不出方隅,求能远服贾而吸收外利者鲜矣。盐典大业,客商主持,邮人或附其骥尾,求能独营巨业者更鲜矣。

(胡为和等修,高树敏等纂:《三续高邮州志》,卷一,实业志,营业状况,农业,民国十一年刻本。)

〔民国十五年前后,江苏泗阳县〕 商贾以地僻不能发达,贸易稍盛者向推闽、镇、齐、晋诸客帮,近亦稍稍凌替矣。民国以来,地方商人竭力提倡,凡油、酒、烟草、布匹诸业次第振兴,惜多系个人营业,不能合股组织公司,亦习惯然也。

(李佩恩修,张相文等纂:《泗阳县志》,卷七,地理志,风俗,民国十五年铅印本。)

〔民国二十年前后,江苏泰县〕 县城之衣庄、姜埝之粮行、海安之烟酒尤为特色。大概营钱业、杂货业者多镇江人,茶、烟业安徽人,故有江帮、徽帮之称。

(单毓元等纂修:《泰县志稿》,卷二十一,商业志,民国二十年修,一九六二年油印本。)

〔民国二十二年前后,江苏吴县〕 太湖中诸山,大概以橘柚为产,多至千树,贫家亦无不种。地多植桑,凡妹及姊即习育蚕,三四月谓之蚕月,家家闭户不相往来。以商贾为生,土狭民稠,民生十七八即挟资出商楚、卫、齐、鲁,靡远不到,有数年不归者。

(曹允源等纂:《吴县志》,卷五十二上,舆地考,风俗一,民国二十二年铅印本。)

〔民国二十二年前后,江苏六合县〕 六地商人无大资本,每营一业不能无所称贷,金融业家未深察其底里,与其往来复时高贷出之,全权几为金融家所掌握,然营业者一有不善,或因他融业亦因受累。

(郑耀烈修,汪昇远纂:《六合县续志稿》,卷十四,实业志,商情,民国九年石印本。)

〔民国二十二年前后,江苏六合县〕 商人行为喜舞弄奸策,左右物价,如烟捆之内杂以石块,豆谷之中参以灰土,虽老实者亦恐不免,又市面商店惯以赝造商标,售卖假货为能。

(郑耀烈、汪昇远纂:《六合县续志稿》,卷十四,实业志,商情,民国九年石印本。)

〔民国二十五年前后,江苏盐城〕 昔之盐垣、典当、钱庄,今之轮船、垦殖诸业,大半客民主之。其业烟、布、杂货者,多镇江人;业药材、瓷器者多江西人;业茶叶、香店者,多安徽人;业皮货者,多河北人;业草帽者,多山东人。

(林懿均等修,胡应庚等纂:《续修盐城县志》,卷四,产殖志,商市,民国二十五年铅印本。)

〔南宋淳祐十二年前后,两浙西路临安府〕 其俗习工巧,邑屋华丽,盖十余万家,环以湖山,左右映带,而闽商海贾,风帆浪舶,出入于江涛浩渺、烟云杳霭之间,可谓盛矣。

(宋 施谔撰:《临安志》,卷五,城府,旧治古迹,有美堂,宋淳祐十二年撰,一九八三年浙江人民出版社铅印本。)

〔南宋年间,两浙西路临安府〕 杭城富室多是外郡寄寓之人,盖此郡凤凰山谓之客山,其山高木秀皆荫及寄寓者。其寄寓人,多为江商海贾,穹桅巨舶,安行于烟涛渺莽之中,四方百货,不趾而集,自此成家立业者众矣。

(南宋 吴自牧撰:《梦粱录》,卷十八,恤贫济老,一九六二年中华书局铅印本。)

〔明嘉靖十九年前后,浙江台州府太平县〕 业于商者,或商于广,或商于闽,或商苏杭,或商留都。嵊县以上,载于舟。新昌以下,率负担运于陆。由闽广来者,间用海舶。近而业于贾者,或货食盐,率担负鬻于本县诸民家,近年始用船载鬻于天台、仙居,率至中津桥阅税云。或货米谷,毋敢越境。或货材木,率于黄岩西乡诸山,近年有至温州闽中者。或货海鱼者,率用海舶在附近海洋网取黄鱼为鲞,散鬻于各处,颇有羡利。……又其次有货杂物肆而居者,比比不能尽著。

(明 曾才汉修,叶良佩纂:《太平县志》,卷之三,食货志,民业,明嘉靖十九年刻本。)

〔明万历四十年前后,浙江衢州府龙游县〕 贾挟资以出,守为恒业,即秦、晋、滇、蜀万里,视若比舍,谚曰遍地龙游。

(明 万廷谦修,曹闻礼纂:《龙游县志》,卷五,风俗,明万历四十年刻本,民国十二年铅印本。)

注:龙游县于1960年撤消,分并入衢县、金华县。

〔清康熙二十八年前后,浙江嘉兴府平湖县〕 城周广数口余,而新安富人挟资权子母,盘踞其中,至数十家。世家巨室,半为所占。……商横民凋,湖人之髓,其足供徽人之嗜吸耶。

(清 朱维熊修,陆莱纂:《平湖县志》,卷四,风俗,清康熙二十八年刻本。)

〔清嘉庆五年前后,浙江金华府兰溪县〕 邑民为业不一,有业农者,有业工者,远而业商者,近而业贾者。

（清　张许修,陈凤举等纂:《兰溪县志》,卷七,风俗,清嘉庆五年刻本。）

〔清嘉庆五年前后,浙江嘉兴府嘉善县〕　昔之商贾,重去其乡,今亦间有远出者。……然负重资牟厚利者率多徽商,本土之人弗与焉。

（清　万相宾纂修:《重修嘉善县志》,卷六,风俗,清嘉庆五年刻本。）

〔清嘉庆十六年前后,浙江衢州府西安县〕　西安产殖无多,他邑行商者绝少。近时生齿殷繁,食税衣租颇形拮据,于是人争驰骛奔走,竞习为商,商日益众。

（清　姚宝煃修,范崇楷纂:《西安县志》,卷二十,风俗,清嘉庆十六年刻本。）

注：西安县于民国元年改名衢县。

〔清道光以前至民国十三年前后,浙江定海县〕　海通以前,敦尚朴素,渔盐耕读,各安其业。道咸之间,城陷于英军者一,再陷于英、法联军者一,民与之习。迨商埠既辟,遂相率而趋沪若鹜,且地狭人稠,生活维艰,而冒险之性又岛民所特具,饥驱寒袭,迫而之外,航海梯山,视若庭。光宣以来,商于外者尤众。迩年侨外人数几达十万,家资累巨万者亦既有,人均平计之,人岁赡家二百金,十万侨民岁得金二千万,故风习于焉丕变。

（陈训正、马瀛纂修:《定海县志》,册五,方俗志第十六,风俗,民国十三年铅印本。）

〔清同治十三年前后,浙江湖州府安吉县〕　服贾者少,间有贸易者不越苏、湖。

（清　汪荣、刘兰敏修,张行孚等纂:《安吉县志》,卷七,风俗,生业,清同治十三年刻本)

〔清同治年间,浙江湖州府长兴县〕　长地向多丝行,城市乡镇不下数百家。近日,行家甚少,通邑不过十余家,故乡人售丝往往至南浔等处,售于本乡者不过十之二三,市上生意为之大减,然丝市习气仍复依然。盖新丝出市,买丝者谓之丝客人,开行代买者谓之丝主人,亦曰秤手。秤手口蜜腹剑,狡狯百出,遇诚实乡民,丝每以重报轻,价每以昂报低,俟其不售出门时,又倍其价以伪许之,以杜其他处成交,俗谓进门一锤,出门一帚,锤言闷头打倒,帚言扫绝去路也。贫家男妇废寝忘餐、育蚕成丝,其苦不可言状。一岁赋税、租积、衣、食、日用皆取给焉,虽善价而沽犹虞不足,而市侩仍百般侮弄之,是可忍也孰不可忍也。长俗名买丝者曰丝鬼,洵然。

（清　赵定邦等修,丁宝志等纂:《长兴县志》,卷八,蚕桑,清光绪元年刻本。）

〔清光绪三年前后,浙江处州府庆元县〕 旧时屠贩经纪,惟无恒产者藉以糊口,今则垄断居奇皆出有力之家,居乡者以制蕈为业,老者在家,壮者居外,川、陕、云、贵无所不历,跋涉之苦甘如饴焉,视其所获,十难居五,大抵庆邑之民多仰食于蕈山。

（清　林步瀛、史恩纬修,史恩绪等纂:《庆元县志》,卷七,风土志,习尚,清光绪三年刻本。）

〔清光绪五年前后,浙江温州府泰顺县〕 商在昔时惟靛、炭最多,常远达苏、杭。近数十年其业极少,惟铁、油、竹、木、茶、纸,然资薄货稀,鲜有远出者。

（清　林鹗纂,林用霖续纂:《分疆录》,卷二,舆地下,风俗,清光绪五年刻本。）

注:《分疆录》即《泰顺县志》。

〔清光绪二十年前后,浙江嘉兴府嘉善县〕 商以盐、典为大宗,木次之,丝又次之。今则伙贩洋药、洋货,接踵于松、沪间。厘金输纳外,岁出洋银不下数十万,虽蚕丝较旺于前,所进不敌所出。

（清　江峰青修,顾福仁纂:《重修嘉善县志》,卷八,典秩志下,风俗,清光绪二十年铅印本。）

〔清光绪二十二年前后,浙江〕 浙中为财赋之区,天下有事,必疲于奔命,加以宁波、苏、杭通商,民之服役夷人者以万计。异族麇至,教党恣横。

（清　李应珏撰:《浙志便览》,卷一,浙省总序,清光绪二十二年增刻本。）

〔清光绪二十二年前后,浙江处州府青田县〕 邑本瘠区,因附近瓯江,商贩渐众。考浙西及宁绍之民,商半于农,十龄外即拜一商为师,为之服劳,名曰学生,数年后始受工值。学生于本师北面终身,死则为乞束白布带,志心丧,善贾盖有由也。

（清　李应珏撰:《浙志便览》,卷四,青田县序,清光绪二十二年增刻本。）

〔清光绪三十二年前后,浙江杭州府富阳县〕 富邑商贾较匪前繁盛数倍,然市廛铺户皆外来之人,土著只能以所出土货售客易钱,垄断之权任客操之,罕有出外自行商者,阖邑无巨万富室。

（清　汪文炳等修,蒋敬时等纂:《富阳县志》,卷十五,风土志,风俗,清光绪三十二年刻本。）

〔清朝年间,浙江衢州府龙游县〕 贾挟资以出守为恒业,即秦、晋、滇、蜀万里视若比舍,俗有"遍地龙游"之读。

（清　卢灿等修,余恂等纂,徐起岩等续修:《龙游县志》,卷八,风俗志,清康熙二十年刻,乾隆六年续刻,光绪八年重刻本。）

〔清代后期至民国十四年,浙江镇海县〕　汪显述,字炳生……显述幼失怙家,赤贫,赖母纺织所入,以为抚养,年十一就傅,十五罢读,习网业于小洋山,以风涛险恶,改就他业,先后佣赁于庄市。乍浦店肆有烟戚陈钜美知其才,荐至沪上义昌为伙。义昌故与西人相贸易者,显述于供职之暇,留心洋务,久之能通西语,为同乡叶澄衷观察所赏识,委管老顺记栈。既而遣赴汉口设顺记分庄,始充副办,继升经理,旋合资经营洋货洋油各业。而叶观察又以帆船十二艘相委托,乃分设报关行兼帆船公司,商业益以恢张。会南皮张文襄总督两湖,创汉阳铁政局,耳显述名,委任为采办员。显述旅汉久,誉望日隆,中外巨商咸相倚重。日商如大阪日清公司、三井日信洋行,均先后聘任为经理副办等职,用以拓航业,联商情,而敦中日之睦谊。迨排日事起,未几辞职归。……卒于民国十四年,年七十有三。

（董祖羲纂:《镇海县新志备稿》,卷下,列传,人物,民国二十年铅印本。）

〔清代后期至民国十六年,浙江镇海县〕　盛炳纪,字竹书,植圻子,早岁失怙,从叔植型读书京邸,力学能文,弱冠旋里,成诸生。从兄炳纬督学四川,炳纪从之……幕游历十五年,以是大江以南无不耳其名而引重之。中岁以后,以其才用之于商业。丁未赴汉口,被推为宁波会馆总董,整理四明公所,办旅汉学校,立戒烟会、同乡会,与夫浙路之争回路权,宁绍之自辟航路,普益公票局之抗议取消,皆出热诚以图之。旅汉之次年,即被举为汉口总商会议董。逾年被举为协理,改选又被举为总理。任事之初,适丁国变,商业损失,汉口为最,被难商民,无法上诉,则议设理债处以清理之。炳纪手拟章程为之,料量债务,裁抑债权,苦心规划,众商翕服,招商汉局货栈存货值银一百二十余万两,毁于兵燹,无人负责,舆论大哗,设追赔联合会,与局为难,炳纪时任协理,奔走调停,历三年,始由局减成垫款先偿,众德之。……尝创办汉丰面粉厂,总理其事。经辛亥之役,悉为灰烬。又任汉口兴业银行行长。未一月,又因兵事被毁,幸赖先事预防,未受损失。任事既久,营业蒸蒸日上,凡在汉商会先后八载,始改适沪,历任浙江兴业银行总行、交通银行沪行经理,三度任银行公会会长,热心公益,创办银行周报,以增进金融界之学识。……卒于民国十六年,年六十八。

（董祖羲纂:《镇海县新志备稿》,卷下,列传,人物,民国二十年铅印本。）

〔清同治十二年前后,浙江衢州府江山县〕 邑多聚族而居,少客民,惟石工多兰溪、义乌人,然亦岁相往来,久居于此者寥寥。其列廛而市者,则间有豫章、皖南之人。

(清　王彬、孙晋梓修,朱宝慈等纂:《江山县志》,卷一,舆地,风俗,清同治十二年刻本。)

〔清朝末年至民国初年,浙江新登县〕 农,力穑之余,不兼营他业,嗜好尚少,有古农家风焉。工,洪杨兵事后,土著稀少,匠作来自外邑,雇工均系客民。商,市廛店伙皆系外县人,各乡土货,土人有自行购买出外营商者。

(徐士瀛等修,张子荣等纂:《新登县志》,卷十,风俗,民国十一年铅印本。)

〔民国初年,浙江吴兴双林镇〕 吾镇出门贸易者,大半在苏、杭及各近处,富商则走闽、广、湘、樊、松、沪;其在本镇经纪者,以丝绵绸绢为盛。有资设店,获利固易,而精其业者,即空手入市,亦可日有所获以赡其家,俗所谓"早晨没饭吃,晚上有马骑"也。近年惟丝业生意甚盛,客商赍银来者动以千万计,供应奢华,同行争胜,投客所好,以为迎合,无所不至,而日用纷华莫比,几于忘所自来;迨客去,市华萧条,家计故我依然,其病由于贪市易而不计盈亏,甚有将数万资本捐帖开行,不十数年化为乌有者,祖父遗资罄尽,烟赌习气难除,子弟骄养性成,不知生计,习俗使然矣。

(蔡蓉升原纂,蔡蒙重编:《双林镇志》,卷十五,风俗,民国六年铅印本。)

〔民国以后,浙江海盐县澉浦镇〕 惟以地小民贫,后闻有赴沪经商者,往往致富,自奉不免稍奢,为庸俗所欣羡。兼以科举既停,贫士少进身之路,农村亦渐凋疲,家多中落。生计所迫,废耕读而趋商贾者日多,名为吃上海饭,积久渐染沪习,而向所有淳朴之风稍改矣。

(程元煦编纂:《澉志补录》,风俗,民国二十五年铅印本。)

〔民国四年以后,浙江吴兴县双林镇〕 湖人衣被所用棉絮,岁必弃旧添新,凡硬碎者弃置不用,每两所值不过数钱,自民国四年(一千九百十五年)欧战发生以后,列入洋庄,销路骤畅,价格骤增,每两值三十余钱矣。四、五两年,出口岁各千余担,废物利用,大益生计。有乡人严姓者,设丝吐羊毛行,兼收破絮、种种废物,初时基本银仅四百元,十余年来,赢积万余元。

(蔡蓉升原纂,蔡蒙重编:《双林镇志》,卷十七,商业,民国六年铅印本。)

〔民国十一年前后,浙江新登县〕 境内除盐、当及杂货商店生意较大者十余种外,其余行商山客约可分为数种,如丝业、茧丝、茶、柴炭、板木业、白料、青竹业、纸业、灰业等,运输吴越,以博蝇头。……城市西门外市场,近来生意颇见发达,市屋亦间有仿造洋房者。乡镇如旧《志》所载,渌川镇、松溪镇、三溪镇等,人户稀少,生意萧条,不过小市而已。

(徐士瀛等修,张子荣、史锡永纂:《新登县志》,卷十二,经政篇二,实业,民国十一年铅印本。)

〔民国十一年前后,浙江新登县〕 商:市廛店伙皆系外县人,各乡土货,土人有自行购买出外营商者。

(徐士瀛等修,张子荣、史锡永纂:《新登县志》,卷十,舆地篇九,风俗,民国十一年铅印本。)

〔民国十三年前后,浙江定海县〕 侨商以上海、汉口二处为最多,当不下二万人,充任各洋行之买办,所谓康白度者,当以邑人为首屈一指。其余各洋行及西人机关中之充任大写、小写、翻译(昔曰通事)、跑街(曰煞老夫)亦实繁有徒。曩年充任诸职者,薪资既丰,获利亦厚,故常有赤手起家至数百数十万金者。今则人既拥挤,利亦菲薄,然犹弹冠相庆,趋之若鹜。经理煤油亦邑人特擅之业也。美孚、亚细亚二大公司,其各埠分销处,几十之六七由邑人承办。

(陈训正、马瀛纂修:《定海县志》,册五,方俗志第十六,风俗,民国十三年铅印本。)

〔民国十三年前后,浙江定海县〕 小贩,在沪上者多在菜场摆设鱼鲜蔬果等摊,亦有在轮舶或沿途叫卖食品杂物者,约数千人。设摊者获利颇丰,每月或有至数十百金者。叫卖者不过蝇头微利而已。

(陈训正、马瀛纂修:《定海县志》,册五,方俗志第十六,风俗,民国十三年铅印本。)

〔民国十四年前后,浙江龙游县〕 为商贾者既不轻去其乡,所业甚细微,其稍大之商业,皆徽州、绍兴、宁波人占之,乌在其能商贾也。昔人日以地瘠民贫为忧,而又贱商轻贾,以鸣高尚,此愚所最不解者。

(余绍宋纂:《龙游县志》,卷三,地理考,民国十四年铅印本。)

〔民国十五年,浙江宁波〕 宁郡长于经商,沪渎东南巨镇,而甬人执其牛耳。粤汉各商埠,凡外舶辐辏之地,甬人辄先染指。

(喻长霖、柯华威等纂修:《台州府志》,卷六十,风俗志上,民国十五年修,民国二十五年铅印本。)

〔民国十五年,浙江宣平县〕 邑中业商者,坐贾居多,贸易于海外者,绝无其人。就邑中情形,只分盐商、货店、屠店、药店而已。

(何横、张高修,邹家箴等纂:《宣平县志》,卷五,实业志,商业,民国十五年修,民国二十三年铅印本。)

〔民国十六年前后,浙江象山县〕　宁波人以商务著名中国,六邑中惟象山阒如,前亦有若陈阿三者,独在上海开设煤炭行,不久即歇业焉。是岂智弗若他邑人哉。无亦袖不长而不善舞,财不多而不善贾耳。今试行城镇街隧中而左右顾,若某某货,若某某物,非舶来品,即各省出产品,主持其事坐柜上而持筹,或出焉,或入焉,皆宁波人也。……然近亦有数大店铺为象山人所独开,宁波人转仰食于其中,其中凡商会中为会长者,必本邑人物。

(李沐等修,陈汉章纂:《象山县志》,卷十三,实业考,商业,民国十六年铅印本。)

〔民国十九年前后,浙江遂安县〕　商业:经商以徽人居多,杭、绍亦有之,邑人较少。近则乡村多本地人经商者。商以盐业为上,南货业次之,其他又次之。茶业由各商兼营。纸、柴、木炭各商,皆本地人,运销杭沪等处。

(罗柏麓等修,姚桓等纂:《遂安县志》,卷一,方典,职业,民国十九年铅印本。)

〔民国十九年前后,浙江寿昌县〕　逐末者间有之,远不过至省会而止,业柴米薪炭,无珍玩之货。

(陈焕等修,李钰纂:《寿昌县志》,卷三,食货志,风俗,民国十九年铅印本。)

〔民国二十年前后,浙江汤溪县〕　前《志》:商有闽人,依山种靛,为利乡村,团蜡贩卖,卒未闻以商贾起家者。按:种靛闽人今皆土著,缘俗最重农不喜牵车服贾,以走四方,故商业迄未发达。惟同光以来,外北商家颇有以布业厚获赢利于松阳、龙泉诸县间者,以视种靛、团蜡商,各较为优胜。

(丁燮等修,戴鸿熙纂:《汤溪县志》,卷三,民族,风俗,民国二十年铅印本。)

〔民国二十五年前后,浙江黄岩县〕　地饶则商务兴,人重开源,往往水陆贸迁,居奇垄断,故东南每因经商而致富。

(喻长霖等纂修:《台州府志》,卷六十,风俗志上,民国二十五年铅印本。)

〔民国二十五年前后,浙江台州地区〕　台郡负山面海,交通阻塞,宁、绍、台同一道,然宁郡长于经商,沪渎东南巨镇而甬人执其牛耳,粤汉各商埠凡外舶辐辏之地,甬人辄先染指焉,台人瞠乎后也。

(喻长霖等纂修:《台州府志》,卷六十,风俗志上,民国二十五年铅印本。)

〔唐代以前至元朝年间，江浙行省徽州路〕 本府万山中，不可舟车，田地少，户口多，土产微，贡赋薄，以取足于目前日用观之则富郡，一遇小灾及大役则大窘，故自唐以前，贡赋率轻。下至唐末吴杨氏及南唐偏据一隅，征敛无节，甚至取砚亦有专务。宋兴未能尽革。南渡后，仰给江南诸郡，至于酒醋之榷，亦有专官专库。元赋虽不增，而额外又有金铁诸课，民不聊生。

（明　彭泽修，汪舜民纂：《徽州府志》，卷二，食货一，明弘治十五年刻本。）

〔明正德年间至清嘉庆十七年前后，安徽徽州府黟县〕 往者户口少，地足食，读书力田，无出商贾者（本正德陈《志》）。《徽郡六邑评》所谓：黟县"男耕女绩麻"，盖纪实也。国朝生齿日盛，始学远游，权低昂，时取予（本窦《志》）。为商为贾，所在有之。习业久，往来陈掾，资以衣食。家居务俭朴，城市无茶馆、酒肆，冲处仅有之，亦苦茗一盂，无衣冠人至，不足言馆。

（清　吴甸华修，程汝翼、俞正燮纂：《黟县志》，卷三，地理志，风俗，清嘉庆十七年刻本。）

〔明万历二十八年至清顺治九年，安徽徽州府祁门县〕 祁山昂峭而水清驶，人故矜名节。产薄，行贾四方，知浅易盈，多不能累大千大万，然亦复朴茂。务节俭，不即荡淫。……然渐有谫薄者，民故柔弱纤啬，服田者十三，贾十七。

（明　余士奇修，谢存仁纂：《祁门县志》，卷四，风俗，明万历二十八年刻，清顺治九年补刻本。）

〔明万历三十五年前后，南京徽州府休宁县〕 概邑中土不给食，大都以货殖为恒产。商贾之最大者举鹾，次则权母子轻重而修息之，千百中不一二焉。其他借怀轻资遍游都会，因地有无以通贸易，视时丰歉以计屈伸。诡而海岛，罕而沙漠，足迹几半禹内。近者岁一视家，远者不能以三四岁计矣。夫捐家室、冒风波、濒死幸生求哺嗷嗷之数口。逮舟车有算，关市迭征，所息半输之道路，归慰待哺，宁有几何？则蜗涎之为中枯尔！列肆市廛，若稍称逸，自百货俱榷，直日重而息日微。兼邑当孔道，诸邑供亿，时时倚办，奉公之直，十不逾半，而舆隶上下而渔猎之，则市廛重困矣。粒米是急，日仰给东西二江，旬日之艘未至，举皇皇枵腹以待。米商乘而画一，坐握高价，即贵籴可奈何。夫商贾重困，民用日繁，而耗蠹日以甚。加以贾人子掠外地子女，人挈数口以归，岁入不下千百。……生齿日繁，则生计日隘，细民勤其职业者，为力最劳，为享最薄。

（明　李乔岱纂修：《休宁县志》，卷一，舆地志，风俗；明万历三十五年刻本。）

〔明万历三十五年前后,南京徽州府休宁县〕 匹必名家,闺门最肃,女人能攻苦茹辛,中人产者,常口绝鱼肉,日夜绩麻挫针,凡冠带履袜之属,咸手出,勤者日可给二三人。丈夫经岁客游,有自为食,而且食儿女者。贾能蓄积,亦犹内德助焉。

(明 李乔岱纂修:《休宁县志》,舆地志,风俗,明万历三十五年刻本。)

〔明万历三十五年前后,南京徽州府休宁县〕 百工之巧,虽少逊于歙,比之他郡,邑实过之。如镂金叠彩自屏帷亟箧滥及纤微,无胫而走于四方,其直亦不资。然犹不足以救其困者,土著之息微耳。惟是游手之民,借以自给,亦安所事禁也。

(明 李乔岱纂修:《休宁县志》,卷一,舆地志,风俗,明万历三十五年刻本。)

〔明万历三十五年前后,南京徽州府休宁县〕 从来无兵戈燹略之惨,生息繁夥,民则聚于有余,而财则争于不足。往往挟轻资以贾四方,贸平而取廉,多获赢利,老乃倦息,势所使然也。

(明 李乔岱纂修:《休宁县志》,重修休宁县志序,明万历三十五年刻本。)

〔明万历三十七年前后,南京徽州府歙县〕 《传》之所谓大贾者……皆燕、齐、秦、晋之人,今之所谓大贾者,莫有甚于吾邑。虽秦、晋间有来贾淮扬者,亦若朋比而无多。

(明 张涛修,谢陛纂:《歙志》,货殖,明万历三十七年刻本。)

〔明万历三十七年前后,南京徽州府歙县〕 邑中以盐筴祭酒而甲天下者,初则有黄氏,后则汪氏、吴氏相递而起,皆由数十万以汰百万者。

(明 张涛修,谢陛纂:《歙志》,卷十,明万历三十七年刻本。)

〔明万历三十七年前后,南京徽州府歙县〕 今之所谓都会者,则大之而为两京、江、浙、闽、广诸省,次之而苏、松、淮、扬诸府,临清、济宁诸州,仪真、芜湖诸县,瓜州、景德诸镇。……故邑之贾,岂惟如上所称大都会皆有之,即山陬海壖,孤村僻壤,亦不无吾邑之人,但云大贾则必据都会耳。

(明 张涛修,谢陛纂:《歙志》,货殖,明万历三十七年刻本。)

〔明万历三十七年前后,南京徽州府歙县〕 其最相反者,则曰:"江淮以南,无冻饿之人,亦无千金之家。"是大不然。无论江东诸县,姑论吾邑,千金之子比比而是,上之而巨万矣,又上之而十万百万矣。然而千金则千不能一也,巨万则万不能一也,十万百万可知。乃若朝不谋夕者则十而九矣,何云"无冻饿之人"哉! 嗟夫! 吾邑之不能不贾者,时也,势也,亦情也。……今邑之人众几于汉一大郡,所产谷粟不能供百分之一,安得不出而糊其口于四方也。谚语以贾为生意,不贾则无望,奈何不亟亟也。以贾为生,则何必子皮其人而后为贾哉。人人皆欲有生,人人不可无贾矣。故邑之贾岂惟如上所称大都会皆有之,即山陬海壖、孤村僻壤亦不无吾邑之人,但云大贾则必处都会耳。约略而言,亦有五焉:一曰走贩,即太史公之所谓周流者也;二曰团积,即太史公之所谓废著者也;三曰开张,即太史公之所谓陈掾者也;四曰质剂,即太史公之所谓子母钱者也;五曰回易,即太史公之所谓以所多易所鲜者也。而下贾、中贾、大贾、廉贾,皆在其中矣。总之则其货无所不居,其地无所不至,其时无所不骛,其算无所不精,其利无所不专,其权无所不握。而特举其大,则莫如以盐筴之业、贾淮扬之间而已。

(明 张涛修,谢陛纂:《歙志》,货殖,明万历三十七年刻本。)

〔明万历三十七年前后,南京徽州府歙县〕 商则本乡者少,而走外乡者多。昔为末富,而今为本富。小者雄一集,大者甲二河。远者逾十年,近者羁浃岁。

(明 张涛修,谢陛纂:《歙志》,风土,明万历三十七年刻本。)

〔明代至清康熙二十二年前后,安徽徽州府祁门县〕 明初士不工鏧,悦为弟子员者,由乡里以刺报,后渐户诵家弦矣。随牒应试,防冒籍严于他邑,以地为经商捷径,流寓多也。

(清 姚启元修,张琰等纂:《祁门县志》,卷一,风俗,清康熙二十二年刻本。)

〔明朝末年至清康熙三十八年前后,安徽徽州府〕 徽之山大抵居十之五,民鲜田畴,以货殖为恒产。春月持余资出贸什一之利,为一岁计。冬月怀归。有数岁一归者。上贾之所入,当上家之产。中贾之所入,当中家之产。小贾之所入,当下家之产。善识低昂,时取予,以故贾之所入,视旁郡倍厚(明末徽最富,遭兵火之余,渐逐萧条,今乃不及前之十一矣)。然多雍容雅都,善仪容,有口才,而贾之名擅海内。然其家居也,为俭啬而务畜积。贫者日再食,富者三食,食惟馇粥,客至不为黍。家不畜乘马,不畜鹅鹜。其啬日日以甚,不及姑苏之间诸郡,产相十而用相百,即池阳富人子,犹不能等埒,而反以富名,由为贾者在外售虚名云(徽人居于维扬、苏松者未尝贫,但其生平不一至故乡,而居徽地者反受富名之累,不惟贫民,并官于此土者,亦且累于地方之虚名。留心民瘼者,尚其念之)。当其出也,治装一月,三十里之外即设形容,袨新服,饰冠剑,连车骑,若是者将以媒贷高资,甚至契领官货。诸见者喋喋就目,徽多富贾,不知既也不能偿责,坐是蒙罪戾者比比皆是。汪京兆循曰:"徽之贾售虚名而受实祸。"其信然哉。

（清　丁廷楗、卢询修,赵吉士等纂:《徽州府志》,卷二,风俗,清康熙三十八年刻本。）

〔清顺治四年前后,安徽徽州府歙县〕　山居十之五,民鲜田畴,以货殖为恒产。春月持余资出贸十一之利,为一岁计,冬月怀归,有数岁一归者,上贾之所入,当上家之产;中贾之所入,当中家之产;小贾之所入,当下家之产。善低昂,时取予,以故贾之所入,视旁郡倍厚。

（清　宗希甫修,吴礼嘉等纂:《歙志》,卷一,舆地志,风俗,清顺治四年刻本。）

〔清康熙十四年前后,安徽池州府石埭县〕　市人皆土著,间有一二外民侨寓衣食者,虽长子孙,犹以客籍侮之。居人贩鬻杉纸,轻去其乡,远者达京师,近者适吴会。

（清　姚子庄修,周体元纂:《石埭县志》,卷二,风土志,风俗,清康熙十四年刻本,民国二十四年铅字重印本。）

〔清康熙三十二年以前,安徽徽州府〕　徽州介万山之中,地狭人稠,耕获三不赡一。即丰年亦仰食江楚,十居六七,勿论岁饥也。天下之民,寄命于农,徽民寄命于商。而商之通于徽者取道有二：一从饶州鄱、浮,一从浙省杭、严,皆壤地相邻,溪流一线,小舟如叶,鱼贯尾衔,昼夜不息。一日米船不至,民有饥色;三日不至,有饿莩;五日不至,有昼夺。

（清　廖腾煃修,汪晋征纂:《休宁县志》,卷七,汪伟奏疏,清康熙三十二年刻本。）

〔清康熙三十二年以前,安徽徽州府休宁县〕　邑中土不给食,大都以货殖为恒产,因地有无以通贸易,视时丰歉以计屈伸。居贾则息微,于是走吴、越、楚、蜀、闽、粤、燕、齐之郊,甚则逾而边陲,险而海岛,足迹几遍寓内。近者岁一视其家,远者不能以三四岁计,彼岂不知有父母室家之乐哉,亦其势使然也(见旧《志》)。

（清　廖腾煃修,汪晋征纂:《休宁县志》,卷一,方舆,风俗,清康熙三十二年刻本。）

〔清康熙三十二年前后,安徽徽州府休宁县〕　邑山多田少,粒米是急,日仰给东西二江,一遇公禁私遏,旬日之艘未至,举皇皇枵腹以待。米商乘而登垄,坐握高价,即贵籴可奈何。

（清　廖腾煃修,汪晋征纂:《休宁县志》,卷一,风俗,清康熙三十二年刻本。）

〔清康熙三十八年前后,安徽徽州府〕　郡处万山,百货皆仰于外,陆则肩担顶荷之夫,沿崖陡岭,虽隆冬沍寒而汗雨彳亍;水则溯流推挽,从急湍石濑中负舟以上。垄断之子,挟货以射息,其值固已倍他郡矣。一旦饶河闭籴,则徽民仰屋;越舟不至,六邑无衣;荒旱偶乘,死亡立至。

(清 丁廷楗、卢询修,赵吉士等纂:《徽州府志》,卷八,蠲赈,清康熙三十八年刻本。)

〔**清康熙四十六年前后,安徽太平府芜湖县**〕 芜湖土瘠民淳,而习尚颇侈,由其当诸省之冲,商贾辐辏,故市井之氓未免有逐末嗜利,游手不事之弊。

(清 李敏迪修,曹守谦纂:《太平府志》,卷六,风俗,清康熙四十六年增修钞本,一九八五年台湾成文出版社影印本。)

〔**清康熙年间,安徽徽州府**〕 赵吉士曰:吾闻之先大父曰,嘉隆之世,人有终其身未入城郭者,士补博士弟子员,非试不见邑官,有少与外事者,父兄羞之,乡党不齿焉。今则武断者比比矣,而闭户不出者,即群而笑之,以为其襁褓若此也。

(清 丁廷楗、卢询修,赵吉士等纂:《徽州府志》,卷二,舆地志下,风俗,清康熙三十八年刻本。)

〔**清康熙年间,安徽徽州府**〕 徽之富民尽家于仪扬、苏松、淮安、芜湖、杭湖诸郡,以及江西之南昌,湖广之汉口,远如北京,亦复挈其家属而去。甚且舁其祖父骸骨葬于他乡,不少顾惜。

(清 丁廷楗、卢询修,赵吉士等纂:《徽州府志》,卷二,舆地志下,风俗,清康熙三十八年刻本。)

〔**清康熙年间,安徽徽州府**〕 轻去其乡,亦君子所鄙。有先贫而后裕者,因彼地发祥,故挈家而迁焉。

(清 丁廷楗、卢询修,赵吉士等纂:《徽州府志》,卷二,舆地志下,风俗,清康熙三十八年刻本。)

〔**清康熙年间,安徽徽州府**〕 天下之民寄命于农,徽民寄命于商。而商之通于徽者,取道有二,一从饶州鄱、浮;一从浙省杭、严。皆壤地相邻,溪流一线,小舟如叶,鱼贯尾衔,昼夜不息。一日米船不至,民有饥色;三日不至,有饿莩;五日不至,有昼夺。今连年饥馑,待哺于籴,如溺待援,奈何邻邦肆毒,截河劫商,断绝生路,饿死万计。……初闻米船过浙,钱塘县遏阻,商人苦累已深。讶之,乃饶州浮梁县殆有甚焉。……鄱阳地方,以蔑绳拦河,五日一开,婪胥吻满乃放舟子,方鼓楫而进。而浮梁县地方两岸林莽张挺,掷石以待矣,岨虎撑牙,将敢淮何,名为抢米,并货物攫去,稍与争抗,立死梃下,舟亦椎碎。商人赴诉于浮梁,知县反听胥吏拨置,言"贫民无活计,暂借尔商救度"。此言一出,悉胆愈壮,劫杀遍野。

（清　丁廷楗、卢询修,赵吉士等纂:《徽州府志》,卷八,邮政志,蠲赈,汪伟等奏疏,清康熙三十八年刻本。）

〔**清康熙年间,安徽徽州府休宁县**〕　金坤,字文载,休宁古楼人。宿松诸生。尝之小孤,遇同邑乞者,倾囊济之,且教为贾。越十年,道经建德,有顾丈夫骑而争道,忽泣拜曰:"若非宿松下镶金翁耶,予即乞人,承翁济,今起家二千金矣。"因出金褐,置酒为寿,还其金而去。

（清　丁廷楗、卢询修,赵吉士等纂:《徽州府志》,卷十五,人物志四,尚义传,清康熙三十八年刻本。）

〔**清乾隆十六年前后,安徽六安州**〕　工作技艺非土著所长,凡宫室器具悉取办外郡,故城市村墟饩食者所在多有。商所货,粟米竹木茶耳药草诸物,盐荚则来自淮扬,徽人掌之,土居无兴贩者。

（清　金弘勋纂修:《六安州志》,卷六,风俗,四民,清乾隆十六年刻本。）

〔**清乾隆十七年前后,安徽颍州府**〕　颍地不事末作,商贾半属远人。

（清　王敛福等修,潘遇莘等纂:《颍州府志》,卷一,舆地志,总论,清乾隆十七年刻本。）

〔**清乾隆十八年以前,安徽宁国府旌德县**〕　地狭山多,田土硗确,物产不及他邑,故富者商,贫者工,往往散在京省市肆间,居积通易,以致富实(《二楼记略》)。

（清　宋斅修,刘方蔼、钱人麟纂:《宁国府志》,卷十二,风俗,清乾隆十八年刻本。）

〔**清乾隆二十年前后,安徽宁国府太平县**〕　其攻木攻金括摩设色埏埴诸工,大率少土著,多雁民。客则以兴贩木材为上,虽有挟千金数百金者,自盘剥关税外,获无几。其资下,则纸刀、花剪、漆扇、绒伞诸件,走贸四方或远入黔、滇间。即坐而贾者,仅缎绢、布匹、果实诸物,然多下品,或上品值贵莫售。屠沽家,惟豚豕鸡鱼牛羊,无故不杀。

（清　彭居仁修,魏子嵩纂:《太平县志》,卷三,风俗,清乾隆二十年刻本。）

〔**清乾隆三十六年前后,安徽徽州府歙县**〕　邑东毗迩绩溪,俗朴俭,鲜园林山泽之利,农十之三,贾七焉。

（清　张佩芳修,刘大櫆纂:《歙县志》,卷一,舆地志,风土,清乾隆三十六年刻本。）

〔**清乾隆四十一年前后,安徽六安州霍山县**〕　商亦素非居民所习,百货贸迁皆远人往来兴贩,近年来茶麻竹木之利,土人渐解持筹,则地力不足以资生,驱而逐末,有不得不然者矣。

（清　甘山修,程在嵘纂:《霍山县志》,卷四,典礼志,风俗,清乾隆四十一年刻本。）

〔清乾隆年间,安徽徽州府黟县〕　徽州人以商贾为业,宏村名望族,为贾于浙之杭绍间尤多,履丝曳缟,冠带褒然,因而遂家焉。至于仕于其地者,一举手摇足,无不视为利薮,所谓利而商也,民之凋瘵不关于其心。

（清　吕子珏修,詹锡龄纂:《黟县续志》,卷十五,艺文,汪文学传,清道光五年刻本。）

〔清乾隆年间,安徽徽洲府歙县〕　江春,字颖长,一字鹤亭,江村人。少攻制举业,乾隆辛酉乡闱以兼经呈荐,因额溢见遗,遂弃帖括经商扬州。练达明敏,熟悉盐法,司盐政者咸引重,推为总商。才略雄骏,举重若轻,四十余年规划深远。高宗六巡江南,春扫除宿戒,懋著劳绩,自锡加级外,拜恩优渥,不可殚过。曾赏借帑金三十万两,为盐商之冠,时谓"以布衣上交天子"。

（石国柱、楼文钊修,许承尧纂:《歙县志》,卷九,人物志,义行,民国二十六年铅印本。）

〔清嘉庆十三年前后,安徽宁国府旌德县〕　旌地山多,田土硗确,物产无几,故富者商而贫者工,往往散在京省市肆间,居积通易,以致富厚。

（清　陈炳德修,赵良霨纂:《旌德县志》,卷一,疆域,风俗,清嘉庆十三年刻本,民国十四年影印本。）

〔清嘉庆二十年前后,安徽宁国府太平县〕　太平土薄石肥,耕不以牛以锄。山居无田者,芝麻、稷、粟、豆、稗、茨之属,用火耕法,三年一易。客则以兴贩木材为上,下则携纸刀、花剪、漆扇、绒伞诸物走贸四方。

（清　鲁铨等修,洪亮吉等纂:《宁国府志》,卷十八,食货志,物产,民国八年据清嘉庆二十年刻本影印本。）

〔清道光六年前后,安徽颍州府颍上县〕　商无居奇大贾,城内多晋人,其在乡市操舟为业者皆土著。

（清　刘耀春修,李同纂:《颍上县志》,卷五,风俗,习尚,清道光六年刻本。）

〔清道光九年前,安徽宁国府泾县〕　周汝甘,宣阳都人,秉性纯孝,少孤,奉慈命出外贸易,以贤养生。

（清　阮文藻修,赵懋曜纂:《泾县续志》,卷三,人物,孝友,民国三年据清道光九年刻本影印本。）

〔清道光九年前后，安徽颍州府阜阳县〕 商无居奇大贾，城乡阛阓中恒多晋人，水次粜豆麦时，始有淮扬豫远贩至，然亦恒有土著习其业。

（清　刘虎文、周天爵修，李复庆等纂：《阜阳县志》，卷五，风尚志，习尚，清道光九年刻本。）

〔清同治十一年前后，安徽六安州〕 工作技艺非土著所长，凡宫室器具悉取办外郡，故城市村墟就食者所在多有。商所货，粟、米、竹、木、茶耳，药草诸物、盐荚则来自淮扬，徽人掌之，土居无兴贩者。

（清　李蔚等修，吴康霖等纂：《六安州志》，卷四，舆地志，风俗，清同治十一年刻本。）

〔清同治十二年前后，安徽徽州府祁门县〕 人性椎鲁，农者十之三。厥田高亢，依山而垦，数级不盈一亩，快牛利剡不得用，入甚薄。岁祲，粉蕨葛佐食；即丰年，谷不能二之一。大抵东人资负载，南人善操舟，西人勤樵采，北人务山植。他则行贾四方，恃子钱为恒产。或春出冬归，或数岁一归，然智浅易盈，多不能累千万。

（清　周溶修，汪韶珊纂：《祁门县志》，卷五，风俗，清同治十二年刻本。）

〔清同治、光绪年间，安徽太平府芜湖县〕 黄礼云：芜湖附河距麓，舟车之多，货殖之富，殆与州郡埒。今城中外市廛鳞次，百物翔集，文采、布帛、鱼、盐缋至而辐辏，市声若潮，至夕不得休。其居厚实操缓急以权利成富者，多旁郡县人，土著者谨小小兴贩，无西贾泰翟，北贾燕代之俗。居人入市，左右望，皆家人需，莫不以为便，然甘食美服，日耗金钱，居人亦坐是敝，不可深长思欤。今按：同光以来，邑人以商业致富者颇不乏人，较之旧俗，大有进步，然城镇乡各处，大率业砻坊者居多，此外各业仍不若客籍之占优胜，不外团体不坚，不相维持，以致堕落无可讳也。

（余谊密等修，鲍实等纂：《芜湖县志》，卷八，地理志，风俗，民国八年石印本。）

〔清光绪初年，安徽徽州府〕 山多田少，以货殖为恒产。善识低昂，时取与贾之所入，视傍郡倍厚。其家居也，朴啬而务积蓄。

（清　何绍基等纂：《重修安徽通志》，卷三十四，舆地志，风俗，清光绪四年刻本。）

〔清光绪初年，安徽庐州府庐江县〕 商以行货，贾以居货，亦日用所必需，而庐江民悉土著，故为商贾者少，厥产惟谷，厥货惟矾，皆外来之人兴贩。凡食用之物，多山、陕、徽、宁之人开设铺号，本地贫者力穑，富者食租而已。

（清　钱铼等修，卢钰等纂：《庐江县志》，卷二，舆地，风俗，清光绪十一年木活字本。）

〔清光绪九年前,安徽池州府贵池县〕 土著之民惮远行,不事贸迁,耻贱役,甘心贫窭,以故六邑利权,半归寄客,百家末艺,尽出游民。

（清　陆延龄修,桂迓衡等纂:《贵池县志》,卷一,舆地志,风土,清光绪九年木活字本。）

〔清光绪十五年,安徽太平府芜湖县〕 广东会馆,即广东同义堂米业公所,在驿前铺来龙里。光绪十五年,由粤商米号筹资建筑,亦名广肇公所,以在芜业商者,广州、肇庆两府之人居多也。馆后续购洋楼一幢,为广东同乡会议之地。馆外余基,莳植花木。经费除房租外,余由各米号在售米项下抽银捐助。

（余谊密等修,鲍实纂:《芜湖县志》,卷十三,建置志,会馆,民国八年石印本。）

〔清光绪中叶,安徽凤阳府寿州〕 商贾以盐、当为大,米、麦、豆、谷贸迁者,皆集于正阳、瓦埠诸镇,州城内负贩所鬻,不过布、粟、鸡、豚及竹木器用而已。

（清　曾道唯等纂修:《寿州志》卷二,舆地志,风俗,清光绪十六年木活字本。）

〔清光绪二十年前后,安徽泗州五河县〕 经商则客籍多于土著。

（清　赖同晏等修,俞宗诚纂:《五河县志》,卷三,疆域志,风俗,清光绪二十年刻本。）

〔清光绪二十一年前后,安徽颍州府亳州〕 商贩,土著者什之三四,其余皆客户。北关以外,列肆而居,每一街为一物,真有货别队分气象。关东西、山左右、江南北,百货汇于斯,分亦于斯。客民既集百货之精,目染耳濡,故居民之服食器用亦杂五方之习。

（清　钟泰等修,袁登庸等纂:《亳州志》,卷二,舆地志,风俗,清光绪二十一年木活字本。）

〔清光绪二十八年前后,安徽徽州府〕 皖南以茶为大宗,岁厘二三十万,由江宁派员驻屯溪抽收。惟山多田少,地隘民稠,世仆流品屡起讼端,俗朴,妇尤勤俭,以货殖为恒产,商贾所人视他郡倍丰,考商贾获利较农桑本厚,近尽为洋人所夺。

（清　李应珏撰:《皖志便览》,卷二,徽州府序,清光绪二十八年刻本。）

〔清光绪年间,安徽太平府芜湖县鲁港镇〕 鲁港镇在县西南十五里。境内镇巾,惟此最大,多砻坊,为粮米聚贩之所,商旅骈集,汛防要地也。光绪二十八年,于砻坊场兴筑土埂,为麻浦桥往来道路。

（余谊密等修,鲍实等纂:《芜湖县志》,卷五,地理志,市镇,民国八年石印本。）

〔清光绪年间，安徽宁国府宁国县〕 俗安简朴，不崇华丽，工匠所业，不过木、石、陶、瓦、皮、铁、缝、染之类；则列廛设肆者，多泾、旌、徽、绩等处分贩至此，亦惟日常用物，无奇珍异玩也。土著重农轻末，间有贸迁，惟谷、米、豆、麦之类，次则屠沽小肆，无巨商，亦无大贾（清光绪旧《志》稿）。

（李丙麟等修：《宁国县志》，卷四，政治志下，风俗，民国二十五年铅印本。）

〔清光绪年间，安徽宁国府宁国县〕 宁民安土重迁，不事商贾，所有山产皆宣商之利耳（清光绪旧《志》稿）。

（王式典修，李丙麟纂：《宁国县志》，卷四，政治志下，风俗，民国二十五年铅印本。）

〔清代至民国年间，安徽歙县〕 田少民稠，商贾居十之七，虽滇、黔、闽、粤、秦、燕、晋、豫，贸迁无不至焉。淮、浙、楚、汉，又其迩焉者矣。沿江区域向有"无徽不成镇"之谚。歙为首邑，则歙人之善贾又其明证也。然邑固有单寒之子，无尺寸借而积渐丰亨者，亦有借父兄余业，未几而贫乏不振，甚至不克自存者。

（石国柱、楼文钊修，许承尧纂：《歙县志》，卷一，舆地志，风土，民国二十六年铅印本。）

〔清代至民国二十六年前后，安徽歙县〕 邑中商业以盐典茶木为最著。在昔盐业尤兴盛焉。两淮八总商，邑人恒占其四。各姓代兴，如江村之江，丰溪澄塘之吴，潭塘之黄，岑山之程，稠墅潜口之汪，傅溪之徐，郑村之郑，唐模之许，雄村之曹，上丰之宋，棠樾之鲍，蓝田之叶皆是也。彼时盐业集中淮扬，全国金融几可操纵，致富较易，故多以此起家。席丰履厚，闾里相望。其上焉者，在扬则盛馆舍，招宾客，修饰文采；在歙则扩祠宇，置义田，敬宗睦族，收邮贫乏。下焉者，则但侈服御居处声色玩好之奉，穷奢极靡，以相矜炫已耳。奢靡风习创于盐商，而操他业以致富者，群慕效之。今其所遗仅有残敝之建筑，可想见昔年宏丽而骄惰之习，不幸乃中于人心，养尊处优，饱食安坐，而不事事。虽中更咸丰之乱，百业衰替，人口凋减，生计迫蹙，而其遗风犹若未能尽革。

（石国柱、楼文钊修，许承尧纂：《歙县志》，卷一，舆地志，风土，民国二十六年铅印本。）

〔民国十四年前后，安徽黟县〕 俗重贸易，男子成童，即服贾四方，视农工为贱业，劳力而不可谋蓄积。妇人专主家政，力持节俭。贫乏之家，乃至佣耕以供食，虽极困苦，鬻男卖女之事，亦不常见。

（胡存庆纂：《黟县乡土地理》，风俗，民国十四年铅印本。）

〔民国二十六年以前，安徽歙县〕 叶天赐，字孔章，号咏亭，蓝田人。母遗腹生。赐性聪颖嗜学，工诗，擅书法。家贫，为人行贾，料事十不失一。晚业盐荚于扬。重然诺，恤患难，族党戚里间待举火者甚多。

（石国柱、楼文钊修，许承尧纂：《歙县志》，卷九，人物志，义行，民国二十六年铅印本。）

〔民国二十六年前后，安徽歙县〕 地隘斗绝，厥土骍刚不化，高水湍悍少潴蓄，寡泽而易枯，十日不雨，则仰天而呼，骤雨过，山涨暴出，粪壤之苗又荡然枯矣。农家事倍功半，故健者多远出为商贾焉。

（石国柱、楼文钊修，许承尧纂：《歙县志》，卷一，舆地志，风土，民国二十六年铅印本。）

〔民国二十六年前后，安徽歙县〕 邑俗重商。商必远出，出恒数载一归，亦时有久客不归者，新婚之别，习为故常。……其通常三岁一归者，固不敢怨，商人重利轻别离也。

（石国柱、楼文钊修，许承尧纂：《歙县志》，卷一，舆地志，风土，民国二十六年铅印本。）

〔民国二十六年前后，安徽歙县〕 邑俗四乡不同。东接绩溪，习尚俭朴，类能力农服贾，以裕其生。南分水陆二路，陆南则古邑，民质重厚，耐劳苦，善积聚，妇女尤勤勉节啬，不事修饰，往往夫商于外，所入甚微，数口之家端资内助，无冻馁之虞。水南村落棋布……然贾善奇赢。

（石国柱、楼文钊修，许承尧纂：《歙县志》，卷一，风土，民国二十六年铅印本。）

〔清雍正十年前，江西赣州府瑞金县〕 瑞金山多田少，稼穑之外，间为商贾（《瑞金县志》）。

（清　谢旻等修，陶成、恽鹤生纂：《江西通志》，卷二十六，风俗，赣州府，清乾隆间《四库全书》本。）

〔清乾隆二十二年以前，安徽徽州府婺源县〕 婺远服贾者率贩木，木商以其资寄一线于洪涛巨浪中，称贷措置极艰难之力，而后达于江，至于鬻所，终岁拮据，不足以饱债家，甚且有变产犹不足以偿者（按此旧《志》之说）。

（清　俞云耕等修，潘继善等纂：《婺源县志》，卷四，疆域志，风俗，清乾隆二十二年刻本。）

〔清乾隆五十四年前后,江西南昌府〕 其商贾,无拥厚资、操奇赢于通都大邑者。编户之民五方杂处,多以逐末为业。米粟半仰河西,半恃他郡,每日为市,粮无隔宿。其挟资贸迁者,亦惟葛布、火纸、红曲数种,往来吴楚之交而已。

（清　陈兰森等修,谢启昆等纂:《南昌府志》,卷二,疆域,风俗,清乾隆五十四年刻本。）

〔清道光二十八年前后,江西赣州府〕 郡邑列肆而居者,皆远乡大贾,土人业微业,利微利,以役手足,供口腹而已。若行货,惟杉木一种尚有能运至他省者,余则寥寥。异乡作客,赣人绝少。

（清　李本仁修,陈观酉等纂:《赣州府志》,卷二十,舆地志,风俗,清道光二十八年刻本。）

〔清同治十年以前,江西南康府安义县〕 安邑土狭人稠,田地之所出,不足以供给,故逐末者众,而以星卜为业,游江湖者,较他邑尤伙。

（清　杜林等修,彭斗山、熊宝善纂:《安义县志》,卷一,地理志,风俗,清同治十年木活字本。）

〔清光绪九年以前,安徽徽州府婺源县〕 程鸣岐,字得邦,石枧人。登士佐郎。幼极贫。嗣佣趁木簰,勤慎愿悫,客倚重之。贷资贩木,乃渐饶裕。

（清　吴鹗修,汪正元纂:《婺源县志》,卷三十四,人物志,义行,清光绪九年刻本。）

〔清光绪九年以前,安徽徽州府婺源县〕 李上葆,字养辉,理田人。家故贫,弱冠佣工芜湖,备尽辛劳。中年贷本经商,家道隆起。……性慷慨赴义,芜湖建会馆,倡输千余金,秉公任事,交游咸器重之。

（清　吴鹗修,汪正元纂:《婺源县志》,卷三十四,人物志,义行,清光绪九年刻本。）

〔清光绪九年以前,安徽徽州府婺源县〕 江应萃,字叙五,江湾人。兄弟六,萃居三。因贫,往浮镇为佣。积累有资,自开磁窑,念兄弟株守,贻亲忧,遂以陶业基本让诸昆季。

（清　吴鹗修,汪正元纂:《婺源县志》,卷二十八,人物志,孝友,清光绪九年刻本。）

〔清光绪三十四年前后,安徽徽州府婺源县〕 四乡风气不齐,东北乡人多服贾于长江一带,输入苏杭,俗尚稍事华靡。西南乡则率安朴质,然界近浮梁,性颇刚猛,勇于私斗。

（清　董钟琪、汪廷璋编:《婺源乡土志》,第六章,婺源风俗,清光绪三十四年活字本。）

〔明嘉靖六年前后,江西九江府彭泽县〕 民习经商。

(明　冯曾修,李汛纂:《九江府志》,卷一,方舆志,风俗,彭泽县,明嘉靖六年刻本。)

〔明嘉靖三十三年前后,江西瑞州府上高县〕 土瘠民贫,地势则然也,加之赋税繁重,不于男耕女织之外逐末远方,则田畴之人不足供常赋也。

(明　陈廷举修,郑廷俊纂:《上高县志》,卷上,风俗,明嘉靖三十三年刻本。)

〔清乾隆十六年前后,江西赣州府安远县〕 葛布,南昌贾人载棉布以易,平远粤人亦负葛布而来。

(清　董正修,刘定京等纂:《安远县志》,卷一,舆地志,土产,清乾隆十六年刻本。)

〔清乾隆四十七年以前,江西吉安府安福县〕 乡村土瘠民隘,乐经商。

(清　高崇基等修,王基、刘映璧纂:《安福县志》,卷二,舆地志,风俗,清乾隆四十七年刻本。)

〔清嘉庆二十三年前后,江西南康府建昌县〕 建邑无商,其有但米、盐、布匹零碎等货,居尘肆异游食而已。

(清　陈惟清修,闵芳言等纂:《建昌县志》,卷一,地理志,风俗,清同治十年刻本。)

〔清道光三年前后,江西广信府玉山县〕 闽人多商,徽人多贾,抚、建之来玉者亦多厕商与贾间,以起其家。盐之外,竹茹尤盛。夫淡芭菰之名,著于永丰,其制之精妙则色香臭味莫与玉比,日佣数千人以治其事,而声价驰大江南北,骡马络绎。

(清　武次韶纂修:《玉山县志》,卷十一,风俗,清道光三年刻本。)

〔清道光六年前后,江西抚州府金溪县〕 民务耕作,故地无遗利,土狭民稠,为商贾三之一。

(清　松安等纂修:《金溪县志》,卷三,风俗,清道光六年刻本。)

〔清同治九年前后,江西瑞州府新昌、高安县〕 新昌饶竹木暨纸,商贩络绎,咸称富薮。高安地大而理人善贸易,巨商大贾遍于吴越楚蜀之间。

(清　冯兰森等纂修:《重修上高县志》,卷四,物产,清同治九年刻本。)

〔清同治十年前后,江西南昌府奉新县〕 里人重农,逐末者寡,无富商巨贾操奇赢于通都大邑,市贩持空囊走四方,其挟赀懋迁者惟火纸、葛布、红曲数种,往来吴楚之交,稍获赢余,赋税日用咸取资焉。

(清　吕懋先等修,帅方蔚等纂:《奉新县志》,卷一,舆地志,风俗,清同治十年刻本。)

〔清同治十一年前后,江西饶州府安仁县〕 商贾,俗多土著,恋乡井,商鲜流寓,坐贾者亦无奇货厚积,视重利轻离别者殊异。

(清 朱潼修,徐彦楠、刘兆杰纂:《安仁县志》,卷八,风俗,清同治十一年刻本。)

〔清同治十一年前后,江西赣州府安远县〕 商贾,不乐远游,往来不过吴、粤间,日中为市,斗秤公平,富商巨贾多运布帛,其余肩挑负贩,竞逐锥刀耳。

(清 黄瑞图等修,欧阳铎纂:《安远县志》,卷一,风俗,清同治十一年刻本。)

〔清同治十三年前后,江西吉安府永丰县〕 五乡近无大商,服贾者粮食、夏布、茶、油、竹、木而已,然居人行远贾者亦甚稀少。

(清 双贵、王建中修,刘绎等纂:《永丰县志》,卷五,地理志,风俗,清同治十三年刻本。)

〔清光绪二年前后,江西赣州府长宁县〕 商贾饶于程本者多非土著,贫民农隙负贩米盐绡屑,谋朝夕而已。铁有两类,砂铁售销于邻邑,矿铁售销于芜湖。木植运至惠、广二州发卖,此外绝少服贾远方者。

(清 金福保等修,钟材权等纂:《长宁县志》,卷二,舆地志,风俗,清光绪二年刻、二十五年木活字本。)

注:长宁县今为寻乌县。

〔民国以前至民国二十九年前后,江西分宜县〕 民国以前,商贩足迹上至湘蜀,下出长江,懋迁于南昌、樟树、吉安、袁州者络绎不绝,市面萧条,商民裹足,日常需要之物仅由宜春、新喻采购。……抗战军兴,队伍日增,销费日广,贩运销售,往来如织,表面上一日千里,实际是畸形发展。

(萧家修修,欧阳绍祁纂:《分宜县志》,卷十三,实业志,贩销,民国二十九年石印本。)

〔民国二十九年前后,江西万载县〕 商贾,旧《志》云,地居上游,溪流溁窄,陂滩鳞次,巨舰不得入,所有懋迁者惟二三小贩。近日,街市喧填,货物辏集。又拥资走数千里外,江、浙、川、广往返尤多。其土产之利,则以夏布、茶油、表心纸为最重。

(张芗甫修,龙赓言纂:《万载县志》,卷一之三,方舆,风俗,民国二十九年铅印本。)

〔清康熙五十八年前后,福建漳州府平和县〕 行货曰商,居者曰贾,大抵贸迁有无,以逐什一耳。和邑商贾散而四方,于吴、于楚、于越、于广矣,亦有居积致富者焉。和邑山多地少,土瘠民贫,逐什一之利,轻去其乡,吴、楚、越、广犹内地也，竟有航海而至外洋者。

（清　王相修，昌天锦等纂：《平和县志》，卷十，风土志，民风，清康熙五十八年刻本，清光绪十五年重刻本。）

〔清乾隆十二年前后，福建福州府福清县〕　俗尚几于邹、鲁，登科第者甲于诸邑。商旅出营什一者，亦多于他所。

（清　饶安鼎修，林昂、李修卿纂：《福清县志》，卷二，地舆志，风俗，清乾隆十二年刻，同治六年补刻本。）

〔清乾隆初年至民国二十八年，福建上杭县〕　前清嘉道以前，邑人出外经商以靛青业为最著。据赵《志》物产云：本邑之种蓝者其利犹少，杭人往南浙作靛，获利难以枚数。此乾隆初年事也。故江西、浙江、广东及上海、佛山、汉口等处于省郡总会馆外，皆有上杭会馆，当时商业发达可知。近则一落千丈，惟湘、赣之烟商、潮州之纸商尚有存在，然亦渐形寥落。至本邑各市场，其商业仅供本地之需要，而药材商、估衣商多江西人。盐商旧由官办，民国四、五年争回，自由采办，汀、连各县皆集公司向产地购盐，在峰市设馆，而本县缺如。二十五年，杭新、杭峰公路告竣，早可通车。本邑商家以交通关乎商业，组织行车公司，筹款集股，向建设厅承办，久未就绪。此外各墟场多有粤籍人营杂货、布匹者，而大河各纸向多由潮客采办，经济缺乏，足见一斑。

（张汉等修，丘复等纂：《上杭县志》，卷十，实业志，商业，民国二十八年铅印本。）

〔清乾隆二十七年以前，福建漳州府海澄县〕　邑滨海一隅，自成风俗。旧《志》云：依山务农业，海滨事舟楫，衣冠文物颇盛。又曰：商人勤贸迁，远贩外洋。

（清　陈锳等修，邓廷祚、叶廷推等纂：《海澄县志》，卷十五，风土，清乾隆二十七年刻本。）

〔清乾隆年间至咸丰初年以后，福建龙岩州〕　本邑行商几遍全国，清乾嘉以来，凡商于大河南北者，均有会馆之建筑与设备。洪杨乱后，群向南洋发展，而内地商业日就衰替。

（郑丰稔纂：《龙岩县志》，卷十七，实业志，附各地会馆，民国三十四年铅印本。）

〔清道光十二年前后，福建延平府顺昌县〕　商贾往返江海，岁以为常（道光贾《志》）。

（潘光龙、高登艇修，刘敬等纂：《顺昌县志》，卷十三，礼俗志，风尚，民国二十五年铅印本。）

〔清道光十三年前后，福建延平府永安县〕　邑之盐商，福州人。当商三间，本邑人。炉商，本地与下南人合伙。木商，本处人，汀州亦多，如闽笋客贩卖江浙汉广等处，货脱，买布回发（旧尽本邑人，近亦有宁化江西人）。纸客，有运至江南、广东、福州者。香苊客，浙江人（采造发售）。糖品客，漳平宁洋人（有牙行）。布客，江西人（染布亦江西人）。靛青客，汀州人（采蓝亦汀州人）。

（清　孙义修、陈树兰、刘承美纂：《永安县续志》，卷九，风俗志，商贾，清道光十三年刻本。）

〔清道光十五年至光绪十六年前后，福建龙岩州〕　商贾来岩者少，往外者多。龙岩山峻水险，舟楫不通，所需货物州人自行贩卖，至商于外者，十有三四。以岩地生计艰难，非轻离乡土也。其物产惟茶叶、烟叶通于他省，而墟市土肆数倍从前，特物价不伪，然诺不欺，阛阓中颇有士君子风云。

（清　彭衍堂、袁曦业修，陈文衡等纂：《龙岩州志》，卷七，风俗志，商贾，清道光十五年刻本，清光绪十六年补刻本。）

〔清道光十九年前后，福建厦门〕　服贾者，以贩海为利薮，视汪洋巨浸如衽席，北至宁波、上海、天津、锦州，南至粤东，对渡台湾，一岁往来数次。外至吕宋、苏禄、实力、噶喇巴，冬去夏回，一年一次。初则获利数倍至数十倍不等，故有倾产造船者，然骤富骤贫，容易起落。舵水人等藉此为活者以万计。

（清　周凯等纂修：《厦门志》，卷十五，风俗记，俗尚，清道光十九年刻本。）

〔清咸丰以前至民国九年前后，福建龙岩县〕　昔者，商人长袖善舞，多钱善贾，出则长驾远驭，执商场之牛耳，处则慷慨施与，驰社会之声誉。三江五岭之间，茶烟捆载而往，厚获而归。金银吸收百万，素封之家村巷相望。咸同以后，各货既成强弩之末，富源遂如池竭自中，兼以洪党叠至，焚掠一空，闾里中益形萧索之现状，数十年来资本亏而倒闭日多，信用失而金融阻滞，商场中实受莫大之痛苦。

（马龢鸣、陈丕显修，杜翰生等纂：《龙岩县志》，卷二十，礼俗志，吉凶习惯，民国九年铅印本。）

〔民国九年前后，福建龙岩县〕　岩中商帮分漳帮、潮帮、汀帮、广帮，运入多布货、海货、洋货糖食，其输出品则纸杉以外，仅茶、烟、爆竹、莲藕、笋干、蕨粉、绿柴、升麻、蝉退〈蜕〉、山药、天冬等数种，年计出入之数远不相抵。而银行未设，汇兑不便，商旅均感困难，且岩地瘠苦，商业萧索，年少气盛则远服贾于外，昔年多涉足长江、珠江流域,今则远渡南洋,惟成本不丰,鲜致巨富。

(马龢鸣、陈丕显修,杜翰生等纂:《龙岩县志》,卷十七,实业志,商业,民国九年铅印本。)

〔民国十七年前后,福建南平县〕 邑当闽、越孔道,宜为一都之会,上游百货,东出南雅房村,西出上洋沙永,南达省垣……居人既拙于谋而又惮远出,鱼、盐、布帛、药材、洋广诸贾悉他乡客。

(吴栻等修,蔡建贤纂:《南平县志》,卷十,实业志,民国十七年铅印本。)

〔民国三十一年前后,福建崇安县〕 本县民智未开,生产落后,揆其故,皆不知注重职业所致也。茶业经营,均操于下府、广州、潮州三帮之手。商京果者,为福州人。商绸缎者,为江南人。商布匹、药材者,为江西人。商洋货者为兴化人。本地人只粜米、刨烟、做饼、卖面及贩运杂货而已。

(刘超然等修,郑丰稔等纂:《崇安县新志》,卷六,礼俗,风俗,民国三十一年铅印本。)

〔民国三十二年前后,福建明溪县〕 商家近来多株守一隅,出外经营者绝少,即在邑中坐贾贸易者,均无大资本,凡重要商业多操于外地人。

(王维楳等修,廖立元等纂:《明溪县志》,卷十一,礼俗志,习尚,商贾,民国三十二年铅印本。)

〔民国三十四年前后,福建龙岩县〕 本邑处万山中,山多田少,耕地不敷分配,人民多向外发展。清乾嘉间,行商特盛,一肩行李,跋涉江湖,以故交通虽感困难,而风气并不闭塞,盖以所闻所见,不囿于方隅故也。第行商虽盛,强半为小本经纪,利薄而量小,少有存积,辄捆载而归,置产为子孙计,所以邑中无大地主,其拥有数亩薄田者便称富户。

(郑丰稔纂:《龙岩县志》,卷七,社会志,民国三十四年铅印本。)

〔清道光十四年前后,台湾彰化县〕 远贾以舟楫运载米、粟、糖、油行,郊商皆内地殷户之人,出资遣伙来鹿港,正对渡于蚶江、深沪、獭窟、崇武、者曰泉郊,斜对渡于厦门曰厦郊。间有糖船直透天津、上海等处者,未及郡治北郊之多。若澎湖船则来载腌咸盐味,往运米、油、地瓜而已。其在本地囤积五谷者,半属土著殷户,其余负贩贸易颇似泉、漳,惟载货多用牛车,与内地不同耳。

(清 李廷璧修,周玺等纂:《彰化县志》,卷九,风俗志,商贾,清道光十四年刻本。)

〔清道光十七年,台湾噶玛兰厅〕 全台自伪郑归顺后,无复与夷舶互市之地,惟内山生番打牲作活,出有獐鹿皮张,一二无赖汉人习晓其语,私以红布、哗叽、蔗糖、酒、盐,入与互换,名曰"番割",久干例禁,为地方所不容。独兰以新辟之地,四处迫近生番,或反以番割为安抚之资,闻其订期,以绳一结为一日,殆犹有上古之风欤。

（清　柯培元纂修：《噶玛兰志略》,卷十二,番市志,清道光十七年修,一九六一年《台湾文献丛刊》铅印本。）

〔清同治十年前后,台湾淡水厅〕　沿山一带有学习番语、贸易番地者,曰番割。贩铁锅、盐、布诸货入市,易鹿茸、鹿筋、鹿脯、鹿角出售,其利倍蓰,生番引重,以女妻之。

（清　陈培桂等纂修：《淡水厅志》,卷十一,风俗考,清同治十年刻本。）

〔清光绪八年,台湾澎湖厅〕　街中商贾,整船贩运者谓之台厦,郊设有公所,逐年炉主轮值,以支应公事。遇有账条争论,必齐赴公所请值年炉主及郊中之老成晓事者,评断曲直,亦省事之大端也。然郊商仍开铺面,所卖货物自五谷、布帛以至油、酒、香烛、干果、纸、笔之类及家常应用器,无物不有,称为街内。其他鱼、肉、生菜以及熟药、糕饼,虽有店面,统谓之街外,以其不在台厦郊之数也。

（清　蔡麟祥修,林豪纂：《澎湖厅志》,卷九,风俗志,民业,清光绪八年修,一九五八年油印本。）

〔清光绪十七年,台湾苗栗县〕　估客辏集,以苗为台中第一。货之大者,莫如油、米,次麻、豆,次糖、菁、茶叶;至樟栳、茄藤、薯榔、通草、藤、苎之属,内山又多出焉。商人择地所宜,雇船装贩,近则福州、漳、泉、厦门,远则宁波、上海、乍浦、天津以及广东,凡港路可通,争相贸易。所售之值,或易他货而还。账目则每月十日一收。有郊户焉,或赁船,或自置船,赴福州、江、浙者,曰北郊;赴泉州者,曰泉郊,亦称顶郊;赴厦门者,曰厦郊;统称为三郊。其设炉主,有总有分,按年轮流以办郊事。其船往天津、锦州、盖州,又曰大北;上海、宁波,曰小北。船中有名出海者,司账及收揽货物;复有押载,所以监视出海也。至所谓青者,乃未熟先粜,未收先售也。有粟青,有油青,有糖青。于新谷未熟,新油、新糖未收时结银先定价值,俟熟收而还之。菁靛,则先给佃银令种,一年两收。苎则四季收之,曰头水、二水、三水、四水。

（清　沈茂荫纂修：《苗栗县志》,卷七,风俗考,清光绪十七年修,民国间抄本。）

〔清光绪二十三年,台湾苑里〕　台湾各大市镇业商者有水郊,台北之南北郊、新竹之金长和郊类是（如内地之商业组合会社者然）。苑里前为各厅县辖地，非通都大邑，故无郊。然从前以米、糖、豆、麻、苎、菁等件由船配运清国者甚伙，布帛、什货则自清国福州、泉、厦返配，甚有远至宁波、上海、乍浦、天津，广东亦为梯航之所及者。各商各为配运，名曰散郊户。船之中有名出海者，司账及买办货物；复有押载者，所以监督出海也，然主持皆出自郊户。现金买现货者为现交关物，未交而先收金者为卖青米粟，有青油、糖，皆有青也，其价较现交关者为稍低。买卖亦有依期收账者，亦有陆续支收至年末会算收讫者。樟栳、茄藤、薯榔、通草、藤、苎各件，苑里离番山太远，故绝少。港则以通霄苑里福德为出入。政府新制，台湾各处小船只准本岛运载，不得擅往清国，而清国船只准于三大口出入，例禁森严，民咸遵办，因此而苑里之物资悉由南北搬来，其价故比他处为尤昂，商业为此稍沮。

（清　蔡振丰编：《苑里志》，下卷，风俗考，商贾，清光绪二十三年编，民国抄本，一九八四年台湾成文出版社影印本。）

〔清光绪二十三年，台湾新竹县〕　商贾：行货曰商，居货曰贾。货之大者，以布帛、油、米为最，次糖、菁，又次麻、豆。内山则以樟脑、茶叶为最，次苎及枋料，又次茄藤、薯榔、通草、粗麻之属。以上各件，皆属土产，择地所宜，雇船装贩。船中有名"出海"者，主揽收货物；有名"押载"者，所以监视"出海"也；有"柁工"焉，主开驶；有"仓口"焉，主账目；其余如"水手"供使令，"厨子"主三餐。近则运于福、漳、泉、厦，远则宁波、上海、乍浦、天津以及汕头、香港各省，往来贸易。所售之值转易他货，满载而还，搬运入栈，各商到栈贩售。每月逢三，到各商店铺征收货值，名曰"收期账"。以上皆现货售卖。至所谓"青"者，乃谷未熟而先粜，物未收而先售也，有粟青、糖青、油青之类。先时给银完价，俟熟，收而还之，古谚云"二月卖新丝，五月粜新谷"，即此意也。各郊户共祀水仙王，建立炉主，按年轮流办理商务。竹属米价颇廉，常多贩运他处。倘遇岁歉防饥，有禁港焉，或官禁，或商禁。既禁，则米不得出口。有传帮焉，外船到港运贩，视船先到、后到，限以若干日以次出口也。

（清　蔡振丰编：《苑里志》，下卷，风俗考，清光绪二十三年编，民国抄本，一九八四年台湾成文出版社影印本。）

〔清光绪二十四年，台湾树杞林堡〕　台湾商业：各大市镇皆有水郊，即如台北府之南北郊、新竹之长和郊类是。树杞林堡为新竹辖地，无港口往来船只，故无郊。然该地所出之桴、茶、米、糖、豆、麻、苎、菁等项,商人择地所宜,雇工装贩,由新竹配船运清国者甚伙,运诸各国者亦复不少。

（清　林百川、林学源纂:《树杞林志》,风俗考,商贾,清光绪二十四年纂,抄本,一九八三年台湾成文出版社影印本。）

〔北魏年间,司州洛阳〕　出西阳门外四里,御道南,有洛阳大市。……市东有通商、达货二里。里内之人,尽皆工巧,屠贩为生,资财巨万。有刘宝者,最为富室。州郡都会之处,皆立一宅,各养马十匹。至于盐粟贵贱,市价高下,所在一例。舟车所通,足迹所履,莫不商贩焉。是以海内之货,咸萃其庭,产匹铜山,家藏金穴。宅宇逾制,楼观出云,车马服饰拟于王者。

（魏　杨衒之撰:《洛阳伽蓝记》,卷四,法云寺,一九六三年中华书局周祖谟校释铅印本。）

〔明嘉靖三十五年前后,河南汝宁府光山县〕　商贾虽少,不能贸易,以济有无。江右、湖、湘、金陵一带客商反皆牟大利,以至置产起家,婚娶生子,如土著焉。

（明　沈绍庆修,王家士纂:《光山县志》,卷一,风土志,风俗,明嘉靖三十五年刻本。）

〔清乾隆三十二年前后,河南河南府嵩县〕　其商贾多山、陕、河北人,邑民率务农力穑,无远服贾者。

（清　康基渊纂修:《嵩县志》,卷九,风俗,清乾隆三十二年刻本。）

〔清乾隆年间至民国六年前后,河南洛宁县〕　洛宁交通不便,向无巨商大贾在外贸易。清乾嘉间,尚有山、陕客商设肆阛阓。同治兵燹后,房屋资财荡然,客商皆去。今惟土人营业,为糊口计,其利甚微,且有折阅者。

（贾毓鸦修,王凤翔纂:《洛宁县志》,卷二,商贾,民国六年铅印本。）

〔清嘉庆四年前后,河南彰德府涉县〕　西人善贾,涉民慕之,远出逐什一之利,苏、杭、关东无不至,然所鬻惟本地椒、柿之属或山右毡物,无他珍异。

（清　咸学标修,李文元纂:《涉县志》,卷一,疆域,风土,清嘉庆四年刻本。）

〔清同治六年前后,河南卫辉府滑县〕　商,盐为大,多系客民负贩米、粟、布、缕之类,出于土产,不过随时贸易,无重利轻别之弊。

（清　姚锟修,徐光第、郭景泰纂:《滑县志》,卷五,风俗,清同治六年刻本。）

〔清光绪二十二年前后,河南归德府鹿邑县〕　商贩之业,人多不习,间有挟资远出者,每以不善权子母折阅而返。川陆贸易,菽麦而已。

（清　于沧澜、马家彦修,蒋师辙纂：《鹿邑县志》,卷九,风俗,清光绪二十二年刻本。）

〔**清光绪三十二年以前及以后,河南卫辉府获嘉县**〕　丹河由山西高平县发源,自西徂东,经修武县翠梧桥以东至刘桥入获嘉境……沿河商人于刘桥东三里许吴家厂设立行店,代客雇船运载竹货、煤炭、米、麦等货。至光绪三十二年道清铁路成,航运行店均废。

（邹古愚修,邹鹄纂：《获嘉县志》,卷三,建置,交通,民国二十三年铅印本。）

〔**民国二十一年前后,河南滑县**〕　商人多系坐贾,不过随时贸易,就地负贩,向无重利轻别之弊,自交通便利,始有懋迁有无,远至京津沪汉者。

（马子宽修,王蒲园纂：《重修滑县志》,卷七,民政,风俗,民国二十一年铅印本。）

〔**民国二十三年前后,河南淮阳县**〕　商贾向少土人,民间农隙间有肇牵负贩者,然逐利甚微,近日市镇营业土著渐多,商业较进矣。

（郑康侯等修,朱撰卿纂：《淮阳县志》,卷二,舆地下,风土志,民国二十三年铅印本。）

〔**民国二十六年前后,河南巩县**〕　商人多于农工,男子十四五左右,略识字知算即谋糊口外出,并无雄厚资本以树基础,不过依人作活事等佣工,或作小负贩贸易遐方,翘然杰出之才十不得一,故虽懋迁终其身,而腰缠以归者寥若晨星。

（杨保东、王国璋修,刘莲青、张仲友纂：《巩县志》,卷七,民政,风俗,民国二十六年刻本。）

〔**隋朝,房陵郡竹山县**〕　竹山县郭带堵水,水出汉江,舟船往来,商贾所辏。

（隋　郎蔚之撰：《隋州郡图经》,竹山县,清王谟《汉唐地理书钞》辑本。）

注：房陵郡竹山县,今为湖北竹山县。

〔**清乾隆年间至清光绪十一年前后,湖北武昌府武昌县**〕　商贾以乾嘉间为极盛,同时典商七十余户,远服贾者数百余家,而以桐油铁炭为大宗,邑之人称为能事。粤匪之乱,荡然无存。今自川陕以至江淮,盖寥寥焉。

（清　钟桐山等修,柯逢时等纂：《武昌县志》,卷三,风俗,清光绪十一年刻本。）

〔**清同治三年前后,湖北宜昌府东湖县**〕　商贾土著有七八,即士农亦必兼营,上而蜀滇川黔,下而吴越闽皆,靡远不到。

（清　金大镛修,王柏心纂：《东湖县志》,卷五,疆域志下,风俗,清同治三年刻本。）

〔**清同治四年前后,湖北郧阳府竹山县**〕　邑中土著外,附籍者有秦人、江西人、武昌人、黄州人,各有会馆,聚处日久,俗亦渐同。

（清　周士桢等修,黄子逖等纂:《竹山县志》,卷七,风俗,清同治四年刻本。）

〔清同治五年前后,湖北宜昌府〕　商贾惟渔洋关为一邑巨镇,百货丛集,十倍于城中,然贾客皆广东、江西及汉阳之人。

（清　聂光銮等修,王柏心等纂:《宜昌府志》,卷十一,风土志,风俗,清同治五年刻本。）

〔清同治五年前后,湖北宜昌府巴东县〕　商贾依川江之便,民多逐末,然亦无大资本。贫民或为人负土货出境,往来施南,以佣值资其生。

（清　廖恩树修,萧佩声纂:《巴东县志》,卷十,风土志,职业,清同治五年刻本,清光绪六年补印本。）

〔清同治九年前后,湖北郧阳府〕　贾者,秦人居多,百数十家,缘山傍溪,列屋为肆,号曰客民,别土著也。

（清　吴葆仪等修,王严恭等纂:《郧阳志》,卷一,舆地志,风俗,清同治九年刻本。）

〔清光绪八年前后,湖北武昌府咸宁县〕　山多田少,人满于土,不愿工作,多事贸迁。查邑乡镇除典质外,本薄利微,非长袖善舞者也。若汉口、沙市、襄樊诸繁盛地,悉谋生理家累巨万未可一二数。各省大小码头皆有咸帮会馆,操奇计赢,称极盛焉。

（清　陈树楠等修,钱光奎等纂:《续辑咸宁县志》,卷一,疆域,风俗,清光绪八年刻本。）

〔清宣统三年,湖北武昌府崇阳县〕　农力耕作,山多于田,灌溉全借陂堰,故岁有争水之讼。工商离乡十之四,肩贩盈道,拥厚资为巨贾者,百不一人。

（清　吕调元等修,张仲炘等纂:《湖北通志》,卷二十一,舆地志二十一,风俗;清宣统三年修,民国十年刻本,上海商务印书馆民国二十三年影印本。）

〔民国九年前后,安徽英山县〕　行商如贩卖茯苓,则由水路至汉口、湖南、江苏、上海、浙江、广东、江西等处。出售皮油蚕丝牛羊皮,则运至汉口或上海。出售棉布,则由陆路运至潜山、霍山、太湖等处出售。坐贾,有杂货店、棉纱号、布行,无钱庄、粮食行及茶楼、酒馆。英山重农轻商,富者恒以买田为利,而经营商业者无大资本,偶受损失,即不能支持,再图恢复。

（徐锦修,胡鉴莹纂:《英山县志》,卷八,实业志,商务,民国九年活字本。）

〔民国初年，安徽英山县〕 布行，城内乡镇皆有，昔由潜、霍各县布贩至行采买，今多由本行自行贩卖。

（徐锦修，胡鉴莹等纂：《英山县志》，卷之八，实业志，商务，民国九年木活字本。）

〔清同治初年，湖南常德府武陵县〕 商贾，江省为多，北省、闽、广、秦、豫次之，花、油、大米、鱼、盐、水陆荟萃，其人率勤俭，重锥刀，近亦有与公事者。

（清 恽世临修、陈启迈纂：《武陵县志》，卷之七，地理志，风俗，清同治二年刻本。）

〔清同治五年前后，湖南郴州桂东县〕 桂东山高水驶，舟车不通，逐末者少，间有贩卖京广货者，率皆闽粤及江右人，然亦肩挑脚运，非有巨商大贾。

（清 刘华邦修，郭岐勋纂：《桂东县志》，卷九，风俗志，清同治五年刻本。）

〔清同治十年前后，湖南长沙府攸县〕 商贾：攸民鲜逐末，几列市廛，操奇赢，客商客买，十居其九。惟贩运米谷，往来衡湘，下洞庭，多系土著之人。且攸邑银钱所以不匮，亦只恃此米谷流通，倘不外散，则农有宿廪，财用则不济。其他夏麻苎，冬茶油，亦皆客商应时贩运而已。

（清 赵勤等修、陈之骥纂，王元凯续修、严鸣琦续纂：《攸县志》，卷十八，风俗，清同治十年刻本。）

〔清同治十二年前后，湖南永顺府桑植县〕 土少出产，河道险隘，不通贩运，惟常德江右有受廛此地者。土人任负懋迁，谋朝夕而已。

（清 周来贺修，陈锦等纂：《桑植县志》，卷二，风土志，风俗，清同治十二年刻本。）

〔清同治年间，湖南长沙〕 长沙民朴，安土重迁，所需者日用之常资，惟米谷充积，业商贩则碓户米坊而已。又圯不宜泊舟，秋冬之交，淮商载盐而来，载米而去，其贩卖皮币、金玉玩好，列肆盈廛，则皆江苏、山、陕、豫章、粤省之客商也。

（清 刘采邦等修，张延珂等纂：《长沙县志》，卷之十六，风土，清同治十年刻本。）

〔清同治年间，湖南沅州府黔阳县〕 商贩土著颇稀，近市者间逐什一，然率居积营生，少离乡井，所在列肆零星，多属客户，亦无高资巨贾，或有私立牙店坐列估价、以蠹乡贩者，必禁之。邑中鲜有富家，乡曲以富名者，本富什之七，末富什之三，奸富则无。士攻苦而馆富修脯，每叹无余。农勤动而佃僧田，俯仰尚闻有赖，可以知此地之大凡矣。

（清 陈鸿作等修，易燮尧等纂：《黔阳县志》，卷十六，户书三，风俗一、商，清同治十三年刻本。）

〔清同治年间，湖南永州府江华县〕 江华千峰环抱，一线溪流，舟楫惟容三板，富商大贾不至，惟采山出产杉木，祁阳等处人多采买，其利倍蓰。城市皆两粤、江右人装运盐、花、油、布，转卖土人，逐末者鲜，有亦小店居积而已。廛肆在关厢外，四乡亦间有之，交易率用香蚨及九九制钱，银色低潮不用，平兑一遵司颁，法码斗称较省大，尺如常式。

（清　刘华邦等纂修：《江华县志》，卷之十，风土，物产，清同治九年刻本。）

〔清同治年间，湖南沅州府〕 商贩土著甚稀，近市者，间逐什一，然率居积营生，少离乡井，所在列肆零星多属客户，亦无高资巨贾，为市日中，惟米、谷、盐、布、油、铁之类，虽立官牙，行店亦无多焉。

（清　张官五等修，吴嗣仲续修：《沅州府志》，卷十九，风俗，清乾隆五十五年刻，同治十二年增刻本。）

〔清同治至光绪年间，湖南长沙府宁乡县〕 县小，商业甚微，治城内外亦不过三四百家，惟当铺、钱店、绸布店、药店、烟店、首饰店、铁店、铜锡店、南货店、糟坊、糕饼店、肉店、笔墨书籍纸店、木器店、香烛鞭炮店、什货店、衣店、酒席面馆、豆腐店、轿行、剃发店、客寓咸备，其鸡、鱼、蔬菜则皆谓之摊商。商分四帮：一本帮，各业皆有；二苏帮，多绸布斋馆、糟坊，同乡会曰苏州会馆（在北正街小西门口转角处，创自清康熙三十七年，门题曰江左书院，康熙五十三年建后栋，乾隆四十一年建戏台于殿前，道光四年重修墙垣，光绪末撤江左书院，额改称苏州会馆。旧设义塾亦停，苏人好义举，置金庭茂义田庄房屋，苏籍人口男丁百余，以沈、马、钱、杭诸姓为多，原籍苏州之洞庭西山，又名金庭山，故苏帮之公会及公山冠以金庭云。民国以来，会馆内与赣、闽合办小学校，称苏赣闽联合小学校）；三赣帮，多营业药材、首饰业，其同乡会为万寿宫（即江西馆，南昌、临江、吉安、瑞州、抚州五府人，康熙三十一年买肖忠芝房屋基地建，其后南昌一府人分出，另建南昌会馆，而南府内之斗城一县仍未分出。道光时，重修万寿宫，前栋外为头门，内凡三栋，后栋西边立敦睦堂，供旅宁亡人神主，后有园倚金台山。光绪十六年正月十六日大火，存者仅头门戏台及后栋西边之敦睦堂与厨房。光绪十七、八年，募捐万余元修复，光绪二十三、四年竣工。馆内善举，年终分同乡年米，死者发棺木，暑期施药散。又有救火水龙会，四年一轮之盂兰会，系陈润溪倡捐。又与苏、闽合办联合小学校，又自通安门外至关王桥石街，咸丰中赣人陈正春独修），为南昌会馆（在北正街，清乾隆四十四年建，赣人旅宁男丁约三百余人，女丁百余，南昌、吉安、抚州三府之义山均在董家冲。南昌、抚州之山相距稍近,属北门,吉安之山属东门,瑞府之义山在东城外石灰塘,丰城之义山在东城外高岭及梁家坡,临江之义山在大塘坡);四闽帮,营业无定,其同乡会为天后宫(即福建会馆,又曰八闽馆,康熙时建,天后像以楠木为之,同治间尝捐钱百串交城区置福宁水龙。光绪间为乡友附祀,立义泽堂,于庙侧又与苏、赣办联合小学,祀典见秩祀义山,有道士仓、易家冲、砂子岭之处)。四帮商业联合,则有聚宝堂(钱业店主)、聚善堂(钱业店员),同荣堂(南货店主),同福堂(南货店员),各立财神会,至光绪甲申,立财神庵,甲午年建新殿(碑堂二十五年,系后追立),以三月十五日致祭。其余各业均有会,但无定期,无定处。同光之间,地方安宁,家给人足,县城商业于时为盛,乡市则黄财第一,锅炉五十余座,佣力之工常四五千人,杂货、药材、屠坊、首饰及各手工业共百数十家,各商有财神殿,赣商有万寿宫,清时经商此地者,多致富。巷子口、横市、唐市、双凫铺、大成桥、回龙铺、道林,一都双江口诸市次之,灰汤、檀木桥、大屯营、西冲山、粟溪、大石窟、青华铺诸市又次之,其余山村僻壤,数里或十数里必有药材、杂货、屠坊。光绪末,毛钱出,纸币行,银根艰涩,商业一变矣。

(宁乡县志局:《宁乡县志》,故事篇,财用录、商业,民国三十年木活字本。)

〔清光绪元年前后,湖南郴州兴宁县〕 宁界居楚尾粤头,湍高泷猛,舟楫少通,无巨商大贾。居北者只贩煤(宁产者著名铁炭炼铁重用),往湘往汉往苏,来则买棉花、牛骨、黄豆等等。居西者只贩姜,往德安、孝感、樊城等处,来亦如之。居南者只贩麻,往粤,来则买庄衣、洋货等等。其他或有杉树出湘,茶油入粤,更无居积,此商贾大凡也。

(清 郭树馨等修,黄榜元等纂:《兴宁县志》,卷五,风土志,风俗,清光绪元年刻本。)

〔清光绪初年,湖南长沙府善化县〕 人多散处,宫室质朴,瓦椽不饰,衣多布少帛,器用陶瓦,故艺事不尚奇巧,惟习日用常须之业,以鬻其技而资事畜。古者,织纴皆女红,今则男工各有专司,以世其家,所谓工用高曾之矩矱也。乡无积场墟厂,货物多取给于城市,安土重迁,除装运米谷而外,鲜商贸于远邑者。至各省商于邑中者,北客西陕,南客苏杭,以及江西、闽、广货客几遍城村,土著乡则枯饼、石灰,城则钱木小贾囤积而已。

(清 吴兆熙等修,张先抡等纂:《善化县志》,卷十六,风俗,清光绪三年刻本。)

〔清光绪元年前后,湖南衡州府衡山县〕 行商,往来贸易,其物则豆、麦、棉花,载以舟车者是;坐贾,买贱卖贵,权衡子母,其物则绸缎、布帛,藏于铺店者是。至于富商巨贾,居奇货,拥巨资,此衡地之所无也。其细民贩卖小物,有米贩、布贩、炭贩、茶贩、烟贩、菜贩、笋贩、鱼贩、果贩、姜贩、鸡鸭贩、竹木贩,皆肩挑背负,自乡间至城市,朝去暮还,其事劳,其利微。此外,各处墟场贩卖猪牛百物,每月仅有数日,暂而不常。

（清　郭庆飔等修、文岳英等纂:《衡山县志》,卷二十,风俗,商贾,清光绪元年刻本。）

〔清光绪初年,湖南靖州〕　靖地崇山多产材木,只属薪樵。黔省所出杉木,水次必经渠河,旧设牙行以俟远省,商人怀资到此与黔民交易,并无采贩巨贾,亦无关税,凡植委办皇木之员偶往他境采办,不与本州相涉。

（清　吴起凤等修,唐际属等纂:《靖州直隶州志》,卷四,贡赋,木政,清光绪五年刻本。）

〔清光绪年间,湖南长沙府湘潭县〕　自古言治生者,必居天下之中,尽地力,则斤薮泽勤蓄牧。史言:江淮以南,无千金之产,亦无冻馁之家。长沙于前古,卑泾最贫,南依五岭,洞庭阻其下游,行旅转运颇伤艰险,然岭表滇、黔,必道湘、沅,则西北镃货往者亦就湘沅舟运以往,而长沙水步不利泊船,故皆辏湘潭。自前明移县治以来,杨梅洲至小东门岸,帆樯蚁集连二十里,廛市日增,蔚为都会,天下第一壮县也。明代流寇迄三藩之乱,县当兵冲,逃死殆尽,及复业,城总土著无几,豫章之商,十室而九,其闻诸前明者有周环、罗瑶,一郡称高家,然不闻商业。万历末,张克扬罢广州归,乃躬理化居,致货巨万,所施散者,亦以万亿,语在其传,同时曲潭李氏以巨富为吉藩仪宾,复有李氏当流寇焚掠赍金八十万,市其旗,遂保宗族焉。康熙初,土旷人稀,多占田,号标产,标者折竹木枝标识其处,认纳粮,遂为永业,其时大乱,漕重役繁,弱者以田契送豪家,犹惧其不纳,至今鬻产者,于旧主有脱业银,始于此也。然豪族强宗或以仕宦兴,或以力田富,善殖货者,无闻焉。东界最近江西,商贾至者有吉安、临江、抚州三大帮,余相牵引不可胜数,牙僧担夫率多于土人,争利者颇仇之。

（清　陈嘉榆等修,王闿运等纂:《湘潭县志》,卷十一,货殖,清光绪十五年刻本。）

〔清光绪十五年前后,湖南长沙府湘潭县〕　山西商擅汇票,淮商裘褐、汾酒、关角、潞参,闽商烟草,岁亦数百万,苏商绸布……广商则银朱、葵扇、槟榔。

（清　陈嘉榆等修,王闿运等纂:《湘潭县志》,卷十,货殖第十一,清光绪十五年刻本。）

〔清光绪年间，湖南长沙府宁乡县〕 宁人不善为商，商业著闻于外省者甚鲜。惟光绪间，宁人在新疆南八城者颇多，运沩茶、盐、姜及他土产为往，稍获利。又岁以稻、麦、高粱酒、染红色买于上海者，凡数十百家云。

（周震麟修，刘宗向纂：《宁乡县志》，故事编，财用录，商业，民国三十年木活字本。）

〔清代至民国年间，湖南宁远县〕 其初不为裨贩，户口滋多，其无田可耕者稍稍贸迁取赢，即中产之家兄弟数人亦少半服贾于外，拥高资者则废箸鬻财，于城市间列肆栉比，争为雄长。风尚所驱，立商会以纲纪之。

（李毓九修，徐桢立纂：《宁远县志》，卷十八，风俗，民国三十一年石印本。）

〔清代至民国三年前后，湖南醴陵县〕 前清商贾，除盐政外，皆单独营业，虽有会馆，多为祀神公会会所，于个人商业无涉焉。旋因红茶发展，始有茶团；钱业重大，始有裕国堂，皆为一局部组织。各行各业，各自为政，仍等于一盘散沙，此商业之所以不振也。光绪二十九年，商部奏颁商会章程十六条，各省商会以次设立。醴邑自宣统元年知县刘曦奉令设立商会，各商无论资本大小，皆呈报注册。主会务者为本帮丁大连，外帮王学鸿。民国三年，改称正副会长，另设监事。其时，会长为康仁廷。

（陈鲲修，刘谦等纂：《醴陵县志》，卷六，食货志，工商，民国三十七年铅印本。）

〔民国初年至三十七年，湖南醴陵县〕 县城商业过去有西、本两帮之分，除红茶、夏布、土瓷、豆腐属本帮外，余如药材、南货、糕饼、豆豉、杂货、银楼、布匹、钱庄、典当各大业，均属西帮。惟县城旧日商店，因民七大火，几于全部焚毁，西帮势力大受打击，本帮逐渐抬头，至民国二十年后，商务渐盛。抗战期中，瓷业尤称发达，北城及姜湾一带，新建窑厂及商号百数十家，南城多营染织业、针织业、刺绣业、稗业等，西城多营编炮业，东城多营旅馆业，而绸缎、药材、洋货等业，则萃于中心市区。阳三石商业之盛衰，随交通而转移，当铁路、公路未毁时，营食品业及旅馆业者甚众，及其既毁，门可罗雀，当沦陷时，县城煨烬，阳三石亦摧毁过半。迨胜利光复后，株萍铁路通车，乃复渐趋热闹，县城亦然。

（陈鲲修，刘谦等纂：《醴陵县志》，卷六，食货志，工商，民国三十七年铅印本。）

〔民国十年前后，湖南醴陵县〕 县境商场，以县城及渌口为集中地。此外，水路通攸者，曰泗汾、船湾，通萍、浏者，曰枧头洲、浦口市、曰兔潭，由渌口以至县城者，曰石亭、神福港，由北乡陆路以通浏阳者，曰黄獭嘴，亦皆有贸易可言。其他小市，则各处有之，不胜枚举也。县商业习惯，大抵不一，其无一定之组织与资本，惟以个人名义贩运于内外各阜者，谓之客（一曰走水客）；其有一定之组织与资本、而以招牌名义、营业于固定场所者，谓之商号。商号之组织，或独立出资，或合伙出资，或雇人领本，或招股集资，皆可自由。其有必经官厅许可者，如牙行之必须领帖（如鱼、花、土、果之类，皆为牙行，牙本互字，隶书形语为牙，并其音亦失矣，互者取互市之义），盐号之必须领票，公司之必须立案是也。商号用人除号主外，有经理、号客、伙友、徒弟之别，其自行营业，概归号主，雇人领本，则有经理，其职责，则内莫重于经理，外莫重于号客，伙友则内莫重于管账，外莫重于上街，其他皆为站柜或别分职掌，以业而异，俸给则随号之大小定之。徒弟例以三年满期，兼服劳役，有证金、投师、请酒诸惯例，此其大概也。醴陵近以兵燹之余，商业亏折甚巨，商会之组织亦旋举旋废，惟分帮为会，则自昔已然，其以同业为帮者，如磁业、药材、编爆、绸布、夏布、南货、斋馆、油盐、银楼、织染、靴鞋、成衣、竹木、银钱、典当之类，其以同籍为帮者，则本帮、江西帮、浏阳帮之类是也。旧日交通迟滞，人民安土重迁，故商务不甚发达，其资本稍雄厚者，多属西帮，本帮之以货殖著者，若王仙之潘承炘，豆田之许十，转浦口之刘敏，殷家冲之殷时万，皆以营谷米、红茶致富。承炘当乾隆年间，有田二万七千石，余皆在咸同之际，后亦寝衰。自铁路交通，商务始渐有起色，而又燔于兵燹，元气凋伤，旧日钱业、典当业俱一蹶不振（旧有钱业十八家，典当业二家），商民资本缺乏，无万金之家，且厘税日加，军差频繁，除磁业、夏布、谷米略有输出外，余仅取给日用而已。大抵输入之货以盐为最巨（醴陵原销淮引，谓之引盐，然多搀杂不洁，其自粤输入之砂盐，谓之私盐，官厅得禁止之），洋货次之（如洋油、各种洋布匹头、海菜、五金、杂货、靛青、颜料、果品之属），绸布及棉麻又次之，南货又次之，而输出之数，常不足以抵输入。群一县之人，日惟侥幸以求甘食美衣，农工大利弃而不讲，此民生之所以日困也。夫商之本在工，工之本在农，农出之，工成之，商通之，三者相须为用，而不可离者也。吾醴农林之利既未振兴，工作所出又甚鲜少，至于商业，则在外既无团体之组织，在内复无雄厚之资本（如磁业、夏布之受人卡买，以外无堆栈、内无屯庄；商场金融之困滞，以外无票号，内无钱庄之故），且商业教育素未讲求，此而不力事改图，尚得于商战之场求立足地耶？周人白圭有言：吾治生犹伊尹、吕尚之谋，孙吴用兵，商鞅行法是也，是故其智不足与权变，勇不足于决断，仁不能以取与，强不能有所守，虽欲学吾术，终不告之矣。有志商业者，其知所从事哉。

（傅熊湘编：《醴陵乡土志》，第六章，实业，商业，民国十五年铅印本。）

〔**民国十九年前后，湖南永顺县**〕 商，曩时土民不善贸易，列市廛通货物者半属江右之民。近则出口货材日形发达,交通便易,上至川、陕、滇、黔,下至鄂、浙、闽、广,咸有永商踪迹,较从前闭塞时代不啻天渊。

(胡履新等修,张孔修纂:《永顺县志》,卷六,地理志,风俗,民国十九年铅印本。)

〔抗日战争初期,湖南醴陵县〕 民国七年以前,营绸业者多为江西帮,兵灾以后,停歇者十之六七,而本帮势力则逐渐抬头。抗战初期,浙江金华来货甚多,湘潭、长沙一带商人常有来此采购者,故一时营业极为发达,而本县土布亦行销甚广,故抗战前数年中获利百万以上者三十余家。自金华沦陷后,生意稍衰,加以社会购买力日弱,土布销路亦疲滞,故三十二年赢利远不如前,绸绫生意,尤不畅旺。是时,洋纱布匹及绸料等多系自长沙、平江等处贩来,土布则系本县出产,占贸易量百分之六十,销耒阳、郴州、袁州、曲江一带,县城共三十余家,本帮十之六,西帮十之四,店员百余人。

(刘谦等纂:《醴陵县志》,卷六,食货志下,工商,民国三十七年铅印本。)

〔清康熙十四年前后,广东潮州府〕 潮民力耕,多为上农夫,余逐海洋之利,往来乍浦、苏、松,如履平地。

(清 阮元修,陈昌齐等纂:《广东通志》,卷九十三,舆地略,风俗,潮州府,清道光二年刻本,清同治三年重刻本。)

〔清康熙年间至光绪二十六年前后,广东潮州府海阳县〕 康雍时,服贾极远止及苏、松、乍浦、汀、赣、广、惠之间;近数十载,则海邦遍历,而新加坡、暹罗尤多,列肆而居。

(清 卢蔚猷修,吴道镕等纂:《海阳县志》,卷七,舆地略,风俗,清光绪二十六年刻本。)

〔清雍正十年前后,广东潮州府惠来县〕 隆井都,礼义诗书与惠都甲乙,奈地狭人众,有挟资商贩以游者。

(清 张珽美纂修:《惠来县志》,卷十三,风俗,清雍正十年刻本。)

〔清乾隆十五年至同治十二年前后,广东惠州府海丰县〕 商不远游,多从近地,废居挟资贩苏杭者盖寡。

(清 于卜熊修,史本纂:《海丰县志》,续集,风俗,清乾隆十五年刻本,清同治十二年补刻本。)

〔清嘉庆十六年至咸丰六年前后,广东嘉应州兴宁县〕 商贾,大列肆,小负贩,终日营营。作客者多贸易于川、广、湖、湘间。

（清　仲履振纂修,张鹤龄增补:《兴宁县志》,卷十,风俗志,习尚,清嘉庆十六年刻,咸丰六年增刻本,民国十八年铅字重印本。）

〔清嘉庆二十年前后,广东潮州府澄海县〕　邑自展复以来,海不扬波,富商巨贾,卒操奇赢,兴贩他省,上溯津门,下通台、厦,象犀、金玉、锦绣、皮币之属,千艘万舶悉由澄分达诸邑。其自海南诸郡转输米石者,尤为全潮所仰给。每当夏秋风信,东西两□以及溪东南关沙、汕头东陇港之间,扬帆捆载而来者不下千百计,高牙错处,民物滋丰,握算持筹,居奇屯积,为海隅一大都会。……若夫日中为市,蔬米鱼盐交易而退,城市以外几十家之聚,所在多有。

（清　李书吉等纂修:《澄海县志》,卷八,都图,埠市附,清嘉庆二十年刻本。）

〔清道光二年前后,广东惠州府永安县〕　商皆土著,所货止布帛食物,无珍异。

（清　宋如楠、叶廷芳修,赖朝侣纂:《永安县三志》,卷一,地理,风俗,清道光二年刻本。）

〔清道光四年前后,广东肇庆府广宁县〕　商多南海、顺德、三水、高要人,城垣墟市皆是,懋迁货物如绸缎、布匹以及山珍海错与各色服食之需,皆从省会、佛山西南陈村各埠运至,非本土所有,故其取值视他处较多。至于邑中,山多田少,其利多出于山,而柴商、竹客则皆土人为之,亦其俗之相沿者久也。

（清　黄思藻纂修:《广宁县志》,卷十二,风俗,清道光四年刻本。）

〔清道光五年前后,广东罗定州东安县〕　商:粤东擅盐、铁之利,东邑山多产铁,向设炉座,或煽或停;盐则归总埠销售,二者皆非土著之民。其余菽、粟、布、帛、鸡、豚、酒、蔬之属,不过趁墟贸易,以谋朝夕。

（清　汪兆柯纂修:《东安县志》,卷二,风俗,清道光五年刻本。）

注:东安县今为云浮县。

〔清道光初年,广东广州府新会县〕　卢观恒,字熙茂,石头蓬某里人。其先代,自明初由今鹤山之迳口,迁居石头。卢少时甚寒微,年四十余,以举充洋行十三家,而卢广利居其一,今源昌街即其遗址。

（清　谭镳纂修:《新会乡土志》,卷四,耆旧。清光绪三十四年铅印本。）

〔清道光二十年前后,广东广州府南海县〕　伍崇曜,原名元薇,字柴垣,邑廪生,先世自闽迁粤,父秉鉴多财善贾,总中外贸迁事,手握货利枢机者数十年。性喜施予,道光初,曾与侄婿卢文锦共捐银十万两,将桑园围改筑石堤,粤督阮元亲撰碑文记其事。十三年,西潦大涨,沿西北江水庸多决,兄元蒿再捐银五十两,分派修筑决口,赶树晚禾,其为德于本邑甚厚。崇曜仰承先志,公家有急,必攘臂争先,自道光廿年后,地方多事,库帑支绌,不得已借资商人,诸商人又推伍氏为首,崇曜急公奉上,凡捐赈捐饷,均摊假贷,先后所助,盈千累万,指不胜屈。

(清 郑梦玉等修,梁绍献等纂:《南海县志》,卷十四,列传,清同治十一年刻本。)

〔清道光年间,广东广州府香山县〕 澳之奸民不一。其役于官,传言语、译文字、丈量船只、货之出入口点件数、秤轻重、输税上饷者,曰通事。其亲信于夷,为司出纳者,曰买办。其侍夷人饮食者,曰沙民(犹华言奴子)。其出口、入口之货订价交易者,曰孙毡(犹华言体面人也)。其本行乏货,自出本钱,借招牌与夷贸易,代本行上饷者,曰大孖毡。要皆不顾团体、罔知羞愧,求苟悦于夷情,图三倍之利市,为夷人者,运之若臂指,寄之以腹心,遂至恣肆横行,不服管束,通蕃病国,谁不愤之。

(清 陈沣纂:《香山县志》,卷二十二,附记,清光绪五年刻本。)

〔清道光、咸丰年间,广东广州府增城县〕 陈冕,号展屏,新街人,少有大志,中年与族兄容秋合资在香港经营商业。时,海禁初开,华洋互市,日兴月盛,冕不避艰险,亲历南北、美洲及澳洲各地贸易,操奇计赢,积资逾百万,县人赓续而至踵相接,皆致巨富。冕实开风气之先也。

(王思章修,赖际熙等纂:《增城县志》,卷二十,人物三,民国十年刻本。)

〔清道光至同治年间,广东肇庆府四会县〕 道光之初,俗渐奢华,富者日贫,贫者益不给,遂相率往佛山、省城以图生计,而士亦多就馆于省镇。南海各乡,洎乎各口通商,而后之上海,之福州,之天津,之九江,之汉口者,实繁有徒。父诏其子,兄勉其弟,皆以洋务当汲汲,而读书应试之人日少,即青衿中,亦有舍本业而从事于斯者。同治以来,更远赴外洋各埠矣。男既轻去其乡,妇亦从而效之,而奢华之习乃日甚一日,至于今为极,还醇返朴,未知何时,有心人不禁罤然高望者矣。

(清 陈志喆等修,吴大猷等纂:《四会县志》,编一,风俗,清光绪二十二年刻本。)

〔清咸丰年间,广东广州府香山县〕 盛世丰,号恒山南,大涌人,世业农,世丰少随兄习贾,谙英吉利语,英人贩茶于福州,邀仕经纪,家渐裕,而志务远大,不区区作积储计,招其兄至闽,予十万金,使归养亲,课子弟,旋商于沪。时发匪势炽,张忠武公国梁督师江南,世丰往报效军械,国梁大喜,深相延纳,世丰遂命弟世廉、世昌、达贤往从之,均历功至都守诸职。世昌以咸丰十年江南大营失陷殉难,时世丰方入都纳资为部郎,乃亟归召其弟世廉等归侍父,己仍商于鄂,以茶业骤获奇赢,名大著。武汉当道常洋务谘之,倚任甚至,世丰笃于亲旧多赖之举火者,或以商业危殆告,立斥数万金贷之无吝色。遇读书积学士,尤敬礼有加,时有小孟尝之目。同治八年,番禺梁学侠肇煌督学云南,匪乱方亟,巡抚岑毓英忧之,询肇煌曰:君粤人有能采购西洋利器来滇济用者乎?肇煌夙与世丰善,因代驰书以召世丰,时已,以筹饷功洊保至道员,并加按察使衔,闻命慨然遂行,于公帑外,复募数万金,悉购西洋新式枪械。九年三月,护解至滇,匪党闻风怖散,城围立解,毓英嘉其能,委署迤南兵备道,迤南当乱平后,世丰至任绥遗黎,清余孽,招商课士,舆论翕然,奉旨加二品顶戴,三代二品封典,两载,卸任例送部引见,以道远不克往。光绪二年,随何制军璟赴闽,奏留闽补用,委任通商局,洞烛情伪,西人不敢欺。城内乌石山捣毁洋房案,几酿衅端,世丰力争得介,督办华税局,私贩倚外人为护符者,悉敛迹。中法一役,世丰拟进攻守之策,督师张佩纶中蜚语,陵之不果上终以愤事,世丰亦罢归。光绪二十一年卒。世丰早岁虽失学,而以壮年亲近儒士,故亦略知书史大义。侄鸿焘、鸿球等俱登贤书,实出其培迪云。弟世昌前志已有传。

(厉式金修,汪文炳等纂:《香山县志》,卷十一,列传,民国十二年刻本。)

〔清咸丰、同治年间,广东广州府佛山镇〕 沈文清,号贯亭,好读书,慷慨有大志,应童子试不售,乃弃儒而商。道咸间,航海游天津,与鸡林大贾相结交,所至引重。方是时,天津新辟商埠,粤商业最盛,旧有岭南会馆,及是,益拓大之,推文清为馆长,部署井井,甚得商人欢。咸丰三年,发逆伪将李开芳窜直隶,将扰津。诸商惶恐谋归,文清曰:"贼不足虑也,公等且无走,如必欲去者,我当为公守。"或问其故。曰:"天津滨海,有险可扼,贼方北图不得逞,乃窜津耳,是败余也,三辅重地,大兵不日至,奚虑为?"人窃议其迂,而不能不服其义,乃悉以栈货委之,避地他适,亦有留者。未几,僧王督军至,贼败窜,歼之于冯官屯,别股贼亦灭于山东之高唐州。商肆复业,视诸找货,封识宛然,纤毫无所失。于是益服其智,义声自以满津郡。性挥霍,善谈剧,海内仕商皆乐与之游。在津二十年,不名一钱,及归,箱笼数十,启视之,皆书籍、名画也。生平博涉书史,讨论古今,动中肯綮,诗文有豪迈气,亦颇肖其为人。同治戊辰,卒于家,年六十六岁。子森,咸丰辛酉顺天举人,官澄莲训导。孙鹏举,曾孙彬,俱邑庠生。

(冼宝干等纂:《佛山忠义乡志》,卷十四,人物,民国十五年刻本。)

〔清咸丰至光绪年间，广东广州府佛山镇〕 论曰，佛镇商务甲天下。通商办自佛始，人才闻于海外。冼恩球暨侄耀南世为越南关督，与闻国政。尚已五口通商以后，内地稍替，梁定荣创立轮船公司，使外国不能专利，在津扩充岭南会馆，与馆长冼文清先后维持，诸帮（六书故帮襣贴也省作帮，盖取友助之义）得以联合，粤商遂为各省重。其讲求实业，以国学、新知表里并用，尤能通达时务。厥子炎卿，总理怡和洋行，信孚中外。孙赍奎禀遗训，游学归国，官至次长，言农林者，咸归焉。此岂独吾乡镇光哉！政府起而图实业，定荣其元勋也。同时有陈善性，亦善商战，子振先官农林长，与赍奎同部，盖两美必全云。

（冼宝干等纂：《佛山忠义乡志》，卷十四，人物八，民国十五年刻本。）

〔清同治十一年前后，广东广州府南海县〕 粤地狭民稠，力穑者罕，逐末之氓十居六七，而市舶之利独巨，虽寻恒货殖与蕃商水火无交者，亦因市舶之丰歉为赢缩。

（清　郑梦玉等修，梁绍献、李徵霨纂：《南海县志》，卷五，建置略，墟市，清同治十一年刻本。）

〔清同治年间，广东潮州府大埔县〕 土田少，人竞经商于吴、于越、于荆、于闽、于豫章，各称资本多寡，以争锱铢利益，至长治甲民，名为贩川生者，则足迹几遍天下矣。

（张鸿恩等纂修：《大埔县志》，卷十一，风俗，清光绪二年刻本。）

〔清同治年间前后，广东、上海等地〕 上年，英国洋酋在福州照会称：各国出口、进口货物，多系走私，中国官知而故纵，独英商照例输纳，不减分毫，于他国大有所襣，英国不无亏损等语。此各国串通走漏之明证。而道光三十年，上海查出英商走漏茶叶，经将洋船扣留，该商始肯照罚，此英国走漏之明证。夫经查出者既有此数，未查出者不知几何。至粤东走私，更叠见层出，如通事蔡棠一案，应纳税五千余，诡称在上海已经输纳，是谓将无作有。蔡禧一案，又报少漏多。至奸徒何周一案，经海关家人捉获，供出伙党府差高先、县差周用等多人，至今未经查究。又查白糖等项，向来出口不下六千万斤，今买不及三之一，洋参、绸缎进口之货，近来税册亦属寥寥，以粤省推之各省必同此弊，内外扶同，不知伊于胡底矣。

（清　郑梦玉等修，梁绍献等纂：《南海县志》，卷十四，列传，清同治十一年刻本。）

〔清同治、光绪年间，广东高州府电白县〕 邑西滨海之水东墟，商舶往来，百货鳞萃，嘉道间，顺德何应志、应念兄弟随父懋迁来此。同治二年，高、雷两郡大饥,十年,高郡复饥,应志、应念前后备资本由海道运米平粜,光绪十二、三年,高郡又饥,应念复倡运洋米接济,郡人多赖全活。

(清　孙铸修,邵烽龄等纂:《电白县志》,卷三十,纪述六,杂录,清光绪十八年刻本。)

〔清光绪以前至光绪初年,广东肇庆府德庆州〕　商贾自南海沙头来者十居二三,余皆土人,素畏官敬土。光绪初,偶得势后,有事辄哄众称罢市为挟制。

(清　杨文骏修,朱一新、黎佩兰纂:《德庆州志》,卷四,地理志,风俗,清光绪二十五年刻本。)

〔清光绪元年前后,广东韶州府曲江县〕　邑当四达,百货云集,营利居奇多系客户。至乡里俭约,逐末者少。旧《志》云:市井贸易,日用饮食之外,珍奇之货不售焉,故负贩谋生,鲜有巨贾。

(清　张希京修,欧樾华等纂:《曲江县志》,卷三,舆地书,风俗,清光绪元年刻本。)

〔清光绪初年,广东广州府佛山镇〕　梁定荣,号伯田,本堡百十八图九甲梁镇华之仲子也。性真挚,好读书,壮岁苦于家计,改就商业,益习通世变。时互市大开,外人麇至,惟我国狃于故步,风气犹塞,定荣独周历各口,提创工商、矿业欧人啧啧异之。粤频岭海,去京师绝远,士子之来游日下,与商贾之懋迁北上者,皆取道韶关,出赣省,涉江逾淮,渡黄河以抵燕赵,道途绵亘,数月不达,行旅病之。定荣乃鸠资创立广德泰轮船公司,自海舶由粤直走天津,一时行海者蚁附焉。尝诏子孙曰:"读书在明理识世务,无论事商均当助学,亦藉为道德之基,科学乃新知乏钥,愿尔曹不忘国学,兼采新知。"又尝曰:"国以人而积,人人自致其力,乃可以兴国,今中外交通,商战日剧,我国人若不高瞻远瞩,争自濯磨,则民贫而国也敝也。"子名国照,服贾天津。孙赍奎,宣统间游美归,廷试授职编修,入民国历任农林部参事,农林次长。人咸谓世德之报文镇华轻财好施,定荣承先志所办义塾、医院、善堂诸公益事甚众,不殚述。

(冼宝干等纂:《佛山忠义乡志》,卷十四,人物八,民国十五年刻本。)

〔清光绪五年前后,广东广州府〕　广州望县,人多务贾与时逐。以香糖、果箱、铁器、藤蜡、番椒、苏木、蒲葵诸货,北走豫章、吴、浙,西北走长沙、汉口。其黠者南走澳门至东西二洋,倏忽千万里,以中国珍丽之物相贸易,获大赢利。

(清　戴肇辰等修,史澄等纂:《广州府志》,卷十五,舆地略,风俗,清光绪五年刻本。)

〔清光绪十年前后,广东潮州府潮阳县〕　田高土沃,力于耕种者,且能成家。

滨海以鱼、盐为业,朝出暮归,可俯仰自给。至于巨商,逐海洋之利,往来燕、齐、吴、越,号富室者颇多。工有金石草木之类,皆极精致,而铜、锡器之雕镂尤通行宇内。

(清 周恒重修,张其翙纂:《潮阳县志》,卷十一,风俗,术业,清光绪十年刻本。)

〔清光绪年间,广东佛山〕 简照南,以字行,南海藜涌乡人。父汉达,有隐德,子五,照南居长。性敦敏,甫就塾,即异于常童。年十三,父故,诸弟俱幼,迫于生事,孑身赴东瀛,依其叔铭石贩兹业。久之,谓叔父曰:"商场争利,当务其远者,今海禁大开,区区贩运,未足制胜,请自树一帜,与角逐。"叔壮之,助以资,初办口岸货税,因得其出进之数。继改营航业,创顺泰轮船公司,置巨舶往来日本、暹罗、安南,远及欧美各大埠,由是周知寰球风气,与所以致富强之术。以烟草一项,每岁输入内地,恒攫我千万金钱而去,及此不图,漏卮曷已,研究逾年,得其窍要,遂舍航业,于光绪乙巳在香港发起,集资创办南洋烟草公司。暮年,以资绌,折阅殆尽,而迈往之气不少沮,既自罄所积,叔铭石复以大力助之,再接再厉,改为南洋兄弟烟草公司,与仲弟玉阶悉心规画,叔弟英甫则赴南洋开拓支店而已。总其成,中间阢陧万状,卒莫能撼,自是植基孔固,国人土物是受,获利日丰,复别设制造厂于沪上,诸分公司且星罗棋布于各行省及南洋群岛矣。又以为私之一家,其利不普,爱不惜以已成之局,公诸国人,增订章程,招人投资,共享其利,依照有限公司条例,注册移设总公司于沪上,规模益远,业既扩张,财用亦大,声气所及,与各国大资本家相抗衡。国家恒倚为缓急,每举一事,捐输动以巨万计,其荦荦大者,如历年在粤赈济风灾、水灾,救济粮食。及捐振直、鲁、豫、晋、湘、鄂、秦、陇、苏、浙、滇、黔等省各遍灾捐,助复旦大学、南开大学、武昌大学、暨南中学校、市北公学,资送欧美留学。其他创设族学、女学、孤儿教育院、贫民教养院、残废收养院,与乎修谱、建祠、资助各社团者尤不可枚举。迭奉大总统褒题扁额,赏给二等大绶嘉禾章、二等宝光嘉禾章、晋给一等大绶嘉禾章,清赐御书匾额,每膺荣典,辄自欿然,曰:"佛言布施,有三财施为下,又因以获名,毋乃滋愧乎?"盖好善根于天性,而素耽禅悦,深得慈悲之旨,有若视为当然者。在沪辟南园延谛公、印公两高僧说法,环听者日数百人,传为盛会。由是参透佛理,虽当百务倥偬,而心神澄澹靡不措置裕如,非谈虚语玄者比,其志愿宏大,识力坚定,晚近间诚不易,叹也。生平敦崇孝友,五弟某本遗腹子,十三而殇,恐伤母氏心,安慰备至,海外珍物,馈问不绝,务得其欢心而后已,母亦以服贾大义相劝勉,家庭之间融融泄泄如此。及母卒,哀问驰至,颜毁骨立,壹是如礼远适异国,得复见汉官威仪,凡我华侨无不感动。又以公司成立,得力于叔父铭石,所以酬报之者甚厚,季弟鉴川中年病殁，海隅抚遗孤有加无已，尝训诸子谓："物力艰难，丝缕当惜，至于周急拯危，及善举待兴，又须知皆吾分内事，不当吝也。"又曰："金钱者，多取为厉，须能聚能散，自社会取之，当为社会用之。"诸子奉教唯谨，积年劳悴，体渐弱，癸亥九月病终沪寓，年五十有三。讣闻中外，同声悼叹，弥留之际，问其弟玉阶何言，玉阶曰："万缘皆空耳。"应声曰："我来本空，去也何言。"遂不语。呜呼，可不谓畸人哉！照南有别业在佛山，商务亦盛，诸善举知无不为（载《慈善教育志》），为镇人所重，故为之立传。

（冼宝干等纂：《佛山忠义乡志》，卷十四，人物八，民国十五年刻本。）

〔清光绪年间，广东广州府佛山镇〕 沈恩球，字友忠，本堡人，性纯朴，不苟言笑，读书明大义，弗屑屑于章句，弱冠经商越南，信义为邦人重。不数年，坐致巨富，乡族往依之，提挈备至，受其惠成小康者，殆车载斗量矣。越南王重其才，且以富埒全国，授海关监督，赋课有条，岁榷骤长，颁赐珍物无算，每奏对，赐坐国戚，上称翁而不名。七十寿，越王亲幸第宅称觞，命三品以上官吏同往，知遇甚隆。粤、滇制府亦派大员致贺，制屏褒奖，粤且委属僚中鼎甲出身者，文武一人，往起为然寿烛，为华侨旷古未有之荣典。尤长外交，而效忠祖国，凡交涉事，有关系者，莫不迁就，官民皆倚重焉。年七十二告休，诏以极耀南承袭是职，寿七十八卒于孤第。中外为之哀悼，越王赐祭葬，视一品官有加，子耀光候选同知，赠恩球奉政大夫。孙焜辉法国大学毕业博士，现官越南十三省通事。

（冼宝干等纂：《佛山忠义乡志》，卷十四，人物八，民国十五年刻本。）

〔清光绪年间，广东广州府番禺县〕 曹秉仁，字心山，捕属人，家世业鹾，为办事总商数十年，戚党孤孀周恤备至，尝于南关外大巷口创建寿世善堂，赠医施药，实惠及人，经费支出，筹设横水码头，酌收钱文以资挹注。总督李瀚章拟于珠江之滨收买民房，建设开平煤厂，居民不愿，罢市三日。秉仁有房屋在珠光东约，屋后余地甚广，即输出公家为之倡。邻近各家遂相继让地，得免滋事，盖其信义足以服人也。

（丁仁长、吴道镕等纂：《番禺县续志》，卷二十四，人物志七，民国二十年刻本。）

〔清光绪末年，广东广州府新会县〕 商务：邑城内外，多业蒲葵果皮。其设肆本境及贩运外埠者，可二百家。远出营运者，以北方中采都一带为多，大约占全都民数十之三，此三分中，往南洋者又居一焉。南才崖，东西各乡民，多侨南、北美洲，然工多于商，以巨富著者，无几也。西方河村民族以烟丝为业，经商之途全在广西、贵州二者。至内地市场，江门为最，邑城次之，各乡墟入口远甚，全赖远贾外省、外洋者所挹注,少塞漏卮耳。

（清　谭镳纂修:《新会乡土志》,卷九,实业,清光绪三十四年铅印本。）

〔清光绪、宣统年间,广东广州府新会县〕　陈善性,字德泉,原籍新会,幼孤贫,为人牧牛,一日从牛背坠地,前蹄方向胸际踏下,正惊惶间,牛忽向后反奔,倒卧地上,遂得无恙。稍长,来佛受佣于某金铺,初铺中雇一工师制造乳金,工值颇昂,其人常于密室背人为之,莫由得其秘法,请于铺东,谓能窃得其法。乃取小瓷碟十个,分别盛水银一钱、二钱,以次递至十钱,与一定分量之金叶揉和,视其碟与工师所制之乳金色最相近,即以此碟之水分量为准,既试得若干钱数,再试若干分数,法亦如之,如是,卒验得制造最佳乳金之法,人皆叹服。昔英国大儒裴肯氏开实业之先河,泰西科学始蒸蒸日上,今之论者咸以裴肯为新学之鼻祖,此事盖其类欤！佛山薄荷油生意,以叶万全为大,知其能,聘任司理友店在省,其货来自江西,某年少到各家抢先购买,本店独未买得,货将告罄。赣商探知实情,益居奇,与之商购,迄未就绪,省店来函催取日数起,善性谓,此事操之愈急,愈难成,议得信皆以笑置之。一日命店伙取油罐十数洗净,店伙愕然曰:"已购得油乎？"曰:"然。"洗毕又合满注清水,店伙不知何为,亦不应,强之乃可,又命将瓶加封标记,预备寄省,则皆哗然,曰:"且好为之,瓶中之水,将变薄荷油也"。店伙相视而笑,卒照为之,又命将瓶悉置内院勿动。布置毕,乃密造发货单,令所知各店盖戳,纳之袖中,往见赣商。寒暄毕,故谈他事,后从容商借寄油藤篓若干个,赣商见来时情景,心已生疑,至是不复能思,佯笑问曰:"已买得薄荷油乎？"笑而不言,诘之再三,始从袖中出发货单曰:"不瞒君,只购得此些须耳"。赣商陡然变色,亦不复多言,随即兴辞。回店铺坐下,赣商接踵至,直入内院,则见铜罐纵横排列,赣商亦老练,潜以足踢之,则皆沈重充实,始变色曰:"我等多年交易,何以不向我买？"曰:"子不云货已售罄乎？"赣商曰:"我实有油若干,贵号今倘要否？"曰:"前因尊处自言无货,不得不向同行竭力张罗,今所购已差可敷用,无需再买矣。"赣商曰:"无论如何,必须向我购若干,宁价钱稍廉。"且彼此磋议,卒由赣商廉价出售。交易既竟,谓店伙曰:"可将瓶启封,永远变薄荷油矣。"于是,从皆服,获利亦倍蓰。其后,自赴江西办货,赣商遂无所用其操纵。奉景教,于西学多所研究,尤精医术,设药肆,自制墨笏,凡转销流中外。又以我国如欲自强,必须讲求西艺,次子振光学成,即命游学美洲,毕业归,考试获上选,授翰林院编修。民国初,为农林总长,国家遂收其用。长子丽南,习牙科兼理店事,季子衍棻,充羊城光华医院暨医学专门学校教员,皆称职。营业之暇,浏览文史,著有《辨惑琐言》,大旨归于黜邪崇正。不信巫蛊之说,尝谓泥木工匠曰:"闻汝辈能作木人纸马祸人,此我所不畏,我所畏者,在大木削小,整砖作碎,工作苦窳,时间芦挪,此等蛊术,尔曹勿为也。"年九十,尚明视健步,是岁项城总统赐寿,中外庆祝,躬自应酬,礼仪卒度,逾年考终。

(冼宝干等纂:《佛山忠义乡志》,卷十四,人物八,民国十五年刻本。)

〔清光绪、宣统年间,广东广州府佛山镇〕 招雨田,以字行,邑属石头乡人,商于佛山,遂家焉。少贫贱,十四岁趁内地桅船来香港,为人受佣,值甚微。然劳苦勤俭,主者器之,助以资本,积佣值并主者资助,仅得百十金,遂合伙开创祥和号,是为经商发轫之始。嗣以苦心经营,逐渐推广,创立商号,海内外凡百数十家,港埠之广茂泰,其最著者,掌握一隅,目营四海,人皆奇之。支店既多,以香港广茂泰为总机关,身任督理,兼祥和号务,垂八十年,铺规整齐,日行之事,及外埠往来信件,必日日清结。危坐无倦容,数十年如一日,其精力过人有足称者,且亿则屡中,商业之盛,实基于此。稍有赢余,亟从事于社会公益事,如赈灾、修基、重建祖祠、创办分校,靡役不从,又倡建东华医院,举任首总理。三次倡建香港大学,捐助巨款,南海中校前后捐助不赀。乙卯,水灾筹赈,初用二万金,其余善举莫不以身先之。事父母孝,常以终鲜兄弟为忧,壮年薄有积蓄,即为其父立妾,如得子许以己财产之半与之。数十年来,待庶母如所生,庶母窀穸为嘱,盖天性纯孝,未尝一日去诸怀也。有同伙因急需,愿以股份让之,毅然出资以济其急,受其股,约代为保存,迨营业日益发达,概然将原日之股约反之,所有利益如数补与,同伙子孙至今咸颂德焉。亲友中赖其提拔,积资自一二万以至十数万者,大不乏人。生平以孝、弟、忠、信、礼、义、廉耻为主旨。读书虽不多,事事合于古训,故其训诫儿辈谓:"世风凉薄,上下交征以利,须知财能聚,必能散我之有余,济人之不足,斯之谓仁心,斯之谓善行。"又曰:"家计渐大,人丁渐繁,宜设立良善家规,使人人遵循于轨道。毋争而让,毋奢而俭,毋薄而厚,毋酷而宽,毋骄泰而欿然,若不足,家有田宜耕,商有店宜理,架有书宜读,世方多故,勿与外事。《易》曰,君子,以俭德,避难不可荣以禄,汝曹谨志之。"诸子服膺,弗敢忘,专意经商,于荣名一途,向来澹泊,然以赈捐福建水灾,宣统朝得奖五品同知衔,以热心公益,故名闻于朝。民国四年,大总统给以四等嘉禾章;七年,奖给褒状,并给"好行其德"扁额;八年,内务部,呈准奖给繁绿绶银质褒章,以为政府表杨社会慈善一种政策,姑存之,弗敢矜也。梅含理香港时以其在港数十年德望素孚,子孙蕃衍,港商无有出其右者,特请其偕子孙、曾辈,进署宴饮,并拍照片传寄英京,以留纪念,值生辰,馈赠玉如意以寿之。以癸亥夏历六月考终港第,春秋九十有五,积闰百龄,同堂五代,子五男、女孙二十八人,男女曾孙二十八人,玄孙一人,福德并懋,世莫隆此,其斯为人瑞欤?

(冼宝干等纂:《佛山忠义乡志》,卷十四,人物八,民国十五年刻本。)

〔清宣统年间,广东广州府番禺县〕 胡敬,字浩泉,黄埔人。初族无始祖专祠,集族人告以报本之道,首捐白金五千为之倡,复购邻近小屋数间以扩基宇,资仍不足,更捐三千余祠赖以成。敬商于香港,西人重其信义,凡司理市务,人经其保荐,多见信任,往往以此致富,后卒为所保者牵累,至于破产,而敬不悔也。其勇于为人如此,年八十卒。

(丁仁长、吴道镕等纂:《番禺县续志》,卷二十四,人物志七,民国二十年刻本。)

〔清末民初,广东佛山镇〕 佛山开镇,不知始自何时,地据省会上游,扼西北两江之冲,川、广、云、贵各省货物,皆先到佛山,然后转输西北各省,故商务为天下最。秦汉时,西洋大贾间至广州,明永乐间,遣三保太监下西洋,岛夷多受封爵,番舶始集,诸货宝南北互输,以佛山为枢纽,商务益盛。范蠡以陶居天下之中,改姓朱氏,三致千金,世号陶朱公。以佛地方之殆无以异。道光间,英人入我广州,谋国不善,割大屿岛以和,即今之香港也。自是,海舶集于是岛,又五口分设商埠,非粤货不到广州。咸丰庚申以后,各国纷请立约,洋货充斥,我国商务愈不可问,而佛山先承其弊(从前,通津、利步各街,近海行店多至二百余家,铺尾、通海深二三十丈不等,今皆闭歇)。夫彼既以通商来,我当以通商往,彼能来,我不能往,非策也。忧时之士,于是有商战之议,其策三:一曰振兴土货;二曰师彼之长,力图抵制;三曰视彼我之所缺,权其缓急,以为操纵或输之使往焉,或辇之使来焉。商战之善者也,而必以人才为根本,我粤也长海滨,开通最早,其营业各洲、连拥大埠、富敌彼国者,不乏其人(如伍敦元,近人胡玘、陆佑之属)。即以吾镇而论,冼恩球、冼耀南伯侄,世为越南客卿,名驰海外,梁定荣、陈善性生际时艰,发愤救国,于商战诸策实能兼综靡遗,造就人才,自其家始,略著明效矣。论者以历年河道淤浅,途有戒心,土货且不振,焉能与各国争逐。然而飞舶腾于九霄,铁轨同乎万里,电线达于五洲,其机关多在佛山会垣。设治河处,讲求水法,次第推行,交通利使指日可待,安在今不古。若近者简氏兄弟创设南洋烟草公司,虽以英、美之富,不能挽夺,又助巨资立琼崖实业公司,志在振兴土货。大基头赵氏在沪设轮船公司,洋舶不能专利,亦抵制之一部。竹栏阮氏在暹罗、越南分设米埠,粤地民食赖以接济。广茂泰招氏收东三省黄豆,岁输外洋千数百万,为各国食品一大宗(见李盛铎豆腐公司,金山、秘鲁、吧拏马、檀香山设栈,收吸外货、出口茶丝亦多),视彼我之所缺,权其缓急,以为操纵者,此也。此三策之已行者也。又农林长陈氏(振先)垦辟,朔漠工程师傅氏(瓒瑆)、工科学士、区氏(灌欨)制造,香江并资利用,盖农有原料,工有成品,然后商运有所出,本富末富,于是乎在,而皆吾镇人也。夫以我国地宝之类,人才之盛,加以华侨助义,国家为设官保护,遂迄一体,持毅太史公作《货殖传》,各郡国物产及素封之善贾者靡有,今昔胪列而比论之,详哉乎,其言之也,兹编亦窃取其意,而以吾乡为推轮之导焉。

(冼宝干等纂:《佛山忠义乡志》,卷十四,人物八,民国十五年刻本。)

〔民国十二年前后,广东佛山镇〕 平码行,亦称九八行,专代广西暨东江、北江各水客销售谷、米、油、麸、豆麦及各种杂货,包收包结,只于货价内酌扣佣银而已。本乡及各乡之业米、麦、油、豆者,恒到行贩回分售。米之名目不一,精粗亦殊,多来为大家,现有数家,堂名裕。

(冼宝干等纂:《佛山忠义乡志》,卷六,实业,民国十五年刻本。)

〔民国十四年以前,广东阳江县〕 商多南海、新会之人,辐辏营生,行店皆鲜土著。

(张以诚修,梁观喜纂:《阳江县志》,卷七,地理志,风俗,民国十四年刻本。)

〔民国十五年前后,广东赤溪县〕 县属种植甚稀,营生匪易,其人稍具远志者,多经商外洋。

(王大鲁修,赖际熙等纂:《赤溪县志》,卷一,舆地志,风俗,民国十五年刻本。)

注:赤溪县于一九五三年并入台山县。

〔民国十五年前后,广东始兴县〕 各墟营业商店,邑人约占十之七,外地商人约占十之三。外地商人以广州为多,江西、福建、嘉应州次之。

(陈赓虞、谭柄鉴修,陈及时纂:《始兴县志》,卷四,舆地略,实业,商业,民国十五年石印本。)

〔民国二十二年前后,广东开平县〕 地多产谷,贩粜间出新会、甘竹。其余布帛、缕苎、蔗糖、青蒟等类。以本地所产贸易,携金作贾赴江、浙,则稀矣。邑中作贾于各省者,司徒族人为多。余或向美洲发展,则又工富商贫,以货税太重,难获利也。

(余荣谋修,张启煌等纂:《开平县志》,卷二,舆地略,风俗,民国二十二年铅印本。)

〔民国二十四年前后，广东罗定县〕　商业恒往境外贸易，结队联群，跋涉山川，自广西至云、贵、四川，或一二年而后返，或十数年而后返。计在广西各埠营工商业者约四万人，贵州各埠经商约一千五百人，云南各埠经商约三千余人，四川各埠经商约五百余人，其中颇多获利，因而起家者亦不少。

（周学仕修，马呈图纂，陈树勋续修：《罗定志》，卷一，地理志，风俗，民国二十四年铅印本。）

〔民国三十二年以前，广东大埔县〕　庵埠为潮安属一大市镇，韩江下游船舶已通，又为潮汕铁路经过之地，设有车站，距潮州六十里、汕头仅三十里，交通极便。从前埔人旅此者甚多，以裁缝、打锡两业为多，黄蔫、药材、豆腐干等店次之。现虽渐少，而商店住眷尚数十家，人数约二三百人，较浮洋、彩塘等乡为多。异日公路告成，与汕头必有并合之势，而另成新局面也。此外，邓家围邓姓百余人均由东文部迁寓，历百有余年。清以前，婚嫁、读书均必回邑，故语言毫未变迁，近已稍变，将来能否保存，不可知矣。

（温庭敬等纂：《大埔县志》，卷十一，民生志下，殖外，民国二十四年修，三十二年增补铅印本。）

〔民国三十二年前后，广东潮安县〕　统计城厢内外旅居同乡约三千人（附属小埠在外），有采办行十三家、银业五家、西药房五家、茶烟行店十一家、豆腐干店七十一家、裁缝店七家、铜锡店一百二十余家、雨伞店五家、客栈八家、轮船公司九家（计有船十三艘）、柴行五家、竹行十家、木行四家、织造工厂一家、杂行二十余家，其他在党政军学捐务各机关者，去留无定，未及统计。

（温庭敬等纂：《大埔县志》，卷十一，民生志下，殖外，民国二十四年修，三十二年增补铅印本。）

〔民国三十二年前后，广东潮安县〕　潮州昔名海阳，为潮州府治，今改潮安县。地居韩江下游，沿江北上，直达高陂、三河县城而至石上，南下分支为经东陇、庵埠等处，然后汇汕头入海；更有潮汕铁路为之联络，各县公路亦次第兴筑，交通便利，商务殷繁。埔人旅居者自昔既多，盖门户所在，不啻第二家乡，故不独附近各埠、如意溪、枫溪、浮洋、彩塘、庵埠、东陇等处，莫不有埔人之寄居营业，即相邻各县各镇亦多，因此而连带推广焉，诚埔人之外府矣。

（温庭敬等纂：《大埔县志》，卷十一，民生志下，殖外，民国二十四年修，三十二年增补铅印本。）

〔民国三十二年前后，广东大埔县〕 广州间为省会高级机关所在，且为南方通商一大商埠，繁华壮丽，气候和淑，工商业均极繁盛，埔人旅此自昔已多。父老传言：明代李寿相（即李富翁）因操船业获遗金致富，广行善事，携资往省，独力筑码头（闻现永汉路天字码头即其遗址），因此，识丘琼山相国于风尘中，赠资使取功名一事，可见明代埔人旅寓者已多。近海舶交通，汕、港、省一日可达，若大局奠定，广汕路成，旅居人数尤当日益增加。此外，附近各埠如佛山、石龙及东江、北江南路各处，旋寓者亦不少，诚工商学军政各界荟萃之地也。

（温庭敬等纂：《大埔县志》，卷十一，民生志下，殖外，民国二十四年修，三十二年增补铅印本。）

〔清雍正十一年前后，广西南宁府永淳县〕 永淳讼简民贫，弦诵之声日新月盛（《永淳县志》）。错处城乡者半宦游、商籍之裔，婚丧规制去中土不远，市廛土贾悉粤东人（金《志》）。

（清 吉庆、谢启昆修，胡虔纂：《广西通志》，卷八十八，舆地略，风俗，清嘉庆六年刻本。）

〔清雍正十一年前后，广西桂林府全州〕 全州，州与湖南接，贸易者多远方之人，相聚为市。

（清 金铁修，钱元昌、陆纶纂：《广西通志》，卷三十二，风俗，全州，清乾隆间《四库全书》本。）

〔清雍正十一年前后，广西平乐府永安州〕 永安州，土瘠民贫，人以耕种为业，不事技巧，商贾贸易流寓者多。

（清 金铁修，钱元昌、陆纶纂：《广西通志》，卷三十二，风俗，永安州，清乾隆间《四库全书》本。）

注：永安州今为蒙山县。

〔清雍正十一年前后，广西南宁府永淳县〕 市廛商贾，尽属粤东。

（清 金铁修，钱元昌、陆纶纂：《广西通志》，卷三十二，风俗，南宁府，永淳县，清乾隆间《四库全书》本。）

〔清光绪八年至十七年前后，广西思恩府百色厅〕 市廛商贾多粤东来，其次滇南，亦有他郡寄居者。

（清 陈如金修，华本松纂：《百色厅志》，卷三，舆地，风俗，清光绪八年修，清光绪十七年增补刻本。）

〔清光绪中叶至民国初年，广西龙州县〕 县属古土司地，民俗素尚耕读，行商小贩所谋不逾粟帛。自清光绪中叶中法战争，大军云集，粤东商贾衔尾而来。及条约缔结，辟龙州为通商口岸，粤商遂争相投资，始成巨埠，以故商场牛耳执于粤人之手，而土著之人皆沉迷于贱商主意，专事科名。迩来轮舶通行，受文明之指导，始渐出而竞争商利。

（区震汉等修，叶茂荃等纂：《龙州县志》，卷三，舆地志，实业，民国十六年修，一九五七年油印本。）

〔清光绪末年至民国九年前后，广西桂平县〕 浔州总商会，清光绪季年成立，民国七年改组。桂平县商会正会长一人，副会长一人，会董二十人。每年开例会一次，两年投票选举正副会长及会董一次，有事即开特别会议。地点在会馆街，借粤东会馆西厅为办事所。

（黄占梅等修，程大璋等纂：《桂平县志》，卷二十七，纪政，民治，民国九年铅印本。）

〔清代至民国十三年前后，广西陆川县〕 业商者资本甚微，向只在本土贸易，不能出百里之外。至清季，滇黔广种罂粟，陆人多以贩运烟土为业，获利颇巨，禁烟以后，贩烟者失业，惟安铺一埠水面生意颇有交易。

（古济勋修，吕濬堃纂：《陆川县志》，卷四，舆地类，风俗，民国十三年刻本。）

〔民国二十四年前后，广西全县〕 西延商业亦甚发达，但纯系外省人所经营，土著人无掺入者。惟竹木两项为延地之特产，运销益阳、汉口等处，获利颇厚。而所需资本，恒在万元以上，土著人则间有以产物抵资本，而合股贸易者，故西延金融之活动恃此而已。

（黄昆山、虞世熙修，唐载生、廖藻纂：《全县志》，第二编，社会，风俗，民国二十四年铅印本。）

〔民国二十五年前后，广西融县〕 商业之资本，商人来自广东者资本较为崇厚，各省及本地商人资本较少。土客商人之比较，大商多为广东人，次为本县人，又次为各省人。

（黄志勋修，龙泰任纂：《融县志》，第三编，政治，实业，民国二十五年铅印本。）

〔民国二十五年前后，广西来宾县〕 县境岗民强半属广东籍，其贸易往来多在浔、梧间，大湟江埠（湟，俗书作黄，误）为其走集中枢。所用衡法之平比国家库平均约轻千分之三，所谓九九七是也。县虽柳郡属邑，而商业之关系轻桂林省垣,跋涉尤远南宁省署,新迁与县境商业更无关系,故曩日所谓省平、柳平、邕平,县境无用之者。称物之秤,商民所用,悉与大湟江埠同名,曰下江秤。

（瞿富文纂修：《来宾县志》,下篇,食货一,货币度量衡,民国二十五年铅印本。）

〔民国三十、三十一年,广东钦县〕 民三十年、三十一年（一九四二）,舶来品绝迹,我钦商人源源恃有东兴一路可抢运越南洋纱、布匹、胡椒、砂仁各大宗品物回钦发售,廉、灵、广西各商,来钦竞争转运,我钦居得其地,处得其时,仿佛光绪初年、十几年商场景象。三十二年（一九四三）,东兴无越货可购,或有少许货物,无利可图,钦商多为之裹足,及致钦市货物,多由桂省而来,我钦商业,失其地与时,不能再有发展,前时所赚,经已用去,虽有资本才智等诸英雄,无用武之地。加以谷米腾贵,铺租人工皮费极大,再有营业税、所得各税,以及指题各项,赚者什一,亏者什[之]九,一片愁苦情状,于我商业中见之。三十四年九月,日冠投降后,越南有些少物品运出,与钦交通,但景状不及三十年、三十一年远甚,或有购贩黄金,为商业大资本经营,惟事属冒险,且赚亏无定,各视其人之彩数,非商业正宗。

（陈德周纂：《钦县志》,卷八,民生志,商业,民国三十六年铅印本。）

〔民国三十五年前后,广西三江县〕 县属无大资本家,亦无机械工厂,古宜、富禄二市之小资本家多以运销为业,所需劳力者惟船工、水手及头伕。

（覃卓吾、龙澄波纂修,魏仁重续修,姜玉笙续纂：《三江县志》,卷二,社会,社会问题,民国三十五年铅印本。）

〔民国三十六年前后,广东钦县〕 清光宣间,钦市之匹头、面、油、药材、杂货等店,语其资本,不知若干万,少亦过万,与史迁《货殖传》内载少有斗智既饶争时两言,若相符合;近年奔走东兴、海防各商,采办胡椒、砂仁、靛粉、西药等货,不惮千万里,运往桂、黔、川等省发售。又如业盐者,由海道运来乌石、越南东西海生盐,再由钦江运经陆屋达桂平、梧州等处发售,或转湘发售,又一路运抵南宁或转百色发售,盐价、税费、运费,不知几千万,数目甚巨。

（陈德周纂：《钦县志》,卷八,民生志,民国三十六年铅印本。）

〔清乾隆五十八年前,四川雅州府打箭炉厅〕 邛、雅、荥、天各州县商人,领引运茶,皆于炉城设店出售。

（清　佚名编：《打箭炉志略》,一九七九年中央民族学院图书馆油印本。）

〔清嘉庆十七年前后,四川叙州府宜宾县〕 旧无茶产,亦无专引。峨眉县原额腹引二百三十张。洪雅县原额腹引五百五十六张。每张榷课一钱二分五厘，征税银二钱五分。每张运茶一百斤，随带一十四斤，俱于本县买茶至叙州府发卖。茶商抵叙，由经历司查点，其榷课银两，仍由峨眉、洪雅征解。

（清　刘永熙修，李世芳等纂：《宜宾县志》，卷二十九，茶法志，宜宾县，清嘉庆十七年刻本。）

〔清道光以前至光绪三十二年前后，四川宁远府越嶲厅〕　道光以前，子弟除耕读而外，惟事行伍、书役，不谙经商，惟豫章嘉阳人为之。近颇有经商者，然不能如他处之奸巧险诈以计愚人，但贸迁居积，所作者本分交易。

（清　马忠良纂修，孙锵、寋念恒增修：《越嶲厅全志》，卷十，风俗志，商，清光绪三十二年铅印本。）

〔清道光十七年前后，四川绵州德阳县〕　商贾则陆不足以供车牛之运，水不足以通舟楫之流，坐列贩卖无可居奇，不过小本贸易，聊给民间日用之需。故市廛所会，自布帛菽粟而外，无他物焉。

（清　裴显忠纂修：《德阳县新志》，卷一，地理志，风俗，清道光十七年刻本。）

〔清道光三十年前后，四川顺庆府岳池县〕　民俗逐末者少，且地僻境偏，不通富商大贾，间有运贩木棉、土布者。

（清　董淳等修，李仙芝等纂：《岳池县志》，卷十八，风俗志，商贾，清道光三十年刻本。）

〔清咸丰年间至光绪十一年前后，四川夔州府大宁县〕　商贾半属客籍，咸同间，盐务畅销，利市倍蓰，不知善藏，群习于侈。近年盐务疲滞，市井萧条，情形大异曩者，客商挽运货物，上而万县，下而荆沙，备极艰险，成本不丰，获利盖寡。

（清　高维岳修、魏远猷等纂：《大宁县志》，卷一，地理，风俗，清光绪十一年刻本。）

〔清同治十二年前后，四川绵州〕　左绵水陆四通，百物辐辏，行商坐贾视他郡为多，而每岁春夏之交麦冬上市、新丝出缫，远近商贾云集，倍形殷富。

（清　文棨等修，伍肇龄等纂：《直隶绵州志》，卷十九，风俗，商贾，清同治十二年刻本。）

注：绵州于民国二年改名绵阳县。

〔清光绪元年前后，四川重庆府江津县〕　津地上接綦河，下连巴江。綦河白炭,城乡利之;巴江蔗霜,糖户利之。其余考乌梅、红橘、枳、桤、藤、麻,所在多有,商贾争以为利。

（清　王煌等修,袁方城等纂:《江津县志》,卷九,风俗志,风俗,清光绪元年刻本。）

〔清光绪十八年前后,四川眉州丹棱县〕　商:邑处偏隅,舟车不通,土无金、银、铜、铁之产,物无齿、革、羽、毛之殖,故无富商大贾居奇其间,邑人亦鲜有在外贸易者,合计四境素封之,百不得一焉。

（清　顾汝萼等修,朱文瀚等纂:《丹棱县志》,卷之四,田赋志,物产,清光绪十八年刻本。）

〔清光绪二十九年,四川重庆府南川县〕　清光绪二十九年,渝城人杨俊卿来邑万盛场设溥利公司,捆办焦炭,资本五万元,今废。

（柳琅声修,韦麟书等纂:《重修南川县志》,卷四,食货,商业,民国二十年铅印本。）

〔清光绪年间,四川成都府崇庆州〕　商贾旧多江、浙、闽、广、山、陕各省人为之,今土人于务农之外,大者贩油、麻杂货,由船运至叙、泸、重及湖广一带售卖,转贩百货归家,多获重利。次者坐城市街场或钱行或布行、绸行,逸以待劳,亦多起家者。至如织屦卖酤,糊口供家而已。

（清　沈恩培等修,胡麟等纂:《崇庆州志》,卷二,风俗,清光绪三年刻本、光绪十年增补刻本。）

〔清光绪末年,四川顺庆府南充县〕　居阛阓者土著与侨寓各半,至丝与红花上市,则闽、粤、吴、秦各省大商携重资云集郡城,仰食者甚众。前清光绪末年,外洋染料流入中国,红花不行销,种者寥落,惟丝出口日多,较前愈精美。

（李良俊修,王荃善等纂:《南充县志》,卷七,掌故志,风俗,商贾,民国十八年刻本。）

〔清代至民国元年以后,四川西昌县〕　旧日合资贸易者少,民元以来,集股经商者多,规章缜密,财雄善贾,众智优谋,获利较丰,故中学毕业生多习商,为一时风尚。清代商业趋向雅安、蓉城、叙、渝等地,运输骡马沿途不绝,达千万匹。民国治夷失威,道路劫掠,赋税繁重,改向南路,直达滇池。滇越铁道转航,可通粤、沪。

（杨肇基等纂修:《西昌县志》,卷五,礼俗志,风俗,民国三十一年铅印本。）

〔民国四年至十三年,四川江津县〕　盐店,自官运消除后,即自由贩运。民国四年,邑人姚弼宪等发起集股承办泸南运盐公司,同时在县城及各镇乡设信义承销十店。年余,洪宪事起,遂中止。今仍由散商贩卖,食者尚称便焉。

（聂述文、乔运亨修,刘泽嘉等纂：《江津县志》,卷十二,实业志,商业,民国十三年刻本。）

〔民国十年前后,四川金堂县〕　县城居民聚处,市肆繁兴,街衢四达,居而贾者数百余家,其专以囤积为务,不事开设门户者亦百余家,以外则奔走作合代人经营者也。

（王暨英修,曾茂林等纂：《金堂县续志》,卷五,实业志,商业,民国十年刻本。）

〔民国十二年前后,四川眉山县〕　眉市无富商大贾为内外运输。土著称大户,无十万资。

（王铭新等修,杨卫星等纂：《眉山县志》,卷三,食货志,土产,民国十二年铅印本。）

〔民国十五年前后,四川崇庆县〕　男竞商贾,百货由船运叙、泸、重庆。

（谢汝霖等修,罗元黼等纂：《崇庆县志》,卷五,礼俗,风俗,民国十五年铅印本。）

〔民国十九年前后,四川名山县〕　县中商业,茶为最。大概分粗细两种。细行腹引销成、华、资阳等县,粗行边引销卫藏。清初额定腹引五十张,边引一千八百三十张。嗣因茶斤日增浮于引额数十百倍(每引一张限配茶一百斤),补行茶票(引由部给,票则藩司制给)。县商拥此巨货,不善持筹,年来破产失业负累巨万者比比,邻县附籍居奇什九获厚利,良可慨也。蜡商行嘉定,靛商出叙州,一水相通(陆行二十里至雅境涂濠上筏),往来甚便,竹、木、豆、麦、羊、豕亦时附载转鬻(木材、杂粮间有陆运至邛或蒲入船者),丝商则赴簇桥或苏溪,大抵本微息少,时作时辍。土布、棉线行建、炉两地,每值春初,大批运往,贩蜡虫或药材回销,厥利倍蓰,平时亦络绎不绝。猪只则销川北,牛之大者销盐场,小者销成属。其他灯草、土药及杂畜、陶器分销邻县数微,无足纪,此大较也。至输入者为洋土纱线、毛丝织物、盐、糖、烟、酒、海菜、山货、药材、五金、煤、瓷、颜色、图书、文具暨一切绵絮、古玩,综计岁在一百六十万元以上。……输入品中,服食器具占什之九,奢侈品不及什一。

（胡存琮修,赵正和纂：《名山县新志》,卷八,食货,商,民国十九年刻本。）

〔民国二十年前后,四川宣汉县〕　宣汉商业,目民国以来,始渐发达,前清时只有一二木商,贸易于重庆、合州、绵州而已。虽南镇鸦片行销各省,然转运者率多外商,邑人居奇致富者间或有之,挟资远行者百不观一,盖重利轻别,群以此为大戒也。近日风气大开,已渐更其安土重迁之习惯,沪、鄂、甘、陕,利之所在,无远弗届。惟商业道德、商业智识素不讲求,尚有障碍事数端,一年伙纪,十年话坝,如民初之渠河运盐公司及宣南丝厂,近今之同利源,非但股本无着而已,欲多钱善贾,则独力难胜,欲集股合资,则前车未远,持此以往,国内贸易犹常落伍,况争雄国际乎?则集股难,挟资远行则遍地荆棘,兑票往还则时虞倒闭,宣商常用绥票、渝票、汉票、万票,汇水涨落,受人操纵。如民国十六年之汉票,以鄂政府集中现金,十成仅作一二,小本经营且有倾家破产者,则汇兑难。宣汉山重水覆,除西下合、渝,一苇可航外,东出甘、陕则有八台、旗杆诸山,南达夔、万则有杨柳关、毛丫头诸山,北至巴、通则有马鞍、烟墩诸山,羊肠鸟道,路政既未振兴,国督民聋,信柜亦未遍设,则转运信息尤难。坐是三难,终无进步,虽商务总会、商务分会县城与大镇均已成立,然不过于贸易之纠纷时为公断而已,若何改善,若何革新,于斯三者,初何暇注意及之乎?他如度量权衡之纷歧,厘金、卡税之迭出,国内外情形之不熟悉,则我国商人之普通障碍,非宣汉之特殊情形也,不枚举。

(庞麟炳纂:《宣汉县志》,卷五、职业志,商业,民国二十年石印本。)

〔清乾隆五十六年前后,贵州镇远府施秉县〕 施偏地瘠民穷,素乏千金之蓄,即有之亦安土重迁,无有出境为商者……以故湖南客半之,江右客所在皆是,然本微资少,自油、盐、布匹而外,虽一草履之细,一鸡卵之微,无不垄断穴穿而致焉。

(清 蔡宗建修,龚传绅纂:《镇远府志》,卷九,风俗志,施秉县风俗,清乾隆五十六年刻本。)

〔清嘉庆、道光年间,贵州镇远府黄平州〕 土著之人读书而外,惟知力田,刀耕火种,以备饔飧。他如诸匠作及铺店,皆外省人为之,故四民之中恒士恒农,工商殊少。

(清 李台修,王孚镛纂,陶廷琡续修:《黄平州志》,卷一,方舆志,风俗,清嘉庆六年修,道光十三年续修,一九六五年贵州省图书馆油印本。)

〔清嘉庆二十三年前后,贵州遵义府正安州〕 商贾颇辐辏,土裔惟郑、骆、冉、韩数姓,城中则江西、湖广侨寓者居多。乡场苫草为庐,贸易不过鸡、豚、盐、米。

(清 赵宜霖纂修:《正安州志》,卷二,风俗,清嘉庆二十三年刻本。)

〔清道光二十一年前后,贵州思南府〕 商之由陕由江至者,边引蜀盐,陕人主之;棉花布匹,江人主之。其盐自蜀五硐桥盐井运涪入黔,两易舟以达思南,分道散售,石阡、铜仁、镇远各府皆引地也,计岁销盐十数百万斤。西人出资置货,设店涪州,听居人及江商运黔,于各口岸销售。近则西商自遣其伙入黔售卖。

(清 夏修恕等修,萧琯等纂:《思南府续志》,卷二,地理门,风俗,清道光二十一年刻本。)

〔清咸丰以前至民国年间,贵州安顺〕 安顺在咸同以前,尚属自给自足之封建社会,交易以"以物易物"为主,从事商业之人甚少,并无团体机关之组织。光绪初年以后,鸦片交易盛行,外省商人联翩而至。为解除汇兑困难,大量运入洋纱及京广杂货,各种行业渐次兴盛,从业商人大量增加。行业增多,行业内与行业间不免时有纠纷发生,为解决此等纠纷及筹商共同关心事项,势须有一组织,于是各业行会乃见兴起。各业行会之任务主要为集合本会同人会议行规,确定本会所用度量衡之标准以及维护本行会成员之权益等。其后商业愈为发展,各业行会各自为政,行会间随时发生纠纷,往往不易解决,于是乃有商会之设。

商会仍系人民团体,由各行业推选代表组成。会设会长一人,副会长若干人,办事人员若干人。

(贵州省安顺市志编纂委员会据民国二十年代末稿本整理:《续修安顺府志·安顺志》,第十卷,商业志,商业团体及机关,安顺市志编委会一九八三年铅印本。)

〔清咸丰年间至民国二十年代末,贵州安顺〕 安顺商人之生活,可分三个时期言之:一、咸同年间。此时所谓商业,只不过盐、花、麻稍称大宗。商人均属小商小贩,肩挑背负,贩运城乡商品、粮食等,牟取微利,且大多以物易物。故其生活甚为俭朴,与一般市民无甚差异。二、光宣年间。光绪初鸦片烟种进入内地,安顺及邻近各县种者渐多。安顺为鸦片集散地,湘、粤、川、鄂商人相继而至。虽当时仍属小商小贩居多,未设行号,但远商所至,繁华之风随以俱来,农村经济亦以种烟之故,较前活跃,商人获利较易,收入增多,于是过去俭朴之风一变而为奢侈之习。三、民国以后。民国八年烟禁大开,外省商人蜂拥而至,本地土产亦因国外与外省之销路打开,迅猛发展。安顺偏僻之区,顿成众商云集之地,市场繁荣,大异往昔。商人获利既丰,生活日趋奢靡,以筵席论,过去不过盘盘菜、八大碗、蹄筋头,今则为海参席、鱼翅席、烧烤席;以衣著论,咸同时之十衲帮、百衲袄,光绪初已变为团花马褂,竹布衣衫,今则为呢绒丝绸、四装单履;以家具论,前此之白木家具、土漆桌椅,已变为华光灿烂之退光桌椅、宁波床、弹簧床,甚至沙发。总之,由土造而省城化、西洋化。若以费用比例言之,则咸同时若为一,光绪初则为五,今则为十,甚至十以上。数十年间,商人生活由俭而奢之情形可以觇知。

(贵州省安顺市志编纂委员会据民国二十年代末稿本整理:《续修安顺府志·安顺志》,第十卷,商业志,商人生活概况,安顺市志编委会一九八三年铅印本。)

〔清光绪元年,贵州仁怀厅〕 光绪元年乙亥,王椿署理金堂,接印未久,同乡肖连城距金堂三十里,地名赵家渡,抽收厘金,任意勒索,以致全街商民万余家皆罢市,街约等照实具禀,连城亦办文移知,椿以所移情节不符,当将移文掷回,令其查实复移,以凭核办。连城不以为然,反具禀成都知府许培身,禁止勿禀,令其亲赴金堂托王猝了息,以免革职处分。连城星夜赴金求了,次日王椿亲往赵家渡,先提厘局差役三人与该地商民质讯,供出勒收情节,当各重惩一百,锁押拘束,一面唤集商民面论此事,皆巡役等所为市,而肖委员并不知也。已经重责销押尔等,各开市生业,嗣后如有勒收情事,许尔向委员告讼,一面禀知本县,定行照例重办。商民俱皆欢悦,公送衣伞并诗八首云。

(清 张正燧修,王椿纂、王培森校正补遗:《增修仁怀厅志》,卷之八,艺文,清光绪二十八年刻本。)

〔清光绪十年前后,贵州大定府黔西州〕 徐厚,载堂,江西抚州人,来黔贸易,乐善好施,在黔西施有棺木数百,贫穷之沾惠实多,亦善举也。

(清 白建鏊修,谌焕模纂:《黔西州续志》,卷四,杂记,清光绪十年刻本。)

〔清光绪二十一年前后,贵州仁怀厅〕 厅与蜀密迩,拥资权子母者多托足焉。盐商大约咸阳贾客居多,竹木则本境贸易者十之七,外来者十之三。茶笋之利次之,铁及靛又次之。惟是,趋利者多峻宇连云,珍裘耀日,岁时宴会,率用海错,富者开此风,贫者转相慕效,物力既绌,积重难返,风俗亦有不可言者,守土者念之。

(清 张正燧等修,王椿纂、王培森校正补遗:《增修仁怀厅志》,卷之六,风俗,清光绪二十八年刻本。)

〔清代至民国年间,贵州桐梓县〕 桐地瘠,桐民贫,若农、若林、若工,已如上述,殆无所谓。商业者欤,盐、糖、布帛、日用大宗以及饮食、服饰、器用、玩好之属,莫不仰给于邻省,虽治北松坎,水陆交通,舟楫往来如鳞如鲫,然接壤川界,偏在一隅,且为綦岸销场。大号盐商大率皆秦、蜀人(恒昌裕、天全、美全、兴益、宝兴隆、大生美、义益等),其他小贩由号分销,名包包铺。民四,设承销店于城,集商专卖;十七年,仍设督销局于松,官督商销,操其业者,邑人亦鲜。至城乡之经营洋广杂货布匹者,亦川贩之捆载而来,客籍日久,半为土著,资本小、范围隘矣。入口商业大概如此。以云出口,乾嘉时代,汉、沪有桐绸字号,道光时,巴、渝有绸犁公所,松坎、鸭塘均设丝行(以綦之扶欢坝为丝市中心点),邑人专卖此,吾桐商业之权舆也。继则售茧、售丝,先有山西、河南洋庄远客来,继则贵阳、正安、重庆岁有邑人去,销场所在,随时代为变迁。粤军既平,罂花满地,光绪时代,楚人结队而来,与邑人懋迁,以往者土药利宏,无岁蔑有。城中曾设悦来行以经理,河工岁修,由斯取极。无如丝业土帮后先失败,益以申严烟禁,而县中各项商业俱随之一落千丈矣。此外,漆斗、梧子桐(分桐瓣与桐油)、蜡(分白蜡、黄蜡、漆蜡)、茶卷、笋子、草纸、硝磺、毛铁、猪毛、牛毛、羊皮、野牲杂皮、药材、煤炭、瘿木器具种种土物,大都行销川省为多。除纸、笋、煤、铁、桐、漆夜娄间人办理成庄外,余则停办,不常出口,亦岁无定额,细微之贸易纵使时操胜算,而以此输出之赢余恒不足以补输入之销耗,漏卮莫塞,危险实深,一般人民盖梦梦矣。各项商贩曾有帮规之主张,清季年,复有商会之组织(城有县商会,松坎、花秋坝均有分会及事务所),奈商务小而基本不立,商场隘而人材亦微,商业前途不堪问矣,有维持之责者,曷急起图之。

(李世祚修,犹海龙等纂:《桐梓县志》,卷二十四,实业志,商业,民国十八年铅印本。)

〔清代至民国二十一年前后,贵州八寨县〕 烟商,在未禁烟以前,邑中业烟商者实为最多。至禁烟之后,现已不成商业也。米商,八邑本居万山之中,田少山多,产米不丰。数十年前,除人民自食外,尚有贩运升斗出售者,近则人口日增,自食犹虞之足,尚何余米之可卖。全县亦无业米商者。布商,八邑虽云汉苗杂处,其实汉少苗多,所衣之布悉皆女子自织,故布商亦少。近年洋布充市塞途,土布费工价昂,乃有一二零剪小贩,握百元资本者亦少。木商,八邑素称山国,产木甚多,然业木商者邑人甚鲜,十数年前,两湖两广商人云集,人民不知十年树木之计,任意贱售,现木植已尽,商人亦少矣。杂货,零星杂货,邑中虽有数家,然所谓多财善贾者亦鲜有其人焉。盐商,盐为人民不可少之食物,故邑中盐商甚多,但亦多系小贩,能屯积一吨一引者盖鲜。药商,邑人并无以药为业者,即有药室不过一二。

(郭楠相修,王世鑫等纂:《八寨县志稿》,卷二十,工业商业,民国二十一年铅印本。)

〔民国年间,贵州定番县〕 定番的大多数居民都以耕种为生,一般商业大都为湘、赣、川及外县迁来的人所操纵,本地人实少数,且本地商人大都缺乏资本,难和外来商人竞争。

（吴泽霖编：《定番县乡土教材调查报告》，第七章，商业，一九六五年贵州省图书馆据民国年间稿本油印本。）

〔**民国十年前后，贵州黄平县**〕 土著，农作外，惟知读书及小经商。……流寓，除行铺经商外，多工作种土之人。

（陈昭令修，李承栋纂：《黄平县志》，卷三，方舆志，风俗，民国十年稿本，贵州省图书馆一九六五年油印本。）

〔**民国二十年代末，贵州安顺**〕 安顺城乡交易向来以地支定场期，有六日赶一次者，有每十三日赶两次者，间隙日期不一。

（贵州省安顺市志编纂委员会据民国二十年代末稿本整理：《续修安顺府志·安顺志》，第十卷，商业志，场市，安顺市志编委会一九八三年铅印本。）

〔**清乾隆中叶至民国年间，云南昭通县**〕 昭与黔、蜀相邻，地当孔道，商贾麇聚，当其盛时，四城均有当铺及毛货店，均系陕人。在乾隆中，乐马厂大旺，湖广人相率而来，不知凡几。江右人贩运布匹，设号贸易者尤多，远及闽粤之人亦闻风蚁附。既来则安居乐业，长养子孙，久之悉入昭籍，立会馆以聚乡人。

（卢金锡修，杨履乾、包鸣泉纂：《昭通县志稿》，卷六，氏族，种族，民国二十七年铅印本。）

〔**清代中叶至民国年间，云南**〕 在清中世，外省商之贸易于滇者，最早为江西帮、湖南帮之笔墨庄、磁器庄，四川帮之丝绸、玻璃、烟叶等。其世业有相沿迄今者。江西帮之万寿宫遍于各地。其后则两广湖、北京帮相继而来。……山西帮、浙江帮则经营汇兑存放，规模较大。……至本省商民则有腾冲帮、鹤庆帮、大理帮经营于缅甸，临安帮经营于香港。其他各县城镇以其地之广狭、人口之多寡、交通之便利与否各为等差，而恒以省会为中心，高嵩、李济两家在省会规模甚大，互相争衡，亦迄咸同后而衰落。

（龙云、卢汉修，周钟岳等纂：《新纂云南通志》，卷一百四十三，商业考一，商场及商埠，一九四九年铅印本。）

〔**清道光二十一年，云南云南府昆明县**〕 县城凡大商贾多江西、湖广客，其领当帖设质库者，山右人居其大半。迩年来，始有三四土著人为之。

（清　戴纲孙纂修：《昆明县志》，卷二，物产，清道光二十一年修，光绪二十七年刻本。）

〔清光绪十八年前后,云南楚雄府镇南州〕　乡界专务耕耘,惟南界土薄水浅,人好远行,十月稼收,即结伴数百入缅甸、阿瓦、茶山等处贸易,至次年三四月间始归,而遭瘴发疟死者甚多,故俗谣云:"男走夷方,妇多居孀,生还发疟,死弃道旁。"然死者虽多,往者尚众,盖地瘠使然耳。

(清　李毓兰修,甘孟贤纂:《镇南州志略》,卷二,地理略,风俗,清光绪十八年刻本。)

〔清光绪三十三年至民国十九年,云南昭通县〕　商会为商人组合团体,系为改进商务及保障商人而设。昭地商务殷繁,设立较早,自逊清光绪三十三年经邑绅李临阳提议,即已设立。初者昭通商务分会,公举杨履恒为总理。民国七年,奉实业部令改组,始名昭通县商会。十九年,复奉中央通令改组,另拟会章,报至县党部指导委员会核许,仍沿旧号。内分商事、财务、统计、审查、公断等五股,选定邵韵笙为主席,主持会务。统属匹头、纱布、山货、盐业、生皮、粮食等公会,所有各股职员即由各公会商人推选,各负专职,推进商务,秩序井然。

(卢金锡修,杨履乾、包鸣泉纂:《昭通县志稿》,卷五,商务,商会,民国二十七年铅印本。)

〔民国六年前后,云南路南县〕　路民重去其乡,除游宦外,足不出里门。近日军人则多有远征者,商人中亦有牵车牛远服贾者,风气亦渐开矣。

(马标修,杨中润纂:《路南县志》,卷一,地理志,风俗,传抄民国六年铅印本。)

〔民国九年前后,云南建水县〕　居民怀土贸易不出近都(按:近日风气渐开,川、粤、港、沪之间建人牵车服贾者踵相接,盖境内田土硗瘠,生计艰难,不得不藉资商业,势使然也)。其自远方服贾而来者,西江之人最众,粤人次之,楚人、蜀人又次之,然而不通舟楫(按:今已修筑铁路,较为便捷),百货难行,操其奇赢三倍之利无有也。

(丁国梁修,梁家荣纂:《续修建水县志稿》,卷二,风俗,民国九年铅印本。)

〔民国二十一年前后,云南泸水〕　无坐铺商店,仅有行商,多来自他县贩卖,无一定行踪。

(段承钧纂修:《泸水志》,第十三,商务,商店,民国二十一年石印本。)

〔民国二十七年前后,云南石屏县〕　屏冈勤俭信头,沿边数千里土人乐与义易,有能夷语者或竟结婚,故迤南一带俗谓有人烟处必有屏人。……屏人有恒言商家四宝,一算盘,二账务,三银水,四信用。省城、蒙关及个旧锡厂,近来商才多萃于此,资本劳力约二万余人,然究不如迤南人众也。

（袁嘉谷纂修:《石屏县志》,卷六,风土志,商业,民国二十七年铅印本。）

〔清乾隆五十七年前后,西藏〕 卫藏地方为外番生来贸易人等荟萃之所,南通布噜克巴,东南通云南属之番子,东通四川属之打箭炉以外各土司,北通青海、蒙古、直达西宁。惟西通巴勒布及克什米尔,缠头番民,常川在藏居住,设廛兴贩者最多。自乾隆五十七年廓番底定,酌议稽查约束章程,统归驻藏大臣经理。

（清 松筠纂:《卫藏通志》,卷十一,贸易,清光绪二十一年刻本,西藏人民出版社一九八二年铅印本。）

〔民国二十七年前后,西康及西藏〕 康藏之商人,多为山、陕、川、滇等省之人。其当地各喇嘛寺院,亦多自经营商业,俗称喇嘛商。西康之土司,亦大都经营商业,销售货品于民间。康藏社会对于汉商颇为尊视,而汉商久之亦多置家于其地焉。

（黄奋生编:《蒙藏新志》,第十四章,经济,第二节,康藏之经济,民国二十七年铅印本。）

〔民国年间,西藏〕 西藏各大官家也多兼营商业以增收入,并且有在印度、上海、北平等处设立分号,内地的人也有知道的。尤其是邦达仓家,代表西藏当局做生意,内地各处都设有分号,其推销内地的为毛皮药材等类,运入西藏的以丝织品为大宗。他在西藏常行捆商法,就是包买全藏的某一种货物,不许别家买,有偷窃买的如被查出,必被抄家。西藏人富有自立性,中下家庭的妇女多以营商或手工自谋衣食,拉萨、江孜,亦格则等处的妇女多以摆摊做生意为生活。每日八九时许,将货物摆在街衢的中央或房门前的板上,自己就坐在他的旁边看守,兼做手工,没有主顾的时候,也有群聚谈笑哑哑满街的,有买客到来就去说价。他们的货物多半是从大商店赊来,等一月两月后再付价,他就拿这一期所赚的钱做生活费,在还前债的时候又赊新债,总是摘东补西过日子。诸大商家多不零卖,特把小生意让给他们去做。平商发绸缎,甚至拨发给尼帕尔大商人……还有一种无本商人,是只替代大商家张罗生意,于中抽利,以谋生活者。牧人作生意多在秋冬两季,以酥皮等换易大麦、菀豆之类如上所说。又北路牧族多运盐贩卖,他们每于夏季驱牛往出盐的湖边住宿,闻说白天见是一湖清水,到夜分被冷风鼓激便结成盐粒,凝结在湖畔和湖面,早起便急急收取,装入皮袋中,日暖时盐仍溶为水,须待次日再收。也有居住多日无风得不到盐的,也有今天到明天就满载而归的,西藏人认为这是各人的时运和有福无福所致。将盐收取之后,运回牧场,待至秋收之际,再运往产麦各区域售盐买麦。他的贸易方法以一升麦换一升盐为定价,莞豆等另照市价计算,听说多年来便是这个规矩,我去年在藏所见,仍然一升换一升。

（法尊纂:《现代西藏》,第五章,物产经济及其交通,二,商业,民国三十二年铅印本。）

（五）商路及其变动

〔清光绪三十二年及民国十二年,河北完县〕 完境地狭民稠,谋生不易,有清之初,人民多趋重商业,当时以地理关系,县境虽狭,商业亦颇称繁盛,以偏僻小县,质库至七处之多,杂粮店、钱店（即今之银号）数且倍之,合计城关约二百余家,市面繁荣可想。其原因以地处省垣之西,相距裁（编者按：系"才"字之误）七十里,又属西北山境门户,凡由平津输入之洋广杂货以及县产之棉花、土布暨豆腐滤等（县北郝家庄多织此布,销售于蔚县、涞源等县）转运蔚县、大同及晋之东陲罔弗,由完经过,而西北山所产之绒毛、山货（即核桃及杏仁等,县名之曰山货）亦概由此运保转平及津。迨至平汉路暨平绥路相继告成,转运之途骤变,完境商业遂一落千丈,而人民谋生之路穷,不得不改变方针,侧重农业矣。但土地硗瘠,而西北多山,以全县舆地而论,山岭几占面积十分之四,农产物以小米为大宗,麦、豆、黍、稷等次之；县之中区产棉,获利较丰,惟凿井甚少,每岁收获多寡,视雨水调和与否,殊难预操胜算。中稔之年,人民衣食仅能自给,倘或歉收,日常所需要之小米非赖有涞源及普边广灵等县源源接济不可。所幸县人素尚俭朴,所服为大布之衣（一般人民所衣半属土布,间有高阳布,购用舶来品者,唯士人及商界,但居少数）；所食为脱粟之米,非号称素封之家,食不兼味,衣无丝制；所居宫室十九为土壁所筑成,砌以砖,复以瓦者,一村之中实寥寥无几。人民既以耕种为先务,凡所运输,不过禾稼及粪土,对于交通不甚注意,村乡道路任其平陂,从不修治,遇有积潦,交通断绝,往往至一两月之久,亦无人过问,甚矣,地方自治之未可视为缓图也（往昔,民间交际往来,率用骡马大车,近十余年来,脚踏车盛行,商家及乡间小康之户贲不设置,以图便利,汽车绝迹）。

（彭作桢等修、刘玉田等纂:《完县新志》,卷八,风土第六,民国二十三年铅印本。）

〔民国初年至二十一年前后,河北平山县〕 平山之交通,以东南获鹿、石庄为最盛,凡县境之出口货物与外来之一切货品,多半由此两路出入,所以每日车辆往来不绝。其东至正定、东北至灵寿,虽亦能通车辆,以为滹沱所隔,而津渡皆系草桥,冬有夏无,且遇河水涨发,往往数日不通。至西界晋省,虽亦交通之孔道,而山路崎岖,仅通骡驼,车辆概不能行。民国初,知事余廷珪募款开修此路,骡车可通至县西之洪镇,而冶河之津渡,冬虽仍为草桥,夏则已有船只往来,稍称便利。县境南界井陉,亦多山路,为煤炭输入之要道,然亦仅通骡驴,不能行车。今年本县各区始设置电话,传达消息至为灵捷。近又筹修县道及石庄汽车路之举,然需款至巨,犹未筹集。

(金润璧修,焦遇祥、张林纂:《平山县志料集》,卷二,地理,交通,民国二十一年铅印本。)

〔民国二十一年前后,河北徐水县〕 徐水县为九省通衢,县境南北大路计长六十四里,南通清苑,北达定兴。又县西二十里遂城镇亦为南北大道,西北通易县,西南达满城县。

(刘延昌修,刘鸿书纂:《徐水县新志》,卷二,地理记,交通,民国二十一年铅印本。)

〔民国二十五年前后,河北涿县〕 本县商品运输以平汉路巨马、琉璃、大清各河为主,车驮、人力次之。由平汉路运出者以松林店、涿州、永乐三站为起点,运入者亦以此三站为止点。由河路运出者,以永济桥茨村码头为起点,运入者亦以此三处为止点。其运输手续,在平汉路则由货主将货交车站人员,或按量、或按包件定运费多寡,开给运单,到预定地点,货主凭单领货。在河路,则由买货客人或货栈与船户自由商洽运费,船户携带客人或货栈之发货单以凭交货。其由车驮运者亦然。至人力趸卖小贩,多系自买自运。

(宋大章等修,周存培、张星楼纂:《涿县志》,第三编,经济,第一卷,实业,民国二十五年铅印本。)

〔清代至民国九年前后,山西解县〕 查解县夙以商务著称。前清时代,河南、陕西、本省皆来解会买货。自新绛商务盛,而本省之生意断,观音堂火车开,而河南之生意绝。所恃以通商者,仅道路不通、土匪遍地之陕西一省耳。若由观音堂火车到潼关,则解县商务必有一落千丈之势。形胜使然,非人力所可挽回也。

(徐嘉清修,曲乃锐纂:《解县志》,卷二,生业略,民国九年石印本。)

〔清代至民国二十二年前后,山西沁源县〕 栈店行,多设于市镇要路。沁源南北干路北通平介,南通河南。平介商人昔时多取道于此,赴河南等省。此行平遥人占大半。清时此路颇占重要。正太铁路成立后,遂萧条。

（孔兆熊、郭蓝田修,阴国垣纂：《沁源县志》,卷二,工商略,民国二十二年铅印本。）

〔民国十二年前后,山西芮城县〕 恭水沟以东,多以骡驴转运粟盐货物,北至解县,南至河南巡检司,每日往来络绎不绝,以此致小康者,所在多有。

（牛照藻修,萧光汉纂：《芮城县志》,卷五,生业略,民国十二年铅印本。）

〔民国十八年前后,山西新绛县〕 新绛为自古名郡,出产既多,商业亦盛,一切货物之运搬,商旅之往来胥,惟脚行是赖,故脚行亦绛人生业之一。其行平地者用骡车,行山道者用高脚,农人于闲暇时亦多业此,如西庄、杜坞、北行庄等村,即多往甘省运货。

（徐昭俭修,杨兆泰等纂：《新绛县志》,卷三,生业略,民国十八年铅印本。）

〔清代中叶至民国年间,绥远〕 本省商务自前清中叶而后渐趋繁盛,荜路褴褛者,厥为晋人。嗣因平绥铁路经由张家口、归绥而展至包头,冀、鲁、豫各省经商人士络绎而至,本省地位愈见重要。惟自鼎革以还,帝国主义之经济侵略日趋猛进,而我国内又复政局杌陧,变故纷乘,以致西北大好市场颇有逐渐衰落之势。

（廖兆骏编：《绥远志略》,第十一章,绥远之商业,第三节,贸易概况,民国二十六年铅印本。）

〔清光绪三十三年前后,内蒙古〕 恰克图至北京旅行之法有三,一为邮便旅行,二为商便旅行,三为特别旅行。邮便旅行者,中俄邮送书信者也。盖俄人于库伦、张家口、北京、天津本设邮局四处,张家口以北用蒙人接递,张家口以南则用汉人。轻邮便月三次,十四日而达。重邮便一次,二十日而达,或二十四日而达。岁费一万一千九百元,而进款仅二千一百元。商队旅行者,商人之结队而行者也。或车或驼,满载货物,颇为劳苦,行极迟,程倍于邮便。特别旅行者,中俄官吏有要公遄征者也。行最速,费颇廉。俄官经此,驿酬洋银二元以为常,九昼夜可达北京,常人不得被此利益,只可附上二法以行。若附于邮便,则乘马车或骆驼,与递送夫同行,惟食物及炊具,必携带完备。

（姚明辉编·《蒙古志》,卷三,道路,清光绪三十三年铅印本。）

〔民国十年前后,内蒙古〕 郑家湾,在乌审旗全部东南,南距榆林县十里,东通神木,南达榆林,北至乌审,西通横山,近靠边墙,乃横靖两县并宁夏一带大路暨蒙民进榆通商咽喉。

（张鼎彝编：《绥乘》，卷七，要隘考，民国十年铅印本。）

〔民国二十六年前后，绥远归绥县〕 归绥东距张家口七百五十里，西距包头三百四十里，西经后套以通甘、新，北越蒙古而至库伦，为西北交通总汇之区。每年旧历九月至翌年三月，骆驼成队往来，每队六七十头至二三百头不等。自归绥至奇台凡五千里，行七十余日可到。自归绥到乌里雅书台，驼行五十余日可到。至科布多须八十日。北通库伦，约三十日可达。货物均赖驼队载运。

（廖兆骏编：《绥远志略》，第七章，绥远之县邑，第四节，归绥县，民国二十六年铅印本。）

〔清嘉庆七年至民国初年，吉林昌图县〕 昌图自嘉庆七年蒙王招垦后，为产粮之荟萃区，商贾购运不绝于道，惟陆路仅恃大车，以春冬为最，至夏则道途泥泞，人歌行路难矣。所幸同江尚有辽河可通海运，然限于气候，河流封早开迟，实为憾事。自有南满铁路，转输较易。……自火车通而大车利权几归淘汰，非冬令运粮，则大车亦如同无用。

（程道元修，续文金纂：《昌图县志》，第十一编，交通志，民国五年铅印本。）

〔清同治四年至民国十五年，吉林开原县〕 我开商业，清同治以前远无可考。自同治四年，境内马贼蜂起，到处焚掠，城乡各商户咸被摧残，相继停业。至光绪初，始复兴。时法库门八家镇尚未设治，城乡各商户约千余家。至光绪三年，由绅商张集荫、谭炘天、文会等禀在城西南辽河上游距城五十里之英守屯地方开一船坞，经城守尉溥英、知县荣昌转请蒙准。由此英守屯日渐兴盛，城内粮栈之家均于其地设分号，年收大豆由十余万石渐增至二十余万石，商业之发达可为预卜。乃至光绪二十五年，中俄新约成立，与俄国在东三省修筑铁路权，开原正当其路线之冲要。俄员依万年克在开原内购买铁路用地，指定城西南距城十八里之小孙家台屯创立火车站。庚子乱后，铁路告成，粮货之运输，渐舍河而就陆，英守屯河口遂受影响。迨光绪三十年，日俄战局终了，定立条约，俄人让南满铁路与日本，遂又为日本租用地。自此小孙家台日渐扩张，不独本城各商家被其吸收，相继歇业，即英守屯河运亦日益萧条。宣统初年，各埠富商多在该站租界内修盖房间，开设粮栈及各种商业，约计四五百家，凡海龙、东丰、西丰、西安及境内各村粮食，均运至小孙家台出售。于是开境商务之中心点遂移于小孙家台车站。民国十五年，文监督耀斋为换回利权计，注意经济之竞争，请准督宪在小孙家台租界东北另辟商埠,以求华商各业之发展。

（李毅修,王毓琪等纂:《开原县志》,卷九,人事,实业,工商业,民国十九年铅印本。）

〔清光绪以前至民国年间,奉天〕 奉天为三省货物聚散之中心点。清光绪初年以前,夏秋用帆船水运,北达通江子,南至营口;冬春用大车陆运,北达长春、海龙各地,南至营、海、盖、复,转运迟滞,脚费孔多,商务故未能发展。自光绪中叶,京奉路成,未几,南满路成。洎民国以来,四洮、洮昂打通,沈海各铁路次第通车,皆以奉天为枢纽,由是输入输出,纵横贯彻,货物流通,商贾麇集,省市之商业,遂逐渐繁兴,可谓日新月异,而岁不同矣。足以火车既通,则航运之利减,辽河又复淤浅,营埠商业不免寝衰。

（翟文选等修,王树楠等纂:《奉天通志》,卷一百十五,实业三,商业,民国二十三年铅印本。）

〔清代后期至民国年间,奉天营口〕 营口为本省南部之商港,自大连开港,辽河航运不畅,盛况顿减于曩昔。然油坊、织布、烟、草、炼瓦、织袜各业尚未衰退。

（翟文选等修,王树楠等纂:《奉天通志》,卷一百十四,实业二,工业,民国二十三年铅印本。）

〔清嘉庆十五年前后,黑龙江〕 黑龙江至京师有二路,由吉林、奉天入山海关者俗称大站,此进本路;由蒙古郭尔罗斯、扎赉特、都尔伯特、乌珠穆沁等部入喜峰口者俗称蒙古站,亦曰草地,此递折路;又由蒙古境入法库边门（按:俄人地图于黑龙江由郭尔罗斯旗入法库门加一线,此捷径,彼已知之）至盛京有一路,俗称八虎道（八虎者,法库转音）……此商贩往来必由之路也。

（清 西清纂:《黑龙江外纪》,卷二,清嘉庆十五年修,清光绪间刻本。）

〔清朝末年至民国初年,黑龙江林甸县〕 林甸县,在省城东,原名林家店。康熙时林兴珠进兵处。今设东集镇稽垦局,绥海等县赴省必由之途（《乡土志》）。

（郭克兴辑:《黑龙江乡土录》,第一篇,方舆志,第三章,龙江道,黑龙江人民出版社一九八七年校点铅印本。）

〔明嘉靖四十二年前后,陕西巩昌府徽州〕 徽,辐辏之地,水陆之冲也。往昔颇称繁华,人抵火则人情乐便。而近来川蜀之货欲东者皆自阳平关出凤翔,欲西者皆自置口出临巩,登白水江而来徽者才十之二三耳。昔花马池之盐由徽入蜀者,全蜀食盐皆为之仰给。今蜀中有井盐,而盐利又阻矣。观市井萧条,民无生理,殆不可以昔日之徽视徽焉。

（明　孟鹏年修,郭从道纂：《徽郡志》,卷四,田赋志,课贡,明嘉靖四十二年刻本。）

〔清嘉庆二十四年前后,陕西西安府咸宁县〕　南乡南带终南水泉所会,土宜秫稻,入谷溪路纡折,通兴汉、商洛,而大义峪为通衢。略北尹家卫其会聚也,市廛之盛冠于诸社。

（清　高廷法、沈琮修,陆耀遹、董祐诚纂：《咸宁县志》,卷一,地理志,清嘉庆二十四年刻本,民国二十五年铅字重印本。）

注：咸宁县今为长安县。

〔清光绪年间,陕西同州府华州〕　州境西距长安不二百里,东望华河,密迩晋豫,南通商洛,擅材木之饶,北带渭,得运输之便,交易四达,宜乎为居积逐时者之所走集矣。

（清　褚成昌纂修：《华州乡土志》,商务,清光绪年间修,民国二十六年铅印本。）

〔清乾隆二十九年前后,甘肃秦州徽县〕　徽州界陇蜀之间,寒燠得中,物产略备,又为水陆通道,商贾辐辏,故四民乐业,百务俱兴,旧称乐土。近自人情趋便,人不出途,川汉之货径东出阳平抵凤沔,而出置口过临巩,白水江遂无篙工之迹。加以比岁荐饥,原野萧条,而民生日艰。

（清　费廷珍修,胡钺纂：《直隶秦州新志》,卷六,风俗,清乾隆二十九年刻本。）

〔民国二十四年,甘肃夏河县〕　自土门关至拉卜楞虽为程仅八十公里,惟因道路崎岖,有时山穷水尽,常须涉水,不能通行大车。各种货物均藉骡马运输,每骡一头能驮二百斤,每日所行不足三十公里。出口货物皆驮至永靖河口,用皮筏装载直驶包头,改用火车运至天津。

（张其昀纂：《夏河县志稿》,卷六,交通,民国二十四年修,抄本。）

〔民国五年,新疆〕　新疆货物之来源,首推天津,次则秦、陇、晋、蜀。由天津趋新疆,一由火车至张家口,再用骆驼经归化及蒙古草地而抵新疆之奇台,或径由火车至归化亦可；一由陕西、甘肃出嘉峪关经哈密亦抵奇台。行张家口一路,行程须九十日至七十五日之间；行大道则非四阅月不可。其由巴蜀趋新疆者,即由栈道至兰州出嘉略关,往北路者经哈密仍至奇台,约六十余日；往南路者即由敦煌行阳关故道至和田须八十余日。

（林竞编：《新疆纪略》,五,实业,商业,民国七年铅印本。）

〔元代至民国二十三年前后,山东临清县〕 临清自东晋迄五代,干戈云扰,沦为英雄用武之地,无商业之可言。至元明建都燕京,全国经济端赖河运,临清处汶卫流域,每届漕运时期,帆樯如林,百货山积,经数百年之取精用宏,商业遂勃兴而不可遏。当其盛时,北至塔湾,南至头闸,绵亘数十里,市肆栉比,有肩摩毂击之势。清代经王伦之劫,而商业一衰。继经咸丰甲寅之变,而商业再衰。运河淤涸而商业终衰。今虽满目劫灰,元气不复,而残余之商市犹屹然为鲁西贸易中心。

(张自清修,张树梅、王贵笙纂:《临清县志》,经济志,商业,民国二十三年铅印本。)

〔清代以前至清朝末年,山东临清州武城县〕 武城,古名邑也。卫河漕转东南之粟,由县治径达直隶天津,以至京师。舳舻千里相衔,商贾麇至,市易繁兴,固一委输通货之区也。自漕运改制,而商业顿衰,生计亦因而凋耗。

(王延纶修,王黼铭纂:《增订武城县志续编》,李书田序,民国元年刻本。)

〔清代后期,山东济南府德州〕 商埠开而京道改变,漕运停而南舶不来,水陆商务因之大减,而生齿盛衰亦与有密切之关系。

(清 冯骞编:《德州乡土志》,户口,清光绪间修,抄本。)

〔清光绪以前至民国十七年前后,山东〕 铁路未设以前,山东全省殆以烟台为惟一之贸易港,胶济路通,而分其一部分东走青岛,津浦路通,又分其一部分北走天津。故烟台之贸易额,当光绪二十七八年间已达四千五六百万两,洎光绪三十年胶济全路通车,青岛日盛,烟台日衰,不数年而贸易额退至三千万两以内,其后又稍见恢复,民国四年复达四千三百万两,比及津浦铁路通车,烟台灌输之范围愈狭,近年竟减至一千余万两,然青岛港则增至一亿五千万两,是山东全省之进出贸易三十年来已增四倍。

(赵琪修,袁荣叟纂:《胶澳志》,卷五,食货志,商业,民国十七年铅印本。)

〔清光绪以前至民国年间,山东茌平县〕 茌在前清光绪以前,地当南北往来之要冲,仕商往来尚称发达,且西有运河转输之便,日用品之输入,农产物之转出,尚甚便利,因之尚属繁荣。然自津浦通车以后,地方商场为之大变,人多就迅速直达之火车,谁肯冒陆途之危险,以迂回我茌邑哉。

(叶占诚修,周元桢纂:《茌平县志》卷九,实业志,商务,民国二十四年铅印本。)

〔清光绪十九年以前至民国十年以后,山东齐东县〕 本县旧城地滨黄河,帆樯云集,商务颇为兴盛。自清光绪十九年河决城陷,市廛付之东流。迁城而后,钱业凋敝，元气未复。民国十年之后，始见起色。

（梁中权修，于清泮纂：《齐东县志》，卷四，政治志，实业，民国二十四年铅印本。）

〔清光绪二十年以前至民国二十五年前后，山东东平县〕 运河航线。此线在昔漕运畅行之时，商务发达，帆樯林立，自靳口入境，至戴庙出境，中间相距六十里，往来商船概以安山镇为中枢总汇之区。当时，安山一镇，粮行营业至数十家之多，航业之盛大可想见。自清光绪二十年漕运告终，运河失修，水道逐渐阻滞，商船因之裹足。迄今四十余年，安山至戴庙一段水道完全淤塞，故近年运河航线改道，由安山镇西下渡口入新坡河，经马家庄、窦家庄之西，东北行至张家口，入大清河，又西北经谷阳山南，又北出清河门入东阿境盐河，经大棘城、黄村、王家庙之西，又北经糜山、峨山之西，至姜家沟入黄河下泺口，此一线也。

（张志熙修，刘靖宇纂：《东平县志》，卷三，交通，民国二十五年铅印本。）

〔清代至民国年间，山东德县〕 本县地瘠土薄，物产不饶，虽处于南北孔道，而商业殊难繁荣，当清代漕运未停之时，商家运输货物多用船运，自津浦铁路通行，多由陆运，取便捷也。

（李树德修，董瑶林纂：《德县志》，卷十三，风土志，商务，民国二十四年铅印本。）

〔清代至民国年间，山东莱阳县〕 在昔羊郡市场繁盛，南船北马，凡平掖栖招之土产，江浙闽广之舶品，胥以此为集散所。虽自海口淤塞，商场移金家口，犹号称为莱阳码头。当烟台未兴，土产若油饼、猪、盐、沙参之属，南方棉纸、竹木、蔗糖之类，山西之铁锅，周村之铜货，博山、淄川之煤炭、瓷器，于焉转输。迨青岛继复开港，龙口辟埠，金口又駸駸萧索，有不能立足之势矣。于是县之行商坐贾于彼以贩卖为业者，亦渐次销歇。

（梁秉锟修，王丕煦纂：《莱阳县志》，卷二，政治志，实业，民国二十四年铅印本。）

〔清代至民国二十五年前后，山东莒县〕 数十年前，商货交易西至沂，东至海，北至潍，南至青口，不过数百里而近。其有走蕲州、陆安，千里外致茶莼药品者，或间岁而一至，称远贾矣。海通以来，商情一变，而商业日衰，反不如工人生活尚可维持，粮价低、工资昂也。

（卢少泉等修，庄陔兰等纂：《重修莒志》，卷三十八，民社志，工商业，民国二十五年铅印本。）

〔民国二十五年前后，山东牟平县〕 本县密迩烟台，进出口货以烟台为总汇,次则威海、青岛,由帆船、轮船或汽车、大车转运。又与辽省仅隔一衣带水,向来杂粮木材等,由辽输入至伙,而县民赴外经商者,亦群以东三省为归,现则边陲化为异域,层层限制,出入维艰矣。负贩,本县盛产海味水果鸡卵等,大宗由烟台出口,而内地需用洋货,来源亦自烟台,故肩挑贸易颇多,现虽汽车通行,负贩者仍络绎不绝。

(宋宪章等修,于清泮等纂:《牟平县志》,卷五,政治志,实业,民国二十五年铅印本。)

〔宋代至清同治十二年前后,江苏淮安府山阳县〕 境内平衍沃饶,无山而多水,后倚淮流,右带清泗。昔杨行密据淮南,常倚以为清口门户。宋室南迁,韩世忠驻兵三万,淮东得以少安。元末丧乱,户口衰耗。自明以来,数百年疆寓安谧,兵革不兴,始无复曩时之多事矣。旧时漕舟抵境,率陆运过坝,逾淮达清,劳费甚巨。明永乐十三年,陈瑄始自城西管家湖凿渠二十里,导湖入淮。由是漕舟直达于河,南北经行,遂为孔道。……国朝纲盐集顿,商贩阗咽,关吏颐指,喧呼叱咤。春夏之交,粮艘牵挽,回空载重,百货山列,市宅竞雕画。……然风俗与世移易,自票运经西坝而纲盐废,河决铜瓦厢而漕运停,居民崇一弦诵佃作无他冀幸,闲艺园圃课纺织,贫者或肩佣自给。

(清 孙云修,何绍基、丁晏纂:《重修山阳县志》,卷一,疆域,风俗,清同治十二年刻本。)

〔清咸丰以前至光绪十年前后,江苏淮安府〕 自府城至北关厢,由明季迄国朝为淮北纲盐顿集之地,任鹾商者,皆徽、扬高资巨户,役使千夫,商贩辐辏。秋夏之交,西南数省粮艘衔尾入境,皆停泊于城西运河以待盘验,牵挽往来,百货山列,河督开府清江浦文武厅营,星罗棋布,俨然一省会。帮工修埽无事之岁,费辄数百金,有事则动至千万,与郡治相望。于三十里间榷关居其中,搜刮留滞所在舟车,阗咽利之所在,百族聚焉,第宅、服食、嬉游、歌舞视徐海特为侈靡。惟土人尚能遵俭朴,持节概,耻与豪盛相往还,长老犹能识其语善乎哉,浸渍于诗书之效也。自纲盐改票,昔之巨商、甲族夷为编氓,河决铜瓦厢,云帆转海,河运单微,贸易衰,而物价滋,皖寇陷清江浦,河员裁而帑金绌,向之铜山金穴湮为土灰,百事罢废,生计肖然,而民俗只乐安居,惮远出,中家以上皆仰食于佃户。游手贫民皆资生于漕河盐夹,行商坐贾非所素习,暨时事迁移,重之以兵火,富者日益贪,贫者日益偷。每遇水旱,佃户贫民竞弃田庐,携妇孺过江乞食,络绎于途,江南经寇乱,田畴榛芜,招徕垦治,去者或留而不归,而本境之田益荒,其致贫之由,视昔虽殊,其为淮民之苦则均矣,此淮郡百余年来事变之大略也。……按:今淮人为农者十有六七,趋市者仅十之三四,与昔日风俗颇殊。

(清　孙云锦修,吴昆田等纂:《淮安府志》,卷二,疆域,风俗,清光绪十年刻本。)

〔清光绪年间至民国年间,江苏六合县〕　自光绪间新河告成,由上游张家堡经浦口即已通江矣。又县境西北陆路直接皖省,昔之牵车服贾奔赴六合者,今自六合地方已成僻壤。

(郑耀烈修,汪昇远等纂:《六合县续志稿》,卷三,地理志下,交通,民国九年石印本。)

〔民国十年前后,江苏山阳县〕　商则昔以盐为大宗,自纲盐票盐递改,其业发坠,南北行商又改道枞迁,车毂船帆日就闃寂,板闸榷关税数减绌,百废莫举,烟户四徙,向之铜山、金穴湮为土灰。至如食货日用所需,类皆小贾所贩,逐利朝夕,所持者狭,所欲者奢,奸轨弄权,物价踊贵,昔以关病商,今以商病民,此则百数十年事变之大者也。

(周钧修,殷朝端等纂:《续纂山阳县志》,卷一,疆域,物产,民国十年刻本。)

〔南宋咸淳年间至清咸丰以后,浙江杭州府〕　浙江市,去钱塘县十一里(咸淳《志》),浙江驿前(成化《志》),在凤山门外,官舟估客,自闽、粤、江右来者道衢州,自新安来者道严州。江干上下,帆樯蚁附,廛肆栉比。道光、咸丰以来,海禁既弛,甬江轮船四达便利,上游行旅率趋对江之义桥、临浦等镇,东出甬口,鲜有道江干者。

(齐耀珊修,吴庆坻等纂:《杭州府志》,卷六,市镇,民国十五年铅印本。)

〔明天启六年前后,浙江宁波府舟山〕　舟山往时货多而价廉,易于贸易,生计克饶。迩来四方射利兴贩者如鳞集焉,故物力渐绸,市价遂高,而淳朴日以浇矣。

(明　何汝宾辑:《舟山志》,卷二,风俗,一九八三年台湾成文出版社据明天启六年何氏刻本影印本。)

〔清乾隆五十九年前后,浙江绍兴府萧山县〕　义桥,在萧山县南三十里钱塘江口,为江南、江西、福建入绍兴要津,商旅往来如织。

(清　西吴悔堂老人撰:《越中杂识》,上卷,桥梁,一九八三年浙江人民出版社铅印本。)

〔清代至民国十五年,浙江天台县〕　天台地瘠人满,治生艰窘,民风劲健,勤啬耐苦,田不敷耕,多务工作。阖邑通衢,西通绍,东通甬,南通临,舆夫挑工生计所入成一大宗。自海轮骤通，路商锐减，劳工下士转徙异乡，近来负贩商民络绎外出，瘠土好劳，迫于地势。

（喻长霖、柯华咸等纂修：《台州府志》，卷六十，风俗志上，民国十五年修，民国二十五年铅印本。）

〔**民国十一年前后，浙江新登县**〕 县之西北境版图最广，山货亦较多。其货由葛溪直下渌渚。县之东北，山货均出松溪，亦汇渌渚。以上二溪，仅通竹筏，至渌渚，过行上塘，始用船载，由鼍江而入钱江。至入境之货，或重载鼍江，易艀而至。或行经富邑，肩挑而来，商贩道路不甚便利。

（徐士瀛等修，张子荣、史锡永纂：《新登县志》，卷十二，经政篇二，实业，民国十一年铅印本。）

〔**清光绪十九年前后，安徽凤阳府凤台县**〕 水道沿淮而达江河致迂折，陆行自浦口而北者多山险，无大车担负而至，率三千钱而致一石，故百货之集者少。下蔡滨淮居正阳临淮间，舟楫之会也。阛阓北贸睢亳，南贾灊霍，多牛马驴骡硝盐，私贩辄取道于此，其民杂处，又界蒙城、阜阳，俗益剽急而事末矣。

（清 李师沆、石成之修，葛荫南、周尔仪纂：《凤台县志》，卷四，食货志，物产，清光绪十九年木活字本。）

〔**清代至民国年间，安徽凤阳县**〕 陆道：昔通驿站，北起王庄驿，南行五十里，至临淮驿，又南六十里至红心驿，昔为东南九省通衢，临淮实居中心，为自古用兵要地。自平浦路成，形势一变，蚌埠因为平浦路南段中枢，一跃而为重镇，直取临淮昔年之地位而代之。

（易季和纂修：《凤阳县志略》，交通，陆道，民国二十五年铅印本。）

〔**清代至民国十年前后，安徽宿松县**〕 吾松营木业者人数颇多，资本亦巨，但大宗之杉木多贩自湖南、湖北或江西等处，运往芜湖、南京、镇江或皖北一带。售卖业木之商又称簰商，缘所买各木必须扎缚成簰以便顺流下驶。购木地点在湖北者为常德所属之河洑，续复上至洪江，又分往城步、大河、靖州等处。在湖北者只就汉口拨发。在江西者为赣州、武宁等处。售木地点以芜湖为总汇之处，木簰到芜后，再分运南京、镇江或江南北等处。木簰经过地点，沿路均有驻簰码头。除常德、芜湖向已建立会馆外，他如南京北河口之棉花地，镇江之沙漫洲地方，皆有一定驻簰拆卸之区。至木簰抽分售销各地，江南则太平、高淳、溧阳并东坝、鹅桥、小丹阳，上至三山、荻港等处，江北则庐州各属并无为滁含山，下至六合等县，以及拓皋桥、林乌江、和尚港、八百桥等处,皆在木帮木业畅销范围以内。芜湖驻簰之区,本帮向有滩地,形势极为便利,续以芜湖开作商埠,即将滩地让作租界,今则抵芜之簰,概归裕溪口拆卸。

(俞庆澜、刘昂修,张灿奎等纂:《宿松县志》,卷十七,实业志,商业,民国十年活字本。)

〔清咸丰年间至民国二十九年前后,江西分宜县〕 邑城四面环山,交通不便,惟有秀水绕城而过,可资运输,运输器具端赖舟楫。南乡峻岭重叠,北乡离县弯远,物产进出苦无舟楫之利,日常所需用者非车运肩挑不可。咸同以来,丁口蕃殖,生意畅达,城内南门官巷口两码头出口入口货物常备,舟楫多至十余艘。南北各处,茶、油、裱芯、煤炭、花生、瓜子运输邻邑,土车肩挑为数不少。民国后,生意萧索,舟楫运输竟有一月或半载只见几次。……近虽建筑公路、铁道,上下交通运输轻快,然不久又为抗战关系,奉令将公路、铁道彻底破坏……百货运输全赖人力,劳工所索佣值故几与沪汉相埒,奸商遂乘机飞涨售价,结果惟销费之十余万,民众实受其害。

(萧家修修,欧阳绍祁纂:《分宜县志》,卷十三,实业志,运输,民国二十九年石印本。)

〔民国八年前后,福建政和县〕 由邑城而北有寨岭隘,抵松溪之下岭界,距邑城仅二十里。政民米谷不敷,凡松民之负米来政粜卖者必须由此隘而始可与政民交通。他若政地之布商贩布于浦城者亦必由此抵松,由松抵浦,以相贸易。至历年笋商之售笋于浙境者,厥初皆先由此道而达于松浦,以渐达龙泉、兰溪、宁波、上海等处,与浙商互市。其旅程至松一日,至浦二日,至龙泉、兰溪、宁波、上海各地则或三五日或半月兼旬不等,此皆由陆运而往至,经浦城后间有由水运者,每站均有经手接收招待,货客只出运费,尚为便适。

(黄体震等修,李熙等纂:《政和县志》,卷十八,交通志,民国八年铅印本。)

〔民国十八年前后,福建霞浦县〕 蓝溪之南曰南岸村,村后有岭曰河旗岭,逾岭便入中南界之台江矣。由盐田至霞浦头纵约百一十里,由南岸至陂头横约六十余里,田园较之中南为多,然长腰岛在其港口,三都山即在长腰之西南,水洋相去不数里。自三都开商埠后,轮舟日往来内江,小南人便于赴省,商业亦渐以发达。

(刘以臧修,徐友梧等纂:《霞浦县志》,卷之六,城市志,小南区,民国十八年铅印本。)

〔民国十八年前后,福建霞浦县〕 由县治西南行四十里至盐田村为小南界。

村之前即西港洋,泥埕产蛏苗及蛤蚶类,利颇渥,西乡之出产物亦无不从此出口。茶市时商贾云集,船舶辐辏,设有津渡,即城商赴省亦多从此过渡,固邑南一小市廛也。

(刘以臧修,徐友梧等纂:《霞浦县志》,卷之六,城市志,小南区,民国十八年铅印本。)

〔隋朝至唐元和八年前后,都畿道河南府河阴县〕 汴渠,在县南二百五十步,亦名蒗荡渠。禹塞荥泽,开渠以通淮、泗。后汉初,汴河决坏,明帝永平中命王景修渠筑堤,十里立一水门,令更相洼,洄无复溃漏之患。自宋武北征之后,复皆堙塞。隋炀帝大业元年更令开导,名通济渠,自洛阳西苑引谷、洛水达于河,自板渚引河入汴口,又从大梁之东引汴水入于泗,达于淮,自江都宫入于海。亦谓之御河,河畔筑御道,树之以柳,炀帝巡幸,乘龙舟而往江都。自扬、益、湘南至交、广、闽中等州,公家运漕,私行商旅,舳舻相继。

(唐 李吉甫撰:《元和郡县图志》,卷五,河南道一,河南府,河阴县,唐元和八年成书,一九八三年中华书局铅印本。)

〔清咸丰五年至民国二十一年前后,河南滑县〕 滑境东濒黄河,自清咸丰五年铜瓦厢决口以后改道北流,距老安镇最近,商贾运载粮食货物来往山东济南者,以老安镇为总汇,尤以出境粮食为大宗。至滑之北乡潘井里卫河之冲,长九里十三步,今河身冲直,剩五里十三步,下通天津,为运载所必经。

(马子宽修,王蒲囩纂:《重修滑县志》,卷十,交通,河运,民国二十一年铅印本。)

〔清光绪三十年至民国二十二年前后,河南安阳县〕 安阳非水陆要埠,商务向不繁盛,自清光绪三十年后,平汉路告成,遂成为豫省要冲,商业亦渐发达。惟本县土产以棉花、小麦、小米、高粱等为大宗,县西山岭绵亘,煤矿特丰,水冶一带多种烟叶,城内药店林立,故出境货物,煤、烟、药材亦为大宗。商务既盛,金融流通较繁,银号事业亦继钱庄而兴起,他如印刷图书等业,则后起之事也。

(方策等修,裴希度等纂:《续安阳县志》,卷七,实业志,商业,民国二十二年铅印本。)

〔清代至民国二十五年前后,河南陕县〕 陕县北临黄河,运船之自西来者,至太阳渡、茅津渡而止。自此逆流而上,有货运船,亦西行顺流而下,经三门砥柱之险,辄遭颠覆,故运船甚稀,间有按期运货而下至铁榭者。自漕运废后,运船逆流而上,至茅津、太阳则绝无焉。陇海铁路通陕州,二晋之客寨豫而营业东南各省者,率由太阳、茅津渡河乘车,顿成形胜,故会兴镇有联运公司之设焉。

(欧阳珍等修,韩嘉会等纂:《陕县志》,卷十二,交通,河运,民国二十五年铅印本。)

〔清道光二十二年前后,湖北施南府建始县〕 建邑地处丛山,不惟舟车不至,亦人力难通,惟自巫山所属之大溪由建始之施南一路往来运盐可用骡载,其余鸟道羊肠,货物行李夫役均用背篓,即肩挑亦不能施也。

（清　袁景晖纂修：《建始县志》,卷三,风俗,清道光二十二年刻本。）

〔民国九年前后,湖北英山县〕 英山河流至兰溪入江,只能行簰,各货自汉口由帆船至兰溪,用簰运至英山。出品亦由是路。惟北通霍山,东通太湖,西通罗田,纯是肩挑。因山路崎岖,且不能行车,故交通不便。

（徐锦修,胡鉴莹纂：《英山县志》,卷八,实业志,商务,民国九年活字本。）

〔明代至清光绪三十三年前后,湖南宝庆府邵阳县〕 邵阳当省会西南,相距约五百里。由省治至县者,水路至湘潭及湘乡之永丰市,诸货即须起岸。永丰据测水两岸,水狭而陡,稍不降雨,诸货即难刻期到。由永丰至县城,陆路一百八十里,转运特艰。自洞庭湖溯资水上者,其舟直抵县城。县内诸商,运货上自武冈暨新宁暨广西合浦坪,下越洞庭,达湖北汉口镇,水运较便。惟资水在邵阳新化多系山河,铜柱、青溪诸滩极险,古所谓茱萸三百里滩也,商运仍属不易。又自明季以后,入滇黔驿程,改由常德、辰州,县不当往来孔道,商务因之色减。

（清　陈吴萃等修,姚炳奎纂：《邵阳县乡土志》,卷四,地理志,商业,清光绪三十三年刻本。）

〔清道光以后至光绪十五年前后,湖南长沙府湘潭县〕 海禁开后,红茶为大,率五六十日而贸买千万。寇乱,江路绝,专恃湘潭通岭南。五口开,汉口、九江建夷馆,县市遂衰,犹岁数百万。始闽中鸦烟丝唯趋湘潭,率人日三钱,糜二三百万,比于食盐。军兴,湘军所至,则有贩建条者随之。自朝官以下亦相率吸条丝,建条行益广,宜可依盐例榷税,而商人辄顾担绕越,从湘潭担南土以往,以条丝还,每发辄百数十人。其江西、湖南仿闽烟者不可胜数。户部奏开鸦片禁,征洋药税,其漏税尤甚,县中税亦岁巨万。次则花布、香油、饧酒、玻璃、羽毛、哆罗、毡褐、丹漆、卮茜、金铁之属。商分七帮,街分十总,人肩摩。……今市面犹甲他县,言贸货者马头口岸装口举无与比,要皆商运无土物。

（清　陈嘉榆等修,王闿运等纂：《湘潭县志》,卷十,货殖第十一,清光绪十五年刻本。）

〔民国十五年前后,湖南醴陵县〕 境内山脉连绵,峰峦起伏,地多高山。渌江横贯其中，为全县大动脉。惟溪流湍急，夏秋水涸，不便舟行。然近自株萍铁路交通，商货多由车运。粤汉铁路亦将由县之西境沿湘江而上。而长茶汽车路亦由县经过，正在修筑。交通日益发达，文化、商业利赖尤广。

（傅熊湘编：《醴陵乡土志》，第一章，大势，地势，民国十五年铅印本。）

〔民国十五年前后，湖南醴陵县〕 县境商货运输，陆路多用人力小车，分土车、高车两种。土车轮在货前，高车则两旁载人及货，轮居其中，一名江西车，其制甚便。近自县城至阳三石有胶皮车（俗呼东洋车），而铁路车站之旁多设转运公司，以故火车载货尤多，商旅往来殆十倍于往昔。将来长途汽车路成，自县城以达渌口，下接长潭，而粤汉铁路亦将由渌口或县城经过，商货运输当更便捷。然县境尤利船运，其船帮曰倒划子，约在一万号以上。操船业者多在东西两乡濒江一带，上通攸县、萍浏，下达长潭、常德、汉口等埠，出口以磁煤、谷米、土货为大宗，往岁尤盛红茶，入口如盐、如洋油、棉花、南货、药材、百货之属，所需船值甚巨，其营业不因铁路而减也。

（傅熊湘编：《醴陵乡土志》，第六章，实业，运输，民国十五年铅印本。）

〔民国二十一年前后，湖南汝城县〕 商品输入运道亦分三部，一部货物由广州、佛山贩运，道经韶州、乐昌或城口地方进口，其大宗货物为食盐，其次则洋油、洋纱、洋货、广货、故衣等类。一部由塘江、赣州等处贩运，道经集龙进口，其货物为布匹、为靛、为五色纸张、为瓷器、为糖、为豆粉、为瓜子等类。一部由湘潭、衡、宝、郴、桂等处贩运，道经黄草坪或文明进口，其大宗货物为豆、为茶油，其次则布匹、绸缎、帽巾、书籍、药材、海菜、酒食、辣腊等类。至禁物运入道经此地转运而非在此销售者曰特货。约计全县输入货物总额为县属日用所需者由粤进口额占十之六，由湘进口额占十之三，由赣进口额占十之一。

（陈必闻、宛方舟修，卢纯道等纂：《汝城县志》，卷十八，政典志，实业，民国二十一年刻本。）

〔民国二十一年前后，湖南汝城县〕 商品输出运道约分三部，一部由乐昌及仁化之城口埠长江墟出口，运往韶州、广州，其大宗货物为纸，其次则米，又其次则钨砂、牲畜、粉条、香菇、土药、百货。至道经汝城而非汝产曰茶油、曰特货。一部由本县之集龙热水出口，运往塘江、赣州、南安，其大宗货物为杉木、为鸭。非汝产，则特货。一部由资兴之黄草坪出口，运往资永、株州、湘潭，其大宗货物为杉木，其次为钨砂。至道经汝城而非汝产，则为食盐。此外，北区之田庄、西区之文明,虽有零星货物出口运往外县,而亦不多。

(陈必闻、宛方舟修,卢纯道等纂:《汝城县志》,卷十八,政典志,实业,民国二十一年刻本。)

〔清雍正九年前,广东南雄府大庾岭〕 大庾岭,分衡岳之一支,石路既开,五岭以南之人才出矣,财货通矣,中朝之声教日远矣,遐陬之风俗日变矣(丘濬《大庾岭记》)。

(清 郝玉麟修,鲁曾煜等纂:《广东通志》,卷五十一,风俗,南雄府,清乾隆间《四库全书》本。)

〔清道光以前至民国年间,广东乐昌县〕 邑位于省会之北地,当楚粤通衢,从前海禁未开,长江、黄河流域诸省其富商巨贾莫不道经此间,故县城外之河南亦称冲要。其时有北五省会馆之设,懋迁辐辏可想而知。自轮舶盛行,沿海道以达广州,转输迅速,货无停滞,彼优此绌,而邑中商业遂等于零。

(刘运锋修,陈宗瀛纂:《乐昌县志》,卷九,实业,民国二十年铅印本。)

〔清咸丰年间以后,广东广州〕 鸦片战争以前,各省货物必先运来广州,再运去外国,外国货物亦先运到广州,乃运进各省。举国内外咸以广州为独一口岸,故豪商大贾、珍物奇货皆于斯焉萃。咸丰九年,开广州为通商口岸,同时复割香港于英,于是直接之国外贸易悉移于香港。光绪十三年,广西龙州开埠,郁江一带之贸易,与海防直接。光绪二十三年,梧州开埠,浔江、桂江一带之贸易与香港直接。光绪二十八年,江门及惠州开埠,西江、东江一带之贸易又与香港直接,而间接之国外贸易亦逐渐衰落。至江西、湖南、云南、贵州等省因轮船及铁路之关系,均渐渐与广州脱离。至是,而素称中国南第一商场之广州,工商两业一落千丈,无复昔年之盛矣。

(丁仁长、吴道镕等纂:《番禺县续志》,卷十二,实业志,民国二十年刻本。)

〔清光绪八年至十七年前后,广西思恩府百色厅〕 百色地当极边,万山重叠,惟厅治滨江,源出云南土富州,下达南宁,汇于郁水,铜运、盐运与夫东道行商帆樯时集。

(清 陈如金修,华本松纂:《百色厅志》,卷三,舆地,水利,清光绪八年修、清光绪十七年增补刻本。)

〔清代至民国二十六年前后,广西崇善县〕 陆路水道交通,商贾云集,络绎不绝,此繁盛之区则然,非弹丸蕞尔所可比也。邑虽丽江之便,上可达龙州,下可至南宁，而据其中心。在昔商业尚有可观，自邕龙公路通车，商旅往来皆趋便捷之径，故商场寂寞，市面萧条，今昔迥不侔矣。

（林剑平、吴龙辉修，张景星等纂：《崇善县志》，第二编，社会，风俗，一九六二年广西档案馆据民国二十六年稿本铅印本。）

〔民国十七年以前至二十四年前后，广西迁江县〕 商人惟西门墟、平阳墟、朔河墟等处恃有红水河一帆之便，下通浔梧，往来贩运。下水以谷米、杂粮、生油、生麸、生猪、红瓜子为大宗，回来以洋货为生理，但河深滩险，触石坏舟，故获利无多。及民十七年省通车路筑成，间有改由贵县道用车载货回城，颇为利便。然已近年以来，农村破产，商务益形衰落。

（黎祥品、韦可德修，刘宗尧纂：《迁江县志》，第二编，社会，风俗，民国二十四年铅印本。）

〔民国二十三年前后，广西贺县〕 贺邑城市以贺街八步商业为最繁盛，水路有二，其一曰临江，上通钟山、富川，一曰贺江，由桂岭、大宁至贺街，下游与临江合流，下达信都，出开建、封川、江口。陆路由贺街至八步，通汽车，系砂泥路，宽二丈四尺，长三十三英里，由贺城至信都属。乡村道路宽八尺，下达梧州，交通便利。

（韦冠英修，梁培煐、龙先钰纂：《贺县志》，卷四，经济部，交通，民国二十三年铅印本。）

〔民国二十四年前后，广西贵县〕 县城商肆萃于城外东区，阛阓喧闐，墟期交易尤盛，大墟、覃塘、桥墟、木格、木梓、石罉、东津、上下石龙、樟木、蒙公、龙山、三里诸墟市，农产品皆集散于此。在昔轮舶未通，汽车路未辟，宾阳、迁江、横县、永淳、郁林、兴业诸县货物出入皆取道贵县，故本县又为各邻县贸易中心。迨水通轮舶，陆有汽车，宾、迁、横、永诸县间，有径赴梧州、广州湾等处直接贸易者，以是本县商业遂无复昔日之盛。综计县属输出物品主要者为米谷、牲口、牛皮、鸭毛、油、糖、豆、苞粟、药材等，输入物品主要者为花纱、布匹、杂货、药材、煤油、洋杂等。

（欧仰羲等修，梁崇鼎等纂：《贵县志》，卷十一，实业，商业，民国二十四年铅印本。）

〔民国二十四年前后，广西贵县〕 县属航路素恃郁江，上溯邕宁，下达梧州，帆船云屯，交通至便。余若思缴江、武思江并通舟楫，亦利运输。其他支流率资灌溉。陆路则县北有邕宾贵公路，自街墟尾经宾阳至邕宁。县南有贵兴郁汽车路,自罗泊湾经兴业达郁林。县道、乡道陆续兴筑,纵横四达,尤便往来。

(欧仰羲等修,梁崇鼎等纂:《贵县志》,卷六,交通,水陆交通,民国二十四年铅印本。)

〔民国四年前后,四川峨边县〕 峨越毗连,内无直接通路,商旅往来率取道于县北金口河、寿永、永盛等场,绕清溪县之富林折西北而南以入越,约计八百余里,此旧有之路线也。

(李宗锽等修,李仙根等纂:《峨边县志》,卷一,道路,民国四年铅印本。)

〔民国三十五年前后,四川松潘县〕 松潘当地形上,民族上之境界,为番汉人大贸易市场,每年五月有大市,远自青海之人来集,交易之品以茶为大宗,汉人以此易西番之药材、羊毛诸物。松潘与内地之商路有三:一、东经平武出中坝、江油;二、经茂县转北川至中坝、安县;三、南下出灌县。后者即大路交通,往来频繁。灌县为本区货物之吞吐口,全区之门户。

(郑励俭纂:《四川新地志》,第三编,区域地理志,第三章,盆地外部,第二节,西北边区,民国三十六年铅印本。)

〔民国三十五年前后,四川青川〕 青川,居北路线上,昔为县治所在。北路今仍为川、甘驼运一重要路线,川产盐、糖、茶叶,与西北毛货之交易极盛,青川居路之中途,商旅必经,人口三千。

(郑励俭纂:《四川新地志》,第三编,区域地理志,第二章,盆地边部,第一节,北部边缘,民国三十六年铅印本。)

〔清咸丰四年前后,贵州兴义府〕 商多江右、楚、闽、粤、蜀之人,吴绸、粤棉、滇铜、蜀盐之类麇载辐至,市物钱用秤,以斤两计,十斤曰一秤,七斤曰一串。

(清 张瑛修,邹汉勋等纂:《兴义府志》,卷四十,风土志,风俗,清宣统元年据咸丰四年刻本铅印本。)

〔民国二十五年前后,贵州余庆县〕 关兴坝虽非商务荟萃之区,然下有平头溪,河关渡水口各处舟楫可通思石,上陆路可通遵义、绥阳、湄潭等处,往来商贩印江人不少,所运花纱亦伙。

(陈铭典修,李光斗等纂:《余庆县志》,经业志,商业,民国二十五年石印本。)

〔民国三十二年前后,贵州榕江县〕 由榕江至广西,交通频繁,凡本地日用各物,均由广西运来。由榕至桂,有商船来往,四日可到融县之长安镇,再一日可到柳州市,尚为便利。湘省人民前来榕江售货者亦多,系经黎平而来,已划有榕黎公路线,亦在修筑中。

（李绍良编:《榕江县乡土教材》,第二章,榕江地理,第六节,交通,民国三十二年编,一九六五年贵州省图书馆油印本。）

〔民国三十五年前后,贵州兴义县〕　本邑界连滇、桂,为入超市场,系集散地,货运经过区域,即分售邻县,向无大宗商品出口,故商业发展有限。近因公路通后,市镇渐臻繁荣。

（卢杰创修,蒋芷泽等纂:《兴义县志》,第七章,经济,第五节,商业,民国三十五年修,一九六六年贵州省图书馆油印本。）

〔民国二十一年,云南富州县〕　富州河道狭窄,舟楫不通,商务大形减色,惟剥溢河量稍大,船通两粤,各种货物均由粤西百色输入,堆集剥溢,本属商人及广南属商人并马帮常云于此运取货物,络绎不绝,可为富州之一大商埠。

（陈肇基纂修:《富州县志》,第十三,商务,商埠,民国二十一年修,民国二十六年抄本。）

〔民国二十七年前后,云南昭通县〕　昭地虽为滇东商业中心,转运事业不甚发达,营其业者计有宏昌、炳昌、祥同、德森、同义丰、长顺祥等堆栈,均集中于西大街。转运情形仅由川运昭转达于滇昆明,或由昆明运昭转输于川已。

（卢金锡修,杨履乾、包鸣泉纂:《昭通县志稿》,卷五,商务,转运,民国二十七年铅印本。）

〔民国年间,西藏〕　由西康往昌都有两条大路:一是南路,走河口、里塘、巴塘的;一是走道孚、炉霍、甘孜、佐勤、德格的。由云南走陆地到西藏,也有走里塘、巴塘的。还有超巴塘之西直奔昌都的路线。由昌都去拉萨也有两条路:一是南路走公薄等处,一是北路走日窝勤等处,还有由道孚、炉霍、甘孜向西北奔结谷垛的一条大路。再由结谷直往拏墟喀,由拏墟转南赴拉萨。这路极平坦,饶水草,所以商人都走它。里塘等处的南路商人也多由本地穿乍了往结谷垛,再西往拏墟进拉萨者。结谷到拏墟,多属荒原,漫无人居,所以一路所需食料都要预先备好,又走彼路必须多数商人结队而行,因为和廓罗太近,恐遭匪劫掠。结谷垛东通四川,南通云南,西通拏墟,北通青海,四面八方的商人都在那里结合,所以它在西康的路线中,要算是最重要的枢纽。由拏墟往拉萨,多走桑庸、惹真、盆薄那条大道,也有稍为偏东奔止公的,贩盐的北路商人多半走那条路,因为东路行人少,草比较大路丰美。又有由拏墟直往后藏的大路,我没有走过不知其详。由尼泊尔到后藏,听说也有两条路。由后藏到前藏有三条路,我没有走过。由印度到帕克里有两路:一由嘎伦堡走白东、宗塘巴、桑零曲喀、零当、巴当仅、则炉、拏塘,翻喜玛拉亚山,到哲孟雄地界。又一路是走冈陀翻山到哲孟雄的,由哲孟雄沿谷直上即到帕克里。帕克里往东有路直通布丹,布丹直向北奔孜塘而往拉萨,无须走帕克里。帕克里往北可到江孜,东北直往拉萨。在西藏的南路,帕克里是为最重要之枢纽。后藏江孜与亦格则皆属重镇。

（法尊纂:《现代西藏》,第五章,物产经济及其交通,三,交通,民国三十二年铅印本。）

（六）物 价 涨 落

〔清顺治至同治年间,江苏华亭县〕 国初顺治辛卯,米贵每石至四两。康熙丙午,大熟,斛米二钱;己未,米贵,每石二两四钱。乾隆戊辰,米麦腾贵,石麦三两,斗米二百文;壬申,大熟,斗米不足百钱;乙亥,米贵,斗米二百文;丙午,米贵,每斗至五百六十文。道光癸未,水灾,斗米亦五百六十文,旋因川米接济,米价渐平;乙酉,水灾,斗文六百文。至同治壬戌秋,粤匪初退,田多荒弃,石米竟至十二千五百文云。

（清　杨开第修,姚光发等纂:《重修华亭县志》,卷二十三,杂志上,风俗,清光绪五年刻本。）

〔清乾隆、道光、同治年间,江苏南汇县〕 浦东宜棉不宜稻。稻田遇大熟,年可收二石,中年只一石五六斗,欠则一石左右。土民不敷所食,必俟苏、常贩来。乾隆五十九年,岁祲,米每石腾贵至六千文。道光三年、十三年、二十九年,水灾,米每石至六千余文,出米之乡,奸民结党阻籴,各镇米铺俱以二百文为限。同治元年,发逆退后,外来米每石十二千文,后依次递减,至六、七年,始平至三四千文（按:米自江北来者曰下河籼,自关东来者曰牛庄籼;牛庄最佳,江北次之,然终不及苏、松、常之秾米）。浦东种稻较迟于浦南,而获则反先,七月中,新谷已登,八九月间,几无遗秉矣,盖地气使然。

（清　金福曾等修,张文虎等纂:《南汇县志》,卷二十,风俗志,风俗,清光绪五年刻本。）

〔清咸丰十年以后,江苏松江府〕 咸丰庚申以后,乱离甫定,凡服用之物及一切工作,其价值莫不视从前加长,比年以来,惟粟及棉价较平,其他不能称是,故历年农田虽尚称丰稔,而农日以病。

(清 博润等修,姚光发等纂:《松江府续志》,卷五,疆域志,风俗,清光绪十年刻本。)

〔清光绪十六年前后,上海〕 将五十年前[①]之一般物价录出数项,以供参阅,盖一极有趣味之事也。米一千二百文一石,面十四文一斤,柴五十文一百斤,炭荄三文一枚,肉五十六文一斤,鲫鱼六寸长三十五文一尾,油三十六文一斤,烧饼三文两个,鸡蛋四文一个(七文两个),鸭蛋六文一个(十一文两个),粥三文一大碗,糖三文一包(约二两),酒十八文一斤,馄饨六文起码,茶七文一碗,剃头八文,粗布十六文一尺(及三百文一匹),医生出诊一百二十文,雨伞五十四文一柄,缎帽二百文一顶,布鞋八十文一双,成衣六十文一工(供膳夜工一百文),泥水木匠均七十文一工(自膳),厅屋每月租价七百文。以上所记,仅其大概,读者诸君试思,较之大商店大廉价时之价值为何如?

(胡祥翰编:《上海小志》,卷六,生活,民国十九年铅印本。)

注:① 清光绪十六年前后。

〔清光绪初年至二十年,江苏嘉定县〕 光绪初年,鱼肉每斤五六十文,蔬菜每斤二三文,盐每斤十数文,胡桃、桂圆、油枣糖[每]斤各数十文。迨光绪二十年左右,以二三百文购一日之食者犹为小康之家。当时物价之贱可以概见。

(陈传德修,黄世祚、王焘曾等纂:《嘉定县续志》,卷五,风土志,风俗,民国十九年铅印本。)

〔清光绪十六、二十年,江苏松江府〕 光绪十六年庚寅春,白米每担三元四五角。二十年甲午冬,又[白米每担]二元八九角,糙[米每担]二元六七角。

(雷君曜撰,杜诗庭节钞:《松江志科》,书末,抄本。)

〔清光绪中叶以后,江苏嘉定县〕 光绪中叶,茶肆啜茗,每碗三四文,后增至十文,有归自沪上,以每碗索价至三十文而诧为侈荡者。酒价最廉时,黄酒每斤不过十数文,烧酒每斤四十余文。光绪二十年后,黄酒一斤由二十四文增至四五十文,烧酒一斤由百文增至二百文弱。宣统时,又稍昂贵,而酒愈劣矣。

(陈传德修,黄世祚、王焘曾等纂:《嘉定县续志》,卷五,风土志,风俗,民国十九年铅印本。)

〔清光绪三十年前后,江苏嘉定县〕 光绪三十年前,柴一担不逾百文,数文之柴可作三餐之燃料,有时或因灾荒腾跃,每斤亦至多三四文,厥后渐增至十文,为常价。然而以今①较之，犹不得谓为昂也。

（陈传德修，黄世祚、王焘曾等纂：《嘉定县续志》，卷五，风土志，风俗，民国十九年铅印本。）

注：① 民国十九年。

〔清光绪三十三年前后，江苏上海县〕 近年市面日衰，物价涌贵，故商务终难起色，居民度日维艰。前数年，每元仅易钱八九百文；自铜元盛行后，而钱价稍松，每元可易钱千余文。然铜元虽多，而制钱日见甚少，故买卖诸多不便，是宜广铸铜钱，以挽回铜元之弊，庶交通较易也。

（李维清编纂：《上海乡土志》，第一百二十四课，钱价，清光绪三十三年铅印本。）

〔清光绪、宣统年间及以后，江苏嘉定县〕 光绪间，凡家遇喜庆等事，宴请亲朋，一席之费仅需二千数百文，乡间俭者，治筵尚不逮焉。寻常客至，费数百文即可仓卒作主人。宣统时，稍稍昂贵，专席须三四千文，合银币二圆数角。然以今①视昔，犹甚低廉也。

（陈传德修，黄世祚、王焘曾等纂：《嘉定县续志》，卷五，风土志，风俗，民国十九年铅印本。）

注：① 民国十九年。

〔清光绪、宣统年间，江苏嘉定县〕 光绪十年左右，米价每石约二元，人心警〈惊〉惶，幸旋即低落，时银币每元兑钱九百文。己亥、庚子之岁，每石常在三元以内，合之制钱只二千文强，每斤之价但十三四文。光[绪]、宣[统]之际，费至八九元，其时欲冀顺[治]、康[熙]间斗米百文之生活，奚啻梦想。光绪间，麦每石以二千二三百文为常价。棉花，宣统间最贵每担十一千文，时银币兑钱每元一千二百数十文，其先每担以六七千文为常价。邑中以麦为禾粮之辅佐品，棉为主要之农作物，皆与民生有至切之关系，其价之贵贱视丰欠而定，自交通便利后，则随市之涨落为标准矣。

（陈传德修，黄世祚、王焘曾等纂：《嘉定县续志》，卷五，风土志，风俗，民国十九年铅印本。）

〔清光绪、宣统年间，江苏嘉定县〕 [光绪]二十四年五月二十日，大风伤稼，米价腾贵，每石七千二百文（时银币一元合制钱八百余文）。……[宣统]二年四月，雨雹大者如斗，小者如拳，蚕豆、麦、幼棉均摧折无算。南翔、真圣〈如〉各乡受灾尤重，花子价大涨，每斤百数十文。……三年五月初九日亥时，地震。六月，红痧症流行。六月十七［日］夜，起大风，雨亘二昼夜始息。七月，米价腾贵，每石银十元八角。

（陈传德修，黄世祚、王焘曾等纂：《嘉定县续志》，卷一，疆域志，市镇，民国十九年铅印本。）

〔清光绪、宣统至民国年间，江苏南汇县〕 光［绪］、宣［统］前，米价贵至每斤五六七八十文，贱至一二三四十文。民国［以］来，米价飞涨，直达二三百文。甚至不特米贵，而柴薪每斤一二十文，且猪肉、虾、鱼等每斤七八百至千文。

（储学洙纂：《二区旧五团乡志》，卷十三，风俗，民国二十五年铅印本。）

〔清光绪至民国年间，江苏上海县法华乡〕 物价腾踊，生计维艰，前后数十年大相悬绝。如常白米石值洋：光绪初，一元九角，每斤合钱十四文；民国九年夏，十六元，每斤合钱一百二十文。子白花担值洋：光绪初，三元五角，每斤合钱四十文；民国七年秋，十九元，每斤合钱二百五十文。稻柴担值钱：光绪初，一百二十文；民国九年夏，一千文。稀布匹值钱：光绪十三年，三百四十文；民国十年夏，一千七百余文。英洋价值：光绪二十九年，制钱八百六十文；民国十一年，铜元一千八百文。赤金洋码：光绪初，十八换；宣统元年，六十四换；民国八年，二十二换；十年，五十二换。余仿此。

（王钟撰，胡人凤续辑：《法华乡志》，卷八，遗事，清嘉庆十八年编，民国十一年续编，抄本。）

〔民国初年至十九年前后，江苏上海县〕 食物蛹〈踊〉贵，十倍昔时。米价昔日每石不过二元，嗣因奸商贩米出洋，偶然增至四元，人民已怨声载道，几有暴动之举。民国纪元后，每石至贵亦仅五六元，今则有时竟涨至二十元外。其时虽有慈善机关，开办平粜，每石至少亦须十五元。一般苦力、小民，难谋一饱矣。菜蔬昔日每斤不过制钱数文，今则每两〈斤〉须数十文，初上市每两〈斤〉甚或百余文。昔人谓"人能咬得菜根，则百事可做"，视菜根为人人可咬，心极贱者，今并咬菜根而不得矣。

（胡祥翰编：《上海小志》，卷六，生活，民国十九年铅印本。）

〔民国十三至二十二年，江苏松江县〕 ［民国十三年］七月下旬，江［苏］、浙［江］有军事行动，八月初六日发生"齐卢战争"①，人民迁避，米价骤增，每石至十八元左右，洋价每元光〈兑〉一十六日杂义，人心甚为慌乱。……本年松地丰稔，有得米三石者。然冬季米价陡贵，糙粳每石至十三元。……［民国十五年］五月间，米价贵至每石十八元外。……［民国］十六年冬，造更〈糙粳〉每石在八九元之间。……[民国十九年]五月,米价翔贵,白米每石至十九元左右。……[民国二十年]七月,米价翔贵,每石至十七元。……是年②自夏入秋,米价低廉,到冬令,最上造〈糙〉米每石价七元。市面转因之衰落,店多关闭。因米价趋贱,有田产者收入短缩,购买力遂薄弱也。

（雷君曜撰,杜诗庭节钞：《松江志科》,杂记类,抄本。）

注：① 一九二四年发生于直系军阀齐燮元与皖系军阀卢永祥之间的战争。
　　② 民国二十二年。

〔民国二十四、二十五年,江苏金山县〕

主要物产价格调查表

品名	单位	二十四年 最低价[元]	二十四年 最高价[元]	二十五年 最低价[元]	二十五年 最高价[元]	附 注
糙米	市石	7.3	9.7	7.2	9.3	
棉花	砠	8.0	10.0	9.0	11.0	
黄豆	市石	4.2	6.4	7.3	9.0	
菜子	市石	3.8	9.4	6.8	11.4	
草子	市石	10.0	20.0	12.0	25.0	[草子]即紫云英成熟之果
山芋	市担	0.07	1.4	0.9	1.4	
糠	市石	0.95	1.4	1.05	1.8	
毛猪	市担	7.9	11.2	12.5	17.5	
菜油	市担	11.8	22.4	19.2	25.3	
烧酒	市担	11.0	12.8	11.0	13.5	
酱油	市担	14.4	15.6	15.6	18.0	
稻柴	市担	0.28	0.23	0.25	0.30	

（丁迪光等编：《金山县鉴》,第六章,实业,第一节,农业,民国二十六年铅印本。）

〔民国二十六年以后,江苏嘉定县〕　所产小麦、蚕豆,除少数自食外,每多出售。旧时,每届小熟登场,经营小贩肩秤往来农村收购,其价或现付,或稍后清付。"八·一三"抗战以后,币值惊人低落,物价一日数涨,农家视用多少而定出卖数字,无茇卖者,因而小贩绝迹。

（吕舜祥、武嘏纯编：《嘉定嘐东志》,四,实业,商,民国三十七年油印本。）

〔民国二十六及三十五年,江苏金山县〕　兹将战争①前后农产物及日用物品之价格,列为简表,以见物价动荡之一斑焉。

战争前后物价比较表

品　名	数　量	二十六年秋价格	三十五年秋价格	增加倍数
糙粳	1石	约10元左右	43 000—49 000元	约4 000余倍
棉花	1砠	约6元左右	40 000元	约近7 000倍
大豆	1石	约4元左右	约40 000元	约10 000倍
蚕豆	1石	约3元左右	约60 000元	约20 000倍
油菜子	1石	约7元左右	约35 000元	约5 000倍
猪肉	1斤	约2角7—8分	约2 000元	约8 000倍
鸡	1斤	约3角	约2 600元	约8 000倍
鸡蛋	1只	约铜元4—5枚	约100元	约7 000倍
鱼类	1斤	约2角左右	约3 000元	约15 000倍
河虾	1斤	约2角半左右	约3 500元	约14 000倍
蟹	1斤	约2角许	约2 000余元	约10 000倍
青菜	1斤	约5厘左右	约100元	约20 000倍
豆腐	1斤	约5分左右	约1 000元	约20 000倍
菜油	1担	约25元左右	约110 000元	约4 000余倍
食盐	1担	约10元左右	约30 000元	约3 000倍
稻草	1担	约0.50元左右	约5 000元	约10 000倍
酱油	1担	约17—18元	约70 000元	约4 000倍
肥皂	1块	固本约5元②	固本约450元	约9 000倍
火柴	1小盒	铜元2—3枚	100元	约10 000余倍
洋烛	1支	5分	450元	9 000倍
火油	1斤	约1角3—4分	约500元	不到4 000倍
香烟	1匣	美丽10支约8分	美丽十支350元	约440倍

（金山县鉴社编辑：《金山县鉴》，第七章，实业，第一节，农业，民国三十六年铅印本。）

注：① 指抗日战争。

② 原文5元系5分之误。

〔民国二十六至三十七年，江苏金山县〕　丁丑以后，世变日亟，物价随法币之贬值而动荡不定，漫无止境。乡人论值，辄以米为单位，工价则每工以米几升计，房屋则以米几百担计，砖瓦则以米十几担计，甚至草台演戏，每日亦以数十担计。兹调查历年米价动荡情形，列表于下，其他物价，可推而知焉。

抗战以来历年米价动荡表

[民国]	春季	夏季	秋季	冬季	备考
二十六年				每担法币6元	以糙粳每担计
二十七年	每担10元	12元	12元	12元	
二十八年	13元	15元	18元	20元	

(续表)

[民国]	春 季	夏 季	秋 季	冬 季	备 考
二十九年	法币 40 元	40 元	60 元	80 元	
三十年	法币 100 元	110 元	120 元	130 元	
三十一年	法币 300 元	500 元	伪币 500 元	500 元	
三十二年	伪币 800 元	1 200 元	2 000 元	4 000 元	
三十三年	伪币 12 000 元	15 000 元	20 000 元	50 000 元	
三十四年	最高 80 000 元	最高 140 000 元	1 000 000 元	法币最高 10 000 元①	
三十五年	最高法币 20 000 元	最高 40 000 元	最高 50 000 元	最高 50 000 元	
三十六年	最高 90 000 元	最高 360 000 元	最高 400 000 元	最高 850 000 元	
三十七年	最高 3 200 000 元	五月止 5 500 000 元 六月止 18 000 000 元	最高 44 000 000 元②		

（朱履仁等编：《金山县鉴》，第八章，社会，第三节，物价，民国三十七年铅印本。）

注：① 原注：以法币一元折合伪币二百元。

② 原注：八月十九日起，法币 3 000 000 元折合金圆券一元。

〔清乾隆年间，直隶顺天府永清县〕 永清地瘠民贫，市物无珍异，东至天津不二舍。市贩无贸易贵重者，凡日用所给，肉一斤值钱五十，鸡大者重二斤值钱八十有五，夫白菘（俗名黄牙菜）大者一本重四五斤值钱六七，胡麻之膏（俗名香油）每斤值钱六十，蓖麻子膏（俗名灯油）每斤值钱三十有三，羊脂为烛一斤当钱八十，其他杂物称是。

（清　周震荣修，章学诚纂：《永清县志》，户书第二，一九五八年文物出版社《章学诚遗书》影印本。）

〔清乾隆年间，直隶顺天府永清县〕 兹取近日见行物价及市易流通、货殖丰耗，悉载于篇，以待后起者之有所资访云尔。乾隆四十三年呈报银钱粮价之定数，库平纹银一两，易钱九百四十，每钱一千，市例少十六枚，俗名底串。永清市易之价，以一钱准六数，号谓永钱，是亦古人东西短陌长钱之例也。用钱一百实钱十六，不足者四；至十七，有余者二，二不敌四，则以十七为百。用钱二百实钱三十三，不足者二；至三十四，有余者四，四不敌二，则以三十三为二百。由此以推，例亦易解，惟习久自能无误，初至其地，往往患苦之。稻米一石准银二两，稷米七钱，黍米七钱，高粱七钱，黑豉七钱，黄豉七钱五分，麦一两五钱，粟七钱，青豉八钱五分，胡麻二两四钱，绿豆一两五钱，皆铜斛量器，库平纹银准之。

（清　周震荣修，章学诚纂：《永清县志》，户书第二，一九八五年文物出版社《章学诚遗书》影印本。)

〔清代中叶至民国二十三年，山东馆陶县〕 在昔前清中叶风雨调和，岁岁丰收，且人口增殖率尚弱，而食用尤简，故供给恒过于需要，当为粮价最低时代，平均折算，每斤约合制钱二十五文。迨清末时期，人口日蕃，用度亦高，粮价因之增涨，按当时市价平均折算，每斤约合制钱三十五文，以与清中价额比较，已增一倍。民国纪元以还，岁收虽丰歉不等，地方交通较便，贩运颇昂，当二三年间，普通粮价平均折算每斤合制钱一百三十文。至二十三年，按市价平均折算，每市秤一斤折合洋四分，合制钱四百文，以与清末粮价比较，增额达十倍以上，比较民初，价额已增三倍。

（丁世恭等修，刘清如等纂：《续修馆陶县志》，卷二，政治志，实业，民国二十五年铅印本。）

〔清代中叶至民国二十三年，山东馆陶县〕 前清中叶，每棉一斤合制钱一百文。迨清末年间，有提倡种美棉者，然亦甚少，其时土棉每斤合制钱二百文，以与清中价额比较，已增一倍。民国元二三年每棉一斤合制钱二百六十文。迨六七年后，种美棉者渐多，以至二十三年按市价平均折算，每斤合银元一角四分，合制钱一千四百文，以与清末棉价比较，增额已达六倍，比较民初价额，约增四倍有奇。

（丁世恭等修，刘清如等纂：《续修馆陶县志》，卷二，政治志，实业，民国二十五年铅印本。）

〔清光绪中叶至民国二十二年，河北万全县〕 考察前数年之物价，已十倍于三十年前者矣。如谷米一项，在光绪中叶每斗之价百余文耳，面一斤二十余文；至民国十八年，谷米涨至每斗洋一元四角，合钱五千六百文，面一斤四百文，平均比较在三十倍以上。百物类皆如此。农民日常用品之购于市者，虽觉其价之倍蓰于昔，然农产品出售之价尚能抵也，生计尚无问题。至近二年日常用品之购价仍未衰或比较更昂，惟农产品之售价则大见低落，即以谷米一项，去年之价每斗仅三角余耳，是前数年米一斗之价可购之物，今非五六斗不可矣。兼之连年歉收，产量减少，凡此事实不但为经济之矛盾现象，即天时亦予人以重大打击，以致农民生计困厄，农村破产。

（路联达等修，任守恭等纂：《万全县志》，卷三，生计志，经济状况，民国二十二年铅印本。）

〔民国元年至二十一年，河北阳原县〕

种 类	现在每斗价	二十年价	十五年价	十年价	五年价	元年价
稻 米	二元六角	一元五角	二元一角	一元八角	一元一角	一 元
小 米	九 角	九 角	一 元	一 元	七 角	五角五分
黄 米	一元一角	一元二角	一元一角	一元一角	八 角	六 角
小 麦	一元二角	一元五角	一元二角	一元五角	一元一角	九 角
大 麦	四角五分	五 角	四 角	五 角	四 角	三角五分
荞 麦	四角五分	五 角	四 角	五 角	四 角	三角五分
莜 麦	九 角	一元一角	一元一角	同 上	九 角	九 角
绿 豆	一 元	一元二角	一 元	九 角	八 角	八 角
黄 豆	八 角	九 角	七角五分	七 角	六 角	六 角
白小豆	七角二分	七角五分	七 角	六角五分	五角五分	五角五分
豇 豆	〔同上〕	〔同上〕	〔同上〕	〔同上〕	〔同上〕	〔同上〕
黑 豆	七 角	七角二分	六角五分	六 角	五 角	五 角
豌 豆	七 角	七角三分	六角五分	六 角	五 角	五 角
扁 豆	〔同上〕	〔同上〕	〔同上〕	〔同上〕	〔同上〕	〔同上〕
大 豆	七角五分	七角八分	七 角	六角五分	五角五分	五角五分
鹅黄高粮	五 角	七 角	五 角	四角五分	四 角	四 角
白高粮	五 角	七 角	五 角	四角五分	四 角	四 角
红高粮	五 角	六角五分	五 角	四 角	三角八分	三角八分
谷 子	五角五分	六 角	五 角	四 角	三角五分	三角五分
黍 子	六角五分	七角五分	六 角	五 角	四角八分	四角八分
胡 麻	一元五角	一元七角	一元五角	一元四角	一元二角六分	一元二角五分

（刘志鸿等修，李泰棻等纂：《阳原县志》，卷八，产业，农产，民国二十四年铅印本。）

〔民国元年至二十一年，河北阳原县〕

种 类	现在每百斤价	二十年价	十五年价	十年价	五年价	元年价
白 麻	二十元	二十一元	十九元	十七元	十三元	十二元
马铃薯	三 角	三角八分	三 角	二角五分	二 角	二 角
白 菜	二 角	二角五分	二 角	一角八分	一角五分	一角二分
韭 菜	二 元	二元五角	二 元	一元七角	一元五角	一元三角
萝 贝	二角五分	三 角	二角五分	二 角	一角八分	一角八分
蔓 菁	二角五分	三角二分	二角八分	二角五分	二 角	二 角
茄 子	一元三角	一元五分	一元三角	一元二角	一 角	一 角
葱	一 元	一元一角	一 元	九 角	七 角	七 角
蒜	八 角	一 元	八 角	七 角	六角五分	六 角

(续表)

种 类	现在每百斤价	二十年价	十五年价	十年价	五年价	元年价
葫 芦	五　角	六　角	五　角	四角五分	四　角	四　角
葡 萄	三　元	三元二角	三　元	二元五角	二　元	二　元
桃 子	四　元	五　元	四　元	三元六角	三　元	二　元
柰 子	四　元	四元五角	四　元	三元五角	三　元	三　元
槟 子	[同上]	[同上]	[同上]	[同上]	[同上]	[同上]
楸 子	四　元	四元三角	四　元	三元二角	二元八角	二元七角
沙 果	[同上]	[同上]	[同上]	[同上]	[同上]	[同上]
杏 子	二　元	二　元	二元四角	二　元	一元五角	一元五角
李 子	[同上]	[同上]	[同上]	[同上]	[同上]	[同上]
西 瓜	八　角	九　角	八　角	七　角	六　角	六　角
香 瓜	一　元	一元二角	一　元	八　角	七　角	七　角
黄 瓜	三　元	三元五角	三　元	二元八角	二元二角	三元二角
菜 瓜	六　角	七　角	六　角	五　角	四　角	三角五分
甜 瓜	八　角	一　元	八　角	七　角	六　角	五角八分

（刘志鸿等修，李泰棻等纂：《阳原县志》，卷八，产业，农业，民国二十四年铅印本。）

〔民国元年至二十一年，河北阳原县〕

名 称	民元价格	民五价格	民十价格	民十五价格	民二十价格	现在价格①	民十产量	现在产量	备 考
黄　芪	0.1	0.2	0.25	0.2	0.2	0.3	5 000 斤	5 000 斤	药材皆销安国县，量数皆以斤为单位，价值以元为单位，点左为元，右为角，价格栏皆以斤计，至于产量及价格皆系约数。
甘　草	0.05	0.05	0.08	0.1	0.1	0.1	10 000 斤	10 000 斤	
黄　芩	0.05	0.05	0.05	0.07	0.05	0.05	3 000 斤	3 000 斤	
枸　杞	0.08	0.08	0.1	0.08	0.3	0.2	3 000 斤	3 000 斤	
地骨皮	0.02	0.02	0.05	0.05	0.05	0.05	1 000 斤	1 000 斤	
猪　苓	0.05	0.07	0.08	0.08	0.1	0.1	200 斤	200 斤	
车前子	0.07	0.08	0.12	0.1	0.1	0.1	200 斤	200 斤	
知　母	0.06	0.08	0.1	0.1	0.1	0.1	300 斤	300 斤	
远　志	0.06	0.08	0.2	0.1	0.1	0.1	200 斤	200 斤	
柴　胡	0.02	0.05	0.05	0.03	0.05	0.05	100 斤	1 000 斤	
苍　术	0.02	0.02	0.07	0.04	0.05	0.05	5 000 斤	5 000 斤	
金樱子	0.05	0.05	0.15	0.1	0.1	0.1	300 斤	300 斤	
茵　陈	0.01	0.01	0.02	0.02	0.02	0.02	2 000 斤	1 000 斤	
地　丁	0.01	0.01	0.02	0.02	0.02	0.02	300 斤	300 斤	
黄　耆	0.04	0.04	0.6	0.6	0.6	0.5	6 000 斤	6 000 斤	

（续表）

名　称	民元价格	民五价格	民十价格	民十五价格	民二十价格	现在价格[①]	民十产量	现在产量	备　考
大　黄	0.04	0.04	0.06	0.05	0.05	0.05	10 000 斤	10 000 斤	
狼　毒	0.03	0.04	0.04	0.03	0.03	0.03	3 000 斤	3 000 斤	
防　风	0.01	0.1	0.11	0.1	0.1	0.12	7 000 斤	7 000 斤	
荆　芥	0.01	0.1	0.11	0.1	0.1	0.11	700 斤	700 斤	
麻　黄	0.01	0.1	0.08	0.08	0.1	0.08	20 000 斤	20 000 斤	
升　麻	0.01	0.1	0.1	0.1	0.1	0.1	200 斤	800 斤	
夏苦草	0.14	0.13	0.13	0.12	0.12	0.12	600 斤	600 斤	
二　丑	0.2	0.24	0.22	0.2	0.2	0.2	500 斤	500 斤	
益　母	0.06	0.05	0.06	0.06	0.06	0.06	3 000 斤	2 000 斤	
蒲公英	0.1	0.1	0.1	0.1	0.1	0.1	8 000 斤	8 000 斤	

（刘志鸿等修，李泰棻等纂：《阳原县志》，卷八，产业，杂业，民国二十四年铅印本。）

注：① 民国二十一年。

〔民国十五年至二十四年前后，河北张北县〕　在民国十五年，每斗莜麦价值五六角。至十八、九年，每斗莜麦涨至一元七八角以至二元以上。至近年来，每斗莜麦不过二三角，现虽稍涨，相差远甚，但日用零星物品其价值仍不稍衰，而人民之负担如故，赋税如故，应酬如故，衣服饮食仍如故，以莜麦一大斗不过换粗布五尺或点心二斤而已。每亩出产莜麦平均二斗，除子种、人工、粮赋及其他一切花费外，所入不偿所出，其将何不贫且穷也。

（陈继淹修，许闻诗等纂：《张北县志》，卷五，户籍志，金融，物价，民国二十四年铅印本。）

〔民国二十四年前后，河北三河县〕　农民一切花费，全恃地亩出产。民初，谷贵农足；近几年来谷价一落千丈。以芝麻而论，昔则每百斛十二五斗，一斗值洋二三元不等，今则不过一元上下。细粮如是之贱，其他玉米、高粱等粗粮，更不必论矣。

（唐玉书等修，吴宝铭等纂：《三河县新志》，卷十五，因革志，实业篇，地价谷价，民国二十四年铅印本。）

〔清光绪中叶至民国六年前后，奉天沈阳县〕　清光绪中叶，县境斗黍值制钱一吊二三百文（当今铜币二十五六枚，今需铜币二三百二三十枚始易斗粟，他谷称是)。今则谷值奇昂,度越往时曷止倍蓰。

(赵恭寅修,曾有翼等纂:《沈阳县志》,卷一,地理,市场,民国六年铅印本。)

〔清光绪中叶至民国十六年前后,奉天兴城县〕 清光绪中叶,县境斗粟值制钱一吊一二百文(当今铜币二十枚,今需铜币七百七十余枚始易斗粟,他谷称是)。今则谷值翔贵,蒸蒸日上,超越曩时,虽由外销及赋重使然,然圜法奇荒要亦第一主因。

(思麟、王恩士修,杨荫芳等纂:《兴城县志》,卷一,地理志,市场,民国十六年铅印本。)

〔民国十九年前后,吉林开原县〕 自钱法毛荒以来,粮价之昂日增一日,兹就所调查粮价比较之,仅周岁时期价值有相差六七倍者,至少亦不下二三倍,惟高粱、大豆差数最巨,而间阎日用所需亦以高粱、大豆为最广,人民之生活概况大可知矣。

(李毅修,王毓琪等纂:《开原县志》,卷九,人事,实业,工商业,民国十九年铅印本。)

〔清光绪十七年前后,黑龙江〕 江省向不产米,土著旗丁率以糜麦杂牛羊肉食之。市米则多由奉天载运,以资汉民,石约百八十斤,价银四两。麦面上百亦在一两二钱。糜则为价稍低。此据秋收中稔时言之。然惟呼兰垦产为多,各城官运而外,至江冰大合,则粮载之车日夜不绝,号买卖大宗。其运赴吉林省各属亦略相等。

(清 徐宗亮纂:《黑龙江述略》,卷六,丛录,清光绪中刻本。)

〔明成化年间至嘉靖三十六年前后,陕西西安府耀州〕 闻成化、弘治间,米贱货贵,故粮价率不过四钱,折布乃费至五钱。时同知李宪以州人不种木棉,请改折布,他州县藉以为利。今粮价两倍于折布,民始大困,乃日日告言折布事矣。

(明 李廷宝、江从春修,乔世宁纂:《耀州志》,卷四,田赋志,明嘉靖三十六年刻本,清乾隆三十年重刻本。)

〔清道光二十六年至光绪四年,陕西西安府高陵县〕 谷贱时斗米百余钱,贵时则价相倍蓰。道光丙午丁未间,谷虽贵,斗不逾七百。光绪三年,斗谷价至三千有奇。次年小稔,又至百余钱。

(清 程维雍修,白谓谐纂:《高陵县续志》,卷二,户租志,物产,清光绪十四年刻本。)

〔清宣统元年至民国十五年,陕西澄城县〕 近数年来,诸物腾贵,兹就清宣统元年及现在物价指数表示之:

物　名	宣统元年价	民国五年价	民国十五年价
面	每斤制钱二十四文	三十四文	二百六十文
油	每斤制钱二百二十文	一百六十文	一千三百文
盐	每斤制钱四十文	一百文	六百文
肉	每斤制钱八十文	一百四十文	八百文
酒	每斤制钱八十文	一百二十文	八百文
豆腐	每斤制钱八文	十二文	一百二十文
鸡蛋	每斤制钱六文	十二文	五十文
炭	每斤制钱一文	二文	十文
土布	每尺制钱三十文	五十文	三百六十文
棉花	每斤制钱二百二十文	三百文	一千四百文

上表择日用之物十种计之,则宣统元年物价指数为二,民国五年为三,十五年为一九。未二十年,物价已增高几及十倍,商民两受其困。

(王怀斌修,赵邦楹纂:《澄城县附志》,卷四,商务,民国十五年铅印本。)

〔清康熙十九年前后,甘肃巩昌府安定县〕 此地社仓不可不复以备饥荒,安定谷贱时,每升止用钱数文,易为积蓄。

(清　张尔介纂:《安定县志》,卷五,风土,杂记,清康熙十九年刻本。)

〔清乾隆年间至民国十二年后,山东潍县〕 清乾嘉时,粮价平均每斗不过数百,岁饥亦不过制钱千余文,此见于乡先辈之记载者。至同治间,东关筑圩高梁每斗才三百文,光绪丙子大饥,每斗三千文,不过一日而人以为奇昂。民国以来,交通日便,粮价日高,自十二年后又月异而岁不同。民以食为天,此亦民生之一大问题也。

(常之英修,刘祖干纂:《潍县志稿》,卷十四,民社志,物价表,民国三十年铅印本。)

〔民国三十年前后,山东潍县〕 主要物价:住房如瓦房每间三四百元,草房每间二三百元。食料豆麦高粱向随时价而定。土布每百尺价六七元。

(常之英修,刘祖干纂:《潍县志稿》,卷十四,民社志,风俗,民国三十年铅印本。)

〔清朝初年至光绪年间,江苏苏州府〕 清初物价已较明代为昂,此不第苏州为然,而苏州为尤甚。顺治时,某御史疏言风俗之侈谓:一席之费至于一金,一戏之费至于六金。又《无欺录》云:我生之初,亲朋至,酒一壶为钱一,腐一簋为钱一,鸡凫卵一簋为钱二,便可款留,今非丰馔嘉肴不敢留客,非二三百钱不能办,具耗费益多,而物价益贵,财力益困,而情谊益衰。又晋江王伯咨尝于其《家训》中述往事：银三钱可易钱一百二十文，每日买柴一文，三日共菜脯一文，计二十日用三十七文有奇，尚存九十余文可买米一斗五升，是家中二日半之粮，盖此时银一两仅值四百文，斗米不过六十文，薪菜之植尤极贱也。至康熙时，则斛米值钱二钱；雍正时平银一两可易大制钱八九百文，色虽有高下，每石市价以百文上下为率。乾隆庚寅，斗米值三百五十文，《武昌县志》已列灾异。道光以来，米价极贱，时一斗二百余文，昂时或增加至数倍，每银一两从无千钱以内者，始知往日物轻钱重，官中所谓例价者，乃常价，非故为抑勒也。同光以后，则一筵之费或数十金，一戏之费或数百金，而寻常客至仓猝，作主人亦非一金上下不办，人奢物贵两兼之矣。生计日促，日用日奢，以捉襟见肘之底蕴，曾不能灭其穷奢极欲之豪情。万方一概，相成习风，纵生长富贵之家，恐亦不能持久，而况闾阎之民乎。

（曹允源等纂：《吴县志》，卷五十二上，舆地考，风俗一，民国二十二年铅印本。）

〔清康熙四十六年至乾隆十七年，江苏常州府无锡、金匮县〕 邑中米价，雍正以上，石不过两。以予幼时所见，康熙四十六、七年叠遭水旱奇荒，树皮剥食殆尽，而米价未满二两。自六十年至雍正三年，连旱五岁，米价亦未大昂。雍正五、六年，米更贱，价不满两。今天子嗣位，于今十有八年，邑无大水旱，而米价反大踊贵，昔以一两为平者，渐以两半为平。戊辰至庚午，至二两外。辛未之冬，正出米之时，而贵至二两五钱。至壬申之春，竟至三两矣。是今一石价抵昔三石也，富民一岁之收比昔三岁之入，贫民一日之食比昔三日之餐，富益富，贫益贫，贫百而富一，已伏不靖之机，而富民之奸者犹思私枭出境，以希厚利，能保民之无怨乎。幸锡民懦弱，不敢公肆抢劫，仅于出境米船拦截泼水，冀留米以活邑人，其情亦可悯矣。

（清 黄印辑：《锡金识小录》，卷一，备参上，米价，清乾隆十七年辑，光绪二十二年木活字本。）

〔清康熙年间至乾隆年间，江苏苏州府常熟、昭文县〕 闻之古老，康熙年中，民间市银一钱而易制钱一百一十文。迨后雍正间钱价日昂，渐至一百文、九十文以及八十五六文矣。《柳南续笔》：乾隆近时，钱贱银贵，每元银一钱易制钱自七十文起，渐增至一百一二十文，一百三四十文矣。

（清 王锦、杨继熊修，言如泗等纂：《常昭合志》，卷十二，杂记，清乾隆六十年刻本。）

〔清咸丰年间至民国十四年前后，浙江龙游县〕 物价：咸丰以来渐行银元，光绪后悉用墨西哥银元(俗称鹰洋)为物价本位,而制钱反成辅币。今考其兑换之价,咸丰间以行钞故,每元兑制钱至一千八百文。同治间落为一千二百八十文。光绪初,则一千一百至二百。光绪中,最平在一千左右。至季年,又增二百。宣统时,增至四百。最近增至一千八百有奇,则铜元充斥之效也。

		咸丰	同治	光绪初	光绪中	光绪季	宣统间	最近
米	每担	一元八角左右	一元二角左右	一元六角左右	一元四角左右	三元左右	四元左右	五元左右
麦	每担	一元二角左右	八角左右	一元左右	一元八角至二元	二元二角至五元	二元五角至三元	三元至四元
猪肉、鸡鸭	每斤	九十余文	六十文	七十至八十文	九十文至一百十余文	一角二分至四分	一角四分至六分	一角八分至二角四分
盐	每斤	四分	匪乱时至四百文,后三分	四分	四分有奇	五分	五分有奇	六分
诸蔬	每斤	无考	三四文	三五文	五七文	六文至十文	十余文至二十余文	十余文至二十余文
酒 佳	每斤	无考	十二文	十八文	二十四文	三分	三分六厘	六分
酒 次	每斤	无考	八文	十二文	十六文	二分	二分八厘	二分八厘
箍柴	每箍	无考	三分余	四分余	五分余	六七分	七八分	一角至一角二三分
果 佳	每斤	无考	十文	十六文	二十四文	二十八文	四分余	六分至一角三分余
果 次	每斤	无考	五文	八文	十二文	十六文	二分余	六分至一角三分余
糕饼	每斤	无考	六十文	七十文至八十文	九十文至百十文	九分六厘至一角二分余	一角二分至一角八分	一角八分至二角三分
粗布	每匹	无考	六百余文	七百余文	九百余文	一元一角余	一元二角余	一元三角至一元八角余
诸油	每斤	八十余文	六十余文	六十余文	七十文至八十文	一角一二分	一角四五分	一角八分至二角二分余
春笋	每斤	无考	四五文	四五文	八文至十文	十文至十八文	十八文至二十四文	四十文至一百文

案：上表虽甚简，而六十年间物价升沉之大概具焉。同治间，大乱初平，疮痍未复，故物价低。至光绪中年，故老言与咸丰以前略相等，则适得其平也。中年以后日渐增昂，至于今则一二倍至五六倍不等，世变之亟可知，而民生之凋敝亦可征矣。

（余绍宋纂：《龙游县志》，卷六，食货考，物产，民国十四年铅印本。）

〔民国二十八年以前至三十年，浙江分水县〕 盐价，则二十八年以前，每百市斤售十三元一角一分，后逐渐增加至三十年十一月每百市斤售一百七十三元七角。

（钟诗杰修，臧承宣纂：《续修分水县志》，卷七，食货志，食盐，民国三十一年铅印本。）

〔清咸丰十一年，安徽徽州府祁门县〕 咸丰十一年二月，太平军由池州逾岭趋围祁门。祁门倚粮江西，于是粮运三十日不至。曾国藩誓以死守，自书遗嘱二千余言。朱品隆、江长贵力拒，围乃解，自是里乡各村镇成焦土矣。太平军古隆贤令民归耕时，粮价奇贵，米每升四百文（合洋四角余），盐每两七十文（合洋七分余），人相食，多饿死者。时有米肉（人肉之别称）、糠肉（猪肉）之分。

（陈惟壬纂：《石埭备志汇编》，卷一，大事记稿，民国三十年铅印本。）

〔清宣统三年前后，江西瑞州府新昌县〕 自铜元行，物价腾踊，米一升至七十余钱，盐一斤至百五十钱，肉一斤至百八十钱，贫者益难谋食。

（胡思敬纂：《盐乘》，卷五，食货志，物产，民国六年刻本。）

〔清道光、咸丰、同治年间，福建汀州府上杭县〕 货物：殊属，嘉庆间油豆、棉花、布匹皆自江右由汀而来；道光初，始有洋花来杭，海油、海豆、皮、佛银甚伙。甲申、乙酉（道光四、五年）间，顿生偷凿边银之币，始则一二分，继则渐加，轻至六钱另五钱不等，公议过平谷干为例，高伸低补。制钱于庚寅、辛卯（道光十、十一年）以后，渐至乌有。粮食每赖海米接济。道光中，米价常常不等，廉则二斗四五，贵至一斗四五或仅斗而已；迄道光末年，连岁丰稔，粘米价每边元五斗。

（张汉等修，丘复等纂：《上杭县志》，卷三十六，杂录，民国二十八年铅印本。）

〔民国二十六年至三十三年，福建龙岩县〕 本县物价，在抗战以前颇为稳定，涨落甚微。抗战发生后，则波动甚急，有较战前增至二千倍者，对人民生活影响殊大。兹列必需品十项，自民国二十六年起三十三年止，查明价格，列表于后：

物价上涨一览表

货物种类	单位	二十六年	二十七年	二十八年	二十九年	三十年	三十一年	三十二年	三十三年	备考
布	市尺	0.10	0.10	0.18	0.50	35.0	45.0	70.0	125.0	本白洋为标准
米	市斗	0.70	1.0	1.50	6.0	20.0	30.0	25.0	24.0	上白米为标准
猪肉	市斤	0.28	0.28	0.30	0.50	1.7	6.0	26.0	80.0	
食盐	市斤	0.088	0.088	0.105	0.13	0.25	0.38	12.0	32.84	
食糖	市斤	0.85	0.85	1.50	3.60	8.0	16.0	20.0	29.0	红糖为标准
煤炭	市担	0.15	0.15	0.40	0.80	5.0	9.0	26.0	65.0	炭角为标准
肥皂	条	0.25	0.40	0.60	1.4	3.5	30.0	40.0	400.0	绍昌皂为标准
八卦丹	小包	0.10	0.10	0.15	0.50	1.0	5.0	8.0	70.0	
奎宁丸	粒	0.012	0.012	0.02	0.10	0.25	1.0	4.0	13.0	蓝印丸为标准
火柴	小盒	0.005	0.006	0.10	0.40	0.60	1.0	2.0	8.0	建华厂出品为标准

（郑丰稔纂：《龙岩县志》，卷十七，实业志，商业，民国三十四年铅印本。）

〔清嘉庆四年前后，河南彰德府涉县〕 煤炭皆自外至，居民首苦乏水，次苦乏薪，诸物昂贵。官府所市大米斗三百钱，小米减半，衣棉斤一百八十钱，猪肉斤六十钱，羊肉斤四十钱，名为官价，视他处民价加贵，称曰瘠土，信不虚矣。

（清　咸学标修，李文元纂：《涉县志》，卷一，疆域，物产，清嘉庆四年刻本。）

〔清光绪初年至民国二十四年前后，湖北麻城县〕 光绪初年，鱼肉每斤五六十文，蔬菜每斤二三文，油盐每斤三五十文，米每升三四十文，今则有价增十倍者，有增十五六倍至二十余倍者。寻常客至，从前费数百文即可款待，近则动以银元计。进款不加，而出款繁重，小康之家无不以生计为虑。

（郑重修，余晋芳等纂：《麻城县志续编》，卷一，疆域志，风俗，民国二十四年铅印本。）

〔清道光八年前后，湖南永州府〕 通郡米粟之所入，昔时人少食寡，可以泛舟外济，近来户口繁庶，农不加多，而食之者日增，遇湘江下游歉岁，倾捆载往，本境粮价立致翔贵。

（清　吕恩湛等修，宗绩辰纂：《永州府志》，卷五上，风俗志，清道光八年刻、同治六年重校印本。）

〔清光绪二年前后，湖南永州府零陵县〕 通邑米粟所入，昔时人少食寡或有余，可以济外。近来户口繁庶，农不加多，而食者日增，遇湘江下游均有荒歉，他邑时来就籴,则本境谷价立致翔贵,斯民即多饥馁之虞。

（清　徐保龄、嵇有庆修,刘沛纂:《零陵县志》,卷五,学校,风俗,清光绪二年刻本。）

〔**清光绪四年至民国十年,湖南醴陵县**〕　本县日用物品,多仰给于外省,故各种物价常视沪、汉各埠物价为转移,惟米价则视丰歉而定。辛亥改革以前,物价无甚起落,入民国后,乃逐渐上涨,虽原因不一,要以时局靡宁、金融紊乱为其主因。抗战以来,通货膨胀,交通梗塞,百物来源短涩,价日以昂。至三十年后,竟高至一百二十八倍。沦陷以后,物价变化更有不可思议者,谷一石易盐一斤,民困益深矣。兹据七十年私家账簿所记之物价及沦陷前县政府统计室所列之物价每月指数制表如下:

物价表一（根据私家数簿）

类别\年别	单位	光绪四年	光绪十四年	光绪十九年	宣统元年	民国元年	民国五年	民国十年	附　记
谷	石	六八〇文	七八〇文	六八〇文	二〇〇〇文	二八〇〇文	二八〇〇文	三八〇〇文	前清通行制钱以文为单位,民国初年虽使用铜元,而习惯仍以每一铜元当钱十文
猪肉	斤	八八	六三	六二	一一二	一六〇	二四〇	二八〇	
鸡	斤	八〇	七二	六八	一二〇	二五〇	三〇〇	三六〇	
鸡蛋	个	二	二	三	四	一〇	一五	二〇	
草鱼	斤	四〇	四〇	三六	七〇	九〇	一六〇		
茶油	斤	一一六	六九	五四	一五〇			三〇〇	
盐	斤	六〇	六〇	六三	一二〇	九〇		一八〇	
煤	石	五〇	一二〇	五〇					
苎麻	斤	二七〇	九九	一七〇					
棉花	斤	二〇〇	九六	二八〇					
竹布	尺	七〇	六二	六〇	六〇	九〇			
青洋布	尺	五五	五〇	五〇	七〇				
白连纸	刀	二〇	八二			八		一〇〇	

（刘谦等纂:《醴陵县志》,卷六,食货志下,物价,民国三十七年铅印本。）

〔**清同治年间至民国二十三年前后,广东恩平县**〕　物价之涨落,每随时会为转移。咸丰以前,世远年湮,艰于稽考,仅就同光间各物与现在时价比较,已大相径庭。兹约举之如大水牛一头,昔值银十二三两,今银一百余两。大猪一百斤,昔值银六七两,今值银二十余两。鸡一斤,昔值银二三毫,今值银一元。鸭一斤,昔值银八九分,今值银七八毫。鹅一斤,昔值银一钱,今值银一元。赤白谷一百斤,昔值银一两几钱,今值银五六元。番薯一百斤,昔值银二三两,今值银一元二三毫。熟盐一百斤,昔值银两二四钱,今值银六七两,而搀以生盐、石膏,非纯系熟盐。花生豆一百斤,昔值银一两左右,今值银三四两。花生麸一百斤,昔值银八九钱,今值银四两左右。黑叶荔枝果一百斤,昔值银一二两,今值银五六两。

龙眼、黄皮碌柚等果一百斤，昔值银几钱，今值银三四两。花生油一埕，昔值银二两有奇，今值银四五两。黄糖一百斤，昔值银二两零，今值银正六两。山草一百斤，昔值银铜钱一二百文，今值银四五毫。山柴一百斤，昔值银二三钱，今值银七八钱。上青砖一万个，昔值银四五十两，今值银一百余两。石灰一百斤，昔值银二钱左右，今值银一两左右。鲜鱼、碎咸鱼一斤，昔值银几分，今值银二三钱。猪肉一斤，昔值银二钱，今值银五钱。牛肉一斤，昔值银一钱八分，今值银三四钱。鸡、鸭蛋一枚，昔值铜钱七八文，今值银二三分。瓜、菜一斤，昔值铜钱八文十文，今值银一钱八分。以上略举日用土产之价，今与昔比，其贵贱相差何止倍蓰。

（余丕承修，桂坫纂：《恩平县志》，卷四，舆地，风俗，物价，民国二十三年铅印本。）

〔清光绪初年至民国初年，广东佛山镇〕 柴栏行：有松柴、柯柴、集柴之别，来自清远、英德、四会、广宁、罗定及广西藤县等处。各水客购柴运到交栏代沽，一如平码行沽谷米之例。柴店、酒房及用柴多之家，恒赴栏购买，并有先到柴船，视柴之干湿而订价者。全乡日销五六十万斤。光绪初年，每百斤值银约三毫；光绪末年，倍之；近且涨至三倍。其原因，一由于河道梗塞，二由机器缫丝厂用柴颇多所致。业此者，大基尾及太平沙各有数家。

（冼宝干等纂：《佛山忠义乡志》，卷六，农业，民国十五年刻本。）

〔清光绪末年，广东广州府佛山镇〕 猪栏行：猪来自本地四乡，又西北江、琼州等处，代售之法，与平码行同，各屠户每日到栏购买，光绪末年，每百斤约值银十四五两，今则几倍之矣。业此者不过数家。

（冼宝干等纂：《佛山忠义乡志》，卷六，农业，民国十五年刻本。）

〔清光绪末年至民国初年，广东佛山镇〕 钱行：从前多用一文铜钱，自光绪末年政府行用当十铜元后，一文之钱日见其少，昔患私铸，而今则患私销矣。又前购零碎器物者，率以一文为单位，今则以一仙，即当十铜元为单位，不徒人之日习为奢侈，实亦物价之日昂有以致之，近来一般人民生活程度之增高，已可概见矣。

（冼宝干等纂：《佛山忠义乡志》，卷六，农业，民国十五年刻本。）

〔民国以前至民国二十五年前后，广西信都县〕 民国以前，谷每斤值钱二十余文，猪肉每斤值钱百一二文，鸡每斤值钱百三四文，其后逐渐增加。至民十以后，谷每斤增至六十余文，猪肉每斤增至五百余文，鸡每斤亦增至五百余文。本年因金融短拙，价格奇跌，谷每斤仅三十余文，猪肉每斤二百余文，猪仔每斤百一二文，鸡每斤三百文。出口货既如此低跌,至入口货物,民国以前,盐每斤七八十文,现增至一百四十余文,文冲菜每斤六七十文,现增至百一二文,火油每斤八九十文,现增至三百余文,此皆生活上必须品,而出口入口各物产相去倍蓰。考出口货之锐减,因世界经济不景致受影响,而入口货之突增,则因粤省生盐公卖及税率增加云。

(罗春芳修,王昆山纂:《信都县志》,第二编,社会,经济生活状况,民国二十五年铅印本。)

〔清乾隆初年至民国二十三年前后,四川乐山县〕 清乾隆初年,物价廉贱,酒斤七文,肉三斤百文,豆斗百五六十文,说见《挹爽轩记》。今则米珠薪桂,大异畴昔。

(唐受潘修,黄熔等纂:《乐山县志》,卷三,方舆志,礼俗,民国二十三年铅印本。)

〔清乾隆年间至光绪二十六年前后,四川资州井研县〕 父老相传,乾嘉时,米斗钱三百,他货物皆贱,假贷子钱,家家有之,债息轻不过钱百千,岁息谷二石余。自李、蓝扰蜀以来,巨家皆空无,百物踊贵,岁丰,米常斗七八百,荒歉倍之。子钱家重出贷,其息什二,或百千称息五石、四石,非有保任质田不得予。近岁失债多,积财益少,匮乏无所称贷,而贫民益病困。

(清 叶桂年等修,吴嘉谟等纂:《光绪井研志》,卷八,食货四,土产,清光绪二十六年刻本。)

〔清代前期至宣统末年,四川叙州府富顺县〕 盐出于井……至烧煎成盐,需工至巨,所费不赀,视他省之晒海灰池,其难易不啻倍蓰,而每斤所值亦不过十数文者,由当时需用之日食器用材牛食料皆为贱值也。然光绪三十余年间,物值低昂比较相差二倍,而盐本之值多少不至悬殊,则又银价之伸缩有以剂之也。考银物各价以米价为准,人力之所从出也。而其他物价之低昂,即视食力所需为涨落,则米价为权衡矣。旧食米每斗五百文至八九百文,除荒年外,无斗米千钱者。炭每斤一二文至五六文,桐油每斤五十文至百二十文,火麻每斤百十文至百七八十文,水牛每头五六十串至百十串,胡豆每斗三百文至七八百文,此约盐场所需,而民用因之以成市价。银价居钱价、物价之间,又为权衡。道光十六年后,银一两易钱七百数十文,咸同间,贵至二千余文,贱至八百文。乱定,增至千文。光绪初,千五六百文。十四年后,千一二百文至千三四百文。二十三年后,减至千一二百文。三十三年后,渐增至千四五百文。前后平算,灶户市盐每水引一张,盐一万二千斤,大率在百四十两至百六十两,易钱摊本,每斤价值平均为二十余文。光宣之际,市盐增至四十余文者,则厘税重叠使然也。今则银价增至三倍有奇,食料都率为五倍,盐价亦如之,然计银则耗矣。本《志》断至辛亥,故讫光宣之际。

(彭文治、李永成修,卢庆家、高光照纂:《富顺县志》,卷五,食货,物产,民国二十年刻本。)

〔清道光年间至民国十九年,四川中江县〕

名称	体量	道光时价	宣统时价	现时价(庚午年)
米	每斗	三百余	六百余	三十五千
大麦	每斗	一百八	四百余	九千余
小麦	每斗	二百六	五百八	十七千余
玉蜀黍	每斗	二百六	五百八	十四千余
高粱	每斗	一百五	三百余	八千余
薯蕷	每斤	五	二十余	二百余
挂面	每斤	二十五	四十余	九百余
烧酒	每斤	十六	三十余	八百余
油	每斤	三十余	六十余	二千四
盐	每斤	二十余	五十余	一千八
猪肉	每斤	四十余	八十	一千八
木柴	每斤	二	六	一百余
石炭	每斤	四	九	二百余
棉	每斤	二百余	六百余	九千余
丝	每两	八十	一百余	三千余
布	每尺	十余	四十余	八百余
帛	每尺	八十	一百余	三千余
银	每两	一千	一千八	廿一千余
铜	每斤	三百余	四百余	十二千余
铁	每斤	三十余	五十余	一千余

(李经权等修,陈品全等纂:《中江县志》,舆地二,物产,民国十九年铅印本。)

〔清同治九年至民国十九年四川省南溪县〕

年代 量数 名称	价　格(银以角计,钱以文计)							
	同治 九年	光绪 六年	光绪 十六年	光绪 廿六年	宣统 二年	民国 四年	民国 九年	民国 十四年	民国 十九年
白绸(以两计)	[银]2	2.4	2.5	2.5	3.5	4	5	7	6
白绫(以尺计)	1	1	1	1.7	9	1	1.4	2	1.7
湖绉(以尺计)	1	1	1.2	1.2	1.6	1.8	2.2	2.7	2.1
杭缎(以尺计)	10	10	11	12	11	15	2.0	28	22

(续表)

名称＼年代＼量数	价　格(银以角计,钱以文计)							
	同治九年	光绪六年	光绪十六年	光绪廿六年	宣统二年	民国四年	民国九年	民国十四年	民国十九年
川缎(以尺计)	2.5	2.4	2.4	2.4	4	4	5	5	6
纱(以尺计)	1.5	1.5	1.4	1.4	1.4	1.3	7	9	9
大呢(以尺计)	2	2.3	2.4	2.4	3.1				
倭绒(以尺计)	2	2	2.4	2.4	1.7	2	6	7	7.5
羽毛(以尺计)	1	1	1.2	1.2					
哔叽(以尺计)	1.1	1.7	1.3	1.3					
丝(以两计)	钱100	120	150	150	200	550			2 000
棉布(以件计)		1 500	1 600	1 800	2 000	2 200			2 500
棉花(以两计)		15		12	30	60			350
棉纱(以两计)		18	20	28	40	70			400

（李凌霄等修,钟朝煦等纂:《南溪县志》,卷二,食货,近三百年民生消长状况,民国二十六年铅印本。）

〔清同治九年至民国十九年,四川南溪县〕

名称＼年代＼量数	价　格(以钱计)							
	同治九年	光绪六年	光绪十六年	光绪廿六年	宣统二年	民国四年	民国九年	民国十四年	民国十九年
柱料(以株计)	1 200	1 500	1 500	1 800	1 800	2 400	5 000	7 000	10 000
檩料(以株计)	600	600	700	800	800	1 200	1 600	2 000	3 000
枋料(以块计)	100	100	110	110	120	350	500	800	1 600
楼板(以团计)	2 200	2 400	2 500	2 500	2 600	6 800	10 000	20 000	60 000
桷料(以丈计)	300	400	400	420	440	800	3 200	3 000	7 000
砖(以千计)	4 000	4 000	4 400	4 600	4 600	6 600	9 000	22 000	50 000
瓦(以千计)	900	900	950	1 100	1 100	1 800	3 400	10 000	32 000
竹(以捆计)	60	64	66	70	72	100	220	800	1 600
钉(以斤计)	150	160	200	240	260	400	600	700	800
石灰(以斤计)	7	7	7	8	8	12	15	16	24
石条(以丈计)	250	260	280	300	340	450	600		
石板(以团计)	2 100	2 400	2 500	2 800	2 900	3 800	5 000	20 000	40 000

（李凌霄等修,钟朝煦等纂:《南溪县志》,卷二,食货,近三百年民生消长状况,民国二十六年铅印本。）

〔清同治九年至民国十九年,四川南溪县〕

年代 量数 名称	同治 九年	光绪 六年	光绪 十六年	光绪 廿六年	宣统 二年	民国 四年	民国 九年	民国 十四年	民国 十九年
煤炭(以斤计)	1.8	2	2	2	2	3	5	12	48
石炭(以斤计)	1	2	2	2	2	3	5	12	48
荛柴(以担计)	48	48	64	64	80	160	280	360	640
枒柴(以把计)	6	6	8	8	16	24	26	30	300
蕨草(以挑计)	160	160	160	160	200	200	300	450	800
菜油(以斤计)	64	70	70	85	150	160	400	800	2 200
桐油(以斤计)	58	60	60	80	140	160	400	700	2 100
卷油(以斤计)	48	48	54	54	64	80	100	300	1 400
洋油(以斤计)		120	160	160	200	200	300	400	3 000
蜡烛(以斤计)	160	160	200	200	320	320	460	560	3 000
牛油烛(以斤计)	160	180	180	180	200	220	400	500	3 000

(李凌霄等修,钟朝煦等纂:《南溪县志》,卷二,食货,近三百年民生消长状况,民国二十六年铅印本。)

〔清同治九年至民国十九年,四川南溪县〕

年代 量数 名称	同治 九年	光绪 六年	光绪 十六年	光绪 廿六年	宣统 二年	民国 四年	民国 九年	民国 十四年	民国 十九年
酒米(以升计)	45	50	60	64	70	320	400	750	2 400
膏粱(以升计)	35	50	55	56	60	80	80	850	1 300
苞谷(以升计)	30	40	60	64	64	70	80	700	1 600
大麦(以升计)	30	40	48	50	50	60	65	650	1 500
小麦(以升计)	40	46	50	60	60	100	100	750	1 800
黄豆(以升计)	50	60	66	70	70	110	100	800	1 500
绿豆(以升计)	50	56	56	60	60	75	90	700	1 400
葫豆(以升计)	40	45	45	50	50	52	60	600	1 300
豌豆(以升计)	50	46	50	56	60	64	70	700	1 600
茶豇(以升计)	40	45	45	48	48	50	55	650	1 200
花生(以斤计)	13	16	20	22	22	24	24	260	250
菜子(以升计)	36	40	45	50	50	60	80	750	2 000
红苕(以升计)	15	20	24	24	24	28	30	50	120
薄椒(以斤计)	12	18	22	25	24	28	32	300	1 200

(续表)

名称 \ 年代 量数	同治九年	光绪六年	光绪十六年	光绪廿六年	宣统二年	民国四年	民国九年	民国十四年	民国十九年
花椒(以斤计)	320	360	380	400	480	440	460	1 000	3 400
猪肉(以斤计)	58	66	68	72	100	140	240	600	1 600
羊肉(以斤计)	40	40	56	60	60	80	160	500	1 200
牛肉(以斤计)	32	40	50	50	50	55	100	360	200
鸡(以斤计)	60	60	64	70	72	100	180	600	400
鸭(以斤计)	40	50	50	60	64	70	100	500	1 200
鱼(以斤计)	50	50	60	80	80	160	200	400	1 300
鸡蛋(以枚计)	3	3	4	4	4	6	6	65	110
鸭蛋(以枚计)	3	3	5	5	5	7	8	75	160
猪油(以斤计)	80	100	100	120	160	180	480	1 200	3 000
花油(以斤计)	70	80	80	90	150	160	450	800	2 200
麻油(以斤计)	100	160	160	200	240	300	400	1 600	4 800
屏茶(以斤计)	80	80	100	120	120	150	200	1 200	1 600
大面酒(以斤计)	160	180	200	220	240	260	360	1 000	2 000
烧酒(以斤计)	36	40	44	64	80	200	300	400	800
常酒(以斤计)	18	20	22	24	28	40	80	120	480
老酒(以斤计)	40	50	56	58	84	240	360	440	900
叶烟(以斤计)	120	140	140	120	200	200	300	360	1 600
丝烟(以斤计)	320	340	360	400	450	600	800	1 000	1 600
棉烟(以斤计)	320	320	320	400	800	900	1 000	1 600	2 400
白糖(以斤计)	48	72	70	90	90	160	240	400	1 800
结糖(以斤计)	24	32	40	50	50	60	100	150	1 500
漏糖(以斤计)	16	20	20	24	32	40	60	100	500
冰糖(以斤计)	100	100	140	140	200	400	400	500	3 000

（李凌霄等修，钟朝煦等纂：《南溪县志》，卷二，食货，近三百年民生消长状况，民国二十六年铅印本。）

〔清同治十年至民国二十年，四川南溪县〕

年代 \ 钱目	十五千以上	十四千以上	十三千以上	十二千以上	十一千以上	十千以上	九千以上	八千以上	七千以上	六千以上	五千以上	四千以上	三千以上	二千以上	一千以上	一千以下
同治十年															16	00
光绪元年															17	20
六年															14	40

生银每两价格之比较（此表以 0 为单位）

(续表)

年代＼钱目	十五千以上	十四千以上	十三千以上	十二千以上	十一千以上	十千以上	九千以上	八千以上	七千以上	六千以上	五千以上	四千以上	三千以上	二千以上	一千以上	一千以下
一一年															15	00
一六年															16	00
二一年															13	00
二六年															9	60
三一年															12	00
宣统二年															16	00
民国四年														25	00	
九年													34	00		
一〇年													36	00		
一一年													36	00		
一二年													36	00		
一三年												42	00			
一四年												56	00			
一五年									72	00						
一六年								84	00							
一七年						100	80									
一八年				12	500											
一九年	16	100														
二〇年	16	100														

（李凌霄等修，钟朝煦等纂：《南溪县志》，卷二，食货，钱币，民国二十六年铅印本。）

〔清同治十年至民国二十年，四川南溪县〕

年代＼价目	一千文以上	九百文以上	八百文以上	七百文以上	六百文以上	五百文以上	四百文以上	三百文以上	二百文以上	一百文以上	一百文以下
同治十年											30
光绪元年											32
六年											40
一一年											40
一六年											39
二一年											38
二六年											47
三一年											49
宣统二年											42
民国四年											76
九年											140
十年											160
十一年											180
十二年											200
十三年										250	
十四年									320		
十五年								450			

(续表)

年代＼价目	斤盐价格之比较（值以钱计）									
	一千文以上	九百文以上	八百文以上	七百文以上	六百文以上	五百文以上	四百文以上	三百文以上	二百文以上	一百文以上 一百文以下
十六年							520			
十七年							560			
十八年						640				
十九年	1 040									
二十年	1 280									

（李凌霄等修，钟朝煦等纂：《南溪县志》，卷二，食货，食盐，民国二十六年铅印本。）

〔清同治十一年至民国二十年，四川南溪县〕

年代	石谷（以市斗计）价格之比较（以钱十千为一级）
同治十一年	3 000
光绪元年	3 200
六年	3 200
十一年	4 000
十六年	2 800
廿一年	3 500
廿六年	3 600
三十年	4 400
宣统三年	3 800
民国五年	5 600
十年	15 400
十一年	16 300
十二年	17 400
十三年	25 000
十四年	35 000
十五年	42 000
十六年	60 000
十七年	50 000
十八年	48 000
十九年	110 000
二十年	130 000

（李凌霄等修，钟朝煦等纂：《南溪县志》，卷二，食货，近三百年民生消长状况，民国二十六年铅印本。）

〔清同治年间至民国十七年前后，四川大竹县〕 竹邑商业，向来首推盐、当。盐商专卖，岁得价一二十万；当商上架，岁亦七八万。自废岸商，改承销店，又改为就场征税，而盐商遂无有矣。自恒泰典停贸，改为公顷店，因钱价亏折，陕军蹂躏，当商亦无复存矣。竹无长江、大河交通之利，又无珍奇异产特出之物，万金之贾阗焉寡闻，商业殆无足比数。然而，今昔物价之涨落，人民生活之难易，以及物品输入、输出之能否相抵，综其概要可得而言。当前清同、光之际，物价低廉，升米、斤肉、尺布各止值钱数十百；斤炭价钱不满百；菜蔬盈束，少则数文，多仅十余；庖厨包治筵席，大市九箧，钱不满千；人民作工，日得百钱，可许赡家糊口，稍有赢余，即饮食醉饱，酣嬉为乐。其时，市用银锭，县城白丝重约五两，外来则多票锭，间有五十两大锭，自银元盛行，而银锭绝迹矣。制钱以个为单位，自铜币盛行，由当十、当五十以至当百，近则双百铜元充满市廛，直以一二百为单位，而制钱绝迹矣。银每两前换钱千余，今涨至八千余；每元换钱七八百，今涨至六千余。推其原因，皆铜币价格低落所致，因铜币低落，物价遂益腾涌，有涨至十倍者，有并不止十倍者，物质生活之贵，视繁盛都会，殆将过之，抚今思昔，相差直不可以道里计。输出物品，当种烟时代，自以鸦片为大宗，次则山前各段所出夏布，销售沪、汉、汉中，岁约二三十万，次则苎麻，次则中表草纸，二者各约十万，其他丝、漆、梧子、蓝靛、羊皮、猪毛、小肠、栀子、玄参、半夏等类，综计其数多亦不过十万。迨实行烟苗禁种，输出必大为减色。输入物品，以绵纱为大宗，次则沪、汉、成都之丝织物，渝、万之洋广器物及匹头，自井之盐，内江、渠县之糖，郫县之烟，万源之茶，渠广之布，以及药材、纸张、瓷器与乎米粮食物，驮载背负，道路襁属不绝。输入与输出相较，其数相差甚远，盖以岁出正杂各税与临时预征借垫特捐，种种名目，人民金钱几何，现已精尽髓竭，再延长之，将有无法支持之一日。其时，物价之腾涌，生活之艰难，更属不知何似，瞻念前途，可为寒心。至于商场习惯，县各不同，竹城米斗平秤二十六七斤，杂粮一斗加十之二四，乡谷斗又各彼此不同。城平九六二五秤之两数，约与相准，各乡市平有九七九八十足不等。麻、炭、盐向用天平，斤十六两；油、糖、粉、面斤二十两，均习惯使然。工尺、木石、缝纫多用九四；绸缎正尺九寸，布匹十足，现多改为九四五。吾县欲振兴商业，自以奖励输出，抵制输入，使人民消费低廉，并划一度量衡，均应视为当务之急云。

（郑国翰等修，陈步武等纂：《大竹县志》，卷十三，实业志，商业，民国十七年铅印本。）

〔清同治年间至民国二十七年前后，四川安县〕 县属旧以产米为大宗，其他各项百物价目均视米为涨缩。清同光时代，米每斗价由四百文涨至七百文为最高点，其油盐肉黍豆麦均在米价之下。近数年来，盐高于昔百倍，油七十倍，肉六十倍，黍、豆、麦等仍随米为涨跌，视昔有涨无跌。

（夏时行等修，刘公旭等纂：《安县志》，卷五十古，社会风俗，物价，民国二十七年石印本。）

〔清光绪元年至民国十四年，四川合江县〕

年　代	升米(市价)价格之比较(以百钱为一级)				
光绪元年					46文
光绪十一年					48文
光绪二十一年					70文
光绪三十一年					70文
民国四年				24文	
民国十四年	180文				

（王玉璋修，刘天锡等纂：《合江县志》，卷二，食货，近三百年民生消长状况，民国十八年铅印本。）

〔清光绪元年至民国十四年，四川合江县〕

名　称	价　格（以钱计）					
	光绪元年	光绪十一年	光绪廿一年	光绪三十一年	民国四年	民国十四年
薪(以百斤计)	40	60	80	100	300	1 300
木炭(以百斤计)	220	260	300	430	1 200	6 000
煤炭(以百斤计)	180	210	240	1 200	1 200	5 000
菜油(以百斤计)	4 000	5 000	5 400	8 000	34 000	80 000
桐油(以百斤计)	3 400	4 000	5 000	7 400	40 000	110 000
桊油(以百斤计)	2 600	3 000	4 600	6 400	16 000	55 000
茶油(以百斤计)	3 400	4 000	5 000	7 400	28 000	62 000
煤油(以斤计)	无	50	54	72	220	520
罂粟油(以斤计)	36	44	48	无	无	无

（王玉璋修，刘天锡等纂：《合江县志》，卷二，食货，近三百年民生消长状况，民国十八年铅印本。）

〔清光绪元年至民国十四年，四川合江县〕

名　称	价　格（以银两计）					
	光绪元年	光绪十一年	光绪廿一年	光绪三十一年	民国四年	民国十四年
柱料(以株计)	0.6	0.9	1.2	2.1	2.6	3.6
檩料(以株计)	0.3	0.4	0.4	0.5	1.9	1.5
枋料(以块计)	1	1	1	1	3.2	5

(续表)

名称	价格（以银两计）					
	光绪元年	光绪十一年	光绪廿一年	光绪三十一年	民国四年	民国十四年
楼料(以团计)	2.2	2.5	2.8	3.2	5	8
丈四桷(以匹计)	0.03	0.03	0.04	0.04	0.05	0.08
瓦(以万计)	4	5.7	7	10	17	26
砖(以千块计)	1.35	1.57	1.59	2.98	2.98	5
钉(以1斤计)	0.022	0.03	0.042	0.04	0.05	0.24
石灰(以百斤计)	0.05	0.07	0.13	0.2	0.41	0.68
竹(以千斤计)	1	1.5	2	2.5	3.4	4
石条(以条计)	0.066	0.072	0.092	0.116	0.1	0.142
石块(以尺计)	0.01	0.013	0.017	0.02	0.026	0.04

（玉玉璋修，刘天锡等纂：《合江县志》，卷二，食货，近三百年民生消长状况，民国十八年铅印本。）

〔清光绪元、十一、二十一、三十一年至民国四、十四年，四川省合江县〕

名称	价格（以银两计）					
	光绪元年	光绪十一年	光绪廿一年	光绪三十一年	民国四年	民国十四年
白绸(以两计)	0.18	0.21	0.22	0.24	0.28	0.7
绫(以匹计)	0.95	1.10	1.10	2.10	2.40	2.4
湖绉(以尺计)	0.20	0.22	0.22	0.24	0.28	0.7
缎(以尺计)	0.42	0.49	0.51	0.53	0.55	1.2
纱(以尺计)	0.22	0.24	0.24	0.24	0.24	0.6
宁绸(以尺计)	0.22	0.24	0.24	0.24	0.25	1.4
摹本缎(以尺计)	0.29	0.34	0.42	0.44	0.48	1.8
织呢(以尺计)	0.12	0.18	0.2	0.2	0.2	无
窝绒(以尺计)	0.16	0.18	0.18	0.18	0.18	0.5
羽毛(以尺计)	0.09	0.1	0.1	0.1	0.1	无
山丝绸(以尺计)	0.1	0.1	0.1	0.2	0.22	无
麻布(以尺计)	0.06	0.07	0.09	0.11	0.13	0.32
葛布(以尺计)	1.08	0.1	0.1	0.1	0.12	无
丝绵(以斤计)	0.8	0.1	1.2	2	1.6	2.2
丝(以斤计)	0.7	0.9	1	1.2	2.8	1.1
棉布(以尺计)	0.014	0.016	0.018	0.02	0.028	0.042

(续表)

名　称	价　格（以银两计）					
	光绪元年	光绪十一年	光绪廿一年	光绪三十一年	民国四年	民国十四年
棉花（以斤计）	0.13	0.13	0.13	0.18	0.23	0.56
棉纱（以斤计）	0.23	0.23	0.23	0.28	0.32	无
洋纱（每柄八斤零）			1.84	2.24	2.64	5.2

（王玉璋修，刘天锡等纂：《合江县志》，卷二，食货，近三百年民生消长状况，民国十八年铅印本。）

〔清光绪元年至民国十四年，四川合江县〕

名　称	价　格（以钱计）					
	光绪元年	光绪十一年	光绪廿一年	光绪三十一年	民国四年	民国十四年
牛肉（以斤计）	24	28	32	40	80	560
羊肉（以斤计）	52	60	72	80	140	640
猪肉（以斤计）	48	60	72	80	160	880
鸡肉（以斤计）	44	56	60	76	120	780
鸭肉（以斤计）	38	40	44	58	800	400
鱼（以斤计）	48	52	64	72	160	900
鸡蛋（以枚计）	2.8	3.4	3.6	3.8	12	55
鸭蛋（以枚计）	3.4	3.6	4	4.8	32	66
黄豆（以升计）	42	50	56	64	940	1 600
绿豆（以升计）	32	38	42	46	680	960
胡豆（以升计）	22	26	30	38	540	800
碗豆（以升计）	32	38	42	48	680	960
高粱（以升计）	28	36	40	46	660	1 100
玉蜀黍（以升计）	32	38	42	46	660	1 200
小麦（以升计）	46	48	70	80	240	1 800
麦面（以斤计）	20	30	36	40	660	660
冰糖（以斤计）	52	64	72	80	360	1 100
白糖（以斤计）	40	48	56	60	240	820
水糖（以斤计）	24	30	34	38	160	540
丛茶（以斤计）	36	40	56	80	200	540
沱茶（以斤计）	780	840	920	1 200	2 400	9 600
火酒（以斤计）	18	24	28	34	92	400
大曲酒（以斤计）	80	96	120	140	600	1 200

	价　格（以钱计）					
名　称	光绪元年	光绪十一年	光绪廿一年	光绪三十一年	民国四年	民国十四年
香花酒（以斤计）	70	90	100	120	540	960
麻油（以斤计）	96	120	240	320	640	3 200
丝烟（以斤计）	10	15	15	20	40	260
叶烟（以斤计）	36	40	64	80	130	540
茅烟（以斤计）	72	96	120	200	800	2 000
纸烟（以盒计）	无	无	无	40	100	400
鸦片（以两计）	160	120	100	180	10 000	2 800

（王玉璋修，刘天锡等纂：《合江县志》，卷二，食货，近三百年民生消长状况，民国十八年铅印本。）

〔清光绪元年至民国十六年，四川省南川县〕

年　度	菜桐油一斤	煤炭十斤	铁一石	毛茶一斤	家山丝一斤	漆一斤	烧纸一石
光绪元年至二十年	70至80	20至40	2 500至3 000	400至500	2 000至1 600	600至700	240至340
［光绪］二十一年至末年	同前	同前	同前	同前	同前	同前	同前
宣统元年至末年	100 80	同前	同前	同前	同前	同前	同前
民国元年至五年	210 160	40至50	4 000至7 000	600	3 000至2 400	1 000 1 200	400至500
民国六年至十年	380 180	50至60	10 000至15 000	800	4 200 3 200	1 300至1 500	600至700
民国十一年至十六年	4 000 2 600	80至350	20 000至90 000	1 600至4 000	40 000 30 000	3 000至9 000	130 250

（柳琅声修，韦麟书等纂：《南川县志》，卷四，商业，民国二十年铅印本。）

〔清光绪初年至民国十六年，四川南川县〕

年　度	银一两	（银洋）一元	（田租）拾小石	谷一小石	米一小斗	（包谷）一小斗	麦一小斗
光绪初年至二十年	1 800	无	（上田）200 000（中田）160 000（下田）140 000	1 500至1 300	360至300	260	250

（续表）

年　度	银一两	（银洋）一元	（田租）拾小石	谷一小石	米一小斗	（包谷）一小斗	麦一小斗
[光绪]二十一年至末年	1 200	700 至 800	同前	1 200 至 1 600	300 至 380	280	260
宣统初年至末年	1 600	1 200	同前	2 000	460	400	400
民国元年至五年	1 700 至 2 400	1 200 至 1 700	同前	二年 2 000 三年 10 000 四年 5 000 五年 2 000	高价 1 900 低价 380	1 800 370	1 780 350
民国六年至十年	2 600 至 2 900	2 030 至 2 100	六、七、八年同前极贱 九、十两年 340 000 增价	六年 4 000 七年 八年 5 000 九年 5 800 十年 25 000	1 000	700 至 4 800	660 3 500
民国十一年至十六年	无	2 300 至 9 400	十一年 360 000 十四年 1 000 000 十五年 1 700 000	十三年 14 000 十四年 51 000 十五年 54 000 十六年 36 000	3 000 11 000	10 000 至 6 000	9 000 至 5 600

（柳琅声修，韦麟书等纂：《南川县志》，卷四，商业，民国二十年铅印本。）

〔清光绪初年至民国十六年，四川南川县〕

年　度	黄豆一小斗	白布一件	盐一斤	肉一斤	烧酒一斤	白糖一个	黄糖一个
光绪初年至二十年	250	800 至 1 200	50	60	40	560	320
[光绪]二十一年至末年	270	同前	60 至 80	同前	40 至 50	同前	同前
宣统元年至末年	380	1 300 至 1 600	80 至 100	80 至 120	60 至 100	600	400
民国元年至五年	高价 1 700 低价 350	2 100 至 3 100	100 至 150	140 至 180	180 至 190	960	640
民国六年至十年	600 至 4 600	3 400 至 6 700	200 至 230	200 至 400	200 至 300	1 600 至 3 000	1 120 至 2 400
民国十一年至十六年	3 000 至 6 000	7 000 至 21 000	400 至 1 000	500 至 3 400	400 至 1 200	3 400 至 19 000	2 500 至 9 800

（柳琅声修，韦麟书等纂：《南川县志》，卷四，商业，民国二十年铅印本。）

〔清光绪五年至民国二十二年,四川叙永县〕

年　别	食盐价格之比较(每斤以值钱计)
光绪五年至十年	30 文
[光绪]十一年至二十年	48 文
[光绪]二十一年至三十年	60 文
[光绪]三十一年至三十四年	64 文
宣统元年至三年	100 文
民国元年至十年	500 文　300 文　200 文　160 文
[民国]十一年至二十二年	1 400 文

(宋曙等纂：《叙永县志》,卷七,实业志篇,盐业,民国二十四年铅印本。)

〔清光绪十二年前后,四川潼川府射洪县〕　米一斗值钱五百余文,近今至七八百余文。

(清　谢廷钧等修,罗锦城等纂：《射洪县志》,卷五,食货志,钱法,清光绪十二年刻本。)

〔清光绪十六年至民国十四年,四川彭山县〕　银价至低之额莫过于光绪二十四年,至高之额莫过于现在；米价至低之额莫过于光绪十六年,至高之额莫过于民国十一年,此其大较也。惟银自宣统元年以后,米自民国四年以后,皆逐年增高,较光绪时增一倍半或两倍半,其他如煤、盐各物,莫不各增倍蓰。夫十年以来,币制恒不一矣,银愈贵钱愈贱,以致物价愈增,故十五前八口之家有钱数贯即可自养,今则以匹夫匹妇之身挟钱数十贯而终岁常艰于温饱,小资贩鬻之徒尤兢兢,常惧不能自活。

(刘锡纯纂：《重修彭山县志》,卷三,食货篇,商情,民国十四年修,三十三年铅印本。)

〔清光绪中叶至民国二十年前后,四川宣汉县〕　物价：以食物论,土市七升斗也,光绪中,石谷常价不过二钏,至三四钏,则奇涨矣,虽光绪丙申曾涨至四十余钏,亦毛钱使之然也。斤肉八十,斤酒八十,碗茶三钱,碗面八钱,八为通例,故恣口所须不过百钱即可度日。近则石谷常价五元,以钱计算则五十余钏矣,涨则八元十元十余元不等。斤肉一刏六百文,斤酒二千四百文三钱,一碗之茶八钱,一碗之面近已涨至数十或一百或二三百矣。其他各物亦复称是,大抵最贱者皆以两百为单位,稍贵者则以洋元为单位,循是以推,有涨至十倍者,有并不止十倍者,如潮之涌,方兴未艾也。

(汪承烈修,邓方达等纂:《重修宣汉县志》,卷五,职业志,商业,民国二十年石印本。)

〔民国二十八年以后,四川筠连县〕 抗战起于"七·七",而物价上腾则始于民国二十八年,至二十九年春,即已增至一倍以上。自是以后,如虎出柙,不可抑止,波动之烈,洵为古今一大变局。国人奔走相告,谈虎色变,且呻吟喘息于其下者垂十年也。

(祝世德纂修:《续修筠连县志》,卷四,食货志,物价,民国三十七年铅印本。)

〔清顺治至咸丰年间,贵州遵义府〕 咸丰五年乙卯,秋大熟,斗米值百余钱。按:顺治五、六年,屡遭荒歉、斗米值银四两;十六年乙亥,大旱,斗米值银一两。乾隆三十五年,二麦无收,斗米值银一两四钱;三十六年,岁大熟,斗米值银一钱五分;三十八年,斗米值银一钱七分;四十三年,暨嘉庆二年,均旱,斗米皆值银一两,后斗米值银二钱四分。自嘉庆迄道光五十余年,米价皆平,今逢大有,斗米值钱百余,合银一钱,另较前尤平甚。

(周恭寿等修,赵恺等纂:《续遵义府志》,卷十三,祥异,民国二十五年刻本。)

六、对外贸易

（一）商埠、租界

〔清乾隆至道光年间，江苏上海县〕 前清乾隆时，有英人毕谷者，为东印度公司代理人，尝至上海察看情形，极言为通商善地，遂报告本国。道光十二年，林特赛、郭实猎夫二英人复至上海，亦极言与上海通商，英国商业当日盛。此为英人垂涎上海之始。嗣于道光十五年，有英商船名夏荷米驶入吴淞停泊，至秋间而去，此为英人商船至上海之始。英人垂涎上海，即于开埠前一再窥伺，及鸦片战事终结，前清以耆英等为全权大臣，于道光二十二年七月二十四日（西历一千八百四十二年八月二十九号）缔结中英条约于南京，而上海为五口之一，开埠之局以定。

（吴馨等修，姚文楠等纂：《上海县志》，卷十四，外交志，租界沿革，民国二十五年铅印本。）

〔清道光十二至二十三年，江苏上海县〕 上海之成为最巨商埠，自西历一千八百四十二年始焉。盖是时有英商名林特赛始探上海，居之七日，目睹帆舟进出四百艘，返国广布。继又有英教士名梅特赫斯铁者，亦来探上海，确查林氏之报告，亦返国广布。至西历一千八百四十二年六月十三日，始有英兵舰统于韦力姻帕苟副军者，偕英兵四千人统于英将哥夫者，抵吴淞，少战，攻入吴淞口，遂得宝山县。是月十九日，更得上海县。我军望风而溃，曳兵而走，有炮四百零九尊，悉为英军所获，英军乃入驻上海城。七月十三日始退出。时《南京条约》已成，开汕头〈广州〉、厦门、福州、宁波、上海为商埠。至租界地址，由英领事巴尔福拣定，其地距上海城北门为一英里半，纵自洋泾浜〈浜〉至苏州河，横自黄浦滩至泥城浜〈浜〉，统计有一英〈平〉方里。至西历一千八百四十三年十一月十七日，始正式辟为商埠。

（吴馨等修，姚文楠等纂：《上海县志》，卷十四，外交志，租界沿革，民国二十五年铅印本。）

〔清道光二十三年，江苏上海县〕　上海最初开埠在道光二十三年九月二十六日（西[历]一千八百四十三年十一月十七日），首设领事曰急顿巴尔福，划租界四址：北面李家庄，即今之北京路，东面黄浦江，南面洋泾浜，西面即今之福建路一带长浜。此租界乃苏松太道宫慕久批准。

（吴馨等修，姚文楠等纂：《上海县志》，卷十四，外交志，租界沿革，民国二年铅印本。）

〔清光绪二十三至二十五年，江苏宝山县吴淞镇〕　光绪中叶，侨沪英商屡以吴淞口外拦江沙淤涨，重载商船入口不便，驳运尤多繁费，由英领事转禀驻京公使，迭次要求政府开放租界，均未允许。三十三年冬，英领事又照会当道，声称口外兵舰拟借用吴淞营地为操场，经自强军营务处据理驳复，并电南洋大臣商请自开商埠。翌年三月，附片具奏，奉旨邀准。……奏案已定，总理衙门复咨行迅速办理。南洋大臣即委海关道蔡为开埠督办，以候补道志、前广西梧道向为会办，并设清查滩地局，委候补知府许领其事，界内清丈会丈事宜则属之。自强军营务处沈敦和勘定开埠地段：北自吴淞炮台起，迤南至牛桥角止，滨北以泗泾河为界，滨南以距浦三里为界，自行筑路、设捕，作为中外公共商埠，其收用地亩酌分三等给价……。另拟吴淞商埠租买地亩章程，凡在通商场界内，由清查滩地局先行清丈，发给执业田单，后所有华商、洋商租地一律仿上海租界章程，由海关道会同各国领事换给华洋印契，每亩按田价之大小酌收丈费八厘，但最多以二百两为限。其新契遇有转移，划租分户，例须复丈，每契收费十元。埠工正项经费在江海关指拨，并以官地领价及核提二厘丈费为挹注。此筹办之大概也。旋有恒源、兴利两公司者，实系在事诸人所组织。当时丈出官地概由两公司承领转卖……沪商争相购置，致一时地价腾涨，而于开埠前途实无把握。二十五年，沈敦和因拆毁南炮台被劾去职，续委候补道沈瑜庆接办。时外交团以江沙日涨，主张浚深黄浦，殊无投资迁地之意，署任海关道李光久因禀请变通章程，洋人在通商场外租地，准予赴县报明，照民间契税例一律给契，南洋大臣刘[坤一]批饬不准……。越二年，政府与各国订《浚浦条约》（编者注：即《辛丑条约》的附约），洋商营业趋势亦集中于上海，[吴]淞口无转移之希望，而埠工、升科、会丈等局亦于是年次第撤销。今惟筑成之马路交错纵横，犹存遗迹。其由北向西之外马路，比年已列肆成市，气象较为改观。

（张允高等修，钱淦等纂：《宝山县续志》，卷六，实业志，商业，民国十年铅印本。）

〔民国九年，江苏宝山县吴淞镇〕　吴淞商埠：吴淞重兴埠政，始于九年十一月,特派督办张謇莅淞任事,距前次开埠时隔二十余年,情势悬殊,一切办法非因实创,爰先设筹办处于上海九江路,一面择定吴淞旧提镇行辕为办公处所,定名为吴淞商埠局。翌年二月开局,内部组织,督办外,设坐办一员,事务由秘书处及总务、会计、建筑、交涉四科分掌之,并于上海、南通二地各设一办事处,经费月需七千元减至五千元,由部转省拨给。十一年六月,设市政筹办处于公共体育场,袁希涛为主任,讨论市政设施事宜,建议于商埠局采择施行,经费月支一千元,由局拨给。及十三年甲子兵乱,经费告竭,乃与商埠局先后停办。

(吴葭等修,王钟琦等纂:《宝山县再续志》,卷六,实业志,工商业,民国二十年铅印本。)

〔清道光二十六至二十八年,江苏上海县〕 上海开埠,为清道光二十二年《中英条约》所允许。该约第二款原文云:"一自今以后,大皇帝恩准英国人民带回〈同〉所属家属寄居沿海之广州、福州、厦门、宁波、上海等五处港口,贸易通商无碍,英国君主派设领事等官住该五处城邑,专理商贾事宜,与各该地方官公文往来,令英人按照下条开叙之例,清楚交纳货税钞饷等费。"云云。自条约允许寄居,于是道光二十六年、二十八年两次由上海道会同英领事划定界址。惟当时划定此界,系允许外人于此界内可以随便寄居,非即将此界交与外人管理,则当时所谓开埠者,尚未至喧宾夺主,而"租界"二字之名词亦未成立也。故于道光之世,主权仍属中国,而所谓租界者,当时名之曰"夷场",实不过一外人居留地(道光二十二年,《江宁条约》虽仅许寄居,而于事实上已于指定界线内任听居住赁房外,又允许外人买屋租地起造矣,故当时之租界,由寄居地进而为居留地,寄居只许赁房居住,居留则许租地建屋),与现在之租界之性质绝异,而其办理方法亦极简单。

(吴馨等修,姚文楠等纂:《上海县志》,卷十四,外交志,租界法权,民国二十五年铅印本。)

〔清道光二十六年以后,江苏上海县〕 海通以后,外人经营租界,在当时定议之初,并不名为租界,不过中[国]政府划定一地,准外人于此地内租地建屋耳。故租界之"租"字,乃系租地之"租"字移换而来。自太阿倒持,此划定界内,一切统治权渐渐放弃,于是外人始组织工部局以管理市政,设巡捕房以总持警政,而商埠之上海乃成为租界之上海矣。

(吴馨等修,姚文楠等纂:《上海县志》,卷十四,外交志,租界沿革,民国二十五年铅印本。)

〔清道光二十六年至光绪二十六年，江苏上海县〕 丙午道光二十六年，建新关于城北浦岸，司西洋商船税务，撤盘验所。……划英国租界于洋泾浜北岸。……

戊申道光二十八年……划美国租界于吴淞[江]北岸，并划定南岸为英国租界。

己酉道光二十九年……划法国租界于洋泾浜南岸。……

甲寅咸丰四年……英、法、美三国租界始合设工务局。……

戊午咸丰八年，新关设税务司，正副各西人一。……

辛酉咸丰十一年……划定法国租界，东尽浦岸。

壬戌清穆宗同治元年……法租界退出公共工部局，自组市政府。……

癸亥同治二年……英、美两国租界改为各国公共。……

戊戌光绪二十四年，展放各国公共租界于虹口以东。

己亥光绪二十五年，建公共租界会审公廨于北浙江路。

庚子光绪二十六年……展放各国公共租界于周泾以西，又展放法国租界。

（吴馨等修，姚文枬等纂：《上海县志》，卷一，纪年，民国二十五年铅印本。）

〔清道光二十六年至民国年间，江苏上海县〕 道光中，结英、美、法三国条约，上海为通商五口之一，先后议划租界。光绪而后，复有展拓，表如下：

划界时代	国别	沿革	地方区域
道光年二十六年二十八年两次	英（今为公共）	同治二年合并美界，始称公共，今称中区	老闸区之南半部
道光二十八年	美（今为公共）	同治二年合并英界，始称公共，今称北区	老闸区之北半部
道光二十九年咸丰十一年两次	法		城北区（为城厢九区之一）
光绪二十四年	各国公共	今称东区	引翔区之南境
光绪二十六年	各国公共	今称西区	新闸区之中间一大部分
同上	法		新闸区之东南隅一小部分
民国	法		新闸区之南境江境之北境

（吴馨等修，姚文枬等纂：《上海县志》，首一，疆域，民国二十五年铅印本。）

〔清道光二十八年，江苏上海县〕 道光二十八年（西[历]一千八百四十八年），苏松太道麟桂与领事阿利国重订租界，北界放至苏州河为止，东南以洋泾浜为界,东北至苏州河,西南至周泾浜,西北至苏州河苏宅,合计二千八百二十亩。是年,美教会住在虹口,即以该处划作美租界,缘彼时尚未有美界明文也(后在该处设一浮桥,通连英界,居民增多。至同治二年,西[历]一千八百六十三年,虹口与租界造成大桥,交通始便)。是年,由麟桂出示划定法界,敏体尼为法国领事,至次年三月十四日(西[历]四月六号)发表。……美租界辟于道光二十八年([西历]一千八百四十八年),由美牧师蓬恩与沪道商定,旬月而成,得苏州河以北之地。

(吴馨等修,姚文柟等纂:《上海县志》,卷十四,外交志,租界沿革,民国二十五年铅印本。)

〔清道光二十八年至咸丰六年,江苏上海县〕 余昔在教会任译务,据西教士慕维廉君(人称慕白头)述上海开埠情形云:上海开作通商口岸为西历一八四三年十一月十七日。其时,黄浦滩英总领事馆之旧址乃一营垒,半就荒圮,四周有沟围绕,自该处至洋泾浜(即今之爱多亚路)沿浦之地,多旧式船厂、木行,其后面皆稻田、棉花田,更后稍远处有一小村落。其时,英政府所委代表名倍尔福(今圆明园路之旁,有一小路尚名倍尔福路,而该处尚存一行老屋,亦名倍尔福房屋)。倍尔福初欲向上海购地一大段,以便转售于英商,上海道不允,谓须各商自向业主商买。其时,黄浦滩之地售与外商,其价自较平日为贵,然每亩亦只制钱三四十千、至多五六十千而已,业主亦有力持不售者,卒亦就范。独一老妇人坚不肯售,向上海道当面责骂,直唾其面,谓决不将地皮卖给洋鬼子,然其地卒为一洋行所购得。地面大多卑湿,不可即居,雇工填高,方合于用。租界面积,从吴淞江(即苏州河)起至洋泾浜止,后面仅至江西路止。江西路为一小浜,通至今之南京路。……西历一八四六年,耶稣教主伦敦会租得地皮一段,后造仁济医院于此,此其租契声明,该处距租界甚远,须造中国式房屋,以免动人疑怪。西人公墓亦在今之山东路,所谓外国坟山是也。当时皆远在租界以外。开埠之明年,租界有外人五,十年之后增至二百十。其先,中国人准居租界者甚鲜,迨后为经商而来者日众,更值洪、杨之乱,避难入租界者更众。然一八六五年之中国居民亦只七万七千五百而已。租界初属英国。一八四六年,法人在洋泾浜之南租借为租界。一八四八年,美国蓬教士在虹口租地而居,其地至今尚名蓬路,又称文监师路,"文"为闽、粤音"蓬"字,"监师"为教会中一种职司。在一八六五年以前,虹口之事皆别有外人经管,非英租界过问。是年十一月,美租界方与英租界合并为一。工部局之始,由英领事委派正当英商三人充任局中董事,一八五四年重订各国商约,订有《洋泾浜地皮章程》,方改为九人,由殷实纳税外人选举,此制至今尚存。第一年所收经费二千两,支用后尚有羡余,后增至二万两,租界开办以后之二十年,增至七十万两,当时已称极巨,无以复加。租界巡捕,初仅领事馆有之,余为中国巡捕,后因中国人来居者多,歹人混入,始于一八五三年议添外国巡捕三十名。黄浦滩初为一片沮洳,岸上有一牵船之土堤,外人先辟此路为二十五英尺,后扩至五十英尺,近年又填浦为路,益见开阔。洪、杨作乱之时,扰及上海,外人始辟路至静安寺,英兵驻于新闸,因图炮队输送之便,始筑小路通行新闸、曹家渡、徐家汇,马路则造至静安寺,后亦展至徐家汇。一八四七年,英国教士始立教堂。一八五三年,美国美以美会别立救主堂于百老汇路。外人讲学论文之所有一文学科学会,后易为皇家亚洲学会,今尚存。英商所开总会,俗名大英总会者,始于一八六四年,规矩〈模〉堂[皇],最初设于广东路。外人游息运动之所,最初为一弹子房,此非今日打台球之弹子房,乃地上抛滚大球之弹子房……故该处至今尚称抛球场。跑马厅初在老闸,每届赛马,事属苟简,三小时即毕。博物院路之兰心戏院造于一八六六年,专为客串戏剧而设,非有常班演戏人才也。西商营业于上海至今尚存者为怡和洋行、仁记洋行、义记洋行、老沙逊四家,尚有一家名汇昌,数年前方收歇,其余则不甚可考矣。徐润《上海杂记》节录:道光二十二年七月为上海开埠之始,实行开埠在道光二十三年九月二十六日(光绪十八年,西人举行上海开埠五十年纪念大会,则仍根据道光二十二年)。初划租界四址,北面李家庄,即今北京路,东面黄浦江,南面洋泾浜,西面即今福建路一带长浜,此租界乃龚〈宫〉慕九〈久〉观察批准,其时各西人尚住城内或南市,后至道光二十八年,林〈麟〉道与领事区鲁角重订租界,北放至苏州河为止,北之美租界,南之法租界,均于是年由林〈麟〉道订约划定。惟当时英租界尚无工部局,仅有一公会管理码头、街道等。迨咸丰四年六月二十九日,工部局始成立,举英商三人为局董。法工〈公〉部〈董〉局则创立于同治元年云(按:是年上海分巡道为麟桂,林恐麟误)。《徐润年谱》节录:咸瓜街当时为南北大道,西则襟带县城,大小东门之所出入,东过两街即黄浦,故市场最为热闹。再南则帆樯辐辏,常泊沙船数千号,行栈林立,人烟稠密,由水路到者,从浦江陆行,则必从此街也。

(胡祥翰编:《上海小志》,卷一,上海开港事略,民国十九年铅印本。)

〔清咸丰四年,江苏上海县〕 上海英、法、美租界租地章程(咸丰四年,即西[历]一千八百五十四年公布):

一、新章所指界限,后附地图,即系道光二十六年八月初五日,巴领事与宫道台所判,并于二十八年十一月初二日经阿领事与麟道台,复又按二十九年三月十七日敏领事与麟道台勘定法兰西地界出示内指,南至城河,北至洋泾滨〈浜〉,西至褚家桥,东至潮州会馆,沿河至洋泾滨〈浜〉东角等处,曾经法兰西钦差大臣会同广东制台徐均经允准,界内军工厂、新开邑、厉坛三处,并英国领事衙门均属官地,不在章程之内。嗣后美国与法兰西所用官地亦一律办理,惟照例给付钱粮。

一、界内租地:凡欲向华人买房租地,须将该地绘图,注明四址、亩数,禀报该国领事官;设无该国领事官,即托别国领事官,即查有无别人先议上及别故,并照会三国领事官查问;如有人先议,即立期定租,倘过期不租,凭后议人租用。

一、定租:查明无先议之碍,即议定价值,写契二纸,绘图呈报领事官转移道台查核,如无妨碍,即钤印送还,归价收用;至址内迁移坟墓,中国例不入契,另行议办。

一、立契:付价后,仍照旧用道台全衔,填契三纸钤印,并由道台照会三国领事官,以便存案,填图备查。

一、留地充公:凡道路、马头前已充作公用者,今仍作公用,嗣后凡租地基须仿照一律留出公地,其钱粮归伊完纳,惟不准收回,亦不得恃为该地之主;至道路复行开展,由众公举之人每年初间察看形势,随时酌定设造。

一、立界石:租定地基竖一石碣,上刻号数,后由领事官委员带同地保、业户、租主亲至该地,眼同看明,四周竖立界石,以免侵越,并杜将来争论。

一、纳租:每亩年租一千五百文,每年于十二月中预付该业户,以备完粮。先十日,由道光〈台〉行文三国领事官,饬令该租主将租价交付银号,领取收单三张。倘过期不交,则由领事官追缴。

一、转租:租地皆注册另凭。凡转租,限三日内报明添注;如过期未注,即不为过契矣。其洋房左近,不准华人起造房屋草棚,恐遭祝融之患,不遵者即由道台究办。大美国衙署之北至吴淞江一带,未奉领事二位允准,不许开设公店,违者按后开惩罚。

一、禁止华人用篷寮、竹木及一切易燃之物起造房屋,并不许存储硝磺、火药、私货,易于着火之物及多存火酒,违者初次罚银二十五元,如不改移,按每日加罚二十五元,再犯随时加倍。如运硝磺、火药等来沪,必需由官酌定在何处储存,应隔远他人房屋,免致贻害。起造房屋,扎立木架及砖瓦、木料货物,皆不得阻碍道路,并不准将房檐过伸各项,妨碍行人。如犯以上各条,饬知后不改,每日罚银五元。禁止堆积秽物、任沟洫满流、放辔骑马、赶车并往来遛马、肆意喧嚷滋闹一切惹厌之事,违者每次罚银十元。所有罚项,该管领事追缴;其无领事官者,即著华官著追。

一、起造、修整道路、码头、沟渠、桥梁,随时扫洗净洁,并点路灯,设派更夫。各费,每年初间,三国领事官传集各租主会商,或按地输税,或由码头纳饷,选派三名或多名经收,即用为以上各项支销。不肯纳税者,即禀明领事饬追;倘该人无领事官,即由三国领事官转移道台追缴,给经收人具领,其进出银项,随时登簿,每年一次,与各租主阅准。凡有田地之事,领事官于先十天将缘由预行转知各租主,届期会商,但须租主五人签名始能传集,视众论如何,仍须三国领事官允准,方可办理。

一、外国人及华民坟墓:界内分开地段为外国人坟茔,租地内如有华民坟墓,未经该民依允,则不能迁移,可以按时来前祭扫,但嗣后界内不准再停棺材。

一、卖酒及开设酒馆:界内无论中外之人,未经领事官给牌,不准卖酒并开公店。请牌开设者应具保,店内不滋事端。如系华人,须再由道台发给牌照。

一、违犯以上各条章程,领事官即传案查讯,严行罚办。倘该人无领事官,即传请道台代办〈为〉罚办。

一、此章后有改易之处,则须三国领事官会同道台商酌,详明三国钦差及两广总督允准,方可改办也。

(吴馨等修,姚文楠等纂:《上海县志》,卷十四,外交志,租界沿革,民国二十五年铅印本。)

〔**清咸丰五年,江苏上海县**〕 咸丰五年(西[历]一千八百五十五年),法人假助守之名,将东门外附郭之屋尽付一炬,而中[国]政府以法有助攻之功,即将其地让与法人(自道光二十二年《江宁条约》议结后,英、法、美三国即先后来沪开埠,迄道光二十六年、二十八年两次划界,于是外人居留之局以定。惟当时之划界系英、法、美赅括的划界,并未指定何地为法、为美,若今日之界划井然也。有之,自咸丰五年刘丽川乱平始。当刘之戎官据城也,其始与英领事温那治通。至咸丰四年,苏抚吉尔杭阿以上海北门外洋泾滨〈浜〉为洋人租界,不能立营,而贼反得于洋行南首,据郑家木桥以通军火,因谋之各国,法兰西提督辣呃尔首请助顺,复与英领商议,南首马路听官兵筑营。于是,以五年正月朔,会同进攻,而城以复。由城复之后,法人假助守之名,遂有上述之事,而中[国]政府以法有助攻之功,即将其地让与法人,以故与〈于〉道光二十九年三月十七日,法敏领事与上海麟道台所勘定法兰西地界出示内指:南至城河,北至洋泾滨〈浜〉,西至褚家桥,东至潮州会馆,沿河至洋泾东角,四至遂有溢出。又,道光二十六、二十八两年划界,未将各国界址划明,其法界之划明在先,而小东门外之让与法人,则在咸丰五年间)。

(吴馨等修,姚文柟等纂:《上海县志》,卷十四,外交志,租界沿革,民国二十五年铅印本。)

〔清同治二年至光绪二十五年,江苏上海县〕 光绪二十五年,西辟泥城桥以西至静安寺路,东北辟虹口迤东之地以迄引翔港,由各公使议决,将旧时英、美租界并东西新辟之地,统名曰公共租界,面积计共三万三千余亩。……同治二年,即西[历]一千八百六十三年,驻京各国公使团会议决定上海公共租界改组之原则如下:(一)关于领土之权限,必须由各国直接得之于政府;(二)此项权限以纯粹地方事务暨道路、巡警及地方所需之捐税为限;(三)中国人非实系外国人所雇用者,须完全归中国官管束,与内地无异;(四)各国领事官仍各自管束其人民,工部局官长只能拘捕违犯公安之罪人,向其所属之中外官长控诉;(五)工部局中复有中国董事,凡一切有关中国居民利益之措施,须先咨询,得其同意。

(吴馨等修,姚文柟等纂:《上海县志》,卷十四,外交志,租界沿革,民国二十五年铅印本。)

〔清光绪至民国年间,江苏宝山县〕 本乡南境与闸北毗连,系上[海]、宝[山]交界之地。从前美租界之北端均在上邑境内,宝界并未衔接。光绪中叶,外人迭次请求扩充租界,经南洋大臣刘[坤一]奏准另定界线(东南自下海浦洋面坊起,中段以界浜、半浜为界,折南穿华通坊、苏州河,西至小沙渡止),为各国公共租界。自此,邑境之南端与租界接壤,东段一部分且搀入租界矣。先是,光绪二十年间,各国商团以操演打靶需用围场,请求在江湾南境结九一图租用相当地亩,海关道黄祖络允之,但申明他处不得援以为例。继而工部局越筑北四川路、麦克登路(均属本乡南境),擅与靶子场接通,设警收捐,交涉无效,而填筑界路全权亦尽属租界。今且电车通行,已与半浜为界之原约不符,至结一、结九一等图内外人租置地产会丈转契,几无不与租界章程一律办理。故南境闸北一带,虽无开放商埠之定约,而历史相沿,久成华洋杂房之局(接近上海之南境,准洋商租地营造,有余、袁两道文件明允;在前,皆用约外通融之说)。民国元年,领事团又请扩充租界,拟拓至沿铁路为止,交涉使陈贻范征集宝官绅意见,竭力坚拒,其议始寝。

(钱淦等纂:《江湾里志》,卷五,实业志,商埠,民国十三年铅印本。)

〔**清光绪三十三年前后,上海**〕 租界内康庄如砥,车马交驰,房屋多西式,轩敞华丽,有高至六七层者,钟楼矗立,烟突如林,入夜则灯火辉煌,明如白昼。会审公廨、中西邮局、海关、银行、领事馆、电报局、巡捕房、丝厂、船坞、轮船公司皆在焉。街道有巡捕梭巡,分为三等,华人、印度人而统以西人。所用探捕,皆能发奸摘〈擿〉伏,故案无不破云。

(李维清编纂:《上海乡土志》,第七十课,租界之繁华,清光绪三十三年铅印本。)

〔**民国七年前后,上海**〕 道光二十六年、二十八年两次划定之英国租界,今为中区;二十八年划定之美国租界,今为北区;二十九年、咸丰十一年两次划定之法国租界,今仍为法租界;光绪二十四年划定之租界(亦称虹口租界),今为东区;二十六年划定之各国公共租界,今为西区;是年又新拓法租界,而肇嘉浜北岸之斜徐路许与法公董局派捕收车捐,亦在是年。各国公共租界中、北两区,系老闸区之全部,东区系引翔区之少半,西区系新闸区之一部分,法新租界则新闸区之一小部分也。法旧租界为城厢九区之一。据采访报告:公共租界地,中区二千八百二十亩,北区三千四十亩,东区万有六千一百九十三亩,西区万有一千四百五十亩;法旧租界地七百四十三亩,新租界约千亩有奇,租界东面以黄浦岸线为限。

(吴馨等修,姚文楠等纂:《上海县续志》,卷首,图说,民国七年刻本。)

〔**清道光二十三年,江苏上海县**〕 道光二十二年定约通商后,二十三年移苏州督粮同知为松江府防同知,移驻上海,管理中外通商交涉事宜(订划租界及重要交涉事件,仍由巡道与领事西官商办)。

(吴馨等修,姚文楠等纂:《上海县志》,卷十四,外交志,租界法权,民国二十五年铅印本。)

〔**清道光二十三年后,江苏上海县**〕 鸦片战争之明年,《江宁条约》成立,准各国南五口通商,即广东之广州,福建之福州、厦门,浙江之宁波,及江苏之上海是也。考上海通商之初,仅有英、法、美三国各辟租界,以兴商务,后各国相率偕来,均沾利益,而商业日形起色,于是郊外荒凉之地,一变为繁华热闹之场,于今已八十七年矣。

(李维清编:《上海乡土历史志》,第三课,五口通商,民国十六年铅印本。)

〔**清道光二十三年以后,江苏上海县**〕 中外通商,昔以广州为首冲,今以上海为首冲,缘长江各口岸遍开商埠,而上海居长江入海之处,商轮由海入口,必于是焉始,是为江之关系。曩者外洋贸易,皆自印度洋而来,今则太平洋之贸易尤盛,而上海在太平洋西岸,南北适中之地,是为海之关系。故上海为中外通商第一口岸,亦形势使然云。

(吴馨等修,姚文枏等纂:《上海县续志》,卷一,疆域,形胜,民国七年刻本。)

〔清道光二十三年以后,江苏上海县〕 通商以来,邑里鲛人,楼台蜃市,五都百货,光怪陆离,奇技淫巧,非不骇心悦目,然与之交易者多广潮、浙宁人,于土著之民无所益。

(清 应宝时等修,俞樾等纂:《上海县志》,卷一,疆域,风俗,清同治十年刻本。)

〔清道光二十三年以后,江苏上海县〕 通商以后,外洋货物,鳞萃于斯,光怪陆离,奇技淫巧,非不赏心悦目,居民争购用之。而土货出口者,以棉花为最,然漏卮所出,不足相抵。间有与洋商交易者,亦可稍分利权。惟业商之徒,多广潮、浙宁、徽建人,于土著之民,无所裨益。故本邑之人,亟宜振兴商务,研究实业,尚可为亡羊补牢之计也。

(李维清编纂:《上海乡土志》,第一百二十六课,商业续,清光绪三十三年铅印本。)

〔清道光二十三年至咸丰八年,江苏上海县〕 道光二十三年,诏准西洋各国南五口通商。上海居五口之一,于是有新关之设,亦归苏松太道兼理。新关在北门外头坝南,面浦,道光二十六年,巡道宫慕久建,专司西洋各国商船税务(先是止于洋泾浜,北设盘验所,至时始建廨宇,并设南、北两卡,以资稽察)。咸丰三年,巡道吴健彰以洋税散漫难稽,于英、法、美三国中择一人,责令在关帮同纠察,名曰司税。八年,诏准北三口通商,设通商大臣二,时何桂清总督江南,兼理南五口通商事宜,改司税为正税务司一人,副税务司一人。同治元年,巡道吴煦设河泊所,派英国水师官司其事,专引各国商船在所定界内指令停泊。

期限:依粤海关例,以道光二十四年正月二十五日为截数之期,扣足十二个月为一年,期满造册报销。自咸丰十年开办新章,按照外国月日,每三个月为一结,自十年八月十七日起至十一月二十日为第一结之期。以后凡遇三个月结期届满,即将税数详情奏报,收支各款改为每四结报销一次。

税额:洋商税钞,并无定额,历系尽征尽报,听候户部拨解。所有支收各数,按年造具细册,送部核销。

税则:各货税则,俱照咸丰八年新定税则为准,大率不外值百抽五,惟货值高下,因时定限,十年重修,故不备载(如进口则例已载,出口无例者,照进口例完税;出口则例已载,进口无例者,照出口例完税;进出口均未载者,论值百两抽银五两。金银、洋钱、锭件及家用杂物,进出口俱免税)。

船钞:查照船牌所开载货若干,如在一百五十吨以上,每吨输钞银四钱;一百五十吨以下,每吨输钞银一钱。进口未开舱欲他往者,限二日出口,不征船钞,逾限即须全数输纳。纳钞后欲往通商别口,该船主禀明监督,发给执照,至别口时送验,无庸纳钞,以免重输。仍以四个月为限,如在四个月之外,另纳船钞一次。其三〈舢〉板小船及雇中国船艇,每四个月纳钞一次。

例禁:火药、大小弹子、炮位、大小鸟枪、一切军器及内地食盐,不准贩运进出口。又,洋硝、硫黄、白铅,止准买给官商,不准私卖。铜钱、米谷不准运出外国,惟准运至中国。通商各口将数目若干,运往何口,取具同商联名报单,呈关给照,别口监督于执照上注明收到字样,加盖印信,限六个月回缴,过期按其钱货原数罚缴入官。

支款:通商大臣岁支养廉银六千两。通商缮书,每名月给纸饭银八两,例解抚署。舍人,每名月给工食银三两八钱。稿书,每名月给工食银五两八钱。贴写、承发、算书、单书,每名月给工食银三两三钱。家人,每名月给工食银一两八钱。提舱手、走差、栅夫、饭夫、水火夫、各巡船航工、水手、巡役,每名月给工食钱一两五钱。更夫、差役、库丁,每名月给工食银六钱。修葺码头、巡船及宿房租地、租纸张、卒工杂项,月支共银八十二两四钱一分七厘。司税人等卒工费用,月支关平银一万三千两。以上均动支正税。河泊所卒工费用、房租,月支漕平银二千八百七十二两,船钞项下动支。南卡卒工等项,月支漕平银五百六十七两,子口半税项下动支。

通商各国:嘆咕唎,咈囒西,咪唎咜(即美国,亦称亚美理驾合众国),俄罗斯,丹麻尔(即丹国),日斯巴尼亚(兼管吕宋国)①,布路斯②,荷兰,大西洋,比利时,意大利(亦称义大利),以上十一国,均立和约,有领事官驻上海。其瑞威敦③等国虽设领事,未经立约,加兰④等国,未设领事,故不备书。

(清 博润修、姚光发等纂:《松江府续志》,卷十六,田赋志,关榷,清光绪十年刻本。)

注:① 即西班牙。

② 即普鲁士。

③ 即瑞士。

④ 即加拿大。

〔清同治初年,江苏上海县〕 通商章程:

一、各国商船进口,限一日内,该船主将船牌、舱口单各件交领事官,即于次日通知监督官,并将船名及押载吨数、装何货物之处,照会监督官,以凭查验。如过限期,该船主并未报明领事官,每日罚银五十两;惟所罚之数总不能逾二百两以外。至其舱口单内,须将所载货详细开明,如有漏报、捏报者,船主应罚银五百两;倘系笔误,即在递货单之日改正者,可不罚银。

一、监督官接到领事官详细照会后,即发开舱单。倘船主未领开舱单擅行下货,即罚银五百两,并将所下货物全行入官。

一、各商上货、下货,总须先领监督官准单,如违,即将货物一并入官。

一、各船不准私行拨货,如有互相拨货者,必须先由监督官处发给准单,方准动拨,违者即将该货全行入官。

一、各船完清税饷之后方准发给红单,领事官接到红单,始行发回船牌等件,准其出口。

一、税课银两由各商交官设银号,或纹银,或洋钱,按照道光二十三年在广东所定各样成色交纳。

一、秤码丈尺均按照粤海关部颁定式,由各监督在各口送交领事官,以昭划一。

一、各国货物如因受潮湿致价低减者,应行按价减税;倘价值理论未定,照按价抽税条内之法办理。

一、各国商民运货进口,既经纳清税课者,凡欲改运别口售卖,须禀明领事官转报监督官委员验明,实系原包原货,查与底簿相符,并未拆动抽换,即照数填入牌照,发给该商收执,一面行文别口海关查照,仍俟该船进口查验符合,即准开舱出售,免其重纳税课。如查有影射夹带情事,货罚入官。至或欲将该货运出外国,亦应一律声禀海关监督验明,发给存单一纸,他日不论进口、出口之货,均可持作已纳税饷之据。至于外国所产粮食进口,并未起卸,仍欲运赴他处,概无禁阻。

一、各国商船,独在约内准开通商各口贸易,如到别处沿海地方私做买卖,即将船货一并入官。

一、各国商船查有涉走私,该货无论式类价值,全数查抄入官外,俟该商船账目清后严行驱除,不准在口贸易。

一、输税期候,进口货于起载时,出口货于落货时,各行按纳。

一、各国洋商自往内地贸易,除金、银洋钱,行李三项毋庸议外,其余海口免税各物及已经纳税各物运入内地,以南卡为第一子口,完纳半税,仍将该货若干运往何处报关给单,沿途照验放行;如在内地置货到第一子口验货开单,注明货物若干,何口卸货,呈交该子口存留,发给执照,沿途验放。以南卡为最后子口,完纳半税,方许过卡,俟下船出口,再完出口之税。若进出有违此例及业经报明指赴何口,沿途私卖者,各货均罚入官;所运各货如无内地纳税实据,应由海关完清内地关税,始行发单下货出口,以杜偷漏。

(清 应宝时等修,俞樾等纂:《上海县志》,卷二,建置,海关,清同治十年刻本。)

〔清光绪三十三年前后,江苏上海县〕 上海商业,甲于东亚,不独冠中国诸口岸已也。全年出口、入口货物之价值,约一万一千八百八十余万两。商业可谓盛矣。惟出口之货,以丝、茧、花、茶为大宗;进口之货,以洋药、洋货为大宗,其数逾于出口之货。夫洋货多进,已失利权,况进无数毒人之洋药耶。以吾有用之物,易彼有害之货,其用何法以为抵制乎!

(李维清编纂:《上海乡土志》,第一百二十五课,商业,清光绪三十三年铅印本。)

〔清宣统初年,江苏上海县〕 通商各国:英、法、美、俄、丹、日斯巴尼亚、德、荷、西洋、比、意(以上均见前《志》),奥、日本、朝鲜、瑙威、秘鲁、巴西、瑞敦,右有约之国十八。据宣统元年通商各关华洋贸易册开列,无约诸国仍前《志》例,不书。

(吴馨等修,姚文柟等纂:《上海县续志》,卷二,建置上,海关,民国七年刻本。)

〔清咸丰十年,直隶天津府天津县〕 我朝自道光年间允西洋诸国通商之请,钦差大臣一员主其事,以两广总督领之,咸丰九年改隶两江总督。其各国使臣习知中国礼仪并能通晓内地语言文字者,准令率其国商人于沿海口岸贸易,维时止行于广州、福州、厦门、宁波、上海五口。迨咸丰十年,复议于奉天之牛庄,直隶之天津,山东之登州,广东之粤海、潮州、琼州,福建之福州、厦门,台湾淡水,并长江之镇江、九江、汉口,皆准其贸易,而于京师设立总理各国通商事务衙门,钦派王大臣领之。又以天津一口距京甚近,各国在津通商,若无大员镇抚安辑之,尤恐诸多窒碍,乃分牛庄、天津、登州三口设立办理通商大臣,驻扎天津,专办三口事务,颁给办理三口通商大臣关防,兼综榷税军政,至其余各口,由南洋通商大臣办理,仍以两江总督兼领之。通商之原始如是。至各国来津贸易者既伙,议准于离城五里外之紫竹林地方建造房屋,以为屯积货物之所,听其安往。

(清 吴惠元修,蒋玉虹、俞樾纂:《续天津县志》,卷六,海防兵制,附海口通商,清同治九年刻本。)

〔清咸丰十年至民国二十年河北天津市〕 庚子之役,欧西各国相继在天津城之东南及海河之两岸租定地亩,以便通商。租界成立后,其本国商民依约得在其范围内租赁地亩,建筑房屋,设立行栈及教堂、医院、坟墓等类。每年仍纳地税于中国政府,其界内一切治理事务,则由各国自设机关,或由居民公举董事管理之。此项租界始于清咸丰十年(西历1860)及十一年(1861)英、美、法之要求。美租界成立未久,并入英租界。光绪二十一年(1895)及二十二年(1896),德、日两国继之。二十六年(1900)至二十八年(1902),俄、奥、意、比四国亦相继与中国结约,划定租界。其他已成立之各国租界,更于是时推广面积。欧战后,德、奥两国租界经中国政府收回。民国十三年,苏俄政府租界退回中国。二十年,比租界又以期满收回,皆改为特别区域。今之所存者犹有英、法、意、日四国租界。

英国租界:英国租界位于各租界之中,东南与特别一区毗连,西南临堤防,北毗连法国租界,东北临海河,面积六千三百二十九亩,每亩每年缴纳地税铜币一千五百文于中国政府。租界内一切事务,初由英国驻津领事总理,其后英政府设立工部局,由地方居民公举董事,办理一切。其土地契约俱由中国官厅发给,英人所经营者,不过警察捐税、公共设备等事业。居民公举董事四人,与原有之董事会共同治理,工部局直接受英国驻华公使之监督,而间接受监督于英国外交部。办理情形,按期呈报,遇有关系租界居民重大之事务发生时,英国驻津领事,得召集租界内纳税之居民共同商办。租界财政,则由居民选举查账委员监督之。该国租界为天津商务繁茂之区,墙子外租界则多为住宅,马路概已修整,并筑有公园、码头、学校、运动场等。公益事业以水电为最发达。

法国租界:法租界位于各租界之中部,为交通之要道,东南与英租界毗连,西临堤防,西北接日本租界,东北界海河与特别三区遥对。面积二千三百六十亩。法政府许为自治区域,设立工部局,并由地方居民组织董事会,为治理机关,以法国驻津领事为会长,管理一切应兴应革事务,受法国驻华公使之直接监督,及法国外交部之间接监督。一切治理情形,皆按期报告监督机关。租界内中街、海大道、梨栈,商务最为繁盛,马路多已修筑,并建有桥梁、码头、公园、图书馆、市场、学校等。公共事业多系商办。

日本租界:日本租界位于天津各租界之西北,东南与法租界毗连,南界墙子河,西北界南关,东北临海河,面积二千四百六十六亩。为居留民团之自治区域,设立租界局,并由地方纳税居民组织居留民会,更由会中选举居留民团行政委员,管理一切事务。该租界为日本在中国北部贸易之中心,扼天津交通要道,西部则为人民居住区域。马路尚未修齐,岁入盈余多作公众设备修筑之用。现有公园、公立医院、学校、图书馆、码头、火葬场等。

意国租界:意租界位于天津各租界之北部,东界北宁铁路,东南与特别三区毗连,西南临海河,西北与特别二区接壤,条约成于清光绪二十七年。初意政府派遣行政委员统治一切,遇有兴革事宜,与意领事磋商办理。至民国十二年,乃改为自治区域。居住该地意人,选举意国董事,中国居民选举中国谘议委员,管理租界内一切事务。租界成立之始,系一片荒墟,平面最低点较现在凹下二十四尺,修垫累年,始渐臻平坦,地较偏僻,商店稀少,大部为人民居住区域。马路、公园、码头等,皆修筑完备。

(宋蕴璞辑:《天津志略》,第一编,概要,第七章,租界,民国二十年铅印本。)

〔清雍正至道光年间,乌里雅书台恰克图〕 康熙中,议两国疆界,一循乌伦穆河上游之兴安岭以至于海,凡山南流入黑龙江之溪河属中国,山北溪河属俄罗斯;一循流入黑龙江之额尔古讷河为界,南岸属中国,北岸属俄罗斯。雍正中,复定喀尔喀边界,而定市于恰克图,百十年来,商贾走集,边境宴如,岂不休欤。

(清 俞浩撰:《西域考古录》,卷十八,俄罗斯考略,清道光二十七年刻本。)

〔清代至民国二十年,奉天安东县〕 中江台,在今县治东北二十里第一区瑗河村内,鸭绿江西岸,俗名马市台。前清与朝鲜有互市之例,沿明时与蒙古市之称,谓之马市。市设于中江,每岁春秋仲月望后,朝鲜员役以牛货济陈于江干,驻防兵丁台驿夫以布七千五百十四段易牛二百、盐二百九十九包、海菜万五千八百斤、海参二千二百斤、大小纸十万八千张、绵麻布四百九十九段、铁犁二百具,以京畿平壤、黄海三道商各一人承办,义州知府率员役领之。光绪八年,准朝鲜之请,在交界处所随时交易,罢除前定互市章程。九年,东边道陈委员在九连城勘定街市,与朝鲜交易,中江互市之例逐废,惟地为鸭绿江上流,木籌下运所必经,沙河税捐征收局设查籌局于此,有采木公司分所、水上警察分局、邮寄代办所,木籌下运之时,安东木业家纷至其地,查点本号木籌并分送米面食物于籌夫,木籌随归本栈经管,一时甚为繁盛。迨木籌时过,顿呈荒凉之象。

(关定保等修,于云峰纂:《安东县志》,卷一,疆域,古迹,古城镇,民国二十年铅印本。)

〔清咸丰十年至光绪二十年后,奉天〕 清咸丰十年,牛庄开埠,乃与各国互市,营口一埠遂为东北贸易之中心,所有土货之出口者,或用马车,或由辽河水路,多由营口出帆,以行销于内地及海外市场。其南货、洋货之入口者,亦用汽船或帆船运至营口，然后转销境内各地，贸易倍形繁盛。迨光绪三十年以后，大连、安东、沈阳及长春、哈尔滨、瑷珲、珲春等地相继开放，中东、京奉、南满各干路相继告成，商务乃蒸蒸日上。

（翟文选等修，王树楠等纂：《奉天通志》，卷一百十五，实业三，商业，民国二十三年铅印本。）

〔清光绪年间至民国十九年，奉天开原县〕 海禁既开，洋商麇集，自清光绪年间孙家台设立商埠，初为俄人租借，后移于日本，从此发展经营不遗余力。……市面通行者有朝鲜银行之金票，正金银行之钞票，一角、二角、五角、一元之银元，一分、二分之铜元，一元、五元、十元、五十元、一百元之东三省官银号汇兑券，半角、一角、二角、五角、一元之奉天公济平市钱号之铜元票，一元、五元、十元之交通、中国两银行之汇兑券。

（李毅修，王毓琪等纂：《开原县志》，卷二，地理，交通，商埠，民国十九年铅印本。）

〔清光绪二十九年至民国二十年，奉天安东县〕 安东开埠通商始于清光绪二十九年八月，《中美续议通商行船条约》第十三款内声明，将安东县地方由中国自行开埠通商。翌年日俄战起，俄军败走，日居留七道沟，创立市民公议会，经营商业。三十一年，知县高钦与日本军政署协定，以七道沟为日本民团居留地。三十二年八月，日本军政撤废，我国为时势所迫，遵开放门户主义，遂设开埠局，以候补道钱镰为开埠总办，东边道张锡銮兼开埠总办，筹备开放事宜。划前后聚宝街、财神庙街、官电街及中富、兴隆各街，共地九百余亩为中国市场，划七道沟地二千八百余亩为日本市场。于是中外商贾接迹而来，商业极称繁盛。民国七年，以从前所划市场界址狭小，市廛栉比，不敷设用，县知事陈艺、警察厅长高云昆协同安东总商会正会长王建极等筹议拓展东坎子为商埠区域，当经划清界线，东至珍珠泡，南至鸭绿江，西至大沙河，北至分水岭，由县知事及警察厅长会衔，呈由省长咨转内务、外交、财政三部核准照办。请由奉天陆军测量局派员详细测量，全面积约八方里，开辟马路，经纬纵横，宽平正直，资本家争往购地，建筑市房，地价骤增十倍。同时旧市街亦开拓地址，东至大沙河，南至鸭绿江，西至七道沟，北至盘道岭，界内均为市场。继以市政开办，增修马路，商埠规制渐臻完善矣。

（关定保等修，于云峰纂：《安东县志》，卷一，疆域，商埠，民国二十年铅印本。）

〔清光绪三十一年后，奉天新民府〕 光绪三十一年十一月日俄战后，中日两国会议东三省事宜，订定条约，附约第一款，中国政府允俟日俄两国军队撤退后，从速将下开各地方自行开埠通商,新民与奉天省凤凰城、辽阳、铁岭、法库、通江均在开埠通商之列。

(清 管凤和纂修:《新民府志》,沿革,设商埠,清宣统元年铅印本。)

〔清光绪三十二年至民国十一年,奉天大东沟〕 大东沟系于光绪三十二年,根据二十九年日中条约开为商港。该港位于鸭绿江口外西岸,俨然为安东之港外港。旧时东边百货咸集于此,为安东西南水路之要冲。中国于西历一千九百零七年十月设立海关,但因贸易衰微,于一千九百二十二年将海关并于安东关。而安东港之发达,实为大东沟衰落之最要原因也。

(翟文选等修,王树楠等纂:《奉天通志》,卷一百六十二,交通三,航路下,民国二十三年铅印本。)

〔清光绪三十四年至宣统元年,盛京奉天府〕 奉天开埠,系中国与美日立约时,声明自行开放。日俄战后,日人在城西十间房一带租地建筑,经营商业。嗣经制军赵尔巽于外攘关外辟地一万余亩,划为商埠,界址东至边墙,南至大道,西至满铁附属地,北至皇寺前。界内田亩由公家出资收买,以备外商租用。光绪三十四年三月,前交涉司援照沪津三联印契办法,订立简章,照会驻奉各国领事查照遵行。宣统元年九月,中日协订十间房租地章程。商埠事项开埠局专司,初为清查房地局,三十四年改会丈局,宣统元年改今名,局长一,职员十。埠地势当冲衢,日臻繁富,轶冠群邑,莫之与竞。

(赵恭寅修,曾有翼等纂:《沈阳县志》,卷八,交通,商埠,民国六年铅印本。)

〔清朝末年至民国二十年,奉天安东县〕 安东地处边陲,当水路要冲,交通便利,凡鸭绿江流域及安奉路线所需中外商品均以安东为集散地。开埠以来,国内则津、沪各地,国外则英、日诸邦富商大贾纷至沓来,银行、公司相继设立,商业极称繁盛。……近年以战争之影响、水灾之损失、税捐杂捐之加增及风雨寒暑之不时,以致物产衰耗,金融奇紧,而以国内战争及银码归实并年景歉收为主因,商业稍陵迟衰微。然地居冲要,木材、丝茧实为安埠商业兴衰之大端。

(关定保等修,于云峰纂:《安东县志》,卷六,人事,商业,民国二十年铅印本。)

〔清光绪三十二年后,吉林长春县〕 长春地处要冲,康途四达,为吉林全省之门户。日俄铁轨东西夹峙,轮蹄辐辏,百货云集,实称商务繁盛之区。前吉林将军达桂按中日东三省条约第一款省城、哈尔滨、满洲里等处均应自行开放商埠,乃于光绪三十二年十二月实行开埠之约,规画地势,于长春府崇德门北至头道沟再至二道沟聚宝门,西至十里堡周围三十余里画定界限,疏闻于朝,并咨外务部照会各国驻京公使,中外商民莫不称便。惜其计画未善,致启外人蔽混之端。盖当时商埠公司收买民地,悬值过廉,业户多怀观望,日人因民之不愿,私增地价,隐相购买,民争趋之。迨商埠公司查之其状,下令禁止,而其势已成,索还不易。……而各国商贾以长春一埠凡吉长铁路发轫之处、冲繁要地,几已尽为日有,亦复裹足不前。迭经商埠公司与驻长日领事交涉,日人籍词铁路用地以文其私购之非。卒之由公司画分经界,其头道沟东偏地段归南满洲铁道会社发价承买,事始就绪。

(张书翰修、赵述云、金毓黻纂:《长春县志》,卷二,舆地志,商埠,民国三十年铅印本。)

〔民国三年前后,吉林延吉县〕 查延吉局子街、头道沟、龙井村开设商埠三处,居留外国人数朝鲜人为最多,日本人次之。

(吴禄贞修,周维桢纂:《延吉县志》,卷十,外交,外人职业户口,民国三年抄本。)

〔清顺治年间至民国年间,黑龙江〕 俄罗斯在明代阻于朔漠,未通中国。清顺治中,俄罗斯察汉汗数遣使入贡。康熙十五年,又遣其臣尼果赖等贡方物,于是许通贸易。其后所属罗刹时肆掠黑龙江边境,又侵入净溪里、乌喇等处,筑室盘踞。康熙二十一年,圣祖乃遣副都统郎谈等往觇罗刹情形。其明年命将军萨布素率兵讨之,并禁止贸易。二十八年,罗刹事平,订《尼布楚条约》,立碑分界,自是每年派遣官兵巡察边境,各以货物贸易,不禁。雍正五年秋,克图界约成,按照所议准两国通商,其人数仍照原定不得过二百人,每间三年进京一次。除两国通商外,有因在两国交界处所零星贸易者,在色楞额之恰克图尼布朝之本地方择好地建盖房屋,情愿前往贸易者准其贸易。周围墙垣栅子酌量建造,亦毋庸取税,均指令繇正道行走,倘或绕道或有往他处贸易者,将其货物入官。盖中俄互市,初颛在北京,继在库伦,至是又开恰克图定为贸易之所。乾隆中,停止北京贸易,而库伦、恰克图亦屡停市。咸丰八年四月,黑龙江将军奕山与俄木喇福岳福订《瑷珲条约》,两国所属之人互相取和,乌苏里、黑龙江、松花江居住两国所属之人,令其一同交易,官员等在两岸彼此照看两国贸易之人。盖黑龙江通商之约实自此始。是年五月,天津和约成,于从前所定边疆通商外,并议准增添七处海口通商。俄国在中国通商海口设立领事官,俄国与中国会议置买地亩及领事官责任应办之事,皆照中国与外国所立通商总例办理。十年冬,北京续增条款,议定两国东界。其交界各处准许两国所属之人随便交易，并不纳税，各处边界官员护助商人按理贸易。中国商人愿往俄罗斯国内地行商亦可。俄国商人往中国通商之区一处往来人数不得过二百人，须本国边界官员给与路引，内写明商人头目名字，带领人多少，前往某处贸易，并买卖所需及食物牲口等项。俄国可以在通商之处设立领事官，中国欲在俄国京城或别处设立领事官，亦听中国之便。并立两国交界官员往来行文新条，凡阿穆尔省及东海滨省固毕尔那托尔遇有边界事件与黑龙江及吉林将军往来行文，其所定陆路通商之事，有彼此不便之处，谳东悉毕尔总督会同中国边界大臣酌商云。同治元年春二月，总理各国事务衙门会同俄国使臣议定陆路通商章程二十一款，两国边界贸易在百里内均不纳税，其稽查章程各按本国边界限制办理。八年春三月，总理各国事务衙门会同俄国使臣倭良嘎哩改订陆路通商章程二十二款，其边界贸易在百里内仍许均不纳税。光绪七年，出使俄国大臣曾纪泽与俄国外务部大臣格尔斯及出使中国大臣布策改订中俄陆路通商章程十七条，两国边界百里之内仍准中俄两国人民任便贸易，均不纳税。至稽察贸易，各按本国边界限制办理。二十二年，华俄道胜银行订立建造东省铁路合同，凡俄国水陆各军及军械过境，由俄国转运经此铁路者，应责成公司径行运送出境，不得借他故中途逗留。凡外国搭客经此铁路，于中途入内地各处，凡货物行李由俄国经此铁路仍入俄国地界者，免纳税厘。若货物经此铁路运往中国或由中国经此铁路运赴俄国者，应照各国通商税则，分别交纳进口出口正税，惟较税则所载之数减三分之一交纳，若运往内地仍应交纳子口税云。当是时，东南各省之内地通商，开辟口岸区，划地段，号为租界，界内主权尽为他国所侵占。然海禁洞开，强邻环伺，欲杜觊觎，唯有广开口岸之一法。二十四年夏，诏沿边各将军督抚悉心筹度，推广口岸，展拓商埠，不准划作租界，俾保事权。三十一年，俄罗斯与日本既讲，是冬中日会议东三省事宜，订立条约。东三省地方自行开埠通商凡十六处，而黑龙江居其四，曰齐齐哈尔，曰海拉尔，曰瑷珲，曰满洲里。

（万福麟修，张伯英纂：《黑龙江志稿》，卷四十，交涉志，通商，民国二十二年铅印本。）

〔清光绪十七年前后，黑龙江〕　大黑河口为黑龙江省中俄通商口岸，其贸易大宗则中以牛往，俄以金砂来是已，余物备数不及江海各口千分之一。……中俄在大黑河屯通商多以俄帖交易，谓之羌帖。以银易帖，与中国帖价略同。冰合则贱，冰泮则昂，以行销畅滞之故，而中帖则不行也。……羌帖上具俄文，纸亦坚韧耐久，无作伪者，黑龙江城境悉通用之。

（清　徐宗亮纂：《黑龙江述略》，卷八，丛录，清光绪中刻本。）

〔清光绪十七年前后，黑龙江〕 中俄分江而后，大黑河屯为通商口岸，俄商则以金砂为大宗，中商则以菜牛为大宗，往来交易，获利均巨。

（清　徐宗亮纂：《黑龙江述略》，卷四，贡赋，清光绪中刻本。）

〔清光绪二十六年至民国年间，黑龙江瑷珲〕 瑷珲商埠，光绪二十六年，边纷之起，瑷珲城毁，唯魁星楼岿然存耳。三十一年，中日新约成，载明瑷珲由中国自行开埠通商，时俄罗斯仍屯兵如故。其明年，黑龙江将军程德全既索还地，而俄罗斯乃有要索北营之请。北营者，瑷珲城北俄兵尝所屯驻者也，欲留作俄轮停泊之所。程德全以瑷珲开作商埠，应由中国自行划定地段，俟开办时再行酌量办理。三十三年，俄廊米萨尔请将魁星楼附近江沿一带划留地段，程德全又以妨碍城基拒，不许。旋俄罗斯驻京使臣璞科第照会外务部，请由第一百十一号灯照迤北约二华里地段划留，并愿互换利益，办结此事。然俄员变诈百出，迄未妥议。

（万福麟修，张伯英纂：《黑龙江志稿》，卷四十，交涉志，通商，民国二十二年铅印本。）

〔清光绪三十一年至宣统二年，黑龙江齐齐哈尔〕 齐齐哈尔商埠，光绪三十一年冬中日会议东三省事宜，订立正约，附约载明齐齐哈尔由中国自行开埠通商。三十二年，黑龙江将军程德全勘择省城西南五里许之船套子湾腰间一带开作商埠，鸠工兴作，由西南江口斜开引河一道，依近西城纡回贯注，建木桥以通行者。又填塞旧河沟三处，于江沿修筑长堤一道，小堤二道，以御水患，又开水沟一道，以泄水势。设商埠局规定租建专章十四条，划街衢，修道路，规模粗具，唯以地偏僻，中外商人绝不前往经营，而外商往往藉口开埠条文要在省城内外杂居贸易。宣统二年，黑龙江巡抚周树模乃改划商埠区域，指定齐昂铁路经过路线作为界限，以路之南全作埠场，更拟租建专章参酌情形，先将道路沟渠分别修治，至于建造房屋，则飜中外商人自行经营。

（万福麟修，张伯英纂：《黑龙江志稿》，卷四十，交涉志，通商，民国二十二年铅印本。）

〔清光绪三十二年，黑龙江满洲里〕 满洲里于前清光绪三十二年丙午十二月初一日宣示开放，外务部与驻京俄使璞科第各派专员会商设关事宜。

（万福麟修，张伯英纂：《黑龙江志稿》，卷十九，财赋志，关税，民国二十二年铅印本。）

〔清朝末年，黑龙江〕 通商市埠：省城、爱〈瑷〉珲、呼伦、满洲里，皆定租界。绥化、呼兰商市颇盛，嫩江口、三岔河、涝洲，皆拟开之商埠。

（林传甲纂：《黑龙江乡土志》，地理，第七十三课，商埠大概，民国二年铅印本。）

〔清朝末年，黑龙江〕 满洲里为东清铁路第一车站，西距界濠二十里，俄人居站北，新辟租界，在站西南，议建屋凿井招民。

（林传甲纂：《黑龙江乡土志》，地理，第六十课，满洲里商埠，民国二年铅印本。）

〔清朝末年至民国年间，黑龙江满洲里〕 满洲里商埠（按《黑龙江统计报告·满洲里商埠》：查该埠拟于满洲里车站西南许平广处，所长约四五里，宽约三四里，作为商埠地段）。

（万福麟修，张伯英纂：《黑龙江志稿》，卷四十，交涉志，通商，民国二十二年铅印本。）

〔清朝末年至民国年间，黑龙江海拉尔〕 海拉尔商埠（按《黑龙江统计报告·海拉尔商埠》：查该埠拟于呼伦贝尔商市北门外关帝庙前附近隙地，东至依敏河，西至西土山根，长约七里，南至商市北门外，北至中东铁路新街，宽约一里，作为商埠地段）。

（万福麟修，张伯英纂：《黑龙江志稿》，卷四十，交涉志，通商，民国十二年铅印本。）

〔民国十五年前后，黑龙江瑷珲县黑河屯〕 黑河屯，故黑河府治，亦有海兰泡之名，其对岸之海兰泡，俄人称布拉郭什臣斯克，江上有轮舶横渡，星期日俄人皆渡江来游，商旅往来，视为通衢，实江东边东一门户也。以地扼重镇，故甚繁盛。

（郭克兴辑：《黑龙江乡土录》，第一篇，方舆志，黑河道，瑷珲县，民国十五年铅印本。）

〔民国十八年前后，黑龙江珠河县一面坡〕 一面坡为附近各站铁路行政之中心点，华、俄居民分设两市。……全市俄民二千九百二十一人，华民计二万八千四百三十四人，日本六十人，高丽七十人。……有玻璃厂及一面坡啤酒公司、波罗金酒厂，华商工厂应推王兴源烧锅、德诚川烧锅及油房。天兴德油房、公和利火磨均设蒸汽机，公和利制面所需小麦有产自当地者、有运自宁古塔及阿什河者，每年制出面粉计达三百八十五万斤，合二三九三吨，供给当地市场外，销售东线各站，实业界之巨擘也。全市商贾有欧商三十家，华商一百五十家。欧商中除东铁消费社不计外，应推下列各家之营业最大：乳品制油组合公司、哈尔滨松花江火磨代理店、满洲商业公司、杂货罐头东方公司。华商中拥资本大洋五万元以上者计二十五家，或为粮商或为杂货商，一切货物向均采自营口、大连、奉天、长春、哈尔滨各埠，每年商务交易额达一千五百万元之巨。欧商中之最大者惟出口商瓦沙尔得洋行、西比利亚公司、喀巴勒全洋行、索斯金洋行、远东国家商务局、喀干洋行。

（孙荃芳修，宋景文纂：《珠河县志》，卷十三，交通志，铁路，民国十八年铅印本。）

〔清光绪三十四年前后，新疆伊犁府〕　俄国在宁远县城东关设立通商埠，中设通商道一员，俄设领事一员。

（清　许国桢纂：《伊犁府乡土志》，交通，一九五五年据清光绪三十四年稿本油印本。）

〔清光绪三十四年前后，新疆疏勒府〕　英、俄夷商与新疆缠、回及关内客、回各巨商则多住疏附县城，盖该城系通商码头，故皆辐辏于彼也。

（清　蒋光陞纂：《疏勒府乡土志》，实业，一九五五年据清光绪三十四年稿本油印本。）

〔清光绪三十四年前后，新疆莎车府〕　本境土著均缠、回，外来客民有汉民，有小教回，有英国之印度爱乌罕克什米尔等处人，有俄国之安集延人，均往来贸易。

（清　甘曜湘纂：《莎车府乡土志》，人类，一九五五年据清光绪三十四年稿本油印本。）

〔清朝末年至民国五年，新疆〕　至英、俄商人何如乎？英商无真正英人，惟英属印度人为最多，阿富汗、巴达什罕次之，然阿、巴二国不过为英保护国，与英属印度迥不相同，只以伊犁条约有俄人在天山南北暂不纳税之权，驻喀什英领事马继业援利益均沾之例，英商亦一律不纳税。领事又迫阿、巴人自认为英人，以便均沾利益。阿、巴人遂不顾国权，自认为英人矣。印人进口贩运金丝锻及花布、糖、巴达克山杏仁、西藏枣红花之类。出口以蚕丝、麻烟（麻烟出莎车、皮山等处，以麻尖之粉和石灰成之，食之令人醉，可以避瘴气，销售于北印度一带）、毡毯、皮毛及四川绸缎为大宗，然大多数则以放账为业，恣取重利。其重者每月一钱五分，轻者七八分。缠回以宗教禁止放账，不能与竞，故一听其盘剥。南路汉商亦多放帐，官息五分，而私息则七八分，官吏禁止之，然印人之放账如故也。官禁愈甚，彼愈赢而我愈绌，最可异者，即汉人之负印人债务者，地方官反为之追讨，不能禁止，其倒行有如此。俄商亦无真正俄人，惟俄之老盖义及安集延人与新疆缠民之入俄籍者，遍天山南北著名商埠无不设立洋行，其著名者为仁中信、德盛、德和、天盛、吉盛、池泉涌诸号，资本十数万或数十万，输入以洋缎、桂子皮、喀喇绒、石油、纸张、铁器、磁器、砖茶为大宗，输出多以棉花、皮毛、葡萄、牲畜为大宗，此外精制品则川摹本锻、川绉及南路土布，关内细磁亦时有之，为数不多。按宣统元年统计新疆与英、俄二国输出入贸易额，计一千二百五十一万零，出入相抵外,输出尚超过二十余万。二、三两年未曾统计,无从调查,然按其实际,输入必较输出为多,盖元年统计,砖茶尚输出二十余万,而实际自西伯利亚铁路通行以后,俄国砖茶年年倒灌入口,为数已属不少。民国以来,茶引破坏,俄茶更盛。……欧战发生,俄国上下凋敝,百工俱废,其输至新疆货物年年减少,殆至去年,除输入砖茶外,其余几等于零。然彼既不能以货来,遂亦不能换吾货往,故输出亦为减少,惟布匹之出口者日见其多。(余归途经西伯利亚,见夙昔繁盛之区,今皆呈凋零之状,行者往来莫不忧形于色,百货空虚,虽一丝一缕亦不可得,故我东三省及山东诸省人咸贩布匹,趋之若鹜,幢幢往来,触目皆是,无不利市三倍。)

(林竞编:《新疆纪略》,五,实业,商业,民国七年铅印本。)

〔元代至民国九年,山东福山县烟台〕　古无烟台之名,以其附近之罘,故外洋通商皆直名之以之罘,其实之罘尚与隔海相望,非一地也。元明海运之道皆泊之罘岛,而烟台无闻焉。明为海防,设奇山所驻防军,东通宁海卫,西由福山中前所,以达登州卫,设墩台狼烟以资警备,土人因呼之曰烟台。其始不过一渔寮耳,渐而帆船有停泊者,其入口不过粮石,出口不过盐鱼而已。时商号仅三二十家。继而帆船渐多,逮道光之末,则商号已千余家矣。维时帆船有广帮、潮帮、建帮、宁波帮、关里帮、锦帮之目。至咸丰八年天津约成,而轮船往来于津沪间者亦皆必停泊于此,于是乃设东海关监督,移登莱青道领之,设税务司以税轮船,其常关帆船则统归之于监督焉。是时轮船之所至山东一省惟烟台,而迄西二千余里无闻焉。奉天一省惟牛庄,而迄东千余里无闻焉,故烟台商务西可由陆以达济南之西,北可由帆船而达于金复安东诸处,号称极盛。然商号虽多,亦多在天后宫左右,西不出圩子门,东不越广东街,南至奇山所北门,尚不足一里,北至海亦尚有数十百步不等。光绪二十年后,西与通伸海洋相连,渐而南连奇山所,渐而太平湾已填就,而北抵海矣。近年以来,乡间不靖,绅富来烟避难者不绝,于是东马路之房栉比鳞次,直抵东山,始为今日之大都会,计东西约十五六里,南北约七八里。

(王陵基修,于宗潼纂:《福山县志稿》,商埠志第五,缘起,民国九年修,民国二十年铅印本。)

〔清光绪三十年后,山东济南府历城县〕　光绪三十年,胶济铁路告成,山东巡抚周馥会同北洋大臣直隶总督袁世凯奏请将济南、周村、潍县三处目升商埠,勘定省城西关外东起十王殿,西抵北大槐树,南沿赴长清大路,北以铁路为限,作为济南商埠。……准各国洋商并华商于划定界内租地杂居,一切事权皆归中国自理,外人不得干预。

（毛承霖纂修:《续修历城县志》,卷十三,建置考一,商埠,民国十五年铅印本。）

〔**明弘治十三年前,南京苏州府太仓州**〕 元至元十九年,宣慰朱清、张瑄自崇明徙居太仓,创开海道漕运,而海外诸番因得于此交通市易,是以四关居民,闾阎相接,粮艘、海舶、蛮商、夷贾辐辏而云集,当时谓之六国马头。

（明 桑悦撰:《太仓州志》,卷一,沿革,明弘治十三年修,清宣统元年刻本。）

〔**清咸丰年间至光绪二十年后,江苏镇江府**〕 本邑为长江通商口岸之一,自咸丰十年京师圆明园之役,中外和议告成,英、法两国先后换约,援据八年天津新议第十款,于长江一带添立通商口岸,除镇江一年后立口通商外,其余汉口沂流至海之地,选择不逾三口,由英官卜鲁士照会换约大臣,拟于汉口、九江两处先行开商,凡英船上下大江所载货物,均照进出口值百抽五正税,子口值百抽二五半税及出口复进口值百抽二五半税与新章应纳船钞等,或在上海,或在镇江纳税,请咨各该省大吏遵办。经换约,王大臣恭邸照覆,以南省军务未清,长江道路是否疏通,无从悬揣,应由贵大臣酌量办理。十一年正月,英参赞巴夏里、水军提督和普,偕同正、副领事各一员,统率兵船驶抵镇江。经地方官询,据覆称系来察看地势,设立署栈,以备通商,已勘得西门外云台山上下可建公署、商栈,并拟于甘露寺地方暂为副领事公署云云。此为外商来此创立商岸之始。其时粤寇未歼,江面未靖,邑中人民流亡在外,尚无商务可言,且该国货船未至,税关亦未设立,巴夏里虽言勘定地势,越五六日遂亦驶去。同治三年收复南京,江南大定,邑民渐归复业,于是英人首来,法、美继之,遂于云台山下滨江一带划作租界,并设领事公署于云台山上,陆续设立太古、旗昌、怡和等轮船码头起卸商货,外商行栈遂亦递有增益。税关既失,名曰镇江关,以常镇通海兵备道监督关务,照章由总税务司遴派洋员帮办收税,名曰镇江关税务司,所辖则东自狼山,西至江宁一带,江西轮船归其稽查。同治十一年,朝议通商以来,中国江海之利尽为外国商轮侵占,于是招集华股,创设招商局,冀以挽回利权。先于天津及上海试办。光绪二年,美国旗昌公司船栈归并招商局,经南洋大臣、两江总督沈葆桢奏请,拨浙江等省官款通力合作,镇江遂亦买并旗昌旧有船找于城西龙窝地方设立招商局,与外商所设太和、怡和船栈码头称为三公司。其后商务益旺,有约各国类多援据一体优待条款,前来通商,赓续建筑码头,设立船栈,租界地址逐渐展拓。光绪二十年中东战后,日人根据和议条约,于本口设大阪公司,往来物品日益繁多,邑中漏卮日益加巨。又外人传教恒与通商相为附丽,自本邑开作通商口岸,城内外耶苏天主教堂亦逐渐增进,并于今所称为天主街等处广置市房为教堂产业,华洋交涉既多,地方官力所不逮,则一倚关监督常镇道为交涉枢纽。关道事繁,于是复设交涉局委员办理,以辅关道所不及。

(张玉藻、翁有成修,高覲昌等纂:《续丹徒县志》,卷五,食货志,商务,民国十九年刻本。)

〔南宋乾道五年前后,两浙东路庆元府〕 明之为州,实越之东部,观舆地图则僻在一隅,虽非都会,乃海道辐辏之地,故南则闽、广,东则倭人,北则高句丽,商舶往来,物货丰衍。东出定海,有蛟门、虎蹲天设之险,亦东南之要会也。

(宋 张津纂:《四明图经》,卷一,分野,宋乾道五年修,清咸丰四年刻本。)

注:庆元府今为宁波地区。

〔清道光二十二年后,浙江宁波〕 宁波,清道光二十二年中英江宁议定条约,开辟商埠,为五口之一,公共居留地在城东北姚江北岸,有新江桥相通,沿岸多汽船码头,船舶进出,帆樯如云。沪杭甬段铁路于此为终点,市街尤为繁盛,城隔鄞江为江东区,商务亦盛,以百丈街、后塘街、树行街为中心。城内以东西大街、紫微街、船行街,城外为糖行街、双街、半边街为最热闹。主要输出品以绿茶、粗布、毛毡、席、扇、伞、草帽、药材、花生油、木器、棉花、鱼鲞为大宗,输入品以棉纱、棉织品、砂糖、石油、铁、锡、烟草为大宗。

(姜卿云编:《浙江新志》,上卷,第七章,浙江省之社会,商埠,民国二十五年铅印本。)

〔清光绪二年后,浙江温州〕 温州,清光绪二年中英《烟台条约》订立后,辟为商埠,租界在城东,商务均在城大〈内〉,以南门大街、北门直街、府县街、五马街为最繁盛。但以介于宁波、福州两内埠之间,又以瓯江口狭滩浅,大舰不能自由进出,因之商业未见兴盛。输出品以竹、木、瓯绸、雨伞、药材、柑桔、烟草、獭皮等为大宗,输入品以棉纱、棉织物、石油、焦、扇、染料、火柴、糖、洋广杂货为大宗。

(姜卿云编:《浙江新志》,上卷,第七章,浙江省之社会,商埠,民国二十五年铅印本。)

〔清光绪二十一年后,浙江杭州〕 杭州,清光绪二十一年中日缔结《马关条约》后,将城西北距湖墅不远之拱宸桥辟为商埠。日人曾竭力经营,如兴办中日汽轮会社连接江墅支线,首创公倡戏园以招徕游客,然终以地位关系,一般商旅均视该埠为暂时停足消遣之地,与商业不生任何影响,依旧麇集于湖墅一带,或在城内交易。日本租界之地位,在运河与陆务河之间,南依拱宸桥,占地一千八百九十亩。界内虽筑有马路,大都荒芜,冷落不堪。日本警局及三数东洋商店之外,仅少数小户居住而已,除大马路及福海里等处公倡花捐收入外,几无商业可言。但杭州自古以来与国外贸易已盛,阿剌伯、波斯之商贾屡往来其间,曾数见于载籍。自辟商埠后,沪杭铁路、公路相继通车,内河汽船日多,交通称便,商务自盛。城北湖墅为米、纸业之中心,城南闸口南星桥为沿江山货之集散地。城内多大商店,以清河坊、保佑坊、三元坊、荐桥、联桥为中心。西湖滨之新市场,旅馆、茶园栉比林立,香市时尤为热闹。输出为生丝、丝织品、茶、扇、药材等,输入以棉纱、棉织物、砂糖、铜、铁、石油、洋广杂货为大宗。

（姜卿云编：《浙江新志》,上卷,第七章,浙江省之社会,商埠,民国二十五年铅印本。）

〔清光绪二十一年,浙江杭州拱宸桥〕 北新关外,拱宸桥左右,一边旷野,两岸皆农桑田亩,杂有庐墓,原非通都大会。其东北百里至于海宁,又东二百里至于乍浦,乃为海,或则可以通商也。光绪二十年秋,东夷不睦,王师败绩,次年秋,议和,许东人以苏、杭两处及荆门之镇江设通商埠市。于是,华之人先于桥以内,度地建居为缫丝厂,谬谓先下子著,利权可以自我操也。一时士大夫、富商巨贾咸乐趋之。远近遂有茧厂,有市廛,而荒冢白骨、鬼声啾啾,皆起自九京移徙他所,其情形与昔年沪渎、天津相似,从此拱宸桥一带将有轮艘电毂、铁马金戈以为商贾辅,沧桑世变风气改观。斯志之成,不先不后,毋亦有数存乎其间者欤？呜呼,后之视今,犹今之视昔,今已殊于昔矣。后之视今者能无感慨于斯文。

（清　高鹏年纂：《湖墅小志》,卷四,清光绪二十二年石印本。）

〔清光绪二十一年前后,浙江杭州拱宸桥〕 拱宸桥市,去北关镇三里,地本荒凉墟墓所萃。光绪二十一年,中日《马关条约》辟其地为商埠,设杭关于北,既而江墅铁路踵兴,设拱宸车站于桥西,市廛栉比,稍稍繁盛矣。

（吴庆坻等重纂：《杭州府志》,卷六,市镇,民国十五年铅印本。）

〔清光绪二十一年至民国二十五年前后,浙江杭州〕 甲午中日战争以后,光绪二十一年,中日乃订立《马关条约》,暨要索杭州为通商口岸。约成之次年,并另订租界章程,在杭州拱宸桥租地九百余亩划定租界,以供日人居住。并设有日警察署,以管理界内行政。当时界内市面曾有一度之繁荣,嗣城内辟新市场,而拱埠日租界乃渐趋凋敝。现界内多数土地均尚荒芜未辟。当时订约期为三十年,早已期满,惟目前仍在继续租借中。

（姜卿云编：《浙江新志》,上卷,第六章,浙江省之党政,外交,民国二十五年铅印本。）

〔**民国十五年前后,浙江杭州**〕 租界地址,西以运河为界,起自长公桥,沿河迤南,长三百六十丈为止。北以一沟,从运河分流,经长公桥、南石桥,注于陆家务河者为界,起运河东岸至陆家务河为止。东以陆家务河为界,起于一沟,经长公桥、南石桥,合于陆家务河处,沿河迤南,长三百六十丈为止。南从运河东岸西界尽处,划成一线,至陆家务河东界尽处止。

(齐耀珊修,吴庆坻等纂:《杭州府志》,卷一百七十四,交涉,民国十五年铅印本。)

〔**清光绪初,安徽太平府芜湖县**〕 县市在县治前,由新市街,出弼赋门,西抵江口,名十里长街,阛阓之盛,甲于江左。今按咸丰兵燹,肆廛为墟,通商以后,繁盛视昔有加。江口一带,米、木商及行栈居多,长街百货咸集,殷实商铺亦萃于此。东、南、北三门,商多较逊,二街马路则茶楼、酒肆、梨园、歌馆,环绕镜湖堤边,数皆光绪季年所新辟也。宣统二年,安徽巡抚朱派委会同关道赵丈量西门外商埠,东至县城,西至江沿,南至大河,北至蒲草塘,沿电灯公司、陶家沟,计东西六百十五丈九尺。南北平均三百四十九丈七尺,共计面积二十一万五千三百八十方二尺三寸,合六方里另二万九百十方二尺三寸。

(余谊密等修,鲍实等纂:《芜湖县志》,卷五,地理志,市镇,民国八年石印本。)

〔**清光绪二年至三十年,安徽太平府芜湖县**〕 租界在陶家沟北、弋矶山南,计地七百十九亩四分四厘八毫一丝四忽。光绪二年,因云南土番戕害英人案,会议于烟台,增订条款,添开宜昌、芜湖、温州、北海四口作为通商口岸,设领事官驻扎之。光绪三十年,宪关道童德璋、英领事柯违良议定租界章程十条。

(余谊密等修,鲍实纂:《芜湖县志》,卷五,地理志,市镇,民国八年石印本。)

〔**清光绪年间,安徽太平府芜湖县**〕 芜湖扼中江之冲,南道宣、歙,北达安、庐,估客往来,帆樯栉比,皖江巨镇,莫大乎此。光绪初,开建新关,外商纷至,轮舶云集,内外转输,沪汉之间,此为巨擘。

(余谊密等修,鲍实纂:《芜湖县志》,芜湖新修县志序,民国八年石印本。)

〔**清咸丰十一年后,湖北汉口**〕 前清咸丰八年,英国《天津条约》订长江通商,后于咸丰十一年正月二十六日,英国火轮船一抵汉口,其酋威司利、行商韦伯、通事杨光让等,渡江至武昌,谒前大学士、湖广总督官文,遂觅栈房一所于汉上,岁给房租银四百两,留杨光让住汉。三月朔,巴夏礼续以小火轮兵船四,载兵数百,偕属官往见官文,上称查办九江、汉口开港事,以九江诸事未定,先来勘地。其水师提督贺布亦于次日率属官二十人来言,将往上游探水,非有他意。至贺布自上游返,与巴夏里先后同行,留夏某以火轮船一碇泊汉口,是为英人立汉口市埠之始。嗣后通商之国踵至,而汉口遂为中外交涉之一大关键,接武上海矣。

(侯祖畬修,吕寅东等纂:《夏口县志》,卷十一,交涉志,通商之始,民国九年刻本。)

〔唐代至明万历二年,广东广州府香山县澳门〕 唐宋以来,诸蕃贡市领之市舶提举司,澳门无专官也。正德末,惩佛郎机频岁侵扰,绝不与通。嘉靖初,有言粤文武官俸多以蕃货代,请复通市。给事中王希文力争之,蕃舶禁绝。已而,巡抚林富言互市有四利:祖宗朝诸蕃朝贡外,原有抽分之法,稍取其余,足供御用,利一;两粤比年用兵,库藏耗竭,籍以充兵饷,备不虞,利二;粤西素仰给粤东,小有征发,即措办不前,若蕃舶流通,则上下交济,利三;小民以懋迁为生,持一钱之货,即得展转贸易,衣食其中,利四。诏从之。诸蕃之复通市,自林富始。十四年,都指挥黄庆纳贿,请于上官移舶口于濠镜,岁输课二万金。澳之有蕃市,自黄庆始。三十二年,蕃舶托言舟触风涛,愿借濠镜地暴诸水渍贡物。海道副使汪柏许之。初仅茅舍,商人牟奸利者渐运甎甓椽桷为屋,佛郎机遂得混入,高栋飞甍,栉比相望,久之,遂专为所据。蕃人之入居澳门,自汪柏始。佛郎机既据澳,至万历二年,建闸于莲花茎,设官守之,而蕃夷之来日益众。吏兹土者皆畏惧,莫敢诘,甚有利其宝货,佯禁而阴许之者。

(清 印光任、张汝霖撰:《澳门纪略》,上卷,官守篇,清乾隆十六年刻本,清嘉庆五年重刻本。)

〔明洪武初年至嘉靖三十五年,广东〕 洪武初,令番商止集舶所,不许入城。通番者有厉禁。正德中,始有夷人私筑室于湾澳者,以便交易。每房一间,更替价至数百金。嘉靖三十五年,海道副使汪柏乃立客纲、客纪。以广人及徽、泉等商为之。

(明 郭棐纂修:《广东通志》,卷七十,杂蛮,明万历三十年刻本。)

〔清咸丰年间以后,广东潮州府汕头〕 汕头为吾国南方一大商港,亦韩江、梅河两流域出口门户,地扼要冲,在温、热两带交线之间,气候温和,为国内各港冠。清咸丰间,开作通商口岸后,既成南北洋咽喉重地,与上海、香港骎骎乎有鼎足之势。既得水运之便,更有潮汕铁路及各属公路之联络,近更预备航空飞机场,亦经筑就,地方蒸蒸日上。自民国十年划为独立市、开辟马路后,尤觉突飞猛进,借非政局杌陧,则填坦浚海,继续进行,工商业不受打击,繁盛早已数倍。今日附近小埠如潮阻、揭阳、澄海、达濠、黄冈、炮台等处,轮渡往来如织,埠人之营业置产于此者,指不胜屈,各为第二家乡,则与家乡比,只非祖宗坟墓所在而已。

(温廷敬等纂:《大埔县志》,卷十一,民生志下,殖外,民国二十四年修,三十二年增补铅印本。)

〔清光绪十六年,广东广州府香山县〕 光绪十六年,葡萄牙图占青州岛,筑新路转租英人,迫我原驻青州岛师船移驻前山,总督李瀚章允之。后又据凼仔、路湾(即过路环)两岛,岛旧有沙主,向为渔船泊地,时邻境大小横琴,海贼出没,葡以保护为词,建兵房炮垒,抽船牌业钞,俨成一小埠焉(荔友湾、石澳各地均设葡官驻守)。

(厉式金修,汪文炳等纂:《香山县志》,卷十六,纪事,民国十二年刻本。)

〔清光绪三十三年,广东广州府香山县〕 光绪三十三年,葡欲增辟马路,焚龙田村民居三十余家,逼迁家具,违者毒殴,事后略补屋价,托名购取,居人迁徙流离,莫名其苦,今龙田村已为墟矣。

(厉式金修,汪文炳等纂:《香山县志》,卷十六,纪事,民国十二年刻本。)

〔清光绪十三年至三十二年,广西南宁府〕 吾省与外国通商未详何时,其可考据者,《中法北京条约》,清光绪十三年间,开设龙州海关,即为吾省与外国通商之嚆矢。南宁与外国通商,亦如是萌芽。查南宁上控云贵,下扼浔梧,合江汇流,交通便利,电船、帆船来往不绝,不独据郁江上游重镇,且为边防转运后路,前明曾经设关,与越南互市,其商务繁盛可知。清光绪二十年,英使臣窦乐尔曾称南宁实包括在西江之内,请开商埠。二十四年,德国商人亦潜图购买地基,议价未成。二十七年,广西抚黄槐森乃奏准自开口岸,以南门外旧古城池开辟为商埠。三十二年一月十七日开关,订立海关试办章程二十款,斯为南宁与外国正式通商之始。

(谢祖萃修,莫炳奎纂:《邕宁县志》,卷二十九,交通志二,通商,民国二十六年铅印本。)

〔清光绪十六年至民国二十八年,四川重庆〕 清光绪十六年,辟重庆为商埠,始立税关,以川东道兼任关监督。自是以来,外侨日集,国际间始有直接贸易。……然自海关成立四五十年之间,无岁不为入超,盖土货出口恒为生货或半生货,至于熟货则舍粗陋常物而外,往往而绝。而关税由于协定失自主之权,无以保障土货,防制洋货之倾消。

(罗国钧等修,向楚等纂:《巴县志》,卷十三,商业,民国二十八年刻,三十二年重印本。)

〔清光绪年间，云南省〕 我国商业自开商埠以后为一大转变，云南商埠之开则自清光绪时始，而商埠又有约开商埠与自辟商埠之别。鸦片战争以还，国际通商继长发达，基于履行条约被迫而开放者为约开商埠，如蒙自、思茅、河口、腾越是人口众多、交通便利、商业繁兴之区。自行开放以杜外人之觊觎者为自辟商埠，如昆明是。

兹将开放经过简述如次：蒙自关之开放系依据光绪十三年《中法续议商务专条》，此约第二条议定通商处所，广西则开龙州，云南则开蒙自，并得于蒙自设置领事。旋云南巡抚兼署云贵总督谭钧培奏准于光绪十五年七月二十八日开关，于县城东门外设立正关，并于蛮耗街设分关，又蒙自西门外及河口各设查卡，旋改设河内分关，蛮耗改设分卡。宣统元年添设碧色寨分关，宣统二年再添设云南府分关，是为蒙自开关之经过。

思茅关之开放系依据光绪二十一年《中法续议商务专条》，此约第三条议定云南之思茅开为法越通商处所，与龙州、蒙自无异，即照通商各口之例，法国任派领事官驻扎，中国亦驻有海关一员。旋云贵总督崧蕃、云南巡抚黄槐森奏准于光绪二十二年十一月二十九日开关，于思茅城设立正关，于东门外及永靖哨设立查卡，易武、猛烈各设分关。

河口关之开放系依据光绪二十一年《中法续议商务专条》，此约第三条议定蒙自经保胜之水道允开通商之一处，现议非在蛮耗而改在河口，法国任在河口驻有蒙自领事官属下一员，中国亦有海关一员在彼驻扎。旋总理各国事务衙门与法使往返照商，并札行总税务司定期于二十三年六月初二日开关。

腾越关之设置系依据光绪二十三年《中英续议缅甸条约》，先是光绪二十年《中英滇缅条约》规定，凡货由滇缅边界进出，准由蛮允、盏西两路行走，照通商口岸之例办理，英国得派一员驻扎蛮允。继于二十三年订立续约，议定将驻蛮允之领事改驻腾越或顺宁，任英国择定一处，后改驻腾越。二十五年，英领事弥逊到腾商议开关。二十七年，署领事烈敦到腾于南城外设立正关，会订试办章程，爰于南城外设立正关，蛮允及弄璋街设分关，东门外及蚌西蛮线设分卡。二十八年五月，移东门外分卡于龙江。十月添设遮放分关、龙陵分卡，旋移遮放分关于龙陵，是为腾越设关之经过。

昆明商埠初名商埠清查局，在县城东门外，借芦茶会馆地点设置。光绪三十一年，云贵总督丁振铎据云南绅士陈荣昌、罗瑞图、王鸿图、解秉和等禀，为云南省城商务日繁，请援照山东、湖南等省成案，就省城南门外得胜桥一带辟作商埠，设立商埠总局,于二月十六日奏准照办。惟所订商埠总章及商埠租赁房屋专章报由外务部立案,并照知各国驻京公使。但英、法两使均谓限制过严,碍难承认,英、法人等并在城外自设行栈,自由居住,不受约束,故此项章则迄未能见诸实行。至商务禁令规条,未与埠章同时提出,徒托空言而已。

(龙云、卢汉修,周钟岳等纂:《新纂云南通志》,卷一百四十三,商业考一,商场及商埠,一九四九年铅印本。)

〔清光绪三十二年前后,云南开化府河口镇〕 东南则有蒙自白期河会长桥海,为新安河,流接红河,是乃河口,为中法通商要地。

(清 云南课吏馆编辑:《全滇纪要》,临安府,河道,清光绪三十二年铅印本。)

(二) 进 口 贸 易

〔清光绪十二年前后,直隶顺天府〕 西北多山,民习勤苦;东南多水,民忧氾滥。惟通州、武清下接津沽,近年各国通商轮舶翔集,大舳长舸,百货荟萃,民食其利,富厚日形。

(清 周家楣等修,张之洞、缪荃孙纂:《顺天府志》,卷三十一,地理志,风俗,清光绪十二年刻本。)

〔清代后期至民国年间,直隶顺义县〕 日用品,在清季改用洋货,石油、香皂、毛巾、围脖、洋袜、火柴、手套、草帽等,几于家户必需购自他国,利权外溢。而纸烟、吗啡、鸦片、海洛英,又为一班无业酸大足美者所嗜好。

(苏士俊修,杨德馨纂:《顺义县志》,卷十二,风土志,民生,民国二十二年铅印本。)

〔民国二十年前后,上海〕 我国农业本甚守旧,天灾人祸之年,即有供不敷求之势。以去岁情形而论,反有美麦之大批进口,是则能否抵制外货及行销海外,尚须视国内农业之情形而为定断。是今日之业面粉者,对于小麦之试验及推广,宜更为进一步之注意矣。

(吴馨等修,姚文楠等纂:《上海县志》,卷五,商务上,商业建设,民国二十五年铅印本。)

〔清代中叶至民国二十年,天津〕 津埠未辟为通商口岸之先,国货通行,利权在握,津门固一国货商场也。市廛虽不如今之华丽整齐、雄都可观,然尔时盖藏富厚,物阜财丰,大小各商率皆获利数十百倍。华洋通商后,外人运其轻巧之制造品输运来津,而作进一步之侵略。当时一新一旧,相形见绌,又加以我国人厌固喜新,购货者既好洋货,卖货者不得不改为洋商。始犹华洋相抵,继则洋多于华,终则国货每年仅销十之一二,洋货反销十之八九。入口之货益多,出口之货益少,权利外溢,漏卮甚大。故英法联军一变,庚午闹教一变,庚子拳匪一变,屡变屡衰,几至不可收拾。幸民元以来志士奔走呼号,国人恍然大悟,加以欧洲战争,外货不克运入,诚与中国实业莫大之转机。国人提倡经营,茹苦含辛,故今日大有起色。

（宋蕴璞辑:《天津志略》,第十编,商务,第三章,通商之前后,民国二十年铅印本。）

〔清光绪二十六年以前至民国二十三年前后,河北望都县〕 光绪庚子以前,居民取火以火镰、火绒、火石取火;燃灯则以瓦灯,棉子、豆、麻等油;炊薪率用柴薪;吸烟则烟叶、烟丝,皆国产也。近则取火易以洋火,燃灯多用煤油,而油坊稀少,炊薪以柴薪不敷,半用煤炭。他如纸烟充斥,洋货盛行。

（王德乾修,崔莲峰等纂:《望都县志》,卷十,风土志,民生状况,民国二十三年铅印本。）

〔清代后期至民国年间,河北迁安县〕 迁邑僻瘠,习俗较他县为朴。然自海禁开而洋舶沓来,技尚淫巧,市肆所陈率多来自海外,内地工艺不讲,以致利权外溢。

（滕绍周修,王维贤纂:《迁安县志》,卷三,建置篇,市集,民国二十年铅印本。）

〔清朝末年至民国十八年前后,河北威县〕 威境行销之货大别为二,一、必需品,如饮食类、服饰类、器具类,强半产自本境;然烧类煤油系外洋舶来品,无烟煤及石炭亦外境所运输。二、奢侈品,如化妆类、烟草类,外洋舶来者居多数。惟烟草一项销售本境之金额,在前清末季不过三万元,民国七、八年增至十二三万元,十一年,已达十七万元以上。

（崔正春修,尚希贤纂:《威县志》,卷八,政事志,商会,民国十八年铅印本。）

〔清代后期至民国二十二年前后,河北南皮县〕 二三十年前,民间燃灯均用瓦灯棉子油或豆油等,光绪季年皆用煤油洋灯,近间有汽灯。以前均吸烟叶或烟丝,近则多吸纸烟。他如化妆用品、毛巾、洋袜、火柴等类,纯系外商舶来之品,罗列市肆,销售日多。

（王德乾等修,刘树鑫纂:《南皮县志》,卷三,风土志,民生状况,民国二十二年铅印本。）

〔民国初年至二十九年前后，河北邯郸县〕　民初以来，销售美孚煤油者有贞记，销售亚细亚煤油者有怡元亨，均系合资营业，押款三千元。本年复添设德记为德士古煤油之分销，押款六千元，仍须提供二万五千元之保证。分销规则，每箱津贴漏油大洋五分，回扣三角。销售地点，邯、武、磁、永四县。每年每家销售六千余箱，获利当在二千余元之谱。惟遇行情涨落，尚能乘机操纵，所获利益当必超越寻常云。纸烟业，城南门里宝记为英美烟之分销处，系大名王姓独资营业，每年销售约计十余万元之谱。外有仁记经理国货纸烟，销售无几，殊较远逊。绸布棉纱业，售卖洋布设肆营业者，城里车站及苏曹镇等处共十五家，资本以二千元为最，少则数百元。购自邢台南关，略带丝绸以为配搭者十之八九。运自津、沪大宗贩卖者绝鲜。每年每家流水不过数千元或万余元而已。至棉纱一业，购自河南彰德，多带卖于杂货肆中，间有推换鹿车趁市专卖者，小贩贸易，非常业也。统计境内每年约销三百余包，合价七万余元云。洋广杂货业，是项营业，他处皆分之为二，迥然不同也。邯境洋广货类寥寥无几，彼此搀带，似难划分，其曰洋广货肆者，不过略带数种洋磁及化妆品而已。城乡村镇共四十余家，资本无过二千元者，少即一二百元，亦不得不谓之杂货商也。所有各货类多购自邢台县之杂货庄内，每年流水不过数千元，门面形式以车站为最，余则远逊矣。

（李肇基修，李世昌纂：《邯郸县志》，卷十三，实业志，商业，民国二十九年刻本。）

〔民国十九年前后，河北雄县〕　洋布由天津、由大清河运入本境，在四乡销行，高阳布亦盛。洋纱自天津运入本境，在四乡销行。煤油自天津运入，在四乡销行。

（秦廷秀、褚保熙修，刘崇本等纂：《雄县新志》，故实略，商务篇，民国十九年铅印本。）

〔民国二十年前后，河北成安县〕　近年来之面粉输入渐多，初多日本株式公司出品，近则多邯郸怡丰公司出品。但此种面粉亦为少数人之食品，于一般平民尚无大关系。

（张应麟修，张永和纂：《成安县志》，卷十，风土，民国二十年铅印本。）

〔民国二十二年前后，河北高邑县〕　纸烟公司二处，一为英美烟公司，一为永泰和烟公司，均设于城内，由天津、石庄贩运，年约二千余箱，销于本县及邻县，资本共一千元。……洋布行十处，分设城内车站及各村镇，由天津及高阳县贩运，年约　万余匹，销于本县及邻县，资本共二万一千元。

（王天杰、徐景章修，宋文华纂：《高邑县志》，卷二，实业，工商业，民国二十二年铅印本。）

〔民国二十四年前后，河北张北县〕 本县城内现有发行煤油庄二家：一为亚细亚，一为美孚，互相争胜，销路颇广，不但全县各乡镇，即邻封各县亦有来此贩运者，营业尚称发达。

（陈继淹修，许闻诗等纂：《张北县志》，卷五，户籍志，商业，民国二十四年铅印本。）

〔民国二十六年前后，河北滦县〕 杂货铺，各镇皆有，资本自万元至数千元不等，铺友五六人或十余人，劳金自百五十元至数十元不等，销售尚称畅旺。物品：舶来者居半，间有南数省货物。

（袁莱修，张凤翔等纂：《滦县志》，卷十四，实业志，商业，民国二十六年铅印本。）

〔民国二十四年前后，河南武安县〕 煤油业：武安畅销之煤油，有亚细亚、美孚两种。亚细亚属邯郸怡元恒经理，武安徐远恒为其分柜；美孚属邯郸直记经理，在武委托白布杂货等业代为销售，行情涨落一听总行之指挥，不得少有出入。每筒油利润甚微，惟当涨落之际亦能乘机操纵，坐获巨利。

（杜济美等修，郄济川等著：《武安县志》卷十，实业志，商业，民国二十九年铅印本。）

〔清代后期至民国十八年，山西新绛县〕 自西风东渐，人尚浮华，舶来之品争相购用，于是商业中有所谓洋行者焉。近年以来，愈见盛行，我绛一县不下四五十家。

（徐昭俭修，杨兆泰等纂：《新绛县志》，卷三，生业略，民国十八年铅印本。）

〔清光绪三十四年前后，奉天辽阳州〕 辽阳铁路交通，由大连、营口输入洋货税则既轻，价格自廉，故人竞趋之。若不急求抵御，华商涠，何堪设想。现计城乡各行铺户不下三十行一千余家，多半仰给于外货及各行省货，而输出货值仅抵输入货值十分之四五，盖缘工无良法，商人专赖土产生货与外人交易，土产不增而销用渐广，是漏卮也。

（清　洪汝冲修，永贞纂：《辽阳乡土志》，商务，清光绪三十四年铅印本。）

〔民国三年前后，吉林延吉县〕 全境杂货商共一百一十八号，贩运以日货为大宗，国货次之，俄、英等货又次之。

（吴禄贞修，周维侦纂：《延吉县志》，卷六，实业，商业，一九六〇年据民国三年抄本油印本。）

〔清康熙六十年前后，吉林宁古塔〕 盐，取给于高丽之会宁府，离此七百里。

（清　吴振臣纂：《宁古塔纪略》，清康熙六十年刻本、光绪年间重刻本。）

〔清代至民国年间,黑龙江宾县〕 从前钢铁皆贩自奉省,自哈埠通商,始自俄国输入,虽利权外溢,铁料尚无缺也。

(赵汝棋、德寿修,朱衣点等纂:《宾县县志》,卷一,实业略,工业,民国十八年铅印本。)

〔民国二十二年前后,黑龙江〕 江省通用夜烛,不知何油,烟焰尤劣,新屋落成,用此烛者数日转白为黝黑,衣亦熏成黑色。俄人售洋烛,与英、法诸国同价,中人之家及官署率皆用之。

(万福麟修,张伯英纂:《黑龙江志稿》,卷六,地理志,风俗,民国二十二年铅印本。)

〔清光绪三十四年前后,新疆温宿府〕 外洋各色花布自喀什陆运入境,在本城北关市镇销售只数家,岁销不过数十百匹,以大帮多温宿县城故也。

(佚名纂:《温宿府乡土志》,商务,一九五五年据清光绪三十四年抄本油印本。)

〔清光绪三十四年前后,新疆库车州〕 进口货以洋商布匹为第一大宗,缠、回服饰人人取资,宗数甚多。各宗销用为数亦伙,其洋铁、洋漆、洋瓷各器皿亦皆需用,惟每岁所销较少。

(佚名纂:《库车州乡土志》,商务,一九五五年据清光绪三十四年稿本油印本。)

〔清光绪三十四年前后,新疆阿克苏温宿县〕 进口货以洋商布匹为大宗,缠、回服饰人人取资,名色甚多,销用不少,其余如洋铁、洋漆、洋磁各器皿及京庄南货亦皆需用,惟每岁售销无几。

(佚名纂:《温宿县乡土志》,商务,一九五五年据清光绪三十四年抄本油印本。)

〔清光绪三十四年前后,新疆喀什噶尔伽师县〕 自英、俄两国陆路运来各色洋布,本境每年约销一万四千丈。又洋火每年约销六百箱,每箱一千把。大小洋碗每年约销六千个,洋油每年约销一千斤,洋糖每年约销八千斤,洋蜜糖每年约销八百斤,五色洋线每年约销二千斤,洋铁每年约销三万斤,大小洋铁盘子每年约销六千个,洋钉子每年约销四千斤。

(清 高生岳纂:《伽师县乡土志》,商务,一九五五年据清光绪三十四年稿本油印本。)

〔清朝末年至民国初年,新疆〕 俄番商贾,曾以伊犁、塔城、迪化为市场,而南疆旧分八城,西四城密迩英属,故英之仰机利者多归焉。

(宋伯鲁撰:《新疆建置志》,卷一,民国二年铅印本。)

〔清光绪年间，山东济南府德州〕　洋线，由天津水运至州境行销，岁计一千二百件，内转销山东内地者九百件。洋油，由天津水运至州境行销，岁计十六万箱，内转销山东内地各境者十五万箱。……洋布，自天津水运至州境行销，岁计九百匹，内转销邻封各地者五百匹。洋纸，自天津水运至州境行销，岁计值银五百两。杂色洋货，自天津水运至州境行销，岁计值银五千八百两。

（清　冯甦编：《德州乡土志》，商务，清光绪间修，抄本。）

〔清光绪年间，山东东昌府高唐州〕　洋布，向由天津、济南府运至。自青岛铁路通后，皆由青岛或周村运至城内，岁销约三万匹。

（清　周家齐编：《高唐州乡土志》，商务，清光绪三十二年刻本。）

〔清代后期至民国年间，山东冠县〕　本地货品多原质，外来货品多加工制造。人情日趋新奇，故外货之销售渐畅。自改建民国，城区洋货铺骤增至十余家。

（清　梁永康等修，赵锡书等纂：《冠县志》，卷二，建置志，机关，清道光十年修，民国二十三年补刊本。）

〔清代后期至民国十七年，山东胶县〕　数十年之纱布变迁，初则土纱、土布为洋纱、洋布所压迫，继则日本纱布与英印纱布两相竞争，至于欧战以来，则本埠之日本厂家抗衡上海之纺织业而战胜之矣。

（赵琪修，袁荣叟纂：《胶澳志》，卷五，食货志，商业，民国十七年铅印本。）

〔清光绪二十六年至民国二十三年，山东冠县〕　布匹、洋油，多系外洋舶来。……奢侈品如化妆陈设及烟草类，舶来者居多。惟烟草一项，销售本境之金额逐年增加，骇人听闻。自清光绪庚子年后，冠人始吸食此物，寥寥无几。其后嗜好传染，烟草为一大流行品。民国八年，据烟草公司报告，销售此物金额按全县统计，每年约洋十五六万元，近年又增至二十余万元。

（清　梁永康等修，赵锡书等纂：《冠县志》，卷二，建置志，机关，清道光十年修，民国二十三年补刊本。）

〔清光绪三十四年前后，山东泰安府肥城县〕　洋布、洋油、煤炭、火柴、洋绸缎及一切洋式器具，大抵皆由本境坐商贩自省垣、周村、潍县、青岛等商埠，零销本境，每岁约出银五万余两。

（清　李传煦纂修，钟树森续修：《肥城县乡土志》，卷九，商务，清光绪三十四年石印本。）

〔**清朝末年至民国年间，山东高密县**〕 烟，自烟草公司纸烟盛行，土烟之利几为所夺。

（余有林、曹梦九修，王照青纂：《高密县志》，卷二，地舆志，物产，民国二十四年铅印本。）

〔**清朝末年至民国二十三年，山东临清县**〕 二十年来外货之销量与价值：纸烟，前清之季，英美烟公司始分设于临市，自民初至今，每年销货自百数十箱遽增至四千箱，每小包之价值（以中等烟计），则由铜元三四枚骤涨至银洋七八分以上。煤油，民国以前均系杂货店代售，三四年后始设专行包牌运销，此油之输入惟美孚、亚细亚两种历史最深，销路亦最广。初时销数尚少，据二十年调查，则年销十三万箱矣。每箱价值由一元有奇涨至七八元。洋布，民国初年，全市布庄仅两家，每家销货最多不过二万元，今已增加至十余家，其销货最多者每年可达十万元，其余各家销两三万元不等，约计每年销项在六七十万元左右，每尺布价昔值铜元五六枚者，今已超过二角矣。洋杂货，民初业此者仅一家，年销不及万元。今日增设至四十家，每家销货平均在万元以上，其价码之增高，以金价为标准，今昔相较，约涨十余倍至二十倍，此宗销数年计五十万元，而颜料、洋纸、洋糖等项尚不在内。

（张自清修，张树梅、王贵笙纂：《临清县志》，经济志，商业，民国二十三年铅印本。）

〔**民国十二年至十五年，山东胶县**〕 煤亦属出口大宗，然自十二年以后，竟有东洋煤进口，十五年竟增至三万吨。

（赵琪修，袁荣叟纂：《胶澳志》，卷五，食货志，商业，民国十七年铅印本。）

〔**民国十四年前后，山东胶县**〕 面粉本属出口大宗，而近年进口甚猛，十四年进口洋面粉增至四十万担，值二百余万两，洋米亦增至十七万担，值九十七万两。

（赵琪修，袁荣叟纂：《胶澳志》，卷五，食货志，商业，民国十七年铅印本。）

〔**民国二十三年前后，山东济阳县**〕 蜡烛，用牛油制成。近洋烛充斥，其销路颇受影响。

（路大遵等修，王嗣鋆纂：《济阳县志》，卷一，舆地志，物产，民国二十三年铅印本。）

〔**民国二十四年前后，山东茌平县**〕 布为衣之源，昔时本地出产甚多，尚可外销。今因机制之淘汰，反转以贩运洋布为生。虽有六家，亦多为一二千元小资本。

（牛占诚修，周之桢纂：《茌平县志》，卷九，实业志，商务，民国二十四年铅印本。）

〔民国二十五年前后，山东清平县〕 洋纱、洋布为本境最大销项，乡间日货尤为充斥，每年统计几五十万元，强半来自济南。

（梁钟亭、路大遵修，张树梅纂：《清平县志》，实业志四，商业，民国二十五年铅印本。）

〔民国十二年前后，江苏邳县〕 明嘉靖中，州牧马京尝教民种木棉，为诗以劝之矣，民种否不可知。乾隆中，州牧韩桐尝教民树椿以饲蚕矣，一时颇获其利，未及百年而流风沫焉。光绪中，大吏又以乌桕、湖桑给民广种矣，而植者亦罕焉，岂非囿于闻见、难与图始之故耶？今南境所出惟金针岁可得数百万斤，西北沙碛，多花生，岁亦可数十万担。其制造之货，则酿酒、榨油、丝绢、椿绸皆与他邑同，惟土山八义集以答布著，余若锻石成灰、沥土成硝、编蒲为扇、剃楚为席、织草为屦，俱微甚不足数。而海外瑰奇日相灌输者，且骈阗而轸接也，主客异形，赢绌异势，能者辐辏，不肖者瓦解，事理固然，易足怪焉。

（窦鸿年纂：《邳志补》，卷二十四，物产，民国十二年刻本。）

〔民国二十年前后，江苏泰县〕 统计县内水陆共十余埠，其中商场惟县城、姜、曲、海、樊为最盛，姜埝实全县陆陈贸易之枢纽。入县商品大都以上海为泉源，直接自产区输入者百不得一二，以舶来货为大宗，近十年来各市添设洋货业颇盛。

（单毓元等纂修：《泰县志稿》，卷二十一，商业志，民国二十年修，一九六二年油印本。）

〔民国十三年至二十二年，浙江鄞县〕 甬埠货物之入口，折海关档册可稽者始自民国十三年，其由沪杭甬路输入者，仅民国二十二年而已。以历年输入价值言之，洋货自十三年至十五年，有渐增之势，十六年至十八年渐减，十九年又略增，至二十年而骤减，二十一、二两年更有减少趋势。土货则自十三年至十六年略等，十七年骤增，十八年乃突减，十九、二十两年则又渐增矣。以货物所自来之地别之（以二十年为标准），则香港第一，安南第二，日本第三，荷属印度及英属印度又次之，其他各地不满十万两矣。以货物种类别之，洋货以布匹价值为最巨，次则粮食、果品、蔬菜、药材，次则五金矿物，次则糖，复次则烛胶、油蜡、肥皂等，余各不满百方两，历年大抵如是也。土货若以二十年为标准，则纸烟为首屈一指，粮食、杂粮及绸缎、布匹次之，果品、子仁及植物油类又次之，余亦不满百万两矣。

（张传保等修，陈训正等纂：《鄞县通志》，食货志，戊编，产销，民国二十六年铅印本。）

〔民国二十二年前后,浙江鄞县〕 本县农民向来施用之肥料,以有机性之动植物质为多,其属无机性者,仅直接肥料中之加里质一种,其基肥大抵为厩肥、绿肥,而人粪溺及草木灰、焦泥灰、棉仁粉等,则为补肥。及近年以来,沪埠外商时以化学肥料来鄞兜销,其种类有硫酸铔、突尼斯磷酸钙、硫磷酸钙、过磷酸碳、海鸟粪粉、卜内门有机混合肥料、氮磷钾混合肥料及氮化钾等多种,以民国二十二年为准,共输入六千四百九十余袋。

(张传保等修,陈训正等纂:《鄞县通志》,食货志,甲编,农林,民国二十六年铅印本。)

〔民国二十五年前后,浙江吴兴县乌青镇〕 襄饼(即牛庄豆饼)为农人肥田之品,来自上海,东栅徐恒裕营业最大,亦最久。昔时,岁首元旦出售喜饼(元旦售饼价目稍廉,名曰喜饼),各处船只麇集行前。近年以来,襄饼一业逐渐衰落,加以肥田粉竞销,乡人之用襄饼肥田者,多以肥田粉代之。四栅各米行现虽有兼售襄饼者,然合两镇计算,与昔时比较实减不少。

(董世宁原修,卢学溥续修:《乌青镇志》,卷二十一,工商,民国二十五年刻本。)

〔民国二十五年前后,浙江吴兴县乌青镇〕 近数年来,又有用肥田粉者。肥田粉自英、美各国来华,用化学制成肥料,有卜内门、狮马等商标,价廉而肥田极速。襄饼肥田每亩需银二元,肥田粉可减半。

(董世宁原修,卢学溥续修:《乌青镇志》,卷七,农桑,民国二十五年刻本。)

〔民国二十五年前后,浙江吴兴县乌青镇〕 吾镇绸缎业,向有王源茂、沈启昌、天吉各庄,以销绸缎为大宗,夏季兼销江西万载、玉山等处夏布。近年,国货绸缎逐渐少销,销货以洋布为大宗,并有洋纱、哔叽等花式,而人造丝之绸葛,如中山葛等亦甚畅销。绸布庄有云锦、宜昌祥、义昌三家,庆泰昌一家专销洋布。

(董世宁原修,卢学溥续修:《乌青镇志》,卷二十一,工商,民国二十五年刻本。)

〔清光绪二十年至民国八年,安徽芜湖县〕 京广洋货:现共有店铺二十六家,商会注册者十五家,货源多数来自上海、南京、苏州、广东等处,货类共有三千余种。最畅销者为中日火柴、纸烟、英美煤油、德美日玻璃、中英美洋烛、日本洋伞(按:日本伞质料单薄,最易毁坏,而人争购之。民国元年进口五万柄。二年七万余柄。三年十三万余柄。近更有加无减,殊可惊也)各色为大宗。毛巾、机器线袜,初皆洋货,近来恐为国广。销场除本埠外,如外江庐州、巢县、三河,内河宁国、徽州各处,均来本埠贩运。光绪二十年后,营业每年约五六百万元。民国至今,不过三百万元,因关税过重,销场减小,又以欧战,来货阻滞,是以日形短绌也。

（余谊密等修，鲍实纂：《芜湖县志》，卷三十五，实业志，商业，民国八年石印本。）

〔清光绪二十四年前后，安徽池州府〕　近日，洋货充斥，土产日绌。窃以为天下非无金银之患（银多则价贵，银少则价贱，无关饥寒），患在物产滞销，则旷土游民日以加增，举凡皆仰给于人。考光绪乙未，洋货进口册值银一万七千一百余万，内杂货七千八百余万，棉货五千三百余万、洋药近三千万、绒毛三百余万、钢铁八百余万，而中国出口仅有丝三千余万（机器缫丝居三之一）、茶二千余万（红茶二千三百余万，绿茶三四百万、梗末百数十万），则中国向有十余千万之物产皆废弃，而仰给于人矣。如洋油盛，则豆、叶等油日少，洋布盛，则土布日绌，可惧，故论者谓非仿造洋人器物挽回利权，则吾华将无以为国。

（清　李应珏撰：《皖志便览》，卷二，池州府序，清光绪二十八年刻本。）

〔清朝末年至民国八年，安徽芜湖县〕　煤油向用小铁瓶由沪运来，堆积河南油栈。民国间，美孚公司于弋矶山北建筑大油池二座，每座可容五千吨。亚细亚公司亦建有二座，每座可容五百吨。改用散舱转运迅速，外江内河各市镇均由芜转运，惟销场究为减色，因受欧战影响，运费加昂，来源不易。本埠电灯亦以煤油价贵之故，日见发达。该公司自光绪三十四年开办以来，常年不过三四千盏，近增至一万余盏，亦煤油减销之一原因也。

（余谊密等修，鲍实纂：《芜湖县志》，卷三十五，实业志，商业，民国八年石印本。）

〔民国初年，安徽芜湖县〕　棉纱，自本埠有织布、织巾、织袜等业以来，进口日多。据前年海关报告，自日本运来者二万六千余担，印度运来者二万一千余担，贩纱之店，计二十余家，除子口分运外，多数在本地销售。近来有人集合资本，在西江沿狮子山上开设裕中纱厂，业已建筑厂屋，安置机器，择日开工，诚挽回利权之策也。

（余谊密等修，鲍实等纂：《芜湖县志》，卷三十五，实业志，商业，民国八年石印本。）

〔民国十年前后，安徽宿松县〕　邑境风气晚开，商务不甚发达，故向无组织公司者。近年城内有亚细亚之福记分公司及美孚之正大分公司专营煤油及洋烛、火柴、洋货、布匹等业，由江西之九江分设城内。

（俞庆澜、刘昂修，张灿奎等纂：《宿松县志》，卷十七，实业志，商业，民国十年活字本。）

〔民国二十五年，安徽桐城县〕　桐城专门经营煤油业者，计有永孚、厚昌福记、何荣记三家。永孚栈分设于县城、孔城、棕阳三处,经理美孚煤油,每常年计销售四千百连。厚昌福记分设于县城、孔城二处,经理亚细亚煤油,每常年计销售一千五百连。何荣记设于孔城,亦系经理亚细亚煤油,每常年计销售八百连。桐油、菜油、漆等皆有出售,但专业者甚少。

(徐国治修:《桐城县志略》,十四,经济,民国二十五年铅印本。)

〔民国二十五年前后,安徽宁国县〕 靛,自德货侵入,今已绝种。

(李丙麟等修:《宁国县志》,卷七,物产志,植物,民国二十五年铅印本。)

〔清代中叶至民国二十九年,江西万载县〕 与油业相颉顽者,曰夏布,曰表芯纸,油业衰而爆竹盛,是为县境商业三大宗。咸同变乱十数年,而遂复其初。……交通日便,贸迁且日绌,内地如沪汉苏杭闽广等处,莫不有商人之足迹,而且及于高丽仁川,然未见有满载者。短衣用外货,而夏布滞销。包裹以牛皮纸,而表芯减色。爆竹以销耗品论,而民国初年事而或目禁之影响所及,手工短价矣。

(张芗甫修,龙赓言纂:《万载县志》,卷四之三,食货,力役,民国二十九年铅印本。)

〔清光绪初年至宣统三年,江西瑞州府新昌县〕 洋货自光绪初年始行输入,初唯羽毛、哔叽、绸缎、布纱之属。近数年来,纸烟、坐钟、毛巾、香皂、牙粉、瓷器、蜡灯,罔不具备,而以煤油为极大漏卮,城内销行者已达一千四百余箱,乡村不可以数计,尚骎骎日进未已也。

(胡思敬纂:《盐乘》,卷五,食货志,物产,民国六年刻本。)

〔民国十六年至一九四九年前后,江西〕 我国糖业自光绪二十一年后永处于入超地位,据海关统计,近年来除国产糖外,由海外进口者年达一千二三百万担,居进口货之第二位。江西糖业居全国第三位,但洋糖之输入江西者亦多。兹将战前输入数字录之如下,藉见梗概:

民国十六年	260 703 担	民国二十年	389 936 担
民国十七年	281 003 担	民国二十一年	55 430 担
民国十八年	349 490 担	民国二十二年	73 722 担
民国十九年	305 748 担	民国二十三年	195 534 担

本省糖产之不振,于此可见一般。

(吴宗慈修,辛际周、周性初纂:《江西通志稿》,经济略,四,工业,一九四九年稿本,江西省博物馆一九八五年整理油印本。)

〔清咸丰、同治年间以后,福建永春县〕 永春地处闽南,去海不过二百里,然山多田少,岁值丰粮,尚虞空乏,倘有饥馑之灾,非素有积贮,何以善后。惟自咸同而后,汽轮遍行,近海之民以南洋群岛为外府,故无人满之患,而金粟交易得以济其穷少。逢岁歉,则缅甸、暹罗、越南之粟,皆得径达内地,故虽台、澎割于日本,而东南一带尚留不竭之仓也。

(郑翘松等纂:《永春县志》,卷九,户口志,民国十九年铅印本。)

〔清光绪年间至民国年间,福建崇安县〕 纸烟,又名香烟,亦作洋烟,光绪间,由英美烟公司输入。入民国,吸者渐众,几取草烟而代之。

(刘超然等修,郑丰稔等纂:《崇安县新志》,卷六,礼俗,风俗,民国三十一年铅印本。)

〔清光绪二十九年至三十一年,福建福州府闽县〕 各种洋货,据海关历年报告册云:光绪二十九年进口洋货除转运他处外,值关平银七百五十万两;三十一年除转运他处外,值关平银八百九十万四千六百三十五两。

(清 朱景星、李骏斌修,郑祖庚等纂:《闽县乡土志》,商务杂述五,输入货,清光绪三十二年铅印本。)

〔清光绪三十一年,福建福州府闽县〕 棉纱,年销三万五千担,值关平银一百万两有奇。煤油,英属苏门答腊等处产,年销三百九十万九千加仑,美产、俄产亦年销六十万加仑,统值关平银四十四万六千五百两。洋糖,年销关平银五十万两。

(清 朱景星、李骏斌修,郑祖庚等纂:《闽县乡土志》,商务杂述五,输入货,清光绪三十二年铅印本。)

〔民国十九年前后,福建永春县〕 纱,近年多自外洋贩至,土产几绝。

(郑翘松等纂:《永春县志》,卷十一,物产志,民国十九年铅印本。)

〔民国二十五年前后,福建古田县〕 本邑农民耕田,向用海盐为肥料,嗣因盐价昂贵,改用外国输入之洋碱,然洋碱之功用只足培壅禾苗,而结实不如料盐远甚,且每年金钱流出外洋殆不可以数计。

(黄澄渊等修,余钟英等纂:《古田县志》,卷三十七,实业志,民国三十一年铅印本。)

〔民国二十三年前后,河南获嘉县〕 寻常服饰多妇女织成土布,靛染蓝色,近则服白色者亦伙。绸缎惟富裕者服之,余则否。小康之家,儿女婚嫁亦略事采购,不常服也。近自洋货充斥,花样日新,价值高低不等,民间购服者亦日增。

(邹古愚修,邹鹄纂:《获嘉县志》,卷九,风俗,生活,民国二十三年铅印本。)

〔清代后期至民国年间，湖南蓝山县〕　自中外互市，水火生活之资且仰给于海舶，洋油输入，岁恒二万余元。自俗渐侈靡，贱布褐，贵罗绮，士不艺棉，女缀纺车，洋纱岁贩四五万元，绸缎布匹市岁十余万元。

（邓以权等修，雷飞鹏纂：《蓝山县图志》，卷二十一，食货篇第九上，民国二十二年刻本。）

〔民国九年前后，湖南永定县〕　洋纱，由汉口水运入境，分销各处，岁计值约万缗以内。……洋布，由汉口水运入境，分销旁府县，岁计值万八千缗以内。洋绸绫、杂货，由汉口水运入境，岁销约万缗内外。

（王树人、候昌铭编：《永定县乡土志》，下篇，物产，第十二，民国九年铅印本。）

〔民国二十年，湖南嘉禾县〕　向以桐茶油点灯，今盛洋油，耗利乃日多，其贩自衡湘，有公司。

（王彬修，雷飞鹏纂：《嘉禾县图志》，卷十七，食货篇第九中，民国二十年铅印本。）

〔民国二十年前后，湖南嘉禾县〕　洋布自粤、湘，绸缎自衡，绢自临、武，苎布自常、宁。

（王彬修，雷飞鹏纂：《嘉禾县图志》，卷十七，食货篇第九中，民国二十年铅印本。）

〔民国二十年前后，湖南嘉禾县〕　土铁贩自桂阳，而近多洋铁什器。

（王彬修，雷飞鹏纂：《嘉禾县图志》，卷十七，食货篇第九中，民国二十年铅印本。）

〔民国二十八年，湖南澧县〕　煤油初以贱价试中国，今则贵缺异常，而烧者难改。至用洋靛去土靛，重洋布轻土布，凡受外货侵染类此。

（张之觉修，周龄纂：《澧县县志》，卷三，食货志，物产，民国二十八年刻本。）

〔清道光年间以后，广东广州府佛山镇〕　镇地扼两江上游，七省货物皆取道佛山，然后运出各省，故商务为天下最，而土产之美，手工之巧，亦为远近所贵。自五口通商，洋舶揽载而商窘，洋米搀夺而农窘，洋货充斥而工窘，偢焉不可终日。

（冼宝干等纂：《佛山忠义乡志》，卷六、实业，民国十五年刻本。）

〔清咸丰六年前后，广东广州〕　十三行互市，天下大利也，而全粤赖之，中外之货垒集，天下四大镇殆未如也。蛮楼矗起于云，油窗粉壁，青锁碧栏，竟街兼巷，无咡无虞，又螺翠羽，留牟挠酒，黑杰擎犰。乾嘉之间，其极盛者乎？乃咸丰丙辰，天夺其魄，尽毁于火，后移市河南、鳌洲等处，营缮草创，瑰丽巍峨，回不逮昔，盖各商乐居香港，独司事留耳。迨己未，忽又言定移市中流沙，殆即拾翠洲，俗称沙面三城,冶游极繁华,地不思间鼹鼠饮河,乃欲如精卫填海,白鹅前导,香象未焚,沿岸各炮台余址,甓石尚多,尽徙而投之江,无过问者,复量沙畚土以实之,珠湄歌舫迁泊谷埠,谓将恢宏图而复理故业也。费至二十余万,均由部门犒赏拨扣,昔之珠帘满柱,烟波画船,玉肖〈箫〉金[管],顿作衰草黄沙,残石废堞,荒凉满目,东海扬尘,沧桑遽阅耶,是可伤已。又自北岸开冲,起煤炭厂,迄油步头,各修石礖,并于石礖,上筑直路,至联兴街,接连填平,俗称鬼基,乃八、九年中,始新建楼观六七座,屹然如窣堵波涌,现楼台于佛界,颇报庄严,堆寻闾巷于新丰,迥异畴曩,似举棋之不定,仍享寻而自珍,乃至聚优伶、诱博粤地狭民稠,力穑者罕,逐末之氓,什居六七,而市舶之利独巨。虽寻恒货殖与蕃商水火无交者,亦因市舶之丰歉为赢缩,倘仍旧观,则百物骈臻,商贾辐辏,而全粤父安矣。全粤父安,我氛永靖,然未敢必也,且吴、楚、闽、越移市等处,亦未闻甚珍藏盈物也。瓮算之愚,古今一辙,殆卒两败俱伤耳。

（清　郑梦玉等修,梁绍献等纂:《南海县志》,卷五,建置略二,清同治十一年刻本。）

[清光绪年间后,广东琼州府感恩县]　妇女恒纺织吉贝为土布,以供自用,迄洋纱通行,自纺均废。

（周文海等修,卢宗棠等纂:《感恩县志》,卷一,舆地,风俗,民国二十年铅印本。）

[清光绪十九年前后,广东广州府新宁县]　自红匪、客匪构乱后,适洋务大兴,壮者辄走外国,四野芜积,小家俯蓄维难,往往溺女不育。近年颇藉外洋之资,宣讲堂、育婴堂、赠医院、方便所、义庄诸善举,所在多有,但民风渐入奢靡,冠婚之费,动数百金,田既硗薄,力复不齐,岁入粮食仅支半年,余日则仰给洋米,倘舟楫偶梗,炊烟立断,是诚可忧。

（何福海等修,林国赓等纂:《新宁县志》,卷八,舆地略下,民国十五年刻本。）

注：新宁县一九五三年并入台山县。

[清光绪以后,广东肇庆府开平县]　道光以来,物产无大变异,惟自煤油入灌,而邑中花生为之绝种。南洋苦瘴,而沙冈蒜头为之畅销,此农事之转变也。自轮船簸荡,而鱼虾卵育因之不繁。洋布充斥,而机织棉麻亦成弩末。此物产之转变也。光绪以前,邑人留心衣食,住者多以土物为臧,其后皆以洋产为重,而土物销散,食货惟艰。自有机器绞米,两饭气已乏。自有化学田料,而瓜菜亦变。甚者,田料所及,泥土失油,膏腴亦成硗瘠,毒气暗灌,饮啄亦足伤生。故近有寻常瓜果,食之能令人呕泻,或立致死者。论者专咎时毒,不知其来者渐也,敬告农

人勿饮鸩而止渴,敬告商人勿为虎而作伥也。

(余荣谋修:《开平县志》,卷六,舆地下,民国二十二年铅印本。)

〔清光绪末年至民国初年,广东佛山镇〕 火水行:火水即煤油,同治末,始由外洋输入,用者日众,近年已成为入口货一大宗。光绪季年,每斤值银约半毫,近已涨至三倍。以来自美国者为多,专卖者约数家,洋货店、杂货店、油店之兼卖者,指不胜屈,其肩挑零售者亦复不少。

(冼宝干等纂:《佛山忠义乡志》,卷六,实业,民国十五年刻本。)

〔清宣统年间,广东广州府番禺县〕 布业昔甚发达,沙湾所出,经纬俱细致,以悦目著,朱坑蓝最有名,茭塘所出经粗而纬细,以耐用著。牛仔榜最有名,均用矮机织成,用功至勤苦,而出货又甚迟,高机既出,改用日多,但高机之出器,耐用不若矮机,悦目不若洋布,虽属后起,不能代兴,而洋布遂称霸矣。

(丁仁长、吴道镕等纂:《番禺县续志》卷十二,实业志,民国二十年刻本。)

〔清宣统年间,广东广州府东莞县〕 广《志》称,南方地气暑热,一岁田三熟,冬种春熟,春种夏熟,秋种冬熟。《广东新语》称:潮田,其壤黑,其洴腥,故其稼壮大,少弟而多兄,其杆长,务出水上,故气力重而宜人,早熟于秋分,迟亦不过霜降,金气之精华在焉,故为养人之嘉实,是谓大禾,积谷者尚之,谓能久而不敝。然广州固多谷之地也,惟是生齿日繁,供过于求,昔仰谷于西粤,今且专恃蕃舶载越南、暹罗之米以为食。莞地本膏腴,然近则山乡苦旱,濒东江之乡又苦潦,特靖康一隅,东接新安,西界香山,潮田大禾产谷稍伙,然皆巢之陈村,供给他县,莞人得食者无多,偶遇饥年,必令沙田局出巨资,市洋米,以为平粜,非长策也。日前诸搢绅筹立五属义仓,为储谷备荒之计,以事变中止,他日踵以行之,邑人其有瘳乎?

(陈伯陶等纂修:《东莞县志》,卷十三,舆地略八,民国十六年铅印本。)

〔清朝末年至民国初年,广东大埔县〕 吾邑工艺尚属幼稚,自海外交通以来,工业品之输入需要虽日益增多,而内地土产原料可供改良制造者实寥寥无几。而且外来器物多为大规模机械制造者,其价廉,其式美,因之内地手工业多被攘夺,几无存立之余地。

(温廷敬等纂,《大埔县志》,卷十,民生志下,工艺,民国二十四年修,三十二年增补铅印本。)

〔民国十五年前后,广东佛山镇〕 青靛行:来自广西紫荆山、昭平、北流等县,因色可别其出产地及品之优劣,每桶约六十余斤。至洋靛则来自德国。内地之大蓝布店用靛最多,或云洋靛易褪色,土靛则否,或谓洋靛染法与土靛当有别,是当研求云。店号约十余家,堂名同福。

(冼宝干等纂:《佛山忠义乡志》,卷六,实业,民国十五年刻本。)

〔**民国十五年前后,广东佛山镇**〕 面行:有土、洋之分。土面色黄而味原〈厚〉,洋面则白而淡。近日洋面盛行,土面营业日微,业此者只有数家。

(冼宝干等纂:《佛山忠义乡志》,卷六,实业,民国十五年刻本。)

〔**民国十五年前后,广东佛山镇**〕 花纱行:棉花来自湖广者,曰广花,来自外洋者,曰洋花,广贵于洋,因广花质软性温,非舶来品所及也。洋花则多来自印度。纱亦有土洋之别,洋纱则更有花纱、竹纱之分,大率每扎重七斤,多来自日本,洋纱价廉,故纺织家多用之,又二者均来源极大,价值之高下亦至无常,操是业者,经营颇苦,大小共十余家。

(冼宝干等纂:《佛山忠义乡志》,卷六,实业,民国十五年刻本。)

〔**民国十五年前后,广东佛山镇**〕 洋货行(近人日用器皿,喜用舶来品,以其价廉且美观也,其中尤以东洋输入为多,次则德、澳、英、美等国,店号大小数十家)。

(冼宝干等纂:《佛山忠义乡志》,卷六,实业,民国十五年刻本。)

〔**民国十五年前后,广东佛山**〕 福建纸行,来自福建汀州各属山场,用竹笋制成。阳年盛,阴年衰,有玉扣、山贝、官边、贡信、手本、高帘等名目,销行内地、四乡、外埠及广、肇各属。近以洋纸输入,销路稍减。商号现有八家,堂名莲峰会馆,在汾水铺长兴街,雍正癸丑年建。

(冼宝干等纂:《佛山忠义乡志》,卷六,实业,民国十五年刻本。)

〔**民国十五年前后,广东佛山镇**〕 头绳行:绳用洋纱以小机搓挪而成,大小不一,染料旧用四川花红粉,色牢难脱,近多用洋红粉,遇湿而褪红,销行四乡各埠及西北江,约十余家。

(冼宝干等纂:《佛山忠义乡志》,卷六,实业,民国十五年刻本。)

〔**民国二十九年前后,广西柳城县**〕 棉分草、木两本,草本一名吉贝,唐时由印度传入中国。县属出产虽多,惟洋纱仍仰给舶来品。

(何其英修,谢嗣农纂:《柳城县志》,卷二,地舆,物产,民国二十九年铅印本。)

〔**清代至民国二十八年,四川巴县**〕 旧法染色,皆用植物染料,青靛、卷叶、栎皂之属皆是,红花帮昔为大商业,红花亦染料也。今颜料皆为舶来品,用植物者鲜矣。染坊为手工业,用机械者今仅有一两家。

(罗国钧等修,向楚等纂:《巴县志》,卷十二工业,染织工厂,民国二十八年刻,三十二年重印本。)

〔清朝末年及以后,四川长寿县〕 普通民俗,多服土布,鲜有服洋布者。清季,洋纱、洋布以及一切织造品名目繁多,充斥廛市,而服用渐侈。

(陈毅夫等修,刘君锡、张名振纂:《长寿县志》,卷四,风土,礼俗,民国三十三年铅印本。)

〔民国十二年前后,四川丹棱县〕 洋纱,自湖北运入,岁销约值银万余元。……洋油,由省城、嘉定运入,岁销约百余箱。

(刘良模等修,罗春霖等纂:《丹棱县志》,卷四,食货志,商务,民国十二年石印本。)

〔民国二十六年前后,四川犍为县〕 考染料一项,自近年洋货盛行,土产蓝靛、红花诸染料几于绝迹。

(陈谦、陈世虞修,罗绶香、印焕门等纂:《犍为县志》,卷十一,经济志,实业,民国二十六年铅印本。)

〔民国二十六年前后,四川犍为县〕 普通多着布衣,农工用土布,晚近士商多用洋布,故洋布为繁盛,地所通用,每年漏卮极大。

(陈谦、陈世虞修,罗绶香、印焕门等纂:《犍为县志》,卷三,居民志,风俗,民国二十六年铅印本。)

〔清道光年间及以后,贵州安顺〕 洋纱,道光以后海禁大开,英人始将洋纱运入中国,销售各省。其后沪、汉各埠购机仿造,每箱十捆,每捆四股,每股八斤。初到安顺售卖时,每箱价格约生银六十两。本地机房购以织布,所成布匹较用土纱织成者为优,极受用户欢迎,销场遂日益扩大。其来路有四:一由湖南经镇远,一由四川经遵义,一由云南经兴义,一由广西经白层河,皆集中于县城。

(贵州省安顺市志编纂委员会据民国二十年代末稿本整理:《续修安顺府志·安顺志》,第十卷,商业志,进口货,安顺市志编委会一九八三年铅印本。)

〔清光绪初年及以后,贵州安顺〕 煤油侵入安顺始于光绪初年,其时每桶(老秤二十八斤)值价仅银一两七八钱,商人获利菲薄。嗣后用者愈众,价乃大增,商人因有利可图,贩运者遂络绎不绝,以致利权外溢,漏卮日大。多由两广与上海等地运入。

（贵州省安顺市志编纂委员会据民国二十年代末稿本整理：《续修安顺府志·安顺志》，第十卷，商业志，进口货，安顺市志编委会一九八三年铅印本。）

〔清朝年间至民国二十六年，贵州安顺〕 安顺进口货据民国二十六年九月调查，洋纱一项，年输入约二千箱，每箱价值约五六百元，总值约一百余万元。食盐一项，每年输入约一万包，每包价值约二十七八元，较之前清时增加七倍。在前清时，每包仅值银三两上下，即最昂贵时亦不过七八两。自入民国以后，因人口增多与捐税加重，平常每包亦需二十七八元，昂贵时有卖至五元、十元者。若发生战争，道路梗阻，来源断绝，供不应求之时，则价值之高涨，更难以臆度。绸缎布匹每年输入共约一十万匹。洋广杂货年入约值三百万元。糖类年入共约五十万斤，总值约二十五万元。烟类一项，自入民国以来，渐有纸烟运入。其种类有大号、哈德门、金花、多福、丹凤、美人、红锡包、白金龙等牌，价值各异。来自英、美、南洋、香港、上海、广州等处。运入既多，吸者愈众，沿街摊卖，风行一时，贩夫走卒亦多口衔一支，风气之侈，可见一斑。据最近调查，年入约十五万条，平均每条以四元计，总值约六十万元。纸类自入民国以后，学校渐多，交往又繁，各种洋纸输入愈多，如图画纸、手工纸、马粪纸、牛皮纸、道林纸等，皆前此所未闻而今日所认为必需者。煤油年入约七千箱，总值约五万六千元。书籍文具较之前清增加百倍，年入约值一百万元。瓷器年入约百余万件，总值约五十万元。

（贵州省安顺市志编纂委员会据民国二十年代末稿本整理：《续修安顺府志·安顺志》，第十卷，商业志，进口货，安顺市志编委会一九八三年铅印本。）

〔清朝末年至民国年间，贵州安顺〕 安顺因气候关系，不产棉花，民间所需向由紫云、贞丰、罗斛一带运来。洋纱侵入以后，纺织工人渐次改用洋纱，花山一带所出之棉花销路渐减，虽仍不时运来，但仅供制作棉衣与被褥之用。

（贵州省安顺市志编纂委员会据民国二十年代末稿本整理：《续修安顺府志·安顺志》，第十卷，商业志，进口货，安顺市志编委会一九八三年铅印本。）

〔清朝末年至民国八年以后，贵州贵定县〕 植物类以烟叶为大宗，附郭之西华山王大冲、西乡之养马寨磨子田、北乡之蔡苗昆新添司等处，尤为产烟最盛之地，以沙土日光稀薄者为佳。居民折叠推成丝烟，有条金兰各种品名，质软而味香，颇得社会人士之称许。当晚清末年，业烟极为发达，丝烟铺增至三百余家，销售遍于全黔。民八以迈，舶来香烟充斥市面，丝烟业不堪抵制，大受影响，遂有一落千丈之势。

（徐实圃纂修：《贵定一览》,特产,植物类,民国二十六年铅印本,一九七四年台湾成文出版社影印本。）

〔民国二十九年前后,贵州息烽县〕　染工,治内较旺,诸场市各有染房一二家,而染料最重之靛,则县人几不知有种植设池淀取者,其他一切染料皆购之舶来。

（王佐等修,顾枞纂：《息烽县志》,卷十一,食货志,工业,一九六五年贵州省图书馆据民国二十九年稿本油印本。）

〔清代后期至民国年间,云南省〕　滇省国际贸易入口货中以棉纱、匹头、棉花为第一位,约占贸易总额百分之四十以上,煤油、烟草等次之,其他洋货又次之。他若瓷器、纸张、海味、染料、干果等,亦为主要之贸易品。出口货中以大锡为第一位,约占贸易总额百分之八十以上,黄丝次之,牛羊皮又次之。他若茶、药材、猪鬃、火腿及零星土杂货亦为主要之交易品。上述贸易物品,其输出入总值各年微有不同,惟棉纱占入口货之首位,大锡占出口货之首位,则历年俱属一致者也。大锡为云南主要之国际贸易品,云南在全国对外贸易中为出超省份,实因大锡大量输出所致。其出产数额自蒙自通关以后大量激增,至宣统末年每年达一〇二四六六担之巨。……至大锡占全省出口货值之百分比历年亦有不同,最低为光绪三十二年,占百分之六十六;最高为宣统二年,占百分之九十三,平均在百分之八十以上。……以贸易之数值言,自光绪十五年至宣统三年二十三年中,蒙自、思茅、腾越三关其贸易总值共达一万万五千六百四十万海关两有奇,蒙自关最多,腾越关次之,思茅关最少。蒙自自光绪十五年至宣统三年,贸易总值共为一万万三千六百八十万海关两有奇。腾越关自光绪二十八年至宣统三年贸易总值为一千六百二十八万海关两有奇。思茅关自光绪二十三年至宣统三年,其贸易总值为三百三十万海关两有奇。……以贸易之国别言,本省贸易范围遍及英、美、日、法等国,而以法国为主。至贸易区域,则以安南、印度、香港为主要市场。以出入超之情形言,则蒙自、腾越、思茅三关除蒙自关于光绪十五年、二十八年、三十四年、宣统二年、三年数年略有出超外,其他二关概系入超,而以思茅关为尤巨。蒙自关自光绪十五年开关至宣统三年止二十三年中,贸易输出共值海关两六千二百一十万两有奇,输入共值海关两七千四百六十九万两有奇,出超为一千二百五十九万余两。腾越关自光绪二十八年开关至宣统三年止十年中,贸易输出共值海关两三百六十六万两有奇,输入共值海关两一千二百六十二万两有奇，出超为八百九十六万余两。思茅关自光绪二十三年开关至宣统三年止，十五年中，贸易输出共值海关两五十八万两有奇，输入共值海关两二百七十二万两有奇，出超达二百一十四万余两。三关合计，输出共值海关两六千六百三十五万两有奇，输入共值海关两九千零五万两有奇，输出入总值海关两一万万五千六百四十万两有奇，出超达二千三百七十余万两，输出仅占三分之二稍强。以三关之比较言，蒙自关因交通便利，据滇越铁路之要冲，复以毗邻个旧，锡产丰富，故贸易总值占全省百分之八十以上，可为全省商业之代表。腾越关则以地广人稀，接近缅、印、川、康，土货悉以此为输运之枢纽，故贸易总值次于蒙自关。思茅关则因瘴病流行，人口稀少，交通梗阻，故在三关中贸易数额最少。大抵蒙自关贸易物品，入口以棉纱、匹头、棉花为大宗，煤油、烟类、瓷器、纸张、海味、染料、洋杂货等次之，而以英、日货为多；出口货以大锡为第一位，茶叶、药材等次之，牛羊皮、猪鬃、火腿、锌、铅等金属品又次之。腾越关贸易物品，进口以棉纱、棉花、匹头等为大宗，玉石、煤油、海味、瓷器、干果、染料及洋杂货等次之；出口货以黄丝为第一位，牛羊皮、药材、土布、零星土杂货次之。思茅关贸易物品，进口以棉花为大宗，鹿角、象牙等次之；出口货以茶为大宗，土布次之。蒙自关贸易范围，外以安南、香港等地为主，而转运及于全省乃至川、黔等地。腾越关外以缅、印为主，而转运及于康、藏。思茅关则贸易范围较小者。此其大较也。一、就省际贸易言为入超，但就国际贸易言则为出超，但滇省特货贸易其数值无从稽考，故为出超省份。二、云南毗邻缅、越，为西南边防重镇，亦为西南国际贸易要冲，故川、黔、桂等省货物皆以云南为转运之枢纽。三、云南山脉绵延，交通不便，除滇越铁道外，货物运输多藉马力，与交通便利省份迥异。四、国际贸易受港汇、防汇之影响，外人藉此操纵金融，因而影响物价与币值之平衡，故云南对外贸易数值虽不甚大，而在西南省份中甚占重要位置者也。

（龙云、卢汉修，周钟岳等纂：《新纂云南通志》，卷一百四十四，商业考二，进出口贸易，国际贸易，一九四九年铅印本。）

〔清宣统二年前后，云南楚雄府楚雄县〕 土产陶器、木料、石物，以及钢、铁、铅、锡各项久矣相习，人户虽分贫富，而器用皆守笨拙。近来洋货通商，则器用相资洋物不少，出孔太多，漏卮何可塞也。

（清 崇谦等修，沈宗舜等纂：《楚雄县志》，卷二，地理述辑，风俗，清宣统二年修，一九六〇年据抄本传抄。）

〔民国十三年前后，云南昆明市〕 洋纱业：市内向无纺纱业，所用棉纱概自日本、印度等地输入，占入口货之大宗。营此业者计四十二户，合伙者十九，单独者二十三。资本由一千元以至七八万元不等。

（张维翰修，董振藻纂：《昆明市志》，商业，各业店铺，民国十三年铅印本。）

（三）出　口　贸　易

〔民国二年至十九年，天津〕 据海关贸易总册所载，天津在民国二年时……出口货增至 51 118 802 两，其增加率尚不甚高。自民八以后，出入口均突飞猛进，打破以前记录，有如下表：

（单位：两）

年　别	进口值银数额	出口值银数额	入　超
民　八	119 931 564	71 505 033	48 426 531
民　十	164 436 544	63 618 531	100 818 013
民十一	173 754 392	75 061 425	98 692 967
民十二	155 085 272	86 420 212	68 665 060
民十三	167 400 877	87 566 738	79 834 139
民十四	191 288 735	99 937 953	91 350 882
民十五	185 043 370	95 629 632	89 413 738
民十六	210 113 662	119 997 109	90 116 553
民十七	239 356 654	113 659 636	125 697 018
民十八	239 241 944	108 284 739	130 957 205
民十九	208 010 634	110 225 213	97 785 421

就上表观察，近十年来，本市出进口值银数量，均已逐年增高，进口方面民十九亦较民八约增加百分之五十，足证自民国元年以后，本市商务实蒸蒸日上。惟进超于出，舶来品之势力逐年膨胀，即土货之逐年衰微，故此种统计之与真义，不啻明示本市及其所控制之内地一般社会，经济之岌岌可危。与本市关系最重要之海外贸易国，首为日本，次为美国，再次为英国。进口物货中，米粮为第一，布匹、棉纱次之，钢铁制品、卷烟、糖、煤油等又次之。出口货以棉花为大宗，羊毛、驼绒、皮张、猪鬃、鸡蛋、花生、草帽辫等次之。近年美国施行新税则，吾国出口货如花生等均大受打击。华北最大之农产出口货又将少一市场矣。

（宋蕴璞辑：《天津志略》，第十编，商务，第四章，出入口，民国二十年铅印本。）

〔民国二十三年前后，天津〕 本市出口货物以棉花、羊毛为大宗，驼毛、皮张、猪鬃、鸡卵、花生、草帽辫、核桃、苦杏仁等次之。进口货物以米粮为第一，布匹、棉纱次之，钢铁制品、卷烟、糖、煤油等又次之。其与本市关系最重之贸易国首为日本，次为美国，再次为英国。近年，各国皆施行新税率，而吾国出产又缺乏改善，出口贸易几于停顿。

（天津市志编纂处编：《天津市概要》，工商编，第三章，商业，第二节，出入口，民国二十三年铅印本。）

〔清光绪年间，直隶保定府束鹿县〕 皮褥以羊皮、狗皮为大宗，而狗皮一项尤洋商所需。近制一种，以整幅狗皮存头尾，细细裁缝，名曰虎豹头，花样一新，销路甚畅。近岁，洋商购买小褥亦夥，用料少，而易售。皮有本境产，亦有购自顺德一带者。

（李中桂等纂：《光绪束鹿乡土志》，卷十二，物产，清光绪三十一年修，民国二十七年铅印本。）

〔清光绪年间，直隶顺德府邢台县〕 货之属，羊皮为冠，狐狢亦有之，土人习攻皮技者，制为裘，鬻之齐、豫、吴、皖诸省，只牟十一利。近十数年来，津、沽之人贩走海舶，鬻于泰西诸国，岁恒致百余万金，毛氄堆积如邱山，运售之外，织毡罽者以之。

（清　戚朝卿修，周祐纂：《续修邢台县志》，卷三，舆地，物产，清光绪三十一年刻本。）

〔清代至民国二十二年，河北张家口〕 红梅茶及各种砖茶为蒙古人及俄国人最需要、最嗜好之物，故往昔张垣出口货物以茶为第一大宗。中俄未绝交以前，历年运售于库伦者多则四十余万箱，至少亦有三十万箱，获利甚巨。惟营此业者有俄人开栈自办自运者，有晋商在口地设庄买卖者，其数量则俄人采办者约占十分之七，晋商采办者约占十分之三。自苏俄实行五年计划，抵制外货，茶叶遂无销场，所以本口茶庄十九倒闭，现在茶庄只剩十六家，皆系缩小规模，裁减伙友，静候张库通商，以重振旗鼓。

（路联达等修，任守恭等纂：《万全县志》，附张家口概况，工商，商业，民国二十二年铅印本。）

〔民国初年至十二年，绥远〕 甘草，俗名西草，除一部为山西北部生产外，余皆为鄂尔多斯所有，其销路多从天津输出国外，有一部运售于内地，但数量甚占少数。大战后，美国购入中国甘草甚多，因制造口香糖及香烟均需甘草，因此一九一九年至一九二一年中国甘草出口特盛。一九二一年至一九二二年，甘草市价忽落，一九二三年又转活跃。原以供给欧美甘草著名之土耳其，彼时因缺货之故，而致中国甘草出口特旺。……其中由热河、西藏、青海所输出亦有，为数甚少，因品质不及鄂尔多斯高原所产之优良，不甚为外人所欢迎。一九二三年总计鄂尔多斯之产量为五百余万石，一九一七年与一九一八年之产量为八百万石，因此绥西各盟旗王公，凡有甘草生产之区域，均能取得大批之租银也。

（廖兆骏编：《绥远志略》，第十一章，绥远之物产，第五节，植物，民国二十六年铅印本。）

〔清康熙五十九年至光绪三十三年，内蒙古〕 蒙古南连汉地，北接俄国，界汉俄之间，故为中俄贸易之大关键。其贸易处所，初无一定，康熙五十九年曾准于库伦互市。追雍正五年，特简理藩院尚书图理善（或作琛）与彼立约，于尼布楚城（或作恰克图）划定蒙俄边界，设库伦办事大臣，以理交涉事务，且择恰克图地开为互市场，今之买卖城是也。又以理藩院司官一人驻扎其地，管理通商事务。嗣于乾隆年间屡以失和，禁绝互市。至乾隆五十七年，又与定约五条，仍开互市场于恰克图，自是蒙古沿边贸易均归此处，俄人之至京贸易者，亦取道于此，百货云集，为中俄于蒙古陆路贸易之中心点，居然一大都会。咸丰十年，与俄立约于天津。约之第五条云，俄国商人由恰克图到京，经过之库伦、张家口二地，如有零星货物，亦准行销，且允彼于库伦设领事官一员（又云中国商人愿往彼国内地贸易，亦可）。惟俄国商人至中国通商之区，一处不得过二百人。同治元年，与俄立《陆路通商章程》于京师。八年，又改订之。此次许彼于两国边界贸易，在百里内均不纳税，且许彼商至中国所属设官之蒙古各处及该官所属之各盟贸易，亦不纳税。其不设官之蒙古地方，如彼商欲往贸易，中国亦不拦阻。光绪七年，与俄改订条约，又许彼于蒙古各处均得贸易，皆不纳税（此次又许彼于天津、肃州二埠减纳正税三分之一）。蒙古自昔未尝通货币，商业以是而困，然其次以货易货，习以为常，从未知通用货币之便利，故在彼尚不觉其困，近今始用汉地银两及俄国纸币卢布等。而惟汉地银两则通行全土，为物价本位。蒙古人又往往用小片砖茶以代货币，羊一头约值砖茶十二片或十五片，骆驼十倍之。行人入其境，辄购砖茶以济银两所不通。恰克图之出口货，有金、银、砖茶、大黄、木棉、绸缎等，而砖茶为大宗。然自天津订约，许彼沿海通商后，砖茶多由海道运往，恰克图市为之稍衰。其进口货以兽皮为大宗，织物次之，大都转输于汉地，蒙古人所用甚少，每年贸易最盛时在二三月间。砖茶出口，初甚鲜少，后渐繁盛，以价值计之，乾隆二十年岁出四万八千四十八贯，至嘉庆年间增至二十二万八千四百九十九贯，至同治年间竟增至五百九十七万六千二百四元。据恰克图税关调查，道光二十一年以后十年间所收茶税四百八十万八千八十四元，咸丰元年以后十年间有四百八十二万七千九百九十元。金银出口亦有增无减，咸丰五年至八年，调查岁出金九万一千七百三十四元，银五十六万三千二百五十二元，至同治初年，金至四十二万九千八十二元，银至一百万六千六百八十元。大黄之出口者，皆西比里人所需用，转输入俄国本部者亦有之。昔时业此者惟一青海人，深得俄人信任，不啻有专卖特权，获利颇厚，今则土人多随意贩卖，涣散已甚。兽皮进口，以栗鼠皮为多，据嘉庆十五年调查，有一千万张之多，后以西比里之兽类减少，进口甚微。今据俄国税关所调查，自乾隆四十一年至道光三十年一百年间之贸易情形，列表如下：

(单位：元)

自　　　年	至　　　年	共　　年	进出货物价值平均数
乾隆二十年	乾隆二十七年	七　年	713 007.58
乾隆四十年	乾隆五十年	十　年	2 590 624.81
乾隆五十七年	嘉庆五年	八　年	4 640 452.54
嘉庆六年	嘉庆十八年	十二年	7 567 192.61
道光四年	道光十三年	九　年	10 642 022.06
道光二十年	道光二十九年	九　年	9 365 534.83
道光三十年	咸丰九年	九　年	8 068 767.75

又据光绪十一年调查详细情形，列表如下：

(单位：元)

出　口		进　口	
物　品	价　值	物　品	价　值
红茶	46 100.00	红茶	9 069.84
绿茶	21 750.00	绿砖茶	234.00
饼茶	5 005 967.40	饼砖茶	8 079.13
红砖茶	2 171 832.60	黑砖茶	50 763.00
绿砖茶	13 874.40	兽皮	47 778.00
饼砖茶	328 764.60	银地金	1 218 073.75
板茶	157 108.20	银两	10 228.40
银地金	16 268.62	银货	4 850.80
银两	30 600.00	五露普金货	41 118.66
银货	1 377.00	冰糖	6 940.53
冰糖	18 211.06	食用品	33 528.36
果物	3 612.90	曲	157 942.22

(续表)

出 口		进 口	
物　品	价　值	物　品	价　值
食用品	27 534.60	杂品	273 779.79
杂品	23 736.24	制造品	747 340.64
又饼茶	359 184.00	未制造品	58 815.00
又饼砖茶	558 930.00		
又杂品	36 394.86		
又杂品	206 760.00		
共计	9 028 006.48	共计	2 678 542.12

据此表比较进出货价，中国赢六百三十四万九千四百六十四元三角六分，则恰克图之贸易实有利于中国。惟咸丰十年，天津之约允彼于沿海各埠通商，而向之由恰克图进出者，或改由海道。且自咸丰元年以后屡订约章，又开伊犁、甘肃、满洲商埠数处，今其铁路并已直达旅顺，故恰克图市场不足以括中俄贸易之全局。近年茶市，岁自陆路出口者尚二十万箱，箱约十三贯。茶市以张家口为枢纽，货物辐辏，商贾云集，蒙古人之转移执事者亦萃于斯，自秋至于初春最为繁盛，所至骆驼以千数，一驼负四箱，运至恰克图，箱费银三两。其进口货则以牲畜皮毛为大宗，黄油、酪酥次之，羊毛与驼毛额数尤巨，皆道天津而转输外洋者。牲畜市以多伦诺尔为枢纽，岁自蒙古进口以千万计，有牛、马、羊、猪、骆驼等，而马、羊、驼尤伙。秋冬间市肆喧阗，街衢拥挤。近以灾旱频仍，六畜不蕃，马市衰歇，坐贾千余户渐次闭歇。蒙古贸易向有定所，国初令喀尔喀于张家口、古北口贸易。康熙间，令额鲁特于张家口归化城贸易。三十六年，令鄂尔多斯于定边（县属陕西延安府）、花马池（盐池在定边西属甘肃灵州）贸易。雍正五年，令青海于西宁贸易。嗣于张家口杀虎口、归化城置关抽税，所征达巨额，而报销之数历年不一，表之如下，以见一斑：

关名	税　额	实 征 数						
		道光二十一年	二十二年	二十五年	二十九年	光绪十三年	十四年	十九年
张家口	六〇五六一两	二〇〇四两	同上	同上	同上			
杀虎口	三二三三三两	一六九一九两	同上	同上	同上			一六八四十两
归化城	一六六〇〇两钱九千串	二三五六五两	二四〇三六两	二三四一八两	二二七四九两	六五二七九两五七一	六〇一八一两九三四	

又有八沟、三座塔、塔子沟、乌兰哈达四税,皆在承德府归化城外内蒙古察哈尔境。

	光绪十九年实征数	近年实征最多之数	近年实征最少之数
八　沟	四三六两六二三		
三座塔	二五八〇两三五四		
塔子沟	一四五两三五四		
乌兰哈达	一三二二两四一		
共　计	三四八四两七四	六九六五两	二九五五两三

多伦诺尔另有木税,额征六千七百十两有奇。据光绪十九年报告之数,增至一万四千二百六十三两六分一厘。

（清　姚明辉编:《蒙古志》,卷三,贸易,清光绪三十三年铅印本。）

〔清光绪三十三年前后,内蒙古〕　欧洲各国制造毯毡多取材于中国,即蒙古之兽毛是也。天津、牛庄二关出口之货,以骆驼毛为大宗。

（清　姚明辉编:《蒙古志》,卷三,物产,制造类,清光绪三十三年铅印本。）

〔清光绪三十三年至民国十八年,奉天〕　据海关册报,东北四省区贸易总额,民国十二年达四亿三千八百七十三万二千一百余海关银两,逐年增加,至十八年达七亿四千五百四十六万七千七百余两,以与光绪三十三年贸易总额一亿四千二百零二万二千四百五十二两相比较,已超过四倍半以上。而四省区中尤以本省（按：指奉天）为盛,可见贸易之进步为最速矣。

（翟文选等修,王树楠等纂:《奉天通志》,卷一百十五,实业三,商业,民国二十三年铅印本。）

〔民国九年前后,奉天盖平县〕　自中外通商以来,货物之出口入口,其优劣盈绌于财政有绝大关系。吾邑出产以豆粮与山茧为大宗,然虽有大宗出产,而利权每受损失。如豆粮售与外人,价值任其低昂,则损失者一。山茧一宗,或运上海,或贩往烟台,每遭赔累,且市政不克改良,丝茧多移往他埠买卖,丝栈又各争意见,以致丝行惝恍迷离,乡民缫丝者往往大受影响。近数年来,城商先以高价买茧,四境于缫丝实业渐已荡然无存,尽让之城内二三丝商,又不时跌落茧价,故作居奇,卒至丝栈衰微,乡间失业,而城乡交困,则损失者二。

（章运熺修,崔正峰、郭春藻纂:《盖平县乡土志》,商政,民国九年石印本。）

〔**民国九年前后,奉天复县**〕 据调查,本境全年出口物产,青豆约一万五千石,红粮约二万二千石,豆饼约十万五千片,豆油约十万二千斤,山茧约百万零五千笼。入口货物,东洋大布约二万五千匹,洋纱约一万三千件,糖约二万一千包,面粉约十万五千袋,美国煤油约二十万三千箱,南省海纸约五万五千块,姑并录之。

（程廷恒修,张素等纂：《复县志略》,第三十五,物产表,附考,民国九年石印本。）

〔**民国十五年前后,奉天新民县**〕 兽皮、羊皮尚有工人以之制服,惟不如锦州精良,其他各皮皆为外人购运出口。兽毛,出口货之一。猪鬃,出口货之一。马尾,出口货之一。

（王宝善修,张博惠纂：《新民县志》,卷十六,物产,货类,民国十五年石印本。）

〔**民国十九年前后,奉天辽中县**〕 棉花……近来运销外洋甚多,价甚昂贵。

（徐维淮修,李植嘉等纂：《辽中县志》,卷二十八,植物志,草类,民国十九年铅印本。）

〔**清乾隆四十八年前,盛京**〕 秋尽,俄罗斯来互市,或百人,或六七十人,一官统之。宿江之西,居毡幕,植二旗于门,衣冠皆织罽为之,易缣布、烟草、姜、椒、糖饧诸物（《龙沙纪略》）。

（清 阿桂等修,刘谨之等纂：《盛京通志》,卷一百五,风俗,清乾隆四十八年刻本。）

〔**清光绪年间,黑龙江**〕 中俄在大黑河屯通商,多以俄帖交易,谓之羌帖,以银易帖,与中国帖价略同。冰合则贱,冰泮则昂,以行销畅滞之故,而中帖则不行也。……羌帖上具俄文,纸亦坚韧耐久,无作伪者,黑龙江城境番通用之。

（清 徐宗亮纂：《黑龙江述略》,卷八,丛录,清光绪中刻印本。）

〔**清光绪年间,黑龙江**〕 黑龙江省牲畜孳息以牛为盛,部落中恃以为粮,谓之菜牛。十年以前,斤肉不过二十钱。嗣俄人广加收买,以机器碾磨成粉,备行军口食,堆积盈仓,传闻人得一勺,历日不饥,各城牛贩以此日多,辄赢大利,而黑龙江城税每年约得盈余为串,遂为诸城之冠。

（清 徐宗亮纂：《黑龙江述略》,卷四,贡赋,清光绪中刻印本。）

〔**清光绪末年至民国十一年,黑龙江**〕 黑龙江税关始设于光绪末年。……关税为中央财政,由税务处与总税务司办理。黑龙江省北满税关照约应设四处,一满洲里,一瑷珲,一齐齐哈尔,一呼伦贝尔。满洲里税关,光绪三十三年设。是届共收税款十万五千两有奇,以三省办理新政筹备边防需款,奏准截留备用。宣统元年十五万二千余两。民国元年二十五万九千余两。六年二十七万五千余两。十一年二十四万七千余两。瑷珲税关,宣统元年设。

(金梁纂:《黑龙江通志纲要》,财政志,岁入,关税,民国十四年铅印本。)

〔清朝末年,黑龙江〕 江省土产惟黄蓍最多,黄芩、黄柏亦有,俄人转运出口者,大黄为大宗。

(林传甲纂:《黑龙江乡土志》,格致,第二十课,药材,民国二年铅印本。)

〔民国元年后,黑龙江瑷珲县〕 小麦之面芳洁,机器制出者尤佳。宣统改元后,由西伯里亚铁路输于欧洲小麦,岁数百万石。

(孙蓉图修,徐希廉纂:《瑷珲县志》,卷十一,物产志,植物,民国九年铅印本。)

〔民国四年前后,黑龙江呼兰〕 郡地宜豆,黄豆质尤佳,出产最伙,运输入英、日各国,岁恒数百万石。

(黄维翰纂修:《呼兰府志》,卷十一,物产略,植物,农产,民国四年铅印本。)

〔清光绪二十五年前后,陕西延安府靖边县〕 沿边近蒙古一带,利于畜牧,然马产不如怀、榆之蕃大,牛乳饼饵,汉人不谙。其羊产亦远逊定边以西。羊不宰羔,故羊皮绒毛均随在收之,不成发装,有毛毡、绒毡,无毛线、毛布,亦无毡服,土人每浑蒙老羊皮。惟近年羊皮、羊毛贩出海洋,价陡增涨,向值钱数十枚或百枚者,今增价千百枚。

(清 丁锡奎修,白翰章纂:《靖边志稿》,卷一,田赋志,物产,清光绪二十五年刻本。)

〔清朝末年,陕西神木县〕 羔羊皮,制为衣,轻暖异常,行销直隶、上海等处。山羊皮,近年洋商购买,价较从前倍蓰。牛皮,制成靴售于蒙古,土人出口亦多著皮靴。狐皮,近年价甚昂。驼绒,洋商购买,价甚昂。羊绒,销路甚畅。羊毛,绵羊毛制为毡,山羊毛制口袋片,均销于本境。……铜器,制为铜锅、铜壶,销于蒙古地方及榆林一带,土人用之。碱,产于神木边外,质性高洁,他省所产之碱,均远逊焉。火石、火链,击火石以取火者,盛销边外。佩刀,长五六寸至尺余,制颇精工。茶桶,用木瓜木为之,行销蒙古地。皮靴,销于蒙地。纸,以麻为之,销于境内。香,以柏材及檀屑为之,颇有名于边上,神邑业此者亦伙,行销于沿边各州县。水桶板,以柏木为之,运销于榆林及定边、安边。果丹皮,以果为之,行销颇远。以上均为神木本地所产之货,若皮匹等物来自晋省者不赘。

(佚名纂修:《神木县乡土志》,卷三,物产,货属,清末修,民国二十六年铅印本。)

〔清光绪三十四年前后，甘肃平凉府海城县〕 境内羊毛为一大宗，多销运外洋。

（清　杨金庚纂修：《海城县志》，卷七，风俗志，物产，清光绪三十四年铅印本。）

〔清光绪三十二年，新疆〕 光绪三十二年，俄国进口铁器运销镇迪一属者，计值万二千八百卢布，若合全省计之，数当更巨。

（钟广生撰：《新疆志稿》，卷二，实业志，矿产，清宣统二年修，民国十九年铅印本。）

〔清光绪三十二年至宣统二年，新疆〕 自俄国通市以来，牲畜皮革之价十倍于昔（据光绪三十二年俄国商务调查表列载收买皮毛价值，计净羊毛每普筒合俄银八卢布，羊皮每张合九十戈比，马皮每张合四卢布，牛皮每张合五卢布，驼毛每普筒合七卢布五十戈比，山羊皮每张合一卢布二十戈比，羔皮桶每张合三卢布）。镇迪一属岁运出境者数逾百万（又俄国商务表列载镇迪道属皮毛出口数目计，羊毛五十一万六千卢布，羊皮、山羊皮、羔皮桶等共十九万六千九百卢布，驼毛二万八千七百卢布，牛马皮一万二千七百卢布，其余驼马牛羊各牲畜约十万卢布云）。库车之羊皮，温宿、莎车之马牛皮张，岁值亦十余万，都计全疆牧产总额当在三四百万以上。往年西商由甘肃、宁夏一带贩运皮毛转载回国，水陆之烦，殆关市之稽留，节节阻滞。近则俄疆铁路直接伊塔边外，运道既便，又无榷税之烦，是以各国商贾趋利如鹜，俄之斜米帕拉廷省渐为皮革交会之中枢（新疆皮毛出境先运斜米省，然后分运他处，英、德各国多有在此收买者，繁盛如都会）。吾民群涣力薄，无巨资营运，俄人乃于南北各城遍设行找，转辗收买，贱取于我，归而贵鬻之，垄断以罔市利（迪化省城洋行八家，资本皆数十万，其意不专在销售俄货，而在收买羊毛皮革，归获大利也。据俄商报告，镇迪属内羊毛出口值五十余万卢布，其他牲畜皮张勿论，即羊肠一项约值五千六百卢布之多，运入俄国系为制造纸币之用。而民间不知，任其贱价购取，曾未闻商民自运大宗皮毛出境，以攘洋商之利者。迪属如是，南北各城概可知矣）。伊犁将军长庚患利源之外溢也，光绪三十二年始设皮毛公司于宁远城，货砖茶缯布与蒙哈羔犊及皮毛相市易。公司聚畜既富，则斥其赢运致边境，与外人角什一之利。先是公司未立时，蒙哈之货者常假贷于中外商人，初年举贷一金，次年四月交二齿羊一头，届期不偿，罚息一倍，再罚则再倍，践约唯谨，至是公司乃稍轻其息，于是商人不得恣取，民困少苏。

（钟广生撰：《新疆志稿》，卷二，实业志，畜牧，清宣统二年修，民国十九年铅印本。）

〔清光绪三十四年前后，新疆伊犁绥定县〕 流寓汉民经商为业，均萃处本城城关,亦有俄商贸易于南关者。俄国保护兵队近来无定数,然常川驻扎西八楠,距城不及里许耳。

(清 萧然奎纂:《绥定县乡土志》,人类,清光绪三十四年编,抄本。)

〔清光绪三十四年前后,新疆温宿府〕 皮、毛两宗,间有洋商贩运出境,每岁羊毛不过万斤,羊皮不过千数百张内外。

(佚名纂:《温宿府乡土志》,商务,一九五五年据清光绪三十四年抄本油印本。)

〔清光绪三十四年前后,新疆伊犁宁远县〕 皮毛,此间系一大宗,经俄商贩运出口,制造牙尔缎、哈沙缎、桂皮毡毯、皮靴鞋袜各种货物,仍进口行销,获利倍蓰。

(清 李方学纂:《宁远县乡土志》,物产,一九五五年据清光绪三十四年稿本油印本。)

〔清光绪三十四年前后,新疆阿克苏温宿县〕 出口货以皮毛为大宗,稀稀布次之,毡子又次之。皮毛多为洋商贩运出境,实数无从查悉。所有开县历年缠商贩运皮毛、布匹、毡子出境者列表如下:

货 物	光绪二十九年货数	光绪三十年货数	光绪三十一年货数	光绪三十二年货数	落地
牛 皮	五千八百斤	五千七百斤	五千九百斤	五千三百斤	俄罗斯
马 皮	一千一百斤	九百五十斤	一千二百斤	一千五十斤	俄罗斯
羊 皮	四万七千斤	五万一千斤	五万二千斤	五万九千斤	俄罗斯
羊 毛	六万八千斤	六万五千斤	六万七千斤	六万四千斤	英吉利
稀稀布	五千六百一十匹	五千三百五十匹	五千二百五十匹	五千四百三十匹	省 垣
毡 子	二千五百斤	二千七百斤	二千六百五十斤	三千五百斤	省 垣

(佚名纂:《温宿县乡土志》,商务,一九五五年据清光绪三十四年抄本油印本。)

〔清光绪三十四年前后,新疆库车沙雅县〕 输出之品惟牛羊皮毛,羊毛每年约出五十万斤之谱,每百斤价银六七两不等,约可售获价银三万余两,运至库车成装,由俄商贩运出洋。牛羊皮所余无多,亦有运至库车城销售者。此外输出、输入皆无成装之货。

(清 张绍伯纂:《沙雅县乡土志》,商务,一九五五年据清光绪三十四年稿本油印本。)

〔清光绪三十四年前后,新疆库车州〕 皮毛实出口货第一大宗,多为俄、英洋商贩运出境,无从查考实数,所有近年缠商运出境者列表于下:

货 物	光绪二十九年货数	光绪三十年货数	光绪三十一年货数	光绪三十二年货数	落地
牛 皮	七千七百斤	七千八百斤	六千九百斤	七千九百斤	俄罗斯
马 皮	一千三百斤	一千三百五十斤	一千二百五十斤	一千四百斤	俄罗斯
羊 毛	九万九千斤	九万八千万	九万九千六百斤	九万七千斤	英吉利
老羊皮	五万六千六百斤	五万六千斤	六万一百斤	五万九千斤	俄罗斯
羔羊皮	五千五百斤	五千六百斤	五千八百斤	五千四百斤	俄罗斯
羔羊皮桶	三百件	三百一十件	三百五件	三百十五件	省 垣

(佚名:《库车州乡土志》,商务,一九五五年据清光绪三十四年稿本油印本。)

〔清光绪末年,新疆回城〕 回城殷富,有市列,缠民九万余,牛羊马之革西输俄罗斯(《乡土志》:光绪三十二年,牛皮五千三百斤,马皮一千五十斤,羊皮五万九百斤),羊毳西南贸易英吉利(三十二年,六万四千斤),染氊、旄旟东贾迪化(三十二年,三千五百斤),而俄商自其国运藻布及缠民所服用磁、杂器,一岁所获,常倍其直,南疆一大市场也。

(宋伯鲁撰:《新疆建置志》,卷三,民国二年铅印本。)

〔清朝末年至民国初年,新疆〕 自俄国通市以来,牲畜皮革之价十倍于昔(据光绪言十二年俄国商务调查表列载,收买皮毛价值,计净羊毛每普筒合俄银八卢布,羊皮每张合九十戈比,马皮每张合四卢布,牛皮每张合五卢布,驼毛每普筒合七卢布五十戈比,山羊皮每张合一卢布二十戈比,羔皮桶每张合三卢布)。镇迪一属,岁运出境者数逾百万(又俄国商务表列载,镇迪道属皮毛出口数目,计羊毛五十一万六千卢布,羊皮、山羊皮、羔皮桶等共十九万六千九百卢布,驼毛二万八千七百卢布,牛、马皮一万二千七百卢布,其余驼、马、牛、羊各牲畜约十万卢布云)。库车之羊皮,温宿、莎车之马牛皮张岁值亦十余万,都统全疆牧产总额当在三四百万以上,往年西商由甘肃、宁夏一带贩运皮毛转载回国,水陆之烦殆关市之稽留,节节阻滞,近则俄疆铁路直接伊犁,边外运通既便,又无榷税之费,是以各国商贾趋利如骛,俄之斜米省城渐为皮革交会之中枢(新疆皮毛之出境者,先运斜米省,然后分运他处,英、德各国都有在此收买者,繁盛如都会)。吾民群涣力薄,无巨资营运,俄人乃于南北各城遍设行栈,转辗收买,贱取于我,归而贵鬻之,垄断以罔市利(迪化省城洋行八家,资本皆数十万,其意不在销售俄货,而在收买羊毛、皮革,归获大利也。据俄商报告,镇迪属内羊毛出口值五十余万卢布,其他牲畜皮张不论,即羊肠一项,约值五千六百卢布之多,运入俄国系为制造纸币之用,而民间不知,任其贱价购取,曾未闻有商民自运大宗皮毛出境以攘洋商之利者,迪属如是,南北各城概可知矣)。

(清　袁大化修、王树枬等纂:《新疆图志》,卷二十八,实业一,牧,清宣统三年木活字本。)

〔民国三年前后,新疆〕　牛者,伊犁之产最良,每年输出俄国者二万余头,在其他之地方,北路比南路多,价格每头约二十五两内外。羊,为食品之故,饲养甚盛,每年自伊犁、喀什噶尔、塔尔哈台输出俄国者约百万头。

(张献廷初稿:《新疆地理志》,第三章,人文地理,产业,牧畜业,民国三年石印本。)

〔民国三年前后,新疆〕　俄商之大部分则栈商,缠商之大部分则小卖商也。俄商之开店多于伊犁塔尔巴哈台,乌鲁木齐次之。

(张献廷初稿:《新疆地理志》,第三章,人文地理,产业,商业,民国三年石印本。)

〔民国七年前后,新疆〕　北疆各种民牧驼之家,每岁载货由迪化至俄斜米省,约计一万五千只,每驼价银十两,所驮之货以皮毛、棉花、葡萄为大宗。

(王树枬纂:《新疆小正》,民国七年铅印本。)

〔清同治末年至民国三十年前后,山东潍县〕　潍县猪鬃业始于清同治末年,城北阙庄有制猪毛缰绳者,见有猪鬃随手捧出,备作鞋刷或制造玩物之用。其后有保定商贩每年三月间来县购买乱鬃。光绪二十三年,掖县商贩在阙庄收买乱鬃,雇用女工整理,按长短分配成把,束以线绳,以米打尺二寸五分者为最短者,名曰札子;六寸者为最长;由六寸至札子每箱约装千余捆,每捆大小平均约值二三圆。六十箱为一票,运往天津、上海、青岛、烟台,以供欧美、日本各洋行购买。后有猪鬃行之设立,多在阙庄附近二十余庄,最盛时至二十余家,童男妇女赖拣鬃为生者数千人,每年出口总值在百万圆以上。据铁路运输统计,民国二十一年运往青岛凡五百二十五公吨。潍县当地所出乱鬃不多,每年由河南、河北、江苏、浙江等地购入者约五十余万斤。

(常之英修,刘祖干纂:《潍县志稿》,卷二十四,实业志,工业,民国三十年铅印本。)

〔民国九年至十六年,山东胶县〕　棉花本属出口大宗,然自民国九年以后,进口之美棉、印棉竟至逐年递增,八年之间加至六十倍,九年不及二十万两,而十六年则为一千二百七十万两,盖因本埠七大纱厂需棉甚多,而本省所产棉花纤维短而硬,不宜于纺,收采装包亦不得法,故厂家多用美棉、上海棉与本地棉搀和使用。华新厂用棉七万担,本国棉八而洋棉居二,日厂六家,年用棉花原料九十万担,内山东棉约二万,上海棉及美印棉各得三十五万,证以十五年入口之数适相符合。

(赵琪修,袁荣叟纂:《胶澳志》,卷五,食货志,商业,民国十七年铅印本。)

〔清道光年间及以后,浙江湖州府双林镇〕 白蚕丝自洋庄白丝与本国用货丝之别,东北乡之丁泾、西阳、邢村、邢窑,缫丝手段较优,而洋庄丝仅以辑里著称。清道咸时,上海犹未通商,洋商居香港,已有镇人包丝往售,蔡兴源、陈义昌等皆以此起家,积资巨万;及五口通商,则有姚天顺、俞源元、施福隆等。而后震源、陈三益、凌成记相继而起,选头二号白丝运至上海直接售于洋行,有震源、凤云、三益、文鹿、成记、雪梅等丝牌,常年出口者三千余担。其后南浔、震泽经丝行销,辑里丝岁渐退步,镇上各乡丝行均仰浔、震客钞,客不到,丝市即寂。宣统时,俞凤韶发起阜丰乾经厂,扩张工艺,乡人缫不如法,主厂事者又不得人,以致折阅停办,今仅有乡丝行四,即裕成、振裕、同丰祥、祥泰生也,每年出口多三千担,少则二千余担,其用货丝之销杭庄者,则以纯熟匀园白净为主,岁销之数约五百担。

(蔡蓉升原纂,蔡蒙重编:《双林镇志》,卷十七,商业,民国六年铅印本。)

〔清道光末年以后,浙江湖州府南浔镇〕 周庆森《家庭琐语》:自海禁大开,夷商咸集上海,湖丝出口以南浔七里丝为尤著。其初出洋有丝而无经,经以丝纺成,取双根合而为一,摇成小条,以若干条为一庄,苏州织缎用之,名曰苏经,吾浔早有之,独无出洋者。余家先世业丝,同治季年,向乌镇购丝十余件,每件一千二百两,重八十斤,装运来浔,因风覆舟,航主不能偿失,而浸泾之丝无可为计。先叔父味六公向夷商取日本国经条,令震泽之双杨镇人向做苏经者为之仿摇苏经,则顺摇由左旋右,惟日本经则逆摇,由右旋左,且条分粗细不同,改制大车,即将失水之丝纺成东洋经,每条约重四两,共二十五条,成经百两为一把,以一千二百两为一包,销与夷商,次年番信转华,大为称许,盖丝佳而工廉,洋经于是盛行,法兰西、米利坚各洋行咸来购求,嗣又增出方经、大经、花车经等名称,至今风行。巨商业此者固皆获利,而双杨一带之工作人均感嗣父特开风气,衣食所资,子孙攸赖,故叔父殁后,彼乡之人在社庙中别营一龛,谨奉先叔栗主而祀焉,时在光绪十一年冬令也。

(周庆云纂:《南浔志》,卷三十二,物产,民国十二年刻本。)

〔清光绪年间,浙江湖州府菱湖镇〕 丝,菱湖第一,小满后,新丝市最盛,列肆喧阗,衢路拥塞。菱湖多出蚕丝,贸易者倍他处,盖由来久矣。其专买乡丝、载往上海与夷商交易者,曰丝行。别有小行,买之欠饷大行及买丝客人者,曰钞买庄。更有招乡丝,代为之售,稍抽微利,曰小领头,俗呼白拉主人,镇人大半衣食于此。至吾镇出丝,每八十斤为一包,每岁约近万包,为一郡冠。

(清　孙志熊撰:《菱湖镇志》,卷十一,物产,清光绪十九年刻本。)

〔清光绪年间,浙江嘉兴府桐乡县〕　细丝、肥丝两种,肥丝者粗丝也,并为乡民蚕织所成而缫手各别。北乡多细丝,南乡多肥丝,细丝可售诸洋商,肥丝则仅供本地机户及金陵贩客。浙西产丝以湖州为盛,而县属青镇亦岁报丝捐一二十万斤,在嘉属为独多,南乡之肥丝不过岁报二万余斤而已。

(清　严辰重辑:《光绪桐乡县志》,卷七,物产,清光绪十三年刻本。)

〔民国十一年至二十年,浙江杭州〕　近十年来本市茶叶出口数量及其价值表:

年　份	数量(担)	价值(关两)
民国十一年	104 083	4 840 125
民国十二年	143 711	4 563 423
民国十三年	129 519	4 070 493
民国十四年	134 930	5 275 352
民国十五年	171 587	6 874 291
民国十六年	158 053	6 500 500
民国十七年	187 973	7 972 059
民国十八年	180 635	8 504 588
民国十九年	156 990	6 638 847
民国二十年	136 672	5 932 985

(千人俊编:《民国杭州市新志稿》,卷十四,物产一,农产,民国三十七年修,杭州市地方志编纂办公室一九八七年铅印本。)

〔民国十六年前后,浙江嘉兴濮院〕　丝有头蚕、二蚕之别,又有肥称、细丝之分。吾乡所产介乎肥、细之间者居多,名曰中管肥丝,以供本地绸机及绍客织纺绸者。中管丝亦有由沪运销外洋者,曰丝拖头,今亦设庄收买,运销外洋,有数万金之价值。

(夏辛铭:《濮院志》,卷十五,物产,民国十六年刻本。)

〔民国十八年至二十六年,浙江鄞县〕　土货之直接输出外洋者,若以二十年为标准,则香港为第一,荷属印度次之,余皆不满万两耳。其输出之种类,价值百万两以上者为棉花、棉纱、绿茶三种。十万以上至不满百万两者,则有海产、乳腐、蚕豆、棉子饼、烟叶、酒、罐头、菜蔬、花边、草帽、绸缎、席、锡箔、下等纸、药材等。照十八年以后,各种输出皆锐减,蚕豆、烟叶、花边、下等纸已不能维持十万两之数,惟陶瓦器反超过十万两,此历年土货输出之情形也。

(张传保等修,陈训正等纂:《鄞县通志》,食货志,戊编,产销,民国二十六年铅印本。)

〔民国二十五年前后,浙江〕 浙江手工业自昔兴盛,遐迩闻名,良以浙人精巧,能独出心裁,制造雅致,如草帽、草席、刺绣等,输往美、法、英及南洋群岛各邦,岁达一千二百万元以上;纸伞、纸扇、毛笔等遍销国内外,为数亦甚可观。浙省仰赖于手工业为生者,不下五百万人,发达之况于此可见。

(姜卿云编:《浙江新志》,上卷,第八章,浙江省之经济,物产,民国二十五年铅印本。)

〔民国二十五年前后,浙江吴兴县乌青镇〕 乌桕产东乡为多,不事培植,叶可作皂(捣柄压皂用以染黑),子可榨油,名桕油。昔仅用以浇烛,近为洋商收买,提炼制为机器油,又有充作肥皂原料者。核中之仁,榨为青油,可造烛,亦可和入桐油同用。

(董世宁修,卢学溥修:《乌青镇志》,卷二十,土产,民国二十五年刻本。)

〔清乾隆四十七年至道光十九年,福建厦门〕 吕宋夷船每次载番银十四五万来厦贸易,所购布匹之外,如磁器、石条、方砖亦不甚贵重,非特有利于厦门,闽省通得其益,故乾隆四十七年奏准外夷商船到闽海关,货物照粤海关则例征收。迨至道光三、四年间,有呷板船寄碇外洋,贩卖违禁之鸦片土,则为害无穷。以中土有用之银钱,而易外洋蠹恶之毒物,较之前次之通市,一利一害,相去天壤。然此乃红毛之船,非吕宋之船也,迩来吕宋之船久不至。

(清 周凯等纂修:《厦门志》,卷五,船政略,番船,清道光十九年刻本。)

〔清代前期至道光十九年,福建厦门〕 闽南濒海诸郡田多斥卤,地瘠民稠,不敷所食,故将军施琅有开洋之请,巡抚高世倬有南洋之奏,所以裕民生者非细。富者挟资贩海,或得捆载而归。贫者为佣,亦博升斗自给。厦门专设海关,为通贩南洋要区。

(清 周凯等纂修:《厦门志》,卷八,番市略,清道光十九年刻本。)

〔清代中叶,福建厦门〕 田少海多,民以海为田,自通洋弛禁,夷夏梯航,云屯雾集,鱼盐蜃甲之利,上裕课而下裕民(莫凤翔《水仙宫碑》)。

(清 周凯等纂修:《厦门志》,卷十五,风俗记,清道光十九年刻本。)

〔清乾隆十二年前,台湾〕 台人植蔗为糖,岁产二三十万,商舶购之,以贸日本、吕宋诸国(《稗海纪游》)。

（清　范咸等纂修：《重修台湾府志》，卷十七，物产一，货币，清乾隆十二年刻本。）

〔清朝初年至光绪二十一年，台湾〕　台产糖为大宗，《稗海纪游》《赤嵌笔谈》已详纪之。迄今垂二百年，运售日本、外洋，畅旺犹昔。大抵南路之糖与北路之茶，岁产所值略可颉颃，皆巨款也。

（清　唐景崧修，蒋师辙、薛绍元纂：《台湾通志》，物产志，杂产类，清光绪二十一年修，稿本，一九八三年台湾成文出版社影印本。）

〔清同治八年至光绪二十年，台湾凤山县〕　闽海关，在大竹里旗后码头，县西南十五里，屋二十间，光绪十三年抄民房入官。……税务司，在大竹里哨船头（打鼓山麓），县西十五里，屋十四间，同治八年英商张怡记建。

（清　卢德嘉等纂：《凤山县采访册》，丁部上，规制一，廨署，清光绪二十年纂，稿本，一九八三年台湾成文出版社影印本。）

〔清同治九年至光绪十三年，台湾〕　道光末年，清国始行外国通商之例。同治九年，台南道台衙门设通商总局，安平、旗后、基隆、沪尾各设分局。光绪十三年，又于藩司衙增设一通商总局，归藩司主政，台南归道台主政，而基隆、沪尾归藩司管，安平、旗后归台南道管，概归台湾巡抚总管。

（清　佚名纂：《安平县杂记》，通商局，清光绪年间纂，民国六年抄本，一九六八年《台湾方编》铅字重印本。）

〔清光绪十八年至二十八年，广东广州府南海县〕　茶叶从前为出口货大宗，现在出口之数历次递减，光绪十八年出口尚有六万五千担，至二十八年出口不过二万四千担。盖西人多向锡兰、印度购茶，以其价廉也。前后仅距十年，销数之锐减已如是。中国茶业之失败，亦大略可见矣。

（清　张凤喈等修，桂坫等纂：《南海县志》，卷四，舆地略，物产，清宣统三年刻本。）

〔清宣统三年前后，广东广州府南海县〕　丝之价值、销路为何处：价值无一定，销路则各国均有，而以美国、法国、英国商家为大宗。……每年出口丝数：每年丰收及洋庄生意旺时约有三百余万斤。案：土丝一项，全省每年约出四千万，顺德四之二，番、香、新占其一，县属占其一，九江、西樵、大同、沙头出丝最盛。从前未有机器缫丝，以手工为之，其丝略粗，只供土人织绸及绉纱之用。近来洋庄丝出，其价倍昂，其利愈大，洋庄丝居十之六七，土庄十之三四而已。

（清　张凤喈等修，桂坫等纂：《南海县志》，卷四，舆地略，物产，清宣统三年刻本。）

〔清宣统三年前后，广东南海县〕 桂皮，每年运往外洋销售约四万余担。丝、苗银、黏米，每年运往金山、新嘉坡各埠约十余万石。

（清 张凤喈等修，桂坫等纂：《南海县志》，卷四，舆地略，物产，清宣统三年刻本。）

〔民国十八年，广东顺德县〕 吾邑出丝之多，第五区为最，第一、第十区次之，其余各地均有业此者。其丝悉售与洋商，供其织造。

（周之贞、冯保熙修，周朝槐等纂：《顺德县志》，卷一，舆地略，物产，民国十八年刻本。）

〔清朝末年至民国九年，广西桂平县〕 桂油，县南都秀各里俱有之，以桂叶和水置铁锅内，上置锡甑蒙其上，旁穿孔，孔衔锡筒，筒末接锡桶口，以火热锅，水沸腾，挟桂叶味气由甑吼经筒入桶，锅水尽则取桶泌去浮面清水，沉在底者即桂油也。能治风寒痹痛，西人以造香水及军家物品，故十数年来为出口大宗，欧战既起，销流锐减。

（黄占梅等修，程大璋等纂：《桂平县志》，卷二十九，纪政，食货中，工业，民国九年铅印本。）

〔民国六年至抗日战争期间，广西宾阳县〕 民国六、七年间，欧战以后，列强需用青锑及钨、铋等矿甚急，不惜重资大量向我国收购。我矿商以利率甚高，到处寻觅矿区，纷纷开采，及出货日多，运至港、粤，洋商则将购价低抑，矿商以需资周转，不得不贬价出脱，最后洋商知我之有矿而不能自炼自用，于是价愈减而愈低，甚至停购。我各矿业公司因而停顿者颇多，如黎塘之各锑矿公司即受此影响而收盘者。近年政府为维持矿业、平准矿价起见，明令统制矿物贸易，不使内外商人得以垄断矿价。法本至善，又以抗战军兴，各公司多自行停办，或明令取消，故历年矿价涨落详情无从采辑。

（胡学林修，朱昌奎纂：《宾阳县志》，第四编，经济，丁，产业，民国三十七年稿本，一九六一年铅字重印本。）

〔清代后期至民国十四年，四川合江县〕 自重庆开埠通商，羊皮、牛革、猪鬃、桐油、棕丝之属，盛销海外，区民蓄羊日伙，与鸡、犬侪比，亦种桐树，畴隙山隅，与橡、栎、樟、柏、楠、竹杂植，蔚为大宗。

（王玉璋修，刘天锡、张开文等纂：《合江县志》，卷二，食货，物产，民国十四年修、十八年铅印本。）

〔清光绪年间至民国二十八年，四川巴县〕 猪鬃为出口货大宗，白色者值尤昂贵，已经梳洗捆制者为熟货，未经梳洗捆制者为生货。旧惟生货出口，清光绪间英商立德始招致天津工人来渝为此梳洗捆制工作,其后递相传授,川人习其业者亦多,故至今日有主客之分,有津帮、汉帮、川帮等名。

(罗国钧等修,向楚等纂:《巴县志》,卷十二,工业,猪鬃工业,民国二十八年刻,三十二年重印本。)

〔民国十五年前后,四川崇庆县〕 棕产饶裕(即棕榈也,古亦名拼榈),为绳履蓑荐之属,大为时利,镇人恃为本业,浣永棕刷近尤畅行远地。业此凡百余家,岁入亦数千缗,重庆日商森村洋行至派人驻镇收取棕榈长丝,转贩东瀛,岁至万缗,邻境十数县无不仰给於是。

(谢汝霖等修,罗元黼等纂:《崇庆县志》,食货第十,民国十五年铅印本。)

〔民国三十年前后,四川汉源县〕 县中桐油多为油漆涂船之用,迩来行销出口。

(刘裕常修,王琢等纂:《汉源县志》,食货志,农业,民国三十年铅印本。)

〔民国三十三年前后,四川汶川县〕 鬃为国际贸易重要货品,汶城及龙溪等地均富。

(祝世德等纂:《汶川县志》,卷四,物产,成品,民国三十三年铅印本。)

〔清光绪初年后,贵州安顺〕 猪毛,原仅供农民肥田之用,自光绪初年,外人在香港、汉口等地大量收购以来,安地商人纷纷运往上述二地售卖。猪毛分黑、白二种,其长至五六寸而色白者谓之提庄,价值最贵,每斤售至十元左右。

(贵州省安顺市志编纂委员会据民国二十年代末稿本整理:《续修安顺府志·安顺志》,第十卷,商业志,出口货,安顺市志编委会一九八三年铅印本。)

〔清代后期至民国年间,贵州遵义〕 郡人之商于粤蜀者以山货为大宗,然所贩运者向为漆与五倍子之类。近年来与洋商交易,始知各种兽毛皆可持以易钱,且能获厚利。吾在渝中见乡人有专贩猪毛而来者,多获三倍之偿也。按:猪毛即猪鬃,以长及五寸而光泽者良。

(周恭寿等修,赵恺等纂:《续遵义府志》,卷十二,物产,货类,民国二十五年刻本。)

〔清代后期至民国年间,云南宣威县〕 向时人民不知猪毛之有用,洗猪时往往弃之于地。经前劝学所订定章,则缴供学费,而每岁收入多至万斤,少亦不下六七千斤。……此项猪毛多售给洋行,外人运回其国,制为衣料、毛刷,复运入华,吸我脂膏。

(陈其栋修,缪果章纂:《宣威县志稿》,卷七,政治志,建设,农事建设,民国二十三年铅印本。)